厄瓜多尔（Ecuador）

厄瓜多尔是南美洲西北部...共和国。北与哥伦比亚...，西临太平洋。安第斯山脉由南到北，...成厄瓜多尔的脊梁...国名即为西班牙语赤道...平方公里。1989年人口1050万，...里37人。首都：基多。

...史

厄瓜多尔地区，自古以来即住着...后有主的各种印第安部落...多种。太平洋後都有自己不同的...，经北住常发生战斗，曾到过...。15世纪后半叶，印加帝国的统...

阎海琴 1957年出生，山东菏泽人。1978年考入山西财经学院计划统计系，1982年毕业后留校任教。1986年考取西南财经大学人口研究所人口经济学专业研究生，1989年硕士研究生毕业。同年考取该校人口研究所人口理论专业博士研究生攻读博士学位，1992年毕业，获法学博士学位。曾在《人口研究》、《中国人口科学》、《人口与经济》、《人口学刊》、《中国农村经济》等刊物发表论文近百篇。个人专著代表作是《我国人口控制问题研究》。

世界人口

World Population

阎海琴/著

社会科学文献出版社

SOCIAL SCIENCES ACADEMIC PRESS（CHINA）

海琴博士：

您好！序已写好，送呈，请过目，如有不妥请修改。

另外，在读书稿时，发现参考书目有几处了时有误（后面还有）

一. 13. 35. 《世界人口宏观》重复了，建议删去一个

二. 36. 《各国手册·巴西》了时为《各国手册·巴西》为之候

三. 82. 南亮三郎，了时为南亮三郎之候。

敬候

夏安

问候您全家礼安好

吴忠观上
2009. 7. 4

Preface

序

  阎海琴博士的《世界人口》一书，即将出版，作为本书问世前的一个读者，我感到由衷的高兴。

  人口问题是当今世界普遍关心的一个重大问题。今年 3 月，联合国经济和社会事务部人口司发布了《世界人口前景》2008 年订正本。报告指出，到 2050 年，全球人口总数将从现在的 68 亿增长到 90 多亿，其中主要的人口增长来自发展中国家。报告还指出，发展中国家的人口将从 2008 年的 56 亿增加到 2050 年的 79 亿。人口的高速增长，使许多国家和地区人口压力越来越沉重，这些国家和地区按人口平均的耕地面积日趋减少，粮食短缺，居民食物不足，甚至淡水供应日趋紧张，生产用水和生活用水都严重稀少，各种非再生资源日渐减少，森林覆盖率下降，环境污染愈演愈烈，生态平衡遭到破坏。人口问题的严重性，向社会科学和自然科学提出了挑战，要求科学理论回答关于人口发展的各项重大问题，并提出解决这些问题的途径。这就赋予人口科学以新的生命和动力，使其成为当代最活跃的科学领域之一。改革开放以来，在党和政府的重视和倡导之下，我国人口科学出现了空前未有的繁荣。它对于发展我国社会科学，对于帮助人们认识我国国情，建设有中国特色的社会主义，对于实行计划生育，对于开展人口教育，都起了重要的作用。阎海琴博士的这部《世界人口》，就是近年来我国出版的、研究世界人口问题的一部力作。这部著作的特点，是分国别对世界人口问题作了相当全面的、系统的而不是零星的分析和研究，这是我国人口科学一项可喜的收获和成果。它的出版必将对我国人口科学研究和人口知识传播产生积极的影响。

  本书分上下两篇：上篇，世界人口，分别对亚洲、欧洲、北美洲、拉丁美洲、非洲等 133 个国家的人口状况作了介绍；下篇，人口转变的国际比较，分别研究了世界上亚洲、欧洲、非洲一些国家和日本、印度、美国、苏联等国及我国的人口转变，并分析了我国人口转变与世界上其他国家人口转变所呈现出的特点。在介绍世界各国人口状况时，不仅包括人口的出生与死亡、人口流动与迁移、人口性别比、人口城市化、人口年龄结构、人口地区分布、人口产业结构、家庭计划和人口政策等等人口状况的各个方面，而且介绍了各国的历史、政治、经济、地理环境、宗教信仰、风俗习惯等等情况。全书洋洋一百余万言，实际上可以说是一部关于世界人口百科全书式的巨著，是人口科学知识的宝库。从中可以获得人口科学的许多知识。

　　阎海琴博士于 20 世纪 80 年代末，以优异的成绩考入西南财经大学攻读人口学博士学位，他的指导教师是我国著名人口学前辈刘洪康教授。入学不久，刘洪康教授因病去世，于是由我接替。在此期间，我深感他是一位勤奋学习、好学深思的优秀人才。我们互相切磋、讨论许多学术问题，真正是教学相长。几年前他的博士学位论文《我国人口控制问题研究》公开出版，受到学术界许多专家的好评。这部《世界人口》是他在攻读博士学位期间，参考了大量文献资料后写成的，真可谓为征博引、为源溯流、分析精当、匠心独运，是当前我国人口科学界出版的一本很有特色、很有学术价值和应用价值的佳作。阎海琴博士能写出这样优秀的著作，一方面是由于他勤奋好学、严谨治学、勇于探索的科学精神，另一方面也是因为他有统计学、历史学、地理学、经济学、人口学坚实而深厚的基础。我相信，阎海琴博士一定会百尺竿头，更进一步，在科学研究的道路上继续前进。是为序。

姜忠见

2009 年 1 月于光华园

Contents

目　录

下篇　人口转变的国际比较

Contents

Part Two　A Comparative Study On Demographic Transition In The World

世界人口
World Population

Aisa

亚 洲

亚洲是亚细亚洲的简称，该名称据说来自古代腓尼基语，意为"东方日出之地"，与欧洲的"西方日落之地"意义相反。亚洲、非洲、欧洲、北美洲、拉丁美洲、大洋洲、南极洲为世界七大洲（也有分为北美洲和南美洲）。就陆地面积和人口而言，亚洲面积最大，人口最多。大约占地球总面积的8.6%（从总陆地面积来讲则占29.4%）。人口总数约为40亿，占世界总人口的60%。

亚洲绝大部分土地位于东半球的东北部。东面是太平洋；东北面隔白令海峡与北美洲相望；南面濒临印度洋；西面以乌拉尔山脉、乌尔拉河、里海、大高加索山脉、黑海、土耳其海峡与欧洲分界；西南面隔亚丁湾、曼德海峡、红海与非洲相邻，亚洲与非洲的陆地分界线是苏伊士运河；北面是北冰洋。

亚洲主要是黄种人，占该洲总人口的60%，其次是白种人，黑人较少。

亚洲是世界三大宗教佛教、伊斯兰教和基督教的发源地。其语言分属汉藏语系、南亚语系、阿尔泰语系、马来－波利尼西亚语系、达罗毗荼语系、闪米特－含米特语系、印欧语系以及至今仍未有归属的朝鲜语、日本语和泰语等。

阿富汗 （Afghanistan）

阿富汗或称阿富汗斯坦，意即阿富汗人的国土。该国地处亚洲中西部，其西为中东、东为印度次大陆、北为中亚，是这三个地区的交接点。一般不将阿富汗放在"中东"的范围之内，但由于其特殊的地理位置，而素有"中东的桥梁"之称。阿富汗因此被认为是一个并不闭塞的内陆国。该国东北角有90公里的边界与中国相比连；东部和南部与巴基斯坦接壤；西部和北面分别与伊朗、苏联为界。其中，西北部以赫拉特为中心的地区，是它与伊朗之间的交通要道，更是通往苏联、中亚地区的门户和战略要地。1857年恩格斯在一篇题为《英国——波斯战争的前景》的论文中，在描述赫拉特是兵家必争之地时指出："一旦英国和俄国为争夺亚洲的霸权而发生严重冲突，赫拉特就将成为双方的主要目标"。[①] 处

---

① 《马克思恩格斯全集》第12卷，人民出版社，1974，第133页。

在这样战略地位下的阿富汗，其国界与其说是自然或人种上的界线，毋宁说是基于政治、战略之需要而形成的人为国境界限。目前阿富汗的国土面积为 65.22 万平方公里。1989 年人口数约为 1600 万左右。人口密度每平方公里约为 25 人左右。首都：喀布尔。

历史

自远古以来，素有亚洲"十字路口"之称的阿富汗地区即成为中亚和西亚各族人民往来迁徙和争夺之地。公元前 6～公元前 5 世纪，这块土地被纳入波斯帝国的版图。公元前 4 世纪 20 年代，又被马其顿亚历山大大帝所征服。之后，又出现了各种小的王国，如"塞人国家"、中国史书上称之为"安息"的帕提亚以及史称"大夏"的巴克特里亚等。这种拉锯式的迁徙和侵略一直持续到 18 世纪中叶。1747 年，统治阿富汗地区的伊朗国王那第尔死后，王国遂即分裂。自此，一个由阿富汗沙都查依族阿伯都拉部落的酋长阿穆德汗所建立的独立的阿富汗王国在西亚的政治版图上出现了。但从 1838 年开始，至 1919 年，英帝国主义对阿发动了三次侵略战争。1919 年 8 月，英阿签订停战协定，英承认阿独立。1973 年成立阿富汗共和国，1978 年改称阿富汗民主共和国。

民族、宗教和语言

阿富汗虽然国土面积不大，却是一个多民族的国家。目前，全国共有 30 多个民族。阿富汗人又称普什图人，普什图族是阿富汗境内人口最多的民族，属白种人印度——伊朗种，自称本尼以色列，据说他们是被公元前 6 世纪中叶新巴比伦国王尼布甲尼撒二世所携走的以色列十支族的后裔，可能混着蒙古人和突厥人的血统，操普什图语。塔吉克人是阿富汗的第二大民族，目前主要是阿富汗的土著农业人口，他们的形成融合了中亚或中央亚细亚很多古老民族，一般认为他们主要是古波斯人的后裔，在种族上与塔吉克斯坦共和国的塔吉克人同出一系，操塔吉克语。阿富汗的第三大民族是哈扎拉人，哈扎拉人来源于 13～14 世纪在呼罗珊到阿富汗南部广阔地域上游牧的、讲突厥语和蒙古语的游牧民，14 世纪以后定居于塔吉克族农业人口所在地，并与当地居民婚配，发生血缘混合，但该族仍保留着蒙古人种的某种特征。

除上述三大民族以外，阿富汗境内较大的民族还有：查尔艾马克人、俾路支人、努里斯坦人，这些民族均属印欧语系的伊朗语族。此外还有阿尔泰语系的突厥语族所属各民族人口，以及与伊朗语族同属一个语系的印度阿利安语族所属各民族人口。

阿富汗民族是阿富汗国家的主体民族，由于长久以来受到异族统治和与异族交流的影响，导致阿富汗族人口只占全国总人口的 53% 左右，因而全国的民族结构十分复杂。

由于民族结构复杂，其语言也十分复杂，据认为有 20 多种不同的语言。不过目前该国的主要语言为波斯语支的普什图语，属于印欧语系伊朗语族，以阿拉伯文为语言符号。1936 年普什图语才被定为第二官方语言。1946 年又被升为第一官方语言。目前的第二官方语言为达里语，也属波斯语支（参见表 1）。

表 1 1979 年阿富汗人口民族构成

民 族		人口（千人）	比重（%）	民 族		人口（千人）	比重（%）
伊朗语族	阿富汗人	8000	53.3	突厥语族	乌兹别克人	1300	8.7
	塔吉克人	3000	19.8		土库曼人	345	2.3
	哈扎拉人	1300	8.7		合 计	1645	11.0
	查尔艾马克人	450	3.0	印度阿利安语族		180	1.2
	俾路支人	130	0.9	其 他		33	0.2
	努里斯坦人	120	0.8	总 计		15018	100.0
	其 他	160	1.1				
	合 计	13160	87.6				

阿富汗是一个虔诚信奉伊斯兰教的国家。但在公元 7 世纪以前，这里的居民却信奉着各种各样的宗教，如佛教、印度教、袄教、基督教和犹太教等均受到过这里居民的崇仰。现今全国 98% 的居民信仰伊斯兰教，其中 90% 属逊尼派信徒，只有 10% 为什叶派信徒。而它的邻邦伊朗却以什叶派占统治地位，这是阿富汗和伊朗在历史上经常发生纠葛的原因之一。阿富汗还有少许人信奉印度教。

人口变动

有两个原因使人们难以估测早期或早些时候的阿富汗人口规模，一是在 18 世纪阿富汗成为独立的国家之前，异族的不断入侵以及版图的不断变更；二是占有一定比重的游牧部族不断迁入和迁出。导致对目前阿富汗人口难以估计的原因则是连绵不断的战争。这些原因结合在一起使人们无法判断阿富汗究竟有多少人口。1979 年，阿富汗曾进行了一次人口普查，结果是全国总人口 1554.0 万人。不含游牧部族的话，阿富汗人口为 1305.19 万人。普查表说明游牧部族人口为 248.8 万，占全国总人口的 16.1%。对于 1979 年以前的人口以及这一年之后的人口则只能凭估计了。对于此前人口的估计，争论不算太大，但对于其后的人口估计则大相径庭。主要原因是对 1979 年以后由于战争的原因，究竟有多少难民背井离乡，又有多少游牧民游往他方，更有多少人死于非命，均估摸不透。下面是一些为更多的人们所接受的数据。

表 2 第一栏人口数据取自林富德、沈秋骅两位学者所编的《世界人口与经济的发展》一书。

表 2 众说纷纭的数字使人们眼花缭乱，但是对于阿富汗的人口变动则有这样一些共同的认识：（1）阿富汗人口曾有一段时期快速地上升；（2）1979 年以前，阿富汗人口达到或接近过 2000 万；（3）1979 年之后受战争等因素的影响，人口有减少的趋势（参见表 2 及图 1）。

表 2　阿富汗的人口变动

单位：万人

年份	人口	《世界人口年鉴》	《中国人口年鉴》(1985年)	《联合国人口统计表》	世界银行	美国人口咨询局	台湾地区学者	苏联学者
1900	450 左右							
1921	640							640
1945	1200							
1950	1190		1183					1200
1955	1273							
1960	1380		1380					1380
1965	1505							1505
1970	1709	1522 (1971)	1487					1709
1975	1928	1667						1298
1977	2034	1474						
1979	1554	1549		1305				1510
1980			1595					
1981			1636			1639		
1982			1679		1680			
1983			1722					
1984								
1985							1740	
1986				1861		1540		
1987				1471				
1988						1450		
1989						1480		

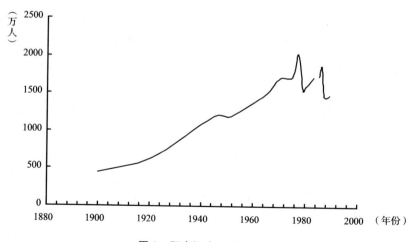

图 1　阿富汗人口变动图示

表 3 是有关人口机构对阿富汗人口若干指标的评估值。

表 3　阿富汗人口自然变动及有关指标

年　份	出生率 (‰)	死亡率 (‰)	自然增长率 (‰)	婴儿死亡率 (‰)	人口平均预期寿命（年）*	
					男	女
1953	49.5	36.0	13.5		30.0	30.4
1958	48.5	32.1	16.4		32.4	33.1
1963	47.6	28.7	18.9		34.9	35.6
1968	49.8	28.4	21.4		37.4	38.1
1973	49.2	23.8	25.4		39.9	40.7
1978	45.2	21.1	24.1	181.6	36.6	37.3
1979	48.1	22.3	25.8			
1980	48.9	18.7	30.2		35.0	37.0
1986	47.0	23.0	24.0	194.0	37.0	
1989	49.0	23.0	26.0	172.0	42.0	

* 这是本书第一次出现"人口平均预期寿命"的概念。由于该指标在人口统计学中是指预期可能发生的事件，所以，笔者认为应该用"年"表述更为准确和科学一些，用"岁"来表达预期寿命是不准确的也是不合理的。通俗地说，已生存的年龄用"岁"表示，预期可能生存的年度应该用"年"表达。

这些指标大多是估算得来的。唯有 1979 年是调查所得数据，与前后期相比基本吻合。如果这种估测值基本准确的话，那么，（1）阿富汗是世界上出生率最高的国家之一，是亚洲出生率最高的国家；（2）阿富汗是世界上死亡率最高的国家之一，是亚洲死亡率最高的国家；（3）阿富汗是世界上婴儿死亡率最高的国家；（4）阿富汗是世界上人口平均预期寿命最低的国家之一，是亚洲人口平均预期寿命最低的国家；（5）阿富汗是世界上妇女总和生育率最高的国家之一，在亚洲仅次于马尔代夫（7.0 人）（参见表 4）。

表 4　1989 年阿富汗及若干国家有关人口指标的比较

国　别	出生率 (‰)	死亡率 (‰)	自然增长率 (‰)	婴儿死亡率 (‰)	总和生育率 (个)	平均预期寿命 (年)	国　别	出生率 (‰)	死亡率 (‰)	自然增长率 (‰)	婴儿死亡率 (‰)	总和生育率 (个)	平均预期寿命 (年)
阿富汗	49	23	26	172	6.9	42	肯尼亚	54	13	41	76	8.1	57
东帝汶	44	22	22	166	5.4	43	马拉维	51	18	33	134	7.7	48
孟加拉国	43	15	28	138	5.8	52	坦桑尼亚	50	15	35	111	7.1	52
贝　宁	51	20	31	115	7.0	45	乌干达	50	16	34	108	7.3	50
科特迪瓦	51	15	36	101	7.4	52	赞比亚	51	14	37	84	7.2	52
马　里	50	22	28	175	6.7	43	埃塞俄比亚	44	23	21	155	6.1	41
尼日尔	51	22	29	140	7.1	44							

关于阿富汗的平均预期寿命，有些学者认为该国女性人口平均预期寿命低于男性，

是世界上很少出现这种状况的国家，其原因是女性的社会地位低下、医疗卫生条件极差、生育率又高所致。我们表4中所给的数据虽然不是女性低于男性，但这些原因牵制了阿富汗人口平均预期寿命的提高却是毋庸置疑的。

有关人口的其他问题

阿富汗人口正处在高出生、高死亡阶段。若按照英国学者布莱克的五阶段划分法，阿富汗则至多处在第二阶段即初级发展阶段。这种人口态势，导致了过低的平均预期寿命、过高的婴儿死亡率以及由此而造成的年轻型人口结构。目前对阿富汗人口结构的估计是：65岁及以上老人占总人口的比重是4%，15岁以下少儿占总人口的比重是46%，15～64岁人口占总人口的比重为50%。下面是唯一具有权威性的阿富汗1979年调查的该国人口年龄分布状况。见表5及图2、图3。

表5　1979年阿富汗人口年龄、性别构成

年　龄	男性人口（人）	女性人口（人）	性比例（%）	年　龄	男性人口（人）	女性人口（人）	性比例（%）
0～4	1234237	1296012	95.2	50～54	265119	245524	108.0
5～9	941782	909984	103.5	55～59	165573	105151	157.5
10～14	829330	712908	116.3	60～64	188075	160981	116.8
15～19	673335	524732	128.3	65～69	81850	51592	158.6
20～24	547507	490058	111.7	70～74	105394	84208	125.2
25～29	384569	431114	89.2	75～79	34145	20338	167.9
30～34	324031	406328	79.7	80～84	43204	33615	128.5
35～39	311744	310937	100.3	85⁺	31929	18912	168.8
40～44	301508	336802	89.5				
45～49	249045	199785	124.7	合　计	6712377	6338981	105.9

注：该表人口数据与表1《联合国人口统计表》数据一致。

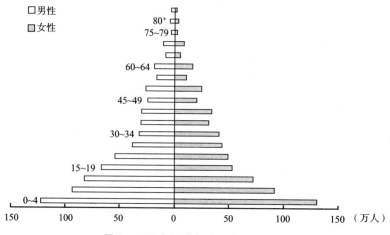

图2　1979年阿富汗人口年龄金字塔

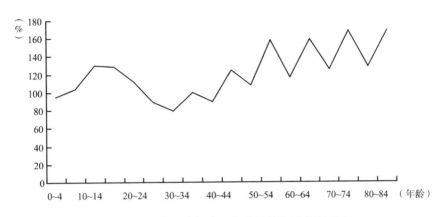

图3　1979年阿富汗人口年龄别性比例变动图示

从人口年龄金字塔中，可以看出阿富汗人口的增长状况，典型的年轻型人口是由于妇女生育率或总和生育率高所致，这意味着潜在的人口势头还在增加。

无论从人口年龄金字塔中，还是从性别年龄分布图中，均可看出阿富汗性别结构的奇特性。这种状况在世界上恐怕再也找不出第二个国家了。有些国家尽管存在着性别比例因年龄而异的情况，但起伏波动的频率没有这么快，其振幅也没有这么大，这与阿富汗大量难民移居或逃往国外有直接关系。据不完全统计，目前在国外的阿富汗难民多达500万人，占总人口的1/5～1/4，这显然是导致阿富汗人口性别结构剧烈变动的重要因素。值得一提的是，阿富汗高年龄组的男性人口仍然多于女性人口，这种状况甚至一直持续到最高年龄组，这在世界上是十分罕见的，难怪有研究者认为阿富汗女性人口平均预期寿命应该远远低于男性。同样值得指出的是，阿富汗的总体人口性别比为105.9∶100，属于性比例的正常范围，这一指标显然大大掩盖了各年龄组的性比例严重失衡状况。

关于阿富汗人口的地域分布。即使按照2000万人计，目前阿富汗的人口密度也不过每平方公里30人左右，在亚洲属于低人口密度国家。受地理环境的影响，阿富汗人口分布极不均匀，而且极不规律。如果说有规律的话，那就是阿富汗人口大部分都居住在取水方便的地区，这从全国四大城市的分布中可得到印证。首都喀布尔在最东部，1982年人口为103.64万人，境内喀布尔河流经此地。第二大城市坎大哈位于南部，人口19.13万人，阿尔甘达布等河流围绕该地。拥有15万人口的第三大城市赫拉特位于境内最西端，赫里河从旁边经过。最北面是拥有11.09万人口的第四大城市马扎里沙里夫，附近有班迪巴巴河。这四大城市酷似菱形的四个角点，吸引着这个国家的人口。如果以经济大区进行划分的话，中部地区人口最多；北部地区次之；南部地区有广布的沙漠，因此人烟稀少。从行政上看，1983年的阿富汗有29个省。其人口分布如表6。

表6　1983 年阿富汗的人口分布

省	面积 （平方公里）	人口 （人）	人口密度 （人/平方公里）	省	面积 （平方公里）	人口 （人）	人口密度 （人/平方公里）
喀 布 尔	4585	1717909	375	巴 尔 夫	12593	609590	48
卡 比 沙	1871	262039	140	乔 治 安	25553	615877	24
帕 尔 宛	9399	527987	56	法里雅布	22279	609703	27
瓦 格 达	9023	300796	33	巴德基斯	21858	244346	11
罗 喀 尔	4652	226234	49	赫 拉 特	61315	808224	13
吉 兹 尼	23378	676416	29	法 拉	47788	245474	5
帕克特雅	9581	506264	53	尼姆罗斯	41356	108418	3
纳恩喀哈尔	7616	781619	103	赫尔曼得	61829	541508	9
拉 格 曼	7210	325010	45	坎 大 哈	47676	597954	13
库 纳 尔	10479	261604	25	萨 波 尔	17293	187612	11
巴达克山	47403	520620	11	马尔兹坎	29295	464556	16
塔 哈 尔	12376	543818	44	柯 尔	38666	353494	9
巴 格 兰	17109	516921	30	巴 米 安	17414	280859	16
昆 杜 斯	7827	582600	74	帕克提卡	19336	256470	13
沙 曼 坎	15465	273864	18	本表合计	652225	13947786	21

在划分的 29 个省份中，有三个省份人口密度超过 100 人。尼姆罗斯省人口密度最低，仅为 3 人。

从城市的角度来看，阿富汗境内的城市化并不理想，城市人口不到总人口的 15%，是世界上城市化水平最低的国家之一。从城市人口的分布状况看，1983 年人口超过 2 万人的城市只有 13 座。人口超过 5 万人的城市除前述的 4 座以外，还有贾拉拉巴德（5.78 万人）和昆都士（5.71 万人）。以四位城市指数法衡量阿富汗的城市发展水平，其值为 0.6959，远远高于 0.5333 的标准要求，说明阿富汗的首都喀布尔的人口显得过分多了。[①]

阿富汗是个经济落后的农牧业国家，经济、社会等发展十分缓慢。1960~1980 年间，人均国民生产总值仅增长大约 10%，1981 年按人口平均的国民生产总值仅为 170 美元，大大低于其他西、南亚国家。农牧业一向是阿富汗基本的经济支柱，其就业人口占总就业人口的 78%，制造业规模不大，其中半数仍是比较落后的手工业，该部门劳动力比重为 7%；建筑业为 1.3%；商业和服务业占 13%；其他经济或非经济部门的就业人口比重为 0.7%。

---

① 四位城市指数是该国首位城市人口与前四位城市人口之和的比值。标准比值是 0.5333，高于此值说明首位城市人口过多，反之，表明首位城市人口较少。另外一个相关的指标是城市首位指数，它是第一大城市人口数与第二大城市人口数的比值。

阿富汗的文化教育十分落后，1980 年文盲率仍高达 80%，为世界上文盲率最高的国家之一，是亚洲文盲率最高的国家。不过，用历史的眼光看，这已经有了长足的进步。1960 年该国文盲率曾高达 90% 以上，之后联合国教科文组织的"三十年计划"改变了这一状况。1981 年，小学生入学率大概仅为 31%，中学生入学率为 11%，高等学校入学学生数占本年龄组别人数的 2% 左右。从卫生条件看，1980 年每名医生负担的人口数为 1.67 万人，每名护士负担人数是 2.6 万人，两项指标均居世界最落后的国家之列。

小结

阿富汗是世界上最不发达的国家之一，是亚洲最不发达的国家。其不发达有历史原因、自然地理原因，还有当今的人口原因。人口年龄构成年轻，是阿富汗落后的经济和浓厚的宗教意识造成的，而"年轻"的人口又会给阿富汗的社会经济发展带来沉重的负担和压力。面对这种情况，1974 年起政府的政策声明承认计划生育是妇幼保健所必需的，卫生部也建议把计划生育并入基本服务事业，阿富汗从此接受国际有关组织的援助，国际计划生育联合会也向阿富汗提供赞助，在国内计划生育知识也被广泛宣传。但是，这些活动并没有取到预期的效果，其原因是来自于经济、文化、社会各方面的消极情绪。据调查，在已婚育龄妇女中，不足 5% 的人采取避孕措施，这离政府初衷显然相距甚远。目前的妇女总和生育率仍高达 6.9 个，说明了这种手段的软弱性。

总之，阿富汗是所有国际人口研究机构所关心的国家之一。尤其在亚洲，阿富汗人口更具有其特殊性：（1）出生率高、死亡率高、婴儿死亡率高、总和生育率高；（2）人口平均预期寿命低、城市化水平低；（3）文盲率高，人均医生和护士数量少；（4）总体人口性别比例正常，但各年龄段却悬殊太大，最大差距为 89.1 个百分点；（5）人口年龄构成很"轻"；（6）人口分布不均匀；（7）游牧人口占有一定比重；（8）难民多，近 10 多年来由于战争迫使大量难民奔往他乡。

1989 年的阿富汗人口自然增长率是 2.6%，如果按此计算阿富汗境内人口到 2020 年时，可能增加到 3800 万人左右。事实上，苏联从阿富汗撤军以后，如果国内形势开始稳定，那么，流浪在外的 500 万人口一旦返回家园，必将会膨胀这一人口集团。

巴基斯坦（Pakistan）

巴基斯坦是位于亚洲南部、印度次大陆上的一个国家，东邻印度，东北与中国接壤，西北与阿富汗为邻，西南与伊朗比接，南濒阿拉伯海。全国面积 79.61 万平方公里。1989 年人口估计数为 1.104 亿人。人口密度每平方公里 138.7 人。首都：伊斯兰堡。

历史

南亚有几千年的悠久历史和光辉灿烂的古代文化，印度河流域是世界古文化发源地之一。印度河纵贯巴基斯坦全境，因此，目前的巴基斯坦地区在远古时期孕育了人类的文明。考古已经证明了在伊朗高原与印度河肥沃溪谷的中间地带的巴基斯坦古人类遗迹的存在。历史学还表明，在公元前4000~公元前3000年，此地已隐约出现了以农业为基础的都市文明，并且十分发达，足以与伊拉克境内的两河流域文明相比美。之后，陆续出现了孔雀王朝、贵霜帝国、笈多帝国等奴隶制国家。早期封建制国家绵延一千多年，当时的巴基斯坦与印度同属一个国家。直到20世纪初，整个次大陆仍是英国殖民地。巴基斯坦国的历史，始于1947年英国结束对印度的统治、印度分裂为两个独立国之时。1956年，定国名为巴基斯坦伊斯兰共和国。1971年，西、东两块领地的巴基斯坦分裂，东部地区独立为孟加拉国，西部地区便成为目前的巴基斯坦国。

民族、宗教和语言

在整个历史中，巴基斯坦是人来人往的一个重要地域。先后有雅利安人、希腊马其顿人、库善人、阿富汗人、蒙古人来过此地。大多是从西向东迁徙而来，没有或很少有从印度向西的逆流现象。目前的巴基斯坦人多是由上述民族的后裔或混合体组合而成。最大的民族有旁遮普人、信德人、普什图人和俾路支人，这些人构成了目前巴基斯坦的四大民族：（1）旁遮普人主要居住在旁遮普省，人口占全国65.1%，起源于土著居民与外来阿拉伯人、塔吉克人、阿富汗人的混合。（2）信德人主要在信德省，占全国人口的14.1%，他们是印度河流域古老民族之一，希腊马其顿人、萨克人、伊朗人、突厥人等都给他们的形成以很大影响。（3）普什图人占全国人口的15.7%，主要居住在西北边境省。（4）俾路支人主要居住在俾路支省，占全国人口的2.3%，该族祖先是11~13世纪由伊朗东南部的克尔曼和锡斯坦迁到今日俾路支斯坦的，在此他们同土著伊朗人、印度雅利安民族及布拉灰部落融合，成为现今俾路支人的祖先。从人种学角度看，旁遮普人、信德人均属欧罗巴人种南支；普什图人和俾路支人属欧罗巴人种印度帕米尔类型。除了上述四大民族之外，巴基斯坦境内稍大的民族还有古吉拉特人、拉贾斯坦人、印度斯坦人、科希斯坦人等。

乌尔都语是巴基斯坦的国语。根据宪法，英语作为官方语言保留15年。除这两种通用语言外，各省的语言也广泛应用。

公元8世纪，阿拉伯军队进入这一地区时当地居民开始接触伊斯兰文化，使得目前的巴基斯坦成为典型的伊斯兰教国家。穆斯林占全国人口的96%以上，多半为逊尼派教徒。基督教徒占总人口的3%左右。印度教徒占不到人口的1%。

人口变动

巴基斯坦的人口增长速度是显而易见的。1901年人口约为1700万人。1947年脱离印度独立时，巴基斯坦总人口为2400万人。到1951年人口已达3439万人，1958年突破4000万人，1964年突破5000万人，1970年突破6000万人，1975年突破7000万人，1980和1984年又分别超过8000万人和9000万人。目前的人口已超过1亿人。从独立到1989年的42年间，人口增长3.6倍，年均增长率高达3.7%，在亚洲，人口发展速度属于中、上等水平（参见表1）。

表1　巴基斯坦的人口变动

单位：万人

年份	1947	1951	1952	1953	1954	1955	1956	1957	1958	1959	1960	1961	1962	1963
人口	2400	3439	3520	3602	3687	3774	3863	3954	4047	4142	4240	4298	4828	4967
年份	1964	1965	1966	1967	1968	1969	1970	1971	1972	1973	1974	1975	1976	1977
人口	5110	5258	5410	5565	5726	5891	6061	6243	6430	6684	6884	7090	7302	7520
年份	1978	1979	1980	1981	1982	1983	1984	1985	1986	1987	1988	1989		
人口	7745	7946	8214	8460	8613	8973	9219	9472	10190	10220	10750	11040		

　　1950年世界上超过5000万人口的大国只有8个，当时的巴基斯坦人口仅为3000多万人。15年以后的1965年，人口超过5000万人的大国已有11个，巴基斯坦已跻身于泱泱大国之列，名列第九。1981年，世界上超过5000万人口的国家进一步增加至16个，巴基斯坦仍然名列第九，但它前面的第八名已由"新星"孟加拉国取代了昔日的联邦德国。1989年，世界上人口超过1亿人的国家有10个，即中国、印度、苏联、美国、印度尼西亚、巴西、日本、尼日利亚、孟加拉国、巴基斯坦。巴基斯坦被"窜"到前面的尼日利亚排挤到了第十位（参见表2、图1）。

表2　巴基斯坦人口年均增长率及突破"千万"的时间

时　期	年均增长率（％）	人口（千万人）	突破"千万"的时间 年份	突破"千万"所需的时间 年
1947～1960	4.47	3	1950	
		4	1958	8
1961～1970	3.60	5	1964	6
		6	1970	6
1971～1980	3.09	7	1975	5
1981～1989	3.34	8	1980	5
		9	1984	4
1947～1989	3.70	10	1986	2

　　巴基斯坦人口增长快的原因主要是死亡率的下降。长久以来，一直困扰着巴基斯坦农村地区的疟疾，在近几十年中得到了有效的控制，致使该国的死亡率大幅度地降了下来，加上本来就高的出生率，巴基斯坦人口出现了"激增"现象。像有些伊斯兰国家一样，巴基斯坦的经济落后、宗教色彩浓重、医疗卫生条件差等都因此阻碍了人口出生率的下降（参见表3）。

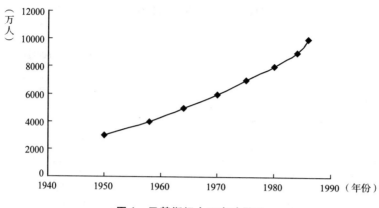

图1　巴基斯坦人口变动图示

表3　巴基斯坦人口自然变动及有关指标

年　份	出生率 （‰）	死亡率 （‰）	自然增长率 （‰）	婴儿死亡率 （‰）	平均预期寿命（年）	
					男	女
1953	49.6	28.0	21.6		39.3	38.9
1958	48.8	24.5	24.3		42.3	41.9
1963	48.1	21.4	26.7	150.0	44.0	46.0
1968				124.3	47.4	47.3
1973	46.8	16.5	30.3		49.4	49.2
1978	46.6	14.7	31.9	131.2		
1980	44.0	16.9	27.1			
1984	42.0	15.0	27.0	116.0	52.0	50.0
1986	47.0	15.0	32.0	111.0	52.0	51.0
1989	43.0	14.0	29.0	120.0	54.0	

　　从1953到1989年的36年间，巴基斯坦出生率下降了13.3%，死亡率下降了50%，由此使得自然增长率提高了34.3%；平均预期寿命从不足40岁增长到54岁，提高了14年左右。这与医疗卫生条件的改善有直接的关系。但是，由于种种原因，婴儿死亡率在巴基斯坦国久久不能大幅度降下来。

　　从分性别的人口平均预期寿命来看，巴基斯坦的男性人口预期寿命高于女性人口，这在世界上是十分少见的。但是，在伊斯兰国家中，却有"一批"这样的国家，如伊朗、阿富汗等。说到底，这均是由于妇女地位低下、医疗卫生条件差、妇女生育率高所致。1988年世界银行发展报告为我们提供了这样的数据，见表4。

表4　若干国家每10万名分娩产妇的产妇死亡人数

单位：人

国 家	比 率	国 家	比 率	国 家	比 率	国 家	比 率	国 家	比 率	国 家	比 率
巴基斯坦	600	印 度	500	埃塞俄比亚	2000	加 纳	1400	加拿大	2	美 国	9
孟加拉国	600	土耳其	207	贝 宁	1680	索马里	1100	丹 麦	4	芬 兰	5
阿富汗	640	中 国	44	尼日利亚	1500	突尼斯	1000	瑞 典	4	日 本	15

毫无疑问，妇女分娩时死亡率高，是导致女性人口平均预期寿命低的原因之一。

人口结构

巴基斯坦的人口无疑是"年轻"型的，这是持续不下的高出生率与缓慢下降的死亡率组合的必然结果（参见表5、图2）。

表5　巴基斯坦人口年龄构成变动情况

单位：%

年　份	0～14岁人口	15～64岁人口	65岁及以上人口	老少比
1951	28.35	66.69	4.96	17.5
1961	44.50	49.53	5.97	13.4
1968	43.50	52.64	3.86	8.9
1981	45.20	50.70	4.10	9.1

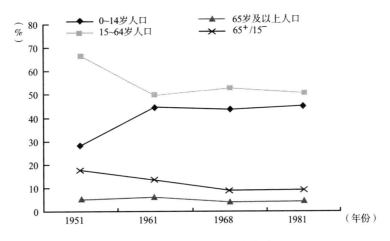

图2　巴基斯坦人口年龄结构变动图示

图2显示了几十年来巴基斯坦人口年龄构成的变动情况。下面是巴基斯坦1981年的人口年龄构成及据此而做的人口年龄金字塔（参见表6、图3）。

表6　1981年巴基斯坦人口年龄、性别构成

年　龄	男性人口（人）	女性人口（人）	性比例（%）	年　龄	男性人口（人）	女性人口（人）	性比例（%）
0～4	6469467	6624403	97.7	45～49	1597534	1422457	112.3
5～9	6865998	6333866	108.4	50～54	1575230	1270196	124.0
10～14	5742527	4813367	119.3	55～59	846442	747115	113.3
15～19	4139099	3572027	115.9	60～64	1214283	877059	138.4
20～24	3300031	3039011	108.6	65～69	538970	428626	125.7
25～29	2854401	2677432	106.6	70～74	634587	469627	135.1
30～34	2335413	2237351	104.4	75 +	737749	572035	129.0
35～39	2080305	1967350	105.7	合　计	42823596	38783479	110.4
40～44	1891560	1731557	109.2				

说明：与表1数据略有出入。

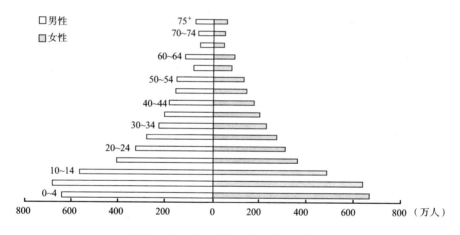

图3　1981年巴基斯坦人口年龄金字塔

　　图3金字塔图形不仅说明了巴基斯坦的人口呈扩张型，而且也进一步说明了自20世纪50年代末期以后，人口在基数扩大的情况下，更加膨胀了起来。

　　从性别看，1981年巴基斯坦的性别比显然偏高，达110.4∶100。据1972年的资料，当时该国性别比例也很高，达112.9∶100。由此判定：巴基斯坦是性比例严重失衡的国家，这是大多数笃信伊斯兰教国家所具有的共同特征。如伊朗1977年为106.3，叙利亚105.3，阿富汗105.9。

　　各个年龄组的性别比，尽管不像阿富汗那样极不均匀，但其波动幅度也令人咋舌。尽管0～4岁组性别比出人意料地男性少于女性，但其后性别比逐渐增加。在16个年龄

段中，只有 0~4 岁和 30~34 岁两个年龄组女性人口多于男性人口，其余均是男性多于女性（参见图 4）。

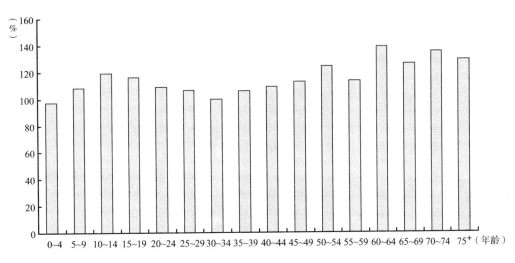

图 4　1981 年巴基斯坦人口年龄别性比例分布图示

人口分布

巴基斯坦的人口分布与其民族构成有密切关系。换句话说，巴基斯坦行政区划的四个省份与四大民族的分布相当吻合（参见表 7）。

表 7　1982 年巴基斯坦的人口分布

省或区	面积（平方公里）	人口（人）	人口密度（人/平方公里）	省或区	面积（平方公里）	人口（人）	人口密度（人/平方公里）
俾路支省	347188	4335000	12	伊斯兰堡	907	355000	391
西北边境省	74522	11885000	159	联邦政府直辖区	27220	2275000	84
信 德 省	140913	19966000	142	总　　计	796095	86132000	108
旁遮普省	205345	47316000	230				

首都伊斯兰堡所在的旁遮普省在巴国东面，从地理学的角度看，该地区水源丰富，土壤肥沃，农耕历史悠久，人口最为稠密。西北边境省面积不大，但人口较多，主要居住着普什图人，该省西邻阿富汗，阿、巴常在普什图尼斯坦发生纠葛。信德省位于印度河下游平原，本省的经济地位在全国仅次于旁遮普省，1982 年的人口密度是每平方公里141 人，主要以信德族居民为主。俾路支省在巴基斯坦的西南角，面积最大，人口最少，这主要与干燥的气候有关，但矿藏资源丰富，又濒临阿拉伯海，战略地位十分重要。总体而言，巴基斯坦人口分布基本均匀，唯西南部人口稀疏。

就巴基斯坦的城市来说，多是由过去英国殖民地时期的行政中心发展起来的。如卡拉奇在 200 多年前不过是个小渔村，目前则变成了拥有 500 多万人口的特大城市。首都伊斯兰堡是 20 世纪 50 年代末 60 年代初才决定兴建的，目前有人口 30 多万人。尽管巴基斯坦城市星罗棋布，但超过 20 万人口的城市只有 15 座左右（参见表 8）。

表 8　巴基斯坦人口超过 20 万人的城市

单位：人

城　市	人　口	年　份	城　市	人　口	年　份	城　市	人　口	年　份
卡 拉 奇	5103000	1984	木 尔 坦	730000	1981	锡亚尔科特	296000	1981
拉 合 尔	2922000	1984	古杰兰瓦拉	597000	1981	萨 戈 达	294000	1981
费萨拉巴德	1092000	1984	白 沙 瓦	555000	1982	奎 达	285000	1981
拉瓦尔品第	938000	1984	兰提－戈伦吉	551236	1972	塔克西拉	200000	1981
海德拉巴	800000	1984	伊斯兰堡	359000	1983			

由于新首都的建立，卡拉奇的人口负担有所缓解，用四位城市指数衡量，其值为0.50751，略低于正常标准值。说明卡拉奇与其他城市在人口方面是相匹配的。

1989 年，巴基斯坦的城市人口总数大约为 3090 万人，占总人口的 28% 左右，几十年来这一比值变化很小，1965 年城市人口比重即为 24%，1975 年为 26.3%，20 年来仅提高了 4 个百分点，显然是十分缓慢的，主要是由于广大农村的生育率远远高于城市所致，此外，经济发展落后则是重要的、带有根本性质的原因。

尽管巴基斯坦自独立以来经济各部门都有了很大发展，但总的说来仍是一个经济落后的农业国。1989 年人均国民生产总值为 350 美元，在南亚诸国中名列第二，仅次于斯里兰卡人均 400 美元的平均值。巴国经济落后的状况反映在经济结构中则是：1965 年农业劳动力比重为 60%，1980 年降至 55%；工业劳动力比重同期从 18% 降至 15%；相应的服务业从 22% 提高至 30%。

国民教育及其他

"巴基斯坦"的含义是"清真的土地"，因此，就连学校教育也洋溢着"清真"的气氛。在实行中、小学教育免费的同时，强调伊斯兰教育。巴基斯坦教育的基本目标是提高偏低的识字率。1985 年，文盲率仍高达 74%，尽管比 1960 年的 85% 有了明显降低，但仍属世界上成人识字率最低的国家之一，在亚洲仅高于邻国阿富汗和也门国。1981 年，每百名学龄儿童只有 56 名可进校就读，中学入学率 17%，高等教育入学率 2%。1980 年，巴基斯坦每名医生负担人口数 3480 人，每名护士负担数达 5820 人。

小结

巴基斯坦的人口特点主要有：（1）人口增长速度快；（2）人口十分"年轻"；（3）人口性别构成严重失衡；（4）女性人口平均预期寿命接近或低于男性人口预期寿命；（5）人

口增长潜力很大。

面对这种状况，巴基斯坦政府长期以来一直关心本国的人口问题。于 20 世纪 60 年代中期开始的一项大规模的计划生育活动使巴基斯坦人口中具有计划生育知识的人显著增加。不过，巴基斯坦的避孕率始终没有超过 5% 或 6%，原因很明显，是由于避孕药具使用始终未能得以广泛普及，加之在这一文盲众多的国度内人们难以有效掌握避孕方法。巴基斯坦政府已表示，希望降低人口增长率。当时任总统的齐亚哈克曾亲自对这项工作给予支持。有关机构甚至认为，在推行官方计划生育活动的国家中，巴基斯坦是走在前面的一个。事实上，20 世纪 50 年代政府就通过 1953 年成立的巴基斯坦计划生育协会，对计划生育活动给予支持。政府直接参与计划生育活动是在 1965 年。

尽管政府对此做了很多工作，并投入大量资金，但并未达到预期的效果。如第六个五年计划准备把人口出生率从 1983 年的 40.3‰ 降至 1988 年的 32.6‰，但以后的测算值显然远远高于这一目标。目前认为巴基斯坦的出生率至少在 40‰ 以上，妇女总和生育率也不是原计划的 4.3 而是 6.5。造成这种情况的主要原因是（1）经济因素；（2）宗教因素；（3）文化因素；（4）医疗卫生因素。其中，伊斯兰教义根深蒂固于人们的脑海之中，不能不说是与计划生育相悖的重要因素。

按照目前的增长速度发展下去，则每隔一代人（24 年），巴基斯坦人口就将翻一番，到 2020 年人口将达 2.422 亿。美国人口学会在 20 世纪 80 年代对巴基斯坦的人口预测见表 9。

表 9　预测 1980 ~ 2030 年巴基斯坦假设妇女生育率下降所达到的人口数

单位：百万人

年龄＼年份	1980	1990	2000	2010	2020	2030
0 ~ 14	36.8	46.0	56.1	63.1	65.6	59.7
15 ~ 64	41.4	59.6	80.6	107.3	136.7	165.2
65 岁及以上	3.4	4.0	5.8	7.9	10.7	14.9
15 ~ 49 岁妇女	16.6	24.1	33.6	45.0	56.5	65.4
全部人口	81.6	109.5	142.4	178.4	212.9	239.8

参考资料

〔美〕布朗等：《世界人口宏观》，吴铮、吕湘仁译，北方妇女儿童出版社，1986。

柬埔寨（Cambodia）

柬埔寨是一个平原国家，位于东南亚中南半岛上的湄公河下游。大约在公元前2000年，湄公河和金边湖之间就具有了新石器文化，这是由今日高棉人的祖先所开创的。传说，约在1世纪时，在这块土地上建立了一个称之为"扶南"的国家，这是一片受印度文化影响很深的土地。当时这里曾经有过短暂的兴旺时期，不过到了公元6世纪"扶南"国开始衰落，被湄公河中游的新兴国家真腊族所征服。这一地区的北方有豆蔻山脉和泰国相接，南濒暹罗湾，东南与越南接壤，因而在14～16世纪时一直与旧时的暹罗和越南进行着无休止的战争。时至19世纪的1858年，欧洲人又开始窥视高棉。首先闯入这一块土地的欧洲人是法国人，历经了几年的战争以高棉人失败而告终。1863年，正式沦为法国殖民地。直至1953年，独立之风席卷亚洲大陆时，柬埔寨才脱离法国殖民统治恢复独立。

柬埔寨的人口数据是十分缺乏的，1980年柬埔寨人口估计数是887万人左右，按照18.1万平方公里的国土面积计算，该国人口密度每平方公里49人。首都：金边。

目前柬埔寨的国土上，曾痕刻着史前时代人类的足迹。不过，历史上有关高棉族的记载却是公元2世纪以后的事情。因为在此之前的几千年里，此地一直为东南亚系的蒙族所占有。这样，从历史上看，柬埔寨这一现代国家则是由高棉人创建的。

殖民地时期，柬埔寨人口并不多。20世纪初，总人口大约只有160万人左右，属于中南半岛上人口较少的国家。独立后，人口有了较快的发展。20世纪50年代末，总人口便增加到近500万人。尽管战争连绵不断、政局动荡不稳、人口大量死亡，但是，其人口终归还是在增长着。时至1979年，全国人口已达870万人（参见表1）。

表1　柬埔寨的人口变动

单位：万人

年份	1911	1945	1950	1955	1958	1959	1960	1962	1965	1970
人口	163	323	407	471	474	484	544	572	614	706
年份	1971	1972	1973	1974	1975	1976	1977	1978	1979	1980
人口	727	749	771	792	811	828	843	857	872	887

战争给柬埔寨的人口统计带来很大的困难，像柬埔寨这样人口总数有着相当大争议的国家，在世界上大概是很少见的。但不论怎么说，其人口总数仍在增加。美国人口咨询局对柬埔寨全国总人口的估计数是这样的：1981年为550万人，1986年为640万人，1989年为680万人。而苏联学者则认为1975年柬埔寨的人口就达到了850万人。在只有几百万人口的国家，其估计数竟相差200万人左右。

　　和历史一样，目前南亚语系的高棉语族人在这片土地上仍占绝大多数，大约占总人口的88.9%；其次是越南语族人，占总人口的比重为4.5%；其他各语族的人口及其在总人口中的比重依序为：汉语族人（3.5%），澳尼语系人（2.3%），泰语系人（0.5%），其他语系或语族人（0.3%）。

　　公元9～13世纪之间，高棉族处在极盛时期，从而在湄公河流域确立了独特的文化。高棉人信奉佛教，90%左右的教徒为南支佛教徒，即小乘佛教徒，因此，佛教为该国的国教。不过，一些古老的民族如早期从越南迁到此地的占族人、马来人等属澳尼语系的人，则笃信逊尼派伊斯兰教。此外，山地高棉人则保留着土著传统信仰。

　　柬埔寨语为柬埔寨人的国语。

　　在中南半岛上最古老的古生代地层上，柬埔寨只占有18.10万平方公里的面积。这对于有着880万人口的国家来说人口密度每平方公里达49人左右。不过，该国的人口分布并不均匀。湄公河流域、金边四郊、洞里萨湖沿岸和近海低地人口最为稠密，人口密度每平方公里甚至高达200人左右，而在西北部地区，人口密度较低，有些地区每平方公里甚至仅有3～5人。柬埔寨人的生计多半依赖于农业，因此，农业人口占全部人口的88%左右。城市人口只有12%，其中有40万人聚居在首都金边。

　　在独立之前，柬埔寨一直陷于无穷的战争之中。而在独立之后，这一地区也始终未能宁静过，战火纷飞，致使人口死亡率很高。到20世纪60年代前期，人口总死亡率还高达20‰以上。过高的死亡率必然伴随着具有补偿性质的更高的出生率，唯此才能使高棉人得以延续。至20世纪70年代末期，该国人口出生率一直维持在45‰左右的极高水平，从而使得自然增长率也高达25‰以上（参见表2）。

表2　柬埔寨人口自然变动指标

单位：‰

指标＼年份	1953	1958	1963	1968	1973	1975	1986	1989
出生率	49.4	49.4	48.0	46.9	45.9	46.7	41.0	40.0
死亡率	25.1	23.1	21.0	19.1	16.9	19.0	18.0	17.0
自然增长率	24.3	26.3	27.0	27.8	29.0	27.7	23.0	23.0

　　与对人口总数的估算一样，这里的三项指标也有一定的出入。不过，总的来说，柬埔寨几十年来人口变化的特点是：高死亡率、更高的出生率、较高的自然增长率。目前，人口出生率和死亡率大概分别为40‰和17‰。

　　总人口死亡率达到20‰左右，那么，婴儿死亡率必然更高。据估计，该国1960年婴儿死亡率为130‰，1970年则为150‰。不过，有些研究人员认为130‰左右可能是比较符合实际的。除了只有70万人口的东帝汶之外，柬埔寨的婴儿死亡率是东南亚地区最高的国家。

与此相应，人口平均预期寿命则不可能有较大的提高。尽管医疗卫生水平较之以前有了一定的改观，但战争却残酷地降低了人口的平均预期寿命（参见表3）。

表3　1950~1989年柬埔寨人口平均预期寿命

单位：年

年　份	1950~1955	1958~1959	1960~1964	1965~1969	1970~1975	1981	1986	1989
男	38.1	44.2	42.0	44.0	44.0	45.0	43.0	48.0
女	40.8	43.3	44.9	46.9	46.9			

即使在发展中国家，柬埔寨人口的平均预期寿命也属于低水平之列。

老挝（Laos）

老挝地处东南亚中南半岛北部，国土南北狭长，是个内陆国家。四周与柬埔寨、越南、泰国、缅甸等国接壤，其政治动向常因邻国的变化而有所改变。近年来，经济仍无起色，当属世界上最不发达的国家之一。

老挝有4/5的面积为山地或高原，地质构造相当复杂，既有前寒武纪地质，又有新生代第三纪的喜马拉雅造山运动所形成的山脉。在这样一片国土上，属于老挝国的范围有23.68万平方公里，其上居住的人口约有420万人，以此计算的人口密度，每平方公里18人左右。首都：万象。

老挝旧时称寮国，乃因该地居民多为寮族。不过，从总的方面看，寮族不过是泰族中的一支，其语言也与泰语雷同。除寮族之外，还有崩龙－佤族、苗瑶族、孟－高棉族乃至越南族、汉族、藏缅族等。寮族人在此地居住时间最为久远。像苗族、瑶族等只是在中世纪才从北迁居而来。越南人于17世纪开始进入老挝。中国人则更晚一些，及至19世纪中叶才迁居此地，而且，为数也极少，据统计只有4万人。

各族人口移入时间差异颇大，迁入后居住地带也不尽相同。其民族分布从总体上讲具有明显的垂直地域性。比如寮族人多聚居在河流平原；山地泰人、山地高棉和崩龙－佤人则住在较高的地带；至于那些苗、瑶族以及藏缅族人则住在最高的地区。由此而使得他们之间的经济文化形成极大的差别。一般将这种民族垂直分布称之为平原老挝人、山地老挝人和山顶老挝人。

尽管属于不同的民族，但却同属于泰语类，所以国语为老挝语。由于几十年前老挝还是法属殖民地，因此，至今法语仍被广为使用。

由于大多居民为寮人，因此宗教信仰较为单一，绝大多数笃信佛教，为小乘佛教徒。基督教徒异常少见。此外，还有零星的土著古老原始宗教的崇拜者，但大多散布在边境及深山老林之中。

　　老挝人口自古稀少。至今人口密度仍为每平方公里 18 人左右。由于人口密度稀疏，地理条件先天不好，加之国内交通、通信又异常不便，因此妨碍了社会的发展。况且，人口分布还不是十分均匀，在寮族居住的河流平原人口最为稠密，全国近 2/3 人口居于此地，居住在高山地带的人口却极为稀少。总体上讲，老挝是东南亚人口密度最小的一个国家。

　　老挝工业基础十分薄弱，全部劳动力中只有 6% 的人从事工业。城市人口不足 10%。首都万象只有 21 万人，第二大城市琅勃拉邦有人口 5 万人，其余城市如沙湾拉吉为 4.5 万人，百细为 4.4 万人，萨那希里为 1.4 万人，他亚为 1.3 万人。城市人口总计不足 40 万人。

　　关于老挝的人口总数，目前仍有争议。有关统计汇编的数据见表 1。

表 1　老挝的人口变动

单位：万人

年份	1945	1950	1955	1960	1965	1970	1975	1977	1980	1981	1982	1983
人口	119	185	209	234	263	296	330	346	390	400	410	421

　　国外一些机构如美国人口咨询局推算老挝总人口 1986 年为 377 万人，1989 年为 390 万人。之所以有类似于柬埔寨的情况出现，也是因为国内政局不稳、炮火连绵不断引起的。不过，这种争议之误差，较之柬埔寨来说则小了很多。

　　老挝人口的出生情况，也几乎没有国内所公布的资料，大多为联合国根据其特殊情况估计的数字。死亡状况、人口自然增长状况也都是由联合国人口机构推算所得（参见表 2）。

表 2　老挝人口自然变动指标

单位：‰

指标＼年份	1950	1960	1970	1975	1980	1981	1982	1986	1989
出生率	44.2	43.3	45.0	44.6	43.1	40.6	41.0	41.0	41.0
死亡率	24.9	22.4	22.8	22.8	17.3	15.5	16.0	18.0	16.0
自然增长率	19.3	20.9	22.2	21.8	25.8	25.1	25.0	23.0	25.0

　　尽管历史上的老挝人口并不多，但是从 20 世纪中叶开始，人口便迅猛增加，自然增长率平均在 20‰ 以上，最高年份甚至达到近 26‰。如果以 1960 年为 100 的话，那么 70 年代的老挝人口便是 126.74，80 年代为 166.88，1983 年则为 180.15。二十几年总人口增长近 1 倍。应当说，老挝的人口粗死亡率由于各种原因并不低，只是到了 20 世纪 70 年代后期，才下降到 20‰ 以下。因此，该国几十年来高自然增长率并不是因为死亡率的大幅度下降所引起，而是以更高的出生率作为补偿的。

老挝的婴儿死亡率同样没有官方统计数字。根据其社会经济发展水平、战争状况以及总人口的粗死亡率等各方面的状况，联合国人口机构估计为110‰～120‰之间。

至于人口平均预期寿命，其情况如表3所示。

表3　1950～1989年老挝人口平均预期寿命

单位：年

年　份	1950～1954	1955～1959	1960～1964	1965～1969	1970～1975	1981	1986	1989
男	36.5	39.1	39.1	39.1	39.1	42.0	44.0	49.0
女	39.2	41.8	41.8	41.8	41.8			

在东南亚11个国家和地区中，一半以上的国家人口平均预期寿命接近或超过60岁，只有东帝汶、柬埔寨、老挝的人口平均预期寿命不足50岁。这一数值仅相当于20世纪20年代初期世界总人口的平均期望寿命水平。

除此之外，老挝在东南亚地区属于人口最"年轻"的国家（参见表4）。

表4　1989东南亚各国（地区）人口年龄构成

单位：%

年龄 国家	0～14	15～64	65岁及以上	年龄 国家	0～14	15～64	65岁及以上
文　莱	37	60	3	马来西亚	37	59	4
缅　甸	39	57	4	菲律宾	41	56	3
东帝汶	35	62	3	新加坡	23	72	5
印度尼西亚	39	58	3	泰　国	34	62	4
柬埔寨	35	62	3	越　南	40	56	4
老　挝	43	54	3	东南亚以上各国（地区）	39	57	4

老挝1989年约有40%的人口只有15岁或者更小，主要是由于20世纪60年代中后期的高生育率以及70年代稍微下降的死亡率所引起。这一抚养系数——15岁以下和64岁以上人口与15至64岁人口的比例——是很高的，基本上达到了一比一。这种年龄结构不仅给当前的经济发展带来了困难，而且还意味着，在未来20年中，进入劳动大军的年轻人的数目还会继续增加。另外，老挝妇女的总和生育率在东南亚地区也首当其冲，高达5.7个，这进一步意味着，今后一段时期内出生率还会很高，如果死亡率维持目前的水平或者进一步下降的话，人口增长速度显然还要加快。

除了动荡不安的政局使老挝的死亡率高、具有补偿性的出生率也高以外，落后的经济、封闭的文化，也是造成这种结果的原因。20世纪60年代，老挝国的成人识字率仅达到28%；70年代上升至40%；80年代以后，成人识字率仍未超过44%。小学生入学率为 97%，中学生入学率为 18%，高校入学率几乎为零。有些资料认为老挝高等学校在校生约有 1300 多人。不管怎么说，老挝人口的文化素质是低下的。在这种文化背景、经济背景、社会背景下，老挝的人口转变还要经历很长一段时间。如果按照 1989 年的人口增长速度发展下去，到 20 世纪末老挝的人口约为 534 万。在国土面积不变的情况下，人口密度上升为每平方公里 23 人。

日本（Japan）

概述

日本是亚洲大陆东面太平洋西北部的一个岛国，东濒太平洋，西隔东海、黄海、朝鲜海峡、日本海同中国、朝鲜半岛、苏联隔海相望。日本领土由北海道、本州、四国和九州四个大岛及附近 3900 多个岛屿组成，国土总面积约 37.7 万平方公里，其中四大岛面积占全国总面积的 96%，尤以本州岛为最大，地位也最突出。日本列岛由东北向西南延伸，呈弧形排列，南北距离 2400 公里，东西仅有 200 公里。日本的行政区划分为：一都（东京都）、一道（北海道）、二府（京都府、大阪府）和 43 个县。日本地理的基本特征是地表崎岖、火山众多、地震频繁、山脉纵横、平原狭小、分布零散；气候四季分明，温和湿润。

就是在这样一个气候宜人、地带狭窄的岛国上，却生活了 1.2 亿人左右的人口，这一数值仅次于中国、印度、美国、印度尼西亚、巴西和苏联等国而排在世界第七位。从历史上看，日本国由于是一个岛国，其人类居住的历史并不长，估计公元前 400 年人口仅约 3 万人。纪元初年为 30 万人，到 18 世纪初江户幕府进行最初的国势调查时已达到 2900 万人以上。

日本国从幕府末期开港后到 1868 年明治维新的 35 年间，经济发生了很大变化。这一时期的经济特点是，资本主义势力破坏了日本的封建经济，从外部推进了原始积累，一方面促使了日本资本主义萌芽在曲折的道路上有所生长，而另一方面又不断地压抑和摧残着日本资本主义自生的条件。从明治维新以后，日本便开始了向资本主义迅速发展。这时，明治政府确立了实现资本主义体制和国民经济近代化的目标，在"殖产兴业"、"富国强兵"的口号下，自上而下地推行资本主义生产方式，大力引进先进技术和设备，积极发展教育事业，从而为日本成为现代高度发达的资本主义国家奠定了基础。与经济迅速发展相应，日本人口也发生了急骤的变化。日本人口在明治以前的很长一段时间一直停留在 3000 万人左右，而到明治初年的 1868 年，便达到 3500 万人左右。从 19 世纪 80 年代到 20 世纪初，总人口由 1897 年的 4240 万人增加到日本第一次人口普查时（1920 年）的 5573 万人。随后又继续增加，1936 年人口超过 7000 万人。由此可见，日本人口迅速发展的时期是 19 世纪后半期到 20 世纪初这一段时间，而这一期间正是日本资本主义迅速发展的时期。应该说，日本人口的迅速增长和日本资本主义的发展是同时并进的，日本人口的发展速度在第二次世界大战前便达到人口历史的顶峰，第二次世界大战后则是从峰顶开始下降的阶段。

人口出生与死亡

日本人口在第一次国势调查的 1920 年之前，一直处于增长状态。从绝对数来看，人口一直在增加，但年增长率却从 20 世纪 30 年代初开始下降，出生率和死亡率的下降则更早一些，两者几乎同时在 1920 年后开始。

日本人口演变过程有这样一些特点：（1）19 世纪末 20 世纪初人口出生率呈上升状，死亡率从 19 世纪末已基本稳定在 20‰左右。（2）日本人口整个演变过程中几乎没有经历"高低高"的人口再生产类型，即便有出现死亡率首先下降并且下降速度很快的现象，这一情况也有别于美国的汤普森和诺林斯坦的人口转变理论，这是日本人口发展过程中的最大特点。（3）从 1920 年起，出生率和死亡率同时开始下降，并且是沿着直线方向下降，两个指标的直线下降一直延续了 15 年之久，只是 1937 年中日战争爆发才使这一直线趋势中断，若把这两条直线延续到战后，可以看出，这两条直线与实际出生率和实际死亡率呈现同方向且最终表现基本上是等速的。

从第二次世界大战后的情况看，日本人口的增长大约经历了如下四个不同的发展阶段。

（1）1947～1949 年：人口激增时期。战争结束后，485 万军人遣返回国，150 万包括军人在内的其他人口也由殖民地遣返回国。这一状况不但促使了这一时期存活人口的增加，更为重要的是形成了一股势不可挡的结婚高峰，随之而来的便是人口出生高峰。

（2）1950～1957 年：人口出生率和死亡率竞相降低的阶段。这一时期的人口发展曲线图表明了两个指标锐减的陡峭形势，因此，日本此时第一次步入了日本人口史上"少生少死"的阶段。

（3）1958～1973 年：战后的这 15 年间，人口发展状况表现出了两方面的特点：一是出生率及死亡率都处于相对稳定低增长阶段，二是在其演变过程中出现了一次小的"回潮"。不过，在 1964 年之前，每个妇女所生子女数（人口净再生产率）已降到 1 以下，只是进入了 20 世纪 70 年代后，由于战后第一次生育高峰期出生的青年已达到生育年龄的缘故，才有了第二次生育高峰，不过这时的出生率也只是在 19‰左右波动（参见表 1）。

表 1 1947～1964 年日本的妇女生育率

单位：个

年份 指标	1947	1948	1949	1950	1951	1952	1953	1954	1955	1956	1957	1958	1959	1960	1961	1962	1963	1964
总 和 生育率	4.54	4.39	4.31	3.65	3.26	2.97	2.69	2.48	2.36	2.22	2.04	2.11	2.03	2.00	1.96	1.97	2.00	2.04
净 再 生产率	1.72	1.76	1.75	1.51	1.39	1.29	1.18	1.09	1.06	0.99	0.92	0.96	0.94	0.92	0.91	0.92	0.94	0.96

日本人口学家大渊宽先生认为，之所以人口转变要分为战前和战后，其理由是：①从人口方面来看，战前的出生率下降是由于有配偶率低而形成的马尔萨斯式的下降，而战后的出生率下降是以结婚生育率下降为主要原因的新马尔萨斯式的下降；②从社会经济方面来看，工业化、城市化、人均生产水平与生育率之间的关系，战前和战后完全不同，而且对于社会经济变化所反映出的出生率变化，在速度上战前与战后也大不相同。战后由于生育率和死亡率的改变，使自然增长率下降到 1% 左右。这一方面刹住了人口的急速增长，另一方面也消除了日本国民因经济不振而产生的人口过剩危机感。在生育率转变的同时爆发了朝鲜战争（1950～1953 年），日本的经济也从此转入了恢复阶段，并开辟了经济高速增长的道路，这就使得日本在名义和实质上都走上了真正的自主复兴的道路。然而急速下降的生育率使年龄构成发生了很大变化，这在很多方面都影响着日后的日本经济。

（4）从 1974 年起，日本人口的演变过程进入了新阶段。从这一年开始，出生率在已经低的水平上出现了再次下降的局面。死亡率在 1968 年已降至 13‰，到 1975 年则进一步降至 6.6‰，随后甚至一直维持在 6‰ 的极低水平。这一指标仅高于文莱、新加坡、科威特等几个小国。如果在超过 5000 万人口的大国之间进行对比的话，毫无疑问，日本是世界上人口死亡率最低的国家。

综观第二次世界大战后日本人口的演变过程，可以认为，日本已迅速实现了人口再生产类型的转变。它紧随西欧发达国家而成为亚洲第一个进入"出生率低、死亡率低、自然增长率低"的"三低"国家。日本国在 1974 年《关于联合国世界人口会议对策方针的意见》中不无自豪地指出：日本是实现了从多产多死到少产少死的唯一亚洲国家。

日本人口的演变用了十几年的时间走完了欧洲发达国家 200 年才走完的路程。这一人口革命为人类历史中的"奇迹"。事实上，日本战前经济的发展、教育的繁荣、避孕知识的普及也都在一定程度上影响着日本人口的转变。总之，影响日本人口转变的因素是：①经济原因；②教育原因；③妇女就业；④医疗卫生；⑤社会原因。

人口迁移及分布

日本明治时期，伴随着产业革命而发展的近代工业扩大了对劳动力的需求，从而引起了地区之间的劳动力流动。至第一次世界大战和战后不久，由第一产业向第二和第三产业流动的劳动力多达 168 万人，创出了第二次世界大战前的最高记录。

第二次世界大战后曾一度出现过人口向农村流动的现象，后来随着国家的稳定，人口又开始由农村流入城市，而以后的经济高速增长又进一步加速了人口城市化。1965～1975 年的 10 年间，由第一产业向第二、第三产业的劳动力转移人口高达 643 万人之多。经济高速增长时出现的人口流动，主要表现在人口流入以东京、大阪、名古屋为中心的三大城市圈。这几个通往太平洋沿岸的大城市圈是日本实现重工业化的根据地，而工业化的实现又以其强大的人口吸引力使大城市圈变得更加巨大。在 1955～1970 年这一期间，三大城市圈的人口社会性增长为 240 万人。1975 年这三大城市圈的人口占日本全部人口的 45%，这就是说，全国将近半数的人口挤在全国面积 15% 的土地上。不过这种现象在达到 1971 年的峰顶之后转入稳定，即人口集中流入三大城市圈的时代已告结束，人口的社会性增长和减少都开始向零水平收缩。

1977 年，日本政府制定了《第三次全国综合开发计划》，提出"控制人口和产业向大城市集中，振兴地方经济，解决过密过疏问题，谋求全国土地的均衡利用，以期形成一个适合人们居住的综合环境"；"为了确保居住的稳定性，要创造条件保证人们能得到就业、住宅、配套的生活设施、一定水平的教育、文化和医疗机构"。

日本是世界上人口最稠密的国家之一。1981 年平均每平方公里达到 310 人，而且人口在地理分布上也很不平衡。从地形上看，人口稠密地区基本上属于冲积平原、沿海低地和洪积台地。全国平原低地占总面积 13%，却集中了总人口的 45%，平均人口密度超过每平方公里 1000 人。从地理位置来看，第二次世界大战后太平洋沿岸一侧的表日本发展速度较快，生产分布也迅速向这一地区集中，而日本海沿岸一侧的里日本发展则较缓慢，两大地域间的经济差异十分明显。因此，虽然表日本只占全日本总面积的 30%，却拥有全国人口的 56%，人口密度相当于全国平均人口密度的 3 倍多。其中，范围最大的人口稠密区是分别坐落着东京和大阪的关东平原和近畿低地，此外还有名古屋和静冈所在的浓尾平原和东海低地、北海道以札幌为中心的石狩平原以及九州岛心脏的筑紫等地。

日本人口分布的一个重要特点是中央横贯带（东京到福冈的连线两侧地区）人口特别稠密。人口最稠密的东京都、大阪府和神奈川县，每平方公里分别为 5400 人、4400 人和 2800 人。横贯带两侧为日本人口稀疏区地带，人口密度最低的是北海道，表 2 是日本三大城市圈的移民变动情况（参见表 2）。

表 2　1955～1977 年日本三大城市圈净移民数

单位：千人

年　份	东京地区	大阪地区	名古屋地区	合　计	年　份	东京地区	大阪地区	名古屋地区	合　计
1955	235	95	23	353	1967	255	107	42	404
1956	247	112	42	401	1968	259	112	48	419
1957	295	169	44	508	1969	250	121	55	426
1958	273	123	26	422	1970	248	91	54	393
1959	300	145	45	490	1971	206	47	37	290
1960	333	189	72	594	1972	159	24	24	207
1961	359	221	75	655	1973	97	− 5	22	114
1962	364	211	72	647	1974	53	− 21	7	39
1963	354	185	80	619	1975	45	− 30	− 4	11
1964	327	174	76	577	1976	26	− 41	− 7	− 22
1965	298	131	52	481	1977	35	− 45	3	− 7
1966	266	103	37	406					

说明：负数是移出。

　　长期以来，日本国内各地区间人口迁移的基本趋势除流向北海道外，就是各地向中央横贯带集中，尤其是京滨、阪神两大工业区在总移民数中一向占有绝对优势。国内人口迁移数在 20 世纪 70 年代中期之前有逐年上升的趋势，但之后，由于石油危机促发经济萧条，迁移人数锐减。日本国内人口迁移的焦点是以东京为核心的南关东、以大阪为核心的北近畿和以名古屋为核心的东海地区，其他所有地区差不多一直是净迁出区。但到了 20 世纪 70 年代末，据日本统计，日本 47 个都、道、府、县中有 26 个是人口净迁出。其中流出县外的总人数为 356.7 万人。其中东京都和大阪府在净迁出数中分别占 41.8% 和 16.8%，在全国居第一、二位。这表明日本国内人口迁移已开始由传统模式转向一个新阶段。日本人口分布极不平衡还表现在，全国市镇中每平方公里达 4000 人以上的"人口稠密区"总面积共 8275 平方公里，只占全国的 2.2%，人口却有 6382 万人，占全国的 57%，这一地区的人口密度高达每平方公里 7712 人。而非"人口稠密区"人口密度每平方公里只有 130 人，与前者相差 59 倍。

　　陈吉庆在《人口经济》1981 年第三期的《一种值得注意的人口移动形式——人口的钟摆移动》一文中提出："通勤式"人口移动是日本国内人口迁移的又一重要特征。它表现为一个地区昼间人口数同夜间人口数的明显差异。

民族、婚姻与家庭

　　日本民族构成比较单纯，大和民族占绝对优势，它是历史上最早移入日本的各个部落融合而成的一个民族。少数民族阿伊努人，虽是日本古代的原住民，但现已不足两万人，这些人主要分布在北海道的北部和中部。在日本居住的侨民共有 60 多万，其中以朝侨为最多，还有第二次世界大战后旅居日本的美侨等。

人口政策

　　日本人口政策已有近百年的历史。在明治维新之前的德川幕府（1603～1867 年）统治时代，由于饥荒、瘟疫、流产、溺婴和晚婚等多种原因，致使人口增长处于停滞状态。这便迫使德川幕府将军和地方封建主采取措施来鼓励结婚，提高生育率、禁止流产和溺婴，并限制农民流入城市，强制城市部分人口迁到农村。第二次世界大战前，日本便开始直接影响人们的生育行为和人口空间分布了。在较早时期的 1876 年，日本《评论新闻》便首先介绍了马尔萨斯的《人口论》。1930 年 10 月，在小栗贞雄、加来宽一郎等著的《社会改良实论》中，第一次介绍了具体的避孕方法。1922 年桑格夫人附带条件许可入境，同年 5 月，在东京成立了日本节制生育研究会。1927 年，日本政府建立了一个旨在解决人口及粮食生产问题的委员会。1931 年，石本都枝等创立日本节制生育联盟。1940 年，优生法实施，它为人工流产和绝育提供了法律上的依据。1941 年，一项鼓励限制生育的政策开始在全国范围内实施。

　　1940 年日本成立了人口问题咨询委员会，建立了医疗中心，在社会经济水平较低的阶层中重点普及避孕知识，政府直接参与人口事务，给家庭以指导。自此，日本全国掀起了实行家庭计划的高潮。1948 年，日本内阁通过优生法，其目的是保护母子的生命和健康。1949 年 4 月，在内阁设立了人口问题审议会，10 月份通过了"关于人口收容力和调整的决议"并付诸实施。1959 年发表了日本人口白皮书，其内容有：（1）劳动适龄人口的急剧增加所引起的就业问题；（2）继续提倡家庭计划以减少人工流产；（3）低经济收入水平阶层人民的一般性疾病和精神性疾病的高发病率问题。之后，在 1962 年，日本又通过了采取提高人口素质措施的决议；次年，又通过了关于人口对地区发展的关系方面的建议。

在 1969 年提出的中期报告中，建议将人口净再生产率提高到 1.0 以上，以便有充分的劳动力资源。报告明确指出：静止人口是日本的最佳人口模式。1974 年发布的人口白皮书其主要内容是继续对人口增长进行调整，采取适当措施，提高人口素质等内容。

总的来看，日本的人口政策包括：人口生育政策、人口分布与迁移政策、人口经济（就业）政策以及人口优生政策。总之，日本政府通过先是鼓励生育然后到禁止多胎生育再到提倡计划生育的一系列措施与日本所提出的优生优育的口号构成了日本人口政策的主要内容。日本人口转变的速度、方向及程度与这种人口政策有着直接的关系。

人口素质

日本提高国民教育的思想可以追溯到明治年间，当时日本明治政府将兴办近代教育视为"富国强兵"总目标的一种手段，因此，日本在教育发展方面进行了大量投资。1905 到 1960 年的 55 年间，教育投资由 3100 亿日元增加到 71100 亿日元，增加近 23 倍。早期的日本教育重点是普及小学教育，但同时也未放松对高等教育的重视。据日本文部省对日本教育的统计，1873 年日本小学校已达 12897 所，而在两年后的 1875 年便翻了一番，达到 24303 所，到 1940 年，一直保持在 25000 所左右；初中学校在 19 世纪末仅有 100 所，但到 20 世纪 30 年代末已多达 600 多所，30 多年增加 5 倍多。值得注意的是，日本女子高中发展速度也很快，1905 年统计时仅有 100 所，到 1940 年便达到 1066 所，约为 20 世纪初的 10 倍。相应的，女子在校人数同应该受教育的学龄女子的比率，1905 年为 1.7%，1935 年时已达到 33.6%。从男女生总的情况看，日本相应年龄人口在校生的比例也一直上升。1900 年受中等教育水平的占 2.9%，1920 年时为 25%，到 1940 年时为 46%。第二次世界大战结束后，日本 12～16 岁的青年男女已有一半受过或正在接受中等教育，而有 4% 左右的青年人接受高等教育。这种较高的文化教育水平对战后日本经济的发展无疑是一种潜在的力量。1948 年，日本 15 岁以上文盲率仅为 2.1%，1960 年为 2.2%（《世界人口与经济发展》中国人民大学出版社，1961，第 361 页）。日本人口的初级教育水平普及率由此可见一斑。此外，日本人口的中等教育水平，1978 年中学入学率高达 96%，仅次于美国（96.4%），居世界前列。从高等教育水平来看，20 世纪 50 年代日本每万人口中大学生数约为 90 多人，70 年代则上升到 194 人，是仅次于美国（456 人）、法国（202 人）位居世界第三的国家。日本人口文化素质之高，与他们一贯重视科学、重视教育是分不开的。日本经济发展迅速的经验之一就是拨出大量教育经费投资培养人才，推进现代化。

日本人口健康素质提高速度之快，在当代是罕见的。例如，第二次世界大战后初期，日本 14 岁男学生的平均身高只有 146 厘米，平均体重 38.9 公斤；1975 年 14 岁男学生的平均身高增加了大约 16 厘米，为 162 厘米，平均体重增加到 51 公斤。

人口性别构成和年龄构成

1980 年，日本男女性比例为 96.7∶100，在 34 岁以下的人口中，男性稍多于女性，34 岁以上则年龄越大女性比重越大，如 55～59 岁男女性别构成为 80.6∶100，这一特点是由于战争因素造成的。从都、道、府、县性别构成分布来看，地域差别也较显著。拥有京滨等大城市的南关东一都三县与名古屋所在地的爱知县，在性比例指标中男性均超过 100；京阪神地带的京都和大阪、兵库二府一县及其附近的滋贺、奈良县、北关东三县、北海道、冲绳以及地方中心城市、仙台市所在地的富城县、广岛市所在地的广岛县，同一指标男性均在 95 以上。其余在 95 或 90 以下（参见表 3）。

表 3　1970 年日本人口年龄别性比例

单位：%

年　龄	0～4	5～9	10～14	……	60～64	65～69	70～74	75～79	80+	全体人口
性比例	105.1	104.6	104.0		89.1	88.3	82.1	72.3	53.8	96.4

资料来源：参见〔日〕安川正彬《人口事典》(资料)，引自侯文若《全球人口趋势》，世界知识出版社，1988，第 288 页。

日本人口总的变化趋势是，少年人口比重下降，老年人口比重上升，人口高龄化趋势比较显著。1920 年，人口构成是典型的正金字塔形。1950 年 0～14 岁、15～64 岁、65 岁及以上人口分别是：35.4、59.6 和 5（参见图 1）；到 1980 年时，三者分别达到 23.6、67.4 和 9。

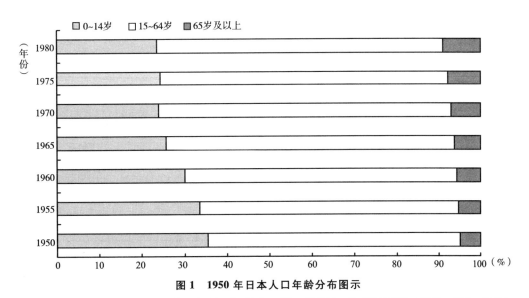

图 1　1950 年日本人口年龄分布图示

资料来源：参见〔日〕大渊宽、森冈仁《经济人口学》，张真译，北京经济学院出版社，1989，第 231 页；满颖之：《日本经济地理》，科学出版社，1984，第 55～56 页。

　　大渊宽先生指出："若问当前日本最大的人口问题是什么，恐怕任何人都会回答是老龄化问题。这个问题为朝野上下所重视、所谈论，并努力研究对策。"

　　由于日本人口战后出生率降低的速度相当快，日本人口老龄化步伐也极为迅速。根据侯文若教授的分析，日本人口出生率在1947年为34.3‰，在10年后的1957年便降低到了17.2‰。由此，老年人口比例也从1950年的4.9%剧升到7%以上，开始进入老龄化社会。至1985年日本65岁和65岁以上人口比例已达到10%，与芬兰、瑞士、意大利等几个国家并列为世界公认的老龄国。与此相应的，日本人口年龄中位数又逐步提高，1920年为22.2岁，1955年为23.6岁，1975年猛增到30.6岁，1980年32.5岁。这也表明，日本老龄化的程度越来越严重。

　　日本人口老龄化有两个十分突出的特点：一是日本人口老龄化的速度是前所未有的。以老龄化指数（老/少）接近15%和70%这两个比重点作为人口老龄化开始和正式进入老龄化的标志，其变化速度比其他国家快得多；二是日本未来的老龄化程度将属世界上最高级别（参见表4、表5、表6）。

表4　世界若干国家人口达到老龄化指数的年份

国　别	达到老龄化指数的年份		所需时间（年）	国　别	达到老龄化指数的年份		所需时间（年）
	15%	70%			15%	70%	
日　本	1953	2000	47	丹　麦	1860	1982	122
东、西德	1910	1973（1976）	63（66）	意大利	1869	2000	131 +
英　国	1903	2000 +	97 +	法　国	1851	2000 +	149 +
瑞　典	1854	1973 +	119				

　　"+"表示以上年份。

表5　世界若干国家人口达到老龄化指数顶峰年份

国　别	老龄化指数顶峰		国　别	老龄化指数顶峰		国　别	老龄化指数顶峰	
	年份	指数（%）		年份	指数（%）		年份	指数（%）
联邦德国	1980	77.0	法　国	2000	63.8	美　国	2000	48.3
瑞　典	1990	76.8	英　国	1980	60.6	日　本	2020	98.2

　　资料来源：参见〔日〕大渊宽、森冈仁《经济人口学》，张真译，北京经济学院出版社，1989，第231页。

人口预测

表6 日本人口年龄构成预测

年 份	年龄结构（%）			老龄化指数（%）	平均年龄（年）	年 份	年龄结构（%）			老龄化指数（%）	平均年龄（年）
	少年儿童人 口	成年人口	老年人口				少年儿童人 口	成年人口	老年人口		
1990	21.0	68.0	11.1	52.5	36.4	2030	19.8	62.6	17.6	88.5	39.6
2000	20.2	65.6	14.3	70.7	37.9	2040	19.7	62.3	18.0	91.2	39.5
2010	20.3	63.0	16.7	82.5	39.1	2050	19.4	62.5	18.1	93.4	39.6
2020	19.2	62.0	18.8	98.2	39.7						

资料来源：〔日〕大渊宽、森冈仁：《经济人口学》，张真译，北京经济学院出版社，1989，第231页。

第二次世界大战后日本人口迅速下降的原因

日本著名人口学家安川正彬认为：战后时期日本不存在因经济的发展要在过富裕生活或要孩子之间进行选择的问题，日本出生率的下降是人民为忍受生活贫困做出努力的结果；日本战后不久出现的出生率远远低于战前的趋势，并不是经济发展的结果，而是日本人民智慧的表现。许多人口学家认为，战后日本人口的这种迅速转变是与当时的国际环境分不开的。美国政府的大量援助、朝鲜战争的爆发，都为日本经济的恢复和"起飞"准备了条件，因而日本高速发展的经济促使了人口增长率的迅速下降。更多的人则认为日本人口的这种急速变化既是日本人民努力的结果，又是经济发展的必然产物，还是日本政府各种政策措施的效果。毫无疑问，这些观点都是在力图寻求这一现象的根本原因，因而也是不无道理的。

但是，纵然上述各种因素在这一转变过程中都起了极其重要的作用，但不能不引起人们高度关注的还有一条，这就是——历史。任何事物的形成、发展、消亡，都不能孤立地存在，总要受到之前各种政治、经济、文化等多因素的影响。即使这种影响有时是很微弱的，但也不能不承认它的存在。从整个日本人口发展史来看，波动最大的时期要数1937年日本侵华以来到1945年第二次世界大战结束的时期。这一时期，人口突升突降，充分体现了战争的现实性与残酷性。尽管出现了这种大的波动，但在整个人口发展史上，也只能看做瞬时即逝的，这就是说，分析日本战后人口发展状况不能仅仅从战后阶段突然开始，历史永远是连续的，而它的阶段只能是人们按照某一事件人为地进行划分，但不能视历史而不见。为了更深刻地认识战后日本人口的发展，让我们再回过头来看一下历史上的日本人口是如何影响第二次世界大战后人口发展趋势的。

根据日本第28次日本人口学会（昭和51年）和第44次日本统计学会发表的推算资料，可以发现，截至日本国的第一次国势调查的1920年以前，该国人口绝对数逐年增加，从1865年的3450万人增加到1920年的5596万人，出生率达到35‰左右的水平，死亡率也高达 25‰ 左右。这一期间，日本人口处于高出生、高死亡、低自然增长的"高、高、低"的人口再生产类型时期。为了更清楚地对这一问题有所认识，我们先简略地回顾一下 1920 年之前日本资本主义的政治、经济、文化以及它们对人口变动的影响。

1853 年 7 月 8 日，美国东印度舰队第一次带头砸开了日本封建锁国的大门之后，西方列强群起效尤，从此使封建的日本被强制地纳入了以世界市场为标志的世界资本主义体系。从幕府末期开港后到 1868 年明治维新的 35 年间，日本经济发生了重大变化。由于西方资本主义大机器工业产品的冲击，原有的农村工业遭到了严重破坏而被迫改组。日本人口开始从停滞了一个多世纪的 3000 万人起步，至明治维新初年已达 3500 多万人，这一阶段可视为日本进入近代的第一次人口迅速增长的时期，这种人口增加与西方资本主义的侵入从而推动了经济的发展显然是分不开的，这些从明治后的人口经济发展中看得更加明显。

1868 年 1 月 3 日，日本史上发生了重大的政治事件，"王政复古"政变夺走了德川幕府的统治权，以明治天皇为首的新政权宣告成立。随着政变成功和新政权的巩固，标志着日本历史进入了资本主义的新时期。从此，无论从日本的经济结构变化还是从经济发展速度来看，都是异常迅猛的（参见表 7 ~ 表 10）。

表 7　日本工农业总产值变动情况

单位：百万日元

年　份	1885	1890	1895	1900	1905	1910	1915	1920
工农业总产值	527	674	847	1405	1584	2247	2959	8989

表 8　日本劳动力人口结构变动情况

单位：%

产业 ＼ 年份	1878 ~ 1882	1898 ~ 1902	1913 ~ 1917	1920
第一产业	82.3	69.9	59.2	53.6
第二产业	5.6	11.8	16.4	20.7
第三产业	12.1	18.3	24.4	23.8

表 9　日本中等教育在校生变动情况

单位：人

年　份	1875	1880	1885	1890	1895	1900	1905	1910	1915	1920
在校学生	5635	13364	15690	17175	39857	107126	172617	234344	317082	447672

表 10　日本高等教育在校生变动情况

单位：人

年　份	1875	1880	1885	1890	1895	1900	1905	1910	1915	1920
在校学生	936	8190	10921	14217	12382	19647	37180	42036	50470	72398

这一时期的人口也加快了增长的步伐。从 1878～1890 年的 10 年间，即日本"殖产兴业"、产业革命掀起早期高潮的年代，其人口从 3600 多万增加到 3990 万。之后，到 19 世纪 90 年代初，日本产业革命开始掀起后期高潮时，人口增长又有加快，到 1911 年增加到 4989 万。

显然，自 1865 年后，日本走上了资本主义发展的道路。随着生产力的提高、经济的发展，人口开始了迅速增长。

值得注意的是，这种迅速增长的人口却具有另外的涵义，它潜伏着一种人们生育观念的变革。城市人口的增加、农村人口比重的下降、西方文化的引进、先进技术的移植，都对人口的演变进程产生了巨大的影响。从 1920 年起，出生率和死亡率逐渐下降，而且一直下降到第二次世界大战前的最低水平。这种下降的趋势在上列各表中是再明显不过的，只是由于第二次世界大战的爆发，使这种趋势得以中断。在战后的 1945 年，日本经济、文化、政治一片混乱，人口也处于巨大的抖动之中。战后人口迅速增长、死亡率猛降，仅是战后人口补偿的性质。当几百万青壮年人口返岛结婚生育后，生育率却在急转直下。固然，这种状况与日本政府当时的努力和人民的努力分不开，但与战前经济发展所奠定的物质基础与当年西方文化的引进对战后的影响也同样是分不开的。第二次世界大战期间乃至结束，人口的突升突降，只是这一趋势中的一个插曲，而并不能彻底改变这种趋势以及完全脱离当时的经济、文化背景。显然，将第二次世界大战以后的年份作为日本人口历史的研究起始点是不全面的。也就是说，如果没有当年日本资本主义的发展，战后的人口无疑是不可能有这种迅猛变化的。然而，令人异常注目的是，战后出生率及死亡率的降低速度超过了历史上所有国家，也超过了人口学家的想象。这就不能不使人们冷静地思考一下日本当年的现状与日本政府为此所做工作以及人民的努力了。

当第二次世界大战结束时，日本国内已有 7200 万人，加上海外遣回的 600 多万人，给国土面积狭小、资源贫乏的日本带来了沉重的压力。当时，日本政府针对这一状况，认为日本想要生存，只有三条路可走：

（1）竭尽全力发展工业以吸收失业人口，另一方面增加外资，支持国民生活；

（2）让过剩人口移民外国；

（3）为了避免更加沉重的人口压力，限制人口（节制生育）。

在以后的战略方针上，日本选择了第一条和第三条，这一方面是为了解决现有人口的问题，另一方面则是为了控制出生人口。事实证明，日本是考虑到了本国的人力资源与当时状况而作出的符合本国国情的决定，这包括发展农业、重工业的生产，注意"双重结构"。具体措施包括以下几条。

第一条　发展农业生产、吸收劳动力

为此，日本政府做了如下工作：

（1）在农业方面，进行"农地改革"

"农地改革"的结果，促进了农民对农业的投资。1945 年 10 月，日本政府制定了《农地改革纲要》。其主要目的是扶持自耕农，改实物租为货币租，改组市町村农地委会，于 1946 年 2 月 1 日付诸实行。从 1947 年 3 月，又开始了第二次农地改革，时间持续到 1948 年的 11 月 23 日止。这一次改革收效较大，进行了大规模的兴修水利、改良土壤。经过五年左右时间，农业吸收了 500 万劳动力，到 1951 年，农业生产恢复到第二次世界大战前水平，粮食产量达到 174 亿公斤，人均占有量为 204 公斤。1951 年后逐年增加。1955 年开始粮食自给，从而解决了粮食问题。这种做法在当时的历史条件下，为缓和农村过剩劳动力矛盾，起了巨大作用。依靠第一产业为生的人数从第二次世界大战前的 1400 万人增加到 1950 年的 1700 多万人。

（2）发展"劳动密集型"工业

从 1955 到 1974 年，日本经济社会中出现的技术革新同 1945～1954 年萌发成长起来的经济民主主义的巧妙结合，实现了日本经济史上持续的高速度增长，其中，"国民收入倍增计划"起了重要的作用，而且，发展新兴工业和重工业、化学工业的政策以及为促进资本积累而实行的租税、金融政策等，也对维持和促进高速度增长发挥了实际作用。1946 年，日本政府提出了"重建纤维工业三年计划"，在政府的扶持下，从资金和技术方面给予了优待，发挥了轻工业生产周期短、资金周转快、投资少的特点，使轻工业很快恢复起来。仅在 1953～1955 年间，就增加就业者 20 多万。

（3）施行经济"双重结构"

在日本，双重经济结构从广义上讲，指的是经济的传统部门和现代部门同时并存。造成双重经济结构的主要原因是由于可用于现代化的资本有限而寻找工作的劳动人口众多。由于能够在现代部门就业的仅仅是一部分劳动力，所以其余劳动力不得不留在传统部门。这种传统部门主要以小型企业为表现形式，而这类小型企业的人均固定资本远远低于大型企业，这就为充分安排就业提供了条件。据 1957 年统计：30 人以下企业固定资金每人只需 10 万日元以下，而 1000 人的企业，每人则需 76 万日元。同时，中小型企业的另一个意义在于可生产出大量的出口产品，而再用这些产品换取外汇用来购买大企业所需要的进口产品。1956 年，中小企业就业者占 39.7%；1959 年占 41.3%；1962 年占 44.7%，以后逐年增加。从绝对数看，1955 比 1950 年的中小企业就业者增加 125 万人。这表明，中小企业吸收劳动力的能力相当强，特别是对 1955～1965 年的国民经济高速增长时期来说，战后的"双重结构"模式具有一定的积极意义，为日本政府解决过剩劳动力问题，或者说对日本的整个国民经济的发展，都起了不可估量的作用。

第二条　提倡避孕

第二次世界大战刚刚结束，青年人结婚人数剧增，因而进入战后各国都要经历"婴儿热"阶段。虽说日本当时的婴儿大量出生的比率与当前发展中国家不相上下，但其原因显然不同。日本人口当时的高出生率是战争之后的一种人口补偿，而当前发展中国家的高出生率却是在经济自始至终没有发展起来的情况下的一种表现。在这种截然不同的原因下，日本政府施行了适合该国国情的法令。

每日新闻社人口问题调查会所作的"全国家庭人口计划舆论调查"表明：避孕人数显著增加，从 1950 年的 134 万增加至 1955 年的 417 万，分别占已婚夫妇比重的 29.1% 和 52.4%。

1949 年，准许生产和销售避孕药品；

同年，在内阁设置人口问题审议会；

1952 年，在每个保健所设置优生保护商谈所；

1953 年，建立节育实地指导员制度；

1955 年，对穷人免费或半价发售避孕器具和药品，并进行实地指导。

在这种政策法令的控制下，加上政府经济、文化、家庭制度等方面的原因，使得 1925 年每对夫妇平均 5.1 个小孩的生育率，降到了 1951 年的 3.26 个。以后又逐年下降，到 1961 年已不足 2 个。出生人数的下降还表现在粗再生产率和净再生产率两个指标上。1950 年，粗再生产率为 1.7，净再生产率为 1.46。而到 1955 年，则分别为 1.11 和 1.03。

第三条　提出少生少死，良养良育的口号

日本除了注意人口的数量之外，更注意人口质量的问题。日本政府 1948 年制定了优生保护法，并于次年进行了重新修订。1954 年 4 月成立的日本计划生育协会章程的第二条即确定为"收养健康的儿女"。上述立法的宗旨是"提高国民素质，从怀孕开始保护母体"。日本人不但注重"良育"，而且还主张"良养"，这集中表现在日本政府教育事业上。

日本对教育的重视，可追溯到明治时期。从 1868～1886 年，维新政权革除封建制度，推行原始积累，积极从事殖产兴业，大力移植西方资本主义产业，同时开始创立近代国民教育。据日本文部省调查局统计，从 1905 到 1960 年的 55 年间，日本劳动力人口从 2560 万人增加到 4370 万人，增长了 1.7 倍，同期教育资本则从 3100 亿日元增加到 71100 亿日元，约增长 23 倍。20 世纪 20 年代末 30 年代初，资本主义各国经历了空前的世界经济大危机，日本也未幸免。但日本当局当时仍从两方面抓起，一是军事工业，二是教育。在 1935 年日本有劳动能力的人中，受过高等教育的占 1.6%，受过中等教育的占 9.2%，受过初等教育的占 82.1%。1950 年前两项指标分别增长为 3.4% 和 15.8%。中央财政支出教育经费 1950 年为 222 亿日元，1955 年猛涨到 1267 亿日元，增加 5 倍多。为此，日本的各类学校也发生了相应的变化：小学：从 1950 年的 25878 所增加到 1955 年的 26880 所；初中：从 1950 年的 14165 所下降为 1955 年的 13767 所；高中：从 1950 年的 4292 所增加到 1955 年的 4607 所；大学：从 1950 年的 350 所增加到 1955 年的 492

所；特种学校：从 1950 年的 138 所增加到 1955 年的 161 所。

日本政府对教育方面的重视，不仅对现有人口是一种质量提高的手段，而且为搞好家庭计划生育也提供了可能。绝大多数人口学家都认为、而且无数事实也已反复证明了：文化程度与生育率呈反比关系，即受教育程度越高，生育率越低，对于每个家庭来说是这样，从整个社会来看也是如此，即是受教育的人越多，生育率越低。日本战前的 1935 年受过初等教育和中等教育的已达 82.1% 和 9.2%，这批受过教育的人在战后的 1945～1950 年内正值生育期间，这无疑有助于生育率的降低。

第四条　重视营养

日本的另一个做法即是积极开展改善营养的活动。日本著名经济学家大来佐武郎认为有效地降低生育率有五个重要因素：（1）普及小学教育；（2）提高收入水平；（3）改善营养；（4）提高妇女的社会地位；（5）政府在人口政策方面采取果断行动。

改善营养、提高收入与经济发展是相辅相成的。经济不改善，就不可能提高收入，就更谈不上营养问题。他们认为营养水平低下，身体素质差，对于发展生产无疑是一种妨碍；同时，营养水平的低下，出生婴儿以及妇女仅靠医院的护理难以得到保证，夭折数必然增多，这又激发人们对多子女的欲望，人数的增加又会影响经济的发展。但是，在经济发展的同时，注意营养、注意食物构成，无疑是在同等经济水平下降低生育率的一个好策略。对此，日本政府采取了如下措施：政府通过了饮食学法和提高营养法，培训饮食学家；让饮食学家制定向大众推荐的饮食方案；学校统一伙食标准；每年进行一次全国营养普查，提出供推荐的国民营养标准；开展"流动厨房车"的示范活动。日本人食品构成变化从表 11 中可以看出。

表 11　1911～1979 年日本每人每天食品供应量

单位：克

年　　份	谷类、薯类、淀粉	豆类、蔬菜、水果	动物食品	砂糖类	油脂类	豆酱、酱油
1911～1915	620.8	305.1	18.5	14.8	1.3	
1921～1925	646.5	290.4	37.7	29.8	2.0	
1931～1935	608.1	297.9	48.5	32.6	2.2	
1946	489.0	173.4	35.0	1.6	0.3	39.1
1950	582.6	220.6	64.6	8.8	2.1	50.1
1955	553.4	285.3	125.0	33.7	7.5	66.4
1960	511.3	361.0	170.1	41.2	11.9	61.5
1965	478.5	404.2	242.0	51.4	18.3	53.4
1970	418.3	448.6	304.0	73.7	25.8	52.5
1975	398.0	447.1	331.2	68.5	31.2	47.6
1976	399.8	438.8	340.6	69.3	31.9	50.4
1977	395.6	453.7	350.4	73.0	32.6	47.3
1978	392.7	450.1	362.0	69.4	35.0	47.5
1979	387.5	445.9	368.7	69.8	36.1	48.4

　　日本人将这种促进改善营养的活动与宣传计划生育避孕知识活动同时进行，在降低生育率方面取得了更好的效果。

日本人的成就

　　日本人在第二次世界大战后经济恢复时期，大力发展农业和就业率较高、能满足生活需要的轻工业（吸收大量劳动力，从而缓和了当时的人口多、职业少的尖锐矛盾）。同时，日本利用本国大量而廉价的劳动力资源，采取以技术引进和技术革命为中心的大规模投资，及时把握住了当时的国际形势，进行了大规模大批量的生产和销售，从而在这一方面也实现了"扩大生产规模使就业人数增长的目标"。日本政府采取的"双重结构"经济体制也是符合当年该国国情的，使就业人员从 1948 年的 3460 万人增加到了 1955 年的 4119 万人。

　　在发展生产的同时，日本政府也清楚地认识到庞大的人口数目在还没有缔结和平条约的状态下，不可能通过向国外移民的办法来解决人口压力问题，因而不失时机地提出了限制人口的计划生育主张。在第二次世界大战刚结束后的 1947 年，就创立了节制生育研究会，同年在各地展开了节育普及运动。继 1948 年公布了《优生保护法》之后，又陆续作出了一系列有关节育普及的规定。1955 年 10 月，在日本京都召开了第五届国际计划生育会议，从而大大促进了日本计划生育活动的展开。1950 年，未满 50 岁的已婚妇女避孕率只有 29.1%，1952 年为 40.1%，到 1955 年已达 52.4%，1961 年已上升到 68.4%，其余年份见表 12。

表 12　日本已婚妇女避孕率变动情况

单位：%

年　份	1950	1952	1955	1957	1959	1961	1963	1965	1967	1969	1971	1973	1975	1977
避孕率	29.1	40.1	52.4	56.5	62.7	68.4	63.0	72.0	72.2	71.2	72.8	81.3	81.5	79.8

日本与中国人口转变的两个重要差别

　　如果说日本与中国有着相似之处的话，那也仅是中日是同处于亚洲的国家、同受东方古老文化的影响；在西方资本主义入侵之前，同处于封建社会中、而且在当时都是以农业为主的国家；在 1840 年中国爆发鸦片战争之后的 1855 年，美国人又打开了亚洲的另一个国家——日本封建锁国的大门，也就是说，几乎在同时，这两个东方文化的国家被西方人所侵入。自此之后，历史的演变使两个国家走上了两条不同的道路，一条走的是由封建的向半封建半殖民地、最后跨入社会主义的道路，另一条走的是逐渐成为完全资本主义社会的道路。因此说，中、日两国虽仅一水之隔，后来的演变却有着本质的区别。

　　一是文化基础不同。

　　如前所论，1868 年的明治政府为了摆脱封建制度下政治、经济的落后状态，当时就确立了实现资本主义体制和国民经济近代化的目标，在"殖产兴业"、"富国强兵"的号召下，自上而下地推行资本主义生产方式，同时大力引进外国先进技术和设备，扶植大资本集团，积极发展教育事业，培养科技人才，掠夺原料与市场，这一切使得日本国终于在第二次世界大战前以较快的速度发展成为一个新兴的帝国主义国家。明治之后到第二次世界大战前的一段时期，不但经济有了很大发展，而且人口演变也有了大的变化。1920年是高出生、高死亡、低再生产类型演变的开端，之后几年两项指标明显有向下移动的趋势。到第二次世界大战前的1940年初，出生率已由20世纪20年代的34‰下降为29.2‰，死亡率同期由22.9‰降为17.4‰，自然增长率为11.8‰，这一结果是自1920年起经过20年的演变而来的。

我们再回过头来看看中国当时的国情。中国的封建社会持续了2000～3000年左右，直到19世纪中叶，由于资本主义列强的入侵，才使得中国社会内部发生了重大的变化。鸦片战争之前，中国是一个完整的、独立的封建社会。经过长期的演变过程，到19世纪初，封建社会已成强弩之末，各种社会矛盾日趋尖锐，封建生产关系越来越成为生产力发展的桎梏，人口压力也达到了十分严重的程度。中国这时并没有像日本国那样，被强行纳入资本主义世界体系之中，而是一步步地沦为半封建半殖民地社会。这一期间，改良派虽力图改革，但终以失败而告终。在经济上没有像日本那样以西方国家为榜样，没有迅速发展。在人口发展演变上，也没有像日本那样已经开始了出生率、死亡率的下降局面。据测，中国1949年前的出生率和死亡率均在38‰和28‰的高水平上。因此说，当日本人口已经开始再生产类型转变时，中国人口仍处于"高、高、低"的原始再生产类型时期。

二是经济基础不同。

自1937年以来的几年中日战争，对日本来说，由于未在本土作战，在国内所遭受的破坏远远不如中国严重，这无疑是日本经济迅速恢复的一大条件。在1945年以后的几年中，中国人民还陷于内战时，日本已经开始了国内的经济复兴。次年2月，日本就采取了以冻结存款为中心的金融措施；1947年开始了具体实行"重点生产方式"；1948年9月提出了"稳定经济九原则"。这一时期日本的经济得到了迅速恢复——在战前基础上的恢复。与此同时，日本人口也迅速进入了战后"婴儿热"时期，但在1950年出生率便开始下降。而中国在1949年其出生率为36‰，死亡率为28‰。不仅如此，1950年爆发的朝鲜战争对于两国的影响也截然不同：对日本而言，朝鲜战争不但丝毫无损于日本，而且可以说，拯救了当时的日本，大量"特需"使日本从中大发横财，日本外汇收入在1951年是6亿美元，1952及1953年均为8亿美元，这些无疑又为日本经济帮了大忙。所有这些，都为日本人开展的计划生育提供了良好的经济基础，而中国却在朝鲜战争中消耗了大量的人力及资源。因此，仅从这一点上看，两国人口转变所依赖的经济基础就有着根本性的区别。

塞浦路斯 （Cyprus）

根据希腊神话的传说，海中泡沫所生的美丽女神维纳斯后来漂到了一个岛上，该岛就是塞浦路斯。塞浦路斯是地中海中的一个岛屿，扼欧、亚、非三洲海上交通要冲，战略地位十分重要，历来为"兵家必争之地"，但由于其风景秀丽、阳光明媚，乃以"神话之岛"著称。国土面积9251平方公里。1989年估计人口数为70万人左右。人口密度每平方公里75.7人。首都：尼科西亚。

历史

塞浦路斯开始有人迹的历史可上溯到新石器时代，自从有人迹以来，这个岛屿一直扮演着沟通西亚文明和欧洲文明之间天然桥梁的角色。公元前1500～前1400年，希腊人曾移居塞岛。后曾被古埃及人、腓尼基人、赫梯人、亚述人、波斯人、罗马人、拜占庭人、阿拉伯人或占领或侵入。1571～1878年被奥斯曼帝国所统治，长达三个世纪。1878年始英国占领部分塞岛。1914年，英国发表吞并塞岛宣言。1925年成为英"直辖殖民地"。1960年8月16日塞浦路斯宣布独立，成为共和国。

民族、宗教和语言

最早正式来到塞岛定居并带来本土文化、生活方式和政治制度的是希腊人。由于这种渗透早在公元前2000年就开始了，因其影响深远，以至于在当地居民中根深蒂固，因而希腊人成了塞岛国有代表性的民族，这种状态虽然在以后的历史中几经异族侵占而有所变动，但却顽强地持续了下来。不过，塞浦路斯毕竟离小亚细亚很近，所以，土耳其的文化、土耳其的生活方式随着土耳其人的流入而影响着当地的土著人以及先期到来的希腊人。因此说，塞岛实际上是几百乃至上千年来土耳其文化和希腊文化，或者说是欧洲文明、地中海文明以及亚细亚文明的融合体。目前的塞浦路斯，绝大部分是早期来到此地的希腊人后裔和土耳其人后裔。据统计，塞浦路斯希腊人占总人口的79.4%，塞浦路斯土耳其人占18.6%，此外，还有一些少数民族，如亚美尼亚人（0.6%）、叙利亚－马龙人（0.6%）和意大利人（0.5%）等。

该国人口不多，但"脉络"清晰，只是由于来源不同，其宗教信仰显得十分复杂。塞浦路斯希腊人信奉基督教，属东正教徒，塞浦路斯土耳其人信奉伊斯兰教，属逊尼派，过去十字军的后裔法国人和威尼斯人以及塞浦路斯籍的意大利人均信仰罗马天主教。因此，通常所说的塞浦路斯三大宗教即指：希腊东正教、天主教和伊斯兰教。此地的一些阿拉伯人则笃信马龙教。

尽管占塞国绝大多数的希腊人和土耳其人均属于欧罗巴人种地中海类型，但由于都不是该岛上的原始土著居民，因此其所使用的语言便没有一个"正宗的根"，各自受自己文化的继承和熏陶而使用自己的语言。目前，塞浦路斯主要通行两种官方语言：希腊语和土耳其语，前者属于印欧语系，后者属于阿尔泰语系。

总之，塞浦路斯虽然面积狭小，人口不多，但历史生发出的这样一个复杂群体，使其在宗教、民族、语言等方面十分复杂。

人口变动

塞浦路斯虽然是一个孤独的小岛，但由于人口"流动"性太大，因此，人口先前究竟如何，已难以解说得清。进入20世纪以后，塞岛人口才有了大致的估计数据。如1921年，据认为有31.1万人，1931年为34.8万人，以后各年份的人口变动参见表1、图1。

表1　塞浦路斯的人口变动

年份	人口（万人）	比前期人口年均增长率（%）	年份	人口（万人）	比前期人口年均增长率（%）	年份	人口（万人）	比前期人口年均增长率（%）	年份	人口（万人）	比前期人口年均增长率（%）
1921	31.1		1955	53.0	1.42	1973	63.2	0.91	1986	67.2	1.11
1931	34.8	1.13	1960	57.3	1.57	1975	63.9	0.55	1989	70.0	1.37
1945	44.0	1.69	1965	63.3	2.01	1980	64.0	0.01			
1950	49.4	2.34	1970	61.5	-0.58	1984	65.7	0.67			

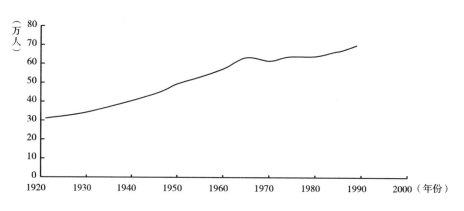

图1　塞浦路斯人口变动图示

从20世纪起，塞浦路斯人口纷纷外流，流出人口尤以希腊裔的居民人数最多，流向国主要是英国、埃及、非洲北部几国以及美洲和澳大利亚等地，尤其在20世纪60年代希腊族与土耳其族发生冲突以后，这种外流更加明显。但尽管如此，塞浦路斯的人口一直在增长，这是因为死亡率降低，而出生率下降幅度不大的缘故（参见表2）。

表 2　塞浦路斯人口自然变动及有关指标

年　份	出生率 (‰)	死亡率 (‰)	自然增长率 (‰)	婴儿死亡率 (‰)	平均预期寿命（年）	
					男	女
1953	27.4	10.5	16.9	47.4	65.1	69.0
1958	26.4	10.5	15.9	30.5	66.2	70.1
1963	25.2	10.5	14.7	29.0	67.5	71.0
1968	21.0	9.9	11.1	26.1	68.7	72.0
1973	18.4	9.8	8.6	28.4	70.0	72.9
1978	19.3	8.4	10.9	17.5	72.3	75.9
1980	19.6	9.1	10.5	20.0		
1983	22.3	8.5	13.8	17.3		
1987	18.5	8.8	9.7	11.9		
1989	19.0	9.0	10.0	11.0	76.0	

在 20 世纪 50 年代以后，塞浦路斯的人口类型发生了明显的转变。尽管在某些时期各项指标有所波动，但总的趋势是人口向"三低"类型转变。从西亚地区来看，塞浦路斯是人口死亡率最低的国家之一；是人口出生率最低的国家；是人口自然增长率最低的国家。从历史进程上看，目前的塞浦路斯正在步入人口再生产类型的最后阶段——"三低"阶段。这一进程还表现在其他一系列指标上：婴儿死亡率为 11‰；妇女总和生育率为 2.3 个，两者均为西亚最低值。人口预期寿命总平均是 76 岁，为西亚的最高值。

由于塞浦路斯近几十年来死亡率已稳定在较低水平，出生率缓慢下降，妇女总和生育率已达到或接近更替水平，其人口也随之开始老龄化，或者刚刚跨入老龄社会的行列。

从塞浦路斯人口年龄金字塔中可以看出，20～24 岁年龄组以上的人口为"增加型"，之后出现"萎缩"。换句话说，1958～1962 年是其人口转变的重要分界期。从此，少年人口比重开始减少，老年人口比重随着出生人口的减少以及人口寿命的延长而有所提高。1982 年 0～4 岁年龄组人口骤然增多，显然是人口再生产规律作用的结果，即 0～4 岁组的父母正好是金字塔中人口最多的 20～24 岁组人口（参见表 3、表 4 和图 2）。

表 3　1973～1989 年塞浦路斯人口年龄构成变动情况

单位：%

年龄 \ 年份	0～14	15～64	65 岁及以上	老少比	年龄 \ 年份	0～14	15～64	65 岁及以上	老少比
1973	28.8	61.7	9.5	32.8	1989	25.0	65.0	10.0	40.0
1981	24.5	65.2	10.3	42.0					

表4　1982年塞浦路斯人口年龄、性别构成

年　龄	男性人口（人）	女性人口（人）	性比例（％）	年　龄	男性人口（人）	女性人口（人）	性比例（％）
0～4	33200	31000	107.1	40～44	17700	18200	97.3
5～9	24200	22900	105.7	45～49	15900	16600	95.8
10～14	24600	23500	104.7	50～54	13700	15200	90.1
15～19	29100	27200	107.0	55～59	13100	14000	93.6
20～24	33500	32000	104.7	60～64	11100	11800	94.1
25～29	30400	27500	110.5	65～69	9900	11600	85.3
30～34	26400	25700	102.7	70$^+$	19400	23700	81.9
35～39	21500	20900	102.9	合　计	323700	321800	100.6

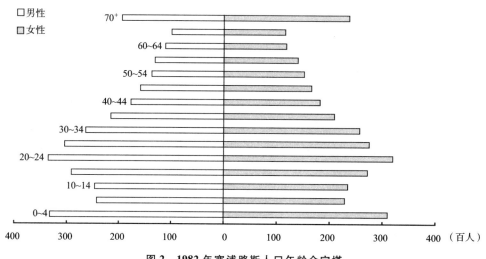

图2　1982年塞浦路斯人口年龄金字塔

人口结构

　　此外，从人口年龄金字塔中还可看出性别分布状况。总体来讲，男女平衡，性比例是100.6∶100。1960年，这一比值为97.6∶100，1973年是97.9∶100，1981年为100.6∶100。从分年龄组来讲，40岁以下男性人口多于女性人口，40岁以上，情况相反，这种状况更类似于发达国家。总体上性比例的平衡也类似于发达国家，这与人口平均预期寿命延长有关。

　　尽管塞浦路斯的人口很少，但毕竟是一个国家的人口集团，因此，它不仅有人口自然分布，还有人口空间分布。从全国而言，塞浦路斯人口密度每平方公里75人左右。事实上，其人口整体分布也不尽均衡。总的情况是，近海地区人口较为稠密，内陆山区人口略显稀疏，首都所在地尼科西亚区人口最为稠密，南海岸利马索尔和东部的拉纳克斯附近人口也相对稠密。从行政上看，塞浦路斯划分为6个行政区，但实际上，塞浦路斯

分割着两大区域，即北部塞浦路斯土耳其人区域和南部塞浦路斯希腊人区域。以莱夫卡—尼科西亚—法马古斯塔一线为希—土军事分界线，该线以北地区面积占该岛总面积的 37%，居民多为土耳其族人，该分界线以南地区居住着希腊裔人。1974～1975 年两族流血事件之后，大约有 18 万希腊人由北部迁往南部。目前，南部人口远远多于北部人口（参见表 5）。

表 5　1984 年塞浦路斯的人口分布

区	面积（平方公里）	人口（人）	人口密度（人/平方公里）	区	面积（平方公里）	人口（人）	人口密度（人/平方公里）
尼科西亚(中部)	2727	242103	89	帕福斯(南部)	1396	59370	43
拉纳克斯(南部)	1126	63166	56	基里尼亚(北部)	640	33902	53
利马索尔(南部)	1391	129899	93	总　计	9251	657300	71
法马古斯塔(北部)	1971	128860	65				

塞浦路斯人口稠密的省份，与其各自的城市发展及其规模有很大关系。由于移民外迁因素以及国内流动人口涌向城市等原因，塞国城镇人口比重有所提高。1960 年城镇人口为 35.2%，1973 年为 42.2%，目前约在 60% 左右，属于人口刚开始城市化的国家类型。不过按其发展来看，城市人口比重提高是较快的。事实上，塞浦路斯的城市人口大多集中在几个城市中，如首都尼科西亚 1982 年人口 16.1 万人，利马索尔人口 10.7 万人，拉纳克斯人口 4.88 万人，法马古斯塔人口 3.95 万人，帕福斯人口 1.2 万人等。这几个城市的人口占全国总人口的 56.6%。

素有"地中海航空母舰"之称的塞浦路斯由于包括地理位置在内的各种原因的影响，政局持续不稳定。但尽管如此，1963～1974 年间，塞国的经济还是在稳定地发展，人民生活水平不断提高。从产业结构上看，总劳动力人口的分布情况是：工业 31%，农业 21%，通信业 24.5%，矿业 0.5%，服务业 4%，其他 19%。1983 年的这些数据显示了塞浦路斯近年来的经济发展特征：（1）矿业的重要性一直在降低中，矿源接近枯竭，开采量逐年下降；（2）充分发挥其地理优势，发展交通运输业。

由于塞浦路斯实际上是由两大对峙人口集团所构成，因此，经济发展不均衡，南部希族人口区经济发展较快，北部土族人口区经济发展缓慢，基础薄弱。与此相应的，该国的教育也分为两个地区实施。但总的情况是，15 岁以前实行免费义务教育。该国没有大学。另一方面，塞国每万名居民大约才能享有一名医生，可见其文教卫生的落后状况。但是，塞浦路斯的人均收入比较高，1989 年估计人均国民生产总值 5210 美元，成为亚洲人均国民生产总值最高的国家之一。

小结

总而言之，塞浦路斯尽管地小人少，但由于历史的原因而使得这样一个小型人口群体内部十分复杂，表现在复杂的民族、复杂的宗教信仰、复杂的语言文化，甚至复杂的人口地域分布上。从总体上讲，该国人口属于老年型人口，已经或正在步入人口再生产类型中的最后阶段。

土耳其（Turkey）

与苏联一样，土耳其也是一个地跨亚、欧两洲的国家。不同的是，苏联更具有欧洲色彩，土耳其则完全归为亚洲国家之列，属于"西亚"国家。其西部和西北部与欧洲的希腊、保加利亚接界，北濒黑海，东北邻苏联，东接伊朗，南部东段与叙利亚、伊拉克接壤，南部西段临地中海，与塞浦路斯相望。国土面积78.05万平方公里，1989年人口数计为5540万人。人口密度每平方公里71人。首都：安卡拉。

历史

土耳其坐落在小亚细亚半岛上。小亚细亚位于亚洲大陆的最西端，很早以前就有人类居住在此并在古代的历史中扮演过极其重要的角色。作为古"丝绸之路"终极点的土耳其由此而吸引了络绎不绝的民族，如古代社会的赫梯人、色雷斯人、吕底亚人和加拉特人以及后来的波斯人、希腊人、罗马人等都曾在此粉墨登场。真正的土耳其人，则发源于中国新疆阿尔泰山一带，我国史书称之为"突厥人"，突厥人进入小亚细亚是8~13世纪的事情。14世纪，在这一地区出现了颇有名气的奥斯曼帝国——土耳其军事封建国家。16世纪时，奥斯曼帝国的版图不断扩张，及至欧、亚、非三大洲。兴盛以后的奥斯曼帝国经过了三个世纪后，逐渐衰落。尤其在20世纪的第一次世界大战中惨遭失败，沦为英、法、德等国的殖民地。1923年土耳其资产阶级革命成功，遂建立共和国。英国学者伯纳德·刘易斯博士在考察了土耳其的历史后指出："几乎远自11世纪土耳其人最初征服安纳托利亚那个时候起，欧洲人便一直把这块说土耳其语的地方称做土耳其。然而，土耳其人自己却直到1923年才采纳了这个名称作为他们国家的正式称号"。

民族、宗教和语言

在突厥人到来之前，小亚细亚地区居住着早期来到此地的希腊人、库尔德人、亚美尼亚人、格鲁吉亚人等，这些小的民族团体构成了今日的土耳其民族。土耳其民族是目前土耳其的主体民族，人口约占全国居民的86.8%。库尔德人是土耳其的第二大民族，占总人口的9.5%。库尔德人属于伊朗语族，而土耳其人则是突厥语族系列。在突厥语族中，还有土库曼人（0.2%）、卡拉帕帕赫人（0.1%）、鞑靼人等。闪含语族的阿拉伯人（1.6%）和亚述人（0.1%）在土耳其人口中也占一定比重。此外，还有属于斯拉夫语族的少数欧洲人，以及分别属于高加索语系的阿布哈兹－阿第盖语族和卡尔特韦耳语族的契尔克斯人和格鲁吉亚人。总之，土耳其是一个多民族的国家。

土耳其是一个伊斯兰国家。据认为，土耳其人最初是在边疆地带接触到伊斯兰教，而且他们并不是被迫加入伊斯兰教的，他们的伊斯兰教也不带有束缚和屈从的痕迹。目前的土耳其居民有98%信奉伊斯兰教，其中80%～90%属于逊尼派，在逊尼派中主要信奉哈乃奉教法学派和沙斐仪教法学派；什叶派信徒只占穆斯林的10%～20%。除穆斯林外，土耳其还有一些耶稣教徒和犹太教徒。

土耳其的官方语言为土耳其语，属阿尔泰语系突厥语族，用拉丁字母书写。在土耳其的部分地区盛行欧洲语言，如法语、英语或德语等。

受其地理位置的影响，土耳其拥有了多样性的历史并继承了丰富的文化遗产，表现为复杂的民族和复杂的语言。不过从肤色上讲，土耳其人仍属于黄种人。

人口变动

目前的土耳其人口是历史上人口迁徙的结果。公元前3000年左右，印欧语系的部族第一拨迁入此地，史称"古埃及文字的西台人"；公元前2500年左右，史称"楔形文字的西台人"第二拨迁移至此；公元1000年左右，一拨突厥人由东进入小亚细亚。当然，在这一拨又一拨的人口来到此地定居并建立帝国的同时，他们也开始向外扩张迁移，如土耳其人进入巴尔干、塞浦路斯、北非及阿拉伯半岛等，实际上也是土耳其人向外迁移的过程。直至进入20世纪，土耳其人口的内外迁徙运动也未停止下来，然而更多的却是向外迁移人口多于内迁人口。

1989年土耳其总人口已达5000多万人，跻入世界人口大国之列，但是，50年以前的人口增长却十分缓慢。根据1927年的人口调查，当时的总人口只有1365万人，1932年时也不过比5年前多了100万人，即1465万人。土耳其自1950年起，每五年进行一次人口普查，详细数据见表1及图1所示。

表1　土耳其的人口变动

单位：万人

年份	人口	年份	人口	年份	人口	年份	人口	年份	人口	年份	人口
1927	1365	1951	2135	1959	2674	1967	3275	1975	3992	1983	4728
1930	1454	1952	2195	1960	2775	1968	3359	1976	4092	1984	5020
1932	1465	1953	2257	1961	2823	1969	3444	1977	4177	1985	5140
1935	1616	1954	2321	1962	2893	1970	3566	1978	4264	1986	5230
1940	1782	1955	2405	1963	2966	1971	3622	1979	4353	1987	5331
1945	1879	1956	2444	1964	3039	1972	3715	1980	4522	1988	5434
1949	2036	1957	2525	1965	3139	1973	3807	1981	4537	1989	5540
1950	2095	1958	2598	1966	3193	1974	3904	1982	4631		

土耳其人口1950年第一次普查时是2094.72万人。1951～1960年间的人口年均增长率是2.91%左右，1961～1965年间为2.5%左右，1966～1970年间因有部分土裔巴尔干侨民迁回，人口年均增长率为2.58%，1971～1975年间为2.4%，1980～1985年间仍维

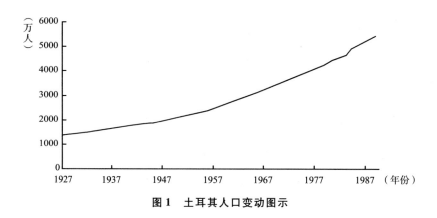

图1 土耳其人口变动图示

持在 2.73%，1985～1989 年间，降为 1.89%。总的人口增长速度有所减缓。这也可以从其自然增长率变动上看出来（参见表2）。

表2 土耳其人口自然变动及有关指标

年　份	出生率（‰）	死亡率（‰）	自然增长率（‰）	婴儿死亡率（‰）	平均预期寿命（年）	
					男	女
1935～1940	51.0	34.6	16.4		51.5	49.6
1941～1945	50.2	39.6	10.6		46.5	46.2
1946～1950	47.8	28.1	19.7		52.4	53.4
1951～1955	46.7	20.7	26.0		57.6	59.2
1956～1960	45.0	17.8	27.2	187.0	62.2	63.5
1961～1965	41.2	14.7	26.5		59.2	61.9
1966～1970	38.4	12.7	25.7	152.0	60.6	63.9
1975	37.0	11.7	25.3		59.3	59.4
1980	34.9					
1981	32.5	9.0	23.5	125.0	61.0	
1985	28.4	8.4	20.0	76.0	62.0	67.0
1989	30.0	8.0	22.0	81.0	64.0	

　　土耳其自独立以后，政府领导人凯末尔·阿塔图尔克大声疾呼经济要独立，要将土耳其建设成为一个以西方为榜样的工业现代化国家。这样，土耳其在几十年的努力中逐渐将奥斯曼帝国遗留下来的半殖民地的经济结构进行了改造，在发展本国民族经济上，取得了较大成效。在这种情况下，土耳其的医疗卫生状况也得到了较好的改善，每名医生负担的人数由1965年的2900人降至1981年的1530人，每名护士负担的人数由2290人降至1240人，均降低了一半左右。另外，与邻国伊朗不同的是，土耳其废除了伊斯兰教家族制和一夫多妻制。这样，人口的自然变动有了较大变化。出生率近40年来下降了

33%，死亡率下降了52%，自然增长率下降了18.5%。用人口再生产转变理论看，土耳其至少正处在转变的过程中，即出生率正在逐渐下降，而并不像其他一些伊斯兰国家那样，出生率无论如何"不动"。

在西亚地区，土耳其的出生率是比较低的。它的妇女总和生育率估计为3.7个，仅高于人口不足百万的塞浦路斯（2.3个）和只有450万人口的以色列（3.1个）。此外，土耳其的人口平均预期寿命略高于西亚60岁的平均水平，婴儿死亡率则略低于这一地区90‰的平均水平。

土耳其人口发生转变除经济因素外，与接触欧洲文化并受其影响也是分不开的。另外，政府政策的转变在其中又起了重大作用。在1923年土耳其建国后相当长的一段时间内，政府对人口的基本立场是鼓励增殖，20世纪20～30年代流行的观点是：一个国家的强弱是以人口数量的多少来衡量的，这种鼓励人口增殖的政策一直持续到20世纪60年代中期，在这之前，是土耳其人口史上增长最快的时期。其后，政策开始转向，从鼓励人口增殖到不鼓励其过快增殖再到公开提倡夫妇双方把家庭规模限制在两个孩子以内。随着政策的变化和态度的明朗以及相应措施的执行，人口增长速度缓慢下来，人口年均增长率从20世纪50年代的2.85%降至80年代后期的1.89%。对于伊斯兰国家来说，这种降低速度是较快的。

人口自然结构

在西亚，土耳其算是比较"老年"的国家了。除了塞浦路斯、以色列和黎巴嫩，就数土国"老"了。说它"老"，实在是相对而言。1989年，土耳其65岁及以上老年人口占总人口的比重不过为4%，少年儿童比重为37%，这也是近几十年来演变的结果（参见表3）。

表3　土耳其人口年龄构成变动情况

年份	0~14岁（%）	15~64岁（%）	65岁及以上（%）	老少比（%）	性比例（%）	年份	0~14岁（%）	15~64岁（%）	65岁及以上（%）	老少比（%）	性比例（%）
1950	38.28	58.42	3.30	8.64	101.0	1975	41.69	54.30	4.01	11.21	103.2
1955	39.37	57.21	3.42	8.68	103.1	1980	38.80	56.60	4.60	11.94	106.4
1960	41.17	55.30	3.53	8.57	104.2	1985	39.00	56.00	5.00	12.82	
1965	41.89	54.15	3.96	9.45	103.3	1989	37.00	59.00	4.00	10.81	
1970	41.74	53.93	4.33	10.37	102.6						

说明：按照65岁及以上人口在总人口中的比重将人口划分为不同的类型。小于4%为年轻型、介于4%～7%为成年型、7%以上为老年型人口。但随着人口平均预期寿命的提高，这一比值在上移，亦即以5%～10%为人口类型的分界点。

确切地说，土耳其的人口目前正处在从年轻型向成年型人口转变的阶段（参见表4及图2）。

表4　1981年土耳其人口年龄、性别构成

年　龄	男性人口（人）	女性人口（人）	性比例（％）	年　龄	男性人口（人）	女性人口（人）	性比例（％）
0～4	3021892	2863092	105.5	40～44	1093326	1050230	104.1
5～9	3040264	2855958	106.5	45～49	1107985	952605	116.3
10～14	2851365	2610478	109.2	50～54	913907	857129	106.6
15～19	2508161	2369395	105.9	55～59	620639	544123	114.1
20～24	2199747	1944397	113.1	60～64	378188	418549	90.4
25～29	1745237	1624940	107.4	65+	937751	1134565	82.6
30～34	1424217	1295710	109.9	不　详	47494	46612	101.9
35～39	1176586	1102415	106.7	合　计	23066759	21670198	106.4

说明：资料来源不同，与表1数据略有出入。

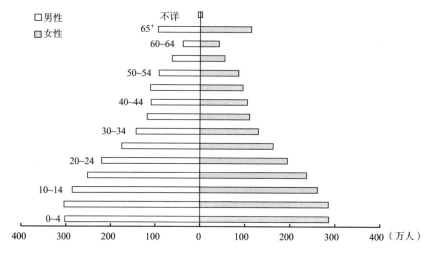

图2　1981年土耳其人口年龄金字塔

尽管土耳其的人口年龄金字塔仍是"塔型"，但其底部的宽度已略显稳定，表明了其向成年型人口转变的"缓冲性"。比邻近的国家伊朗、伊拉克等国的人口年龄金字塔显然要平缓得多。另外，图2各个年龄组的分布基本均匀，几乎没有某个年龄组突然凸出或凹进的现象。

从人口性别构成上看，土耳其的总体性别构成基本正常。不论把它作为发展中国家看，还是作为伊斯兰国家看，其性比例都是较低水平的。在1945年以前，性比例低于100，主要是由于第一次世界大战和土耳其独立战争中，更多男性人口的损失所致，之后，男性人口逐渐多于女性（参见表5、表6）。

表5　土耳其人口性比例变动情况

单位：%

年　份	1927	1935	1940	1945	1950	1955	1960	1965	1970	1981
性比例	92.7	96.5	96.6	101.2	101.8	103.1	104.2	103.3	102.6	106.4

表6　三个年份土耳其人口年龄别性比例变动情况

单位：%

年龄组	1965 年	1970 年	1981 年	年龄组	1965 年	1970 年	1981 年	年龄组	1965 年	1970 年	1981 年
0 ~ 4	104.1	102.7	105.5	25 ~ 29	90.8	85.6	107.5	50 ~ 54	103.6	91.4	106.5
5 ~ 9	107.3	105.4	106.5	30 ~ 34	100.3	87.3	109.9	55 ~ 59	108.3	114.4	113.9
10 ~ 14	113.7	112.3	109.2	35 ~ 39	106.7	102.8	106.7	60 ~ 64	90.2	90.7	90.4
15 ~ 19	113.3	104.8	105.9	40 ~ 44	104.0	101.4	104.1	65 +	74.4	86.4	82.6
20 ~ 24	106.8	112.4	113.1	45 ~ 49	103.7	109.5	116.3				

　　表 6 中数据表明，每个年龄组的性比例有所差异。1981 年性比例最高的年龄组依次是 45 ~ 49 岁组、55 ~ 59 岁组、20 ~ 24 岁组、30 ~ 34 岁和 10 ~ 14 岁组，60 岁及以上年龄组性比例最低，也只是 60 岁及以上组性比例才低于 100%。表现出了土耳其人口各年龄段性比例的不规则性。人口迁移是导致这种状况产生的原因之一，如在国外的土耳其"临时"工人 1981 年为 93.5 万人，1982 年是 106.4 万人，这无疑对各年龄组的性别结构产生一定的影响（参见表 7）。

表7　1981 年、1982 年在国外的土耳其劳工

单位：千人

地区 ＼ 年份	1981	1982	地区 ＼ 年份	1981	1982
澳大利亚	16	15	利 比 亚	62	80
奥 地 利	30	30	瑞 典	62	70
比 利 时	23	25	沙特阿拉伯	60	80
法 国	50	64	瑞 士	22	24
联邦德国	576	653	总 计	901	1064

　　此外，如战争、妇女生活水平低下等原因也会影响各年龄段的人口性别分布。

人口分布

　　土耳其是西亚地域差异最大的一个国家，主要是三面临海，沿海平原又狭窄，褶皱山脉将安纳托利亚高原割裂开来所致。鉴于此，一般把土耳其分为六个地理区域：马尔马拉海地区、爱琴海地区、黑海地区、地中海地区、安纳托利亚高原地区、东部高原山区。但也有其他划分标准，如干脆将土耳其划分为东、南、西、北、中五大区，当然还有更复杂的划分。从行政上讲，土耳其有 67 个省，各省人口密度因地理环境影响而有所差异（参见表 8）。

表8 1975年、1980年土耳其各省人口分布

省	面积 （平方公里）	人口（人） （1975年）	人口（人） （1980年）	1980年比1975年 增减（人）	（1980年） 人口密度 （人/平方公里）
爱迪尔内	6276	340732	361888	21156	58
克利克拉雷利	6550	268399	281412	13013	43
特基尔达	6218	319987	363017	43030	58
欧洲地区	**19044**	**929118**	**1006317**	**77199**	**53**
阿尔特温	7436	228026	227906	－120	31
博　卢	11051	428704	473168	44464	43
吉雷孙	6934	463587	478289	14702	69
卡斯塔莫努	13108	10120	448363	438243	34
奥尔杜	6001	664290	711977	47687	119
里　泽	3920	336278	359199	22921	92
阿达帕扎勒	4817	495649	551116	55467	114
萨姆松	9579	906381	998417	92036	104
锡诺普	5862	267605	276445	8840	47
特拉布松	4685	719008	725942	6934	155
宗古尔达克	8629	836156	972856	136700	113
黑海沿岸地区	**82022**	**5355804**	**6223678**	**867874**	**76**
艾登省	8007	609869	651526	41657	81
巴勒克西尔	14292	789255	851381	62126	60
布尔萨	11043	961639	1161553	199914	105
查纳卡累	9737	369385	401363	31978	41
伊斯坦布尔	5712	3904588	4870747	966159	853
伊兹密尔	11937	1673966	1968614	294648	165
科贾埃利	3626	477736	591848	114112	163
马尼萨	13810	872375	940408	68033	68
木　拉	13338	400796	438145	37349	33
马尔马拉－爱琴海沿岸	**91502**	**10059609**	**11875585**	**1815976**	**130**
阿达纳	17253	1240475	1467346	226871	85
安塔利亚	21591	669357	753596	84239	35
哈塔伊	5043	744113	863645	119532	171
伊切尔	15853	714817	842817	128000	53
地中海沿岸地区	**59740**	**3368762**	**3927404**	**558642**	**66**
阿菲永	14230	579171	598462	19291	42
布杜尔	6887	222896	236526	13630	34
比累季克	4307	137120	147702	10582	34
德尼兹利	11868	560916	601492	40576	51
厄斯基色希尔	13652	495079	543753	48674	40
伊斯帕塔	8933	322685	356826	34141	40
屈塔西亚	11872	470423	498660	28237	42
乌沙克	5341	229679	245778	16099	46

续表 8

省	面积 （平方公里）	人口（人） （1975 年）	人口（人） （1980 年）	1980 年比 1975 年 增减（人）	（1980 年） 人口密度 （人/平方公里）
西安纳托利亚	77090	3017969	3229199	211230	42
阿德亚曼	7614	346892	368780	21888	48
阿马西亚	5520	322806	337955	15149	61
安卡拉	30715	2585293	3196460	611167	104
克 勒	8454	265468	258467	−7001	31
乔鲁姆	18820	547580	570518	22938	30
马腊什	14372	641480	743465	101985	52
开塞利	16917	676809	768413	91604	45
克谢希尔	6570	232853	240108	7255	37
科尼亚	47420	1422461	1560968	138507	33
马拉提亚	12313	574558	609452	34894	49
内夫谢希尔	5467	249308	256933	7625	47
尼 德	14294	463121	506614	43493	35
锡瓦斯	28488	741713	749655	7942	26
托卡特	9958	599166	623300	24134	63
约兹加特	14123	500371	499410	−961	35
中央安纳托利亚	241045	10169879	11290498	1120619	47
加济安特普	7642	715939	807093	91154	106
马尔丁	12760	519687	568039	48352	45
乌尔法	18584	597277	607425	10148	33
东南安纳托利亚	38986	1832903	1982557	149654	50
阿 勒	11066	330201	369272	39071	33
宾戈尔	8125	210804	228452	17648	28
比特利斯	6707	218305	258247	39942	39
迪亚巴克尔	15355	651233	770763	119530	50
埃拉泽	9153	417924	428687	10763	47
埃津兼	12193	283683	298186	14503	24
埃尔祖鲁姆	24066	746666	802288	55622	33
居密沙内	10277	293673	278063	−15610	27
哈基利亚	9521	126036	177936	51900	19
卡尔斯	18577	707398	701196	−6202	38
木 什	8196	267203	298757	31554	36
锡尔特	11003	381503	445486	63983	40
通杰利	7774	164591	157236	−7355	20
凡 省	19069	386314	471019	84705	25
东安纳托利亚	171082	5185534	5685588	500054	33
合 计	780511	39919578	45220826	5301248	58

从土耳其总体来看，马尔马拉－爱琴海沿岸人口最为稠密，平均每平方公里 1980 年为 130 人，其中伊斯坦布尔省人口最为稠密，人口密度每平方公里高达 852 人。中心城市伊斯坦布尔为历史上的拜占庭，旧名君士坦丁堡，该城扼守着博斯普鲁斯海峡，自古以来一直是国际海、陆交通的枢纽之地。伊兹密尔、科贾埃利省也是人口稠密地区。黑海沿岸的特拉布松省、地中海沿岸的哈塔伊省，人口都十分稠密。这些与地理环境、气候情况都有关系。如爱琴海地区地形以冲积平原和丘陵为主，属典型的地中海气候，夏热冬温。黑海地区是土耳其唯一雨热同季的地区，东段地处迎风坡，降水量达 2000 毫米以上。土耳其整个东部地区人口相对稀疏，每平方公里人口数低于全国人口平均数，其中哈基利亚、通杰利、凡省等每平方公里只有 20 人左右。这些地区属典型的大陆性气候，年降水量在 500 毫米以下，畜牧业为这里经济部门的主要内容。

土耳其总的来讲，人口分布比较匀称，这在很大程度上应归因于均匀的城市分布，或者反过来说，相对均匀的人口分布导致了城市分布的均衡性。该国 67 个省的每个中心城市都容纳了当地的众多人口，而且，每个都市间的平均距离大约是 100 公里，人口稠密区为 50 公里。城市的均匀分布一方面使人口得到合理布局，但是另一方面，却显示出农业经济社会的传统性。伊斯坦布尔是土耳其最大的城市，这座传说是古希腊海神的儿子拜占斯建立的古"拜占庭"，1980 年时不过 285 万人。首都安卡拉，作为第二大城市，人口数不过 220 万人，比泰国、埃及、法国等同等规模国家的第一、二大城市人口数要少一些（参见表 9）。

表 9　1980～1982 年同等规模国家的第一、二大城市人口比较

国　　　家	人口 （万人）	第一大城市	人口 （万人）	第二大城市	人口 （万人）	总城市人口比重（%） （1989 年）	四城市指数 * p1/p1 + p2 + p3 + p4
土　耳　其	5540	伊斯坦布尔	285	安　卡　拉	220	53	0.44729
泰　　　国	5560	曼　　谷	556	清　迈	180	17	
伊　　　朗	5390	德黑兰	573	伊斯法罕	67	54	
埃　　　及	5480	开　罗	1200	亚历山大	270	45	0.66423
法　　　国	5610	巴　黎	1007	马　赛	874	73	
意　大　利	5760	罗　马	283	米　兰	156	74	0.42443

*四城市指数是一国第一大城市人口与前四位城市人口之和的比值。

土耳其第一大城市的人口数仅与意大利第一大城市接近，而低于其他国家同类城市，其四位城市指数也与意大利接近，从人口学的角度说，其城市人口规模发展是合理的。土耳其的城市人口发展主要从 20 世纪开始。从 1935 年至今，城市人口发展主要分为两个阶段，1950 年以前为一个阶段，当时的土耳其城市人口发展十分缓慢。从 1935～1950 年，城市人口比重仅提高了 2 个百分点。1950 年以后，城市人口有了很快增长。从 1950 年的18.8% 上升到 1965 年的 29.8%，再进一步提高到 1989 年的 50% 左右（参见表 10）。

表 10　土耳其城市人口比重及增长变动情况

单位：%

年　份	城市人口	城市人口增长	农村人口增长	年　份	城市人口	城市人口增长	农村人口增长
1935	16.5	4.0	1.3	1955	22.5	6.5	2.1
1940	18.1	1.5	1.0	1960	25.9	6.0	1.4
1945	18.5	2.6	2.2	1965	29.8		
1950	18.8	7.6	1.9	1989	50.0		

总之，土耳其仍是一个经济比较落后的农业国家。城市人口虽然已超过全国人口的50%，但其农业在土耳其经济中仍占有十分重要的地位。这从经济结构中可以明显看出（参见表11）。

表 11　土耳其劳动力人口构成变动情况

单位：%

年份	工　业	农　业	服务业	年份	工　业	农　业	服务业
1960	79	11	10	1982	54	13	33
1965	75	11	14	1984	60	12	28
1980	58	17	25				

尽管统计资料被认为略有出入，但土耳其经济结构的变化是引人注目的。如果以国内生产总值构成比较来看，农业生产占国民生产总值中的比重逐年下降：1950 年为48%，1977 年为 27%，1980 年为 20.9%，1981 年为 20.2%，1982 年为 19.2%，1983 年为 17.9%。

国民教育及其他

在发展中国家，土耳其的国民教育水平处于中等水平。1980 年文盲率为 40%，同年，邻国伊朗是 50%，叙利亚 42%。土耳其小学入学率已达 100%，中学生入学率仅为42%，高校在校率 5%。同时，缺乏有实力的技术人员，这是阻碍土耳其的经济、社会跨出发展中国家行列的重要因素。

小结

土耳其的人口没有很明显的特征。如果说有特征的话，那就是土耳其的人口规模比邻国要大得多。土耳其政府虽然早已注意到了这一问题，并于 20 世纪 60 年代开始明确控制人口的政策，而且将家庭生育计划活动与家庭健康活动结合起来开展，但是，其效果并不理想。其原因是多方面的，如经济因素、政治（宗教）因素、文化因素等，都是阻碍计划生育实施的绊脚石。由于土耳其的人口死亡率已经降到很低水平，而且人口年龄结构又比较年轻，其死亡率可以稳定相当一段时期，那么，影响土耳其人口变动的主要因素便是出生率了。尽管劳务出口及人口的不定期流动与迁徙对人口规模也有直接的影响，但对于土耳其来说，毕竟不如出生率的影响更直接、作用更大。

参考资料

The Population of Turkey.

〔英〕伯纳德·刘易斯：《现代土耳其的兴起》，范中廉译，商务印书馆，1982。

文莱 （Brunei）

文莱苏丹国位于东南亚加里曼丹岛北部，东、南、西三面与马来西亚的沙捞越比邻，北隔南海与新加坡、西马来西亚相望。全国土地面积 5765 平方公里，海岸线长 161 公里。1989 年人口估计数是 30 万人左右。人口密度每平方公里 52 人。首都：斯里巴加湾市。

历史

文莱曾是东南亚历史悠久的强大古国之一。15 世纪初，伊斯兰教传入，文莱国王皈依该教建立了苏丹国。16 世纪初，文莱国势鼎盛，统一了加里曼丹岛大部地区，并屡次远征爪哇、马六甲、吕宋等地。16 世纪 20 年代后，欧洲人相继入侵。公元 19 世纪 70 年代末，文莱苏丹割让沙捞越给平定"海贼"有功英人布鲁克，国土大为减少。1888 年，遂沦为英国"保护邦"。1941～1945 年，文莱遭日军侵占。第二次世界大战后文莱重新沦为英国保护邦。1959 年，英国承认其国防外交以外的自治权。1971 年，英、文重订协约，规定文莱完全自治，但外交事务仍归英国所属。1979 年，英、文再次谈判，规定文莱于 1984 年 1 月 1 日完全独立。

民族、宗教和语言

在加里曼丹群岛的历史上，文莱的存在占有很大的价值。13 世纪时，文莱便作为其媒介传递着印度、中国文化，而中、印人也就早在 6 世纪左右便知道加里曼丹群岛北部的这块土地了。因此至今为止，在文莱华人仍占一定的比重，仅次于马来人（参见表 1）。

表 1　1980 年文莱人口民族构成

单位：%

民　族	占总人口的比重	民　族	占总人口的比重	民　族	占总人口的比重
马来人	57.5	伊班人	4.0	英格兰人	1.0
华　人	22.5	印度人	1.5	其　他	1.5
杜松人	5.0	梅拉瑙人	1.0	合　计	100.0
肯达扬人	5.0	穆鲁特人	1.0		

大约在 13～15 世纪，一批苏门答腊和马来半岛的居民来到文莱地区，这是现在马来人的先驱。20 世纪初，由于文莱的石油和大种植园经济的发展，又吸引了许多新的马来人，这些人大都分布在沿海和城市。此外，这些地区还住有自沙巴迁移而来的马来人，以及来自临近沙捞越的马来人。华人则主要生活在城市，这主要是由于华人商人身份者居多。当然，文莱还有一些土著居民，这些人在一般正式场合下被称之为达雅克人。

文莱是一个宗教国家，伊斯兰教被奉为国教，教徒为逊尼派信仰者，全国大约有 2/3 的人属于这一教派，文莱的华人则基本为佛教徒，还有一些是基督教徒。印度人笃信印度教，土著居民及该岛本地居民则保留地方传统信仰。

文莱历史上曾沦为英国殖民地，因此，尽管通用语言为马来语，但是，官方语言仍用英语。该地区虽然使用不同的语言，但绝大部分人口属于南岛语系。

人口变动

20 世纪中期以后文莱人口的增长是比较迅猛的（参见表 2、图 1）。

表 2　文莱的人口变动

单位：万人

年份	1950	1955	1960	1965	1971	1974	1981	1982	1983	1984	1988	1989
人口	4.6	6.3	8.4	10.1	13.6	15.0	19.3	20.0	21.0	22.0	30.0	30.0

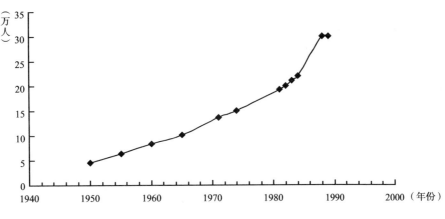

图 1　文莱人口变动图示

1950 年文莱人口只有不足 5 万人，1965 年达到 10 万人，15 年时间人口增加 1 倍。20 世纪 80 年代初，又猛增到 20 万人，继而至 90 年代初，再升为 30 万人。40 年间人口增长了近 7 倍，这种增长速度在世界上也是屈指可数的，大概仅次于科威特、阿拉伯联合酋长国等迁入人口极高的国家。文莱人口若以 1950 年为 100，那么，1960 年为 182.60，1970 年为 282.61，1980 年为 413.04，1983 年为 456.52，1989 年为 652.17（同样以 1950 年人口为 100 相比，科威特 1983 年为 1098.68，阿拉伯联合酋长国则为 1287.83）。

造成文莱人口膨胀的主要原因有两条：一是移民较多，20 世纪 70 年代末至 80 年代初的六七年中，外国在文莱的劳工就高达 5 万人左右，这对于当时只有 20 万人口的国家来说，是一个很大的数目；另一个原因是人口自然增长率比较高，而这一原因又主要是由于死亡率降低过快所引起（参见表 3、图 2）。

下面是文莱人口自然变动指标的变动情况。

表 3　文莱人口自然变动指标

单位：‰

指标 ＼ 年份	1950	1960	1970	1975	1980	1981	1982	1986	1989
出生率	50.3	45.6	37.0	32.9	31.1	30.4	29.8	29.0	31.0
死亡率	18.0	10.2	5.5	4.6	4.0	3.6	3.9	3.0	3.0
自然增长率	32.3	35.4	31.5	28.3	27.1	26.8	25.9	26.0	28.0

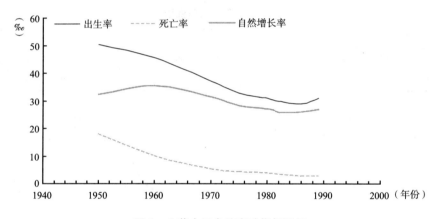

图 2　文莱人口自然变动指标图示

40 年间，出生率由 50.3‰ 下降至 31.0‰，而死亡率由 18.0‰ 下降至 3.0‰，前者下降了 19.3 个千分点，后者下降了 15 个千分点。由于两者速度几乎同步，因此，自然增长率仅下降了 5 个千分点。死亡率速度下降如此之快，在世界上大概只有文莱。大洋洲的斐济尽管在 20 世纪 50 ~ 70 年代下降的速度也相当快，但 1989 年以后，其死亡率却又在回升。

此外，文莱婴儿死亡率的下降速度也很快。1953 年为 113.3‰，1958 年为 88.9‰，1963 年为 55.1‰，1968 年为 42.1‰，1973 年为 30.6‰，1978 年为 20‰，1986 年为 16‰，到 1989 年更降到 11‰。这一水平在东南亚基本上是最低的，仅高于只有 7.4‰ 的新加坡。从整个亚洲来看，新加坡、日本、台湾地区、香港地区、澳门地区几个发达国家或地区与文莱的婴儿死亡率同属于最低。

显然，文莱的人口平均预期寿命也是较高的，20 世纪 70 年代初期，男性平均预期寿命为 61.9 岁，女性为 62.10 岁。时隔 20 年，人口总的平均预期寿命上升了 10 岁，即达到了 71 岁，平均两年上升 1 岁，这在全世界范围都是属于很快的。在东南亚，与平均预期寿命最低的东帝汶甚至相差 28 岁。东帝汶人口平均预期寿命仅为 43 岁。

人口结构

由于文莱移民较多，因此，其性别比有所失衡，而且，随着迁入人口的增多，失衡状况日甚（参见表 4）。

表 4　文莱人口性别构成变动情况

年　份	总人口（人）	男性人口（人）	女性人口（人）	性比例（%）
1960	83877	43676	40201	108.6
1971	136256	72772	63484	114.6
1981	192832	102972	89860	114.6

文莱人口的性别比例失衡是比较明显的，亚洲类似的国家还有科威特（54.6∶45.4）；卡塔尔（63.6∶36.4）以及世界上性比例失衡最为严重的阿拉伯联合酋长国（71.2∶28.2）。

从年龄构成上看，文莱属于"年轻型"国家。近 10 多年，文莱 14 岁及其以下人口占总人口的比重一直在 37%～38%，65 岁及以上老年人口比重仅为 2%～3%，其余近 60% 的人口处在 15～64 岁的劳动年龄段，这与多年来大批量招募劳工有很大关系。

天然的地理环境使文莱成为亚洲乃至世界上的富国之一。据估测，文莱人均国民收入 1989 年为 15390 美元。尽管如此，国民整体文化水平却比较低，文莱几乎没有高等教育，20 世纪 80 年代初期，每万人口中平均有大学教师 2.8 人，大学生 24.2 人。然而像科威特、卡塔尔、沙特阿拉伯等国家，每万人却拥有大学教师 7～8 名，大学生甚至超过 100 名。文莱在此显然相形见绌。不过，文莱的小学教育和中学教育要好一些，如表 5 所示。

表 5　1980 年若干国家每万人中、小学教师数、学生数

单位：人

国　家	小学教师	小学学生	中学教师	中学学生
文　莱	93.3	164.2	79.7	92.6
巴　林	214.9	1385.7	33.8	757.9
马来西亚	45.9	1198.5	29.9	687.2
沙　特	58.0	1033.1	31.8	411.9
卡塔尔	88.6	1253.8	67.5	660.0
新加坡	39.0	1168.9		

小结

一般来说，文化程度与妇女生育率呈负相关关系。像文莱这样的国家，总和生育率为 3.6 个与该国国民文化水准是相对应的。按照这样的生育率水平，并根据其年龄构成，再考虑迁入迁出人口的迁移变动，预计今后若干年内人口不会有更大的变动。美国人口咨询局甚至预测文莱人口即使到了 2020 年人口也不过为 40 万人。

新加坡 （Singapore）

概述

新加坡是一个海岛型城市国家。该岛的形成，可追溯到三叠纪地质年代，该年代的石灰岩及变质岩迄今仍分布广泛，而三叠纪以后的中生代岩石也十分多见。虽然如此，新加坡大部分土地仍被冲积土及红土所覆盖，地下虽有许多硅石，却无矿石。正是在这样一块土地上形成了今日蓬勃发展的新加坡。

新加坡的历史，可以追溯到公元 1819 年，这一年是英国人在新加坡登陆的时间，当时荒芜的小岛仅有居民 150 人，其中马来人 120 人，华人 20 人。殖民者利用此地天然优越的地理位置，将其发展成为一个自由商港和东南亚地区转口贸易中心。后来，该中心逐渐聚集了以华人为首的来自世界各地的人口。

新加坡之所以为欧洲人所青睐，在于它优越的地理位置。从地图上看，它位于马来西亚半岛最南端，是一个由本岛及 54 个小岛组成的"弹丸之国"，面积仅有 647.5 平方公里。它的北面是仅隔 1.2 公里的马来半岛，南边遥望印度尼西亚，扼守马六甲海峡，素有"东方十字路口"之称。1989 年在这样一个岛国上，居住着 270 万左右的人口。人口密度每平方公里 4170 人。首都：新加坡。

人口种族、语言和宗教

从历史上看，新加坡几乎从来没有过一个名副其实的当地人，因为三大民族——中国人、马来人（含印度尼西亚人）和印度人（含巴基斯坦人和锡兰人）都是外来人。从整个人口史来看，这三个民族加起来占总人口的 95% 以上，从绝对数看，这三个种族人口均呈现着一种不断增加的趋势。

新加坡在 1836 年以前，马来人一直是占支配地位的民族，但自从 1836 年起，便总是华人占优势。在 20 世纪，这两个民族的人口比例基本保持了稳定，马来人占 12% ~ 16%，华人占 72% ~78%，印度人占 7% ~9%，其余所有民族总共占不足 5%。这些少数民族主要有阿拉伯人、菲律宾人、泰国人、犹太人、日本人、澳大利亚人、英国人、德国人、法国人及其他欧洲人。

在新加坡人口的"形成"过程中，马来人和华人始终占据着主导地位，不过印度人也不失为主要人流。印度人大规模迁入始于 19 世纪 30 年代，当时印度村社解体，广大农民丧失土地，手工业者破产，形成农业人口过剩，成千上万印度人签订契约，前往种植业和工业发展中的英国殖民地新加坡，许多人自此定居下来，所以这些人连同其他先到的或后来的民族构成了今日新加坡之人口，他们在这个人口集团中随着时间的变迁而占有着不同的比重（参见表1）。

表 1　1824～1977 年新加坡人口的民族构成

年份	华人（人）	比重（%）	马来人（人）	比重（%）	印度人（人）	比重（%）	其他（人）	比重（%）	人口总数（人）
1824	3317	31.0	6431	60.2	756	7.1	179	1.7	10683
1836	13749	45.9	12538	41.7	2932	9.8	765	2.6	29984
1849	27988	52.9	17039	32.2	6284	11.9	1580	3.0	52891
1871	54572	57.6	26141	27.6	10313	10.9	3790	3.9	94816
1891	121908	67.1	35956	19.8	16009	8.8	7729	4.3	181602
1911	219577	72.4	41806	13.8	27755	9.1	14183	4.7	303321
1931	418640	75.0	65014	11.7	50811	9.1	23280	4.2	557745
1947	729473	77.8	113803	12.1	68967	7.3	25901	2.8	938144
1957	1090595	75.4	197060	13.6	124084	8.6	34190	2.4	1445929
1970	1579866	76.2	311379	15.0	145169	7.0	38093	1.8	2074507
1977	1758000	76.2	346900	15.0	158000	6.8	45300	2.0	2308200

这些来自不同地区的人种在这同一地区却共同使用着统一的国语——马来语。不过，汉语、泰米尔语及英语也普遍使用。

从宗教上看，新加坡人口的宗教成分五花八门、形形色色。华人大部分信奉儒教、佛教和道教；马来人及部分印度人则信奉逊尼派伊斯兰教；印度人多为印度教徒以及少数的锡克教徒和基督教徒；余下的欧洲人大多笃信基督教。

人口性别结构

由于移民在人口增长中占着极其重要的地位，而男性又是移入居民的主力军，因此，这些人流给新加坡带来的首要问题便是性比例失衡（参见表2）。

表 2　1824～1982 年新加坡人口的性别构成

年份	男性（人）	女性（人）	性比例（%）	年份	男性（人）	女性（人）	性比例（%）	年份	男性（人）	女性（人）	性比例（%）
1824	7106	3577	198.7	1891	138452	43150	320.9	1947	514963	423181	121.7
1836	22755	7229	314.8	1901	169993	57599	295.1	1957	762760	683169	111.7
1849	42107	10784	390.5	1911	215489	87832	245.3	1970	1062127	1012380	104.9
1871	72183	22633	318.9	1921	280918	137440	204.4	1977	1176700	1131500	104.0
1881	104031	33691	308.8	1931	352167	205578	171.3	1982			104.0

表2 显示，从1871年到19世纪末，性比例一直在300:100左右，性比例失衡最严重

的时期是 19 世纪中叶。1849 年前后，性比例最不平衡，这是因为性比例比较平衡的马来人不断减少、而性比例不平衡的中国人和印度人则仍陆续增加所造成的。表 3 是当时新加坡华人性比例变动情况。

表 3　1824 ~ 1970 年新加坡华人性比例变动情况

单位：%

年　份	1824	1830	1836	1849	1860	1871	1881	1891	1901	1911	1931	1947	1957	1970
性比例	818.8	1127.5	1464.2	1150.0	1440.7	617.4	511.2	468.0	387.1	279.0	165.6	113.2	103.9	101.1

显然，华人的性比例失衡现象更为严重。甚至在 19 世纪中叶达到 10 名男性与 1 名女性之比的程度。进入 20 世纪以来，性比例失衡现象开始缓解，到了 1931 年以后，开始鼓励女子移民新加坡，而且人口增长主要来源的净移民逐渐为自然增长所取代，使性比例问题不再过分突出，其中，最主要的原因是，政府的政策通过新加坡移民委员会和 1933 年的外国人管理条例采取一切措施去改善移民中的性比例，在这整个时期里，任何一个种族都是男性多于女性。不过，第二次世界大战后中国人的性比例竟然降到比马来人还正常的水平，令世人注目。在新加坡的印度人其性比例至今仍不正常，1977 年尚为 104.9，这主要是由于过去的迁移和印度人强大的家庭纽带所造成的。

人口变动、出生率、死亡率和自然增长率

新加坡由于是移民组建的国家，其人口史自然十分复杂。

1824 年，新加坡进行了第一次人口普查。当时的人口增长速度令人咋舌：即从 1819 年的 150 人猛增至 1824 年的 1.068 万人。短短五年间人口增加 1 万多人，为原来的 70 倍强。1849 年又上升到 5.289 万人。截至 19 世纪末，这里已成了拥有 22.75 万人的地区（参见表 4）。

表 4　1824 ~ 1957 年新加坡人口增长情况

年份	人口（人）	普查间隔期增长数（人）	较前期年均增长率（%）	年份	人口（人）	普查间隔期增长数（人）	较前期年均增长率（%）	年份	人口（人）	普查间隔期增长数（人）	较前期年均增长率（%）
1824	10683	—	—	1871	94816	13082	1.7	1921	418358	115037	3.3
1830	16634	5951	7.7	1881	137722	42906	3.6	1931	557745	139387	2.9
1840	35389	18755	7.8	1891	181602	43880	2.8	1947	938144	380399	3.3
1849	52891	17502	4.6	1901	227592	45990	2.3	1957	1445929	507785	2.4
1860	81734	28843	4.0	1911	303321	75729	2.9				

新加坡的人口增长可根据自然增长和迁移增长这两个决定人口增长的因素划分为几个阶段。第一阶段，在 1921 年之前，这一时期人口增长与其说是自然增长不如说是净迁

移的结果，当时疾病泛滥导致粗死亡率极高，性比例失衡导致粗出生率极低，这一高一低往往使得自然增长出现负值，只是由于净迁入过高才弥补了这一自然下降并使其人口迅速增长（参见表5）。

表5　1881～1977年新加坡人口增长因素分析

单位：人

时　期	人　口增长数	自　然增长数	迁　移增长数	时　期	人　口增长数	自　然增长数	迁　移增长数	时　期	人　口增长数	自　然增长数	迁　移增长数
1881～1891	43857	－30932	74789	1911～1921	115037	－35594	150631	1947～1957	507785	395571	112214
1891～1901	45980	－42542	88522	1921～1931	139387	18176	121211	1957～1970	628578	595614	32964
1901～1911	75729	－59978	135707	1931～1947	380399	178296	202103	1970～1977	233693	206224	27469

第二阶段是1921至1942年，人口出生略多于死亡，而迁入仍是人口增长的决定因素。受1930～1932年全球性的经济萧条影响，迁入人口有所减少，但疟疾、霍乱、痢疾和肺痨等热带疾病受到控制而使死亡率有所降低，性比例趋于平衡又使出生率有所上升。总体上讲，人口还是增长了。

第三阶段从1942到1957年，这期间自然增长取代了迁移增长而成为人口增长的决定因素。这一阶段开始时由于日本的侵占，自愿迁移中止了。从1942到1945年这几个备受创伤的年份里，许多健全的男子都被驱使到国外去从事战事活动，因此尽管这几年里有11.5万人出生，但总人口仍然减少了13万人。战后，像许多国家一样，新加坡人口也经历了一个战后"婴儿爆炸"时期。从战争结束到1957年，粗出生率一直保持在45‰左右的极高水平，而死亡率迅速下降，加之从马来西亚半岛迁入了大量的移民，致使年增长率在1953年达到5.7%的速度（参见表6）。

表6　新加坡人口自然变动指标

年份	人口（千人）	出生率（‰）	死亡率（‰）	自然增长率（‰）	年均增长率（%）	年份	人口（千人）	出生率（‰）	死亡率（‰）	自然增长率（‰）	年均增长率（%）
1947	938.1	45.9	13.3	32.6	—	1955	1305.5	44.3	8.1	36.2	4.6
1948	960.8	46.3	12.4	33.9	2.4	1956	1371.6	44.4	7.5	36.9	5.1
1949	978.7	47.2	11.9	35.3	1.9	1957	1445.9	42.7	7.4	35.3	5.4
1950	1022.1	45.4	12.0	33.4	4.4	1958	1518.8	41.1	7.0	34.1	5.0
1951	1068.1	45.0	11.6	33.4	4.5	1959	1587.2	39.4	6.4	33.0	4.5
1952	1127.0	45.4	10.7	34.7	5.5	1960	1646.4	37.5	6.2	31.3	3.7
1953	1191.8	45.8	9.7	36.1	5.7	1961	1702.4	35.2	5.9	29.3	3.4
1954	1248.2	44.7	8.6	36.1	4.7	1962	1750.2	33.7	5.8	27.9	2.8

续表6

年份	人口（千人）	出生率（‰）	死亡率（‰）	自然增长率（‰）	年均增长率（%）	年份	人口（千人）	出生率（‰）	死亡率（‰）	自然增长率（‰）	年均增长率（%）
1963	1795.0	33.2	5.6	27.6	2.6	1974	2219.1	19.5	5.3	14.2	1.6
1964	1841.6	31.6	5.7	25.9	2.6	1975	2249.9	17.8	5.1	12.7	1.4
1965	1886.9	29.5	5.4	24.1	2.4	1976	2278.2	18.8	5.1	13.7	1.3
1966	1934.3	28.3	5.4	22.9	2.5	1977	2308.2	16.6	5.2	11.4	1.3
1967	1977.6	25.6	5.3	20.3	2.2	1980	2414.0	17.0	5.1	11.9	
1968	2012.0	23.6	5.5	18.1	1.7	1981	2440.0	17.2	5.2	12.0	
1969	2042.5	21.8	5.0	16.8	1.5	1982	2470.0	17.2	5.2	12.0	
1970	2074.5	22.1	5.2	16.9	1.6	1986	2600.0	16.0	5.0	11.0	
1971	2110.4	22.3	5.4	16.9	1.7	1988	2600.0	15.0	5.0	10.0	
1972	2147.4	23.1	5.4	17.7	1.8	1989	2700.0	17.0	5.0	12.0	
1973	2185.1	22.1	5.5	16.6	1.8						

　　1957年可作为第四个阶段与第三阶段的分界线。这一时期的特点是人口迁移减少到了几乎可以忽略的水平。1957～1970年，新加坡共增加了628578人，其中自然增长占95%，而净迁入占5%。从1957年起，该国出生率开始了趋势性的下降，1959年降至39.4‰，1965年则低过30‰，1969年达到21.18‰。此后，受"前一轮"生育高峰的影响，粗出生率又开始缓慢回升，到1972年，达到了第二轮生育的小高潮。随后，出生率又开始了一种趋势性的下降。到1975年，迅速降至17.8‰。1988年降到历史最低点，为15‰。受人口再生产周期性影响，今后可能还会产生第三次生育高潮（参见图1）。

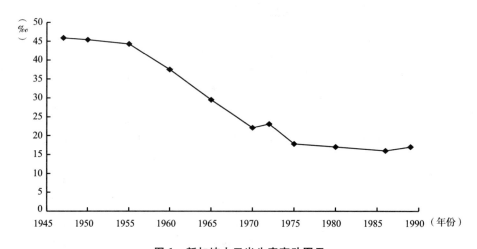

图1　新加坡人口出生率变动图示

　　尽管出生率有所回潮，但是，下降速度之快在世界上来说仍是屈指可数的。在东南亚各国其出生率之低，位居第二，仅次于太平洋上的日本国。

新加坡除出生率的降低速度异常迅速外，其死亡率的降低速度同样是显著的。第二次世界大战结束之前，总死亡率大概为20‰～25‰，但到1947年死亡率已降至13.3‰，随后进一步下降，至1961年降至6‰以下，从此再没回升。不仅粗出生率是这样，婴儿死亡率下降幅度甚至更快。新加坡国家统计部1976年发表的数字说明，婴儿死亡率从1946年的82.3‰降至1957年的32.9‰，到1975年已降为12.3‰。1989年美国人口咨询局估计新加坡目前的婴儿死亡率仅为7.4‰，降至这一低水平的国家和地区在整个亚洲只有新加坡、日本和台湾地区。因此，该国人口出生时的平均预期寿命也相应有了较大提高。男性从1957年的60.7岁上升至1970年的65.4岁，女性则从64.9岁升至70.0岁（参见表7）。

表7　新加坡人口死亡率、婴儿死亡率和人口平均预期寿命

指标 ＼ 年份	1950～1954	1955～1959	1960～1965	1970	1971～1975	1981	1986	1989
死亡率（‰）	12.0	7.0	5.7	5.2	5.5	5.2	5.0	5.0
婴儿死亡率（‰）	67.1	32.9	26.3		12.3			7.4
平均预期寿命（年） 男	58.8	61.5	64.1	65.4	66.7	71.0	72.0	73.0
平均预期寿命（年） 女	62.1	64.9	67.6	70.0	70.5			

目前，欧洲许多国家的死亡率，由于受年龄结构的影响，均高于新加坡。如民主德国、匈牙利、捷克斯洛伐克、保加利亚等国，另一些发达国家如联邦德国、法国、奥地利等，粗死亡率已升到11‰～13‰，远远高于新加坡。像新加坡这样的国家，死亡率在5‰左右的极低水平能维持20多年不变，实属罕见。此外，人口的平均预期寿命超过70岁的国家在亚洲并不多见，只有塞浦路斯、以色列、科威特、斯里兰卡、文莱、日本、香港地区、韩国、台湾地区九个国家和地区。

如果从人口自然增长方面来看，新加坡的自然增长率相对来说还是比较高的。因为出生率和死亡率长期分别徘徊在17‰和5‰左右，甚至可以说，这种结果是由于死亡率"过分"低而造成的。正因为此，研究人口转变理论的学者才将新加坡归并在高出生率、低死亡率、高自然增长率的人口类型向低出生率、低死亡率、低自然增长率的人口类型转变的"过渡类"之中。过渡类型的数量指标习惯上划分为：出生率大于18‰而小于40‰；死亡率大于10‰而小于16‰；自然增长率大于8‰而小于24‰（参见表8）。

表8　当代人口再生产类型的划分

单位：‰

类　型	出生率	死亡率	自然增长率	类　型	出生率	死亡率	自然增长率
高低高型	B≥40	D≤16	I≥24	过渡型	18<B<40	10<D<16	8<I<24
三低型	B≤18	D≤10	I≤8				

可见，将新加坡归并为过渡型，关键是自然增长率高于8‰。不过，这并不否定新加坡人口转变的速度是相当快的这一事实。如果从历史上看，就更会感到新加坡人口转变的这种显著性了。

人口年龄构成

新加坡的人口年龄构成有着自己特殊的演变过程。新加坡最初的人口，是各个不同民族的人移居在一起的结果。这类接受国受移民流入的影响，往往具有两个特点：一个特点是性别比严重失调，通常的情况是男性移民远远超过女性移民；另一个特点是，成年人移民远远多于儿童和老人（参见表9）。

表9　1871～1989年新加坡人口的年龄构成

单位：%

年龄组＼年份	1871	1901	1931	1947	1957	1970	1977	1981	1986	1989
0～14	19.0	17.6	26.1	35.9	42.8	38.7	34.7	30.0	25.0	23.0
15～59	77.9	80.7	69.7	60.5	53.6	55.5	58.4	65.0	70.0	72.0
60岁及以上	3.1	1.7	4.2	3.6	3.6	5.8	6.9	5.0	5.0	5.0
合　计	100.0	100.0	100.0	100.0	100.0	100.0	100.0	100.0	100.0	100.0

说明：1981、1986、1989年为0～14岁、15～64岁、65岁及以上。

在19世纪，新加坡人口中15～59岁的劳动力人口占绝对比重，1901年达到峰值为80.1%，此时，老年人口占总人口的比重仅为1.7%。进入20世纪30年代，随着移民的减少，成年人在总人口中的比重便开始下降，尤其在第二次世界大战后初期，"婴儿爆炸"进一步降低了成年人口的比重。与此同时，随着时间流逝，老年人口也悄然增加。至1957年，三个年龄组比重分别为42.8、53.6和3.6。以后，随着出生人数的减少，0～14岁组的人口比重也开始下降（参见图2）。

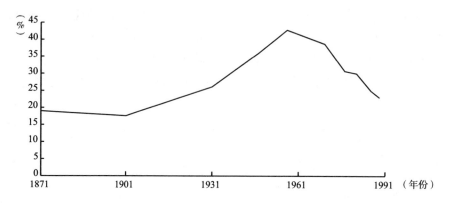

图2　新加坡0～14岁人口占总人口比重变动图示

沿着历史的轨迹,可看出新加坡人口年龄结构的变动规律:至 20 世纪 60 年代初以前,该国人口从成年型向年轻型转变;此后,人口年龄结构又开始由年轻型向成年型"复归"。亦即,新加坡人口正处于一种过渡时期。

人口密度

尽管新加坡人口不算多,不过对于只有 647.5 平方公里的小岛来说,可说是太多了。以 1989 年的人口数字计算,人口密度每平方公里高达 4173 人。这一指标值位于亚洲第一,在世界上仅次于欧洲袖珍国摩纳哥(1983 年人口密度每平方公里高达 15789 人)。不过,一般在分析人口分布时,人口地理学家往往"嫌"新加坡国土面积太小,而将诸如摩洛哥、马耳他等小国排除在外,以此提高所分析国的可比性。

生育状况

第二次世界大战以后,新加坡的出生人数逐年增加,从 1947 年生育 4.30 万人到 1958 年生育 6.24 万人的最高峰,人口出生率高达 45‰左右的水平持续 10 年之久(参见表 10)。

表 10　1947~1977 年新加坡出生人数、出生率及粗再生产率

年份	出生数(人)	出生率(‰)	粗再生产率(个)	每年变化百分比(%)			年份	出生数(人)	出生率(‰)	粗再生产率(个)	每年变化百分比(%)		
				出生数	出生率	粗再生产率					出生数	出生率	粗再生产率
1947	43045	45.9	3.176				1963	59530	33.2	2.560	0.9	-1.5	-1.0
1948	44450	46.3		3.3	0.9	—	1964	58217	31.6	2.450	-2.2	-4.8	-4.3
1949	46169	47.2		3.9	1.9	—	1965	55725	29.5	2.296	-4.3	-6.6	-6.3
1950	46371	45.4		0.4	-3.8	—	1966	54680	28.3	2.095	-1.9	-4.1	-8.8
1951	48116	45.0		3.8	-0.9	—	1967	50560	25.6	1.929	-7.5	-9.5	-7.9
1952	51196	45.4	3.210	6.4	0.9	—	1968	47241	23.6	1.704	-6.6	-8.2	-11.7
1953	54548	45.8		6.5	0.9	—	1969	44561	21.8	1.521	-5.7	-7.2	-10.7
1954	57029	44.7		4.5	-0.2	—	1970	45934	22.1	1.500	3.1	1.4	-1.4
1955	57812	44.3		1.4	-3.1	—	1971	47088	22.3	1.475	2.5	0.9	-1.7
1956	60892	44.4	3.231	5.3	0.2	—	1972	49678	23.1	1.478	5.4	3.6	0.2
1957	61757	42.7	3.234	1.4	-3.8	0.1	1973	48269	22.1	1.359	-2.7	-4.3	-8.1
1958	62495	41.1	3.122	1.2	-3.7	-3.5	1974	43268	19.5	1.143	-10.4	-11.8	-15.9
1959	62464	39.4	3.048	0.0	-4.1	-2.4	1975	39948	17.8	1.017	-7.7	-8.7	-11.0
1960	61775	37.5	2.841	-1.1	-4.8	-6.8	1976	42783	18.8	1.036	7.1	5.6	1.9
1961	59930	35.2	2.688	-3.0	-6.1	-5.4	1977	38364	16.6	0.896	-10.3	-11.7	-13.5
1962	58977	33.7	2.585	-1.6	-4.3	-3.4							

第二次世界大战后的第一个 10 年，生育率一直很高。从普遍意义上讲，这种高出生率具有一种战后婴儿补偿的性质，即通常所说的"婴儿爆炸"期。此外，新加坡初婚年龄一贯比较低，结婚率高，很少有人接受独身生活。妇女 20 岁以下的生育率在战后很长时间内一直占有较大比重（参见表 11）。

表 11　1947～1977 年新加坡妇女年龄别生育率

单位：‰

年份 年龄组	1947	1952	1957	1962	1967	1972	1977	年份 年龄组	1947	1952	1957	1962	1967	1972	1977
15~19	101.8	88.0	78.0	53.2	35.7	25.7	13.7	35~39	196.3	193.5	194.8	158.1	95.7	65.4	28.7
20~24	314.1	330.7	302.5	250.7	194.9	137.9	92.4	40~44	83.3	81.5	81.3	65.6	42.7	20.8	6.7
25~29	333.8	347.1	354.5	295.4	245.5	218.9	142.3	45~49	10.6	10.1	11.3	9.2	7.6	3.0	0.8
30~34	269.7	271.2	289.4	233.3	166.4	139.2	87.2								

从粗再生产率这一指标来看，在 1959 年之前一直在 3.0 个以上，如果换算成总和生育率的话，那就意味着当时新加坡妇女一生平均生 6～7 个小孩，这种解释和当时新加坡居民家庭平均有 7 个小孩的实际情况是相一致的，之所以如此，大概要归咎于深深地根植于人们的文化传统与宗教传统之中的态度和信仰。当时计划生育工作并没有大张旗鼓地开展，或者说，家庭计划协会在当时还没有产生出很大的影响和作用，也是当时生育率高的原因之一。

进入 20 世纪 60 年代，无论从绝对量上来讲，还是就其相对量而言，都开始了持续的下降，此后，尽管其中反复过几次，但总的趋势仍然是生育率在下降，这从粗再生产率指标也可以明显反映出来。大约在 70 年代中期，新加坡进入了生育更替水平，据 1989 年美国人口咨询局估算，新加坡的总和生育率已低至 1.6 个。

在整个新加坡人口中，华人的生育率下降速度最快，其次是印度人，马来人较慢（参见表 12）。

表 12　1960～1986 年新加坡不同民族的总和生育率

单位：个

年 份	总 计	总和生育率			年 份	总 计	总和生育率		
		华 人	印度人	马来人			华 人	印度人	马来人
1960	5.77	5.62	6.42	7.37	1980	1.73	1.66	2.04	1.93
1965	4.66	4.31	6.31	6.69	1985	1.62	1.47	2.12	1.92
1970	3.07	3.00	3.45	3.15	1986	1.44	1.26	2.05	1.89
1975	2.07	2.06	2.12	1.95					

总之，新加坡人口生育状况的特点是：第一，已经从战后的生育率高水平进入了目前的生育率低水平，1975 年该国达到生育更替水平；第二，低年龄组的妇女生育率占有一定的比重；第三，文化水平的高低与生育率呈明显的负相关关系。时任总理李光耀曾宣布过：受过高等教育的父母生的孩子少（仅为 1.7 个），未受过高等教育的父母生的孩子多（约为 3.5 个）；第四，在各民族的生育率均下降的背景下，华人的生育率下降速度最快。

人口政策

新加坡从 1959 年地区自治到 1965 年独立时，其人口问题仍然十分严重，特别是出生率仍保持在很高水平。严重的人口增长问题加剧了当时一系列的经济问题和社会问题。首先，日益增多的人口使得本来就自然资源匮乏、农业生产欠缺的城市小国空间更加拥挤：1947 年人口密度每平方公里 1514 人，到 1965 年每平方公里 3062 人，较之 1947 年提高了整整 1 倍。其次，资本积累受到阻碍，失业率迅速上升，1962 年失业率曾高达 15.8%。第三，人口增长加重了社会服务设施和教育卫生事业的负担。据 1959 年统计，当时有 25 万人居住在贫民窟，33 万人屈居棚户区；小学生人数激增，校舍不足，师资匮乏。

面对这种状况，新加坡政府首先认识到了人口问题是困扰新加坡社会经济发展的重要因素。因此，断然采取了以下措施。

第一，建立人口控制机构，立法定规。1960 年新加坡自治政府提出"一个家庭，两个孩子"的计划，号召节制生育，控制家庭规模。1965 年 12 月，新加坡国会通过了"家庭计划与人口法案"，要求建立一个法定机构，专门负责实施家庭计划。1967 年制定立法，规定除穆斯林以外的全部居民结婚必须到政府有关机构登记。1969 年，颁布"堕胎法"和"自愿绝育法"，放宽人工流产，鼓励夫妇自愿绝育，以有效地控制人口增长。

第二，制订并实施五年家庭计划。1966～1971 年是实施第一个五年家庭计划的时期，当时提出的目标是：出生率从 1965 年的 30‰ 下降到 1970 年的 20‰ 左右；死亡率从 1965 年的 5.4‰ 下降到 1970 年的 5‰ 左右；自然增长率从 1965 年的 24.1‰ 下降到 1970 年的 15‰。其结果是：出生率 1970 年底为 22.1‰，死亡率为 5.2‰，自然增长率为 16.9‰。1971～1975 年是实施第二个五年家庭计划的时期，提出 1975 年的目标是：出生率为 18‰，死亡率保持不变，自然增长率为 13‰，执行结果三项指标分别是：17.8‰、5.1‰ 和 12.7‰。1976～1980 年是实施第三个五年家庭计划的时期，期末结果：出生率 17.0‰、死亡率 5.1‰ 和自然增长率 11.9‰。新加坡几个五年家庭计划的实施，使人口数量得到了非常有效的控制。

第三，实施各项有利于控制人口的生育政策。包括（1）在经济上针对产妇和孕妇的政策，如三胎以上孕妇检查收费提高等；（2）优先教育的政策，如属于第三胎的小孩上学受到某种程度的限制；（3）削减所得税政策，如四个以上孩子的家庭不享任何所得税优惠政策以及住房优惠政策。

第四，广泛宣传、教育群众，使人们认识到新加坡人多地少、生存空间狭小的现状。

此外，执行政策手段强硬，赏罚分明。

新加坡政府由于采取了符合本国国情的政策，因此在控制人口方面取得了显著的成绩。（1）在20多年的时间内，人口出生率由45‰左右的高水平降低到只有17‰左右；（2）人口死亡率只用了10年的时间便从12‰降至5‰，尤其是婴儿死亡率的降低速度更快，预期寿命升到73岁；（3）人口自然增长率随之也有大幅度下降；（4）人口年龄结构已经步入成年型，而且已经在向老年型人口过渡。新加坡人口转变速度，在亚洲国家名列前茅，仅次于日本。

未来人口预测

人口过程是一个复杂的社会过程。人口运动是一个特殊的物质运动。对于人口的预测总是假定现有的社会、经济、文化背景等条件，在很大程度上难以确定未来的各项因素对于人口产生正的或负的影响。一些人口专家曾对全世界及各大地区的人口进行过多种方案的预测。但是回过头来看，真正被长期预测所言中的事例却并不多，尤其像对新加坡这样的国家进行预测，其困难可能更大一些。原因是，最近国家政府甚至又有了提高人口出生率的倾向，并开始试行颁布一些鼓励人口增长的政策，如减免多生子女的父母所得税、优先照料三胎以上儿童的上学等各种经济和行政措施。这种变化，显然是过去预测专家始料未及的。

表13是20世纪70年代初新加坡学者对本国未来100年人口所进行的预测。

表 13　1975～2075 年新加坡人口预测情况

年份	总人口（人）	男性人口（人）	女性人口（人）	性比例（％）	年份	总人口（人）	男性人口（人）	女性人口（人）	性比例（％）	年份	总人口（人）	男性人口（人）	女性人口（人）	性比例（％）
1975	2249900	1148200	1101700	104.2	2010	3361120	1696704	1664416	101.9	2045	3683557	1873056	1810501	103.5
1980	2407548	1226094	1181454	103.8	2015	3473068	1753338	1719730	102.0	2050	3689590	1874620	1814970	103.3
1985	2593860	1318260	1275600	103.3	2020	3568255	1802013	1766242	102.0	2055	3692195	1877115	1815080	103.4
1990	2785238	1413332	1371906	103.0	2025	3636939	1837809	1799130	102.1	2060	3694233	1878273	1815960	103.4
1995	2958694	1499390	1459304	102.7	2030	3677483	1860071	1817412	102.3	2065	3692497	1878095	1814402	103.5
2000	3106729	1572572	1534157	102.5	2035	3691904	1869621	1822283	102.6	2070	3690930	1876528	1814402	103.4
2005	3241005	1636640	1604365	102.1	2040	3692755	1872402	1820353	102.9	2075	3690747	1877985	1812762	103.6

小结

尽管新加坡没有走完人口转变的全部过程，但是，其人口转变速度之快对发展中国家来说，仍然是为数不多的几个国家之一。在亚洲，仅次于日本。

经历过战争创伤的新加坡，在只有弹丸之地的国土上，养育着270万人口，每平方公里超负荷承载着4000多人的生活和工作，然而，就是在这样的背景下，新加坡已成为亚洲地区出类拔萃的工业国，在整个发展中国家其经济状况名列前茅，所有这些，都为世人所注目。对于这种成功经验的解答正如该国时任总理李光耀所言"只能依靠海峡的水和国民的智慧与双手。"

新加坡政府成功经验的可贵之处，在于他们了解自己的国情。独立不久，就立即将人口问题作为主要问题给予高度的重视，同时，将家庭生育计划和社会发展计划结合起来，积极实行人口问题和经济与社会问题的综合管理。

新加坡为解决困扰该国政府、社会前进的人口问题所制定的主要战略内容有：（1）控制人口的数量增长，提高人口质量（从1960至1980年的20年间增加教育经费8.8倍）。（2）建立以制造业为主体的多元化经济结构，从而形成较为合理的就业结构，以便广开就业门路解决就业问题（失业率1965年之前为10%以上，1970年为6%，1980年仅为3%）。（3）推行城市发展与重建计划，大规模兴建生产性基础设施和社会基础设施，拓展新工业区和卫星城镇，从而缓解城市人口过多的人口压力。（4）大规模制订和推行住宅建设计划，大力兴建既符合现代化标准又适应东方民族传统的居民住宅，使住房问题基本获得解决，减弱了社会因住宅拥挤而产生的不安定因素。

伊拉克（Iraq）

位于西亚地区的伊拉克正如它的国名所代表的意义"河川之间的低地"一样，国土主要部分由美索不达米亚平原构成，这是由于著名的双生河——底格里斯河与幼发拉底河两大河川之赐，使得这里从古至今一直是个肥沃的大冲积平原。伊拉克的东面是伊朗伊斯兰共和国，南邻科威特和沙特阿拉伯，西及西北与约旦、叙利亚、土耳其接壤。全国面积43.82万平方公里，人口1989年估测为1810万人。人口密度每平方公里41.3人。首都：巴格达。

历史

伊拉克境内的两河流域是著名的世界古代文明发祥地之一。公元前4700年起，这里便出现了苏美尔人和阿卡德人的城邦，公元前2000年左右出现了有名的奴隶制大国——巴比伦王国。亚述国的出现则是公元前2000年以后的事情了，以后，被并入当时的波斯王国。公元7世纪两河流域并入阿拉伯帝国。1258年，被突厥人占领。16世纪30年代，奥斯曼帝国征服了伊拉克人。第一次世界大战中奥斯曼帝国惨败，伊拉克成了英国"委任统治区"。1921年8月宣布独立，成立伊拉克王国。1958年7月14日费萨尔王朝被推翻，成立伊拉克共和国。

民族

伊拉克的领土，历来被看做由波斯湾通往地中海的天然交通要道，因此，也就历来为临近各民族所"青睐"。最初在此地奠定文明基础的是苏美尔人，但是苏美尔人的起源却是一个谜，不过，可以确认的是，他们在公元前 4000 年左右便在美索不达米亚定居，并与当地的原始居民融合，发明了楔形文字。公元 7 世纪之后，强大的阿拉伯人入侵此地，并带来了伊斯兰教，致使伊斯兰教和阿拉伯民族成分在此深深扎下了根。尽管后来不信奉伊斯兰教的蒙古人也来到过此地，甚至推翻了阿巴斯王朝最后一任哈里发，但其影响远不及阿拉伯人及阿拉伯文化。及至目前，伊拉克仍是以阿拉伯人为主体的国家。所以，此地阿拉伯人也称伊拉克阿拉伯人，目前约占全国总人口的 76.2%。伊拉克的第二大民族是属于伊朗语族的库尔德人，占总人口的 20.6%。其余稍大一点的民族还有波斯人（1.3%），土耳其人（0.2%），土库曼人（1.5%），亚美尼亚人等，此外，还有少量的亚述人和犹太人，他们均属闪含族系列。从语族上划分，主要有印欧语系的伊朗语族——伊拉克阿拉伯人归属于此；还有闪含语系的闪含语族和阿尔泰语系的突厥语族。从人种上讲，有些属于欧罗巴人种南支，有些是尼格罗人种的混血型，还有中世纪从非洲贩运来的黑人奴隶与当地居民混血的后裔。

宗教

公元 7 世纪以前的伊拉克居民信仰各种神教。阿拉伯人征服伊拉克全境后，开始逐渐伊斯兰教化。目前的伊拉克乃是世界上 38 个伊斯兰教国家（和地区）之一。而在整个阿拉伯伊斯兰国家中，伊拉克是世界上极少几个什叶派占多数的国家之一。什叶派占全国穆斯林总数近 60%，逊尼派占近 40%。穆斯林总数占全国人口的 96% ~98%。伊拉克基督教徒占全国人口总数的 3% 左右。其余宗教还有犹太教等。

语言

阿拉伯语为官方语言，但在库尔德地区则使用库尔德语。

人口变动

从历史上讲，世界上最早进行全国性的地籍调查的国家要数两河流域的古代巴比伦王国。在公元前 4500 年，巴比伦王国就按族调查过人口、农具、物资、牲畜等项目，并举办了全国性的地籍调查。但由于其特有的地理位置，以及由此产生的版图频繁变更，人口流动量大等特点，使其人口的确定数目难以真正查清。有些资料认为，在阿拉伯人早期统治时期，即为伊拉克当时的鼎盛时期，美索不达米亚平原上的人口曾达到 3000 万人。这一数据是否准确，实在难以考证。

进入公元 20 世纪以后，伊拉克的人口才相对稳定下来。估计在第一次世界大战期间，伊拉克的人口数为 250 万人左右。此后 20 多年，灾荒、饥饿、疾病等原因牢牢地钳制了伊拉克人口的发展。直到 1938 年总人口仍停留在 370 万左右，1940 年为 374.5 万人。接下来的 20 年，伊拉克的人口突然急剧增加，这种情形一直持续至今。目前的人口增长率平均每年超过 3%。由于移民到此的人仅限于亚美尼亚人和巴基斯坦人，所以机械人口增长率并不高。1958 年伊拉克王国建立时，人口 670 万人左右。1989 年的人口已增加到 1810 万（参见表 1、图 1）。

表1　伊拉克的人口变动

单位：万人

年　份	人　口	年　份	人　口	年　份	人　口	年　份	人　口
1940	374.5	1971	975	1978	1233	1985	1520
1947	480.0	1972	1007	1979	1277	1986	1650
1950	513.0	1973	1041	1980	1308	1987	1705
1957	629.8	1974	1077	1981	1350	1988	1760
1960	694.5	1975	1112	1982	1418	1989	1810
1965	804.7	1976	1151	1983	1465		
1970	944.1	1977	1200	1984	1500		

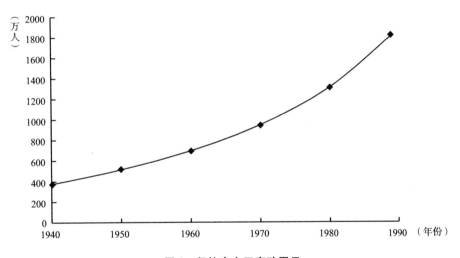

图1　伊拉克人口变动图示

从速度来看，伊拉克人口增长有一种越来越快的趋势，这可以从下面的资料中看出，伊拉克人口增长率越来越快的因素，不能简单地说是出生率高所致，死亡率降低较快也是其重要原因。伊拉克成为伊斯兰国家的历史悠久，出生率高且居高不下，除浓厚的宗教因素外，经济等因素也在起作用。如老百姓对于"抑制生育"的抵触十分强烈，许多人将孩子视为一种经济财产，在这种思想支配下，想降低生育率哪怕是一点，也是十分困难的（参见表2、图2）。

表2　伊拉克每10年人口年均增长率

单位：%

时　期	人口年均增长率	比前期增减	时　期	人口年均增长率	比前期增减
1940～1949	3.20		1970～1979	3.31	+6.75
1950～1959	3.08	-4.05	1980～1989	3.68	+10.84
1960～1969	3.12	+0.97			

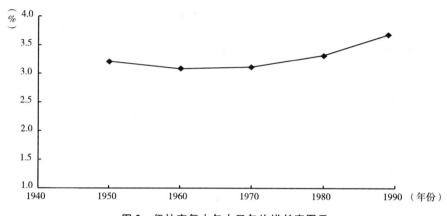

图2 伊拉克每十年人口年均增长率图示

过去，伊拉克所在的中东地区人口死亡率十分高，主要原因是疾病流行、周期性的自然灾害以及经常爆发的规模不等的战争。在1958年伊拉克共和国成立的时候，其死亡率仍高达21.9‰。以后，由于医疗卫生条件的改善，首先明显地导致了婴儿死亡率的下降，人口粗死亡率则是随后缓慢降下来的。

由于伊拉克的人口登记并不健全（伊拉克1920年第一次进行现代人口普查，以后普查年份分别是：1934、1947、1957、1965、1977年），而且所公布的人口资料也令人难以置信（如1980年认为粗死亡率为4‰），因此，各国际人口组织纷纷对伊拉克的有关人口指标进行分析、推测。下面大部分数据是由这些推测而来，其中婴儿死亡率的"波动"最大，这与统计资料的可靠性有很大关系。目前的一些资料均认为，伊拉克的婴儿死亡率在60‰以上是比较符合实际的（参见表3、图3）。

表3 伊拉克人口自然变动及有关指标

年 份	出生率 （‰）	死亡率 （‰）	自然增长率 （‰）	婴儿死亡率 （‰）	平均预期寿命（年）	
					男	女
1953	49.4	21.9	27.5	52.8	41.7	43.7
1958	49.4	21.0	28.4	46.8	44.1	46.4
1963	49.3	18.0	31.3	21.6	46.5	49.3
1968	48.8	16.9	31.9	14.6	48.8	51.6
1973	47.4	14.6	32.8	28.9	51.2	54.3
1978	47.2	13.0	34.2	30.6		
1980	47.0	12.9	34.1	34.0		
1981	42.6	7.8	34.8	69.0		
1984	45.0	10.0	35.0	74.0	58.0	62.0
1986	44.0	8.0	36.0	71.0	62.0	65.0
1989	45.0	8.0	37.0	69.0	66.0	

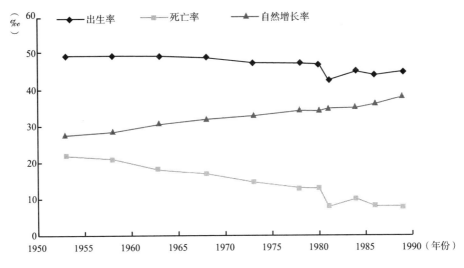

图3　伊拉克人口自然变动指标图示

从人口转变的理论看，目前的伊拉克正处在高出生、低死亡、高自然增长的阶段，最近几十年来的演变仅是刚刚从"高高低"迈向"高低高"类型。迈向"三低"类型中间至少还要经历一个"较低出生、低死亡、较低自然增长"阶段，因此，大多数伊斯兰国家何时能够转入"三低"类型，或者完成人口再生产类型的转变，是很难说清楚的。至少从近几十年的历史来看，出生率几乎没有变化。

人口结构

长期的高出生率与缓慢下降的死亡率相组合，便导致了人口的年轻化（参见表4）。

表4　1957～1989年伊拉克人口年龄构成变动情况

单位：%

年份 \ 年龄	0～14	15～64	65岁及以上	老少比	年份 \ 年龄	0～14	15～64	65岁及以上	老少比
1957	44.83	49.89	5.28	11.4	1977	48.90	46.80	4.30	8.3
1965	47.94	46.94	5.12	10.7	1989	45.00	52.00	3.00	6.7

从老年人口与少年人口的对比关系中，可以看出近几十年来伊拉克人口年龄结构的变动状况。15岁以下人口占总人口的比重过去一直超过40%，今后很长时期内还要保持这种状态，预示了未来人口膨胀的巨大压力，这些状况从1977年底部十分"宽阔"的年龄金字塔中看得尤为明显（参见表5、图4）。

表5 1977年伊拉克人口年龄、性别构成

年　龄	男性人口（人）	女性人口（人）	性比例（%）	年　龄	男性人口（人）	女性人口（人）	性比例（%）
0~4	1174058	1108670	105.9	50~54	153403	167720	91.5
5~9	1063572	981387	108.4	55~59	121602	122776	99.0
10~14	814204	725755	112.2	60~64	113053	108374	104.3
15~19	488306	521955	93.6	65~69	81004	74297	109.0
20~24	602362	514014	117.2	70~74	59607	65036	91.7
25~29	422793	388146	108.9	75~79	43522	52947	82.2
30~34	318043	286041	111.3	80~84	20029	22468	89.1
35~39	257707	237443	108.5	85+	26685	31460	84.8
40~44	186447	192590	96.8	不　详	22437	12359	(181.5)
45~49	214064	204161	104.9	合　计	6182898	5817599	106.3

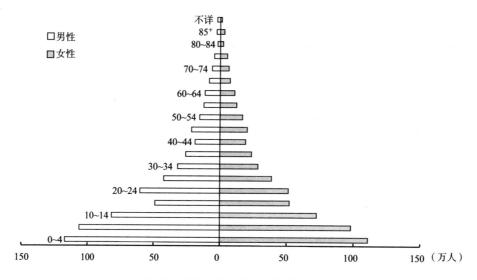

图4 1977年伊拉克人口年龄金字塔

伊拉克人口年龄金字塔显示出了人口的典型年轻性。最低年龄组0~4岁的人口甚至比5~9岁组人口多23.77万人，增加率为11.6%。另一方面，从1977年各年龄组的性别构成讲，也不均匀，出现一些年龄组"突然性"的男性少于女性的状况。导致这种结果可能有两种原因，一是移民、劳工流动；二是与资料中的"不详"人口有关。从总体上讲，伊拉克的性别结构基本属于正常范围，不像科威特等石油国家那样性比例失调——男性人口远远大于女性人口。根据早些年的一些资料，伊拉克的性别比例略微偏高，如1957年，其性比例为107.4∶100，1965年是104∶100。

总之，伊拉克的人口自然结构特征是，年轻型、男多女少的性比例平衡型。

人口分布

尽管伊拉克地处五海（里海、黑海、地中海、红海和阿拉伯海）环绕的地区，为自古以来的交通要道，但由于其受气候影响，以及后期其他路径的开辟，使得伊拉克境内的人口分布并不均匀。按照自然环境，特别是地形的差异，可将全国划分为三大地理区：（1）西南区，为阿拉伯高原的一部分，面积占全国的 1/3，这一地区地质古老，气候极端干燥，基本上全为沙漠覆盖，人烟稀少。（2）北区，为库尔德山区，或称之为库尔德斯坦。面积占全国的 1/10，属亚美尼亚高原和伊朗高原的边缘，仍保留某种部落游牧意识的库尔德人多居住于此。（3）中区，即美索不达米亚平原，人口占全国的半数以上，是全国人口最稠密的地区。尤其是底格里斯、幼发拉底两河流域更是如此（参见表6）。

表 6　1982 年伊拉克的人口分布

地　区	面　积 （平方公里）	人　口 （人）	人口密度 （人/平方公里）	地　区	面　积 （平方公里）	人　口 （人）	人口密度 （人/平方公里）
米　桑	14103	396000	28.1	尼尼微	38430	1258000	32.7
巴格达	5159	4038000	782.7	济加尔	13626	683000	50.1
巴士拉	19070	1184000	62.1	萨拉赫丁	27844	439000	15.8
卡迪西亚	8507	476000	55.9	纳杰夫	28811	478000	16.6
安巴尔	138723	536000	3.9	埃尔比勒	14471	657000	45.4
迪亚拉	19292	650000	33.7	苏莱曼尼亚	15756	816000	51.8
巴比伦	5258	681000	129.5	杜胡克	6120	296000	48.4
卡尔巴拉	5034	306000	60.8	穆萨纳	51029	239000	4.7
塔米姆	9659	456000	47.2	总　计	438200	14176000	32.4
瓦西特	17308	587000	33.9				

人口最稠密的是巴格达省，人口密度每平方公里 782.7 人，其次为巴比伦省，再次为巴士拉省。它们的共同特点是：（1）同在两河流域的临近汇集处；（2）都是全国最大的城市所在地；（3）都是古代文明城市的发祥地。这些地区孕育出的古代都市均代表着人类早期的文明。

从伊拉克城市的发展上看，主要分为三大类，一是早期的文明古都，二是阿拉伯人早期所建的城市，三是现代都市。这些城市以其自己的特征不同程度地吸引着全国各地的人口。如巴格达城，11 世纪时就拥有 100 万人口，其后由于各种原因有所减少，但 1970 年又恢复到 125 万人，目前，大约在 350 万人左右。其他大城市如巴士拉，人口达 155 万，摩苏尔 122 万，基尔库克 55 万，纳杰夫 43.9 万。过去从城镇人口比重上看，伊拉克是个以农业为主的农业国，但由于近一二十年来石油工业的发展，大量人口涌向城市及石油工业城或港口城市，导致城镇人口增加。据 1947 年统计，当时的城镇人口占总人口的比重为 25% 左右，1957 年上升至 39.5%，1965 年进一步提高到 51.1%，1984 年再上升到 70%，目前大约仍维持在这一水平。说伊拉克是个以农业为主的农业国，是针对其国家整体而言的，该国城镇人口比重如此高而且发展得如此迅速，并非农业劳动生产率提高、机械化程度提高、剩余劳动力被排挤出土地的结果，相反，是在大片土地荒芜、农村劳动力相对不足、粮食又不能自给的情况下，放弃农牧业的生产，而一味依托于天然的石油工业"买来"的高城市化。这种状况既不符合经济发展规律，又不符合城市发展规律，因此，归根到底伊拉克是一个非正常型的城市人口超过半数的国家。事实上，政府早已注意到了这一问题，20 世纪 70 年代，政府在注重大力发展石油工业的同时，明确提出了"农业是永久的石油"的口号，并为此而提出了若干具体措施。

从经济结构来看，伊拉克的农业劳动力日趋减少，其余部门劳动力有一定程度的增长（参见表7）。

表 7　伊拉克劳动力人口构成变动情况

单位：%

年　份	第一产业	第二产业	第三产业	其　他	年　份	第一产业	第二产业	第三产业	其　他
1960	53.0	10.9	33.7	2.4	1966	53.5	9.9	32.0	4.6
1961	53.0	10.5	33.8	2.7	1967	54.0	9.1	32.1	4.8
1962	53.0	9.8	33.4	3.8	1968	54.5	9.0	32.3	4.2
1963	53.0	9.2	33.1	4.7	1969	54.5	9.1	32.1	4.3
1964	53.0	10.2	32.5	4.3	1980	42.0	26.0	32.0	
1965	53.0	9.6	32.5	4.9	1989	38.1	20.1	41.8	

总之，伊拉克是当今世界主要产油国之一。自 1927 年首次投产以来，石油业一直是经济命脉，也正因为此，吸引了大部分劳动力离开了农村，加速了不正常城市化进程。

国民教育及其他

伊拉克政府注重教育事业的发展，努力开发人力资源。从 1976 到 1980 年，教育经费由 7800 万第纳尔增加到 7.26 亿第纳尔。由于经费增多，从 1978 年起，全国大、中小学及幼儿园全部实行免费教育。但是各种原因仍然使得伊拉克成人文盲率为 50%，属于亚洲文盲率最高的国家之一。1985 年，小学生入学率近 100%，其中男子 108%，女子 92%；中学生入学率为 55%，其中男子 69%，女子 39%；高校入学率由 1965 年的 4% 提高到 10%。

每名医生负担的人口数由 1960 年的 5280 人降至 1980 年的 1800 人；每名护士负担的人口数从 3040 人降至 2160 人。

小结

伊拉克人口是典型的发展中国家人口类型：高出生率、低死亡率、高自然增长率，由此而导致了人口结构年轻化，几十年来人口增长率一直维持在 30‰ 以上，为亚洲地区人口增长率最高的国家之一，尽管如此，对于拥有广袤国土的伊拉克来说，并未感到来自人口数量过多方面的压力。相反，常常感到的是劳动力缺乏，因此，政府的政策是鼓励生育，增加人口。目前，伊拉克的妇女总和生育率为 7.1 个。更重要的是，伊斯兰宗教直接或间接地鼓励人口增殖。在这样的高速度增长情况下，预计伊拉克的人口在今后不足 20 年的时间里将翻一番。到 2020 年时，人口将升到 5100 万，届时人口平均密度将会达到每平方公里 116 人。

参考资料

〔英〕S. H. 朗格里：《伊拉克》（上、下），北京师范大学《伊拉克》翻译小组译，北京人民出版社，1977。

〔伊〕贾希姆·穆罕默德·海拉夫：《伊拉克地理》，兰亭等译，北京出版社，1982。

伊朗 （Iran）

　　伊朗位于亚洲的西南部。由于西南亚往往又被分为西亚和南亚两部分，所以，伊朗有时被归类在西亚区，有时又被放在南亚组，中国一般将伊朗置于西亚组，国际上一般将其列在南亚。伊朗国北面濒临黑海和高加索山地，南临波斯湾和阿拉伯海，西面是伊拉克和土耳其，北接苏联，东邻阿富汗和巴基斯坦。全国面积 164.80 万平方公里。1989 年估计人口数字是 5390 万。人口密度每平方公里 32.7 人。首都：德黑兰。

历史

　　伊朗的文明历史大约有 4000～5000 年。所谓的古代波斯就是指目前的伊朗境内的古代文明王国，我国汉书则称之为"安息"。在伊朗地域上最早出现的国家是埃兰，始建于公元前 3000 年。公元前 550 年波斯人征服周围民族，建立阿赫梅尼德王朝。公元前 330 年该王朝被希腊人马其顿·亚历山大所灭。公元前 3 世纪中叶出现安息王朝和萨珊王朝。公元 7 世纪时伊朗成为阿拉伯帝国的一部分，伊斯兰教取代祆教并开始在此传播。其后，阿拉伯人、突厥人、蒙古人曾先后侵入此地。18 世纪后期土库曼人恺加部落统一伊朗，建立恺加王朝。1925 年建立巴列维王朝。1979 年 2 月 11 日王朝被推翻，成立伊朗伊斯兰共和国。宗教领袖霍梅尼接管政权。

民族

　　西方有人认为，中东是"现代人（Homo sapiens）的摇篮"。所谓中东，是欧洲殖民主义者扩张时期对目前大体是西亚一带的称谓。伊朗便是构成这只"摇篮"的一部分。不过，考古却没有从伊朗境内发现有旧石器文化的遗迹。所以，有关伊朗最早的居民已无从考证。但是，伊朗这片土地在新石器时代和青铜时代曾经有人定居过。不过，这些人是从哪里来，属哪个支族，则又成为了一个谜。通常认为，在中亚民族大迁徙的浪潮中到达伊朗并定居在此地的古波斯人是今日伊朗主要民族之祖先。之后，这些人在后来的形成发展过程中逐渐同化了不断入侵的阿拉伯人、突厥人、蒙古人以及当地的部落，从而使波斯人的规模不断扩大。目前，伊朗境内共有40多个民族，分属不同的语系、语族，成为西南亚民族关系最复杂的国家。由于伊朗地处亚、欧、非三大洲连接地带，以"三洲五海之地"闻名，异族不断入侵，"过往"人口频繁，因此，波斯族人在伊朗并未占总人口的一半以上。据统计，目前波斯族人，即伊朗人占总人口的比重为45.4%左右。其余较大的民族有库尔德人、阿塞拜疆人等（见表1）。

表1　1977年伊朗人口民族构成

民　　族	人口（千人）	比重（%）	民　　族	人口（千人）	比重（%）
波 斯 人	16000	46.1	阿塞拜疆人	5800	16.7
库尔德人	3200	9.2	土耳其人	550	1.6
吉 兰 人	2000	5.8	其　　他	1420	4.1
卢 尔 人	1500	4.3	**突厥语族**	**7770**	**22.4**
马赞德兰人	1300	3.7	阿拉伯人	650	1.9
俾路支人	800	2.3	其　　他	60	0.2
巴赫蒂亚尔人	600	1.7	**闪 语 族**	**710**	**2.1**
其　　他	790	2.3	其　　他	33	0.1
伊朗语族	**26190**	**75.4**	**总　计**	**34703**	**100.0**

说伊朗民族构成复杂，不仅表现在其民族繁多上，而且他们还不属于同一个语族，甚至不属于同一语系。伊朗语族属印欧语系，突厥语族是阿尔泰语系，闪含语族属闪含语系。

尽管如此，又称为法尔斯语的波斯语是伊朗的国语，这是各种语言结合形成的一种语言。古代波斯文是楔形文字，现代波斯文使用阿拉伯字母拼写。

宗教

早期的伊朗人所信奉的是祆教。7世纪伊朗成为阿拉伯帝国的一部分之后，随即传入伊斯兰教，并取代祆教。11世纪以后，伊斯兰教才成为伊朗的主要宗教。目前，什叶派伊斯兰教为伊朗的国教。穆斯林占全国居民的80%，其中90%以上属什叶派。逊尼派信徒在现代伊朗人数不多，约占居民总数的3%～5%。此外还有基督教，信徒主要是亚美尼亚人和少部分阿拉伯人。伊朗境内的犹太人仍信奉犹太教。早期的祆教目前仍有一定地位，其信徒4万多人。

总之，伊朗是一个民族成分十分复杂的国家。来自于不同语系和语族的人们汇集在这里，这是历史的产物。由于民族复杂、语言复杂、宗教信仰也十分复杂，因此，常产生一些摩擦。

人口变动

伊朗是著名的文明古国，人口很早以前便相当可观。不仅如此，古波斯在公元前570～526年间便进行了简单的人口登记，从而成为世界上最先具有"人口统计"萌芽的国家之一。据认为，伊朗在公元前7世纪时已拥有400多万人口。但这一数值一直持续了2000年。关于15世纪以后的伊朗人口总数，争议很大。一种观点认为伊朗人口到17世纪时才从400万人增至500万人，另一种观点则认为伊朗15～16世纪曾有过4000～5000万人口，之后才减少下来。这就是说，至19世纪以前的伊朗人口规模如何，众说纷纭，仍需进一步考证，但有一点却是一致的，即19世纪前人口骤然下降，至20世纪初，人口大概为1000万人左右。

1933年，伊朗进行了第一次正式的人口调查，当时人口为1500万人。1979年成立伊朗伊斯兰共和国时，人口3694万人。1989年人口为5390万人（参见表2、图1）。

表2　伊朗的人口变动

单位：万人

年份	人口	年份	人口	年份	人口	年份	人口	年份	人口
1906	750	1960	2150	1972	3041	1977	3470	1982	4078
1933	1500	1965	2455	1973	3123	1978	3550	1983	4207
1940	1612	1966	2578	1974	3250	1979	3694	1986	4340
1950	1627	1970	2866	1975	3338	1980	3745	1987	5124
1956	1932	1971	3015	1976	3366	1981	4050	1989	5390

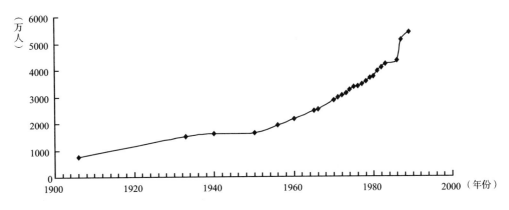

图1　伊朗人口变动图示

伊朗人口由于基数越来越大，因而增长绝对量也越来越大，增长速度有些年份也有提高。1940～1950年年均增长率为0.07%，1950～1960年为2.8%，1960～1970年为

2.9%，1970～1980年为2.7%，1980～1986年为2.5%。表2中1987、1989两年度的人口数据取自联合国有关组织的估测，与前些年相比可能有些偏高。但是，第二次世界大战以后，伊朗的出生率及自然增长率在亚洲地区一直偏高，这一点是无疑的（参见表3）。

表3　伊朗人口自然变动及有关指标

指标 \ 年份	1953	1958	1963	1968	1973	1981	1987	1989
出生率（‰）	48.0	47.0	46.5	45.3	44.1	44.0	42.5	44.0
死亡率（‰）	24.5	22.0	19.6	17.4	15.4	14.0	11.5	10.0
自然增长率（‰）	23.5	25.0	26.9	27.9	28.7	30.0	31.0	34.0
平均预期寿命（年） 男	41.6	43.9	46.2	48.4	57.6	58.0	59.0	62.0
平均预期寿命（年） 女	43.3	45.1	47.1	49.1	57.4			

伊朗最后一次人口普查是在1976年举行的。之后，其人口数据多为估计。尽管也有生命指标登记，但登记值显然不准确，如1987年所登记的人口死亡率仅为3.9‰，显然是太低了。由此推论过去几年的一些注册登记值也有很大出入。联合国发表的《人口生命统计报告》（*Population Vital Statistics Report*）推测1987年伊朗人口死亡率在10‰左右。

伊朗生命统计的特点是：近几十年来出生率变化不大，死亡率则有明显下降。从1953到1989年，出生率仅降低8.3%，而死亡率则降低了58%，由此形成的差距提高了人口自然增长率（参见图2）。

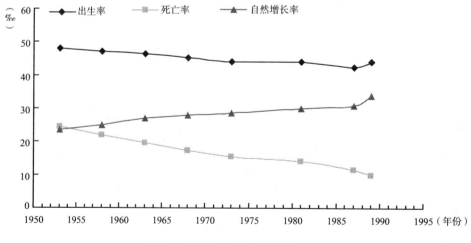

图2　伊朗人口自然变动指标图示

第二次世界大战前，伊朗的死亡率被认为至少超过25‰，也许超过30‰，但战后却得到迅速下降。其原因主要有两个：其一是疾病死亡率大为降低。第二次世界大战前，包括伊朗在内的西南亚地区流行病较为盛行，营养不良状况也较为严重，第二次世界大战后，这一状况得到改善，卫生、环境的改良乃至交通运输程度的提高都在死亡率下降方面起到一定作用。其二，婴儿死亡率以及儿童死亡率的下降，均是人口总死亡率下降的重要因素。造成婴儿死亡率高的原因主要是传染病发病率高。1960 年时，伊朗的婴儿死亡率高达 163‰，1982 年降至 102‰，目前，估计在 93‰左右。另外，伊朗的人口年龄构成年轻，一方面是出生率高和婴儿死亡率降低的结果，另一方面这种年轻型的人口又会造成人口粗死亡率的降低。

人口转变理论认为，经济水平高将会促使死亡率大幅度下降，同时导致出生率随之下降。但是这一过程不是完全自发的，人口过渡的快慢还取决于其他一些因素。尽管伊朗的人均国民收入达到 3279 美元（1983 年），为亚洲这一数值最高的国家之一，但是，其经济毕竟是建立在依赖石油出口收入基础之上的，因此，整体社会经济水平并不高，还不足以促使人口出生率转变，其出生率也就失去了迅速下降的基础。阻碍伊朗出生率下降还有许多因素，宗教因素是其中之一。《古兰经》就认为，男人独身是最坏的事情，结婚、生育以增加信徒是宗教的义务。另外，伊斯兰共和国成立后，当局重新强调和加强按伊斯兰法规治理国家，如此等等，均是导致出生率上升的客观因素。

按照人口转变阶段论来划分，伊朗完全不同于欧洲的情况，所以，目前的伊朗人口是真正处于"高、低、高"阶段。

伊朗人口的平均预期寿命与自身相比有了长足的进步。从 20 世纪 50 年代的 42 岁提高到目前的 62 岁左右。它的一个特点是男、女性预期寿命差别日臻缩小，1973 年两者之差仅为 0.2 岁。联合国 1983 年出版的《世界人口年鉴》甚至认为，伊朗的男性平均预期寿命在 1973～1976 年间高于女性，前者为 57.63 岁，后者是 57.44 岁，高出 0.19 岁。《世界银行发展报告》（1988）·提供的数据是：1965 年，男性出生时预期寿命为 53 岁，女性为 52 岁；1986 年男、女性均为 59 岁。女性平均预期寿命低于男性，这在世界上是比较少见的，这主要是妇女社会地位低下、医疗卫生条件落后、而生育率又相当高所致。

人口结构

由于出生率居高不下，死亡率缓慢下降，所以伊朗是典型的年轻型人口结构，几十年来一直如此。1989 年 65 岁及以上老年人口比重仅为 3%，是南亚地区老年人口比重最低的国家，也是亚洲最低的国家之一（参见表 4）。

表 4 伊朗人口年龄构成变动情况

单位：%

年龄\年份	0～14	15～64	65 岁及以上	老少比	年龄\年份	0～14	15～64	65 岁及以上	老少比
1956	40.17	53.86	5.97	14.9	1976	44.50	52.00	3.50	7.9
1959	44.54	51.82	3.64	8.2	1981	43.23	52.68	4.09	9.5
1966	46.10	50.04	3.86	8.4	1989	45.00	52.00	3.00	6.7

当0~14岁人口在40%以上、65岁及以上人口占5%以下、老少比在15%以下时，便属于典型的年轻型人口，伊朗就是典型的年轻型人口。这些还可通过1981年该国的人口年龄金字塔看出（参见表5、图3）。

表5 1981年伊朗人口年龄、性别构成

年　龄	男性人口（人）	女性人口（人）	性比例（%）	年　龄	男性人口（人）	女性人口（人）	性比例（%）
0~4	3609694	3334565	108.3	50~54	729261	688324	105.9
5~9	2843930	2632214	108.0	55~59	586793	560117	104.8
10~14	2407996	2261206	106.5	60~64	453419	442919	102.4
15~19	2058326	1944326	105.9	65~69	332358	334856	99.3
20~24	1751340	1642005	106.7	70~74	223322	233547	95.6
25~29	1492871	1397922	106.8	75~79	132787	147116	90.3
30~34	1273674	1189571	107.1	80~84	64393	76721	83.9
35~39	1084234	1008872	107.5	85+	33781	39076	86.4
40~44	917238	852523	107.6	合　计	20883115	19614283	106.5
45~49	887698	828403	107.2				

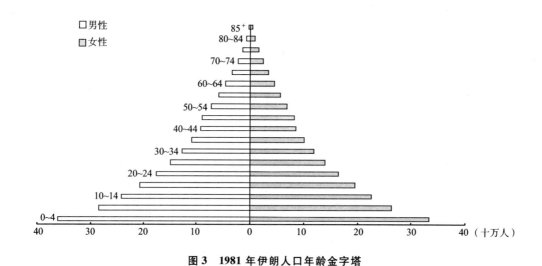

图3 1981年伊朗人口年龄金字塔

图形显示出了伊朗人口的典型年轻型。

像大多数发展中国家一样，伊朗的人口性比例大于100。1956年为103.6∶100，1959年为105.6∶100，1966年是107.3∶100，1976年为105.9∶100，1981年为106.5∶100，1985年为104.2∶100。

人口分布及迁移

尽管伊朗人口已超过 5000 万，但由于其国土面积广大，因而伊朗人口密度仅为每平方公里 30 人左右，在亚洲地区属于人口稀疏的国家。另外，由于无人的沙漠地带广阔，因此人口分布极不均匀，人口最稠密的地方是位于濒临里海的厄尔希尔士山脉北麓，其中吉兰省每平方公里达到 96.7 人，远远超过国内其他各省。首都德黑兰所在的德黑兰省是伊朗的第二个人口稠密区。从全国来看，伊朗的人口西部较东部稠密；从纬度上讲，伊朗的北部人口比南部稠密，因此，人口最稠密的大区实际上是伊朗的西北部。过去伊朗行政划分为 22 个省，20 世纪 70 年代初成为 23 省，目前，已改为 24 个省（参见表 6）。

表 6　伊朗人口分布变动情况

省	面积 （平方公里） （1971 年）	人口 （千人） （1966 年）	人口 （千人） （1971 年）	人口 （千人） （1976 年）	1976 年比 1966 年 人口增加 （%）	1976 年人口密度 （人/平方公里）
吉　兰	14709	1294	1423	1579		107
德黑兰	91519	4985	6121	6955	39.5	76
哈马丹	20172	890	992	1093	22.8	54
马赞德兰	47365	1845	2315	2387	29.4	50
东阿塞拜疆	67102	2636	2997	3205	21.6	48
克尔曼沙赫	24549	819	951	1025	25.2	42
胡泽斯坦	64654	1707	2016	2187	28.1	34
洛雷坦	31383	767	929	932	21.5	30
西阿塞拜疆	43660	1087	1270	1408	29.5	32
库尔德斯坦	24998	610	694	784	28.5	31
巴赫蒂亚里	14820	301	343	399	32.6	27
赞　兼	21848	462	499	577	24.9	26
伊斯法罕	94903	1424	1613	1971	38.4	21
伊拉姆	18162	213	284	243	14.1	13
法尔斯	133298	1585	1922	2021	27.5	15
博耶尔艾哈迈迪	14261	191	175	242	26.7	17
霍腊散	313337	2521	2823	3250	28.9	10
南海岸	94210	609	707	810	—	—
亚兹德	56896	281	304	358	27.4	6
克尔曼	192978	842	988	1085	28.9	6
塞姆南	81598	208	241	488	134.6	6
俾路支 - 锡斯坦	181578	503	544	663	31.8	4
波斯湾沿岸	（28000）			（348）		12
阿曼省	（67000）			（462）		（7）
合　计	1648000	25780	30151	33662	30.6	20

说明：①南海岸省后为波斯湾省及阿曼省。

②资料来源除 1976 年数据外，其余均引自胡焕庸、张善余编著《世界人口地理》第 241 页。

总的来说，伊朗人口稠密地带有三大块：里海沿岸、雨量多的山区和高原上有自然灌溉或人工灌溉的绿洲。决定这种人口分布状况的是自然因素和社会、经济及历史因素，不过，对于伊朗这样的干旱国家来说，降雨量是其自然因素中的决定性因素。英国桑德兰大学地理学教授费舍尔就认为伊朗的人口分布密度等值线和雨量分布图的布置形式是十分吻合的。

伊朗人口最密集的地区往往是城市人口聚集的地区。城市作为伊朗文化的一个因素在它的历史中总是起着重要的作用，伊朗的许多大城市甚至已有 3000～4000 年的历史。有三条通道一直显示着它的重要性：北面的一条是连接中国以及中欧和斯堪的纳维亚国家的"丝绸之路"；南面有一条经过印度通往非洲；第三条是由一连串港口形成的波斯湾海路。伊朗的城市就是在这些人们的必经之路上建立而成的。费舍尔将伊朗的城市划分为三类：（1）有光辉历史的传统大城市；（2）小市镇；（3）新兴的工业居民点城市。这些城市有着自己不同的发展历史，拥有自己的特点，也有着自己的人口结构及人口规模。发展最为迅速而且人口规模最大的是首都德黑兰。1933 年德黑兰的人口有 36 万人，1976 年达到 450 万人，1983 年进一步提高到 573.4 万人。经过半个世纪德黑兰的人口增长了 14.9 倍。人口超过 100 万的还有马什哈德，1983 年人口 111.97 万。其余的几个城市分别是伊斯法罕，1983 年人口为 92.66 万人，大不里士 85.34 万人，设拉子为 80.04 万人。其余均为 50 万人口以下的中小城市。尽管伊朗的工业有了很大的发展，但是，伊朗始终是一个农业国家。1956 年第一次人口普查时，市镇人口占总人口的 30%，1966 年占 38%，1976 年为 47%，1984 年为 54%。伊朗的农村人口除一般的"农民"之外，还包括几百万游牧民。伊朗的城市化水平达到 50% 以上，但它并不是由于农业有了一定的基础，然后工业推动农业现代化而达到中等城市化水平的，它是在农、牧业均落后或比较落后的情况下，以石油输出为依托而发展起来的城市。因此，伊朗的城市化发展道路和许多石油大宗输出国一样，属于特殊类型。

与城市发展状况相类似，其产业结构也与一般的发展中国家不一样。各部门中劳动力所占的比重见表 7。

表 7　伊朗劳动力人口构成变动情况

单位：%

年份 行业	1960	1965	1980
农　业	54	49	36
工　业	23	26	33
服务业	23	25	31

农业劳动力比重日益降低，这是事实。但实际上，像伊朗这样一个以农业立国的国家，农业应是经济的基础，农业不仅应该养活全国 5000 多万人口，提供多种工业原料，

而且应该使全国农村摆脱贫困落后的状态，伊朗经济发展战略中虽然给予农业发展相当的地位，实际上并未给予应有的重视，图 4 是根据表 7 资料绘制的劳动力比重图。

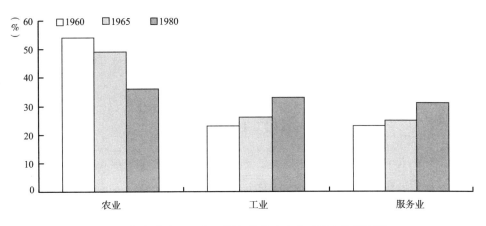

图 4　伊朗农业、工业、服务业劳动力人口所占比重图示

国民教育

从卫生条件来看，伊朗 1981 年每名医生负担人口高达 2900 人，虽然比 1965 年减少负担人口 900 人，即减少了近 1/4，但在亚洲地区却仍属于医生负担人数最高的国家之一。每名护士也是如此，负担数高达 1160 人。从文化教育方面看，伊朗过去所留下的没有文化的人口太多了，1980 年成人识字率仅为 50%。但是，现代伊朗重视教育，初级教育一概免费，小学生入学率已达 100%，这一指标在 1965 年还仅为 85%，中学生入学率也较高，达到 46%，高校入学率为 2% 左右。从整个社会来看，伊朗缺乏的是熟练工人、技术人员和管理干部。而且，国内高等学校教学质量差，科研水平低，前德黑兰大学校长法尔哈德就曾说过"我们在德黑兰大学不得不教授外国中学的课程"。

小结

费舍尔在 20 世纪 60 年代末撰写的《伊朗》一书中，对该国人口的特征或问题总结了三条：（1）死亡率下降而出生率还像过去一样高，所以总人口增长迅速；（2）人口年轻；（3）农村人口外移。时间过了 20 年，伊朗的人口特征丝毫没有改变：出生率下降幅度极小，死亡率仍在降低；人口自然增长率还在提高，人口金字塔显示出的人口状况甚至越来越年轻；农村人口继续转变成城市人口——仍向城市大批量流动，仅德黑兰一市，从 1976 至 1983 年的 7 年间，人口便增加了 123 万人，年均增长率 98.9%，扣除自然增长因素，迁入人口大幅增长显而易见。

尽管伊朗在 20 世纪 70 年代也曾开办过计划生育咨询指导站，还规定每年的 12 月 5 日为"家庭计划日"，但是，效果很不明显。事实上，伊朗的伊斯兰宗教旨意与计划生育的目标是相悖的。

目前，伊朗妇女的总和生育率高达 6.2 个，在西南亚地区仅次于马尔代夫和阿富汗，自然增长率仅次于马尔代夫。有关机构甚至认为 2020 年伊朗人口可达到 1.3 亿人。

参考资料

〔英〕W. B. 费舍尔主编《伊朗》，北京大学地质地理系经济地理专业译，北京人民出版社，1977。

张俊彦主编《中东国家经济发展战略研究》，北京大学出版社，1987。

印度（India）

概述

印度位于南亚次大陆，国土面积 297. 47 万平方公里，人口仅次于中国，位居世界第二，1989 年统计人口已达 8.46 亿人，人口密度每平方公里 284 人。同中国一样，印度是一个古老而具有悠久历史文化的国家。从历史上看，中印有过几次类似的"巧合"：几乎在英国殖民主义者入侵中国之时，英国也叩开了封建的印度大门，使印度最终在 1849 年沦为英国殖民地。又是几乎在中华人民共和国即将成立的 1947 年 8 月，印度取得了独立地位。1950 年 1 月 26 日，正式成立了印度共和国。首都：新德里。

从历史上看，印度和中国在历史上都曾是人口大国。公元 609 ~ 755 年间，当中国人口在 5000 万人左右时，印度人口约为 3700 万人左右。但到 16 世纪后，印度人口却大大超过了中国人口。1550 年印度人口已达 1 亿人，而 1602 年的中国人口也仅是印度人口的 1/2，为 5630 万人。因此说，古老的印度在历史上曾堪称为世界人口头号大国。1867 ~ 1872 年，印度进行第一次人口普查，数字表明，1871 年印度人口已达 2.07 亿人。从 1550 到 1871 年的 300 多年时间里人口增加了 1 亿人。之后，1896 年的鼠疫、1918 ~ 1919 年的瘟疫，使印度人口有所减少。直到 1921 年印度人口才大致又恢复到几十年前的 2.49 亿人水平。从这一年开始，印度人口开始了史无前例的增长。1954 年印度人口约为 3.5 亿人左右。印度独立之后人口发展开始了新阶段。

印度经济结构、社会结构相当复杂。印度经济学家阿肖克·来特拉就曾经说过：在印度，你可以全面地博览从田园生活、封建主义、重商主义、杂乱无章的资本主义到点滴的社会主义热忱的整个系列。如果说对这种状况的统治 30 多年来几乎一直是由国大党所控制，那么显然这 30 多年的印度人口发展战略也完全由国大党所制定和推行。而在 1977 年 3 月至 1980 年 1 月的德赛人民党执政时期，印度的计划生育工作几乎处于停滞状态。

人口出生与死亡

印度人口普查第一次是在 1872 年进行的。以后每隔 10 年进行一次。前面已经说过，1921 年是印度人口发生重大转折的一年，也就是说，此后，印度人口一直不断地迅速增加。如果把印度人口出生率以阶段划分的话，那么大致可分为：第一阶段：即 1941 年之前，这一时期的人口出生率在 45‰ 以上；第二阶段是 20 世纪 40～70 年代，出生率在 41‰～45‰ 之间；第三阶段是 20 世纪 70 年代以后，这时的出生率为 33‰～40‰ 之间。

与人口出生率从 40‰ 以上下降到 33‰ 左右的同时，死亡率却从 30‰ 下降到了 12‰，由于两者下降的速度不同，使印度人口增长率大幅度上升。但最近几十年的情况却相当稳定，如果将印度近几十年来的人口增长率用曲线表示的话，便会惊奇地发现，几乎是围绕一条 20‰ 的水平线上下波动，其波动差仅为 2‰。在 20 世纪整个 70 年代有 4 个年份人口增长率为 1.9%，3 个年份为 2%，1 个年份为 1.8%。进入 80 年代后，也仍是 2% 或 2.1%。因此，有人抱怨说，执政的国大党对人口问题是采取忽视态度的（参见〔英〕迪利普·希罗《今日印度内幕》）。见表 1 及图 1。

表 1　印度人口自然变动指标

单位：‰

指标 ＼ 年份	1931～1940	1941～1950	1951～1960	1961～1970	1971	1972	1973	1974	1975	1976	1977	1978	1979	1980	1981
出生率	45.2	39.9	41.9	41.2	36.9	36.6	34.6	34.5	35.2	34.4	33.0	33.3	33.1	33.3	33.2
死亡率	31.2	27.4	22.8	19.0	14.9	16.9	15.5	14.5	15.9	15.0	14.7	14.2	12.8	12.4	12.4
自然增长率	14.0	12.5	19.1	22.2	22.0	19.7	19.1	20.0	19.3	19.4	18.3	19.1	20.3	20.9	20.8

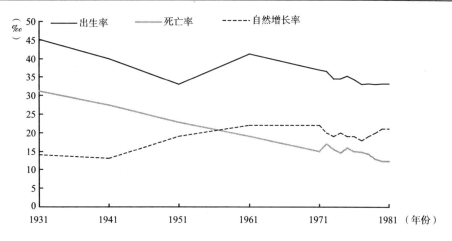

图 1　印度人口自然变动指标图示

印度对家庭生育计划的态度

事实上，印度政府很早就开始重视人口问题，1952 年印度官方就宣布开始推行家庭生育计划，是世界上最早奉行控制人口增长政策的国家，而当时印度人口已超过了 3.6 亿多人。

印度独立后便开始进行了五年计划，几乎每个五年计划中都对人口发展战略有近期或远期规划。几十年来，印度一直执行控制人口的发展战略，并且一直将这一战略目标放在极其重要的位置。印度 1952 年成立的计划委员会在其制定的第一个五年计划文件中就表示："除非现阶段开始采取措施降低出生率从而降低人口增长率，否则在部分居民当中所做的日益增大的努力将只能维持现有的消费标准而一无所得"。自此，便开始了"限制家庭规模，实行人口控制"的活动。在第一个五年计划（1951~1956 年）期间，将宣传解决计划生育视为刻不容缓的问题，提出"降低出生率，把人口稳定在与国民经济的需要相一致的水平"，这时的国民经济发展实际上是第一任总理尼赫鲁提出的优先发展重工业的基本战略思想。从这一时期开始，政府就不断增加了控制人口和计划生育服务的经费。1951~1956 年规定为计生拨款 650 万卢比。这项开支逐年增加，到 1980~1985 年已达 145 亿卢比。但是这一时期的出生率并没有随着计划生育经费的提高而降低。

第二个五年计划中（1956~1961 年）政府制订了全国范围的家庭计划生育方案，中央和各邦都成立了家庭生育计划局，在群众中广泛开展了计划生育教育。尽管如此，印度的出生率这一时期仍高达 41.7‰，而死亡率则接近 15‰，因此，在 1960 年印度已经成为一个拥有 4 亿人口的大国。与此同时，印度政府仍然奉行着过分发展重工业、限制消费品工业和其他行业发展的信条，致使成年人就业机会减少，人口问题反而严重起来。据统计，1956 年失业者达到 530 万。尽管这一时期印度的谷物产量已由 1956 年的 5600 万吨上升到 8000 万吨，仅次于美国（16300 万吨）、苏联（12600 万吨），位于世界第三，但由于人口众多，仍需大量进口粮食，从 1948 年粮食开始进口以来，1951~1955 年间共进口粮食 1200 万吨；1956~1960 年间进口 1900 万吨；1961~1965 年：进口 2500 万吨；1966~1971 年：进口 3100 万吨。

第三个五年计划时期是从 1961 至 1966 年，这一期间的计划生育方案被重新修订和强化了，把一个提供医疗方便的政策改变成为一个直接鼓励的政策。在三五计划中提出"使人口在相当的一个期间内，保持稳定增长，是未来发展计划的一个核心问题。"这一期间政府所采取的措施包括派出大批医务人员奔赴各城市和乡村，并且重视了计划生育委员会机构，将卫生部命名为卫生及计划生育部。对于该项目的拨款也大大增加，已从第一个五年计划的 650 万卢比增加到 5 亿卢比。后者相当于前者的 70 多倍。政府对计划生育的态度仅此可见一斑。

在 1966~1971 年的第四个五年计划期间，政府则把家庭生育计划作为一项最优先的计划看待。提出要在 10~12 年中，把出生率从 41.2‰降低到 25‰。英·甘地政府还颁布了《家庭生育计划法》，并从 1966 年起，在印度国内开始推广宫内避孕器。1968 年，开展了一项社会市场活动，大规模促进了避孕方法的推广。这对于拥有 80% 多的信奉印度教、10% 信奉伊斯兰教的居民，以及一些信奉基督教、锡克教、佛教、喇嘛教等各种教派构成极其复杂的印度国来说，确非易事。但尽管如此，政府还是坚决支持人工流产，更有一些邦还实施三孩夫妇必须绝育的强硬措施。1966~1967 年，印度碰到了严重的农业危机，农村地区严重缺粮，国大党迫于这种情况，一方面继续扩大粮食进口，1966~1971 年间，进口量达 3100 万吨，另一方面，采取了一些紧急办法来控制人口增长，政府要求 1974 年全印出生率应降为 32‰，尽管这一期间计划生育拨款达 2 亿美元，但每年按人口平均却仅有 8 美分。但这一时期的出生率有了明显的下降，从 20 世纪 60 年代的 41.2‰降到 1971 年的 36.9‰，死亡率也有了一定的下降，同期由 19.0‰降至 14.9‰，因此，人口增长率仍是高达 2.2%。

1976 年甘地政府草拟出一个新的国家人口政策，颁布了《计划生育法》，打算促使政府各部门密切配合，加快家庭计划的实现。该法认为"人口爆炸是贫困的一个支流"。因此，重新规定了相关内容，这些规定包括：提高法定结婚年龄、重视妇女教育、要求民办组织特别是妇女组织积极参加协助执行计划、中央政府协助各邦执行家庭计划、增加在绝育方面的货币补偿，并给予行政和计划单位的管理人员奖励。但是，这一时期最令人关注的是印度在执行《计划生育法》和实施人口政策的过程中，出现了许多迫使绝育的强制性手段，这种做法引起了印度人民的强烈不满，从而使计划遭到严重挫折。可以认为，英·甘地的落选与此也是有着直接关系的。1977 年 3 月，德赛为首的人民党得以上台执政，人民党接受了因甘地的强行家庭计划政策引起人们不满的教训，努力改变这种计划的方式，重新命名家庭福利计划。政府在保留某些计划的基础上，强调了家庭计划的福利性和自愿性。这一时期印度的人口出生率几乎不变地保持在 33‰的水平。

1980 年 1 月，英·甘地夫人再次组阁执政。她又不遗余力地重振计划生育工作。在刚刚复位的当年 10 月，甘地夫人表示"人们不主张采取高压措施，我们认为要进行说服工作"。但在 1981 年 5 月的议员联邦会议上又呼吁议员们应"超越党派来支持一项强有力的计划生育纲要"。1983 年她再次强调，"人口控制是我国发展计划不可分割的一部分"。1981 年 2 月颁布的第六个五年计划（1980～1985 年）中制定了促进通过自愿接受小型化家庭标准来控制人口增长的政策。在这次计划中，甘地夫人提出：要继续重视家庭计划，还强调方法上的完整性和有关部和局的协调性。同时，在该计划中，又详细说明了教育的重要性。建议特别对农村扩大分娩服务项目，注重母婴的健康水平，并采取了对绝育、使用避孕器的人给予财政补贴，在计划期间补助工资损失等措施。1982 年，甘地政府宣布了新的二十点计划，其中对人口指标进行了修正：人口增长率应从 2.5% 下降到 20 世纪末的 1.2%，届时出生率达到 21‰，死亡率为 9‰的水平。同时，在"六五"计划中也提出了令人鼓舞的前景：即到 2000 年时，每 30000 人建立一个重点卫生中心、每 5000 人建立一个分中心的目标。

综观印度近几十年来的人口发展战略，可以看出，甘地政府一直致力于在印度全面普及计划生育工作，她曾强调指出计划生育应该是"全民运动"。她始终表明：国家在人口控制方面，不存在动机问题，只存在一个财政问题。她曾痛苦地认为"人口的迅速增长妨碍着我们的工业发展……这副沉重的担子落在穷苦人的身上，增加了他们的困难，使他们可以选择的东西越来越少。"尽管甘地夫人遇难，但印度国大党的计划生育态度仍没改变。甘地夫人 30 岁的儿子桑贾伊·甘地就曾说过："我坚信，我的思想是人民需要的最好的思想"。他的思想包括四点："植树造林、清洁卫生、计划生育和停止陪嫁送礼"。

目前，印度政府的人口发展目标是：1996 年，全国妇女生育率达到更替水平；2001 年，各邦都要使妇女生育率达到更替水平。

印度政府对计划生育工作始终不渝的态度在世界上是十分少见的。

越南 （Vietnam）

越南是位于中南半岛东部，主要以山地和高原所组成的多山国家，全部面积为 32.96 万平方公里。1989 年人口约有 6680 万人，人口密度每平方公里 203 人。首都：河内。

历史

中国人与这块土地存在着难以割断的血缘关系。中国人居住在这里，有着悠久的历史。构成今日越南的主要民族，系由古时中国内地迁来而形成的越族（亦称京族），这些古代的中国越族人，为了扩充自己的势力范围，而将当时中南半岛甚至印度尼西亚群岛上的其他种族以及土著部落民族，赶到了边境的深山中。据说，汉武帝时，中国曾派大兵南下征服北越，这事发生在公元前 111 年。经过 1000 多年的历史，及至公元 10 世纪时，虽然越南已经摆脱了中国帝王的控制而另立王国，但始终没有摆脱其统治。一个重要的原因是，中国的文化，主要是儒家文化仍深深影响着这个民族。因此，该地区隶属于中国文化圈。可以说，这里受中国的影响既深且远。

民族、宗教和语言

可以想象，深受中、蒙文化影响的越南民族，对于宗教的信仰必定是以佛教为主。信佛者大都为大乘教徒。不过，中国文化的儒家思想、道家思想对这个民族也有着强烈的影响，所以说，越南是信奉佛教、道教、儒家思想的综合体。此外，越南尚存有极少的天主教徒，还有一些本地宗教的信仰者。

目前的越南，并非单一的越族人，尚有近 15% 的非越族人。如占全越人口总数 1.4% 的芝人、高棉人（占 1.4%）、苗人（0.8%）、召人（0.6%）、泰人（1.6%）、傣人（1.4%）、侬人（1.1%）、华人（1.3%）和艾人（0.1%）等。1979 年 10 月的全国人口普查结果表明，越南境内共有 55 个少数民族，这些少数民族人口总数将近 500 万，占全国总人口的 9% 左右。他们大多分布于中部山区及与老挝、中国交界的北部、西北部省区。越人主要居住在越南境内的平原和沿海地区，如河内、海防、胡志明市等地；芝人则居住在越南北部的河山平省、清化省和永富省；高棉人则主要散居在越南的中部和南方；苗人、召人在越南北方的高山区；泰人、傣人则分布在越南北方广阔的山前地区；大约有 70 万华人则主要居住在越南各大城市。

越南受外来文化的影响，人口构成较为复杂，语言也丰富多彩。这一地区有着四种语系，即南亚语系、泰语系、汉藏语系和澳尼语系。在越南属于各种语系的人口分布情况如表 1 所示。

表 1　1979 年越南人口语系或语族构成

单位：%

语系或语族	所属人口百分比	语系或语族	所属人口百分比	语系或语族	所属人口百分比
越南语族	88.6	南亚语系	92.3	汉藏语系	2.4
孟高棉语族	2.3	泰 语 系	4.3	澳尼语系	0.9
苗召语族	1.4	汉 语 族	2.4	其 　 他	0.1
崩龙 – 佤语族	0.01	藏缅语族	0.01	总　 计	100.0

说明：泰语系和澳尼语系现在如何分类仍有争议，如亚洲的日本语、朝鲜语一样。

人口变动

越南是东南亚人口最多的国家之一，仅次于印度尼西亚。1989 年中人口为 6680 万人。1977 年，越南便步入了人口超过 5000 万人的世界人口大国之列，也就是说，当前世界上 20 个人口超过 5000 万人的国家中，越南便是其中之一（参见表 2 及图 1）。

表 2　越南的人口变动

单位：百万人

年份	1949	1950	1951	1952	1953	1954	1955	1956	1957	1958	1959	1960	1961	1962
人口		28.68	29.08	29.51	29.97	30.47	30.99	31.54	32.12	32.72	33.37	34.02	34.70	35.41
年份	1963	1964	1965	1966	1967	1968	1969	1970	1971	1972	1973	1974	1975	1976
人口	36.15	36.90	37.68	38.48	39.30	40.14	40.99	42.34	42.75	43.65	45.87	46.86	47.61	48.80
年份	1977	1978	1979	1980	1981	1982	1983	1984	1985	1986	1987	1988	1989	
人口	50.03	51.28	52.33	53.74	54.92	56.06	57.18	58.30		62.00		65.20	66.80	

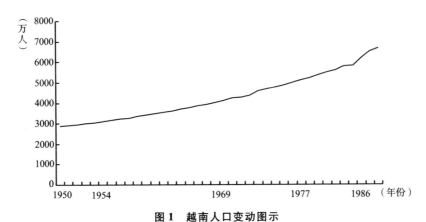

图 1　越南人口变动图示

从历史上看，越南人口有两次较大规模的增长。第一次是从 1925 至 1960 年，人口总数由 1700 万人增至 3400 万人，35 年人口翻了一番；第二次是从 1960 至 1989 年，人口由 3400 万人增至 6680 万人，30 年内又将近翻了一番。其主要原因显然是由于居高不下的出生率和降低的死亡率共同所致（参见表 3）。

表3 越南人口自然变动指标

单位：‰

指标 ＼ 年份	1950	1960	1970	1975	1980	1986	1989
出生率	40.9	42.0	42.2	41.0	39.4	34.0	34.0
死亡率	25.4	23.4	21.2	19.8	12.3	9.0	7.0
自然增长率	15.5	18.6	21.0	21.2	27.1	25.0	27.0

20世纪80年代以前，人口出生率一直高达40‰以上，相应的死亡率也较高（20‰或以上）。因此，人口自然增长率一直维持在20‰左右，这显然与当时的抗美战争有关。越南从1884年沦陷为法国殖民地于1945年独立。自独立之日起至今，在这块土地上，战争始终连绵不断，死亡率也不可能有可观的降低，高出生率便是对这种高死亡率的一种补偿。进入20世纪80年代或者是自70年代后期开始，死亡率和出生率两者明显下降，但是，死亡率的下降速度快于出生率的下降速度，从而扩大了自然增长率，使人口迅速得到发展（参见图2）。

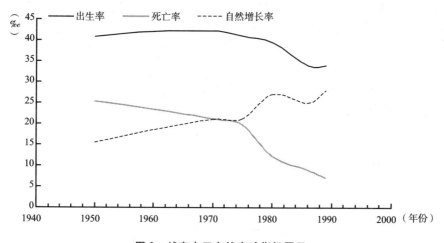

图2 越南人口自然变动指标图示

越南人口的平均预期寿命30年来也有了一定的提高（参见表4）。

表4 越南人口平均预期寿命变动情况

单位：年

年份	1950~1954	1955~1959	1960~1964	1965~1969	1970~1974	1982	1986	1989
男	36.5	39.1	40.4	41.7	43.2	62.0	59.0	66.0
女	39.2	41.7	43.2	44.6	46.0			

从根本上讲，造成越南人口猛增的主要原因是：长期实行临战体制导致人口失控。越南人口的发展和控制都是由国家组织实施的，尽管政府也曾考虑并制定过控制人口的若干政策，但是，由于国民经济已经陷于无休止的战争拖经济建设后腿的恶性循环之中，控制人口增长的措施，仅限于纸上谈兵，人口与计划生育指标也一再落空。

人口分布

此外，越南人口年龄构成年轻，也是造成人口大量增加的原因之一。20世纪60年代初期，越南15岁以下的人口占总人口的44.33%，15~64岁的占54.13%，65岁及以上的占1.54%。当时15岁以下的儿童，现在仍处于生育旺盛时期，加之育龄妇女的总和生育率一直在4.0以上，那么，过多的人口也就不期而至了。从1989年来看，15岁以下的人口比重为40%，15~65岁的占56%，65岁及以上的占4%。这种年龄结构又意味着在不远的将来，越南人口仍将面临新的挑战，大量青年男女相继进入婚育期，人口增长的势头势必更难控制。

随着越南人口的增长，其全境内的人口密度势必还要提高，使越南已是中南半岛人口密度最高的国家这一形势更加严峻。首先，人口分布不均衡。越南全国可耕地面积为500多万公顷，人均约0.1公顷。平原地区已经没有更多可以开垦的土地，但在北部特别是中部和南部高原，尚有100万公顷土地可垦种水稻、橡胶、咖啡或茶树。其次，城市化进程和城市功能不协调。1983年，河内市人口267.44万人，胡志明市为342万人，海防市为128万人，三大城市的面积分别为2134、1845、1515平方公里，其人口密度每平方公里河内市为1253人，胡志明市1853人，海防市845人，其规模居于东南亚特大城市之列。1950~1978年，全国人口增长110%，城市人口则增长3.8倍。虽然城市人口目前仅占全国人口的20%，但上述南北两大城市（河内市和胡志明市）负载着全国1/10的人口。城市人口规模急剧膨胀，加之市政建设及生产发展十分缓慢，吃饭难、穿衣难、住房更难已很普遍。

此外，越南人口还有一个特点是：性别构成不平衡。据1979年的全国人口普查，总人口性比例为106.5:100。问题是，在25~40岁的年龄组中，性别构成不平衡的现象表现尤为突出。此年龄组中的男性人口仅占该年龄组男女人口总数的43.3%，即该年龄组的人口性比例为76:100。这一数值类似于苏联卫国战争后的人口性别构成，显然，这也是长期本土战争的结果。目前，这批性别失衡的人口已步入35~50岁的行列，其中的男性人口比重会更加减少。

人口问题及其他

这些人口特点，给越南社会经济的发展带来了困难。

首先，提高社会生产力和人民生活水平受到遏制。由于人口迅速增长，人均国民生产总值仅为100美元强，人均耕地则仅1.5亩弱。自1945年以来，尽管粮食产量提高1倍，然而，却为增加了1.3倍的人口所冲销。目前，人均粮食占有量已由1973年的324公斤降至不足300公斤。其次，人口身体素质难以提高。据估计，全国患有营养不良症的儿童多达 72 万人，占全国儿童总数的 28.8%。第三，失业现象比较突出。1989 年，25 岁以下青年人占越南全部人口的 71%。城市劳动力市场难以吸收如此之多的新生劳力。1984 年失业人口达 240 万人，现在已达 450 万人左右。仅胡志明市就聚集有 30 万人之多的失业人口。此外，大批"外流"人口也在各大城市出没，给社会治安带来威胁。

1925 年，法国殖民当局曾对越南进行过一次人口调查，当时全国人口为 1700 万人。其后几十年间，越南人口以年均 4% 的速度增长。1963 年，越南北方政府曾制定过控制人口的规划法案，使人口增长速度有所减缓。南越当局也曾于 20 世纪 70 年代初期施行过控制人口的措施，但因碍于法国殖民当局在二三十年代推行的"反节制生育法"而未能取得明显效果。之后，越南当局于 1977 年 5 月制定了到 20 世纪末的分期人口控制指标：1986～1990 年，人口年均增长率为 1.5%；1991～2000 年，人口年均增长率为 1%；2050 年时，人口年均增长率降至 0。如果这些指标能够实现，那么，越南人口总数将在 2000 年控制在 7500 万人，到 2025 年以后将缓慢增加到 1 亿人。

不过，目前越南的许多家庭有 2～4 个孩子，在农村许多地方每个家庭有 6 个孩子，甚至南方农村中 10 个孩子的家庭也屡见不鲜。这样，按照 2.4% 的人口增长势头以及如此年轻的年龄结构发展下去，上述人口控制计划的实现是有一定难度的。

Europe

欧　洲[*]

　　欧洲是欧罗巴洲的简称，"欧罗巴"一词据说最初来自腓尼基语，意思是"日落的地方"或"西方的土地"。欧洲位于亚洲的西面，是亚欧大陆的一部分，北濒北冰洋、西临大西洋、南面是地中海和黑海、东部和东南部与亚洲比邻，宛如亚欧大陆向西突出的一个大半岛。欧洲西面所临的大西洋，在大陆与深海盆之间有一片面积很大的大陆架，不列颠群岛和北海即在其上。欧洲南部有两个陆间海——地中海和黑海。地中海位于欧亚非三洲之间，黑海位于欧亚两洲之间。欧洲是世界上地势最低的一个洲，平均海拔高度只有 300 米；欧洲还是世界上离赤道最远的一个洲，所以该洲内没有热带。

　　欧洲面积不如亚洲大，人口不如亚洲多，但是人口密度居七大洲之首：1981 年，欧洲人口密度最高，每平方公里为 107 人；亚洲次之，每平方公里为 95 人；拉丁美洲每平方公里 18 人，非洲每平方公里 16 人，北美洲每平方公里 11 人，大洋洲每平方公里 2.5 人。在人口统计学中，通常将人口密度分为四个等级：第一，人口密集区：每平方公里多于 100 人；第二，人口中等区：每平方公里 25 ~ 100 人之间；第三，人口稀少区：每平方公里 1 ~ 25 人；第四，人口极稀区：每平方公里少于 1 人。按照这个划分标准，欧洲人口密度属于人口密集区。

　　欧洲居民多信天主教、基督教新教和东正教（天主教、东正教和新教为基督教的三大教派。在中国，"基督教"往往特指基督新教，民间称为耶稣教）。世界天主教中心就在意大利首都罗马市西北角的城中之国梵蒂冈国。

　　欧洲绝大部分居民是称做欧罗巴人种的白种人，所以该洲是世界种族构成中最为单一的一个大洲。欧洲人口主要有两大语系：一个是占人口总数 95% 左右的印欧语系，印欧语系又有西部语群和东部语群之分，其中包括日耳曼语族、罗曼语族、凯尔特语族、波罗的语族、斯拉夫语族、印库－伊朗语族等；另一个是乌拉尔语系，分为芬兰－乌戈尔语族和萨莫耶德语族等；少数属于高加索语系。

---

　　* 自然地理和政治地理有时划分的方法不一致，这一点在欧洲尤其明显。比如欧洲中部的捷克斯洛伐克、匈牙利、波兰等国，往往把它们统计分组在"东欧"组中，而位于欧洲南部的保加利亚、罗马尼亚和阿尔巴尼亚等国，也将它们统计分组在"东欧"组中。还有诸如地处欧洲西部的英国、爱尔兰等国，则有时把它们统计分组在"北欧"组中（见邬沧萍、侯文若编《世界人口》，中国人民大学出版社，1983，第 408 页）。本书在遇到这种分类问题时，均会对此进行说明。

阿尔巴尼亚 （Albania）

南欧面积最小的阿尔巴尼亚国位于巴尔干半岛西南部，西临亚得里亚海和伊奥尼亚海，隔海与意大利相望，北面和东面与南斯拉夫接壤，东南面与希腊为邻。国土面积 2.87 万平方公里。1989 年人口 320 万人。人口密度每平方公里 111.3 人。首都：地拉那。

历史

阿尔巴尼亚民族的祖先是伊利里亚人，他们于公元前 1000 年征服了该地的土著居民并在此定居下来。公元前 8~7 世纪，古希腊人曾在沿海一带殖民，伊利里亚人为此而受到希腊文明的影响。罗马人在公元前 3 世纪侵入阿尔巴尼亚，以后一段时期阿尔巴尼亚曾成为罗马版图中的伊利里亚省。进入纪元年之后，阿尔巴尼亚的历史有了变化。公元 6~7 世纪，斯拉夫人来到此地，并从此使这一地区步步斯拉夫化。9 世纪以后，则分别受到过拜占庭帝国、保加利亚王国、塞尔维亚帝国、威尼斯共和国的统治。1415 年土耳其奥斯曼帝国入侵，统治达 500 年之久。1912 年土耳其与"巴尔干同盟"在巴尔干半岛发生第一次巴尔干战争，阿尔巴尼亚此间寻求自治。1912 年 11 月 28 日阿宣布独立。第一次世界大战期间，阿被各帝国主义列强所占领。第二次世界大战中，再遭厄运。1944 年 11 月 29 日在第二次世界大战结束前夕，阿尔巴尼亚全国得到解放。1946 年 1 月 11 日正式宣布成立阿尔巴尼亚人民共和国。

民族、宗教和语言

伊利里亚人的后裔，不仅居住在阿尔巴尼亚领土上，而且散居在巴尔干半岛的广阔地域内。从总体上讲，目前阿尔巴尼亚有 97% 的居民属于伊利里亚人的后裔，即现代阿尔巴尼亚人。从地理上讲，这一人口集团内部又分为两大支系。以境内什昆宾河为界：河北为盖格人，河南为托斯克人。南部地区经济文化比较发达，于 19 世纪初形成了统一的托斯克方言（北部为盖格方言）。阿国少数民族人口只占 3%，其中，希腊人最多，占 2.1%；马其顿人占 0.5%；阿罗蒙人占 0.5%。此外，还有极少数黑山人和吉卜赛人。

关于阿尔巴尼亚人的宗教，颇有周折。公元 4 世纪，基督教首先传入阿尔巴尼亚。但 1479 年以后，由于土耳其奥斯曼帝国征服阿尔巴尼亚，推行伊斯兰教，因此，穆斯林在该国迅速增加。至 20 世纪 60 年代末之前，约有 70% 的居民属于穆斯林，其余 20% 的居民是东正教徒，10% 的居民为罗马天主教徒。因此，有时分类将阿尔巴尼亚划分在伊斯兰国家中。但 1967 年以后，国家宣布关闭所有宗教场所，宪法也规定，国家不承认任何宗教。但据了解，各种宗教仍然存在。

阿尔巴尼亚语是该国国语，是印欧语系中的一个特殊语族。该语由古代的伊利里亚语发展而来，并吸收了拉丁语、希腊语、土耳其语以及多利斯拉夫语和罗曼语的元素。

人口

1923 年阿尔巴尼亚进行了第一次人口普查（其后的普查年份分别是：1930、1945、1950、1955、1969、1979 年等）。当时的总人口为 80.4 万人，46 年以后的 1969 年第六次进行人口普查时，人口为 207.98 万人，1989 年人口估计为 320 万人左右。也有资料认为，早在 1876 年，该国人口便达到 76 万，而至 1923 年，人口仅增加 4 万人。即 1876～1923 年的 47 年间，人口年平均增长率为 0.109%。增长率如此低下，是因为尽管早期的阿尔巴尼亚族人有一夫多妻及娶妾的习惯，但性病和疟疾的流行阻碍了人口的发展。然而第二次世界大战后的阿尔巴尼亚人口却有了很大增长。1946～1969 年间，人口年均增长率为 2.639%，即每年增加 4 万多人，每 5 年增加 20 多万人。而在 1934～1938 年间，年均增长率仅为 1.69%；在德、意法西斯占领期间的 1939～1944 年间，其年均增长率更低。从 1923 至 1989 年的 66 年间，阿尔巴尼亚人口净增加 240 万人，平均每年增加 3.6 万人，年均增长率为 2.1%（参见表 1、图 1）。

表 1　阿尔巴尼亚的人口变动

年　份	人　口 （万人）	较前期年均 增长率(%)	年　份	人　口 （万人）	较前期年均 增长率(%)	年　份	人　口 （万人）	较前期年均 增长率(%)
1920	80.0		1950	121.8	1.6	1985	300.0	2.3
1923	80.4	0.2	1960	162.6	2.9	1987	308.3	1.3
1930	100.3	3.2	1969	207.9	2.8	1988	310.0	0.6
1938	104.0	0.5	1970	213.6	2.7	1989	320.0	3.2
1940	108.8	2.3	1975	248.2	3.1			
1945	112.2	0.7	1980	267.0	1.5			

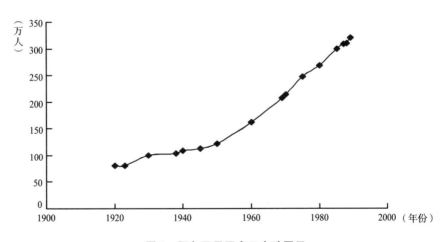

图 1　阿尔巴尼亚人口变动图示

这种较高的增长速度在欧洲名列前茅。导致该国人口增长快的主要原因是出生率维持在较高水平，而死亡率处于较低水平。这可以从表 2 资料中看出。

表2　阿尔巴尼亚人口自然变动指标

年　份	出生率 (‰)	死亡率 (‰)	自然增长率 (‰)	婴儿死亡率 (‰)	平均预期寿命（年）	
					男	女
1953	40.9	13.7	27.2	99.6	57.2	58.6
1958	41.8	9.3	32.5	68.3	63.7	66.0
1963	38.6	9.9	28.7	90.6	63.7	66.0
1968	35.6	8.0	27.6	87.0	64.9	67.0
1973	31.9	6.9	25.0		69.0	73.0
1982	27.8	5.9	21.9	44.0	67.0	73.0
1986	25.3	5.7	19.6	43.0	68.0	75.0
1989	25.0	6.0	19.0	42.0	70.0	

从1953到1989年，出生率降低38.9%，死亡率降低56.2%，婴儿死亡率降低57.8%。但是，尽管如此，阿尔巴尼亚仍是欧洲出生率最高的国家，自然增长率最高的国家，婴儿死亡率最高的国家，人口平均预期寿命最低的国家。

用人口转变理论分析，阿尔巴尼亚人口正处于从"高低高"向"三低"过渡的人口转变阶段。但其特征与经济发达、人口教育水平高、人均国民生产总值接近或跻于发达国家行列的诸如新加坡等国家并不相同，而更多的是与经济尚不发达、人口教育水平还很低的发展中国家，如中国相一致。如果仅从"三率"指标看，与阿尔巴尼亚相近的国家，欧洲没有，非洲也几乎没有；亚洲的中国、泰国、朝鲜与其接近（参见表3）。

表3　1989年4国若干指标对比

国　别	出生率 (‰)	死亡率 (‰)	自然增长率 (‰)	婴儿死亡率 (‰)	平均预期寿命 (年)	15岁以下人口占总人口的比重 (%)	65岁及以上人口占总人口的比重 (%)
中　国	21	7	14	44	66	29	6
阿尔巴尼亚	25	6	19	42	70	38	4
朝　鲜	29	5	24	33	70	35	5
泰　国	24	7	17	50	65	34	4

此外，阿尔巴尼亚还是欧洲人口最为"年轻"的国家。

导致阿尔巴尼亚成为欧洲出生率最高国家的原因是多方面的。其中有：（1）经济原因。尽管阿国经济较其自身的历史水平有了很大提高，但与欧洲其他国家相比，仍显落后。1985 年其人均国民收入为 840 美元。具有可比性的波兰同期人均国民收入 1711 美元，罗马尼亚 2330 美元，南斯拉夫 2700 美元～3000 美元，民主德国 5792 美元，匈牙利 1644 美元，保加利亚 2803 美元，捷克斯洛伐克 4570 美元。较高的婴儿死亡率也是导致阿国出生率高的原因之一。（2）社会因素。阿尔巴尼亚是一个伊斯兰国家，国内居民穆斯林已超过 70%。这对于婚姻、对于妇女的态度等均有一定的影响，而这些影响往往助长了出生率的提高。在整个欧洲，只有 5 个国家或地区男性人口超过女性人口。其中就有阿尔巴尼亚（1969 年：51.4）（其余 4 个国家为冰岛 1969 年：50.5、爱尔兰 1971 年：50.2、安道尔 1981 年：53.7 和法罗群岛 1981 年：52.2）。阿尔巴尼亚女性少于男性的原因主要是高出生率以及妇女过去的贫困地位所致。（3）文化因素。尽管该国文化教育水平与自身历史相比有了很大提高，但是，在欧洲国家仍属较低水平，主要是文盲较多。不过，1984 年小学入学率已达 100%，中学入学率为 63%；高等学校在校率为 7%。总之，经济原因、社会因素、文化因素是阻碍阿尔巴尼亚人口出生率难以像其他欧洲国家那样较快下降的主要原因。

人口移动与分布

阿尔巴尼亚人口的移动早期主要是向外移居，最早的移居点主要在希腊，其移居时间开始于 13～14 世纪，当时的侨民定居在莫雷和古希腊的其他地方，以后，这种移居还在进行。从 19 世纪中叶起，在希腊的所有地区都有阿尔巴尼亚侨民，人数达 20 万之多。最早的移居点还有意大利，这一行为始于阿尔巴尼亚被土耳其占领的 15 世纪。再晚些时候，阿尔巴尼亚人还曾移居到土耳其，尤其是土耳其的欧洲部分。20 世纪初，阿尔巴尼亚侨民主要向美洲，特别是美国、加拿大、阿根廷和澳洲的澳大利亚侨迁。该国居民向外侨迁有经济原因，也有政治原因。不过在 20 世纪 20 年代以后，也有许多人口迁进了阿尔巴尼亚。

素有"多山之国"之称的阿尔巴尼亚由于地理原因，人口分布很不均匀。总的情况是，山地人口密度低；西部低地人口密度略高；都拉斯地区和地拉那地区人口密度最高。从行政上看，阿尔巴尼亚有 26 个行政区，1 个直辖市。阿尔巴尼亚各地区人口密度的稀疏与稠密，与其人口增长是相联系的。而人口的分布，则是受工业发展、农业集约化的影响。人口密度高的地区，通常也是该国工农业发展较好的地区。

经济和社会的变化，调整和改变着城乡间人口的比例。考虑到人口、经济、政治、文化、行政等作用和城市的发展前景，在阿尔巴尼亚，凡超过 2000 个居民的居住中心，就定为城市。以此标准衡量，早期的阿尔巴尼亚，城市人口比重很低。1938 年仅为 15.45%，1950 年升至 20.5%，1960 年为 30.9%，1970 年为 33.5%，1989 年为 35%。随着工业化的建设，该国城市人口有了很大增长，但在欧洲国家仍然处在最低水平，表 4 是 1984 年阿尔巴尼亚的人口分布情况。

表4 1984年阿尔巴尼亚的人口分布

行政区	面 积（平方公里）	人 口（人）	人口密度（人/平方公里）	行政区	面 积（平方公里）	人 口（人）	人口密度（人/平方公里）
斯库台	2528	216000	85	费 里	1175	220000	187
莱 什	479	54000	113	培拉特	1026	159000	155
普 克	1033	45000	44	波格拉德茨	775	43000	55
库克斯	1331	85000	64	格拉姆什	695	40000	58
特罗波亚	1043	41000	39	爱尔巴桑区	6877	858000	125
斯库台区	6414	441000	69	发罗拉	1609	164000	102
都拉斯	848	229000	270	萨兰达	1097	81000	74
地拉那	1238	327000	264	吉诺卡斯特	1137	65000	57
克鲁亚	607	96000	158	吕佩莱纳	817	47000	58
马 蒂	1028	69000	67	贝尔梅特	930	38000	41
米尔迪塔	867	46000	53	发罗拉区	5590	395000	71
佩什可比	1568	138000	88	科里察	2181	212000	97
地拉那区	6156	905000	147	科洛涅	805	24000	30
利布拉什德	1013	63000	62	斯科拉巴里	725	65000	90
爱尔巴桑	1481	213000	144	科里察区	3711	301000	81
卢代涅	712	120000	169	总 计	28748	2900000	101

　　除了城市人口比重有所提高外，该国城市本身也有了增加。1938年只有城市24座，1970年扩展为57座。首都地拉那是人口最多的城市，1984年人口为32.7万人；其他大的城市是都拉斯，人口22.9万人；斯库台21.6万人；爱尔巴桑21.3万人。

　　第二次世界大战以前的阿尔巴尼亚是欧洲最落后的农业国家之一。1938年工业在工农业总产值中只占8%。全国解放后，实现了工业国有化、土地改革和农业集体化。在经济发展的同时，其经济结构也有了一定变化。1938年从事物质生产的人口中，接近87%的人从事农业生产，只有13%的人从事工业生产和民族经济其他部门的工作。1989年阿尔巴尼亚劳动力人口就业结构情况参见表5。

表5 1989年阿尔巴尼亚劳动力人口就业结构情况

单位：%

农 业	工 业	建筑业	运输业	商 业	教育、服务业	其 他	合 计
60	17	6	2	5	9	1	100

小结

阿尔巴尼亚是一个欧洲国家，但却具有欧洲其他国家所没有的特色。这是阿尔巴尼亚的历史、社会、文化、经济等多种因素所决定的。这使得阿尔巴尼亚这一狭小国土上的较少量人口制造了欧洲人口学方面的若干之"最"：（1）出生率最高；（2）自然增长率最高；（3）婴儿死亡率最高；（4）妇女总和生育率最高；（5）15岁以下人口在总人口中所占比重最高；（6）65岁以上老年人口所占比重最低；（7）人口平均预期寿命最低；（8）性别比最高的国家之一；（9）城市人口比重最低的国家之一；（10）是欧洲穆斯林比重最大的国家。

事实上，上述的一系列之"最"均是相互关联的。而它们本身又同是由阿尔巴尼亚自身的经济、社会（宗教）、历史等因素所决定的。如出生率长期保持在高水平，必然导致人口年龄结构"年轻化"；而出生率高，又往往与高婴儿死亡率和高总和生育率相辅相成，这些又是宗教因素、城市人口所占比重大小等因素的反映。总之，由于阿尔巴尼亚各种因素的特殊性，致使该国人口具有了欧洲其他国家没有的特征。

此外，阿尔巴尼亚的人口政策属鼓励生育型。过去他们一直认为：人民政权建立后，人口之所以有了如此迅速的增长，主要原因在于人民物质文化水平的提高和卫生条件的改善。

从目前的情况看，尽管该国人口增长势头较之过去有所减弱，但妇女总和生育率仍高达3.2个，人口仍很"年轻"，由此推算，2020年人口将会达到580万人，人口增加1倍的时间只需35年，这又是欧洲以国家为单位人口翻番所需的最短时间。

参考资料

〔阿〕阿列·奥斯特雷尼：《阿尔巴尼亚地理》，北京外国语学院译，商务印书馆，1976。

爱尔兰 （Ireland）

爱尔兰共和国位于欧洲西部大西洋上的爱尔兰岛。其地形类似一个圆圈，四周群山环绕，中央低陷，东部隔海与英国相望，北部的北爱尔兰虽然与爱尔兰共和国同居一岛，但由于历史原因，现不属爱尔兰管辖，属于英国领地。一般而言，将爱尔兰列在"北欧"组内[1]。爱尔兰除该岛领土面积之外，附近所属岛屿星罗棋布。包括水域面积在内的全部境内领土7.02万平方公里，其中陆地面积约为6.89万平方公里。该国人口1989年估测为350万人。以全国总面积计算的人口密度每平方公里49.8人。首都：都柏林。

爱尔兰当年是英国第一个殖民地。1801年根据《英爱同盟条约》，建立"大不列颠

---

① 关于爱尔兰划分在"北欧"组的问题，见本书第97页注解。

与爱尔兰联合王国"。第一次世界大战后，英国于 1921 年与爱尔兰签订了《英爱条约》，爱尔兰北部 6 个郡仍归属英国，其余成为"爱尔兰自由邦"。1949 年英国正式承认爱尔兰独立，但拒绝归还北部 6 郡。

人口历史

爱尔兰虽然是一个岛国，但很早就有人类在此繁衍生息。有人认为，自中石器时代起，爱尔兰岛国便因人类居住而热闹起来。苏格兰的渔民及其猎人是最早来到该岛定居的外来人群，随后而来的是欧洲大陆的居民，这些人被称为普烈达尼人。公元前 5 世纪，欧洲大陆上的凯尔特人蜂拥而至，并从此开始定居下来，成为爱尔兰族人的祖先。从 8 世纪起，来自丹麦和挪威的挪威人先后到达爱尔兰海岸，持续两个世纪占据着这个岛屿的大片地方。这时的不列颠岛，还处于"盎格鲁—撒克逊时期"。但进入 10 世纪之后，诺曼人便开始入侵，袭扰岛上原先居住着的凯尔特人和早期的少数苏格兰人。不过，从那时起该岛人口便迅速增长。1700 年，爱尔兰的人口为 130 万人。1750 年，人口突然增至 370 万人。进入 18 世纪，人口已达到 400 万人。显然，这主要是由于移民所致。但是，18～19 世纪，爱尔兰历经磨难，其人口发展亦历经波折。克拉潘在《现代英国经济史》中指出"在爱尔兰方面，积极的抑制似乎也一时失去了力量，关于 18 世纪和 19 世纪初期的爱尔兰重要统计数字，现已淹没不存，所以谈到爱尔兰的一切，只能是揣测之词。但是，没有任何理由能够设想，在 1800 年之前，医学知识的昌明或清洁卫生的改善曾经为爱尔兰保全了多少生命；虽然在都柏林方面曾经有过一些成就。1750～1812 年之间人口的增长无疑是迅速的，虽然无法准确计算，但成为这种人口增长主要原因的，看上去并不是常常被举出的任何想当然的特殊原因，如，就目前所知而论的爱尔兰人的早婚和漫无节制的生育——而是灾荒的间歇。1727 年的灾荒是可怕的，1739～1741 年的死亡率尤为可怕；此后虽有周期性的歉收和地方性的灾荒，但是，这一世纪的其余各年却没有发生过接近于 1741 年的那种灾难。1817 和 1822 年的灾荒也不能同 1739～1741 年或 1846～1847 年的那几次相提并论。虽然在 1822 年有成千上万的人死于饥饿和饥饿虚弱症，爱尔兰的人口在 1821 和 1831 年之间却增加了将近 100 万人——如果早期的调查数字是可靠的话"。

爱尔兰的人口变动在近两个世纪以来有其独特之处，总的情况是：人口减少是欧洲国家中唯有爱尔兰自 1845 年以来所具有的特征。其原因是移民外流，而导致移民外流的原因主要是疾病与灾荒以及英国军队的侵入。当这种疾病与灾荒"间歇"之时，其人口便有所增加。在 1821 年全国进行第一次人口普查之前，没有人知道其人口有多少。以前数据大多出自人们的推测，还有一些是根据炉灶（代表家庭）的数目来判断的（参见表 1、图 1）。

19 世纪中叶的爱尔兰人口总数达到该国人口历史的峰值。此后，一方面，一些人因灾荒而死亡，另一方面，人口又因饥荒而外逃。1780～1845 年的几十年间，累积移民北美的便有 114 万人，移民英国的人数为 60 多万人。据粗略估算，1845～1850 年，向海外移民

表 1　爱尔兰岛及爱尔兰共和国的人口变动

年　份	爱尔兰岛人　口（万人）	比 前 期人口增长（％）	爱尔兰共和国人口（万人）	年　份	爱尔兰岛人　口（万人）	比 前 期人口增长（％）	爱尔兰共和国人口（万人）
1672	110.0			1911	439.0	-1.5	309.6（1921）
1700	130.0	18.2		1926	422.8	-3.7	297.2
1712	279.1	114.7		1936	420.4	-0.6	296.8
1750	370.0	32.6		1946	428.9	2.0	295.5
1772	358.4	-3.1		1951	432.9	0.9	296.0
1800	400.0	11.6		1956			289.8
1821	682.0	70.5		1961	423.3	-2.2	281.8
1841	652.9	-4.3		1971			297.8
1845	830～850	27.1～30.2		1978			324.0
1851	655.2	-22.0		1980			340.0
1861	579.8	-11.5		1984			354.0
1871	541.2	-6.7		1986			354.0
1881	517.4	-4.4		1987			354.3
1891	470.4	-9.1	346.9	1989			350.0
1901	445.8	-5.2	322.0				

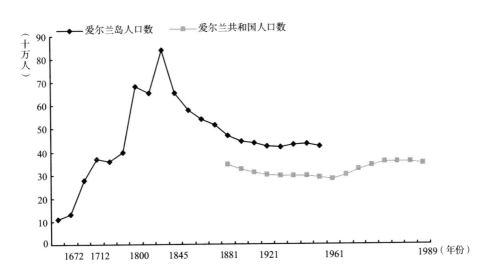

图 1　爱尔兰岛及爱尔兰共和国人口变动图示

达 94.9 万人；1850~1855 年，移民外流达 89.2 万人。致使 1845 年以后的爱尔兰人口急剧减少。直至 19 世纪后期，爱尔兰向外移民的洪流才得以平缓下来，之后，虽有外移现象，但已不像过去那样规模庞大了。进入 20 世纪，尤其是第二次世界大战之后，爱尔兰的人口自然增长在出生率很高的补偿下，有所上升，从而部分地抵消了由人口外迁所带来的人口减少。但是 1956~1961 年爱尔兰向外移民 21.2 万人；1961~1966 年向外移民 8.06 万人；1966~1971 年向外移民 6.09 万人。这显然是过去移民的一种继续。这样，爱尔兰人口以实际人口计算，几乎是移居国外人口最多的国家。以自然增长率的速度计算，居欧洲各国之前茅，这便是爱尔兰人口变动的最大特点（参见表 2、表 3）。

表 2　1940~1950 年爱尔兰共和国的向外移民数量变动

年　份	总计（千人）	男性（千人）	粗工（千人）	农业（千人）	女性（千人）	家庭工作（千人）	护理工作（千人）	性比例（%）
1940	26.0	17.1	5.9	5.4	8.9	5.3	1.6	192.1
1941	35.2	31.9	21.0	1.8	3.3	1.3	0.8	966.6
1942	51.8	37.3	23.8	4.8	14.5	6.0	2.2	257.2
1943	48.3	29.3	18.3	3.6	19.0	9.1	2.8	154.2
1944	13.6	7.7	4.3	1.4	5.9	2.8	1.1	130.5
1945	23.8	13.2	6.2	3.1	10.6	4.7	3.5	124.5
1946	30.0	10.8	5.9	2.4	19.2	12.1	3.9	56.3
1947	31.2	12.5	5.6	4.6	18.7	13.2	2.5	66.8
1948	40.1	21.7	11.6	5.4	18.4	12.4	0.9	117.9
1949	25.5	12.5	6.1	3.5	13.0	8.3	0.4	96.2
1950	17.3	8.5	3.4	2.8	8.8	5.2	0.3	96.6

表 3　爱尔兰人口自然变动及有关指标

指标 ＼ 年份	1953	1958	1963	1968	1971	1973	1981	1984	1987	1989
出生率（‰）	21.2	20.9	22.2	21.0	22.8	22.5	21.9	18.9	17.3	17.0
死亡率（‰）	11.7	12.0	11.9	11.4	10.6	11.2	9.7	9.9	9.5	9.0
自然增长率（‰）	9.5	8.9	10.3	9.6	12.2	11.3	12.2	9.0	7.8	8.0
婴儿死亡率（‰）	39.4	35.4	26.6	21.0	18.0	18.0	10.6	10.0	8.7	7.4
平均预期寿命（年）　男	64.53		68.13	68.58	68.77			73.00		
平均预期寿命（年）　女	67.08		71.86	72.85	73.52					

爱尔兰作为一个欧洲国家，出生率直到 20 世纪 80 年代才降至 20‰ 以下，显然是比较落后的，是目前北欧出生率最高的国家。如果从人口与经济的关系来观察，或许是由于过去大量移民钳制了该国工农业的增长，同时经济的相对落后又减缓了出生率的下降。

不过，该国人口死亡率以及婴儿死亡率则很早便具有了欧洲的"特色"：前者早已降至11‰左右，后者低于40‰。由此而使得爱尔兰的人口自然增长率成为欧洲最高的国家之一。

　　总体而言，在爱尔兰的人口变动中，移民是爱尔兰人口历史发展的重要内容。因为爱尔兰在近代由于多是自内向外的移居者，所以，人口民族十分单一，为欧洲少数几个单一民族的国家之一。该国绝大多数为爱尔兰人，占总人口的98.7%，他们分属于早期来此定居的凯尔特人以及诺曼人的后裔。其余1.3%的人口多为英格兰人、苏格兰人和犹太人。这些人均会英语口语，但在一般场合，却广泛使用爱尔兰语。不过，1937年爱尔兰的宪法曾规定："（1）作为民族语言的爱尔兰语是第一国语；（2）承认英语为第二国语；（3）不论在共和国全国或在其中的任何一个地方，出于一个或多个法定目的，法律规定只可使用上述两种语言中的一种"。

　　爱尔兰国仍十分盛行宗教活动。大约有94%的居民为天主教徒。余者则信奉基督教新教、长老会等教派。

人口结构

　　爱尔兰的人口是欧洲最"年轻"的人口，尽管比非洲或亚洲多数国家显得"老"得多。爱尔兰作为欧洲的"年轻"国家是显而易见的，一方面是出生率一直很高，并高于欧洲绝大多数国家；另一方面是婴儿死亡率较早时期便降到较低水平，甚至被列在欧洲婴儿死亡率最低的国家之中。

　　从所取得的资料看，爱尔兰各年龄组的人口比重似乎变化并不大。20世纪50年代末期，0~14岁人口比重为30.0%，15~59岁的人口比重为55.1%，60岁及以上为14.9%；三项指标在20世纪70年代初分别为：31.2%、53.2%和15.6%；1977年，15岁以下人口比重仍为31.2%，15~59岁人口比重为53.5%，60岁及以上人口比重为15.3%；1979年为30.6%、54.6%和14.8%；1989年，15岁以下人口比重为29%，15~59岁人口的比重是56%，60岁及以上人口比重为15%（参见表4）。

表4　1979年爱尔兰人口年龄、性别构成

年　龄	合　计 （人）	比　重 （%）	男　性 （人）	女　性 （人）	性比例 （%）
0~4	343475	10.20	175637	167838	104.65
5~9	350140	10.40	179087	171053	104.69
10~14	336293	9.98	172306	163987	105.07
15~19	317368	9.42	162279	155089	104.64
20~24	266271	7.92	135808	130463	104.09

续表 4

年　龄	合　计 （人）	比　重 （%）	男　性 （人）	女　性 （人）	性比例 （%）
25～29	239426	7.11	121589	117837	103.18
30～34	220116	6.54	112749	107367	105.01
35～39	178478	5.29	91757	86721	105.81
40～44	159407	4.73	81799	77608	105.40
45～49	152441	4.53	77774	74667	104.16
50～54	151686	4.51	75588	76098	99.33
55～59	154065	4.57	76127	77938	97.68
60～64	137676	4.08	67804	69872	97.04
65～69	133787	3.97	64994	68793	94.48
70～74	98284	2.92	45802	52482	87.27
75～79	68856	2.04	29140	39716	73.37
80 +	60448	1.79	23032	37416	61.56
合　计	3368217	100.00	1693272	1674945	101.09

尽管爱尔兰人口在历史上受移民影响十分强烈，但是至 20 世纪 80 年代初期，人口年龄结构、人口性别结构却趋于合理。尤其其性别构成，已完全显示不出昔日移民留下的痕迹。总的性比例是 101.09∶100，分年龄组的性别构成也基本符合生物学规律。事实上，尽管 20 世纪 40 年代外流人口男性远远多于女性，但是在第二次世界大战后，爱尔兰人口性别比除了个别年龄组之外一直是比较均衡的（参见表 5）。

表 5　爱尔兰人口性别构成变动情况

时　间	总人口 （人）	男性人口 （人）	女性人口 （人）	性比例 （%）	时　间	总人口 （人）	男性人口 （人）	女性人口 （人）	性比例 （%）
1951.4.8	2960593	1506597	1453996	103.6	1971.4.18	2978248	1495760	1482488	100.9
1956.4.8	2898264	1462928	1435336	101.9	1977.6.15	3192300	1599600	1592700	100.4
1961.4.9	2818341	1416549	1401792	101.1	1979.6.1	3368217	1693272	1674945	101.1
1966.4.17	2884002	1449032	1434970	101.0					

爱尔兰的外迁人口之多是世界上有名的，但是，其人口性比例所表现出的惊人的正常也十分罕见。

爱尔兰人口地域结构的总特征是：靠近英国岛屿的东部地区人口稠密；背离其向的西部人烟稀少。若以行政区划出的 4 省 26 郡来看，其人口地域分布如表 6 所示。

表6　爱尔兰人口地域分布变动情况

地　区 （省、郡）	面　积 （平方 公里）	1981 年 人口 （人）	1984 年 人口 （人）	1984 年 人口密度 （人/ 平方公里）	地　区 （省、郡）	面　积 （平方 公里）	1981 年 人口 （人）	1984 年 人口 （人）	1984 年 人口密度 （人/ 平方公里）
卡　洛	896		40814	46	卡　凡	1891		54763	28
都 柏 林	925		1025958	1109	多 尼 哥	4830		129783	26
启 尔 达	1694		107097	63	蒙 纳 平	1290		52174	40
启 尔 肯	2061		72768	35	**阿尔斯特省**	**8011**	**230159**	**236720**	**30**
拉　斯	1719		52169	30	哥 尔 威	5939		176836	29
长　津	1043		32138	31	利 特 令	1526		28607	18
劳　司	821		91359	111	马　由	5397		119548	22
米　司	2338		98602	42	罗斯哥蒙	2463		55499	22
奥 法 利	1996		59307	30	斯 莱 戈	1797		56425	31
威 尔 米 司	1763		63300	36	**康瑠特省**	**17122**	**424410**	**436915**	**26**
韦 克 斯 福 德	2351		102016	43					
维 克 罗	2025		90289	45	**总　计**	**68891**	**3443405**	**3539400**	**51**
伦斯特省	**19632**	**1790521**	**1835817**	**94**					
克　雷	3188		90489	28					
科　克	7459		415288	56					
克　立	4701		126734	27					
科默里立克	2686		166586	62					
提派累立（北）	1996		59965	30					
提派累立（南）	2558		79239	31					
沃 特 福 德	1838		91647	50					
明斯特省	**24126**	**998315**	**1029948**	**43**					

　　东部的伦斯特省人口最为稠密，这里是首都都柏林所在地，而且农业发达、工业普及、交通便利，从而吸引了国内的大批人口，仅伦斯特一省便拥有全国的一半人口，即在全国不足30%的土地上，居住着全国52%的人口。南部的明斯特省人口密度次之，该省坐落着全国第二、第三大城市：科克和科默里立克。北部的阿尔斯特省和北爱尔兰接壤，只聚集了全国6.7%的人口。西部的康瑠特省人口最为稀疏。这与气候有很大关系。

　　从国内的人口分布流动情况来看，尽管若干年来农村人口大量迁往都市，但是，若以欧洲标准来衡量，爱尔兰的城市化水平不高，1984年城市人口比重占56%，而且，人口大多集中在都柏林（52.5万）、科克（13.6万）、科默里立克（6.1万）等几个大城市中。导致这种状况的原因，一方面是历史遗留因素，另一方面是经济水平所致。从经济的角度来看，农业始终在爱尔兰的国民经济中占有重要地位，在这种以耕、牧混合农业为主的经济中，吸引了爱尔兰全部就业人口的16%。这在西、北欧显然是一个很高的比重数值。1984年工业部门就业人口占总就业人口的28%。但是，爱尔兰的失业率是比较高的，1980年为8.2%；1983年上升至近15%，即在全国130.9万劳动力人口中，有19.5万人没有就业机会。在人口年龄结构、性别结构没有大起大落的情况下，这显然主要应归咎于经济因素，表7是爱尔兰城乡人口分布变动情况。

表7　1891～1981年爱尔兰共和国人口城乡分布变动情况

城、镇	1891年人口（人）	比重（%）	1936年人口（人）	比重（%）	1936年比1891年增长（%）	1951年人口（人）	比重（%）	1961年人口（人）	比重（%）	1961年比1936年增长（%）	1981年人口（人）	比重（%）	1981年比1961年增长（%）
科默里立克	518063	14.9	699040	23.6	+34.9	846424	28.6	880448	31.3	+26.0	1345447	39.6	+52.8
10000人以上的其他城镇	81142	2.3	92806	3.1	+14.4	101840	3.4	132723	4.7	+43.1	236778	6.9	+78.4
5000～10000人	89091	2.6	90191	3.0	+1.2	97281	3.3	100169	3.6	+11.1	321775	9.5	+12.5
1500～5000人	183292	5.3	175702	5.9	-4.0	170799	5.8	185807	6.6	+5.9			
乡村地区	2597106	74.9	1910681	64.4	-26.5	1744249	58.9	1519194	53.8	-20.5	1539405	44.7	-1.6
总　　数	3468694	100.0	2968420	100.0	-14.4	2960593	100.0	2818341	100.0	-5.1	3443405	100.0	

作为北欧的一个国家，爱尔兰医疗卫生条件及其文化状况与世界各国相比，仍是领先的。1980年，每名医生负担人口数为780人，而每一名护士负担人口数仅为120人。小学、中学均为义务教育。目前的小学生入学率达到102%，中学入学率高达93%，大学在校生率也达到21%。1980年所显示的文盲率仅为2%。

小结

总之，爱尔兰人口的特点是：（1）历史上的移民量十分庞大，移民是爱尔兰人口历史研究中的重要内容。（2）人口性别构成比例近几十年一直处于均衡状态，这对于具有移民历史的国家来说是十分难得的。（3）爱尔兰是欧洲诸国中最为"年轻"的国家之一。（4）该国人口分布东密西疏。（5）爱尔兰民族构成了爱尔兰人口的主体，是欧洲单一民族国家为数不多的一个。（6）爱尔兰的人口出生率在欧洲属于最高之列。妇女总和生育率目前为2.3个，仅低于阿尔巴尼亚3.2个的水平。未来10年中，在欧洲或将成为人口增长速度最快的国家。

参考资料

〔英〕T. W. 弗里曼：《爱尔兰地理》，上海师范大学译，上海人民出版社，1975。

〔英〕J. 克拉潘：《现代英国经济史》（上卷）（第一分册），姚曾廙译，商务印书馆，1975。

奥地利（Austria）

作为欧洲少数几个内陆国之一的奥地利位于中欧的南部，但从政治地理上来说，往往又将其作为"西欧"国家看待。从1945和1955年两次确定后的国境范围分布看，奥地利与下列7国接壤，由东向南依顺时针是：匈牙利、南斯拉夫、意大利、瑞士、列支敦士登、联邦德国、捷克和斯洛伐克。国土面积 8.38 万平方公里。1989 年人口为 760 万。人口密度每平方公里 90.6 人。首都：维也纳。

历史

在奥地利区域，人类活动的踪迹可以追溯到 18 万年以前，一直到洪水期，这是地球史上一个以长期而显著的欧洲气候变异为特征的时期。中石器时代的奥地利地区，已有人类的居住地及简单的农业栽培作物。公元前 9 世纪中，中欧发生了一种新的文化转变，铁代替了青铜，标志着当时中欧人的文化。大约在公元前 400 年，凯尔特人涌入奥地利，从而严重地动摇了早期的伊利里亚的哈尔施塔特文化。公元前 2 世纪，罗马人开始进驻，现今的奥地利地区遂属于罗马版图。当地的主要居民凯尔特人逐渐罗马化。公元 4 ~ 7 世纪，阿尔瓦人、匈奴人和斯拉夫部落的斯洛维涅人进入奥地利。其中在 5 ~ 6 世纪，哥特人、法兰克人和朗哥巴德人等日耳曼部族也出现在现今奥地利的东部和东南部。此后一段时间，奥地利经历了若干王朝，并部分地为若干民族所征服。公元 10 世纪时，"奥地利"这一名称被正式使用。12 世纪中叶，巴本堡家族统治奥地利时期形成公国。1282 年建立了哈布斯堡王朝。哈布斯堡王朝统治下的奥地利，借着巧妙的婚姻关系，加上幸运之神的眷顾，领土一直不断地扩大。从 16 世纪起，奥地利的版图已包括现今捷克斯洛伐克、匈牙利以及意大利、波兰、南斯拉夫部分地区，从而成为历史上极有影响的奥地利大帝国。进入 20 世纪，形势发生根本变化。第一次世界大战中失败的奥帝国开始解体并于 1918 年 11 月 12 日宣布成立（第一）共和国。但在两次世界大战期间被德国吞并。第二次世界大战后奥全境被划分为苏、美、英、法四个占领区。1945 年 4 月 27 日奥地利再次"独立"，从此进入第二共和国时期。奥地利的历史是一部人类详尽发展的历史。有学者认为："奥地利历史的一个基本特征是它的发展节奏与世界历史完全合拍，其他国家的历史似乎没有这种情况。"[①]

民族、宗教与语言

早期曾到过奥地利区域的斯拉夫部落、日耳曼部落以及更早时期被罗马化了的混合人口均是整个奥地利人口形成的基础。目前奥地利族人乃是奥地利国的主要民族，占总人口的 91.8%。与之同属日耳曼语族的德意志人占 3.15%。斯拉夫语族在奥地利的人口集团中目前主要有南斯拉夫人（1.8%）、斯洛文尼亚人（0.8%）、克罗地亚人（0.7%）、捷克人（0.2%）、匈牙利人（0.4%）、土耳其人（0.3%）和意大利人（0.3%）等。过去奥匈帝国的一个问题是民族问题，战后的奥地利与此截然不同，绝大部分人口在特性上均是日耳曼人。

基督教传入奥地利地区是在公元 3 世纪。第一次世界大战以后，奥地利成立第一共和国，绝大多数居民信仰罗马天主教。1934 年，奥地利社会民主党和执政的天主教社会党的矛盾激化，并以社会民主党的失败而告终，天主教由此更加盛行。目前 89% 的奥地

---

① 〔奥〕埃里希·策尔纳：《奥地利史》，李澍颖等译，商务印书馆，1985，第 7 页。

利人信奉天主教，约 6% 的居民信奉路德派新教。其余宗教信仰者还有犹太教徒和穆斯林。另外，还有 3.5% 的无神论者。

奥地利的国语为德语。但口语却是变了原本模样的非标准德语。

人口变动

奥地利的历史源远流长。"奥地利"的称谓直至 10 世纪才出现，而奥地利目前的版图则是在 1919 年协约国缔结的圣日耳曼条约中才确立的，因此，了解早期的奥地利人口具体数目几乎不可能。像欧洲著名人口史学研究专家拉塞尔在谈论中古世纪奥地利人口时，也只能用伊比利亚、南欧地区等大的地理概念来代替，即是版图不统一的缘故。由于当时的奥地利以及 1867 年以后成立的奥匈帝国所占地盘广大，东接亚洲土耳其，西接西班牙和南邻意大利，因此，这一地区的人口规模十分庞大。如果从奥匈帝国版图来看，1800 年估计人口数是 2330 万人，1850 年为 3130 万人，1900 年为 4700 万人，1910 年为 5130 万人。这些估计数字是《1700 ~ 1914 年的欧洲人口》的作者安德雷·阿尔芒戈在该文中提供的。事实上，其他一些学者也提出了类似的数据。奥地利哲学博士埃里希·策尔纳在谈论弗兰茨·约瑟夫时代的人口时指出：1857 年，这一地区的总人口达 3226.10 万人；1869 年为 3581.20 万人，1900 年，在二元君主国的人口有 4697.40 万人，到 1910 年，上升为 5139.00 万人。这些数字反映了工业时代人口的发展，但不言而喻的是，君主国的各邦、各城镇人口增长速度是不平均的，而是在大城市和工业区的跳跃性增长中达到它的最高点。如维也纳的人口，1851 年是 43.11 万人，1890 年则翻了一番，达到 82.75 万人。林茨和格拉茨也呈现出了类似的景象，不过规模较小。1850 年，上奥地利首府有居民 2.66 万人，在 19 ~ 20 世纪交替前后，已有 8.34 万人，第一次世界大战期间已超越 10 万大关。1849 年格拉茨有人口 5.20 万人，但在 1880 年统计人口时，格拉茨已处于第一个 10 万人的边缘（97800 人），1910 年，已经达到 15.17 万人，在阿尔卑斯山各城之中，它无可争辩地居于第一。从当时的民族构成来看，有些民族人口在奥匈帝国中发生了很大变化。如表 1 所示。

表 1　1880、1910 年奥地利人口主要民族构成

单位：%

民族＼年份	1880	1910	民族＼年份	1880	1910
德意志人	36.8	35.6	斯洛文尼亚人	5.2	4.5
捷克人	23.8	23.0	意大利人	3.1	2.7
鲁特尼亚人	12.8	12.6	波兰人	14.9	17.8

另外，20 世纪初向外移民人口也很汹涌，而且 90% 以上的外流人口进入美国。如 1903 年，迁出奥匈帝国的 22.2 万人口当中，就有 20.6 万人前往美国。君主国总出境人数中赴美的百分比，从 1861 至 1890 年为 4.2%，从 1891 至 1920 年不少于 20%。当然，

要准确确定当时有多少人来自今天这个蕞尔小国奥地利，以及确定这个国家当时有多少人口几乎是不可能的。

1919 年的决定性变动对于奥地利历史有着重要的意义。尽管 1945 和 1955 年又两次确定国境边界，但是，1919 年的圣日耳曼（Saint-Germain-treaty）条约为其以后的国境确定及人口统计资料奠定了基础。当 1910 年二元帝国的居民为 5139 万人时，帝国的奥地利这一半为 2857.2 万人，而 1923 年第一次共和国人口统计则为 653.47 万人。自从这次人口统计以来，人口有些增加，但是较之弗兰茨·约瑟夫时代却慢多了。1951 年的人口统计表明，定居人口为 693.39 万人，这种人口的"减少"，与其整个君主国的领土面积由 76.7 万平方公里降为共和国的 8.3 万平方公里是一致的。

真正奥地利的人口研究，要从 20 世纪 20 年代开始。但在 20 世纪 50 年代之前却有许多因素影响着奥地利的人口状况，如战后初期或战争中的阵亡将士、失踪者、归国很晚的战俘、荒年、瘟疫和政治迫害的牺牲者、纷至沓来和到处乱窜的难民、由于经济或政治动机而出境移居的人，都使当时奥地利的人口状况发生了翻天覆地的变化，这对以后的人口发展也产生了一定影响（参见表 2、图 1）。

表 2　奥地利的人口变动

年份	人口（人）	较前期增减		较前期年均增长率（%）	以1527年为100（%）	以1869年为100（%）	年份	人口（人）	较前期增减		较前期年均增长率（%）	以1527年为100（%）	以1869年为100（%）
		增减量（人）	%						增减量（人）	%			
1527	1500000				100		1890	5417352	454210	9.2	0.9	361	120
1618	1900000	400000	26.7	0.3	127		1900	6003778	586426	10.8	1.0	400	133
1700	2100000	200000	10.5	0.1	140		1910	6648310	644532	10.7	1.0	443	148
1754	2728000	628000	29.9	0.5	182		1923	6534742	-113568	-1.7	-0.1	436	145
1780	2970000	242000	8.9	0.3	198		1934	6760233	225491	3.5	0.3	451	150
1790	3046000	76000	2.6	0.3	203		1940	6705000	-55233	-0.8	-0.03	447	149
1800	3064000	18000	0.6	0.1	204		1945	6800000	95000	1.4	0.1	453	152
1816	3060000	-4000	-0.1	-0.01	204		1951	6933905	133905	2.0	0.1	462	154
1830	3476000	416000	13.6	0.9	232		1961	7073807	139902	2.0	0.2	472	157
1840	3649700	173200	5.0	0.5	243		1971	7456403	382596	5.4	0.5	497	166
1850	3879700	230000	6.3	0.6	259		1975	7519900	63497	0.9	0.2	501	167
1857	4075500	195800	5.0	0.7	272		1980	7510000	-9900	-0.1	-0.0	500	167
1869	4498985	423485	10.4	0.8	300	100	1987	7573000	63000	0.8	0.8	505	168
1880	4963142	464157	10.3	0.9	331	110	1989	7600000	27000	0.4	0.2	507	169

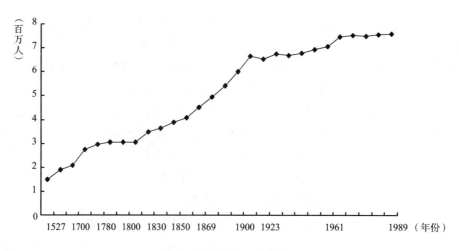

图 1　奥地利人口变动图示

从前述资料看，16 世纪初期，是当时奥地利所进行的最早的人口测算的年代；1754年进行了第一次人口普查，1869 年才进行了具有现代意义的人口普查，其所给数据的数量和质量都有了很大程度的提高。从 19 世纪初开始至目前，奥地利是人口普查次数较多的国家之一。据学者邵宁提供的资料，截至目前，奥地利共进行了 25 次具有现代意义的人口普查，其普查年份是：1818、1821、1824、1827、1830、1834、1837、1840、1843、1846、1850、1857、1869、1880、1890、1900、1910、1920、1923、1934、1939、1951、1961、1971 年和最后一次的 1981 年。表 3 中人口数据的地域范围以目前奥地利疆域为准。

表 3　目前疆域的奥地利人口变动状况

时　　期	总增长 （千人）	自然增长 （千人）	移民增长 （千人）	总增长 （%）	自然增长 （%）	移民增长 （%）
1869～1880	464.1	223.5	240.6	10.3	5.0	5.3
1881～1890	454.3	257.1	197.2	9.2	5.2	4.0
1891～1900	586.3	413.1	173.2	10.8	7.6	3.2
1901～1910	644.6	502.6	142.0	10.7	8.4	2.3
1911～1923	113.6	−128.6	15.0	−1.7	−1.9	0.2
1923～1934	225.5	258.9	−33.4	3.5	4.0	−0.5
1935～1950	173.7	20.6	153.1	2.6	0.3	2.3
1951～1960	139.9	268.9	−129.0	2.0	3.9	−1.9
1961～1970	382.6	340.8	41.8	5.4	4.8	0.6
1891～1910	1230.9	915.7	315.2	22.7	14.8	7.9
1911～1951	285.6	150.9	134.7	4.3	2.3	2.0
1952～1971	522.5	609.7	−87.2	7.5	8.8	−1.3

从表 2 及表 3 资料中可以看出，奥地利的人口发展分为五个大的时期。

1754 年之前为第一时期，该时期人口发展较为缓慢。1754～1869 年为第二时期，其人口以目前的疆域来看从 270 万增到 450 万人。其中，1790～1815 年的奥法战争使得人口增长几乎停滞不动，甚至有些年份还有所下降。第三时期从 1869 年至第一次世界大战，人口由 450 万人增到 665 万人，增长 48%，年均增长率在 0.8% 左右。这一时期是奥地利人口增长最快的时期，19 世纪后半期的人口增长速度甚至是前期的 1 倍多。奥地利人口的增长，基本上是 2/3 的自然因素和 1/3 的迁移因素共同作用的结果。从第一次世界大战结束到 1951 年，为奥地利人口发展的第四个时期。战争使得奥地利损失了大量人口。1910～1923 年，人口减少 1.7%，即 11.4 万人左右。在 1923～1934 年，奥地利人口迁出大于迁入，但由于该时期出生率较高，因此人口反而增长了 3.5%。第二次世界大战期间，24.7 万人口死于战争，还有 2.4 万人在空袭中丧生，合计死亡 27.1 万人，占 1939 年总人口的 4% 左右。从 1914 到 1951 年总的情况是：向奥地利流入的移民洪流有所减缓，另外，发生在西、北欧的人口曲线"剪刀差"现象已出现在奥地利的版图上。第五个时期则是从 1951 年起，这一时期，人口的出生率有所波动，而死亡率则维持在 13‰的水平。

总之，近百年来的奥地利人口增长极其缓慢，从 1920 年开始至今的 70 多年间，人口总增长 115 万，平均每年增加不足 1.7 万，年平均增长率为 0.23%。奥地利人口增长慢，既有历史原因，又有现实原因，既有人口自然变动原因，又有人口社会变动和机械变动的原因。下面是陈达先生 1935 年出版的《人口问题》一书所提供的资料（参见表 4）。

表 4　奥地利人口自然变动指标

单位：‰

年　份	出生率	死亡率	自然增长率	年　份	出生率	死亡率	自然增长率
1818～1822				1888～1892	37.4	28.6	8.8
1828～1832	36.8	34.4	2.4	1898～1902	36.9	24.9	12.0
1838～1842	38.8	29.8	9.0	1908～1912	32.2	21.5	10.7
1848～1852	37.8	34.0	3.8	1918～1922	22.8	19.7	3.1
1858～1862	38.6	28.7	9.9	1927～1928	17.7	14.7	3.0
1868～1872	39.0	29.9	9.1	1931	15.8	13.9	1.9
1878～1882	38.5	36.5	2.0				

资料来源：陈达著《人口问题》，商务印书馆，1934。

严格地说，陈达先生在此所列的"奥地利"主要是指"奥匈帝国"下的奥地利。若以现今奥地利疆域的人口来看，其人口的自然变动状况应当如表 5 及图 2 所示。

表5 奥地利人口自然变动及有关指标

年　份	出生率 (‰)	死亡率 (‰)	自然增长率 (‰)	婴儿死亡率 (‰)	平均预期寿命（年）	
					男	女
1871～1875	34.5	31.0	3.5	289.6	30.4	33.1
1876～1880	34.0	28.8	5.2	252.0		
1881～1885	32.9	28.1	4.8			
1886～1890	32.0	26.8	5.2			
1891～1895	31.7	25.5	6.2			
1896～1900	31.5	23.3	8.2	224.5		
1901～1905	30.3	21.9	8.4			
1906～1910	27.8	20.3	7.5	184.0		
1911～1913	24.9	18.8	6.1			
1921～1925	22.2	15.8	6.4	156.8		
1926～1930	17.7	14.5	3.2			
1931～1935	14.4	13.5	0.9	91.9		
1936～1938	13.2	13.5	-0.3			
1946～1950	16.8	12.7	4.1	78.3		
1951～1955	15.0	12.2	2.8	61.3	61.9	66.9
1956～1960	17.3	12.6	4.7	44.2	65.6	72.0
1961～1965	18.5	12.6	5.9	28.3	65.0	70.1
1966～1970	16.8	13.1	3.7	25.9	66.6	73.7
1971～1975	13.4	12.7	0.7	20.5	67.4	74.7
1976	11.6	12.7	-1.1	18.2	68.1	75.1
1977	11.4	12.3	-0.9	16.8		
1978	11.4	12.6	-1.2	15.0		
1979	11.4	12.3	-0.9	14.8	68.5	75.8
1980	12.0	12.2	-0.2	14.1		
1983	11.9	12.3	-0.4	12.0	69.2	76.6
1984	11.7	11.6	0.1	11.0		
1987	11.3	11.2	0.1	9.9		
1988	12.0	12.0	0.0	10.3	75.0	
1989	12.0	11.0	1.0	8.3	75.0	

在1910年之前，奥地利的人口是处于高出生、高死亡向高出生、低死亡的转变过程，这一过程是从1870年开始的，即从19世纪70年代起，奥匈帝国区域人口的出生率降至30‰以下。而以目前疆域的奥地利看，出生率降至30‰以下的时间则是在20世纪

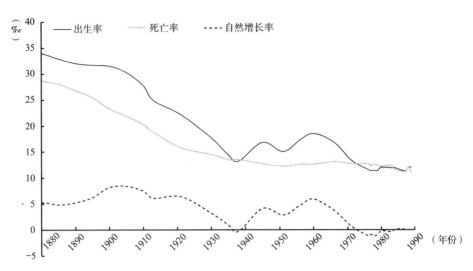

图 2 奥地利人口自然变动指标图示

初期。但总体来讲，按照英国学者布莱克人口转变五阶段划分法，第一次共和国之前的奥地利，基本上已达到了"后期发展阶段（LE）"，即死亡率已降至较低水平并继续降低，出生率开始向低水平降去。从 20 世纪 30 年代到 70 年代初期，现代奥地利的人口是处于低出生、低死亡、低自然增长的"三低"人口再生产阶段。进入 20 世纪 70 年代以后，若干年份出现了人口负增长状态，这是奥地利长期以来出生率很低的结果。事实上，奥地利的净再生产率以及总和生育率在 20 世纪初期就已降到了较低水平（参见表6）。

表 6 1900～1975 年奥地利妇女总和生育率和粗、净再生产率

单位：个

年　份	总　和生育率	粗再生产率	净再生产率	年　份	总　和生育率	粗再生产率	净再生产率	年　份	总　和生育率	粗再生产率	净再生产率
1900	4.1	2.010	1.360	1958	2.5	1.228	1.135	1967	2.6	1.273	1.220
1937	1.5	0.750	0.720	1959	2.6	1.258	1.163	1968	2.6	1.253	1.201
1951	2.0	0.981	0.907	1960	2.6	1.285	1.187	1969	2.5	1.218	1.167
1952	2.1	0.998	0.922	1961	2.8	1.354	1.300	1970	2.3	1.120	1.074
1953	2.1	1.014	0.937	1962	2.8	1.361	1.306	1971	2.1	1.088	1.073
1954	2.1	1.025	0.947	1963	2.8	1.375	1.320	1972	2.1	1.046	1.003
1955	2.2	1.080	0.997	1964	2.8	1.352	1.296	1973	1.9	0.943	0.916
1956	2.4	1.170	1.081	1965	2.7	1.306	1.243	1974	1.9	0.934	0.907
1957	2.5	1.200	1.109	1966	2.7	1.297	1.243	1975	1.9	0.896	0.870

　　奥地利1971 年便达到了人口更替水平，而挪威、英国、荷兰乃至法国则是在 1973～1975 年才达到这一水平的，可见，奥地利尽管人口转变的开始时间晚于上述国家，但是

其转变速度显然快于这些国家。总之，奥地利人口自然变动的特点是：较早地达到了人口更替水平。

人口自然结构

长期的低出生率、低死亡率必然使奥地利成为一个老龄化人口国家。1989 年，65 岁以上老年人口比重为 14%，15 岁以下少年儿童比重仅为 18%，两者之比高达 77.8%，这在世界上是比较高的比率（参见表 7 及图 3）。

表 7　奥地利人口年龄结构变动情况

单位：%

年　份	0~14 岁	15~59 岁	60 岁及以上	老少比	年　份	0~14 岁	15~59 岁	60 岁及以上	老少比
1880	28.9	61.6	9.5	32.9	1961	22.4	59.2	18.4	82.1
1890	29.9	60.7	9.4	31.5	1971	24.4	55.3	20.2	82.8
1900	29.7	60.9	9.4	31.6	1975	23.3	56.2	20.5	87.9
1910	29.9	60.7	9.4	31.6	1981	20.5	64.0	15.0	73.2
1934	23.7	63.9	12.4	51.7	1989	18.0	68.0	14.0	77.8
1951	22.9	61.4	15.6	68.2					

说明：20 世纪 80 年代分组标准为 0~14 岁，15~64 岁，65 岁及以上。

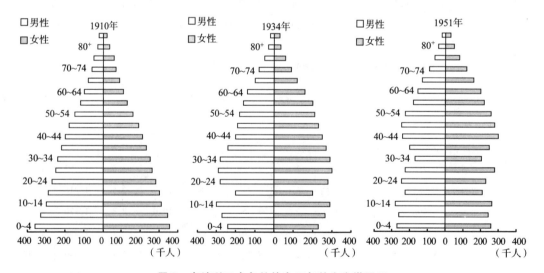

图 3　奥地利三个年份的人口年龄金字塔图示

爱德华·罗赛特的人口年龄分段理论认为，60 岁及 60 岁以上人口占总人口的百分比超过 18% 时，为老年人口集团的"最高强度"，据此判断，奥地利人口在 20 世纪 50 年代末，最迟不过 60 年代初便已经进入这一阶段。这些可从 1981 年的人口年龄金字塔中看得更为清晰（参见表 8 及图 4）。

表 8   1981 年奥地利人口年龄、性别构成

年　龄	男性人口（人）	女性人口（人）	性比例（%）	年　龄	男性人口（人）	女性人口（人）	性比例（%）
0~4	312166	297798	104.8	50~54	210493	222813	94.5
5~9	245678	234378	104.8	55~59	185049	262144	70.6
10~14	301680	287778	104.8	60~64	124079	187120	66.3
15~19	330285	318003	103.8	65~69	135612	209448	64.7
20~24	303775	291640	104.2	70~74	126226	210395	60.0
25~29	261196	254960	102.4	75~79	87922	161845	54.3
30~34	264415	258413	102.3	80~84	42164	96661	43.6
35~39	244473	241442	101.2	85+	19022	52615	36.1
40~44	253541	251160	100.9	合　计	3644241	4037687	90.3
45~49	196465	199074	98.7				

说明：资料来源不同，与表 2 数据略有出入。

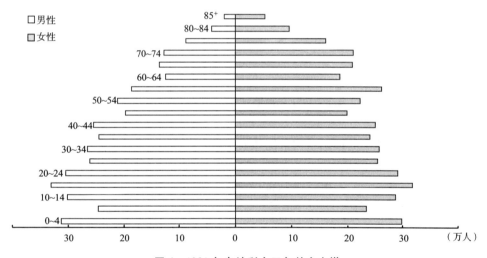

图 4   1981 年奥地利人口年龄金字塔

在欧洲，第二次世界大战对人口构成的影响最严重的要算是联邦德国、民主德国、波兰、奥地利这类国家。所给资料表明，奥地利人口从 45 岁开始，女性人口多于男性人口，但是从 55 岁以后，女性人口"突然"大大多于男性人口，显然与两次世界大战有很大关系。第一次世界大战使后来奥地利所属的疆域大约 19 万人死亡，由于战争而导致的流产人数估计为 26 万人，第二次世界大战的损失更大。据 1955 年的一次官方统计，并入德国的奥地利疆域的人口损失为 17.1 万人，由于空袭和作战行为而丧命的平民有 2.43 万人，仅维也纳就有 1.23 万人，还有 7.62 万人失踪。这样，奥地利在第二次世界大战期间的人口损失总计约为 27.13 万人。战争期间的人口损失主要是男性，因此，同 1914 年以前的平衡状态相比，女性人口大大超过了男性人口，这些均是导致奥地利男女性比

例严重失调及人口年龄金字塔中高年龄组凹凸不平的重要原因。此外，移民也是重要因素。尽管在第一次世界大战以后，包括奥地利在内的中欧虽然没有采取过大规模的出国移民措施，但这种现象却伴随着第二次世界大战的全过程，在战争结束后，移民规模更是空前巨大。总之，奥地利的人口受其社会、经济、历史以及人口自身等因素的影响，构成了现在的人口状况。其横截面的特点是：人口老龄化严重；人口性别构成严重失衡，成为世界上人口性比例最低的国家之一（参见图5）。

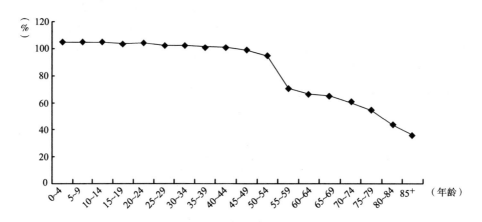

图5　1981年奥地利年龄别性比例图示

从历史上看，奥地利的性别结构情况如表9所示。

表9　奥地利人口性比例变动情况

年　份	总人口 （千人）	男性人口 （千人）	女性人口 （千人）	性比例 （％）	年　份	总人口 （千人）	男性人口 （千人）	女性人口 （千人）	性比例 （％）
1880	4963.2	2449.5	2513.7	97.45	1961	7073.8	3296.4	3777.4	87.26
1910	6648.3	3284.7	3363.6	97.65	1971	7456.4	3501.7	3954.7	88.54
1934	6760.3	3248.3	3512.0	92.48	1981	7681.9	3644.2	4037.7	90.30
1951	6933.9	3217.2	3716.7	86.56					

说明：资料来源不同，1981年数据与表2数据略有出入。

历史上奥地利人口性比例的特征是：（1）从1880年至第一次世界大战之前，性比例接近平衡；（2）此后由于战争，性比例开始降低，并对其后几十年均产生影响。这种影响直至今日仍然存在，但其程度有所减缓。

人口分布、城市化及经济活动人口

1989年，奥地利人口密度为每平方公里90多人，这是一个比较低的数字。但如果考虑到该国多山的特点以及相对缺乏肥沃的土地，则农用土地每平方公里人口数就要比此高得多了。在奥地利，除维也纳之外，各州人口密度可分为三类：（1）上奥地利、下奥地利、施蒂里亚和布尔根兰，这些州的农业区与工业区人口最为稠密；（2）卡林西亚、萨尔斯堡、蒂罗尔以及福拉尔贝格这几个州的山谷及散处其境内的低地，人口密度属于中等；（3）在上项第二类各州的山区，或者是无人居住，或者往往只在夏季才有人居住，第二次世界大战期间，为了躲避盟方轰炸以及战后为了逃离苏联在该国东部的占领军，许多工厂均迁移至此。总的来讲，奥地利人口密度高的地区，是沿着横贯国土东西的大溪谷上，形成了细长的绸带状。从历史上看，按照现今奥地利的疆域，其9个州的人口分布演变状况如表10所示。

表10　1869~1983年奥地利的人口分布构成变动情况

单位：%

年份 州	1869	1880	1890	1900	1910	1923	1934	1951	1961	1971	1983
维 也 纳	20.0	23.4	26.4	29.5	31.3	29.4	28.7	23.3	23.0	21.7	20.0
下奥地利	24.0	23.2	22.4	21.8	21.5	21.8	21.4	20.2	19.4	19.0	19.0
布尔根兰	5.6	5.5	5.2	4.9	4.4	4.4	4.4	4.0	3.8	3.6	3.6
施蒂里亚	16.0	15.7	15.3	14.8	14.4	15.0	15.0	16.0	16.1	16.0	15.7
卡林西亚	7.0	6.5	6.2	5.7	5.6	5.7	6.0	6.8	7.0	7.0	7.1
上奥地利	16.4	15.3	14.5	13.5	12.8	13.4	13.4	16.0	16.0	16.4	16.9
萨尔斯堡	3.4	3.3	3.2	3.2	3.2	3.4	3.6	4.7	4.9	5.4	5.9
蒂 罗 尔	5.3	4.9	4.6	4.4	4.6	4.8	5.2	6.2	6.6	7.3	7.8
福拉尔贝格	2.3	2.2	2.2	2.2	2.2	2.1	2.3	2.8	3.2	3.6	4.0
总　　计	100.0	100.0	100.0	100.0	100.0	100.0	100.0	100.0	100.0	100.0	100.0

现今奥地利分为9个州，各州的人口密度情况如表11所示。

表11　1971、1983年奥地利各州人口分布变动情况

州	面积 （平方公里）	人口（人） （1971年）	人口（人） （1983）	人口密度 （人/平方公里）	1983比1971年 人口增减（人）
维 也 纳	415	1615000	1517154	3656	-97846
下奥地利	19171	1414000	1439609	75	25609
上奥地利	11979	1223000	1274307	106	51307
萨尔斯堡	7154	402000	442506	62	40506
蒂 罗 尔	12647	541000	586297	46	45297
福拉尔贝格	2601	271000	305612	117	34612
卡林西亚	9533	526000	537212	56	11212
施蒂里亚	16387	1192000	1184175	72	-7825
布尔根兰	3966	272000	272568	69	568
总　　计	83853	7456000	7559440	90	103440

奥地利的都市，起源相当早，刚开始人们主要居住在河谷地带。早在罗马时代，随着道路交通的发达，阿尔卑斯山北侧和南侧的斜面就可以往来了。多瑙河是罗马帝国的界限，在这条河的右岸，建有好几座古代城堡，这些城堡渐渐发展成交通要地。中世纪时，城市开始繁荣起来，并逐渐具有了城市风貌。有些是因设有主教集会场所而繁荣的城镇，如萨尔斯堡；也有以修道院为中心发展起来的城市。奥地利是因连接亚得里亚湾和德国的有利位置而繁荣起来的，当它成为神圣罗马帝国的中心时，国内的城市也同时在迎接蓬勃的发展期。特别是维也纳，一直到1918年都是大帝国的首都，目前仍拥有奥地利总人口的1/4左右。目前的奥地利，超过10万以上人口的城市有5座，其余均为几万人口的城市，这五大城市是维也纳（150万人）、格拉茨（23.9万人）、林茨（20.1万人）、萨尔斯堡（13.8万人）、因斯布鲁克（11.6万人）。

从城市人口所占总人口比重的情况看，1951年是49.2%，1961年是50%，1971年为51.9%，1981年为55%，1989年仍为55%。在整个"西欧"国家中，奥地利是城市人口比重最低的一个国家。奥地利城市人口比重低以及人口分布不均匀，是由其社会、经济、地理环境、历史因素所决定的。甚至有学者认为，早在14世纪，奥地利的人口分布情况与各城市的位置均已确定下来了①

奥地利现在的疆域，是在1919年被分割缩小后形成的，只占了以前奥匈帝国微不足道的一部分。在作为奥匈帝国"继承者"之一的奥地利在第二次世界大战后所拥有的这片小规模土地上，对传统的生活方式、产业结构均进行了调整和改革。由于经济在战争以后的急速发展，自1960年以后，人均收入渐渐提高，1989年，奥地利人均国民生产总值为11970美元，成为世界上这一指标最高的国家之一。从劳动力就业结构上看，农业劳动力人口所占比重已经很小（参见表12）。

表12　1983年奥地利劳动力人口构成

单位：%

行　业	农、林、渔业	制造业	运输业	建筑业	商业、金融业、保险业	服务业	其　他
比　重	9.5	28.3	6.3	9.0	22.9	21.8	2.2

用历史的眼光来看，奥地利早在第二次世界大战前就已经奠定了这种产业结构的转换基础，如农业劳动力人口比重1910年为31%，1934年为27%，1951年进一步降为22%；工业劳动力人口同期分别占32%、33%和37%。因此说，奥地利等欧洲国家在第二次世界大战后经济发展速度快，产业结构调整快，均有其战前的历史背景。如果割断历史去进行研究，则是非科学的。

————————————

① 参见〔美〕乔治·W.霍夫曼主编《欧洲地理》，山西大学编译室编译，天津人民出版社，1982。

国民教育及其他

奥地利学龄儿童享受 9 年义务教育，学费、书费乃至上学交通费均由国家负担，凡持有高中毕业文凭者均可免试上大学。1985 年，小学生入学率已达 99% ~ 100%，中学生入学率近 80%，高校学生在校率为 27%；这最后一项指标在 1965 年时只有 9%。尽管30 年间提高了 2 倍，但与其他西欧国家相比，还是比较低的。从医疗卫生状况的简单指标看，1981 年每名医生负担人口数为 440 人，每名护士负担人口数是 170 人。

小结

奥地利由于历史的特殊性使其人口与自身的历史"可比性"较低。如果抛开过去奥匈帝国时期的人口状况不谈，只观察 1918 年以后的奥地利人口，也会发现其特殊之处：（1）奥地利尽管人口转变开始得较晚，但人口转变却完成得早；（2）与其息息相关的是人口老龄化状况十分严重；（3）是世界上少数几个"静止人口"的国家之一；（4）人口性比例严重失衡，成为世界上性比例最低的国家之一；（5）人口分布受自然环境的影响而表现为极不均匀；（6）城市人口分布不合理。维也纳名城集中了全国 20% 左右的人口，其四位城市指数值是 0.72185，远远高于 0.5333 的标准。（7）奥地利已由过去的多民族人口集团演变成目前的相对单一的民族人口。

总之，奥地利的人口显示了发达国家，尤其是欧洲发达国家的特点。目前的出生率和死亡率基本接近。如果仅从目前这两个指标基本相等来判断，未来时期的奥地利人口应当是不增不减。但是如果考虑到 20 世纪 70 年代初期该国人口已经降到人口净再生产率小于 1 的更替水平以下的情况，那么，其结果必然是未来几十年的人口规模小于目前。有关国际人口机构据此而进行的预测结果是：2000 年的奥地利人口基本维持不变；但到2020 年时，则会降至 710 万人。如果以目前 0.1% 的速度增长的话，奥地利的人口若要翻一番，则非经历 1155 年不可。

参考资料

〔奥〕埃里希·策尔纳：《奥地利史》，李澍颖等译，商务印书馆，1985。

Peter Findl and Heimold Helczmamovszki *The population of Austria.*

保加利亚（Bulgaria）

1947 年在巴黎所签订的《五国合约》上承认了保加利亚国土的领域[①]，这一领域位于东南欧巴尔干半岛东部。东临黑海，东南部与亚洲国家土耳其相邻，南部是希腊，西

---

① 反法西斯同盟国与法西斯德国的盟国意大利、罗马尼亚、保加利亚、匈牙利和芬兰分别缔结的和约的总称。

与南斯拉夫为界，北邻罗马尼亚。保加利亚总面积为 11.09 万平方公里。1989 年估计人口 900 万人左右。人口密度每平方公里 81.1 人。首都：索非亚。

历史

保加利亚最早的居民，是属印欧民族的色雷斯人，这些居民后来受罗马文化的影响，因而被称为瓦拉基人。公元 6~7 世纪，现今的保加利亚地区吸引来了两大民族集团，一支是来自于匈牙利的斯拉夫人，另一支是来自于南俄草原操突厥语的游牧民族古保加利亚人。两支民族汇集一起于公元 680 年建立了第一个保加利亚王国。9 世纪末，仍是这两大集团逐渐演变成了操斯拉夫语的保加利亚人。1187 年保加利亚人摆脱拜占庭帝国的统治，建立第二保加利亚王国。但 1396 年却沦陷于土耳其奥斯曼帝国统治之下。1878 年，保加利亚摆脱了长约 500 年的异族统治，建立起北部地区的保加利亚公国和南部地区的东鲁米利亚自治区。1885 年，南北两区合并。1908 年保加利亚宣布独立。但在以后的两次世界大战中，保加利亚一直扮演着法西斯帮凶和法西斯附庸的角色，直至 1946 年 9 月 15 日保加利亚人民共和国成立，这一不光彩的角色才告结束。

民族、宗教和语言

保加利亚人的形成来源于早期的色雷斯人和稍后迁到此地的斯拉夫人以及古保加利亚人。目前的保加利亚是巴尔干诸国中在种族上最统一的国家。全国人口约 89% 都是保加利亚人，土耳其人和吉普赛人是保加利亚的两大少数民族，前者占总人口的 8.8%，后者占 2.3%。此外还有少数的卡拉卡昌人和加高兹人。保加利亚人属于南部斯拉夫民族。国语为保加利亚语，属印欧语系斯拉夫语族南支，用斯拉夫字母拼写。

目前的保加利亚居民信奉的宗教有三种，一是 10 世纪左右便已确立的保加利亚东正教；二是后来日益盛行的天主教；三是受早期土耳其人影响而继承下来的伊斯兰教。保加利亚宪法规定：尊重群众的信仰自由，但禁止反政府的宣传。现在，国内很多人脱离了宗教，成了无神论者。

人口变动

保加利亚的近、现代人口变动是相对稳定的。它不像德国、奥地利、意大利、波兰、苏联等国那样在 20 世纪的战争中丧失了大批人口。据估计，1900 年的保加利亚人口为 370 万人左右，1910 年为 430 万人，1913 年为 470 万人，1920 年为 482.5 万人，战后的 1946 年达 702.9 万人，1950 年为 725.1 万人，1989 年为 900 万人左右（参见表 1）。

保加利亚的人口增长速度与第二次世界大战前相比是下降的。第二次世界大战前的几个时期，该国人口年平均增长情况是：1901~1910 年为 1.5%，1921~1926 年为 2.1%，1927~1934 年为 1.35%。第二次世界大战后，保加利亚人口增长情况是：1947~1956 年，每年平均增长 0.8%，比之过去增长速度明显下降，1957~1965 年，略有上升，每年平均增长 0.9%，而 1966~1975 年，年均增长速度又呈现新的下降，仅为 0.6%。1975~1985 年，进一步降至 0.24%。毫无疑问，对人口增长速度产生重要影响的是出生率和死亡率的变化（参见表 2 及图 1）。

表1　保加利亚的人口变动

单位：万人

年　份	人口	年　份	人口	年　份	人口	年　份	人口
1900	370. 0	1940	634. 4	1965	822. 7	1982	892. 0
1910	430. 0	1946	702. 9	1970	849. 0	1985	894. 0
1913	470. 0	1950	725. 1	1975	872. 9	1987	897. 1
1920	482. 5	1956	761. 3	1980	886. 0	1989	900 万左右
1930	573. 3	1960	786. 7	1981	889. 0		

表2　保加利亚人口自然变动及有关指标

单位：‰

年　份	出生率	死亡率	自然增长率	婴儿死亡率	年　份	出生率	死亡率	自然增长率	婴儿死亡率
1911~1915	38. 6	22. 3	16. 3		1964	16. 1	7. 9	8. 2	32. 9
1937		13. 7		149. 9	1965	15. 3	8. 1	7. 2	30. 8
1945	24. 0	14. 9	9. 1		1966	14. 9	8. 3	6. 6	32. 2
1946	25. 6	13. 7	11. 9	132. 7	1967	15. 0	9. 0	6. 0	33. 1
1947	24. 1	13. 8	10. 3	118. 2	1968	16. 9	8. 6	8. 3	28. 2
1948	24. 6	13. 0	11. 6	115. 7	1969	17. 0	9. 5	7. 5	30. 5
1949	24. 7	12. 0	12. 7	94. 5	1970	16. 0	9. 1	6. 9	27. 3
1950	25. 2	10. 2	15. 0	125. 1	1971	16. 0	9. 7	6. 3	24. 9
1951	21. 0	11. 0	10. 0	108. 2	1972	15. 4	9. 8	5. 6	26. 2
1952	21. 2	12. 1	9. 1	97. 7	1973	16. 2	9. 5	6. 7	26. 2
1953	20. 9	9. 7	11. 2	80. 8	1974	17. 2	9. 8	7. 4	25. 5
1954	20. 2	9. 8	10. 4	86. 3	1975	16. 6	10. 3	6. 3	23. 1
1955	20. 1	9. 9	10. 2	82. 4	1976	16. 5	10. 1	6. 4	23. 5
1956	19. 5	10. 4	9. 1	72. 0	1977	16. 5	10. 1	6. 4	24. 0
1957	18. 4	9. 4	9. 0	66. 3	1978	15. 5	10. 5	5. 0	22. 2
1958	17. 9	8. 6	9. 3	52. 2	1979	15. 5	10. 7	4. 8	19. 8
1959	17. 6	10. 7	6. 9	55. 9	1980	14. 3	10. 7	3. 6	19. 9
1960	17. 8	8. 1	9. 7	45. 1	1981	14. 0	10. 7	3. 3	18. 9
1961	17. 4	7. 9	9. 5	37. 8	1983	13. 4	11. 4	2. 0	16. 8
1962	16. 7	8. 7	8. 0	37. 3	1987	12. 9	12. 0	0. 9	15. 0
1963	16. 4	8. 2	8. 2	35. 7	1989	13. 0	12. 0	1. 0	15. 0

图1 保加利亚人口自然增长率变动图示

表2所列资料说明，第二次世界大战后保加利亚人口出生率经历了三个阶段。第一阶段，是1945～1950年的战后增补时期，其特点是出生率上升。第二阶段，1951～1966年，人口出生率连续下降，最低降至14.9‰。第三阶段，1967～1989年，其中有过两次小幅上升，即1967～1969年和1973～1974年。此外的大部分时间呈现缓慢下降状，也表现出稳定的趋势。1967～1969年该国出生率回升的原因并不是鼓励人口增殖政策的结果，而是1945～1950年出生人口比较多，这批人在1967～1969年恰好步入了生育年龄。1950年以后，出生率下降，进而造成以后的出生率下降。1973～1974年出生率的上升有当时的特殊原因，1973年，政府采取了限制人工流产的措施。因此，在1973～1974年，出生率有所上升。1974年2月，人工流产制度开始放松，人工流产数便从1973年的11.23万起增加到1975年的12.04万起，1976年上升到12.34万起，于是导致1975～1976年出生率新的下降。

保加利亚的人口死亡率在战后有了很大程度的下降。1936～1940年，死亡率为13.7‰，1950年下降到10.2‰，1961年再降为7.9‰。此后死亡率的回升与人口结构趋于老化有关。婴儿死亡率的下降在保加利亚是十分迅速的，1937年，婴儿死亡率是149.9‰，1956年降了一半，为72‰，1963年又降了一半，至35.7‰。目前保国的婴儿死亡率只有15‰。从国内来看，该国城、乡婴儿死亡率差别较大，如1976年城市为21‰，农村是28‰。

由于居民生活条件的改善，以及死亡率特别是婴儿死亡率的下降，人口平均预期寿命比过去有了很大提高（参见表3）。

表3 保加利亚各时期人口平均预期寿命变动情况

单位：年

年 份	1956～1957	1960～1962	1965～1967	1969～1971	1974～1976	1989
平 均	65.91	69.59	70.74	71.22	71.30	71.00
男 性	64.17	67.82	68.81	68.58	68.68	
女 性	67.65	71.35	72.67	73.86	73.91	

从总的情况看，保加利亚的人口自然增长率呈下降趋势，这有多种多样的原因，如社会的、经济的和心理等因素，但保加利亚政府一直奉行旨在增加人口的政策。1972年保共中央的一个文件指出"今后，提高出生率的主要手段，将是改善劳动者生活的社会经济条件"[①]

多年来，政府一直通过按月发放儿童补助金，给孕妇和产妇规定休假，对培育儿童提供物资援助等措施，不断地改善居民家庭条件，以资鼓励人们多生多育，如按月发放的儿童补助金标准是，一胎每月5列弗，二胎每月15列弗，三胎每月35列弗，以后每生一个小孩每月补助增加5列弗，儿童补助费领到年满16岁为止。但是事实证明，这种物质刺激阻挡不住出生率持续下降的潮流。保加利亚有学者认为，造成出生率下降的原因，主要有：（1）妇女就业率高，以及由此而导致的需求的增加和变化。（2）妇女受教育水平的提高。 （3）离婚率提高。保加利亚的离婚率1940年为0.31‰，1945年为0.41‰，1976年为1.271‰，1983年是1.6‰。总之，影响人口增长呈下降趋势的原因是多种多样的，而人口出生率在某些时间段内略有回升的原因则主要是人口再生产规律的作用，不能简单的归因于鼓励政策的实施。假如是鼓励政策起作用的话，那么出生率应当表现出持续的缓慢上升，而事实并非如此。

人口自然结构

第二次世界大战后几十年来保加利亚人口出生率的持续下降、死亡率相对稳定，导致了目前保加利亚人口的"老龄化"。用历史的眼光看，早在20世纪30年代，老龄人口社会已缓缓向保加利亚走来，这可从表4、表5、图2中看出。

表4 保加利亚人口年龄构成变动情况

单位：%

年 份	0～14岁	15～59岁	60岁及以上	年 份	0～14岁	15～59岁	60岁及以上
1934	36	57	7	1976	22	62	16
1946	29	62	9	1980	22	66	12
1960	28	61	11	1989	21	68	11*

说明：1980和1989年分组为：0～14岁；15～64岁；65岁及以上。

---

① 〔保〕波波夫：《战后保加利亚经济史》，曹英编译，三联出版社，1981，第231页。

表5　1981年保加利亚人口年龄、性别构成

年　龄	男性人口 （人）	女性人口 （人）	性比例 （％）	年　龄	男性人口 （人）	女性人口 （人）	性比例 （％）
0～4	336883	319441	105.4	50～54	299651	302879	98.9
5～9	345728	328005	105.4	55～59	290307	301476	96.3
10～14	327095	209002	105.8	60～64	176051	194370	90.6
15～19	314652	298080	105.6	65～69	180289	200619	89.8
20～24	320115	305511	104.8	70～74	147150	170420	86.3
25～29	326596	320215	101.9	75～79	91030	115956	78.5
30～34	339723	335757	101.2	80～84	41719	57036	73.1
35～39	290245	289906	100.1	85＋	19206	30262	63.5
40～44	272611	274360	99.4	合　计	4427727	4463390	99.2
45～49	308676	310095	99.5				

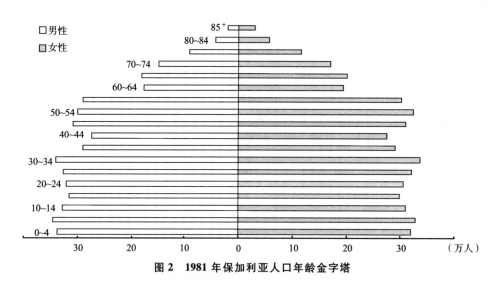

图2　1981年保加利亚人口年龄金字塔

　　保加利亚的人口年龄金字塔表明，目前的保加利亚人口呈较为稳定的状态。其特点是：60岁以上老年人口与其他年龄组相比，骤然减少。但由于平均预期寿命较高，因此，老年人口累计数在总人口中所占比重比较高。其他年龄组的人口分布较为均匀，无论从人口数量的比重看，还是从各年龄组的性别分布上看均是如此。鉴于战争中死亡人数相对较少，因此在东南欧国家中保加利亚是人口中男性并不缺少的少数国家之一（参见表6）。

表 6　保加利亚人口性别构成变动情况

单位：%

年　份	男性人口	女性人口	性比例	年　份	男性人口	女性人口	性比例
1939	50.1	49.9	100.4	1975	49.9	50.1	99.6
1950	50.0	50.0	100.0	1977	50.0	50.0	100.0
1956	49.9	50.1	99.6	1980	49.8	50.2	99.2
1965	50.0	50.0	100.0				

总之，保加利亚人口自然结构的最大特点是，年龄结构和性别结构都十分均衡。

人口迁移与分布

第二次世界大战后的初期，移民明显增加。从保国迁出的主要是土耳其人和犹太人。1956 年以后，移民显著下降。1968 年，移民数仅为 330 人。但 1969 年保加利亚和土耳其两国政府签署协议后，大量土耳其人又从保加利亚迁出。1969 年迁出人口达到 2529 人，1970 年达到 1.10 万人，1972 年为 1.05 万人。此后，土耳其族人迁出的数量锐减，1975 年降到 384 人。犹太人迁出最多的时间是在 1946～1950 年间，此后迁出量大大下降，直到 1967 年以后停止迁出。整个期间，迁入保加利亚的居民很少。1956～1960 年，迁入共计 257 人。总体而言，1946～1975 年期间，迁入和迁出相抵消的结果是净迁出 24.40 万人（参见表 7）。

表 7　1946～1975 年保加利亚迁出迁入人口变动情况

单位：人

时　期	迁　出	迁　入	迁入减迁出	迁　出	
				土耳其人	犹太人
1946～1950	100121	82	−100039	58219	35570
1951～1955	101454	29	−101425	98250	2243
1956～1960	1063	257	−806	9	354
1961～1965	429	63	−366	11	252
1966～1970	14280	8	−14272	13540	22
1971～1975	27139	—	−27139	26986	—

保加利亚人口国内迁移规模很大。保加利亚国家政权机构的设置、国家于 1959 年建立的经济行政州是造成国内移民的重要原因。具体原因主要有经济因素、社会因素两个方面，前者如工作调动，后者如婚配、随父母迁移等。从经济流向上看，主要是流往城市或异地农村（参见表 8）。

表 8　1961～1970 年保加利亚国内年平均移民数及流向

移民流向	年平均人数（人）	比重（%）	移民流向	年平均人数（人）	比重（%）
从农村到城市	83463	52.5	从城市到农村	9900	6.2
从农村到农村	36462	22.9	合　计	159081	100.0
从城市到城市	29256	18.4			

　　从农村到城市的人口占总迁移人口的 52.5%，其中，年轻人口在这股人流中占绝对比重，而且，迁出女性人口多于男性人口。合乎经济规律的人口流动却破坏了人口学的自然结构。

　　人口流动的结果，编织出一幅现今的人口分布图。保加利亚目前分为 27 个州和 1 个直辖市，各区人口分布如表 9 所示。

表 9　1984 年保加利亚人口地区分布

州	面积（平方公里）	人口（人）	人口密度（人/平方公里）	州	面积（平方公里）	人口（人）	人口密度（人/平方公里）
1. 布拉格耶夫格勒	6481	335900	52	16. 锡利斯特拉	2869	172900	60
2. 布加斯	7553	436400	58	17. 斯列文	3569	236500	66
3. 加布洛沃	2056	179600	87	18. 斯莫良	3554	169900	48
4. 哈斯科沃	4063	297100	73	19. 索非亚州	7281	318000	44
5. 杨鲍尔	4355	209700	48	20. 索非亚市	1124	1166500	1038
6. 克尔贾利	4040	277200	69	21. 旧扎果腊	4908	406600	83
7. 邱斯滕迪耳	3039	199200	66	22. 苏门	3331	251800	76
8. 洛弗奇	4138	214000	52	23. 特拉果维希特	2718	171000	63
9. 米哈伊洛格勒	3590	236000	66	24. 托尔布欣	4707	253800	54
10. 帕扎季克	4394	320000	73	25. 瓦尔纳	3896	464200	119
11. 贝尔尼克	2385	178000	75	26. 大图尔诺沃	4681	353000	75
12. 普列文	4132	380000	92	27. 维丁	3098	173300	56
13. 普罗夫迪夫	5534	747000	135	28. 弗拉查	4155	295200	71
14. 拉兹格勒	2629	190900	73	合　计	110935	8939000	81
15. 鲁塞	2655	305300	115				

　　保加利亚的 27 个州中，每州平均有一个重要的工业中心，州即以这一中心城市的名称命名。从大的方面看有时将保加利亚划分为若干经济计划区，各区都有一个专业化的经济部门：北部的三个区和东南区专事农业；西北区与东北区，除了区内的瓦尔纳和鲁塞之外，则着重发展工业；中北地区发展轻工业与农业；西南和中南这两个地区是保加利亚

工业最发达的地区。从各州的人口分布上看，黑海沿岸的瓦尔纳州、中部的普罗夫迪夫州以及北部与罗马尼亚布加勒斯特所在伊尔福夫县相邻的鲁塞州人口密度最高，均超过了全国平均水平。而人口密度最低的是索非亚州、洛弗奇州和西北角落的布拉格耶夫格勒州。

总之，保加利亚人口分布相对均匀，不过，北部人口密度高于西部和西南部。从人口地理学的角度讲，其中又以巴尔干山脉南北山麓地带的人口密度最高，这是土耳其人入侵时，有许多保加利亚人逃到此地避难之故。马查理河中游的流域平原，特别是索非亚直辖市一带人口最多。

在保加利亚工业化进程中，城市人口比重有所上升。与东欧一些国家相比，保加利亚的人口城市化进程是比较快的，这一速度也许有些"过度"。1977 年该国政府认为，在今后 10～15 年内，要缩小工作地点和居住地点服务上的差距，这一措施从某种意义上有助于减少从农村到城市和从小城市到大城市的移民（参见表 10 及图 3）。

表 10　七个国家城市人口比重动态比较

单位：%

年份 国别	1937～1940	1950	1960	1970	1977	1989	1989 比 20 世纪 30 年代末 城市人口增长
1. 保加利亚	22.7	27.5	38.0	53.0	59.0	66.0	190.7
2. 匈牙利	38.3	37.7	43.4	48.2	52.0	59.0	54.0
3. 民主德国	72.2	71.0	72.0	73.7	76.0	77.0	6.6
4. 波兰	30.0	36.9	47.7	52.2	57.4	61.0	103.3
5. 罗马尼亚	22.3	24.8	32.2	40.8	47.8	51.0	128.7
6. 苏联	32.8	39.5	49.3	56.8	62.0	66.0	101.2
7. 捷克斯洛伐克	48.4	51.5	57.4	62.3	67.0	75.0	55.0

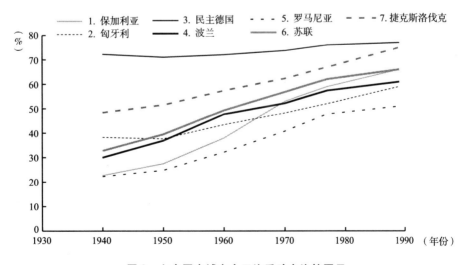

图 3　七个国家城市人口比重动态比较图示

　　尽管保加利亚的城市人口比重提高较快,城市人口的绝对量也有了明显的增长,但是,该国特大城市或大城市却寥若晨星。超过百万人口的城市只有首都索非亚(1984年116.7万人),随后的第二大城市普罗夫迪夫人口只有37.3万,第三大城市瓦尔纳29.5万人,其余均是20万人口以下的城市。

　　城市人口比重的演变与其经济结构的演变有着密切的联系。早期的保加利亚人口就业构成是世界上最落后的国家之一。1926年农业就业人口占总劳动力人口的80.02%,这个比重在当时,不仅在欧洲各国当中是高的,而且与许多亚洲和拉丁美洲国家相比也是高的。与此相应,1926年的工业和手工业就业比重人口只占全国就业人口的5.02%,采掘业占0.23%。第二次世界大战后的保加利亚,就业人口的部门构成与此前有了根本不同。1948年,农业就业人数占全国的82.1%,1976年降至27.1%,工业劳动力比重却日渐提高(参见表11)。

表11　保加利亚劳动力人口构成变动情况

单位:%

产业 ＼ 年份	1934	1952	1960	1977	1982
第一产业	80.0	73.7	55.0	26.0	23.1
第二产业	8.0	14.5	27.0	43.0	43.3
第三产业	12.0	11.8	18.0	31.0	33.6

　　第二次世界大战后的保加利亚经济发展可分为三个阶段。

　　第一阶段为1944～1955年,是经济重建和急速工业化时期;第二阶段为1956～1963年,是农业再改革时期;第三阶段从1964年开始,以进行经济改革,提高国民生活水平,实现均衡的经济发展为目标。不难发现,每一个阶段的经济发展重点与其就业结构的转换是相吻合的。总的结果正如克拉克—配第法则那样,第三产业提高,第一产业比重降低。

　　保加利亚目前的经济水平较之第二次世界大战后初期有了很大提高。1984年人均国民收入2776列弗,合2803美元。在此基础上,文教卫生状况有了很大改观。20世纪50年代扫除了文盲,全国目前实行免费教育。小学入学率1981年为99%,中学入学率为83%,高等学校入学学生数占本年龄组别人数的15%。每名医生负担的人口数是410人,每名护士负担的人口数是190人。

小结

　　保加利亚政府一直在实行鼓励人口增殖的人口政策,但是人口增长仍呈下降趋势,这是社会、经济、历史、文化等多种因素所决定的。目前保加利亚人口的特征是:(1)已达到静止人口;(2)性比例均衡;(3)人口逐渐老龄化。这样,保加利亚的人口在未来10年内将一直维持在900万左右的静止状态。由于长期的出生率下降导致的净再生产率在 1965 年时便降到 0.948 的更替水平之下，因此，不久的将来保加利亚人口将呈持续负增长状态。美国人口咨询局预测保加利亚人口 2020 年时将降至 890 万人。尽管降低量微乎其微，但其趋势毕竟是向下的。

参考资料

〔保〕波波夫：《战后保加利亚经济史》，曹英编译，三联出版社，1981。

比利时（Belgium）

比利时位于欧洲西部，属于"西欧"国家，北邻荷兰，东界联邦德国，东南是卢森堡大公国，南部为法国，西濒北海，整个国土形成一楔子形的三角状。面积包括荷兰境内飞地巴勒—埃尔东在内共计 3.05 万平方公里①。1989 年估测人口总数 990 万人，人口密度每平方公里 324 人，为世界上人口最为稠密的国家之一。首都：布鲁塞尔。

历史

比利时地区最古老的人类足迹是旧石器时代的人类踏留下来的，不过其数量不多，范围也极有限。新石器时代的人类给比利时留下来的是居住过的痕迹，说明这一地区很早便有人类开始生活、务农并繁衍后代了。当时的人类被认为是尼安德塔人（Neanderthalman）。古代居住在比利时南部的凯尔特人被认为是以后才进入现在比利时境内的。到公元 1 世纪，此地成为罗马扩张的对象，北部不断地被罗马人占领。而此后日耳曼民族则占领了北部平原，使原来的凯尔特族人、罗马裔居民反而退居在南部高原。因此，从恺撒征服高卢的公元前 57 年起，这里便一直为罗马人、日耳曼人、高卢人所分割、统治。公元 4 世纪以后，比利时属于法兰克王国。8 世纪的比利时地区进入了封建社会。9～14世纪诸侯割据。14 世纪末至 15 世纪被勃艮第王朝统一，后依次为西班牙、奥地利和法国所统治。1815 年归入荷兰版图。不过由于南北方在各方面的差异很大，尤其是民族对立问题更甚，因此，比利时人反抗荷兰王朝的情绪不断地随着时间的推移而高涨。这种矛盾终于在 1830 年在布鲁塞尔爆发。比利时遂即于同年 10 月宣布独立。

民族、宗教和语言

比利时国度的现今人口主要是由历史沿袭下来的，即一支是早期的凯尔特人、罗马裔人构成的罗曼语族，另一支为稍后时期赶来的日耳曼语族。因此，罗曼语族的瓦隆人和日耳曼语族的佛兰芝人是比利时的两个最大人口集团，共占比利时总人口的 90% 以上。

---

① 飞地是指归属某一国，但却地处另一国领土内的土地。巴勒－埃尔东对于比利时来说是"外飞地"，对于荷兰来说是"内飞地"。

瓦隆人是法国人后裔，而荷兰人后裔的佛兰芝人是在古代西日耳曼部落基础上形成的。佛兰芝人成为独立的民族是在 16 世纪荷兰人接受基督教以后开始的。因此佛兰芝人和瓦隆人虽然同是比利时的居民，但是，其种族起源迥然各异，从而在宗教信仰、语言、职业、居住地等方面都有很大差异。由于其宗教信仰不同、生活方式不同，因而对于生育的态度也不同。虔诚信奉天主教的佛兰芝人鼓励出生，使人口大幅度增加；而宗教意识弱于前者的瓦隆人则实行节育，因而人口增长甚为缓慢。至目前为止，佛兰芝人占总人口的 51%，瓦隆人仅为 40%，其余 9% 的居民包括日耳曼语族的德国人、荷兰人、犹太人和美国人，以及罗曼语族的意大利人、法国人、西班牙人等。其中，意大利人、法国人、德国人最多，三者占总人口的比重分别为 2.6%、0.9% 和 0.9%。

比利时的语言具有双重性，佛兰芝人及其所住北部居民使用荷兰语，而南部地区的瓦隆人及其同一语族的居民讲法语，不过，由于两个民族的接触、交往与融合日甚，而使其"共同语言"更为普遍，多数人通晓双重语言。一些学者甚至认为，瓦隆人与佛兰芝人可能会融合为统一的比利时民族。

比利时居民几乎全为天主教徒，不同的是佛兰芝人宗教意识更为强烈。

人口变动

比利时作为一个独立的国家是从 1830 年才开始的。当时的人口大约有 380 万人，以后由于迁移和流动等原因，这一地区的人口增加较为迅速。1841～1860 年间，出生率约为 30‰，死亡率 23‰，自然增长率 7‰；1891～1900 年这三项指标分别为：29‰、19‰和 10‰。1900 年，人口上升至 670 万左右。1914 年第一次世界大战前的人口已达 750 万。在 84 年的时间内，人口增加了 370 万，近乎 1 倍，不过年增长率仅为 0.8%。用现在的眼光看，这一增长率并不高，但在当时，这种增长速度还是可观的。1815 年作为滑铁卢之战主战场的比利时，在 1914 和 1940 年两次被德军侵占，使比利时的社会、经济蒙受重大损失，人口增长也开始缓慢下来。在 1914 年到 1989 年的 75 年间，人口净增加 240 万人，年均增长率只有 0.37%，较之过去 84 年 0.8% 的速度显然低了许多。一方面归咎于战争，另一方面是由于人口出生率的下降。1920～1929 年间，出生率降为 20‰，死亡率降至 14‰，自然增长率 6‰（参见表 1）。

表 1　比利时的人口变动

单位：万人

年份	人口	年份	人口	年份	人口	年份	人口	年份	人口	年份	人口
1830	380	1940	830	1965	946	1974	977	1979	985	1988	988
1900	670	1945	834	1970	965	1975	980	1980	985	1989	990
1910	760	1950	864	1971	967	1976	982	1981	985		
1920	755	1955	887	1972	971	1977	983	1982	989		
1930	808	1960	916	1973	974	1978	984	1984	987		

进入 20 世纪以后，比利时人口没有重大事件发生。较早时期，其出生率就开始下降。在第二次世界大战开战之前，比利时的出生率已降至 15.5‰，当时的加拿大为 20.4‰，美国为 17.2‰，法国为 15.1‰，瑞士为 15.4‰，英国为 14.9‰，芬兰为 20.2‰，挪威为 15.0‰，瑞典为 14.5‰，澳大利亚为 17.2‰，日本为 26.7‰。第二次世界大战后，比利时的出生率回升到 17.0‰以上，这一水平一直持续到 20 世纪 60 年代中叶。之后，开始平稳下降：20 世纪 70 年代降至 12.0‰；进入 80 年代后，受人口再生产规律的影响，人口出生率略有回升（参见表 2）。

表 2　比利时人口自然变动指标

单位：‰

年份	出生率	死亡率	自然增长率	年份	出生率	死亡率	自然增长率	年份	出生率	死亡率	自然增长率
1953	16.6	12.1	4.5	1972	14.0	12.1	1.9	1982	12.2	11.1	1.1
1958	17.1	11.7	5.4	1973	13.4	12.1	1.3	1983	11.9	11.3	0.6
1963	17.1	12.5	4.6	1974	12.7	11.9	0.8	1984	11.7	11.1	0.6
1965	16.4			1975	12.3	12.2	0.1	1985	12.0	11.0	1.0
1966	15.9			1976	12.3	12.1	0.2	1986	12.0	11.0	1.0
1967	15.3			1977	12.4	11.5	0.9	1987	11.8	10.6	1.2
1968	14.8			1978	12.4	11.7	0.7	1988	12.0	11.0	1.0
1969	14.6			1979	12.6	11.4	1.2	1989	12.0	11.0	1.0
1970	14.7			1980	12.7	11.6	1.1				
1971	14.6	12.3	2.3	1981	12.7	11.5	1.2				

第二次世界大战前，比利时的人口出生率已经下降到很低的水平。第二次世界大战以后的几十年，则一直维持在 12‰～15‰左右，没有进一步下降。主要是人口开始出现"老化"所致。因而，在 20 世纪 70 年代初期，比利时便进入了"静止人口"状态。到 1979 年时，受人口再生产规律的影响，出生率略有回升，致使其人口自然增长有所波动。不过，仍然在静止人口的指标范围之内。从人口转变理论看，比利时是人口最早进入"三低"类型的国家之一。

9.7‰的婴儿死亡率将比利时置于世界上这一指标的最低国家之列，然而在西欧，却仍属于最高值。婴儿死亡率最低的西欧国家瑞士只有 6.8‰，即每 1000 名出生婴儿中，只有不足 7 名婴儿在 1 周岁前夭折，而这一指标在非洲国家却高达 150‰左右。比利时的人口平均预期寿命为西欧国家的平均值。

比利时人口死亡率之所以不再降低，主要由于人口高龄化所致。事实上，其年轻人口死亡率、尤其是婴儿死亡率已经降低到很低水平，而且，在几十年之前就已降至 40‰

左右（参见表3）。

表3　1953～1989年比利时人口平均预期寿命和婴儿死亡率

年　份	平均预期寿命（年）		婴儿死亡率（‰）	年　份	平均预期寿命（年）		婴儿死亡率（‰）
	男	女			男	女	
1953			41.9	1979	71.0		11.2
1958	67.7	73.5	31.3	1980	73.0		11.0
1963			27.2	1983	70.0	77.0	11.3
1968	67.8	74.2	21.7	1986	73.0		11.4
1973	68.6	75.1	17.7	1989	75.0		9.7

人口结构

　　由于比利时的出生率长期较低，人口平均预期寿命又有提高，因而，其人口本身便属于"老年型"人口。这种情况在20世纪50年代末期已十分显著（参见表4）。

表4　比利时人口年龄构成

单位：%

年　份	0～14岁	15～64岁	65岁及以上	年　份	0～14岁	15～64岁	65岁及以上
1961	23.8	63.9	12.3	1981	20.0	65.6	14.4
1970	23.5	63.0	13.5	1989	19.0	67.0	14.0
1979	20.3	65.4	14.3				

　　从20世纪60年代至今，比利时少年儿童比重逐渐下降，老年人口比重有所上升，最明显的则是经济劳动力年龄人口有所增加，这与婴儿死亡率下降有一定的关系。从目前来看，似乎人口年龄结构问题不甚明显。但是随着年龄和时间的推移，在出生率维持现状的情况下，经济劳动人口将开始步入老年人口，与此同时，由于可补充的少年儿童数量的减少，中间年龄组的人口也开始萎缩，最终导致劳动力人口后继乏人，65岁以上老年人口比重过大，使社会负担加重。从1981年比利时人口年龄结构分布资料中可以看出，15～19岁组的人口占比重最大，此后出生的人数，其比重逐渐减小。0～4岁组共计只有6.19%，5～9岁组只有6.54%，均小于15～19岁、20～24岁组的人数，这当然与35～44岁组的人口少有一定关系——人口再生产规律的作用。具体数据参见表5。

表 5　1981 年比利时人口年龄、性别构成

年　龄	总人口 （人）	各年龄组比重 （%）	男性人口 （人）	女性人口 （人）	性比例 （%）
0	122523	1.24	62729	59794	104.91
1~4	487441	4.95	249437	238004	104.81
5~9	644230	6.54	330073	314157	105.06
10~14	718289	7.29	367568	350721	104.80
15~19	794516	8.07	405541	388975	104.26
20~24	791553	8.04	404061	387492	104.27
25~29	747444	7.59	382193	365251	104.64
30~34	727817	7.39	372256	355561	104.69
35~39	579551	5.88	294464	285087	103.29
40~44	575431	5.84	288462	286969	100.52
45~49	608385	6.18	302871	305514	99.13
50~54	618911	6.28	304570	314341	96.89
55~59	607792	6.17	293917	313875	93.64
60~64	409471	4.16	192411	217060	88.64
65~69	449170	4.56	200314	248856	80.49
70~74	399421	4.06	163844	235577	69.55
75~79	298947	3.04	110871	188076	58.95
80~84	173634	1.76	57254	116380	49.19
85+	94121	0.96	27513	66608	41.31
合　计	9848647	100.00	4810349	5038298	95.48

　　从表 5 中还可以看出比利时人口的另一个特点，即性比例偏低。该国的性比例几十年来一直如此，1961 年普查时，其性比例为 95.8∶100，1970 年时仍为 95.8∶100，1981 年为 95.47∶100，可见这种现象已经进入了一种比较稳定的状态。从分年龄组的性别结构来看，45 岁组以上人口开始出现男性少于女性的现象，45 岁之前则是相反。少年儿童组男性多于女性似与生物学原理有关，而 25~34 岁组年龄组的人口性比例高则与大量劳工涌入比利时有关。关于比利时人口的迁移流动情况是，在第二次世界大战之前，以迁出大于迁入为特征；第二次世界大战之后，则以迁入大于迁出人口而代之。进入比利时国的人口，大多为法国人、荷兰人、意大利人、土耳其人等（参见表 6）。

表6 比利时迁入人口来源国构成

国　　家	1969年迁入人口（人）	比　重（％）	1971年迁入人口（人）	比　重（％）	1982年迁入人口（人）	比　重（％）
法 国 人	10658	25.7	11882	27.2	8100	14.0
意大利人	4529	10.9	4700	10.8	4833	8.8
荷 兰 人	8533	20.6	10120	23.2	4382	7.9
美 国 人	3957	9.6	3981	9.1	4681	8.5
德 国 人	4086	9.9	4195	9.6	3525	6.4
土耳其人	2515	6.1	3024	6.9	3047	5.6
英 国 人	2165	5.2	3185	7.3	2350	4.3
其　　他	4972	12.0	2577	5.9	24936	44.5
合　　计	41415	100.0	43664	100.0	55854	100.0

资料显示出：20世纪70年代大量人口进入了比利时，这些人主要是到矿山、工厂寻找工作的劳动力，因而在表5中显示出了25～34岁年龄组男性人口稍多的现象。

人口分布、城市化

比利时由于面积狭小，人口相对众多，因而大部分地区的人口密度很高，只有较小地区的人口稀疏（参见表7）。

表7 1984年比利时的人口分布

省	面　积（平方公里）	人　口（人）	人口密度（人/平方公里）	省	面　积（平方公里）	人　口（人）	人口密度（人/平方公里）
安特卫普	2867	1577621	550	列　　日	3862	1008487	261
不 拉 奔	3358	2226311	663	林布鲁克	2422	712510	294
西弗拉德	3134	1080962	345	卢 森 堡	4441	222878	50
东弗拉德	2982	1333493	447	那 慕 耳	3665	405502	111
亚　诺	3787	1302236	344	总　　计	30518	9870000	323

从全国来看，人口主要集中在具有悠久历史的工矿业地区，一是列日、那慕耳至沙勒罗瓦的中间地区，不过这是工业区中人口最少的一个地区；二是布鲁塞尔到安特卫普的中北部工业区，这是人口最为稠密的地区；三是从安特卫普经根特中心到布鲁日的沿海地区。靠近卢森堡的东南部阿登山脉附近人口稀少，每平方公里不足百人。

比利时是经济高度发达的国家，工业在国民经济中占有很高比重，农业生产率水平很高。由于是高度集约化经营，因而农林牧渔就业人数仅占全国就业总人数的3.2％。绝大部分人口居住在城市。由于地域面积不大，城市比邻相连，因此，没有出现像其他国家那样严重的人口城市化问题。尽管首都布鲁塞尔是全国政治、经济、文化中心和交通枢纽，素有"欧洲首都"之称，但连同郊区计算在内人口不过百万。之所以如此，其原因是比利时境内具有极高效率的交通运输网，而且城乡间距离并不远。20世纪60年代初期，比利时城市人口所占比重为66%，1982年上升到83%，目前的城市人口比重被认为高达95%，是世界上城市人口比重最高的国家之一，名列欧洲之首（参见表8）。

表 8　比利时人口超过 10 万以上的城市人口变动情况

城　　市	1970 年人口（人）	1983 年人口（人）	人口变动数（人）	人口变动率（%）
布鲁塞尔	161089	143957	− 17132	− 10.64
根　　特	149265	237687	88422	59.24
沙勒罗瓦	23324	219579	196255	841.40
列　　日	147277	211528	64251	43.62
安特卫普	226570	190652	− 35918	− 15.85
布　鲁　日	51303	118212	66909	130.42
那　慕　耳	32507	102075	69568	214.01

以四位城市指数计算，比利时1970年四位城市指数为0.33493，1983年为0.29244。无论是20世纪70年代城市市区人口最多的布鲁塞尔，还是80年代更替成拥有23.7万人口的根特，都未超过其四位城市指数临界值，这与比利时注意城市发展与规划是分不开的。

经济结构的发展变化往往与城市化水平相辅相成。第二次世界大战后40年来，比利时的经济结构发生了重大变化。产业结构中，第一产业（农林牧渔）的比重不断下降，第二产业（工业和建筑业）的比重在波动中呈下降趋势，第三产业比重不断提高，并处于绝对的优势地位。反映在就业结构上，1980年，第一产业只占就业总数的2.9%，第二产业占33.5%，第三产业则占63.6%。

在雄厚的经济实力支撑下，该国文化、医疗卫生水平均很高。20世纪80年代初，每名医生负担的人口数只有400名，而每名护士的负担人数则更少，仅为120名，其指标数值之低，足见其医疗卫生水平之高。比利时的教育是6~16岁少年儿童实行义务教育制。不过，由于社会、历史、宗教、民族等原因，教育体系十分复杂。从教育系统来说，分为公立教育和私立教育两大体系；从地区来说，总体上分为瓦隆区教育和佛兰芝区教育，前者以法语为主，后者主要语言是荷兰语。比利时目前的小学生入学率已达100%；中学生在校率也高达90%，是世界上中学生入学率最高的国家之一；高等学校入学人数占本年龄组别人数的26%。比利时基本消除了文盲，1980年统计数字显示，境内人口成年识字率达到 99%。

比利时人口总数 1989 年是 990 万人，美国人口咨询局认为 2020 年将降至 910 万人，这是在没有大的人口迁入事件的情况下进行的预测。其依据是比利时的人口在 20 世纪 70 年代时便已经降低到更替水平以下。联合国《人口年鉴》1979 年历史补充资料显示：1972 年比利时人口的净再生产率仅为 0.985，1973 年为 0.918，1974 年进一步降至 0.818，1975 年再进一步降至为 0.813。另外一个角度的资料也表明了这种潜在的人口萎缩势头：1970 年比利时的人口家庭规模平均为 2.9 人，同期的加拿大是 3.5 人，美国为 3.1 人，爱尔兰为 3.9 人，甚至连法国这样的老牌人口转变国家，其人口家庭平均规模也为 3.1 人，可见，比利时人口的潜在萎缩是很早就开始了。20 世纪 80 年代以后，比利时人口出生率略有回升的原因主要是人口再生产规律所起的作用以及人口流动因素，而不是其他社会学因素。

小结

总之，比利时是人口转变较早的国家之一，而且，这种势头还将持续下去，这是今后比利时劳动力人口增加的障碍。不过，在另一方面，比利时目前面临的人口问题之一，却是失业人口问题。1983 和 1984 年的失业人口高达 50.5 万人和 51.2 万人，失业率高达 18.4% 和 18.6%。当然失业人口问题的日益严重，有人口学因素，更有经济学因素。

冰岛 （Iceland）

素有"世界尽头"之称的冰岛是欧洲的第二大岛国，位于大西洋东北部，靠近北极圈，通常将其归属在"北欧"组。由于冰岛是个海岛，所以其国界非常明确，南端位于北纬 63°24′，北端则在北纬 66°32′。全岛面积 10.31 万平方公里。1989 年人口估计不足 30 万。人口密度每平方公里 2.6 人。首都：雷克雅未克。

历史

冰岛由于远离欧、美大陆，且漂浮于波涛汹涌的北大西洋，因此直到公元 5 世纪前，岛上仍荒无人迹。据史料证明，爱尔兰凯尔特人从 6 世纪开始漂洋远航于冰岛。公元 874 年，一群来自挪威的移民抵达该岛。不久之后，又有移民陆续迁入。公元 930 年建立国家。1262 年后隶属挪威。从 1380 年起，与挪威同受丹麦统治。1904 年丹麦承认冰岛内部自治。1918 年冰岛与丹麦签订联邦法，遂成为主权国。第二次世界大战期间，德军于 1940 年占领丹麦，英、美军队先后进驻冰岛。1944 年 6 月，冰岛议会宣布解散冰丹联盟，旋即成立冰岛共和国。

民族、宗教和语言

冰岛最早的开发者是爱尔兰僧侣，其后是北欧的诺曼人迁入。一般认为，公元 874 年从挪威迁来的移民在冰岛民族形成的过程中起着重要作用。这些人在长期的历史发展中，逐渐同化和吸收了岛上早期到来的爱尔兰人和苏格兰人。历史将不同背景的民族融合在了一起，形成了一个新的民族——冰岛民族。目前，属日耳曼族的冰岛人占冰岛国人口的99%，只有千余名丹麦人、德意志人、挪威人、美国人和英国人。冰岛人在国外只有2.5万人，多居于美国和加拿大两国。

公元10世纪末，基督教传入冰岛。历史一直承袭了这种信仰。目前冰岛的国教为基督教路德宗。

冰岛语是国语，属印欧语系日耳曼语族的北日耳曼语支，该语言是在古挪威语基础上形成的，但与现今的挪威语、丹麦语、瑞典语差别较大。

人口变动

10世纪以前的冰岛人口数，一直是个难以推测的数据。一些学者根据《得土记》一书所列举的400豪丁的数目，推测是2.0万~7.0万人，但更多学者认为在2.5万~3.0万人之间。阿里·多尔吉尔松在《冰岛人记》一书中曾提到吉絮尔·伊斯莱夫松主教在1095年实行什一税前进行的一次人口统计，书中记载了他对全国农民进行的这次统计："东部为840人，南部为1200人，西部峡湾为1080人，北部为1440人"。舒茨巴赫据此认为，当时全国人数为5.0万~10.5万人之间，而7.75万人最接近实际情况。之后，战争、瘟疫、饥荒等原因使该岛人口反而有所减少。1311年，人口已降至7.2万人。1703年，冰岛进行了第一次全国性的人口统计，这次统计曾被认为是欧洲的第一次精确的人口统计。统计结果，冰岛人口是50358人。但在拉基火山爆发后第三年的1786年，只剩下38360人。后来，冰岛人放宽了对贸易的垄断，居民人数又有显著增长，1801年已经达到4.78万人。20世纪初，人口增加至7.84万人。1984年人口24万人（参见图1及表1）。

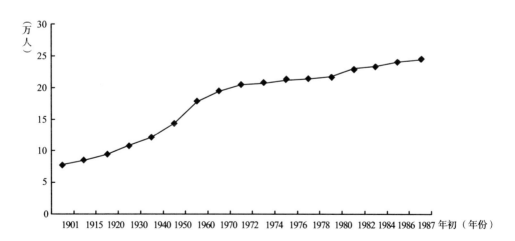

图1　冰岛人口的变动图示

表1 冰岛的人口变动

年份	冰岛全国人口（人）	雷克雅未克人口（人）	比重（%）	阿克雷里人口（人）	比重（%）	年份	冰岛全国人口（人）	雷克雅未克人口（人）	比重（%）	阿克雷里人口（人）	比重（%）
1850	59157	1150	1.94	约350	0.59	1965	193758	78399	40.46	9642	4.98
1880	72445	2567	3.54	713	0.98	1970	204578	81693	39.93	10755	5.26
1890	70927	3886	5.48	745	1.05	1971	207174	82892	40.01	10930	5.28
1901	78470	6682	8.52	1370	1.75	1972	210775	83831	39.77	11182	5.31
1910	85183	11600	13.62	2084	2.45	1973	213499	84333	39.50	11484	5.38
1920	94690	17679	18.67	2575	2.72	1974	216628	84772	39.10	11689	5.40
1930	108861	28304	26.00	4198	3.86	1980	230000		.		
1940	121474	38196	31.44	5564	4.58	1982	233997	85728	36.64	13758	5.88
1950	143973	56251	39.07	7188	4.99	1984	240495	88745	36.90	13711	5.70
1960	177292	72407	40.84	8835	4.98	1987初	244009		.		

从整个历史来看，冰岛人口的增长速度要低于其出生率的应有程度。例如，从1801至1805年间，以及1812至1816年间，就是这样一种情况，一个重要原因是婴儿死亡率太高。1828至1836年间出生的婴儿人数为2.27万人，但这8年之中的净增人口只有0.6万人左右。从1880至1890年人口总数又减少了1500人，因为在这10年间向北美移民达到了高潮。从1841至1850年间，不满周岁婴儿的死亡率高达313‰，几乎达到1/3，从1861至1870年为253‰，1891~1900年还高达120‰。居民的平均预期寿命很低，从1850至1860年间，男性为32岁，女性为33岁，高寿的冰岛人为数极少。随着居住条件、社会福利、营养和卫生条件的改善，儿童死亡率有所下降，平均寿命逐渐增高。在最近的一百年间，全国人口增加了两倍。1951~1960年的统计，男、女平均预期寿命已分别提高到71岁和75岁。1989年婴儿死亡率已降至目前世界的最低值，为3.4‰，即每出生千名婴儿中，只有3.4名未能存活到周岁。这与同一时代、同一世界的马里和阿富汗有着天壤之别。当前在马里，婴儿死亡率仍高达175‰，阿富汗为178‰。

冰岛生活条件的改善还表现在出生率和死亡率的变化上。从1876至1885年，人口出生率为31.4‰，死亡率为24.8‰，自然增长率为6.6‰。1950~1960年，人口出生率有所降低，但由于死亡率较前降低了50%，因此，人口自然增长率反而增加到21.1‰。此后，冰岛的死亡率缓慢下降，出生率则在波动中降低，但即使如此，其出生率和自然增长率仍是欧洲最高的国家之一，仅次于南部欧洲的阿尔巴尼亚。由于冰岛国人口绝对数量少，显示不出其增长速度快的后果，因而人们对冰岛的印象是：几百年来冰岛人口一直处于稳定状态（参见表2及图2）。

表 2　冰岛人口自然变动及有关指标

指标 ＼ 年份	19世纪后期	1900	1910	1920	1930	1940	1950	1960	1965	1970	1978	1982	1989
出生率（‰）	31.4	28.5	22.9	27.7	25.8	20.4	28.4	27.7	24.5	19.7	18.6	18.5	17.0
死亡率（‰）	24.8	19.7	15.3	14.4	11.5	9.9	7.8	6.6	6.7	7.1	6.4	6.8	7.0
自然增长率（‰）	6.6	8.8	7.6	13.3	14.3	10.5	20.6	21.1	17.8	12.6	12.2	11.7	10.0
婴儿死亡率（‰）	25.3	12.0					19.0	18.0	17.0	17.0	10.8	7.1	3.4
平均预期寿命（年）　男	32.0						70.7	70.8	70.7	71.6	73.4	73.9	78.0
平均预期寿命（年）　女	33.0						75.0	76.2	76.3	77.5	79.3	79.5	

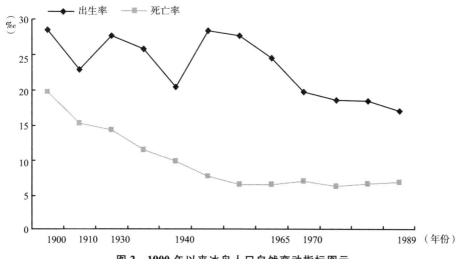

图 2　1900 年以来冰岛人口自然变动指标图示

人口结构

　　冰岛人口结构中有两点需要指出：第一，一般来说，当人口平均预期寿命达到很高时，人口老龄化也就不期而至了。冰岛的人口平均预期寿命已达世界之最，人口老龄化按理更甚，但是，1989 年 65 岁以上老人占冰岛总人口的比重仅为 10%，反而是欧洲各国中该指标最低的国家之一，仅高于波兰、南斯拉夫和阿尔巴尼亚；第二，通常认为，人口平均预期寿命越长，总人口中女性人口比重将会随之越大，在一些人口老龄化严重的发达资本主义国家，均出现这种情况。然而冰岛却不是这样，1950 年该国性比例为100.7：100；1960 年是 102：100；1970 年为 102.3：100；1981 年为 101.6：100。几十年来冰岛一直是男性人口多于女性人口，至今仍看不出有任何相反的迹象出现。

　　在移民人口不多的冰岛，出现这种与常理相"悖"的情况，原因便是出生率较高，更主要的是婴儿死亡率低。出生率高是造成年轻人口多、抵消性比例低的重要因素，婴儿死亡率低则直接促成人口平均预期寿命延长。冰岛国这种貌似矛盾的现象事实上是人口学原理的另一角度的显示，也是人口统计学中《生命表》编制方法局限性的具体体现。表 3 和图 3 是冰岛 1982 年的人口构成及年龄金字塔图示。

表 3　1982 年冰岛人口年龄、性别构成

年　龄	男性人口（人）	女性人口（人）	性比例（%）	年　龄	男性人口（人）	女性人口（人）	性比例（%）
0～4	11038	10456	105.6	50～54	5669	5559	101.9
5～9	10741	10204	105.3	55～59	4988	5020	99.4
10～14	10480	9923	105.6	60～64	4227	4479	94.4
15～19	11455	11099	103.2	65～69	3373	3848	87.7
20～24	11233	10599	105.9	70～74	2755	3232	85.2
25～29	10224	9593	106.6	75～79	2084	2533	82.2
30～34	8996	8451	106.4	80～84	1217	1783	68.3
35～39	7507	7034	106.7	85+	863	1468	58.8
40～44	5537	5432	101.9	总　计	117907	116090	101.6
45～49	5520	5377	102.7				

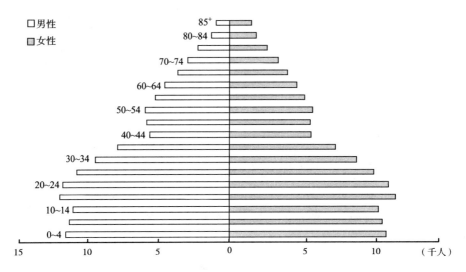

图 3　1982 年冰岛人口年龄金字塔

　　从冰岛的人口年龄金字塔中可以看出这样两个特点：（1）该人口结构是由增长型向成年型过渡。尽管其老年系数已达 10%，属于老龄化国家，不过，20 年来出生人口已逐渐稳定，但还未出现"底部窄"的萎缩状态。（2）55 岁以后女性人口才多于男性，而且其差别也不大。死亡率低尤其是婴儿死亡率低是导致这些特点的重要原因。

人口分布、城市化及就业结构

　　冰岛的绝大部分土地是不毛之地，是荒凉的熔岩原野或冰盖，只有河流流经的谷地和一些峡湾是人们得以生存的空间，所有的居民点和村落都集中在这样的地区。冰岛是欧洲人口密度最低的国家，每平方公里只有 2.6 人。同时，它也是世界上人口密度最低的国家之一，仅高于北美洲的格陵兰和少数几个沙漠国家。在这样的气候、环境条件下，

人口分布显然极不均匀，绝大多数人口集中在西部沿岸的平地上，内陆除北部和东部几个峡谷外，均是无人居住之地。从整个岛屿看，东部、南部、西北部人迹罕至，每平方公里不足1人（参见表4）。

表4　1984年冰岛各地区的人口分布

地　区	面　积（平方公里）	人　口（人）	人口密度（人/平方公里）	地　区	面　积（平方公里）	人　口（人）	人口密度（人/平方公里）
雷克雅未克区	1982	137044	69.1	东北部	22368	27244	1.2
西　　部	8711	16428	1.8	东　部	21991	14400	0.7
西半岛部	9470	12023	1.3	南　部	25214	21181	0.8
西北部	13093	12175	0.9	合　计	102829	240495	2.3

首都雷克雅未克所在的雷克雅未克地区人口最为稠密，而且，雷克雅未克也是冰岛最大的一座城市。1984年，该市人口占全国人口的36.9%。5000人以上的城市尽管全国只有6座，却容纳了全国58.8%的人口，这就为冰岛奠定了城市人口比重高的基础（参见表5）。

表5　1974年、1982年冰岛900人以上城市的人口变动

城　市	1974年人口（人）	1982年人口（人）	1982年比1974年增长数量（人）	1982年比1974年增长率（%）	城　市	1974年人口（人）	1982年人口（人）	1982年比1974年增长数量（人）	1982年比1974年增长率（%）
雷克雅未克	84772	85728	956	1.13	瑟伊藻克罗屈尔	1767	2188	421	23.83
科帕沃尔	12090	14297	2207	18.25	尼亚兹维克	1714	2008	294	17.15
阿克雷里	11689	13758	2069	17.70	锡格吕菲厄泽	2080	2003	-77	-3.70
哈布纳菲厄泽	11372	12460	1088	9.57	格林达维克	1598	1929	331	20.71
凯夫拉维克	6113	6747	634	10.37	内斯克伊斯塔泽	1653	1683	30	1.81
阿克拉内斯	4514	5344	830	18.39	德尔维克	1159	1269	110	9.49
维斯特曼纳埃亚尔	4396	4657	261	5.94	博隆加维克	1027	1266	239	23.27
塞尔福斯	2834	3401（1980年）	567	20.01	欧拉夫斯菲厄泽	1123	1195	72	6.41
伊萨菲厄泽	3054	3352（1980年）	298	9.76	埃斯基菲约泽	969	1043	74	7.64
塞尔帝亚纳半岛	2494	3100（1980年）	606	24.30	塞济斯菲厄泽	938	998	60	6.40
胡萨维克	2170	2414（1980年）	244	11.24					

1989 年的数据表明，冰岛城市人口比重是 90%，为世界上人口城市化最高的国家之一。不过，冰岛的高城市化现象与欧洲其他国家诸如联邦德国、比利时、英国、西班牙等不能相提并论，一方面，冰岛人口大大少于前述几国，在人口数量上不具有可比性；另一方面，冰岛将 300 人以上的市镇中所居住的人口便统计为城镇人口，统计口径的不一致也是促成高城市化的原因之一（参见表 6）。

表 6　冰岛城乡人口比重变动情况

单位：%

年　份	1890	1901	1910	1920	1930	1940	1950	1960	1965	1970	1973	1980	1989
城市人口	11.1	19.8	32.2	42.7	54.6	61.3	72.8	79.7	82.2	85.1	85.7	87.0	90.0
乡村人口	88.9	80.2	67.8	57.3	45.4	38.7	27.2	20.3	17.8	14.9	14.2	13.0	10.0

冰岛城市人口比重在 100 年的时间里，由 11% 上升至 90%，这与其经济结构是分不开的。

冰岛受北大西洋暖流和东格陵兰洋流的交互影响，使得其在地理位置不佳、自然环境严峻以及天然资源匮乏的条件下，却拥有着良好的渔场，这使得冰岛这一早期的农业国在近代改变了性质。随着渔业的迅速发展和其他新的工业部门的兴起，农村人口迅速流向城镇和沿海地区，从事农业的人口总数急剧减少。到 1982 年，从事农业的劳动力只占劳动力总人数的 8.2%。冰岛的工业主要指鱼品加工业、制造业、建筑业、采矿业等，1982 年从事这些行业的人口约占劳动力总人数的 41.8%（参见表 7）。

表 7　1930~1982 年冰岛劳动力人口构成变动情况

单位：%

行业＼年份	1930	1940	1950	1960	1970	1982	行业＼年份	1930	1940	1950	1960	1970	1982
农　业	35.8	30.5	19.9	13.6	12.8	8.2	渔　业	16.7	15.9	10.8	8.4	6.0	14.0
鱼产品加工业	18.9	4.1	5.9	8.2	7.3	27.7	商　业	7.0	7.2	9.2	11.0	15.3	18.5
工　业	18.9	10.1	15.1	13.8	16.6	27.7	交通运输业	7.5	8.7	8.7	8.5	9.2	7.4
建筑业和道路工程	18.9	6.5	10.0	11.8	13.5	27.7	公务人员	10.2	11.0	11.6	12.2	18.5	24.2
电力工业		0.8	1.5	1.1	0.8		其　他	3.9	5.2	7.3	11.4	18.5	24.2

尽管冰岛经济仰仗渔业，且渔业十分繁荣，但是，这种繁荣犹如黄金对于南非诸国、石油对于阿拉伯石油输出国一样，位于波峰浪尖之上。一旦渔业有所闪失，国家经济必然随之骤变，其就业结构也将会受到震动。目前而言，冰岛劳动力就业状况较好。在 1981 年以前，失业率一直在 0.3% 上下波动，约 99.7% 的劳动力都能就业。1982 年以后

失业率略有上升，但到 1983 年也只为 1.1%，为欧洲失业率最低的国家之一。1989 年，据估计人均国内生产总值为 16670 美元。

国民教育

冰岛重视教育，基础教育普及，全国没有文盲，实行 6~15 岁的 10 年义务教育制。该国上大学实行免费。

小结

冰岛国虽然面积狭小，人口数量少，但在人口学方面却显示了许多世界之"最"：婴儿死亡率最低；人口平均预期寿命最高；人口密度在欧洲最低，在世界上属最低国家之一；人口出生率在欧洲属最高国家之一；人口城市化水平是世界上最高的国家之一；人均收入为世界最高国家之一。在欧洲，冰岛人口也是最"年轻"的国家之一。

总而言之，冰岛的人口发展比较稳定。从人口转变理论来看，该国刚刚迈进"三低"的行列。妇女总和生育率水平为 2.0 个，刚低于更替水平。

参考资料

〔德〕维尔纳·舒茨巴赫：《冰岛——极圈火岛》，邹福兴译，商务印书馆，1982。

波兰（Poland）

一般而言，将波兰划分在"东欧"范围内，然而在自然地理位置上，波兰实际上位于中欧东北部。该国北濒波罗的海，东邻苏联，南界捷克斯洛伐克，西与民主德国为邻。目前总面积 31.27 万平方公里。1989 年波兰人口为 3820 万。人口密度每平方公里 122.2 人。首都：华沙。

历史

从地理的角度看，波兰处于十分重要的位置，自古以来为欧洲之交通要道，素有"十字路口"之称。境内中部平原是东、西欧往来必经之地，同时，又是南欧通往北欧的要道。正因为此，波兰在历史上屡遭国外列强侵袭。从公元 965 年建立成封建王国之后，几乎没有间断过这种侵扰。尤其进入 18 世纪下半叶之后，先后于 1772、1793 和 1795 年三次被沙俄、普鲁士和奥地利所瓜分。直到第一次世界大战之后，波兰才趋于平静。但西部与北部领土仍为德国所占，在东、西普鲁士之间仅留下一条狭窄的"波兰走廊"，德国就像一把钳子一样紧紧地卡住了波兰的出海口。1939 年 9 月 1 日德国法西斯进攻波兰，发动第二次世界大战。在战争快结束的 1944 年 7 月 22 日，波兰新国家宣告独立。

民族、宗教和语言

波兰由于其版图不断变化，其人口也随之有所变动。确切地研究波兰的人口变动，当然要考虑其人口的历史变动背景。

据考古学家确认，波兰境内的最早人类足迹可上溯到旧石器时代。从新石器时代起，人类居住于此地的痕迹便尤为明显了。在波兰人于 10 世纪踏入欧洲的文明世界之前，人们的经济生活已经有了相当的发展，原始形式的畜牧和渔猎已被使用了犁的农业所取代。具有这种文化的波兰居民，是早在公元前 1000 多年在此定居的卢日昌人的后裔，而这些人又成为现代波兰人的祖先。卢日昌人是西斯拉夫人的祖先，波兰民族是西斯拉夫民族之一，因此说，波兰民族是欧洲最为古老的民族之一，他们从一开始便居住在这片现今称之为波兰的土地上。尽管公元后各个时期均有异族部落诸如日耳曼人、凯尔特人途经波兰的迁徙活动，但是，并没有影响这里原始居民的种族特性，这些人仅仅被认为是没有在波兰定居下来的过客。不过，在 10 世纪末期才最终形成的波兰民族不仅只是早期卢日昌人的后裔，而且还有公元初期迁来此地的西斯拉夫部落的维涅德人的后裔。

在第二次世界大战之前，波兰族人口不到全波兰人口的 2/3，其他主要还有乌克兰人、犹太人、俄罗斯人、德国人、立陶宛人、捷克人、斯洛伐克人等。1921 年，波兰的国土面积 38.9 万平方公里。当时居民 2700 万人，其中乌克兰人占 14.3%，白俄罗斯人占 3.9%，犹太人占 7.8%，德国人占 3.9%，立陶宛人占 0.3%。生活在国外的波兰人有 650 万人，其中 150 万人生活在德国境内，主要是在沃波累、瓦尔米亚和马祖里地区。第二次世界大战后，由于国家疆界的变更和少数民族的外迁，波兰成为了一个民族较为单一的国家。目前，波兰人占总人口的比重为 98%，其余为乌克兰人、白俄罗斯人、立陶宛人等。总之，经过动荡之后，波兰的人口开始趋于稳定，这种稳定既包括民族人口波动缓和下来，又包括波兰人口规模的振幅减小。

由于波兰民族是波兰国占绝对优势的民族，因此国内通用波兰语，它属于斯拉夫语族的西斯拉夫语支。从宗教上看，90% 的波兰居民信奉罗马天主教。

人口变动

波兰人口规模目前在东欧国家中是最大的。1920 年，该国人口为 2674.6 万人，之后迅速增加，1939 年时，甚至达到 3500 万人。但由于战争夺去了波兰 600 万人的生命，以及 1939 年以前作为波兰公民的约 500 多万乌克兰人、白俄罗斯人和立陶宛人被划归为苏联境内，因此，1945 年的波兰人口减至 2396 万人。第二次世界大战结束后，在波兰与其他国家之间又进行了人口大迁移和大遣返运动，主要是与苏联和德国发生大的人口迁移行为，其中，150 万人由苏联返回，20 万人从西欧各国和其他国家回来。1950 年，波兰人口略有回升，增至 2482 万人。进入 20 世纪 60 年代后半期，波兰人口又恢复到 3000 万人以上（参见表 1、表 2）。

表 1　波兰的人口变动

单位：万人

年　份	1920	1930	1940	1945	1950	1955	1960	1965	1970	1975	1980	1985	1989
人　口	2674.6	3147.2	3510.0	2396.0	2482.4	2728.0	2970.3	3149.6	3252.6	3402.0	3558.0	3734.0	3820.0

表 2　不同时期波兰人口年均增长速度

单位：%

时　期	平均增长速度	时　期	平均增长速度	时　期	平均增长速度	时　期	平均增长速度
1920～1930	1.64	1941～1950	-3.40	1961～1970	0.91	1981～1989	0.79
1931～1940	1.10	1951～1960	1.81	1971～1980	0.90	1920～1989	0.52

　　波兰历史学家斯坦尼斯瓦夫·阿尔诺尔德指出，波兰人民在第二次世界大战中是流血最多的民族。看来的确如此，战争的创伤使得波兰人口尽管有着较高的出生率，但仍未恢复其"元气"。第二次世界大战后加上向国内移民在内，其年均增长率也不过1.1%，波兰人口的自然变动状况如表3所示。

表 3　波兰人口自然变动指标

单位：‰

指标 ＼ 年份	1953	1958	1963	1968	1973	1978	1983	1987	1989
出生率	29.7	26.2	19.2	16.2	17.9	19.0	19.7	16.1	16.0
死亡率	10.2	8.4	7.5	7.5	8.3	9.3	9.6	10.0	10.0
自然增长率	19.5	17.8	11.7	8.7	9.6	9.7	10.1	6.1	6.0

　　波兰的人口出生率比同期的其他国家都要高，甚至高于邻近的在战争中同受影响的民主德国和捷克斯洛伐克。民主德国出生率20世纪50年代为15.7‰左右，60年代达到峰值17.6‰，捷克斯洛伐克在第二次世界大战后出生率最高为1953年的21.2‰。表4是1960～1978年波兰妇女生育率的变动情况。

表 4　1960～1978 年波兰妇女生育率变动情况

年　份	年龄组生育率（‰）							总和生育率（个）
	15～19	20～24	25～29	30～34	35～39	40～44	45～49	
1960	45.0	199.0	165.0	103.0	60.0	22.0	2.0	2.980
1965	32.0	183.7	143.7	88.6	43.4	14.8	1.6	2.539
1970	30.0	163.1	131.1	73.1	36.9	11.3	0.9	2.232
1971	29.3	171.0	130.4	72.0	36.0	11.5	0.9	2.256
1972	27.0	168.4	133.9	71.3	75.1	11.0	0.8	2.238
1973	28.1	168.5	135.6	71.4	35.0	11.6	0.8	2.250
1974	29.9	169.6	135.9	71.0	34.4	10.4	0.8	2.259
1975	31.0	170.0	137.0	71.0	34.0	10.0	1.0	2.270
1976	33.0	174.0	138.0	73.0	33.0	10.0	1.0	2.310
1978 城市	31.6	139.2	105.6	56.9	21.1	4.7	0.3	
乡村	35.6	221.3	198.0	96.4	43.2	13.0	1.0	

匈牙利、罗马尼亚、捷克斯洛伐克等国在同一时期内，总和生育率非但没有下降，反而有所上升。而波兰却有所下降，尽管其幅度不太大，说明战争中大量男子的死亡最终钳制了下一代人的繁衍。表5是波兰三个年度的人口年龄、性别构成情况（参见表5及图1）。

表5　波兰三个年度的人口年龄、性别构成

单位：%

年　龄	1950 年			1970 年			1982 年		
	男性人口	女性人口	性比例	男性人口	女性人口	性比例	男性人口	女性人口	性比例
0～4	13.32	11.36	104.6	8.08	7.29	104.5	9.62	8.71	105.2
5～9	8.71	7.53	102.4	8.82	7.95	104.8	8.82	8.02	104.5
10～14	10.01	8.70	101.8	10.91	9.88	104.3	7.51	6.82	104.6
15～19	10.40	9.12	100.4	11.17	10.16	103.8	7.57	6.85	105.0
20～24	7.75	9.25	74.0	9.45	8.68	102.7	9.06	8.15	105.6
25～29	8.04	8.64	82.2	5.98	5.60	100.9	8.56	9.04	103.0
30～34	5.55	5.74	85.4	6.80	6.43	99.7	8.84	8.26	102.1
35～39	6.72	7.05	84.2	7.10	6.73	99.7	5.81	5.53	99.6
40～44	7.61	7.54	90.0	6.92	6.89	94.7	5.56	5.40	97.7
45～49	6.31	6.28	88.7	5.77	6.38	85.4	5.87	5.81	96.2
50～54	4.87	5.36	80.4	3.79	4.21	84.7	5.87	6.02	93.1
55～59	3.46	3.93	77.7	4.25	4.93	81.5	4.81	5.67	80.7
60～64	2.74	3.38	71.3	4.27	4.91	82.1	3.22	3.93	77.9
65～69	1.90	2.40	70.1	3.14	3.96	74.9	2.57	3.49	70.6
70～74	1.29	1.72	65.9	1.93	2.92	62.5	2.53	3.60	66.8
75～79	0.78	1.10	62.6	0.98	1.70	54.2	1.55	2.57	57.2
80 +	0.54	0.90	53.3	0.64	1.38	44.1	2.23	2.13	42.4
合　计	100.00	100.00	88.4	100.00	100.00	94.4	100.00	100.00	95.0

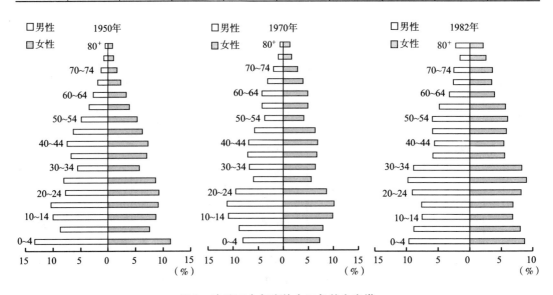

图1　波兰三个年度的人口年龄金字塔

第二次世界大战后不久的 20 世纪 50 年代，波兰人口从 20 岁组开始便出现男性大大少于女性的性比例失衡状态，这里很大程度上还是由于战争因素所致。1970 年的年龄金字塔已趋于缓和，到 1982 年，已基本上"渡"过了战争带来的人口畸形结构。应当说明，促使波兰人口能"平复"其人口畸形结构的原因有三个：一是时间的推移给予的"医治"；二是人口自然增长状况赋予的力量；三是人口的大遣返与大移出运动的"冲销"。

从目前波兰人口自然结构的情况看，第一，波兰男性略少于女性，性比例为 95∶100，基本属于正常范围。第二，波兰人口更接近于成年型人口。前述资料显示，1982 年 0 ~ 14 岁人口所占比重为 24.7%，65 岁及以上人口所占比重为 9.8%，15 ~ 64 岁人口所占比重为 65.5%，这种年龄结构使波兰成为东欧诸国中最为年轻的国家。其原因，一方面是由于波兰长期以来相对高的出生率所致；另一方面是由于婴儿死亡率的下降和人口平均预期寿命的提高所致（参见表 6）。

表 6 波兰人口平均预期寿命和婴儿死亡率

指标	年份	1953	1958	1963	1968	1973	1976	1982	1989
平均预期寿命（年）	男	58.6	62.8	64.8	66.9	67.2	67.3	67.3	71.0
	女	64.2	68.9	70.5	72.9	74.3	75.0	75.2	
婴儿死亡率（‰)		87.5	72.7	48.7	33.4	25.8	23.8	20.2	17.5

波兰人口的平均预期寿命在世界上属于较高之列，但是，在欧洲几乎是最低水平，仅高于匈牙利、罗马尼亚和阿尔巴尼亚三国，与保加利亚、捷克斯洛伐克、南斯拉夫相同。波兰的婴儿死亡率远远高于欧洲 12‰ 的平均水平。当然，在世界上仍属最低之列。

波兰的人口密度为每平方公里 120 人，在欧洲中部算是平均水平。但是人口分布十分不平衡，总的情况是，靠近捷克斯洛伐克的南部地区人口稠密，靠近苏联的东北部地区人烟稀少。从全国的大区来看，波兰分作六个经济区。（1）中央区，包括中部的华沙、罗兹等 10 个省。该区人口密度大，20% 的居民聚集在这块约占全国总面积 15% 的土地上。（2）包括波兹南等 10 个省在内的中西区，该区面积占全国 15% 左右，人口密度要低于全国平均水平。（3）旧称西里西亚的西南区，包括卡托维兹等 11 个省，面积不足全国 1/5，但人口接近 1/3，这里每平方公里 200 人左右，是全国人口密度最为稠密的地区。（4）东南区，包括卢布林等 9 省，面积和人口各约占全国的 1/5。（5）西北区，包括格但斯克等 5 省，面积占全国的 1/8，人口占 1/10，尽管属于波兰的"海上门户"，但是人口较为稀少。该地区人口大多集中在格但斯克、什切青、格丁尼亚等海港城市。（6）东北区，包括比亚韦斯托克 4 省在内的一个人口最为稀少而经济发展水平又最低的一个区。第二次世界大战后的波兰曾划分为 17 个省。1975 年 5 月颁布的新行政区划分法，将其改为 49 个省、市。以下是波兰各省面积及人口分布状况（参见表 7）。

表 7　1978 年、1983 年波兰各地区人口分布情况

省	面 积（平方公里）	1978 年人口（人）	1983 年人口（人）	1983 年人口密度（人/平方公里）
比亚瓦 – 波德拉斯卡	5348	283827	288200	54
比亚韦斯托克	10055	630764	646600	64
别尔斯科 – 比亚瓦	3704	810229	840400	227
比得哥什	10349	1016871	1042800	101
海乌姆	3865	227399	232800	60
切哈努夫	6362	402681	407200	64
琴斯托霍瓦	6182	741698	751200	122
埃尔布隆格	6103	432751	446400	73
格但斯克	7394	1295715	1345000	182
戈茹夫	8484	443569	461800	54
耶莱尼亚古拉	4378	487977	494600	113
卡利士	6512	659301	672800	103
卡托维兹	6650	3613161	3805900	572
凯尔采	9211	1058663	1073600	117
科宁	5139	436236	444300	86
科沙林	8470	450335	465300	55
克拉科夫	3254	1141515	1176800	362
克罗斯诺	5702	438862	452700	79
莱格尼察	4037	439494	465600	115
莱什诺	4154	351498	360900	87
卢布林	6793	1111100	944100	139
沃姆扎	6684	323569	328200	49
罗兹	1523	914613	1136500	746
新松奇	5576	616928	634600	114
奥尔什丁	12327	669023	690000	56
奥波莱	8535	969068	979000	115
奥斯特罗文卡	6498	367062	372800	57
皮瓦	8205	427558	442000	54
彼得卡夫	6266	597371	613000	98
普沃兹克	5117	489675	497100	97
波兹南	8151	1208621	1249200	153
普热梅希尔	4437	376378	381700	86
拉多姆	7295	692725	705800	97
华沙	3794	2274426	2792900	736

省	面 积 （平方公里）	1978 年人口 （人）	1983 年人口 （人）	1983 年人口密度 （人/平方公里）
热舒夫	4397	633885	656000	149
谢德尔采	8499	611621	620400	73
谢拉兹	4869	390761	392200	81
斯凯尔尼维采	3959	393394	399400	101
斯武普斯克	7453	350973	374400	50
苏瓦乌基	10490	415967	462100	40
什切青	9981	878198	906700	91
塔尔诺布热格	6283	548349	560400	89
塔尔诺夫	4151	596939	613100	148
托 伦	5348	599044	615800	115
瓦尔布日赫	4168	712132	718400	172
弗沃茨瓦韦克	4402	409980	415000	94
弗罗茨瓦夫	6287	1052586	1082600	172
扎莫希奇	6980	470403	475500	68
绿山城	8868	596555	615200	69
总 计	312689	35061450	36549000	117

从波兰人口分布的情况看，吸引或排斥人口成为人口稠密或稀疏的主要成因，而决定人口流动的根本原因则是看某一地区能否适宜于农业、牧业和工业活动的发展。

1989 年波兰拥有 3800 万人，算是欧洲的大国之一，但是，波兰的城市却没有出现特大城市，多是中、小型城市，这与波兰的城市发展历史有着密切的关系。从历史上讲，波兰的城市出现得比较早，大约在建立封建王国的 10 世纪时，就开始有了城市的雏形，不过，当时波兰城市的内部结构和建筑造型在很大程度上不同于西欧，尤其是不同于德国的城市。12～13 世纪时，德国已出现了新型的殖民城市，而波兰的城市主要是由农村和交易场所演变而成。由于其经济区没有十分迅速地发展起来，因此，以商品交换为中心的城市发展便受到了阻碍。时至今日，波兰的中小型城市星罗棋布，而超过百万人口的城市只有首都华沙一座。1984 年，人口在 10 万～20 万人的城市有 13 座；20 万～50 万人口的城市有 11 座；50 万～100 万人口的城市 4 座。华沙 1984 年连郊区人口共计 234.1 万人，其中城市市区人口 164.9 万人。50 万人口以上的城市依次有：华沙、罗兹、克拉科夫、弗洛茨瓦夫、波兹南。目前，波兰的城市人口占总人口的比重为 61%，是欧洲人口城市化较低的国家之一。对于作为工业国的波兰来说，这一比重颇显低下。1960年，城市人口比重为48%。1989年全国人口比1960年增长28%，城市人口同期增长63%，这一速度对于波兰来说并不快。这是因为：一方面，波兰的城市开始得比较早，经济有一定的基础；另一方面，第二次世界大战前波兰的工业已有了一定的发展。1921年，农业就业人口占总人口的73.8%，工矿和运输业就业人口占10.8%。正是从这种意义上说，波兰的人口城市化水平并不高，发展也不快。

目前波兰的就业人口结构情况是：农林业占27.3%，制造业占31.5%，建筑业占8.5%，商业占7.8%，交通运输业占6.1%，服务业占18.8%。

波兰自第二次世界大战后一直非常重视教育，致力于教育的普及和改善，致使波兰成为欧洲高入学率国家之一。1980年，小学入学率已达100%，中学生入学率也高达77%，高校学生数占20~24岁人口数的比重为17%。文盲率在20世纪80年代初期仅为2%。

波兰的医疗卫生有关指标是：1980年，全国每名医生平均负担570人，每名护士负担的人口数是240人，每万居民拥有病床56.3张，这些指标在欧洲均属中等水平。

小结

总言而之，波兰人口的特征主要是：（1）人口大量迁返是波兰人口的主要特征。第二次世界大战之前，波兰是一个大量向外移民的国家，几百万波兰人迁往美国、加拿大、法国等国，第二次世界大战后这一洪流才有减缓。但是，移民国外的波兰人口数却十分庞大。尽管第二次世界大战结束后，有大批波兰籍人口返回故里，但外留人口仍十分众多。表8的统计资料数据显示了这一特点（参见表8）。（2）波兰经历了战争的重大创伤，使其人口在战后一段时间内年龄、性别结构严重畸形、女性人口远多于男性人口，但此后却较快得以"平复"。（3）波兰是欧洲最"年轻"的国家之一。（4）波兰由于人口迁移和版图的变动，由一个多民族的国家变成了目前民族构成较为单一的国家。（5）波兰人口分布不均，呈中南部人口密集度高、北部人口稀疏的分布状。（6）波兰人口城市化速度进展不快，但城市起源却较早。（7）波兰人口出生率及自然增长率一直较高，及至今日，仍属欧洲人口自然增长率较高的国家之一。（8）妇女总和生育率尽管在

表8　至1982年移民国外的波兰人口累计数

单位：人

国　家	人　数	国　家	人　数	国　家	人　数
美　国	6500000	加拿大	374000	捷克斯洛伐克	68000
苏　联	1380000	英　国	150000	比利时	30000
法　国	750000	联邦德国	132000	其　他	396000
巴　西	400000	阿根廷	120000	合　计	10300000

第二次世界大战后初期有了一定下降,但目前尚徘徊在更替水平,比绝大多数欧洲国家高出许多。从目前情况来看,波兰的出生率、死亡率和妇女总和生育率均较为稳定,尤其是年龄结构已呈现出了稳定发展趋势。

参考资料

〔波〕斯坦尼斯瓦夫·阿尔诺尔德、马里安·瑞霍夫斯基:《波兰简史》,史波译,商务印书馆,1974。

丹麦 (Denmark)

丹麦位于欧洲北部波罗的海到北海的出口处,包括日德兰半岛的大部分及西兰、菲英、洛兰、法尔斯特和波恩荷尔姆等 480 多个岛屿。丹麦是北欧的五国之一,国土的南部与德国相邻,东、北部分别隔海峡与瑞典和挪威相望。丹麦目前在海外的自治区主要有邻近的法罗群岛以及远在北美洲的格陵兰岛。全国被长达 7474 公里的海岸线所围绕,总面积 4.30 万平方公里(不包括格陵兰和法罗群岛)。人口据 1989 年估计为 510 多万人,人口密度每平方公里为 118.3 人。首都:哥本哈根。

历史

丹麦位于半岛之上,气候因受西风和北大西洋暖流影响,冬温夏凉,适宜人类生存。远古时期,此地主要是狩猎民族的驰骋之地。之后,沿岸丰富的鱼类又吸引来了一些以渔捞为主的民族。随着历史的推移,至新石器时代,该地区的农业也有了一定发展,青铜时代的日德兰半岛已经有了较高密度的人口。这里的人们一直平静地生活在这块半岛上。不过,丹麦的历史,仅有 1000 多年,只可追溯到法兰克的查理曼大帝时代(公元 768～814 年)。公元 985 年,形成统一的王国。其后 300 多年中,整个丹麦王国都倾尽全力从事海上掠夺。于 11 世纪 20 年代,丹麦王国征服了整个英格兰和挪威,成为欧洲强大的海盗帝国。1042 年帝国瓦解。这种侵略行径使得丹麦与西欧文明有了接触。1397年,丹麦与瑞典、挪威结成卡尔玛联盟,该联盟的疆土包括现在的丹麦、挪威、瑞典、冰岛以及芬兰的一部分,丹麦处于统治地位。1523 年瑞典脱离联盟独立,联盟解体。1814 年挪威被割让给瑞典。丹麦 1849 年废除了世袭君主制改为君主立宪政体,并颁布第一部宪法。1944 年冰岛从丹麦脱离。

民族、宗教和语言

现今的丹麦境内在古代居住着朱特人、盎格鲁人、撒克逊人、格鲁尔人、弗里斯人、森布里亚人等日耳曼部落。公元 9 世纪以前,这些居民与瑞典人和挪威人同为斯堪的纳维亚人,欧洲人把他们称做"诺曼人"。诺曼人的远征和掠夺,既接触了西欧文明,又加速了他们自身的经济和社会发展，同时，也加快了民族分化与形成的过程。斯堪的纳维亚人分化为三大人口集团：丹麦人、挪威人和瑞典人。11 世纪末，这三个民族的语言出现差异，地域有所规划。丹麦人逐渐靠拢到日德兰半岛周围。丹麦民族的形成始于 16 世纪，可是这个形成的过程进行得极其缓慢，直到 19 世纪初叶才告完成。目前的丹麦国，主要以丹麦人为主，占总人口的 96.8%。其他民族人口只占 3.2%，其中：德意志人为 1%，法罗人为 0.8%，瑞典人为 0.3%，挪威人为 0.2%，犹太人为 0.2%。

9 世纪时，基督教传入丹麦。但 10 世纪，丹麦与德意志之间战争不断，对基督教采取镇压态度。972 年，丹麦失败后，再次信奉基督教。16 世纪欧洲的宗教改革波及丹麦，之后，路德宗日占上风。至目前，丹麦国教便是基督教路德宗，教徒占全国人口的 94%，其余人口大多是新教其他宗派教徒和天主教徒。

古时的斯堪的纳维亚人均操古挪威语。之后，逐渐形成了丹麦人自己的语言。目前，丹麦的国语为丹麦语，该语言属于日耳曼语族的北日耳曼语支。

人口变动

早期的丹麦居民与斯堪的纳维亚人有着密切的联系，尽管在 10 世纪时便形成了丹麦王国，但由于疆土国界不固定，人口很难被估计准确。不过，丹麦人口却比斯堪的纳维亚半岛上其他国家的人口增长得快，也稠密得多。一个原因就是尽管丹麦向外半掠夺性的航船开航，但是向外移民却并不多。有人甚至认为，在 1860 年之前，丹麦属于"封闭人口"型，此前的人口自然增长率几乎可以近似地代表为人口总增长率。在近代，也是如此。1825～1947 年，当瑞典迁往国外 137 万人、挪威迁出约 85 万人时，从丹麦迁出的人口不足 40 万人。1869～1913 年迁出的人口只有 28.4 万人，1914～1932 年迁出 8.6 万人，1946～1960 年迁出人口 8.2 万人（参见表 1）。

表 1　1869～1960 年丹麦向外移民情况

时期 移入人口地	1869～1913		1914～1932		1946～1960		时期 移入人口地	1869～1913		1914～1932		1946～1960	
	数量 （人）	比重 （%）	数量 （人）	比重 （%）	数量 （人）	比重 （%）		数量 （人）	比重 （%）	数量 （人）	比重 （%）	数量 （人）	比重 （%）
美国	254693	89.4	56919	65.6	27993	34.0	非洲	1411	0.5	348	0.5	6158	7.5
加拿大	11618	4.1	20687	23.8	26999	32.8	亚洲	745	0.3	279	0.3	5679	6.9
中、南美洲	9315	3.3	7914	9.1	9272	11.3	总计	284755	100.0	86785	100.0	82324	100.0
澳大利亚和新西兰	6973	2.4	638	0.7	6223	7.6							

据统计，1670 年的丹麦人口在 60 万人左右。1735 年的人口数约为 71.8 万人。换句

话说，在 1670 ~ 1735 年，丹麦年均人口增长率为 0.3%。1735 ~ 1787 年，人口总的情况是增长率为正的只有 8 年，即 1735 年、1741 年、1758 年、1763 年、1772 年、1773 年、1786 年和 1787 年。其余年份增长率均为负值，主要是这些年份严重的流行性疾病所致。19 世纪，由于死亡率有所下降，人口增长率在 1850 年时又进一步提高到 1% ~ 1.5% 之间，这一时期，只有 1831 年发生的疟疾流行使得人口增长率出现负值。

1860 ~ 1914 年的 50 多年间，死亡率仍然持续下降，但出生率和移民率却有了很大变化，生育率开始降低，向外移民开始增加。1860 ~ 1914 年，外移人口 25 万人。至 1930 年，妇女生育率降至最低值，人口自然增长率 1920 年为 1.3%，1933 年降至 0.8%，从 20 世纪 50 年代至 70 年代初，这一指标基本徘徊在 1% 左右，只是在 1957 年由于向外移民规模稍大，故其自然增长率仅为 0.5%。从 1967 年开始，丹麦的生育率开始进一步下降，直至出生率和死亡率相接近乃至出现负值。

前述的资料数据中，有些是准确的，有些则是估计值。丹麦最早进行人口调查的时间是 1769 年，当时仅是对城镇中的各住户进行调查、登记。1787 年，进行了类似于前次的人口调查。1796 年，丹麦成立了一个小型统计机构，这一机构于 1801 年在丹麦进行了第一次正式人口普查。以后，几乎每隔 5 年进行一次这种普查，普查的具体年份有：1801、1834、1837、1840、1845、1850、1855、1860、1870、1880、1890、1901、1906、1911、1916、1921、1925、1930、1935、1940、1945、1950、1955、1960、1965、1970、1976、1981 年等。迄今进行了近 30 次人口普查，成为世界上人口普查最早、普查次数最多的国家之一。

若以丹麦人口每增加百万计，该国每达 100 万人口的时间分别为：1801 年人口近 100 万人，1881 年人口达 200 万人，1918 年人口达 300 万人，1944 年人口达 400 万人，1972 年底人口超过 500 万人（参见表 2、表 3 和图 1）。

表 2　丹麦人口增长情况

单位：千人

年份	人口	年份	人口	年份	人口	年份	人口	年份	人口	年份	人口	年份	人口
1801	929	1855	1600	1901	2463	1950	4281	1971	4960	1976	5070	1987	5127
1834	1231	1860	1608	1911	2770	1955	4448	1972	4990	1977	5090	1988	5129
1840	1289	1870	1785	1921	3285	1960	4585	1973	5020	1978	5100	1989	5130
1845	1357	1880	1969	1930	3542	1965	4768	1974	5050	1979	5120		
1850	1507	1890	2172	1940	3832	1970	4938	1975	5060	1981	5124		

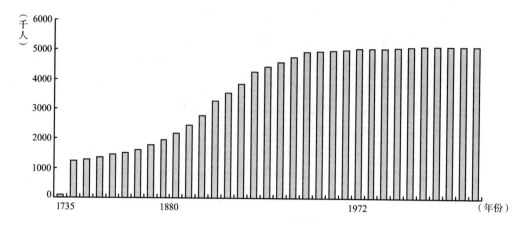

图1 丹麦人口变动图示

表3 丹麦人口自然变动指标

单位:‰

年　份	出生率	死亡率	自　然增长率	年　份	出生率	死亡率	自　然增长率	年　份	出生率	死亡率	自　然增长率
1808~1812	29.5	24.4	5.1	1898~1902	29.7	16.0	13.7	1963	17.6	9.8	7.8
1818~1822	31.9	20.4	11.5	1908~1912	27.5	13.4	14.1	1968	15.3	9.7	5.6
1828~1832	29.2	26.8	2.4	1918~1922	23.7	12.4	11.3	1973	14.3	10.1	4.2
1838~1842	29.7	20.3	9.4	1927~1928	19.6	11.3	8.3	1978	12.2	10.4	1.8
1848~1852	31.3	20.1	11.2	1929~1932	18.6	10.7	7.9	1983	9.9	11.2	-1.3
1858~1862	32.5	20.1	12.4	1945	23.5	10.5	13.0	1987	11.0	11.3	-0.3
1868~1872	30.3	19.1	11.2	1950	18.7	9.2	9.5	1989	11.0	11.0	0.0
1878~1882	32.0	19.3	12.7	1955	17.9	9.0	8.9				
1888~1892	30.8	19.3	11.5	1958	16.6	9.2	7.4				

　　资料显示出丹麦人口的变动轨迹,即丹麦的人口增长有时是比较迅速的,尤其在19世纪更是如此,丹麦、芬兰、英国等国在此期间人口增加了近2倍,而比利时、荷兰、德国、奥地利、匈牙利、挪威、瑞典等国人口仅增加1倍多,意大利刚好增加了1倍,而法国,增加不到55%。进入20世纪,由于两次世界大战,各国人口增长差异更大。1900年丹麦人口为246万人,战争结束后的1950年为近430万人,人口增长了74%;挪威人口同期从220万增至326万人,增长48.1%;瑞典则从510万人增至约704万人,增长38.1%。从1800年丹麦人口93万人算起,至1989年的510万人为止,在不足2个世纪的时间内,人口净增4.48倍,年平均增长速度0.89%。同期,北欧的芬兰年均增长

率为 0.85%，挪威 0.81%，瑞典 0.69%。应当说明，丹麦的人口增长较之其他国家更快一点，其重要原因是该国死亡率一直比较低（见图 2）。

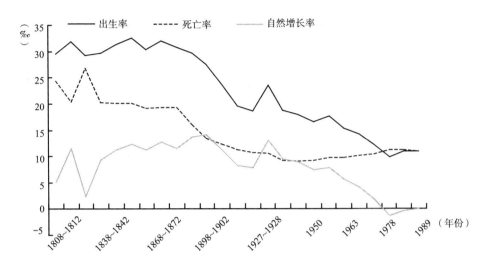

图 2　1808～1989 年丹麦人口自然变动指标图示

表 4 是欧洲若干国家的死亡率比较状况。

表 4　欧洲若干国家人口死亡率比较

单位：‰

国家 \ 时期	1851～1860	1901～1910	国家 \ 时期	1851～1860	1901～1910
奥地利	31.4	23.2	德 国	26.4	18.7
比利时	22.5	16.4	荷 兰	25.6	15.1
英格兰和威尔士	22.2	15.4	挪 威	17.1	14.2
芬 兰	28.7	18.0	瑞 典	21.7	16.7
法 国	24.0	19.4	丹 麦	20.6	14.2

除挪威之外，其他国家的人口死亡率均高于丹麦。第一次世界大战前夕的欧洲，俄国的死亡率最高，为 29‰；其次是罗马尼亚、匈牙利、西班牙等国，均在 22.8‰左右；奥地利、葡萄牙、意大利均在 20.4‰左右；法国是 18.6‰，德国 16.5‰，英国 14.1‰，而当时的丹麦死亡率为 13.2‰。

应当说，一般死亡率低的一个重要原因是婴儿死亡率的降低。关于这方面的内容，还可通过其人口平均预期寿命来进行说明。1835～1844 年间，丹麦男性平均预期寿命是 42.6 岁，女性 44.7 岁；1911～1915 年，男女分别是 56.2 岁和 59.2 岁（参见表 5、表 6）。

表 5　丹麦不同时期分性别婴儿死亡率及平均预期寿命

年　份	男性		女性		平均预期寿命女性比男性多（年）	年　份	男性		女性		平均预期寿命女性比男性多（年）
	婴儿死亡率（‰）	平均预期寿命（年）	婴儿死亡率（‰）	平均预期寿命（年）			婴儿死亡率（‰）	平均预期寿命（年）	婴儿死亡率（‰）	平均预期寿命（年）	
1840～1849	155	42.9	132	45.0	2.1	1936～1940	71	63.5	54	65.8	2.3
1850～1859	148	43.1	124	45.4	2.3	1941～1945	55	65.6	42	67.7	2.1
1860～1869	145	43.7	124	45.6	1.9	1946～1950	45	67.8	35	70.1	2.3
1870～1879	148	45.5	128	47.2	1.7	1951～1955	32	69.8	24	72.6	2.8
1880～1889	149	46.8	125	48.9	2.1	1956～1960	27	70.4	20	73.8	3.4
1890～1900	149	48.6	122	51.4	2.8	1961～1965	23	70.3	17	74.5	4.2
1901～1905	131	52.9	104	56.2	3.3	1966～1970	19	70.6	14	75.4	4.8
1906～1910	121	54.9	98	57.9	3.0	1971～1972	16	70.7	11	76.1	5.4
1911～1915	111	56.2	89	59.2	3.0	1973～1974	14	70.8	10	76.6	5.8
1916～1920	103	55.8	81	58.1	2.3	1975～1976	12	71.1	9	76.8	5.7
1921～1925	94	60.3	72	61.9	1.6	1978	8.9（男女平均）	71.3		77.4	6.1
1926～1930	91	60.9	71	62.6	1.7	1983	8.7（男女平均）	71.4		77.4	6.0
1931～1935	82	62.0	63	63.8	1.8	1989	8.4（男女平均）	75（男女平均）			

表 6　1838～1915 年欧洲若干国家人口平均预期寿命

单位：年

国　家	年　份	男　性	女　性	国　家	年　份	男　性	女　性
英格兰和威尔士	1838～1854	39.9	41.8	西班牙	1900	33.8	35.7
	1901～1910	48.5	52.3		1910	40.9	42.5
法　国	1817～1831	38.3	40.8	意大利	1876～1887	35.1	35.4
	1908～1913	48.4	52.4		1901～1911	44.1	44.8
瑞　典	1816～1840	39.5	43.5	俄　国	1896～1897	31.4	33.3
	1901～1910	54.5	56.9	丹　麦	1835～1844	42.6	44.7
德　国	1871～1881	35.5	38.5		1911～1915	56.2	59.2
	1910～1911	47.4	50.6				

　　当时的出生率也显示出明显的差别。1908～1913 年，出生率最高的地区是东欧和南欧，中欧较低，欧洲的西北部最低。表 7 所示为欧洲若干国家出生率状况。

表7　1908～1913 年欧洲若干国家人口出生率比较

单位：‰

国　家	出生率	国　家	出生率	国　家	出生率	国　家	出生率
俄国欧洲部分	45.6	葡萄牙	34.6	荷　兰	29.5	瑞　士	24.7
罗马尼亚	43.1	意大利	32.4	丹　麦	27.1	瑞　典	24.4
保加利亚	41.0	西班牙	32.1	挪　威	26.0	爱尔兰	23.1
匈牙利	36.0	奥地利	31.9	英　国	24.9	法　国	19.5

　　丹麦的死亡率低，出生率也低，人口平均预期寿命高并不是偶然的，与当时的经济状况和社会状况有密切的关系。从人口转变理论来看，20 世纪初丹麦的人口正处在迅速转变的过程中。从出生率、死亡率的结果看，其转变步伐慢于法国、英国、挪威、瑞士、瑞典、比利时等国。丹麦出生率下降跌破 30‰ 和 20‰ 的年份分别是 1899 和 1925 年，而上述各国比丹麦均要早一点。如果与经济联系起来看的话，这些国家的经济起飞期又均略早于丹麦（参见表8）。

表8　经济起飞期发达国家的人口状况

国　家	经济起飞初　期	总人口（万人）	人口密度（人/平方公里）	人口增长率（‰）	出生率（‰）	死亡率（‰）	自然增长率（‰）	各年抚养系数	
								年　份	%
英　国	1765～1785	770	51	0.8	36	29	7	1821	77.9
法　国	1831～1840	3260	61	0.5	29	25	4	1851	51.0
比利时	1831～1840	410	139	0.9	34	26	8	1846	61.8
荷　兰	1831～1840	270	82	0.9	35	24	11		
德　国	1850～1859	3100	66	0.7	35	27	8	1880	67.2
瑞　士	1865	260	63	0.6	30	26	4	1860	53.0
丹　麦	1865～1869	170	43	1.0	31	20	11	1870	64.4
挪　威	1865～1869	170	5	0.7	30	18	12	1865	72.8
瑞　典	1861～1869	390	9	0.8	32	20	12	1860	63.1
意大利	1861～1869	2500	87	0.7	38	30	8	1861	62.3
日　本	1874～1879	3700	100	0.7	36	27	9	1875	56.3
美　国	1834～1843	1460	3	2.9	52			1850	80.2
加拿大	1870～1874	360	0.4	1.5	37	19	18	1871	82.8
澳大利亚	1861～1869	120	0.2	3.8	40	18	22	1901	64.3

　　总之，丹麦的人口转变经历了四个阶段。大约在 1785 年之前为第一阶段，其特点是出生率和死亡率均高，自然增长率十分有限。1785～1890 年为第二阶段，此时出生率仍很高，但死亡率开始下降，这时的人口增长率达到较高水平，也就是在这时，丹麦开始

了第一拨向外移民。从 1890 年开始的第三阶段起，出生率开始下降，人口自然增长率进而也显示出了下降的趋势。第四阶段大约是从 20 世纪 60～70 年代开始的，其特征是出生率和死亡率达到低静止水平。从历史上看，丹麦的人口转变从第一阶段初期开始到第四阶段目前为止，经历了 200 多年。这种转变与大部分西欧国家一样，是社会、经济发展的结果。由此可以认为：丹麦为欧洲经济起飞最早和最快的国家之一，也是人口转变开始最早并且完成最早的国家之一。目前的丹麦人口已步入"三低"阶段。

如果从另一个角度看，从 1968 年起，丹麦就达到了净再生产率为 1.0 的人口更替水平。进入 20 世纪 70 年代以后，便开始低于更替水平，其详情如表 9 所示。

表 9 丹麦人口出生率变化情况

| 年份 | 出生人数（人） | 出生率（‰） | 妇女年龄别生育率（‰） | | | | | | | 总和生育率（个） | 粗再生产率（个） | 净再生产率（个） |
			15～19	20～24	25～29	30～34	35～39	40～44	45～49			
1901	73219	29.7	19.2	147.4	221.4	204.9	152.1	75.0	7.7	4.13	2.02	1.58
1911	73933	26.7	24.2	140.1	196.8	168.1	128.7	56.0	5.9	3.59	1.76	1.43
1921	78815	24.0	24.6	130.3	172.9	143.0	103.1	43.7	4.5	3.11	1.51	1.29
1931	64266	18.0	22.9	101.5	125.3	97.6	65.5	25.5	2.2	2.20	1.06	0.94
1941	71306	18.4	25.8	120.7	133.6	93.5	54.6	18.7	1.5	2.24	1.08	1.00
1951	76559	17.8	38.4	153.8	147.3	93.0	50.1	16.7	1.1	2.50	1.20	1.16
1961	76439	16.6	45.6	170.5	156.2	87.2	38.5	10.7	0.7	2.54	1.24	1.20
1962	77808	16.7	44.9	172.2	156.2	86.7	37.8	10.4	0.6	2.54	1.24	1.20
1963	82413	17.6	47.3	176.9	163.5	89.8	39.9	10.3	0.6	2.64	1.28	1.25
1964	83356	17.7	47.3	176.2	161.4	87.1	38.2	9.6	0.6	2.60	1.25	1.22
1965	85796	18.0	47.1	176.3	163.0	87.2	38.5	9.2	0.7	2.61	1.26	1.23
1966	88332	18.4	49.6	179.2	161.3	87.6	36.5	8.2	0.6	2.61	1.27	1.23
1967	81410	16.8	47.6	161.9	145.0	76.1	31.8	7.0	0.5	2.35	1.14	1.11
1968	74543	15.3	44.1	142.6	133.0	68.9	28.2	6.3	0.3	2.11	1.02	1.00
1969	71298	14.6	38.8	133.3	128.2	67.4	26.5	5.4	0.4	2.00	0.96	0.94
1970	70802	14.4	32.4	130.4	130.8	66.0	24.7	5.4	0.3	1.95	0.94	0.92
1971	75359	15.2	29.0	138.9	142.8	69.1	24.2	4.4	0.3	2.04	0.98	0.96
1972	75505	15.1	28.1	139.2	141.7	68.6	23.8	4.2	0.2	2.02	0.99	0.97
1973	71895	14.3	26.0	131.2	136.7	64.5	20.9	3.9	0.2	1.91	0.93	0.91
1974	71327	14.1	25.5	133.3	133.7	62.8	20.2	3.7	0.2	1.89	0.92	0.90
1975	72071	14.2	26.8	136.6	137.0	61.8	18.1	3.3	0.2	1.91	0.93	0.92

说明：总和生育率指每个妇女生育的"人数"，它和粗再生产率及净再生产率在人口统计中均用"个"来表示。

这样，进入 20 世纪 80 年代之后，丹麦便出现了人口出生率小于死亡率的负增长现象。之后，在这两项指标基本接近的上下波动情况下，实现了人口零的增长，丹麦成为世界上少数几个实现人口零增长的国家之一。

人口结构

从人口年龄结构来看，丹麦是世界上人口最"老"的国家之一。这是长期以来出生率和死亡率共同作用的结果。如果从历史的进程来看，丹麦的老龄化步伐紧随法国、瑞典等"老牌"老龄化国家之后。不过，在 20 世纪之前，它们仅仅表现出了老龄化的迹象，而真正步入老龄化社会则是进入 20 世纪以后的事情了，从老龄化指数高、低排列看，丹麦名列第三，仅次于瑞典和德国（参见表 10）。

表 10　欧美若干国家 65 岁及以上人口占总人口的比重

单位：%

年份 国家	1850	1900	1950	1960	1970	1975	1989	1989 年老龄化指数
美　国	2.9	4.1	8.1	9.3	9.9	10.5	12.0	57.1
丹　麦	5.5	6.7	9.1	11.5		13.4	15.0	83.3
法　国	6.5	8.2	11.7	12.5（1962 年）	13.4（1968 年）	13.7	14.0	70.0
德　国		4.9	9.4	11.1（1961 年）	13.2	14.3	15.0	100.0
意大利		6.2	8.3	9.3（1961 年）	11.5（1971 年）	12.1	13.0	68.4
瑞　典	4.8	8.3	10.2	10.2	13.7	15.1	18.0	105.8
英　国	4.6	4.7	10.7	11.9（1961 年）	13.3（1971 年）	14.0	15.0	78.9
澳大利亚		4.0	8.3	8.5（1961 年）	8.4（1971 年）	8.7	10.0	43.5

表 11 和图 3 是丹麦 1982 年人口年龄、性别构成情况。

表 11　1982 年丹麦人口年龄、性别构成

年　龄	男性人口 （人）	女性人口 （人）	性比例 （%）	年　龄	男性人口 （人）	女性人口 （人）	性比例 （%）
0～4	147792	141582	104.4	50～54	132026	135382	97.5
5～9	177896	170745	104.2	55～59	133266	141277	94.3
10～14	188845	179448	105.2	60～64	127922	139959	91.4
15～19	212156	201855	105.1	65～69	110328	128165	86.1
20～24	190146	182516	104.2	70～74	91750	117830	77.9
25～29	190809	182011	104.8	75～79	59712	90466	66.0
30～34	196726	188610	104.3	80～84	33311	59472	56.0
35～39	211958	201641	105.1	85 +	19818	40643	48.8
40～44	159490	154858	102.9	总　计	2522523	2595387	97.2
45～49	138572	138927	99.7				

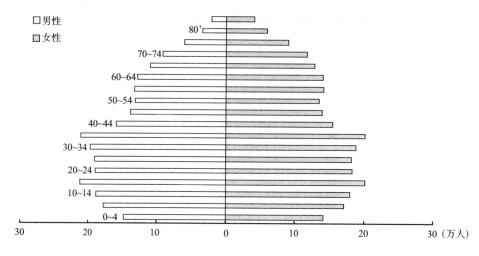

图3 1982 年丹麦人口年龄金字塔

从图3的人口年龄金字塔看，丹麦人口基本上呈钟形的稳定状态，只是15～39岁人口略多一些，这一方面是当时死亡率的下降速度快于出生率所致，另一方面，与目前移入人口大于移出人口有关。另外，20世纪30年代经济大萧条时，许多移民因此而归国对此可能有一些影响。

从人口性别构成来看，丹麦的情况和许多发达国家一样，女性人口略多于男性人口，而且几十年来一直如此（参见表12）。

表12 丹麦人口性比例变动情况

时　间	总人口（人）	男性人口（人）	女性人口（人）	性比例（％）	时　间	总人口（人）	男性人口（人）	女性人口（人）	性比例（％）
1950.11.7	4281275	2123100	2158175	98.4	1965.9.27	4767597	2362496	2405101	98.2
1955.10.1	4448400	2202300	2246100	98.0	1970.11.9	4937579	2451397	2486182	98.6
1960.9.26	4585256	2273208	2312048	98.3	1982.7.1	5117910	2522523	2595387	97.2

从历史上看，这种情况更"严重"一些。1901年，丹麦女性人口比男性人口多6.26万人；1921年，这一差额进一步扩展为8.48万人。其主要原因便是向外移民中男性人口居多以及孕妇死亡率的降低；至1976年，女性较男性多5.16万人；1982年，这一差额为7.28万人。

如果仅从1982年的人口年龄金字塔上看，可以发现，从45岁以后，女性人口才多于男性人口，这种情况多发生在发达国家，这或许与婴儿死亡率及各年龄组的死亡率低有一定的关系。因为死亡率越低，越能保持出生时男女性别构成的"原始生物学"状态。

人口分布、城市化及就业结构

丹麦的国土是由日德兰半岛的大部分及西兰、菲英、洛兰、法尔斯特等 480 多个岛屿所构成。由于受自然环境等各种因素的影响，素有"日德兰桥"的日德兰半岛人口密度最小，每平方公里约 74 人；菲英岛为 125 人；西兰岛最多为 289 人。就日德兰半岛而言，其西部为贫瘠沙土，多沼泽，没有良港，环境恶劣，不宜于人类生存、居住，因此人口密度很低，每平方公里不足 50 人；东部多黏性土，肥力稍好，港湾都市发达，因而其人口密度每平方公里超过百人。菲英岛北部人口密度也很高，首都哥本哈根所在的西兰岛东北部人口密度最高，西兰岛人口占全国总数的 42.2%，日德兰半岛占 45.7%（参见表 13）。

表 13　1984 年丹麦各行政区域人口分布

地　区	面积（平方公里）	人口（人）	人口密度（人/平方公里）	地　区	面积（平方公里）	人口（人）	人口密度（人/平方公里）
哥本哈根市	88	498000	5659	菲 英 岛	3486	450000	129
菲德烈堡	9	90000	10000	南日德兰	3930	249000	63
哥本哈根	522	624000	1195	里 　 伯	3132	212000	68
菲德烈堡郡	1347	329000	244	瓦 埃 勒	2997	326000	109
罗斯基勒	891	202000	227	林 可 宾	4853	262000	54
西 西 兰	2984	278000	93	奥 胡 斯	4561	575000	126
斯多斯特罗姆	1603	137000	85	维 　 堡	4122	231000	56
西 兰 岛	7444	2158000	290	北日德兰	6172	482000	78
博恩霍尔姆岛	588	45000	77	日德兰半岛	29767	2337000	79
洛兰－法尔斯特岛	1795	120000	67	总　　计	43080	5110000	119

尽管丹麦国土面积不大，只有 4.3 万平方公里，却拥有 277 个城市，这些城市容纳了全国 84% 的人口。尤其像哥本哈根这样的从石器时代就有人类居住、于 1167 年建筑的城镇更是全国人口最多的城市。20 世纪初的哥本哈根不足 40 万人，后来由于工业化，人口不断增加，市区也随着扩大，渐渐将近郊各地合并在一起，从而成为全国最大的都市区。连同郊区人口在内，20 世纪 80 年代的哥本哈根计 137.2 万人，占全国总人口的 26.9%。不过，丹麦更多的是星罗棋布的小城市，连同哥本哈根在内，10 万人以上的城市只有 4 座，其余城市均不足 10 万人（参见表 14）。

表 14　丹麦人口超过 10 万的城市的人口变动情况

城市 ＼ 年份	1950（人）	1972（人）	1983（人）	1985（人）	1950～1985 年增长率（%）
大哥本哈根	975000	1383073	1372019	1400000	+43.6
奥 胡 斯	116000	242151	249000	250000	+115.5
欧 登 塞	101000	166877	171000	140000	+38.6
奥 尔 堡	45000	155585	155000	115000	+155.6

　　按照 20 世纪 50 年代的统计规定，丹麦 2 万人以上的居民点便称为"大城市"。因此，丹麦尽管是以农业为基础的国家，城市人口比重却十分大，尤其是第二次世界大战后，这一发展速度更快，在北欧国家，仅次于冰岛和英国。1930 年丹麦城市人口比重为59%，1970 年为 67%（参见表 15）。

表 15　丹麦农业人口及非农业人口构成变动情况

年份	农业人口（人）	比重（%）	非农业人口（人）	比重（%）	年份	农业人口（人）	比重（%）	非农业人口（人）	比重（%）
1801	628000	68	301000	32	1901	938000	38	1525000	62
1834	704000	57	527000	43	1911	1000000	36	1770000	64
1840	720000	56	569000	44	1921	1094000	33	2191000	67
1845	744000	55	613000	45	1930	1116000	32	2426000	68
1855	816000	54	691000	46	1940	1061000	28	2771000	72
1860	853000	53	755000	47	1950	1012000	24	3259000	76
1870	934000	52	851000	48	1960	871000	19	3714000	81
1880	1006000	51	963000	49	1970	494000	10	4444000	90
1890	997000	46	1175000	54					

　　丹麦人口城市化水平高与其经济结构的变化分不开。丹麦是一个工、农业均十分发达的国家，1989 年人均国民生产总值达 15010 美元，是世界上最富裕的国家之一。丹麦农业现代化程度很高，尽管耕地占丹麦全境的 76%，但农业劳动力占全国总劳动力的比重不足 7%。此外，丹麦虽然缺乏原料和能源，但由于有熟练的技术人员和极高的国内市场购买力以及海运发达等因素，工业发展十分迅速。在 1962 年的国民生产总值中，农业占 11.2%，工业占 36.8%，服务业占 52.0%；到 1982 年，农业降为 2.4%，工业增至38.9%，服务业进一步提高到 58.7%。在就业结构方面，劳动力如同其他工业化国家一样，均有了较大幅度的转移。目前，第一产业劳动力占 7%，第二产业占 32%，第三产业占 61%（参见表 16）。

表16　丹麦劳动力人口构成变动情况

单位：%

年　份 行　业	1950	1960	1970	1975	1981
农林牧渔业	26.0	18.0	11.0	9.0	6.7
制造加工业	27.0	30.0	29.0	26.0	21.6
建筑业	7.0	7.0	9.0	8.0	7.9
商业贸易	13.0	14.0	15.0	15.0	13.8
运输、通讯	7.0	7.0	7.0	7.0	6.4
行政管理和国防	2.0	3.0	4.0	5.0	
教育、图书馆、教会	2.0	3.0	5.0	7.0	
健康服务、福利	4.0	5.0	8.0	12.0	
商业服务	1.0	2.0	3.0	3.0	43.6
娱乐和私人服务	9.0	8.0	6.0	6.0	
不动产、服役	2.0	3.0	3.0	2.0	
合　计	100.0	100.0	100.0	100.0	100.0

国民教育及其他

丹麦很早便十分重视教育。1830年开始义务教育制至今，在教育方面取得了丰硕的成果。20世纪以来先后有11位丹麦人获得诺贝尔奖。目前，丹麦境内基本消除文盲，小学入学率100%。尤其值得指出的是，中学入学率在丹麦高达105%，这是任何国家都望尘莫及的比值。高等学校入学学生占本年龄组人数的29%（1981年），同样名列世界前茅。此外，丹麦经济发展迅速、福利化程度高还表现在医生和护士所负担人口数量较少方面，前者仅负担480人，后者为210人。

小结

丹麦的人口具有典型的北欧特征：人口转变早，人口老龄化程度高，人口平均预期寿命高，人口城市化水平高，人口自然增长率低。

目前困扰丹麦的一个主要社会问题大概是婚姻问题。1983年该国离婚率达到2.9‰，在欧洲也算前列。关键是，近些年来丹麦的结婚率却越来越低，未婚同居或结婚不登记现象日甚，这在某种程度上反而降低了离婚率。表17是北欧几国结婚率与离婚率的比较（参见表17）。

今后丹麦的人口发展将会如何？目前不得而知。但有一点却是十分明确的：婚姻状况直接影响着人口出生率。

如果认为目前的丹麦人口自然变动不会发生很大变化的话，那么，到2020年，该国人口也许不会增长，维持现状，也许仅增长几万人。

表 17　北欧各国结婚率与离婚率比较

单位：‰

国　别	年　份	结婚率	离婚率	国　别	年　份	结婚率	离婚率
丹　麦	1983	5.3	2.9	挪　威	1983	5.2	1.7
芬　兰	1982	6.3	2.0	瑞　典	1983	4.3	2.4
冰　岛	1982	5.6	1.8	英　国	1982	7.1	2.8
爱尔兰	1983	5.9					

参考资料

〔苏〕B. B. 巴赫列勃金：《丹麦》，严坤学等译，新知识出版社，1956。

法罗群岛（The Faroe Island）*

法罗群岛位于挪威、苏格兰和冰岛之间的北大西洋中，由 17 个有人定居的岛屿以及众多荒芜的小岛及礁石组成，属于"北欧"地区。总面积 1398.85 平方公里。1987 年人口 4.7 万人。首府：曹斯哈恩。

历史、民族、宗教和语言

直到公元 7 世纪以后，该岛的存在才为人们所知。爱尔兰人是最先登上该群岛的人类。之后，挪威人于 9 世纪开始迁入，至 1035 年成为挪威的属地。1397 年以后受丹麦管辖至今。目前，该岛与丹麦基本失去联系，但仍为丹麦的一个自治州。

爱尔兰人、苏格兰的凯尔特人以及从北欧迁来的挪威人在该岛生活了若干世纪之后，混合形成了一个新的民族人口，即法罗人。法罗人目前便是该岛的人口主体，不过，严格地说，法罗人更大成分上是早期来到此地的斯堪的纳维亚人的后裔，之所以这样认为，是因为 15 世纪前后的欧洲流行病几乎将该岛居民席卷一空，而目前的法罗人则多是 15 世纪以后重新迁于此地的斯堪的纳维亚人的后代。

从语言上讲，法罗人多使用法罗语，这是从早期的古挪威语言中形成并逐渐演变而来的一种语言，因此属于印欧语系的日耳曼语族。不过，由于受丹麦管辖，因而官方使用语言以及学校教育仍使用丹麦语。

居民多信奉基督教，属于路德宗。

人口变动

至目前为止，全岛人口约有 4.7 万人左右，说明这里的人口增长是极其缓慢的。据

---

* "北欧"包括瑞典、挪威、芬兰、冰岛、丹麦及丹麦的法罗群岛。有些文献和资料也将英国、爱尔兰归属为"北欧"。见本书第 97 页注释。

过去统计，19 世纪初，人口仅为 0.9 万人。但在此之前，人口远多于 0.9 万人。1930 年，这里的人口已达 2.2 万人，只是由于海盗的掠夺，以及前述提到的欧洲瘟疫波及于此，才使得人口有所减少。1950 年，总人口达到 3.1 万人。以后主要是在自然增长的作用下，人口缓慢增长。

法罗群岛的人口增加主要依靠人口自然增长，即稍高的出生率、低死亡率和稍高的自然增长率。这可以从以下资料中看出（参见表 1、表 2 和图 1）。

表 1　1950 ~ 1987 年法罗群岛人口及性别构成

年　龄	总人口（人）	男性人口（人）	女性人口（人）	性比例（%）	年　龄	总人口（人）	男性人口（人）	女性人口（人）	性比例（%）
1950	31781	16384	15397	106.4	1981	43857	22893	20964	109.2
1955	32456	16810	15646	107.4	1982	44245	23086	21159	109.1
1960	34596	17959	16637	107.9	1985	45392	23683	21709	109.1
1966	37122	19425	17697	109.8	1987	47012			
1970	38612	20151	18461	109.2					

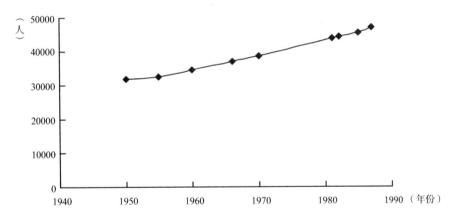

图 1　法罗群岛人口变动图示

表 2　法罗群岛人口自然变动指标

单位：‰

指标 ＼ 年份	1953	1958	1963	1968	1973	1979	1980	1981	1982	1983	1987
出生率	23.0	24.9	23.6	23.1	20.5	18.4	17.1	17.2	16.4	15.3	16.7
死亡率	6.9	6.6	6.7	6.9	7.7	6.2	7.1	6.7	7.1	7.2	7.9
自然增长率	16.1	18.3	16.9	16.2	12.8	12.2	10.0	10.5	9.3	8.1	8.8
婴儿死亡率	26.4	22.5	21.2	18.2	13.6	7.6	9.4	9.3	11.3	12.3	6.4

法罗群岛虽然人口数量少，但毕竟是一个相对独立的人口群体，因此，人口自然变动有其自身的特点。如果从人口转变理论来看的话，该岛正在或者已经步入了"三低"类型，不愧为欧洲北部的一个地区。从其年龄构成来看，该地区也是一个"老年人口"集团。1981 年，0 ~ 14 岁人口比重为 27.6%，15 ~ 64 岁人口比重为 61.9%，65 岁及以上人口比重为 10.5%。按照爱德华·罗赛特的划分标准，至少步入了"老年时期"的开始阶段，这可以从以下的人口年龄金字塔图形中进一步得到证实（参见表 3 及图 2）。

表 3　1982 年法罗群岛人口年龄、性别构成

单位：人

年　龄	男性人口	女性人口	年　龄	男性人口	女性人口
0 ~ 4	1951	1819	45 ~ 49	1119	900
5 ~ 9	2114	1881	50 ~ 54	1088	1004
10 ~ 14	2104	2043	55 ~ 59	1022	1044
15 ~ 19	2257	2051	60 ~ 64	1001	989
20 ~ 24	1833	1608	65 ~ 69	852	838
25 ~ 29	1644	1481	70 ~ 74	662	644
30 ~ 34	1799	1522	75 ~ 79	389	465
35 ~ 39	1623	1263	80⁺	352	532
40 ~ 44	1276	1075	总　计	23086	21159

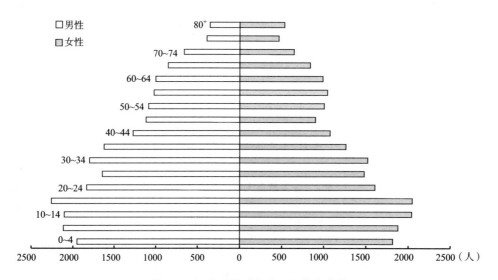

图 2　1982 年法罗群岛人口年龄金字塔

法罗群岛人口状况由图 2 可以明显看出：刚刚脱离成年型人口的痕迹仍十分清晰。此外，由于该地区人口婴儿死亡率、一般死亡率一直比较低，所以人口平均预期寿命已

达到发达国家的水平：1976～1980 年，男性平均预期寿命为 73.4 岁，女性为 78.7 岁，比丹麦男性 71.4 岁和女性 77.4 岁略高。

人口分布

尽管法罗群岛是以"群岛"所组成，但有人类居住的岛屿却不多，而且人口分布也极不均匀。40% 多的人口居住在首府曹斯哈恩所在的斯托罗姆岛，该岛也是法罗群岛中人口最为稠密的岛屿。整个群岛划分为 7 个州，50 个县（参见表 4）。

表 4　1985 年法罗群岛的人口分布

岛屿或地区	面积（平方公里）	人口（人）	人口密度（人/平方公里）
北方诸岛	240.77	6265	26.0
东　　岛	286.33	9608	33.6
斯托罗姆岛	392.29	17973	45.8
沃 凯 岛	187.89	3413	18.2
叁　　岛	124.74	1914	15.3
苏德岛（北部）	96.82	3269	33.8
苏德岛（南部）	70.01	2950	42.1
合　　计	1398.85	45392	32.5

小结

该地区人口分布主要依据自然环境，哪里宜于人类居住，哪里水产资源丰富，人们便集中在哪里。法罗人的传统是从事畜牧业，这可从其名称上便可看出，因为"法罗群岛"的丹麦语是"法罗亚鲁"，即"羊之岛"的意思，所以，法罗人主要饲养牛与羊。但近百年来，捕渔业和鱼产品加工业的比重日益增加，成为经济中的主体。1985 年，其产值占国民生产总值的 1/3，很多劳动力已被吸引到这一部门。1983 年人均国民收入105745 丹麦克朗，约折合 12440 美元，居世界诸国人均收入的前列。该群岛平均每 4 人拥有 1 辆私人小汽车，每名医生负担的人数为 903 人，每名护士负担的人数是 170 人，7～14 岁少年儿童实行义务教育。丹麦语为必修课。

梵蒂冈（The Vatican City State）

世界上面积最小的国家是梵蒂冈，世界上人口最少的国家也是梵蒂冈，世界上人口密度最大的国家也数得上梵蒂冈。梵蒂冈国的全称是梵蒂冈城国。和圣马力诺一样，梵蒂冈城国很奇怪地坐落于意大利国内。不同的是，梵蒂冈仅被罗马城所包围，而圣马力诺则是被意大利国所包围，准确的表述应该是，两国的"四周均与意大利领土接壤"。因此，梵蒂冈的"国境"就是与罗马城相隔的真正的"城墙"。城墙环绕的国内领土仅 0.44 平方公里。

1985 年 5 月人口 757 人。人口密度每平方公里 1720 人。首都：梵蒂冈城。

早在公元 4 世纪，原为罗马城一般主教的教皇开始利用西罗马帝国的消亡，乘机掠夺土地。到了公元 6 世纪，获得了罗马城的实际统治权，并宣称为"教皇"。公元 8 世纪，教皇受到法兰克国王的赏谢，遂得到罗马城及其四周区域。在历史上，教皇所辖罗马土地最多时曾达 4 万平方公里，是目前的 9 万倍。以后千余年，教皇国几经波折，时而消失，时而复活。目前的梵蒂冈城国是 1929 年 2 月 11 日意大利法西斯独裁者墨索里尼同教皇庇护十一世签订的《约特兰条约》所确定的，迄今已有 60 多年的历史。尽管梵蒂冈城国国小人少，却是世界罗马天主教的中心，掌握着统治世界各国天主教会的最高权力。

梵蒂冈的居民不足 1000 人，大多为意大利人，也有少数"外地人"。宗教当然是天主教。通用语言是意大利语，但教廷所使用的语言却是拉丁语。

由于梵蒂冈是一个教皇国，又位于罗马城中，因而除庞大的国际金融托拉斯外，并无工农业等生产部门。在不足 1000 人的人口中，约有一半是神职人员和保卫此国的卫兵团。具体是：红衣主教 27 人，大主教和主教 27 人，僧侣 12 人，1504 年便组成的并持续至今日的瑞士近卫军 54 人，罗马教皇宪兵和文职人员各 150 人，共计 420 人，占总人口 757 人的 55.5%。

芬兰 (Finland)

芬兰位于欧洲北部，属于"北欧"组内，西南濒波罗的海，东部与苏联相连，西部与瑞典为邻，北部则与挪威的最北端接壤。国土面积 33.81 万平方公里。1989 年估计人口数 500 万人。人口密度每平方公里 14.8 人。首都：赫尔辛基。

历史

芬兰这块土地上留有着人类很早的足迹。不过，其历史的开端并不久远，大概从 12 世纪算起。因为在此之前，芬兰境内并未形成统一的国家，从 12 世纪以后，这块领土一直为相邻的瑞典所占据。1581 年成为瑞典的一个大公国。1809 年俄瑞战争之后，又变成俄国的大公国。一个世纪以后的 1917 年 12 月 6 日宣布独立。

民族、宗教和语言

芬兰人起源于很早就住在芬兰境内的波罗的海沿岸的芬兰人部落和在芬兰人到达那里以前就在芬兰领土上放牧、但后来被芬兰人同化了的萨阿米族。公元 5 世纪左右，芬兰西南部形成了芬兰萨阿米部落、夏梅部落。9 世纪，芬兰东部又形成了卡累利阿部落。芬兰人就是由这三个部落组成的。苏联学者谈到芬兰的民族时写道："这些民族中，有古代的萨阿米族、古代的夏梅族和两部分古代的卡累利阿族，一部分现住在萨伊马湖附近，另一部分住在维堡湾附近。同时，萨阿米部落的名字成了整个芬兰民族的名字"。以后，瑞典人大量涌入，再往后，丹麦人又接踵而来。早期瑞典人的进入，曾使得许多人认为芬兰人与瑞典人同属于一个民族，因而长期以来，芬兰盛行瑞典所盛行的语言、文化、宗教等。只是近 200 年来，芬兰人才逐步认识到他们与瑞典人的"根"不同，遂掀起芬兰语化运动。此外，东方的俄罗斯人在芬兰民族的形成过程中也起了一定的影响作用。从目前来看，芬兰境内以芬兰族人为主体，占总人口的 93.5%，瑞典族人占 6.2%，此外还有俄罗斯人、德意志人、吉卜赛人，以及作为芬兰民族来源之一的萨阿米族人。

12 世纪，在瑞典人大量涌入芬兰的同时，带来了基督教文化，这种宗教文化源远流长，影响至今。目前，全国约有 92% 的居民信仰基督教，属路德宗教徒。此外，芬兰还有天主教、犹太教、伊斯兰教等宗教。

自 12 世纪以来，瑞典语一直是芬兰的法定国语和教学用语，芬兰语则被视为"不发达"的语言、"卑贱者的语言"。自 1820 年掀起芬兰语化运动后，芬兰语日趋盛行。及至目前，94% 的人使用本国的芬兰语，仍有 6% 的人使用瑞典语。不过，官方规定芬兰语和瑞典语均为国语。

人口变动

据有关人士估计，芬兰境内在 1571 年时容纳了 30 万人。但之后，内战、瘟疫、尤其是 1695～1697 年的大饥荒，严重地遏制了人口的增长。到 1750 年，总人口不过增至 42 万人。据估计，18 世纪中叶之前芬兰人口的年均增长率不超过 0.5%～0.6%。19 世纪，1867～1868 年间的饥荒时期，又一次大大地降低了芬兰人口的增长速度。在这短暂的时间中，人口大约减少了 10 万人。这种情况迫使大批芬兰人移居国外。而向外移民，又反过来降低了人口的增长速度。直到第二次世界大战后，芬兰的人口才有了稳步增加。1954 年增加到 421.5 万人。1989 年达 500 万人左右。

从目前世界各国的情况看，芬兰的人口数据资料算是比较全面和准确的。1749 年芬兰开始进行第一次人口资料的调查和整理。1800 年开始第一次人口普查。其后几乎每隔 5 年或 10 年进行一次人口普查，从未间断。截至 1980 年，已进行过 28 次正式人口普查。其普查的具体年份为：1800、1805、1810、1815、1820、1825、1830、1835、1840、1845、1850、1855、1860、1865、1870、1875、1880、1890、1900、1910、1920、1930、1940、1950、1960、1970、1975、1980 年。芬兰是世界上人口普查时间最早的国家之一，其普查初始期仅晚于美国的 1790 年；它也是世界上人口普查次数最多的国家之一，其次数仅少于法国和瑞典。

下面的芬兰人口数据均取自于历次人口普查资料。这些资料来源于《1974 年世界人口年鉴》和《芬兰人口》（*The population of Finland*）等资料。

国际人口组织通过对各地区和各国人口再生产类型演变历程的研究后，发现芬兰人口从 18 世纪 80 年代到 20 世纪 70 年代的变动趋向最规范化、最标准化、也最具有代表性。他们把芬兰人口转变划分为四个时期：1785～1790 年的前工业化时期；1825～1830 年的工业化起步时期；1910～1915 年的工业化发展时期；1970～1976 年的现代化时期，参见表 1～表 3 和图 1。

表 1　1751～1870 年芬兰不同时期人口及自然变动等有关指标

时　期	期初人口数 （人）	出生率 （‰）	死亡率 （‰）	自然增长率 （‰）	结婚率 （‰）	婴儿死亡率 （‰）
1751～1755	429912	45.3	28.6	16.7	9.9	223.8
1756～1760	462562	44.5	29.6	14.9	9.0	224.8
1761～1765	501433	43.7	32.3	11.4	8.2	247.9
1766～1770	532091	41.7	28.4	13.3	8.0	235.2
1771～1775	569010	38.8	23.7	15.1	8.3	201.9
1776～1780	616448	41.3	26.0	15.3	8.9	217.3
1781～1785	665908	40.4	27.7	12.7	8.0	218.0
1786～1790	690010	37.5	31.9	5.6	7.7	213.3
1791～1795	706566	41.1	29.3	11.8	9.9	216.7
1796～1800	783526	39.2	23.8	15.4	8.0	198.0
1801～1805	848906	38.4	24.7	13.7	7.8	195.2
1806～1810	905607	34.3	39.0	−4.7	7.9	242.8
1811～1815	1053374	37.0	28.0	9.0	8.3	207.9
1816～1820	1114705	37.7	24.9	12.8	8.6	195.6
1821～1825	1119918	38.7	25.7	13.0	8.6	202.8
1826～1830	1274744	37.8	24.2	13.6	8.4	193.9
1831～1835	1381901	34.2	31.5	2.7	7.3	205.8
1836～1840	1392367	32.6	25.0	7.6	7.3	187.8
1841～1845	1463071	35.5	22.3	13.2	8.0	172.5
1846～1850	1561050	35.4	24.6	10.8	8.3	173.3
1851～1855	1657610	36.3	28.2	8.1	7.7	173.3
1856～1860	1693283	35.6	29.2	6.4	7.9	181.2
1861～1865	1770643	37.0	25.8	11.2	7.7	178.4
1866～1870	1837506	31.8	38.6	−6.8	7.6	210.9

表 2　芬兰的人口变动

年　份	人口 （千人）	较前期 年均增长率 （%）	年　份	人口 （千人）	较前期 年均增长率 （%）	年　份	人口 （千人）	较前期 年均增长率 （%）
1900	2712.6	1.32	1970	4598.3	0.35	1979	4760.0	0.21
1910	2921.2	0.74	1971	4620.0	0.30	1980	4784.7	0.42
1920	3105.1	0.61	1972	4640.0	0.43	1981	4800.0	0.42
1930	3380.7	0.85	1973	4670.0	0.65	1982	4820.0	0.42
1940	3695.6	0.89	1974	4690.0	0.43	1983	4860.0	0.83
1945	3804.2	0.58	1975	4717.7	0.43	1985	4910.0	0.51
1950	4029.8	1.17	1976	4730.0	0.42	1987	4930.0	0.20
1954	4215.0	1.11	1977	4740.0	0.21	1988	4941.0	0.22
1960	4446.2	0.89	1978	4750.0	0.21	1989	5000.0	1.19

说明：1982 年人口数据与表 9 数据略有出入。

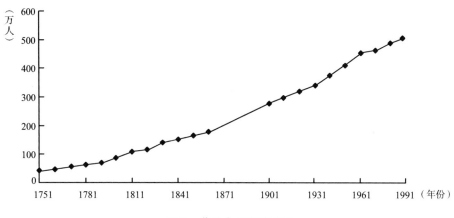

图 1 芬兰人口变动图示

表 3 1785~1976 年芬兰人口转变阶段的"三率"指标

单位：‰

阶 段	出生率	死亡率	自然增长率	特 征
Ⅰ（1785~1790）	38.0	32.0	6.0	"高、高、低"
Ⅱ（1825~1830）	38.0	24.0	14.0	"高、偏高、偏高"
Ⅲ（1910~1915）	29.0	17.0	12.0	"偏高、偏低、偏低"
Ⅳ（1970~1976）	13.0	10.0	3.0	"低、低、低"

下面我们把芬兰有关人口自然变动的资料再填充进去，并以此作图，观察其变动态势（参见表 4 及图 2）。

表 4 1818~1989 年芬兰人口自然变动指标

单位：‰

年 份	出生率	死亡率	自然增长率	年 份	出生率	死亡率	自然增长率	年 份	出生率	死亡率	自然增长率
1818~1822	37.6	25.6	12.0	1898~1902	32.6	19.6	13.0	1965	16.9	9.6	7.3
1828~1832	36.9	27.3	9.6	1908~1912	30.1	16.9	13.2	1970	14.0	9.6	4.4
1838~1842	34.3	21.9	12.4	1918~1922	23.4	18.3	5.1	1975	14.2	9.4	4.8
1848~1852	36.6	25.7	10.9	1929~1932	20.5	13.1	7.4	1980	13.2	9.3	3.9
1858~1862	36.8	26.3	10.5	1945	25.5	13.0	12.5	1987	12.0	9.7	2.3
1868~1872	33.7	31.7	2.0	1950	24.4	10.1	14.3	1989	12.0	10.0	2.0
1878~1882	36.2	23.0	13.2	1955	21.2	9.3	11.9				
1888~1892	32.8	20.8	12.0	1960	18.5	9.0	9.5				

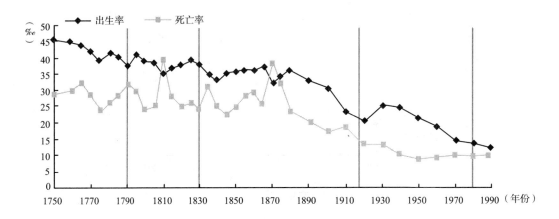

图2 芬兰人口转变四阶段图示

应当指出,芬兰的人口转变并非是纯"自然"的封闭型人口状态下的转变,而是伴之以大量外迁人口下的转变;此外,说它是标准的,并非是三次指标值的标准,而是说这种趋势以及所运行的轨迹是"标准"的,即证实了人口转变的四阶段理论。事实上,这种转变是在起伏波动的状态下进行的,如20世纪30年代大萧条时的芬兰人口便出现了近似负增长状态。芬兰出生率跌破30‰的大关是在1913年;跌破20‰的大关则是在1932年。直到第二次世界大战结束以后,芬兰的人口才稳定下来,步入"三低"类型,并逐渐向低位零增长渐近线靠拢。事实上,芬兰在1967~1968年间,便达到了净再生产率接近0的人口更替水平;1976年,其净再生产率为0。这就意味着,芬兰人口在不远的将来会出现人口自然的而不包括机械的增长率小于零的状况。

芬兰在北欧各国中最晚走上资本主义道路,其经济发展晚于其他诸国。用人口与经济关系的眼光看,其人口转变也晚于其他国家,这主要是由于出生率,尤其是死亡率下降缓慢所致。当19世纪中叶其他北欧国家的死亡率已降低至25‰以下时,芬兰仍在28.7‰的高水平;1901~1910年,其他国家死亡率已低于16‰,芬兰仍高达18‰(见本书《丹麦》一节中所给资料)。进入20世纪20年代以后,人口自然变动率逐渐向其他国家逼近。

芬兰现已完全进入了人口转变的最后阶段,这还可以从人口平均预期寿命以及婴儿死亡率方面看出来。

芬兰的婴儿死亡率已降至世界的最低水平,仅高于同一地区的冰岛(3.4‰)、瑞典(5.7‰)和亚洲的日本(4.9‰)。人口平均预期寿命则比欧洲平均水平74岁高出1岁(参见表5)。

表 5　芬兰人口平均预期寿命和婴儿死亡率

年　份	平均预期寿命（年）		婴儿死亡率（‰）	年　份	平均预期寿命（年）		婴儿死亡率（‰）	年份	平均预期寿命（年）		婴儿死亡率（‰）
	男	女			男	女			男	女	
1901～1910	45.3	48.1		1956～1960	64.9	71.6	24.5	1975	67.4	75.9	9.6
1911～1920	43.4	49.1		1961～1965	65.4	72.6	18.2	1977			9.1
1921～1930	50.7	55.1		1966～1970	65.9	73.6	14.4	1979	68.9	77.4	7.7
1931～1940	54.5	59.6		1971	65.9	74.2	12.7	1981	69.5	77.8	6.5
1941～1945	54.6	61.1		1972	66.6	74.9	12.0	1983	74.0	74.0	6.5
1946～1950	58.6	65.9		1973	66.9	75.4	10.6	1987	74.0		5.8
1951～1955	63.4	69.8	34.2	1974	66.9	75.5	11.0	1989	75.0	75.0	5.8

人口结构

芬兰目前是世界上最"老"的国家之一，但是在北欧，又是比较"年轻"的国家。如果把人口"老年"时期分为低强度、中强度、高强度、最高强度四个阶段的话，那么，芬兰仅仅处于低强度老年时期。

近几十年来，芬兰人口的年龄构成演变如表6、图3所示。

表 6　四个年度的芬兰人口年龄构成

年龄	1950 年		1960 年		1970 年		1981 年	
	人口（人）	比重（%）	人口（人）	比重（%）	人口（人）	比重（%）	人口（人）	比重（%）
0～14	1208801	30.0	1340184	30.1	1118550	24.3	961045	20.0
15～64	2554354	63.4	2778236	62.5	3052298	66.4	3257472	67.9
65 岁及以上	266648	6.6	327802	7.4	427488	9.3	581486	12.1

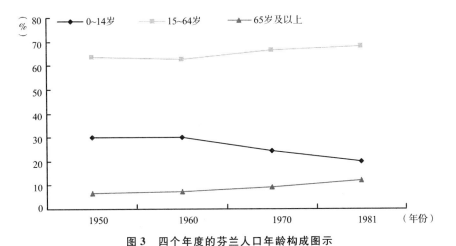

图 3　四个年度的芬兰人口年龄构成图示

第二次世界大战后的人口演变形成了 1981 年芬兰的人口年龄构成（参见表 7 及图 4）。

表 7　1981 年芬兰人口年龄、性别构成

年　龄	男性人口（人）	女性人口（人）	性比例（％）	年　龄	男性人口（人）	女性人口（人）	性比例（％）
0 ~ 4	162898	155844	104.5	50 ~ 54	136630	143600	95.1
5 ~ 9	155563	147980	105.1	55 ~ 59	117551	142358	82.6
10 ~ 14	172788	165933	104.1	60 ~ 64	89788	125654	71.5
15 ~ 19	193334	185520	104.2	65 ~ 69	80905	122412	66.1
20 ~ 24	194316	184996	105.1	70 ~ 74	65195	110410	59.0
25 ~ 29	206653	196420	105.2	75 ~ 79	37629	75795	49.6
30 ~ 34	226829	212995	106.5	80 ~ 84	17580	42845	41.0
35 ~ 39	174111	165473	105.2	85 +	7288	21427	34.0
40 ~ 44	148733	145909	101.9	总　计	2321177	2478826	93.6
45 ~ 49	133386	133255	100.1				

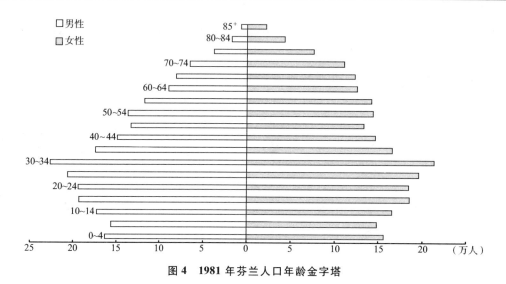

图 4　1981 年芬兰人口年龄金字塔

　　图 4 的人口年龄金字塔图形显示出芬兰人口的现状：基本上呈钟形的稳定状态，只是 30 ~ 34 岁年龄段人口最多，这与第二次世界大战后初期出生率回升有很大关系。此后，出生人数渐渐减少。1981 年零岁组人口仅为 62958 人，而稍前的 1978 ~ 1981 年平均每年出生人数至少 63958 人。在不久的将来，芬兰人口将变成十分显著的枣核状金字塔，这显然是每一个发达国家目前已经或正在经历、每一个发展中国家将要经历的历程。

　　芬兰的人口性别构成如同绝大多数发达国家一样，男性人口少于女性人口。1950年，性比例已降至 91.6：100，1960 年为 93.0：100，1970 年为 93.3：100，1982 年为 93.6：100，几十年来稳稳当当地徘徊于 93.0 左右。从各年龄段看，自 50 岁开始，女性人口才多于男性人口，也就是说芬兰在 1982 年女性比男性所多的 15.7 万人口中，几乎均是相对于 50 岁以上人口而言的。而在 0 ~ 49 岁年龄段中，男性均多于女性，或许移民对此也有影响作用。尽管 19 世纪至 20 世纪初芬兰一直是人口外迁国，但近几十年，外迁人口已明显减少，有些年份甚至是迁入人口大于迁出人口。

人口分布、城市化及就业结构

芬兰是欧洲人口密度最低的国家之一，平均每平方公里 15 人左右，但其人口分布极不均匀。南部地区，尤其是西南部地区农业发达，这里集中了各种加工工业，该地区的海上运输和铁路运输都比较发达。首都赫尔辛基所在的南部省份乌西马的人口最为稠密。中部地区，湖泊密布，使芬兰享有"千湖之国"的美名，该地区人口密度居中。芬兰北部人口稀少，在冻土带居住着少数民族萨阿米人，他们饲养驯鹿，从事渔猎。在北部拉比省，平均每平方公里只有 2 人。也就是说，在 9.8 万平方公里的广大土地上，只居住着 19.5 万人。此外，面积十分广阔的中北部省份奥卢省，平均每平方公里只有 2 人，比总平均数低很多。

如果将芬兰分作三大块，可以看出其人口的主要流向（参见表 8）。

表 8　1950～1970 年芬兰人口的流向情况

主要地区	1950 年		1960 年		1970 年		1970～1950 年
	人口（人）	比重（%）	人口（人）	比重（%）	人口（人）	比重（%）	增减（%）
南部芬兰	2152895	53.4	2432723	54.7	2680601	58.3	24.51
中部芬兰	1349944	33.5	1401394	31.5	1319419	28.7	−2.26
北部芬兰	526964	13.1	612105	13.8	598316	13.0	13.51
合　计	4029803	100.0	4446222	100.0	4598336	100.0	14.11

说明：北部芬兰包括奥卢省和拉比省；中部芬兰包括科斯基－斯奥米省、库奥皮奥省、米开利省、波夫伊斯－卡雅拉省和瓦萨省；南部芬兰包括阿维南马省、海亚密省、土尔库－波利省、乌西马省和库密省。

由于行政区域的变化和其他原因，行政区划人口的人口分布不便对比，但仍能从总趋势上看出其分布态势：北纬 65°线把芬兰分成大小几乎相等的两个部分，其南部住着芬兰人口的 90% 左右，北部仅居住着 10% 的人口。芬兰人口之所以如此不均匀，主要受气候、地质的影响。0°等温线几乎和北纬 65°线相一致，这就决定了人口居住及种植庄稼的分布。此外，南半部的低地、波的尼亚湾和芬兰湾的环境也吸引了大部分人口居于此地。当然，社会经济原因也是芬兰全部历史中促使人口分布成现状的重要因素。如显著的人口国内迁移，始于该国资本主义蓬勃发展时期的 19 世纪 60 年代，这期间移民除了以前的移民路线——向有空地的瓦萨省和库奥皮奥省移动外，又增加了一条向工业飞跃发展的西南部路线。在第一次世界大战以前的年代里，移民的方向转向了奥卢省，之后人们继续向奥卢省和南部几个省份移动，不过由于这些地区空旷的原野几乎没有了，因而更多的人拥向了各个城市。

下面从芬兰规划出的 12 个省、行政区看其人口分布及变动情况（参见表 9）。

表 9　芬兰人口分布变动情况

1953 年				1982 年		1975 年	1980 年	1982 年	1982 年
省　份	面积（平方公里）	人口（千人）	人口比重（%）	人口密度（人/平方公里）	省　份	面积（平方公里）	人口（人）	人口（人）	人口（人）	人口密度（人/平方公里）
乌西马	9888	710.0	17	71.8	乌西马	10399	1092412	1127022	1128491	109
土尔库 - 波利	21986	639.8	15	29.1	土尔库 - 波利	23164	696872	702573	703046	30
阿维南马	1480	22.2	1	15.0	阿维南马	1552	22182	22740	22783	15
海亚密	18459	570.4	14	30.9	海亚密	19802	658563	663947	664319	34
库　密	10752	321.5	7	29.9	库　密	12826	345627	344310	344352	27
米开利	17571	246.0	6	14.0	米开利	21660	209740	208645	208586	10
库奥皮奥	35829	483.7	12	13.5	库奥皮奥	19956	250459	252245	252065	13
瓦　萨	39238	623.9	15	15.9	瓦　萨	27317	423390	432462	432799	16
奥　卢	57045	376.5	9	6.6	奥　卢	61574	404969	416427	416893	7
拉　比	92789	176.3	4	1.9	拉　比	98938	195592	194689	194890	2
					波夫伊斯 - 卡雅拉	21585	176933	176706	176650	8
					科斯基 - 斯奥米	19356	240985	242944	242904	13
合　计	305037	4170.3	100.0	13.7	合　计	338129	4717724	4784710	4787778	14

芬兰工业的发展，造成了城市人口的大量集中。1860 年，在城市和城镇中居住的人口只有 6.3%，而 1950 年则为 32.3%，赫尔辛基人口增加得特别迅速。如果说 1860 ~ 1950 年芬兰全部城市人口大约增加了 9 倍的话，那么在同一时期，首都人口却差不多增加了近 16 倍——从 1860 年的 2.22 万人增至 1950 年的 36.74 万人。

芬兰城市人口的分布十分不平衡，5 个最大的城市和许多小城市都在东西南各省。如果以南北方划分，那么芬兰 2 万人口以上的 34 个城市中，只有奥卢和凯米位于北纬 65°以北，而事实上，奥卢也仅位于北纬 65°01′，凯米则位于 65°49′，足见其城市重心的偏离。

1950 年，芬兰城市及城镇人口比重为 32.3%，1960 年为 38.4%，1970 年为 64.1%，1980 年为 62%，1989 年仍为 62%。在北欧国家，芬兰是城市人口比重最低的国家，也是欧洲城市化水平最低的国家之一。如果从城市化进程上看，芬兰目前正处在人口城市化的起步阶段，有人认为芬兰的城市化晚至 20 世纪 70 年代才开始。不过应该说明的是，由于芬兰有许多企业，特别是木材采伐和锯木业，分布在远离城市和城镇的地方，而在这些企业里工作的人都住在农村里，因而统计上将这部分人口归类为农村人口，由此而降低了芬兰的城镇人口比重，这显然与经济结构有密切的关系（参见表 10）。

表 10　1953～1983 年芬兰人口在 5 万以上的城市人口变动情况

城　　市	1953 年人口（人）	1973 年人口（人）	1983 年人口（人）	1973 年比 1953 年增减（％）	1983 年比 1973 年增减（％）
赫尔辛基	394500	510352	484000	29.4	−5.2
坦佩雷	105800	155443	167000	46.9	7.4
土尔库	106800	152210	163680	42.5	7.5
埃斯波		96609	148000		53.2
拉赫蒂	46100	88393	94767	91.7	7.2
奥卢	41300	84964	93807	105.7	10.4
波里	44900	73412	79405	63.5	8.2
库奥皮奥	35000	63766	74565	82.0	16.9
于韦斯屈莱	32000	57025	64190	78.2	12.6
科特卡	25100	33463	60752	33.3	81.5
瓦萨	37400	48168	57758	28.8	19.9
拉彭兰塔		50781	53591		5.5

　　芬兰的经济较之北欧其他国家落后，既有第二次世界大战前历史的原因，也有战争创伤的原因，还有第二次世界大战后遗症的原因。第二次世界大战后初期，芬兰不得不安置从割让给苏联的地区迁回新边界以内的 42 万多居民。芬兰面对如此状况，必须对经济进行调整：在发展森林工业的同时，尤其注意发展金属工业，再注重发展农业。一方面提高农产品的产量；另一方面广泛实行农业机械化。这样，芬兰的经济结构随着战后经济的发展出现了相应的变化，依照配第 - 克拉克法则，第一产业劳动力比重开始下降，第二、第三产业劳动力比重上升（参见表 11）。

表 11　芬兰劳动力人口构成变动情况

单位：％

年　　份	第一产业	第二产业	第三产业	合　　计
1950	45.2	27.7	27.1	100.0
1960	33.9	29.5	36.6	100.0
1983	12.7	33.2	54.1	100.0

　　目前由于经济不稳定，因此除经济危机以外，还表现为高通货膨胀和高失业。1984 年，失业者 15.8 万人，失业率为 6.2％；1987 年失业人数 13 万人，失业率为 5.1％。不过，芬兰人均国民生产总值仍非常高，1989 年为 14370 美元，高于欧洲 9700 美元的平均水平。第二次世界大战后，芬兰经济经历了三个不同的阶段：1952 年以前为经济调整时期；1953～1973 年为经济迅速发展时期；1974 年起为经济不稳定增长时期。芬兰经济结构的调整与这三个经济发展时期分不开（参见图 5）。

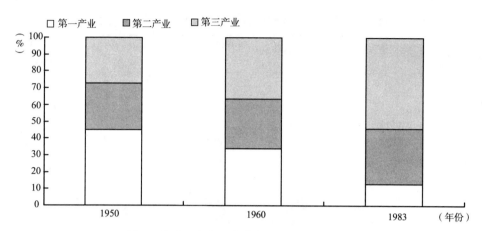

图5　芬兰三次产业劳动力人口比重变动图示

国民教育

人人识字差不多是芬兰的一贯特点。目前芬兰境内的文盲率为0。1921年，政府通过了关于在7~8年制的国民学校中实行普及教育的法律。1980年起，在全国实行9年一贯制的义务、免费教育。1980年小学入学率为96%，中学入学率98%，大学入学率为31%，均为世界最前列。教育支出占政府总支出的15%左右，属于欧洲这一比值最高的国家之一。1980年每个医生负担的人口数是530人，1987年进一步降至397人，而在1960年曾高达1570人；每个护士负担人口数1980年为100人，几乎是世界上的最低负担人口数。

在1976年之后，政府才开始认为其人口的增长速度是令人满意的，而在此之前，则认为其人口增长速度过低，因而政府的政策明显地倾向于人们多生多育。1980年又将儿童津贴提高，即每名16岁以下的儿童，第一孩每年可得1300芬兰马克（当时1美元=5.5芬兰马克）；第二孩每年可得1504芬兰马克；第三孩每人可得1752芬兰马克；第四孩及其以后各胎均可得2236芬兰马克。生育补贴费用为375芬兰马克，此项补贴往往送以物品。此外还有一些其他措施，诸如住房补助，住房优先以及儿童照料等，在客观上这些都是在"鼓励着"人们的生育。

从目前情况看，芬兰政府认为该国整体的医疗卫生状况及国民健康状况是令人可接受的。现在有关人口方面的问题，政府更多的是重视那些农村人口的向外"移民"，主要考虑这些人的就业及由此而引起的投资。

小结

芬兰人口被有关国际人口组织列为最"标准"的人口再生产转变模式，说明了芬兰的人口转变过程是完整的、正常的，尽管有移民迁出、迁入的影响，但其作用相对不大。目前的芬兰人口已经进入了"三低"类型。从前述的人口年龄金字塔看，芬兰的人口开始萎缩，目前总和生育率为1.6个，净再生产率即在0.8个以下，人口自然增长率为0.3%。按照这样的发展速度，人口如果要达到1989年500万人的1倍，即1000多万人时，至少需要 277 年，除非用大量移入民的办法来缩短这一时间。

参考资料

《The population of Finland》.

〔苏〕A. A. 波里索夫等：《芬兰》，冠奇等译，新知识出版社，1957。

荷兰（Netherlands）

荷兰王国位于欧洲西部一片地层结构相当年轻的地带，以 850 公里长的弯弯曲曲的海岸线濒临北海，东接联邦德国，南部比邻比利时。国土面积包括内陆水域面积共计 4.15 万平方公里，其中陆地面积为 3.73 万平方公里。人口 1989 年估测为 1490 万人。全国人口密度每平方公里 359 人，是世界上人口密度最高的国家之一。首都：阿姆斯特丹。历史上的荷兰称之为"尼德兰"，其荷兰文义"低洼之国"，以此可见荷兰地理概貌。

历史

荷兰的人类足迹是在旧石器时代遗留下来的，至少人类正式居住于此地的时间是在新石器时代，当时的人类在荷兰这块"年轻"的地质地带上从事着农业生产。根据残存史料显示，在现在荷兰以及比利时所占有的领土上，其古代居民是由居住在北部的日耳曼部族（巴达夫人，富列士人等）和居住在南部的凯尔特部族以及其他部族所组成的。及至公元 1 世纪初，这些部族被罗马所征服，于是他们所居住的领土，就划入了罗马帝国的版图。罗马人的统治一直延续至 4 世纪末。5 ~ 9 世纪，这些领土归属于法兰克王国，之后又并入现在的法国东北部的洛林王国。在 11 ~ 14 世纪期间，现今荷兰、比利时以及北部法兰西一部分地方，形成了几个封建领地，它们不是属于法兰西国王，便是属于日耳曼王国的皇帝和公爵。因此，在 16 世纪之前，荷兰地盘始终处于封建割据状态。16 世纪初，开始受西班牙统治。1566 年发生资产阶级革命。1568 年爆发延续了 80 年的反抗西班牙统治的战争。1581 年 7 月 26 日否认菲利普王权并宣布脱离西班牙。1588 年成立尼德兰省联合共和国。1815 年成为荷兰王国。荷兰很早就走上了发展资本主义的道路，因此，在 17 世纪中叶时，已经成为一个最强大的海上贸易的殖民国家。然而在此之前，荷兰殖民者已三次远航寻找通往中国的北海航线，结果在 17 世纪，分别发现了澳大利亚、新西兰以及斐济等岛屿。于 1624 年侵略中国台湾。荷兰殖民时代是强盗逻辑的贸易时代。它们甚至使得某些地域的人口得以重新分布，即将大量的非洲黑人运往拉美各地。马克思曾写道："荷兰（17 世纪资本主义的标本国家）的殖民地经营历史'展示了一幅背信弃义，贿赂，虐杀和卑劣的图画'。那是少有其敌的……他们足迹所至，随即发生荒废与人口消灭的现象。爪哇本鸠汪吉地方，1750年，居民有8万人以上，1811年，不过留下8000人"。① 殖民地的扩大，减少了荷兰本土的居民，因此，在荷兰遇到海上劲敌——英国——并由此而受到遏制之前，一直是一个向外"移民"的国家。如南部非洲人的先辈大多为荷兰人的后裔。

目前构成荷兰人口主体的主要为日耳曼语族的荷兰人，占总人口的81.4%，同一语族的佛兰芝人占11.8%，弗里斯人占2.8%，这三个民族血统极其相近，目前已归属为一个统一的民族——荷兰民族。其余还有少量的德意志人、苏里南人、犹太人、英国人等。荷兰境内的西班牙人、意大利人、葡萄牙人、法国人等均属罗曼语族。

荷兰的官方语言是属于日耳曼语族的西日耳曼语支中的荷兰语。弗里斯兰省讲弗里斯兰语。

荷兰居民中37.5%的人信奉天主教，31.6%信奉基督教。大约有20%的居民不信任何宗教，为西方国家中无神论者最多的国家之一。

人口变动

在荷兰的历史中，由于无休止的战乱以及向外殖民扩张，因此，在18世纪之前，荷兰人口的增长受到了很大的钳制。进入19世纪以后，人口开始急速增长。1800年的荷兰人口大约在200万人左右；到1830年，人口达到260万人；1900年的荷兰人口进一步增到500万人之多；1989年人口为1490万人（参见表1）。

表1　荷兰人口变动及年均增长率

年　份	人　口（万人）	年　份	人　口（万人）	年　份	人　口（万人）	年　份	人　口（万人）
1920	686.5	1965	1229.2	1976	1377.0	1983	1436.0
1930	788.4	1970	1303.2	1977	1385.0	1985	1445.4
1940	887.9	1971	1319.0	1978	1394.0	1986	1450.0
1945	926.0	1972	1333.0	1979	1403.0	1988	1470.0
1950	1011.4	1973	1344.0	1980	1414.0	1989	1490.0
1955	1075.0	1974	1354.0	1981	1424.7		
1960	1148.0	1975	1365.0	1982	1431.0		

年　份	年均增长率（%）	年　份	年均增长率（%）	年　份	年均增长率（%）
1920～1930	1.39	1951～1960	1.28	1981～1989	0.58
1931～1940	1.20	1961～1970	1.28	1920～1950	1.30
1941～1950	1.31	1971～1980	0.82	1951～1989	1.00

荷兰人口总的发展速度是缓慢的。第二次世界大战后的人口发展速度甚至低于战前。

---

① 《资本论》第1卷，人民出版社，1972，第949～950页。

一方面，与移民有关：20 世纪初期，荷兰大部分移民移居澳大利亚和美洲，部分移民在那里生活到 20 世纪 60 年代以后又返回荷兰，但其数量不多，累计 32 万人。另一方面，荷兰的人口自然增长率也不高，在 19 世纪后半期的 1860～1880 年期间，出生率为 35‰～36‰，之后便开始降低。第一次世界大战以后的 1920～1930 年间，降为 25‰，1930～1940 年进一步降至 20‰，人口自然增长率也从同期的 15‰～16‰ 降为 12‰～13‰。

进入 20 世纪 50 年代以后，其出生率开始降为 20‰ 以下，自然增长率也开始降低，不过在 60 年代后半期略有回升，这种回升既是过去人口再生产规律的反映，又影响到目前的人口再生产。进入 80 年代后半期，其出生率又有小的回潮。尽管受人口再生产周期性的影响，可能今后 25 年以后还会有所反复，但是，这种由于上一代人的出生率所决定的状况毕竟是有限的。只要没有奇迹发生，或者只要不是人们生育观念的转变而促使人们去多生，其出生率的变化不会很大。

荷兰人口死亡率的变化是，第二次世界大战后死亡率虽然有所下降，但是，由于第二次世界大战前已经降到较低水平，所以，第二次世界大战后的降低幅度并不大。至目前为止，平均死亡率在 8‰ 左右，20 世纪 80 年代初期略有升高，这与老年人口增多有关（参见表 2）。

表 2　荷兰人口自然变动指标

单位：‰

年份	出生率	死亡率	自　然增长率	年份	出生率	死亡率	自　然增长率	年份	出生率	死亡率	自　然增长率
1953	21.7	7.7	14.0	1971	17.2	8.4	8.8	1980	12.8	10.9	1.9
1958	17.9	9.0	8.9	1972	16.1	8.5	7.6	1981	12.5	10.4	2.1
1963	17.3	10.1	7.2	1973	14.5	8.2	6.3	1982	12.4	10.2	2.2
1965	19.9			1974	13.7	8.1	5.6	1983	11.8		
1966	19.2			1975	13.0	8.3	4.7	1984	12.1	8.3	3.8
1967	18.9			1976	12.9	8.3	4.6	1986	12.0	8.0	4.0
1968	18.6	8.2	10.4	1977	12.5	7.9	4.6	1989	13.0	8.0	5.0
1969	19.2			1978	12.6	8.2	4.4				
1970	18.3			1979	12.5	10.9	1.6				

尽管总死亡率没有大幅度的下降，但是低年龄组的人口死亡率下降幅度却很大。尤其是婴儿死亡率的下降速度更快。与此同时，医疗卫生事业的发展也促使其平均预期寿命有了长足的提高（参见表 3）。

表3　荷兰人口平均预期寿命与婴儿死亡率

年　份	平均预期寿命（年）		婴儿死亡率（‰）	年　份	平均预期寿命（年）		婴儿死亡率（‰）
	男	女			男	女	
1950~1951	70.6	72.9	23.7	1979	72.4	78.9	9.5
1952~1953	70.9	73.5		1981	72.7	79.3	8.3
1954~1955	71.0	73.9		1982	75.0		8.3
1956~1960	71.4	74.8	18.5	1986	76.0		8.3
1961~1965	71.1	75.9	15.8	1988	76.0		7.7
1971	71.0	76.7	11.5	1989	77.0		7.6

荷兰人口的平均预期寿命几乎是世界上最高的，仅次于欧洲的冰岛、亚洲的日本等国，在西欧地区，与瑞士并列第一。婴儿死亡率也属世界最低水平之列。人口的这种发展当然与其医疗卫生条件有很大关系，1980年，荷兰每名医生负担人口数目540人，每个护士负担人口数仅为130人。

不过，由于荷兰人口长期处于低出生状态，使人口的年龄构成发生了变化：年轻人比重显著降低，而老年人的百分比却在增长。这种状况在20世纪50年代初期已露端倪，目前日渐加深（参见表4）。

表4　荷兰人口年龄构成及老年人口抚养比

单位：%

年　份	0~14岁	15~64岁	65岁及以上	老年抚养比	年　份	0~14岁	15~64岁	65岁及以上	老年抚养比
1960	30.68	60.66	8.66	14.28	1981	21.80	66.60	11.60	17.42
1970	26.70	58.60	14.70*	25.08	1989	19.00	69.00	12.00	17.39

* 1970年为60岁及以上人口。

在20世纪60年代，荷兰0~14岁人口比重在整个欧洲还算是高的。在目前，却处于平均水平20%之下，其出生率的下降速度由此可见一斑。通过荷兰人口的年龄、性别构成可以看出该国近几十年来的人口变动结果。

年龄构成轻是荷兰人口的一个特点，然而，荷兰人口的另一个特点则是：性比例基本正常，这在经过第二次世界大战后的欧洲发达国家是不常见的。尽管第二次世界大战中荷兰仍指望像历史上那样再次保持中立国的态度不准备参战，但是，希特勒德国仍侵占了荷兰，因此，荷兰并非是战争的"世外桃源"。但是，该国人口上的损失显然要比直接参战国小得多。因此，年龄结构几乎没有突凸突凹的现象。而且，其性别构成也一直比较正常。在50岁以前，一直是男性人口占数目上的优势，甚至在30~45岁的壮年劳动力组，男性人口更多一些，这与 20 世纪 60 年代初从印度尼西亚、苏里南和西印度群岛返回的移民有关。荷兰的这种性比例已经维持了几十年。1950 年的性比例为 98.3，1979 年这一指标为 98.4。荷兰人口性别比例低的原因几乎是生物学规律所支配，即老龄人口越多，其性比例指标越低。从表 5 中，难以看出战争对于人口性别、年龄的重要影响。

表 5　1981 年荷兰人口年龄、性别构成

年　龄	总人口（人）	男性人口（人）	女性人口（人）	性比例（％）	年　龄	总人口（人）	男性人口（人）	女性人口（人）	性比例（％）
0	179388	91648	87740	104.4	45～49	765394	388081	377313	102.8
1～4	708601	362726	345875	104.9	50～54	739342	365667	373675	97.9
5～9	996835	509488	487347	104.5	55～59	712195	341924	370271	92.3
10～14	1219053	623642	595411	104.7	60～64	614529	288314	326215	88.4
15～19	1259412	644593	614819	104.8	65～69	544374	244392	299982	81.5
20～24	1219748	621578	598170	103.9	70～74	449694	188238	261456	71.9
25～29	1161279	593041	568238	104.3	75～79	331630	128215	203415	63.0
30～34	1205044	620816	584228	106.2	80～84	198838	71058	127780	55.6
35～39	980183	507928	472255	107.6	85⁺	130598	45226	85372	52.9
40～44	831066	428441	402625	106.4	总　计	14247203	7065016	7182187	98.4

人口分布、城市化

　　尽管荷兰的人口增长比较缓慢，但是，由于国土面积狭小，仅为 4.1 万平方公里，人口密度每平方公里 350 人左右，因此成为世界上人口密度最高的国家之一，这样，感到人口的增加仍然是一种压力。荷兰面积虽小，但人口分布却极不均匀。境内东北部为沙质地带、自然环境恶劣，人口稀疏，人口大多集中在中西部沿海地带（参见表 6）。

表 6　1985 年荷兰人口地区分布

省	面　积（平方公里）	人　口（人）	人口密度（人/平方公里）	省	面　积（平方公里）	人　口（人）	人口密度（人/平方公里）
格罗宁根	2607	561119	215	桑依特兰	3363	3151321	937
伏列斯兰基亚	3788	597648	158	泽特兰	3017	355403	118
得连结	2681	429463	160	北不拉奔	5106	2112971	414
欧巴爱塞尔	3926	1044866	266	夫雷佛伦	1136	122407	108
吉德兰	5128	1745301	340	林　堡	2209	1085666	491
乌得勒支	1396	936134	671	陆地面积	37292	14453833	388
北荷兰	2935	2311534	788	含水陆面积	41473		

荷兰人口之所以都集中在西部，是因为该国的几个特大城市如阿姆斯特丹、鹿特丹、海牙等均在西部，也正由于人们倾向于往西部交通便利处迁移，才使得这些城市发展起来。阿姆斯特丹始建于 16 ～ 17 世纪；而鹿特丹于 15 世纪所建；海牙则是拿破仑时代的首都，这些均是由于其交通因素而兴旺发达起来的（参见表 7）。

表 7　1953 ～ 1983 年荷兰人口超过 10 万以上的大城市人口变动情况

单位：人

年份 / 城市	1953	1972	1983	1983 年比 1972 年增减人口	年份 / 城市	1953	1972	1983	1983 年比 1972 年增减人口
阿姆斯特丹	852000	807742	712294	− 95448	恩斯赫德	112000	143330	144346	1016
鹿 特 丹	693000	670060	576330	− 93730	阿珀尔多伦		127955	140769	12814
海 牙	580000	525368	456726	− 68642	赞斯塔德		68695	129715	61020
乌得勒支	197000	274974	236211	− 38763	阿 纳 姆	109000	131377	128717	− 2660
艾恩德霍芬	147000	189209	195669	6460	布 雷 达		122430	117107	− 5323
格罗宁根	139000	171593	162952	− 8641	马斯特里赫特		112377	110232	− 2145
哈 勒 姆	165000	172082	157556	− 14526	多德雷赫特		101736	108041	6305
蒂 尔 堡	125000	154512	153117	− 1395	莱 顿		99396	103246	3805
奈 梅 亨	115000	150229	147346	− 2883					

1972 ～ 1983 年荷兰城市人口变动的特点是三个特大城市的人口均有下降，近乎半数的中小城市人口有所增加，这与荷兰有计划地进行城市规划及其付诸于实践有极大关系。目前的荷兰更多的是使大城市放射状地发展。1972 年，四位城市指数为 0.35456；1982 年为 0.3594，这显示荷兰均未发生特大城市人口膨胀现象。尽管荷兰是欧洲经济共同体内重要的农业生产国，也是世界上重要的农产品出口国之一，但是，荷兰的城市人口比重仍很高。1989 年达到 88%，高于西欧各国的平均水平。荷兰城市人口比重大具有一定的历史性，20 世纪 50 年代已达到了 80% 的水平，当时就有人认为荷兰的城市居民百分数之高，可以和像英国、比利时那样的"城市"国家相比美。

荷兰城市人口比重尽管已经达到很高的水平而提高幅度不可能太大，但是，其就业结构却发生了很大变化。1947 年，在就业总人数 386.6 万人中，农业 74.7 万人，占 19.3%；工业和建筑业 142.5 万人，占 36.9%；商业、运输业、服务业和非市场服务 169.4 万人，占 43.8%。1981 年，就业总人数增加到 473.6 万人，其中，农业 27.4 万人，占 5.8%；工业和建筑业 142.4 万人，占 30.1%；商业、运输业、服务业和非市场服务 303.8 万人，占 64.1%。

荷兰一贯重视教育，中世纪的美术佳品即闻名于世，近现代的著名自然科学家层出不穷。自 16 世纪脱离西班牙统治后，便设立了最早的大学组织。至今，国民文化素质水平仍显得很高。1980 年统计资料显示，文盲率仅为 1%，小学生入学率达 100%，中学生入学率高达 94%，均为世界前茅，这是荷兰政府实行 4～17 岁义务教育制的结果。大学生在校率也高达 31%。

荷兰人口从目前来看其特点是：（1）虽然出生率也有所下降，但并没有出现像西欧和北欧其他各国都出现的人口出生率大幅度下降到"最低"水平的现象，最低的 1986 年仍为 12‰。（2）死亡率在人口平均预期寿命很高的情况下并没有回升，而一直在 8‰左右徘徊，这是其他欧洲国家所没有的现象。（3）由上述两项原因造成的自然增长率显然高于其他邻国。（4）历史上的荷兰以人口大量外流为特征，而 20 世纪以后，则以人口内迁为主流，主要是劳动力人口大量流入所致。

荷兰在第二次世界大战中想躲而没有躲开，被法西斯德国万般蹂躏，使第二次世界大战后的荷兰经济百孔千疮。荷兰国土面积狭小、人口相对众多、资源严重匮乏，在这些情况下，第二次世界大战后的荷兰经济却有了迅速的发展，这是值得人们深思的。第二次世界大战后荷兰经济的发展是由多种因素促成的：（1）历史遗产的继承因素；（2）大规模围海造田的农业政策因素；（3）注重发挥本国优势的工业政策因素；（4）注意控制城市人口的城市人口政策因素；（5）提高国民文化素质的教育政策因素。总之，与战后的亚洲日本国类似，在人口极其稠密的情况下，其经济仍得到很快的发展，这种成果用荷兰人自己的话说，即是"世界是上帝创造的，但荷兰是我们创造的"。

目前困扰荷兰的人口问题是失业问题。进入 20 世纪 70 年代以后，该国失业队伍犹如脱缰之马，迅速扩大。1970 年失业人数 4.6 万人，失业率 1.1%；1975 年增为 19.5 万人，失业率为 4.5%；1980 年进一步达到 32.5 万人，失业率 5.9%；1984 年更上升到 82.2 万人，失业率高达 17.6%。失业率逐渐"升级"，有人口因素，如年龄结构、性别结构、地域结构等，也有经济因素。

荷兰人口 1989 年是 1490 万人，其出生率仍然高于死亡率，在一定时期内，人口仍呈增长型。但是，该国已于 20 世纪 70 年代初期就达到了妇女生育率的更替水平（参见表 8）。

表 8　荷兰人口净再生产率的变动情况

单位：个

年　份	1970	1971	1972	1973	1974	1975	1976	1977
净再生产率	1.255	1.122	1.026	0.909	0.843	0.793	0.776	0.753

这就是说，荷兰人口已经潜在地属于人口减少的类型。1989 年的妇女总和生育率为 1.6 个，折合为净再生产率为 0.75 个左右。这样，荷兰人口在今后较长时期内必然不会有较大增长。

参考资料

余开祥主编《西欧各国经济》，复旦大学出版社，1989。

〔苏〕勃兰特：《荷兰》，卢耀权译，新知识出版社，1955。

捷克斯洛伐克（Czechoslovakia）

捷克斯洛伐克是位于欧洲中部的完全内陆国家。国土呈东西条形走向，北连波兰，东与苏联相连，南与匈牙利和奥地利接壤，西、西北分别与联邦德国、民主德国比邻。一般将捷克斯洛伐克分类为"东欧国家"。官方公布的捷克斯洛伐克总面积为 12.79 万平方公里。人口总数 1989 年估测为 1560 万人。人口密度每平方公里 122 人。首都：布拉格。

历史

从古代开始，斯拉夫人各部族便穿过苏台德和喀尔巴阡山的隘口，来到了现今波西米亚、摩拉维亚和斯洛伐克的土地上。从公元 6 世纪初起，他们在这些早先被凯尔特部族和日耳曼部族占据的地方建立了自己的地盘。这块土地以凯尔特部族波伊人的名称命名为波西米亚。公元 830 年，版图包括捷克和斯洛伐克的大摩拉维亚帝国。之后受马扎尔人的袭击，使大摩拉维亚帝国在 10 世纪初遭到肢解，并使西部和南部的斯拉夫部族隔离开来，以致一千多年以来各斯拉夫部族始终未能在捷克斯洛伐克的土地上统一起来。嗣后两个民族经历着不同的政治命运，但是他们保持了密切的文化联系达几个世纪之久。大摩拉维亚帝国淹没之后，民族统一的中心从南摩拉维亚和西斯洛伐克转移到了波西米亚卢齐友人、列穆兹人、捷克人、兹里恰尼人、哈尔瓦特人等部族聚居的四周森林环绕的地带。由此开始，原始的氏族联盟演变成为封建的体系。13 世纪，繁荣的波西米亚地区大约就拥有了 80 万左右的人口。15 世纪中叶，捷克斯洛伐克地区爆发了反对罗马教廷、德意志贵族和封建主统治的胡斯运动。1781 年，这一地区废除了农奴制，随后民族复兴运动逐渐兴起。第一次世界大战以后的 1918 年 10 月 28 日捷克斯洛伐克独立国成立。之后，在历经残酷的战争后，捷克斯洛伐克无论是经济还是人口都损失惨重。

捷克斯洛伐克的人口与其国土一样具有极其悠久的历史。考古学家认为，最初出现在如今捷克斯洛伐克国土上的居民约在 10 多万年以前。最古老的居民点有旧石器时代的出土文物为证。特别是南、中摩拉维亚的布尔诺、摩拉维亚岩溶区、什特拉姆贝克、下维耶斯托尼采等地都挖掘出著名的古遗址，捷克斯洛伐克最古老的居民点遗址在加诺夫采附近发现，而波西米亚则在伊泽拉河畔霍尔卡附近发现。后来这些地方变成了东方各民族向西方移进的中途站，到了青铜器时代，此地成为当时最大的文明地域之一。从

13世纪开始一些东方民族进入捷克和斯洛伐克境地，随后，像俄罗斯人、匈牙利人等也陆续来到此地。只是到第二次世界大战结束以后，一些非捷克斯洛伐克人才大批离开此地，使捷克斯洛伐克成为几乎单一民族的国家。也就是说，目前构成捷克斯洛伐克居民主体的主要是斯拉夫语族的捷克人和斯洛伐克人，前者占总人口的63.5%，后者占总人口的31.2%，两大民族共占总人口的94.7%。余者为少数的匈牙利人、波兰人、德意志人、乌克兰人和俄罗斯人（参见表1）。

表1　捷克斯洛伐克人口民族构成

单位：%

民　族		1921年	1930年	1950年	1961年	1980年
捷克斯洛伐克	捷　克	52.5	53.0	67.9	66.0	64.2
	斯洛伐克	15.1	16.4	26.3	27.9	30.5
	乌克兰和俄罗斯	0.8	0.8	0.6	0.4	0.4
	波　兰	0.8	0.7	0.6	0.5	0.4
	匈牙利	5.1	4.3	3.0	3.9	3.8
	德意志	24.7	23.6	1.3	1.0	0.4
	其　他	1.0	1.2	0.3	0.3	0.3
	合　计	100.0	100.0	100.0	100.0	100.0
捷克	捷　克	67.5	68.4	93.8	94.3	94.9
	斯洛伐克	0.2	0.4	2.9	2.9	3.3
	乌克兰和俄罗斯	0.1	0.2	0.2	0.2	0.2
	波　兰	1.0	0.9	0.8	0.7	0.6
	匈牙利	0.1	0.1	0.2	0.2	0.2
	德意志	30.6	29.5	1.8	1.4	0.6
	其　他	0.5	0.5	0.3	0.3	0.2
	合　计	100.0	100.0	100.0	100.0	100.0
斯洛伐克	捷　克	2.4	3.7	1.2	1.1	1.1
	斯洛伐克	65.1	67.7	86.6	85.3	86.6
	乌克兰和俄罗斯	3.0	2.9	1.4	0.9	0.8
	波　兰	0.2	0.2	0.1	0.0	0.1
	匈牙利	21.7	17.6	10.3	12.4	11.2
	德意志	4.8	4.7	0.1	0.1	0.1
	其　他	2.8	3.2	0.3	0.2	0.1
	合　计	100.0	100.0	100.0	100.0	100.0

民族、宗教和语言

大约有8%的捷克人旅居国外，主要是欧洲一些国家和美国、澳大利亚等地，斯洛伐克人约有20%旅居国外。

在捷克斯洛伐克居民中，无神论者居多。具有宗教信仰的人基本是天主教徒和新教教徒，因此宗教信仰总体上讲比较单一。由于民族的单一性，其语言使用也十分简单，无论官方还是民间均使用同属于斯拉夫语族的捷克语和斯洛伐克语。

人口变动

从总体上讲，捷克斯洛伐克的人口随着社会历史的演变经历了几次起伏。最初该地区人口并不多，11世纪估计约有120万人左右，此后人口缓慢增加。但1618～1648年的30年战争使人口大为减少。18世纪中叶人口才再次有所增加。两次世界大战再度减少了捷克斯洛伐克的人口。直至20世纪50～60年代之后，元气有所恢复，人口开始缓慢增加（参见表2）。

表2　捷克斯洛伐克的人口变动

单位：万人

地区＼年份	1754	1800	1857	1900	1910	1921	1930	1937	1947
捷克人口	336.0	467.0	712.0	937.2	1007.9	1001.0	1067.4	1089.5	876.2
斯洛伐克人口	167.0	210.0	237.0	278.3	291.7	299.4	332.4	353.6	340.2
合计人口	503.0	677.0	949.0	1215.5	1299.6	1300.4	1399.8	1443.1	1216.4

地区＼年份	1950	1957	1961	1965	1968	1970	1983	1985	1989
捷克人口	889.6	951.2	957.2	975.7	986.6	990.8	1029.0	1040.8	1046.0
斯洛伐克人口	344.2	384.1	417.4	435.1	446.9	453.7	499.3	511.5	514.0
合计人口	1233.8	1335.3	1374.6	1410.8	1433.5	1444.5	1528.3	1552.3	1560.0

捷克斯洛伐克的人口不仅受自然因素的影响而起伏波动，而且，更受人口流动的影响。在捷克斯洛伐克独立之前，人口大多外向流动。据不完全统计，1910年，约有83.4万人移居维也纳，16.4万人涌入布达佩斯，这股移民流在19世纪末达到高潮，尤以移民美国和加拿大为时髦。1960年的统计显示，约有62.5万人旅居美国，当然，其中大多是战前移居过去的。1918年独立之后，移民流向发生变化，国内移民倾向于进入布拉格和布拉迪斯拉发，外向移民已将目标从美国转向到法国和比利时以及德国。1938年以后，捷克斯洛伐克人口发生了很大的变化，其原因是：（1）边境地区的重新界定；（2）纳粹德国占领捷克；（3）斯洛伐克国宣告成立[①]；（4）第二次世界大战爆发；（5）强迫去法国服劳役等。当时的捷克斯洛伐克人口以减少为特征，第二次世界大战结束后，人口才缓慢增长起来。

第二次世界大战前的20世纪20～30年代捷克斯洛伐克的人口增长较快，第二次世界大战以后人口有所减少，到50～60年代，又有复苏。但此后由于各种原因，其人口增长率始终没有超过50年代的水平。这是伴随着工业先进国家的共性而渐渐下降的（参见

---

① 1939年3月由于德国军队的占领，成立了傀儡的斯洛伐克国。

表 3 及表 4)。

表 3 捷克斯洛伐克人口年均增长率

单位：%

时 期	1900~1909	1910~1919	1920~1929	1930~1939	1940~1949	1950~1959	1960~1969	1970~1979	1980~1989
年均增长率	0.7	0.00	0.82	0.43	−1.19	0.98	0.49	0.56	0.23

表 4 捷克斯洛伐克人口自然变动指标

单位：‰

年 份	出生率	死亡率	自然增长率	婴儿死亡率	年 份	出生率	死亡率	自然增长率	婴儿死亡率
1920~1924	26.8	16.5	10.3	160.0	1960~1964	16.3	9.5	6.8	22.5
1925~1929	22.9	15.2	7.7	145.8	1968	14.9	10.7	4.2	22.2
1930~1934	19.7	13.7	6.0	128.5	1973	18.9	11.6	7.3	21.3
1937	16.3	13.1	3.2		1978	18.4	11.5	6.9	18.7
1945~1949	22.4	13.6	8.8	99.9	1980	16.2	12.1	4.1	19.0
1950~1954	22.0	10.9	11.1	58.2	1986	15.0	12.0	3.0	15.7
1955~1959	18.5	9.7	8.8	31.0	1989	14.0	12.0	2.0	13.1

从人口自然变动看，捷克斯洛伐克早期的人口仍出现过高出生、高死亡、低增长阶段。在 19 世纪末期，其出生率曾高达 40‰以上。20 世纪初，人口开始转变。所列资料显示，至少从 20 世纪 20 年代初至 50 年代后半期的 30 多年间，出生率才从 26.8‰降至 18.5‰，死亡率则从 16.58‰降至 9.7‰，也就是说，从 50 年代后期捷克斯洛伐克完成了人口类型的转变，进入了"三低"类型。1980 年的妇女生育率为 45.6‰，妇女总和生育率目前是 2.0 个，已达到甚至低于更替水平。因此，其人口几乎属于"静止人口"。

捷克斯洛伐克之所以有低的婴儿死亡率及高的人口平均预期寿命，主要原因是经济迅速发展、人民生活水平提高，尤其是医疗卫生条件改善的结果。1980 年捷克斯洛伐克每名医生负担人口数仅为 360 人，护士负担人口数更少，仅为 130 人，目前，医生负担人口数已降至 277 人。捷克斯洛伐克境内的医生人数占总人口的比重之大是世界最高位之一，医疗设备也相当普及和完善。

从 20 世纪 50 年代以后，捷克斯洛伐克的婴儿死亡率便降至 31‰的低水平。之后"每况愈下"，直至目前的 13.1‰，属于东欧的最低国家之一。与此相应，捷克斯洛伐克的人口平均预期寿命自 20 世纪 40 年代始便超过 60 岁，直至 1989 年已达到 71 岁，为东欧国家的平均值（参见表 5）。

表 5　1949～1989 年捷克斯洛伐克人口平均预期寿命

单位：年

年份	1949～1951	1955	1956	1957	1958	1960～1961	1962	1964	1969	1970	1972	1978	1986	1989
男	60.93	66.24	66.65	66.00	67.23	67.64	67.21	67.76	66.21	66.23	67.03	67.08	71.00	71.00
女	65.53	71.15	71.63	71.07	72.3	73.12	72.83	73.56	73.16	72.93	73.62	74.12		

　　捷克斯洛伐克的人口完全属于"老年型"人口，即少年儿童人数仅占很小比例，而 65 岁以上老年人口所占比重已经超过 10%。根据若干年来的普查，可以看出这种"老年型"人口的变动状态（参见表 6）。

表 6　1950～1989 年捷克斯洛伐克人口年龄构成变动情况

单位：%

年份	0～14 岁	15～64 岁	65 岁及以上	年份	0～14 岁	15～64 岁	65 岁及以上
1950	25.40	62.79	11.81	1981	24.3	63.5	12.2
1961	27.23	63.93	8.84	1989	24.0	65.0	11.0
1970	22.91	65.71	11.38				

　　导致捷克斯洛伐克人口老龄化的原因，主要是长期以来出生率下降，人口平均预期寿命延长所致。不过，在捷克斯洛伐克国内部，各地区间的年龄构成也不相同，如表 7 所示。

表 7　1960 年捷克斯洛伐克各地区人口年龄构成

地　区	各年龄人口的百分比（%）			平均年龄（年）
	0～14 岁	15～49 岁	50 岁及以上	
布 拉 格	19.7	47.3	33.0	38.1
东斯洛伐克	33.8	46.1	20.1	29.6
捷　　克	25.4	46.1	28.5	35.0
斯洛伐克	31.5	46.5	22.0	31.0
捷克斯洛伐克	27.3	46.2	26.5	33.8

　　尽管这是捷克斯洛伐克 20 世纪 60 年代初的资料，但是，也反映了年龄构成的地区差异特征：越发达的地区其人口越"老"。

　　像大多数发达国家一样，捷克斯洛伐克的人口性别构成的特征是男性人口少于女性人口。一般来说，这种情况的原因是：（1）战争的后遗症；（2）移民的变动；（3）人口老龄化等。捷克斯洛伐克 1950 年的性别比例是 94.6∶100，1961 年为 95.2∶100，1970 年为 95∶100，1980 年为 94.9∶100。可见，几十年来一直是这种男少女多的人口结构。

人口分布、城市化

捷克斯洛伐克的人口地域结构有其自己的特点。尽管捷克斯洛伐克是 1918 年出现在哈布斯堡王朝的废墟之上，由历史上颇为不同的两个部分所组成，但是，从人口分布看，捷克地区和斯洛伐克地区人口密度几近相同，前者 130 多人，后者 120 多人。不过，各地区内部的人口分布却不均匀，总的情况是山区人口稀疏，工业区、城市人口稠密（参见表 8）。

表 8　1983 年捷克斯洛伐克人口分布

州		面积（平方公里）	人口（人）	人口密度（人/平方公里）
捷克	布拉格	495	1182294	2388
	中捷克	11003	1151065	105
	南捷克	11345	689249	61
	西捷克	10876	879668	81
	北捷克	7810	1166530	149
	东捷克	11240	1247686	111
	南摩拉维亚	15028	2040735	136
	北摩拉维亚	11067	1932576	175
	小　计	78864	10289803	130
斯洛伐克	布拉迪斯拉发	368	381165	1036
	西斯洛伐克	14491	1683562	116
	中斯洛伐克	17983	1525802	85
	东斯洛伐克	16183	1402525	87
	小　计	49025	4993054	102
捷克斯洛伐克		127889	15282857	120

不过，捷克和斯洛伐克的人口密度接近也只是近 10 多年的事情，过去几十年前则相去甚远（参见表 9）。

表 9　捷克斯洛伐克地区人口密度变动情况

单位：人/平方公里

地　区　＼　年份	1921	1937	1950	1970	1980	1989
捷　　克	127	138	113	126	131	133
斯洛伐克	61	72	70	93	101	105
捷克斯洛伐克	102	113	96	113	120	122

随着社会与经济的发展，战争创伤的弥补，人口在空间上往往会发生较大的变动，从而出现再分布现象。捷克斯洛伐克是一个具有古老城市文化和稠密的城市居住地区网

的国家，这些居住地大半都已有数百年的历史，因此，在东欧诸国中，捷克斯洛伐克是城市人口比重最高的国家之一。据 1950 年统计，城市居民占全国人口 41.3%，1960 年上升为 47.5%，1980 年进一步提高至 64%，1989 年，城市人口比重高达 74%。全国劳动力人口中，工业劳动力人口所占比重最大，农业劳动力人口比重日趋减少，后者目前仅占全国劳动力人口的 13.1%（参见表 10）。

表 10　1910~1980 年捷克斯洛伐克劳动力人口构成变动情况

单位：%

年　份	农林渔业	工业、贸易	其　他	年　份	农林渔业	工业、贸易	其　他
1910	42.0	34.1	23.9	1950	30.9	36.3	32.8
1921	39.6	33.8	26.6	1961	22.5	46.9	30.6
1930	34.7	34.9	30.4	1980	13.1	55.2	31.7

捷克斯洛伐克普查规定，凡是拥有五千居民以上的居民区，除少数例外，都可称做城市，因此，捷克斯洛伐境内的城市层出不穷，而且，许多著名的大城市均是在古代时期便有了其雏形，如新石器时代便有人类居住的布拉格在 9 世纪便成为捷克斯洛伐克的中心地带，布尔诺的经济繁荣则在 14 世纪已到达顶峰；布拉迪斯拉发也是在 10 世纪左右昌盛起来的。总之，捷克斯洛伐克作为东、西欧，或者说是东、西方文化交流的通道或桥梁，随着交通及贸易的发展，原先的村落不断发展，且越来越多，遂演变为现代化城市（参见表 11）。

表 11　捷克斯洛伐克各大城市人口的变动

城　市	人口（1971 年）（人）	人口（1983 年）（人）	城　市	人口（1971 年）（人）	人口（1983 年）（人）
布　拉　格	1081608	1183724	捷克布杰约维采	76945	90477
布拉迪斯拉发	291124	391620	哈维洛夫	82157	89833
布　尔　诺	339227	376627	拉贝河畔乌斯季	74425	88093
俄斯特拉发	279771	322073	哥特瓦尔德夫	65310	84006
科　希　策	142233	208734	卡尔维纳	77117	78252
比　尔　森	147302	173105	日　利　纳	41806	83283
奥洛莫乌茨	80563	102937	尼　特　拉	43596	76743
利贝雷茨	73444	97616	普雷绍夫	41163	71772
赫拉德茨	68160	95529	克拉德诺	56935	71304
帕尔杜比采	70777	92003			

捷克斯洛伐克重视教育。6~15 岁的国民都必须接受 9~10 年的国民义务教育，不必负担费用。1981 年资料显示：小学生入学率为 80%，中学生为 46%，大学达 18%。其

中等教育在欧洲国家、甚至在东欧国家也被列为落后之国。不过，至目前为止，境内人口已无文盲存在。

小结

捷克斯洛伐克的人口目前已接近静止水平。妇女总和生育率仅为 2.0 个，出生率减去死亡率的人口自然增长率降为 0.2%。按照这种速度发展下去，大概在 300 年以后人口才能达到目前人口的 1 倍。这种情况持续下去的后果，是老年人口比重更大，劳动力将会感到更加匮乏。

参考资料

〔捷〕亚罗米尔·德麦克、米罗斯拉夫·斯特日达：《捷克斯洛伐克地理》，延边大学外语教研组译，吉林大学出版社，1978。

〔苏〕马耶尔高茨：《捷克斯洛伐克》，王田、杨镇安译，生活·读书·新知三联书店，1957。

《Czechoslovakia Economy》.

列支敦士登 （Liechtenstein）

欧洲中部的列支敦士登位于瑞士与奥地利之间的莱茵河上游东岸，一直是两国之间的缓冲地带。面积 160 平方公里。1987 年人口约为 2.77 万人，人口密度每平方公里 173 人。首都：瓦杜兹。

历史

这个小山国成为独立国家的历史是从拔登贝尔·克萨尔喀斯伯爵家族在瓦杜兹设置城堡时开始的，其后于 1699 和 1712 年先后被奥地利贵族列支敦士登家族取得了瓦杜兹和施伦堡的领主权。1712 年 6 月查理六世封瓦杜兹和施伦堡为公国，以当时公爵的姓氏列支敦士登为国名，自此，该公国便一直属于奥地利的势力范围。而在 1815～1866 年间则为德意志联邦之一员。1866 年宣告独立。1868 年宣布永久中立。

民族、宗教和语言

列支敦士登人起源于古代勒梯人和日耳曼阿勒曼尼部落。具体地说，在罗马帝国统治时期，当地的凯尔特人逐渐罗马化。公元 3 世纪，属于日耳曼部落群的阿勒曼尼人便大批来到此地，后又同化了当地已被罗马化的土著，而成为列支敦士登的先民。近几十年来，由于以奥地利人和德裔瑞士人为主的移民不断流入，因此，该公国的居民主要是由列支敦士登早期居民和新型移民所组成。目前国内外籍人员约有 8800 人，刚好没有超过法律规定的数目：该国 1971 年移民入境法曾规定外籍人员不得超过全国人口的 1/3。

列支敦士登居民中有 92% 为天主教徒，只有 8% 的新教徒。受历史的影响，至今列支敦士登仍以德语作为其国语。不过，从德语中分化出来的阿勒曼尼口语则被更加广泛地使用。

人口变动

列支敦士登由于其面积有限，加上地理位置的特殊性，人口一直比较少。19 世纪初期，大概只有 6000 多人，之后人口缓慢增加，其原因一方面是人口基数小，另一方面是许多列支敦士登人迁居邻国瑞士和奥地利。20 世纪中期以后，人口迁移流向改变，人口内迁逐渐多了起来，从而使列支敦士登人口有了一定程度的增加。1966 年的调查人口数据是 19916 人，1981 年达 26130 人，1987 年 12 月 31 日数字是 27714 人（参见表1）。

表1 列支敦士登人口及自然变动指标

年 份	人口（人）	出生率（‰）	死亡率（‰）	自然增长率（‰）	年平均增长率（%）
1950	13757	20.4	7.8	12.6	
1960	16628	23.1	7.5	15.6	1.9
1970	21350	19.8	7.6	12.2	2.5
1980	25654	15.4	6.8	8.6	1.9
1981	26130	14.3	6.2	8.1	1.9
1983	26500	13.2	5.7	7.5	0.7
1987	27714				1.1

人口结构

20 世纪 60 年代人口"大量"迁入列支敦士登之后，1971 年颁布了移民法，在一定程度上限制了人口向内迁徙，其人口增长速度又趋减缓。列国的人口自然变动也如同大多数人口众多的发达国家那样，一直在进行着人口"转变"，并且已经进入了"三低"类型。从其年龄结构来看，该地区已是一个"老年"人口集团。1981 年，0～14 岁人口比重为 22.3%，15～64 岁人口是 68.7%，65 岁及以上人口比重为 9%。如果将其年龄结构图绘制出来，则看的更为清楚（参见表2及图1）。

表2 1981 年列支敦士登人口年龄、性别构成

年 龄	男性人口（人）	女性人口（人）	性比例（%）	年 龄	男性人口（人）	女性人口（人）	性比例（%）
0～4	903	875	103.2	50～54	559	552	101.3
5～9	933	918	101.6	55～59	536	644	83.2
10～14	1109	1099	100.9	60～64	468	497	94.2
15～19	1103	1141	96.7	65～69	368	422	87.2
20～24	1227	1286	95.4	70～74	281	399	70.4
25～29	1229	1254	98.0	75～79	177	294	60.2
30～34	1283	1112	115.4	80～84	80	170	47.1
35～39	1152	1039	110.9	85+	43	99	43.4
40～44	849	799	106.3				
45～49	602	628	95.9	合 计	12902	13228	97.5

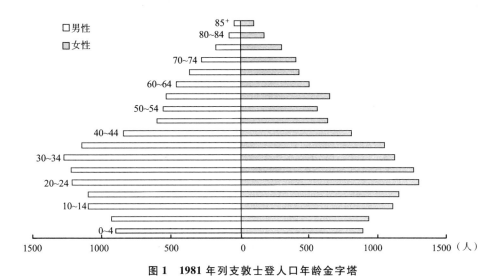

图1 1981年列支敦士登人口年龄金字塔

图1的金字塔图形清楚地显示出了列支敦士登人口转变的过程。当然，导致该国人口年龄金字塔成为"枣核形"的原因不只是自然变动因素，还有迁移变动的因素。此外，该国的婴儿死亡率的下降速度也很快：1953年婴儿死亡率是53‰，1958年为24.2‰，1968年进一步降至20.9‰，1973年为7.4‰，1981年测算结果是2.7‰，这一数值可能偏低，但是总的情况是婴儿死亡率下降速度很快，促使人口向老龄人口"挺进"。

该国人口性别比例基本正常。男性人口略少于女性。1981年女性多于男性326人。但在过去的几十年，这一差额稍大一些（参见表3）。

表3 列支敦士登人口性比例变动

年 份	男性人口（人）	女性人口（人）	男比女多（人）	性比例（％）	年 份	男性人口（人）	女性人口（人）	男比女多（人）	性比例（％）
1950	6695	7062	-367	94.8	1970	10616	10734	-118	98.9
1960	8130	8498	-368	95.7	1981	12902	13228	-326	97.5

在只有160平方公里的土地上，容纳了近3万列支敦士登人以及每年如潮如织的观光游客，人口密度显然大于以常住人口计算的数值。首都瓦杜兹吸引了全国20%的人口，其余人口大多分布在山麓谷地周围。该国的特点是，山谷土地肥沃、牧场很多、葡萄业十分发达、棉织品与刺绣品均质地精良、旅游业不断发展、尤其是"邮票业"十分兴盛，1987年人均国民收入37007美元。每2人就有一辆小汽车，每名医生负担人口数1230人，全国仅有22名医生，警察38名，实行9年义务教育制，但全国没有一所大学。

最近30年来，列支敦士登已从农业国家摇身一变为工业国家。农业劳动力人口500

人左右，只占就业人口的6%，这些人以养牛和种植小麦、玉米、葡萄为主，该国遂成为世界上最富裕的国家之一（参见表4）。

表4 1981年列支敦士登劳动力人口构成情况

单位：%

行　业	占就业人口比重	行　业	占就业人口比重	行　业	占就业人口比重
农林牧渔	3.4	水电煤气	0.4	行政、国防	4.3
采矿业	0.3	运输仓储通信	2.6	服务业	12.3
制造加工	43.4	贸易	13.5	其他	0.6
建筑业	8.3	金融、保险、商业	10.9	合　计	100.0

卢森堡（Luxembourg）

卢森堡属于"西欧"国家，是位于欧洲西部的一个地地道道的内陆国，东面是联邦德国，南与法国接壤，西和西北都与比利时相连。全国整个国土面积只有2586.36平方公里，为欧洲最小的国家之一。1989年人口估测仅为40万人。人口密度每平方公里154.6人。因此，卢森堡虽然称之为卢森堡大公国，但是，给人的印象却是小巧玲珑，地小人多。与荷兰、比利时并称为有名的"西欧三小国"。卢森堡国的首都同称为：卢森堡。

历史

卢森堡大公国是在一个人类具有悠久历史的地区建立起来的国家。作为欧洲的一个内陆国，在史前时代便已有人在此定居，从事农业生产。现代资料认为，目前卢森堡境内在公元前一千多年居住着的人口是凯尔特部落的别尔格人。公元年初期，罗马人入侵，使其备受罗马文化所熏陶，这种文化统治长达四个世纪。从5世纪初起，日耳曼部落的法兰克人开始占领此地。因此，公元963~1354年，卢森堡先后成为神圣罗马帝国阿登伯爵、卢森堡伯爵和卢森堡公爵的自治领地。从15世纪开始，此地又先后为西班牙人、法国人、奥地利人所统治。卢森堡所处的地理位置是西欧的莱茵河流域与巴黎盆地的交通要冲。1815年欧洲维也纳会议决定将卢森堡升为大公国，其主权为当时荷兰的欧兰尼尔·纳萨家族的伍雷姆一世所有。1839年4月19日，欧洲国家伦敦协定承认卢为独立国家。1867年被承认为永久中立国家。1890年卢森堡彻底摆脱荷兰王国的统治。然而在两次世界大战中，并未摆脱德国法西斯带来的厄运，均为德国人所占领。第二次世界大战后，该国加入北约。并于1958年参加欧洲共同体，成为创始成员国。

民族、宗教和语言

从历史上看，凯尔特部落、罗马人、日耳曼人是卢森堡早期的居民。这些居民经过悠久的历史相处之后，相互沟通并融合为一体，从而产生了一个新的民族，即卢森堡民族。卢森堡族属于日耳曼语族，是目前卢森堡国的最大人口集团，占总人口的 76.3%，同一日耳曼语族的德意志人占 2.5%，佛兰芝人占 1.4%。此外，另一大的语族是罗曼语族，其中意大利人占 6.4%，葡萄牙人占 5.6%，法国人占 2.8%，此外还有犹太人等。

卢森堡的官方语言为法语，通用语言为德语。不过，在下德意志方言基础上形成的特殊的卢森堡语仍盛行。可以说，三种语言都是卢森堡的主要使用语言。天主教是 97% 的居民信奉的宗教。为数不多的人为无神论者。

人口变动

卢森堡的人口，至今才 40 万人，与其狭小的国土有很大关系。大约在 19 世纪初期时，卢森堡人便有 20 万，而且大都集中在中世纪所建造的具有悠久历史的卢森堡城中。经过一百年的历史演进，人口数目几乎没有太大变化，卢森堡人口增加最快的时期，是在 20 世纪初的 30 年间。由于人口迁移，使得该国人口从 1900 年的 20 万迅速增至 1930 年的不足 30 万人（参见表 1）。

表 1　卢森堡的人口变动

年　份	人口（万人）	年　份	人口（万人）	年　份	人口（万人）
1920	26.1	1955	30.0	1975	35.9
1930	26.7	1960	31.4	1979	36.4
1940	29.6	1965	33.1	1980	36.5
1945	28.0	1966	33.4	1985	36.6
1950	29.6	1970	33.9	1989	37.2

年　份	年均增长率（%）	年　份	年均增长率（%）
1920～1930	0.22	1961～1970	0.77
1931～1940	1.04	1971～1980	0.74
1941～1950	0.00	1981～1989	0.21
1951～1960	0.59		

总体上讲，卢森堡的人口增加一直极为缓慢，一方面由于人口迁入率低；另一方面因为该国出生率低，它的人口转变大概与法国、英国等西方老牌发达资本主义国家是同步的。从第二次世界大战后刚结束的情况看，其出生率甚至比法国等国家还要低。1950 年，卢森堡的人口出生率为 13.9‰，是欧洲最低水平。当时的联邦德国为 15.8‰，瑞典 16.4‰，瑞士 18.1‰，英国 16.2‰。被认为很早就进行了人口转变的英、法等国，真正降到 13‰ 的出生率水平，大概也是在第二次世界大战期间，法国出生率在 13‰ 时为 1941 年，英国在此之前，甚至还没有出现过如此低的数字。从那时起，卢森堡的人口出生率就一直没有回升过。死亡率尽管高于 10‰，但显然不是由于由高向低的转变结果，而是受年龄结构的影响所致，由此而决定的人口自然增长率一直很低，自 20 世纪 70 年代起，卢森堡人口呈负增长状（参见表 2）。

表 2 卢森堡人口自然变动指标

单位：‰

年份	出生率	死亡率	自然增长率	年份	出生率	死亡率	自然增长率	年份	出生率	死亡率	自然增长率	年份	出生率	死亡率	自然增长率
1950	13.9	11.5	2.4	1968	14.2	12.3	1.9	1978	11.2	11.6	-0.4	1983	11.4	11.3	0.1
1953	15.2	12.4	2.8	1970	13.2	12.3	0.9	1979	11.2	11.0	0.2	1986	11.5	10.9	0.6
1958	16.0	11.3	4.7	1975	11.1	12.2	-1.1	1980	11.6	11.2	0.4	1987	11.5	10.9	0.6
1960	16.0	11.8	4.2	1976	10.9	12.5	-1.6	1981	12.1	11.2	0.9	1989	12.0	11.0	1.0
1963	15.9	12.2	3.7	1977	11.2	11.3	-0.1	1982	11.8	11.3	0.5				

像西欧资本主义发达国家一样，卢森堡的人口不仅很早就进入了"三低"类型，而且，这种状况持续至今日。尤其是，人口出生率在20世纪70年代曾经低于死亡率，从而成为与联邦德国等国一样，是世界上少有的几个人口出现过负增长的国家。

由于卢森堡的人口出生率长期以来一直很低，死亡率、尤其是婴儿死亡率也十分低，其人口年龄结构很早便起了变化。又由于其人口平均寿命比较高，老年人口比重也日趋扩大（参见表3）。

表 3 1953～1989 年卢森堡人口平均预期寿命及婴儿死亡率

年 份	平均预期寿命（年）		婴儿死亡率（‰）	年 份	平均预期寿命（年）		婴儿死亡率（‰）
	男	女			男	女	
1953	63.2	68.9	42.3	1979	66.8	72.8	12.9
1958	64.5	70.6	34.7	1981	71.0		13.8
1963	66.1	71.9	28.6	1983	72.0		
1968			16.7	1987	73.0		11.2
1973	67.0	73.9	14.3	1989	74.0		9.4

卢森堡的婴儿死亡率不像有些国家那样很早就降到较低水平，直到20世纪50年代，仍然徘徊在40‰左右。第二次世界大战后40年，由于科学技术发展及医疗卫生条件的改善，才使得婴儿死亡率有了很大程度的降低。与此相应的，人口平均预期寿命在战后提高近10岁，这与目前欧洲人口平均预期寿命相同。

总之，卢森堡的人口自然变动的主要时期在20世纪之前，进入20世纪30年代以后，基本进入稳定状态，尤其是第二次世界大战后，出生率和死亡率之间相差很小，这一状况维持至今，从而成为人类历史上最早完成人口转变的国家之一。

人口结构

由此而决定的卢森堡人口为老年型人口。1979 年，卢森堡 15 岁以下少年儿童比重仅为 19％，老年人口比重达 13.5％，15～64 岁组人口比重 67.5％（参见表 4）。

表 4　1979 年卢森堡人口年龄、性别构成

年龄	总人口（人）	比重（％）	男性人口（人）	女性人口（人）	性比例（％）	年龄	总人口（人）	比重（％）	男性人口（人）	女性人口（人）	性比例（％）
0	4323	1.19	2224	2099	105.96	45～49	24656	6.78	12691	11965	106.07
1～4	16239	4.47	8309	7930	104.78	50～54	23761	6.53	11764	11997	98.06
5～9	22208	6.11	11409	10799	105.65	55～59	19867	5.46	8727	11140	78.34
10～14	26467	7.28	13506	12961	104.21	60～64	14811	4.07	6838	7973	85.76
15～19	28199	7.76	14269	13930	102.43	65～69	17136	4.71	7502	9634	77.87
20～24	29111	8.00	14534	14577	99.71	70～74	14499	3.99	5973	8526	70.05
25～29	28770	7.91	14573	14197	102.65	75～79	9803	2.70	3655	6148	59.45
30～34	27273	7.49	14401	12872	111.88	80～84	5150	1.42	1720	3430	50.15
35～39	24652	6.78	12778	11874	107.61	85＋	2453	0.67	760	1693	44.89
40～44	24283	6.68	12477	11806	105.68	合计	363661	100	178110	185551	95.99

从年龄结构看，卢森堡的人口类型是一个典型的稳定→缩小型人口。从 20 世纪 50 年代末开始，出生人口数有所减少，从而呈现出一种萎缩形状。不过，往前看几十年，其人口年龄结构相当均匀，说明该国人口很早便进入了"稳定型"。

卢森堡的人口性别构成总体上是男性人口略少于女性人口的平衡状态，但各年龄组似有所差异，究其原因，主要是流动人口变动所致。从 20 世纪初开始，卢森堡随着黑色冶金工业的发展，吸引了大量的外籍工人，这些人口主要来自德国、比利时、意大利、法国和波兰，从而使得卢森堡成为拥有全国人口 25％ 的外籍工人的这一比重在欧洲最高的国家，因此，35～49 岁组的男性比例最高。不过，卢森堡总体人口性别比重一直是男性人口低于女性人口，尤其是 20 世纪 60 年代中期德国人和比利时人返国离境的时候，男性人口更为减少。卢森堡人口 1960 年总的性比例为 97.5∶100，1966 年降至 86.7∶100，1970 年又恢复至 96.1∶100。

人口分布

卢森堡国土面积狭小，人口稠密，即使贫穷的阿登区也由于大量施用从矿渣提炼出来的钙肥而成为肥沃之乡，因此，目前卢森堡人口的稠密与稀疏地区已不太明显，只是卢森堡首都及阿尔泽特河畔埃施是人口最为稠密的地区，这两个地区人口密度每平方公里甚至高达近 500 人（参见表 5）。

表5　1983年卢森堡人口地区分布

郡	面积（平方公里）	人口（人）	人口密度（人/平方公里）	郡	面积（平方公里）	人口（人）	人口密度（人/平方公里）
卢森堡	238.5	114228	479	菲安登	54.1	2642	49
卡培朗	199.2	27159	136	维尔兹	264.5	8997	34
埃　施	242.8	114474	471	厄特那	185.5	10653	57
梅尔施	223.9	16546	74	格雷文马赫	211.4	16393	78
克雷堡	331.7	9580	29	瑞米顿	127.9	11790	92
迪基希	239.4	21873	91	总　计	2586.4	364606	141
雷当日	267.5	10271	38				

外国移民大多居住在卢森堡南部，大多数意大利人和法国人住在西南部和首都卢森堡市，佛兰芝人和瓦隆人住在西部和与比利时交界处。

由于卢森堡人口总数很少，其城市便不能以通常的标准进行分类。首都卢森堡总人口不过7.9万人，但已经占了全国总人口的20%左右。阿尔泽特河畔埃施市拥有人口2.5万人，已属卢国第二大城市。截至1981年，人口过万人以上的城市只有6个，除上述两个城市外，还有迪弗当日：1.67万人；迪德朗日：1.41万人；佩唐日：1.21万人；萨内姆：1.12万人。仅这6座城市的人口便计15.8万人，占全国总人口的41%。因此，卢森堡城市人口比重很高，现已达到78%，超过欧洲74%的平均水平。

卢森堡是经济高度发达的资本主义工业国。第二次世界大战后经济发展更为迅速，从经济结构来看，其变化十分剧烈。以产业结构为例，30多年来，农业在国内生产总值中的比重不断下降，1950年占12%，1970年下降到4%，1980年只占2%；20世纪70年代以前，工业的比重有所增长，1950年占46%，到1970年增加到52%，但70年代以来则大幅度下降，1980年只占40%；只有运输业、商业和服务业的比重稳步上升，这一行业1950年占42%，1970年占43%，1980年占58%。相应的就业结构也有了很大变化，1983年就业人口总数为16.2万人，占全部人口的43.6%，其中第一产业人口占总就业人口的5.7%，第二产业占38.3%，第三产业占到56%。

农业劳动力人口的减少，主要是由于农业劳动生产率提高，单位农地上所需要的劳动力大大减少而使得农业劳动力转入其他行业的缘故。1960年，每100公顷农地需要16.1个农业劳动力，但到1982年时，同一面积的农地中却只需要6.5个劳动力。

卢森堡重视文化教育，所有年满6岁儿童必须接受9年义务教育已纳入法律规定之中。此外，卢森堡的医疗卫生条件良好，1984年共有各类医院34座，病床4688张，医生637名，每名医生负担人口数566人。

小结

总之，卢森堡的人口特点是：（1）很早便进行了人口再生产类型的转变，是世界上最早进入"三低"类型的国家之一；（2）由此而决定的人口老龄化现象严重，劳动力人口后劲不足，具有西欧发达国家所有的共同特征；（3）人口性别构成基本平衡，受人口流动的影响，若干年龄组人口性比例有特殊性；（4）人口增长极为缓慢。美国人口咨询局甚至认为，照卢森堡现今的人口速度增长的话，大概在 1155 年之后，该国人口才能成为目前 40 万人口的 1 倍——80 万人。这种预测当然是一种极大的假设，但是，至少说明该国人口增长程度之缓慢。以当前状况预测，以后的几十年，卢森堡人口不会有所增长，除非有什么大的奇迹发生。

罗马尼亚（Romania）

罗马尼亚是自然地理上的南欧国家，但政治地理上属"东欧"国家，位于巴尔干半岛的东北部，处在中欧、东欧和南欧三大地区的交会点处。东南濒临黑海，由此向北以顺时针方向的相邻国家依次是：保加利亚、南斯拉夫、匈牙利和苏联。世界闻名的多瑙河成为罗国与其南邻国家的分界线。国土全部面积 23.75 万平方公里。1989 年人口数约为 2320 万人。人口密度每平方公里 97.7 人。首都：布加勒斯特。

历史

罗马尼亚是欧洲历史比较悠久的国家。罗马尼亚科学院院士康斯坦丁·泰柯维秋曾撰文指出：在罗马尼亚领土上，最早人类生存的可靠迹象，是属于石器时代相当晚的时期，即约 10 万年以前的旧石器时代末的穴居时期。以后的研究又进一步表明，罗马尼亚境内人类生存的时间开端可能还更为古老，远至于旧石器时代初的"克拉克托尼亚时代"，约在穴居时期前 10 万年以上。公元前 4000 年开始的新石器时代，留有许多原始人居住的遗迹，这表明了原始人在罗马尼亚境内的文化阶段。① 公元前 2000 年左右，拥有优越的社会组织的许多游牧部落从东北方进入这块已有耕地的定居居民的土地，他们最初侵入平原，接着就侵入山地，最后就在这些山区定居下来了。大约在公元前 70 年，葛特 - 达契亚国王布雷比斯塔建立了第一个中央集权和独立的达契亚国。公元 106 年被罗马帝国征服。14 世纪形成瓦拉几亚、摩尔多瓦等封建公国。1526 年后成为奥斯曼帝国的附属国。以后，经过战争、分裂、再合并，1859 年，瓦拉几亚和摩尔多瓦两公国合并称为罗马尼亚。1877 年罗马尼亚已成为独立的国家。1918 年罗马尼亚将原来被侵地区收回，遂成统一国家。1947 年 12 月 30 日成立罗马尼亚人民共和国。1965 年改称罗马尼亚社会主义共和国。1989 年易名罗马尼亚。

民族、宗教和语言

最早迁徙到罗马尼亚的人口集团被认为是印欧系人种，即原始色雷斯人。他们进入此

---

① 考古学上一般把"石器时代"分为两或三个阶段：旧石器时代，距今 250 万 ~ 1 万年；新石器时代，距今 1 万 ~ 5000 年；有一种观点将距今 2 万 ~ 1 万年称为中石器时代。

地并与当地居民混合，最后产生了早期的达契亚·杰蒂部落和达契亚族及杰蒂族。公元106年被罗马帝国征服后，便被罗马人所同化，从而形成了一个新的民族，即罗马尼亚民族。目前的罗马尼亚就是以罗马尼亚民族为主体的国家，该民族占总人口的比重为88.3%，属于印欧语系罗曼语族。此外，人口最多的还有乌拉尔语系的芬兰－乌戈尔语族的匈牙利人，占总人口的比重为7.8%；以及属印欧语系的日耳曼语族的德意志人，约占总人口的1.7%。其余为印欧语系斯拉夫语族的乌克兰人（0.3%）、塞尔维亚人（0.2%）、俄罗斯人（0.2%）、斯洛伐克人（0.2%）和阿尔泰语系突厥语族的鞑靼人（0.1%）、土耳其人（0.1%）以及吉普赛人（1.1%）。

9世纪中叶，基督教从拜占庭传到罗马尼亚。最初罗马尼亚东正教会归君士坦丁堡牧首管辖，后于1885年独立，1925年选出罗马尼亚东正教会牧首，因此，罗马尼亚的东正教是一个独立的教会。目前罗马尼亚的宗教信仰者中约有4/5的人是东正教徒，其余的像匈牙利人和德意志人则信奉天主教、路德派新教等。另外，还有少数穆斯林和犹太教徒。

罗马尼亚语是罗马尼亚的官方语言，属于印欧语系罗曼语族的东罗曼语支。

人口变动

由于异族不断入侵罗马尼亚，使其版图难以确定，因此其远古时期，抑或是中世纪的人口规模都难以确定。胡焕庸先生主编的《世界人口地理》一书提供了这样的资料：罗马尼亚境内中石器时代约1万人。公元前6000年前后增至10万人；进入铁器时代达75万人[①]；公元1700年为250万人。1859年罗马尼亚第一次人口普查的数据是全国860万人，1891年突破1000万人，1941年为1611万人。第二次世界大战重创了罗马尼亚的人口。1948年为1587万人，1979年为2205万人。与其他有关资料汇集起来，整理出罗马尼亚人口增长的线索如表1及图1所示。

表1　罗马尼亚的人口变动

单位：万人

年份	人口	年份	人口	年份	人口	年份	人口	年份	人口
公元前6000年	10	1940	1590.7	1966	1910.3	1976	2145.0	1983	2255.0
公元前1000年	约75	1941	1611.0	1970	2025.3	1977	2155.9	1984	2262.5
1700	250	1948	1587.3	1971	2047.0	1978	2185.0	1985	2280.0
1859	860	1950	1631.1	1972	2066.0	1979	2205.0	1987	2293.6
1891	1000多	1956	1748.9	1973	2083.0	1980	2227.0	1989	2320.0
1920	1234	1960	1840.3	1974	2103.0	1981	2235.0		
1930	1414.1	1965	1902.7	1975	2124.5	1982	2248.0		

---

① 铁器时代，距今3400年。石器时代和铁器时代之间的时代叫铜器时代，距今约4000年。

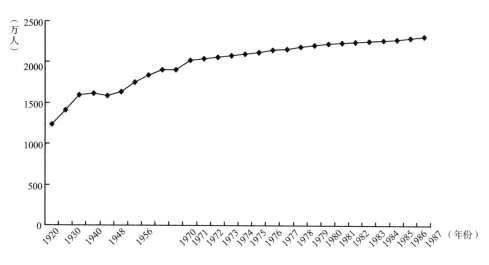

图1　罗马尼亚人口变动图示

进入 20 世纪以后，罗马尼亚的人口增长了 1 倍，但其各个时期的增长速度并不相同（参见表 2）。

表 2　罗马尼亚每个 10 年的人口年均增长率

单位：%

时　期	1920～1930	1930～1940	1940～1950	1950～1960	1960～1970	1970～1980	1980～1989
年均增长率	1.37	1.18	0.25	1.21	0.96	0.95	0.46

从图 2 明显看出，罗马尼亚的人口绝对量缓慢增长，其增长速度也几乎不动。第二次世界大战使罗马尼亚惨遭损失，人口曲线图呈明显凹型，这一时期罗马尼亚人口的出生率、死亡率也起了很大变化。出生率由战前的 30‰ 左右降至 23‰，死亡率变化不大，但在 1947 年，曾达到过 22‰。据认为，第二次世界大战中，罗马尼亚死亡人口为 30 万人左右。（参见图 2、表 3 和图 3）。

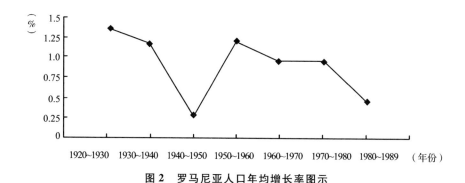

图 2　罗马尼亚人口年均增长率图示

表3　罗马尼亚人口自然变动及有关指标

年份	出生率（‰）	死亡率（‰）	自然增长率（‰）	婴儿死亡率（‰）	平均预期寿命（年）男	平均预期寿命（年）女	年份	出生率（‰）	死亡率（‰）	自然增长率（‰）	婴儿死亡率（‰）	平均预期寿命（年）男	平均预期寿命（年）女
1911		25.3					1964	15.2	8.1	7.1	48.6		
1930	34.1	19.3	14.8	173.5（1937年）			1965	14.6	8.6	6.0	44.1	66.45	70.51
1944以前	29.5	18.8（1937年）	10.7				1966	14.3	8.2	6.1	46.6		
1945	19.6						1967	27.4	9.3	18.1	46.6		
1946	23.8	18.8	5.0	164.0			1968	26.7	9.6	17.1	59.5	65.50	69.82
1947	23.4	22.0	1.4	199.0			1969	23.3	10.1	13.2	54.9		
1948	23.9	15.6	8.3	143.0			1970	21.1	9.5	11.6	49.4		
1949	27.6	13.7	13.9	136.0			1971	21.1	9.5	11.6	42.4	66.27	70.85
1950	26.2	12.4	13.8	117.0			1972	19.5	9.2	10.3	40.0		
1951	25.1	12.8	12.3	118.0			1973	18.2	9.8	8.4	38.1		
1952	24.8	11.7	13.1	105.0			1974	18.2	9.1	9.1	35.0	67.29	71.82
1953	23.8	11.6	12.2	96.0			1975	19.6	9.3	10.3	34.7		
1954	24.8	11.5	13.3	89.0			1976	19.3	9.5	9.8	31.4		
1955	25.6	9.7	15.9	78.0			1977	19.5	9.6	9.9	31.2	67.42	72.06
1956	24.2	9.9	14.3	81.0	61.48	64.97	1978	19.1	9.7	9.4	30.3		
1957	22.9	10.2	12.7	81.0			1979	18.6	9.9	8.7	31.6		
1958	21.6	8.7	12.9	69.0			1980	18.0	10.4	7.6	29.3		
1959	20.2	10.2	10.0	76.0			1981	17.0	10.0	7.0	28.6		
1960	19.1	8.7	10.4	74.6			1982	15.3	10.0	5.3	28.0		
1961	17.5	8.7	8.8	69.4			1985	15.8	10.9	4.9	25.6	69.00	
1962	16.2	9.2	7.0	58.8			1986	14.0	10.0	4.0	23.9		
1963	15.7	8.3	7.4	55.2	65.35	70.25	1987	16.0	11.0	5.0	25.6	70.00	

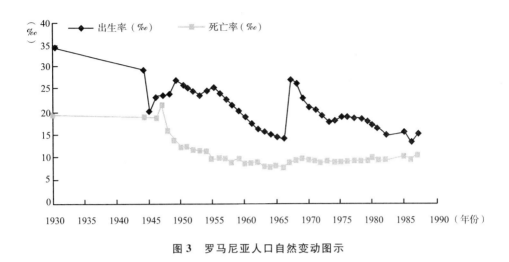

图3　罗马尼亚人口自然变动图示

罗马尼亚的人口自然变动图形显示出这样的特点：（1）受战争和人口再生产规律的影响，人口自然变动率，尤其是出生率大起大落，20世纪40年代初出生率的下降是战争造成的结果，60年代末出生率的大幅度上升是人口再生产规律的作用。（2）近几十年来已经完成了人口转变，从高出生、高死亡降低到了"三低"类型，尽管出生率仍然高于欧洲13‰的平均水平。（3）人口出生率跌破30‰以下的年代大约在1940年左右，与日本1938年的时间相差不多；进一步跌破20‰以下的年份最终是在1972年。但是如果不是战争影响以及由此而造成的婴儿出生激增，这一时间甚至会来得更早一些。事实上，1960年已经降至19.1‰。（4）死亡率下降得快也较早。20世纪50年代初期已降至10‰以下。之后由于人口年龄结构的影响，死亡率略有回升。（5）罗马尼亚当时最大的特点是婴儿死亡率降低速度很快。20世纪40年代末到50年代末的10年间婴儿死亡率降低50%以上，到70年代初，又降低了一半。然而进入80年代以后，却再也降不动了，这反映出了其医疗卫生方面的弱点。（6）用人口转变理论进行划分，大致可把1940年以前分为人口转变的第二阶段；1940年至1972年以前为第三阶段；1972年以后为第四阶段，第一阶段至少是在1930年以前甚至更早时期。

人口结构

从年龄结构上讲，罗马尼亚刚刚步入"老龄国"。由于出生率的变动，尤其是由于1967年出生率的突然提高，延缓了该国的老龄化进程。20世纪80年代初期出生率的提高，使得0~14岁人口比重有所上升；同时，1967年大批量出生的人口正好进入15岁组，因此，65岁及以上人口所占比重和65岁及以上人口与15岁以下人口之比有所变化。

从图4金字塔图形的演变看出了罗马尼亚人口年龄老龄化过程的轨迹，同时，图形也显示出了两次世界大战给人口带来的创伤。目前罗马尼亚的人口已由1956年的增长型经过1966年的过渡型进入了1982年的稳定型。从1982年人口年龄金字塔底部看，已显现出萎缩的迹象（参见表4、表5和图4）。

表4　1948～1989年罗马尼亚人口各年龄组人口比重变动情况

单位：%

年龄\年份	0～14	15～64	65岁及以上	老少比	年龄\年份	0～14	15～64	65岁及以上	老少比
1948	28.9	62.9	8.2	28.4	1982	27.0	63.1	9.9	36.7
1956	27.5	66.1	6.4	23.3	1986	26.0	64.0	10.0	38.5
1966	26.0	66.1	7.9	30.4	1989	25.0	65.0	10.0	40.0
1978	25.9	63.9	10.2	39.4					

表5　1982年罗马尼亚人口年龄、性别构成

年龄	男性人口（人）	女性人口（人）	性比例（%）	年龄	男性人口（人）	女性人口（人）	性比例（%）
0～4	985320	941058	104.7	50～54	707273	725806	97.4
5～9	997736	950774	104.9	55～59	608115	666201	91.3
10～14	1119134	1075256	104.1	60～64	356540	460134	77.4
15～19	710300	677810	104.8	65～69	324559	429289	75.6
20～24	825894	792497	104.2	70～74	313525	408054	76.8
25～29	919015	894755	102.7	75～79	195579	263448	74.2
30～34	831264	813872	102.1	80～84	87022	133127	65.4
35～39	631866	630176	100.3	85+	30092	52719	57.1
40～44	705000	718516	98.1	合　计	11091465	11386268	97.4
45～49	743231	752776	98.7				

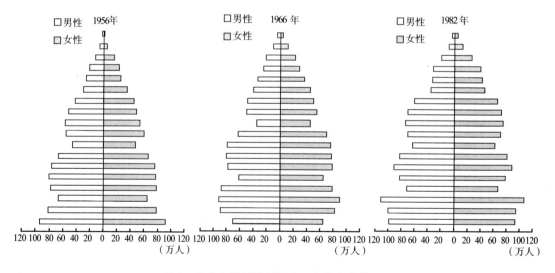

图4　三个年份罗马尼亚人口年龄金字塔图示

表 5 显示，从性别构成上看，女性人口整体上多于男性，但是 40 岁以前的年龄组相反，但总体来讲属于正常。第二次世界大战后初期的 1948 年性比例为 93.5∶100，这是受战争影响所造成的罗马尼亚性比例最低的时期，1956 年提高到 94.6∶100，1966 年为 95.9∶100，1977 年为 97.2∶100，1982 年进一步提高至 97.4∶100。

人口分布与城市化

罗马尼亚人口分布的特点是分布均匀，这是世界上比较少见的情况。这或许是由于狭小的土地上容纳了过多的人口所致。不管什么原因，在第二次世界大战后初期该国就达到了每一地区的人口密度无甚大差别的水平。如（1）介于南喀尔巴阡山与多瑙河之间的南部区，包括布加勒斯特及 12 个县，面积占全国的 1/4 强，人口占全国的 1/3 强，平均每平方公里 120 人。（2）包括蒂米什等 5 个县的西部区，面积占全国的 1/5 弱，人口占 1/8 强，人口密度每平方公里近 70 人。（3）拥有 11 个县的中北地区，面积和人口均约占全国 1/5 以上。（4）临海的东南区包括 5 个县，面积和人口均占全国 1/10 以上。（5）包括雅西等 7 个县在内的东北区，面积和人口均占全国的 1/5 左右。罗马尼亚的经济大区分为上述 5 个，总共含有 40 个县以及一个直辖市（参见表 6）。

表 6　罗马尼亚人口地域分布变动情况

区　域	面　积（平方公里）	1966 年人口（千人）	1975 年人口（千人）	区　域	面　积（平方公里）	1966 年人口（千人）	1975 年人口（千人）
南部地区（12 县）	65173	6875	7798	东北部地区（7 县）	41645	3495	3981
中北部地区（11 县）	60440	4212	4641	东南部地区（5 县）	30845	2012	2157
西部地区（5 县）	39397	2509	2668	合　计	237500	19103	21245

罗马尼亚人口之所以分布均匀，主要因为各区有各区的特色：南部区是全国工农业最发达地区；中北区是全国最重要的天然气工业基地；西部区是煤炭、钢铁工业的重要基地以及重要的农业区；东南区是全国最重要的造船及钢铁工业基地；东北区则容纳了全国许多重要的钢铁、石油、机械、化工等部门。由此，人口被均匀分布开来。

从罗马尼亚的城市发展来看，第二次世界大战前为欧洲城市化水平最低的国家之一。古时的罗马尼亚都市多是从位于经济发展的补给站、边界的交通要道或贸易中心发展起来的，如康斯坦萨等古都，就起源于罗马时代的殖民城市。第二次世界大战后的罗马尼亚诸城市则是随着工业化的进程而发展起来的，该国的城镇人口比重从 1948 年的 23.4% 提高到目前的 51%（参见表 7）。

表 7 罗马尼亚城市人口占总人口比重的变动情况

年 份	人口数（万人）	比重（%）	年 份	人口数（万人）	比重（%）	年 份	人口数（万人）	比重（%）	年份	人口数（万人）	比重（%）
1930	302.5	21.4	1950	404.4	24.8	1966	730.5	38.2	1986	1117.2	49.0
1938	352.3	22.3	1956	547.4	31.3	1970	826.2	40.8	1989	1183.2	51.0
1948	371.3	23.4	1960	592.5	32.2	1977	1023.6	47.5			

如同全国人口均匀分布一样，罗马尼亚的城市人口分布也比较均匀，多是 30 万人口以下的城市。1983 年，10 万 ~ 20 万人口的城市 9 座；20 万 ~ 30 万人口的城市 6 座；30 万 ~ 35 万人口的城市 4 座，然后便是首都布加勒斯特，人口达 197.9 万人（参见表 8）。

表 8 罗马尼亚人口超过 10 万以上城市人口变动情况

单位：人

城　市	1974 年人口	1983 年人口	城　市	1974 年人口	1983 年人口	城　　市	1974 年人口	1983 年人口
布加勒斯特	1507295	1979076	克拉约瓦	183035	252919	特尔古 - 穆列什	106159	150634
布拉索夫	188828	334136	普罗耶什蒂	168642	227714	皮特什蒂	84081	146790
康斯坦萨	180464	306879	布勒伊拉	157840	225417	巴亚马雷	83660	127088
克卢日	208125	300677	奥拉迪亚	144638	201344	布泽乌	75112	123118
蒂米什瓦拉	199907	301612	阿拉德	141380	184517	萨托马雷	84182	122629
雅　西	193998	294784	锡比乌	124426	170213	雷希察	71172	100020
加拉茨	187010	278637	巴克乌	99862	162650			

以一般的标准度量，罗马尼亚的四位城市指数值是 0.67759，远远超过 0.5333 的标准值，说明首都布加勒斯特城人口规模过大，失去了与其他城市的匹配性。如果连郊区人口包括在内，这座 1974 年由联合国召开的第一次世界人口会议会址的名城则拥有 230 万人。

总之，罗马尼亚是一个城市化水平刚起步的国家。除布加勒斯特外，其他城市不仅人口规模悬殊不大，而且地域分布也较为合理，这与其工、农业经济发展水平以及发展布局是相一致的。

从经济的角度看，罗马尼亚在第二次世界大战之前是欧洲一个比较落后的国家。1937 年国民收入中工业仅占 33.7%，而农林业则占 54.9%，工业内部则是以轻工业为主。第二次世界大战后，罗马尼亚首先进行了土地改革，之后基本完成了农业合作化。1950 ~ 1978 年，罗马尼亚国民收入增长了 12 倍，平均每年增长 9.6%。工业产值增长了 28 倍，平均每年增长 12.8%。罗马尼亚通过对工业的重点发展，对农业的合作化，已由一个落后的农业国变成拥有现代化物质基础的工农业国家，并开始向"中等发达国家"迈进。

与此相应的就业结构也发生了很大变化。这些从下列资料中可以看出各部门劳动力所占比重的变动情况。不过，罗马尼亚仍是偏好于工业的国家，这可以从其投资结构上看出来（参见表 9、表 10）。

表 9　1930～1982 年罗马尼亚劳动力人口构成变动情况

单位：%

行业　　　年份	1930	1950	1960	1977	1982
农业、林业	78.2	74.3	66.0	35.0	29.8
工业、建筑业	7.2	14.2	20.0	42.0	43.7
其　他	14.6	11.5	14.0	23.0	26.5

表 10　1966～1982 年罗马尼亚的投资比例变化情况

单位：%

年份　　行业	工　业	农　业	建筑业	运输业	服务业	其　他
1966	50.2	19.5	3.9	8.7	17.4	0.3
1972	50.8	16.7	7.1	11.2	4.2	10.0
1982	51.0	18.0	7.0	12.0	6.0	6.0

文教卫生

罗马尼亚重视教育。目前的文盲率仅为 2% 左右，小学生入学率达到 100%，中学生入学率为 68%，20～24 岁的青年人中有 11% 的人可以进入高等学校继续深造，全部教育免收学费。1985 年全国共有 21.3 万张病床，平均每千人有 9.4 张；共有医生 4.74 万名，每 480 名居民拥有 1 名医生。

小结

罗马尼亚人口的最大特点是空间分布均匀。从人口自然结构方面看：基本合理、性别比正常、年龄结构刚迈出稳定型的"门槛"，正向"萎缩型"靠近。在自然地理上的东欧国家中，罗马尼亚有这样几个之"最"：出生率最高；婴儿死亡率最高；总和生育率最高；净再生产率最高；城市化水平最低。这些指标表面上互不相干，实际上有着十分密切的内在联系，一般经济学与社会学原理均能对其进行阐释（参见表 11）。

表 11　1989 年东欧国家若干人口指标对比情况

国　家	出生率（‰）	总　和生育率（个）	净　再生产率（个）	婴儿死亡率（‰）	城市人口比重（%）	国　家	出生率（‰）	总　和生育率（个）	净　再生产率（个）	婴儿死亡率（‰）	城市人口比重（%）
罗马尼亚	16	2.3	1.2	25.6	51	民主德国	14	1.7	0.9	8.7	77
波　兰	16	2.2	1.0	17.5	61	捷克斯洛伐克	14	2.0	1.2	13.1	75
匈牙利	12	1.8	1.0	17.3	59	保加利亚	13	2.0	1.0	15.0	66

罗马尼亚人口增长速度略快于其他东欧乃至整个欧洲国家，与其政府鼓励生育的态度分不开。目前罗马尼亚人口为 1950 年的 1.42 倍，也就是说，在过去的近 40 年间，人

口年均增长率为 0.9%。

参考资料

〔罗〕安德烈·奥米特亚主编《罗马尼亚人民史》,安娜－埃瓦·布杜拉等译,徐文德等校,商务印书馆,1981。

〔罗〕康斯坦丁等著《罗马尼亚》,林芳声等译,世界知识出版社,1957。

马耳他 (Malta)

马耳他是欧洲南部的一个岛国,位于地中海中部,扼大西洋通往地中海东部和印度洋的交通要冲,有"地中海心脏"之称。马耳他由 5 个岛屿组成,其中马耳他岛最大,面积 245 平方公里。全国面积 316 平方公里。1988 年人口约为 34.81 万人。人口密度每平方公里 1102 人。首都:瓦莱塔。

历史

马耳他群岛最古的遗迹可追溯至新石器时代,这些可从古代石柱、洞穴壁画以及岩石雕刻的痕迹上考证出来。后来由于其地理位置日渐重要,从而为附近各族人们所重视。最先统治该岛的是腓尼基人和迦太基人,这是公元前 3 世纪以前的事情。公元前 218 年起,该岛落入罗马人手中。之后,汪达尔人、哥特人、阿拉伯人、诺曼人、德意志人、西班牙人、意大利人、法兰西人、英格兰人等都曾先后到过此地。直至进入现代,又沦为先是法国后是英国的殖民地。1947 年在英统治下自治。之后,自治程度日深,终于在 1964 年 9 月 21 日成为独立的国家。不过,元首仍是英国女王,国家属英联邦成员国。

民族、宗教和语言

重要的地理位置使得马耳他国家的居民来源十分复杂。上述曾在马耳他岛留下早期足迹的各个民族都对马耳他人的形成产生了一定的影响。目前的马耳他国居民是由一个新的民族人口集团——马耳他人所组成。

公元 9~11 世纪阿拉伯人曾统治过马耳他,却没使当地居民伊斯兰化。传说是因为公元 58 年耶稣使徒圣保罗和福音作者路加因航海失事而漂流到此地,从此播下了基督教的种子。及至目前,马耳他居民绝大多数信奉的宗教是天主教而不是伊斯兰教。

也因为此,英语和马耳他语均是马耳他的国语。马耳他语属闪含语系的闪语族,欧洲唯一说这种语言的民族就是马耳他人。马耳他语更接近于非洲的马格里布的阿拉伯语。

人口变动

1989 年马耳他全岛人口为 35 万人左右。这在很大程度上是近 100 多年间人口迅速增长的结果。尤其是进入 20 世纪以后,人口增长速度加快(参见表 1、图 1)。

表 1　马耳他的人口变动

年份	人口（千人）	年均增长率（%）	年份	人口（千人）	年均增长率（%）	年份	人口（千人）	年均增长率（%）	年份	人口（千人）	年均增长率（%）
1920	210.0		1950	312.0	1.5	1967	315.7		1985	333	
1930	240.0	1.3	1957	319.6		1970	326.0	-0.1	1987	345	1.2
1940	270.0	1.2	1960	329.0	0.5	1975	300.0		1989	约400	
1948	305.9		1965	319.0		1980	318.0	-0.3			

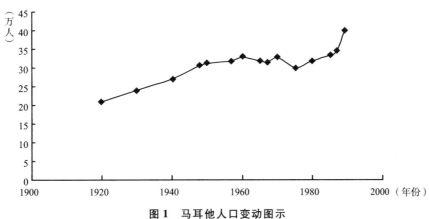

图 1　马耳他人口变动图示

说马耳他人口进入 20 世纪以后增长速度加快，实际上是相对于其本国历史而言。如果与其他国家相比，这种增长速度显然是比较慢的。从地理学上讲，马耳他的地质条件并不好，只有很薄的土壤层，而且占优势地位的石灰岩构造使土地更加贫瘠。在这样的条件下，每平方公里 1000 多人的人口密度就显得更加拥挤不堪，于是大量的人口开始外迁。澳大利亚、加拿大和英国都是接受马耳他移民的国家。据不完全统计，从 1949~1967 年间，马耳他向外移民 10 万人。因此，尽管该国当时的人口自然增长率较高，却被大量的外迁人口所抵消。用苏联学者布鲁克的话说就是，马耳他自然增长的人口数完全被迁往他国的人口数量"吃掉了"。至于马耳他的人口自然变动情况，可从表 2 中看出。

表 2　马耳他人口自然变动及有关指标

单位：‰

年份 指标	1953	1958	1963	1968	1973	1978	1980	1981	1982	1987	1989
出生率	28.3	26.5	20.3	16.1	17.5	17.4	16.0	15.0	18.7	15.4	15.0
死亡率	9.0	8.3	9.1	9.0	9.1	10.0	8.8	8.4	9.4	8.4	8.0
自然增长率	19.3	18.2	11.2	7.1	8.4	7.4	7.2	6.6	9.3	7.0	7.0
婴儿死亡率	64.8	40.0	34.2	27.6	23.1	14.4	14.6	10.6	14.4	7.3	7.3

　　作为一个欧洲国家，马耳他的人口出生率目前略高于全欧 13‰的平均水平。尤其是在 20 世纪 50 年代至 60 年代初，其出生率高于当时大多数欧洲国家的水平。不过，从目前来看，马耳他已经完成了人口类型的转变，跨入了"三低"类型之中。从其年龄结构看，该国已经是一个"老年人口"集团。1980 年，0 ~ 14 岁人口所占比重为 24.3%，15 ~ 64 岁人口比重为 67.4%，65 岁及以上人口比重 8.3%。目前，65 岁及以上老人比重约为 10%（参见表 3 及图 2）。

表 3　1982 年马耳他人口年龄、性别构成

年　龄	男性人口（人）	女性人口（人）	性比例（%）	年　龄	男性人口（人）	女性人口（人）	性比例（%）
0 ~ 4	14362	13417	107.1	50 ~ 54	7097	8839	80.3
5 ~ 9	14096	13036	108.1	55 ~ 59	7225	8513	84.9
10 ~ 14	12332	11623	106.1	60 ~ 64	6070	6935	87.5
15 ~ 19	11540	10867	106.2	65 ~ 69	4456	5493	81.1
20 ~ 24	14043	14098	99.6	70 ~ 74	3296	4329	76.1
25 ~ 29	15497	15147	102.3	75 ~ 79	2654	4092	64.9
30 ~ 34	14923	15403	96.9	80 ~ 84	987	1679	58.8
35 ~ 39	12693	14186	89.5	85 +	1172	1678	69.8
40 ~ 44	7514	8818	85.2	合　计	158206	167972	94.2
45 ~ 49	8249	9819	84.0				

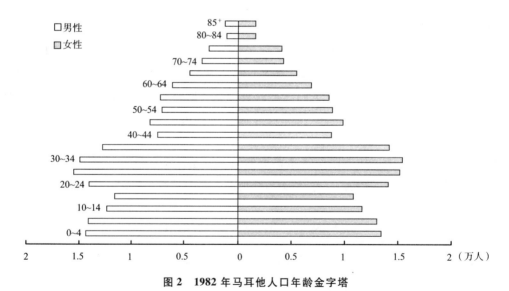

图 2　1982 年马耳他人口年龄金字塔

　　图 2 的金字塔图形说明，马耳他岛国的人口变动幅度是十分"剧烈"的。如果仅从自然方面看，从 1982 年向前推 25 年，即 1957 年以前的人口是"增加型"，从那一年之后，人口开始"萎缩"。但 10 年以后，即 1967 年，人口又开始"增加"。这是人口再生产周期性规律作用的典型结果。事实上，对于马耳他来说，仅考虑自然变动是片面的。

造成该国人口年龄结构剧烈波动的原因——至少是原因之一——是人口外迁。某些年龄组的外迁人口多，那么，留在马耳他人口年龄金字塔图形上的印记便肯定是"凹"形。

导致马耳他人口老龄化的因素主要有两个，一是人口平均预期寿命的延长；二是导致人口寿命延长的重要因素——婴儿死亡率的降低，这一指标目前已降至 7.3‰，这是南欧诸国中的最低值，在整个欧洲，仅高于冰岛 3.4‰ 的水平。由此该国人口平均预期寿命在 20 世纪 50 年代时就已经超过 65 岁（参见表 4）。

表 4　1955～1989 年马耳他人口平均预期寿命

单位：年

年　份	1955	1957	1962	1963	1965	1973	1976	1982	1989
男	65.7	66.3	67.0	67.0	67.1	68.1	68.3	69.7	74.0
女	68.9	70.3	70.7	70.6	70.9	72.0	73.1	72.9	

尽管马耳他岛国是以"群岛"组成的，但绝大多数居民都住在较大的马耳他岛、戈佐岛和科米诺岛上。其中，马耳他岛 245 平方公里的面积占全国面积的 77.5%，岛上人口占全国人口的 90%，首都瓦莱塔就坐落在该岛上。据 1984 年统计，瓦莱塔的人口为14013 人，占当年全国总人口的 4%～5%；1986 年时降为 9263 人，占总人口的 2.8%。总之，马耳他的居民大多集中在马耳他岛上，马耳他岛上的居民又大多集中在该岛的中部和东部。首都瓦莱塔就是位于马耳他岛东部的一座港口城市。

马耳他的经济特征是：工业资源贫乏，仰仗进口；农业耕地贫瘠，粮食依赖进口；发达的行业是交通运输业、旅游业等；轻工业、加工业有所发展。反映在人口就业结构方面如图 3 所示。

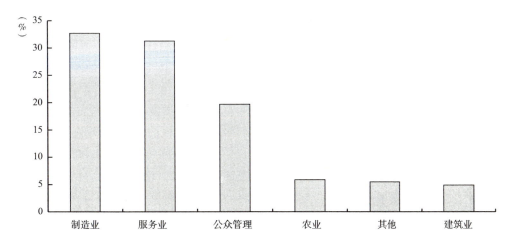

图 3　1984 年马耳他劳动力人口就业比重图示

（1）制造业 32.7%；（2）服务业 31.3%；（3）公众管理 19.7%；（4）农业 5.9%；（5）其他 5.5%；（6）建筑业 4.9%

马耳他在欧洲国家算是比较"穷"的。但实际上，1989年人均国民生产总值仍为4010美元。在这样的经济背景下，文化、卫生状况也比较好，比如中小学实行免费教育。

小结

总之，马耳他的人口早期来源比较复杂，经过几十个世纪的风风雨雨，才最后确定下来，这是它那优越的地理位置令人垂涎的结果。然而，该岛地质条件不佳，产生大量"过剩人口"。政府曾从20世纪50年代起开始鼓励向外移民，结果1964年一年向外移民9000人，之后，移民国外潮流有所减缓。

目前的马耳他人口已经是一个老年型人口群体，在更多方面具有欧洲发达国家的人口特征。

参考资料

〔英〕查尔斯·欧文：《马耳他》，西南师范学院外语系、地理系译，四川人民出版社，1979。

民主德国（Democratic Germany）[*]

民主德国位于欧洲中部，北濒波罗的海，东邻波兰，东南接捷克，西南及整个西部是德意志联邦共和国。经历悠久历史才完成了政治和版图上统一的德国于第二次世界大战之后又分化为两大板块，即民主德国和联邦德国。通常将民主德国划类在"东欧"，而将联邦德国归属为"西欧"。在民主德国境内，首都柏林的西部即西柏林自第二次世界大战后曾由英、美、法所占。民主德国面积计10.82万平方公里，人口1989年估测为1660万人。人口密度每平方公里153.2人。首都：柏林。

历史

德意志的民族基础是公元初期生活在莱茵河和奥得河之间的古日耳曼民族部落和早已定居在此的凯尔特人与勒梯人的混合人口。古代日耳曼人由三个部落集团组成：（1）在历史上与中世纪德国南部和中部的部族——巴伐利亚、施瓦木、秋林格和格先部族有关，他们属于讲日耳曼语的瑞士人和奥地利人；（2）居住在莱茵地区的法兰克部落；（3）形成现在德国北部人口基础的下德意志部落集团。此外，一些西斯拉夫人和立陶宛部落也参与了日耳曼民族的形成。10世纪之后，这里形成了德意志国家和德意志王权。公元962年建立了"德意志民族的神圣罗马帝国"，之后便是四分五裂的封建割据。1525～1871年逐渐向资本主义社会转变。1871年普鲁士实现了德国的统一，完成了统一的德意志民族的形成。1914～1918年，是德帝国主义挑起第一次世界大战又败于第一次世界大战的时期。

---

* 这里所讲的民主德国简称"东德"。

1919 年初，在魏玛召开国民议会，通过宪法，成立共和国，史称"魏玛共和国"。1939年德国法西斯再次发动世界大战并于 1945 年再次战败投降。整个领地遂被美、英、法、苏所占领。1949 年 5 月 23 日美、英、法所占地建立联邦德国。同年 10 月 7 日，当时苏联所占德国东部地区便随之成立为德意志民主共和国。自此，两个同一民族的国家分道扬镳。民主德国后于 1990 年 10 月 3 日加入联邦德国，两个德国实现了完全统一。

民族、宗教和语言

民主德国的民族人口似乎显得比联邦德国更为单一。在联邦德国境内，目前德意志人口所占比重为 93.6%，而在民主德国，这一比重甚至达到 99%，因此，说民主德国是单一民族的国家甚至更适合一些。此外，只有少数属于斯拉夫系的索布族人和属于日耳曼语族的犹太人。鉴于民族的单一性，其语言也比较单纯，归属于印欧语系的日耳曼语族中的德语是民主德国的通用语言，尽管这种语言的地方方言味道极其浓厚。

人口变动

历史上的德意志人口是一个整体，在划分为民主德国、联邦德国之前，其人口的变动是以"整体"为基础的。自分裂之后，若要进一步了解两国各自的人口，只有将两个德国分开谈论。以下仅就第二次世界大战后民主德国境内人口进行分析①。

德国人口的自然变动至今一直受到战争以及第二次世界大战后人口迁移的影响。由于战争导致人口的伤亡和出生率的下降，形成了一种不正常的人口构成，其特征是青年人比例低，老年人比例高，以及中、老年妇女占优势。这种比例失调已经使得并且还将长期对该国人口再生产的速度和规模起不良影响。1950 年的民主德国人口为 1838.8 万人，之后连年"每况愈下"，直至降为 1989 年的 1660 万人（见表 1）。

表 1　民主德国的人口变动

年份	人口 （万人）	年　均 增长率 （%）	同期联邦 德国人口 变动率 （%）	年份	人口 （万人）	年　均 增长率 （%）	同期联邦 德国人口 变动率 （%）	年份	人口 （万人）	年　均 增长率 （%）	同期联邦 德国人口 变动率 （%）
1950	1838.8	（1950～1960） -0.64	0.92	1974	1692	（1971～1975） -0.45	0.36	1982	1673.9	（1981～1989） -0.09	-0.01
1960	1724.1			1975	1685			1983	1669.8		
1965	1702.8	（1961～1970） -0.11	0.92	1976	1679	（1976～1980） -0.13	-0.09	1984	1665.9		
1970	1705.7			1977	1677			1987	1664.1		
1971	1706.0			1978	1676			1988	1661.0		
1972	1704.0			1979	1674			1989	1660.0		
1973	1698.0			1980	1674						

---

① 关于 1949 年之前的德国人口状况，详见本书《联邦德国》一节。

联邦德国的人口是在进入 20 世纪 70 年代之后才开始出现负增长；然而在民主德国却从很早就开始了人口减少。这在人类历史中也是一种罕见的现象，与同一地球上的非洲大陆居民抑制不住的高出生率形成了鲜明的对照。民主德国人口自然变动指标参见表 2。

表 2　民主德国人口自然变动指标

单位：‰

年份	出生率	死亡率	自　然增长率	年份	出生率	死亡率	自　然增长率	年份	出生率	死亡率	自　然增长率
1946	10.4	22.9	−12.5	1960	17.0	13.6	3.4	1980	14.6	14.2	0.4
1947	13.1	19.0	−5.9	1963	17.6	13.9	3.7	1981	14.2	13.9	0.3
1948	12.8	15.2	−2.4	1965	16.5	13.5	3.0	1982	14.2	13.7	0.5
1949	14.5	13.4	1.1	1968	14.3	14.2	0.1	1984	14.6	14.2	0.4
1950	16.5	11.9	4.6	1970	13.9	14.1	−0.2	1987	13.6	12.9	0.7
1953	15.7	12.2	3.5	1973	10.6	13.7	−3.1	1989	14.0	13.0	1.0
1955	16.3	11.9	4.4	1975	10.8	14.3	−3.5				
1958	15.6	12.7	2.9	1978	13.9	13.9	0.0				

民主德国的出生率在 1946 年仅为 10.4‰，这是战争的直接后果，它与结婚率曲线是十分吻合的。1950 年以后出生率开始上升。1961～1963 年达到战后的最高值。1959 年开始，首先是一批年轻妇女已达到生育年龄，从而结婚人数增加，促使战时下降的出生率开始回升，政府所采取的措施（产妇的保健工作，孕产津贴、育儿的附加工资等）也起了相应的作用。大约从 1962～1963 年起，人口出生率在很大程度上是由 1942～1946 年间，亦即出生率低的年份里出生的人数所决定的，这样就使得出生率重新下降，1970 年降至 13.9‰，同期的苏联是 17‰，波兰是 16.3‰，捷克斯洛伐克是 15.5‰。从 20 世纪 70 年代末期开始，出生率又开始回升。这在很大程度上又是由 50 年代末前后较多出生的人数决定的。

第二次世界大战后几年民主德国的死亡率迅速降低，在 1950 年已减至较低水平，即与 1938 年的 11.9‰相同。之后开始回升，并经常在 13‰～14‰之间徘徊。从某种意义上讲，死亡率的提高是一国人口开始"衰老"的象征。自然增长率没有像联邦德国那样自进入 20 世纪 70 年代之后就一直是负值，而是从 80 年代起，民主德国又开始出现出生率高于死亡率的现象，究其原因，主要是人口再生产规律的作用。可以预见到，在以后的若干年内，如果没有什么奇迹发生的话，由于年龄构成的影响，其出生率可能还会进一步下降。

尽管总死亡率有所上升，但是低年龄组的死亡率却大幅度下降。尤其是婴儿死亡率的下降速度更快。与此同时，其医疗卫生事业的发展也促使其平均预期寿命有了长足的提高（参见表3）。

表 3　民主德国人口平均预期寿命与婴儿死亡率

年 份	平均预期寿命（年）		婴 儿死亡率（‰）	年 份	平均预期寿命（年）		婴 儿死亡率（‰）	年 份	平均预期寿命（年）		婴 儿死亡率（‰）
	男	女			男	女			男	女	
1901～1910	44.8	48.3		1952～1953	65.06	69.07	56.0	1969～1970	68.85	74.19	18.0
1924～1926	50.0	58.8		1954～1955	66.20	70.15	48.9	1976	68.82	74.42	15.9
1932～1934	59.9	62.8		1956	66.33	70.64		1977	69.01	74.87	13.1
1946			131.4	1957～1958	66.13	70.68	44.2	1978	68.78	74.74	13.1
1947			113.7	1959～1960	66.34	71.03		1986	72.0		10.0
1948			89.5	1961～1962	67.31	72.18	38.8	1988	73.0		8.9
1949			78.3	1963～1964	68.27	73.34	31.2	1989	73.0		8.7
1950			72.2	1967～1968	69.16	74.38	20.2				

说明：1901～1934 年是德国整体数据；1946～1947 年是德国东部地区数据。

民主德国既是世界上婴儿死亡率最低的国家之一，又是世界上人口平均预期寿命最高的国家之一，当然，也是人口老化最严重的国家之一（参见表4）。

表 4　1910～1989 年民主德国的人口年龄构成变动情况

单位：%

年 份	0～14 岁	15～64 岁	65 岁及以上	老年抚养比	年 份	0～14 岁	15～64 岁	65 岁及以上	老年抚养比
1910	33.90	61.20	4.90	8.01	1964	23.77	61.72	14.51	23.51
1925	25.70	68.50	5.80	8.47	1971	23.26	61.15	15.59	25.49
1933	24.20	68.70	7.10	10.33	1981	19.50	65.10	15.40	23.66
1950	22.85	66.58	10.57	15.87	1989	19.00	67.00	14.00	20.89

民主德国 20 世纪 50 年代之后的人口年龄金字塔反映出了战争时代人口学上的严重后果。第一次世界大战和第二次世界大战，导致 1915～1919 年和 1938～1945 年出生者所构成的两个年龄组的人数锐减。自 20 世纪 50 年代以后 65 岁及以上老年人口比重从 10.57% 逐渐上升至 1971 年的 15.59%，之后又开始下降，便反映出了人口年龄构成的这种变化。第一次世界大战期间以及稍后一段时间出生很少的人口现在均已进入 70 岁，因而成为目前 65 岁以上老年人口所占比重相对下降的一个原因。民主德国的人口年龄构成显示出：劳动力人口十分不足，这对民主德国的经济与社会发展带来了严重影响。不过，地区间的人口年龄结构稍有不同。工业发达地区，或具体地说，褐煤开采业和动力工业发达的地区，其劳动力比重要大一些（参见表5）。

表 5　20 世纪 70 年代民主德国各地区劳动力人口比重

单位：%

地　区	劳动力人口占总人口的比重	其中：18~40 岁人口	非劳动力人口占总人口的比重	其中：0~14 岁人口	男 65 岁以上女 60 岁以上
柏　林	57.8	31.2	42.2	21.5	20.7
罗斯托克	57.8	31.0	42.2	21.7	15.6
什未林	56.8	29.0	43.2	25.5	17.7
新勃兰登堡	56.6	29.5	43.4	26.9	16.5
波茨坦	57.2	29.7	42.8	24.0	18.7
法兰克福	57.0	30.4	43.0	25.3	17.7
科特布斯	57.5	30.0	42.5	24.8	17.7
马格德堡	57.8	28.8	42.2	23.2	19.1
哈　勒	59.0	29.6	41.0	22.4	18.6
埃尔富特	58.5	29.5	41.5	23.3	18.2
格　腊	58.4	29.3	41.6	22.2	19.4
苏　尔	58.8	29.1	41.2	22.5	18.7
德累斯顿	56.8	28.6	43.2	21.0	22.2
莱比锡	57.8	28.8	42.2	21.0	21.2
开姆尼茨	58.4	28.6	41.6	19.0	22.5
民主德国	57.8	29.2	42.2	22.6	19.5

　　民主德国人口的另一个显著特点是性别构成比例失调。1946 年时最为明显，当时性比例是 74.1∶100。在后来的一段时间里，由于战争结束后青年男子的返回，使性比例失调现象有所缓和。之后，随着和平时代的持续，生物学规律的作用，这种情况有了很大好转。但是，女性人口平均预期寿命高于男性这一特点，使得民主德国的男性人口似乎永远"追"不上女性人口数目（参见表 6）。

表 6　1950~1981 年民主德国人口性比例指标变动情况

时　间	总人口（人）	男性人口（人）	女性人口（人）	性比例（%）	时　间	总人口（人）	男性人口（人）	女性人口（人）	性比例（%）
1950.8.31	18388172	8161189	10226983	79.8	1971.1.1	17068318	7865265	9203053	85.5
1964.12.31	17011931	7751862	9260069	83.7	1981.6.30	16736030	7999822	8736208	91.6

　　尽管现在民主德国的男性人口仍少于女性，但显然平衡了许多。然而，从各年龄组来看，仍有一定差别（参见表 7、图 1）。

表7　1980年民主德国人口年龄、性别构成

年　龄	男性人数（人）	女性人数（人）	总人数（人）	性比例（%）	年　龄	男性人数（人）	女性人数（人）	总人数（人）	性比例（%）
0	123152	116612	239764	105.6	45～49	515116	516744	1031860	99.7
1～4	434135	410944	845079	105.6	50～54	428154	518055	946209	82.6
5～9	501924	476972	978896	105.2	55～59	320219	532293	852512	60.2
10～14	627872	598433	1226305	104.9	60～64	201274	350085	551359	57.5
15～19	730102	695909	1426011	104.9	65～69	296410	529994	826404	55.9
20～24	679652	643217	1322869	105.7	70～74	288914	510369	799283	56.6
25～29	669153	633107	1302260	105.7	75～79	209338	374826	584164	55.8
30～34	460512	446447	906959	103.2	80～84	95519	214043	309562	44.6
35～39	577892	574349	1152241	100.6	85+	39049	103212	142261	37.8
40～44	648390	644816	1293206	100.5	合　计	7846777	8890427	16737204	88.3

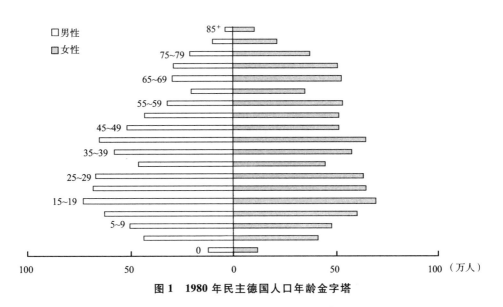

图1　1980年民主德国人口年龄金字塔

　　从分年龄组的性别构成中可以明显看出，1935年以前出生的人口（即45岁以上），男性人口远远少于女性人口，而且，年龄越大，这种失衡越严重。民主德国较之其他国家来说显得尤其严重。

人口分布

　　民主德国人口分布的主要特征是：人口密度同工业人口在就业总人口中所占的比重成正比，同农业人口所占的比重成反比。人口密度最大的是柏林区、萨克森区和哈勒区，其余地区人口密度则低于平均值（参见表8）。

表 8　民主德国人口地区分布变动情况

区	面积（平方公里）	1961 年人口（千人）	1970 年人口（千人）	1982 年人口（千人）	人口密度（1982 年）（人/平方公里）	区	面积（平方公里）	1961 年人口（千人）	1970 年人口（千人）	1982 年人口（千人）	人口密度（1982 年）（人/平方公里）
柏　　林	403	1055.1	1085.4	1152.5	2860	哈　　勒	8771	1952.9	1926	1833.1	209
罗斯托克	7074	829.6	858.8	887.8	126	埃尔富特	7349	1250.4	1255.5	1238.6	169
什未林	8672	618.3	597.4	589.8	68	格　　腊	4004	731.8	738.5	741.6	185
新勃兰登堡	10793	645.8	638.8	622.9	58	苏　　尔	3856	548.6	553.0	548.9	142
波 茨 坦	12568	1146.4	1132.5	1117.5	89	德累斯顿	6738	1874.9	1873.1	1806.4	268
法兰克福	7186	654.1	680.6	705.9	98	莱 比 锡	4966	1508.5	1490.6	1412.0	284
科特布斯	8262	805.9	861.1	883.9	107	开姆尼茨	6009	2099.1	2047.9	1930.1	321
马格德堡	11526	1330.1	1317.5	1268.4	110	民主德国	108177	17051.5	17057.0	16739.4	155

　　总体上讲，民主德国的南部人口最为稠密；北部沿海地区次之；中部地带即什未林区、新勃兰登堡区和波茨坦区人口最为稀疏。首都柏林所在的波茨坦区及东邻的法兰克福区却出乎常规的人口并不稠密。在民主德国这样的地区，造成人口分布不均的因素主要是经济与历史，而不是自然。

　　1973～1983 年这 10 年间，民主德国 20 万人口以上的大城市，由 8 个增长至 9 个，其中有 6 个城市的人口有了增加，这与联邦德国是不大相同的。而在 7 个 10 万～20 万人口的城市中，其中也有 6 座城市人口有了增加。由于民主德国人口相对少，而城市又较多，因此，50 万人以下城市的发展对于民主德国来说或许更为合适。以四位城市指数来衡量，柏林的城市指数为 0.4575，与公认的标准 0.5333 相差无几，这说明民主德国的城市人口并没有像伦敦等特大城市那样膨胀起来（参见表 9）。

表 9　民主德国人口超过 20 万以上城市的人口变动

单位：人

城　　市	1973 年	1983 年	人口增减	城　　市	1973 年	1983 年	人口增减
柏　　林	1087782	1179442	91660	马格德堡	271906	288728	16822
莱 比 锡	580711	557474	-23237	罗斯托克	201304	240751	39447
德累斯顿	504209	521773	17564	哈　　勒	254452	235488	-18964
开姆尼茨	299670	319053	19383	埃尔富特	198265	213696	15431

　　民主德国目前的城市人口占总人口的比重为 77%，然而这一指标在 1960 年就已达到 72%，说明民主德国的城市人口比重并没有多大变动。但这一指标在东欧诸国中，仍为最

前列。民主德国的劳动力人口在 1983 年各次产业间的分布是：第一产业占 9.6%，第二产业占 48.6%，第三产业占 41.8%。整个劳动力人口占总人口的比重为 67%，约为 1112.2 万人（参见表 10）。

表 10　民主德国劳动力人口构成变动情况

单位：%

年　份	第一产业	第二产业	第三产业	年　份	第一产业	第二产业	第三产业
1950	24	39	37	1970	13	41	46
1960	19	40	41	1983	9	49	42

民主德国的自然资源贫乏，褐煤为其主要资源。不过，第二次世界大战后的民主德国经济得到了迅速发展，成为举足轻重的工业化国家，在东欧诸国中名列前茅。人们的生活水平相当高：人均住房面积 25 平方米，45.9% 的居民拥有小汽车，每千人有病床 10.2 张，每名医生负担的人口数为 455 人。

民主德国教育实行 10 年制义务教育。小学生入学率 1981 年达到 95%，其中男性 95%，女性 97%；中学生入学率高达 89%；高等教育入学学生占 20 ~ 24 岁人口数的百分比达 30%。几项指标均为世界前列。

小结

总之，民主德国人口可归纳为以下几个特点：（1）属于较早完成人口转变的国家之一。进入 20 世纪以后，首先是人口数量出现净减少，接着在 20 世纪 70 年代出现出生率小于死亡率的现象。之所以如此，是因为 70 年代之前，或确切地说，第二次世界大战后若干年内，民主德国人口外流现象严重所致。仅 1948 ~ 1961 年间，民主德国迁往联邦德国的人口就高达 200 万人以上。（2）人口转变使得民主德国成为世界上人口老化最严重的国家之一，从而出现了劳动力严重短缺的问题。（3）女性人口长期以来一直多于男性人口，目前这种失衡似有缓和，但是，各年龄组的性比例却极不均衡，年龄越大，失衡现象越严重，女性人口所占比重随着年龄的提高越来越大。（4）人口分布主要受经济影响而表现出不均衡性。（5）人口文化素质高，医疗卫生条件良好。

关于民主德国人口的预测，可先看一下 20 世纪 70 年代初期民主德国中央统计局对该国人口的预测：1970 年人口计 1710 万人，1980 年达 1770 万人，1990 年预测将增至 1840 万人，到 2000 年时，民主德国人口可望达到 1950 万人。但是，事实上的人口情况是：1980 年：1674 万人，比预测少 96 万人；1989 年最新估测为 1660 万人，比 20 世纪 70 年代初对 1990 年的预测少 180 万人。显然，当时的预测值有些偏高。这大概是没有估计到的，或者当时预测带有一种乐观的期望因素。事实上在随后 20 年，民主德国人口出生率并未恢复，这一方面是社会经济的发展使人们的生育观有了根本转变所致，另一方面，是民主德国由于战争至今"元气"仍未恢复的缘故。总的来看，由于民主德国的妇女总和生育率目前仅为 1.7 个，已低于更替水平，因此，即使目前的出生率有所回升，甚至自然增长率也有所上升，其上升幅度也不会很大，这一点是人口再生产的内在规律所决定的。

参考资料

〔德〕H. 科里亚编《德意志民主共和国经济地理》，华东师范大学地理系译，上海译文出版社，1981。

南斯拉夫（Yugoslavia）

南斯拉夫位于巴尔干半岛的中部和西北部，属于"南欧"国家，西南比邻亚得里亚海，陆界同意大利、匈牙利、奥地利、罗马尼亚、保加利亚、希腊、阿尔巴尼亚七个国家为邻，扼中欧通往地中海和西亚的重要通道。国土面积 25.58 万平方公里。人口 1989 年约为 2370 万人。人口密度每平方公里 92.6 人。首都：贝尔格莱德。

历史

南斯拉夫的土地，总的来说，曾经为人类的生存提供了必要的条件，这里很早就发现了人类生活的遗迹。南斯拉夫境内的某些地方，曾经是旧石器时代人类的居住地。在西部地区的斯洛文尼亚、克罗地亚有 40 多处深浅不同的洞穴发现了残缺的粗磨石质工具，它们属于旧石器时代后期的文化遗物。其他一些遗迹证明新石器时代的南斯拉夫，人口已相当稠密。在新石器时代中期和后期，人口愈益密集聚居，生活方式也愈益多样化。公元前 2000 年之前南斯拉夫境内便开始广泛使用金属。青铜时代的文化则依次分为潘诺文化、伊利里亚文化等。公元前 4 世纪，希腊殖民者最先来到亚得里亚海，随后建立了若干殖民地。公元前 3 世纪罗马人开始向亚得里亚海东海岸扩张。公元 9 年，罗马帝国将境内各个民族全部降服以后，称此地为伊利里亚，为皇帝的直辖区域；罗马帝国后期，此地的政治、经济都几乎登峰造极。公元 3 世纪，斯拉夫人开始向巴尔干半岛移居，而且也渐渐在此定居下来，这种现象持续到 4~5 世纪。这个时期的南斯拉夫称之为斯克拉波尼亚。9 世纪起，在与异族斗争中，先后建立了克罗地亚、塞尔维亚、马其顿等民族国家。15 世纪土耳其奥斯曼帝国征服塞尔维亚，吞并了波斯尼亚－黑塞哥维纳和马其顿，统治近 4 个世纪。奥匈帝国则统治着斯洛文尼亚、克罗地亚。19 世纪初，在土耳其统治下的塞尔维亚首先获得自治。1882 年，塞尔维亚独立成为王国。1918 年 10 月底，克罗地亚和斯洛文尼亚宣布脱离奥国的统治。1918 年 12 月建立塞尔维亚－克罗地亚－斯洛文尼亚王国，1929 年改称南斯拉夫王国，从而第一次成为统一的国家。1945 年 5 月 15 日，经历了两次世界大战的南斯拉夫成立南斯拉夫社会主义联邦共和国。

民族、宗教和语言

　　南斯拉夫是一个多民族国家。南斯拉夫和斯拉夫人并不完全是一回事。换言之，南斯拉夫并非完全是斯拉夫族人，属于斯拉夫系的人口占南斯拉夫总人口的88.6%。关于斯拉夫人的"祖籍"是一个十分棘手的问题，早在中世纪初期就已经展开了讨论。一些观点认为斯拉夫人的"祖籍"是在波罗的海和黑海之间的辽阔土地上，但以后较多的观点认为斯拉夫人的"祖籍"是在喀尔巴阡山脉以东，在普里皮亚特沼泽地、第聂伯河和注入黑海的各条河流的上游之间的地区，亦即在今天的白俄罗斯和乌克兰境内，3世纪假道从里海、波罗的海之间的广大平原入侵南斯拉夫的便是斯拉夫族的一部分部落民族。目前，南斯拉夫人口主要由斯拉夫人和非斯拉夫人两大部分所组成，共分为24个民族。住在南斯拉夫境内的主要斯拉夫民族有三大民族集团，即塞尔维亚人、克罗地亚人和斯洛文尼亚人，少数的斯拉夫民族有马其顿人和黑山人。此外，称之为穆斯林的人口集团也是斯拉夫人中的一个较大的团体。非斯拉夫人占总人口的11.4%，主要包括阿尔巴尼亚语族的阿尔巴尼亚人、罗曼语族的阿罗蒙人以及日耳曼语族的德国人、匈牙利人和土耳其人等（参见表1）。

表1　1978年南斯拉夫人口民族构成

民　族		人口（千人）	比重（%）	民　族	人口（千人）	比重（%）
斯拉夫语族	塞尔维亚人	9000	40.9	阿尔巴尼亚语族	1500	6.8
	克罗地亚人	4800	21.8	罗曼语族	233	1.1
	斯洛文尼亚人	1800	8.2	日耳曼语族	18	0.1
	穆斯林人	1800	8.2	其　他	740	3.4
	马其顿人	1300	5.9			
	黑　山　人	560	2.6			
	其　他	217	1.0			
小　计		19477	88.6	总　计	21968	100.0

　　南斯拉夫在欧洲是唯一的一个国内最大民族人口不到一半的国家，因此，其民族问题十分复杂。南斯拉夫杜尚·比兰吉奇博士就说过："南斯拉夫最根本的、最持久的和最有影响的特征，这就是南斯拉夫是一个多民族的共同体"（杜尚·比兰吉奇著《南斯拉夫社会主义联邦共和国史纲》，第568页）。尤其是在20世纪60年代末期，民族间的关系成了南斯拉夫的关键性政治问题。

　　南斯拉夫的多民族社会和曲折的历史发展，造成了在宗教方面的复杂情况。克罗地亚人、斯洛文尼亚人从7世纪起先后接受了天主教。塞尔维亚人和马其顿人则正好相反，他们从9世纪起信奉东正教。曾被奥斯曼帝国长期统治的波斯尼亚人中有不少改信伊斯兰教。在少数日耳曼地区，还有新教的一些派别。1953年人口普查表明，南斯拉夫87%

的人口均信奉某种宗教：约 41% 属东正教、32% 属罗马天主教、12% 为伊斯兰教、1% 为新教，其余则被列为"其他"或"未申报"之列。

南斯拉夫主要有三种民族语言，即塞尔维亚 – 克罗地亚语、斯洛文尼亚语和马其顿语，三者均为南斯拉夫官方语言，具有同等地位。在塞尔维亚、克罗地亚、波斯尼亚 – 黑塞哥维纳、黑山四个共和国通用塞尔维亚 – 克罗地亚语，使用这一语言的占全国人口的 3/4。斯洛文尼亚共和国使用斯洛文尼亚语。马其顿共和国使用马其顿语。只有斯洛文尼亚人和克罗地亚人使用拉丁字母拼音，书写自己的语言。塞尔维亚人、波斯尼亚 – 黑塞哥维纳的穆斯林斯拉夫人、马其顿人和黑山人使用斯拉夫字母。

人口变动

1989 年南斯拉夫人口总数为 2300 万人左右，人口密度每平方公里为 90 多人。这个数字与 1921 年首次进行的人口调查的统计数字相比，人口增加了 1165 万人以上。1921年第一次举行人口调查之前，南斯拉夫的人口均是根据对各联邦国的人口推算后再进行加总，因此存在着一定的出入。下面是南斯拉夫四位著名历史学家对 19 世纪的南斯拉夫人口数字所进行的推算（参见表 2）。[①]

表 2　南斯拉夫各地区人口分布

单位：人

地　区	1850 年以前	1850 年以后	1900 年左右
塞尔维亚	680000（1834 年）	1215000（1866 年）	2497000（1900 年）
克罗地亚 巴昂克罗地亚 达尔马提亚 伊斯特拉	1605000（1840 年）（其中504170 人为塞尔维亚人） 398607（1840 年）（塞尔维亚人占 19%） 228035（1846 年）（意大利人占 26%）	1892500（1880 年）（其中497800 人为塞尔维亚人） 476101（1880 年）（塞尔维亚人占 16.5%） 192006（1880 年）（意大利人占 40.2%）	2416300（1900 年）（其中610000 人为塞尔维亚人） 593784（1900 年）（塞尔维亚人占16.2%） 345050（1900 年）（意大利人占 40.5%）
斯洛文尼亚	1054765（1846 年）	1140704（1880 年）	1192780（1900 年）
马其顿	估计为 968500（1807 年）	1450000（1880 年）（其中180000 人为穆斯林人）	瓦尔达尔马其顿为 908904（1900 年）（其中 175000 人为土耳其人，88000 人为阿尔巴尼亚人）
黑　山	估计为 120000	196238（1863~1864 年）	370000（1898 年）
波斯尼亚 – 黑塞哥维纳	估计为 1100000（1840 年）	1242458（1878 年）	1898044（1910 年）（其中 825418 人为塞尔维亚人，434297 人为克罗地亚人，612137 人为穆斯林人）

① 伊万·博日奇等：《南斯拉夫史》，赵乃斌译，商务印书馆，1984，第 412 页。

从表 2 的资料看，南斯拉夫 19 世纪末 20 世纪初的人口总数大约在 1022.2 万人左右。分开来观察则有以下一些特征：（1）当时的塞尔维亚仍然是一个农业国，但是就自然条件的可能性来说，塞尔维亚人口增长率是较低的。1898 年，塞尔维亚政府的一项报告称"就自然财富来说，塞尔维亚的出生率还很低"。（2）19 世纪后半期，在黑山于 1863～1864 年所进行的当地首次人口调查中，显示出当时当地的大部分人均从事畜牧业，当时被认为是黑山人口的增长超出了维持他们生存的自然条件的可能性。（3）1856 年克里米亚战争结束之后，在波斯尼亚和在马其顿的穆斯林急剧减少，而让位于基督教市民。因此，在 19 世纪与 20 世纪的交接时期，南斯拉夫的总的情况是，社会建立起来了，但农业人口显得过剩，城市规模很小，人口各种结构仍在急剧变化着，脆弱的经济是以榨取农村攫得的微薄的资本为基础的。

1921 年进行了第一次人口调查之后，南斯拉夫便有了较为详细的人口统计资料（参见表 3）。

表 3　南斯拉夫人口变动及分布情况

单位：千人

年　份	全　国	波　黑	黑　山	克罗地亚	马其顿	斯洛文尼亚	塞尔维亚
1921	12059						
1931	13982						
1939	15596						
1947	15679						
1950	16346						
1956	17655	3025	411	4040	1357	1540	7282
1961	18549	3236	474	4169	1410	1596	7664
1966	19644	3541	505	4320	1532	1666	8080
1971	20523	3710	531	4431	1654	1730	8466
1972	20772	3819	539	4450	1680	1741	8543
1973	20956	3872	545	4469	1705	1753	8612
1974	21155	3925	552	4490	1730	1766	8692
1975	21352	3977	558	4509	1756	1778	8774
1976	21560	4029	565	4530	1784	1792	8860
1977	21718	4075	571	4532	1826	1793	8921
1978	21968	4133	582	4578	1835	1812	9028
1984	22349	4116	580	4576	1914	1884	9279

1921～1984 年，人口净增加 1029 万人，历时 63 年，人口年均增长率 0.98%，总增长率为 85.3%，即半个多世纪内人口增长 80% 左右，但每个 10 年的增长速度并不一样，

具体情况如图 1、图 2 和表 4 所示。

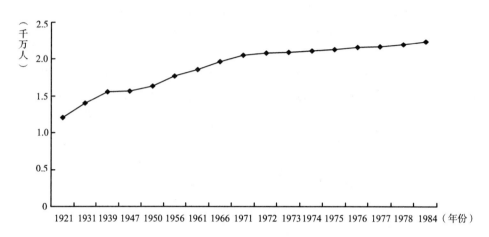

图 1 南斯拉夫人口变动图示

表 4 1921～1989 年不同时期南斯拉夫人口年均增长率

单位：%

时 期	1921～1930	1931～1939	1940～1947	1948～1950	1951～1960	1961～1970	1971～1978	1979～1984	1985～1989
年均增长率	1.49	1.37	0.07	1.40	1.19	1.01	0.94	0.28	1.18

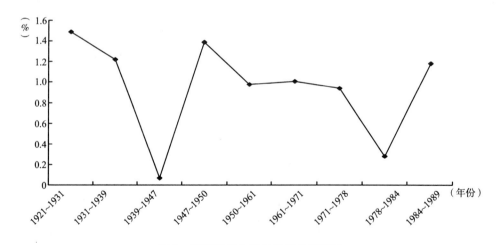

图 2 南斯拉夫人口年均增长率图示

1921～1984 年，人口总的年均增长率为 0.98%，但各个时期的增长幅度相差很大，尤其是 1939～1947 年间，人口年均增长率仅为 0.07%。据认为，1939～1959 年，南斯拉夫失去了 200 万～260 万人：死于战争的 170 万人，南斯拉夫被俘或战时在德国工厂做工的共为 70 万人。第二次世界大战后，约有 10 万南斯拉夫人移居国外，其中许多人移居美国；伊斯的利亚半岛于战后划归南斯拉夫，居住于该半岛的大部分意大利人均外迁

至意大利；大部分幸存的犹太人约 8000 人，外迁至以色列；原在马其顿的大约有 10.4
万土耳其人，于 1950～1959 年间返回土耳其等等，所有这些均制约了南斯拉夫人口的增
长。当然，影响南斯拉夫人口变动的主要原因还有该国人口的自然变动因素。从第一次
人口调查的情况看，南斯拉夫人口出生率 1921 年为 36.7‰，死亡率 20.9‰，自然增长
率 15.8‰。第二次世界大战后，南斯拉夫的"三率"发生了变化，主要趋势是由高出生
率向低出生率转变，由较低死亡率向更低的死亡率转变（参见表 5 及图 3）。

表 5　南斯拉夫人口自然变动指标

单位：‰

指标 \ 年份	1950	1960	1970	1975	1976	1977	1978	1979	1980	1981	1982	1983	1987	1989
出生率	30.2	23.5	17.8	18.1	18.2	17.7	17.4	17.2	17.0	16.8	16.7	16.6	15.3	15.0
死亡率	13.0	9.9	8.9	8.6	8.5	8.4	8.7	8.6	9.0	9.0	8.9	9.6	9.2	9.0
自然增长率	17.2	13.6	8.9	9.5	9.7	9.3	8.7	8.6	8.0	7.8	7.8	7.0	6.1	6.0

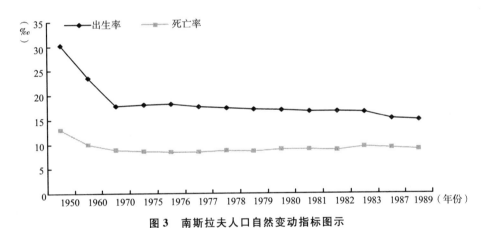

图 3　南斯拉夫人口自然变动指标图示

从 20 世纪 60 年代末至 70 年代初，南斯拉夫已经完成了人口再生产类型的转变，即
进入了低出生、低死亡、低自然增长的"三低"阶段。1950～1989 年的近 40 年间，南
斯拉夫出生率降低了 50%，死亡率降低了 30.7%。在东南欧国家中，南斯拉夫的出生率
位于中等水平，最高的阿尔巴尼亚出生率为 25‰，最低的意大利为 10‰；南斯拉夫的死
亡率也处于中等水平，最低的阿尔巴尼亚只有 6‰，最高的匈牙利等为 13‰。

南斯拉夫的婴儿死亡率下降得很快。1953 年时仍高达 116.1‰，1963 年猛下降至
77.5‰，1973 年进一步降至 33.6‰，1987 年为 25.4‰。像罗马尼亚、波兰、保加利亚等国
都有类似的情况。1950 年均在 110‰左右，目前均下降至 20‰上下。不过从整个欧洲来看，
南斯拉夫的婴儿死亡率之高名列前茅，仅低于阿尔巴尼亚（42‰）和罗马尼亚（25.6‰）。

南斯拉夫人口平均预期寿命如表 6 所示。

表6 南斯拉夫不同时期人口平均预期寿命

单位：年

年份	1952～1954	1958～1959	1960～1961	1962～1963	1970～1971	1972～1973	1979～1980	1989
男性	56.92	61.61	62.18	62.41	65.30	65.59	67.72	71.00
女性	59.33	64.44	65.27	65.58	70.14	70.42	73.15	

人口自然结构

在欧洲，除了阿尔巴尼亚之外，人口最"年轻"的国家要数波兰和南斯拉夫了。1989年，南斯拉夫65岁及以上人口比重为9%，15岁以下人口比重为24%，而欧洲总的平均水平是，前者13%，后者20%。

1978年，南斯拉夫0～14岁的人口为24.8%，15～64岁人口为65.9%，65岁及以上人口是9.3%。1982年三项指标分别为24.7%、66%和9.3%（参见表7及图4）。

表7 1980年南斯拉夫人口年龄、性别构成

年龄	男性人口（人）	女性人口（人）	性比例（%）	年龄	男性人口（人）	女性人口（人）	性比例（%）
0～4	954000	892000	106.9	50～54	664000	730000	91.0
5～9	925000	869000	106.4	55～59	481000	622000	77.3
10～14	919000	878000	104.7	60～64	251000	330000	76.1
15～19	940000	897000	104.8	65～69	330000	436000	75.7
20～24	962000	923000	104.2	70～74	280000	357000	78.4
25～29	1000000	961000	104.1	75～79	175000	249000	70.3
30～34	826000	795000	103.9	80～84	69000	113000	61.1
35～39	658000	659000	99.8	85+	29000	58000	50.0
40～44	752000	760000	98.9	合 计	10988000	11316000	97.1
45～49	773000	787000	98.2				

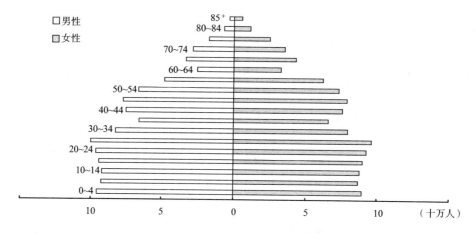

图4 1980年南斯拉夫人口年龄金字塔

　　从人口年龄金字塔图示以及男女性别比例的情况可以看出两次世界大战对南斯拉夫人口的影响。金字塔中两处最明显的"凹"形部分，分别为 35～39 岁和 60～64 岁。这部分人出生的年份分别是 1940～1945 年和 1925～1929 年。造成这种情况的原因主要有两方面，一方面受战争的影响出生人数减少，另一方面直接死于战事的年轻人口较多。从金字塔上还可以看出，从 20 世纪 50 年代起，南斯拉夫人口进入了稳定状态，最近可能会由于人口再生产规律的作用而出现出生率小的回潮，但总的趋势是人口已经进入稳定时期。

　　从性别构成来看，南斯拉夫近几十年来一直是女性人口总数多于男性人口总数（参见表 8）。

表 8　南斯拉夫人口性比例变动情况

年　份	总人口（人）	男性人口（人）	女性人口（人）	性比例（％）	年　份	总人口（人）	男性人口（人）	女性人口（人）	性比例（％）
1948	15841566	7615023	8226543	92.6	1971	20522972	10077282	10445690	96.5
1953	16991449	8231936	8759513	94.0	1978	21968000	10818000	11150000	97.0
1961	18549291	9043424	9505867	95.1	1980	22304000	10988000	11316000	97.1

　　1980 年南斯拉夫分年龄组的性别比基本上正常，即年龄组越高，性比例越低。不过从 35 岁就开始出现了男少女多的情况，这种现象似乎"早"了一些。

人口流动与分布

　　从总体上讲，南斯拉夫分为六个联邦共和国，即波斯尼亚 - 黑塞哥维纳共和国、黑山共和国、克罗地亚共和国、斯洛文尼亚共和国、马其顿共和国和塞尔维亚共和国。其中塞尔维亚共和国又包括伏依伏丁那自治省和科索沃自治省。这样，根据南斯拉夫的经济状况以及由此而决定的人口状况，可将其视为三个地区：(1) 东北地区，包括塞尔维亚共和国的大部分和克罗地亚共和国的东部。该区面积占全国的 1/4 以上，人口约占全国人口的 1/3 以上。(2) 西北地区，包括斯洛文尼亚共和国的全部和克罗地亚共和国的绝大部分，该地区面积不到全国的 1/3，人口则超过 1/3。(3) 中南地区，包括狄那里克阿尔卑斯山地和塞尔维亚 - 马其顿高原，在行政上辖有波斯尼亚 - 黑塞哥维纳、黑山、马其顿三个共和国的全部领土以及塞尔维亚共和国的南部与克罗地亚共和国的部分山地，这一地区面积占全国的 2/5 以上，人口仅占 3/10。从各共和国的人口分布看，情况如表 9 所示。

表 9　1984 年南斯拉夫各联邦共和国的人口分布

共和国或自治省	面　积（平方公里）	人　口（人）	人口密度（人/平方公里）
塞尔维亚本土	55968	5666000	101
伏依伏丁那自治省	21506	2028000	94
科索沃自治省	10887	1585000	146
1. 塞尔维亚	88361	9279000	105

续表 9

共和国或自治省	面 积 （平方公里）	人 口 （人）	人口密度 （人/平方公里）
2. 克罗地亚	56538	4576000	81
3. 斯洛文尼亚	20251	1884000	93
4. 波斯尼亚－黑塞哥维纳	51129	4116000	81
5. 马其顿	25713	1914000	74
6. 黑山	13812	580000	42
总　　计	255804	22349000	87

　　南斯拉夫目前的人口分布是过去人口流动的结果，这种流动既包括国际流动，又包括国内流动。如战后大量德意志人和其他少数民族人口迁往他国，但后来有不少南斯拉夫籍人又返回南斯拉夫，从而形成了国内人口的再分布。此外，南斯拉夫国内各共和国间的人口流动也是十分重要的。据1971年人口普查，登记出生在一个共和国和长期居住在另一个共和国的人有168.5万人，占全国人口的10%左右。其具体流向如表10所示。

表 10　1971 年南斯拉夫各地区人口流向分布

单位：人

出 生 地	人口	常 住 地							
		波黑	黑山	克罗地亚	马其顿	斯洛文尼亚	塞尔维亚本土	伏依伏丁那	科索沃
波　黑	540563	—	7645	217293	553	20129	107303	176371	6292
黑　山	116341	18903	—	10148	4360	1692	43036	21662	16540
克罗地亚	332798	46784	4765	—	4168	52954	115829	105895	2403
马其顿	84025	5037	1293	8883	—	2356	45988	16640	3821
斯洛文尼亚	61211	4059	689	40245	855	—	11419	3619	325
塞尔维亚本土	295264	36993	10786	40084	39619	11640	—	132537	23605
伏依伏丁那	146083	9486	2602	30916	2240	3065	96650	—	1134
科索沃	108714	3752	4807	4769	21048	1438	64828	8072	—
共　　计	1684999	125014	32587	352338	72843	93274	485053	464796	54120

　　南斯拉夫是个多民族国家，而且长期受到外族的统治，因此城市的外观也呈现出多样化的形状。有些城市的建筑类似于意大利，有些又具有拜占庭城市的特点，还有一些则与中欧的城市类似。在1918～1941年间，南斯拉夫一直是城市化程度最低的国家之一，这与国家工业化程度低有关。即使在当今，南斯拉夫仍然是欧洲城市化水平最低的国家之一，除了阿尔巴尼亚（35%）和葡萄牙（30%）之外，就是南斯拉夫了。据伊万·博日奇等提供的数字，1921年尚有78.9%的人口以农业为主，1931年这一比值是76.5%。从1948年开始，较为详尽的统计资料表明了南斯拉夫城镇人口的变动情况（参见表11）。

表 11　南斯拉夫城镇人口变动情况

年　份	总人口（人）	城镇人口（人）	城镇人口占总人口（%）	年　份	总人口（人）	城镇人口（人）	城镇人口占总人口（%）
1948	15841566	2557682	16.1	1971	20522972	7914526	38.6
1953	16991449	3144675	18.5	1984	22349000	10057050	45.0
1961	18549291	5264735	28.4	1989	23700000	10902000	46.0

　　除了首都贝尔格莱德和克罗地亚首府萨格勒布以外，城镇人口增长得均比较缓慢。贝尔格莱德起源于公元前 4 世纪凯尔特人的城堡，但在 1900 年时含近郊区人口在内不过 7 万余人，1920 年 12.2 万人，1940 年为 30 万人，1984 年猛增到 147 万人，是南斯拉夫唯一一座人口超过百万的城市。11 世纪才发迹的萨格勒布 1900 年人口约 6 万多，1920 年增加近 1 倍，达10.1 万人，目前为 77 万人，是南斯拉夫的第二大城市，其余各城市人口均不足 50 万人。

　　南斯拉夫城市化水平低与其产业结构有很大关系。不过，客观地用历史眼光评价，南国产业结构转变的速度还是迅速的。1948～1971 年间，城镇人口增长了 209%；至1989 年，则增长 326%。在东南欧国家中仅慢于保加利亚（参见《保加利亚》国）。南斯拉夫的杜尚·比兰吉奇博士就以自豪的口吻指出"南斯拉夫属于第二次世界大战后对居民的社会结构进行最大变革的为数不多的国家之一。30 年来，社会结构的金字塔发生了一个转变，原来农民几乎占 80%，而现在几乎 80% 的青年人从事非农业活动，其前途完全是向城市集中"。[①] 他提供了如下动态资料，如表 12 所示。

表 12　南斯拉夫农业人口及在全部人口中所占比重变动情况

地　区	人口（千人）				百分比（%）				1971 年比 1948 年减少百分点（个）
	1948 年	1953 年	1961 年	1971 年	1948 年	1953 年	1961 年	1971 年	
波　黑	1891	1770	1644	1408	73.8	62.2	50.2	40.0	33.8
黑　山	274	258	222	181	72.7	61.5	47.0	35.0	37.7
克罗地亚	2388	2220	1825	1432	63.2	56.4	43.9	32.3	30.9
马其顿	787	818	722	626	68.3	62.7	51.4	39.9	28.4
斯洛文尼亚	672	617	495	338	46.7	41.0	31.1	20.0	26.7
塞尔维亚	4634	4657	4290	3623	71.0	66.7	56.1	44.0	27.0
塞尔维亚本土	2983	2996	2711	2259	71.7	67.1	56.2	44.1	27.6
伏依伏丁那	1070	1070	961	739	65.2	63.0	51.8	39.0	26.2
科索沃	581	591	618	629	79.8	72.3	64.1	51.5	28.3
南斯拉夫	10646	10340	9198	7515	67.2	60.8	49.6	38.2	29.0

---

① 〔南〕杜尚·比兰吉奇：《南斯拉夫社会主义联邦共和国史纲》，许万明等译，天津人民出版社，1985，第568 页。

从 1980 年开始，南斯拉夫放慢了经济发展速度，旨在从根本上改变生产结构，纠正比例失调。目前，南斯拉夫各种产业就业人口的比率情况是，农、林业：37%；工、矿业：25%；建筑业：5%；公共建设 6%；商业 6%；运输、通信业 6%；其他 15%。若按照一、二、三次产业来划分，则依次是 37%、30% 和 33%。

国民教育及其他

第二次世界大战以前的南斯拉夫教育很不发达，各地发展也极不平衡。1918 年时各地教育仍不统一。1929～1930 年曾试图在全国统一教育制度，并在全国实行初等免费义务教育，但未实现。1939～1940 年，初小和高小的学生只占学龄儿童的 50.1%，而且小学和中学之间不衔接，中学和大学的学费很贵。第二次世界大战后，南斯拉夫十分重视教育事业，文盲率由 1930 年时的 44.6% 降至 1953 年的 25.4%，1971 年时进一步降至 15.1%，进入 20 世纪 80 年代后，这一比值尚没有多大变动。南斯拉夫被认为是欧洲文盲率最高的国家之一，1985 年，小学生入学率为 96%，中学生入学率为 82%，高校入学率为 10%，最后一个指标在欧洲算是中等水平。不难看出，南斯拉夫一方面文盲率很高，另一方面高校入学率又是较高的。

挪威（Norway）

挪威是欧洲大陆最西北端的一个国家，西濒挪威海，南临北海，东与瑞典为邻、东北与芬兰及苏联为界。大部分国土在斯堪的纳维亚半岛的西半部，约占该半岛面积的 40%，濒临大西洋的一端，从北而南分别接巴伦支海、挪威海和北海。全国由 15 万多个岛屿所组成，总面积包括斯瓦巴德群岛、扬马延岛等属地为 38.69 万平方公里。不过，只有 3000 个左右的岛屿有人居住。1989 年人口 420 万人。人口密度每平方公里 11 人。是欧洲人口最为稀少的国家之一。首都：奥斯陆。

历史

挪威境内一些洞窟中的壁画告诉我们，远古时期的挪威领土已出现了人类的足迹。研究人员还发现，目前挪威领土上在青铜时代已有了人类的社会组织，这些早期的人类在海岸地带及溪谷间开拓耕地，从事农业。进入铁器时代以后，便确立了部族社会，人口开始增加。但是，尽管挪威已经有了 1500 多年的历史，可形成统一的王国却是公元 9 世纪的事情。海洋与挪威结下了不解之缘，历史上，挪威人很早就长期乘船沿着一条朝北的海道往来。Norway 的意思就是"朝北之路"或"北方之路"的意思。在 9～11 世纪的北欧海盗时期，挪威王国曾不断向外扩张。13 世纪进入全盛时期。14 世纪中叶，在经济上和政治上受到北德意志汉萨同盟的扼制，并在狂暴的黑死病袭击下，人口死去一半，从而国力大衰。1319 年挪、瑞结盟。1380 年虽然挪、丹结盟，但实际上是在丹麦统治之下。1397 年，丹麦、瑞典、挪威三国缔结成卡尔玛联盟。1523 年瑞典独立，挪遂沦为丹麦的一个省。从 17 世纪起，丹、瑞之间进行多次战争，其结果是丹麦于 1814 年将挪威让与瑞典。1905 年挪威脱离瑞挪联盟而独立，但选丹麦王子为国王。第二次世界大战时期，法西斯德国占领挪威。1945 年获得解放，恢复独立。

民族、宗教和语言

挪威人主要由古代日耳曼部落结合而成，并吸收了芬兰人、萨阿米人的成分。公元 9 世纪以前，斯堪的纳维亚各日耳曼部落都说古挪威语，文字用古日耳曼字母拼写。在 9 ~ 11 世纪的海盗时期，斯堪的纳维亚人到欧洲沿海各地进行掠夺和贸易，被欧洲人称做诺曼人或维京人，即 viking 人。这些人的船队从波罗的海抵达英国、法国，活跃于法罗群岛到冰岛之间，一方面贩卖皮革或鱼干，另一方面经常性地掠夺海上船只。他们的船队甚至远达格陵兰东南岸及美洲大陆等地，而在地中海也留下了他们的足迹。维京人原来是日耳曼系的单一种族，但是由于在 11 世纪初期，明显地分成了瑞典人、挪威人、丹麦人三支，历史便由此而延续下来了。现今的挪威，是以挪威人为主体，并由少数民族萨阿米人和芬兰人、丹麦人、瑞典人等共同组成的。挪威人占全国人口的 97.3%。萨阿米人亦称拉普人，只占 0.7%；芬兰人又称克温人，只占 0.5%，他们均属于芬兰 - 乌戈尔语族乌拉尔语系，而日耳曼语族的挪威人则属印欧语系。

9 世纪挪威形成王国后不久，便将基督教引入国内，并强制推行。16 世纪进行宗教改革，始信基督教路德宗至今。目前作为国教的路德宗派新教徒达总人口的 94%。其余有圣灵降临派信徒，洗礼教派信徒和天主教徒。

挪威语为国语，属于日耳曼语族的北日耳曼语支。还有许多地方方言，如萨阿米语最为流行。

人口变动

远古时期的挪威人口现已无从考证。但是，据认为，公元 1000 年的挪威人口肯定未超过 50 万人，13 世纪中叶达到了挪威历史上的全盛时期。但在 14 世纪中，黑死病的流行使挪威人口死去半数。之后，1763 年、1772 年、1785 和 1812 ~ 1813 年，连续地遭受饥荒，使得挪威国力大衰。1769 年，挪威进行了第一次人口普查，其人口总数约为 72.4 万人。1800 年的挪威人口约在 88.5 万人左右。由于挪威自然环境的限制，直到 19 世纪以前，国内经济及对外贸易都相当落后，人民的生活水平很低，比之 300 年以前的 1530 年经济好不了多少，这种情况遏制了人口的增加。进入 19 世纪，挪威人口开始增长，同时伴之以向北美洲移民。据不完全统计，从 1870 ~ 1920 年间，挪威向外移民者达 62.5 万人，其中，以向北美移民居多。表 1 资料显示出挪威、瑞典和丹麦共同向外迁移的人口数目。

至 19 世纪末期，挪威的人口数已经超过 200 万人。自此，挪威人口的趋势开始持续上升，及至 1989 年，人口已超过 400 万人。这一时期与其他斯堪的纳维亚国家相比，挪威人口增长速度算是快的（参见表 1、表 2、图 1 和图 2）。

表1 "老移民国"挪威、瑞典、丹麦百年外迁人口数

单位：千人

时　期	人口数	时　期	人口数	时　期	人口数	时　期	人口数	时　期	人口数
1840~1850	4.3	1866~1870	39.3	1886~1890	60.8	1906~1910	43.7	1926~1930	23.9
1851~1855	6.9	1871~1875	22.1	1891~1895	48.1	1911~1915	28.6	1931~1935	3.1
1856~1860	4.5	1875~1880	23.2	1896~1900	22.1	1916~1920	11.2	1936~1939	4.2
1861~1865	9.7	1881~1885	58.4	1901~1905	53.9	1921~1925	26.4	合　计	494.4

表2　挪威的人口变动

年　份	人　口（千人）	年均增长率（%）	年　份	人　口（千人）	年均增长率（%）	年　份	人　口（千人）	年均增长率（%）	年　份	人　口（千人）	年均增长率（%）
公元1000年	500		1910	2400	0.87	1960	3581	0.93	1983	4130	0.32
1769	724	0.05	1920	2635	0.94	1965	3723	0.78	1987	4190	0.36
1800	885	0.65	1930	2668	0.12	1970	3877	0.81	1989	4200	0.12
1865	1700	1.01	1940	2973	1.09	1975	4007	0.66			
1900	2200	0.74	1950	3265	0.94	1980	4093	0.41			

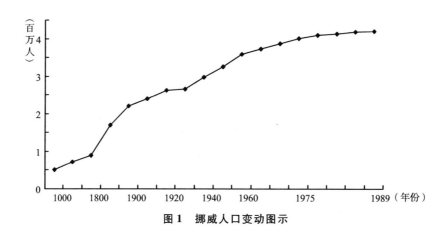

图1　挪威人口变动图示

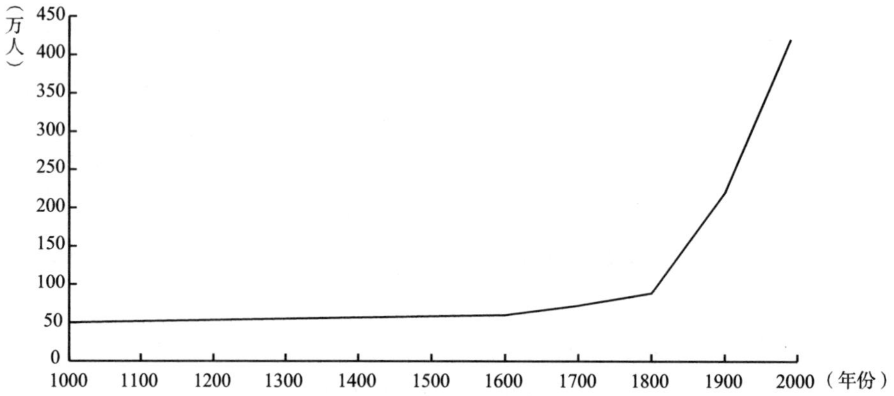

图2　挪威每百年人口增长图示

图1、图2显示挪威人口的变动轨迹。19世纪之前，该国人口增长缓慢。其后，人口

增长量扩大，但是人口年增长率在 20 世纪 40 年代达到 1.09% 的峰值速度之后，开始下降，至 1989 年接近于 0.12% 的静止水平。应当说明，19 世纪中叶至 20 世纪初，挪威人口之所以增长快于其他国家，重要的一点是死亡率一直很低。1851～1860 年间，挪威死亡率为 17.1‰，当时瑞典、丹麦这一指标分别是 21.7‰ 和 20.6‰，法国为 24‰，英国为 22.2‰，德国为 26.4‰，芬兰更为 28.7‰。1901～1910 年间，挪威死亡率降至 14.2‰，上述国家分别为：16.7‰、14.2‰、19.4‰、15.4‰、18.7‰、18‰。与此恰好相反的事实是，1908～1913 年挪威的出生率又高于其他国家。当时挪威是 26‰，英国为 24.9‰，瑞典为 24.4‰，法国为 19.5‰，只有丹麦略高于挪威，是 27.1‰（见《丹麦》）。但是，资料显示出的 1865～1900 年挪威的人口增长率下降则主要是由于外迁人口所致。当时，除爱尔兰以外，挪威是欧洲移民率最高的国家。1880～1890 年间，每 10 个挪威人中便有 1 个离开本国客居他乡。

美国学者西蒙·库兹涅茨认为挪威的经济起飞开始期在 1865～1869 年间，与丹麦一致。事实上，挪威在 1875～1905 年间的经济增长率有所下降，主要是由于严重的社会动乱和国际航运由帆船转为蒸汽船，使得挪威商船队的吨位增长停滞所致。不过，这一时期也正是挪威经济结构调整时期以及人口结构转变时期。在经济起飞开始期 1865～1869 年间，挪威的人口已显示转变的雏形，其出生率为 30‰，死亡率 18‰，自然增长率 1.2%。这时挪威的出生率已低于除法国以外的所有发达国家，而死亡率为当时的最低水平。挪威出生率降至 30‰ 以下的年份是在 1899 年，进一步降至 20‰ 以下则是 1925 年的事情。从时间顺序上讲仅迟于法国、瑞典、瑞士、比利时等国，与英国、美国、丹麦基本接近。因此说，北欧的挪威是人口转变最早的国家之一（参见表 3、图 3）。

表 3　挪威人口自然变动及有关指标

时　　期	出生率（‰）	死亡率（‰）	自然增长率（‰）	年　份	出生率（‰）	死亡率（‰）	自然增长率（‰）	婴儿死亡率（‰）	平均预期寿命（年）男	女
1808～1812	32.7	19.5	13.2	1850	30.0	17.1	12.9			
1828～1832	31.7	19.4	12.3	1900	26(1908 年)	14.2	11.8	53.3	51～55	53～57
1838～1842	28.5	19.3	9.2	1920	26.1	12.8	13.3			
1848～1852	31.1	18.2	12.9	1930	17.0	10.6	6.4			
1858～1862	32.9	18.0	14.9	1950	19.1	9.1	10.0	45.6		
1868～1872	29.4	17.1	12.3	1953	18.7	8.5	10.2	22.0	71.1	74.7
1878～1882	31.0	16.6	14.4	1958	17.9	9.0	8.9	20.0	71.3	75.6
1888～1892	30.2	17.7	12.5	1963	17.3	10.1	7.2	16.9	71.1	76.8
1898～1902	29.9	15.4	14.5	1968	17.6	9.9	7.7	13.7		
1908～1912	26.0	13.6	12.4	1973	15.5	10.1	5.4	11.9	71.3	77.6
1918～1922	24.1	13.5	10.6	1978	12.7	9.9	2.8	8.9	72.1*	78.4*
1927～1928	18.4	10.9	7.5	1983	12.0	10.2	1.8	8.1	72.6	79.4
1929～1932	17.0	10.5	6.5	1987	13.0	10.7	2.3	7.8	76.0	
				1989	13.0	11.0	2.0	7.8		

* 1976～1977 年。

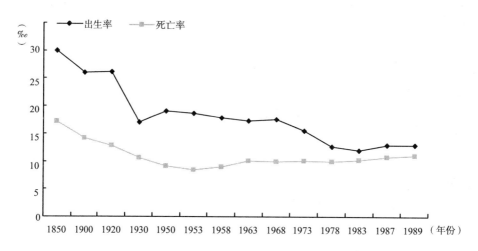

图3 挪威人口自然变动指标图示

从图3中可以看出，所谓人口转变的高位静止阶段在挪威至少是在19世纪中叶之前所发生的。在1930年之前，经历了人口转变的第二、三阶段。其后，人口进入了"三低"阶段。不过，挪威真正达到净再生产率为1.0的更替水平的年份是在1974～1975年间。1976年，净再生产率为0.835。目前的妇女总和生育率是1.8，净再生产率仍不超过0.9。因而挪威已经成为世界上少数几个实现了人口零增长的国家之一。

人口结构

世界上只有7个65岁以上人口占总人口比重超过14%的国家，这些国家全在欧洲，其中，有4个在北欧，挪威就是其中之一，其他几个分别是：丹麦、瑞典、英国、联邦德国、民主德国、奥地利。所以说，挪威是世界上人口最"老"的国家之一。1981年，挪威0～14岁的人口占总人口的比重是21.8%，15～64岁占63.3%，65岁及以上占14.9%，目前已超过15%。

从1982年挪威人口年龄金字塔上看，总的趋势是人口已经开始萎缩。但是各年龄组变化较大：40岁以上年龄组已呈稳定状，不过女性人口显然大大多于男性；55岁至最高年龄组女性较男性多10.9万人，这与当时的战争与移民有很大关系；39岁以下人口突然增加，问题是，挪威并没有像其他绝大多数发达国家那样，经过战后"婴儿激增"或生育补偿之后才开始降低出生率的，而是这种较高而平稳的生育率一直持续到20世纪70年代初才开始下降。这从前面的生命统计图形中也可以看出：这一期间出生率略有提高后开始稳定，死亡率则稳中有降，致使两者之间的差距有所扩大。这种状况和丹麦有些类似。其原因与人口年龄构成的推移有很大关系。应该说，从1943～1972年的30年间，是挪威的生育"高峰期"，自1973年开始，生育高峰结束，从而开始了萎缩的人口再生产（参见表4、图4）。

表4　1982年挪威人口年龄、性别构成

年　　龄	男性人口（人）	女性人口（人）	性比例（%）	年　　龄	男性人口（人）	女性人口（人）	性比例（%）
0～4	131387	125045	105.1	50～54	103169	103125	100.0
5～9	148031	141751	104.4	55～59	112370	114936	97.8
10～14	169797	161569	105.1	60～64	111206	121027	91.9
15～19	166495	157766	105.5	65～69	93599	108373	86.4
20～24	159236	150830	104.9	70～74	74547	94693	78.7
25～29	158296	151510	104.6	75～79	49467	74343	66.5
30～34	158321	147851	107.4	80～84	28719	49504	58.0
35～39	152033	142947	106.4	85⁺	16743	32883	50.9
40～44	108639	105374	103.1	总　　计	2039000	2077787	98.1
45～49	96945	94260	102.8				

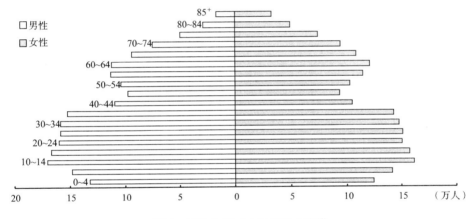

图4　1982年挪威人口年龄金字塔

　　无论中间发生的变化多么曲折，如前所述，挪威老年人口事实上已经占了很大比重，而且至1989年为止，1943～1952年大量出生的人口已经进入了中年组，十几年以后，这批人口将陆续步入老龄，届时的老龄化洪峰将更加汹涌地席卷而至。

　　从性别结构上看，挪威人口具有典型的发达国家的特征：性比例低于100，1950年是98.3∶100，1960年是99.3∶100，1970年为98.9∶100，1982年为98.1∶100。此外，在55岁时，女性人口开始多于男性人口，这也是发达国家不同于发展中国家的一个特点。

人口分布、城市化及就业结构

　　素有"万岛之国"美称的挪威实际上只有3000个左右的岛屿可供人类居住，而且绝大部分人口居住在斯堪的纳维亚半岛的挪威主要领土上。但是，由于挪威境内不良的自然环境而限制了人口的分布，致使每平方公里只有11人的人口密度仅成了一个理论数值。大体上讲，人口大多靠近沿海居住，离海洋较远的东部"内陆"地区人烟稀少。从南北上讲，人口多集中于南方，北纬 64°以北地区人烟稀少。若干地区的人口密度为零。从地理学上讲，挪威可分为五大区域：最精华的是奥斯陆平原和西南海岸，这里农牧兴盛，交通便利，人口密度高；其次是荒凉的南部挪威台地；再次是中部的挪威山地；还有是北部的挪威山地；最后是斯瓦巴德群岛，居民寥寥无几，人口密度极低。

从行政上讲，挪威划分为 19 个郡，每个郡的人口分布情况如表 5 所示。

表 5　1980 年挪威 19 个郡人口分布情况

郡	面 积 （平方公里）	人 口 （人）	人口密度 （人/平方公里）	郡	面 积 （平方公里）	人 口 （人）	人口密度 （人/平方公里）
奥斯陆	454	451789	995	卢格兰	9141	305527	33
阿克修斯	4917	369317	75	霍达兰	15634	391412	25
奥斯特佛	4183	233329	56	松欧菲拉内	18634	105955	6
赫德马克	27388	187241	7	洛木斯达	15104	236103	16
欧普兰	25260	180795	7	南特洛恩迪勒	18831	244788	13
布斯科德	14933	214618	14	北特洛恩迪勒	22463	125857	7
威斯特佛	2216	186691	84	诺 兰	38327	244517	6
特里马克	15315	162063	11	托姆斯	25954	146804	6
东阿格达	9212	90638	10	芬马克	48649	78365	2
西阿格达	7280	136730	19	总 计	323895	4092539	13

说明：挪威国土总面积 38.69 万平方公里，15 万多个岛屿中只有 3000 多个有人居住。水域率为 6.0%。

自然环境是决定挪威人口分布的重要因素，社会经济原因也是挪威全部历史中促使人口分布成现状的因素。1875～1905 年间，是挪威经济结构重大调整时期，农业起了重大变化，从自给生产走向市场，从谷物生产走向畜牧。此时的工业也有所突破，特别是从锯刨木材走向纸浆和造纸工业，从帆船向蒸汽船转变。工业的发展吸引了人口流向工业部门，同时也促进了工业城市和海港城市的发展。像 1050 年因宗教与商业中心而繁荣起来的首都奥斯陆就是由于工业、运输业的发展而成为了人口聚集的挪威唯一的特大城市。其他城市如卑尔根、特隆赫姆等也均因此而发展成造船、航运中心。挪威工业经济的发展主要是在第二次世界大战以后。尤其是在近一二十年中，早期农业日趋现代化，传统渔业日益兴旺，重要的林业更加重要，水力发电开辟了工业化的道路，素有"航海国家"之称的挪威海运再次跻身于世界上最现代化的船队之列，这种做法的结果是，在一方面，将大部分人口吸引到城市中来，另一方面农林牧渔各行业的现代化所排挤出来的劳动力又被推向城市，使得城市人口迅速发展起来。1950 年挪威城市人口比重仅为 32%，1960 年达 48.5%，1970 年为 42.4%，1975 年为 44.8%，1982 年为 62%，目前挪威城市人口所占比重众说不一，这是由于统计口径不一的缘故所致，其中，可能是由于渔业人口的归属问题，或者是居民点问题。连美国人口情报资料社每年公布的《世界人口资料》也前后不一：1985 年认为挪威城市人口比重是 88%——属于高度城市化的国家类型，1986 年又公布为 71%，1989 年是 60%。世界银行在《1984 年世界发展报告》中提出的数据是 54%（1982 年），而国际联合统计机构主编的 1980 年《世界人口年鉴》中则对挪威城市人口比重提出了以下一连串数值（参见表 6）。

表 6　挪威城市人口比重变动情况

年　份	总人口（人）	城市人口（人）	比重（%）	年　份	总人口（人）	城市人口（人）	比重（%）	年　份	总人口（人）	城市人口（人）	比重（%）
1971	3903039	1708942	43.8	1974	3985258	1783259	44.8	1977	4043205	1787729	44.2
1972	3933004	1764779	44.9	1975	4007313	1787025	44.6	1978	4058671	1781299	43.9
1973	3960613	1771948	44.7	1976	4026152	1790871	44.5	1979	4072517	1778626	43.7

这一串比值的趋势接近于美国人口情报社的"低位"数值。需要说明的是，这里的城市人口仅指"常住人口"，或许这才是拉低挪威城市化水平的真正原因。

从产业结构来看挪威的城市人口应该是比较高的。1983 年，第一产业人口由 1956 年的 26% 下降到 8.5%，第二产业下降为 30%，第三产业是 61.5%。侯文若先生在《世界人口趋势》一书中根据《1981 年劳工统计年鉴》所做的有关国家三类产业的比较有助于我们判断挪威城市人口比重状况。下面简单看一下三类产业和城市人口比重的关系（参见表 7）。

表 7　发达国家经济活动人口的产业结构和城市人口比重

单位：%

国　家	第一产业（1981 年）	第二产业（1981 年）	第三产业（1981 年）	城市人口（1985 年）	国　家	第一产业（1981 年）	第二产业（1981 年）	第三产业（1981 年）	城市人口（1985 年）
挪　威	8.3	36.6	55.1		荷　兰	5.6	32.9	61.5	88
芬　兰	10.8	32.1	57.1	60	意大利	12.8	34.1	53.1	69
联邦德国	5.7	43.6	50.7	94	奥地利	10.4	40.6	49.0	55
法　国	8.2	33.1	58.7	73	日　本	10.6	33.3	56.1	76
英　国	2.4	36.6	61.0	83					

工业化与城市化是密切相关的，许多国家都有这样的例证。如 1820～1950 年美国工业化和城市化的相关系数高达 0.997，1841～1931 年英格兰和威尔士这两者的相关系数为 0.985，1866～1946 年法国的相关系数是 0.97，1870～1940 年瑞典为 0.967，均为非常高的正相关系数，这种状况当然要排除某些相反例证的发展中国家的情况，但是像挪威显然是属于前者。米洛斯·马库拉在《现代欧洲经济史》一书中将挪威和奥地利、瑞士、捷克斯洛伐克、波兰划分为一类，认为是居于高度城市化国家和城市化水平较低的国家之间的一种类型，其城市人口比重为 50%～70% 之间，这种判断看来是符合实际的。

也就是说，挪威正在向高度的人口城市化国家迈进。

挪威的城市分布不均匀，大多集中在南部海湾地带。从城市规模来看，多为星罗棋布的中小城市，1983 年 5 万人口以上的城市只有 7 座，5 万人口以下的城市多达 447 座（参见表 8）。

表 8　挪威人口超过 5 万以上的城市人口变动情况

城　市	1973 年 （人）	1983 年 （人）	1983 年比 1973 年增减 （%）	城　市	1973 年 （人）	1983 年 （人）	1983 年比 1973 年增减 （%）
奥斯陆	472503	450386	− 4.7	拜鲁姆	80303	80400	0.1
卑尔根	213660	207449	− 2.9	克里斯蒂安桑	58234	61476	5.6
特隆赫姆	131327	134690	2.6	德拉门	50147	50098	− 0.1
斯塔万格	83215	91021	9.4				

国民教育及其他

目前的挪威已从战前一个较穷的、以农业为主的国家变成高度发达的资本主义工业国。根据世界银行《1985 年世界发展报告》的统计数字，1983 年挪威人均国民生产总值已达 14020 美元，在世界最富的国家中名列第五位。1989 年，有关组织认为挪威人均国民生产总值达 17110 美元，名列第三，仅次于瑞士和美国。在这样雄厚的经济基础上，挪威不仅有能力重视教育而且重视教育。学校多为公立，中央负责高等教育，地方负责初等和中等教育，7 ~ 16 岁适龄学生为义务教育，目前挪威的文盲率几乎为零。小学生入学率 100%，中学生入学率 1981 年为 97%，高等学校入学学生数占本年龄组别人数的 26%，三者均为世界最前列。政府的教育支出占总支出的比重是 12.6%（1981 年），几乎为欧洲国家最高值。全国每千人有医生 2.34 人，护士 9.76 人，病床 6.2 张，小汽车 369 辆，电话 622 部。挪威是世界高福利国家之一。

挪威经济发展速度十分迅速，但其失业率在发达资本主义国家中却一直是很低的。1980 年失业率仅为 1.7%，1982 年 2.6%，1983 年 3.3%，1984 年为 3%。这是挪威失业人口状态的一大特征。

小结

挪威的人口具有典型的北欧特征：人口转变早，人口老龄化程度高，人口平均预期寿命高，人口自然增长率低。

挪威 1989 年已经处于静止人口状态，由于人口再生产的惯性作用，人口有望还会增长一段时间才会最终停止下来。

瑞典（Sweden）

瑞典位于欧洲西北部的斯堪的纳维亚半岛的东半部，其面积约占半岛的 60%，西接同一半岛上的挪威，东北邻芬兰，东濒波罗的海和波的尼亚湾，南隔卡特加特海峡、厄勒海峡同丹麦相望。不包括领海在内的总面积为 44.99 万平方公里。人口 1989 年计为 850 万人。人口密度每平方公里 18.9 人，高于邻国挪威和芬兰。首都：斯德哥尔摩。

历史

瑞典的早期历史是史学界争论的问题之一。唯一得到肯定的是，在目前的瑞典境内，于公元 1000 年前后建立了统一的国家，这个国家于 1157 年向东进军，并通过征战兼并了芬兰，之后反遭丹麦侵袭。1397 年起瑞典属于以丹麦王为君主的卡尔玛联盟。1523 年脱离其联盟，日渐强大。16 ~ 17 世纪屡次向外扩张，曾占领现属苏联、波兰、民主德国、联邦德国的大片领土，建立"瑞典波罗的海帝国"。但在 1709 和 1809 年的两次对外战争中失败，丧失了波罗的海对岸大片土地以及原属瑞典的芬兰，开始走向衰落。1814 年瑞典参加了反拿破仑战争，但在以后的两次世界大战中，却严守中立政策，均未卷入世界大战，使其经济比较顺利地发展了起来。

民族、宗教和语言

瑞典民族起源于什么时候，从什么地方迁来，属于哪个系族，早期采用什么样的生活方式等一系列内容一直是一个悬而未决的问题。早期的冰岛史学家斯诺里·斯图拉逊著书认为：远古时期的瑞典境内人类来自于亚洲和苏联的顿河等地，但由于证据不充分，被后来的学者认为是凭空虚构出来的。目前"在斯康耐的林斯晏湖附近和哥德堡地区的散达那已经发现在公元前 6000 年左右开始了人类定居的最早痕迹"（〔瑞〕安德生著《瑞典史》，见参考资料）。但是，这些人从何处迁徙而来，却不能确切知道。瑞典学者认为这些人"有点像格陵兰岛沿海的爱斯基摩人"。之后，从以前属于挪威和丹麦的地区涌来了大批猎人和渔民。现在比较普遍的观点是认为瑞典民族是由苏维汇人、哥特人等古代日耳曼部落结合而成的，并吸收了萨阿米人和芬兰人等成分。这些人早期与挪威人、丹麦人同为斯堪的纳维亚人，欧洲人将他们称做"诺曼人"。由于他们经常远征、抢劫，进行海盗活动，因而又被取名为维京人——viking 人。这些人原来都属于古日耳曼系的单一种族，以后经过接触西欧文明以及自身社会的发展而逐渐分化成为瑞典人、挪威人和丹麦人三大人口集团。10 世纪末，三个民族的语言出现差异，地域有所规划。1523 年，在贵族古斯塔夫·瓦萨领导下，瑞典人将丹麦人赶走，古斯塔夫被选为王，从此建立起了瑞典人的民族国家。目前的瑞典国，主要以瑞典人为主，占总人口的 93%；少数民族有属于乌拉尔语系芬兰－乌戈尔语族的萨阿米人和芬兰人，前者占总人口的 0.2%，后者为 3.6%，其他还有少量的斯拉夫语族人、罗曼语族人。总之，瑞典是一个以瑞典民族为主体的多民族国家。

瑞典具有宗教的历史和其王国的建立一样悠久。10 世纪左右，基督教首先传入瑞典。16 世纪中叶，建立起国王统治下的路德派教会，以后虽有周折，但目前瑞典的国教则是路德派新教，该教拥有约占全国人口 90% 的教徒。其次有罗马天主教、东正教和犹太教等。

现今瑞典的语言主要是瑞典语，是由古挪威语发展而成。这种语言属于印欧语系日耳曼语族北日耳曼语支。此外，瑞典境内还有一些地方方言。

人口变动

早期的斯堪的纳维亚是一个"共同体"，很难说清楚哪个国家的人口有多少。这不仅是针对某一个国家的状况，而是在整个学术界都面临着的研究早期人口问题缺乏资料的难题。这是因为年代久远，当时文化、生产落后，几乎没有留下多少人口统计资料所致。

瑞典强制登记制度的实施发生在1686年，而首次进行人口生命调查的时间是在1749年。当时全国居民的总数大约是180万人。1800年时，可能为230万人，50年以后的1850年约为350万人。20世纪初期，瑞典人口增至510万人，这均是一些估计的数字。但是，一般却公认为瑞典是整理人口统计资料最早的国家之一。进入20世纪以后，瑞典的人口又有所增长，但其速度却缓慢下来了。总的来看，瑞典人口的增长速度低于其他斯堪的纳维亚国家的人口增长速度。如果从1800~1900年算做一个阶段的话，当时的年均增长率为0.80%；1900~1950年的50年也为一个阶段，则人口年均增长率是0.63%；1950年至今的年均增长率是0.48%（参见表1、图1）。

表1   瑞典的人口变动

单位：万人

年份	人口	年份	人口	年份	人口	年份	人口	年份	人口	年份	人口
1749	180.0	1900	510.0	1930	613.1	1960	749.5	1975	820.9	1989	850.0
1800	230.0	1910	550.0	1940	635.9	1965	776.4	1980	832.0		
1850	350.0	1920	587.6	1950	704.1	1970	807.6	1987	840.6		

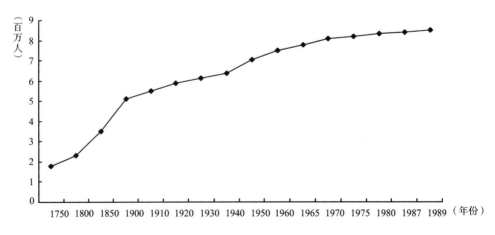

图1   瑞典人口变动图示

瑞典人口自有登记以来所显示出的增长缓慢状况是有其原因的：（1）1700～1712 年与丹麦、波兰、俄国进行第二次北方战争并以 1709 年的历史性失败而告终；（2）1740～1743 年，流行病盛行，灾荒不断；（3）1772～1773 年的饥荒以及席卷而来的天花、伤寒、赤痢等瘟病在瑞典的蔓延；（4）1789 年流行病再起；（5）1800 年的饥荒；（6）1805～1807 年的第三、四次反拿破仑战争的参与；（7）1808 年对俄国和丹麦两国的新战争并失败；（8）1809 年赤痢疾病的再流行；（9）由此而导致的人口向美洲大陆的移民洪流：1825～1947 年仅移往美国的瑞典人就达 137 万人。

以上因素均是导致瑞典人口难以增加的重要原因。从 1740～1800 年，北欧各国至少遭受了 9 次大灾荒，而瑞典 1773 年的大饥荒最为严重，粗死亡率达到 52.5‰；1740～1800 年的天花、伤寒等疾病占死因的 10% 以上。18 世纪后半期人口出生时的平均预期寿命不超过 30～40 岁。"1749～1764 年，仅在瑞典，百日咳曾使 4 万名儿童死亡"（安德雷·阿尔芝戈《1700～1914 年的欧洲人口》）。表 2 是瑞典 1708～1932 年的人口自然变动指标情况（参见表 2）。

表 2　1808～1932 年瑞典人口自然变动指标

单位：‰

时　期	出生率	死亡率	自　然增长率	时　期	出生率	死亡率	自　然增长率	时　期	出生率	死亡率	自　然增长率
1808～1812	31.8	33.1	-1.3	1858～1862	34.1	19.9	14.2	1908～1912	24.8	14.1	10.7
1818～1822	34.2	24.9	9.3	1868～1872	29.1	19.3	9.8	1918～1922	21.0	14.2	6.8
1828～1832	32.5	25.8	6.7	1878～1882	29.6	17.6	12.0	1927～1928	16.2	12.4	3.8
1838～1842	30.5	21.7	8.8	1888～1892	27.9	16.8	11.1	1929～1932	14.7	12.5	2.2
1848～1852	31.5	20.6	10.9	1898～1902	26.8	16.2	10.6				

从瑞典这一时期的人口变动来看，进入 19 世纪之后，尽管死亡率仍存在着大的波动，但已不如 18 世纪那样严重，而且，已呈明显下降趋势。死亡率超过 30‰的最后一年是 1812 年。从 1835 年以后，除了流行病严重的 1857 年以外，死亡率均在 25‰以下。而从 1876 年开始，再未出现过 20‰以上的死亡率，并且每年的波动幅度渐渐缓和。从出生率方面看，18 世纪一直在 30‰～40‰之间波动。19 世纪的绝大部分年份仍在 30‰以上，直到 1880 年，才降至 30‰以下，但在 19 世纪末以前，仍高达 27‰。进入 20 世纪之后，出生率下降的势头很强，1922 年进一步降至 20‰以下。这是人类继法国之后第二个出生率和死亡率早期下降到如此低程度的国家，与此同步并行的还有瑞士。1934 年瑞典的出生率降至 13.7‰这个最低水平。

由于瑞典在两次世界大战中保持中立，而且法西斯德国也未侵入其国土内部，因此，其人口变动受战争的直接影响较小。这样，20 世纪 40 年代以后，瑞典国的人口便稳稳当当地步入了人口再生产的"三低"类型（参见表 3、图 2）。

表3　1945～1989年瑞典人口自然变动指标

单位：‰

指标 \ 年份	1945	1950	1955	1960	1965	1970	1975	1976	1977
出生率	20.4	16.4	14.8	13.7	15.9	13.7	12.6	12.0	11.6
死亡率	10.8	10.0	9.5	10.0	10.1	9.9	10.8	11.0	10.7
自然增长率	9.6	6.4	5.3	3.7	5.8	3.8	1.8	1.0	0.9

指标 \ 年份	1978	1979	1980	1981	1982	1983	1987	1989	
出生率	11.3	11.3	11.6	11.3	11.3	11.0	12.5	13.0	
死亡率	10.8	11.0	11.0	11.1	10.9	10.9	11.1	11.0	
自然增长率	0.5	0.3	0.6	0.2	0.4	0.1	1.4	2.0	

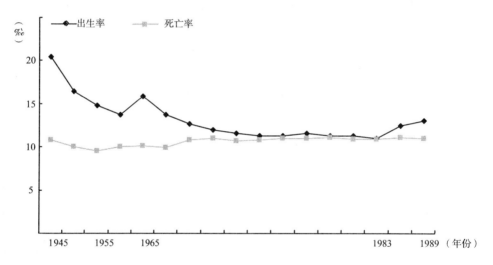

图2　1945～1989年瑞典人口自然变动指标图示

　　瑞典的人口转变，始于19世纪初期，完成于20世纪中叶，历时一个半世纪，是世界上最早完成人口转变的国家之一。因此，瑞典常常作为人口转变的范例被广大人口学者所引证并作为重要课题为人们所研究。它与法国人口转变的不同之处在于：（1）瑞典除早期的几个年份因特殊事件而出现过人口负增长外，其后一直没有发生过类似情况。而法国则已陆续出现过几次负增长现象，尤其是1935～1944年间，连续10年负增长。（2）从20世纪40年代以后，法国自然增长率开始回升，目前在4‰左右。瑞典则始终稳定下降，及至1‰以下，只是在20世纪80年代以后，微显"回升"迹象。（3）法国的出生率一直没有降到11‰的水平，因此其自然增长率虽然也出现过很小的差值甚至是负增长，但均是较高的死亡率所引起，而瑞典则是两者同时降低所致。

　　如果把出生率下降的程度及年份进行排队，并由此而观察人口转变的时间顺序，那么目前世界上已经完成了人口转变的部分国家以时间先后排列情况则如表4所示。

表 4　世界上已完成人口转变的部分国家＊

国　家	跌破大关的年份		间隔（年）	国　家	跌破大关的年份		间隔（年）	国　家	跌破大关的年份		间隔（年）
	30‰	20‰			30‰	20‰			30‰	20‰	
法　国	1832	1909	77	美　国	1897	1929	32	芬　兰	1913	1932	19
瑞　典	1880	1922	42	丹　麦	1899	1927	28	匈牙利	1923	1938	15
瑞　士	1880	1922	42	挪　威	1899	1925	26	意大利	1924	1943	19
比利时	1886	1924	38	荷　兰	1908	1937	29	日　本	1938	1955	17
英　国	1896	1923	27	德　国＊＊	1910	1926	16				

＊指出生率下降跌破"大关"的年份。

＊＊第二次世界大战结束前，称德国。表 5 同。

　　如果从经济的角度来看，瑞典人口转变的位次似应靠"后"一点，因为瑞典的经济起飞期按照库兹涅茨的排列几乎是在上述国家中的第九位。瑞典的经济起飞开始时间在 1861～1869 年间，这就是说，瑞典的经济起飞开始时间与出生率转变之间的时间间隔要短一些。这可通过表 5 看出来。

表 5　一些发达国家经济起飞时间与出生率转变时间间隔

单位：年

国　家	经济起飞初始年份至出生率降至30‰以下的年份之间隔期	经济起飞初始年份至出生率降至20‰以下的年份之间隔期	经济起飞年　份（取期末值）	国　家	经济起飞初始年份至出生率降至30‰以下的年份之间隔期	经济起飞初始年份至出生率降至20‰以下的年份之间隔期	经济起飞年　份（取期末值）
英　国	111	138	（1756～1785）1785	丹　麦	30	58	（1865～1869）1869
法　国	－8	69	（1831～1840）1840	挪　威	30	56	（1865～1869）1869
比利时	46	84	（1831～1840）1840	瑞　典	11	53	（1861～1869）1869
荷　兰	68	97	（1831～1840）1840	意大利	55	74	（1861～1869）1869
德　国	51	67	（1850～1859）1859	日　本	59	76	（1874～1879）1879
瑞　士	15	57	1865	美　国	54	86	（1834～1843）1843

　　上述国家的发展史表明：法国是人口转变与经济起飞初期时间最为接近的国家，或者说该国的人口转变稍早于经济起飞 8 年的时间，其他国家均是在经济起飞之后才开始的人口转变，其中，英国的"间隔期"最长，瑞典及瑞士的间隔期除法国外最短。由此我们可以得出如下结论：瑞典是世界上人口转变最早的国家之一，并且是在经济起飞早期便开始了人口转变的国家之一。

　　如果按照人口达到净再生产率为 1.0 的更替水平来排队的话，瑞典则是最早达到这一水平的国家。邬沧萍、侯文若先生所著的《世界人口》一书提供了这方面的资料（参见表 6）。

表6　达到人口更替水平的国家有关人口指标

国　家	1976 年净再生产率（个）	达到人口更替水平的年份（年）	国　家	1976 年净再生产率（个）	达到人口更替水平的年份（年）	国　家	1976 年净再生产率（个）	达到人口更替水平的年份（年）
丹　麦	0.829	1968	英　国	0.818	1972 ~ 1973	荷　兰	0.753	1972 ~ 1973
芬　兰	0.798	1967 ~ 1968	奥地利	0.803	1972	瑞　士	0.723	1969 ~ 1970
挪　威	0.835	1974 ~ 1975	西　德	0.658	1969 ~ 1970	比利时	0.813	1969 ~ 1970
瑞　典	0.804	1967	卢森堡	0.733	1969 ~ 1970	法　国	0.872	1974 ~ 1975

在 20 世纪整个 70 年代，瑞典人口的净再生产率水平均在 1.0 以下（参见表7）。

表7　瑞典人口净再生产率变动情况

单位：个

年　份	1970	1971	1972	1973	1974	1975	1976
净再生产率	0.924	0.939	0.916	0.896	0.899	0.851	0.804

显然，如果这种趋势再继续下去的话，或者说，只要有净再生产率小于 1 这一段历史，那么就会出现出生率小于死亡率的负自然增长现象。

人口结构

由于瑞典很早便开始了人口转变，而且转变结束期也比较早，因此，瑞典已成为典型的人口老龄化国家。1989 年 65 岁以上老年人口占总人口的比重高达 18%，为全世界最高比值。老年人口与少年儿童之比为 105.9，是世界上这一比值唯一超过 100% 的国家，足见其老化程度之严重。

最早进入人口老龄化的国家是法国，其次便是瑞典。从 18 世纪末起，法国人口中有 8% 是 60 岁以上的老人，瑞典大约于 1860 年，德国和英国直到大约 1910 年才达到这样的百分比。1911 年，法国和瑞典已成为欧洲老人比例最大的国家。下面是瑞典两个多世纪以来人口年龄构成的变化状况（参见表8、图3）。

表8　瑞典人口年龄构成变动情况

单位：%

年　份	0 ~ 14 岁	15 ~ 64 岁	65 岁及以上	老龄化指数	年　份	0 ~ 14 岁	15 ~ 64 岁	65 岁及以上	老龄化指数
1750	33.2	60.6	6.2	18.7	1965	20.7	66.4	12.9	62.3
1800	32.3	62.0	5.7	17.6	1970	20.8	65.8	13.4	64.4
1850	33.0	62.2	4.8	14.5	1975	20.5	64.1	15.4	75.1
1870	34.1	60.5	5.4	15.8	1981	19.2	64.3	16.5	85.9
1910	31.7	59.9	8.4	26.5	1986	18.0	65.0	17.0	94.4
1950	23.4	66.3	10.3	44.0	1989	17.0	65.0	18.0	105.9
1960	22.0	66.0	12.0	54.5					

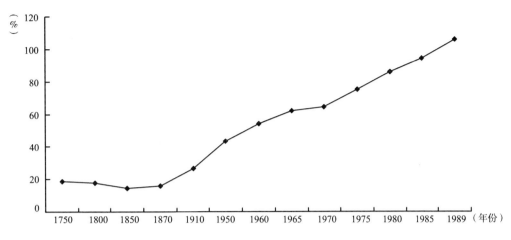

图 3　瑞典人口老龄化指数变动图示

图 3 显示出瑞典人口老龄化过程的变动速度。越往近期，老龄化指数提高得越快。1750～1950 年的 200 年间，老龄化指数提高 137.9%；在 1950～1989 年的 39 年间，老龄化指数同样也提高了 137.9%。导致老龄化的主要因素是出生率持续下降。出生率的下降是随着死亡率的下降尤其是婴儿死亡率的下降而下降的，这是人口自然变动的一般规律。此外，人口平均预期寿命的延长也是导致人口老龄化的因素之一。有资料表明，瑞典的人口平均预期寿命在 18 世纪已接近 40 岁，相当于 200 年以后今天的非洲某些国家的人口平均预期寿命水平。目前，瑞典的人口年龄结构已成典型的稳定之后的萎缩人口状（参见表 9、图 4）。

表 9　1981 年瑞典人口年龄、性别分布

年　龄	男性人口（人）	女性人口（人）	性比例（%）	年　龄	男性人口（人）	女性人口（人）	性比例（%）
0～4	246492	234807	104.9	50～54	223835	228158	98.1
5～9	279926	267056	104.8	55～59	241039	249083	96.8
10～14	293417	278974	105.2	60～64	235352	248628	94.7
15～19	300785	286566	104.9	65～69	208551	232405	89.7
20～24	282251	270077	104.5	70～74	173626	210862	82.3
25～29	295738	282363	104.7	75～79	114842	161644	71.0
30～34	331928	316930	104.7	80～84	62826	102976	61.0
35～39	329353	309369	106.5	85 +	33712	68457	49.2
40～44	248319	237238	104.7	总　计	4120225	4201256	98.1
45～49	218233	215663	101.3				

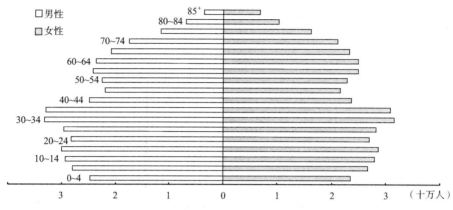

图 4   1981 年瑞典人口年龄金字塔

表 10   1778～1965 年瑞典女性平均预期寿命

单位：年

年份	平均预期寿命	年份	平均预期寿命	年份	平均预期寿命	年份	平均预期寿命	年份	平均预期寿命	年份	平均预期寿命
1778	41.38	1813	43.64	1848	49.04	1883	53.72	1918	61.08	1953	76.28
1783	39.46	1818	43.77	1853	45.37	1888	55.02	1923	66.07	1958	77.22
1788	40.25	1823	49.19	1858	49.24	1893	56.61	1928	66.44	1965	77.93
1793	43.10	1828	44.14	1863	49.90	1898	56.79	1933	68.45		
1798	41.83	1833	47.48	1868	49.62	1903	59.24	1938	70.73		
1803	43.49	1838	47.02	1873	49.93	1908	61.35	1943	72.40		
1808	35.74	1843	47.99	1878	52.14	1913	61.99	1948	74.92		

表 10 的数据取自于 *Demography* 1989 年 Vol. 26 中 "The Demographic Transition" 一文。1950 年以后的数据和沈益民先生编著的《近 30 年世界人口普查和人口概况》所提供数据略有出入。沈益民的资料如表 11 所示。

表 11   1951～1989 年瑞典人口平均预期寿命

单位：年

年 份	男 性	女 性	年 份	男 性	女 性	年 份	男 性	女 性
1951～1955	70.49	73.43	1967～1971	71.89	76.77	1976	72.12	77.90
1956～1960	71.23	74.72	1969～1973	72.00	77.25	1977～1978	72.00	78.70
1957	70.82	74.29	1971～1975	72.07	77.65	1981	75.00	
1959	71.69	75.24	1972	71.97	77.41	1986	76.00	
1961	71.56	75.35	1972～1976	72.10	77.75	1987	77.00	
1961～1965	71.60	75.70	1973	72.12	77.66	1989	77.00	
1962	71.32	75.39	1975	72.12	77.37			

1977 年以后的资料来源于《世界人口年鉴》和美国人口咨询局历年公布的人口数据表。总的来讲，无论资料来源多么不同，但其结论是相同的，即瑞典是世界上人口平均预期寿命最高的国家之一，仅次于冰岛和亚洲的日本。

瑞典的人口平均预期寿命高，与婴儿死亡率下降很早以及至 1989 年为止下降得很低有密切关系。自 20 世纪 50 年代开始，瑞典的婴儿死亡率就已经降至 20‰以下，目前降到 5.7‰，成为世界上除冰岛之外婴儿死亡率最低的国家，其变动轨迹参见表 12。

表 12　1953～1989 年瑞典婴儿死亡率情况

单位：‰

年　份	婴儿死亡率	年　份	婴儿死亡率	年　份	婴儿死亡率	年　份	婴儿死亡率
1953	18.7	1972	10.8	1977	8.0	1982	6.8
1958	15.9	1973	9.9	1978	7.8	1983	7.0
1963	15.4	1974	9.6	1979	7.5	1987	5.7
1968	13.1	1975	8.6	1980	6.7	1989	5.7
1971	11.1	1976	8.3	1981	6.9		

另外从图 4 的人口年龄金字塔中还可以看出，瑞典的性别构成特征表现出了典型的发达国家的特点：一是男性人口总数少于女性人口；二是在较高的年龄组以后（50 岁）才出现男少于女的局面。如果从第二次世界大战后的情况进行观察的话，瑞典的性别比例一直是相当稳定的。1950 年为 99.2∶100，1960 年为 99.5∶100，1965 和 1970 年均是 99.8∶100，1975 年是 98.9∶100，1981 年为 98.1∶100。

总而言之，瑞典的人口变动呈下降趋势，尽管 1965 年左右出现了出生率回升的现象，但是其幅度不大，所以，在人口再生产的周期性特征影响下，1989 年的人口出生率又略有回升，其程度更是微乎其微。还要说明的是，由于人口结构老化，死亡率反而有所提高，人口自然增长率便降到更低程度。目前，尽管瑞典政府对于产妇和婴儿设有种种优厚的福利待遇，但对于出生率的提高依然无济于事。

人口分布、城市化和就业结构

瑞典的人口平均密度在欧洲国家算是稀疏的，每平方公里不足 20 人。像邻国挪威和芬兰一样，受地理环境的影响，人口多集中于北纬 65°以南的地区，北部地区人烟稀少。从东西向看，瑞典人口多集中在波的尼亚湾和波罗的海沿岸。此外，瑞典的农耕区同样受气候条件的影响，主要分布在中央低地和南部沿海平原，因此，这些地区吸引了瑞典绝大多数农业人口。由于第二次世界大战后城市化日盛，人口越发集中于城市，导致人口密度更不均匀。像与丹麦隔厄勒海峡相望的马尔默区域、首都斯德哥尔摩区域等，人口密度均超过 150 人以上，而西北部各省人口密度不足 5 人。瑞典北部是铁矿山区，中部的金属工业和木材业最发达，南部为轻工业集中地。瑞典共分为 24 个省，以此分类的人口分布情况如表 13 所示。

表 13　瑞典人口分布的变动情况

省	面积（平方公里）	人口（1975）（人）	人口（1980）（人）	人口（1983）（人）	1983年人口密度（人／平方公里）	省	面积（平方公里）	人口（1975）（人）	人口（1980）（人）	人口（1983）（人）	1983年人口密度（人／平方公里）
斯德哥尔摩	6488	1493052	1527330	1535539	237	耶鲁布斯波里	11394	418150	425189	425538	37
乌普萨拉	6989	229879	243273	245398	35	斯卡拉波里	7938	263382	269715	270127	34
塞达曼兰	6060	252030	252515	252191	42	格利法尔	17609	284442	284477	283175	16
耶斯托耶托兰	10569	387104	393141	392694	37	厄勒布鲁	8515	273994	274580	273772	32
延雪平	9944	301905	303354	302531	30	威斯特曼兰	6302	259872	259789	258566	41
克鲁努贝利	8453	169454	173619	174169	21	哥巴贝利	28344	281082	287250	286482	10
卡尔马	11168	240768	241851	241098	22	格弗勒堡	18191	294595	294165	293657	16
果特兰	3140	54447	55362	55623	18	贝斯特诺兰	21786	268202	268385	267115	12
布勒	2919	155391	153880	152628	52	耶姆多州	49917	133559	135084	134945	3
克里斯蒂安斯塔	6054	272090	280071	280652	46	贝斯特波田	55432	236367	243723	244789	4
马尔默福斯	4929	740137	743746	742978	151	诺鲁波田	98906	264215	267326	265589	3
哈兰德	5454	219767	230679	232715	43	合　计	411613	8208544	8320438	8322093	20
哥德堡·欧克·布福斯	5112	714660	711934	710122	139						

说明：除海域面积。

由于瑞典处于高纬度地区，气候冬冷夏温，从南到北温差悬殊，全国15%的土地位于北极圈内。北部5个省份虽然土地面积占全国50%以上，但居住的人口只占14.7%，可见分布之不均匀。在斯堪的纳维亚半岛北部，大约有3万多游牧的萨阿米人，其中约有8500人在瑞典境内，仍过着游牧生活。

此外，经济越发展、工业越发达，人口越是向城市集中。从19世纪初开始，瑞典的城镇人口已经占到全国总人口的10%；20世纪初期，进一步升至接近20%；目前，已成为世界上高度城市化国家之一，其城镇人口比重为83%（参见表14）。

表 14　瑞典城镇人口比重的变动

单位：%

年　份	1800	1850	1920	1950	1960	1965	1970	1975	1981~1989
比　重	10.0	10.0	19.0	47.5	72.8	77.4	81.4	82.7	83.0

像欧洲大多数国家一样，瑞典的城市也主要有三种类型，一是早期王朝所在地成为今日之城市；二是产业革命前后发展起来的当时工、商业发达的城市；三是现代化工业城市。从全国看，瑞典由于全国人口总量不多，只有850万人左右，因此百万人口以上的城市只有一座，即享有"北方威尼斯"之美誉的斯德哥尔摩，绝大部分是10万甚至

10 万人口以下的城市。现在的问题是，瑞典最大的几座城市斯德哥尔摩、哥德堡、马尔默、马普萨拉、诺尔雪平、威斯特诺、厄勒布鲁、林雪平、延雪平等全都集中在国土的南部，或者更确切地说，全都集中在首都斯德哥尔摩附近的东海岸附近。鉴于这种情况，瑞典目前正在想方设法将人口吸引到北部地区，以疏散过分密集的人口（参见表 15）。

表 15　瑞典人口超过 10 万以上城市的人口变动

城　市	1973 年（人）	1983 年（人）	1983 年与1973 年相比变动（％）	城　市	1973 年（人）	1983 年（人）	1983 年与1973 年相比变动（％）	城　市	1973 年（人）	1983 年（人）	1983 年与1973 年相比变动（％）
斯德哥尔摩	1344748	1535539	14.2	诺尔雪平	115775	118664	2.5	延雪平	108429	107464	-0.9
哥德堡	441522	428181	-3.0	威斯特罗斯	117946	117392	-0.5	赫尔辛堡	101176	102164	1.0
马尔默	258830	231609	-10.5	厄勒布鲁	115827	116872	0.9	布罗斯	72099	101701	41.1
马普萨拉	132560	147732	11.4	林雪平	106628	113346	6.3				

瑞典的城市发展与其经济结构的变化是相辅相成的。在一个多世纪以前，当瑞典还是个贫穷落后的国家的时候，它是一个完全依赖于农业的农业国。19 世纪 60 年代起，瑞典开始了工业起飞。尽管相对于一些国家来说工业革命在瑞典起步较晚，但由于自然资源比较丰富，科学技术迅速赶上，又有长期和平环境，因此经济发展顺利、工业化进程迅速、城市化水平提高得也较快。城市的发展，又聚居了大量由土地排斥出来或吸引过来的过剩人口，从而促使了第二产业尤其是第三产业的发展。这种变化可从下列资料中得到印证（参见表 16、图 5）。

表 16　瑞典劳动力人口构成变动情况

单位：%

年份	农业	工业	服务业	年份	农业	工业	服务业
1860	64.0	18.8	17.2	1969	4.0	41.0	55.0
1910	48.3	32.2	19.5	1982	5.0	34.0	61.0
1960	13.8	52.7	33.5	1983	5.3	32.2	62.5

从瑞典产业结构的变动看，农业劳动力比重直线下降；第三产业则先慢后快地上升；第二产业在上升到一定程度后，再行下降，这完全是发达国家所经历的历程，符合配第－克拉克法则。

国民教育

瑞典一贯重视教育。中古时期的文学、艺术，尤其是绘画、雕刻更为世人所称道，也许瑞典仍在承袭着这方面特征。目前瑞典的文盲率接近 0，小学入学率达 100%，这无疑是 7～16 岁的 9 年义务教育制的结果。中学入学率 1981 年为 85%，大学入学率为 37%，是欧洲大学生在校率最高的国家之一，在世界上仅次于美国，与加拿大 37% 的水平持平。平均每千人有 3 名医生、16 张病床，每名护士负担的人数为 60 名。

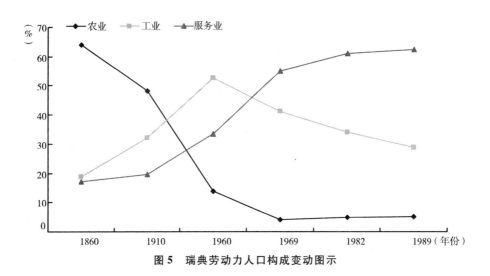

图 5　瑞典劳动力人口构成变动图示

小结

瑞典人口的特征可归纳为以下几点：第一，瑞典是人口转变最早的国家之一，仅次于法国，而且，其人口转变与经济起飞之间的"间隔期"除法国外，最短。第二，瑞典是最早（1967）达到净再生产率为 1.0 的更替水平的国家。第三，瑞典是紧随法国之后最先跻入老龄化的国家。由于人口结构老龄而导致的死亡率上升，致使自然增长率始终处在"0"值左右，从而成为萎缩型人口，这一点在人口年龄金字塔上表现尤为突出。第四，瑞典的婴儿死亡率是世界上除只有 30 万人的冰岛之外的最低水平。第五，瑞典的性别比例惊人地稳定，几十年来一直在 99:100 左右，其绝对差不超过 1%。第六，历史上的瑞典人口大量迁往国外，主要是美国、加拿大。19 世纪末和 20 世纪初外迁人口达到瑞典史上的最高峰，战后流向有所改变。目前，迁入人口反而多于迁出人口。第七，瑞典是两次世界大战中人口未受直接损失或损失不太大的少数几个欧洲国家之一，从而形成了相对"封闭"的人口"特征"。

总之，瑞典人口虽然数量不多，但却较早和较完整地进行了人口转变，从而成为世界人口研究课题中常常为学者们所引用的范本。

1989 年瑞典的人口已达 850 万人左右，是北欧人口规模最大的国家。由于其人口老龄化日益严重，而且丝毫没有缓和的迹象，净再生产率也在持续下降，这样，瑞典的人口以此发展下去将不能够维持现状，人口规模将要绝对地缩小，预计至 2020 年时，甚至比目前人口少 50 万人，降至 800 万人左右。

还有一个阻碍瑞典人口发展的因素是离婚率较高而结婚率较低。如果说，结婚率低或许是由于年龄结构造成的话，那么，离婚率高则只能归咎于社会原因了。1983 年，该国结婚率是 4.3‰，离婚率为 2.4‰，离婚率与结婚率之比是 55.8%。也就是说，在一年期内每两对结婚的夫妇中，便会相应地出现一对离婚者，这是欧洲这一比值最高的国家，其次是丹麦，离婚率 2.9‰与结婚率 5.3‰之比是 54.7%。尽管瑞典政府对此曾采取过若干努力措施，但其效果并不佳。

参考资料

〔瑞〕安德生：《瑞典史》，苏公隽译，商务印书馆，1972。

Demography，1989，Vol. 26.

〔日〕大渊宽、森冈仁：《经济人口学》，张真译，北京经济学院出版社，1979。

瑞士（Switzerland）

从自然地理上讲，瑞士是欧洲中部的一个内陆国家，但往往从政治地理上将其放在"西欧"地区。联邦德国、法国、意大利、奥地利等一些发达国家环绕着瑞士：瑞士的南部与东南部与意大利接境，西部与法国接壤，北部与联邦德国比邻，东与奥地利相连，列支敦士登夹在瑞士与奥地利之间。瑞士全国面积 4.13 万平方公里。1989 年估计人口数为 660 万人左右。人口密度平均每平方公里 160 人。首都：伯尔尼。

历史

古代瑞士的居民是居于西部的海尔维第人（凯尔特人）和东部的里西亚人，这些人在公元前 1 世纪被罗马人所征服并且接受了罗马语言（拉丁语）并部分地接受了罗马文化。5~6 世纪时瑞士的领土西部为勃艮第人、北部为阿雷曼人、南部为东哥特人以及其他日耳曼部落所侵占，几乎所有日耳曼部落都受到罗马化了的当地居民文化的影响。仅阿雷曼人保持了自己的独立性，他们为现代瑞士境内说德语居民的起源。西部、东部和东南部的居民所说的是以拉丁语为基础而发展起来的几种语言：法语、意大利语和西里西亚·罗马语。中世纪初期，瑞士现在的领土被法国所占领并纳入查理大帝帝国内，而后来成为"日耳曼民族的神圣罗马帝国"的一部分。13 世纪以前，瑞士仍未建立起国家。据史料认为，瑞士国家建立的正式年代是 1291 年，以当时三个"最早"的州：乌里、施维兹和下瓦尔登缔结联盟为标志。自 16 世纪初起，瑞士不再参与国外的战争，并转向政治的中立地位。1798 年拿破仑一世侵吞瑞士后改称"海尔维第共和国"。1815 年维也纳会议确立了瑞士的国境，其国境与现在相近，保证不受侵犯和建立它的"永久中立"。1848 年设立联邦委员会通过了新宪法，从此瑞士成为统一的联邦制国家。在 20 世纪前半叶所发生的两次世界大战中，瑞士均未介入，始终保持中立。瑞士由此而被认为是战火漫天时的乐土、经济危机时的伊甸园以及人们想象中的世外桃源。

民族、语言和宗教

奠定瑞士国家基础的是最早的三个州以及最早加入这一联盟的卢赛恩州所形成的四个"森林州"的联盟，或自愿或被迫地逐渐合并了邻近说法语、意大利语和西里西亚·

罗马语的居民，从而便形成了瑞士的多民族国家。瑞士民族是瑞士的主体民族，该民族是由其周围的三大欧洲民族所形成。因此，目前的瑞士民族主要是德裔瑞士人、法裔瑞士人和意裔瑞士人所组成。三个人口集团占瑞士全国总人口的比重分别是 62.8%、16.9% 和 3.4%，合计为 83.1%。其余 16.9% 的人口包括 16 个少数民族集团，其中有德意志人（2.6%）、意大利人（6.9%）、西班牙人（1.9%）、法国人（0.9%）、勒托罗曼人（0.8%）、奥地利人（0.7%）等。

瑞士民族来源的复杂性，对于瑞士境内语言的形成有着重要影响。如德裔瑞士人属于日耳曼语族，而法裔瑞士人和意裔瑞士人则均属于罗曼语族。这样，目前的瑞士国规定四种语言为国语，即德语、法语、意大利语和勒托罗曼语，其中罗曼语是一种流行于瑞士东部的凯尔特－古罗马人的土语，起源于赖复被占领时期。像瑞士这样一个将多种语言同时作为国语的国家在世界上应该说是仅此一家。在全国居民中，讲德语的人口占人口 69%，法语 19%，意大利语 9.5%，罗曼语 0.9%。瑞士的德语区与法语区分界线是由北向南从汝拉山脉斜向越过瑞士高原与阿尔卑斯山的一线，在提契诺州以及与之相邻的格里松斯州与格拉鲁斯州某些地区一般讲意大利语，格里松斯州诸山谷内则以罗曼语为主。罗曼语于 1941 年被承认为瑞士的官方语言之一，当时有 46400 个瑞士公民被允许按其他三种语言的同等地位使用罗曼语。另外还有少数人讲其他语言。

瑞士的宗教与其他国家不太一样。区别之一是瑞士各宗教之间很少发生摩擦，区别之二是瑞士本国居民的宗教人数和比重与包括未取得瑞士国籍的人口在内的瑞士整个人口的宗教人数和比重相差较大。从历史上看，瑞士在 5 世纪末被法兰克王国古洛维王所统治的时代，便开始皈依罗马天主教。及至今日，罗马天主教徒仍占全国人口的一半左右，甚至这一比重还有上升的趋势。1950 年罗马天主教徒占全国人口的 41.6%，1960 年占 45.4%，1970 年占 49.4%。基督教徒 1950 年为 56.3%，1960 年为 52.7%，1970 年为 47.7%。导致这种状况的原因与外来移民有很大关系。一项统计表明，如果仅就有瑞士国籍的瑞士人而言，1970 年天主教徒就不是占 49.4% 而是占 43%，基督教徒为 55% 而不是 47.7%，因为在瑞士的大量外国人中，基督教徒约占 80.9%。瑞士宗教还有一个特点是，有些人既是新教徒，又是天主教徒，这是很奇特的。此外，瑞士还有少量犹太教徒、穆斯林以及一些无神论者。

人口变动

据史料记载，瑞士人口在罗马统治时期便有 33.6 万人，16 世纪增加为 100 万人，到了 18 世纪则增加为 130 万人。1850 年，是瑞士联邦政府举行第一次人口普查的年份。是年，瑞士的总人口为 239.3 万人。之后从 1888 年到 1930 年止，人口开始大量增加，1930 年人口超过 400 万人，其后人口增殖又停滞了一段时间。20 世纪 50 年代后期，人口超过 500 万人。但再往后，由于自然增长率的上升以及外国移民大量流入，瑞士人口又开始增加。1975 年，瑞士总人口 630.9 万人，1984 年为 650 万人，1989 年为 660 万人。不过，总的来讲，20 世纪 70 年代后期开始，其增长速度有所趋缓（参见表 1、图 1）。

表1　瑞士的人口变动

单位：万人

年份	1920	1930	1940	1950	1960	1965	1970	1975	1980	1984	1987	1989
人口	388.1	405.9	423.4	471.5	542.9	594.5	626.9	630.9	636.5	650.0	655.7	660.0

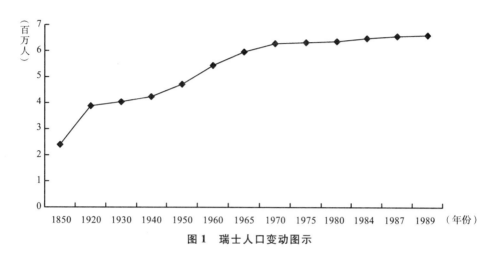

图1　瑞士人口变动图示

　　瑞士人口在20世纪的发展过程中，1940～1970年是人口增长最快的时期，这一时期的年均增长速度为1.45%左右。而在此之前或其后，人口平均增长速度均在0.5%以下（参见表2）。

表2　瑞士人口增长率及年均增长率变动情况

单位：%

时　期	1920～1929	1930～1939	1940～1949	1950～1959	1960～1969	1970～1979	1980～1989
期间增长率	4.59	4.31	11.36	15.14	15.47	1.53	3.69
年均增长率	0.45	0.42	1.08	1.42	1.45	0.15	0.40

　　瑞士人口的增加，与其迁入人口数量大有着直接的关系。一般认为，西欧是世界上最早出现外籍工人的地区。这是由于：第一，西欧资本主义发展较早，其生产力发展水平和人们的生活水平高于邻近诸国，再加上欧洲较小国家多，对于移民出入国境的限制从来就不太严格；第二，20世纪的两次世界大战每次都造成了人口大量死亡，第二次世界大战后为了恢复和发展经济一度颇感人手不足，因而各国纷纷招募廉价的外籍劳工。如果从时间上看，瑞士大概是西欧较早广泛地使用外籍人员的国家。一方面是由于瑞士经济起飞时间较早，经济较早地发达起来，并且地处内陆，面积狭小，外籍工人进出方便（如20世纪50年代统计每天早上有1万名以上的工人从联邦德国、奥地利、意大利和法国的边境地区来到瑞士，晚间下班后回国）；另一方面，瑞士在两次世界大战中均系

中立，经济发展快，因此有可能招收到更多的外籍劳工。这样，外国人在本国人口中所占的比重日益增加。1910年这一比重为14.7%，1941年的第二次世界大战期间，降至5.2%，1950年为6.1%，1970年上升为17.2%，1977年进一步增至18.5%。从绝对量看，1950年在瑞士境内的外国人为28.6万人，1967年为78.8万人，1977年为117.3万人。按外国人在本国人口总数中的比重计，瑞士居于世界首位。外籍人口在瑞士之所以显得十分重要，与瑞士本国人口的自然增长速度下降有一定关系（参见表3）。

表3　瑞士人口的自然变动及有关指标

年　份	出生率（‰）	死亡率（‰）	自然增长率（‰）	婴儿死亡率（‰）	平均预期寿命（年）	
					男	女
1953	17.0	10.2	6.8	29.8	66.4	70.9
1958	17.6	9.5	8.1	22.2	68.7	74.1
1963	19.3	10.0	9.3	20.5	69.2	75.1
1968	17.3	9.5	7.8	16.1	70.2	76.2
1973	13.6	8.9	4.7	13.3	72.0	78.7
1978	11.3	9.0	2.3	8.5		
1979	11.3	9.0	2.3	8.5		
1980	11.5	9.3	2.2	7.1		
1981	11.5	9.3	2.2	7.6		
1982	11.8	9.3	2.5	7.0		
1983	11.4	9.3	2.1	7.0		
1987	11.6	9.0	2.6	6.8	77.0	
1989	12.0	9.0	3.0	6.8	77.0	

瑞士人口增加的步伐，随着时间的不同而有很大差异。即从1880年至第一次世界大战之前，人口自然增长率为10‰左右；从第一次世界大战结束时起，人口自然增长率开始降低，1916~1920年间自然增长率仅有4.3‰；1936~1940年进一步降至3.6‰。第二次世界大战后，随着经济水平的提高，形势稳定，人口自然增长率略有回升。库兹涅茨认为，瑞士的经济起飞时间发生在1865年，当时人口为260万人，出生率30‰，死亡率26‰，自然增长率4‰，之后随着社会经济的发展开始人口转变。大约在1880年，瑞士的人口出生率降至30‰以下，1922年降至20‰以下。其时间仅晚于法国，与瑞典并列"第二"。这就是说，瑞士是世界上最早开始人口转变并且最早完成人口转变的国家之一。第二次世界大战结束后，瑞士已完全完成了人口转变并进入了"三低"人口再生产类型。

人口构成

瑞士人口的一个重要特征是进入的外籍移民特别多，而入境移民中成年人口占绝对比重，因为瑞士禁止带孩子的移民居住，这样，构成瑞士人口主要部分的便是劳动力年龄组人口。也正因为此，65 岁以上老年人口所占比重并没有像瑞典那样高达 18%。近几十年来瑞士人口年龄结构变化如表 4 所示。

表 4　1950～1989 年瑞士人口年龄、性别构成

单位：%

年份	0～14 岁	15～64 岁	65 岁及以上	老少比	性比例	年份	0～14 岁	15～64 岁	65 岁及以上	老少比	性比例
1950	23.56	66.83	9.61	40.8	93.0	1982	18.90	67.20	13.90	73.5	95.2
1960	23.49	66.31	10.20	43.4	96.3	1989	17.00	68.00	15.00	88.2	88.0
1970	23.39	65.21	11.40	48.7	97.1						

尽管瑞士外籍移民较多，但并没有影响发达国家常有的性比例特征。除 15～19 岁和 25～29 岁两个年龄组外，其余均属正常。在外籍人员大量涌入的情况下，性比例没有失调，与其经济结构有很大关系。像亚洲的科威特，也是一个大量移入人口的国家，由于其经济结构主要以生产、运输石油为主，大量需要男性劳动力，因此，性比例显得十分高。1957 年科威特的性比例达 177.5，1961 年为 166.0，1965 年为 158.2，1970 年为 131.8，1975 年为 120.8。瑞士的经济结构与科威特大不相同，瑞士的工业主要以机器、设备和车辆工业为基础，这些工种男女皆宜，因此，在招募外籍工人时并非非要男性不可。表 5 和图 2 是瑞士 1982 年的人口年龄、性别构成情况。

表 5　1982 年瑞士人口年龄、性别构成

年　龄	男性人口（人）	女性人口（人）	性比例（%）	年　龄	男性人口（人）	女性人口（人）	性比例（%）
0～4	184800	175200	105.5	50～54	179600	189700	94.7
5～9	197300	187700	105.1	55～59	164200	182100	90.2
10～14	238200	227000	104.9	60～64	138900	156900	88.5
15～19	264600	241000	109.8	65～69	122600	149700	81.9
20～24	241600	241000	100.2	70～74	104100	145800	71.4
25～29	233800	237100	98.6	75～79	71600	115000	62.3
30～34	250000	246800	101.3	80～84	37700	74900	50.3
35～39	253100	243200	104.1	85+	18800	45100	41.7
40～44	210500	207700	101.3				
45～49	197000	198100	99.4	合　计	3108400	3264000	95.2

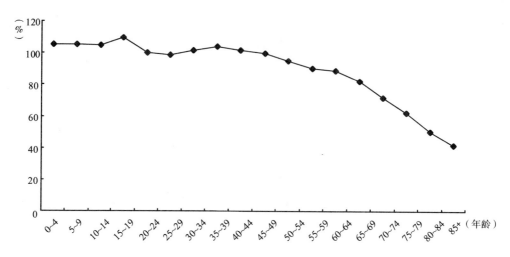

图 2　1982 年瑞士人口年龄别性比例变动图示

表 6 是瑞士 1980 年各行业劳动力人口的比重情况。

表 6　1980 年瑞士劳动力人口构成

单位：%

行　业	比重	服务业部门劳动力	比重	工业、手工业部门劳动力	比重	工业、手工业部门劳动力	比重
农、林业	7.2	贸易	30.0	机器设备与车辆工业	21.2	化学品工业	6.1
工、商业	37.8	银行、保险	9.0	建筑业	16.8	钟表业	4.2
服务业等	55.0	旅馆、饮食	10.6	金属工业	14.7	其他	20.5
		公共机构	14.1	食品、饮料等	9.5		
		其他	36.3	纺织及服装业	7.0		

　　现在一些发达国家接收移民时往往比较注意性别比例问题。如美国，尽管每年接收大量外来移民，但性比例仍然平衡。瑞士总人口的性比例平衡或许也与此有关系。

　　总之，目前西欧只有两个国家 65 岁以上人口占总人口的比重为 15%。一个便是瑞士，另一个是联邦德国，说明瑞士乃是人口老龄化最严重的国家之一。

人口分布

　　瑞士人口以较高的人口密度而著称，即使在欧洲也名列前茅。瑞士人口的分布，不论从海拔不同的地区还是从居民地区的各中心点人口数来看，都是极不平衡的。全国居民约有 60% 左右居住在中部地区，这是由于中部地区比阿尔卑斯地区更具备人们活动的条件所致。居民点通常是沿河谷地带与沿湖泊地区呈长条形分布着。在 2000 公尺以上的地区，几乎全是临时居住地，主要是牧人的小屋及供游览者居住的旅馆。从行政区划单位看，更能显示出瑞士人口分布的不均匀程度。瑞士作为联邦制国家，在 1291 年之初，是由 22 个联邦所组成。1848 年以后，瑞士又成为 19 个州和 6 个"半州"所组成的联邦国家。之后，又改成为 26 个大大小小的州（含 3 个"半州"）。

各州面积及人口分布如表 7 所示。

表 7　瑞士各州人口分布

州	面积（平方公里）	人口（1953年）（人）	人口（1983年）（人）	1983年比1953年增减（人）	1983年人口密度（人／平方公里）	州	面积（平方公里）	人口（1953年）（人）	人口（1983年）（人）	1983年比1953年增减（人）	1983年人口密度（人／平方公里）
苏黎世	1729	811000	1133839	322839	656	内罗登阿彭策尔*	172	13400	13844	444	80
伯尔尼	6049	823000	925022	102022	153	外罗登阿彭策尔*	243	48200	49611	1411	204
卢赛恩	1492	231500	302159	70659	203	圣加伦	2014	315200	398995	83795	198
乌 里	1076	29100	34883	5783	32	格劳宾登	7106	140400	172641	32241	24
施维茨	908	72200	101354	29154	112	阿尔高	1404	310000	463442	153442	330
奥布瓦尔登*	491	22400	27865	5465	57	图尔高	1013	152400	189795	37395	187
尼瓦尔登*	276	19700	30617	10917	111	提契诺	2811	178000	276899	98899	99
格拉鲁斯	684	38400	37718	−682	55	汝 拉	838		65986	65986	79
楚 格	239	44400	78930	34530	330	沃 州	3219	384800	540747	155947	168
弗里堡	1670	161000	189246	28246	113	瓦 莱	5226	161200	231707	70507	44
索罗图恩	791	176200	219102	42902	277	纳沙泰尔	797	132800	156368	23568	196
巴塞尔（城区）*	37	202300	212915	10615	5754	日内瓦	282	210200	360040	149840	1277
巴塞尔（乡村）*	428	112800	223822	111022	523	合 计	41293	4849900	6507960	1658060	157
沙夫豪森	298	59300	70413	11113	236						

* 为半州。半州与州在联邦院的席位上有差异。

除巴塞尔（城区）和日内瓦以外，苏黎世州人口密度最高，每平方公里高达 656 人。其次，巴塞尔乡村、沙夫豪森等州也是人口稠密地区。人口最稀疏的州是格劳宾登和乌里。自 20 世纪 40 年代起，瑞士时常发生一些"逃山"现象，即瑞士高原城镇中的农民和山民手工业者的向外迁移，使阿尔卑斯山区更加荒无人烟。

总之，瑞士最发达的地区是瑞士高原，次为汝拉山地。目前的瑞士几乎没有规模很大的城市。目前，首都伯尔尼连同郊区人口在内不足 30 万人，是瑞士主要行政和工业中心，以"表都"闻名于世。5 世纪时开始发迹的苏黎世连同郊区在内人口 1982 年也不过 70 万人，为欧洲第二大金融中心。享有世界"圣地"之称的日内瓦同期总人口 40 万人（连同郊区在内）。总之，瑞士的城市现状是该国交通便利、经济发达，以及早期军事发展的结果。目前瑞士的几大城市人口状况如表 8 所示。

表8　瑞士主要城市人口变动情况

单位：千人

年份 城市	1970	1975	1980	1983	1984	1982 （包括郊区）
苏黎世	427	396	370	357	354	705
巴塞尔	213	196	182	178	176	363
日内瓦	175	159	156	159	159	338
伯尔尼	163	152	145	142	141	289
洛桑	136	135	127	127	127	

瑞士的人口城市化是随着人口的移动和分布而进行的。尤其是19世纪以来中部地区工业的发展更促进了城市化的进程，其后，由于交通快速地发展，城市与农村的关系日益密切，这样一来，传统的生活方式发生了重大的变革。城市人口在1850年仅占总人口的6%，1950年为36.5%，1960年占51.3%，1965年占53%，1976年占57.6%，目前达到61%，已超过了农村人口的比重。

在人们的想象中，瑞士作为一个世界头号的福利国家，农业在其国民经济中的地位肯定微不足道。其实不然。尽管瑞士有着土壤贫瘠以及不毛之地比例高这些严重的障碍，农业就业人数从1950年的35.3万人（16.5%）降至1980年的21.53万人（7.1%），近些年来，在国民生产总值中，农业所占比重又均未超过5%，但是，长期以来，瑞士政府始终相当重视农业生产的发展，注重稳定农产品市场，提高农业劳动生产率和农产品自给率，以便一旦在进口受到阻碍时能保证全国的食品供应，这是瑞士人善于了解自己、把握自己的一个最好例证。另外，从瑞士工业来讲，其所以著名，因生产方法取胜的原因并不多，主要是由于精密产品的质地优良所致，这些产品既需要有悠久传统的精巧技艺，又易于应用现代化技术，这种状态与瑞士国缺乏天然原料有很大的关系。目前，瑞士的旅游业、对外贸易等也享有盛名，这些部门吸引了国内大量就业人口。

瑞士被认为在很早就达到了全部居民都识字的状况，不过各地区间的文化水平仍有一定差异，山区的文化水平一般较低。从教育方面看，自1874年起，即开始实行7～14岁的义务教育制度，并且初级教育为免费制。教育事业由各州管理，自筹经费，自编教材。

瑞士是世界上最高福利国家之一。人均国民生产总值历年来一直名列世界首位。1980年为16440美元，1986年为17680美元，1989年为21250美元。在这种条件下，每名医生负担的人口数仅为390人，每名护理人员的负担人口数为130人，均属于世界的最低平均值。人均每日卡路里供应量高达3682个单位，仅次于爱尔兰3736个单位的水平，比一些发展中国家高出3倍之多。婴儿死亡率仅为6.8‰，是西欧这一指标最低的国家，这一指标在世界上仅高于日本（4.9‰）、芬兰（5.8‰）、冰岛（3.4‰）、瑞典

（5.7‰）等几个国家。瑞士人口平均预期寿命为 77 岁，排在世界最前列，仅低于日本和冰岛（这两个国家 1989 年均为 78 岁）。

小结

瑞士人口从 1850 年第一次进行人口普查时的 239.3 万人，增加到 1989 年的 660 万人，历时 139 年，人口净增加 421 万人，净增长 176%，年均增长率 0.73%。在这一百多年的人口演变过程中，瑞士人口表现出两个显著的特点：一个特点是与法国、瑞典一道很早便开始了人口转变过程，并且较早地完成了这一转变。下面是一些欧洲国家的人口净再生产率指标的变动状况（参见表 9）。

表 9　欧洲 9 个国家人口净再生产率指标变动情况比较

单位：个

国家＼年份	1930	1935	1940	1946	1950	1955	1965	1970	1971	1972	1973	1974
苏格兰		0.91	0.90	1.19	1.11	1.17	1.39	1.17	1.16			0.93
丹　麦	0.95	0.92	0.99	1.37	1.18	1.20	1.23	0.93	0.97	0.97	0.91	0.91
爱尔兰		1.19	1.20	1.40	1.47	1.45	1.86	1.88	1.84	1.80	1.86	
荷　兰	1.30	1.14	1.18	1.76	1.42	1.42	1.43	1.24	1.14	1.04	0.92	0.86
挪　威	0.89	0.75	0.86	1.22	1.11	1.26	1.37	1.19	1.19	1.13	1.06	1.02
芬　兰		0.95	0.87	1.49	1.38	1.35	1.14	0.87	0.81	0.75	0.71	
法　国	0.93	0.87	0.82	1.28	1.33	1.24	1.34	1.17	1.19	1.14	1.10	
瑞　典	0.88	0.74	0.81	1.16	1.06	1.06	1.02	0.92	0.94	0.92	0.92	0.90
瑞　士		0.79	0.80	1.18	1.14	1.05	1.08	0.99	0.97	0.91	0.87	0.82

这就是说，从 20 世纪 30 年代起，瑞士难以维持人口再生产的状况已露端倪。

瑞士人口的另一个显著特点是外籍人口比重很大，而且除常住的外籍雇工外，还包括外籍短工和通勤工，这在世界上也是比较少见的。

由于瑞士人口早些时期便已经接近或达到了人口更替水平甚至低于更替水平，如果没有大量移民入内的话，瑞士未来几十年的人口不仅不会增加，而且还会有所减少。预测至 2030 年时，人口可能会降至 610 万人。《世界银行发展报告》认为瑞士的人口可能最终将稳定在 500 万人。

参考资料

〔苏〕A. 穆希、M. 伊帕：《瑞士》，满颖之译，新知识出版社，1956。

圣马力诺（San Marino）

除梵蒂冈之外，圣马力诺也是位于意大利境内的"国中之国"，全称圣马力诺共和国，位于亚平宁半岛的东北部，四周是意大利的马尔凯区和艾米利亚——罗马涅区。总面积 60.57 平方公里。1987 年人口约为 2.3 万人。人口密度每平方公里 379.7 人。首都：圣马力诺。

圣马力诺于公元 301 年建国，传说是由达尔莫查的石匠圣马力诺及其率领的一群奴隶所创建的。15 世纪宣布为共和国，是欧洲最为古老的共和国，有着长期的中立传统。但在第二次世界大战中仍遭德国法西斯侵略。

亚平宁半岛是很早就有人类定居的欧洲地区之一。横贯圣马力诺国土中央的梯塔诺山则是在 4 世纪开始有人居住，并随之在此而建立了这个小国。19 世纪末期，圣国人口约 9000 人，此后人口缓慢增加。其来源一方面是靠人口的自然增殖，另一方面则是靠人口迁入。

从历史上讲，圣马力诺人与意大利人有着共同的起源，同属于一条"根"。但是由于长期以来圣马力诺始终以局外者的姿态自居，从而形成了与意大利人不尽相同的民族意识。这样，目前居住在圣马力诺国的居民多为圣马力诺人，形成了一个单一民族的国家。境内居民信奉天主教。国语为意大利语。

根据资料统计，1950 年，圣马力诺人口约为 1.3 万人，1960 年达到 1.5 万人，1970 年为 1.8 万人，1975 年普查时，人口为 1.9 万人，进入 20 世纪 80 年代之后，人口超过 2 万人，1983 年人口约为 2.2 万人，1987 年，增到 2.3 万人。1950～1987 年的 37 年间，人口增加 1 万人，增长了 76.9%，年均增长率为 1.55%。圣马力诺的人口自然变动率近几十年来变化不大，因为在战后初期出生率便已降至 20‰以下（参见表 1）。

表 1　圣马力诺人口自然变动指标

单位：‰

指标＼年份	1950	1960	1970	1975	1980	1981	1982	1987
出生率	18.2	16.9	16.2	14.1	11.1	10.0	10.8	9.7
死亡率	9.2	8.6	7.5	8.0	7.7	7.5	7.1	6.8
自然增长率	9.0	8.3	8.7	6.1	3.4	2.5	3.7	2.9

圣马力诺虽然人口数量少，但是毕竟是一个相对独立的人口群体。因此，人口自然变动有其自身的特点。如果从人口转变理论来看的话，该国正在或者已经步入了"三低"类型，不愧为欧洲的一个小国家。从其年龄构成来看，该国也是一个"老年"人口

群体。1981 年，0～14 岁人口比重为 21.2%，15～64 岁是 67.5%，65 岁及以上人口比重为 11.3%。这可以从下面的人口年龄金字塔中进一步看出（参见表 2、图 1）。

表 2　1981 年圣马力诺人口年龄、性别构成

年　龄	男性人口（人）	女性人口（人）	性比例（%）	年　龄	男性人口（人）	女性人口（人）	性比例（%）
0～4	654	599	109.2	50～54	637	642	99.2
5～9	770	734	104.9	55～59	609	609	100.0
10～14	929	854	108.8	60～64	552	571	96.7
15～19	1007	922	109.2	65～69	371	430	86.3
20～24	945	892	105.9	70～74	354	419	84.5
25～29	785	850	92.4	75～79	173	256	67.6
30～34	810	808	100.2	80～84	112	159	70.4
35～39	793	797	99.5	85 +	58	123	47.2
40～44	723	684	105.7	合　计	10979	11031	99.5
45～49	697	682	102.2				

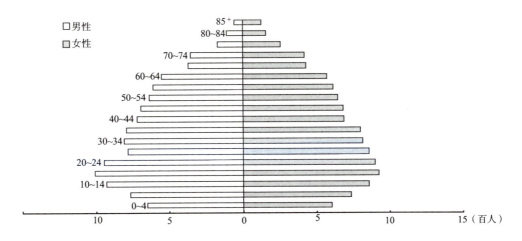

图 1　1981 年圣马力诺人口年龄金字塔

圣马力诺人口状况由图 1 明显看出：刚刚脱离成年型人口，其痕迹仍十分清晰。此外，由于该国一般死亡率低，尤其是婴儿死亡率较低，1980 年仅为 4.2‰，因此，也促使人口向老龄化方向发展。从人口性别结构来看，人口总体性比例正常，男性略少于女性，为 99.5：100，但在 1975 年时，性比例为 101.7：100。

圣马力诺由于仅有 60 多平方公里的国土面积，因此，人口也就无所谓分布不分布。

只是首都圣马力诺大约有 4000 多人，占全国总人口的 17%。该国主要产业为农业。旅游业兴旺发达。国家尚有 1/4 的收入是靠发行、出售邮票而得，故有"邮票之国"之称。

圣马力诺的国民教育由国家负全责。实行小学、初中义务教育。就业结构的情况是：全国就业人口约占总人口的一半左右，其中，服务行业约占 60%，工业占 30%，农业占 10%。

苏联 （USSR）

通称的苏联全称是苏维埃社会主义共和国联盟，由 15 个加盟共和国组成，地跨亚、欧两大洲，包括欧洲的东部和亚洲的北部及中部的一部分。国土北面是北冰洋，临海从东向西依次为东西伯利亚海、拉普捷夫海、喀拉海和巴伦支海，这是一个国家所拥有的世界上最长的海岸线，陆地国境线约 17000 公里。除东面与美国的阿拉斯加州及日本隔海相望外，陆界线自西向东分别同挪威、芬兰、波兰、捷克斯洛伐克、匈牙利、罗马尼亚、土耳其、伊朗、阿富汗、中国、蒙古、朝鲜 12 国相邻。总面积为 2240.22 万平方公里，是世界上土地面积最大的国家，约占世界陆地面积的 1/6。人口 1989 年估计为 2.89 亿人，是世界上人口最多的国家之一，仅次于中国和印度。由于地域宽广，因此人口密度每平方公里仅 12.9 人，所以又是世界上人口最稀疏的国家之一。首都：莫斯科。

历史

关于古代居住在称为俄罗斯地区的居民，其详细情况并不为人所知。有一种说法认为，现在俄罗斯境内已知的最古老部落，形成于目前的俄罗斯境内以外的地区，大概起源于西南部的里海和咸海等低地的山岳地带和高加索地区。这些部族一方面越过喀尔巴阡山脉南下至斯洛伐克和巴尔干半岛；另一方面则向北并向东进入俄罗斯各国，形成斯拉夫人的氏族社会。斯拉夫人种的出现，最早也要到纪元年之后，而且被认为发祥于奥得河和第聂伯河之间的平原地带。从公元 6 世纪开始，氏族制度开始解体，而未经奴隶制阶段便直接步入封建部落联盟。公元 882 年，目前的基辅为诺夫戈罗德大公奥列格所占领，并被宣布为罗斯各城之母，拥有全俄罗斯土地。由此各地均称之为"罗斯"，基辅遂成为统一起来的古俄罗斯国的中心。到 15 世纪末，建立了以莫斯科为中心的统一的俄罗斯中央集权国家。伊凡四世于 1547 年改称沙皇后，不断向周围扩张版图。1721 年，宣布俄罗斯为帝国，这是彼得一世获皇帝称号后所为。1861 年 2 月，沙皇政府在商业资本和农民战争的压力和打击下被迫宣布废除农奴制。19 世纪末 20 世纪初发展成为封建帝国主义国家。1917 年 11 月 7 日沙皇专制统治被推翻，十月社会主义革命完成，建立了世界上第一个社会主义国家。这之前的苏联版图已扩大为 16 世纪时的 8 倍。1941 年达到 2280 万平方公里[①]。

---

① 列宁曾指出，1914 年俄国作为宗主国的欧洲部分面积为 540 万平方公里，而作为殖民地的亚洲部分为 1740 万平方公里。见《帝国主义是资本主义的最高阶段》，《列宁全集》，1960，第 2 卷，第 801 页。

1922 年 12 月 30 日，根据列宁的提议，俄罗斯联邦、乌克兰、高加索联邦、白俄罗斯 4 个苏维埃社会主义共和国结成联盟，成立苏维埃社会主义共和国联盟。之后，联盟逐渐扩大，成为后来的 15 个加盟共和国。1991 年 12 月 25 日，苏联宣告解体。

民族

民族众多是苏联的一大特征，苏联共有大小 100 多个民族。属印欧语系的民族分布在欧洲地区，属高加索语系的民族分布在南北高加索，属乌拉尔语系的民族分布在乌拉尔山脉东西两侧，而亚洲部分主要住有阿尔泰语系的民族。自 16 世纪沙皇俄国向外扩张以来，这种分布格局便被打破，俄罗斯人和乌克兰人已遍布全国各地。民族通常是一些有血缘关系的群体融合为较大民族或者是已经形成的民族随着社会经济的发展进一步团结而形成的具有共同文化和共同心理素质的稳定的共同体。在这种长期的结合过程中，一些民族发展壮大了，另一些民族则被结合得没有了。1926 年苏联举行人口调查时，尚有 194 个民族，1979 年时则只剩下 101 个了。苏联不仅民族众多，而且各民族人口也众多。其中百万人口以上的大民族有 22 个，占全苏总人口的 96.3%，10 万~100 万人口的民族有 30 个，占全苏总人口的 3.4%；其余几十个少数民族只占 0.3%（参见表 1）。

表 1　苏联人口主要民族构成

民　族	人口（千人）				比重（%）	
	1959 年	1970 年	1979 年	1989 年	1979 年	1989 年
俄罗斯人	114114	129015	137397	145072	52.4	51.3
乌克兰人	37253	40753	42347	44137	16.2	15.4
乌兹别克人	6015	9195	12456	16686	4.8	5.9
白俄罗斯人	7914	9052	9463	10030	3.6	3.5
哈萨克人	3622	5299	6556	8138	2.5	2.9
鞑靼人	4968	5931	6317	6646	2.4	2.4
阿塞拜疆人	2939	4379	5477	6791	2.1	2.4
亚美尼亚人	2787	3559	4151	4627	1.6	1.6
格鲁吉亚人	2692	3245	3571	3983	1.4	1.4
摩尔达维亚人	2214	2698	2968	3355	1.1	1.2
塔吉克人	1397	2136	2898	4217	1.1	1.5
立陶宛人	2326	2665	2851	3068	1.1	1.1
土库曼人	1002	1525	2028	2718	0.8	1.0
德意志人	1619	1846	1936	2036	0.7	0.7
吉尔吉斯人	969	1452	1906	2531	0.7	0.9

续表 1

民 族	人口（千人）				比重（％）	
	1959 年	1970 年	1979 年	1989 年	1979 年	1989 年
犹 太 人	2268	2151	1811	1451	0.7	0.5
楚瓦什人	1469	1694	1751	1839	0.7	0.6
阿瓦尔人	270	396	483		0.2	
列兹金人	324	223	383		0.2	
达尔金人	231	158	287		0.1	
库梅克人	189	135	228		0.1	.
拉 克 人	86	64	100		0.0	.
车 臣 人	419	613	756	958	0.3	0.3
乌德穆尔特人	625	704	714	747	0.3	0.3
马里族人	504	599	622	670	0.2	0.3
奥赛梯人	413	476	327	598	0.2	0.2
科 米 人	431	476	327	345	0.1	
科米彼尔米亚 克 人			151	152	0.1	0.1
朝 鲜 人	314	358	389	437	0.2	0.2
保加利亚人	324	351	361	379	0.2	0.2
布里亚特人	253	315	353	422	0.1	0.2
拉脱维亚人	1399	1429	1439	1459	0.5	0.5
巴什基尔人	989	1239	1371	1449	0.5	0.5
莫尔多瓦人	1285	1263	1192	1154	0.5	0.4
波 兰 人	1380	1168	1151	1126	0.4	0.4
爱沙尼亚人	989	1007	1020	1027	0.4	0.4
希 腊 人	309	337	344	358	0.1	0.1
雅库特人	233	286	328	382	0.1	0.1
卡巴尔达人	204	279	322	395	0.1	0.1
卡拉卡尔帕人	173	236	303	423	0.1	0.1
维吾尔人	95	173	211	262	0.1	0.1
吉卜赛人	132	175	209	262	0.1	0.1
印古什人	106	158	186	238	0.1	0.1
加告兹人	124	156	173	197	0.1	0.1
匈牙利人	155	166	171	172	0.1	0.1
图 瓦 人	100	139	166	207	0.1	0.1
加尔梅克人	106	137	147	175	0.1	0.1
卡累利阿人	167	146	138	131	0.1	0.0

续表 1

民　族	人口（千人）				比重（%）	
	1959 年	1970 年	1979 年	1989 年	1979 年	1989 年
卡拉恰耶夫人	81	113	113	156	0.0	0.1
罗马尼亚人	106	119	129	146	0.1	0.1
库尔德人	59	89	116	153	0.1	0.1
阿迪盖人	80	100	109	125	0.1	0.0
阿布哈兹人	65	83	91	103	0.0	0.0
哈卡斯人	57	67	71	81	0.0	0.0
阿尔泰人	45	56	60	71	0.0	0.0
巴尔卡尔人	42	60	66	89	0.0	0.0
契尔克斯人	30	40	46	52	0.0	0.0
涅涅茨人	23	29	30		0.0	0.0
汉蒂人	19	21	21		0.0	0.0
楚克奇人	12	14	14		0.0	0.0
曼西人	6	8	8		0.0	0.0
科里亚科人	6	7	8		0.0	0.0
多尔甘人	4	5	5		0.0	0.0
阿巴扎人	20	25	29	34	0.0	0.0
朔尔人	15	16	16	17	0.0	0.0
塔特人	11	17	22	31	0.0	0.0
芬兰人	93	85	77	67	0.0	0.0
华人	26	—	12	11	0.0	0.0
捷克人	25	21	18	16	0.0	0.0
东干人	22	39	52	70	0.0	0.0
亚述利亚人	22	24	25	26	0.0	0.0
伊朗人	21	28	31	41	0.0	0.0
斯洛伐克人	15	12	9	10	0.0	0.0
阿尔巴尼亚人	5	4	4	4	0.0	0.0
阿富汗人	2	4	4	9	0.0	0.0
总　计	208809	241055	261637	282761	100.0	100.0

苏联的主要民族可分为三大块：一是印欧语系斯拉夫语族的俄罗斯族，包括俄罗斯人、乌克兰人和白俄罗斯人等。二是阿尔泰语系的突厥语族，主要是阿塞拜疆人、吉尔吉斯人、哈萨克人、乌兹别克人、土库曼人等。三是印欧语系的伊朗语族，如塔吉克人等。

苏联学者布鲁克指出："目前，苏联民族状况有两种主要趋势，一方面是民族和部族更大结合，发展民族文化；另一方面是使苏联各民族接近、推广全苏的文化……这种接近是伴随着双方语言的进步和俄罗斯语言与俄罗斯文化的不断发展进行的。"（〔苏〕C.U. 布鲁克《世界人口－民族与人口手册》）

苏联是以印欧语系为主的国家，属该语系的人口占全国人口总数的 80.2%，其余还有阿尔泰语系（占 15.4%），高加索语系（2.5%），乌拉尔语系（1.7%）。属于印欧语系的民族几乎分布全苏；属于阿尔泰语系的各民族主要在中亚、哈萨克、高加索、伏尔加河流域、乌拉尔、西西伯利亚和远东地区；属于高加索系的各民族分布在高加索共和国；属于乌拉尔语系的各民族主要分布在苏联北部、西北部和伏尔加河流域。

宗教

苏联国内的宗教派别尽管并不太多，但由于人口基数大，因而据西方研究苏联宗教问题的专家统计，其各种宗教的信徒达 1.2 亿人之多，占全国人口半数左右。其中，俄罗斯东正教是苏联最大的宗教。这是 10 世纪末从拜占庭帝国传入基辅罗斯的东正教演变过来的。伊斯兰教是苏联第二大教，信徒约有 4500 万人。苏联第三大宗教是天主教。新教也是苏联的一大宗教，主要新教教派是福音派浸礼会。此外，犹太教、佛教也是苏联的主要宗教。

苏联的宗教比较活跃。一是青少年和知识分子对宗教表现出了比过去更浓厚的兴趣；二是少数民族地区的某些宗教意识甚为强烈；三是国内外宗教势力结合的影响扩大；还有，陆续出现了一些地下教会。

总之，苏联的民族构成复杂，语系内容丰富，宗教派别林立。不过，在这个庞繁复杂的人口共同体中的居民，则主要使用着同一种语言——俄语。只有一些主要少数民族有着自己的语言和文字。

人口变动

人们总以为苏联人口的增长是十分缓慢的，其实并不尽然。因为在苏联这样的移民人口相对少的国家中，人口能达到 1 亿毕竟不是件容易的事情。而且，至目前为止，世界上超过 2 亿人口的国家仍相当少。诚然，这与苏联疆域不断扩张有很大关系，但是，与其人口自然增长迅速有更直接的关系。以至于一些学者认为，苏联人强壮的身体是人口快速成长的不容忽视的关键。如 18～19 世纪时，当所有欧洲国家都为死亡率上升而困惑时，唯有俄罗斯人的死亡率没有大的变化，其部分原因可部分地归结为强壮的体魄。

由于苏联早期疆域的不断变动，对于当时俄国的人口数目很难精确掌握，直到 20 世纪之前，其人口数目大都仍是各学者根据自己掌握的资料站在各自的立场上进行的估算。有的估计值很高，有的估计值却很低。例如，1900 年的人口，安德雷·阿尔芝戈在其《1700～1914 年的欧洲人口》一文中估计仅为 5900 万人。而大多数学者则认为当时苏联人口至少超过了 1 亿人。表 2 是苏联学者乌尔拉尼斯所列出的早期苏联人口变动数据。

表 2　早期苏联人口及占世界人口比重变动情况

指标　　　　　　年份	公元前5000 年	公元元年	1000	1500	1650	1800	1850	1900
苏联人口（百万人）	1	5	10	15	20	50	75	130
世界人口（百万人）	30	230	305	440	550	952	1247	1656
苏联人口占世界人口（%）	3.3	2.2	3.3	3.4	3.6	5.3	6.0	7.9

当然，苏联的人口变动在 20 世纪之前必然也受到过诸如经济发展缓慢、政治局势动荡不定、战争连绵不断、鼠疫天花横扫欧洲、粮食严重欠缺以及其他天灾人祸等因素的影响，因此，在具有灾难性的 16～17 世纪，人口增长也比较缓慢。18 世纪的人口增长速度有了显著提高，这与当时彼得一世的"改革"分不开。据认为，这 100 年间，人口增加近 1 倍。进入 19 世纪以后，人口稳步增长。至 19 世纪下半叶，苏联人口增长步伐明显加快，其出生率高达 50‰左右，但死亡率也很高，大约为 35‰，人口自然增长率 15‰。1897 年进行的首次人口普查表明，当时疆域内的人口总数为 1.2826 亿人（以现在国界计算则是 1.246 亿人）。在十月革命前夕，全苏人口达到 1.3 亿人。

进入 20 世纪之后，苏联人口的变化则更复杂起来。在第一次世界大战前夕的 1913 年，现在苏联疆域内共有人口 1.592 亿人。其死亡率高达 29.1‰，而出生率更高达 45.50‰，人口自然增长率接近 17‰。从增长速度看，仍然不能算缓慢。第一次世界大战破坏了苏联人口增长。直接因战争和当时疾病致死的人口数目大约 200 万。问题的关键是，苏联人口的年龄性别构成由此而畸形地发展起来。由于男子减少而引起的出生率下降则从"根"部衰减了人口的主要来源。估计由此而损失的人口达 1100 万人。1926 年进行的人口普查表明，在具有可比性的疆域内，人口仅比 1913 年多 800 万人，为 1.47 亿人。到 1939 年，在同样的疆域内，人口增加到 1.706 亿人。如果按目前的疆域来看，则是 1.907 亿人。这种增长一方面是由于医疗卫生机构工作的改善而使死亡率在各地都基本上得到控制的结果；另一方面是鼓励生育使出生率保持在相当高的水平的结果。如前所述，1913 年，出生率和死亡率分别是 45.5‰和 29.1‰，到 1939 年，则分别为 36.5‰和 17.4‰左右了。

第二次世界大战使苏联的人口再次受到重大的打击。根据推算，大约有 2000 多万人口直接死于战争。因战争而减少的出生人数约 1000 万人。这种结果一直对苏联有着很深的影响。

　　第二次世界大战以后，由于生活正常化以及婚姻关系的恢复，加之对生育行为的鼓励，致使出生率仍然较高，1958 年曾达到 25.3‰。与此相应的死亡率则因医疗卫生和文化事业的发展以及物质福利的改善而降低，1958 年已降至 7.2‰，自然增长率为 18.1‰。1959 年，苏联人口首次突破 2 亿人，达到 2.088 亿人。20 世纪 70 年代超过 2.5 亿人。1989 年达到 2.89 亿人。

　　从 1897 年开始，苏联共进行了 8 次人口普查，其年份分别是：1897、1920、1926、1937、1939、1959、1970 和 1979 年。这样，其中一些年份的人口为估计而得，另一个来源渠道则是统计汇总。

　　1950 年的苏联人口为 1.78 亿人，比 1939 年少 1213 万人。1959 年比 1950 年增加 3028 万人，年均增加 336.4 万人；1970 年比 1959 年增加 3291 万人，年均增加 299.2 万人；1978 年比 1970 年多 1830 万人，年均增加 228.7 万人；1989 年比 1978 年多 2898 万人，年均增加 263.5 万人（参见表 3）。

表 3　1913～1983 年苏联及加盟共和国的人口变动情况

加盟共和国＼年份	人口数量（千人）										人口增长率（%）			
	1913	1939	1940	1950	1959	1966	1970	1978	1979	1983	1939～1959	1960～1970	1971～1978	1979～1983
俄罗斯联邦	89902	108377	110098	101438	117534	127189	130097	136532	137551	140952	8.4	10.7	5.0	3.2
乌克兰	35210	40469	41430	36588	41869	45548	47126	49481	49755	50456	3.5	12.6	5.0	1.9
白俄罗斯	6899	8912	9046	7709	8056	8656	9002	9451	9560	9806	-9.6	11.7	5.0	3.8
乌兹别克	4334	6347	6551	6264	8119	10399	11800	14854	15391	17044	27.9	44.8	25.9	14.7
哈萨克	5597	6082	6148	6522	9295	12047	13009	14654	14684	15470	52.8	40.0	12.6	5.6
格鲁吉亚	2601	3540	3612	3494	4044	4505	4686	5041	5015	5137	14.2	15.9	7.6	1.9
阿塞拜疆	2339	3205	3274	2859	3698	4640	5117	5866	6028	6400	15.4	38.4	14.6	9.1
立陶宛	2828	2880	2925	2573	2711	2989	3128	3364	3398	3504	-5.9	15.4	7.5	4.2
摩尔达维亚	2056	2452	2468	2290	2885	3367	3569	3915	3947	4053	17.7	23.8	9.7	3.5
拉脱维亚	2493	1885	1886	1994	2093	2279	2364	2530	2521	2568	11.0	12.9	7.0	1.5
吉尔吉斯	864	1458	1528	1716	2066	2165	2933	3512	3529	3803	41.7	42.0	19.7	8.3
塔吉克	1034	1485	1525	1509	1981	2556	2900	3689	3801	4236	33.4	46.4	27.2	14.8
亚美尼亚	1000	1282	1320	1347	1763	2239	2492	2950	3031	3222	37.5	41.3	18.4	9.2
土库曼	1042	1252	1302	1197	1516	1917	2159	2722	2759	3045	21.1	42.4	26.1	11.9
爱沙尼亚	954	1052	1054	1097	1197	1297	1356	1459	1466	1507	13.8	13.3	7.6	3.3
总　计	159153	190678	194167	178597	208827	2321793	241738	260020	262436	271203	9.5	15.8	7.6	4.3

在 20 世纪，苏联人口变动情况及其占世界人口比重的情况如表 4、图 1 所示。

表 4　1900～1989 年苏联人口及占世界人口比重变动情况

年份 指标	1900	1910	1920	1930	1940	1950	1960	1970	1978	1989
苏联人口（百万人）	130	154	158	179	194	179	214	242	260	289
年均增长率（%）		1.7	0.3	1.3	0.9	-0.9	1.9	1.2	0.9	1.0
世界人口（百万人）	1656	1755	1811	2070	2295	2501	3041	3686	4260	5234
苏联人口占世界人口（%）	7.9	8.8	8.7	8.6	8.5	7.2	7.0	6.6	6.1	5.5

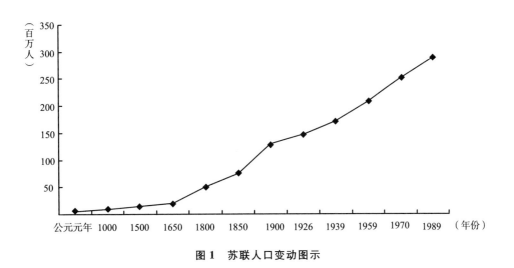

图 1　苏联人口变动图示

总之，十月革命前的俄国是世界上人口自然增长率最高的国家之一，主要是出生率特别高所致。十月革命后，人口自然增长率高则主要是死亡率下降的结果。1950～1959年间，出生率水平保持在 25‰左右不变，死亡率在 8‰左右，成为苏联人口史上"高低高"的过渡阶段，也是苏联人口自然增长率最高的时期之一。20 世纪 60 年代开始，出生率开始下降，但死亡率则由于人口老化的相抵作用而下降迟缓甚至有些年份略有回升。70 年代初，出生率降到最低值。其后，由于人口再生产周期性原因或其他原因，使得出生率略有回升，1987 年在 19.8‰左右（参见表 5、表 6 和图 2）。

表5 苏联（城、乡）人口自然变动指标

单位：‰

年 份	出生率			死亡率	自 然 增长率	年 份	出生率			死亡率	自 然 增长率
	城市	农村	总计				城市	农村	总计		
1913	30.2	48.8	45.5	29.1	16.4	1954	25.1	27.8	26.6		
1918			31.8			1955	23.5	27.4	25.7	8.2	17.5
1919			30.8			1956	22.3	27.5	25.2		
1920			31.0			1957	22.4	27.8	25.4		
1921			35.3			1958	22.5	27.9	25.3	7.2	18.1
1922			36.8			1959	22.0	27.9	25.0	7.2	17.8
1923			42.8			1960	21.9	27.8	24.9	7.1	17.8
1924			41.0			1961	21.1	26.5	23.8		
1925			45.0			1962	19.9	24.9	22.4		
1926			44.0	20.3	23.7	1963	18.5	24.0	21.1	7.2	13.9
1927			43.7			1964	17.3	22.1	19.5		
1928			44.3			1965	16.1	21.1	18.4	7.3	11.1
1929			41.8			1966	16.0	20.8	18.2		
1930			41.2			1967	15.4	19.8	17.3		
1931			32.6			1968	15.3	19.5	17.2	7.7	9.5
1932			32.6			1969	15.6	18.7	17.0		
1933			32.6			1970	16.4	18.7	17.4	8.2	9.2
1934			32.6			1971	16.9	19.2	17.8	8.2	9.6
1935			31.6			1972	16.9	19.0	17.8	8.5	9.3
1936			34.6			1973	16.6	19.0	17.6	8.7	8.9
1937	42.3	37.2	38.7			1974	16.9	19.6	18.0	8.7	9.3
1938	36.6	37.9	37.5	17.4	20.1	1975	17.0	19.9	18.1	9.3	8.8
1939	34.5	37.5	36.5	17.4	19.1	1976	17.2	20.3	18.4	9.4	9.0
1940	30.5	31.5	31.2	18.0	13.2	1977			18.1	9.6	8.5
1946	26.9	22.1	23.8			1978			18.2	9.7	8.5
1947	27.9	24.4	25.7			1979			18.2	10.1	8.1
1948	24.1	24.1	24.1			1980			18.3	10.4	7.9
1949	28.1	28.8	28.5		28.1	1981			18.5	10.2	8.3
1950	26.0	27.1	26.7	9.7	17.0	1982			19.0	10.1	8.9
1951	26.2	27.6	26.0		26.2	1983			20.2	10.4	9.8
1952	25.4	27.3	26.5			1987			19.8	9.9	9.9
1953	23.9	26.0	25.1			1989			20.0	10.0	10.0

表6　1913～1989年苏联人口平均预期寿命和婴儿死亡率变动情况

年　份	平均预期寿命（年）		婴儿死亡率（‰）	年　份	平均预期寿命（年）		婴儿死亡率（‰）
	男性	女性			男性	女性	
1913			269.0	1964	66.0	74.0	
1926	44.0			1965	66.0	74.0	
1938	50.0			1966	66.0	74.0	
1940			167.0	1967	65.0	74.0	
1950			81.0	1968	65.0	74.0	26.4
1954	61.0	67.0		1969	65.0	74.0	
1955	63.0	69.0		1970	65.0	74.0	
1956	63.0	69.0		1971	64.0	74.0	22.6
1957	64.0	71.0		1972	64.0	74.0	24.7
1958	64.4	71.7		1973			26.4
1959	64.4	71.7		1974			27.7
1960	65.0	73.0	35.0	1975			28.8
1961	65.0	73.0		1983			27.7
1962	65.0	73.0		1987	69.0		
1963	66.0	73.0	31.3	1989	69.0		25.0

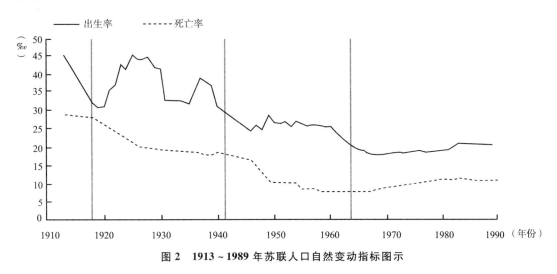

图2　1913～1989年苏联人口自然变动指标图示

　　从图2中可以观察出苏联人口转变的大致轨迹：1917年十月革命前夕，苏联正处在人口转变的第一阶段向第二阶段的过渡时期，或称为准第二阶段；至20世纪40年代初期为第二阶段，也就是说苏联出生率降至30‰以下发生在1940～1945年之间的第二次世界大战时期；此后至1964年为第三阶段，即出生率降至20‰以下；1964年至今，应该是苏联人口转变的第四阶段。严格地说，苏联尚未完全进入"三低"类型，因为其出生率仍徘徊在19‰左右，随时可能会"跳"回20‰以上。像苏联这样经济发达的国家其出生率仍高达近 20‰是比较少见的。如果用人均国民生产总值作为其经济发展状况的代表值的话，1989 年与苏联接近的有中国香港（人均 8260 美元），新西兰（8230 美元），新加坡（7940 美元），苏联是 8375 美元。而这些国家或地区的出生率依次是：12‰、17‰、17‰、20‰。当然，人均国民生产总值不能代表整体经济水平、社会文化，但是，像苏联这样一方面是世界上仅次于美国的经济大国，另一方面又受欧洲文化的长期熏陶的国家，出生率为 20‰，自然增长率为 10‰左右，至少从现阶段看，这些指标显然不能认为是低的。那种认为苏联人口增长缓慢的观点也许是一种误解，其原因在于苏联地域广大，人口密度稀疏的事实给人们以观念上的误导。

如果没有两次世界性战争的创伤，苏联的人口显然会比现在多得多。当然，目前接近 3 亿人口的苏联，与战后采取一系列经济补贴、社会福利、文化宣传、行政法律等措施是分不开的，尤其是战后初期对"英雄母亲"的奖赏在鼓励人口增殖方面起了重要作用。

事实上，苏联在人口出生这件事情上的一个重要困扰因素是民族问题，或者说是各加盟共和国的生育状况上所表现出的很大差异问题，这种差异一方面表现在出生率上，另一方面表现在妇女总和生育率上（参见表 7～表 9）。

表 7　苏联各加盟共和国人口出生率变动情况

单位：‰

加盟共和国	年份	1940	1950	1960	1965	1966	1967	1968	1969	1970	1971	1972	1973	1974	1975	1976
欧洲部分	俄罗斯联邦	33.0	28.9	23.2	15.7	15.3	14.4	14.1	14.2	14.6	15.1	15.3	15.1	15.6	15.7	15.9
	乌克兰	27.3	22.8	20.5	15.3	15.6	15.1	14.9	14.7	15.2	15.4	15.5	14.9	15.1	15.1	15.2
	白俄罗斯	26.8	25.5	24.4	17.9	17.6	16.8	16.4	15.9	16.2	16.4	16.1	15.7	15.8	15.7	15.7
	立陶宛	23.0	23.6	22.5	18.1	18.0	17.7	17.6	17.4	17.6	17.6	17.0	16.0	15.8	15.7	15.7
	摩尔达维亚	26.6	38.9	29.3	20.4	21.0	20.7	20.0	19.0	19.4	20.2	20.6	20.6	20.4	20.7	20.6
	拉脱维亚	19.3	17.0	16.7	13.8	14.0	13.9	14.0	14.0	14.5	14.7	14.5	13.9	14.2	14.0	13.8
	爱沙尼亚	16.1	18.4	16.6	14.6	14.3	14.2	14.9	15.5	15.8	16.0	15.6	15.0	15.1	14.9	15.1
亚洲部分	乌兹别克	33.8	30.8	39.8	34.7	34.1	33.0	34.3	32.8	33.6	34.5	33.2	33.7	34.2	34.5	35.3
	哈萨克	40.8	37.6	37.2	26.9	25.7	24.7	23.8	23.4	23.8	23.8	23.5	23.2	24.1	24.1	24.3
	格鲁吉亚	27.4	23.5	24.7	21.2	20.3	19.5	19.4	18.7	19.2	19.0	18.0	18.2	18.3	18.2	18.2
	阿塞拜疆	29.4	31.2	42.6	36.6	35.4	32.5	32.1	29.3	29.2	27.7	25.6	25.4	25.0	25.1	25.7
	吉尔吉斯	33.0	32.4	36.9	31.4	30.8	30.5	30.8	30.1	30.5	30.6	30.5	30.6	30.5	30.4	30.3
	塔吉克	30.6	30.4	33.5	34.8	35.4	35.2	36.7	34.7	34.8	36.8	35.3	35.6	37.0	37.1	38.2
	亚美尼亚	41.2	32.1	40.1	28.6	27.1	24.4	23.9	22.8	22.1	22.6	22.5	22.1	22.9	22.4	22.7
	土库曼	36.9	38.2	42.4	37.2	37.6	35.5	35.6	34.3	35.2	34.7	33.9	34.3	34.3	34.4	34.7
苏联		31.2	26.7	24.9	18.4	18.2	17.3	17.2	17	17.4	17.8	17.8	17.6	18.0	18.1	18.4

表 8　1926～1976 年苏联妇女总和生育率

单位：个

年　份	1926～1927	1938～1939	1954～1955	1957～1958	1959	1960	1961	1962	1963	1964	1965
总　和生育率	5.372	4.401	2.900	2.822	2.810	2.838	2.799	2.682	2.596	2.529	2.456
年　份	1966	1967	1968	1969	1970	1971	1972	1973	1974	1975	1976
总　和生育率	2.461	2.431	2.394	2.396	2.389	2.442	2.469	2.433	2.412	2.407	2.389

表 9　1958～1976 年苏联各加盟共和国妇女总和生育率

单位：个

加盟共和国	年份	1958～1959	1965～1966	1967～1968	1969～1970	1971～1972	1973	1974	1975	1976
欧洲部分	俄罗斯联邦	2.626	2.125	1.997	1.971	2.053	2.023	2.000	1.993	1.949
	乌克兰	2.296	1.986	2.017	2.044	2.123	2.083	2.044	2.044	2.023
	白俄罗斯	2.795	2.282	2.226	2.298	2.337	2.284	2.233	2.198	2.139
	立陶宛	2.627	2.228	2.242	2.354	2.376	2.289	2.227	2.201	2.185
	摩尔达维亚	3.573	2.683	2.726	2.563	2.630	2.626	2.587	2.564	2.518
	拉脱维亚	1.938	1.735	1.817	1.926	2.010	1.986	1.972	1.981	1.946
	爱沙尼亚	1.946	1.920	1.981	2.143	2.188	2.145	2.111	2.094	2.078
亚洲部分	乌兹别克	5.044	5.564	5.678	5.636	5.841	5.669	5.706	5.679	5.660
	哈萨克	4.462	3.503	3.309	3.307	3.366	3.319	3.313	3.299	3.258
	格鲁吉亚	2.587	2.596	2.535	2.616	2.611	2.572	2.577	2.536	2.516
	阿塞拜疆	5.005	5.271	4.292	4.633	4.301	4.132	4.035	3.949	3.916
	吉尔吉斯	4.320	4.709	4.666	4.846	4.968	4.889	4.807	4.753	4.850
	塔吉克	3.926	5.489	5.866	5.903	6.153	6.071	6.196	6.265	6.313
	亚美尼亚	4.730	3.908	3.546	3.195	3.170	3.070	2.913	2.819	2.786
	土库曼	5.123	6.039	5.993	5.930	5.904	5.867	5.854	5.769	5.713

所给资料显示出，位于欧洲部分的各加盟共和国的出生率及总和生育率均低于亚洲部分各加盟共和国。苏联人口总趋势之所以呈现下降状况，与占苏联人口多数的俄罗斯联邦的总和生育率下降有很大关系。像乌兹别克、塔吉克等加盟共和国非但人口出生率没有下降，反而有所上升，这种情况使得苏联政府十分为难。究竟是采取统一的、全国性的鼓励人口增殖的政策，还是“分而治之”、采取因地制宜的人口政策，一直是苏联人口学界争论不休而且是最为“热点”的问题。赞同后一种观点的人认为这是苏联幅员辽阔、民族人口众多的特征所决定的；反对这一种观点的人则认为因地制宜的人口政策无异于民族歧视。

人口年龄构成和性别构成

说苏联已经进入人口老龄化社会，是不完全准确的。因为各加盟共和国的年龄结构悬殊。像俄罗斯联邦、乌克兰、白俄罗斯以及波罗的海沿岸的三个加盟共和国已显示老龄化特征,而包括摩尔达维亚、哈萨克和外高加索三个加盟共和国的人口则刚刚迈向老龄人口,甚至中亚细亚四个加盟共和国尚处在成年型的高速增长阶段。因此,苏联人口类型状态主要分为两大块,欧洲部分已进入老龄化社会,亚洲部分各加盟国多为成年型人口,表10~表12及图3、图4是苏联人口年龄构成变动情况。

表10 苏联人口年龄构成变动情况

单位:%

年龄	总人口中各年龄组的比重				年龄	总人口中各年龄组的比重			
	1939年	1959年	1970年	1975年		1939年	1959年	1970年	1975年
0~9	22.8	22.2	18.6	16.5	50~59	6.6	9.2	8.7	8.1
10~19	21.7	15.2	19.5	19.5	60~69	4.5	5.6	7.3	7.9
20~29	18.0	18.5	13.3	15.3	70~79	1.8	2.9	3.3	4.0
30~39	15.0	14.6	15.6	13.6	80+	0.5	0.9	1.2	1.4
40~49	9.1	10.9	12.5	13.7	总人口	100.0	100.0	100.0	100.0

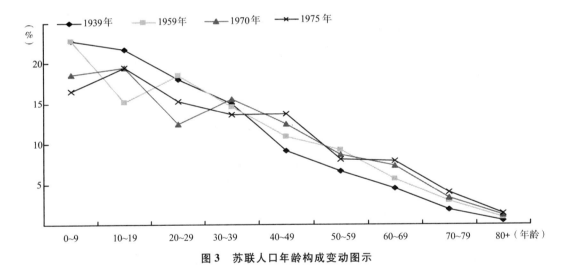

图3 苏联人口年龄构成变动图示

表11 1959年和1970年苏联人口年龄、性别构成

年龄	1959年			1970年		
	男性人口(人)	女性人口(人)	性比例(%)	男性人口(人)	女性人口(人)	性比例(%)
0~9	23608300	22754062	103.8	22893085	22076264	103.7
10~19	16066487	15742163	102.1	23955278	23032324	104.0
20~29	18972947	19560210	97.0	15440324	15435297	100.0
30~39	13139351	17450067	75.3	18548102	19190437	96.7
40~49	8704003	13967586	62.3	13502168	17736475	76.1
50~59	6915600	12229988	56.5	7702854	13388062	57.5
60~69	4098922	7637323	53.7	5922428	11672871	50.7
70~79	2020519	4156205	48.6	3288508	7630622	43.1
80+	520166	1283101	40.5	129160	193741	40.0

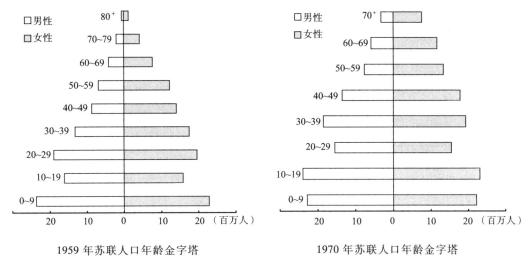

图 4　1959 和 1970 年苏联人口年龄金字塔

　　从前面的资料以及人口年龄金字塔中可以看出战争给苏联人口所带来的巨大影响。两次世界大战导致的人口出生率的降低在金字塔形中明显地表现出"凹"形。如 1959 年金字塔 10～19 岁年龄段和 1970 年金字塔 20～29 岁年龄段即是如此。

　　如果不是考虑加盟共和国的情况而是就苏联整体人口而言，15 岁以下少年儿童的平均比重则有所下降。早期的人口调查数据表明，1897 年 0～14 岁人口比重为 40%，1939 年为 37.7%，1959 年降至 30.4%，1970 年为 30.9%，1981 年为 26%，1989 年为 25%。65 岁及以上老年人口比重则相应上升，目前大约在 10% 左右。其演变历史如表 12 所示。

表 12　1897～1989 年苏联人口年龄构成

单位：%

年龄＼年份	1897	1939	1959	1970	1981	1989
15 岁以下	40.0	37.7	30.4	30.9	26.0	25.0
15～59 岁	54.0	55.5	60.2	57.3	65.0	66.0
60 岁及以上	6.0	6.8	9.4	11.8	9.0	9.0

说明：1981 和 1989 年以 0～14、15～64、65 岁及以上人口分组。

　　目前，苏联已经并且正在面临着劳动力人口匮乏的问题。因为 0～14 岁人口所占比重越来越小，而且出生人口绝对数量也"每况愈下"。事实上，任何一个经济发达的国家，在人口转变这一法则的作用下，都会产生少年人口比重下降的情况。此外，与经济发达国家相比，苏联的少年儿童比重还算是偏高的（参见表 13）。

表13 1989年若干国家和地区0～14岁人口占总人口的比重

单位：%

国家/地区	比重	国家/地区	比重	国家/地区	比重	国家/地区	比重	国家/地区	比重	国家/地区	比重
苏　联	25	芬　兰	19	比利时	19	波　兰	26	新西兰	24	南朝鲜	30
英　国	19	冰　岛	25	法　国	20	罗马尼亚	25	美　国	21	中国台湾	29
联邦德国	15	挪　威	19	荷　兰	19	西班牙	22	加拿大	21	中国香港	23
民主德国	19	瑞　典	17	瑞　士	17	南斯拉夫	24	日　本	20	中国澳门	23
丹　麦	18	奥地利	18	匈牙利	21	澳大利亚	23	新加坡	23	中　国	29

由表13可见，单纯地强调苏联人口出生率下降使得苏联劳动力后备资源有所减少，进而阻碍了该国经济的发展，这种认识并非十分准确和科学。

导致苏联人口年龄结构成为现状的原因除出生率长期持续下降外，还有人口平均预期寿命的提高、尤其是婴儿死亡率大幅度下降的因素。但作为一个经济发达的国家，苏联的婴儿死亡率并不低，而且自20世纪70年代起又有所回升，目前为25‰，在欧洲属于最高的国家之一，仅低于罗马尼亚（25.6‰）和南斯拉夫（25.4‰）。因此，其人口平均预期寿命总平均69岁，也为欧洲最低值。欧洲诸国的平均预期寿命是74岁。

苏联人口性别结构不合理是众人皆知的。主要是由于1905～1945年连续四次大规模战争，即日俄战争、第一次世界大战、国内革命战争、第二次世界大战所致（参见表14、图5）。

表14 苏联人口性比例变动情况

年　份	男性人口（百万人）	女性人口（百万人）	男性比女性多（万人）	性比例（％）	年　份	男性人口（百万人）	女性人口（百万人）	男性比女性多（万人）	性比例（％）
1897	63.8	64.4	－60	99.1	1959	94.0	114.8	－2080	81.9
1913	79.1	80.0	－90	98.9	1970	111.4	130.3	－1890	85.5
1926	71.0	76.0	－500	93.4	1977	119.9	137.9	－1800	86.9
1939	91.7	98.9	－720	92.7	1979	122.3	140.2	－1790	87.2
1950	78.6	99.9	－2130	78.7					

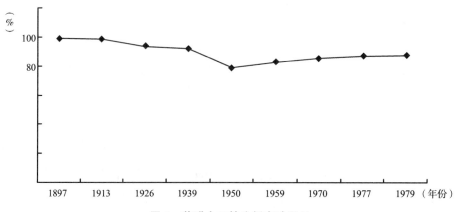

图5 苏联人口性比例变动图示

19 世纪末期的俄国，性比例接近 100%，属十分正常范围。之后，男性人口随着战争的连绵不断而日渐减少，与女性人口差距越来越大。第二次世界大战结束后的苏联，女性人口多于男性人口 2100 多万，这一巨大的绝对差在任何一个国家的任何历史时期都是没有过的，这种影响及至今日，使苏联成为自战后以来一直是人口性比例最低的一个国家，与此相近的国家还有联邦德国和波兰。随着时间的推移，新一代人口一批批出生，在和平的环境下，苏联性比例失调的状况开始缓和，由战争创伤形成的凹凸不平的人口年龄金字塔也正在被"抹"平。

人口流动与分布

苏联的人口流动与分布有其特殊的历史背景、民族背景、经济背景、文化背景。追根溯源，沙俄时期人口的移动与其领土扩张息息相关，即以俄罗斯民族为主的东斯拉夫民族南下、东进，从事移民垦殖；其他少数民族向南、北两侧退缩，并陆续为沙皇所统治。顺着历史的运行轨迹，可以这样描述该国的人口流动：（1）15 世纪以前俄罗斯民族主要分布在东欧平原的中北部地区；（2）16 世纪以后俄罗斯、乌克兰、白俄罗斯向南、向东开垦；（3）19 世纪中叶以后由欧洲北部区及中央区向南方草原区移动；（4）19 世纪末 20 世纪初，掀起了向东移民浪潮；（5）十月革命后，人口继续东进；（6）第二次世界大战后初期主要向被收复领地移民，如迁往原属日本的南库页岛和原归德国的加里宁格勒州。（7）20 世纪 50 年代以后，人口移动方向转往中亚、哈萨克、欧洲北部地区，同时也继续向远东地区迁移。

苏联是一个人口流动率很高的国家，苏联的人口史与人口流动史是密不可分的。从历史上看，似乎苏联各族人口均有一种流动的"习惯"。1970 年苏联人口普查表明，在普查区居住时间不满两年的人口占总人口的比重颇大，其中，俄罗斯人流动性最大，流动人口占本族人口的 6.7%，立陶宛人为 6%，爱沙尼亚人是 5.8%，白俄罗斯人是 5.4%，乌克兰人为 5%，哈萨克人是 4.6%。当然，这种流动"传统"最终还是受社会、经济因素所决定的。

第二次世界大战后的苏联人口流动有这样一些特点：（1）政府努力使人口流向西伯利亚及远东开发区，但效果不佳，这些地区在 1959～1970 年间，反而净流出 78.1 万人；（2）农村人口大量向城市流动，给城市带来很大人口压力，而农村经济活动人口又受到损失；（3）各加盟共和国的人口移动情况各有差异，有些成为净迁入地，有些则为迁出地；（4）人口流动规模逐渐缩小，俄罗斯、哈萨克、白俄罗斯及外高加索净移出的人数 1970～1975 年仅相当于 1966～1970 年的 35.7%；乌克兰、波罗的海沿岸、摩尔达维亚、中亚同期净移入的人数仅相当于 20 世纪 60 年代的 30%；（5）频繁、不合理的人口流动现象依然存在。说苏联人口流动规模缩小，是相对于历史而言，从一般意义上讲，其流动频率仍然过高，超出了正常需要及社会正常的负荷能力。

表 15 中数据和资料可勾勒出苏联的人口流动轨迹并昭示出其特征：16 世纪末至 20 世纪初，从中部俄罗斯地区移民西伯利亚、北哈萨克等地人口 2500 万～3000 万人，其中：1885～1897 年，从中央俄罗斯各省向外移民 300 多万人；1885～1914 年，向西伯利

亚移民 450 万人；1926～1939 年，移民东部地区 500 万人；卫国战争初期及战后有 2000 多万人口向东部地区涌去又从东部撤回；第二次世界大战战后初期，50 万人口迁往新获取的领土上；进入 20 世纪 60 年代以后，其人口国内迁移状况如表 15 所示。

表 15 苏联地区间人口迁移变动情况

单位：万人

地　区	净迁入人口		地　区	净迁出人口	
	1966～1970 年	1971～1975 年		1966～1970 年	1971～1975 年
乌克兰	34.6	16.5	俄罗斯联邦	60.0	13.8
波罗的海沿岸	15.0	13.8	哈萨克	13.6	2.0
摩尔达维亚	2.4	0.3	白俄罗斯	0.2	7.2
中亚	44.0	1.3	外高加索	0.8	3.6

此外，早期的苏联人口也向国外迁移，如 1891～1909 年间，移往美国的苏联人口有 500 万人；到 1912 年移向加拿大和南美洲的人口达 60 多万人；另外还有 30 万人移往德国做工。

人口分布是人口迁移、人口流动的结果，而人口的迁移与流动又以历史的人口分布为依托。目前来看，苏联人口之所以流动频繁，与其不尽合理的人口分布关系密切。从整体上讲，全苏人口平均密度为每平方公里 12 人左右。但在人口密集的莫斯科人口密度高达每平方公里 310 人，而自然条件恶劣的极北地区、森林地带及荒漠、半荒漠地区，则人迹罕至，如雅库特自治共和国一些地区平均每平方公里 0.3 人，勘察加州的科里亚克民族区仅为 0.1 人。

苏联人口分布总的特点是：（1）从自然环境看，与自然带及主要农业区的分布基本一致。西部人口稠密，东部人口稀少。前者是俄罗斯民族兴起的地方，自然条件优越，工农业比较发达，在仅占全苏 25% 左右的土地上拥有着 75.9% 的人口，每平方公里平均 33.7 人；后者自然条件差，开发历史短，在占全苏 75% 左右的土地上仅容纳了 24.1% 的人口，每平方公里仅有 3.8 人。（2）从纬度上看，苏联人口主要分布在森林草原及草原地带，此地因自然条件较好，并适于人们生活及农业的发展而被称为"主要的移民地带"。同时，这里也是苏联最主要的工业区域，全国绝大部分工业城市均集中于此。（3）从各加盟共和国的构成情况看，欧洲区域内的各加盟共和国总体上讲比亚洲区域各加盟共和国的人口稠密。当然个别地区也不尽其然，如亚美尼亚、格鲁吉亚、阿塞拜疆等加盟共和国人口密度就比较高。亚美尼亚甚至是苏联人口最稠密的加盟共和国之一。

苏联是世界上人口最多的国家之一，也是世界上人口区域构成最复杂的国家之一。目前苏联共有 15 个加盟共和国，122 个州，6 个边疆区，20 个自治共和国，8 个自治州。在每一个加盟共和国内部，其人口分布又不尽均匀。如以塔什干为中心的一些灌溉农业比较发达的山间盆地、绿洲、中哈萨克的卡干达周围区域等也是人口稠密之地（参见表 16）。

表 16　苏联各加盟共和国人口密度变动情况

加盟共和国 （行政中心）		面积 （平方公里）	人口密度 （人/平方公里）							
			1913 年	1940 年	1950 年	1959 年	1966 年	1970 年	1979 年	1983 年
欧洲部分	俄罗斯联邦（莫斯科）	17075400	5.1	6.3	5.8	6.7	7.2	7.4	8.0	8.2
	乌克兰（基辅）	603700	58.3	68.6	60.6	69.4	75.5	78.1	82.4	83.5
	白俄罗斯（明斯克）	207600	33.2	43.6	37.1	38.8	41.7	43.4	46.0	47.2
	立陶宛（维尔纽斯）	65300	62.7	63.8	57.0	60.1	66.3	69.4	75.3	77.7
	摩尔达维亚（基什尼奥夫）	33700	61.0	73.2	67.9	85.6	99.9	105.9	117.2	120.2
	拉脱维亚（里加）	63700	39.1	29.6	31.3	32.9	35.8	37.1	39.6	40.3
	爱沙尼亚（塔林）	45100	21.2	23.4	24.3	26.5	28.7	30.1	32.5	33.4
小　计		18094500								
亚洲部分	乌兹别克（塔什干）	447400	9.7	14.6	14.0	18.1	23.2	26.4	34.4	38.1
	哈萨克（阿拉木图）	2717300	2.1	2.3	2.4	3.4	4.4	4.8	5.4	5.7
	格鲁吉亚（第比利斯）	69700	37.3	51.8	50.1	58.0	64.6	67.2	72.0	73.7
	阿塞拜疆（巴库）	86600	27.0	37.8	33.0	42.7	53.5	59.1	69.6	73.9
	吉尔吉斯（伏龙芝）	198500	4.4	7.8	8.6	10.5	10.9	14.8	17.8	19.1
	塔吉克（杜尚别）	143100	7.2	10.6	10.5	13.8	17.8	20.2	26.6	29.6
	亚美尼亚（埃里温）	29800	33.5	44.2	45.2	59.2	75.1	83.6	101.7	108.1
	土库曼（阿什哈巴德）	488100	2.1	2.6	2.4	3.1	3.9	5.2	5.7	6.2
小　计		4180500								
总　计		22275000	7.1	8.7	7.9	9.3	10.4	10.7	11.8	12.2

说明：未计入海域面积。

如果打破各加盟共和国的界限去看待人口分布，一般将苏联划分为三大地域类型及 17 个地区。即：（1）苏联主要人口稠密地带：①西部区，②俄罗斯联邦非黑土工业地带区，③欧洲南部森林草原与草原地带区，④南方工业区，⑤顿河下游及北高加索草原区，⑥伏尔加河流域区，⑦中乌拉尔及南乌拉尔区，⑧外高加索及北高加索山前地带区，⑨西西伯利亚南部及北哈萨克区，⑩东西伯利亚南部地区，⑪远东南部地区。（2）北部地带：①欧洲西北部地区，②欧洲东北部地区，③亚洲北部地区。（3）南部地带：①西部人口稀少地区，②哈萨克地区，③中亚地区。

人口城市化

苏联历史上曾是一个经济、文化都比较落后的国家，因此城市产生得比较晚，发展的也十分缓慢。该国的城市与欧洲最初的城市不太一样，它除了具有早期的手工业和商业中心的作用以外，其主要职能是作为军事城堡而建立的，这类似于中国古代的一些城市。在 19 世纪下半叶废除农奴制以后，俄国资本主义得到了较快的发展，城市也有了发展，但因大多数城市仍不是行政中心，故而发展相对缓慢。据统计，1917 年之前的俄国共有城市 655 座，其中 407 座位于欧洲地区，当时城市人口约有 2800 万人，占全国人口的 18%。第二次世界大战后，苏联人口城市化进程加快，从 1940 年起，平均每年增加的城市人口约有 260 万人左右。其原因有：大量农村人口迁往城市、农村变为城市的居民点、城市人口的自我增殖。显然，在不同时期这些因素的作用程度是不相同的，如随着城市化水平的提高，从农村迁往城市人口的相对比重将会下降。从人口统计上讲，苏联的城市和城镇概念有严格的界限，这与欧洲一些国家不具有可比性，中国的划分标准及方法与其类似。1959 年俄罗斯联邦规定：只有人口在 1.2 万人以上的居民点才算城市；人口在 3000 人以上，工人、职员及工人家属占该地总人口 85% 以上的则定为城镇。乌克兰规定，城市人口应不少于 10000 人，城镇人口应不少于 3000 人。其他加盟共和国一般以人口不少于 5000 人作为划分城市的标准（参见表 17、表 18）。

表 17　苏联不同人口规模城市变动情况

单位：个

年份 城市类别	1926	1959	1971	1980	年份 城市类别	1926	1959	1971	1980
百万人口以上城市	2	3	9	20	5 万人口以下城市	618	1375	1519	大约 1583
50 万～100 万的城市	1	22	25	26	城市数合计	709	1679	1943	大约 2062
10 万～50 万的城市	28	123	188	212	城镇数合计	1216	2940	3576	
5 万～10 万的城市	60	156	202	221	总　　计	1925	4619	5519	

表 18　苏联城市人口占总人口比重变动情况

年　份	人口数 （百万人）	比重 （%）	年　份	人口数 （百万人）	比重 （%）	年　份	人口数 （百万人）	比重 （%）
1913	28.5	18	1951	73.0	40	1975	151.9	60
1917	29.1	18	1959	100.0	48	1979	163.6	62
1940	63.1	33	1970	136.0	56	1989	190.7	66

1979 年末，苏联城市总数为 2062 个。从时间上看，其中 1174 个城市是十月革命以后所建；从地区上看，西部地区共有 1600 多座城市，占全苏城市总数的 80%；从城市化进程来看，苏联属于人口城市化刚刚实现、但城市化水平居中、发展尚不充分的类型。1983 年，苏联超过 100 万人口的城市达 20 座。

以一般标准度量，苏联的四位城市指数是 0.493365，与美国的 0.478937 十分接近，均未超过 0.5333 的标准值，而且与其离差绝对值也很近，说明苏联的特大城市发展从人口的角度看是合理的，这与苏联政府有意控制大城市的发展规模有密切关系。该国的做法是：制定并不断完善城市总体规划、确定城市面积和人口规模、明确城市的主要发展方向、控制工业企业的无限发展；在大城市周围发展卫星城及城市群、分散大城市的企业和人口；搞好城市内部职能分区，使城市内部各项设施有机协调地发展。

总之，苏联人口城市化的特点是：（1）历史上城市发展晚，且速度缓慢；十月革命后城市犹如雨后春笋拔地而起，其速度为世界罕见。（2）城市与城镇划分严格。（3）城市居民点在全苏境内分布不均。（4）城市人口规模发展合理（参见表 19）。

表 19　苏联超过 100 万人口的城市

单位：人

城　市	1976 年	1983 年	城　市	1976 年	1983 年	城　市	1976 年	1983 年
莫 斯 科	7410000	8396000	新西伯利亚	1221000	1357000	巴　　库	1337000	1071000
列 宁 格 勒	4313000	4260000	斯维尔德洛夫斯克	1099000	1252000	车里雅宾斯克	928000	1066000
基　　辅	1827000	2355000	古比雪夫	1117000	1243000	鄂木斯克	905000	1061000
塔 什 干	1504000	1944000	第比利斯	946000	1125000	顿涅茨克	919000	1047000
哈 尔 科 夫	1307000	1503000	第聂伯罗彼得罗夫斯克	922000	1114000	彼 尔 姆	901000	1028000
明 斯 克	1038000	1405000	埃里温	842000	1095000	喀　　山	919000	1023000
高 尔 基	1238000	1373000	敖德萨	962000	1085000			

经济活动人口

沙皇俄国是一个落后的封建农奴制国家，资本主义发展较晚，直到 1861 年实行了废除农奴制的改革，并开始进行了工业革命之后，现代工业才陆续建立起来。但革命前的俄国毕竟是一个落后的封建的国家。1917 年十月革命以后，经济以其惊人的速度迅速发展，尤其是工业的发展更使世人震惊。工业在工农业总产值中的比重，由 1913 年的 42% 提高到 1940 年的 86%，而重工业在工业内部的比重则从 33% 提高到 61%。至 20 世纪 40 年代初期，工业生产年均增长 18.2%，远远超过资本主义国家的发展速度。但是，由于片面发展重工业，忽视农业和轻工业，因而严重阻碍了这两个部门的发展，以人口平均计算，那时的轻工业和农业仍停留在革命前的水平，甚至落后于 1913 年的指标。第二次世界大战后的苏联一直致力于经济建设，使国家经济有了长足的发展，成为世界上经济发达的工农业国家，其经济实力仅次于美国，居世界第二位。不过，客观地说，苏联对工业，尤其是重工业情有独钟，因此在第二次世界大战后的发展中，仍强调重工业部门的发展，导致了农业在近 20 年间，虽然也有了显著的发展，但与其他产业部门相比，仍是增长最缓慢的。第三产业在苏联并不发达，只是在 20 世纪 60 年代末期以后，才有所发展（参见表 20、图 6）。

表 20　苏联劳动力人口构成变动情况

单位：%

产业　＼　年份	1913	1940	1950	1960	1970	1977	1983
第一产业	75	54	48	39	25	22	19
第二产业	9	23	27	32	38	38	39
第三产业	16	23	25	29	37	40	42
合　　计	100	100	100	100	100	100	100

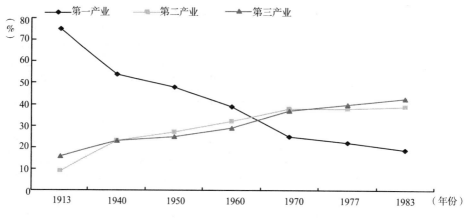

图6　苏联劳动力人口构成变动图示

如果仅从产业结构的劳动力人口分布来看，1983年的苏联与1929年的美国差不多，当时，美国三次产业劳动力的比重分别是：第一产业19.6%，第二产业38.8%，第三产业41.6%。不过，如图6所示：苏联第三产业仍有增长势头，而且其增长速度正在加快，第一产业则直线下降，其速度也在加快，第二产业则基本稳定。

总之，苏联作为一个经济发达且城市化水平迅速提高的国家，三次产业的"转轨"在不久后将会更加明显。

文教卫生

苏联政府一贯重视教育，并取得了显著成绩。据认为，沙俄时代末期，苏俄成人识字率不足25%，20世纪80年代末的成人识字率达100%，这一成就大概是在20世纪30年代取得的。苏联的初级教育采取义务教育制，年限为11年。小学入学率已达100%。中学教育除普通公共中学外，还设有大量的职业中学、技术中学等，中学生入学率已高达96%。进入高等学校受教育的人数占该年龄组人数的21%，这也是一个不低的比率。从医疗状况上讲，1980年每名医生负担的人口数为270人，每名护士负担人数为100人，这成为世界上医护人员负担系数最低的国家之一，而且全民享受免费医疗。

小结

总而言之，苏联具有自己的特点，苏联人口具有自己人口的特点。这些特点主要是：（1）苏联幅员辽阔，人口相对稀少，分布不均；（2）人口民族构成十分复杂，民族问题在苏联是一个尤其重要的人口社会问题；（3）受战争创伤的影响，人口自然结构主要是性别结构不尽合理。这些特点对苏联社会产生一定的影响。

概括来说，从人口学角度观察的苏联社会问题有：（1）苏联女性人口远远多于男性人口，尤其是其绝对量之差是世界上任何国家无法相比的。性别结构失调，影响了人口的增殖，另外，受战争影响所造成的不合理的人口年龄结构已经并将继续影响下一代乃至更远时期的人口，从而不利于社会、经济、人口的协调发展。

（2）无论女性人口太多与高离婚率是否有某种关系，但事实上，苏联的离婚率之高在世界上是闻名的。1983 年离婚率高达 3.5‰。如果与欧洲各国对比，苏联是最高的；如果和亚洲各国对比，则仅次于马尔代夫（3.55‰）和蒙古（3.8‰）。

（3）尽管苏联人口的流动幅度相对于历史有所减弱，但流动仍被认为十分频繁，而且是十分不合理的频繁。这一方面与民族特征、社会文化背景有关；另一方面也与社会政策有关，当然，地理环境在此是一个重要的因素。但无论什么原因，这都会影响社会经济的正常发展。

此外，苏联人爱酗酒、酗酒后易出问题恐怕是十分有名的，这也是苏联的一大社会问题。总之，"家家有本难念的经"。苏联虽然地大物博，人口不像中国那样因为人多而有压力，也不像北欧、西欧一些国家那样为人口日益减少而恐慌，但是，苏联也的确存在着苏联的人口问题，以至于苏联的有关人口政策难以统一、定型，争论旷日持久。

未来展望

苏联人口今后将如何发展，难以预测。因为：（1）苏联的人口趋势客观上在下降，这一方面是由于出生率缓慢下降所致；另一方面则由于人口老化所导致的粗死亡率上升和婴儿死亡率稍有提高所致。（2）苏联政府采取种种措施鼓励人口增殖。因此，在这个矛盾体中，人口趋势的发展速度就要看哪一方的力量更大一些了。

为了鼓励人口增殖，苏联政府曾采取过各种行政的或经济方面的措施，诸如对所生子女的一次性补助或按月补助方法、对所生育子女的母亲给予优待照顾、对所生育子女的家庭减免税收并提高福利待遇等措施。尽管使用了各种方法，但效果不佳，可能人口与经济规律在此起了重要作用。

此外的问题是，各民族人口自然增殖幅度差别很大，前述有关资料已经表明了这一点。由此而产生的问题是：人口政策难以统一，是鼓励出生，还是抑制出生，鼓励或抑制哪一部分人出生，以及鼓励或抑制哪一胎次的人出生均是争论的焦点。这样，与鼓励增加人口的政策相抗衡的不仅是人口"规律"本身，还有人口政策本身，这就加大了对未来人口的预测难度。

从人口再生产的角度看，苏联人口正在逼近生育更替水平（参见表 21）。

表 21　1926～1976 年苏联人口再生产率

单位：个

指标 ＼ 年份	1926～1927	1938～1939	1958～1959	1961～1962	1963	1964～1965	1966～1967	1968～1969	1970～1971	1972～1973	1974	1975～1976
粗再生产率	2.61	2.15	1.36	1.30	1.27	1.20	1.19	1.17	1.18	1.18	1.18	1.17
净再生产率	1.68	1.44	1.26	1.21	1.18	1.13	1.13	1.11	1.13	1.13	1.12	1.10

在这种情况下，苏联人口在不久的将来便会出现负增长。美国人口情报中心对苏联人口预测的结果是：2020 年为 3.55 亿人，人口加倍时间为 70 年。

参考资料

〔苏〕C. U. 乌尔拉尼斯:《世界各国人口手册》,魏津生等译,四川人民出版社,1982。

〔苏〕C. U. 布鲁克:《世界人口、民族与人口手册》,周启元等译,新疆人民出版社,1985。

中国科学院地理研究所、东北师范大学编著《苏联经济地理》,科学出版社,1983。

《控制人口与发展经济》,北京大学出版社,1985。

联邦德国（Federation Germany）[*]

联邦德国位于欧洲中部,北濒北海及波罗的海,西边以埃姆斯河、莱茵河、黑林山与荷兰、比利时、卢森堡以及法国接壤,南邻瑞士和奥地利,东界南端为捷克斯洛伐克,东界北端为民主德国。德国在经历了悠久的历史之后才完成了政治和版图上的统一,但在第二次世界大战之后,又分化瓦解了,遂成为联邦德国与民主德国两大部分。一般的,将联邦德国划分在"西欧",而将民主德国归类为"东欧"。联邦德国除自己的境内领土之外,还包括民主德国境内的柏林西部——西柏林部分。就联邦德国全境而言,国土面积 24.82 万平方公里,另有西柏林面积 480 平方公里。联邦德国境内人口 1989 年为 6150 万人,人口密度每平方公里 247 人,首都:波恩。西柏林同期人口 187.9 万人,面积 480 平方公里,西柏林人口密度每平方公里 3894 人,为世界上人口最密集的地区之一。

历史

德国境内曾发现过史前人类居住的遗迹,显示公元前 3000 年以前便有人类在此将青铜加工成武器或用具了。之后,北方一些民族被气候所迫而涌进德国地区。公元 919 年创立了德意志国家。随后的德国封建割据将整个地区分割成为数百个小封建邦国。1525～1871 年逐渐向资本主义社会转变。1871 年在普法战争中获胜的普鲁士王国成立德意志帝国,首次实现德国统一。统一后的德国先后发动两次世界大战,第一次于 1914 年,第二次于 1939 年。然而,两次均以德国失败而告终。1949 年 5 月 23 日德国西部建立了德意志联邦共和国,从而与同年 10 月 7 日建立的东部德意志民主共和国分道扬镳。1990 年 10 月 3 日,两个德国又重新实现了完全统一。

民族、宗教和语言

早期的德国境内,主要居住着日耳曼语族的各种人口集团。据称,日耳曼人原本是斯堪的纳维亚半岛以南的居民,大约在公元前 500 多年来到这一地区并定居下来。当时他们居住在森林间的空地上,集结成各自的部族。自公元 5 世纪左右起,便开始向外蔓

---

[*] 这里所讲的联邦德国简称"西德"。1949 年之前研究的是德国人口,1949 年之后是联邦德国人口。

延。首先是易北河中游盆地，其次是波美拉尼亚，继而进入现在的波兰地区。17世纪的"三十年战争"之后，[①] 又开始向欧洲东部乃至美洲大陆移民。因此，直至目前为止，联邦德国境内的人口仍以日耳曼族人占绝对优势。其余人口包括罗曼语族（或称拉丁语族）、斯拉夫语族和闪含语族的各人口集团以及诸如土耳其人、希腊人、波斯人、匈牙利人乃至朝鲜人、华人等各民族人口。日耳曼语族人口占联邦德国总人口的94.7%，其中德意志人占全国人口的93.6%，奥地利人、荷兰人、丹麦人、美国人、英国人、犹太人、瑞士人等均属这一语族，但所占比重甚微。总之，联邦德国从历史上讲是单一的德意志民族，以后随着人口大规模来回流动，才使得这里成为了一个居住着多民族人口的地区。

在全部居民中，大多数居民为天主教徒和基督教徒，前者占整个人口的43%，后者占41.6%，另有300多万伊斯兰教徒，2.7万名犹太人。从其宗教上可以强烈地反映出欧洲文化在这一地区的影响作用。

德语为通用语言。

人口变动

在1949年之前，德国是一个统一的地区，追根溯源，民主德国、联邦德国的人口是不能分割开来的，而且，在早期的历史中，德国地区也并非能以民主德国、联邦德国边界线清晰地划分开来，并以此将其人口分别统计。鉴于这种原因，研究民主德国或联邦德国的人口历史，只能从总体上进行研究。表1是德国境内1816年至第二次世界大战结束时的1945年的人口演变状况（参见表1、表2和图1、图2）。

表1　1816~1945年德国的人口变动

单位：千人

年份	人口	年份	人口	年份	人口	年份	人口	年份	人口	年份	人口	年份	人口	年份	人口
1816	24831	1846	34616	1861	38003	1876	43059	1891	49762	1906	61153	1921	62469	1936	67349
1820	26292	1847	34790	1862	38362	1877	43610	1892	50266	1907	62013	1922	62035	1937	67831
1825	28111	1848	34847	1863	38765	1878	44129	1893	50757	1908	62863	1923	62450	1938	68558
1830	29518	1849	35013	1864	39189	1879	44641	1894	51339	1909	63717	1924	62846	1939	69314
1835	30936	1850	35312	1865	39548	1880	45095	1895	52001	1910	64568	1925	63177	1940	69838
1836	31129	1851	35628	1866	39787	1881	45428	1896	52753	1911	65359	1926	63646	1941	70244
1837	31455	1852	35864	1867	40032	1882	45719	1897	53569	1912	66146	1927	64023	1942	70834
1838	31824	1853	35994	1868	40223	1883	46016	1898	54406	1913	66978	1928	64393	1943	70411
1839	32233	1854	36096	1869	40494	1884	46336	1899	55248	1914	67790	1929	64739	1944	69865
1840	32621	1855	36138	1870	40805	1885	46707	1900	56046	1915	67883	1930	65084	1945	63960
1841	32987	1856	36260	1871	40997	1886	47134	1901	56874	1916	67715	1931	65429		
1842	33306	1857	36528	1872	41230	1887	47630	1902	57767	1917	67368	1932	65716		
1843	33612	1858	36831	1873	41564	1888	48168	1903	58629	1918	66811	1933	66027		
1844	33930	1859	37190	1874	42004	1889	48717	1904	59475	1919	62897	1934	66409		
1845	34290	1860	37611	1875	42518	1890	49241	1905	60314	1920	61797	1935	66871		

说明：1890年不包括黑耳郭兰；1919年起不包括阿尔萨斯－洛林、波兹南；1920年起不包括上述地区及但泽自由市；1922年起不包括上述地区及上西里西亚；1922年起包括萨尔。

---

① 指16~18世纪欧洲大地上或因宗教改革、或因王权国家间为势力争夺而引发的连绵战争。

表 2　德国人口自然变动指标

单位：‰

年　份	出生率	死亡率	自　然增长率	年　份	出生率	死亡率	自　然增长率	年　份	出生率	死亡率	自　然增长率
1841～1850年平均	36.1			1902	35.1	19.4	15.7	1924	20.6	12.2	8.4
1851～1860年平均	35.3	26.3	9.0	1903	33.8	20.0	13.8	1925	20.8	11.9	8.9
1861～1870年平均	37.2	26.8	10.4	1904	34.1	19.6	14.5	1926	19.6	11.7	7.9
1871～1875年平均	38.8	28.2	10.6	1905	32.9	19.8	13.1	1927	18.4	12.0	6.4
1876～1880年平均	39.3	26.1	13.2	1906	33.1	18.2	14.9	1928	18.6	11.6	7.0
1881～1885年平均	37.0	25.7	11.3	1907	32.3	18.0	14.3	1929	18.0	12.6	5.4
1886	37.0	26.2	10.8	1908	32.1	18.1	14.0	1930	17.6	11.0	6.6
1887	36.9	24.2	12.7	1909	31.0	17.2	13.8	1931	16.0	11.2	4.8
1888	36.6	23.7	12.9	1910	29.8	16.3	13.5	1932	15.1	10.8	4.3
1889	36.4	23.7	12.7	1911	28.6	17.3	11.3	1933	14.7	11.2	3.5
1890	35.7	24.4	11.3	1912	28.3	15.6	12.7	1934	18.0	10.9	7.1
1891①	37.0	23.4	13.6	1913	27.5	15.0	12.5	1935	18.9	11.8	7.1
1892	35.7	24.1	11.6	1914	26.8	19.0	7.8	1936	19.0	11.8	7.2
1893	36.8	24.6	12.2	1915	20.4	21.4	-1.0	1937	18.8	11.7	7.1
1894	35.9	22.3	13.6	1916	15.2	19.2	-4.0	1938	19.6	11.6	8.0
1895	36.1	22.1	14.0	1917②	13.9	20.6	-6.7	1939	20.4	12.3	8.1
1896	36.3	20.8	15.5	1918②	14.3	24.8	-10.5	1940	20.4	13.0	7.4
1897	36.0	21.3	14.7	1919③	20.0	15.6	4.4	1941	18.8	12.3	6.5
1898	36.1	20.5	15.6	1920④	25.9	15.1	10.8	1942	15.2	12.1	3.1
1899	35.8	21.5	14.3	1921④	25.3	13.9	11.4	1943	16.1	12.2	3.9
1900	35.6	22.1	13.5	1922⑤	23.0	14.4	8.6				
1901	35.7	20.7	15.0	1923	21.2	13.9	7.3				

说明：①1891 年起包括黑耳郭兰；②不包括阿尔萨斯—洛林；③不包括阿尔萨斯—洛林，波兹南；④不包括但泽自由市；⑤1922 年起包括萨尔。

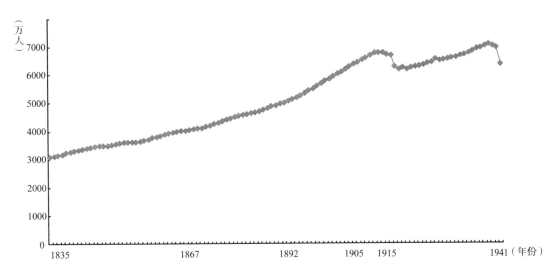

图 1　1941 年前德国人口变动图示

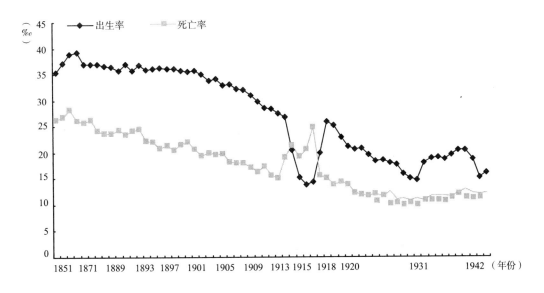

图 2　1943 年前德国人口自然变动指标图示

从 19 世纪初至 20 世纪中叶德国人口的演变特征如下。

（1）人口总的趋势是持续增长，但总的增长速度极为缓慢，年平均为 0.7%。其中经历了两次大的人口衰退，第一次是第一次世界大战的 1914～1918 年之后，人口从 1915 年的 6788 万人减少到 1920 年的 6179.7 万人，净减少人口 609 万人。第二次是第二次世界大战的 1939～1945 年之后，人口从 1940 年的 6983.8 万人减至 1945 年的 6396 万人，净减少人口 587 万人。两次世界大战使德国失去了人口 1100 多万人（参见表 3）。（2）人口出生率总的趋势呈下降状。德国 19 世纪整个后半期的人口出生率始终处于徘徊状态，如果说有变动，也是从 1880 年的最高点 39.3‰ 开始下降。半个世纪之后，出生率从40‰ 降至 30‰ 以下。之后，由于战争，使得其出生率出现了超常变动。第一次世界大战期间迅速下降，战后有所回升，最高时达到 1920 年的 25.9‰，之后缓慢下降，20 世纪30 年代的大危机加速了其下降进程。至第二次世界大战前，略有回升。1939 年时，出生率达到 20.4‰，战争使其再次迅速下降。很多学者认为 1939 年是德国人口出生率较之其他国家回升较早的年份。实际上，从连续的社会历史来看，20 世纪 30 ~ 40 年代交界时期的德国人口出生率正是 20 世纪初高出生率的一种历史延续。这种潜在的延续不过被战争所打断并由此而强化或"淹没"了。类似情况在亚洲的日本也出现过。（3）死亡率的下降在战争之前是自然发生的，即随着人类社会的进步而逐渐下降。战争使得德国的死亡率出现了畸形，不过总趋势是在下降。（4）德国自然增长率从最初就不太高，差距最大的是 1902 年，为 15.6‰，当时的出生率为 35.1‰；死亡率 19.5‰，即所谓的死亡率下降速度快于出生率下降速度所造成的。这一过程在德国从 19 世纪下半叶开始至 20 世纪上半叶结束。（5）用人口转变理论来看，德国在分裂为民主德国、联邦德国之前，已经进入了"低出生、低死亡、低自然增长"的阶段。只是由于战争，使得"三率"的自然结合被扭曲了。然而在这一基础上，分裂后的民主德国、联邦德国很快就真正进入了人口转变的最后阶段。（6）1949 年，被英、法、美占领的联邦德国地区人口和由苏联控制的民主德国地区人口共计 6800 万人左右。

表 3 1820 ~ 1945 年德国人口每十年年均增长率

单位：%

时　期	年均增长率	时　期	年均增长率	时　期	年均增长率
1820 ~ 1830	1.16	1871 ~ 1880	1.00	1921 ~ 1930	0.52
1831 ~ 1840	1.00	1881 ~ 1890	0.88	1931 ~ 1940	0.71
1841 ~ 1850	0.80	1891 ~ 1900	1.31	1941 ~ 1945	- 1.74
1851 ~ 1860	0.63	1901 ~ 1910	1.43		
1861 ~ 1870	0.82	1911 ~ 1920	- 0.44		

第二次世界大战后联邦德国的人口变动特点如下。

第二次世界大战后联邦德国进行了三次人口普查，即 1950、1961 和 1970 年。1949年联邦德国人口接近 5000 万人，20 世纪 60 年代末期达到 6000 万人，之后极其缓慢地增长，始终徘徊于 6100 万人左右。

联邦德国是世界上出生率、死亡率、自然增长率均为最低的国家之一，而且，是在没有战争等特殊情况发生的时期，最先出现人口负增长——是出生人数小于死亡人数的国家之一。20 世纪 70 年代的后期联邦德国人口自然增长出现负值（参见表 4、表 5 和图3、图 4）。

表4 联邦德国的人口变动 *

单位：万人

年份	人口	年份	人口	年份	人口	年份	人口	年份	人口	年份	人口	年份	人口	年份	人口
1946	4417	1952	5084	1958	5428	1964	5829	1970	6071	1976	6151	1982	6164	1989	6150
1947	4494	1953	5139	1959	5488	1965	5904	1971	6129	1977	6140	1983	6142		
1948	4614	1954	5188	1960	5542	1966	5968	1972	6167	1978	6131	1984	6166		
1949	4919	1955	5236	1961	5623	1967	5987	1973	6197	1979	6136	1986	6070		
1950	5080	1956	5299	1962	5695	1968	6017	1974	6204	1980	6156	1987	6117		
1951	5053	1957	5365	1963	5786	1969	6084	1975	6183	1981	6167	1988	6120		

* 包括西柏林。

表5 联邦德国人口自然变动指标

单位：‰

年份	出生率	死亡率	自然增长率	年份	出生率	死亡率	自然增长率	年份	出生率	死亡率	自然增长率
1946	16.4	12.3	4.1	1961	18.2	11.2	7.0	1976	9.8	11.9	−2.1
1947	16.8	11.8	5.0	1962	17.9	11.3	6.6	1977	9.5	11.5	−2.0
1948	16.8	10.4	6.4	1963	18.2	11.6	6.6	1978	9.4	11.8	−2.4
1949	17.1	10.3	6.8	1964	18.3	11.1	7.2	1979	9.5	11.6	−2.1
1950	16.4	10.5	5.9	1965	17.7	11.5	6.2	1980	10.0	11.5	−1.5
1951	16.0	10.7	5.3	1966	17.6	11.5	6.1	1981	10.1	11.7	−1.6
1952	15.9	10.6	5.3	1967	17.0	11.5	5.5	1982	10.1	11.5	−1.4
1953	15.8	11.2	4.6	1968	16.1	12.2	3.9	1984	9.5	11.3	−1.8
1954	16.0	10.6	5.4	1969	14.8	12.2	2.6	1985	10.0	11.2	−1.2
1955	16.0	11.0	5.0	1970	13.4	12.1	1.3	1986	10.0	11.0	−1.0
1956	16.4	11.2	5.2	1971	12.7	11.9	0.8	1987	10.5	11.2	−0.7
1957	16.9	11.3	5.6	1972	11.3	11.9	−0.6	1988	10.0	11.0	−1.0
1958	16.9	10.8	6.1	1973	10.3	11.8	−1.5	1989	11.0	11.0	0.0
1959	17.6	10.8	6.8	1974	11.3	11.7	−0.4				
1960	17.7	11.4	6.3	1975	11.1	12.1	−1.0				

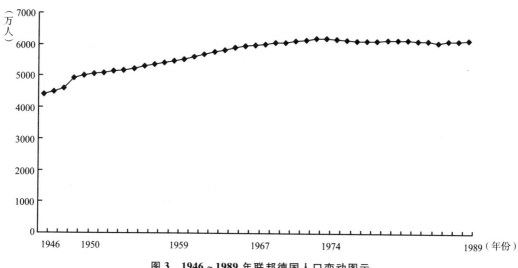

图 3 1946~1989 年联邦德国人口变动图示

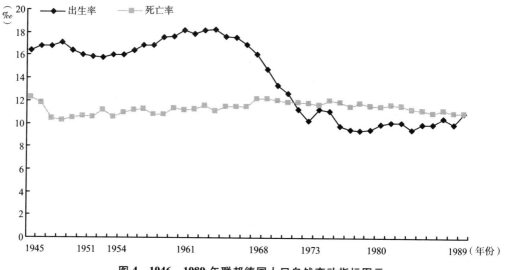

图 4 1946~1989 年联邦德国人口自然变动指标图示

　　一些参战国在第二次世界大战之后总要经历一个"婴儿激增"时期,一方面是由于战后对战争中死亡人数的"补偿性"出生,另一方面是年轻人重返家园结婚"激增"的缘故,然而在联邦德国,这种补偿性随着战争的结束并没有立即表现出来,甚至可以说根本没有表现出来。20 世纪 60 年代初期的略微回升,与其说是战争因素所造成的,毋宁认为是人口再生产周期所致,即 20 世纪 60 年代初期的高出生率正是 20 世纪 30 年代末40 年代初高出生率的一种周期性反映。

　　第二次世界大战以后,联邦德国的婴儿死亡率已经降到了较低的水平,成为目前世界上婴儿死亡率最低的国家之一,而非洲平均水平是 113‰。联邦德国的婴儿死亡率从1953 年的 47.6‰降至目前的 8.36‰(参见表 6)。

表6　联邦德国人口平均预期寿命和婴儿死亡率变动情况

年　份	平均预期寿命（年）		婴儿死亡率（‰）	年　份	平均预期寿命（年）		婴儿死亡率（‰）	年　份	平均预期寿命（年）		婴儿死亡率（‰）
	男	女			男	女			男	女	
1901~1910	44.8	48.3		1960	66.7	71.9		1976	68.3	74.8	17.4
1924~1926	50.0	58.8		1961~1962	66.9	72.4	27.0	1977	68.6	75.2	15.5
1932~1934	59.9	62.8		1964~1965	67.6	73.5		1978	68.9	75.6	14.7
1946	57.7	63.4	97.1	1969~1970	67.3	73.6	22.8	1981	72.0		14.0
1947			86.3	1971~1972	67.4	73.8	22.7	1986	74.0		8.6
1948			68.9	1973	67.6	74.1	22.9	1989	75.0		8.3
1950~1951	64.6	64.5	47.6	1974	67.9	74.4	21.1				
1958~1959	66.8	71.9	36.0	1975	68.0	74.5	19.8				

说明：1901~1934年是德国整体数据；1946~1948年是德国西部地区数据。

人口平均预期寿命的延长以及婴儿死亡率的降低，是一个国家经济、社会、医疗卫生乃至教育水平的综合结果和反映。1984年底，联邦德国每100个家庭中拥有如下耐用消费品：录像机8台，洗碗机20台，立体声音响设备50台，彩电82台，汽车64部，电话81部，洗衣机87台，冰箱82台，冷藏机40台。如果以中等家庭计，这些数值会更高一些。每名医生负担的人口数1960年为670人，1980年为450人，1983年进一步降为420人，1986年为330人。

人口结构

联邦德国是一个典型的老年人口社会甚至是世界上人口老龄化程度最高的国家，这主要是由于长期以来联邦德国人口出生率缓慢下降直至最后降至低于死亡率的水平所致，而且，人口平均预期寿命的延长也从相反方向加速了人口向老龄化的迈进。一些资料表明，联邦德国进入老龄化社会已有几十年的历史，至目前为止，老年人口占总人口的比重越来越大（参见表7、表8和图5、图6）。

表7　1950~1989年联邦德国人口年龄构成

单位：%

年份	0~14岁	15~64岁	65岁及以上人口	老年抚养比	年份	0~14岁	15~64岁	65岁及以上人口	老年抚养比
1950	23.31	67.28	9.41	13.99	1981	17.5	67.2	15.3	22.76
1960	21.69	67.24	11.07	16.60	1989	15.0	70.0	15.0	21.43
1970	23.18	63.65	13.17	20.69					

表8 1979年联邦德国人口年龄、性别构成

年 龄	男性人口（人）	女性人口（人）	性比例（%）	年 龄	男性人口（人）	女性人口（人）	性比例（%）
0	294600	280200	105.1	45～49	1906300	1829300	104.2
1～4	1197300	1142100	104.8	50～54	1752800	1965000	89.2
5～9	1850300	1772200	104.4	55～59	1448400	2096400	69.1
10～14	2580200	2455300	105.1	60～64	913600	1387500	65.8
15～19	2607200	2472200	105.5	65～69	1264100	1992900	63.4
20～24	2307900	2185100	105.6	70～74	1054300	1733700	60.8
25～29	2177600	2099700	103.7	75～79	687400	1241700	55.4
30～34	1956900	1845700	106.0	80～84	298500	712100	41.9
35～39	2389900	2239100	106.7	85+	142500	372300	38.3
40～44	2423200	2283600	106.1	合 计	29253000	32106100	91.1

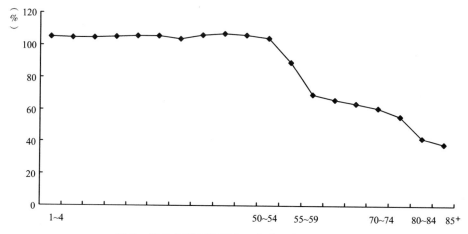

图5 1979年联邦德国人口年龄别性比例图示

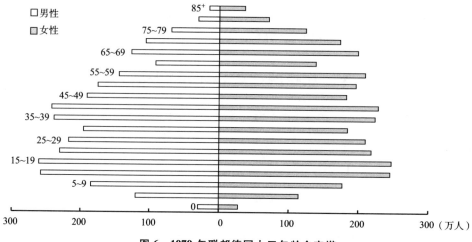

图6 1979年联邦德国人口年龄金字塔

从图 6 的人口年龄金字塔中可以看出，（1）总体上的人口已成稳定型的后期，即低年龄组的人口开始缩小，有了"倒金字塔形"的雏形；（2）受战争因素的影响，各年龄组的人口表现出凹凸不平状；（3）中年组男性人口多于女性人口，高年龄组相反，总的来看，女性人口占优势。历年的统计资料已经显示了这一特征：1950 年人口性比例是 86.9：100，1961 年为 88.8：100，1970 年为 90.8：100，1981 年进一步上升为 91.6：100。前期女性人口多于男性人口的主要原因是众所周知的战争所造成的，当然人口移动也是导致这一情况的原因之一。战争结束之后，受生物学规律的影响，男女失衡现象得到缓和。然而，在高龄化社会的联邦德国，这种缓和程度是有限的，因为即使没有战争遗留给现在人口的影响，女性人口寿命高于男性也足以使男性人口在总量上低于女性。因此，联邦德国人口性别构成的总体特征是男少女多，这就使得该国成为了世界上人口性比例最低的国家之一。当然，在某些年龄组中呈相反状态。

人口分布

总体而言，联邦德国是世界上人口最为稠密的国家之一，平均人口密度每平方公里已达 250 人。而联邦德国于战前、战争中以及战争后所进行的大量移民，对国内人口的再分布起了极其重要的影响作用。比如仅 1970～1972 年，联邦德国北部、中部、南部的人口移动量就很大，达到 4.9 万人（参见表 9）。

表 9　1970～1972 年联邦德国各地区人口分布

单位：千人

来源区	迁往区			来源区	迁往区		
	北部	中部	南部		北部	中部	南部
北　部	—	−6	17	南　部	−17	−32	—
中　部	6	—	32	合　计	−11	−38	49

这种人口迁移与流动的结果，构成了目前联邦德国的人口分布现状。如北莱茵－威斯特法伦州是联邦德国最主要的人口稠密区，人口密度每平方公里高达 500 人，其中鲁尔区更为突出，每平方公里人口数目高达 1000～3000 人，名列世界前列。由黑森、巴登－符腾堡、莱茵兰－法耳次和萨尔四州组成的西南区是国内第二个人口稠密区。北部地区的下萨克森州和东南部的拜恩州人口相对稀疏，不过，每平方公里也在 150 人以上。由于联邦德国大片土地平坦而优良，气候温润而温和，从自然上讲除最南部的阿尔卑斯山地外，均适于人类居住。所以造成联邦德国人口分布相对不均匀的原因主要是社会、经济、历史因素而不是自然因素。总体来看，工业发达地区人口稠密；精耕细作的农业地区，人口密度次之；以农牧业为主的地方，人口相对稀疏。

从行政区划上讲，联邦德国划分为 10 个州，每州人口分布情况如表 10 所示。

表10 联邦德国各州人口变动情况

州	面 积（平方公里）	人口（千人）			1978年城镇人口（％）	1984年人口密度（人／平方公里）
		1950年	1978年	1984年		
石勒苏益格－荷尔斯泰因	15696	2595	2589	2619	68.0	167
汉 堡	748	1606	1672	1633	100.0	2183
下萨克森	47415	6797	7226	7263	82.1	153
不 来 梅	404	559	701	690	100.0	1708
北莱茵－威斯特法伦	34049	13208	17010	17022	99.8	500
黑 森	21113	4324	5545	5608	91.1	266
莱茵兰－法耳次	19839	3005	3634	3639	53.9	183
巴登－符腾堡	35751	6430	9127	9283	81.7	260
拜 恩	70547	9185	10811	10960	68.7	155
萨 尔	2568	948	1077	1061	100.0	413
合 计	248130	48657	59392	59778	84.4	241
西 柏 林	480	2147	1918	1879	100.0	3915

说明：除1984年人口数据外，资料均取自于胡焕庸、张善余编著《世界人口地理》第279页。

　　和非洲沿海国家不同的是，联邦德国的沿海，不仅没有因为气候原因成为人口最为稠密的地区，反而这些地区是全国人口最为稀疏的两个州所在地，即最北部与丹麦交界的石勒苏益格－荷尔斯泰因州和与荷兰比邻的下萨克森州。此外，南部拜恩州深处内陆，不仅由于气候的原因，而且还受历史性因素的影响使得该地区经济不发达，人口也较稀疏。中部地区人口稠密。

　　联邦德国是世界上城市人口比重最大的国家之一。联邦德国城市以及城市人口多与历史有着极为密切的关系。古代罗马人所设立的一些城堡是德国现代城市的雏形。比如柏林曾是普鲁士王国的首都，目前已变成世界上最大的城市之一。查理曼大帝于公元9世纪建立的汉堡城市、具有悠久历史传统的慕尼黑市、第二次世界大战中惨遭破坏的科伦市以及首都波恩等城市目前都是联邦德国拥有几十万乃至上百万人口的大都市。至目前为止，联邦德国人口超过50万人口的主要大城市如表11所示。

表11 联邦德国人口超过50万以上城市的人口变动

单位：人

城 市	1972年	1983年	1983年比1972年增减	城 市	1972年	1983年	1983年比1972年增减
1. 汉堡	1793640	1623848	－169792	7. 杜塞尔多夫	660963	583445	－77518
2. 慕尼黑	1311978	1287080	－24898	8. 斯图加特	634202	573577	－60625
3. 科隆	849451	961777	112326	9. 不来梅	592533	547619	－44914
4. 埃森	696419	638812	－57607	10. 杜伊斯堡	452721	546566	93845
5. 法兰克福	666179	620186	－45993	11. 汉诺威	521003	526253	5250
6. 多特蒙德	640642	599521	－41121	12. 西柏林	2115311	1869584	－245727

　　在一定意义上讲，联邦德国的人口增长在很大程度上仰仗了外籍侨民，这不仅反映

在绝对数上使联邦德国人口直接有所增长，而且，移居在联邦德国的侨民又在联邦德国生育了下一代，从而提高了该国的生育率。1978 年联邦德国境内联邦德国公民的出生率仅为 9‰，死亡率 12.9‰，自然增长率 −3.9‰；而在其境内的外国侨民这三项指标却是：18.8‰、2‰和 16.8‰。前者死亡率高于后者的根本原因是，前者为老年型人口，而后者则以年轻人口居多。表 12 是联邦德国迁入人口构成变动情况。

表 12　联邦德国迁入人口构成情况

国　籍	1970 年（人）	比重（%）	1982 年（人）	比重（%）	国　籍	1970 年（人）	比重（%）	1982 年（人）	比重（%）
土 耳 其	328000	17.8	1268300	30.6	西 班 牙	165900	9.0	182200	4.4
南斯拉夫	389000	21.2	620600	15.0	其　他	351600	19.1	1181500	28.5
意 大 利	375000	20.4	594400	14.3					
希　腊	229400	12.5	296800	7.2	合　计	1838900	100.0	4143800	100.0

联邦德国由于劳动力缺乏，不得不大量吸收外籍劳工。不过，目前的联邦德国在“经济奇迹”之后，第一产业劳动力人口已经降低很多：1950 年时尚占 23.3%，目前已减至 5.3%；而第二产业的比重目前为 39.6%；第三产业高达 55.3%；其产业结构是典型的高度发达工业化国家的特点（参见表 13）。

表 13　联邦德国劳动力人口构成变动情况

单位：%

产业 ＼ 年份	1950	1960	1970	1983	1987
第一产业	25	14	9	5	5
第二产业	43	48	49	40	41
第三产业	32	38	42	55	54
合　计	100	100	100	100	100

联邦德国战后经济恢复和发展相当迅速，尽管矿藏资源贫乏，但制造业却相当发达，其突出地位在世界上尚属罕见。此外，农业机械化程度高，交通十分发达。1989 年估测人均国民生产总值为 14460 美元，为世界最高国家之一。在这种经济发达的背景下，联邦德国十分重视教育，1984 年，联邦和地方教育经费占预算总额的 13%。全国实行 12 年义务制教育。1980 年统计的文盲率仅为 1%，是世界上文盲率最低的国家之一。小学生入学率高达 100%，中学生入学率也高达 94%，大学生在校率 1981 年为 28%，这些比值均排在世界最前列。

小结

总而言之，联邦德国人口可总结为以下一些特点：（1）属于最早完成人口转变的国家之一。进入 20 世纪 70 年代以后，出生率小于死亡率，率先出现了人口负增长的现象。（2）人口转变使得联邦德国人口较早地进入了老龄化社会。65 岁以上老人所占比重高达 15%，这使得联邦德国劳动力人口的未来补偿成为一大难题，不合理的人口年龄结构已经并将继续带来若干难以摆脱的社会问题。（3）女性人口多于男性人口，是由于各种原因，主要是战争所致。（4）人口分布基本平衡。城市人口比重高达 94%，名列世界前茅，但是，却没有出现像伦敦等城市那样的 "大城市病"，这与城市政策有关。（5）由于人口负增长，劳动力严重不足，因而吸引了大量外籍劳动力。这一现状尽管满足了联邦德国经济活动人口的补偿问题，但却给联邦德国本身的国民以及社会、经济都带来了极大的正面或负面的影响。（6）人口文化素质高。总之，在这样的背景下，预测联邦德国人口的未来并不太困难。如果没有什么大的奇迹发生，联邦德国以后的人口将不能维持现有规模，这是根据该国人口净再生产指标变动轨迹推演出来的结论（参见表 14）。

表 14　联邦德国人口净再生产率变动情况

单位：个

年　份	1970	1971	1972	1973	1974	1975	1976
净再生产率	0.937	0.891	0.797	0.710	0.679	0.685	0.658

这就是说，20 世纪 70 年代每千名妇女所生育的子女在 20 多年之后真正能够接替她们能生儿育女的人数仅有 600～700 人。这一指标反映了人口的内在自然变动规律。即使人们目前的生育观有了某种转变，但是，人口再生产的惯性规律却仍要向前行驶一段时间，尽管在希特勒帝国时期鼓励人们多生多育而且人们在一定程度上真的那样做了，但是，在目前的社会背景下，再凭精神鼓励人口增殖恐怕难以见效了。

不过，从近 30 年的发展情况来看，联邦德国人口的实际增长似乎比人们预期的数值略高一些。这或许是一件令联邦德国感到欣慰的事情，20 世纪 50 年代末 60 年代初的人口预测及实际情况如表 15 所示。

表 15　20 世纪 50 年代末对联邦德国人口增长的预测

单位：千人

年　份	1961	1972	1980	1985	1990	2000
预测值	56175	61503	60478	59698	59005	56971
实际值	56230	61670	61560	61300	61500（1989 年）	

总的情况是，该国人口呈下降趋势。

参考资料

《主要资本主义国家的社会经济指标》，世界知识出版社，1954。

The population of Federal Republic of Germany.

希腊（Greece）

希腊基本是欧洲最南部的国家，位于巴尔干半岛的南端，三面环海，陆地部分接阿尔巴尼亚、南斯拉夫、保加利亚和土耳其。从地图上看，有许多凸出的小半岛像伸出的手指般突入海中，在较小的规模上，有一连串的岬角和湾澳，还有大约 1500 多个岛屿。希腊总面积为 13.19 万平方公里，岛屿面积 2.47 万平方公里，约占国土面积的 1/5，其中以克里特岛最大。人口 1989 年估计为 1000 万人左右。人口密度大约每平方公里 76 人。首都：雅典。

历史

希腊是欧洲的文明古国，光辉灿烂的古希腊历史为世人所知。从狭义来讲，希腊的历史是从公元前 800 年左右开始的，可是它的起源却比这个年代要早 2000 多年。各种文化相继出现，在这里都留下了历史遗物。我们一般所说的古代希腊文明包括公元前 3000 ~ 前 1100 年的米诺斯文化、希腊文化、迈锡尼文化等。而古代希腊则是指巴尔干半岛南部、爱琴海诸岛及小亚细亚西岸一群奴制城邦的总称。古代希腊及其古代希腊文化之所以众所周知、影响深远，其原因之一便是公元前 12 世纪已有了文字记载的历史。公元前 5 世纪，希腊的奴隶制经济、政治和文化高度发展，为全盛时期。公元前 4 世纪开始衰落，被北部兴起的马其顿帝国征服。从公元前 2 世纪起，希腊先后被并入罗马帝国和拜占庭帝国。公元 14 世纪末被土耳其统治。1829 年土耳其被起义的希腊人民所打败，从而承认希腊为自治公国。1832 年定为希腊王国。

民族、宗教和语言

希腊地区大概在公元前 3000 年起便开始有人类居住，当时的居民被称之为皮拉斯吉人，关于他们的来源和语言，至今尚无定论，过去曾被认为是前印欧人，现在不少学者认为，他们的语言仍属印欧语系。以后历史的种种迹象表明，希腊大陆在公元前 2000 年左右发生过一次大变乱，这种变乱给希腊的人口带来了重大影响，而这种影响又主要是因为人口迁移而产生的。多方面的史料说明：在民族大迁移通过小亚细亚向西移动的过程中，大概有一部分操希腊语的、通常称为亚该亚人的部落最早进入了希腊中部和南部。这些亚该亚人被认为是从巴尔干半岛西北地区最早进入希腊的部落，并强盛于公元前 13 ~ 前 12 世纪。公元前 1104 年，即著名的特洛伊战争结束后的 90 年，多利安人来到了希腊北部，驱逐了早些时候来到这里的迈锡尼人。此后一个很长的历史时期称为"黑暗时代"，直到公元前 800 年前后，城邦纷纷成立之时，"黑暗时代"才告结束。[1] 前面所说的古希腊史的开端源于公元前 800 年即是从古希腊城邦建立算起。而古希腊民族的形成却比这远久得多。多数学者认为：亚该亚人、爱奥尼亚人、伊奥尼亚人、多利安人等均属原始希腊部落。他们迁入巴尔干半岛以后，逐渐同化了皮拉斯吉人，开始了古希腊民族的形成过程。希腊人便是以此为主体，随着社会的发展而逐渐形成和成熟的。例如在公元前 4 世纪前后，马其顿王国和罗马帝国虽然征服了希腊的领土，但其文化却被希腊所同化。拜占庭时期乃至以后的希腊人又先后同化了来到此地的部分斯拉夫人、弗拉赫人以及少数阿尔巴尼亚人，从而表现出了强烈的"希腊意识"。这些民族人口的演变，构成了现代希腊人。所以在目前的希腊，希腊人占全国总人口的 95.6%，乃是该国人口的主体。此外，希腊还有一些少数民族，如分布在西北部弗洛里纳和科斯托里亚一带的马其顿人（1.6%）、分布在色雷斯和马其顿的土耳其人（0.9%）、阿尔巴尼亚人（0.6%），吉卜赛人（0.1%），以及古代罗马化了的色雷斯人的后裔弗拉赫人（0.6%）。所有这些民族均属于印欧语系，区别是，希腊人和卡拉卡昌人属于印欧语系的希腊语族，其他少数民族为同一语系的斯拉夫语族。

希腊人在早期便接受了基督教。在公元 11 世纪基督教分裂为天主教和东正教后，希腊人大多信奉东正教。目前，希腊东正教是希腊国教，教徒占全国人口的 98%。此外，还有罗马天主教、伊斯兰教、犹太教等。希腊语是希腊国语，这是欧洲印欧语系中最古老的语言之一。现今被定为国语的现代希腊语是在古希腊语的基础上发展起来的。

人口变动

古希腊之所以"古"，又之所以闻名，与其公元前 8 ~ 前 6 世纪时期所建立的雅典、斯巴达等著名奴隶制城邦息息相关，而早期的一些社会学家和政治学家对于早期人口的关注又是从这些早期城邦的人口开始的，最著名的古希腊哲学家柏拉图对于人口的评述显然是针对这些城邦而言的，他所确定的"共和国"的家庭数目最多为 5040 户就是一例。另一个古希腊哲学家亚里士多德也提出"一个伟大的国家同一个人口稠密的国家不是一回事情"[2] 的论点。

古希腊从很早以前就实行了部分人口调查，也就是在雅典，对年年服兵役的青年要进行登记。亚历山大大帝以后，德米特里奥斯首先实行了成年男子的调查，其目的不外乎为补充兵丁和课税。尽管这种调查简单，却蕴藏了人口调查的萌芽。但是在人口学上具有更深远意义的远不限于古希腊的这种简单的人口"统计"，而是古代希腊的人口政策，例如英勇善战的斯巴达就极力推崇人口增殖，克雷蒂则在人口政策方面不仅仅是单纯的奖励生育，而且还打算对人口采取一种预防限制。而前述的两位极有名望的哲学家对城邦可能出现的人口过剩表示担心，如柏拉图在《法律论》一书中就预见人口依然过

---

[1] 也就是在那个时候，即公元前 776 年在希腊举办了第一次古代奥林匹克运动会。

[2] 〔荷〕J. 奥威毕克：《人口理论史》，彭松建等译，商务印书馆，1988，第 27 页。

剩的可能性，而亚里士多德则认为人口应该稳定并具有适度规模。应当说，古代希腊的人口政策及其思想均在人类漫长的历史中为我们谱写了最早的十分宝贵的篇章。

早期希腊的人口规模，虽不能确定出其具体数字，但多数学者认为，远在公元前 4 世纪初，马其顿、爱琴海诸岛及克里特岛的人口总数就达到 480 万人以上。到了亚历山大帝国时期，更是突破 550 万人口大关。但由于该地区自然环境恶劣，政局不太稳定，所以，向外移民者甚多。由此而推断，其后人口可能有所减少。拉塞尔在《古代晚期和中世纪的人口问题》中拟定出中世纪早期的有关希腊和巴尔干半岛的一些数据见表 1。

表 1 希腊和巴尔干半岛的人口变动

单位：百万人

年 份	（公元）500	650	1000	1340	1450	1500	1600	1700
希腊和巴尔干半岛人口	5	3	5	6	4.5	7	8	8

这里所列数字显然是估计性很强的数值。希腊和巴尔干半岛并不是一回事，但这些数据简单地反映了这一地区的人口变动状态。如 6 世纪 542 年后恐怖的长期鼠疫流行使人口进展突然倒退，而且这场疫病一直延续到 7 世纪，从而表现出希腊和巴尔干半岛的人口由 500 年的 500 万人降至 650 年的 300 万人。第二次鼠疫从 1271～1351 年的疫病大流行开始，有许多方面与第一次鼠疫相类似。这个时期使欧洲总人口损失 25%，而巴尔干半岛的人口则相应地从 1340 年的 600 万人降至 1450 年的 450 万人，同样下降了 25%。1500～1700 年这两百年是欧洲人口膨胀的时期。至于表 1 中所提供的巴尔干半岛在 1600 年与 1700 年有 800 万人口的数字似乎取的是最小值。

步入近代以后，希腊始得独立，此后即不断向外扩充领土。1830 年，希腊全国总面积只有近 4.8 万平方公里，到了今日已达 13 万多平方公里。如果从人口密度来看，希腊人口的增加比率并不显著，这与其向外移民有着重要关系。在古希腊时代，城邦国的建立就曾强制一部分市民迁往他国。在奥斯曼帝国统治希腊时期，许多欧洲国家都成了希腊的移民区，其中包括俄国、北非和某些亚洲国家。希腊移民开始渗透到美洲各国、澳大利亚和南非则是 19 世纪下半叶以后的事情。到了 20 世纪 20 年代，由于希土战争后《洛桑和约》的作用，使得 125 万希腊人从土耳其和保加利亚返回希腊，而从希腊迁出的只有 37 万土耳其人和 20 万南斯拉夫人。

刚刚独立时的希腊王国，人口大约有 80 万人左右。20 世纪初，人口增到 250 多万人。1920 年，希腊人口达 500.8 万人，第二次世界大战后的 1950 年人口为 755.4 万人，20 年后的 1970 年为 879.3 万人，1989 年人口估计为 1000 万人左右，也就是说，1900～1920 年，人口增加 1 倍，此后到 20 世纪 80 年代末，人口又增加了 1 倍（参见表 2 和图 1）。

表2 希腊的人口及人口密度变动情况

年份	人口（万人）	面积（平方公里）	人口密度（人/平方公里）	年份	人口（万人）	面积（平方公里）	人口密度（人/平方公里）	年份	人口（万人）	面积（平方公里）	人口密度（人/平方公里）
1828	75.3	47516	15.9	1928	620.5	129281	48.4	1976	916.7		
1839	82.4	47516	17.3	1940	734.5	129281	57.3	1977	930.9		
1845	96.0	47516	20.2	1950	755.4	129281	57.2	1978	943.0		
1861	109.7	47516	23.1	1951	763.3	131944	66.5	1979	954.8		
1870	145.8	50211	29.0	1960	832.7	*1951年以后面积131944		1980	964.2		
1879	167.9	50211	33.5	1961	838.9			1981	972.9		
1889	218.7	63606	34.4	1965	855.0			1982	979.0		
1896	243.4	63606	38.3	1970	879.3			1983	984.7		
1907	263.2	63211	41.6	1974	896.2			1986	996.6		
1920	501.7	150176	33.4	1975	904.6			1989	1000.0	131944	75.8

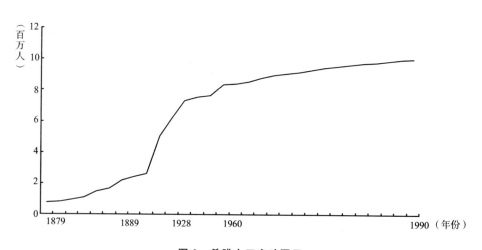

图1 希腊人口变动图示

近100多年，希腊人口的变化除了在20世纪最初20～40年间经历了一次大的"跳跃"之外，其余时间的增长均是较为平缓的。

从第二次世界大战后的情况看，希腊迁移人口的比重已十分微小，而人口的自然变动也相对稳定下来。换言之，希腊从20世纪50年代开始便进入了人口"三低"类型（参见表3）。

表 3　希腊人口自然变动及有关指标

年份	出生率（‰）	死亡率（‰）	自 然增长率（‰）	婴 儿死亡率（‰）	平均预期寿命（年）		年份	出生率（‰）	死亡率（‰）	自 然增长率（‰）	婴 儿死亡率（‰）	平均预期寿命（年）	
					男	女						男	女
1930	31.4	16.4	15.0				1979	15.7	8.7	7.0	18.7		
1953	18.4	7.3	11.1	45.3			1980	15.4	9.1	6.3	17.9		
1958	19.0	7.1	11.9	39.0	66.4	69.7	1981	14.5	8.9	5.6	16.3		
1963	17.5	7.9	9.6	39.3	67.5	70.7	1982	14.3	8.7	5.6	14.3		
1968	18.4	8.4	10.0	34.4			1983	13.4	9.1	4.3	14.9		
1973	15.4	8.7	6.7	24.1	70.1	73.6	1984	12.8	8.9	3.9	13.3		
1976	17.0	8.9	8.1	22.5			1986	11.3	9.2	2.1	12.3		
1977	16.8	9.0	7.8	20.4			1989	11.0	10.0	1.0	12.6	74.0	
1978	17.7	8.7	9.0	19.3									

　　希腊本来是具有悠久历史并且发展得很早的国家，希腊人又是早期创造灿烂文明的民族，但是由于不断地遭到异族的入侵，尤其是 15～19 世纪时遭受到奥斯曼帝国残酷的民族压迫和封建剥削，使得希腊人乃至希腊王国在经济、文化的发展上逐渐落后于欧洲其他许多民族和许多国家，其人口的发展与演变进程也较之其他国家"落了伍"。当然，这并不仅仅是指希腊，整个南欧都有类似的情况。但是，希腊毕竟是欧洲古代文明国家之一，经济、文化、人口发展也只是出现相对的落后，从更长的历史中看，这个地区还是被公认为其文明仍是持续进步的。如从人口学的角度看，希腊的人口粗再生产率在 20世纪 30 年代初已降至 1.87 个，50 年代为 1.20 个，1955 年净再生产率为 1.03 个，接近更替水平。以后几十年则一直持续在 1.0 个左右。无论从哪个角度看，希腊的人口进程比其邻国——亚洲的土耳其都要快得多、也进步得多。总之，希腊国的人口在 1989 年已经完成了人口再生产类型的转变。出生率和死亡率之差，仅为 0.1‰，成为实现了人口零增长的少数国家之一。

人口自然结构

　　前面说过，希腊的人口进程慢，是相对而言的。事实上，由于 20 世纪 50 年代初乃至更早以前人口即已接近或进入了人口再生产的"三低"阶段，因此，希腊的人口也就自然成为了一个"老龄"人口集团。1989 年，65 岁及以上人口比重为 13%，在南欧国家中与意大利相同，15 岁以下人口比重为 21%，略高于意大利 19% 的比重。因此说，在南欧诸国中，希腊是仅次于意大利的一个老年人口国家，该国"老龄化"程度从 20 世纪60 年代开始明显起来（参见表 4、表 5 和图 2）。

表4　希腊人口年龄构成变动情况

单位：%

年龄 年份	0～14	15～24	25～44	45～64	65+	总计	年龄 年份	0～14	15～24	25～44	45～64	65+	总计
1907	38.3	18.3	25.9	13.4	4.1	100.0	1961	26.4	16.1	28.6	20.6	8.3	100.0
1920	34.3	18.9	25.0	16.1	5.7	100.0	1971	24.9	14.7	27.6	21.7	11.1	100.0
1928	32.2	20.1	25.9	16.0	5.8	100.0	1981	22.4	14.7	26.2	23.5	13.2	100.0
1940	33.0	16.8	28.2	15.7	6.3	100.0	1989	21.0	67.0			13.0	100.0
1951	28.3	19.9	27.7	17.2	6.9	100.0							

表5　1981年希腊人口年龄、性别构成

年龄	男性人口 （人）	女性人口 （人）	性比例 （%）	年龄	男性人口 （人）	女性人口 （人）	性比例 （%）
0～4	369802	345829	106.9	50～54	319780	341941	93.5
5～9	359323	335994	106.9	55～59	246117	264304	93.1
10～14	396423	371219	106.8	60～64	193761	223874	86.5
15～19	377316	355280	106.2	65～69	199242	233819	85.2
20～24	354577	346395	102.4	70～74	165924	194968	85.1
25～29	342198	329525	103.8	75～79	113935	147262	77.4
30～34	326187	330039	98.8	80～84	58249	84640	68.8
35～39	290875	301667	96.4	85+	33445	52518	63.7
40～44	298578	331991	89.9	合　计	4780570	4948780	96.6
45～49	334838	357515	93.7				

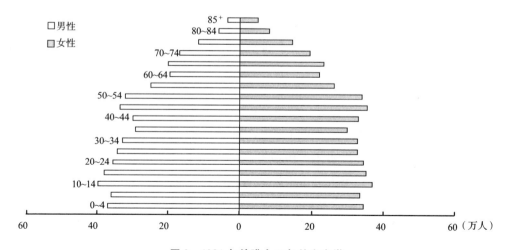

图2　1981年希腊人口年龄金字塔

从图 2 人口年龄金字塔的图形中，可以看出希腊人口变动状况以及 1981 年希腊人口的年龄分布。从 1828 年希腊第一次人口普查算起，到 1989 年历经了 161 年，人口增加 925 万人，所增加的人口数既有人口自然增长的原因，也有新区域开阔的原因（主要从 1913 年开始），来自亚洲地区的移民也构成了希腊人口的组成部分。这三种人流汇集在一起构成了目前人口年龄金字塔的横截面。20 世纪两次世界大战所带给希腊人口的痕迹还十分明显，一些希腊学者将之称为人口年龄金字塔中的"伤疤"（Scars）。但现在来看，希腊人口已经步入了稳定的或静止的人口状态。

从人口性别结构看，希腊人口具有典型的发达国家的"特征"，即性比例偏低。1951 年的普查结果表明，希腊性比例是 95.2∶100，1961 年仍为 95.2∶100，1971 年为 95.4∶100，1981 年为 96.6∶100。从分年龄段来看，30 岁开始，便出现了女性人口多于男性人口的状况。这一起点似乎早于西欧和北欧的一些发达国家。如英国，50 岁以后性比例才低于 100，丹麦是在 45 岁以后，法国也是在 50 岁以后。

人口流动和分布

19 世纪 30 年代以前，希腊的版图只有 4.8 万平方公里。1829 年获得独立之后，其版图便陆续扩大：1864 年增加了爱奥尼亚群岛；1881 年，又增加了色萨利和埃皮鲁斯的一部分；1912～1913 年，增加了克里特岛、埃皮鲁斯的其余部分、马其顿、色雷斯西部以及许多爱琴海上岛屿；第一次世界大战后又增加了色雷斯的东部；第二次世界大战后从意大利割让出多德卡尼斯群岛。1951 年起，希腊的面积为 13.19 万平方公里。目前的希腊分为九大地理区域，这些区域被进一步划分为 51 个州。其人口分布如表 6 所示。

表 6 资料显示了 1839～1983 年期间希腊的地区人口分布，各个地区的人口不同程度地有了增加，从而导致了目前的人口分布。总的来看，希腊的人口分布是比较均匀的。爱奥尼亚群岛最为稠密，每平方公里人口数达 80 人，高出全国平均水平。但由于该群岛人口总数不过 18 万人，为人口最少的一个地理区域，因而形不成"大气候"。拥有近 46 万人口的克里特岛人口密度较高，尽管未超过全国平均数，但每平方公里仍高达 55 人。与这一数值相等的地区还有马其顿。与土耳其相邻的色雷斯地区和与阿尔巴尼亚比邻的埃皮鲁斯地区人口最为稀少，每平方公里只有 30 多人。如果从人口分布散点图上看，人口相对集中的地方在首都雅典附近地区。

希腊的城市闻名于世，但是一些历史上颇有名气的城市却在以后的社会发展中逐渐销声匿迹了，如斯巴达、亚各斯等。公元前 20 世纪成为迈锡尼王国中心的雅典，自公元 1834 年便成为了希腊的首都，至今仍为全国政治、经济、文化的中心。1983 年人口多达 301.6 万人，集中了全国 1/3 的人口，其中市区人口 88.5 万人，不可谓不膨胀。而第二大城市塞萨洛尼基仅有人口 40.2 万人，第三大城市比雷埃夫斯 19.6 万人，人口超过 10 万的城市还有帕特雷 14.1 万人，拉里萨 10.3 万人，伊拉克利翁 10.1 万人。其余城市均不足 10 万人，像斯巴达目前只有 1.59 万人。

表6 希腊各大区人口分布及变动情况

地区＼年份	人口（千人）															面积（平方公里）	人口密度（人/平方公里）
	1839	1845	1861	1870	1879	1889	1896	1907	1920	1928	1940	1951	1961	1971	1983		
中部希腊	268.9	330.8	410.1	469.3	567.2	680.0	768.5	909.3	1136.2	1592.9	2032.6	2287.0	2823.7	3532.3	3922.1	24480	41
伯罗奔尼撒群岛	444.7	505.2	568.6	645.5	743.4	803.0	892.1	925.8	934.1	1053.3	1156.2	1129.0	1096.4	986.9	976.9	21439	46
基克拉迪群岛*	110.9	124.2	118.1	124.2	134.5	131.5	134.7	130.4	122.3	129.7	129.0	126.0	100.0	86.4			
爱奥尼亚群岛（1864）**				218.9	234.4	238.8	253.0	254.5	198.1	213.2	250.6	228.6	212.6	184.4	174.4	2307	80
色萨利（1881）**					333.9	385.5	411.9	438.4	493.2	590.1	629.0	695.4	659.9	747.9		13929	47
埃皮鲁斯（1913）**									292.9	312.6	332.1	330.6	352.6	310.3	305.3	9203	34
马其顿（1913）**									1085.5	1412.5	1752.1	1700.9	1890.6	1890.7	2401.4	34177	26
色雷斯群岛（1913）**									202.7	303.2	359.9	336.6	356.6	329.6	359.6	8578	38
爱琴海群岛*（1913）**									260.1	307.7	304.0	281.4	254.5	210.5	462.8	9113	23
克里特（1913）**									346.6	386.4	438.3	462.1	483.2	456.6	496.8	8336	55
多德卡尼斯群岛*（1948）**												121.5	123.0	121.0			
希腊合计	823.7	960.2	1096.8	1457.9	1679.5	2187.2	2433.8	2631.9	5016.9	6204.7	7344.9	7632.7	8388.6	8768.6	9847.2	131944	75

* 现今归属在爱琴海群岛；** 获得的年份。

希腊城市人口的比重近百年来有了一定增加，但增加幅度不大。这里有一个原因，即希腊的城市被规定的规模相对于本国来说有些太"大"了：规定 10000 人以上的居住地为"城市"；2000～9999 人的居住地为"半城市"；2000 人以下的居住地为"农村"。希腊的半城市人口实际上类似于中国的"城镇人口"。由于希腊目前仍是一个发展中的农业国，因此，一些国际性的人口组织认为希腊的农村人口尚高于 40%（参见表7）。

表 7　希腊城市、半城市、农村人口比重变动情况

单位：%

年　份	1920	1928	1940	1951	1961	1971	1989*
城　市	26.6	31.1	32.8	37.7	43.3	53.2	58
半城市	9.7	14.5	14.8	14.8	12.9	11.6	
农　村	63.7	54.4	52.4	47.5	43.8	35.2	42

*1989 年由于没有"半城市"，所以城乡人口比重与前几个年份的统计口径不一致。

　　希腊的人口就业结构与其经济发展水平密切相关。尽管希腊在两次世界大战中，曾试图保持中立，但均未成功。尤其是第二次世界大战期间被法西斯德国所占领，使希腊人民蒙受深重灾难，经济损失惨重，虽经第二次世界大战后 20 世纪 50～70 年代迅速的经济发展，但与其他欧洲国家或欧洲共同体国家相比，仍显落后。1983 年人均国民生产总值为 3920 美元，在欧洲共同体中是最低的。希腊的经济特征是：农业在国民经济中仍然具有举足轻重的地位，农业的现代化程度不高，种植业为主，畜牧业为副；工业初具规模，产业结构变化幅度小；海运业相对发达。这样，从第二次世界大战后几十年的希腊经济结构来看，劳动力在各部门的比重有了一定的变化。仅从 1971～1983 年的十几年间来观察，便可看出其中的变动情况（参见表 8）。

表 8　希腊劳动力人口构成变动情况

单位：%

行业＼年份	1971	1983	1983 比 1971 年增　减	行业＼年份	1971	1983	1983 比 1971 年增　减
农林渔业	40.4	30.0	−25.7	其　他	34.0	41.4	+21.8
工　业	25.6	28.6	11.7				

　　希腊经济在欧洲国家中之所以落后，除了历史因素以及与其他国家一样共同经历了 20 世纪的两次世界大战之外，其十分艰苦的自然环境也是一个重要因素。纽约市立大学亨特学院的学者霍默·普莱斯在描述希腊的环境时写道：希腊面积狭小，干旱、酷热，地形崎岖，有一半以上的地区全被裸露的岩石和几乎毫无用处的硬叶丛林覆盖着，大部分耕地的地力都已耗尽，矿藏贫乏，而人口却相当稠密，不能说大自然曾给予它多大的恩惠。应该记住，希腊之所赖以闻名的伟大贡献是在文化方面而不是物质方面，而且是在工业用品对一个国家的实力起着如此突出作用之前的年代。

国民教育及其他

　　希腊在文化方面对人类的贡献已成为历史。现在的希腊国民文化水平与其经济发展水平仍不一致，在欧洲并未居于下游。1981 年文盲人数有 7 万多人，占 15 岁以上人口的

比重是 0.93%，即成人识字率为 99.1%。从历史上看，近百年来希腊人的成人识字率演变情况如表 9 所示。

表 9　希腊人口成人识字率变动情况

单位：%

普查年份	全　体	男　性	女　性	普查年份	全　体	男　性	女　性
1879	19.3	30.8	7.0	1951	76.4	89.0	64.7
1907	39.5	59.6	19.5	1961	82.3	92.5	72.7
1920	50.4	66.1	39.3	1971	85.3	93.6	77.2
1928	58.2	76.2	40.6	1981	99.1		
1940	58.2	76.2	40.6				

此外，希腊有关教育的其他指标也比较高，1985 年小学生入学率为 106%；中学生入学率为 86%，其中男性 87%，女性 84%；高校学生入学率为 21%。这些指标在欧洲均处于中、上等水平。从医疗卫生的角度看，1981 年希腊每名医生负担的人口数是 390 人，而每位护理人员负担的人口数是 370 人。

小结

希腊是世界文明古国之一，希腊民族是欧洲最古老的民族之一，由于地理、历史的原因，希腊这片土地在 19 世纪之前从未平静过，各种民族穿梭于此地，人口变动十分复杂。1922 年以后进行的希腊和土耳其的移民交换，使得希腊民族更加单一化，从而大大缓解了这个国家的民族矛盾，这是希腊人口史中最大的历史事件。从学科的角度看，古希腊的人口思想和人口政策极大地丰富了整个人口学说史，其中一些诸如"适度人口规模"的思想至今仍闪烁着光芒。这是整个人口学说史中重大的历史事件之一。

希腊自 1828 年进行了第一次人口普查以来，至目前为止，大约前后进行了 15 次左右，其间人口增长近千万。希腊的人口增长主要来源于三个途径：（1）自然增长；（2）人口迁入；（3）地盘扩展。从当前来看，希腊人口更像发达国家的人口状况：（1）人口再生产类型已转变完毕；（2）进入静止人口状态；（3）人口呈"老龄化"状；（4）性比例女多男少。

希腊的人口目前已进入静止状态。因此在未来几十年中，人口规模在没有人口大量移入的情况下，将会维持原状，甚至从某一时期开始出现人口负增长。希腊曾在 1970 年对本国的人口规模及某些主要人口统计指标进行过预测，现在回过头来看，当时中位方案所预测的人口总数结果与 1989 年的实际接近，但出生率的预测与实际则有些出入（参见表 10）。

表 10　1970 年对 1970～2000 年希腊人口的预测

指标 \ 年份	1970	1975	1980	1985	1990	1995	2000
人口数（千人）	8842.3	9086.9	9361.3	9677.1	10019.5	10371.4	10707.9
净增长率（‰）	5.5	6.0	6.6	7.0	6.9	6.4	—
粗死亡率（‰）	9.6	9.5	9.8	10.1	10.2	10.6	—
粗出生率（‰）	17.3	17.1	17.0	17.1	17.1	17.2	—
年龄结构　0～14 岁(%)	25.1	24.4	24.0	23.6	23.7	23.8	24.0
年龄结构　15～64 岁(%)	64.9	64.7	64.2	64.7	64.6	63.5	62.6
年龄结构　65 岁及以上(%)	10.0	10.9	11.8	11.7	11.7	12.7	13.4

目前希腊的人口出生率为 11.0‰，比该项指标的预期结果要低得多，预测死亡率与实际死亡率则接近。

参考资料

〔英〕休利特：《希腊简史》，中国科学院世界历史组研究室译，商务印书馆，1974。

Dimitrios Trichopoulos, *The population of Greece.*

匈牙利（Hungary）

从政治地理上讲，匈牙利属于"东欧"国家，然而从自然地理上看，匈牙利是个地地道道的欧洲中部的内陆国家。该国东邻罗马尼亚，南接南斯拉夫，西与奥地利接壤，北与捷克斯洛伐克和苏联为界。国土面积 9.30 万平方公里。1988 年人口约为 1060.4 万人。人口密度每平方公里 114 人。首都：布达佩斯。

历史

在匈牙利人到达现今的匈牙利境内以前，便已有了多种部落民族在此居住或路过于此。考古学家考证认为，5 万年以前曾经有尼安德特人在埃尔德高地生活，在比克山区的赛莱塔山洞和伊什塔洛克山洞出土的人类遗迹说明这些人已会使用石弓和石箭狩猎。公元前很久的年代，伊利里亚人和色雷斯人出现在此地的多瑙河流域。公元前 4 世纪，凯尔特人大批到来。在公元 9 世纪之前，匈奴人、日耳曼人、阿尔瓦人、斯拉夫人等穿梭于此地。昙花一现的游牧民族国家勃然兴起，然后又迅速解体。9 世纪末，在阿尔巴德率领下的匈牙利游牧部落开始定居于此，并于公元 1000 年在此建立了正式的封建国家。这一国家从 1526 年起曾先后受到奥斯曼帝国和奥地利哈布斯堡王朝统治。1686 年奥匈联军驱逐土耳其人后,匈牙利遂又处于奥地利人统治之下。1848～1849 年曾爆发反对封建和争取民族独立的革命斗争,并于 1849 年 4 月建立过匈牙利共和国,但不久又被奥俄军队所扼杀。1867 年成立奥匈二元帝国。1918 年奥匈帝国解体,匈牙利成立第二个资产阶级共和国。1919 年,建立匈牙利苏维埃共和国。第二次世界大战期间,被颠覆后的匈牙利苏维埃共和国在霍尔蒂的法西斯统治下,成为希特勒的仆从国。第二次世界大战后的 1949 年 8 月 20 日匈牙利人民共和国诞生。

民族、宗教和语言

匈牙利民族的起源及发源地始终是史学界的热门话题。经过长期的研究分析,现在流行着一种较为普遍的看法:匈牙利民族最早起源于伏尔加河河曲,在卡玛河和别拉雅河与乌拉尔山脉环抱的地带。有资料证明,在公元前若干世纪,匈牙利人确实曾在这一地方与芬兰－乌戈尔语族的其他民族聚居过,从该地区的地理特点和反映当时生活方式的最古老的匈牙利词汇中可以认为匈牙利的祖先在这一地区的时候以渔猎为生,处于母系氏族社会发展阶段。此后,这批亦称之为马扎尔人的古匈牙利人开始了游牧、迁徙活动,先是向南俄罗斯草原迁徙,之后才定居于此,时年公元 896 年。

根据传说,当时的匈牙利人包括 108 个氏族的 7 个部落:涅克、马扎尔、居特焦尔马特、陶尔扬、耶诺、凯尔和凯西。其中第二个部落即马扎尔部落最强,因此全体匈牙利人也叫做马扎尔人。马扎尔人定居于匈牙利这块土地时被认为有 20 万～50 万人,在当时这是一个很大的人口数字。史学家认为支撑这一论点的论据是,前来定居的匈牙利人同化了当地的斯拉夫人,而不是像在保加利亚的土耳其人那样,在巴尔干和保加利亚被受他们征服的斯拉夫人所同化。这样,匈牙利人来到此地后,便与早已在那里生活的当地人混合,形成了新的意义上的匈牙利人。12 世纪以后,前来此地的瓦拉儿亚人、德意志人、瓦隆人、法兰西人、意大利人、贝琴涅戈人、奥古兹人、伏尔加保加利亚人、吉卜赛人等均被匈牙利人所同化,从而形成了许多民族共同体下的匈牙利民族,这便构成了现代匈牙利国家人口的主体部分。匈牙利人属于乌拉尔语系芬兰－乌戈尔语族,占目前匈牙利总人口的 98.6%。另有比较大的少数民族是斯洛伐克人(0.2%)、克罗地亚人(0.2%)、吉卜赛人(0.3%)、德意志和奥地利人(0.3%)。

早在公元 10 世纪左右,基督教便渗入匈牙利,这种宗教的影响一直延续至今。目前,匈牙利居民中约有 60% 左右的人信奉天主教,30% 的人笃信新教,多为加尔文教徒,少数是路德教徒。第二次世界大战以后,无神论者日益增多。不过,西方教会观察家认为,在东欧各国中,匈牙利的政教关系最为"和谐"。

在匈牙利,国语是匈牙利语。按其基本词汇和语法结构看,匈牙利语与鄂毕－乌戈尔语相似。匈牙利语还明显地带有受到伊朗语、突厥语、斯拉夫语和日耳曼语影响的痕迹。

人口变动

前面的匈牙利简史昭示出,匈牙利处于欧洲各地的交通中心,因此其人口变动异常复杂。版图随着人口民族的更迭而不断演变,不断演变的版图又促使了人口的变化。尤其是奥匈二元帝国时的疆域规模之大，远远超过了目前的国土，其人口规模也无疑与今日匈牙利境内所包含的人口无法对比，这就使得我们研究匈牙利的人口最好从 20 世纪初期或从较早时期的 19 世纪中叶为起点。此前的人口变动，请参阅本书"奥地利"一国内容。

20 世纪的最初 10 年，包括霍尔瓦特 - 斯拉沃尼亚在内，匈牙利的人口曾达到过 2000 万人。资本主义的发展加速了人口的增长，自 1867 年成立奥匈帝国以后，人口增长了 1/3，即从 1540 万人增长到 2090 万人。其中 1830 万人生活在本土，260 万人在霍尔瓦特 - 斯拉沃尼亚。如果按匈牙利今天的领土进行折算，这种发展也是迅速、持久和均衡的。1869 年，在今日匈牙利领土范围内居住的人口约 500 万人，1889 年接近 600 万人，1900 年 685 多万人，1910 年则接近 760 万人，1920 年 798 万人，第二次世界大战后初期的 1950 年人口为 930 万人，1989 年达到 1060 万人。

匈牙利的人口普查第一次是在 1869 年，之后每隔 10 年左右进行一次，至今已进行了 12 次。其普查年度分别是：1869、1880、1890、1900、1910、1920、1930、1941、1949、1960、1971、1980 年。以下数据大都是以此为依据推算而得（参见表 1 ~ 表 3 和图 1）。

表 1　匈牙利的人口及人口密度变动情况

年　份	人口（千人）	人口密度（人/平方公里）	自然变动（千人）	比 1870 年增长（%）	比前期增减（%）	年均增长率（%）
1870	5011	54		100		
1880	5329	57	318	106	6.0	0.62
1890	6009	65	680	120	13.0	1.21
1900	6854	74	794	137	14.0	1.32
1910	7612	82	758	152	11.0	1.05
1920	7987	86	375	159	5.0	0.48
1930	8685	93	698	173	9.0	0.84
1941	9316	100	631	186	7.0	0.64
1949	9205	99	− 111	184	− 0.1	− 0.15
1960	9961	107	756	199	8.0	0.72
1970	10322	111	361	206	4.0	0.36
1975	10540	113	121	210	2.0	− 0.42
1981	10711	115	171	213	2.0	0.27
1986	10640	114	− 71	213	− 0.1	− 0.07
1987	10607	114	− 33	212	− 0.1	− 0.06
1989	10600	114	− 7	211	− 0.1	− 0.01

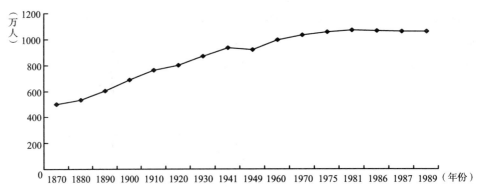

图1 匈牙利人口变动图示

表2 匈牙利人口变动原因构成

时　期	自然增长（千人）	净迁入（千人）	自然增长率（%）	净迁入率（%）	时　期	自然增长（千人）	净迁入（千人）	自然增长率（%）	净迁入率（%）
1881～1890	647.0	33.3	12.2	0.6	1931～1941	560.0	70.9	6.5	0.8
1891～1900	732.3	62.1	12.2	1.0	1942～1948	332.5	-443.9	3.6	-4.8
1901～1910	837.0	-79.1	12.2	-1.1	1949～1959	916.5	-160.3	10.0	-1.8
1911～1920	362.0	13.0	4.7	0.2	1960～1969	352.0	9.1	3.5	0.1
1921～1930	772.0	-73.6	9.6	-0.9					

表3　1876～1989 年匈牙利人口自然变动及有关指标

单位：‰

年份	出生率	死亡率	自然增长率	婴儿死亡率	年份	出生率	死亡率	自然增长率	婴儿死亡率	年份	出生率	死亡率	自然增长率	婴儿死亡率
1876	46.7	34.9	11.8		1955	21.4	10.0	11.4	60.0	1972	14.7	11.4	3.3	33.2
1901	37.8	24.2	13.6		1956	19.5	10.5	9.0	58.8	1973	15.0	11.8	3.2	33.8
1911	34.1	24.1	10.0	215.1	1957	17.0	10.5	6.5	63.1	1974	17.8	12.0	5.8	34.0
1921	31.8	21.2	10.6	192.8	1958	16.0	9.9	6.1	58.1	1975	18.4	12.4	6.0	32.8
1931	23.7	16.6	7.1	157.0	1959	15.2	10.5	4.7	52.4	1976	17.5	12.5	5.0	30.0
1938	19.9	14.2	5.7	131.4	1960	14.7	10.2	4.5	47.6	1977	16.8	12.4	4.4	26.2
1941	18.9	13.2	5.7	115.6	1961	14.0	9.6	4.4	44.1	1978	15.8	13.1	2.7	24.4
1945	18.9	23.4	-4.5		1962	12.9	10.8	2.1	47.9	1979	15.0	12.8	2.2	24.0
1946	18.7	15.0	3.7	116.5	1963	13.1	9.9	3.2	43.0	1980	13.9	13.6	0.3	23.1
1947	20.6	12.9	7.7	106.7	1964	13.1	10.0	3.1	40.0	1981	13.3	13.5	-0.2	20.8
1948	21.0	11.6	9.4	94.0	1965	13.1	10.7	2.4	38.8	1982	12.5	13.5	-1.0	20.0
1949	20.6	11.4	9.2	91.0	1966	13.6	10.0	3.6	38.4	1983	11.9	13.9	-2.0	19.0
1950	20.9	11.4	9.5	85.7	1967	14.6	10.7	3.9	37.0	1986	12.0	14.0	-2.0	20.2
1951	20.2	11.7	8.5	83.9	1968	15.1	11.2	3.9	35.8	1987	11.8	13.4	-1.6	17.4
1952	19.6	11.3	8.3	69.9	1969	15.0	11.3	3.7	35.6	1989	13.0	14.0	-1.0	17.3
1953	21.6	11.7	9.9	70.8	1970	14.7	11.6	3.1	35.9					
1954	23.0	11.0	12.0	60.6	1971	14.5	11.9	2.6	35.1					

　　匈牙利的人口数量与第二次世界大战前相比是下降的。第二次世界大战前人口增长最快的阶段是1890～1900年，年均增长率为1.25%，20世纪20年代为0.48%。第二次世界大战后，匈牙利人口增长最快的时期是20世纪的50年代，年均增长率为0.72%。比之过去增长速度仍有明显下降。第二次世界大战后，匈牙利的版图略有改变，如丧失了捷克斯洛伐克的布拉迪斯拉发市附近面积为24平方公里的一小块领土等。这样，第二次世界大战后最初几年的匈牙利人口由于版图的减少，尽管是规模很小的减少以及向外人口迁移，也使得人口增长速度降了下来。进入20世纪80年代，人口年均增长率已出现负数。毫无疑问，对匈牙利人口增长速度产生重要影响的是出生率、死亡率和妇女生育率的变化（参见图2、表4～表6）。

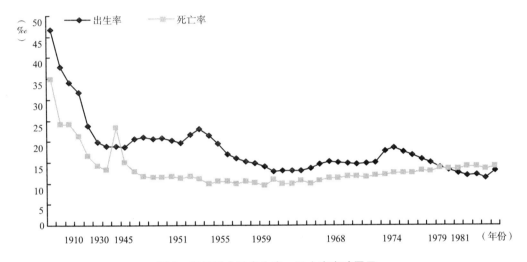

图2　匈牙利人口出生率、死亡率变动图示

表4　1938～1972年匈牙利妇女年龄别生育率

单位：‰

年龄 年份	15～19	20～24	25～29	30～34	35～39	40～49	合计	年龄 年份	15～19	20～24	25～29	30～34	35～39	40～49	合计
1938	42.1	146.6	134.6	92.9	57.6	13.2	73.6	1966	45.8	152.7	104.8	48.5	18.8	2.9	54.5
1949	47.3	162.6	140.7	84.0	52.7	10.9	75.4	1967	50.4	160.9	112.5	53.0	19.7	2.7	57.7
1960	52.5	159.2	105.6	52.9	25.0	3.6	58.9	1968	52.2	164.5	116.3	54.4	19.7	2.4	58.7
1961	52.0	153.9	100.7	50.2	23.0	3.7	56.6	1969	53.7	162.3	114.3	53.7	19.5	2.4	58.1
1962	46.4	143.1	94.8	47.0	20.3	3.7	52.5	1970	50.0	159.3	110.3	51.4	18.4	2.2	56.6
1963	43.3	143.9	100.7	48.4	21.1	3.6	53.4	1971	50.3	157.7	103.8	49.8	17.9	2.2	55.9
1964	41.8	145.1	101.3	48.0	19.1	3.4	53.2	1972	53.5	157.4	105.2	47.8	17.4	2.1	56.9
1965	41.9	147.9	100.6	47.8	18.2	3.0	53.2								

表 5 1921～1972 年匈牙利人口再生产率

单位：个

年 份	粗再生产率	净再生产率	年 份	粗再生产率	净再生产率	年 份	粗再生产率	净再生产率
1921	1.828	1.128	1956	1.258	1.164	1964	0.872	0.829
1930～1931	1.385	1.010	1957	1.102	1.019	1965	0.800	0.831
1940～1941	1.194	0.972	1958	1.045	0.973	1966	0.907	0.863
1948～1949	1.238	1.067	1959	1.005	0.935	1967	0.970	0.923
1952	1.200	1.083	1960	0.975	0.907	1968	0.997	0.948
1953	1.330	1.202	1961	0.938	0.880	1969	0.984	0.939
1954	1.429	1.308	1962	0.868	0.808	1970	0.953	0.900
1955	1.354	1.256	1963	0.880	0.819	1972	0.931	0.891

表 6 1900～1972 年匈牙利人口年龄别死亡率

单位：‰

年龄 / 年份	0岁	1～14	15～39	40～59	60岁及以上	合计	年龄 / 年份	0岁	1～14	15～39	40～59	60岁及以上	合计
1900～1901	215.1	17.1	8.5	16.6	73.4	26.0	1959～1960	50.1	0.8	1.4	7.0	51.9	10.3
1910～1911	201.2	15.6	8.0	15.9	73.2	24.1	1965	38.8	0.6	1.3	6.3	51.1	10.7
1920～1921	192.8	11.3	7.8	14.0	68.0	21.3	1968	35.8	0.6	1.3	6.4	51.5	11.2
1930～1931	157.0	6.3	5.6	11.4	61.0	16.1	1969	35.7	0.5	1.2	6.5	51.4	11.4
1938	131.4	4.1	4.4	10.6	62.2	14.2	1970	35.9	0.6	1.3	6.5	51.8	11.7
1941	115.6	3.5	4.1	9.5	58.7	13.2	1971	35.1	0.5	1.3	6.8	51.9	11.9
1948～1949	92.5	2.2	3.2	8.4	49.3	11.5	1972	33.2	0.5	1.3	6.5	49.3	11.4

上述所列资料表明，第一次世界大战后匈牙利人口出生率经历了五个阶段。第一个阶段是 1940 年以前，其特点是出生率、死亡率均有所下降。1940～1945 年为特殊时期。1945～1954 年的第二次世界大战后补生期间为第二个阶段，其特点是出生率上升。第三阶段是 1955～1966 年，人口出生率迅速下降，最低降至 13.6‰。第四阶段是 1966～1975 年，这一时期作为人口再生产规律对 20 世纪 50 年代初期高出生率的一种反映而再次回升，直至达到 1975 年的 18.4‰。1976 年开始为第五阶段，这一时期的特点是出生率持续而稳定地下降。

匈牙利的人口死亡率在第二次世界大战后有了一定程度的下降。应当说明，第二次世界大战前匈牙利的人口死亡率已降到较低水平。1910～1915 年该国人口死亡率为 22.9‰，1937 年降为 14.1‰，1945 年由于特殊原因而上升为 23.4‰，1946 年战争结束后立即恢复降至 15‰，此后便降至 10‰左右。20 世纪 50 年代末和 60 年代初曾降至 10‰

以下，但以后由于人口逐渐老化，导致死亡率反而略有回升。目前死亡率甚至升至14‰。婴儿死亡率的下降在匈牙利是比较迅速的。1947年还是106.7‰的高婴儿死亡率，10年以后降了55%，到70年代末又降了50%左右，目前匈牙利的婴儿死亡率只有17.3‰。

总之，近百年来的匈牙利人口的演变是由多种因素引起的，其主要原因有以下几点。

第一，导致匈牙利人口增加的原因有：（1）近百年来死亡率持续降低；（2）第一次世界大战和第二次世界大战之后国家版图的变化，并且在变化后的国土上移民的大量流入。

第二，导致匈牙利人口增长速度缓慢甚至停滞的原因有：（1）出生率逐渐降低以及第一次世界大战期间出生率的迅速下降；（2）向外移民的巨大波动；（3）19世纪所出现的严重流行性疾病，尤其是1873年的流行性霍乱；（4）两次世界大战的灾难，以及两次世界大战之后的人口外迁等因素。

人口自然结构

从人口转变的角度看，匈牙利的人口于20世纪50年代中期开始进入人口再生产的"三低"类型。20年以后的70年代后半期，匈牙利人口进入"静止"状态，尽管在80年代初开始出现负增长，但由于其两率之差的绝对值仍小于或等于2‰，故其仍被视为"静止"人口状态。

由于第二次世界大战后居民生活条件的改善以及死亡率特别是婴儿死亡率的下降，匈牙利人口平均预期寿命比过去有了较大幅度的提高（参见表7）。

表7　1900～1989年匈牙利人口平均预期寿命

单位：年

年　份	男性	女性	年　份	男性	女性	年　份	男性	女性	年　份	男性	女性	年　份	男性	女性
1900～1901	36.6	38.2	1941	54.9	58.2	1958	65.1	69.4	1968	66.6	71.9	1974	66.5	72.4
1920～1921	41.0	43.1	1948～1949	58.8	63.2	1959～1960	65.2	69.6	1970	66.3	72.1	1982	66.1	73.7
1930～1931	48.7	51.8	1955	65.0	68.9	1964	67.0	71.8	1972	66.9	72.6	1989	70.0	

不过，在"东欧"国家中，匈牙利和罗马尼亚的人口平均预期寿命均是70岁，为最低值。最高值是民主德国，为73岁。

第二次世界大战后几十年来匈牙利人口出生率的持续下降，死亡率相对稳定，导致了目前匈牙利人口的"老龄化"。如果用爱德华·罗赛特按人口年龄段对人口高龄化所作的分类来衡量匈牙利的人口年龄类型的话，1930年，匈牙利便是"老年人口开始时期"。当时匈牙利60岁以上老年人口所占比重已达10%。1949年就应该是低强度老年时期，当时60岁以上老年系数为13%；1960年为17%的老年系数则是匈牙利的高强度老年时期；1977年以后达到最高强度老年时期。请注意，这里的老年是指60岁以上而不是65岁以上（参见表8、表9和图3、图4）。

表 8 1870~1989 年匈牙利的人口年龄结构

单位：%

年龄 年份	0~14	15~59	60 岁及以上	老少比	年龄 年份	0~14	15~59	60 岁及以上	老少比
1870	36.7	58.2	5.1	13.9	1941	26.0	63.3	10.7	41.2
1880	35.2	58.1	6.7	19.0	1949	24.9	63.5	11.6	46.6
1890	36.2	56.9	6.9	19.1	1960	25.4	60.8	13.8	54.3
1900	34.9	57.6	7.5	21.5	1970	21.1	61.8	17.1	81.0
1910	34.7	57.3	8.0	23.1	1977	21.0	61.0	18.0	85.7
1920	30.6	60.4	9.0	29.4	1981	22.0	65.0	13.0	59.1
1930	27.5	62.7	9.8	35.6	1989	21.0	66.0	13.0	61.9
1934	27.0	63.0	10.0	37.0					

注：1981 年和 1989 年分组为 0~14 岁、15~64 岁、65 岁及以上。

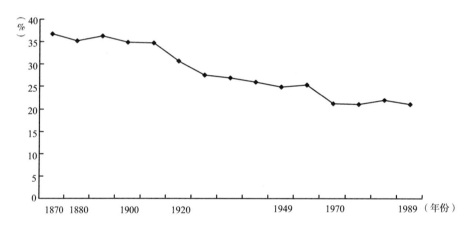

图 3 匈牙利 0~14 岁人口占总人口比重变动图示

表 9 1982 年匈牙利人口年龄、性别构成

年 龄	男性人口（人）	女性人口（人）	性比例（%）	年 龄	男性人口（人）	女性人口（人）	性比例（%）
0~4	390510	371182	105.2	50~54	323008	354440	91.1
5~9	441752	417311	105.9	55~59	306890	356826	86.0
10~14	378725	356768	106.2	60~64	228015	288705	79.0
15~19	335699	314777	106.6	65~69	181686	242728	74.9
20~24	356250	341544	104.3	70~74	180103	257865	69.8
25~29	465193	448881	103.6	75~79	105642	171908	61.5
30~34	415707	408166	101.8	80~84	53678	101065	53.1
35~39	358189	357219	100.5	85 +	21007	50752	41.4
40~44	327889	345353	94.9	合 计	5180794	5524731	93.8
45~49	310851	339241	91.0				

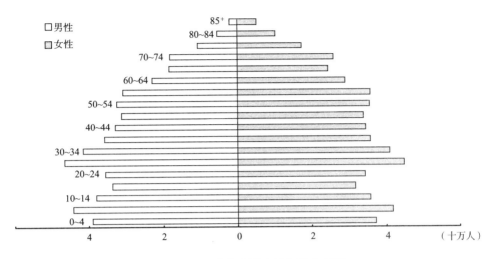

图 4　1982 年匈牙利人口年龄金字塔

　　匈牙利的人口年龄金字塔表明，目前的匈牙利人口呈较为稳定的发展状态。各年龄组的凹凸形状，正好与前述的出生率"波动"相一致，由此还可以判别出过去几十年中匈牙利人口变动的大致状况。总的来讲，匈牙利已明显进入"静止"人口发展阶段。另外，从性别方面看，匈牙利的人口性别比是正常的。说它是正常的，意指：（1）各年龄组性别比是正常的，年龄组越小性比例越高，反之越低。（2）总人口的性别比是正常的。这种正常并非指"均衡"的，而是说在匈牙利的社会历史条件下，必然女性人口多于男性人口，如果相反，则是不正常的。当然，该国的性比例无疑是偏低的。这是两次世界大战留给匈牙利人口学上的痕迹。（3）匈牙利几十年来性比例一直偏低，而没有出现不正常的波动（参见表 10、图 5）。

表 10　匈牙利人口性别构成变动情况

年份	男性（千人）	女性（千人）	性比例（％）	年份	男性（千人）	女性（千人）	性比例（％）	年份	男性（千人）	女性（千人）	性比例（％）
1870	2482	2529	98.1	1920	3874	4113	94.2	1950	4473	4826	92.8
1880	2619	2710	96.6	1930	4248	4437	95.7	1960	4804	5157	93.2
1890	2965	3044	97.4	1938	4365	4634	94.2	1970	5004	5318	94.1
1900	3418	3436	99.5	1941	4561	4755	95.9	1977	5192	5408	96.0
1910	3792	3820	99.3	1949	4424	4781	92.5	1982	5180	5524	93.8

　　总之，匈牙利是老龄化程度较重的国家，但是，该国人口平均预期寿命并不算很高。欧洲 65 岁及以上人口比重总平均为 13％，与匈牙利接近，但欧洲总平均预期寿命为 74

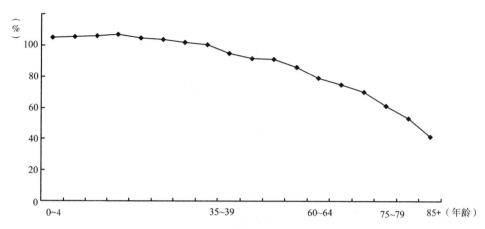

图5　1982年匈牙利年龄别性比例变动图示

岁，匈牙利仅为70岁，相差4年，造成这种差距的主要原因是匈牙利婴儿死亡率仍然相对较高（因为制作生命表时，婴儿死亡率的高低对该封闭人口的平均预期寿命有着十分重要的作用）所致。匈牙利的婴儿死亡率1989年在欧洲名列第五，仅次于阿尔巴尼亚（40‰）、罗马尼亚（25.6‰）、南斯拉夫（25.4‰）和波兰（17.5‰）。因此说，造成匈牙利老年人口比重大的原因，在一定程度上更依赖于65岁以上人口本身数量的增加和出生率的降低，而导致老年人口比重增加的直接原因——预期寿命延长的作用则相对弱化了。

人口分布、城市化及其他

匈牙利的人口分布，主要是受历史因素所决定。早在16世纪土耳其人入侵之前，匈牙利大平原人烟稀少，北方丘陵地带人口略多，外多瑙河地区最为稠密，土耳其人的入侵加重了这种情况。各平原地区人口几乎被消灭，而边远地区则成了避难所。当匈牙利于17世纪后期又被奥地利军队占领时，立即有移民通过两个途径定居于该国：（1）从奥匈帝国各地所征集的许多民族的农民，为了防御土耳其人重新入侵，大部分被安置在巴纳特和斯拉沃尼亚南部边境地区的村庄里；（2）匈牙利大平原的中部则分给了人数不多的匈牙利贵族，他们建立了许多养牛场，最后这些饲养场才被农业居民点所取代。这些是较早时期匈牙利及其匈牙利附近人口定居的情况。

1939年以后，匈牙利的人口有了较大规模的移动。这些移动包括战争期间因各处领土变化而引起的人口转移，例如，1939年捷克人和斯洛伐克人被逐，匈牙利人从领土缩小了的罗马尼亚迁至1939年前的匈牙利。第二次世界大战后，又有若干次交换，最大的一次涉及日耳曼民族，该族约有26万人被逐或逃离匈牙利；另一次大量的迁移发生在1956～1958年，期间净迁出人数为18.6万人，其中8.6万人定居于欧洲其他国家，还有10.4万人定居在欧洲以外的国家。早期的人口定居以及后期的人口流动导致了目前匈牙利的人口分布。

就行政区划而言，匈牙利现分为19个州，州下设区、市镇和乡，另有5座直辖市。各州人口分布如表11所示。

表 11　匈牙利人口分布变动情况

州	面　积 （平方公里）	1980 年人口 （人）	1983 年人口 （人）	1983 年比 1980 年人口增减（人）	人口密度（1983 年） （人／平方公里）
布达佩斯*	525	2059347	2064000	4653	3931
德布勒森*	446		203000	＋203000	455
杰　尔*	175		126000	＋126000	720
米什科尔茨*	224		210000	＋210000	938
佩　奇*	145		172000	＋172000	1186
塞格德*	113		174000	＋174000	1540
巴奇－基什孔	8363	568903	559000	－9903	69
巴兰尼亚	4342	434078	257000	－177078	59
贝克什	5632	436910	438000	1090	78
巴尔绍德－阿巴乌伊－曾普伦	7023	809468	604000	－205468	86
琼格拉德	4150	456300	276000	－180300	67
费耶尔	4374	421740	421000	－740	96
吉厄尔－肖普朗	3837	429141	307000	－122141	80
霍伊杜比霍尔	5766	551448	357400	－194048	62
赫维什	3637	350360	352300	1940	97
科马罗姆	2250	321470	321900	430	143
诺格拉德	2544	240251	241500	1249	95
佩　斯	6394	973709	964900	－8809	151
绍莫吉	6035	360270	336000	－24270	56
索博尔奇－索特马尔	5938	593829	584000	－9829	98
索尔诺克	5608	446708	447000	292	80
托尔诺	3703	266273	266000	－273	72
沃　什	3337	285498	285000	－498	85
维斯普勒姆	4689	386462	377000	－9462	80
佐　洛	3786	317298	316000	－1298	83
合　　计	93036	10709463	10660000	－49463	115

* 为直辖市，布达佩斯是首都。

从所示资料可以发现，匈牙利以州为单位的人口分布在目前看是相对均匀的。除了几个直辖市人口密度十分高以外，19 个州中有 17 个州的人口密度每平方公里均在 60～100 人之间，只有靠近捷克斯洛伐克的科马罗姆州和首都布达佩斯所在的佩斯州人口密度很高，前者为每平方公里 143 人，后者为每平方公里 151 人。从地理学上看，多瑙河和蒂萨河的河间地带，因交通便利，人口略显稠密。至于与罗马尼亚交界的周边地区，由于罗马尼亚重要的城市都坐落在这些地区，因此，匈牙利境内这里的人口反而有些稀疏。像霍伊杜比霍尔州和琼格拉德州等。

匈牙利的城市人口比重在东欧乃至在整个欧洲国家都是比较低的，仅高于阿尔巴尼亚、葡萄牙、罗马尼亚、南斯拉夫。其城市人口的增长速度也明显低于其他东欧或东南欧国家（参见《保加利亚》国）。但是匈牙利城市的一个特点是，许多城市所起的作用不同。一些学者甚至认为这些城市不过是一些特大的村庄而已。他们将匈牙利的城市按其外貌和功能分为三类：（1）由布达和佩斯两个城市组成的布达佩斯，是匈牙利最重要的行政和工商业中心。（2）多瑙河以西及北部的边界沿海城市通常像奥地利的城市一样，大多起源于中世纪，这些城市多由过去的商业城市发展成为今日的工业城市。（3）匈牙利大平原诸城市，按其功能看主要是乡间城市，其外貌至今仍表现有强烈的农业特色①。

因此，目前的匈牙利人口过分集中于工业城市是一个不容忽视的社会问题。如布达佩斯人口1982年达206万，占全国人口的1/5左右，显然过分"集中"了。其他10万人口以上大城市的情况如表12所示。

表12　匈牙利人口超过10万以上的城市人口变动情况

单位：人

城　市	1970 年	1982 年	1982 年比 1970 年增减	城　市	1970 年	1982 年	1982 年比 1970 年增减
布达佩斯	1940000	2064026	124026	佩　奇	145000	172775	27775
米什科尔茨	173000	211170	38170	杰　尔	87000	126705	39705
德布勒森	155000	203919	48919	尼赖吉哈佐	71000	112597	41597
塞格德	119000	174178	55178	塞克什白堡	72000	107467	35467

用四位城市指数法衡量，其值为 0.7779，远远高于 0.53333 的标准值。从人口学的角度看，首都布达佩斯人口显得过分膨胀。事实上，布达和佩斯先前是两个地区，在它们合并之初人口只有 30 万人。19 世纪末人口增长了近两倍。1900 年人口为 110 万人。1920 年达到 132 万人。战争使布达佩斯蒙受了严重损失，但人口仍在增加。直至增加到 1989 年的 200 多万人。

人口分布、人口城市化进程与经济结构的演变有着密切的关系。早期的匈牙利人口就业结构不尽合理。尽管在 20 世纪初期各类城市已经显现，但城市化的进程在当时并没有从根本上改变国家人口的结构。1910 年全国居民中农业人口依然高达 64%，差不多 80% 的人居住在农村，或住在大地主的庄园里。不过，从产业结构来看，到 20 世纪 30 年代，匈牙利的农业劳动力人口所占比重已降到了 53.1%，比保加利亚 1934 年 80% 的农业劳动力和波兰的 70.3%、罗马尼亚的 78.2% 都低得多。从目前来看，匈牙利农业劳动力人口比重依然低于上述三个国家（参见表 13、图 6）。

---

① 〔美〕乔治·W. 霍夫曼主编《欧洲地理》，山西大学编译室编译，天津人民出版社，1982，第 462 页。

表 13　匈牙利劳动力人口构成变动情况

单位：%

产业　　年份	1930	1949	1960	1977	1982
第一产业	53.1	52.9	39.0	22.0	16.0
第二产业	24.1	23.2	34.0	43.0	41.0
第三产业	22.8	23.9	27.0	35.0	43.0

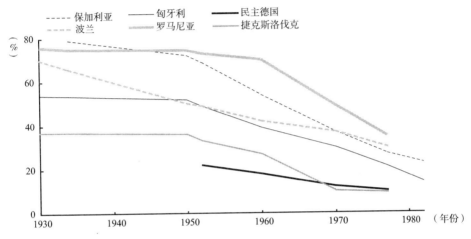

图 6　若干国家第一产业劳动力比重变动图示

从总体上讲，目前的匈牙利是一个具有中等发展水平的农业国。1968 年全面实行新经济管理体制后的几年，国民经济发展顺利。但 20 世纪 70 年代中期世界能源价格暴涨，使外资所占比重很大的匈牙利经济受到冲击。从 1979 年又开始对经济进行调整，强调提高经济效益、推行集约化经营、放慢发展速度、调整经济结构，匈牙利的经济由此得到了很大发展。1985 年人均国民收入为 1622 美元，但却仍低于其他"东欧"国家。如捷克斯洛伐克 4570 美元，保加利亚 2803 美元等（参见《阿尔巴尼亚》国）。

国民教育及其他

第二次世界大战以后，匈牙利高度重视教育，全面推进全民教育，成绩卓著。1989 年的匈牙利已无文盲。各类教育状况如表 14 所示。

表 14　匈牙利各级学校入学率变动情况

单位：%

年份	小学生	中学生	高校在校学生占 20～24 岁组的比重	年份	小学生	中学生	高校在校学生占 20～24 岁组的比重
1960	101	23	7	1981	99	42	14
1965	101	25	13	1985	98	72	15

从医疗卫生条件看，每一名医生所负担的人口数目前为 390 人，护理人员负担的人口数为 160 人。

小结

匈牙利的人口进入 20 世纪 80 年代以后，开始明显减少。这种减少是早些时候人口净再生产率接近或低于更替水平所造成。1952 年，匈牙利净再生产率是 1.083，1955 年为 1.256，1960 年为 0.907，1965 年为 0.831，1975～1976 年为 1.049，1989 年的妇女总和生育率为 1.8 个。这一时期从人口统计学上推算人口净再生产率无论如何也超不过 1.0。尽管政府一直在鼓励人口增殖，而且采取若干经济措施和行政措施，但是，依然扼制不住人口下降的趋势，虽然个别时期人口略有回升，但这也仅仅是人口再生产规律作用的结果。导致人口出生率下降的因素多种多样，如妇女就业率、妇女受教育水平提高以及离婚率上升等均是重要原因。1983 年匈牙利的离婚率是 2.7‰，是欧洲离婚率最高的国家之一，仅次于苏联（3.5‰）、丹麦（2.9‰）以及英国（2.8‰）。这显然是一个很高的离婚比率。

在 20 世纪 70 年初期，匈牙利曾对本国人口的发展进行过预测。其预测依据是 1970 年的人口普查资料。预测方法分为低位预测、中位预测和高位预测三个档次。从后来的情况看，当时的低位预测更接近于匈牙利人口随后的演变轨迹。当时的预测结果如表 15 所示。

表 15　1970 年匈牙利对 1975～2000 年本国人口的预测

单位：千人

时　　间		男性人口	女性人口	合　　计
低位预测	1970.1.1	4998	5317	10315
	1980.1.1	5149	5443	10592
	1990.1.1	5180	5425	10605
	2000.1.1	5150	5345	10495
中位预测	1970.1.1	4998	5317	10315
	1980.1.1	5186	5478	10664
	1990.1.1	5264	5503	10767
	2000.1.1	5313	5497	10810
高位预测	1970.1.1	4998	5317	10315
	1980.1.1	5166	5460	10626
	1990.1.1	5278	5518	10792
	2000.1.1	5348	5532	10881

1989 年一些国际性人口机构也对匈牙利的人口发展进行过今后一二十年的预测，认为 2000 年的匈牙利人口为 1050 万人左右，2030 年将进一步降至 1030 万人，这一预测看来与其上述的低位预测仍是相一致的。1989 年世界上人口出现负增长的国家只有两个，一个是联邦德国，另一个便是匈牙利。

面对这种人口不断减少的形势,匈牙利政府的人口政策主要有三项内容:第一,增加出生人口数以确保人口自然增殖;第二,力图使人口年龄结构达到平衡;第三,确保妇女儿童的健康以及家庭幸福、稳定。对此,匈政府还采取了一些具体措施,例如,政府可资助给新婚夫妇房屋或是家具;第一胎生育的夫妻可获得 20000 福林(1 美元 = 52 福林)货币,并同时获得 20000 福林的银行无息贷款,这笔贷款可使用 6 年,这 6 年期间应当至少生育两个孩子,如果 6 年中只生育了一胎,那么,这对夫妇就要偿还其银行利息;此外,妇女生育第一胎还可享受三年假期。如此等等。

总之,匈牙利政府盼望该国人口增加,但是该国人口却仍在悄悄地减少着。

参考资料

〔匈〕温盖尔·马加时:《匈牙利史》,阚思静等译,黑龙江人民出版社,1982。

Egon Szabady，*The Population of Hungary*. 1974 *World Population Year*.

意大利（Italy）

意大利位于南部欧洲。最初的意大利一词,仅指意大利半岛的南部地区,在它被罗马帝国吞并之后,其含义遂扩及意大利北部,更后一些时间,西西里和撒丁岛也包括在内了。因此,目前的意大利国土主要包括三大部分:一是位于欧洲南部的大陆部分,包括阿尔卑斯山南坡山地和波河平原,二是亚平宁半岛,三是位于地中海的西西里岛和撒丁岛以及附近大小岛屿。意大利大陆部分西北与法国为邻,北部接瑞士和奥地利,东北和南斯拉夫接界,东、西、南三面濒海,主要是濒临地中海的属海——亚德里亚海、爱奥尼亚海和第勒尼安海。比较奇特的是,在意大利境内包含着两个袖珍国家,一个是被称之为"城中之国"的位于意大利首都罗马城西北角的梵蒂冈城国,另一个是位于亚平宁半岛东北部的"国中之国"圣马力诺共和国。意大利的整个国土面积 30.13 万平方公里。人口 1989年估测为 5760 万人,苏联除外居欧洲第二位,仅次于联邦德国,略多于英国和法国。人口密度平均每平方公里 191.2 人,是世界上人口密度最高的国家之一。首都:罗马。

历史

意大利半岛是古代罗马的发祥地。此岛远在旧石器时代就有居民居住,并在公元前3000 年已开始畜牧业生活。此后,从公元前 2000 年初开始,来自欧亚地区的各个不同种族的人,先后进入意大利半岛及其周围岛屿并杂居此地。当时,主要有拉丁人、伊达拉里亚人、希腊人、萨莫奈人、埃魁人、沃尔斯奇人、高卢人等。其中拉丁人于公元前1000 年左右又从北部波河流域南下,进入拉丁姆平原征服当地土著居民。公元前 8 世纪罗马城在台伯河南岸建立,此处的居民称为罗马人。公元前 8 ~ 前 6 世纪,远古时期的罗马历史称之为王政时代，当时社会的基本组织是父系氏族。罗马原本不过是一个小小的城邦国家，但从公元前 5 世纪时开始积极向外扩张。公元前 483～前 290 年，罗马先后征服了伊达拉里亚和拉丁各城邦，随后深入意大利南部，最后进行海外扩张，战胜了称雄的腓尼基人，占领了西西里岛，之后又吞并马其顿，出兵巴尔干，遂成为历史上颇为强盛的地中海大国。公元前 28 年以前，是罗马共和时期，之后至公元 476 年为罗马帝国时期。公元 12～13 世纪，意大利处于四分五裂状态，除王国、公国、教皇辖地及许多小封建领地外，威尼斯、热那亚等地均建立起了自治的城市国家。15～16 世纪，出现前所未有的文艺繁荣，成为欧洲文艺复兴的发源地。然而在 16 世纪以后，意大利先后被法国、西班牙、奥地利所占领，当时，是封建制度瓦解、资本主义原始积累和资本主义手工业大发展的时期，也就是从封建主义向资本主义过渡的时期。1861 年 3 月意大利王国成立。1870 年 9 月，意大利最终完成统一。

民族、宗教和语言

意大利的民族构成同意大利的历史一样复杂。早期来到此地的有拉丁人、伊达拉里亚人、希腊人、萨莫奈人、迦太基人和西西里人。进入纪元年之后，东哥特人、法兰克人、朗哥巴尔德人和拜占庭人以及匈牙利人等都涌入意大利。在悠久的历史中，意大利形成了一个民族人口"大杂烩"，只是在意大利完全统一以后，早期的各部落人口才融合为一个大的民族集团——意大利民族。总的来讲，意大利族人来源主要有两支，一是来自南方的非洲和希腊的地中海族人，另一支是来自北方的越过阿尔卑斯山的中欧和北欧人。两次世界大战，使得意大利的人口有了新的变化。现在除意大利人以外，还有同属罗曼语族的其他人口集团，如法国人、弗留里人，也有日耳曼语族和斯拉夫语族的各种人口。20 世纪 80 年代初，意大利境内的意大利人占总人口的 97.7%，弗留里人占 0.9%，法国人占 0.2%，奥地利人占 0.6%，还有 0.1%的希腊人等。意大利国内居民讲意大利语，该语言属于印欧语系的罗曼语族。个别地区讲法语和德语。意大利的宗教闻名于世。基督教从公元 1 世纪末传入意大利。756～1870 年，意大利中部一直由政教合一的教皇国统治。1870 年，意大利王国军队攻陷罗马后，教皇国不复存在。1929 年，意大利政府与罗马教廷签订《拉特兰条约》，规定意大利正式承认新成立的梵蒂冈城国，并规定意大利天主教必须效忠于意大利政府。因此，宗教对于意大利社会各方面影响很大。罗马天主教是意大利的主要宗教。意大利天主教徒目前有 5200 万人，教区神职人员 4 万余人。另有少量的新教徒和犹太教徒。

人口变动

古代罗马具有人类悠久的历史。古代罗马的人口问题也一直为社会学家和政治学家所关注。最著名的古代哲学家柏拉图（公元前 427～前 347）及其学生亚里士多德（公元前 384～前 322）都对古代希腊以及古代罗马的人口进行过分析、研究、论述，并提出过各自的政策措施。因此，古代希腊和古代罗马的人口思想，在人类漫长的历史中为我们展示了最早的宝贵篇章。

　　罗马从很早以前就实行了部分人口调查。当然，调查的目的是为了课税和征兵，所以一般的调查对象是成年男性，妇女、儿童、奴隶等都不在调查之内。根据这个调查，公元前 293 年罗马市民有 26.23 万人。这一数字在对加尔塔格进行第一次普艾尼战争时，亦即公元前 264 年，已增到 29.22 万人。到公元前 251 年进一步增至 29.77 万人。但是从遭受这次战争的打击开始到恢复和平时为止，却已经减少至 24.17 万人。后来在公元前 233 年才又达到 27.07 万人。公元前 204 年的调查中，在罗马版图内，其市民人数已减少到 21.4 万人了。正是由于战争使罗马人备受损失，而罗马帝国又有不断扩张的勃勃雄心，因此，产生了著名的旨在鼓励人口增殖的早期法则。

　　之后，罗马帝国的人口有所增加。公元 500 年时，意大利人曾达到 400 万人。但是公元 542 年后可怖的长期鼠疫流行使其人口突然倒退，这场瘟疫一直延续到 7 世纪。650 年的意大利人口仅剩 250 万人。直到公元 1000 年时，意大利人口才又恢复到 500 万人。到 14 世纪的 1340 年，人口进一步增到 1000 万人。1347～1351 年欧洲再次流行鼠疫，致使意大利人口再次减少，1450 年的意大利人口又减少到 750 万人。大约在公元 1500 年以后，意大利的人口是 1050 万人。一个世纪以后的 1600～1700 年，估计意大利的人口为 1330 万人。1500～1700 年这两百年间被认为是欧洲人口膨胀的时期。根据 1861 年的统计，意大利的总人口约 2600 万人。不过，从当时的罗马帝国来讲，西部地区的人口增长极为缓慢，而东部小亚细亚和巴尔干地区的人口似乎在温暖的气候条件下不断增长。从 18 世纪起，意大利的人口开始稳定上升。

　　自统一以来，影响意大利人口增长的因素有以下几种：疆界的变化使得某些地区并入了意大利，而后由于战争又被划分出去了；出生率高于死亡率，使得人口得以比较稳定地自然增长，不过这种增长又因为时常向欧非两洲邻近地区和两个美洲移民而有所降低。

　　但是在另一方面，大量移民所减少的人口又为许多归国的意大利人所弥补，在某些年代，特别在 20 世纪 30 年代，归国的意大利人比向外的移民还要多。以后，非意大利人便再也没有大量地迁入这个国家。总的来讲，意大利人口自欧洲瘟疫以后，便开始稳步增加。除第二次世界大战损失了大量人口之外，没有更重要的人口事件发生。

　　意大利 1901 年的人口约为 3270 万人，1920 年为 3700.6 万人，1930 年增长至 4029.3 万人，1940 年进一步增至 4384 万人，第二次世界大战后的 1945 年，人口为 4509 万人。20 世纪 60 年代初，人口突破 5000 万人。及至今日，意大利总人口为 5760 万人。

　　1920～1950 年，意大利的人口年平均增长速度为 0.82%。第二次世界大战以后至今的 40 多年中，人口年平均增长速度为 0.51%，其中：20 世纪 50 年代为 0.52%，60 年代是 0.67%，70 年代又降为 0.5%，80 年代的人口年平均增长速度降至 0.23%。

　　导致意大利人口增长速度减慢的原因有两点。第一，向外移民。意大利在第二次世界大战后，向以欧洲之外的其他国家如美国、加拿大和澳大利亚为目标国的移民人数每年不少于 10 万人。从第二次世界大战以后至今，因移民使意大利人口净减少不低于 400 万人。第二，出生率的降低和因人口老化而引起的死亡率相对提高（参见表 1、表 2）。

表1   1920～1989 年意大利的人口变动

单位：万人

年份	人口	年份	人口	年份	人口	年份	人口	年份	人口
1920	3701	1954	4830	1963	5120	1972	5441	1981	5656
1930	4029	1955	4863	1964	5160	1973	5491	1982	5664
1940	4384	1956	4892	1965	5199	1974	5541	1983	5684
1945	4509	1957	4918	1966	5233	1975	5544	1984	5700
1949	4674	1958	4948	1967	5267	1976	5570	1985	5720
1950	4710	1959	4983	1968	5299	1977	5593	1986	5721
1951	4742	1960	5020	1969	5332	1978	5613	1987	5736
1952	4767	1961	5052	1970	5366	1979	5629	1988	5744
1953	4796	1962	5084	1971	5401	1980	5642	1989	5760

表2   意大利人口自然变动及有关指标

指标 \ 年份		1953	1958	1963	1968	1973	1979	1980	1982	1984	1987	1989
出生率（‰）		17.6	17.6	18.8	17.6	15.9	11.8	11.3	11.0	10.3	9.6	10.0
死亡率（‰）		9.9	9.3	10.1	10.1	10.0	9.5	9.7	9.4	9.3	9.3	9.0
自然增长率（‰）		7.7	8.3	8.7	7.5	5.9	2.3	1.6	1.6	1.0	0.3	1.0
婴儿死亡率（‰）		58.4	48.2	40.1	32.7	26.2	15.7	14.3	12.7		9.8	10.1
平均预期寿命（年）	男	63.75	65.75	67.24	67.87	68.97	69.67					
	女	67.23	70.02	72.27	73.36	74.88	75.91					74.00

从自然增长方面看，意大利人口出生率的下降时间要晚于其他发达的欧洲国家。不过在第一次世界大战（1914～1918）之前，人口自然增长率为 1.1%，以后逐步下降，20 世纪整个 30 年代未曾超过 0.9%。从 70 年代以后才开始正式下降。死亡率在第二次世界大战后几乎没有变化。因此，自然增长率越来越低，直至渐近于零，从而使意大利也成为世界少数几个人口零增长的国家之一。婴儿死亡率下降的速度很快，30 多年来，降低了几乎 50 个千分点。相应的，人口平均预期寿命上升至 74 岁，成为世界上人口平均预期寿命最高的国家之一。人口学上的这种变化，与发达的资本主义工业国基础以及在此基础上建立起来的医疗卫生条件是分不开的。1980 年的意大利，每名医生负担人口数为 340 人，1977 年每名护士负担的人口数为 330 人，而在此之前的 1960 年，这一数值为 1330 人。

人口结构

说意大利人口出生率 20 世纪 70 年代以前"高"，是相对于当时某些发达资本主义国家而言的。事实上，意大利的出生率长期以来一直低于 20‰，由此，该国已于 20 世纪 60 年代末期便步入了老龄化社会。按照标准，可看一下意大利各项有关人口指标的构成（参见表3）。

表3　1951～1989年意大利人口年龄构成

单位：%

年　　份	0～14岁	15～64岁	65岁及以上	老少比	性比例
1951.11.4	26.3	65.4	8.3	31.6	95.9
1961.10.15	24.5	66.0	9.5	38.8	95.9
1971.10.24	24.4	64.3	11.3	46.3	94.7
1980.7.1	22.0	64.6	13.4	60.9	95.3
1989	19.0	68.0	13.0	68.4	

意大利的人口年龄构成，不仅与发达资本主义国家的特征相一致，甚至，还是一个"领先"的国家，至少在南欧地区，意大利是人口最"老"的一个国家。

性别构成尽管在正常范围之内，但是，显而易见的是男性人口少于女性人口。其中，人口高龄化是导致男少女多的主要原因（参见表4、图1）。

表4　1981年意大利人口年龄、性别构成

年　龄	男性人口（人）	女性人口（人）	性比例（%）	年　龄	男性人口（人）	女性人口（人）	性比例（%）
0	326641	309637	105.5	45～49	1763755	1831539	96.3
1～4	1463427	1386225	105.6	50～54	1759994	1850037	95.1
5～9	2189593	2077597	105.4	55～59	1615419	1803821	89.6
10～14	2300065	2187095	105.2	60～64	1064062	1259960	84.5
15～19	2370847	2264353	104.7	65～69	1176457	1447036	81.3
20～24	2144249	2063803	103.9	70～74	974505	1290597	75.5
25～29	1967456	1919836	102.5	75～79	604386	913745	66.1
30～34	2109931	2067748	102.0	80～84	304045	549103	55.4
35～39	1738933	1757651	98.9	85[+]	147298	346535	42.5
40～44	1902468	1945662	97.8	合　计	27923531	29271980	95.4

说明：由于资料来源不同，与表1数据略有出入。

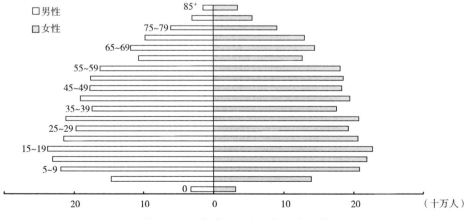

图1　1981年意大利人口年龄金字塔

图 1 是一个典型的 "钟" 形人口年龄金字塔。15 ~ 19 岁组人口数最多，是 20 世纪 60 年代出生率较高时出生的那批人。此外，从 35 岁起，该人口集团的男性人口便少于女性，说明人口迁移对人口年龄、性别构成也起了一定的作用。

人口迁移、分布及城市化

目前的意大利，受历史上经济结构、生产力水平、气候地质条件等因素的影响，仍存在着贫困落后的南方和繁荣先进的北方的地区经济差别。第二次世界大战中法西斯统治时期，墨索里尼为了战争的需要，在北方实行强制的工业化，而南方地区则更深地陷入经济停滞状态。现在的情况是，大体以罗马稍南为南北界限划分，北方面积占全国总面积的 56.7%，南方占 43.3%；北方人口占总人口的 64.6%，南方占 35.46%。由于地区差别，意大利的国内人口迁移量很大，每年约占全国人口的 3% 的人口在流动，主要从落后的南方地区移往发达的北方地区。然而在北方，其人口又多从东北省份向西北省份逐渐迁移，因为包括米兰、都灵和热那亚在内的 "工业三角区" 集中于此地。上述三个城市的人口分别为 170 万人、120 万人和 80 万人。西西里岛和撒丁岛属于意大利南部，在意大利统一后，两岛并没有完全走上资本主义道路，特别是广大山区更为落后，从而释放出了大量过剩劳动力人口。

意大利全国划分为 20 个行政区，共 95 个省，8088 个市镇。各行政区的人口分布情况如表 5 所示。

表 5　意大利人口分布变动情况

地　区		面　积（平方公里）	人口（1951 年）（人）	人口（1981 年）（人）	1981 年人口密度（人/平方公里）
北部	瓦莱达奥斯塔	3262	95000	112353	34.4
	皮埃蒙特	25410	3512000	4479031	176.3
	利古里亚	5413	1555000	1807893	333.9
	伦巴第	23802	6551000	8891652	373.6
	特兰提诺 – 阿尔托 – 阿迪杰	13602	728000	873413	64.2
	威尼托	18388	3905000	4345047	236.3
	弗留利 – 威尼斯 – 朱利亚	7831	927000	1233984	157.6
	艾米利亚 – 罗马涅	22125	3535000	3957513	178.9
中部	托斯卡	22990	3147000	3581051	416.7
	马尔凯	9692	1362000	1412402	145.7
	翁布里亚	8479	802000	807552	95.2
	拉齐奥	17180	3293000	5001684	291.1
	阿布鲁齐	15242	1680000	1217791	101.4
	莫利塞			328371	

续表 5

地　区		面　积 （平方公里）	人口（1951 年） （人）	人口（1981 年） （人）	1981 年人口密度 （人/平方公里）
南部	坎帕尼亚	19347	4328000	5463134	282.4
	巴西利卡塔	9987	628000	610186	61.1
	阿普利亚	13595	3609000	3871617	284.8
	卡拉布里亚	15114	2036000	2061182	136.4
	西西里	25707	4453000	4906878	190.9
	撒丁区	24089	1274000	1594175	66.2
合　计		301255	47420000	56556909	187.7

　　尽管意大利的资本主义发展较迟，但其萌芽却产生得很早。由于意大利具有优越的地理位置，因此很早就出现了商品经济以及由此而发展起来的贸易中心和商业城市。中世纪的意大利城市已经蜚声海内外。马克思曾经指出："在 14～15 世纪，在地中海沿岸的某些城市已经稀疏地出现了资本主义生产的最初萌芽"[1]。这些城市就是指意大利北部的威尼斯、热那亚、比萨、佛罗伦萨和米兰等。

　　意大利的发展历史使得意大利的城市星罗棋布于全国各地，成为世界上城市人口最多的国家之一。但是，绝大多数是中小城市。20 世纪 80 年代人口超过 100 万人以上的城市只有四座：首都罗马和米兰、那不勒斯及都灵。人口超过 30 万人的城市只有 11 座（参见表 6）。

表 6　意大利人口超过 30 万以上的城市人口变动情况

城　市	1881 年人口 （人）	1951 年人口 （人）	1961 年人口 （人）	1981 年人口 （人）	1984 年人口 （人）	1981 年人口比 1951 年增长 （%）	1984 年人口比 1951 年增长 （%）
罗　马	276000	1658000	2049000		2830650		70.7
米　兰	320000	1269000	1505000		1561440		23.1
那不勒斯	481000	1012000	1170000		1208550		19.4
都　灵	250000	713000	994000		1069010		49.9
热那亚	177000	681000	769000		746780		9.7
巴勒莫	242000	484000	601000		712340		47.1
博洛尼亚	122000	339000	441000		447970		32.2
佛罗伦萨	164000	376000	437000	453293		20.6	
卡塔尼亚	100000	298000	372000	378521		27.1	
巴　里	60000	268000	319000	370781		38.4	
威尼斯	142000	312000	348000	332775		6.7	

---

　　[1]　《马克思恩格斯全集》（第 23 卷），人民出版社，1972，第 784 页。

以四位城市指数进行计算，该指标值是 0.42444，未超过一般 0.5533 的标准。这说明，罗马这样的都市相对于境内其他城市来说，人口并不显得太多。从各城市的人口发展来看，其增长速度十分不一致。罗马人口增长最快，其原因除人口自然增长和人口迁移增长外，还由于此间罗马将近郊的小区域归并其内所致。属于全国第二大工业中心的都灵人口增长也十分迅速，仅次于罗马。西西里区海港城市巴勒莫 30 多年间人口增长47.1%。在意大利城市中人口增长最慢的是面积十分有限的威尼斯和北部海港城市热那亚。意大利城市的发展速度快慢不一，主要是经济因素、工业发展水平所致。意大利的农业已有 3000 多年的历史，土地开发历史悠久，因此，农业人口仍占一定比重。但是，意大利更是一个发达的资本主义工业国，所以，城市人口比重十分高，1989 年达 72%，属于高度城市化的国家类型。

从就业结构上看，1982 年农业就业人口 254.3 万人，占就业人口的 12.4%。意大利农业人口的减少主要靠农业劳动生产率的提高。1951 年农业劳动力曾高达 826.1 万人，当时每个农民只供养 5~6 人，目前，每个农民可供养 22 人。工业就业人数占全国就业人口的 37%，其他行业占 50.6%（参见表 7）。

表 7　意大利劳动力人口构成变动情况

行　业	1971 年		1981 年	
	从业人口数（人）	比重（%）	从业人口数（人）	比重（%）
农林牧渔业	3854900	19.5	2925000	12.8
制造加工业	5484800	27.8	5489000	24.1
建筑业	1900000	9.6	2061000	9.0
水电煤气	175900	0.9	222000	1.0
运输、仓储、通讯	1044300	5.3	1145000	5.0
贸易	3461200	17.5	3832000	16.8
银行、保险、不动产			526000	2.3
行政、国防	1958500	9.9	535000	2.3
服务业	1875400	9.5	4185000	18.4
其他			1885000	8.3
合　计	19755000	100.0	22805000	100.0

意大利的南北方经济差异较大。如意大利 1988 年失业率为 12%，其中南方 21%，中部 9.7%，北方 6.8%。从整体上看，1988 年意大利国民生产总值 8764.3 亿美元，人均国民生产总值 15269 美元，通货膨胀率为 5%。

教育

意大利宪法规定，14 岁以下儿童免费享受义务教育。小学生入学率 1980 年为

100%，中学生入学率为73%，高等学校入学学生人数占本年龄组别人数的27%，全国文盲率2%。

小结

意大利的人口总体而言有如下特点：（1）意大利是一个具有人类悠久历史的国家，人口大量流动及至今日仍是意大利人口的最大特点，这一特点甚至影响到了今日委内瑞拉、乌拉圭和阿根廷等拉丁美洲一些国家的民族构成。近一百年来的意大利已向世界各地累计"输送"人口达2600万之众。（2）意大利是很早就开始人口转变的国家之一，目前的人口属于"三低"类型，已呈现出封闭人口条件下零自然增长的静止人口状态。（3）意大利是一个"老年型"人口国家。（4）意大利还是一个人口高度城市化的国家。

目前的意大利，出生率和死亡率的关系虽说不像联邦德国、匈牙利等国那样前者小于后者，但是，两者之差已接近于零，即已达到了正与负增长的临界点。由于妇女总和生育率只有1.3个，远低于更替水平，因此意大利即使在近十几年内没有出现人口减少，但已具备了潜在人口减少的条件。联合国于20世纪70年代曾预测意大利的人口1990年时为5867.7万人，2000年为6087.6万人。现在看来这种预测有点偏高。美国人口咨询局1988年预测2000年的意大利人口为5820万人。

参考资料

〔英〕约翰·彼得·科尔：《意大利地理》，四川大学外语系译，四川人民出版社，1977。

〔法〕乔治·塔尔诺、〔美〕菲利斯·皮奥特罗：《六十亿人》，张开敏译，上海译文出版社，1982。

〔日〕南亮三郎：《人口思想史》，苏正绪译，吉林大学人口研究室。

〔意〕卡洛·M. 奇波拉：《欧洲经济史》（第1卷、第2卷、第3卷、第4卷），徐璇译，商务印书馆，1988。

〔英〕赫·乔·韦尔斯：《世界史纲》，吴文藻等译，人民出版社，1982。

〔苏〕大百科全书选译《意大利》，人民大学经济地理教研室等译，生活·读书·新知三联书店，1957。

英国（United Kingdom）

英国全称"大不列颠及北爱尔兰联合王国"，简称"联合王国"或"大不列颠"，领土包括欧洲西部的大不列颠岛、爱尔兰岛的东北部即北爱尔兰，以及附近的5500个小岛。大不列颠岛又分为英格兰、威尔士和苏格兰三个部分，而以英格兰面积为最大，集中了全国80%的人口，是英国的政治中心和经济荟萃之区，因而习惯上常以英格兰或英吉利来称呼整个国家。英国所属各小岛中80%以上无多大经济意义。位于爱尔兰海中央的马恩岛和英吉利海峡以南、法国诺曼底半岛西岸的海峡群岛属英王领地，但已为独立的行政单位，不过，其国防、外交权仍旧归英国政府。英国总体位于欧洲西部，东、南隔北海、英吉利海峡和多佛尔海峡同过去曾经连在一起的欧洲大陆相望。有些文献和资料则将英国归属在"北欧"之列[①]。全国总面积 24.41 万平方公里。1989 年人口 5730 万人，为世界人口大国之一，苏联除外在欧洲仅次于联邦德国和意大利，名列第三。人口密度每平方公里 234.7 人，为世界上人口密度最高的国家之一。首都：伦敦。

历史

公元前 3000～前 2000 年，又名为巨石器人的伊比利亚人从比利牛斯半岛来到不列颠居住，现今在康沃尔、爱尔兰以及威尔士和苏格兰的沿海存留下许多他们的遗迹。公元前 2000 年以后不久，一个阿尔卑斯新种族来到不列颠，这些来自于东南和正东的人群，由于擅长陶器制造，故有"陶盆人"之称。到公元前 1000～前 700 年间，从中欧和西欧又迁来了凯尔特人。首先来到不列颠的凯尔特人是高特尔部落，又称盖尔部。随后又至的是布列吞部，继之又来的第三批凯尔特人是北高卢的比尔格部。因此，凯尔特人部落在不列颠经历了一千多年的历史。公元 1 世纪起，不列颠被罗马人所占领。至公元 5 世纪，不列颠均在罗马人统治之下，称为罗马不列颠。407 年，由于罗马内部及外部原因，终于没落下来，离开了不列颠岛。然而，欧洲北部日耳曼部落的盎格鲁、撒克逊和朱特人以及后来的弗里西安人又成了凯尔特人的新敌人。当地的凯尔特人或是被灭绝、或是被同化或是背井离乡。7 世纪的不列颠，开始萌芽封建社会，许多小国并为 7 个王国，互相争雄达 200 年之久，称"盎格鲁－撒克逊时期"。从 7 世纪起，不列颠又遭称为诺曼人的丹麦人和挪威人的侵袭。大致来说，侵入英格兰的是丹麦人，入侵爱尔兰和苏格兰的是挪威人。1010 年，丹麦斯维国王几乎占领了整个英国。1042 年，恢复英国王统。1066 年，诺曼底公爵渡海征服英格兰，建立诺曼王朝，诺曼诸王的统治一直持续到 1154 年。其间，由于诺曼底公爵使用的是早期来到法国并受到法兰克人强烈同化的诺曼人，因此，这些人在 11 世纪侵入英格兰后，经过与盎格鲁－撒克逊的接触、融合，形成了新的部族——英格兰人。诺曼人的入侵和征服从历史上讲加速了英国的封建化过程，14 世纪末期英国封建社会制度开始解体。15 世纪下半叶步入资本主义原始积累时期。17 世纪中（1640～1660）爆发资产阶级革命。1649 年宣布成立共和国。在 1536 年与威尔士合并的英格兰在 1707 年又与苏格兰合并，94 年以后的 1801 年再与爱尔兰合并，这样在 18 世纪后半叶至 19 世纪上半叶，英国成为世界上第一个完成了工业革命的国家，1870～1890 年，工业生产居世界各国的首位。19 世纪末进入帝国主义阶段，向外拼命扩张。至 1914 年，英国占有的殖民地面积比其本土大 111 倍，人口相当于本土的 8 倍多，是当时最大的殖民帝国，自称"日不落帝国"。第一次世界大战后英国开始衰落，其特征首先表现为允许爱尔兰南部 26 郡脱离其统治。英国国名改为现名。

---

① 参见邬沧萍、侯文若《世界人口》，中国人民大学出版社，1983，第 408 页。

民族、种族和语言

从历史上讲，现代的英格兰人主要是早期由斯堪的纳维亚半岛首先移入法国境内的诺曼人与更早时期来到此地的北欧盎格鲁－萨克逊人的融合体。目前，英格兰人、苏格兰人占现代英国人口的87.3%，他们同属于日耳曼语族。而爱尔兰人、威尔士人、盖尔人则是早期伊比利亚人和凯尔特人的后裔，他们属于凯尔特语族。历史上曾称雄不列颠的意大利人、诺曼人现今在英境内比重已经很小，仅为0.4%，他们同属于罗曼语族。此外，目前的英国还有比重不太大的其他民族人口。这些人均是在近代或现代才陆续迁入的。其中，华人占0.1%，大约为7万人左右。总之，英国是一个多种民族构成的国家（参见表1）。

表1　1980年英国人口民族构成

民　族	人数（千人）	比重（%）	民　族	人数（千人）	比重（%）
日耳曼语族	**51407**	**91.8**	盖尔人	90	0.1
英格兰人	43900	78.4	**罗曼语族**	**360**	**0.6**
苏格兰人	5000	8.9	**斯拉夫语族**	**166**	**0.3**
其　他	2507	4.5	**希腊语族**	**85**	**0.2**
凯尔特语族	**3040**	**5.4**	其他语族	932	1.7
爱尔兰人	2250	4.0	合　计	55990	100.0
威尔士人	700	1.3			

从法兰西过来的诺曼人，对早期的盎格鲁－撒克逊人有着强烈的影响，以至于以盎格鲁－撒克逊为基础的语言又受到了诺曼语和古法兰西语的影响。因而，现代英语，是这三者的融合体，不过以盎格鲁－撒克逊语为主罢了。顺应历史的线索，该语言归属为日耳曼语族中，是目前英国的国语。过去长期以来，由于欧洲日耳曼语族殖民者的扩张以及移民放射状向全球流动，因此，英语使用者遍及世界各地。像美国、加拿大、澳大利亚、新西兰等国家以及部分非洲国家都在使用英语。据认为，目前世界上使用英语的总人数多达3.8亿人，尽管不是使用人口最多的语言，但却是使用地区最广的语言。不过，在英国内部，仍有一些爱尔兰人、威尔士人使用非日耳曼语的凯尔特语。

宗教

公元4世纪初，基督教最先在不列颠诸岛传播。5世纪以后，爱尔兰传教士的活动扩展了该教的影响。6世纪末，罗马教皇大格利哥里派修道僧奥古斯丁到坎特伯雷传教。之后，罗马天主教广为传播。16世纪，英王亨利八世与罗马教廷决裂，遂将英国教会置于国王控制下，不受罗马教皇统治。这种情况对以后的历史产生了很大影响。目前，英国居民中的宗教信仰者多是新教教徒，该教学说的核心是：不承认罗马教皇是上帝的全权代表。新教有两个主要支派：路德派新教和加尔文教。英国圣公会近于路德派新教。圣公会为英国国教会，教徒占全国人口的48%。循道会教徒占全国人口的5%，长老会教徒占4%，新教其他各教派教徒占2%。天主教教徒占全国人口的9%，犹太教占

0.7%。不过，英国的几大地区宗教状况不大相同。英格兰和威尔士的罗马天主教徒最多，苏格兰则以新教的长老教会为官方支持的教会，北爱尔兰则以新教为主要宗教。

人口

英国是很早就开始注意人口问题的国家之一。被西方称之为人口学鼻祖的马尔萨斯就出生在英国，并以其当时的人口状态为基础发表了至今颇具影响的《人口原理》一书。然而在马尔萨斯人口论之前，或者确切地说，在英国于 1801 年进行第一次人口普查之前，该国的人口究竟呈什么状态，是增长还是下降，一直是个有争议的问题。因为在此之前的人口调查多是推算而得。如认为公元前 1000 年，英国人口在 10 万人以上，纪元初年达 70 万人等就是推测数据。

在英国，大概最早的调查是 1086 年英王威廉一世时代所进行的土地调查。当时的调查结果如表 2 所示。

表 2　1086 年英国人口调查结果

阶　层	人　数（人）	在总人口中所占比重（%）	阶　层	人　数（人）	在总人口中所占比重（%）
奴　隶	25000	9	农　奴	106000	38
边农和棚户	89000	32	自由人	33000	12

英国历史学家阿·莱·莫尔顿对此进行如下解释："我们以每户平均人数五口来乘以上数字，再加上没有包括在内的各阶层（领主及其直接的属下人和庄园职员、教士、僧尼、商人和工匠、无地的雇工和调查官员所遗漏的孤单农人），人口总数可以大约估计为在 175 万～200 万之间"。这大概是英国早期比较精确的人口数字了。

拉塞尔对于早期不列颠岛人口的估计是：公元 500 年，人口为 50 万人；650 年，人口仍为 50 万人，当时是欧洲流行第一次鼠疫（542～700）的时期；1000 年的不列颠人口为 200 万人；1340 年为 500 万人；在经历第二次鼠疫（1348～1500）中的 1450 年，不列颠人口降至 300 万人；莫尔顿认为第二次鼠疫——黑死病横行英国前夕的 1348 年，英国人口为 350 万人。1621 年爱尔兰人口调查结果显示出，其人口为 683 万人。因此，抛开爱尔兰的人口不计，克拉潘认为，1751 年是 725 万人，1781 年为 925 万人，1801 年增至 1094.3 万人，1811 年是 1259.7 万人，1821 年 1439.2 万人和 1831 年的 1653.9 万人。这样，英国 19 世纪以前的人口大概是这样一系列数字连串而成的（参见表 3）。

表 3　19 世纪以前英国人口概况

单位：万人

年份	公元500 年	650	1000	1348～1350	1450	1500	1600	1700	1751	1781	1801	1811	1831
人口	50.0	50.0	200.0	350.0～500.0	300.0	440.0	680.0	930.0	725.0	925.0	1094.3	1259.7	1653.9

在 1801 年英国第一次人口普查前，英国正在进行着产业革命。人口在这一过程中呈现出巨大的波动。因而，在没有确切统计资料的情况下，有关人口的争论便在所难免。1730 年，孟德斯鸠便提出了人类正在向死亡进军的论点。18 世纪中期，休谟与华莱士之间则以世界人口是增加还是在减少的问题展开争论。克拉潘形象地指出"在那个时代，人人都希望看到人口的增长，可是肯定人口是在增长的却寥寥无几"。这与当时人口的出生率、死亡率的巨大变动是分不开的（参见表 4）。

表 4　马尔萨斯时代英国人口自然变动指标

单位：‰

指标 ＼ 年份	1700	1710	1720	1730	1740	1750	1760	1770
出生率	31.1	27.5	30.5	33.4	33.3	34.1	33.3	34.0
死亡率	26.0	26.7	29.7	32.0	31.7	28.2	26.7	27.9
自然增长率	5.1	0.8	0.8	1.4	1.6	5.9	6.6	6.1

指标 ＼ 年份	1780	1790	1800	1810	1820	1830	1840	
出生率	34.4	35.4	34.2	33.8	33.4	32.3	31.5	
死亡率	28.8	25.7	23.1	19.9	20.3	21.7	20.8	
自然增长率	5.6	9.7	11.1	13.9	13.1	10.6	10.7	

尽管英国的人口调查始于 1801 年，但是其生命动态统计却晚至 1837 年才较为完备。上述资料是指导过英国最初四次人口普查的约翰·李克曼依据以前的教区登记簿上的洗礼数和埋葬数推算而得的。由此可看出：整个 18 世纪和 19 世纪上半叶，英国的出生率和死亡率从今天看，都处于非常高的水平，但出生率却一直很高，并没有下降的迹象。死亡率经过了巨大的波动之后，最终降了下来。但是，死亡率真正降低到 20‰ 以下，则是在 1892 年（19.0‰）。不过，在 18 世纪中叶之前已有了下降的苗头。

下面是一些学者对 18 世纪英国人口的各种估计（参见表 5）。

表 5　几位学者对 18 世纪英国人口数的估计

单位：千人

年份	李克曼（1802*）	马尔萨斯（1817）	芬莱森（1833）	法尔（1863）	布朗利（1916）	格里菲斯（1926）	年均增长率（%）	一般观点
1700	5475		5135	6122	5826	5835	（0.30）	5712
1710	5240		5066	6252	5981	6013	（0.06）0.06	5745
1720	5565		5345	6253	6001	6048	（0.00）0.22	5871
1730	5796		5688	6183	5947	6008	（0.00）0.08	5917
1740	6064		5830	6153	5926	6013	（0.39）0.14	6001
1750	6467		6040	6336	6140	6253	（0.64）0.39	6243

续表 5

年份	李克曼（1802*）	马尔萨斯（1817）	芬莱森（1833）	法尔（1863）	布朗利（1916）	格里菲斯（1926）	年均增长率（%）	一般观点
1760	6736		6480	6721	6569	6665	(0.66) 0.64	6652
1770	7428		7228	7153	7052	7124	(0.66) 0.75	7168
1780	7953	7721	7815	7574	7531	7581	(0.54) 0.66	7657
1785	8016	7998				7826	(0.81)	
1790	8675	8415	8541	8256	8247	8216	(0.98) 0.87	8348
1795	9055	8831				8656	(1.05)	
1800	9168	9287	9187	9193	9156	9168	(1.16) 0.95	9174

*各学者估计时的年份。

　　18 世纪的英国人口总的来讲是增长的，不过关于增长的原因则众说不一。马尔萨斯等认为人口增长主要是出生率上升所致，而出生率上升又是随着生活水平的提高结婚人数增加的结果。法尔和格里菲斯则认为人口增长是医药卫生进步导致的死亡率下降的结果。由于 1801 年以前的英国没有完整的人口普查资料，因此，有关人口增长的争论尽管由于以后的趋势否定了认为长期以来人口呈下降趋势的假说，但是，其人口增长的原因至今仍莫衷一是。自英国有了系统的每隔 10 年一次的人口普查资料以来，更多的研究则转向了英国人口的转变问题。

　　关于英国人口的转变，究竟是人口增长促进了经济增长，还是经济增长加速了人口增长，仍然众说纷纭。不过，一致的看法是，英国人口持续增长趋势于 1740 年开始加速，而经济增长的加速趋势是从 1780 年开始的，如从时间的先后来看，人口增长在前，这可看做经济增长的原因。但也有观点认为，如果经济增长不能提高国民的一般生活水平和扩大就业机会的话，也就不会出现死亡率的下降和出生率的上升，从而也肯定不会实现人口增长。

　　如果将死亡率 30‰ 和 20‰ 均作为人口转变临界点的话，那么，英国的死亡率降至 30‰ 以下的时间约在 1745 年，而降至 20‰ 以下的年份是 1892 年，历时 147 年。出生率则从 1896 年的 29.8‰ 降至 1923 年的 20.1‰，历时 27 年。因此说，英国的人口转变是较早的，稍晚于法国、瑞典、瑞士。如果按照人口转变理论的标准阶段论来看，1896 年起，英国便进入了人口转变的第三阶段。是年，出生率 29.8‰，死亡率 17.0‰，自然增长率 12.8‰。克拉潘在《现代英国经济史》中写道："在 19 世纪结束之前，有一些明显的迹象表明：已经继续了 100 多年的英国人口史上非常不正常的增长，日益放慢下来，而且有即将停止增长的可能"。1900 年以后，英国的人口出生率持续不变地向下滑去，而且开始显示出不可避免之势。芬兰标准人口再生产类型步入第四阶段的时间是 20 世

70 年代前期，当时的出生率是 13‰，死亡率为 10‰，自然增长率为 3‰。英国人口出生率降至 13‰的时间是 70 年代末或 80 年代初。由于人口老化等原因，死亡率在还没有降到 10‰以下的时候，便又开始回升。最低点的死亡率是 1948 年的 10.9‰。

英国国土面积及人口变动情况等参见表 6～表 8、图 1 和图 2。

表 6　英国国土面积*

地　区	平方英里			平方公里		
	全　部	陆　地	河流和湖泊①	全　部	陆　地	河流和湖泊①
大不列颠	88758	87817	941	229883	227446	2437
英格兰和威尔士	58347	58022	325	151118	150277	842
英 格 兰	50331	50055	276	130357	129642	715
威 尔 士	8016	7967	49	20761	20635	126
苏 格 兰	30411	29795	616	78765	77169	1595
北爱尔兰	5451②	5206	245	14118	13484	634
总　　计	94209	93023	1186	244001	240930	3071

*苏格兰系 1948 年修订后数字，北爱尔兰系 1951 年数字，其他均为 1939 年数字。原资料的单位为平方英里，折算为平方公里后，各项细数之和在尾数上稍有出入。

①不包括海滩面积。

②不包括海滩面积 8.5 平方英里。

表 7　1801～1989 年英国的人口变动

单位：千人

年份	人口	年份	人口	年份	人口	年份	人口	年份	人口	年份	人口
1801	15900	1855	27820	1867	30380	1879	34270	1891	37733	1903	42220
1811	17900	1856	27970	1868	30660	1880	34600	1892	38130	1904	42610
1821	20894	1857	28220	1869	30940	1881	34885	1893	38510	1905	43000
1831	24029	1858	28390	1870	31210	1882	35200	1894	38890	1906	43400
1841	26731	1859	28560	1871	31485	1883	35420	1895	39260	1907	43690
1848	27840	1860	28820	1872	31870	1884	35680	1896	39640	1908	44080
1849	27660	1861	28927	1873	32230	1885	36040	1897	40030	1909	44490
1850	27480	1862	29280	1874	32500	1886	36310	1898	40420	1910	44916
1851	27390	1863	29420	1875	32880	1887	36560	1899	40800	1911	45271
1852	27440	1864	29640	1876	33180	1888	36900	1900	41170	1912	45453
1853	27500	1865	29890	1877	33590	1889	37160	1901	41459	1913	45681
1854	27680	1866	30120	1878	33980	1890	37520	1902	41940	1914	46095

续表 7

年份	人口	年份	人口	年份	人口	年份	人口	年份	人口	年份	人口
1915	44392	1928	45577	1941		1954	50785	1967	55070	1980	55990
1916	43781	1929	45673	1942	48400	1955	50968	1968	55280	1981	56350
1917	43364	1930	45866	1943	48789	1956	51208	1969	55530	1982	56341
1918	43212	1931	46074	1944	49016	1957	51456	1970	55420	1983	56380
1919	44709	1932	46335	1945	49182	1958	51680	1971	55610	1984	56500
1920	46596	1933	46520	1946	49217	1959	51985	1972	55790	1985	56580
1921	47263	1934	46666	1947	49571	1960	52383	1973	55910	1986	56600
1922	47506	1935	46869	1948	50065	1961	52820	1974	55920	1987	56891
1923	44582	1936	47081	1949	50363	1962	53340	1975	55900	1988	57100
1924	44915	1937	47289	1950	50325	1963	53680	1976	55890	1989	57300
1925	45059	1938	47494	1951	50226	1964	54070	1977	55850		
1926	45232	1939	47762	1952	50444	1965	54440	1978	55835		
1927	45388	1940	48226	1953	50611	1966	54740	1979	55880		

说明：从 1801 年起，每隔 10 年系普查年份；1848～1909 年，除普查年份外，原资料的单位系万人，因而在尾数上可能略有出入。1801～1921 年包括全部爱尔兰人口数，1922 年起，不包括爱尔兰，仅系联合王国的人口数。

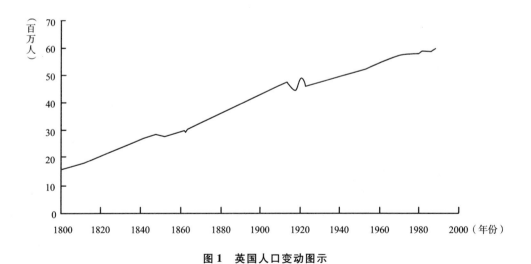

图 1　英国人口变动图示

表 8　1848 ～ 1989 年英国人口自然变动指标

单位: ‰

年份	出生率	死亡率	年份	出生率	死亡率	年份	出生率	死亡率
1848	32.4	23.0	1886	32.9	19.5	1924	19.2	12.5
1849	32.9	25.1	1887	31.8	19.1	1925	18.6	12.3
1850	33.4	20.8	1888	31.3	18.1	1926	18.1	11.8
1851	34.2	22.0	1889	31.1	18.2	1927	17.0	12.5
1852	34.3	22.4	1890	30.3	19.6	1928	17.1	11.9
1853	33.3	22.9	1891	31.4	20.3	1929	16.6	13.6
1854	34.1	23.5	1892	30.5	19.0	1930	16.7	11.6
1855	33.4	22.4	1893	30.7	19.2	1931	16.2	12.4
1856	34.5	20.4	1894	29.6	16.6	1932	15.6	12.2
1857	34.4	21.6	1895	30.3	18.8	1933	14.9	12.5
1858	33.8	22.8	1896	29.8	17.0	1934	15.3	12.0
1859	35.0	22.2	1897	29.6	17.5	1935	15.2	12.0
1860	34.4	21.4	1898	29.4	17.6	1936	15.3	12.3
1861	34.7	21.5	1899	29.2	18.2	1937	15.3	12.6
1862	35.0	21.5	1900	28.9	18.3	1938	15.5	11.8
1863	35.3	23.0	1901	28.6	17.0	1939	15.2	12.2
1864	35.6	23.8	1902	28.6	16.4	1940	14.6	14.4
1865	35.5	23.1	1903	28.6	15.6	1941	14.4	13.7
1866	35.3	23.3	1904	28.2	16.4	1942	15.9	12.4
1867	35.5	21.7	1905	27.5	15.4	1943	16.6	13.1
1868	35.9	21.9	1906	27.4	15.6	1944	17.9	12.8
1869	34.8	22.4	1907	26.6	15.3	1945	16.2	12.7
1870	35.2	22.9	1908	27.0	15.1	1946	19.4	12.1
1871	34.9	22.5	1909	26.0	14.8	1947	20.7	12.1
1872	35.7	21.4	1010	25.2	13.7	1948	18.1	10.9
1873	35.4	21.2	1911	24.5	14.6	1949	17.0	11.7
1874	36.0	22.3	1912	24.2	13.6	1950	16.2	11.7
1875	35.4	22.8	1913	24.3	14.0	1951	15.8	12.6
1876	36.3	20.9	1914	24.0	14.2	1952	15.7	11.4
1877	35.9	20.3	1915	23.2	16.1	1953	15.9	11.4
1878	35.4	21.5	1916	22.7	14.7	1954	15.6	11.4
1879	34.7	20.7	1917	19.6	14.6	1955	15.4	11.7
1880	34.2	20.5	1918	19.6	17.8	1956	16.0	11.7
1881	33.9	18.9	1919	19.8	14.4	1957	16.5	11.5
1882	33.7	19.6	1920	26.0	12.7	1958	16.8	11.7
1883	33.4	19.7	1921	22.7	12.3	1959	16.9	11.7
1884	33.7	19.7	1922	20.8	13.0	1960	17.5	11.5
1885	32.8	19.2	1923	20.1	11.7			

年份	出生率	死亡率	自然增长率	年份	出生率	死亡率	自然增长率
1963	18.4	12.2	6.2	1982	12.7	11.7	1.0
1968	17.1	11.8	5.3	1983	13.0	11.8	1.2
1970	16.3	11.8	4.5	1984	12.9	11.4	1.5
1975	12.4	11.8	0.6	1987	13.6	11.2	2.4
1980	13.4	11.8	1.6	1989	14.0	11.0	3.0
1981	12.9	11.6	1.3				

说明: 表 8 中 1848 ～ 1932 年不包括北爱尔兰; 1933 年起包括北爱尔兰。

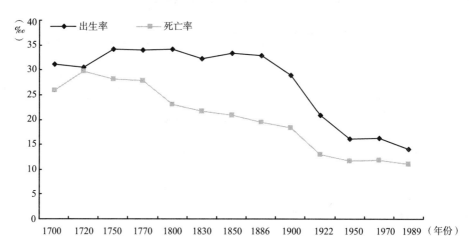

图 2　英国人口出生率、死亡率变动图示

　　英国人口的转变始于 18 世纪初期，结束于 20 世纪上半叶，历时 200 多年。这种转变印证了人口转变的理论：首先是死亡率的下降；近一个半世纪以后，出生率开始下降；死亡率、出生率继续同时下降；两者下降并持续在某一低水平。不过，英国始终没有出现类似联邦德国、捷克斯洛伐克那样的负增长现象。而且，其出生率和死亡率都一直比较"高"，这大概是英国人口的变动特点。

　　此外，英国几个大区的人口变动不尽相同，北爱尔兰人口增长率一直最高，苏格兰次之，英格兰和威尔士最慢（参见表 9）。

表 9　英国人口自然变动指标

单位：‰

	地　　区	1950 年	1960 年	1970 年	1975 年	1980 年	1981 年	1982 年
出生率	北爱尔兰	20.3	22.5	21.0	16.9	18.4	17.4	17.2
	苏 格 兰	18.0	19.6	16.8	13.0	13.3	13.4	12.8
	英格兰和威尔士	15.8	17.1	16.1	12.2	13.3	12.7	12.6
死亡率	北爱尔兰	11.2	10.8	10.9	10.7	10.8	10.3	10.1
	苏 格 兰	12.5	11.9	12.2	12.1	12.2	12.3	12.5
	英格兰和威尔士	11.7	11.5	11.8	11.8	11.8	11.6	11.7

移民

英国是世界上向外移民历史最久、数量最大的国家之一，而这种移民对世界历史和世界地理的影响则是任何国家都无法比拟的，这与英国作为资本主义的发源地、一度称霸世界的头号殖民帝国显然是密不可分的。关于英国的向外移民，应该分为五个阶段。

15 世纪发现新大陆到 17 世纪中叶之前为第一阶段。1607 年 5 月，伦敦公司遣送第一批移民到北美。这大概是最早的"正式移民队伍"。1620 年，著名的"五月花"号载着 102 名英国移民，漂洋过海来到美国的普利茅斯。1620 ~ 1642 年间，英格兰移入北美殖民地的移民累计已有 6.5 万人。这一阶段的英国向外移民，有其重要的历史原因和政治背景：（1）外移人口多是为了逃避宗教的迫害；（2）移民出海为摆脱国内经济困境；（3）北美洲的开发吸引了大批劳动力。

第二阶段从 17 世纪中起至 19 世纪上半叶。这一时期英国向外移民已完全变成了赤裸裸的殖民，主要目的是为了向海外扩张，其手段不仅是使本国人遣往殖民地，而且，从事起奴隶贸易活动。至 18 世纪中叶，英国贩卖奴隶的规模已占世界第一位。1686 ~ 1780 年间，英国向美洲共贩运了 230 万名黑奴。显然，这一阶段的英国移民与前期已完全有了质的区别。第二阶段不同于第一阶段的特点是：数量远远超过第一阶段。据估计，仅在 18 世纪下半叶，就有近百万人从欧洲移居海外，其中 2/3 的居民来自大不列颠。16 ~ 18 世纪，累计外移人口达 175 万人。

第三阶段，19 世纪初 ~ 20 世纪初，这时英国人口的大量外迁与资本主义迅速发展出现的大量相对过剩的农业人口有关，这是英国向外移民数量最多的历史阶段。从 1815 年起，人口外流的现象已由小集团的流出改变为规模化的移出。从 1815 ~ 1875 年间，英国累计外迁人数 828 万人。克拉潘认为："1830 ~ 1834 年之间，魁北克移民总事务官提出了有 338800 人从联合王国到达的报告。其中，英格兰和威尔士有 92500 名，苏格兰人为 42200 名，爱尔兰人为 204100 名……自 1830 年底到 1845 年底从不列颠前往海外的移民平均约仅 31000 人"。从这段历史来看，1830 年一年，英国向海外移民 6 万人，1832 年达 10 万人，1842 年 13 万人。这一阶段的特征是以英国人为代表的欧洲人竞相向欧洲大陆以外的地区移民。

1918 ~ 1935 年为第四阶段。19 世纪末之前英国移民的主要目的地是美国。其后，因受到美国 1913 年颁布移民政策的限制，加之第一次世界大战后政治动荡、经济恐慌等因素，向海外流出的人口才大幅度减少。但在第二次世界大战前夕，移民的风潮又盛行起来。但与过去相比，人口流出量明显减少。

第五阶段是第二次世界大战以后时期。主要原因是："日不落的大英帝国"开始衰落，国内社会经济状况发生困难。每年平均有 20 万以上的人口外流，主要目的地除美、澳等老牌移入国外，也开始向欧洲其他国家和非欧洲国家移入。

从总体上讲，英国是个人口外流国家。现在的英裔人口遍及世界各地，他们成为了现代美国人口、加拿大人口、澳大利亚人口的重要组成部分。不过，英国本身也吸纳了部分外来人口。如果把早期的爱尔兰和英国分开来看的话，进入不列颠的人口当时主要是爱尔兰人。克拉潘写道："伦敦爱尔兰人的数目和社会重要性在整个 18 世纪中一直是与日俱增"的，希林顿则说"爱尔兰人大有把首都填满"之势。而在当时，除爱尔兰以外进入英国的国外移民人数却寥寥无几。第二次世界大战以后，迁往不列颠的人口才逐渐多起来。目前，英国与西欧工业国家并驾齐驱，成为世界上热门的移居地之一。而且进入英国的移民其国籍多是原来的英国殖民地国，另外还包括来自意大利和西班牙的移民。总之，历史的和当代的英国人口流动构成了今日英国的人口现状。表 10 是 1846～1939 年欧洲及英国外迁人口的情况（参见表 10）。

表 10　1846～1939 年欧洲及英国外迁人口及比重变动情况

时　期	欧洲外迁人口（千人）	英国外迁人口（千人）	英国外迁人口占欧洲外迁人口的比重（%）	时　期	欧洲外迁人口（千人）	英国外迁人口（千人）	英国外迁人口占欧洲外迁人口的比重（%）
1846～1850	256.6	199.1	77.6	1896～1900	543.2	81.0	14.9
1851～1855	341.8	231.7	67.8	1901～1905	1038.9	156.0	15.0
1856～1860	197.2	123.5	62.6	1906～1910	1436.6	234.6	16.3
1861～1865	219.2	143.6	65.5	1911～1915	1365.1	265.7	19.5
1866～1870	345.8	170.8	49.4	1916～1920	405.7	101.1	24.9
1871～1875	370.7	193.9	52.3	1921～1925	629.5	197.7	31.4
1876～1880	258.0	114.9	44.5	1926～1930	555.7	162.3	29.2
1881～1885	661.3	228.0	34.5	1931～1935	131.0	30.4	23.2
1886～1890	737.7	214.8	29.1	1936～1939	147.6	33.3	22.6
1891～1895	674.8	128.4	19.0				

人口自然结构

年龄结构

英国在 19 世纪人口出生率一直保持着较高的水平，因此，没有像法国那样过早地出现人口老化现象，倒是人口大量外流对人口年龄结构产生了一定影响。1841 年英国全国老龄化指数为 12.3%，1901 年仅提高到 14.5%，而法国 1860 年即已达到 24.7%。从 65 岁以上老年人口所占比重来看，法国老龄化的到来整整比英国早了 60 年。

英国只是进入 20 世纪当人口出生率持续的较大幅度地下降之后，人口老龄化才出现了明显的趋势。1911～1913 年，英国人口出生率的年平均水平降低到了 24.3‰，1921 年老年人口的比例便上升到 6%，1931 年正式进入人口老龄化阶段。表 11 是转引自侯文若先生所著的《全球人口趋势》一书的资料。英国（英格兰和威尔士、北爱尔兰、苏格兰）人口年龄结构的变动状况参看表 12～表 15、图 3～图 5。

表 11　法国、瑞典、英国人口老龄化的历程*

单位：%

年份 国别	1851	1861	1871	1881	1891	1901	1911	1921
法国	6.5	6.7	7.4	8.1	8.3	8.2	8.4	9.1
瑞典	4.8	5.2	5.4	5.9	7.7	8.4	8.4	8.4
英国	4.6	4.7	4.8	4.6	4.8	4.7	5.2	6.0

年份 国别	1931	1939	1940	1950	1951	1962	1977	1984
法国	9.3				11.8	12.5	14.0	14.0
瑞典	9.2		9.4	10.3	—	—	15.0	16.0
英国	7.4	9.0			10.8		14.0	15.0

注：以65岁及以上人口占总人口的比重这一老龄化指标来描述这一"历程"。

表 12　1951～1982年英国的人口年龄构成

单位：%

年份	0～14 岁	15～64 岁	65 岁及以上	老少比	年份	0～14 岁	15～64 岁	65 岁及以上	老少比
1951	22.15	66.83	11.02	49.8	1971	23.75	62.93	13.32	56.1
1961	22.96	65.12	11.92	51.9	1982	19.92	64.87	15.21	76.4
1966	23.00	64.58	12.42	54.0					

说明：资料来源不同，与表11数据略有出入。

表 13　1982年英国（英格兰和威尔士）人口年龄、性别构成

年　龄	男性人口（人）	女性人口（人）	性比例（%）	年　龄	男性人口（人）	女性人口（人）	性比例（%）
0	317000	300800	105.4	45～49	1368500	1351900	101.2
1～4	1254300	1190600	105.4	50～54	1381000	1398300	98.8
5～9	1557600	1473800	105.7	55～59	1382000	1445500	95.6
10～14	1947500	1847000	105.4	60～64	1277400	1429100	89.4
15～19	2121200	2014500	105.3	65～69	1088600	1323100	82.3
20～24	1942800	1893200	102.6	70～74	900100	1233300	73.0
25～29	1708200	1683800	101.4	75～79	578400	972500	59.5
30～34	1764700	1749100	100.9	80～84	274500	620300	44.3
35～39	1734500	1709800	101.4	85 +	129900	428000	30.4
40～44	1417200	1396800	101.5	合　计	24145400	25461400	94.8

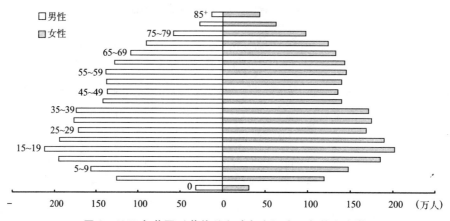

图 3　1982 年英国（英格兰和威尔士）人口年龄金字塔

表 14　1982 年英国（北爱尔兰）人口年龄、性别构成

年　龄	男性人口（人）	女性人口（人）	性比例（%）	年　龄	男性人口（人）	女性人口（人）	性比例（%）
0	13700	13200	103.8	45～49	38300	40300	95.0
1～4	54000	52200	103.4	50～54	37000	40300	91.8
5～9	66800	63300	105.5	55～59	36400	40600	89.7
10～14	74800	70800	105.6	60～64	33500	39200	85.5
15～19	76900	71500	107.6	65～69	28300	35400	79.9
20～24	67600	62600	107.9	70～74	22400	31400	71.3
25～29	53800	52800	101.9	75～79	13500	22600	59.7
30～34	50000	49100	101.8	80～84	6700	14000	47.9
35～39	48800	49400	98.8	85 +	3500	9300	37.6
40～44	41400	42000	98.6	合　计	767400	800000	95.5

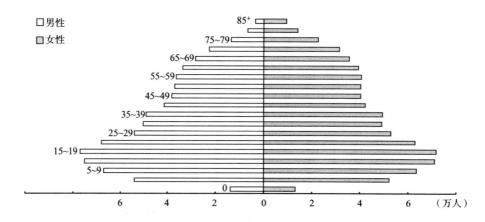

图 4　1982 年英国（北爱尔兰）人口年龄金字塔

表 15　1982 年英国（苏格兰）人口年龄、性别构成

年　龄	男性人口（人）	女性人口（人）	性比例（％）	年　龄	男性人口（人）	女性人口（人）	性比例（％）
0	33941	32581	104.2	45～49	140639	147849	95.1
1～4	131084	125320	104.6	50～54	141181	151921	92.9
5～9	166960	159431	104.7	55～59	137378	151211	90.9
10～14	213399	205039	104.1	60～64	122146	146037	83.6
15～19	235319	227288	103.5	65～69	103302	134231	77.0
20～24	216412	211099	102.5	70～74	85391	124423	68.6
25～29	183807	180642	101.8	75～79	53392	96194	55.5
30～34	177123	174921	101.3	80～84	24506	59906	40.9
35～39	165739	165283	100.3	85⁺	11019	38187	28.9
40～44	143942	148384	97.0	合　计	2486680	2679947	92.8

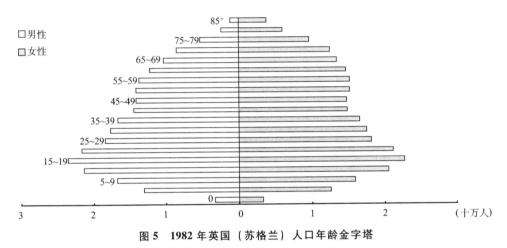

图 5　1982 年英国（苏格兰）人口年龄金字塔

　　从上述资料中可以得出如下判断：（1）英国从 20 世纪 30 年代进入老龄化社会，其老龄程度近几十年来步步加强；（2）英伦三岛中，英格兰与威尔士人口已趋稳定，苏格兰次之，北爱尔兰人口仍基本呈现"下宽、上窄"的正金字塔形状。不过北爱尔兰 0～14 岁人口占总人口的比重是 26.1%，15～64 岁为 61.9%，65 岁及以上人口比重是 11.9%，也属老年型人口。

　　性别结构

　　英国性别结构，从目前来看，像所有发达国家一样，是属于正常范围内的男少女多型。近 40 年来几乎稳定在 90%～95% 之间，1951 年普查的结果是：性比例为 96.3∶100，1971 年为 94.4∶100，1982 年是 94.7∶100。其中：英格兰和威尔士是 94.8∶100，北爱尔兰是 95.9∶100，苏格兰是 92.8∶100。

　　从三大地区各年龄组分性别来看，有一定的差别。英格兰和威尔士直到 50 岁时男性人口才少于女性，苏格兰是从 40 岁起出现这一状况，北爱尔兰则从 35 岁起。导致这种状况的原因，主要是年轻的劳动力流动所致。如英格兰，作为英国工业的核心，吸引了大量的年轻人口来此做工。除将国内人口吸引来之外，同时也有许多外籍劳动力流入此

地。而英国最为落后的、人均收入最低的北爱尔兰，则"留"不住人，导致大量男性青年人口纷纷外流，从而造成了目前 35 岁以上男性少于女性的性别比例不平衡状况。

婴儿死亡率和人口平均预期寿命

英国人口老龄化以及性别比低的主要原因之一，与该国婴儿死亡率低及人口平均预期寿命延长有关。如 20 世纪 70 年代中期，出生时的女性均要比男性多活 6.2 年。

19 世纪英国的婴儿死亡率是 160‰ 左右。据早年资料披露：1850 年，英格兰和威尔士的婴儿死亡率是 146‰，伦敦是 140‰。1865 年，分别为 160‰ 和 171‰，1890 年为 148‰ 和 162‰，1908 年分别降至 120‰ 和 113‰，到 1913 年，英格兰的数字降至 108‰。

英国的婴儿死亡率在 20 世纪 50 年代初已降至 27.6‰，50 年代末进一步降至 23.3‰，60 年代初与末分别为 21.8‰ 和 18.6‰，70 年代初为 17.2‰，1982 年，英格兰和威尔士为 10.8‰，北爱尔兰是 13.5‰，苏格兰是 11.4‰，1989 年英国婴儿死亡率平均是 9.1‰，成为世界上最低的国家之一。但如果把英国放在"北欧"七国中进行对比的话，英国的婴儿死亡率最高，最低的冰岛国只有 3.4‰。

应当说，英国是孕育人口统计学的摇篮，人口学的创始文献——格兰特的《关于死亡表的自然的和政治的观察》一书便产生于英国，而书中所取资料也来源于英国的伦敦。因而，关于英国人口寿命及其婴儿死亡率的资料都是很早就有的，尽管许多资料来源于教区登记等项目。拉塞尔在《中世纪的英格兰人口》中，提供了 1276～1300 年英格兰男性近代生命表（见表 16）。

表 16　1276～1300 年英格兰男性世代生命表

年龄组	死亡概率（%）	存活组概率（%）	存活人数（人）	生存年数（年）	剩余生存年数（年）	预期寿命（年）
0	15.00	85.00	1000	899	31298	31.30
1～4	11.00	89.00	850	3449	30399	35.76
5～9	4.35	95.65	756	3698	26950	35.65
10～14	4.65	95.35	723	3530	23252	32.16
15～19	5.68	94.32	689	3348	19722	28.62
20～24	12.60	87.40	650	3045	16374	25.19
25～29	13.66	86.34	568	2645	13329	23.47
30～34	11.01	88.99	490	2315	10684	21.80
35～39	12.70	87.30	436	2042	8369	19.19
40～44	18.44	81.56	381	1730	6327	16.61
45～49	16.67	83.33	311	1425	4597	14.78
50～54	25.00	75.00	259	1132	3172	12.25
55～59	25.66	74.34	194	845	2040	10.52
60～64	43.86	56.14	144	562	1195	8.30
65～69	39.39	60.61	81	325	633	7.81
70～74	45.00	55.00	49	190	308	6.29
75～79	69.56	30.44	27	88	118	4.37
80～84	71.43	28.57	8	25	30	3.75
85～89	100.00	0.00	2	5	5	2.50

关于当时英格兰男性人口预期寿命的准确性，我们无法进一步论证。但至少可以说，中世纪之前的英格兰人口平均预期寿命已超过 30 岁。从整个人类的平均预期寿命增长状况来看，其趋势基本是一致的。古罗马时代，人类寿命是 29 岁，文艺复兴时代为 35 岁，在随后的几个世纪中，英国人口的平均预期寿命随着婴儿死亡率的下降而有所提高（参见表 17）。

表 17　1948～1989 年英国人口平均预期寿命

单位：年

年　份	男　性	女　性	年　份	男　性	女　性
1948	66. 39	71. 15	1960	68. 30	74. 10
1949	66. 01	70. 63	1961	68. 00	73. 90
1950	66. 49	71. 22	1963	68. 30	74. 40
1951	65. 84	70. 88	1969	68. 50	74. 80
1952	67. 06	72. 35	1970	68. 80	75. 10
1953	67. 30	72. 44	1971	69. 30	75. 40
1954	67. 58	73. 05	1972	68. 90	75. 10
1955	67. 52	72. 99	1973	69. 10	75. 30
1956	67. 76	73. 30	1974	69. 62	75. 82
1957	67. 85	73. 60	1981	73. 00	
1958	67. 95	73. 69	1986	74. 00	
1959	68. 10	73. 80	1989	75. 00	

英国人口的平均预期寿命较早时就已经进入世界最高水平之列。因此，从 1948 年至今的 40 年间，男性提高不足 9 岁，女性提高甚至不足 4 岁，不能说明人口平均预期寿命提高的幅度降低，只能说明人口平均预期寿命越高，其提高的速度越慢。

人口分布及城市化

英国全国人口密度每平方公里 234.7 人，为欧洲人口最稠密的国家之一。但在分布上却十分不平衡。从总体上讲，构成英国四个主要区域的英格兰、威尔士、苏格兰及北爱尔兰的人口分布就极不平衡。这一方面是自然环境的结果，另一方面是历史的遗痕。北爱尔兰是英国经济最落后、人均收入最低的地区，尽管气候条件优良，但土地贫瘠，因而吸引不了多少人口，使人口大量外流。1707 年才与英格兰合并的苏格兰，是人口密度最低的地区，人口密度每平方公里只有 66 人，人口大多集中在其中部的格拉斯哥和爱丁堡地区，这两处是苏格兰的重要工业区。威尔士在大不列颠岛西部的一个多山半岛上，大部分地区以牧业为主，绝大部分人口集中在威尔士南部的储煤丰富而工业发达的地区，如斯温西、纽波特、加的夫等港口城市。

英格兰是联合王国的主体部分，分为九个大标准区。目前，（1）人口最为稠密的地区仍然是形成联合王国历史核心的东南区。本区包括拥有 32 个市区，面积为 1605 平方公里的"大伦敦"；（2）包括世界名城曼彻斯特和利物浦在内的西北区；（3）以素有"世界车间"之称的以伯明翰为中心的西密德兰区；（4）约克和恒比尔区的以利兹和希拉德福德为核心的都市区；（5）东北区以纽卡斯尔为核心的都市区。从经济角度来看，南英格兰是重要工业区，但东南部则是大不列颠的基本农业区，中英格兰是老工业区，兰开厦、约克厦与恒伯河畔区是传统的纺织工业区，北方区则是煤炭丰富地区。

几十年的变迁，使英国人口分布有了重新布局。除大伦敦以外的所有地区人口均有所增加，而伦敦也只是在第二次世界大战后才出现了人口减少的现象。1951 年，大伦敦区人口聚集达 819.7 万人。中部区人口增长率最高。其他地区尽管人口增长也较快，但过去的一些老区，目前趋于衰落成了"萧条区"。

英国是世界上第一个实现城市化的国家也是第一个完成工业革命的国家。英国的城市化过程大约从 18 世纪中叶起到 19 世纪下半叶。1861 年，其城市人口比重已达62.0%，1891 年进一步升至 72.0%。即使用现代的眼光看 19 世纪末的英国也是一个高度城市化了的国家（参见表 18 ~ 表 20）。

表 18　英国各标准区人口及分布变动情况

标准区	面积（平方公里）	1911 年人口（千人）	1951 年人口（千人）	1978 年人口（千人）	1978 年比 1911 年增减（%）	1978 年人口密度（人/平方公里）
苏格兰	78772	4760	5097	5179	8.8	65.7
威尔士	20763	2421	2599	2768	14.3	133.3
北爱尔兰	14148	1251	1371	1539	23.0	108.8
英格兰	130363	33651	41159	46349	37.7	355.5
其中：南部区						
东南英格兰	27408	11744	15127	16802	43.1	613.0
（大伦敦）	1580	7160	8197	6918	− 3.4	4378.5
西南英格兰	23660	2687	3229	4296	59.9	181.6
东英格兰	12565	1192	1382	1873	54.1	149.1
中部区						
东密德兰	12179	2263	2892	3750	65.7	307.9
西密德兰	13013	3277	4423	5154	57.3	396.1
老区						
英格兰东北区	7993	5796	6447	6498	12.1	813.1
约克郡与恒伯	14196	3877	4522	4878	25.8	343.6
英格兰西北区	19349	2815	3137	3098	10.1	160.1
总　　计	244046	42083	50226	55835	32.7	228.8

说明：表 18 资料引自胡焕庸、张善余编著《世界人口地理》第 300 页。

表 19　1984 年英国以郡为行政单位的人口分布

行政区分	面积（平方公里）	人口（人）	人口密度（人／平方公里）	行政区分	面积（平方公里）	人口（人）	人口密度（人／平方公里）
大都会区				郡			
大伦敦	1580	7095008	4491	克尔威	2425	390173	161
大曼彻斯特	1286	2594778	2017	戴非	5765	329977	57
默齐河沿岸	652	1513070	2320	格温	1376	439684	320
泰恩河畔	540	1193845	2117	格温尼德	3868	230468	60
南约克夏	1560	1301813	834	中格拉马平	1019	537866	528
西密德兰	899	3030171	3371	波威斯	5077	110467	22
西约克夏	2039	2037510	999	南格拉马干	416	384633	925
郡				西格拉马干	817	367194	450
亚芬	1338	909408	680	**威尔士地区小计**	**20763**	**2790462**	**134**
比德福夏	1235	504986	409	郡			
波克夏	1256	675153	538	边镇	4670	99248	21
白金汉夏	1883	565992	301	中央	2621	273078	104
剑桥夏	3409	575177	169	丹弗里斯及加洛韦	6936	145078	21
赤夏	2322	926293	399	伐夫	1335	326480	245
克利夫兰	583	565775	970	格兰坪	8702	470596	54
康瓦尔及夕利群岛	3546	430506	121	苏格兰高地	25624	200030	8
康布利	6809	483427	71	洛西安	1753	735892	420
德贝夏	2631	906929	345	史翠斯可立得	13849	2397827	173
得文	6715	952000	142	塔河沿岸	7980	391529	49
多塞特	2654	591990	223	奥克尼	975	18906	19
达拉谟	2436	604728	248	昔得兰	1429	26716	19
东索塞克斯	1795	652568	364	西方群岛	2898	31766	11
艾色克斯	3674	1469065	400	**苏格兰地区小计**	**78772**	**5117146**	**65**
格洛斯特夏	2638	499351	189	郡			
汉普夏	3722	1456367	391	安特令	563	41100	73
赫勒福及乌斯特	3927	630218	160	安兹	361	53400	148
赫勒福夏	1634	954535	584	亚尔马	675	47800	71
恒伯河沿岸	3512	847666	241	卫利米娜	637	53100	83
威特岛	391	118192	310	巴利曼利	473	22300	47
肯特	3732	1463055	392	班布立治	445	28900	65
兰开夏	3043	1372118	451	伯尔发斯特	115	352700	3067
来斯特夏	2553	842577	330	咯里福古	77	28100	365

行政区分	面积 （平方公里）	人口 （人）	人口密度 （人／ 平方公里）	行政区分	面积 （平方公里）	人口 （人）	人口密度 （人／ 平方公里）
林肯夏	5885	547560	93	卡色累	85	63400	746
诺福克	5335	693490	130	科兰	485	45700	94
北安普顿夏	2367	527532	223	库克斯镇	611	38200	46
诺桑伯兰	5033	289905	58	可雷加佛	388	73300	189
北约克夏	˙8317	666610	80	当镇	646	48700	75
诺丁罕夏	2164	982631	454	丹根伦	780	42400	54
牛津夏	2611	515079	197	非曼那	1876	50900	27
七洛普夏	3490	375610	108	拉恩	340	28300	83
索美塞得	3458	424988	123	利马范第	590	25100	43
斯塔福夏	2716	1012320	373	利斯本	447	83300	186
索夫克	3800	596354	157	伦登德立	387	89500	231
索立	1655	999393	604	马海雷非	562	32800	58
窝立克夏	1981	473620	239	木爱尔	495	12900	26
西索塞克斯	2016	658562	327	钮里及摩恩	910	76900	85
维特夏	3481	518167	149	纽坦阿贝	139	76000	547
英格兰地区小计	**130363**	**47046092**	**361**	北当	74	62500	845
				奥马	1125	42200	38
				斯特拉本	862	35800	42
				北爱尔兰小计	**14148**	**1545300**	**109**
				合　计	244046	56499000	232
				马恩岛（道格拉斯）	588	64000	109
				海峡群岛	195	131000	672
				总　计	244829	56694000	232

说明：海峡群岛是指根西岛、泽西岛等岛屿。

表 20　1800～1989 年英国城乡人口构成

单位：%

年份	城市	乡村	年份	城市	乡村	年份	城市	乡村	年份	城市	乡村
1800	21.0	79.0	1931	78.1	21.9	1955	78.7	21.3	1975	77.0	23.0
1850	39.0	61.0	1939	80.4	19.6	1956	78.6	21.4	1985	83.0	17.0
1861	62.3	37.7	1951	78.9	21.1	1957	78.5	21.5	1989	90.0	10.0
1891	72.0	28.0	1952	78.9	21.1	1958	78.6	21.4			
1911	75.8	24.2	1953	78.7	21.3	1959	78.5	21.5			
1921	77.2	22.8	1954	78.7	21.3	1970	79.0	21.0			

一般而言，发达国家人口城市化的特征是：（1）城市人口膨胀，制造业、交通、银行业发达；（2）粮食自给自足；（3）农业实现了现代化，像美、加、澳、法均属这类城市化国家。然而英国却由于土地狭小，粮食不能自给，因此，属于发达国家中另一类城市化国家。从整个联合王国来看，其城市化水平也不均衡，英格兰和威尔士最高，苏格兰次之，北爱尔兰最低。显示出城市化与其经济发展的密切关系（参见表21）。

表 21　英国城市人口比重变动情况

单位：%

年　份	英格兰和威尔士	苏格兰	北爱尔兰	全国	年　份	英格兰和威尔士	苏格兰	北爱尔兰	全国
1971	78.0	70.9	55.1	76.7	1973	77.7	70.3	54.7	76.9
1972	77.9	71.0	55.1	77.1	1974		70.0		

从整个世界范围来看，英国是人口大国中少数人口城市化最高的国家之一，由于英国是总人口已超过5000万人的大国，从这个意义上讲，与之具有可比性的只有联邦德国（总人口6150万人，城市人口比重94%）。英国也是世界上规模城市起源最早的国家之一。如伦敦，在7世纪就已经成了东撒克逊王国的首都，11世纪初，伦敦便成了英格兰的政治中心，其后的人口变动情况见表22。

表 22　英国主要城市人口变动情况

单位：千人

年份＼城市	公元前	1世纪	10世纪	14世纪	16世纪	1750	1800	1850	1900	1920	1930	1940	1950	1960	1970	1983
伦　敦	40	30	25	40	150	675	865	1950	6480	7740	8125	11500	11700	12465	12945	12231
利物浦				1	1	25	75	650	685	1200	1335	1365	1665	1740	1825	1130
格拉斯哥				2	2	43	85	635	1070	1395	1685	1720	1910	1960	2010	1713
曼彻斯特				2	10	27	80	590	2150	2305	2415	2430	2510	2525	2540	2594
伯明翰			2	2	15	50	70	480	520	1695	1900	2070	2585	2775	2980	1021
利　兹							259		1445			1672	1692	1702	1730	1670

说明：包括郊区。

目前的英格兰和威尔士地区组成了6~7个城市连绵区，分别是大伦敦、以伯明翰为中心的西密德兰、以利兹为中心的西约克夏、以曼彻斯特为中心的东南兰开夏、以利物浦为中心的默齐河畔、以纽卡斯尔为中心的泰恩河畔，以及连接加的夫和斯温的东南威尔士和以格拉斯哥为中心的克莱德河中部。英国的大城市星罗棋布，10万人口以上的大城市有 100 多个，但北爱尔兰、威尔士和苏格兰只有其中的几座，其余全部位于英格兰地区。

由于英国大城市太多，人口复杂，带来诸多社会经济问题，因此，为了抑制大都市无休止的膨胀下去，政府曾制定并实施了建立"新城"的方案，从而在很大程度上分流了特大城市的人口。这种做法引起了全世界的关注，但尽管如此，伦敦的市区人口至今仍约为 669.6 万。以四位城市指数衡量，其值为 0.75335，远远超过 0.5333 的一般要求。

经济活动人口

英国工业化进行得早，农村人口比重下降得也早，而且降低幅度也大。1851 年英国除北爱尔兰以外的农业就业人口占总就业人口的比重是 21.5%，此后各年为：1881 年 12.9%，1891 年 10.7%，1901 年 8.9%，1911 年 8.2%，1921 年 7.1%，1931 年 5.9%，1937 年 4.1%，1966 年 3.1%，1971 年 2 5%，1981 年 2.4%。英国在 1850 年第二产业的经济活动人口就超过了第一产业，是完成"产业转变"程度最高和最早的国家。美国在 20 世纪初、法国在 1921 年、加拿大在 1930 年才完成这一转变（参见表 23）。

表 23　1811～1931 年英国劳动力人口的行业分布[1] *

单位：千人

项目 ＼ 年份	1811	1891	1901	1911	1921	1931
自立人口[2]总计	22081	25100	28770	32234	34979	37603
就业人数合计	12739	14500	16312	18354	19357	21055
渔业	61	54	51	70	65	63
农业	1593	1498	1403	1429	1307	1194
采矿业	437	599	752	1128	1305	1166
砖、水泥、陶器、玻璃	130	142	177	201	214	265
化学品、火药、油漆、橡胶等	52	69	101	183	269	303
金属、机器、工具、运输工具	927	1095	1447	1779	2491	2412
纺织工业	1191	1253	1169	1359	1293	1317
其中：棉纺织	520	562	544	646	621	591
毛纺织	252	275	235	261	260	248

＊不包括北爱尔兰。

[1]1811～1901 年不包括维修人员、管理人员、司机等普通工作人员；1911～1931 年包括全部就业人数。

[2]系指 10 岁和 10 岁以上的自立人口数。

1983 年，英国的农业劳动力人口比重仅为 1.6%（参见表 24）。

表 24　1983 英国各产业就业人口的比重

单位：%

行　业	比　重	行　业	比　重	行　业	比　重
农、渔业	1.6	交通、运输业	6.9	其他	20.3
矿业	1.6	商业	12.5		
工业	28.6	服务业	17.3	合　计	100.0
建筑业	5.3	金融、保险	5.9		

这种农业劳动力低的状况在世界上与新加坡等微型城市国家几乎一致。因此，尽管第一、二产业比重下降，第三产业比重上升是第二次世界大战后经济发达国家的普遍现象，但是，由于英国的产业结构变动太"快"，脱离了本国的实情，其产业结构反而成了"英国病"的原因之一。其表现主要是第二产业不振，第三产业过分膨胀。在工业内部，一方面，产业革命时期兴起的传统工业部门，如冶金、煤炭、造船、纺织等长期不景气，拖了整个工业的后腿，另一方面，能对国民经济作较大贡献，并有发展前途的新兴工业部门，如电子、石油化学、塑料、合成纤维等起步并不迟，但却竞争不过海外的主要对手，因而在整个工业中所起的作用并不大，致使工业不振，经济衰退。因此，失业问题不断发生。20 世纪 80 年代以来，其失业率在 12% 左右徘徊，几乎为资本主义国家最高值。

人口教育水平和医疗卫生状况及其他

英国国民文化素质高，几乎没有文盲。小学入学率达 100%，中学入学率为 83%，每百名 20～24 岁的年青人中，有 20 名可进入大学读书，整个教育经费占财政支出的 10%。不过，中小学分为公立和私立两种。但 5～16 岁的少年儿童必须接受义务教育。每名医生负担的人口数 1960 年为 940 人，1977 年为 750 人，1980 年为 650 人，每名护士的负担人口数 1980 年仅为 140 人。英国作为经济发达的资本主义国家之一，其人均收入颇高。1983 年人均国民收入为 7626 美元。1987 年，人均国民生产总值 10430 美元。这一数值尽管名列世界前茅，但在北欧和西欧却算低水平，仅高于爱尔兰。

小结

英国是欧洲人口最多的国家之一，是欧洲人口密度最高的国家之一，是人口转变最早的国家之一，是人口老龄化到达最早以及人口最"老"的国家之一，是人口城市化最早到来以及城市人口比重最高的国家之一，是向外移民最多的国家之一。

从人口学的角度看，目前英国存在的社会问题有：（1）离婚率高。1982 年，英格兰和威尔士是 2.9‰，苏格兰 2.8‰，北爱尔兰 0.9‰，前两者均属欧洲最高水平之列。（2）特大城市人口仍然过多。伦敦都市圈人口密度每平方公里 4328 人，是世界上最为拥挤的地区之一。（3）人口将呈现下降趋势。早在 20 世纪 20 年代，统计学家们就针对英国提出了"每一百个怀孕年龄的妇女所留下的可以成为母亲的女孩不满一百个"的说法，并认为至 1931 年，"每百名可婚年龄的妇女将由八十一个生长到那个年龄的妇女来填补"。

事实上，英国达到人口更替水平（净再生产为 1.0）的年份是 1972~1973 年。其后，才出现"百名妇女所留下的可以成为母亲的女孩不足百名"的状况（参见表 25）。

表 25　1970~1976 年英国人口净再生产率变动

单位：个

年　份	1970	1971	1972	1973	1974	1975	1976
净再生产率	1.126	1.124	1.029	0.955	0.901	0.848	0.818

在这种情况下，英国今后人口的自然增长必然是"负"的。如果没有大量人口移入，那么，据预测，英国的人口至 2020 年时，可能会降至 5660 万人。

参考资料

〔英〕J. 克拉潘：《现代英国经济史》（上、中、下卷），姚曾廙译，商务印书馆，1975。

〔日〕南亮三郎：《人口论史》，张毓宝译，中国人民大学出版社，1984。

〔日〕南亮三郎：《人口思想史》，苏正绪译，吉林大学人口研究室，1980。

North America

北美洲

　　就经济政治地理而言，北美洲是指美国南部国界以北的美洲，即通常所说的盎格鲁美洲或盎格鲁－撒克逊美洲。美国和加拿大占据了北美洲的绝大部分，这两个国家受日耳曼语族的盎格鲁－撒克逊人影响极大，同主要受拉丁语族西班牙、葡萄牙文化影响的拉丁美洲有显著区别。受丹麦文化影响较为强烈的格陵兰岛被列为盎格鲁美洲。因此，盎格鲁美洲主要包括美国、加拿大、格陵兰岛、圣劳伦斯河口的法属圣皮埃尔岛和密克隆岛、大西洋西北部的百慕大群岛等。

　　在欧洲人到来之前，北美洲已有几百万人口在此生活着，其中，多是先前从白令海峡越洋而来的蒙古人种，因此，将连同北美洲在内的美洲称之为新大陆实在有些名不副实。早期到来的这些人以及美洲当地的一些土生土长的居民一起，由于哥伦布的误解，而被统称为印第安人，尽管他们之间的类型各异，但却都保留着共同的"印第安人"特征。只是到后来欧洲人的进入，才使这些原来的人口显得更少，如今已列为保护对象。

　　欧洲人到来之后，美国弗吉尼亚州于 17 世纪率先购入了黑人奴隶，尽管不久以后的南北战争之后奴隶就获得解放，但历史却将黑色人种也引进了北美洲。

　　这样，目前北美洲的人种结构主要是：欧洲民族后裔、昔日黑人奴隶子孙、印第安人以及越来越多的亚洲人和不同组合的混血人种。这些来自于不同背景下的不同民族的人口，在共同的地域、共同的社会中共同生活了较长时间之后，遂形成一个种族的大熔炉，并冶炼出目前的一个共同的民族，即北美居民，尽管他们仍受盎格鲁－撒克逊文化的传统影响，但他们更有着自己目前的国民意识。

　　从人口数量的演变上看，欧洲人开始移民之前，北美洲地广人稀，人口有大约 100 万～300 万人左右。一般认为，1620 年英国"五月花"号载 102 名清教徒漂洋过海来到普利茅斯，才算是真正意义的移民开始。随后，鱼贯而来的移民便使得这一地区人口迅速膨胀起来。1640 年，英属北美殖民地的人口只有 2.5 万人，1690 年，便达到 25 万人。由于移民的大量涌入，约每 25 年即增加 1 倍，到 1775 年，它的人口已增至 250 万人。1800 年，北美居民共 600 万人，其中，550 万人定居在目前的美国，50 万人住在加拿大。1830 年，涌入大批爱尔兰移民，接着因马铃薯歉收，移民人数在 1840 年以后达到最高潮。1860～1890 年，英、德和北欧诸国再插一脚。1900 年，意大利与斯拉夫各族亦不甘示弱，开始涌入。第一次世界大战前夕，移民到北美人数达到高峰。第二次世界大战后，移民再度增加。及至目前，移民风波仍未平息。然而，移民来源已有改变，由过去的欧洲人转而成为了亚洲人及隔邻的拉丁美洲人。

北美洲人口的自然增长，与欧洲发达国家颇有相同之处：出生率、死亡率早已开始降低；人口再生产类型已转变完毕；婴儿死亡率已降低到较低水平，从而跨入了人口老龄化社会（参见表 1、表 2 和图 1）。

表 1　北美洲有关人口指标

指　标	数　值	指　标	数　值	指　标	数　值	指　标	数　值
1989 年人口（千人）	275700	婴儿死亡率（‰）	10	中位年龄（岁）	28.9	人均国民生产总值（美元）	18110（1987 年）
出生率（‰）	16	总和生育率（个）	1.9	15 岁以下人口比重（%）	21	面　积（平方公里）	21519126.8
死亡率（‰）	9	平均预期寿命（年）	75	65 岁及以上人口比重（%）	12	人口密度（人/平方公里）	12.8
自然增长率（‰）	7	性比例（%）	96.03	城市人口比重（%）	74	预测 2000 年人口（千人）	297000

表 2　北美洲的人口变动

年　份	人　口（百万人）	占世界人口（%）	年均增长率（%）	年　份	人　口（百万人）	占世界人口（%）	年均增长率（%）
公元前 5000	0.1	0.2		1940	146.0	6.4	0.786
公元 1	0.3	0.2	0.022	1950	166.0	6.6	1.292
1000	0.5	0.2	0.051	1955	182.0	6.6	1.857
1500	1.0	0.2	0.139	1960	199.0	6.5	1.802
1600	1.0	0.2	0.000	1965	214.0	6.4	1.464
1700	1.2	0.2	0.182	1970	226.0	6.1	1.096
1800	6.5	0.7	1.704	1975	236.0	5.8	0.870
1900	81.3	0.5	2.559	1980	254.0	5.7	1.481
1910	101.0	5.7	2.193	1985	261.0	5.4	0.545
1920	117.0	6.5	1.481	1989	275.7	5.3	1.315
1930	135.0	6.5	1.441				

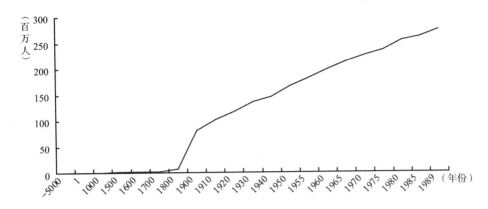

图1 北美洲人口变动图示

在欧洲殖民主义者侵入美洲之前,这里的土著居民是印第安人和爱斯基摩人,主要信奉的是各种不同形式的原始宗教。在许多印第安民族中保持着图腾崇拜(图腾崇拜是指相信人与某一图腾有亲缘关系,或相信一个群体或个人与某一图腾有神秘关系的信仰。图腾则是原始人迷信某种动物或自然物同氏族有血缘关系,因而用它来作为本氏族的徽号或标志)。目前的北美洲居民,由于多是欧洲后裔,其宗教崇拜具有欧洲特性,主要是新教徒和天主教徒。但从信徒数量上看,前者略多于后者。这同拉丁美洲正好相反,在那里,天主教徒占绝对优势。这与过去西班牙及葡萄牙的征服者痕迹有密切关系。

从语言上看,北美过去的移民大多来自于以盎格鲁–撒克逊为主的日耳曼语族国家,因此,目前的北美洲均以讲英语为主,个别的印第安人操土著语言,但是在拉丁美洲,则多讲属于拉丁语族的西班牙语、葡萄牙语和法语,一般称"西语"国家。

盎格鲁美洲面积2149.5万平方公里,1989年人口2.75亿人,人口密度每平方公里12.8人,但是,整个分布相当不平均,随纬度向北,渐次递减,加拿大的人口密度只有2.6人;北纬50°以北,人口更显稀疏;寂寥的极地地区只有极少数的采矿者居住,人口密度每平方公里不足1人;加拿大海面上的岛屿和大半个格陵兰岛,不见人迹。

北美洲的城市发展较快、较多、也较早。由于港口、河口、湖泊、矿床、交通网均是城市发展的必要条件,而北美洲正好具备这些条件,大、中城市犹如雨后春笋,纷纷冒出。纽约——东北新泽西是世界上最大的城市群。洛杉矶——长滩居于世界第六,该州城市人口占该洲总人口比重的74%,与欧洲平均水平相同,是世界城市人口比重最高的地区之一。

北美洲与拉丁美洲之间在经济上存在着很大差异,有历史原因、政治原因,还有自然环境原因。1989年,北美洲人均国内生产总值为18110美元,拉丁美洲仅是其1/10,为1820美元。

目前北美洲存在的人口社会问题,一个是有关黑人的种族问题,另一个是来自于拉丁美洲的"非法"移民问题。从人口方面来讲,已经引起社会学者、人口学者们关注的有如人口老化等问题。

表 3 是 1989 年北美洲若干国家和地区的有关人口指标。

表 3　1989 年北美洲若干国家和地区有关人口指标

	面积 （平方 公里）	人　口 （百万人）	人口密度 （人/平方 公里）	出生率 （‰）	死亡率 （‰）	自　然 增长率 （‰）	婴儿 死亡率 （‰）	总　和 生育率 （个）	平　均 预期寿命 （年）	人口年龄 构　成 （15 –/ 65 +）	2000 年 人口预测 （百万人）
加拿大	9970610	26.3	3	15.0	7.0	8.0	7.9	1.7	77	21/11	28.4
美　国	9372621	248.8	26.6	16.0	9.0	7.0	9.9	1.9	75	21/12	268.3
格陵兰	2175600	0.055	0.03	20.4	8.3	12.1	23.4				
圣皮埃 尔岛及 密克隆岛	242	0.006									
百　慕 大群岛	53.8	0.5467									
合　计		275.7									

说明：格陵兰是 1987 年数据。

加拿大（Canada）

加拿大包括北美大陆北半部除阿拉斯加以外的地区，以及除格陵兰以外的全部北极群岛。东北隔巴芬湾与丹属格陵兰岛相望，西北与美国的阿拉斯加州接壤，南界美国，东临大西洋，西濒太平洋，北濒北冰洋。加拿大官方公布境内面积共计 997.06 万平方公里，成为一片仅次于苏联而超过世界上任何其他国家的辽阔国土。1989 年，加拿大境内人口估测 2630 万人，人口密度每平方公里 2.64 人，是世界上人口最稀疏的国家之一。首都：渥太华。

历史

目前的加拿大地区是以圣劳伦斯河及其支流来连贯东西的。在法国人到此探险与殖民之前，一些地区生活着印第安人和因纽特人。公元 16 世纪起，欧洲殖民者先后入侵。为争夺此地，英法于 1756 年爆发了持续 7 年的"七年战争"。战争于 1763 年以法国失败并将其已殖民的地区割让给英国而告终。据认为，1668 年殖民地的人口只有 6282 人，但到这次战争结束时，仅法国人口就有 6.5 万人居住在此地。然而到了 1812 年，战争再起，这次是英、加共同与美作战。1867 年 7 月 1 日，加拿大省、新不伦瑞克和诺瓦斯科舍合并为一个联邦，从英国的统治下率先独立为英国最早的一个自治领。1870 ～ 1949 年，其他省份陆续加入此联邦。1926 年，加拿大获得外交上的独立。1930 年，成为英联邦成员，遂与英成为"平等地位，不再互相隶属"的关系。

民族、宗教和语言

人口史的资料表明，加拿大是世界上人类居住最晚的地区之一。大约在 1 万年前的北美冰盖退缩后才有了人类居住。关于加拿大人的起源问题，众说不一。美洲人类骨骼最早的是公元前 25000～前 18000 年前遗留下来的，而加拿大地区的早期人类则大多是从亚欧大陆取道白令海峡过来的、介于蒙古人与高加索人之间的数种原始民族的混血人种。这些人来到北美大陆北部后，一部分便居住在加拿大北部海岸、北极区内各岛屿以及加拿大以外的格陵兰海岸，另一部分则分布在加拿大南部地区，甚至扩展到中美洲一带。有观点认为，跨越白令海峡而来的是印第安人，散居在北冰洋沿岸的种族为爱斯基摩人；也有观点认为，印第安人原是指居住在美洲大陆各地原住居民的总称，爱斯基摩人则是指住在美洲北部的因纽特人。关于爱斯基摩人运用手工制造器物的历史，可上溯到公元前 3000 年，当时主要是一些燧石工具。此后 1000 年，爱斯基摩人缓慢向东扩展，这一时期的文化在加拿大称之为前多塞特文化。

最早到达加拿大的欧洲人是公元 1000 年左右的挪威探险者。1497 年意大利航海家约翰·卡伯特曾到达纽芬兰东岸；1500～1501 年，葡萄牙的科尔特雷尔兄弟航海到达纽芬兰岛及拉布拉多岛沿岸；1524 年意大利人贝拉查诺沿着海岸到达希里敦角岛，并将其命名为新法兰西；1534 年法国人雅克·卡蒂埃航行到圣劳伦斯湾探险，翌年又沿圣劳伦斯河上溯；1608 年法国人德蒙和尚普兰在圣劳伦斯河沿岸建立定居点，作为皮毛贸易的中心并控制了圣劳伦斯河，这就是法国在北美的殖民地的起点。此后，欧洲人又沿河而上至魁北克及蒙特利尔。

加拿大是一个移民国家，但是并不等于说，在欧洲人到达之前，这里是一个荒无人烟的地区，是欧洲人将此地变成了"新大陆"。前述已经看出，在 1492 年哥伦布或 1497 年卡伯特到达美洲大陆或纽芬兰东岸之前，包括加拿大在内的美洲地区已有百万人之众，而加拿大地区也有 10 万人以上。

在 1763～1867 年加拿大成为自治领期间，是欧洲人向加拿大永久性移民的开端。在前一个世纪，尽管英国人及法国人竞相移民，但法国人在移民净迁入量上占了绝对优势。这些法国早期居民主要居住在圣劳伦斯河西岸，即所谓的下加拿大区，但是进入 18 世纪中叶，英国人的移居速度又超过了法国人。这些英国人不仅在移居数量方面占据了上风，而且出生率也很高，并以此扩大其人口势力。他们均居住在过去称之为上加拿大区的宜于人类居住的安大略湖畔。至 1822 年，下加拿大区人口已为 42.7 万人，上加拿大区为 15 万人，新斯科舍有 8 万人，新不伦瑞克 7.5 万人。1861 年的人口普查表明：下加拿大的蒙特利尔市有人口 9.6 万人，魁北克 5.1 万人，上加拿大的多伦多人口为 4.7 万人，哈密尔顿 2.2 万人，金斯顿 1.5 万人，渥太华 1.5 万人，伦敦 1.2 万人，位于新不伦瑞克的圣约翰 2.7 万人，位于新斯科舍的哈利法克斯 2.5 万人。总之，在 19 世纪中叶加拿大移民趋势扭转之前的 1850 年,上加拿大区的移民人口已达 95.2 万人,下加拿大区为 89 万人。自此,向加拿大移民的热潮暂告一段落。

从 19 世纪中叶开始,由于加拿大经济发展不快,而比邻的美国却相对繁荣,因此,人口的流动方向逐渐改变,移民趋向转往美国。1851～1860 年的 10 年间,由加拿大移居美国的有 10 万人之多,其后的 10 年又有 10 万人移居美国。此后的移民流向又几经反复。尽管如此,加拿大的人口随着一波一波的移民浪潮还是逐渐增加,有时甚至十分迅猛。1826～1850 年,迁往加拿大的人口有 100 万人以上;1851～1860 年间,人口迁入仍为 10 万～20 万人。进入 20 世纪以后,1903～1915 年间,计有 300 万人移往加拿大境内。

此后,加拿大的法律规定限制移民,这一规定曾起到了一定的作用,但是,在第二次世界大战之后,移民风再次刮起。从那时起到 20 世纪 70 年代中期,几乎没有停止过国外居民向加拿大的移入。一方面,加拿大的经济发展吸引着人流迁入该国;另一方面,加拿大对外开放的移民政策也为这种人流的迁入提供了条件。总之,加拿大是一个移民占有相当比重的国家,从 19 世纪中叶开始至今,加国增长的人口中平均每年有 15.05% 的人口属于迁入者。从其迁移的历史来看,大致分为几个阶段:1861 年之前、1901～1931 年之间、20 世纪 40 年代之后至 70 年代中期之前。这三个阶段是人口迁入高峰期,除此之外的两个时期,即 1861～1901 年间和 1931～1941 年间是人口迁入低潮期(参见表 1)。

表 1　加拿大人口迁移及构成变动情况

时　期	期末人口 (千人)	增加人口 (千人)	迁入人口 (千人)	迁出人口 (千人)	净迁入人口 (千人)	净迁入人口占增加人口的比重(%)
1851～1861	3230	793	352	170	182	23.0
1861～1871	3689	460	260	410	−150	−32.6
1871～1881	4325	636	350	404	−54	−8.5
1881～1891	4833	508	680	826	−146	−28.7
1891～1901	5371	538	250	380	−130	−24.2
1901～1911	7207	1835	1550	740	810	44.1
1911～1921	8788	1581	1400	1089	311	19.7
1921～1931	10377	1589	1200	970	230	14.5
1931～1941	11507	1130	149	241	−92	−8.1
1941～1951	13648	2141	548	379	169	7.9
1951～1956	16081	2071	783	185	598	28.9
1956～1961	18238	2157	760	278	482	22.3
1961～1966	20015	1777	539	280	259	14.6
1966～1971	21568	1553	890	427	463	29.8

加拿大复杂的移民历史说明其人口构成也是十分复杂的。本来,从历史上看,英裔人在加拿大占绝对优势,但 20 世纪以后,首先是美国人,其后是亚洲人大量涌进了加拿大,使其原始的人口构成有了新的变化。百年之前,英国人在加拿大居民中的比重为60.5%,法国人为 31.1%;而在 1971 年,两者分别降至 44.6% 和 28.7%,其他民族则从 9% 上升到接近 27%。如果按照民族划分,大致分类如表 2 所示。

表 2　1981 年加拿大人口民族构成

民　族	总人口（人）	比重（%）	男性（人）	女性（人）	民　族	总人口（人）	比重（%）	男性（人）	女性（人）
非 洲 人	45220	0.2	23435	21785	意大利人	747970	3.2	390000	357970
阿拉伯人	60140	0.3	32640	27500	日 本 人	41000	0.2	20590	20410
亚美尼亚人	21160	0.1	10780	10380	犹 太 人	264020	1.1	133380	130640
奥地利人	40630	0.2	20205	20425	北非阿拉伯人	10545	0.0	5885	4660
巴尔干人	129075	0.5	67490	61585	其他欧洲人	1760540	7.4	869370	891170
巴苏巴人	50300	0.2	25155	25145	太平洋岛屿人	80340	0.3	36030	44310
比利时人	43000	0.2	22320	20680	波 兰 人	254480	1.1	129125	125355
华 　 人	289245	1.2	146330	142915	葡萄牙人	188100	0.8	95355	92745
捷克斯洛伐克人	67695	0.3	35420	32275	罗马尼亚人	22485	0.1	11520	10965
英 国 人	9674250	40.9	4755250	4919000	俄罗斯人	49435	0.2	24370	25065
芬 兰 人	52325	0.2	24955	27370	斯堪的纳维亚人	282795	1.2	146075	136720
法 国 人	6439105	27.2	3176575	3262530	西班牙人	53540	0.2	27035	26505
德意志人	1142365	4.8	575730	566635	瑞 士 人	29805	0.1	15735	14070
希 腊 人	154360	0.7	80360	74000	乌克兰人	529610	2.2	265210	264400
匈牙利人	116395	0.5	60700	55695	西 亚 人	10055	0.0	5685	4370
印第安人	491455	2.1	242640	248815	其 　 他	293715	1.2	146315	147400
印度－华人	43720	0.2	24450	19270					
印度－巴基斯坦人	196395	0.8	101360	95035	合　　计	23675270	100.0	11747475	11927795

说明:由于资料来源不同,本表数据与表 5 略有出入。

如果按照格林贝尔的语言划分方法进行分类的话,加拿大的人口涉及诸多语系和语族。

尽管目前的民族构成有了很大变动,但是,日耳曼语族的英裔加拿大人仍占绝对优势,占总人口的 43.8%;罗曼语族的法裔加拿大人占 26.7%。此外,德意志人占 5.1%。

民族构成的复杂性,导致了居民宗教信仰、语言文化的复杂性。从宗教上讲,天主教徒最多,占总人口的 46.2%;基督教徒占 41.2%。其中,又分门别类地划分为许多小的支教派,如希腊天主教、加拿大联合教会、英国国教、长老会派、路德派、东正教、犹太教等。宗教的复杂性,一方面是社会历史发展的反映,另一方面又是各路移民聚集在一起的结果。与此相应的，其语言构成也相当繁杂，大约有 60.2% 的居民使用英语；26.9% 的居民使用法语；使用德语和意大利语者分别占 2.6% 和 2.5%；余者说乌克兰语、荷兰语、波兰语等；土著居民仍使用印第安语和爱斯基摩语（参见表 3）。

表 3　1980 年加拿大人口以语系划分

单位：%

民　族	比　重	民　族	比　重
印欧语系	96.7	阿尔贡衮 – 莫桑语系	0.9
日耳曼语族	59.3	纳 – 德涅语系	0.2
罗曼语族	30.9	霍卡西乌语系	0.2
斯拉夫语族	4.6	彼努蒂语系	0.01
克尔特语族	0.9	爱斯基摩 – 阿留申语系	0.1
希腊语族	0.5	汉藏语系	0.5
印度 – 阿利安语族	0.2	汉　族	0.5
波罗的海语族	0.2	日本人	0.2
亚美尼亚语族	0.1	其　他	0.2
阿尔巴尼亚语族	0.01	总　计	100.0
印第安民族	1.0		

人口变动

　　加拿大的人口无疑一开始主要来源于移民，今天的移民流入虽然也还对人口的增长起作用，但是，加拿大人口的增长现在主要是靠自然增长。总的情况是，自然增长占加拿大人口总增长因素的 81.8%。表 4 是加拿大 1852 年以来的移入民情况。

　　纪元初年，加拿大人口约为 10 万人，1700 年时增至 20 万人，1800 年人口达 50 万人。这些数据大多是估计测算得来的。从 1851 年开始，加拿大开始进行第一次正式的人口普查，其后的资料均是较为可靠的。1851～1861 年的人口数据是对各省人口普查数据的加总。从 1871 年开始，加拿大开始了每 10 年一次的全国性人口普查直至 1950 年。此后，每隔 5 年进行一次，目前这种普查已进行了近 20 次。普查的年份分别是：1851、1861、1871、1881、1891、1901、1911、1921、1931、1941、1951、1956、1961、1966、1971、1976、1981 年等。上述普查年份提供的丰富资料显示出了加拿大人口的运行轨迹（参见表 5）。

表4 1852～1971年加拿大迁入人口

单位：人

年 份	移入数	年 份	移入数	年 份	移入数	年 份	移入数	年 份	移入数	年 份	移入数
1852	29307	1872	36578	1892	30996	1912	375756	1932	20591	1952	164498
1853	29464	1873	50050	1893	29633	1913	400870	1933	14382	1953	168868
1854	37263	1874	39373	1894	20829	1914	150484	1934	12476	1954	154227
1855	25296	1875	27382	1895	18790	1915	36665	1935	11277	1955	109946
1856	22544	1876	25633	1896	16835	1916	55914	1936	11643	1956	164857
1857	33854	1877	27082	1897	21716	1917	72910	1937	15101	1957	282164
1858	12339	1878	29807	1898	31900	1918	41845	1938	17244	1958	124851
1859	6300	1879	40492	1899	44543	1919	107698	1939	16994	1959	106928
1860	6276	1880	38505	1900	41681	1920	138824	1940	11324	1960	104111
1861	13589	1881	47991	1901	55747	1921	91728	1941	9329	1961	71689
1862	18294	1882	112458	1902	89102	1922	64224	1942	7576	1962	74586
1863	21000	1883	133624	1903	138660	1923	133729	1943	8504	1963	93151
1864	24779	1884	103824	1904	131252	1924	124164	1944	12801	1964	112606
1865	18958	1885	79169	1905	141465	1925	84907	1945	22722	1965	146758
1866	11427	1886	69152	1906	211653	1926	135982	1946	71719	1966	194743
1867	10666	1887	84526	1907	272409	1927	158886	1947	64127	1967	222876
1868	12765	1888	88766	1908	143326	1928	166783	1948	125414	1968	183974
1869	18630	1889	91600	1909	173694	1929	164993	1949	95217	1969	161531
1870	24706	1890	75067	1910	286839	1930	104806	1950	73912	1970	147713
1871	27773	1891	82165	1911	331288	1931	27530	1951	194391	1971	121900

表5 加拿大的人口变动

年 份	人 口 (千人)	比前期 增 加 (千人)	比前期 增 长 (%)	年 均 增长率 (%)	因移民 使人口 增长(%)	年 份	人 口 (千人)	比前期 增 加 (千人)	比前期 增 长 (%)	年 均 增长率 (%)	因移民 使人口 增长(%)
1851	2436					1951	14009	2502	21.7	2.0	7.9
1861	3230	794	32.6	2.9	23.0	1956	16081	2072	14.8	2.8	28.9
1871	3689	459	14.2	1.3	-32.6	1961	18238	2157	13.4	2.5	22.3
1881	4325	636	17.2	1.6	-8.5	1966	20015	1777	9.7	1.9	14.6
1891	4833	508	11.7	1.1	-28.7	1971	21568	1553	7.8	1.5	29.8
1901	5371	538	11.1	1.1	-24.2	1976	22993	1425	6.6	1.3	
1911	7207	1836	34.2	3.0	44.1	1981	24343	1351	5.9	1.1	
1921	8788	1581	21.9	2.0	19.7	1987	25963	1620	6.7	1.1	
1931	10377	1589	18.1	1.7	14.5	1989	26300	337	1.3	0.6	
1941	11507	1130	10.9	1.0	-8.1						

加拿大人口增长之快，一方面由于移民的缘故；另一方面，该国人口自然增长率在

很长的历史时期内,由于其移民年龄构成年轻而使得人口出生率很高。17、18 世纪的人口出生率一直保持在 50‰ 上下,有时高达 60‰。19 世纪后半叶,出生率有所下降。1867～1875 年间,出生率为 34‰,死亡率为 18‰,自然增长率为 16‰。1891～1900 年,三项指标分别是:28‰、16‰、12‰。1920～1929 年:26‰、12‰、14‰。总之,加国的出生率一直比较高,只是在第二次世界大战以后很久才有所下降,这在发达国家中是不多见的(参见表6)。

表 6   加拿大人口自然变动指标

单位:‰

年　份	出生率	死亡率	自然增长率	年　份	出生率	死亡率	自然增长率
1867～1875	34.0	18.0	16.0	1968	17.6	7.4	10.2
1891～1900	28.0	16.0	12.0	1973	15.6	7.4	8.2
1920～1929	26.0	12.0	14.0	1981	15.0	7.0	8.0
1953	28.1	8.6	19.5	1986	14.5	7.2	7.3
1958	27.5	7.9	19.6	1989	15.0	7.0	8.0
1963	24.6	7.8	16.8				

由于移民中以年轻人口居多,因此,无论是过去,还是现在,移民流对人口的自然变动都产生着重要影响。加拿大人口出生率下降缓慢,而且稳定在某一程度不再下降,也说明了人口"流"的重要性。加拿大的人口死亡率已经降到了很低水平。由于年龄构成"轻"于比邻的美国,因此,死亡率比其低 2 个千分点。自然增长速度与美国基本接近。

人口结构

加拿大人口的一个特点是,近年来人口老化现象越来越明显。在 20 世纪 60 年代中期加拿大的人口普查之后,有学者还断言加拿大的人口特点是"他们年轻"。但现在这种判断已经过时。由于加拿大是世界上移入民最多的国家之一,而移入民中以年轻人口最多,因而出生率较高,死亡率相应较低,这样,人口特征长期以来一直是呈年轻型。在 20 世纪 70 年代以前,15 岁以下少儿人口在总人口中的比重一直在 30% 以上,65 岁及以上老年人口比重则一直在 8% 以下。当然,这时的人口事实上已进入"稳定型"或"成年型"状态。进入 70 年代后,各项指标的数值便突破了各自的临界点。

1989 年估测加拿大人口年龄构成的上述三项指标为 21%、68%、11%,因此,认为加拿大人口已经进入人口老化阶段,并且已经面临着人口老化问题并不过分。事实上,日本人口 1989 年的上述三项指标分别是:20%、69%、11%。日本人口老化严重,是因为日本人口绝对数达 1 亿多人而令人生畏,但是,并不能够因为加拿大人口数量相对少,就不重视其人口老化问题,当然,人们之所以不像担心日本那样担心加拿大的人口老龄问题,是因为在这片广袤的国土上,还可移入大量的年轻人口以缓解人口老化现象。然而这一点,日本人只能望洋兴叹。关于加拿大的人口年龄结构变动情况如表7所示。

表7 加拿大人口年龄构成变动情况

年龄 年份	0~14岁 （%）	15~64岁 （%）	65岁及 以上（%）	总抚养比 （%）	少年儿童 抚养比（%）	老年人口 抚养比（%）	老少比 （%）	年龄中位数 （岁）
1851	44.9	52.4	2.7	90.8	85.7	5.2	6.0	17.23
1861	42.5	54.5	3.0	83.5	78.0	5.5	7.1	18.24
1871	41.6	54.7	3.7	82.8	76.1	6.8	8.9	18.80
1881	38.7	57.2	4.1	74.8	67.7	7.2	10.6	20.07
1891	36.4	59.0	4.6	69.5	61.7	7.8	12.6	21.43
1901	34.4	60.4	5.2	65.6	57.0	8.6	15.1	22.73
1911	33.0	62.4	4.6	60.3	52.9	7.4	13.9	23.80
1921	34.4	60.8	4.8	64.5	56.6	7.9	13.9	23.97
1931	31.6	62.8	5.6	59.2	50.3	8.9	14.0	24.75
1941	27.8	65.5	6.7	52.7	42.4	10.2	24.1	27.08
1951	30.3	61.9	7.8	61.6	48.9	12.6	25.7	27.68
1956	32.5	59.8	7.7	67.2	54.3	12.9	23.7	
1961	33.9	58.4	7.7	71.2	58.0	13.2	22.7	26.29
1966	32.9	59.4	7.7	68.4	55.4	13.0	23.4	
1971	29.6	62.3	8.1	60.5	47.5	13.0	27.4	26.26
1976	25.6	65.7	8.7	52.2	39.0	13.2	34.0	
1981	23.0	67.5	9.5	48.1	34.1	14.1	41.3	
1987	22.0	68.0	10.0	47.1	32.4	14.7	45.5	
1989	21.0	68.0	11.0	47.1	30.9	16.2	52.4	

说明：总抚养比表示：15岁以下和64岁以上人数与15~64岁人数之比；
少年儿童抚养比表示：15岁以下人数与15~64岁人数之比；
老年人口抚养比表示：64岁以上人数与15~64岁人数之比；
老少比表示64岁以上人数和15岁以下人数之比。以上指标均用%表示。

加拿大人口年龄结构的这种变化，可从下面的人口年龄、性别构成表及人口年龄金字塔观察出来（参见表8及图1）。

表8 1983年加拿大人口年龄、性别构成

年 龄	总人口 （人）	比重 （%）	男性人口 （人）	比重 （%）	女性人口 （人）	比重 （%）	性比例 （%）
0~4	1816700	7.30	931700	3.74	885000	3.56	105.27
5~9	1768600	7.10	906600	3.64	862000	3.46	105.17
10~14	1871100	7.52	960800	3.86	910300	3.66	105.54
15~19	2148900	8.63	1100400	4.42	1048500	4.21	104.95
20~24	2388700	9.60	1202100	4.83	1186600	4.77	101.31
25~29	2282500	9.17	1136800	4.57	1145700	4.60	99.23
30~34	2072800	8.33	1034600	4.16	1038200	4.17	99.66

续表 8

年 龄	总人口 （人）	比重 （%）	男性人口 （人）	比重 （%）	女性人口 （人）	比重 （%）	性比例 （%）
35～39	1833300	7.37	922000	3.70	911300	3.67	101.18
40～44	1445500	5.81	728000	2.92	717500	2.89	101.46
45～49	1251200	5.03	630000	2.53	621200	2.49	101.42
50～54	1256000	5.05	630600	2.53	625400	2.51	100.83
55～59	1194600	4.80	579800	2.33	614800	2.46	94.31
60～64	1063500	4.27	500300	2.00	563200	2.26	88.83
65～69	859100	3.45	394800	1.58	464300	1.86	85.03
70～74	680300	2.73	301500	1.21	378800	1.52	79.59
75～79	467800	1.88	192900	0.78	274900	1.10	70.17
80⁺	489500	1.97	171100	0.68	318400	1.28	53.74
总 计	24890100	100.00	12324000	49.51	12566100	50.49	98.07

　　根据这些资料及一些历史数据，可绘制出加拿大若干年份的人口年龄金字塔。

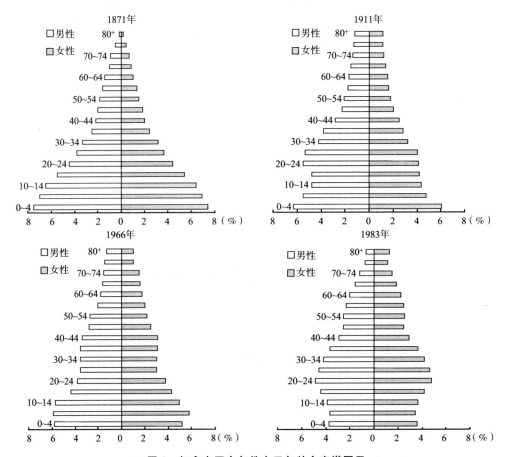

图1　加拿大四个年份人口年龄金字塔图示

由图 1 的金字塔可以明显看出其人口年龄结构演变的轨迹。1983 年人口金字塔图示表明,加拿大人口已经开始"萎缩",20～34 岁年龄组人口之所以突出,与人口移入有着密切的关联。总之,加拿大人口已不像人们想象的那样仍处于成年甚至青年型,实际上它已经成为老年型人口的国家。

加拿大人口的另一个特点是性比例基本平衡。之所以如此认为,是因为世界上凡是大量移民的国家,性比例均会失调,甚至严重失调。像一些石油生产国,中非地区人口流动频繁的国家,早期亚洲的新加坡、马来西亚等国,都出现过或正在出现着严重的性比例失调。然而,加拿大尽管是世界上人口移民最多的国家之一,但性比例却一直相对平衡。这些可从其历史资料中看出(参见表 9 及图 2)。

表 9　1851～1983 年加拿大人口性比例变动情况

年　份	总人口（人）	男性人口（人）	女性人口（人）	性比例（%）	年　份	总人口（人）	男性人口（人）	女性人口（人）	性比例（%）
1851	2436000	1248286	1187714	105.1	1941	11507000	5899000	5608000	105.2
1861	3230000	1659752	1570248	105.7	1951	14009429	7088873	6920556	102.4
1871	3689000	1871758	1817242	103.0	1956	16080791	8151879	7928912	102.8
1881	4325000	2189197	2135803	102.5	1961	18238247	9218893	9019354	102.2
1891	4833000	2460393	2372607	103.7	1966	20014880	10054344	9960536	100.9
1901	5371000	2751000	2620000	105.0	1971	21568310	10795370	10772940	100.2
1911	7207000	3815000	3392000	112.5	1976	22992605	11449525	11543080	99.2
1921	8788000	4530000	4258000	106.4	1981	23675270	11747475	11927795	98.8
1931	10377000	5373000	5004000	107.4	1983	24890100	12324000	12566100	98.1

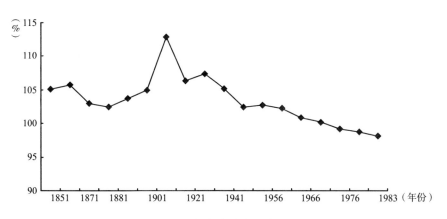

图 2　1851～1983 年加拿大人口性比例变动图示

从所示资料可以看出,加拿大人口性比例在百余年间的变化,按其特征可分为四个时期:1851～1881 年为第一时期,性比例从 105.1 降至 102.5;第二时期至 1911 年,此

时性比例达到 112.9 的最高水平；第三时期至 1971 年，性比例逐渐下降，于 1971 年降
至 100.2；此后为第四时期，性比例降至 100 以下。

另外，从前面给出的人口年龄金字塔中，也可以看出这种性别比例的变化状态，这
种状态不仅表现在当前的人口年龄构成，而且也可反映出历史的人口性别比变动。即只
是在 20 世纪初期，人口大规模流入使得加拿大青壮年年龄组男性人口显著地超过了女性
人口。总而言之，加拿大人口性别构成的特点是：（1）基本平衡；（2）个别年龄组男性
略多于女性；（3）发展趋势是女性人口逐渐超过男性人口，这主要是婴儿死亡率低以及
人口预期寿命逐渐提高的缘故。

加拿大人口的婴、幼儿死亡率一直比较低（参见表 10）。

表 10 加拿大不同时期 0～4 岁婴、幼儿童死亡率变动情况

单位：‰

性　别	年　龄	1926～1930 年	1936～1940 年	1946～1950 年	1956～1960 年	1966～1970 年
男　性	0 岁	103.2	71.5	49.2	33.1	22.3
	1～4 岁	8.5	5.5	2.7	1.4	1.0
女　性	0 岁	82.8	56.6	38.7	26.1	17.6
	1～4 岁	7.5	4.7	2.2	1.1	0.8

从总的方面看，直至 1953 年，加拿大的婴儿死亡率已降到 35.6‰，这一比值甚至低
于欧洲的一些资本主义发达国家，之后逐渐下降：1958 年为 30.2‰，1963 年为 26.3‰，
1968 年为 20.8‰，1973 年为 15.5‰。1982 年进一步降至 9.1‰，1987 年为 7.9‰，这样
的婴儿死亡率水平，使加拿大列入世界上该指标最低的国家之中。

加拿大人口的平均预期寿命之高，排在世界最前列（参见表 11）。

表 11 加拿大人口平均预期寿命的变动情况

单位：年

年　份	男　性	女　性	性别相差	年　份	男　性	女　性	性别相差
1930～1932	60.0	62.1	2.1	1965～1967	68.8	75.2	6.4
1940～1942	63.0	66.3	3.3	1970～1972	69.3	76.4	7.1
1950～1952	66.3	70.8	4.5	1975～1977	70.1	77.5	7.4
1955～1957	67.6	72.9	5.3	1980～1982	71.9	78.9	7.0
1960～1962	68.4	74.2	5.8	1989	平均 77		

加拿大人口平均预期寿命的提高，昭示整个人类的人口预期寿命提高过程的特征。
这就是，男性人口与女性人口的平均预期寿命均在不断提高，其中女性人口预期寿命提
高速度快于男性，由此导致两性寿命之差距加大。另外，人类平均预期寿命的提高，有

一定阶段性，在一定点之前，提高速度较快，一旦达到这一点之后，提高速度开始放慢，但是，这一点却是不固定的，因历史条件、国别而异。

尽管欧洲一些国家经济十分发达，但达到或超过平均预期寿命77岁的国家并不多。欧洲只有冰岛、瑞典、瑞士、挪威、法国、西班牙等国；亚洲有日本、塞浦路斯以及拉丁美洲的哥斯达黎加、多米尼加、荷属安德烈斯群岛等面积狭小的国家或地区达到或超过加拿大的水平，这种状况当然与加拿大的经济发展与先进的医疗卫生条件分不开。1980年加拿大每名医生所负担的人口数为550名，1986年降至每名医生负担490名。1980年每名护士负担的人口数仅有90名。从加拿大国内来看，历史越悠久的地区，人口移居越早的地区，其死亡率反而越高。从人口学角度看，这种死亡率高是正常的——人口老化严重所致。相反，新区死亡率低，老年人比重也低，但出生率高。前者有爱德华岛省、魁北克省、安大略省、新不伦瑞克省等，后者有如育空地区和西北地区。

人口分布、流动及城市化

加拿大是一个地广人稀的国家，每平方公里平均只有几个人，因此，不能用一般的眼光看待加拿大人口密度的稀与稠，因为每平方公里能达到20人就算是很稠密了。从加拿大的行政划分上看，分为这样几个大区：大西洋沿岸诸省、魁北克、安大略、草原诸省、不列颠哥伦比亚、北部地区等。人口的稠稀与人口移居的时间有极高的相关关系：越早有人定居的地区，人口越稠密，如东海岸地带及圣劳伦斯河两岸各省是移民最早光顾之地，也是目前人口最为稠密之地，相反，人口稀疏的地区也是人口定居很晚的地区，如草原三省以及北部地区。不过，目前人流开始向这些地带移动，从而使得人口密度比重升降不一。如果从纬度上观察加拿大的人口分布，总的情况是：靠近美国的边界线人口稠密，越往北，人口越稀。爱斯基摩人和印第安人就居住在北部（参见表12、表13）。

表12　加拿大各地区人口分布变动情况

省（地区）	面积*（平方公里）	人口（万人）							1985年人口比1951年增长（%）	1985年人口密度（人/平方公里）
		1951年	1956年	1961年	1966年	1971年	1977年	1985年		
大西洋沿岸各省										
纽芬兰	405720	36.1	41.5	45.8	49.3	52.2	56.3	57.9	60.4	1.4
爱德华岛	5660	9.8	9.9	10.5	10.9	11.2	12.0	12.5	27.6	22.1
新斯科舍	55490	64.3	69.5	73.7	75.6	78.9	83.5	86.9	35.1	15.7
新不伦瑞克	73440	51.6	55.5	59.7	61.7	63.5	68.6	71.3	38.2	9.7
魁北克	1540680	**405.6**	**462.8**	**525.9**	**578.1**	**602.8**	**628.3**	**654.9**	**61.5**	**4.3**
安大略	1068580	**459.8**	**540.5**	**623.6**	**696.1**	**770.3**	**837.4**	**893.7**	**94.4**	**8.4**
草原各省										
马尼托巴	649950	77.7	85.0	92.2	96.3	98.8	103.1	105.7	36.0	1.6
萨斯喀彻温	652330	83.2	88.1	92.5	95.5	92.6	93.7	100.6	20.9	1.5
阿尔伯达	661190	94.0	112.3	133.2	146.3	163.7	190.0	234.9	149.9	3.6

续表 12

省（地区）	面积*（平方公里）	人口（万人）							1985 年人口比1951 年增长（%）	1985 年人口密度（人／平方公里）
		1951 年	1956 年	1961 年	1966 年	1971 年	1977 年	1985 年		
不列颠哥伦比亚	947800	116.2	139.8	162.9	187.4	218.5	249.8	287.1	147.1	3
北部地区										
育空地区	483450	0.9	1.2	1.4	1.43	1.5	2.2	2.2	144.4	0.05
西北地区	3426320	1.6	2.0	2.4	2.87	2.8	4.3	4.9	206.3	0.01
总　计	9970610	1400.9	1608.1	1823.8	2001.5	2156.8	2329.2	2512.6	79.4	2.50

* 含水域面积

表 13　加拿大各省人口比重变动情况

单位：%

地区 ＼ 年份	1851	1861	1871	1881	1891	1901	1911	1921	1931	1941	1951	1961	1971	1977	1985
加拿大	100	100	100	100	100	100	100	100	100	100	100	100	100	100	100
纽芬兰											2.6	2.5	2.4	2.4	2.4
爱德华岛	2.6	2.5	2.6	2.5	2.3	1.9	1.3	1.0	0.8	0.8	0.7	0.6	0.5	0.9	0.6
新斯科舍	11.4	10.2	10.5	10.2	9.3	8.6	6.8	6.0	4.9	5.0	4.6	4.0	3.7	3.6	3.5
新不伦瑞克	8.0	7.8	7.7	7.4	6.6	6.2	4.9	4.4	3.9	4.0	3.7	3.3	2.9	2.9	2.8
魁北克	36.5	34.4	32.3	31.4	30.8	30.7	27.8	26.9	27.7	29.0	29.0	28.8	28.0	26.9	26.0
安大略	39.1	43.2	43.9	44.6	43.7	40.6	35.1	33.4	33.1	32.9	32.8	34.2	35.7	35.9	35.5
马尼托巴			0.7	1.4	3.1	4.7	6.4	6.9	6.8	6.3	5.5	4.6	4.4	4.4	4.2
萨斯喀彻温						1.7	6.8	8.6	8.9	7.8	5.9	5.1	4.3	4.0	3.9
阿尔伯达						1.4	5.2	6.7	7.1	6.9	6.7	7.3	7.6	8.2	9.4
不列颠哥伦比亚	2.2	1.6	1.0	1.1	2.1	3.3	5.5	6.0	6.7	7.1	8.3	8.9	10.1	10.6	11.4
育空和西北区	0.2	0.3	1.3	1.4	2.1	0.9	0.2	0.1	0.1	0.2	0.2	0.2	0.2	0.2	0.3

　　总的来看，加拿大的人口分布极不均衡，魁北克、安大略地区面积辽阔，人口也相对多一些，而加拿大最为稠密的是东南角即除纽芬兰省以外的大西洋沿岸各省。胡焕庸、张善余先生编著的《世界人口地理》一书指出："如果从苏比利尔湖口的苏圣马里向东划一条长约 1000 公里的直线到达魁北克城，则线南直至美加边界堪称为国家精华所在，这一范围占国土总面积不足 3%，却集中了全部人口的 57.8%"。这充分说明了加拿大人口分布的不均衡性。草原三省的人口密度虽然不太高，但其人口增长速度却颇高。1901年，三省人口总共只有 42 万人，1931 年猛增到 235.4 万人，目前人口已达 439 万人。加拿大真正称之为人烟稀少的地区是极北地区。

　　移民不仅使加拿大的人口首先集中在宜于人类生存的地区，而且也使得城市建设开始得比较早。最早的加拿大城市多是以开发边区的据点发展起来的，后来演变成为商业活动的中心，最后发展成为工商业城市中心。1931 年的人口普查就表明，当时不断扩大的城市已经比空旷的乡村拥有更多的人口。有人甚至认为，1851 年的加拿大城市人口已占 13.1%，1961 年的城市人口占 70.2%，1966 年进一步上升为 73.58%。但由于加拿大这样广阔的土地上仍需要大量的人口从事农业生产，因此，城市人口比重的提高速度缓慢了下来。至目前为止，这一比重大约是 77% 左右（参见表 14）。

表 14　加拿大城乡人口变动情况

单位：%

年　份	城市人口	乡村人口	城市化指数*	年　份	城市人口	乡村人口	城市化指数*
1851	13.1	86.9		1931	52.5	47.5	10.8
1861	15.8	84.2	20.6	1941	55.7	44.3	6.1
1871	18.3	81.7	15.8	1951	62.9	37.1	12.9
1881	23.3	76.7	27.3	1961	70.2	29.8	11.6
1891	29.8	70.2	27.9	1966	73.6	26.4	4.8
1901	34.9	65.1	17.1	1971	76.6	23.4	4.1
1911	41.8	58.2	19.8	1976	75.5	24.5	-1.4
1921	47.4	52.6	13.4	1981	77.0	23.0	2.0

* 城市化指数 = $(P_1 - P_0)/P_0 \times 100\%$，$P_0$ 为基期城市人口，P_1 为报告期城市人口。

　　由于加拿大总体人口数量不多，因此，并没有出现像伦敦、纽约、上海等这样的巨型城市，多是几十万人的城市。加拿大超过百万人口的城市只有三座，即多伦多、蒙特利尔、温哥华（见表 15）。

表 15　加拿大超过 50 万人口城市的人口变动情况

城　市	1981 年人口（人）	1985 年人口（人）	1985 年比1981 年增长（%）	城　市	1981 年人口（人）	1985 年人口（人）	1985 年比1981 年增长（%）	城　市	1981 年人口（人）	1985 年人口（人）	1985 年比1981 年增长（%）
渥太华	717978	737600	2.73	温哥华	1268183	1360000	7.24	伯尔尼	564473	603500	6.91
多伦多	2998947	3170000	5.70	埃德蒙顿	532246	750000	40.91	魁北克	576075	610000	5.89
蒙特利尔	2828349	2860000	1.12	卡尔加里	592743	619700	4.55	哈密尔顿	306434	554400	80.92

　　多伦多是加拿大人口最多的城市，以四位城市指数计算，其值等于 0.389434，说明加拿大的城市人口分布没有出现严峻的人口膨胀问题。从地理位置上看，加拿大的城市大多集中在南部地区，尤其是前述的加拿大"东南角"，像多伦多、蒙特利尔、渥太华、魁北克等全部集中在这一带。因此，与其说加拿大人口多数居住在境内南部，毋宁说他们是聚集在南部城市之中。

　　加拿大的乡村人口占 23%，但是，绝大多数并不是直接从事农业的人口，一些乡村劳动力专营渔业和林业。1985 年，在总的就业人口中，农林渔者也只占 4.4%，矿业劳动者占 1.9%，制造业劳动者占 17.9%，建筑业占 6.4%，运输、通信业占 6.7%，商业占 30.8%，其余职业人口 31.9%，从近 10 多年的情况看，加拿大各行业劳动力人口分布情况如表 16 所示。

表 16　加拿大劳动力人口构成变动情况

行　业	1971 年		1980 年		1980 年比 1971 年增减（%）
	从业人数（人）	占总数（%）	从业人数（人）	占总数（%）	
农、林、牧、渔业	581005	6.6	563000	4.9	-3.1
采矿业	139035	1.6	179000	1.6	28.7
制造加工业	1707330	19.4	2062000	18.1	20.8
建筑业	538220	6.1	562000	4.9	4.4
水、电、煤气 运输、仓储、通讯	671065	7.6	972000	8.5	44.8
贸易	1269295	14.4	1784000	15.6	40.6
金融、保险、不动产	358060	4.1	599000	5.2	67.3
行政、国防	—		—		
服务	2680970	30.4	3730000	32.7	39.1
其他	868355	9.8	973000	8.5	12.1
合　计	8813335	100	11424000	100	29.6

按三次产业划分，其情况如表 17 及图 3 所示。

表 17　加拿大三次产业劳动力人口构成变动情况

单位：%

年　份	第一产业	第二产业	第三产业	年　份	第一产业	第二产业	第三产业
1951	19.0	33.5	47.5	1977	5.4	26.7	67.9
1960	12.1	33.1	54.8	1980	4.4	26.2	69.4

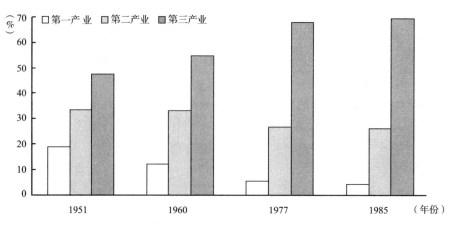

图 3　加拿大三次产业劳动力人口构成图示

加拿大人口的文化素质水平很高，中小学教育已经普及，文盲率仅有1%，20世纪80年代初，小学生入学率为106%，中学生入学率为93%，大学生占本年龄组别人数的比重甚至高达37%。其教育形式形形色色，既有英式教学法，又有美式、法式教学法。

小结

总而言之，加拿大人口的特征主要是：（1）地广人稀，分布不均，南密北疏；（2）移民众多，现今虽已稍有缓解，但仍不失为重要的移民国之一；（3）人口已经开始"老化"，性别构成在经历了男多女少阶段之后，现在已呈相反状态。

加拿大的人口既有与欧洲发达国家相类似的地方，又有自己的特点。比如，死亡率很早就降低下来，但出生率却在目前仍保持在15‰左右，使其很晚才进入"三低"类型；还比如，在出生率高于某些发达国家的情况下，其离婚率也相对高于这些国家。进入20世纪70年代以后，加拿大的离婚率从50年代的0.39‰上升到1.36‰；1975年进一步达到2.22‰；1982年为2.9‰，而出生率较低的联邦德国、荷兰、比利时等国，同期的离婚率始终在1.5‰左右徘徊。可见，加拿大的人口具有许多"矛盾"的地方。这主要是由大量移民引起的。移民，不仅给过去和现在的加拿大人口带来了"矛盾"，而且，还给加拿大人口的未来预测引来了麻烦。可以说，未来的加拿大人口规模在很大程度上取决于该国政府奉行的人口政策，尤其是人口移民政策。因此，认为加拿大2000年的人口有预测为2840万人，也有估计为3066万人。对于2020年的人口，有认为是3020万人，还有认为是4000万人。总之，众说纷纭，莫衷一是。

表18是加拿大20世纪70年代初期的人口预测结果。现在看来，其预测总数结果与第二套方案有相近之处。当时的预测出发点是：（1）人口平均预期寿命男性以69.86岁、女性以75.75岁为基础；（2）妇女总和生育率从1971年的2.19演变为表18中的第二栏1985年时的总和生育率水平；（3）第三栏为假定的平均净移入人数（参见表18）。

表18　1970年对加拿大1971～2001年的人口预测

预测方案序号	（假定1985年）妇女总和生育率（个）	净移民数量（人）	1971年普查人口（千人）	1976年	1981年	1986年	1991年	1996年	2001年
				以当年1月1日估计（千人）					
（1）	（2）	（3）	（4）	（5）	（6）	（7）	（8）	（9）	（10）
1	1.90	0	21568	22521	23512	24516	25383	26015	26469
2	2.13	0	21568	22654	23874	25127	26228	27105	27867
3	2.42	0	21568	22789	24237	25778	27174	28346	29502
4	2.82	0	21568	22949	24706	26658	28429	30045	31826
5	1.90	20000	21568	22629	23742	24877	25878	26645	27239
6	2.13	20000	21568	22762	24108	25496	26736	27754	28662

续表 18

预测方案序号	（假定 1985 年）妇女总和生育率（个）	净移民数量（人）	1971 年普查人口（千人）	1976 年	1981 年	1986 年	1991 年	1996 年	2001 年
				以当年 1 月 1 日估计（千人）					
7	2.42	20000	21568	22898	24473	26153	27683	29012	30323
8	2.82	20000	21568	23058	24946	27042	28961	30731	32677
9	1.90	60000	21568	22840	24186	25569	26827	27861	28733
10	2.13	60000	21568	22975	24558	26200	27706	29002	30203
11	2.42	60000	21568	23110	24927	26869	28675	30294	31915
12	2.82	60000	21568	23272	25406	27771	29978	32056	34335
13	1.90	100000	21568	23050	24630	26260	27776	29077	30227
14	2.13	100000	21568	23186	25008	26904	28676	30251	31743
15	2.42	100000	21568	23323	25381	27585	29667	31577	33507
16	2.82	100000	21568	23486	25865	28500	30995	33380	35993

参考资料

〔加〕D. F. 普特南：《加拿大——区域分析》，周起业等译，北京出版社，1980。

美国 （U. S. A）

　　美国全称美利坚合众国，由 50 个州组成，位于北美洲南部，西临太平洋，东濒大西洋，阿拉斯加的东部和本土的北部与加拿大接壤，南邻墨西哥，东南与古巴隔海相望，全国面积 937.26 万平方公里，仅次于苏联、加拿大和中国，居世界第四位。美国的人口数量 1990 年初是 2.49 亿人，居世界第三位，仅次于中国和印度。人口密度每平方公里 26.6 人，是世界上人口密度稀疏的国家之一。首都：华盛顿。

　　美国划分为 50 个州和 1 个区，其中本土有 48 个州。越过加拿大的西部是"海外州"之一的阿拉斯加州；另一个"海外州"是太平洋中的夏威夷，二者原来都是美国的殖民地，分别于 1958 年和 1959 年被并入美国，成为第 49 个和第 50 个州。美国的 1 个区是指首都华盛顿所在地的哥伦比亚特区。除此之外，美国目前所统治的地区还有波多黎各岛、美属维尔京群岛、巴拿马运河区以及太平洋中的中途岛、威克岛、约翰斯敦岛、东萨摩亚、马里亚纳群岛、加罗林群岛、马绍尔群岛及关岛等一些小岛（参见表 1）。

表 1　美国国土面积变动情况

单位：万平方公里

时　间	总面积	陆地面积	水　面	时　间	总面积	陆地面积	水　面	时　间	总面积	陆地面积	水　面
1790.8.2	230.2	224.0	6.2	1860.6.1	782.7	769.2	13.5	1930.4.1	782.7	769.2	13.5
1800.8.4	230.2	224.0	6.2	1870.6.1	782.7	769.2	13.5	1940.4.1	782.7	769.2	13.5
1810.8.6	444.4	435.6	8.8	1880.6.1	782.7	769.2	13.5	1950.4.1	782.7	769.2	13.5
1820.8.7	463.1	452.9	10.2	1890.6.1	782.7	769.2	13.5	1960.4.1	936.3	769.2	13.5
1830.6.1	463.1	452.9	10.2	1900.6.1	782.7	769.2	13.5	1970.4.1	936.3	769.2	13.5
1840.6.1	463.1	452.9	10.2	1910.4.15	782.7	769.2	13.5	1980.4.1	936.3	769.2	13.5
1850.6.1	775.2	761.4	13.8	1920.1.1	782.7	769.2	13.5	1990	973.26		

历史

美国是美洲大陆上最早出现人类的国家，这是 1925 年在新墨西哥州的原野上所挖掘出来的古代人类骨骸及石器等物品所证实的。据此估计，20000 年以前的现今美国土地上便有了人类的足迹，这些人类被称之为最古老的印第安人，其中，普韦布洛印第安人的历史大概是最长的。15～16 世纪，欧洲殖民者到达北美洲大西洋沿岸时，此地的印第安人还停留在母权制的氏族社会，生产关系的基础是生产资料的公有制。在 16～17 世纪欧洲殖民者侵入时，西南部的印第安人部落已接近文明时代，东南部印第安人处在庙宇－墓冢文化阶段，但绝大部分印第安人则停留在原始公社阶段。17 世纪和 18 世纪前半期，英国开始武装入侵，残暴屠杀印第安人。1775 年波士顿首先爆发独立战争，1776 年7 月 4 日通过著名的《独立宣言》并正式宣布建立美利坚合众国，因此，美国的历史一般是从英国在北美建立殖民地开始算起的，而美国殖民地的历史，是指从 1607 年到 1776 年美国宣布独立时为止。美国的人口移民史在美国的历史中起着举足轻重的作用，可以说，没有历史上移民涌入美洲大陆，就没有现在的美国出现在这一大陆。马克思、恩格斯在《共产党宣言》中指出："正是欧洲移民，使北美能够进行大规模的农业生产……这种移民还使美国能够以巨大的力量和规模开发其丰富的工业资源，以至于很快就会摧毁西欧特别是英国迄今为止的工业垄断地位"。（《马克思恩格斯选集》第 1卷，第 203 页）

民族和种族

美国大陆尽管出现了美洲最早的人类，但是，真正构成独立时美国人口却并不是这些美洲大陆的原始主人。纪元初年，居住在现今美国范围内的印第安人仅约 20 万人，只占全美洲的 4.4%。1492 年，美国人口增至 80 万人。从 16 世纪起，欧洲人开始向北美洲移民。因此，北美殖民地的居民，除印第安人和非洲的黑人以外，都是来自欧洲的移民，民族成分复杂，有英格兰人、法国人、荷兰人、德意志人、瑞典人、瑞士人、威尔士人、苏格兰人和爱尔兰人等。这些不同民族的人口经过一二百年的共同生活，形成和发展了美洲的政治生活和文化生活，在欧洲特别是英国语言的基础上吸收了印第安人语言词汇和非洲的民歌民谣，发展成为美国人自己的语言，来自欧洲各国的移民便逐渐融合成为一个新的民族——美利坚民族。

按照斯大林的定义，民族是历史上形成的，具有共同语言、共同地域、共同的经济生活和表现于共同的民族文化共同特点的共同心理状态上的稳定的共同体。民族的结合不仅是一些有血缘关系的民族融合为较大民族，而且是已经形成的民族随着社会经济和文化的发展而进一步团结和扩大的。因此，无论以后的美国外来人口洪流多么巨大，美利坚民族仍然坚定地发展和扩大起来了。在整个美国人口中，美利坚民族始终占着绝对优势。苏联学者布鲁克提供的资料如表 2 所示。

表 2　1976 年美国人口民族构成

民　族	人口（千人）	比重（%）	民　族	人口（千人）	比重（%）
印欧语系	213280	97.8	芬兰 - 乌戈尔语系	920	0.4
日耳曼语族	187060	85.8	乌拉尔语族	920	0.4
美利坚人	171500	78.7	土著民族	1005	0.5
其　他	15560	7.1	印第安民族	850	0.4
罗曼语族	17870	8.2	纳德涅语系	267	0.1
斯拉夫语族	5285	2.4	霍卡 - 乌语系	230	0.1
克尔特语族	1550	0.7	阿尔贡衮 - 莫桑语系	190	0.1
希腊语族	500	0.2	阿兹台克 - 塔治安语系	125	0.1
亚美尼亚语族	500	0.2	彼努蒂语系	38	0.0
波罗的海语族	270	0.1	澳尼语系	120	0.1
印度阿利安语族	120	0.1	爱斯基摩 - 阿留申语系	35	0
阿尔巴尼亚语族	100	0.1	其　他	953	0.4
伊朗语族	25	0.0	总　计	218013	100.0

可见，美国在经过了几百年的大量移民历史以后，成了一座世界上少有的民族大熔炉。如果将这些复杂的民族人口进行分类的话，大体可以分为三大块：原始的土著人、美利坚族人、入境的过渡性民族集团。

依民族学的划分方法，可将美国人口划分为几十乃至上百种，然而从人种学的角度来划分，则主要分类为白种人和有色人种。美国的白种人大多数是欧洲移民的后裔，目前约占总人口的86%。美国有色人种中绝大部分是黑人，这些人大多是早期的欧洲殖民者从非洲贩运到北美大陆的黑人奴隶的后裔，目前占全美人口的11.7%。从近几十年的状况看，美国黑色人种由于移民其数量有上升的趋势（参见表3）。

表3　美国人口种族构成变动情况

单位：%

种族构成 ＼ 年份	1790	1930	1970	1978	1985
白种人	69.0	89.8	87.5	86.5	83.2
黑种人	17.0	9.7	11.1	11.7	11.6
其　他	14.0	0.5	1.4	1.8	5.2

白人在美国总人口中比重有所下降，一方面是因为黑人的数量有所上升，但更重要的是其他人种数量的持续增加所致。如华人，1930年在美国只有7.5万人，1970年增至44万人，目前大约有108万人。半个世纪中，在美华人增长了13.4倍，美国总人口增长92.7%

宗教和语言

美国可能是世界上宗教结构最为复杂的国家之一，凡是世界上最有代表性的宗教派别，美国都有。基督教在美国的历史已有300多年，从17世纪中叶始，西班牙、法国、英国、荷兰和瑞典，先后在北美沿海建立起了各自的殖民地，传教活动也就随之而来。天主教是美国的最大宗教之一，信徒达4880万人，占全国人口的24%左右，主要集中在美国境内东部大城市。新教也是美国的重要宗教之一。新教中有许多教派，如浸礼派，基督教会科学派，基督使徒派教会，信义会，卫理公会，长老会，基督联合会等，其中以"福音会"教徒最多，据称有4000多万人。美国是世界上犹太人最多的国家，因此，犹太教在美国的600多万犹太人中广为盛行，几乎在美的犹太人全是犹太教徒。具有地区性质的东正教在美是又一大宗教，东正教在美的历史近200年，据称是1794年由10名俄罗斯东正教会修士传入的，目前美国的东正教徒有370万人，主要分布在东部、中西部和加利福尼亚。此外，从19世纪以后，来自中东、印度和日本等地的侨民将伊斯兰教、佛教和印度教也先后传到了美国。美国现在的穆斯林有100万人，佛教教徒60万人。说美国的宗教庞繁复杂、门派林立，并不只是就上述仅有的几个"正宗"宗教而言。因为从20世纪60年代起，在美兴起了新兴宗教热，主要是对基督教的演变、对东正教的美国化、对封建迷信的崇仰，这种称之为新兴宗教的教派目前在全美有300万个之多，而门派却有3000多个。

总之，美国不仅是一个民族"杂烩"的大熔炉，而且，也是种族、宗教的大熔炉。不过，在这个熔炉中的居民，却通用着同一种语言——英语，或者说通用着与英语区别不大的美国地方性英语——美式英语。

移民

美国是世界上最具典型性的移民国家，及至目前，这种移民运动仍未停止。美国独立之前，移民人口纷至沓来，从而参与了美利坚民族的形成，并且促进了美利坚合众国的诞生。独立之后的美国，更吸引了越来越多的人们蜂拥而至，连绵不断：17 世纪初到 18 世纪 70 年代，西欧的许多下层移民率先来到北美；1607 年 5 月，伦敦公司遣送第一批移民到北美，建立了詹姆士城。1619 年 5 月，第一批黑人奴隶被当做白人的契约奴隶带到了这个国家；1620 年英国移民 102 人，乘"五月花"号船漂洋过海来到普利茅斯。仅 1620～1642 年的 22 年间，北美的英格兰籍移民便达到 6.5 万人。1690 年，英属北美殖民地的人口已达 25 万人。由于移民的大量涌入，人口约每 25 年增加 1 倍。在美国独立前夕的 1770 年，人口已增至 220.5 万人，其中，缅因为 3.4 万人，新罕布什尔为 6 万人，佛蒙特为 2.5 万人，马萨诸塞为 26.5 万人，罗得岛为 5.5 万人，康涅狄格为 17.5 万人，纽约为 16 万人，新泽西为 11 万人，宾夕法尼亚为 25 万人，特拉华为 2.5 万人，马里兰为 20 万人，弗吉尼亚为 45 万人，北卡罗来纳为 23 万人，南卡罗来纳为 14 万人，佐治亚为 2.6 万人。至 1775 年，人口进一步增至 250 万人。这些美利坚民族的先驱，主要是由流入而来的移民所组成。恩格斯在谈到外来移民对美国的贡献时指出"美国是由那些为了建立纯粹的资产阶级社会而从欧洲的封建制度下逃出来的小资产者和农民建立起来的"。[①]

独立后的美国初期，移民人口仍然源源不断。不过，从整个美国的移民历史来看，独立前和独立以后的几十年移入人口绝对量并不太大。整个 19 世纪，是美国最早接受大批量移民的年代，伴之以"奴隶贸易"的昌盛，这时的移民便渗入了血腥的味道。表 4 是 19 世纪前半叶被贩入美国的黑奴人数历史记载（参见表 4）。

表 4　1800～1851 年被贩入美国的黑奴

单位：人

年　份	黑　奴	年　份	黑　奴	年　份	黑　奴	年　份	黑　奴
1800	893041	1820	1543688	1840	2487355	1851	3200000
1810	1191364	1830	2009053	1850	3179509		

1820～1830 年的 10 年间，每年不包括贩入奴隶在内的移民达 1.5 万人；1831～1840 年间，每年达 6 万人；1841～1850 年间，每年达 17 万人。

自 19 世纪 40 年代起至 20 世纪 20 年代初，是美国移民史最兴旺的时期，只有 1860～1870 年和 1890～1900 年两个"困难的十年"是例外。20 世纪初的第一个 10 年，年均迁入人数达 87.95 万人，为美国整个移民历史的最高洪峰期。1924 年美采取了"封锁国门"的政策后，流入美国的移民有所减少。伴之以 20 世纪 30 年代的经济大危机，移往美国的人口数降至年均 5.3 万人。1965 年美"新移民法"通过后，世界各地的移民，特别是加勒比地区、亚洲地区和拉丁美洲的移民，再次如洪水一样涌入美国，以至于 70 年代美人口增长数的相当一部分来自移民（参见表 5）。

---

① 《马克思恩格斯全集》，第 39 卷，人民出版社，1972，第 147 页。

表 5　1821～1977 年美国迁入人口变动情况

年　份	纯增人口（千人）	迁入人数（千人）	迁入人数占纯增人口（%）	平均迁入数（千人）	年　份	纯增人口（千人）	迁入人数（千人）	迁入人数占纯增人口（%）	平均迁入数（千人）
1821～1830	7431	151.8	10.1	37.5	1911～1920	13738	5742.8	41.8	574.3
1831～1840		599.1			1921～1930	17064	4112.4	24.1	411.2
1841～1850	14373	1713.3	30.0	215.6	1931～1940	8894	533.6	6.0	53.4
1851～1860		2598.2			1941～1950	19161	1034.6	5.4	103.5
1861～1880	18713	5127.4	27.4	256.4	1951～1960	27997	2519.7	9.0	251.9
1881～1890	12792	5244.7	41.0	524.4	1961～1970	23889	3320.0	13.9	332.0
1891～1900	13047	3692.3	28.3	369.2	1971～1977	13097	2815.8	21.5	469.3
1901～1910	15972	8795.0	55.1	879.5					

在流向美国的移民中，华人占有一定比重。1820～1850 年去美国的中国人约为 770 人。1852～1855 年，每年大约有 3500 名华工去美国。1868 年在美华人有 9 万人。不过，也有人认为 1930 年在美的华人只有 7.5 万人。目前，大约有 108 万人。

人口变动

美国 1776 年宣布独立之后，于 1790 年便进行了全美第一次人口普查（美国被认为是世界上最早举办现代人口普查的国家。从 1790 年开始，每 10 年举行一次，从未间断。其普查年份是：1790、1800、1810、1820、1830、1840、1850、1860、1870、1880、1890、1900、1910、1920、1930、1940、1950、1960、1970、1980、1990 年）。表 6 和表 7 是美国各州加入联邦的时间和 1770～1870 年美国各州的人口数据。

表 6　美国各州加入联邦时间

单位：年

州　别	加入年份	州　别	加入年份	州　别	加入年份	州　别	加入年份	州　别	加入年份
亚拉巴马	1819	夏威夷	1959	马萨诸塞	1788	新墨西哥	1912	南达科他	1889
阿拉斯加	1958	爱达荷	1890	密歇根	1837	纽　约	1788	田纳西	1796
亚利桑那	1912	伊利诺伊	1818	明尼苏达	1858	北卡罗来纳	1789	得克萨斯	1845
阿肯色	1836	印第安纳	1816	密西西比	1817	北达科他	1889	犹　他	1896
加利福尼亚	1850	艾奥瓦	1846	密苏里	1821	俄亥俄	1803	佛蒙特	1791
科罗拉多	1876	堪萨斯	1861	蒙大拿	1889	俄克拉何马	1907	弗吉尼亚	1788
康涅狄格	1788	肯塔基	1792	内布拉斯加	1867	俄勒冈	1859	华盛顿	1889
特拉华	1787	路易斯安那	1812	内华达	1864	宾夕法尼亚	1787	西弗吉尼亚	1863
佛罗里达	1845	缅因	1820	新罕布什尔	1788	罗得岛	1790	威斯康星	1848
佐治亚	1788	马里兰	1788	新泽西	1787	南卡罗来纳	1788	怀俄明	1890

表 7　1770～1870 年美国及各州人口的变动 *

单位：人

年份 区·州别	1770	1790	1800	1810	1820	1830	1840	1850	1860	1870
缅　　因	34000	96540	151719	228705	298335	399455	501793	583169	628279	626915
新罕布什尔	60000	141885	183858	214460	244161	269328	284574	317976	326073	318300
佛 蒙 特	25000	85425	154465	217895	235981	280652	291948	314120	315098	330551
马萨诸塞	265000	378787	422845	472040	523287	610408	737699	994514	1231066	1457351
罗 得 岛	55000	68825	69122	76931	83059	97199	108830	147545	174620	217353
康涅狄格	175000	237946	251002	261942	275248	297675	309978	370792	460147	537454
新英格兰	**614000**	**1009408**	**1233011**	**1471973**	**1660071**	**1954717**	**2234822**	**2728116**	**3135283**	**3487924**
纽　　约	160000	340120	589051	959049	1372812	1918608	2428921	3097391	3880735	4382759
新 泽 西	110000	184139	211149	245562	277575	320823	373306	489555	67035	906096
宾夕法尼亚	250000	434373	602365	810091	1049458	1348233	1724033	2311786	2906215	3521951
中部大西洋 沿　　岸	**520000**	**958632**	**1402565**	**2014702**	**2699845**	**3587664**	**4526260**	**5898732**	**6853985**	**8810806**
特 拉 华	25000	59096	64273	72674	72749	76748	78085	91532	112216	125015
马 里 兰	200000	319728	341548	380546	407350	447040	470019	583034	687049	780894
哥伦比亚区			14093	24023	33039	39834	43712	51687	75080	131700
弗吉尼亚	450000	747610	880200	974600	1065366	1211405	1239797	1421661	1596318	1225163
西弗吉尼亚										442014
北卡罗来纳	230000	393751	478103	555500	638829	737987	753419	869039	992622	1071361
南卡罗来纳	140000	249073	345591	415115	502741	581185	594398	668507	703708	705606
佐 治 亚	26000	82548	162686	252433	340989	516823	691392	906185	1057286	1184109
佛罗里达						34730	54477	87445	140424	187748
南部大西洋 沿　　岸	**1071000**	**1851806**	**2286494**	**2674891**	**3061063**	**3645752**	**3925299**	**4679090**	**5364703**	**5853610**
肯 塔 基		73677	220955	406511	564317	687917	779828	982405	1155684	1321011
田 纳 西		35691	105602	261727	422823	681904	829210	1002717	1109801	1258520
亚拉巴马					127901	309527	590756	771623	964201	996992
密西西比			8850	40352	75448	136621	375651	606526	791305	827922
阿 肯 色				1062	14273	30388	97574	209897	435450	484471
路易斯安那				76556	153407	215739	352411	517762	708002	726915
俄克拉何马										
得克萨斯								212592	604215	818579
南部中区		**109368**	**335407**	**786208**	**1358169**	**2062096**	**3025430**	**4303522**	**5768658**	**6434410**

* 　1770 年估计数字根据 1909 年版《一个世纪的人口增长》一书，其他数字均据美国人口普查资料。

续表 7

区·州别\年份	1770	1790	1800	1810	1820	1830	1840	1850	1860	1870
俄亥俄			45365	230760	581434	937903	1519467	1980329	2339511	2665260
印第安纳			5641	24520	147178	343031	685866	988416	1350428	1680637
伊利诺伊				12282	55211	157445	476183	851470	1711951	2539891
密歇根				4762	8896	31639	212267	397654	749113	1184059
威斯康星							30945	305391	775881	1054670
明尼苏达								6077	172023	439706
艾奥瓦							43112	192214	674913	1194020
密苏里				19783	66586	140455	383702	682044	1182012	1721295
北达科他									4837	14181
南达科他										
内布拉斯加									28841	122993
堪萨斯									107206	364399
北部中区			51006	292107	859305	1610473	3351542	5403595	9096716	12981111
蒙大拿										20595
爱达荷										14999
怀俄明										9118
科罗拉多									34277	39864
新墨西哥								61547	93516	91874
亚利桑那										9658
犹他								11380	40273	86786
内华达									6857	42491
山区								72927	174923	315385
华盛顿									11594	23955
俄勒冈								13294	52465	90923
加利福尼亚								92597	379994	560247
太平洋沿岸								105891	444053	675125
合计	2205000	3929214	5308483	7239881	9638453	12860702	17063353	23191873	30838321	38558371

　　而在此之前有关美国的人口数据，大多是根据推测得出的。1790 年的人口普查结果表明当时全美人口为 392.92 万人，之后，每隔 10 年定期进行一次全国范围的人口普查，直至 1990 年。1822 年的美国人口已突破千万，达到 1026.8 万人，1915 年，美国人口超过 1 亿人，1968 年人口超过 2 亿人（参见表 8）。

表8 1790～1990 年美国的人口变动

单位：千人

年份	人口	年份	人口	年份	人口	年份	人口	年份	人口	年份	人口	年份	人口	年份	人口
1790	3929	1816	8659	1842	18345	1868	38213	1894	68275	1920	106466	1946	140054	1972	208850
1791	4056	1817	8899	1843	18957	1869	39051	1895	69580	1921	108541	1947	143446	1973	211910
1792	4194	1818	9139	1844	19569	1870	39905	1896	70885	1922	110055	1948	146093	1974	213850
1793	4332	1819	9379	1845	20182	1871	40938	1897	72189	1923	111950	1949	148665	1975	215970
1794	4469	1820	9618	1846	20794	1872	41972	1898	73494	1924	114113	1950	151234	1976	218040
1795	4607	1821	9939	1847	21406	1873	43006	1899	74799	1925	115832	1951	153384	1977	220240
1796	4745	1822	10268	1848	22018	1874	44040	1900	76094	1926	117399	1952	155761	1978	222590
1797	4883	1823	10596	1849	22631	1875	45073	1901	77585	1927	119038	1953	158313	1979	225060
1798	5021	1824	10924	1850	23261	1876	46107	1902	79160	1928	120501	1954	161191	1980	226550
1799	5159	1825	11252	1851	24086	1877	47141	1903	80632	1929	121770	1955	164303	1981	229850
1800	5297	1826	11580	1852	24911	1878	48174	1904	82165	1930	123077	1956	167259	1982	231534
1801	5486	1827	11909	1853	25736	1879	49208	1905	83820	1931	124040	1957	170333	1983	234500
1802	5679	1828	12237	1854	26561	1880	50262	1906	85437	1932	124840	1958	173232	1984	236300
1803	5872	1829	12565	1855	27386	1881	51542	1907	87000	1933	125579	1959	177700	1985	237200
1804	6065	1830	12901	1856	28212	1882	52821	1908	88709	1934	126374	1960	180529	1986	241095
1805	6258	1831	13321	1857	29037	1883	54100	1909	90492	1935	127250	1961	183690	1987	243399
1806	6451	1832	13742	1858	29862	1884	55379	1910	92407	1936	128053	1962	186540	1988	246100
1807	6644	1833	14162	1859	30687	1885	56658	1911	93868	1937	128825	1963	189240	1989	248800
1808	5838	1834	14582	1860	31513	1886	57938	1912	95331	1938	129825	1964	191890	1990 *	249632
1809	7031	1835	15003	1861	32351	1887	59217	1913	97227	1939	130880	1965	194300		
1810	7224	1836	15423	1862	33188	1888	60496	1914	99118	1940	131954	1966	196560		
1811	7460	1837	15843	1863	34026	1889	61775	1915	100549	1941	133121	1967	198710		
1812	7700	1838	16264	1864	34863	1890	63056	1916	101966	1942	133920	1968	200710		
1813	7939	1839	16684	1865	35071	1891	64361	1917	103266	1943	134245	1969	202680		
1814	8179	1840	17120	1866	36538	1892	65666	1918	103203	1944	132885	1970	205050		
1815	8419	1841	17733	1867	37376	1893	66970	1919	104512	1945	132481	1971	207050		

*美国商务部人口普查局 1990 年 11 月 26 日宣布 1990 年美国人口 249632692 人，比 1980 年增加 10%。

此表数据是年中人口数。

美国的人口增长速度一直是很快的，从第一次人口普查的 392 万人增加到 1000 万人用了 32 年的时间，从 1822 年的 1000 万人增加到 1 亿人仅用了 93 年的时间。说明美国人口的增长"车速"越来越快（参见表 9）。

表 9　美国每增长 1000 万人口所用时间

年　份	人口 （千人）	所需时间 （年）	年均增长率 （%）	年　份	人口 （千人）	所需时间 （年）	年均增长率 （%）
1790～1822	10268	—	—	1939	130880	11	0.75
1845	20182	23	2.98	1946	140054	7	0.97
1859	30687	14	3.04	1950	151234	4	1.94
1871	40938	12	2.43	1954	161191	4	1.61
1880	50262	9	2.31	1957	170333	3	1.86
1888	60496	8	2.34	1960	180529	3	1.96
1896	70885	8	2.00	1964	191890	4	1.54
1903	80632	7	1.86	1968	200710	4	1.13
1909	90492	6	1.94	1973	211910	5	1.09
1915	100549	6	1.77	1977	220240	4	0.97
1922	110055	7	1.30	1982	231534	5	1.05
1928	120501	6	1.52	1986	241095	4	0.96

　　由此可见，一个多世纪以来，美国人口的增长率逐步下降，但绝对增长量却越来越大。我们必须注意这个绝对与相对增长量之间可能产生的更大的差距，因此不能单凭研究相对增长率就下结论，这也就是说，目前的美国人口每年以 200 多万人的数量增加，其中，既有移民的因素，也有自然增长的因素，还有移民自然增殖的因素。

人口自然变动

　　按照人口再生产类型转变理论，早期的人口自然增殖率的状况是：高出生（35‰以上）、高死亡（30‰以上）、低自然增长（5‰左右）；随之是高出生、较低死亡、较高自然增长；接着是出生率下降、死亡率再下降、自然增长率再提高；最后，进入"三低"类型，即所谓的人口转变"四阶段论"。然而，从美国的人口历史来看，似乎并没有经过完整的四阶段。如果按照芬兰的标准模型（参见《芬兰国》）观察的话，美国的人口转变至少没有经历第一、第二阶段，严格地说，美国甚至也没有进入该标准模型的第四阶段。这就是说，美国有据可查的人口历史一直是"过渡"的"历史"，而且，几乎从一开始就是从第三阶段向第四阶段过渡的历史。这些可以从美国人口历史上的自然变动率中得到显示。

　　美国从 1790 年开始了最早的全国性的人口普查，但直到 1900 年和 1915 年时才分别对死亡和出生状况有所了解，在此之前的有关美国国土上的生命统计多为估测。因此，说美国没有经过人口转变的第一、第二阶段，也有可能因为其证据并不十分充足所致。此外，由于美国的早期是以欧洲人为主体的移民接受国，因此，美国的人口转变往往与欧洲有很大关系，已经开始人口转变的欧洲移民对美国独立之后的初期无疑有着深刻的影响。最近，美国学者撰写论文认为，至少在 19 世纪的早期，美国的人口出生率已经开

始下降，死亡率则在 1870 年之后才开始下降。用不同的变量测算出的美国 1900～1910
年的妇女总和生育率及净再生产率已经很低，此后，再继续下降（参见表 10、表 11）。

表 10　美国人口自然变动指标

单位：‰

年　份	出生率	死亡率	自　然增长率	年　份	出生率	死亡率	自　然增长率	年　份	出生率	死亡率	自　然增长率
1900	32.3	17.2	15.1	1958	24.3	9.5	14.8	1974	14.9	9.1	5.8
1905		15.9		1959	24.1	9.4	14.7	1975	14.5	8.7	5.8
1910	30.1	14.7	15.4	1960	23.6	9.5	14.1	1976	14.7	8.9	5.8
1915	25.0	13.2	11.8	1961				1977	15.3	8.8	6.5
1920	23.7	13.0	10.7	1962				1978	15.3	8.8	6.5
1930	18.9	11.3	7.6	1963	21.7	9.6	12.1	1979	15.8	8.5	7.3
1935	16.9	10.9	6.0	1964				1980	15.8	8.7	7.1
1940	17.9	10.8	7.1	1965	19.6	9.4	10.2	1981	15.7	8.6	7.1
1945	19.5	10.6	8.9	1966	18.4			1982	15.9	8.5	7.4
1947	26.5	10.1	16.4	1967	17.8			1983	15.5	8.6	6.9
1950	23.6	9.6	14.0	1968	17.4	9.6	7.8	1984			
1953	24.6	9.6	15.0	1969	17.7			1985			
1954	24.9	9.2	15.7	1970	18.2	9.4	8.8	1986	15.5	8.7	6.8
1955	25.6	9.3	16.3	1971	17.2	9.3	7.9	1987			
1956	24.9	9.4	15.5	1972	15.6	9.4	6.2	1988	16.0	9.0	7.0
1957	25.0	9.6	15.4	1973	14.9	9.4	5.5	1989	16.0	9.0	7.0

表 11　1905～1975 年美国妇女生育率变动情况

单位：个

年　份	总和生育率	粗再生产率	净再生产率	年　份	总和生育率	粗再生产率	净再生产率
1905～1910	3.695	1.793	1.336	1955	3.578	1.745	1.676
1919～1921	3.378	1.642	1.334	1960	3.655	1.783	1.715
1929～1931	2.547	1.239	1.072	1965	2.927	1.428	1.376
1939～1941	2.312	1.125	1.026	1970	2.474	1.207	1.168
1950	3.086	1.505	1.435	1975	1.796	0.876	0.853

　　20 世纪初期，美国的妇女生育率水平已经很低了，与英、法老牌资本主义国家十分
接近，不过，由于受移民的影响，尽管死亡率早已降至很低水平，但出生率却下降得十
分缓慢（参见表 12）。

表 12 英国、法国、美国人口自然变动指标对比

单位：‰

年 份	国 家	出生率	死亡率	自然增长率	年 份	国 家	出生率	死亡率	自然增长率
1915	英	23.2	16.1	7.1	1950	英	16.2	11.7	4.5
	法	11.8	18.3	-6.5		法	20.6	12.7	7.9
	美	25.0	13.2	11.8		美	23.6	9.6	14.0
1930	英	16.7	11.6	5.1	1960	英	17.5	11.5	6.0
	法	18.0	15.6	2.4		法	17.9	11.4	6.5
	美	18.9	11.3	7.6		美	23.6	9.5	14.1
1940	英	16.7	11.6	5.1					
	法	13.6	18.0	-4.4					
	美	17.9	10.8	7.1					

法国的人口转变更早一些，比英、美两国早半个多世纪。法国的人口出生率降至25‰时为1854年，降至20‰以下的时间是1906年，历时52年；英国和美国的人口出生率分别于1910年和1915年降至25‰，又分别于1923年和1964年降至20‰以下，英国历时13年，美国历时却长达49年，显然美国的人口转变要缓慢得多。严格地讲，美国至20世纪70年代才完全完成人口转变而进入人口再生产的"三低"类型。美国人口自然变动总的情况是：（1）整个19世纪，出生率和死亡率都在下降，20世纪虽然由于经济条件的变化和战争的影响，出生率上下波动较大，但二者仍是下降趋势；（2）20世纪30年代的大萧条、战后军人的遣返、移民都是构成人口出生率波动的重要原因，1933年降至最低点，1947年升到最高点；（3）由于人口老化，死亡率很难再有大幅度下降的可能，同样，由于移民，出生率也难以进一步大幅度下降。

人口自然结构

1. 年龄结构

美国是一个已经进入了人口"三低"类型的国家，因此，美国也是一个人口"老年型"的国家。不过，按照目前的划分标准，美国真正成为老年型国家的时间是在20世纪70年代以后（参见表13）。

表 13 美国人口年龄构成变动情况

单位：%

时 间	0~14 岁	15~64 岁	65 岁及以上	老少比	时 间	0~14 岁	15~64 岁	65 岁及以上	老少比
1950.4.1	26.86	64.99	8.15	30.30	1981.7.1	22.5	66.1	11.4	50.67
1960.4.1	31.11	59.66	9.23	29.67	1986	22.0	66.0	12.0	54.55
1970.4.1	28.50	61.63	9.87	34.63	1989	21.0	67.0	12.0	57.14

动态人口年龄金字塔更显示出了美国人口转变的运动轨迹（参见图1）。

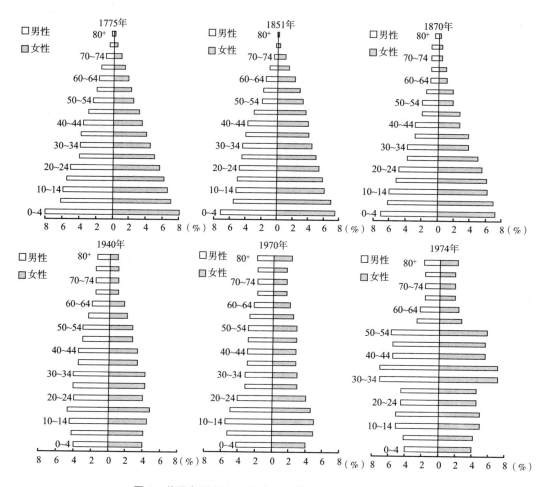

图1　美国各时期人口年龄金字塔图示（以百分比表示）

尽管美国的老年人口已超过14岁以下人口的一半以上，但是，按照爱德华·罗赛特对人口高龄化的划分，仍只为老年型人口的"初级阶段"。19世纪末的法国与20世纪初的英国、瑞典等国便达到了这一水平。表14及图2是1982年美国人口年龄、性别结构状况（参见表14、图2）。

从1982年的人口年龄金字塔可以看出：（1）美国既不同于西、北欧"上下一致"的"桶"形，也不同于非、亚洲上窄下宽的"钟"形，而是介于两者之间的中间宽的"枣核形"：上限自40岁起较为稳定；下限自15岁以下开始萎缩；青壮年人口比重最大。（2）包括15～34岁的最宽年龄组人口所形成的美国人口年龄金字塔，被美国学者布·罗贝称之为"一只吞掉一头猪的大蟒"的年龄金字塔。之所以如此的原因是：1947～1964年间，美国的母亲们生育了7200万婴儿；在1954～1964年生育创纪录的年代，每年有

表 14　1982 年美国人口年龄、性别构成

年　龄	总人口（人）	男性人口（人）	女性人口（人）	性比例（％）	年　龄	总人口（人）	男性人口（人）	女性人口（人）	性比例（％）
0 ~ 4	17372000	8887000	8485000	104.74	50 ~ 54	11329000	5452000	5877000	92.77
5 ~ 9	15956000	8160000	7796000	104.67	55 ~ 59	11523000	5430000	6093000	89.12
10 ~ 14	18025000	9215000	8810000	104.59	60 ~ 64	10572000	4892000	5680000	86.13
15 ~ 19	19792000	10085000	9707000	103.89	65 ~ 69	8939000	3983000	4956000	80.37
20 ~ 24	21716000	10906000	10810000	100.88	70 ~ 74	7194000	3019000	4175000	72.31
25 ~ 29	20658000	10298000	10360000	99.40	75 ~ 79	5092000	1966000	3126000	62.89
30 ~ 34	18645000	9234000	9411000	98.12	80 ~ 84	3152000	1085000	2067000	52.49
35 ~ 39	15639000	7702000	7937000	97.04	85 +	2444000	723000	1721000	42.01
40 ~ 44	12441000	6095000	6346000	96.04					
45 ~ 49	11045000	5368000	5677000	94.56	总　计	231534000	112500000	119034000	94.51

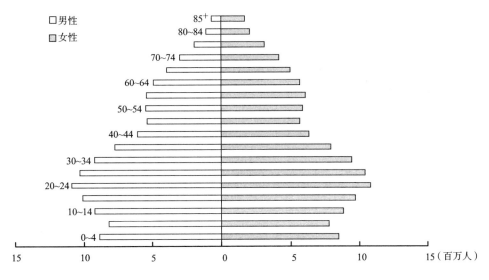

图 2　1982 年美国人口年龄金字塔

400 多万婴儿降生；1955 ~ 1964 年，共出生婴儿 4200 万，这是美国历史上 10 年内出生婴儿的最高记录，生育的最高峰是 1957 年，共生育了 430 万婴儿，这一年的生育率为 122.9‰（每 1000 名 15 ~ 45 岁的妇女所生子女数），也是最高峰。（3）自 1963 年起，生育高峰结束。1965 年共出生婴儿 380 万名，是 1950 年以来最少的一年，生育率降至 97‰，也是战后 19 年中最低的一年，出生率下降的势头一直持续到 1976 年的低谷时期。（4）受人口再生产规律的影响，从 1976 年起，出生人口数量又开始回升。尽管出生绝对

量同 20 世纪 50 年代接近，但是，妇女生育率却大大降低了。在 50 年代，是 3500 万名育龄妇女每年生育 400 多万婴儿；现在是 5600 多万育龄妇女每年大约生育婴儿 400 万名。（5）1966～1980 年的 650 万入境移民也是这一年龄组膨胀的原因之一。

总之，美国在经过了战争"婴儿激增"的年代之后，由于：（1）妇女生育率水平降低，使足以降低平均年龄的婴幼儿相对减少；（2）婴儿死亡率下降，人口平均寿命延长，老年人相对增多；（3）20 世纪 50～60 年代初生育高峰期出生的 7000 多万人正从青年步入中年。因此，美国已进入了老年型社会。

美国人口的平均年龄 1970 年还是 28 岁，1980 年便超过了中青年临界点的 30 岁。美国人口的老化程度正在步步加重。

美国人口出生时平均预期寿命，1900 年只是 47 岁，1984 年已提高到 74.5 岁，这同样意味着美国人口老化的严重性（参见表 15）。

表 15　1948～1989 年美国人口平均预期寿命

单位：年

年　份	男　性	女　性	年　份	男　性	女　性	年　份	男　性	女　性	年　份	男　性	女　性
1948	64.6	69.9	1955	66.6	72.7	1963	66.6	73.4	1973	67.6	75.3
1949	65.2	70.7	1956	66.6	72.8	1965	66.8	73.7	1974	68.2	75.9
1950	65.6	71.1	1957	66.3	72.5	1966	66.7	73.8	1975	68.7	76.5
1951	65.6	71.3	1958	66.4	72.7	1969	66.8	74.3	1978	69.5	77.2
1952	65.7	71.6	1959	66.5	73.0	1970	67.1	74.8	1982	70.8	78.2
1953	65.9	71.9	1960	66.6	73.1	1971	67.4	74.8	1989	75.0	
1954	66.7	72.7	1962	66.8	73.4	1972	67.4	75.1			

美国的婴儿死亡率在 20 世纪 50 年代初已降至 27.8‰，50 年代末进一步降至 27.1‰，60 年代初与末分别为 25.2‰和 21.8‰，70 年代初为 17.7‰，80 年代初为 10.9‰，1989 年为 9.9‰，成为婴儿死亡率最低的国家之一。婴儿死亡率的降低，直接促使着人口平均预期寿命的提高，从这个角度也助长着美国人口老化的进程。

2. 性别结构

美国的人口性别构成也是逐渐变化的，直到 1950 年，美国的男性人口仍多于女性，当年性比例为 105∶100。不过，当时的这种状态并非平均预期寿命的差别所造成，而是由于"充满机会的大陆"对男人的吸引力比妇女更大所致。此后，女性人口开始超过男性，而且其差距大到近 700 万人。按平均预期寿命计算，1950 年，65 岁的男性可望继续存活 13 年，女性则为 15 年；到 1980 年，一名 65 岁的老年妇女可望再活 18.5 年，比 1950 年的统计延长 3.5 年，而 65 岁的男性老人可再活 14 年，仅比 1950 年稍有增长。因此，女性多于男性的状态也就如期而至了。据 1980 年普查，男性平均年龄是 28.8 岁，女性为

31.3 岁，比男性高 2.5 岁。但是，出生的男婴多于女婴，这一状态一直保持到 28 岁，在这个人生的转折点上，女性人口开始多于男性，而且在 28 岁以后的每一年里，女性多于男性的差距都在逐渐加大，64 岁以后的性别比例是 67 名男性对 100 名女性。美国人口总体的性别比例 1966 年是 97.1∶100.0，1970 年是 94.8∶100.0，1980 年是 94.5∶100.0。

另外，美国各州的性别比例也不尽相同，如在阿拉斯加州、夏威夷州、内华达州、北达科他州和怀俄明州男性均多于女性。

应当注意，移民对美国人口的影响是不可低估的，它既可以改变人口的年龄结构，还可影响其性别结构，对人口的地域分布也会产生更重要的影响。

人口流动与分布

美国自独立以来，有两大最重要的发展，一是人口增长近 100 倍；二是领土扩展 2 倍多。目前美国领土辽阔，人口仍然相对不多，本土人口平均密度比较小，每平方公里不足 30 人，但是在其广袤的土地上，人口分布并不均匀。近 200 年来，美国人口仍不断从民族发祥地的东北部沿海地区向西、向南扩散，人口分布状况也一再发生显著变化：1790 年，全国 94% 的人口居住在原来 13 个殖民地区的大西洋倾斜地带；到了 1820 年，这一比值降至 73%；1850 年的调查表明，那时全国几乎有一半的人口（45%）居住在阿格勒尼山脉的西面，1820~1850 年的 30 年中，东部至少为西部提供了 400 万人口。从人口地理学的角度来说，1790~1880 年的 90 年里，人口中心向西移动了 700 公里，之后，在 20 世纪的前 40 年里，平均每 10 年人口中心向西移动仅仅 34 公里，可能主要是由于当时的经济、战争等因素造成的。1970 年，又在 1880 年的基础上，人口中心向西偏南移动了 436 公里。

总的来讲，美国历史上曾出现过三次巨大的人口地区移动高潮：第一次始于南北战争初期的 1861 年，止于 1880 年美国关闭西部边疆，这次人口迁徙的流向是由东向西并席卷了西部和远西部；第二次高潮发生在 1890~1920 年间，这一时期的人口流向主要是农村剩余劳动力人口向大中工业城市转移；第三次是 20 世纪 20~60 年代初，其流向主要由南向北。今日的美国拟进行第四次人口大流动，这次流向在国内主要从北向南；在国与国之间则主要从墨西哥北部向美国南部非法或合法移入；在城乡之间主要由城市流向农村。这种与历史相背的人口流向使得美国人口似乎得以重新分布。及至目前，40%的人口集中在只占美国土地 12% 的东北部工业集中地区，东北部沿海和五大湖南岸地带局部地区每平方公里达 200 人以上；全国 53% 的人口集中在从海岸线向内陆宽约 80 公里的沿岸狭长地带，其面积仅占本土的 16%，其中大西洋沿岸有 5000 多万人，太平洋沿岸有 2500 多万人，墨西哥湾沿岸有 1260 万人，大湖沿岸有 2980 万人。美国西部山地诸州人口密度最低，每平方公里仅有 5 人。

美国分为 4 个大区，即东北区、中西区、南部区和西部区，在此基础上又进一步划分为 9 个区，每区含有数量不等的州（不过，列宁在分析美国经济时，将其划分为北部、南部、西部 3 个大区），下面是美国各区人口分布情况（参见表 16）。

表 16　美国各州土地面积及有关人口指标

区·州别	面积（平方公里）	人口（1980 年）（人）	人口（1987 年）（人）	1980～1987 变化率（％）	2010 年预测（人）	2010 年人口密度（人/平方公里）	1987 年人口密度（人/平方公里）	黑人比重（％）
东北区	437388	49135283	50277000	2.3	52496000	120	114.9	
新英格兰地区	172681	12348493	12844000	4.0	14243000	82.5	74.4	
缅因	86156	1124660	1187000	5.5	1308000	15.2	13.8	0.3
新罕布什尔 *	24032	920610	1057000	14.8	1455000	60.6	44	0.4
佛蒙特	24900	511456	548000	7.1	608000	25.3	22.8	0.2
马萨诸塞 *	21456	5737037	5855000	2.1	6255000	291.5	278.8	3.9
罗得岛 *	3140	947154	986000	4.1	1085000	361.6	314	2.9
康涅狄格 *	12997	3107576	3211000	3.3	3532000	273.8	247	7
大西洋沿岸	264707	36786790	37433000	1.8	38253000	144.5	141.4	
纽约 *	127190	17558072	17825000	1.5	18139000	142.9	140.4	13.7
新泽西 *	20169	7364823	7672000	4.2	8980000	449.1	383.6	12.6
宾夕法尼亚 *	117348	11863895	11936000	0.6	11134000	95.2	102.1	8.8
中西区	1984887	58865921	59538000	1.1	59018000	29.7	30	
中部东北	643720	41682450	41904000	0.5	41111000	63.9	65.1	
俄亥俄	107044	10797630	10784000	-0.1	10397000	97.2	100.7	10
印第安纳	93720	5490224	5531000	0.7	5409000	54.2	59.5	7.6
伊利诺伊	145934	11426518	11582000	1.4	11495000	79.3	79.9	14.7
密歇根	151586	9262078	9200000	-0.7	9097000	60.7	61.1	12.9
威斯康星	145436	4706000	4807000	2.1	4713000	32.5	33.2	3.9
中部西北	1341167	17183471	17634000	2.6	17907000	13.4	13.1	
明尼苏达	218601	4075970	4246000	4.2	4578000	21.1	19.5	1.3
艾奥瓦	145753	2913808	2834000	-2.7	2382000	16.4	19.5	1.4
密苏里	180516	4916686	5103000	3.8	5521000	30.7	28.4	10.5
北达科他	183119	652717	672000	2.9	611000	3.4	3.6	0.4
南达科他	199730	690786	709000	2.7	722000	3.6	3.6	0.3
内布拉斯加	200350	1569825	1594000	1.6	1529000	7.6	7.9	3.1
堪萨斯	213098	2363679	2476000	4.7	2564000	12.1	11.9	5.3
南部区	2327312	75372029	83885000	11.3	104918000	45.1	36.1	
南部大西洋沿岸	722421	36958790	41685000	12.8	55110000	76.3	57.7	
特拉华 *	5295	594338	644000	8.3	790000	149.2	128.8	16.1
马里兰 *	27092	4216975	4535000	7.5	5688000	209.9	167.9	22.7
哥伦比亚区	178	638000	622000	-2.6	672000	3775.3	3494.4	
弗吉尼亚 *	105586	5346818	5904000	10.4	7410000	70.2	56.3	18.9

续表 16

区·州别	面积 （平方公里）	人口 （1980 年） （人）	人口 （1987 年） （人）	1980～1987 变化率 （%）	2010 年 预测（人）	2010 年人口 密度（人/ 平方公里）	1987 年 人口密度 （人/平方 公里）	黑人比重 （%）
西弗吉尼亚	62760	1949644	1897000	-2.7	1617000	25.8	30.6	3.3
北卡罗来纳 *	136413	5881766	6413000	9.0	8154000	59.8	47.2	22.4
南卡罗来纳 *	80582	3121820	3425000	9.7	4205000	52.2	42.8	30.4
佐治亚 *	152576	5463105	6222000	13.9	9045000	59.3	40.9	26.8
佛罗里达	151939	9746324	12023000	23.4	17530000	115.4	79.6	13.8
中部东南	471244	14666423	15290000	4.3	16847000	35.8	32.4	
肯塔基	104661	3660777	3727000	1.8	3710000	34.4	35.9	7.1
田纳西	109152	4591120	4855000	5.7	5500000	50.4	44.5	15.8
亚拉巴马	133915	3893888	4083000	4.9	4609000	34.4	30.7	25.6
密西西比	123516	2520638	2625000	4.1	3028000	21.5	21.3	35.2
中部西南	1133647	23746816	26910000	13.3	32961000	29.1	23.7	
阿肯色	137754	2286435	2388000	4.5	2624000	19	17.4	16.3
路易斯安那	123677	4205900	4461000	6.1	4545000	36.7	36.3	29.4
俄克拉何马	181186	3025290	3272000	8.2	3511000	19.4	18.1	6.8
得克萨斯	691030	14229191	16789000	18.0	22281000	32.2	24.3	12
西部区	4623034	43172491	49699000	15.1	65624000	14.2	10.7	
山地	2236628	11372786	13166000	15.8	17680000	7.9	5.9	
蒙大拿	380848	786690	809000	2.9	794000	2.1	2.1	0.2
爱达荷	216432	943935	998000	5.8	1079000	4.9	4.6	0.3
怀俄明	253326	469557	490000	4.4	487000	1.9	1.9	0.7
科罗拉多	269596	2889964	3296000	14.1	4098000	15.2	12.3	3.5
新墨西哥	314925	1302894	1500000	15.1	2248000	7.1	4.8	1.8
亚利桑那	295260	2718216	3386000	24.6	5319000	18.1	11.5	2.8
犹他	219889	1461037	1680000	15.0	2171000	9.9	7.7	0.6
内华达	286352	800493	1007000	25.8	1484000	5.2	3.5	6.4
太平洋沿岸	2386406	31799705	36533000	14.9	47944000	20.1	15.3	
华盛顿	176479	4132156	4538000	9.8	5282000	29.9	25.8	2.6
俄勒冈	251419	2633105	2724000	3.4	2991000	11.9	11.9	1.4
加利福尼亚	411049	23667902	27663000	16.9	37347000	90.9	67.3	7.7
阿拉斯加	1530700	401851	525000	30.7	765000	0.5	0.3	3.4
夏威夷	16759	964691	1083000	12.2	1559000	93	67.7	1.8
合　计	9372621	226545724	243399000	7.4	282056000	30.1	26	11.7

　　经过两个世纪左右的人口流动，形成了今天的美国人口格局。从总的情况看，美国的人口分布密集程度依次为：东北区最密，南部区次之，中西区再次，西部区最为稀疏。其中：中部大西洋沿岸各州是人口最为稠密的地区；中部西南各州人口十分稀少，平均每平方公里为 5.9 人。从经济的角度来看，工业区人口稠密；南北纵贯中央的中部西北、中部西南、山地等农牧业区人口稀少。

　　美国的黑人也是构成其人口流动的一大主流。20 世纪初，90% 的黑人居住在南方。随着黑人的迁徙，1980 年在南方居住的黑人已下降到全国黑人人口的 53%，东北区的黑人为 18%，中西区为 20%，西部黑人不足 9%。

人口城市化

　　美国在 1790 年进行第一次人口普查时，城市人口只有 20.2 万人，占总人口的 5%，但当时的城市仅指东北部 13 州。此后两个世纪中，美国的工业化和城市化取得很大进展，城市人口持续上升，1890 年为 35%，1975 年已达到 75%。

　　尽管 1950 年之后的城市人口资料与之前不具有完全可比性，但是，美国城市人口的迅速发展是无疑的。1930 年，美国新型的特大城市就已经崭露头角，从此经历了一段大城市迅速膨胀的过程，涌现出一大批具有世界规模的特大型城市，如纽约，这座 1626 年由荷兰人米涅威德建立起来的城堡，1790 年不足 5 万人，1820 年达到 15 万人，1860 年更增加为 70 万人，1950 年达到 789 万人，进入 20 世纪 80 年代人口略有下降，但仍为 716 万人。再如芝加哥，其前身是 1803 年建立的迪尔伯恩要塞，1837 年仅数千人，1850 年达到 3 万人，1871 年增至 30 万人，1890 年为 110 万人，1910 年突破 218 万人，1950 年上升为 362 万人，目前仍近 300 万人。还有 1781 年由西班牙人建立的洛杉矶，这是一个被称为原始模型的城市，在 1848 年仅为 1500 人，1900 年达 10.2 万人，1920 年为 57.6 万人，1984 年激增为 309.6 万人。超过百万人口的城市还有休斯敦、费城和底特律等。

　　美国的人口城市化进程，既不同于欧洲的英、法等国，又不同于亚洲的新加坡等国，而是迅速的工业化使人口城市化得以快速提高的结果。战后的美国，由于实现了工业化，造成了农村经济活动人口不仅相对而且绝对减少的局面，使大量农村人口在农业基础越来越雄厚、粮食产量迅速提高的情况下，涌入城市又推动了工业化和城市化的进程。因此，美国城市人口占总人口的比重 1960 年就达到了 70%，目前这一比值为 74%，属于高度城市化的国家类型。

　　美国人口城市化的特点是：（1）城市发展速度快；（2）城市人口增长速度快；（3）近 10 多年由乡进城的人口流向被由城去乡的走向所取代；（4）城市规模发展合理。

　　以一般标准计算，美国的四位城市指数值是 0.478937，略低于 0.5333 的标准。说明美国的特大城市没有出现像某些国家那样的特大城市"人口膨胀病"，这与美国的城市人口规划以及近 10 多年来人口向中小城市和农村迁移有着密切的关系。不过，外来移民仍向美国大城市涌入，因而，在一定程度上减缓了大城市人口下降的趋势（参见表 17、表 18 和图 3）。

表 17　1790～1950 年美国城乡人口构成变动情况

单位：千人

城镇规模＼年份	1790	1800	1810	1820	1830	1840	1850	1860	1870
城市人口	**202**	**322**	**525**	**693**	**1127**	**1845**	**3544**	**6217**	**9902**
100 万以上城市人口									
50 万～100 万城市人口							516	1379	1616
25 万～50 万城市人口					313			267	1524
10 万～25 万城市人口				124	203	205	659	993	990
5 万～10 万城市人口		61	150	127	222	187	284	452	768
2.5 万～5 万城市人口	62	68	80	70	105	235	611	670	930
1 万～2.5 万城市人口	48	54	109	122	240	405	561	884	1710
5000～1 万城市人口	48	94	116	155	231	329	596	976	1278
2500～5000 城市人口	44	45	70	96	126	172	316	595	1086
占城乡人口总计的 %	5.1	6.1	7.3	7.2	8.8	10.8	15.3	19.8	25.7
乡村人口	**3728**	**4986**	**6714**	**8945**	**11739**	**15224**	**19648**	**25227**	**28656**
占城乡人口总计的 %	94.9	93.9	92.7	92.8	91.2	89.2	84.7	80.2	74.3

城镇规模＼年份	1880	1890	1900	1910	1920	1930	1940	1950	1950①
城市人口	**14130**	**22106**	**30160**	**41999**	**54158**	**68955**	**74424**	**88927**	**96468**
100 万以上城市人口	1206	3662	6429	8501	10146	15065	15911	17404	17404
50 万～100 万城市人口	1917	806	1645	3010	6224	5764	6457	9187	9187
25 万～50 万城市人口	1301	2448	2861	3950	4541	7956	7828	8242	8242
10 万～25 万城市人口	1787	2782	3272	4840	6519	7541	7793	9614	9479
5 万～10 万城市人口	948	2028	2709	4179	5265	6491	7344	9073	8931
2.5 万～5 万城市人口	1446	2269	2801	4023	5075	6426	7417	9496	8808
1 万～2.5 万城市人口	2189	3451	4338	5549	7035	9097	9967	12467	11867
5000～1 万城市人口	1717	2384	3204	4217	4968	5897	6682	7879	8139
2500～5000 城市人口	1618	2277	2899	3728	4386	4718	5026	5565	6490
2500 以下城市人口									578
占城乡人口总计的 %	28.2	35.1	39.7	45.7	51.2	56.2	56.5	59.0	64.0
乡村人口	**36026**	**40841**	**45835**	**49973**	**51553**	**53820**	**57246**	**61770**	**54230**
1000～2500 人地区		2509	3298	4234	4712	4821	5027	5383	6473
1000 人以下地区		2249	3003	3930	4255	4363	4316	4129	4031
其他乡村地区		36083	39533	41809	42586	44637	47903	52258	43725
占城乡人口总计的 %	71.8	64.9	60.3	54.3	48.8	43.8	43.5	41.0	36.0

本表系普查年份数字，指定居在某地的人数。

①1950 年以后的数字系根据新的城乡人口划分标准，与以前年份数字不完全可比。按 1950 年以前的城乡人口的划分标准，城市人口一般仅限于人口在 2500 人以上地区的行政区划，根据新的城乡人口划分标准，则将城市郊区居民在 50000 人以上地区以及一般地区居民在 2500 人以上者，不问其是否属于行政区划，均列为城市；其余地区为乡村。

表18 1984年美国人口超过50万以上的城市人口

单位：人

城市	人口	城市	人口	城市	人口	城市	人口	城市	人口
纽约	7164724	底特律	1088973	火奴鲁鲁	805266	华盛顿	622823	新奥尔良	559101
洛杉矶	3096721	达拉斯	974234	巴尔的摩	763570	孟菲斯	648399	哥伦布	566114
芝加哥	2992472	圣迭戈	960452	圣弗朗西斯科	712753	密尔沃基	620811	克利夫兰	546543
休斯敦	1705697	菲尼克斯	853266	印第安纳波利斯	710280	杰克逊维尔	577971	丹佛	504588
费城	1646713	圣安东尼奥	842779	圣何塞	686178	波士顿	570719		

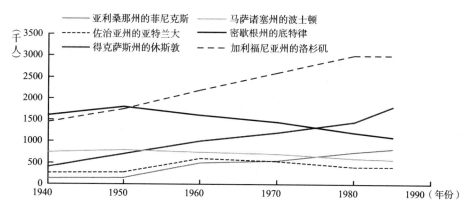

图3　美国具有代表性的几个大都市近几十年的人口变动图示

美国的黑人进行地区间流动的内容之一，便是由农村向城市迁入。1970年的人口普查资料表明，美国2300万黑人中的74%住在大都市地区。1960～1970年间，纽约的黑人从占该市人口的14%上升到21%，1980年进一步占到25%；芝加哥的黑人从1960年的23%上升到1970年的33%和1980年的40%；在费城，黑人在居民中的比重由1970年的34%上升为1980年的38%。

经济活动人口

美国是经济最发达的资本主义国家，是现代超级大国之一。拥有强大的经济、军事实力，其经济规模大、部门结构完整、生产力和资本主义经济发展水平高，是其他发达的资本主义国家所不能比拟的。在经济结构上，美国是一个工业对农业占绝对优势的工业发达国家，工业占工农业总产值的80%以上，采矿业规模很大，大部分矿产品可以自给。美国的农业是其最早的经济部门之一，及至目前，美国的农业部门内部结构也发展得比较全面。此外，美国交通运输业的发展，就其运量和设备数量而言，都位居世界的首位。不过，从美国各地区来看，其发展并不平衡，有着"工业的北部"、"过去奴隶制的南部”和“垦殖的西部”之称（参见表 19）。

表 19　1980 年美国三大区若干指标所占比重

单位：%

地　区	面　积	人　口	黑　人	制造业增加值	采矿业产值	农产品销售额
北　部	25.8	47.7	38.5	55.3	15.2	50.3
南　部	24.8	33.2	53.0	28.5	56.5	28.6
西　部	49.4	19.1	8.5	16.2	28.3	21.1

　　美国人口就业结构的转变，很大程度上是农业机械化的结果，这取决于农业机械化程度的高低、农场数量的多少及规模的大小等因素。由于美国的垄断资本对农业的控制日益加强，因此，农场总数已经由 19 世纪 30 年代的 600 多万个减少到了 1982 年的 240 多万个。下面是美国农场数及其规模的变化情况（参见表 20、表 21）。

表 20　1910～1954 年美国土地利用情况

单位：百万英亩

年　份 项　目	1910	1920	1925	1930	1935	1940	1945	1950	1954
农场内：	879	956	924	987	1055	1061	1142	1159	1158
农作物种植面积①	347	402	391	413	416	399	403	409	399
农作物种植用	324	374	365	379	375	363	379	387	380
休闲地	22	28	26	34	41	36	24	22	19
草地及放牧地②	284	328	331	379	410	461	529	485	526
森林	191	168	144	150	185	157	166	220	197
牧地	98	77	77	85	108	100	95	135	121
非牧地	93	91	67	65	77	57	71	85	76
农场建筑物、公路及其他土地	57	58	58	45	44	44	44	45	36
非农场内：	1024	947	979	916	848	844	763	745	746
牧草地	739	661	646	578	533	504	428	400	353
森林（未作牧地用者）	162	160	203	208	184	203	186	201	238
其他土地	123	126	130	130	131	137	149	144	155
陆地面积总计	1903	1903	1903	1903	1903	1905	1905	1904	1904

①包括农作物的收获面积、播种后未收获面积以及夏季休闲地。
②包括农场内所有牧地（森林内牧地不包括在内）
说明：1 英亩 = 0.4047 公顷。

表 21　1880～1954 年美国农场数及规模变动情况

单位：英亩

类别	年份	总计	3英亩以下	3~9	10~29	30~49	50~99	100~179	180~259	260~499	500~999	1000英亩以上
农场数（千个）	1880	4009	4	135	1036		1033	1696			76	29
	1890	4565			1168		1122	2009			84	32
	1900	5737	41	226	1664		1366	1912		378	103	47
	1910	6362	18	317	1919		1438	2051		444	125	50
	1920	6448	20	269	2011		1475	1980		476	150	67
	1925	6372	15	363	2039		1421	1887		440	144	63
	1930	6289	43	315	2000		1375	1864		451	160	81
	1935	6812	36	535	1241	882	1444	1438	507	473	167	89
	1940	6097	36	470	1013	767	1291	1310	486	459	164	101
	1945	5859	99	495	946	709	1157	1200	493	473	174	113
	1950	5382	77	408	854	624	1048	1103	487	478	182	121
	1954	4782	100	384	713	499	864	953	464	482	192	131
	1955	4654										
	1960	3962										
	1965	3340										
	1970	2924										
农场土地面积（千英亩）	1900	838592										
	1910	878798										
	1920	955884										
	1925	924319										
	1930	986771										
	1935	1054515										
	1940	1060852										
	1945	1141615										
	1950	1159789										
	1954	1158192										

由此看出，美国的农场土地面积在增加，但是农场数量却在减少。

从就业结构来讲，1960 年，美国农业、工业、服务业的劳动力比重分别为 7%、36% 和 57%；1980 年，三者比重有了重大变化，分别为 2%、32% 和 66%。目前，服务业人口的比重大约已上升为 71.4%（参见表 22、表 23）。

表 22　1910~1983 年美国农业人口及就业状况的变动情况

单位：千人

年　份	总人口 （千人）	农业 人口 （千人）	农业 人口占 总人口 （%）	农业 就业 人数 （千人）	家庭 工人 （千人）	雇用 工人 （千人）	年　份	总人口 （千人）	农业 人口 （千人）	农业 人口占 总人口 （%）	农业 就业 人数 （千人）	家庭 工人 （千人）	雇用 工人 （千人）
1910	91972	32077	34.9	13555	10714	3381	1952	156421	24283	15.5	9149	7005	2144
1920	105711	31614	29.9	13342	10041	3391	1953	159012	22679	14.3	8864	6775	2089
1930	122440	30169	24.6	12497	9307	3190	1954	161761	22099	13.7	8639	6579	2060
1940	131456	30269	23.0	10979	8300	2679	1955	164607	22438	13.6	8364	6347	2017
1944	138027	25495	18.5	10219	7988	2231	1956	167509	22362	13.3	7820	5899	1921
1945	139583	25295	18.1	10000	7881	2119	1957	170496	21606	12.7	7577	5683	1895
1946	141039	26483	18.8	10295	8106	2189	1958	173359	21388	12.3	7525	5570	1955
1947	143480	27142	18.9	10382	8115	2267	1959	176264	21172	12.0	7384	5459	1925
1948	146051	25903	17.7	10363	8026	2337	1960	180671	11925	6.6	7118	5249	1869
1949	148595	25954	17.5	9964	7712	2252	1970	205050	7525	3.7			
1950	151131	25058	16.6	9926	7597	2329	1980	227700	4895	2.1			
1951	153691	24160	15.7	9546	7310	2236	1983	234500	4409	1.9			

说明：由于资料来源不同，个别年份数据与表 8 略有出入。

表 23　美国劳动力人口构成变动情况

单位：%

类别 ＼ 年份	1810	1839	1869~1879	1929	1965	1980	1987
第一产业	67.4	64.3	48.6	19.6	5.7	2.0	2.0
第二产业	16.3	16.2	29.0	38.8	38.0	32.0	26.6
第三产业	16.3	19.5	22.4	41.6	56.3	66.0	71.4

　　三次产业的依次变化，与第二次世界大战后生产力和科学技术的迅速发展有着密不可分的关系。不过，作为移民国家的美国来说，20 世纪初的 1910 年这一转变便初露端倪。目前，美国已成为第三产业经济部门发达程度最高的国家。

　　总之，美国不仅总体经济发展迅速，而且人均经济水平提高也十分显著：人均国民收入 1970 年还只是 4285 美元，1983 年即上升为 13346 美元；人均国内生产总值 1983 年为 13887 美元，1989 年为 18430 美元，成为世界上少数人均收入最高的国家之一。

　　文教卫生

　　美国各州教育不大一致，但是，多数州实行 10 年制义务教育。小学入学率为 100%，中学入学率为 97%，高等学校入学率甚至高达 58%。这种水平甚至使另一些发达资本主义国家也望尘莫及。从医疗状况上讲，1980 年美国每名医生负担的人口数为 520 人，每名护士负担的人口数 150 人；1985 年每名医生负担人数降为 250 人。

总而言之，美国具有美国的特点，美国人口具有美国人口的特点。这些特点主要是：（1）移民的步伐目前仍在继续；（2）人口老龄社会步步逼近；（3）人口在国内流动频繁、幅度较大；（4）美国是人口种族、人口民族、宗教信仰、语言使用的大熔炉。

从人口学角度看美国社会问题

人口是社会的主体，任何一个社会的状况都受历史的人口和现实的人口所左右。上述美国人口的一些特征，对美国目前的社会产生了极大的影响。概括来说，这些人口社会问题如下。

（1）美国未婚者的队伍在迅速扩大。成年未婚主要有三种类型：从未结婚者、离婚后尚未结婚者、寡妇和鳏夫。1982年这些人口数目为5900万人，比1970年多2100万人。独居者中，妇女占2/3，男性只占1/3。每千名妇女的离婚率从1960年的9名上升到23名。1987年总离婚率为5‰，成为世界上离婚率最高的国家之一。

（2）美国人将人口增长较快的南部和西部地区称之为"阳光带"，而将人口增长较慢的北方地区视为"严寒带"。这种定义完全不是以气候为依据，而主要是以人口增长的快与慢划定的。这种定义说明美国人口第二次世界大战后的流向，即从"严寒带"向"阳光带"流动，这使得美国成为世界上国内人口流动性最大的国家。美国是一个拥有悠久移民历史的国家，目前国内人口大量东西南北地迁徙，主要是随着经济的上升和下降而有变动，也许与迁徙的历史、习惯有关。

（3）美国的乡村又似乎恢复了生机，从而使其城市人口渐次减少。从大城市迁往农村的人口达到了创历史纪录的数字：圣路易人口流失率甚至高达25%，克利夫兰将近25%，底特律为20%。大量的人口迁出致使一些城市更加趋于"老化"。

（4）近些年来的非法入境者从加拿大和墨西哥双向涌入美国，使美国的民族构成更加复杂，人口自然结构也受到冲击。流入美国人口的来源国已从早期的欧洲变为亚洲和拉丁美洲，而拉美移民一些是通过有漏洞的美国南部边界进入美国的。

（5）黑人白人间经济收入的差距一直存在着，从绝对数上看，这种差距更为明显（参见表24）。

表24　美国白人家庭和黑人家庭平均收入比较

年　份	白人家庭（美元）	黑人家庭（美元）	差　额（美元）	黑人家庭收入占白人家庭收入（%）	年　份	白人家庭（美元）	黑人家庭（美元）	差　额（美元）	黑人家庭收入占白人家庭收入（%）
1947	6285	3212	−3073	51	1960	8758	4848	−3910	55
1950	6405	3449	−2956	54	1965	10210	5677	−4533	56
1955	7673	4236	−3437	55	1970	11671	7454	−4217	64

（6）美国现代社会问题之一是犯罪问题。当代美国社会学家弗兰克·斯卡皮蒂曾从人口学的角度去分析犯罪，他认为：性别、年龄、种族、民族、社会阶层和地域都与犯

罪有关。如男性犯罪率高于女性的现象已在发生变化；十几岁的少年和年轻成人的犯罪率一直高于其他年龄段的犯罪率；人口拥挤的城市是犯罪率高的地域；等等。

总之，美国学者布·罗贝认为，美国人口社会问题的特征是：人口经历过一个生育高峰期和生育低谷期；家庭开始破裂，妇女以创纪录的人数参加工作；人们从中心城市开始向郊区或广大农村迁移；遥远地区的人口急剧增加；农业停滞；制造业衰退；服务业却繁荣起来。

未来展望

关于美国的未来，有各种各样的预测。布·罗贝却从人口学的 10 个方面推演出了美国未来的十大发展趋势：（1）美国将成为一个中年人的社会；（2）妇女的重要性日益显著；（3）教育程度正在提高；（4）逐渐出现新的生活安排（随着生育高峰期出生的一代人在 20 世纪末和 21 世纪初达到组织家庭的年龄时，家庭数目会越来越多）；（5）劳动力按新的行业划分；（6）收入差距在扩大中；（7）移民的来源国发生变化；（8）人口和工作向城市以外的地区扩散；（9）地区间的差别在缩小中；（10）国际发展趋势日益重要。

总的来说，美国在未来将发生很大的变化。按照现在的人口增长率，美国人口翻番的时间需要 98 年，而南邻的墨西哥则只需要 29 年。这样，人口的发展趋势将把美国分割为不同的地区，使其民族、种族乃至宗教信仰、语言可能更加复杂化。

参考资料

〔以色列〕裴德·马特拉斯：《人口社会学导论》，方时壮等译，中山大学出版社，1988。

黄绍湘：《美国早期发展史》（1492～1823），人民出版社，1957。

黄绍湘：《美国通史简编》，人民出版社，1979。

〔美〕福克纳：《美国经济史》，上卷，王锟译，商务印书馆，1965。

〔美〕布·罗贝：《美国人民》，董天民等译，国际文化出版公司，1987。

〔美〕弗·斯卡皮：《美国社会问题》，刘泰星等译，中国社会科学出版社，1985。

〔美〕塞缪尔·埃利奥特·莫里森等：《美利坚合众国的成长》（上卷），南开大学历史系美国史教研室译，天津人民出版社，1980。

〔法〕皮埃尔·莱昂主编《世界经济与社会史》，谢荣康等译，上海译文出版社，1985。

American Fertility in Trausition : New Estimates of Birth Rates in the United State, 1900－1910 Michad R. Haines *Demography* 1989 Vol. 26.

格陵兰（Greenland）

从英文字母来看，Greenland 是"绿地"之意，然而，实际上它位于北美洲的最东北面，约 4/5 的地区处于北极圈内，冰雪覆盖的地区占这一世界第一大岛面积的 84%。该岛气候严寒，属寒带海洋性苔原气候，没有丝毫"绿地"之意。格陵兰岛在政治上是一个内部自治的地区，它受丹麦文化影响比较强烈，但一般来说把格陵兰岛列入盎格鲁美洲，即通常所说的北美洲，这主要是因为它靠近加拿大，而且对美、加来说在军事上有着重大意义。该岛在地理上是一个独立的单元，因而常被称做格陵兰次大陆。全岛面积217.56万平方公里。1985年时人口为5.29万人，1988年时人口为5.45万人，人口密度每平方公里0.03人。虽然这一人口密度基本没有什么实际意义，但它却表明，这是一块世界上人口最为稀少的地区之一。首府：戈特霍布。

历史

10世纪末，丹麦和挪威的航海人员到达此地，1814年起由丹麦人独占。为此，丹、挪发生争执。1933年海牙国际法庭判该岛归为丹麦。1953年修改的丹麦宪法把格陵兰岛改称为丹麦的一部分。1979年5月1日，格陵兰正式实行内部自治。

民族、语言及宗教

最初的格陵兰岛并无人类足迹。大约在公元前1000年以前，或许更早一些时间，加拿大北部的爱斯基摩人越海来到此地。考古学证实了最早有人在此定居的地区多在岛的东部沿岸和西北部沿岸，因此，爱斯基摩人便成了该岛的土著居民。公元982年左右，欧洲人开始进入此地，但前来的人口数量不多。在15世纪之前，人口总数不足2000人。18世纪初，丹麦人和挪威人开始大规模向该岛殖民。经过历史的演变，当初的欧洲人与早期的爱斯基摩人通婚并产生了混血后裔，这些后裔称之为格陵兰爱斯基摩人，或者干脆称之为格陵兰人。不过，在岛的东海岸和西北部地区，仍保留着具有原始传统色彩的相对独立的爱斯基摩人。这样，目前岛上的居民种族成分主要有三种：格陵兰人、爱斯基摩人、丹麦人。语言主要为格陵兰语，通用丹麦语。居民大多数信奉基督教路德宗。

人口变动

据认为，1901年的格陵兰人口只有1200人，此后才陆续增加。1920年为1.60万人，1930年为1.90万人，1951年人口普查时为2.41万人，1955年是2.69万人，1960年为3.31万人，1965年为3.96万人，1970年增至4.65万人，1977年曾达到5.60万人，但此后人口反而有所减少。1985年1月份的统计人口数目为5.29万人，其中格陵兰人4.36万人，其余为丹麦人。如果以其增长速度来算，1951~1985年间，人口年均增长率为2.34%。其中，旺盛的出生率构成了人口增长的主要因素。

由表1可见其人口变动特点：（1）出生率曾达到过很高水平，从而使得自20世纪50年代以来该岛的人口迅速增长。不过，进入70年代之后，出生率已降至20‰以下。（2）20世纪50年代该岛的死亡率并不高，随后，进一步下降。1968年降至6.7‰的最低水平，这在世界上也属最低之列，其后稍有回升。（3）由于前两因素的作用，使得自然增长率的变化速度加快：从1958年的37.5‰猛降至1987年的12.1‰。29年中，降低了26个千分点，说明格陵兰的人口目前正处在从"高低高"型向"三低"类型的转变、而且已经接近"三低"类型的时期。（4）婴儿死亡率和人口平均预期寿命的水平更接近于经济发达国家的水平，女性平均预期寿命已接近 70 岁。总之，格陵兰岛人口虽少，但却经历了人口转变的过程，并且显示了单一人口集团所具有的主要特征（参见表 1）。

表 1　格陵兰人口自然变动及有关指标

指　标 ＼ 年　份	1953	1958	1963	1968	1973	1976	1978	1983	1987
出生率（‰）	44.6	47.2	46.4	35.3	19.2	17.3	17.6	19.2	20.4
死亡率（‰）	15.9	9.7	8.1	6.7	6.9	7.0	7.4	8.2	8.3
自然增长率（‰）	28.7	37.5	38.3	28.6	12.3	10.3	10.2	11.0	12.1
婴儿死亡率（‰）	95.1	75.0	61.6	59.0	39.4			32.4	23.4
平均预期寿命（年）　男	51.4		57.0		60.1	59.7			
女	53.6		64.2		65.6	67.3			

从人口结构来看，格陵兰的人口也有其自己的结构性特征。

第一，性比例越来越高。导致性比例变动的因素，一方面是移民，另一方面是年龄别死亡率的差异。出生性别构成受生物学规律的影响差异不会太大，据此推测，格陵兰人口性比例越来越高大概是由人口流动所引起，表 2 是格陵兰人口性比别变动情况。

表 2　格陵兰人口性比例变动情况

时　间	总人口（人）	男性人口（人）	女性人口（人）	性比例（%）	时　间	总人口（人）	男性人口（人）	女性人口（人）	性比例（%）
1951.12.31	24118	11825	12293	96.2	1965.12.31	39600	20354	19246	105.8
1955.12.31	26933	13473	13460	100.1	1970.12.31	46531	24416	22115	110.4
1960.12.31	33140	16780	16360	102.6	1982.7.1	51669	28067	23602	118.9

第二，格陵兰的人口是典型的成年型人口，即少年人口比重不大，老年人口比重也很小（参见表 3 及图 1）。

由人口年龄金字塔可见，格陵兰的人口，一是中年人口众多，其中 15～40 岁年龄组人口最多；二是绝大多数年龄组男性人口多，在 65 岁及以上年龄组中才显示出男性人口略少于女性人口，从这一点看，格陵兰的人口又不同于欧洲发达国家；三是金字塔底部开始收缩，说明了该国人口自然增长率的转变。

第三，格陵兰由于地理位置的特殊性，以及气候条件的局限性，人口居住圈只限于该岛东岸的昂马赫沙利克、西部海岸的图勒和中部海岸的首府戈特霍布，其他绝大部分地区人烟稀少，少数仍保留原始生活方式的爱斯基摩人居住在该岛的最北部地区。

表3　1982年格陵兰人口年龄、性别构成

单位：%

年　龄	占总人口比重		男　性	女　性	年　龄	占总人口比重		男　性	女　性
0～4	9.1		4.6	4.5	50～54	4.1		2.2	1.9
5～9	7.7	26.9	4.0	3.7	55～59	2.8		1.5	1.3
10～14	10.1		5.2	4.9	60～64	1.9		0.9	1.0
15～19	12.8		6.6	6.2	65～69	1.5		0.7	0.8
20～24	11.3		6.0	5.3	70～74	1.0		0.4	0.6
25～29	9.6		5.3	4.3	75～79	0.7	3.6	0.3	0.4
30～34	8.1		4.8	3.3	80～84	0.3		0.1	0.2
35～39	8.1		4.9	3.2	85＋	0.1		0.02	0.08
40～44	6.0		3.7	2.3	合　计	100.0		54.3	45.7
45～49	4.9		2.8	2.1					

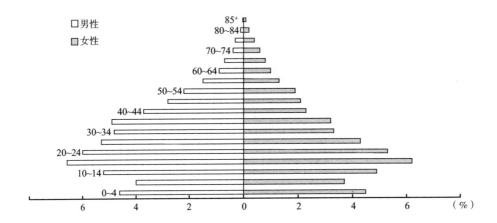

图1　1982年格陵兰人口年龄金字塔

　　1970年，该岛的城市人口比重占总人口的比重为73.3%，1980年增加到76.2%。从劳动力职业分布看，捕鱼业和渔产品加工是该岛的主要经济部门；狩猎业是传统行业，有1/4的人口以此为生。

　　爱斯基摩人早期移居格陵兰岛以后，不仅具有了自己独特的生活方式，而且也形成了自己独特的文化，所以学术界则将早期格陵兰人的文化称做图勒文化。随着挪威人和丹麦人的入侵，这种文化逐渐被欧洲文明所取代，现在的格陵兰教育，主要以丹麦文为主，实行9年义务教育制，主要是中小学教育。高等教育接受者需至丹麦本土入高等学府。

　　格陵兰的医疗卫生条件是：1983年，有医生58人，牙医26人，护士162人，助产士12人，病床580张。1986年略有增加，即医生61人，牙医29人，护士163人，助产士13人，病床570张。

圣皮埃尔和密克隆
（St. Pierre and Miquelon）

圣皮埃尔和密克隆位于北美洲东面的大西洋中，距加拿大纽芬兰岛以南20多公里处。全境由圣皮埃尔、密克隆、朗格拉德等大小8个岛屿组成。全部面积242平方公里。1982年普查人口为6037人。人口密度每平方公里25人。首府：圣皮埃尔市。

葡萄牙人于1520年首次发现该群岛。但其殖民地的历史，始于1604年法国的占领，之后的1713～1763年间，为英国所占领。此后英法间几经摩擦、周折，终于在1946年改为法国海外领地，1976年又改为法国海外省，1984年进一步成为法国享有特殊地位的地方行政单位。

目前群岛上的居民主要是法国移民的后裔。其祖先既有来自法国诺曼底地区的居民，也有布列塔尼人和巴斯克人，还有一部分法裔加拿大人。法语是当地的官方语言。99%的居民信奉天主教。

从20世纪50年代开始，该群岛连续进行了数次人口普查，最后一次为1982年。是年，人口为6037人。几次人口普查结果如表1所示。

表1　圣皮埃尔和密克隆历次人口普查结果

普查时间	总人口（人）	男性人口（人）	女性人口（人）	性比例（%）	年均增长率（%）
1951. 5. 14	4606	2227	2379	93.6	
1957. 10. 15	4822	2345	2477	94.7	0.8
1962. 4. 20	4990	2440	2550	95.7	0.7
1967. 6. 12	5186	2593	2593	100.0	0.8
1974. 2. 18	5840	2887	2953	97.8	1.7
1982. 3. 9	6037	2981	3056	97.5	0.4

该群岛人口增长很慢，30年间人口净增加1431人，年均增长率不过0.9%。第二次世界大战后这一群岛人口自然变动的特点是：出生率有所下降；死亡率几乎徘徊不动，仅勉强下降了2个千分点；人口自然增长率由高向低略有滑动（参见表2）。

尽管该群岛仅有6000多人，但其人口自然变动也显示了人口学特征，即依旧像大的人口集团一样进行着人口再生产类型的"转变"。根据这一转变理论，该群岛人口接近或者已经进入了"三低"人口再生产类型。

1982年是迄今为止圣皮埃尔和密克隆的最后一次人口普查年度。当时，在这6037人当中，0～14岁人口1628人，占总人口的27.0%；15～64岁人口3880人，比重为64.2%；65岁及以上人口529人，比重为8.8%。当时的人口年龄分布情况如表3所示。

表2 圣皮埃尔和密克隆人口自然变动及有关指标

单位：‰

年 份	出生率	死亡率	自然增长率	婴儿死亡率	年 份	出生率	死亡率	自然增长率	婴儿死亡率
1950	26.6	10.6	16.0		1977	17.4	5.7	11.7	
1960	22.0	8.8	13.2		1980	15.0	6.5	8.5	
1970	27.1	11.7	15.4		1981	18.1	8.3	9.8	9.2
1975	16.5	5.3	11.2		1984	21.3	9.7	11.6	
1976	17.5	8.2	9.3						

表3 1982年圣皮埃尔和密克隆人口年龄、性别结构

年 龄	总人口（人）	男性人口（人）	女性人口（人）	性比例（%）	年 龄	总人口（人）	男性人口（人）	女性人口（人）	性比例（%）
0~4	419	225	194	115.9	50~54	260	130	130	100.0
5~9	534	250	284	88.0	55~59	238	116	122	95.1
10~14	675	326	349	93.4	60~64	219	85	134	63.4
15~19	614	323	291	110.9	65~69	181	79	102	77.5
20~24	487	244	243	100.4	70~74	148	57	91	62.6
25~29	488	264	224	117.8	75~79	85	31	54	57.4
30~34	506	265	241	109.9	80~84	72	21	51	41.2
35~39	408	212	196	108.2	85$^+$	43	6	37	16.2
40~44	344	194	150	129.3	合 计	6037	2981	3056	97.5
45~49	316	153	163	93.9					

从1982年人口年龄金字塔图中可以看出，10~20岁是这一人口集团人数最多的年龄段。这批人"滚动"到哪里，哪里就会出现较大的比重。1982年，这批人在15岁左右，目前显然已进入劳动力年龄，所以，在近年来人口出生率没有大的回升而且迁移行为也不太频繁的情况下，15~64岁年龄段人口比重一定更大，而0~14岁人口比重还会继续下降（见图1）。

从性别构成上看，这一群岛基本正常，不像一些小岛国那样女性明显多于男性。1982年比较独特的年龄组是0~4岁、25~29岁、40~44岁，它们的性比例分别为116∶100、117.9∶100和129.3∶100，以有限的资料很难解释这种现象背后的原因。

该群岛的人口地区分布情况是，90%的人口集中在圣皮埃尔岛上，10%以上的人口在密克隆岛。人口密度圣岛为每平方公里216.6人，而密岛为每平方公里5.7人。前者是后者的近40倍。在圣岛的5000多人口中，几乎百分之百集中在首府圣皮埃尔市（参见表4）。

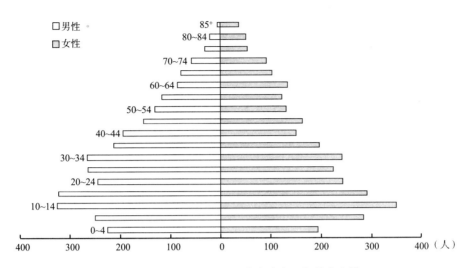

图 1　1982 年圣皮埃尔和密克隆人口年龄金字塔

表 4　1982 年圣皮埃尔和密克隆的人口分布

指　标	圣皮埃尔	密克隆	朗格拉德	其　他	合　计
面积（平方公里）	25	110	91	16	242
人口（人）	5415	626	—	—	6041*
占总人口比重（%）	89.6	10.4	—	—	100.0
人口密度（人/平方公里）	216.6	5.7	—	—	25

＊由于资料来源不同，与前述资料相差 4 人。

资料来源：《世界百科全书》，光复书局，1987。

　　该群岛经济不能自给，渔业是唯一重要的经济部门。由于就业机会少，失业率 1987 年达 13.3%。在文教卫方面：每个医生负担人口 1000 人，6 ~ 16 岁少年儿童实行义务教育。

Latin America

拉丁美洲

  美洲全称亚美利加洲，位于西半球，由北美和南美两块大陆及附近许多岛屿组成，土地面积有 4200 多万平方公里，约占全球陆地总面积的 28%，是世界第二大洲。关于美洲的划分，一般有两种分法，一种是以自然地理划分，即以巴拿马运河作为南北美洲的分界线；另一种是以政治地理划分，以美国和墨西哥交界的格兰德河作为北美洲和拉丁美洲的分界线，即此线以北是北美洲，以南的所有美洲地区叫拉丁美洲。该地区西濒太平洋，东临大西洋，南端以德雷克海峡同南极洲的南极半岛遥遥相对。它包括自然地理中的南美洲全部和北美洲南部，后者包括墨西哥、中美地峡、西印度群岛。整个拉丁美洲的面积为 2072 万平方公里，占世界陆地总面积的 14%，差不多等于两个欧洲。联合国通常将拉丁美洲划分为中美洲、加勒比海地区、热带南美洲、温带南美洲四个地区。

  至于"拉丁美洲"一词的缘由，则含有其深远的历史和社会经济文化意义。在 15 世纪欧洲殖民者到达后，这一地区的绝大部分就相继沦为西班牙、葡萄牙的殖民地，历时三个多世纪。该地区各个国家深受印欧语系拉丁语族的葡萄牙语和西班牙语及其宗教、文化、风俗习惯等方面的影响。尽管后来各国纷纷独立，但多数国家仍规定葡萄牙语或西班牙语为其国语。这样中南美洲乃由一个单纯的地理概念，跃身成为政治、社会和经济的要地，并以此被命名为"拉丁美洲"。

  美洲最早的居民是印第安人，他们的许多部落分散在美洲各地。居住在现今墨西哥的有阿兹特克人，在墨西哥东南部和中美地峡有玛雅人，在秘鲁、厄瓜多尔、玻利维亚一带有印加人。此外，还有加勒比人、契勃察人、阿拉乌干人、瓜拉尼人、阿拉瓦人、图比人等。在古老的印第安文化中，比较著名的是玛雅文化与印加文化。公元 4～9 世纪是玛雅文化的昌盛时代。10 世纪前后，印加人以秘鲁南部的库斯科为首都建立印加帝国。15 世纪末，西班牙人首先侵入西印度群岛，1519～1521 年侵占墨西哥，1531 年占领库斯科。16 世纪中叶，温带南美洲被西班牙人侵入，葡萄牙人则吞并了整个巴西。自 16 世纪末开始，英、法、荷等国又接踵而来，到 18 世纪中、末期，拉丁美洲广阔领土已被瓜分殆尽。1804 年建立的海地岛国是拉丁美洲第一个独立的国家。

  欧洲殖民期间，不仅从欧洲涌来大批淘金的人们，而且还从非洲贩运来了难以估计的黑人奴隶，这使得拉丁美洲的人口构成立即复杂起来，而且比北美洲要复杂得多。今日拉丁美洲种族的结构，是数百年来特殊移民行为的产物。如果按种族构成加以划分，大体可以分为六种类型：（1）以白人为主体的民族，如阿根廷人、乌拉圭人和哥斯达黎加人；（2）以黑人为主体的民族，如海地人、牙买加人和小安的列斯群岛各民族；（3）以印第安人为主体的民族，如克丘亚人、艾马拉人、玛雅人等；（4）以印白混血人为主体的民族，如墨西哥人、危地马拉人、洪都拉斯人等；（5）以黑白混血人为主体的民族，如多米尼加人、波多黎各人、古巴人等；（6）包括三种主要成分的混合民族，如巴西人、委内瑞拉人、哥伦比亚人等。此外，在加勒比地区，19世纪后半叶和20世纪上半叶迁来此地的亚洲人也参与了该地区民族的形成。因此，拉丁美洲是一个由黄种人、白种人、黑种人及其混合体的人种组成的混合而居的地区。

关于拉丁美洲的历史人口数据，估测不一。但一般认为纪元元年全拉丁美洲人口为420万人，欧洲人到达之前人口达1000万人左右。欧洲人的入侵，造成了人口构成的变化，人口总量有了迅速的增长，但是，拉丁美洲当地人却在残暴中减少。然而，非洲的黑人奴隶又对这种当地人口数量的下降进行了补充。1550~1850年，先后到达拉丁美洲的黑人计有900万人之众。17世纪中叶以后的拉丁美洲人口开始走向恢复和发展，1800年为1750万人。1900年，达到近6500万人。第二次世界大战后，死亡率降低所导致的自然增长率提高，以及移民数量并未减少，致使人口暴增到目前的4.38亿人（见表1、图1）。

表1 拉丁美洲的人口变动

年　份	人口（百万人）	占世界人口（％）	年均增长率（％）	年　份	人口（百万人）	占世界人口（％）	年均增长率（％）
公元前5000年	0.6	3.1		1940	128.0	5.6	1.81
公元1年	4.2	2.5	0.04	1950	164.0	6.6	2.51
1000	8.5	3.2	0.07	1955	188.0	6.8	2.76
1500	13.0	3.1	0.09	1960	215.0	7.1	2.71
1600	10.5	1.9	-0.21	1965	248.0	7.4	2.89
1700	11.8	1.9	0.12	1970	283.0	7.7	2.67
1800	17.5	1.9	0.39	1975	321.1	7.9	2.55
1900	63.7	3.9	1.30	1980	366.0	8.2	2.66
1910	79.0	4.5	2.29	1985	409.7	8.5	2.24
1920	91.0	5.0	1.42	1989	438.0	8.4	1.73
1930	107.0	5.2	1.63				

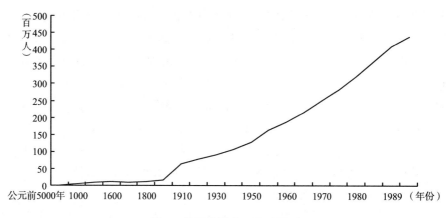

图 1 拉丁美洲人口变动图示

拉丁美洲是发展中地区，其人口增长也具有"发展的特征"：高出生率、低死亡率、高自然增长率。这种状况如果用标准的人口转变理论来解释，却产生了困难。因为尽管其死亡率已经进入"三低"类型的行列，但出生率却仍然较高。总体上讲，大概属于接近向"三低"类型的转变时期（见表2）。

表2 1989年拉丁美洲有关人口指标

指 标	数 值	指 标	数 值
面积（平方公里）	20446051.0	15岁以下人口比重（%）	38.0
1989年人口（百万人）	438.0	65岁及以上人口比重（%）	5.0
人口密度（人/平方公里）	21.1	中位年龄（岁）	19.1
出生率（‰）	29.0	性比例（%）	100.1
死亡率（‰）	7.0	城市人口比重（%）	68.0
自然增长率（%）	2.1	人均国民生产总值（美元）	1820.0
婴儿死亡率（‰）	55.0	预测2000年人口（百万人）	535.0
总和生育率（个）	3.6	老少比（%）	13.1
平均预期寿命（年）	66.0	劳动力年龄人口（百万人）	249.7

拉丁美洲总的人口特征是：（1）死亡率、出生率分别接近世界平均水平，低于发展中地区平均水平；（2）刚从年轻型人口迈向成年型人口，一些国家仍停留在前者的水平；（3）平均预期寿命高于世界平均63岁的水平；（4）总和生育率与世界平均值相等。推此预测该洲人口增长势头在惯性作用下仍要向前冲出几十年。

拉丁美洲的人口密度每平方公里21.1人，比北美洲要高出许多。但是，该地区人口分布极不平衡。中美洲总面积271万多平方公里，人口1.48亿人，人口密度每平方公里50多人，为南美洲的 3 倍多。南美面积为 1800 万平方公里，居民有 2.9 亿人，人口密度每平方公里 16 人，和北美洲差不多。总的情况是，中部人口较密，南部相对稀疏，尤其占全洲面积 40% 的亚马孙平原和巴塔哥尼亚高原人口密度都不足 1 人。导致人口分布不均的原因有许多，其中，历史、社会、政治以及自然环境及地下资源是重要原因。

拉丁美洲的城市发源甚早。墨西哥城始建于 1325 年，哈瓦那建于 1519 年，利马在 1523 年以前已有雏形。类似的城市还有很多。此外，像阿根廷、乌拉圭、智利、巴西、古巴、墨西哥等国早在 19 世纪末即已开始了明显的城市化，而且，城市化进程十分迅速。20 世纪 20 年代，拉丁美洲城镇人口比重仅为 22%，第二次世界大战后不久，便达到 41%，目前，已升至 68%。拉丁美洲城市的另一个重要特征是，大多城市集中在大西洋沿岸、太平洋沿岸和加勒比海海岸。有些是经济地位重要的城市，有一些是政治都市，还有一些两种功能兼而有之。

欧洲人进入之前，当地人主要崇拜原始宗教。目前拉丁美洲的宗教状况十分清楚。过去主要由西班牙和葡萄牙征服者统治的地区现在以基督教占绝对优势。当今世界号称三大宗教，基督教、伊斯兰教、佛教。佛教主要集中在印度、中国、东南亚一带；伊斯兰教则主要在西亚、非洲等地；基督教则在欧洲盛行。由于来到拉丁美洲的先期殖民者主要来自于欧洲，因此，目前当地的宗教主要以基督教为主，而以基督教的三大教派天主教、东正教、新教来划分，不同地区则又有不同数量的不同教徒，比如福克兰群岛就以新教为主。

拉丁美洲与北美洲在经济上存在着很大差异。1989 年，拉丁美洲人均国民生产总值 1820 美元，北美洲人均国民生产总值 18110 美元，后者为前者的 10 倍。

目前，拉丁美洲的人口问题仍十分严重，第一，劳动人口负担仍然过重。1965 年劳动力人口抚养比是 85.5%，1989 年降为 75.4%，即每百名劳动力人口负担 75 名老人或少年儿童，而北美洲每百名劳动力负担人口仅为 49 人。第二，就业压力大。在不远的将来，劳动力人口的负担比重稍有下降的时候，就业问题便会不期而至，将会感到 1955 ~ 1975 年迅速增长的人口所带来的各种压力。联合国 20 世纪 80 年代初期预测拉丁美洲 15 ~ 24 岁的年轻人口在 1985 ~ 2000 年的 15 年内将从 8200 万人增加到 1.04 亿人，增加 2200 万人。拉美各国政府面临即将或已经到来的年轻人口的就业群，因此感到力不从心。第三，整个 20 世纪 90 年代，城市人口迅速增长也将成为拉丁美洲人口画面中的一个突出特点。几乎可以认为，今后几十年中，自然增加的全部人口和来自农村的迁移人口只能为各城市或各城镇所吸取。有些数字已经明显地表示出 2000 年一些特大城市令人惊愕的人口状况。联合国预测也表明，20 世纪末该地区将有 50 多个城市的人口超过百万，并将产生 5 个 2000 万人口以上的特大城市，其中墨西哥城将达到 3160 万人。在这些膨胀起来的各大城市中，首当其冲的还是就业问题，其次诸如住房、公共交通、供水与卫生、学校以及医疗卫生设施等各种需求问题也将随之产生。第四，人口还将继续增长。

尽管拉丁美洲的人口增长率已经有所下降，并且还将继续下降，但在今后几十年内人口仍有大量增长的潜力，其主要原因就是即使在人口增长率下降之后，仍能保持很高的生育率。该地区除了智利、乌拉圭、波多黎各、古巴、特立尼达和多巴哥之外的所有国家，都还需要很长时间才能达到每个妇女生育约两个小孩的更替水平。另一个原因就是人口基数庞大，这是拉丁美洲在近几十年中人口迅速增长所累积的结果。人口的这种"惯性"形成了年轻人占巨大比例的年龄结构，这种情况可能缩短人口的翻番时间。1984 年联合国制定的最新预测方案表明，在考虑到其生育率下降因素的情况下，认为拉丁美洲人口 2000 年时是 5.46 亿人，2050 年则达 7.79 亿人。联合国 1980 年所提出的长期预测方案甚至认为拉丁美洲人口稳定化只有到 21 世纪末时才能降临，届时人口将达到 12 亿人。除此之外，以下各个国家和地区即将出现的新增人口数量同样是令人生畏的：巴西人口预测将从 1985 年的 1.36 亿人增加到 2025 年的 2.46 亿人，40 年中增加 1.1 亿人。同期，墨西哥的预测人数几乎是 1985 年 7900 万人口的 1 倍，即到 2025 年时为 1.54 亿人。而几个中美洲国家的总人口则增加 1.5 倍强，即从 2600 万人上升到 6800 万人（见表 3）。

表 3 1989 年拉丁美洲各国有关人口指标

地 区	面积（平方公里）	人口（百万人）	人口密度（人/平方公里）	出生率（‰）	死亡率（‰）	自 然增长率（%）	婴 儿死亡率（‰）	总 和生育率（个）	平均预期寿命（年）	人口年龄构成 15/65⁺	2000 年预测（百万人）
中 美 洲	**2482530**	**115.0**		**36**	**6**	**3.0**	**52.0**	**4.1**	**67**	**42/4**	**144.0**
伯 利 兹	22963	0.2	8.7	36	6	3.0	36.0	5.1	69	45/5	0.3
哥斯达黎加	51100	3.0	58.7	29	4	2.5	17.4	3.5	76	37/5	3.8
萨尔瓦多	21393	5.4	252.4	35	9	2.6	62.0	4.4	63	46/4	7.1
危地马拉	108889	8.9	81.7	38	7	3.1	48.0	5.6	64	46/3	11.8
洪都拉斯	112492	5.0	44.4	40	8	3.2	69.0	5.5	64	47/3	6.9
墨 西 哥	1967183	86.7	44.3	30	6	2.4	50.0	3.8	68	42/4	104.0
尼加拉瓜	121428	3.5	28.8	43	8	3.5	69.0	5.7	62	47/3	5.1
巴 拿 马	77082	2.4	31.1	27	5	2.2	25.0	3.3	72	37/5	3.1
加 勒 比地 区	**233200**	**33.0**		**25**	**8**	**1.7**	**56.0**	**3.0**	**68**	**33/7**	**38.0**
安提瓜和巴布达	442	0.1	226.2	15	5	1.0	11.0	1.7	72	28/7	0.1
巴哈马	13939	0.27	19.4	17	5	1.2	26.4	1.9	71	34/5	0.3
巴巴多斯	431	0.3	696.1	16	9	0.7	12.6	1.9	75	30/11	0.3
古 巴	110860	10.5	94.7	17	6	1.1	13.3	1.8	74	25/8	11.4
多米尼加联 邦	751	0.1	133.1	26	5	2.1	14.0	2.7	76	34/7	0.1
多米尼加共 和 国	48464	7.0	144.4	31	7	2.4	65.0	3.8	65.0	39/3	8.6

续表 3

地　区	面积（平方公里）	人口（百万人）	人口密度（人/平方公里）	出生率（‰）	死亡率（‰）	自 然增长率（%）	婴 儿死亡率（‰）	总 和生育率（个）	平均预期寿命（年）	人口年龄构成 15/65⁺	2000 年预测（百万人）
格林纳达	344	0.1	290.7	37	7	3.0	30.0	4.0	72	39/7	0.1
瓜德罗普	1780	0.34	191.0	20	7	1.3	18.0	2.3	73	31/7	0.4
海　地	27750	6.4	230.6	35	13	2.2	117.0	4.9	55	40/5	7.8
牙买加	10991	2.5	227.5	22	5	1.7	20.0	2.8	74	37/6	2.9
马提尼克	1100	0.33	300.0	19	6	1.3	11.0	2.1	74	30/7	0.4
荷属安的列斯群岛	989	0.2	202.2	19	6	1.3	10.0	2.1	76	30/7	0.2
波多黎各岛	8959	3.3	368.3	19	7	1.2	14.9	7.2	74	28/10	3.4
圣克里斯托弗和尼维斯	267	0.04	149.8	23	11	1.2	39.7	2.7	68	32/9	0.04
圣卢西亚	616	0.2	324.7	28	6	2.2	21.5	4.1	71	44/6	0.2
圣文森特和格林纳丁斯	389	0.14	359.9	25	6	1.9	24.7	2.9	70	44/6	0.1
特立尼达和多巴哥	5128	1.2	234.0	27	7	2.0	13.7	3.1	70	34/6	1.6
热 带 南美 洲	**14020591**	**242.0**		**29**	**8**	**2.1**	**61.0**	**3.6**	**65**	**37/4**	**298.0**
玻利维亚	1098581	7.1	6.5	40	14	2.6	110.0	5.5	53	43/3	9.3
巴　西	8511965	147.4	17.3	28	8	2.0	63.0	3.4	65	36/4	179.5
哥伦比亚	1141748	31.2	27.3	28	7	2.1	46.0	3.4	64	36/4	36.0
厄瓜多尔	281341	10.5	37.3	33	8	2.5	63.0	4.3	65	42/4	13.6
圭亚那	214969	0.9	4.2	26	7	1.9	44.0	2.9	68	38/4	1.15
巴拉圭	406752	4.2	10.3	36	7	2.9	45.0	4.8	67	41/4	5.5
秘　鲁	1285270	21.4	16.7	29	8	2.3	69.0	4.1	61	41/4	26.0
苏里南	163265	0.4	2.5	27	7	2.0	33.0	3.3	69	37/4	0.5
委内瑞拉	916700	19.1	20.8	28	4	2.4	33.3	3.4	70	39/4	240.0
温 带 南美 洲	**3709730**	**48.0**		**22**	**8**	**1.4**	**27.0**	**2.9**	**70**	**31/8**	**55.0**
阿根廷	2776889	32.0	11.5	22	9	1.3	29.7	3.1	70	31/9	36.2
智　利	756626	13.0	17.2	22	6	1.6	19.1	2.4	71	31/6	15.3
乌拉圭	176215	3.0	17.0	18	10	0.8	27.9	2.3	71	26/11	3.5
合 计	**20446051**	**438.0**		**29**	**7**	**2.2**	**55**	**3.6**	**66**	**38/5**	**535.0**

阿根廷 （Argentina）

阿根廷共和国位于南美洲的南部，如一倒三角形，形与南美大陆相似，并占据其大部分南部的土地。该国西南以安第斯山与智利相邻，北同玻利维亚、巴拉圭接壤，东北同巴西、乌拉圭以河流为界，东濒大西洋。南部国土面积最窄，顶端直指南极。全国行政划为 24 个省区，国土面积 277.68 万平方公里，仅次于巴西，为拉美第二大国。在整个美洲大陆，也仅次于加拿大、巴西和美国，位居第四。人口 1990 年中为 3232.1 万人，在拉丁美洲仅次于巴西和墨西哥而居于第三位。人口密度每平方公里 11.6 人。首都：布宜诺斯艾利斯。

历史

16 世纪西班牙人到达之前，阿根廷土地早已是印第安人的家乡。主要是瓜兰人、克维得人、阿拉乌干人和克丘亚人等印第安族人。他们比同时期北美和中美的印第安人如玛雅人、阿兹特克人以及秘鲁等地的印加人要落后得多。16 世纪初，西班牙殖民者开始分两路侵入阿根廷：一路由印加帝国沿太平洋南行，并越过安第斯山，到达阿根廷的北部和西部，在此先后建立了圣地亚哥、圣路易斯等城市；另一路则取道大西洋沿岸地区。但是阿根廷既不盛产金银，又不像墨西哥和秘鲁等地那样拥有为数众多的印第安人可供奴役，所以，至 16 世纪中叶为止，这个地区一直未被西班牙殖民者所重视。到 1776 年，西班牙才设立了以布宜诺斯艾利斯为首府的拉普拉塔总督区。1810 年 5 月 25 日布宜诺斯艾利斯人民掀起反对西班牙统治的"五月革命"，成立了第一个政府委员会。1816 年 7 月 9 日拉普拉塔联合省宣告独立。1826 年，"拉普拉塔联合省"改组为阿根廷联邦共和国。

民族、宗教和语言

阿根廷的国土多平原，几乎没有天然屏障，所以出入容易，人们的迁移也十分方便。最初居住在这里的游牧民族，并没有留下更多的文化遗迹。欧洲人进入阿根廷时，尽管当时已生活着若干部族的印第安人，但是这些原始的居民其命运也如同其他拉美国家印第安人的命运一样，要么被残杀殆尽，要么被赶出家园。所以，真正构成阿根廷独立时人口主体的并不是这些原始主人，而是以后由四面八方来到此地的一个人口混合体。而且这种混合体并不是静止的，而是一个不断变化着的民族构成体。从 16 世纪西班牙人首先到达此地起，一直到目前为止，进入阿根廷的人流时起时伏、时紧时缓，而且人口民族的来源也不断变化。但主要的人流并不是来自于非洲的黑奴，而是来自于欧洲。继西班牙人来到此地之后，虽然中间曾经"冷清"了很久，但以后突然来了大批的意大利人、西班牙人、法国人、葡萄牙人、德国人、荷兰人等。后来，波兰人、犹太人、乌克兰人等也都相继涌入阿根廷。目前进入阿根廷的移民则主要来自于本大陆，像巴拉圭等国。所以，无论从移民数量上讲，还是从移民来源上看，阿根廷都是一个重要的移民国家。苏联学者布鲁克提供的资料如表 1 所示。

表 1　1978 年阿根廷人口民族构成

民　族	人口（千人）	比重（％）	民　族	人口（千人）	比重（％）
印欧语系	25475	96.4	希腊语族	15	0.1
罗曼语族	24470	92.6	波罗的语族	10	0.0
阿根廷人	21600	81.8	印第安语系	440	1.7
意大利人	1280	4.8	印第安民族	440	1.7
加利西亚人	520	2.0	印度厄瓜多尔语系	391	1.5
西班牙人	400	1.5	瑞－帕诺－加勒比语系	40	0.2
其　他	670	2.5	其　他	47	0.2
日耳曼语族	660	2.5	总　计	26393	100.0
斯拉夫语族	320	1.2			

其中的阿根廷民族是指克里奥尔人（当年西班牙殖民者的后裔）与意大利、西班牙乃至法国、葡萄牙、德国、荷兰移民混合而成的民族。

可见，阿根廷在经过了几百年尤其是近一个世纪的大量移民历史以后，成为了一座世界上少有的民族大熔炉。如果将这些复杂的民族人口进行分类的话，大体可以分为三大块：原始的印第安人、阿根廷族人、其他民族。

依民族学的划分方法，可将阿根廷人划分为几十种，然而从人种学的角度看，则主要分为白种人和有色种人。目前，阿根廷国内的白种人占总人口的 97％，多为意大利和西班牙血统。有色种人占总人口的 3％。因此阿根廷成为拉丁美洲最"白"的国家之一。

尽管阿根廷的民族构成比较复杂，但大多数人都来自于欧洲地区，所以宗教信仰反而相对单纯一些。当 16 世纪殖民者进入阿根廷时，同时将天主教也输入了这一地区。此后，这一宗教在 300~400 年的历史中代代沿袭了下来。及至目前，87％的人口仍是天主教徒。19 世纪英国人传入的新教现在笃信的人已不太多。此外，犹太教也是阿根廷的一大教派。尽管从教徒比重上看不算太大，但阿国却是拉丁美洲诸国中犹太教徒最多的国家。

在阿根廷，官方语言是西班牙语。当地的通用语和标准语在某种程度上不同于欧洲使用的西班牙语。

移民

阿根廷是世界上重要的移民国家之一。及至目前，这种移民运动尚未停息。自从 16 世纪西班牙人率先来到阿根廷之后不久，移民人口便一波又一波地纷至沓来，参与了阿根廷民族的形成。当阿根廷的经济及畜牧业处于较快发展的时候，更吸引了越来越多的人们蜂拥而至，连绵不断。下面是胡焕庸、张善余二位先生编著的《世界人口地理》一书中所提供的一组数据，如表 2 所示。

表 2　1857～1973 年阿根廷移入人口

时　　　期	人口数（千人）	占同期人口增长（％）	时　　　期	人口数（千人）	占同期人口增长（％）
1857～1885	383	26.2	1955～1960	157	9.2
1885～1915	2827	51.4	1960～1973	86	2.1
1915～1920	-69	-9.4	1857～1973	5471	23.5
1920～1955	2087	21.4			

移民的来源随着时间的不同发生着变化。1857～1915 年间，来自意大利的移民占全部移民的 49％，来自西班牙的占 32％；1916～1946 年，意大利和西班牙移民约占移民总数的 55％；1947～1959 年，意、西两国移民占 66％；但从 1960 年起，情况发生了变化，80％的移民来自周围邻国——巴拉圭、智利、玻利维亚、乌拉圭和巴西；而来自欧洲国家的移民为数甚少，几乎处于停滞状态。

英国的哈罗德·布莱克尔莫尔在谈到阿根廷时指出：1859～1930 年间，有 340 万移民来自海外，并停留在阿根廷。19 世纪 80 年代，净流入的人数急剧上升，到 1889 年，已达 17.8 万人的高峰。1890 年的危机引起 1891 年人口的净外流，外流趋势长达 10 年以上。但是到了 20 世纪初期，在 1910 年，全年净流入人口创了纪录，超过 20 万人。在第一次世界大战期间人口大量外流以后，到 20 世纪 20 年代，又重新有移民入境。

中国台湾出版的《世界百科全书》指出：1857～1867 年间，共有 9.4 万名欧洲人移民阿根廷；1868～1874 年间，共有 21.6 万名移民群涌而来；1875～1880 年阿根廷在国内经济及政治上皆有转变，当时的移民曾一度减少（约为 13 万人），1881～1889 年移民再度增加。这时期的移民人数达 84.1 万人，由欧洲到阿者达 20.3 万人。1890 年，移民减少。1891～1903 年间，适逢阿根廷国内情势在调整期，移民又涌入 40 万人之多。1904～1920 年的 16 年间，估计有 293 万移民涌入阿根廷，（返阿者 90.8 万人），使得在 1914～1919 年间，失业人口激增，移民人口显著减少。第一次世界大战结束后，移民再度回升。1921～1930 年移民数为 300 万人，其中有 72.3 万人属永久性定居。之后移民处于停滞状态。第二次世界大战之后，移民再度增加，1947～1960 年每年平均有 6 万人移居阿根廷。

总之，阿根廷的人口之所以呈现目前之状态，与历史上的大量移民有直接关系。尽管移民潮有时风起云涌，有时风平浪静，但总体上促进了该国人口的增加。

人口变动

到目前为止，阿根廷共进行了 7 次人口普查。第一次是在该国独立半个世纪以后的

1869 年进行的，当时的人口数为 187.7 万人；1895 年第二次人口普查结果是 395.49 万人；第三次人口普查的 1914 年为 788.52 万人；1947 年第四次人口普查，人口超过 1550 万人；以后三次人口普查的时间及人口数的情况分别是：1960 年 2001.1 万人，1970 年 2336.2 万人，1980 年 2794.7 万人。阿根廷人口总的变化轨迹如表 3、图 1 所示。

表 3　阿根廷的人口变动

单位：万人

年 份	人 口	年 份	人 口	年 份	人 口	年 份	人 口
1797	31.1	1914	788.5	1960	2001.1	1985	3050.0
1819	50～52.0	1920	886.1	1965	2254.5	1986	3120.0
1836	60.0	1924	929.3	1970	2339.0	1987	3149.7
1860	118.0	1930	1182.6	1975	2538.3	1989	3190.0
1869	187.7	1940	1416.9	1978	2639.3	1990	3232.1
1895	395.5	1950	1707.0	1980	2794.7		

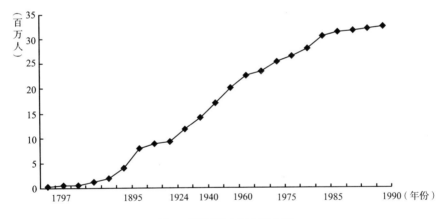

图 1　阿根廷人口变动图示

阿根廷的人口演变结果，不仅是人口迁移增长所致，而且是人口自然增长所为。1900 年前后的移民高潮使阿根廷人口的自然增长也一度发生变化，即出生率和死亡率均有上升。20 世纪初两项指标分别达到 37.5‰和 17.5‰，自然增长率 20.0‰；此后长期趋于下降状。进入 20 世纪 60 年代，出生率 21.5‰，死亡率 8.2‰，自然增长率 13.3‰；1990 年上述三项指标分别为 20.0‰、8.0‰、12.0‰。无论自然增长率下降的多么早，而且其降低程度多么大，其结果是人口在"增"而不是减。所以说阿根廷的人口增加，是迁移与自然变动的共同结果，而且，后者还是占据着主导地位。表 4 是 20 世纪 50 年代以来阿根廷的人口自然指标变化状况。

表 4　阿根廷人口自然变动及有关指标

年　份	出生率（‰）	死亡率（‰）	自然增长率（‰）	婴儿死亡率（‰）	平均预期寿命（年）	
					男	女
1953	25.3	8.9	16.4	63.4		
1958	23.7	8.3	15.4	61.4	63.13	68.87（1959～1961）
1963	22.8	8.7	14.1	61.8	64.06	70.02（1964～1965）
1968	21.3	9.2	12.1	59.6	61.93	69.74（1969～1970）
1973	22.7				65.16	71.38（1974～1975）
1977	25.4	9.2	16.2	44.6	65.43	72.12（1977）
1978	25.2	8.8	16.4	40.8		
1979	23.3	8.5	14.8	38.5		
1980	24.7	8.5	16.2	33.2		
1983	22.1	8.5	13.6	29.7		
1986	24.0	9.0	15.0	35.3		70.00
1989	22.0	9.0	13.0	29.7		70.00
1990	20.0	8.0	12.0	29.0		71.00

　　阿根廷人口自然增长状况几十年来似乎形成了"稳定"人口——出生率、死亡率和自然增长率变化都不大。出生率仅降低 4～5 个千分点，死亡率则几乎未动，自然增长率略有下降。在拉丁美洲诸国中，阿根廷人口的死亡率处于平均水平，而出生率在大国之间相比，仅高于乌拉圭，自然增长率也算是最低的国家之一。在这三项指标变化不大的同时，婴儿死亡率却下降了 54%，相应的平均预期寿命提高了 7 年多。

　　这样，阿根廷的人口年龄构成便开始向老年型方向迈进。这可以从表 5、表 6 和图 2 的资料中看出来。

表 5　阿根廷人口年龄构成变动情况

年　份	总人口（人）	0～14 岁（人）	比重（%）	15～64 岁（人）	比重（%）	64 岁以上（人）	比重（%）	老少比（%）
1960	20010539	6145375	30.71	12688550	63.41	1176614	5.88	19.15
1970	23390050	6853450	29.30	14905200	63.72	1631400	6.98	23.82
1980	27947446	8480767	30.35	17170953	61.44	2295726	8.21	27.05
1989	31900000	9889000	31.00	19140000	60.00	2871000	9.00	29.00

　　1947 年，阿根廷的老化指数（$64^+/15^-$）为 13%，目前却高达 29%，增长速度比较快，在拉丁美洲诸国中仅次于乌拉圭的"老化程度"。另外，从阿根廷 1980 年的人口年龄金字塔中，也可看出其变动轨迹。图 2 表明，1980 年的阿根廷人口已显示出了成年型人口的特征，即塔尖至塔底缓慢扩张，而每"下一层"与"上一层"相差并不悬殊，说明了该国出生率和死亡率的稳定性。总之，阿根廷人口已接近于"三低"类型，但还没完全进入；同样，该人口集团已接近于"老年型人口"，但同样没有完全进入。但是，

在拉丁美洲大国中，阿根廷无疑是老龄化程度最高的国家之一。

表6　1980年阿根廷人口年龄、性别构成

年　龄	总人口（人）	男性人口（人）	女性人口（人）	性比例（%）	年　龄	总人口（人）	男性人口（人）	女性人口（人）	性比例（%）
0～4	3240844	1640002	1600842	102.4	50～54	1458534	710445	748089	95.0
5～9	2783755	1407212	1376543	102.2	55～59	1276035	617699	658336	93.8
10～14	2456168	1240214	1215954	102.0	60～64	1002501	468455	534046	87.7
15～19	2335407	1170002	1165405	100.4	65～69	875116	397924	477192	83.4
20～24	2217697	1096334	1121363	97.8	70～74	637648	282028	355620	79.3
25～29	2133397	1057605	1075792	98.3	75～79	427456	180941	246515	73.4
30～34	1970253	979584	990669	98.9	80～84	224759	86366	138393	62.4
35～39	1731008	860191	870817	98.8	85 +	130747	44887	85860	52.3
40～44	1550444	771698	778746	99.1					
45～49	1495677	744396	751281	99.1	总　计	27947446	13755983	14191463	96.9

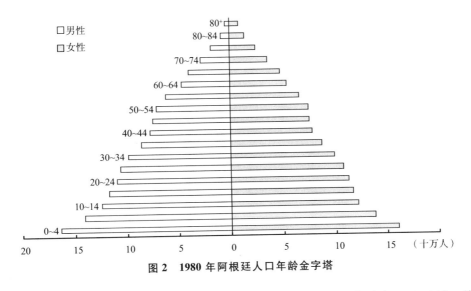

图2　1980年阿根廷人口年龄金字塔

　　从人口性别结构上看，阿根廷1980年男性比例略显偏低，当时为96.9∶100。从当年各年龄组的情况看，自20岁开始，男性人口开始少于女性，这种状况直到最高年龄组为止。一些统计资料表明，近10多年来阿根廷迁入与迁出人口大体相当，但也有些资料认为，阿国在20世纪70年代以后便出现了迁出较迁入者为多的现象，这可能是导致劳动力人口群中男比女少的一个原因。不过在此之前的阿根廷人口性比例还是较为平衡的，1960年普查时为100.0∶100.0，1970年为98.6∶100。

人口分布

　　阿根廷的人口密度目前是每平方公里11人左右，但依地区不同而有很大差别。不

过，这是历史演变的后果。在西班牙殖民者入侵以前，阿根廷境内的印第安人主要分布在国内西北部的印加帝国处。殖民者入侵后，基本仍是这样。1780 年前后，全国 3/4 的人口分布于内陆，以后这一情况发生了变化，东部开始大量吸引国外移民及国内移民。1855～1914 年之间，除了卡塔马卡省之外，各省人口都翻了一番，但是西北部的人口比重却从 32% 降至 13%。尽管有移民入境，但如科尔多瓦等省份的人口都从 40% 降至 26%。而在潘帕斯的核心地区，人口有了大量增加：圣菲省的人口比重从不到 4% 增到 11% 以上，布宜诺斯艾利斯省的人口从不到 17% 增至 20% 以上，大布宜诺斯艾利斯的人口从 8% 增至将近 26%，人口绝对数从 31.6 万人增至 454.3 万人。

阿根廷的这种人口分布状况一直持续到现在，其特征是以首都布宜诺斯艾利斯为中心，向北向西向南递减。各行政区域的人口分布如表 7 所示。

表 7　1970 年阿根廷行政区域人口分布

行政单位	面积（千平方公里）	人口（千人）	人口密度（人/平方公里）	行政单位	面积（千平方公里）	人口（千人）	人口密度（人/平方公里）
布宜诺斯艾利斯联邦区	0.2	2972	14860.0	圣路易斯省	76.7	183	2.4
布宜诺斯艾利斯省	307.8	8774	28.5	圣克鲁斯省	243.9	84	0.3
胡胡伊省	53.2	302	5.7	圣菲省	133.0	2138	16.1
卡塔马卡省	99.8	172	1.7	圣地亚哥德尔埃斯特罗省	135.3	495	3.7
科尔多瓦省	168.8	2060	12.2	圣胡安省	86.1	384	4.5
科连特斯省	88.2	564	6.4	图库曼省	22.5	766	34.0
拉潘帕省	143.4	172	1.2	福莫萨省	72.1	234	3.2
拉里奥哈省	92.3	136	1.5	查科省	99.6	567	5.7
门多萨省	150.8	973	6.5	丘布特省	224.7	190	0.8
米西奥内斯省	29.8	443	14.9	恩特雷里奥斯省	76.2	812	10.7
内乌肯省	94.2	155	1.6	火地岛行政区	20.4	13	0.6
里奥内格罗省	203.0	263	1.3	合　计	2776.8	23362	8.4
萨尔塔省	154.8	510	3.3				

经过两个世纪左右的人口流动，形成了今日阿根廷人口的格局。从总的情况看，阿根廷分为四大经济区域：（1）潘帕斯草原区，面积 60 多万平方公里，虽仅占全国面积的 1/4 都不足，但却聚居着全国 3/4 的人口，该区目前是阿根廷经济的心脏。（2）西北干旱区，此区人口密度略低，地形复杂，农业依靠河流灌溉，人口多聚集于绿洲。（3）查科平原区，位于阿国东北部，与巴拉圭、巴西相邻，人口密度低于全国平均水平。

（4）巴塔哥尼亚高原区，位于阿根廷南部，此地人烟罕至，每平方公里1人左右。

总之，阿根廷的人口分布同世界上绝大多数国家一样，空间分布不均，这是地理、历史、社会、经济因素的共同结果。但是阿根廷的人口推进过程又不同于其他一些移民国家，这些国家多为人口从沿海向内陆推进，而阿根廷恰恰相反，是先"占据"了内陆，而后才向沿岸靠进。但无论历史进程多么不同，目前分布的结局都是类似的。

阿根廷的城市人口，从很早开始就达到了一定的比重。一些学者认为，阿根廷城市化过程与工业化根本没有关系（布莱克莫尔）。阿根廷的城镇人口——2000人以上的居民点——1869年第一次人口普查时就达到了28.6%，1914年时即提高到52.7%，1960年为73.8%，目前，城市人口比重在85%左右。阿根廷在拉丁美洲属于城市人口比重最大的国家，与智利、乌拉圭和委内瑞拉并列为拉丁美洲四大高度城市化国家。

阿根廷的城市历史年龄都很短，无须追溯到哥伦布时代以前，各省城市的建设大多在殖民地时代，而更多的是19世纪后期。因此，多数著名城市均集中在沿海地带，这些沿海城市吸引了全国城市人口的绝大多数。仅首都布宜诺斯艾利斯一市的人口在目前就占全国人口的1/3——约1000多万人。而在此前的二百年间的情况是：1822年为5.54万人，1852年为8.54万人，1869年16.62万人，1895年为66.3万人，1909年更增加到124.4万人，1914年达到300万人，1974年达892.5万人。1989年的布宜诺斯艾利斯是拉丁美洲最大的城市之一（见表8）。

表8　1980年阿根廷人口超过30万的城市

单位：人

城　　市	人　口	城　　市	人　口
布宜诺斯艾利斯（首都）	2908001	拉普拉塔	473233
包括卫星城市	9927404	拉　努　斯	465891
科尔多瓦	990007	基尔梅斯	441780
包括郊区	1070000	马得普拉塔	407024
罗萨里奥	935471	圣米格尔－德图库曼	392888
包括郊区	1045000	圣马丁将军镇	384306
圣胡斯托	946715	卡塞罗斯	340343
莫　　龙	596769	布朗海军上将城	332548
洛马斯德萨莫拉	508620	阿韦亚内达	330654
萨米恩托将军镇	499648		

阿根廷上述城市几乎全部集中在大西洋沿岸，或者说都集中在拉普拉塔河流及其河口附近。上述16座城市，地理分布从纬度而言均集中在南纬34°左右（除圣米格尔－德图库曼在南纬26°47′），从经度而言均落在西经57°~65°之间。可见其城市分布的集中程度。

其他

阿根廷是拉丁美洲地区经济较发达的国家之一。仅次于巴西、墨西哥，居第三位。

阿工业和农牧业均较发达，粮食和肉类出口均居世界前列。在工业技术水平方面，也是拉丁美洲较高的国家之一。人均国内生产总值为拉丁美洲各国平均水平的1.5倍。1987年，国内生产总值人均2540美元，1989年2370美元。通货膨胀率1988年387.7%，1987年失业率5.6%。

阿根廷的劳动力职业结构很早便表现出了一种"现代化"特征，即商业和服务业劳动力所占比重较大。1900年时，商业和服务业劳动力便占全部劳动力的30.9%，目前，这一比重并未有多大提高，而工业和制造业的比重则由1900年的19.8%提高至1976年的36%，农业同期由39.2%降至15.0%。这种职业结构的变化与一般的发展轨迹是不大合拍的，难怪被认为该国的城市化进程同工业化没有关系（见表9）。

表9　阿根廷劳动力人口构成变动情况

行　业	1900~1904 年		1925~1929 年		1940~1944 年		1955 年		1960 年	
	人数（千人）	比重（%）	人数（千人）	比重（%）	人数（千人）	比重（%）	人数（千人）	比重（%）	人数（千人）	比重（%）
农　业	738	37.8	1539	35.9	1838	33.3	1916	26.1	1461	21.4
制造业	396	20.3	890	20.8	1310	23.8	1655	22.5	1916	28.0
商业和服务业	616	31.6	1377	32.1	1821	33.0	2786	37.9	2423	35.5
运输业	92	4.7	218	5.1	248	4.5	434	5.9	477	7.0
公用事业	15	0.8	52	1.2	85	1.5	142	1.9	87	1.3
采矿业建筑业	94	4.8	212	4.9	215	3.9	415	5.7	467	6.8
合　计	1951	100.0	4288	100.0	5517	100.0	7348	100.0	6831	100.0

关于阿根廷人口的文化素质，有关指标表明：1988年文盲率为7%。事实上，阿根廷的文盲率在较早时期就已经开始了大幅度的下降（见表10）。

表10　1868~1988 年阿根廷文盲率的变动情况

单位：%

年　份	1868	1893	1913	1955	1960	1979	1988
文盲率	78.8	54.4	35.0	13.6	9.0	7.0	7.0

其他有关人口文化素质的指标值是：小学入学率1986年为109%，中学为74%，大学为39%。三项指标值在1965年时分别为101%、28%、14%。从目前的拉丁美洲国家来看，阿国的文化教育程度是较高的。在医疗卫生方面，目前阿国每名医生负担人口数仅为403人，每名护士负担人口数423人。

人口政策

阿根廷是明确主张提高出生率以增加人口的国家。1974年3月政府曾宣布使人口在

2000 年时增加到 5000 万人的计划。阿根廷计划生育协会成立于 1966 年，1969 年参加国际计划生育联合会。在为了保全妇女生命及消除强奸造成后果的情况下，人工流产在阿根廷被认为是合法的。1977 年，政府通过了《国家有关人口的目标和政策》的法令，仍希望提高出生率，并通过增加迁入率来加速本国人口的增长。为此，政府采取了一系列社会经济措施来鼓励生育，如增加津贴，享受产假、减免多孩家庭税收、提供住房等措施，而目前对人口自然变动方面最关注的是婴儿死亡率问题。

阿根廷的人口分布由于过多地集中在沿海地带，因此被认为这种状况是对该国经济的一大阻碍，因此，人口政策的另一部分内容便是使国内人口合理流动，即向人烟稀少的南部移动。在国际移民方面，采取增加迁入、减少迁出的政策。

小结

上述资料展示出的阿根廷人口的特点是：（1）人口民族构成复杂，但以白人为主体；（2）阿是重要的移民国家之一，没有移民，就没有阿根廷的现在；（3）阿根廷人口自然变动较为"稳定"，三率指标几十年来没有太大变化；（4）阿属于拉丁美洲人口最老化的国家之一；（5）人口分布不均，而分布的进程是"由内向外"，与多数被殖民的或移民的国家呈相反走势；（6）城市化起步早，水平高；（7）鼓励生育、鼓励迁入、鼓励增加人口。

1989 年，阿根廷妇女总和生育率为 3.1 个，以此匡算，净再生产率为 1.5 左右，说明该国仍为"扩大型人口再生产"国家。以目前人口 13‰ 的速率增加，据此预测，2000 年，该国人口可达 3600 多万人，而不是当时该国政府所希望的 5000 万人。如果真的达到 5000 万人的水平，从 1989 年开始，每年增长率至少应在 4.3% 以上。而按照 1989 年的状况看，除非有特大规模的人口洪流从四面八方涌入阿根廷，否则是不大可能的。

安圭拉（Anguilla）

安圭拉位于东加勒比海背风群岛的北端，距圣基茨岛西北 113 公里处，全岛面积 96 平方公里。人口 1984 年估计为 7019 人。人口密度每平方公里 73 人。首府：瓦利。

在加勒比海域上，曾有大约 1100 平方公里的一大批小岛屿被称之为"英属背风"群岛，圣基茨－尼维斯－安圭拉过去就是该群岛的一个重要组成部分，从 1650 年起一直为英国的殖民地。1983 年，圣基茨－尼维斯脱离英国而独立。安圭拉仍为直属英国的自治领。

现在安圭拉居民的祖先基本上都是 17～19 世纪从非洲贩入的黑人奴隶的后裔，在长期的历史发展中已有一部分混有了当时英国殖民者以及以后某些移民的血统，所以，目前岛上仍以黑人为主。官方语言为英语。多数居民信奉基督教。

1960 年时，安圭拉岛人口 5395 人，当时人口密度每平方公里为 60 人。1984 年人口 7019 人，人口密度每平方公里 73 人。20 多年间人口增长 30%，绝对数增加 1624 人。

安圭拉经济以渔业、畜牧业、晒盐业和造船业为主，1984 年国内生产总值人均 1000

美元。失业率同年为40%，由于岛上就业机会不多，许多人外出做工。

巴巴多斯（Barbados）

巴巴多斯是西印度群岛中的一个国家，位于小安的列斯群岛的同名岛上，在小安的列斯群岛的最东端。全国行政区划为11个区。面积431平方公里，人口1987年12月为25.37万人，人口密度每平方公里589人。首都：布里奇顿。

历史

公元最初几世纪，巴巴多斯岛上住有阿拉瓦克人和加勒比印第安人。1518年西班牙人发现并先期登岛。10多年后葡萄牙人侵入，命名该岛为巴巴多斯。1624年该岛被英国人占领。1627年沦为英国殖民地。300多年后，巴巴多斯于1958年加入西印度联邦。1961年10月取得内部自治地位。1966年11月30日宣布独立，为英联邦成员国。

种族、宗教与人口变动

在英国殖民者统治期间，不仅移来了一些欧洲白人，而且还从非洲西海岸贩运来大量的黑奴从事种植园劳动。1834年废除奴隶制之后，又从印度募来一些契约劳工。所以，目前巴巴多斯的居民大多是这些人的后裔：当年英国殖民者、英国当年被放逐的政治犯和流浪汉（被称之为"红腿"）、非洲黑奴、印度劳工、他们的混血以及以后迁入的一些英国人、美国人等。不过，在整个历史上，不同的时期人种的比重是不相同的。如在1640年时，巴巴多斯只有几百名黑奴，其余皆为白种人。到1645年，黑奴增加到0.6万人，白种人约4.0万人；至1685年，黑奴更上升到4.6万人，而白种人则下降到2万人；在17世纪末，巴巴多斯人口6.0万人，其中白人2.0万人，黑人4.0万人，其比重分别为33%和66%；19世纪初时，总人口为78282人，其中白人16167人，比重为20%，黑人62115人，占比重80%（见表1）。

表1 1773年、1805年巴巴多斯人口种族构成

年　份	总人口（人）	黑人（人）	黑人比重（%）	白人（人）	白人比重（%）
1773	87080	68548	78.7	18532	21.3
1805	77130	62130	80.6	15000	19.4

由于土著印第安人在殖民者来后不久即被杀、被赶，所以，当地至今已无印第安人或印第安人的后裔。

现代巴巴多斯人，70%以上是非洲黑人后裔，17%为混血种人，4%为白人。这些人共同使用的语言是英语。居民多信奉基督教，大多数教徒为新教徒。

巴巴多斯的人口在20世纪初一直有外来移民迁入，但之后，这种状况有改变。由于

土地面积不变，人口越聚越多，人口平均密度日益增大，无法保障所有居民的就业，所以大批居民移往岛外，男性劳动力迁出者更多。近几十年来，巴巴多斯人口总量几乎达到"静止"状态。1960 年普查时，总人口 23.23 万人，其中男性 10.55 万人，女性 12.68 万人，性比例是 83.2∶100；1970 年普查人口是 23.77 万人，其中男性 11.20 万人，女性 12.56 万人，性比例是 89.2∶100；1980 年时人口 25.20 万人，其性比例为 89.7∶100（1978 年）；1987 年估计人口数为 25.37 万人。可见，从 20 世纪 50 年代开始，巴巴多斯的人口增长速度已十分缓慢（见表 2）。

表 2　巴巴多斯的人口变动

年　份	人口（人）	增长率（%）	年均增长率（%）	年　份	人口（人）	增长率（%）	年均增长率（%）
1921	155000			1970	237701	2.31	0.23
1930	159000	2.58	0.28	1980	252029	6.03	0.59
1940	179000	12.58	1.19	1987	253700	0.66	0.09
1950	211000	17.88	1.66	1921～1987		63.68	0.75
1960	232327	10.11	0.97				

造成巴巴多斯人口增长缓慢的原因，一方面是人口一定数量的外迁所致，另一方面是巴巴多斯人口自然增长率很早就降下来了。1953 年时，人口自然增长率已降至 20‰以下，而同期的拉丁美洲国家或加勒比国家，无论是大陆上的还是小岛上的，自然增长率大多在 30‰上下。在 20 世纪 60 年代末期，巴巴多斯人口出生率降至 20‰时，上述其他国家大多仍在 30‰上下。所以说，巴国人口增长慢是自然变动与迁移变动的共同结果（见表 3）。

表 3　巴巴多斯人口自然变动及有关指标

年　份	出生率（‰）	死亡率（‰）	自然增长率（‰）	婴儿死亡率（‰）	平均预期寿命（年）	
					男	女
1953	33.0	13.6	19.4	138.6	53.41	58.00（1950～1952）
1958	31.2	10.1	21.1	82.4		
1963	28.5	8.8	19.7	61.9	62.74	67.43（1959～1961）
1968	21.7	8.1	13.6	45.7		
1973	20.8	9.5	11.3	37.7	66.70	71.60（1970～1975）
1976	18.2	9.5	8.7	26.4		
1977	17.6	8.5	9.1	26.3	67.70	71.90（1976～1980）
1978	16.2	7.5	8.7	27.0		
1979	17.0	8.5	8.5	25.1		
1980	16.7	8.1	8.6			
1983	17.3	8.2	9.1			
1986	16.1	8.2	7.9	10.8		
1989	16.0	9.0	7.0	12.6	75.00	
1990	16.0	9.0	7.0	16.2	75.00	

下面是根据 1983 年《世界人口年鉴》的有关资料绘制出的 1978 年巴巴多斯人口年龄金字塔（见表 4、图 1）。

表 4　1978 年巴巴多斯人口年龄、性别构成

年　龄	总人口（人）	男性人口（人）	女性人口（人）	性比例（%）	年　龄	总人口（人）	男性人口（人）	女性人口（人）	性比例（%）
0～4	21910	12430	9480	131.2	40～44	10100	4480	5620	79.7
5～9	31450	17190	14260	120.5	45～49	10530	4340	6190	70.1
10～14	27980	13720	14260	96.2	50～54	8950	3760	5190	72.4
15～19	33760	19360	14400	134.4	55～59	10390	4770	5620	84.9
20～24	25950	12710	13240	96.0	60～64	10090	3460	6630	52.2
25～29	22340	10110	12230	82.7	65 +	24640	8090	16550	48.9
30～34	17450	7080	10370	68.3	总　计	265200	125400	139800	89.7
35～39	9660	3900	5760	67.7					

说明：由于资料来源不同，与表 2 数据有出入。

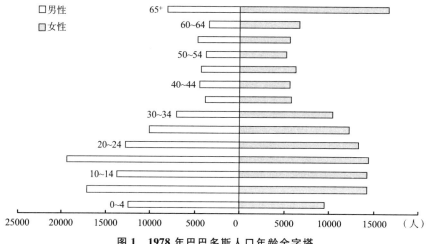

图 1　1978 年巴巴多斯人口年龄金字塔

尽管这一人口年龄金字塔是以 1978 年的资料绘制而成，但我们仍能从中找出这一国家的某些人口特征：（1）人口已跨过了增加型，渡过了稳定型，正在向萎缩型转变；（2）性别构成极不规律，但总体上是男少女多，一些年龄组十分明显；（3）35～65 岁之间的人口相当稳定。显然，这一人口的横截面既是过去几十年来人口自然变动与迁移变动的结果，又是未来时期人口演变的基础。同样的结论已从出生率、死亡率的自然变动中得到了部分解释。换言之，出生率的长期下降、死亡率一直维持在较低水平，也一定能够绘制成类似的人口年龄金字塔。

按照 1978 年的资料，巴巴多斯人口当时 0～14 岁人口占总人口的比重为 30.7%，64 岁以上人口比重为 9.3%，15～64 岁人口比重为 60%。从老年系数上看，巴国已完全进入了老年型人口，从少年儿童系数上讲，也十分接近于老年型人口。1990年的资料显示，上述三项指标值分别为：30%、69%和11%。这也说明，巴国目前已是地道的老年型社会了。如果劳动力人口不是大量的外迁，老年人口比重或许会略小一点，少年儿童比重也同样会略小一点。

巴巴多斯的人口极为稠密，目前每平方公里已达近600人，难怪有人认为该国的人口过剩是不言而喻的事情。在整个加勒比海各岛屿中，巴巴多斯的人口密度远远几倍于某些岛屿，在这一地区为人口稠密之冠。在巴岛上，人口分布也不太均衡。人口最稠密地区在该岛西南角的首都布里奇顿所在地。最北端的北部区、东北方的苏格兰地区、圣贾姆斯沿岸区人口稀少，其余地方如南部黑土区、中部高地人口密度居中。所以，在高人口密度下的巴巴多斯，人口倾向于外流。用美国地理学教授韦斯特的话说："在奴隶解放以前巴巴多斯的人口就是稠密的。涌向特立尼达、圭亚那、中美洲和联合王国的周期性向外移民的浪潮只是缓和了人口增长率而已。现代向外移民仅如涓涓细流"（见表5）。

表5　1881～1970年巴巴多斯的人口变动

单位：人

时　期	每年净迁出(－)净迁入(＋)(A)	每年自然变　动(B)	(A)为(B)的(％)	时　期	每年净迁出(－)净迁入(＋)(A)	每年自然变　动(B)	(A)为(B)的(％)
1881～1890	－800			1921～1945	－100	1500	－6.7
1891～1910	－2500	2000	－125.0	1946～1960	－1300	4100	－31.7
1911～1920	－2400	900	－266.7	1961～1970	－3600	4200	－85.7

资料来源：*The population of Trinidad and Tobago.*

巴巴多斯的首都布里奇顿，人口约3万人（1987年），占同期总人口的11.8%，连同郊区人口，大约超过10万人，也就是说，在首都圈内的人口占了全国人口的40%。因此，该国的城市人口比重较高也就十分正常了。1990年资料显示，该国城市人口比重为75%，在加勒比地区，仅次于瓜德罗普（90%）和马提尼克（82%）。

巴巴多斯经济的特点是：旅游业、制造业和农业是巴巴多斯的三大主要经济部门。不过农业近10年来地位有所下降。从事农业的劳动力人口占劳动力总数的百分比已从1960年的26%减少到1980年的16.4%。1988年人均国民生产总值5990美元，在整个拉丁美洲地区，仅次于巴哈马联邦共和国。但由于人口相对过多，其失业率为18.6%（1988年）。在具有优势的经济条件下，教育及人们的文化素质水平较高：小学入学率为100%，中学入学率达89%，全国文盲率仅为2%。

巴巴多斯计划生育协会成立于1955年，1957年参加国际计划生育联合会，面对日甚的人口压力，政府给巴巴多斯计划生育协会以强大的物质和财政支持。目前，政府继续支持控制人口的一切活动，以降低人口增长率。不过，巴巴多斯的人口增长率已经很低。

巴哈马 （Bahamas）

巴哈马联邦位于美国佛罗里达州东南海岸对面、古巴和海地北侧，由 700 多个大小岛和近 2400 个岩礁和珊瑚礁组成。群岛由西北向东南延伸，长 1220 公里，宽 96 公里，主要岛屿有大巴哈马岛、安德罗斯岛、伊柳塞拉岛和新普罗维登斯岛，仅有 29 个较大岛屿有居民居住，总面积 1.39 万平方公里。1989 年人口数约为 27 万人。人口密度每平方公里 19.4 人。首都：拿骚。

历史

自公元最初几个世纪起，巴哈马群岛上居住着阿拉瓦克印第安部落。被印第安人称做瓜纳哈尼的圣萨尔瓦多岛（又称华特林岛）是 1492 年 10 月 12 日哥伦布登上新大陆的第一个岛。15 世纪末至 16 世纪初，大部分印第安人或遭到西班牙殖民者的屠杀或被迁移至海地岛，因而巴哈马群岛 100 多年荒无人烟。1629 年在新普罗维登斯岛出现第一个英国居民点。17 世纪末，该群岛成为海盗活动和藏匿的地方，也成为了英国和西班牙争夺殖民地的目标。1717 年英国宣布巴哈马群岛为其殖民地。1964 年 1 月该岛实行内部自治。1973 年 7 月 10 日独立，但仍为英联邦成员国。

民族、宗教和语言

虽然该岛最早由印第安部落居住，但在 16～17 世纪前半叶时，此岛已无人烟，一直到 1647 年"埃留特拉岛的冒险家们"到达为止。但是这些殖民者以及随后而来的包括至 1721 年从巴勒登地区来的德国人为数甚少，以至于在 1731 年该群岛只有 1378 人。殖民者的大量涌入发生在美国革命结束的时期，当时来自南北卡罗来纳州的忠于英国的勤王者们，带着他们的奴隶到达阿巴科岛和别的几个岛上定居。这样，当时迁至这一群岛的人种主要成了欧洲的白种人和非洲的黑种人，而后者在数量上超过了前者。这两种人的混合构成了现代巴哈马群岛的基本居民，通称巴哈马人，大约占总人口的 76% 左右。其他居民有：海地人 3 万人、英格兰人 6000 人、美利坚人 6000 人、英裔加拿大人 2000 人、意大利人 1000 人、希腊人 1000 人等。

巴哈马的官方语言为英语。绝大部分居民信奉基督教，4/5 的基督教徒为新教徒，其余为天主教徒。新教徒中多为英国国教徒、洗礼派等，希腊人为东正教徒。

人口变动

如前所述，16～17 世纪前半叶，巴哈马是群岛荒无人烟的时期。此后，英国殖民者及其所带的黑人奴隶"填充"了这一空白。但在 1731 年，人口仍仅为 1378 人。百年以后的 1831 年，人口几乎增长了 10 倍，达到 1.3 万人左右，仅黑奴就达 9200 多人，几乎占了整个群岛的 2/3。又过了 100 年之后，1930 年当地人口 6.2 万人，比 1831 年增长了 4.8 倍。1953 年，该国人口 8.48 万人，1963 年增至 13.6 万人，1970 年 17.5 万人，1980

年 21.0 万人，1989 年大概有 27 万人左右（参见表 1、图 1）。

表 1　巴哈马的人口变动

单位：人

年　份	人　口	年　份	人　口	年　份	人　口	年　份	人　口
1731	1378	1950	79000	1970	175192	1987	240000
1831	13000	1953	84841	1975	204000	1988	250000
1930	62000	1960	113000	1980	210066	1989	270000
1940	70000	1963	136368	1985	230000		

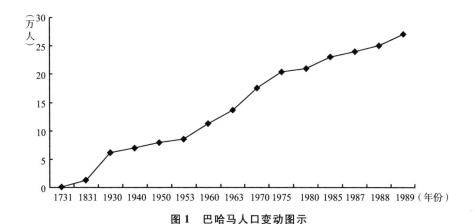

图 1　巴哈马人口变动图示

巴哈马人口增长速度从 20 世纪初起明显加速，部分原因系迁入人口大于迁出人口所致，主要原因还是人口自然繁殖较高所引起的（参见表 2）。

表 2　巴哈马人口自然变动及有关指标

年　份	出生率（‰）	死亡率（‰）	自然增长率（‰）	婴儿死亡率（‰）	平均预期寿命（年）	
					男	女
1953	35.7	10.6	25.1	66.8		
1958	29.4	10.6	18.8	62.7		
1963	35.0	7.9	27.1	33.4	61.00	67.30（1962～1964）
1968	26.2	6.4	19.8	49.3	64.00	69.30（1969～1971）
1973	23.3	5.8	17.5	31.0		
1977	22.2	4.9	17.3	27.7		
1980	20.2	4.7	15.5	31.9		
1987	16.7	5.1	11.6	26.4		
1989	17.0	5.0	12.0	26.4	71	

几十年来巴哈马人口自然变动的特点是，出生率和死亡率均衡地逐渐下降。1953～1989年，出生率降低了50%，死亡率也降低了50%，自然增长率相应也降低了50%，婴儿死亡率降低了60%。在整个拉丁美洲地区，巴哈马是"人口转变"最快的国家之一，出生率和死亡率几乎是这一地区的最低水平，人口平均预期寿命之高自然是名列前茅。甚至可以说，巴哈马的人口已经进入了人口转变的"三低"类型。这样，这一国家的人口已不再是年轻型人口，而基本上属于成年型人口类型。1989年0～14岁人口比重为34%，15～64岁为61%，64岁以上是5%。这些从1980年的巴哈马人口年龄金字塔中还可以观察到（参见表3、图2）。

表3　1980年巴哈马人口年龄、性别构成

年　龄	总人口（人）	男性人口（人）	女性人口（人）	性比例（%）	年　龄	总人口（人）	男性人口（人）	女性人口（人）	性比例（%）
0～4	29748	14730	15018	98.1	50～54	6785	3304	3481	94.9
5～9	25082	12441	12641	98.4	55～59	5294	2560	2734	93.6
10～14	25208	13239	11969	110.6	60～64	4768	2209	2559	86.3
15～19	24115	12390	11725	105.7	65～69	3445	1661	1784	93.1
20～24	19032	9328	9704	96.1	70～74	2479	982	1497	65.6
25～29	15335	7270	8065	90.1	75～79	1533	602	931	64.7
30～34	13570	6645	6925	95.9	80～84	672	226	446	50.7
35～39	13297	6779	6518	104.0	85＋	462	138	324	42.6
40～44	10754	5545	5209	106.5	总　计	210066	104353	105713	98.7
45～49	8487	4304	4183	102.9					

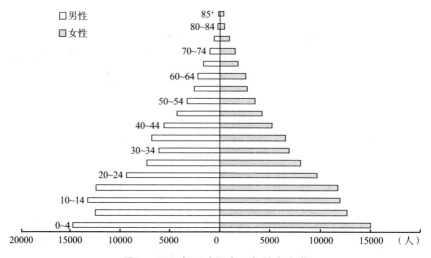

图2　1980年巴哈马人口年龄金字塔

巴哈马 1980 年人口年龄金字塔表明，该国人口主要是劳动力年龄人口多。25 岁以上的人口几乎是一"钟"形。在一定程度上显示出其"稳定型"。由此还可以看出，该国男性人口略少于女性，在劳动力年龄组中尤其明显。20～34 岁男性人口比女性人口一共少 1451 人，而在总人口中，女性人口比男性多 1360 人。造成这种情况的原因，与年轻人出外做工有一定的关系。但是，0～9 岁儿童的性比例低于 100，则是比较少见的例证。从几十年的历史情况看，巴哈马一贯是女多男少。1953 年性比例是 86.5∶100，1963 年 96.1∶100，1970 年 99.6∶100。上述三年女比男多的绝对数则分别为 6165 人、3250 人和 326 人。总之，巴哈马的人口似乎具有发达国家人口的某些特征。

人口分布及其他

巴哈马是由 700 多个岛屿组合成的国家，95% 以上的岛屿荒无人烟，只有 29 个较大的岛屿有人居住，从而成为世界上人口分布最不均衡的国家之一。而且就是在这 29 个岛上，27 万人口也不是平均地分布着。大部分居民集中在 14 个较大的岛上，以新普罗维登斯岛最为集中，占巴哈马人口的一半以上。1931 年时，该岛居民只有 2 万人，而其他岛屿居民的总和也不过 4 万人。10 年以后，新岛人口比重开始占到了全国的一半。1953 年的调查显示，新普罗维登斯岛的居民有 4.6 万人，而其他各岛之和只有 3.9 万人。根据 1985 年的最新调查，在全国 23 万人当中，有 60% 集中于这一岛上，即有居民 13.8 万人。该岛只有 150 平方公里的面积，人口密度高达每平方公里近 1000 人，从而成为加勒比地区人口最密集的地区之一，这与首都拿骚位于此岛是分不开的。人口第二大岛是巴哈马岛，全国 20% 的人口居住于该岛。其他岛屿相对于新普罗维登斯岛来讲，都是"外岛"，人口多则上千，少则几百。由于绝大部分人口都居住在首都拿骚和弗里波特等城市，所以，该国城市人口比重比较高。1989 年这一比重为 75%，与巴巴多斯一样是加勒比地区除瓜德罗普和马提尼克之外的第三位城市人口比重高的国家。

从经济上看，巴哈马是加勒比地区最富裕的少数国家之一。旅游业和金融业是国民经济中最重要的部门。1986 年全国有劳动力 13.26 万人，其中 25% 的劳动力从事旅游业和餐饮服务，10% 的劳动力从事金融和商业服务。失业率 1987 年为 11%。1989 年人均国民生产总值 10320 美元，在拉丁美洲地区遥遥领先。巴哈马劳动力人口中，从事农业的劳动力人口只占 5% 强。

在 20 世纪 70 年代，除了贸易和"其他"两项之外，不同部门的劳动力都有了不同程度的下降，总劳动力人口减少 5%。

巴哈马的教育情况是：对 5～14 岁儿童实行义务教育。1987 年文盲人数为 13500 人，占全国人口的 5%。

总之，巴哈马是拉丁美洲地区，或者说是加勒比地区较为特殊的一个国家，其特殊性在于：（1）人口分布十分不均匀，60% 以上的人口拥挤在 5% 的岛屿上，致使一些岛屿荒无人烟，另一些岛屿人口稠密；（2）人口变化具有发达国家的某些特征：出生率、死亡率和人口自然增长率均已很低，属于拉丁美洲国家中人口转变比较早的国家；

（3）人口性别构成偏低，尤其是劳动力年龄组更为突出；（4）全国财富分配不均，贫富悬殊。（5）劳动力人口分布受社会、经济、文化、地理环境的影响，偏重于"第三产业"，尤其是倾向于旅游服务业（参见表4）。

表 4　20 世纪 70 年代巴哈马劳动力人口构成变动情况

行　业	1973 年		1979 年		1979 年比 1973 年增减（%）
	劳动力人口（人）	比重（%）	劳动力人口（人）	比重（%）	
农林牧渔	6987	8.9	4092	5.5	−41.4
制造业	7145	9.1	5472	7.3	−23.4
建筑业	5741	7.3	2390	3.2	−58.4
运输业	7659	9.8	7523	10.1	−1.8
贸易	18601	23.7	22334	30.0	20.1
金融	6633	8.5	4247	5.7	−36.0
行政服务	25099	32.0	23820	32.0	−5.1
其他	535	0.7	4575	6.2	755.1
合计	78400	100.0	74453	100.0	−5.0

不过，巴哈马政府仍认为该国的妇女生育率与人口自然增长率太高了。目前的人口政策是降低人口自然增长率，其途径主要是控制外来移民和加强家庭生育计划。为了提高人们的身体健康水平，政府已在全岛建立了卫生中心、医疗机构等网络。为了解决本国的失业问题，巴政府正在采取措施遣返非法入境移民，并加强培训巴哈马本国劳动力以适合各经济部门的需要，从而取代返回他国的劳动力。对于人口分布，巴政府已开始适当控制农村向城市的人口流动。

人口预测

巴哈马目前的妇女总和生育率仅为 1.9 个，与美国和大部分欧洲国家相同或接近。以此推算，该国妇女净再生产率不足 1.0 个。这就是说，巴哈马在外来人口不大量增加的情况下，今后一段时期将会步入"三低"类型的"成熟阶段"，即老年社会将不期而至，那么按 1989 年的人口自然增长率来看，粗略预测，该国人口 2020 年为 38.6 万人。

巴拉圭（Paraguay）

在南美大陆上，内陆国家只有两个，一个是玻利维亚，另一个便是巴拉圭。巴国国土东北和东部与巴西交界，东南、南部和西南与阿根廷为邻，西北和北部与玻利维亚接

壤。行政上划分为 19 个省和 1 个首都区。全国面积 40.67 万平方公里，1990 年人口
427.6 万人，人口密度每平方公里 10.5 人。首都：亚松森。

历史

巴拉圭河东岸地区，在西班牙人入侵前很久已住满了瓜拉尼族的印第安人。他们处
于原始部落公社阶段，主要依靠种植玉米和其他一些农作物为生，打猎和捕鱼也占有相
当重要的地位。16 世纪初，南部大陆、特别是拉普拉塔河的发现，成了西班牙人深入内
陆的开始。1527 年 5 月 8 日，安巴斯蒂安·卡波特和迪埃戈·加西亚·德·莫格带领一
支人数不多的西班牙队伍，第一次进入巴拉圭河地区。

1537 年 8 月 15 日，又一支西班牙队伍在胡安·德·萨拉萨尔·德·埃斯皮诺萨的带
领下，在今巴拉圭首都亚松森的地方建立了一个要塞。自此，巴拉圭便沦为了西班牙殖
民地。19 世纪初，当整个拉丁美洲革命运动蓬勃发展的时候，巴拉圭也与其他邻近地区
一样，酝酿着反西班牙殖民统治的独立运动。1811 年 5 月 14 日巴拉圭独立，成立巴拉圭
共和国。

民族、宗教和语言

在欧洲西班牙人到来之前，巴拉圭境内东部即住有印第安人、瓜拉尼人以及与其有
着血缘关系的奥马瓜人、科卡诺人和契里瓜诺人，他们渐渐形成了一个瓜拉尼部族。由
于巴拉圭地处内陆，进入这一地区并非易事，所以西班牙殖民者在进入该地区殖民时遇
到了许多困难，使得这一地区很少或者几乎没有从非洲贩运来奴隶。以后的巴拉圭人主
要是印第安人与欧洲人以及他们的混血后代，而并未渗入非洲黑奴的血液。不仅如此，
西班牙人在其中的比重也并不大。现代巴拉圭人主要是印第安－瓜拉尼人，其中混有少
量西班牙移民血统。目前这些已经混合的瓜拉尼人称为巴拉圭瓜拉尼人，占全国人口
的 92.6%。

在巴拉圭西部的格兰查科地区，还居住着一些地道的印第安人，但他们与瓜拉尼族
几乎毫无关系。此区的印第安人又分为若干部族，主要有萨穆科族、马塔科族、马斯科
亚族和圭库鲁族等。总体而言，这些住在周边地带的居民仅占巴拉圭总人口的 3% 而已。

从 19 世纪后半叶开始，又迁来了几万新的移民，这些移民大多来自德国、意大利、
日本、乌克兰，还有一些巴西人和阿根廷人等，这些人总体占 2% 左右。所以，巴拉圭
人口从人种上划分：95% 为印欧混血人、3% 为印第安人以及 2% 为白人。

当 1537 年巴拉圭沦为西班牙殖民地时，天主教也随着殖民主义者来到了巴拉圭。
1556 年天主教会在亚松森设立了第一个主教区。1588 年耶稣会传教士也来到巴拉圭，他
们深入到印第安人的部落，积极扩大影响，在很短的时间内使大部分印第安人信仰了天
主教，这种影响一直延续到现在。目前，占全国人口 89% 的居民为天主教徒，另有一些
新教徒、犹太教徒以及信奉原始宗教的印第安人。

官方语言是西班牙语，但瓜拉尼语也相当普遍。

人口变动

到 1989 年为止，巴拉圭已经进行了 6 次人口普查，1886 年为第一次，其后的普查年份分别是：1889、1950、1962、1972 和 1982 年。

从巴拉圭的整个人口历史来看，外来人口对其影响较之其他大多数拉丁美洲国家来说要小得多。但是，在近代，对巴拉圭人口演变影响最大的一次事件是 19 世纪美洲历史上最残忍的 1864～1870 年间的"巴拉圭战争"。[①] 19 世纪初叶，巴拉圭的居民大约不足 20 万人，到战争之前，人口增到 52.5 万人。战争结束时，其领土有一半丧失给阿根廷和巴西，人口从而减少至 22 万人，其中男性只剩下 2.87 万人。由于国土面积的变化，人口无论从总量上还是从结构上都受到了巨大的影响。19 世纪末至 20 世纪初，入境移民陆续增加，但流入量并不高，1950～1952 年间，到达巴拉圭的欧洲移民一共只有 1.33 万人。但在第二次世界大战以后，迁出人数远远大于迁入人数，战后有 1/5 的人口离开巴拉圭。至 20 世纪 70 年代末期，巴拉圭境内有 7 万外国移民，主要来自阿根廷和巴西，而同时又有 69 万巴拉圭人出境到国外。因此巴拉圭的人口增减显得极其不规律（参见表 1、表 2 和图 1）。

表 1 巴拉圭的人口变动

单位：万人

年 份	人 口	年 份	人 口	年 份	人 口
1800	20.0	1940	111.1	1987	392.2
1864	52.5	1950	134.1	1989	420.0
1871	22.0	1962	181.9	1990	427.6
1920	66.9	1972	235.8		
1930	88.0	1980	316.8		

表 2 巴拉圭不同时期的人口增长率变动情况

单位：%

时 期	时 期增长率	年均增长率	时 期	时 期增长率	年均增长率
1920～1929	31.5	2.8	1963～1972	29.6	2.6
1930～1939	26.3	2.4	1973～1982	28.5	2.5
1940～1949	20.7	1.9	1983～1990	41.2	4.4
1950～1962	35.6	2.6	1920～1990	539.2	2.7

[①] 史学界将 1864～1870 年的"巴拉圭战争"称为"近代战争和现代战争的分水岭"。交战双方是巴拉圭一国对巴西、阿根廷和乌拉圭三国。

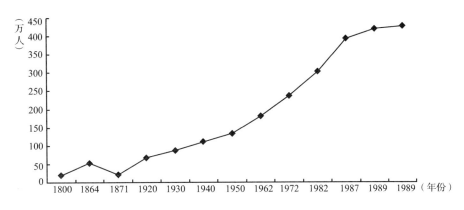

图 1　巴拉圭人口变动图示

从总体上讲，巴拉圭人口增长相对缓慢。由于进入 20 世纪以后迁出人口远大于迁入人口，所以，巴国从 1920 年至今人口增长 539.2%，净增 360 万人口，主要是自然增长的结果。1950～1990 年人口年均增长率 2.9%，其间人口自然增长率一直在 30‰以上。所以，巴拉圭不像其他国家那样人口增长是自然增长和机械增长共同的结果，而是自然增长与机械负增长共同的结果①。准确地说，是高自然增长的结果，这里，又包含了高出生率、低死亡率的共同作用（参见表 3）。

表 3　巴拉圭人口自然变动及有关指标

年　份	出生率（‰）	死亡率（‰）	自然增长率（‰）	婴儿死亡率（‰）	平均预期寿命（年）	
					男	女
1953	45.5	15.7	29.8	56.2	49.10	54.00（1950～1954）
1958	43.8	13.4	30.4	57.6	52.30	56.70（1955～1959）
1963	42.2	11.6	30.6	55.8	55.30	58.80（1960～1964）
1968	41.4	9.8	31.6		58.60	61.70（1965～1969）
1973	39.8	8.8	31.0	38.6	60.30	63.60（1970～1974）
1978	39.0	8.0	31.0	39.1	61.90	65.30（1975～1980）
1980	36.7	7.6	29.1	48.6		
1986	34.8	6.0	28.8	42.0		
1989	36.0	7.0	29.0	45.0		67.00
1990	33.0	6.0	27.0	39.0		67.00

巴拉圭与玻利维亚同是内陆国，经济同样较为落后，人口也具有同样的特征，如出生率都是南美洲最高的国家〔玻国第一（40‰），巴国第二（36.0‰）〕；自然增长率都是最高的国家，〔巴国第一（2.9%）、玻国第二（2.6%）〕。1953～1990 年，巴拉圭的出

———————————

① 人口机械变动是指人口从一个地区向另一个地区迁入、迁出的迁移行为。

生率下降了 12 个千分点，死亡率下降了 9 个千分点，但从相对数上看前者仅下降了 26.6%，后者则下降了 60%。正是出生率下降速度慢于死亡率的下降速度，才使得该国在人口机械增长呈负值的情况下仍然保持了较高的增长速度。显然，及至目前，巴拉圭的人口仍属于"高出生、低死亡、高自然增长"类型。

人口自然结构

几十年来，这种自然变动的结果，必然使得该国人口呈年轻型。1975 年时，巴拉圭的人口年龄构成是：0 ~ 14 岁人口为 45.1%，15 ~ 60 岁为 49.7%，60 岁及以上为 5.2%；1980 年是：0 ~ 14 岁人口为 42.7%，15 ~ 65 岁为 53.9%，65 岁及以上为 3.4%；1989 年的情况是：0 ~ 14 岁人口为 41%，15 ~ 65 岁为 55%，65 岁及以上为 4%。表 4、图 2 是 1980 年巴拉圭人口年龄和性别构成情况。

表 4 1980 年巴拉圭人口年龄、性别构成

年 龄	总人口（人）	男性人口（人）	女性人口（人）	性比例（%）	年 龄	总人口（人）	男性人口（人）	女性人口（人）	性比例（%）
0 ~ 4	512665	260578	252087	103.4	45 ~ 49	102053	50042	52011	96.2
5 ~ 9	440895	223641	217254	102.9	50 ~ 54	93701	45922	47779	96.1
10 ~ 14	399241	201345	197896	101.7	55 ~ 59	74937	36135	38802	93.1
15 ~ 19	351800	176629	175171	100.8	60 ~ 64	62199	29457	32742	90.0
20 ~ 24	306408	153225	153183	100.0	65 ~ 69	43780	20299	23481	86.4
25 ~ 29	260456	130316	130140	100.1	70 ~ 74	32872	14852	18020	82.4
30 ~ 34	188741	93874	94867	99.0	75 ~ 79	18689	8076	10613	76.1
35 ~ 39	144572	70563	74009	95.3	80 +	13709	5607	8102	69.2
40 ~ 44	121267	59362	61905	95.9	合 计	3167985	1579923	1588062	99.5

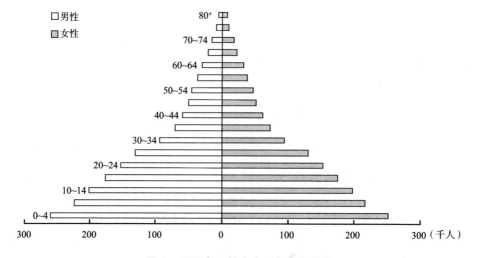

图 2 1980 年巴拉圭人口年龄金字塔

巴拉圭的人口年龄金字塔表明了该国人口过去几十年的演变轨迹以及未来几十年的大致发展趋势。从1980年巴拉圭人口年龄金字塔图中可以发现，该国的生育潜力仍十分旺盛，一代更比一代"强"的年轻人口正在以越来越多的数量堆砌加宽着这一年龄金字塔的底部，这种状况必然导致人口至少还将持续较高增长几十年。该人口群体的一个特点是，人口各年龄段均匀地增长着，没有在金字塔上表现出突"宽"、突"窄"的状况。另一方面，从1980年各年龄段的性比例来看，也十分正常——随着年龄的增长，性比例缓缓下降。该国人口尽管在19世纪中叶由于战争使得性比例严重失调，但经过100多年来的"修复"，通过自然增长和机械变动的共同作用，目前的人口性别已十分平衡。而且，近几十年来的性别结构一直是较为均匀的，当年的性别失调痕迹已越来越淡（见表5）。

表5　巴拉圭人口性比例变动情况

时　间	总人口（人）	男性（人）	女性（人）	男性比女性（人）	性比例（%）
1950.10.28	1341333	649109	692224	-43115	93.8
1962.10.14	1819103	894164	924939	-30775	96.7
1972.7.9	2357955	1169111	1188844	-19733	98.3
1980.7.1	3167985	1579923	1588062	-8139	99.5

人口分布及其他

巴拉圭的人口密度每平方公里10人左右，在南美地区属于中等水平。但是在巴拉圭国内，却有着一条十分重要的天然分界线，这就是巴拉圭河。巴拉圭河东部与巴西和阿根廷接壤，是国内较发达的地区，其面积占全国面积的1/3左右，但人口却占全国的97%，该区是主要的畜牧业和种植业地区，首都亚松森便在河东。1983年亚市人口达60多万人。这一地区的主要城市还有恩卡纳西翁（人口1982年为2.7万人）、康塞普西翁（1982年人口为2.3万人）、比亚里卡（同期人口为2.1万人）和奥维多上校镇（2.1万人）等。

巴拉圭河的西部称巴拉圭查科，占巴拉圭国土的2/3，但仅有3%的人口，这一地区的主要部门是伐木业和农业。

从总体上讲，巴拉圭东部人口密度高，每平方公里达30人左右；巴拉圭河上游的北部及森林带人口密度较低，每平方公里10人以下，西部地区甚至更是不见人烟，人口密度每平方公里不足1人，这些地方人迹罕至。

巴拉圭是一个以农、牧、林业为主的国家，城市人口比重为43%，但仅首都亚松森一市人口便占到了总人口的20%。在整个南美洲，城市人口比重不足50%的只有三个国家，即玻利维亚（49%）、圭亚那（32%）和巴拉圭（43%）。前面资料已经显示了，即使这样，巴国城市人口分布并不均匀。除亚松森外，第二位人口大城市圣洛伦索的人口只有区区7.4万人，其余城市更不及此。

从经济上讲，巴拉圭属于拉丁美洲地区经济较落后的国家，从上述分析的人口现状上也能反映出它的经济发展程度。20 世纪 70 年代以后巴拉圭经济曾有过飞速发展，一度居于拉丁美洲之首。1989 年，人均国民生产总值为 1000 美元，已远远超过玻利维亚和圭亚那，但即使如此，在南美洲仍排列倒数第三。通货膨胀率 1987 年为 32%，失业率同年为 15%。

农业是巴拉圭的主要经济部门，大约 50% 的劳动力从事农业。

政府曾从 1985 年起实施全国教育发展计划，开展全国扫盲运动，并计划到 1990 年底将文盲率从 1985 年的 15% 降到 6.5%。其他反映人口文化素质的指标情况是：1986 年小学生入学率为 99%，中学为 30%，大学为 10%。每一名医生负担的人口数 1965 年为 1850 人，1984 年为 1460 人；每一护理人员同期负担人数分别为 1550 人，1000 人。

人口政策

巴拉圭 1966 年成立巴拉圭人口中心，1969 年参加国际计划生育联合会。该国认为，基于医学理由的人工流产是合法的。但是巴拉圭没有正式的人口生育政策。目前，政府认为该国的人口增长率是令人满意的。尽管巴国的人口死亡率及患病率被认为是可以接受的，但是政府仍在努力改善基础医疗服务状况，以期进一步降低母、婴死亡率，提高平均预期寿命。

主要的人口目标是使国内人口分布更加合理。政府关于人口迁移的政策，其目的是更多地吸引鼓励移民入境，同时降低人口迁出率。

小结

巴拉圭是南美洲经济较落后的国家，其人口状况也是较"落后"的。具体表现在人口类型仍停留在"高、低、高"上，而且出生率仍高达 36‰，另一个表现是人口呈年轻型。几十年来，尽管巴国没有迁入人口促使本国人口增长，反而还有大量人口迁出，但是，该国人口自然增长率仍然在 2.9% 左右，这是巴拉圭人口的特征之一。另一个特征是，该国人口民族构成相对单一，主要是印第安 - 瓜拉尼人和欧洲人，而其中又以印第安人为主，这与大多数拉美国家不相同。

1989 年，巴拉圭妇女总和生育率为 4.80 个，在南美洲仅低于玻利维亚。表明了巴拉圭今后一段时期人口增长的潜能。按照人口自然增长率 2.9% 来计，不包括今后的迁移人口变动，大概在 2000 年时的巴拉圭人口总数可达 550 万人。而该国人口增长达到 1989 年的 1 倍时，只需一代人的时间，即 24 年。

巴拿马（Panama）

巴拿马共和国位于中美地峡最狭窄的部分，东连哥伦比亚，南濒太平洋，西接哥斯达黎加，北临加勒比海，连接中美洲和南美洲大陆，是大西洋和太平洋之间的交通要道，素有"世界桥梁"之称。巴拿马呈"S"形状，东西距离长 620 公里，南北为 51～180 公里，全国土地面积 7.71 万平方公里（内含 1432 公里的运河区）。1989 年人口 240 万人，人口密度每平方公里 31 人。首都：巴拿马城。

历史

西班牙人征服此地之前，巴拿马境内居住着处于原始公社制阶段的 60 多个印第安部落。巴拿马于 1501 年由西班牙征服者罗·德·巴斯蒂达斯发现。1502 年，哥伦布在贝伦河口建立了圣玛利亚德贝伦村，随即沦为西班牙殖民地。1519 年建立巴拿马城，该国国名可能就是由此得来。16 世纪 30 年代，巴拿马成为西班牙殖民者远征南美洲的重要通道。1821 年，巴拿马独立，成为大哥伦比亚共和国的一部分。1830 年大哥伦比亚解体，巴拿马成为当时新格兰纳达共和国的一个省。① 由于其特殊的地理位置，引起了当时法、英、美等列强的争夺欲。1903 年 11 月 3 日美国策动巴拿马脱离哥伦比亚，并宣告独立，成立巴拿马共和国。

民族、宗教和语言

几百年以前的巴拿马境内仍然单纯地居住着印第安人各部落。如在西部有奇布查印第安人，这些人从事捕鱼、狩猎、耕作和手工业等；东部居住着加勒比人；东南部有乔科人。像大多数拉丁美洲的土著居民一样，这里的印第安人也未能逃脱殖民者来后的烧杀抢掠。因此，在西班牙殖民者来后不久，这里的印第安人也被杀、被赶，所剩无几。随后是欧洲白人和非洲黑人陆续地来到了这里。这样，以后的巴拿马人口便由种族十分复杂的集团所组成，有白人、黑人、印第安人，还有各种组合后的"后裔"。随着时间的推移，这种组合越来越频繁和范围越来越大，以至于这些人成为了一个新的民族——巴拿马人。20 世纪 70 年代末，巴拿马人占总人口的 91.1%，其余 8.9% 的人口包括了日耳曼语族的美利坚人（1.1%）、牙买加人（0.5%）、德意志人（0.3%）、还包括马克罗 - 契勒察语系的瓜伊米人（2.4%）、库纳人（1.9%）、布里布里人（0.1%），也包括瑞 - 帕诺 - 加勒比语系的乔科人（0.3%）。此外，这 8.9% 的人口中还包括了一些躲到穷乡僻壤、并且拒绝在文化上与其他民族混交、因而仍保持着自己许多传统的印第安人。这些印第安人连同"欧化"了的印第安人一共有 9 万人左右，占总人口的 4.7%。巴拿马境内大约有华人 5000 名。从"种"上划分，巴拿马目前有印欧混血人 65%、白人 11%、印第安人 10%、黑人 13%。其中的黑人有过去西班牙人输入的非洲黑人的后代，也有来自西部群岛的安的列斯黑人。白人则是西班牙殖民者的后代，以及后来从西班牙、意大利和其他欧洲国家来的移民。

巴拿马的官方语言为西班牙语，来自西印度群岛的黑人讲英语，大多数印第安人讲自己的部落语言，但是目前巴拿马的西班牙语与西班牙本土语言已有差别。

绝大多数居民信奉天主教。天主教徒为全国居民的 93%，另有 6% 信奉基督教新教。

---

① 19 世纪初建立的大哥伦比亚，其地域包括今委内瑞拉、哥伦比亚、厄瓜多尔和巴拿马。为了与今哥伦比亚共和国相区别，将其称为"大哥伦比亚共和国"（1819～1930 年）。

人口变动

巴拿马从 1911 年开始第一次人口普查，以后每隔 10 年进行一次，1920、1930、1940、1950、1960、1970 和 1980 年都是进行人口普查的年份。1920 年，这一地区人口仅为 44.7 万人，1930 年为 46.8 万人，1940 年为 62.0 万人，目前已达 240 万人。70 年间人口增长了 4.37 倍（见表 1）。

表 1　巴拿马的人口变动 *

年　份	人口（万人）	与前期的年均增长率（%）	与上期相比增长率（%）	年　份	人口（万人）	与前期的年均增长率（%）	与上期相比增长率（%）
1920	44.7			1970	147.9	3.03	34.82
1930	46.8	0.46	4.70	1980	196.0	2.86	32.52
1940	62.0	2.85	32.48	1985	218.0	2.15	11.22
1950	84.8	3.18	36.77	1989	240.0	2.43	10.09
1960	109.7	2.61	29.36				

* 包括巴、美共管的运河区。

1920～1987 年间，年均增长率为 2.46%，但巴拿马的人口出生率却低于中美洲的其他各国，同时死亡率也较低，往年迁入巴拿马的人口占全国总增加人数的比例很大，不过近年来移民却显著减少，原因是巴拿马政府为防止流入过多的劳动力避免经济需求无力承担他们，因此特别对移入者制定了多项规定所致，表 2 是巴拿马的人口自然变动状况。

表 2　1953～1989 年巴拿马人口自然变动及有关指标

年　份	出生率（‰）	死亡率（‰）	自然增长率（‰）	婴儿死亡率（‰）	平均预期寿命（年）	
					男	女
1953	42.2	12.7	29.5	58.1	60.41	63.09（1952～1954）
1958	41.4	10.9	30.5	57.9		
1963	40.1	9.4	30.7	48.2	57.62	60.88（1960～1961）
1968	38.1	8.2	29.9	40.9		
1973	35.1	6.9	28.2	31.6	64.26	67.50（1970）
1976	30.8	5.9	24.9	36.8	67.50	71.90（1975～1980）
1977	29.8	5.9	23.9	27.9		
1978	29.1	5.9	23.2	24.4		
1979	28.1	5.9	22.2	24.7		
1980	28.3	5.9	22.4	21.2		
1981	26.9	4.9	22.0	21.0		
1986	26.0	5.0	21.0	26.0	71.00	
1989	27.0	5.0	22.0	25.0	72.00	

巴拿马目前处于较低出生率、低死亡率和较低自然增长率状态。在加勒比地区，巴国出生率甚至低于伯利兹，死亡率 1989 年仅高于哥斯达黎加，自然增长率最低。与此相应，该国婴儿死亡率在这一地区也仅高于哥斯达黎加，平均预期寿命仅低于哥斯达黎加，远高于拉丁美洲平均 66.0 岁的水平。

人口自然结构

自然变动状况已使巴拿马的人口向"成年型"转变。目前，37% 的人口在 15 岁以下，5% 的人口在 65 岁以上，58% 是劳动力人口，这种状况是几十年演变的结果。1974 年，巴拿马 15 岁以下人口占总人口比重仍高达 43.4%，15～59 岁人口为 50.9%，60 及 60 岁以上人口为 5.7%。至于其演变轨迹，从下面 1983 年巴拿马人口年龄构成表及同年巴拿马人口年龄金字塔中可一目了然（见表3、图1）。

表3　1983 年巴拿马人口年龄、性别构成

年 龄	总人口（人）	男性人口（人）	女性人口（人）	性比例（%）	年 龄	总人口（人）	男性人口（人）	女性人口（人）	性比例（%）
0～4	277656	141838	135818	104.4	45～49	76610	39168	37442	104.6
5～9	270053	137832	132221	104.2	50～54	65081	33414	31667	105.5
10～14	260070	132419	127651	103.7	55～59	54638	28108	26530	105.9
15～19	234464	118994	115470	103.1	60～64	45323	23399	21924	106.7
20～24	201464	102415	99049	103.4	65～69	35882	18540	17342	106.9
25～29	167838	85773	82065	104.5	70～74	24855	12722	12133	104.9
30～34	137721	70345	67376	104.4	75～79	15790	7949	7841	101.4
35～39	114078	58539	55539	105.4	80⁺	14203	6543	7660	85.4
40～44	92859	47500	45359	104.7	总　计	2088585	1065498	1023087	104.1

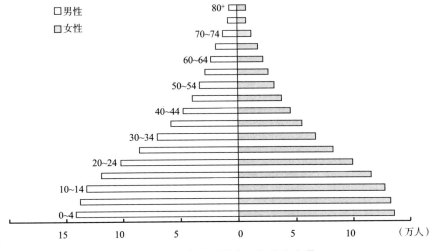

图1　1983 年巴拿马人口年龄金字塔

从图1看，有这样两个特征：第一，尽管人口仍呈增长状，即金字塔"下宽上窄"，但是，总体上是逐渐在向中间收缩，也就是每一年的新出生人口尽管比上一年多，但增量的幅度却有一种越来越小的趋势。第二，女性人口少于男性人口。除80岁以上的年龄组外，其他各年龄组均是男多女少，这是比较罕见的。世界上的绝大多数国家，一般在55~60岁时，性比例开始发生变化，而巴拿马却不然。这与各个年龄的人口不断向巴拿马迁入不无关系。从过去几十年的情况看，巴拿马也均是性比例高于100.0：1950年时性比例为103.5：100.0，1960年为103.0：100.0，1970年为102.8：100.0。

人口分布及其他

巴拿马人口密度每平方公里30人左右，在中美地峡仅高于尼加拉瓜，是拉丁美洲各国中人口密度较低的国家之一。但由于其特殊的地理位置，其人口分布极不平均，约有80%的人口居住在西部太平洋沿岸、巴拿马城和科隆地区，而东部地区和北部海岸平原上的全部居民不及30万人。全国行政划分为9个省和1个特区，包括：巴拿马、达连、科克莱、科隆、贝拉瓜斯、奇里基、博卡斯-德尔-托罗、埃雷拉、洛斯-桑托斯，一个特区为圣布拉斯，即印第安人自治区。巴拿马城始建于1519年，目前已是一个十分典型的现代化国际都市。1985年人口已达81.3万人（连郊区人口），然而1950年，其人口不过12.7万人。科隆市是巴国第二大城市，这一都市人种混杂，有白种人、黄种人、黑人和混血儿等各种不同肤色的人，因此有"世界人种展览会"之称，1980年时连同郊区人口在内80万人。仅这两大城市人口已占全国人口的66.6%，足以显示其人口分布的不平衡性。但是，如果仅以城市人口而不包括各城市郊区人口在内计算的话，巴国城市人口比重只有52%，1965年时，城市人口比重44%。20多年来，城市人口年平均增长率3%左右。

巴拿马这种二元性的特色——通道地带城市的世界性和西部太平洋低地乡村的地方性，不仅反映在人口分布上，而且在更大程度上反映在国家的经济上。巴拿马运河区、地区金融中心和科隆自由贸易区是巴国经济的三大重要区域，因此商业和劳务收入在国民经济中占有重要地位。巴国劳动力就业结构与之是相应的（参见表4）。

表4　1971年、1981年巴拿马劳动力人口构成变动情况

行 业	1971年 劳动力人口（人）	比重（%）	1981年 劳动力人口（人）	比重（%）	行 业	1971年 劳动力人口（人）	比重（%）	1981年 劳动力人口（人）	比重（%）
农林牧渔业	187947	38.5	144590	26.4	贸易	57751	11.8	67920	12.4
采矿业	650	0.1	965	0.2	金融业	9652	2.0	19290	3.5
制造业	38847	8.0	52720	9.6	服务业	101923	20.9	128815	23.4
建筑业	27946	5.7	29825	5.4	巴拿马运河	21805	4.4	16380	3.0
水、电、气	4226	0.9	7965	1.5	其他	20654	4.2	51150	9.3
运输业	16934	3.5	28840	5.3	合 计	488335	100.0	548460	100.0

除了农林牧渔业之外，1981 年该国劳动力比重最大的是服务业，达 23.4%。巴拿马 1988 年失业率 25.2%，1989 年人均国内生产总值 2240 美元，在中美洲地区排位第一，较邻国哥斯达黎加高出 40%，比哥伦比亚高 80% 以上。

国内有世界著名的巴拿马大学。同时，全国成人文盲率又高达 11.8%（1985 年）。1986 年，小学入学率达 106%，中学入学率 59%，大学在校生占全国同龄人的比重为 28%，这在拉丁美洲国家算是较高的比例。

人口政策

巴拿马政府认为本国的人口增长率令人满意，无需进行干预。尽管人们的健康状况还说得过去，但妇幼保健和城乡死亡率差别的存在还应当加以重视。政府认为，巴人口分布的不均衡是其经济社会发展的一大限制。一些地区性的计划正在试图改变这种人口过分集中和经济活动人口都集中在特大城市的状况，以使城乡之间有机地联系起来。对于国际移民，巴政府认为目前的情况还算令人满意，并且是十分有意义的。

小结

巴拿马的人口有这样一些特征：（1）出生率、死亡率、自然增长率在中美洲地区最低，人口接近于"三低"类型；（2）婴儿死亡率基本属于最低；（3）人口平均预期寿命超过 70 岁，较高；（4）人口已呈现出"成年型"状；（5）人口性别构成比较奇特，80 岁以上才出现低于 100.0 的性比例；（6）人口分布十分不均。

20 世纪 80 年代巴拿马妇女的总和生育率仅为 3.3 个，妇女避孕率大概在 60% 左右，人口净再生产率在 1.5 个上下。这样，预测巴拿马人口 2000 年时为 310 万人，2020 年时达到 370 万人。

巴西（Brazil）

形状呈三角形的巴西联邦共和国是拉丁美洲最大的国家，也是世界上的人口大国，面积几乎占南美洲的一半，占整个拉丁美洲领土的 41% 以上，在世界上仅次于苏联、加拿大、中国、美国，居第五位，总面积 851.20 万平方公里。如此大的面积使得南美诸国除厄瓜多尔与智利以外，都与巴西为邻。论人口数量，巴西也居拉丁美洲诸国之首。1989 年年中人口数估计为 1.474 亿人。在世界上居于第六位，仅次于中国、印度、苏联、美国和印度尼西亚。人口密度每平方公里 17 人。首都：巴西利亚。

历史

据历史文物考证，今日辽阔的巴西国土在很早以前就有人类居住。但是，巴西和整个美洲大陆一样，曾经长期不为外界所知晓。1492 年，意大利航海家克里斯托弗·哥伦布到达美洲。1500 年 4 月 22 日，葡萄牙航海家佩德罗·阿尔瓦雷斯·卡布拉尔因去非洲路遇海风偏航到达巴西，这时的巴西才被首次"发现"。而在此之前，巴西的原始居民是印第安人，散居在沿海地带或内陆森林区，过着部落社会的生活。印第安人以狩猎、捕鱼和采集野果为生，由于他们缺乏共同组织国家的能力，因此在葡萄牙人发现这块土地之后，便轻而易举地被征服了。300 多年之后的 1822 年 9 月 7 日巴西宣布独立，建立帝国。1888 年 5 月 13 日巴西废除奴隶制。1889 年 11 月 15 日成立联邦共和国。1891 年定国名为巴西合众国。1969 年 10 月 30 日改国名为巴西联邦共和国。

民族、宗教和语言

巴西像美国一样，是一个典型的民族大熔炉。原始居民是印第安人，接着而来的是以征服者姿态出现的葡萄牙人和从非洲带来的黑人奴隶，最后才是从欧洲、亚洲移民而来的标准移民。在葡萄牙人到来之前，有人估计此地印第安人达 300 多万人。后来印第安人由于受葡殖民者的长期虐待和屠杀，人口锐减，目前仅剩下约 20 万人。这些印第安人分属于四个部落集团：（1）图皮 - 瓜拉尼，（2）塔普伊亚，（3）努阿鲁瓦，（4）卡里巴。他们主要分布在亚马孙丛林和中西部地区，从事游耕、畜牧、狩猎和捕鱼活动，过着原始生活。全国现有印第安人保留地 17 个。白人是欧洲移民的后裔，主要是葡萄牙人自 16 世纪 30 年代以后有组织地向巴西移民的后代。巴西的黑人是 16 世纪初至 19 世纪中叶被殖民主义者从非洲贩运来的黑奴的后裔。1822 年巴西独立时，黑人曾占全国人口的 60% 左右。混血种人是巴西不同人种长期共同生活的产物。主要有三种：（1）姆拉托，即黑白混血；（2）卡博克洛，即印白混血；（3）卡弗佐，即印黑混血。此外，巴西约有犹太人 15 万人，日本移民及其后裔 70 多万人，华侨及华裔 10 万人左右。总之，构成巴西人口的主要人种有白人、黑人及印第安人三种。而三大人种的融合再融合则是巴西人口的一大特征。现在的白种人占 54.77%，黑白混血种人占 38.45%，黑种人占 5.87%，黄种人占 0.63%，印第安人约有 22 万人，占 0.16%。事实上，混血种族的人数在不断地增加，而白人则逐渐地减少。据 1950 年的调查，当时居民中 62% 左右是白人（有人认为这一数值很可能偏高），混血人种及印第安人占 24%，黑人占 11%，2% 是日本人和华人。

由于历史的原因，巴西的官方语言是属于罗曼语族的葡萄牙语。葡萄牙语是世界上使用人数最多的十大语言之一。由于葡萄牙语在巴西受印第安语言和黑人语言的影响，在语音、词汇和语法方面已与本土葡萄牙语有某些差别，所以这种语言称之为巴西葡萄牙语。较大的移民集团用本民族的语言。印第安人则使用各部落的方言。

受多民族的影响，巴西的宗教派别林立，但最主要的是罗马天主教。1980 年，全国有天主教徒 1.061 亿人，占全国人口的 88.19%，基督教新教徒有 780 万人，占 6.48%。犹太教信徒约 11.89 万人，佛教徒 29.78 万人，伊斯兰教信徒约 94.42 万人。此外，巴西还流行一种非洲巫术与天主教结合的混合产物——马空巴教（即伏都教），信徒以黑人和混血人居多，约 160 万人，占全国人口的 1.33% 左右。

人口变动

巴西的人口在最初是比较清晰的三大源流，但在以后却由于血缘的混合而显得模糊不清了。至于巴西人口最早的数据，也只是史学家们的大致推测。一般认为，纪元初年的巴西土地还没有被外界"发现"，所以当时以印第安人为主的土著居民大约只有 40 万人。在葡萄牙殖民者到达之时的 1500 年，可能达到了 100 万~300 万人。尽管欧洲殖民者的入侵使得印第安人惨遭杀戮，人数骤减，但随之却补充上来了更多的白人以及几乎与此同时贩运来的非洲黑奴。这样，1800 年，虽然印第安人只剩下了 50 万人，但巴西这一地区的人口总数仍在 300 万人左右。移民及黑奴的到达，与 1741~1760 年在巴西米吉斯吉拉斯州掀起的淘金热有着密切的关系。

1872 年，巴西进行第一次人口普查，人口总数为 993 万人。1888 年巴西废除奴隶制，大批黑奴成为自由民，在一定程度上解放了生产力。与此同时，从 19 世纪 80 年代起，外国移民的到来进入了前所未有的高潮。高移民率和高出生率结合起来，使人口持续高速增长。1920 年，巴西人口达到 2740.4 万人。之后每隔 10 年便增加 1000 万人，直到 1974 年巴西人口首次突破 1 亿人大关，比 100 年前的 1872 年首次人口普查时的人口整整增加了 9 倍多，平均年增长率 2.33%，这一增长速度显然是十分迅速的。目前的巴西人口已达 1.47 亿人。由 1900 年的世界第 14 位人口国上升至目前的第六位。表 1、表 2 是巴西人口总数变动的状况。

表 1　巴西的人口变动

单位：万人

年　份	人　口	年　份	人　口	年　份	人　口	年　份	人　口	年　份	人　口	年　份	人　口
1872	993	1953	5716	1961	7226	1969	9007	1977	11021	1985	13556
1920	2740	1954	5888	1962	7428	1970	9314	1978	11294	1986	14030
1930	3357	1955	6064	1963	7635	1971	9517	1979	11574	1987	14130
1940	4111	1956	6246	1964	7848	1972	9785	1980	12129	1988	14440
1949	5076	1957	6433	1965	8067	1973	9992	1981	12402	1989	14740
1950	5194	1958	6625	1966	8293	1974	10240	1982	12681		
1951	5389	1959	6824	1967	8524	1975	10494	1983	12966		
1952	5550	1960	7012	1968	8762	1976	10754	1984	13440		

表 2　巴西不同时期人口年均增长率

单位：%

时　期	1872~1919	1920~1929	1930~1939	1940~1949	1950~1959	1960~1969	1970~1979	1980~1989
年均增长率	2.14	2.04	2.04	2.37	3.05	2.88	2.68	2.19

巴西人口增长快的原因一是自然增长，二是迁移增长。

在第二次世界大战之前，巴西的人口出生率一直在 43‰以上。在 20 世纪 70 年代前半期之前仍高达37.1‰，略高于拉丁美洲的平均数。死亡率在20世纪之前很高，主要是印第安人及未废除奴隶制之前的奴隶的死亡率很高所引起的，在这之后死亡率持续下降。高出生率和缓慢下降的死亡率加速了该国人口的自然增长速度。但这在拉丁美洲国家中还不算最高的，可这一自然增长速度之快在人口过亿的大国中却首屈一指（参见表3、图1）。

表3　巴西人口自然变动及有关指标

年　份	出生率（‰）	死亡率（‰）	自然增长率（‰）	婴儿死亡率（‰）	平均预期寿命（年）	
					男	女
1840~1870	46.5	32.3	14.2			
1871~1890	46.4	29.5	16.9			
1891~1900	46.0	27.8	18.2			
1901~1920	45.0	26.4	18.6			
1921~1940	43.5	24.8	18.7			
1941~1950	44.4	20.9	23.5			
1953	41.4	12.1	29.3		51.0	57.4（1950~1954）
1958	40.2	11.2	29.0		53.1	59.1（1955~1959）
1963	38.8	10.2	28.6			
1968	38.0	9.5	28.5		57.6	61.1（1960~1969）
1973	37.1	8.8	28.3		58.5	64.4（1970~1975）
1975~1980	32.0	8.9	23.1	79.0		
1981	32.0	8.0	24.0	94.0	64.0	
1987	28.6	7.9	20.7	71.0	62.3	67.6
1989	28.0	8.0	20.0	63.0	65.0	
1990	26.0	7.0	19.0	57.0	66.0	

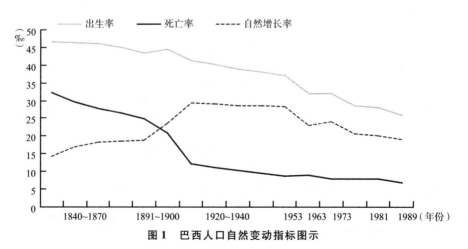

图1　巴西人口自然变动指标图示

由于在第二次世界大战之后巴西的人口死亡率已经降至12‰，所以，其后半个世纪死亡率没有也不可能再有更大的下降幅度，从1953年至今，死亡率下降了5个千分点，或者说下降了41%。所以说，从1940年到20世纪80年代末巴西人口净增1亿人，从自然增长方面来看，主要不是死亡率的降低所致，而是高出生率长期持续不下所造成的。在20世纪80年代初期，巴西出生率还在30‰以上。

导致巴西人口快速增长的另一个原因是人口迁入。巴西在一个多世纪的时间内，有数以百万计欧洲及日本等国移民迁入。如果没有如此庞大的移民队伍，今天的巴西就不会有这么多的人口，也不会形成这么复杂的民族。据估计，从1812年至1840年，以德国人、瑞士人、爱尔兰人为主的欧洲移民人数在巴西约有1.2万人。1875年，在巴西已建立了40多个移民地。意大利的移民到1879年还不算很多，大约和德国移民人数差不多。但是从1880年起，意大利的移民则以压倒性的人数增加，这种现象一直从1880年起持续到1904年。1934年巴西制定的法律规定各国移民人数每年只能为过去50年移民总数的2%，这项法律限制了过去数十年来移民人数非常多的葡萄牙人和日本人。总的来讲，19世纪末至20世纪初定居巴西的移民人数达到了历史最高点，当时每年多达20万人，随后迁入人口逐渐减少，如今每年的移民人数不足1万人，导致这种情况的主要原因是巴西相对落后的经济水平远不能吸引更多的欧洲人以及日本人，加之巴西本国人口的增长率也很高所致。下面是胡焕庸和张善余编写的《世界人口地理》一书中所提供的有关资料，见表4、表5和图2。

表4　1884~1975年移入巴西的人口及构成

时　期	移入人数（人）	平均每年移入人数（人）	来源国所占比重（%）				
			葡萄牙	意大利	西班牙	日　本	其　他
1884~1903	1745778	87289	18.8	60.0	11.3	—	9.9
1904~1933	2247821	77511	36.5	15.7	16.5	6.3	25.0
1934~1943	197238	19724	38.3	5.8	2.6	20.9	32.4
1946~1963	703967	39109	46.3	16.3	17.2	7.7	12.5
1964~1975	94794	7900	22.5	7.0	5.4	5.5	59.6
合　计	4989598	231533	31.5	30.7	14.0	5.0	18.8

资料来源：胡焕庸、张善余编著《世界人口地理》，第368页。个别数据有修正。

表5　巴西不同时期人口增长因素构成情况

单位：%

时　期	自然增长	净移民	总增长	时　期	自然增长	净移民	总增长
1840~1870	14.2	1.0	15.2	1921~1940	18.7	1.8	20.5
1871~1890	17.1	2.0	19.1	1941~1950	23.4	0.4	23.8
1891~1900	18.2	6.0	24.2	1951~1960	29.1	0.9	30.0
1901~1920	18.6	2.2	20.8	1961~1975	27.8	0.1	27.9

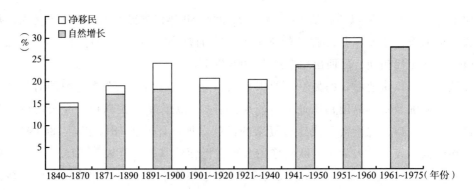

图 2　巴西各时期人口增长因素构成图示

　　总而言之，造成巴西人口迅速增长并在今日成为 1.4 亿人口大国的因素有多种多样：
（1）人口自然增长；（2）迁移增长。其中又有：婴儿死亡率降低、一般人口死亡率下
降、平均预期寿命延长，国外人口单纯向巴西迁移、迁入人口又有很高的生殖能力等。
这样，巴西与其他南美各国并称为世界人口增长率最高的地区。

　　出生率长期保持在高水平的一个必然结果是人口呈年轻型，巴西就是这样。下面是
巴西 40 年来的人口年龄构成变动情况，见表 6、表 7 和图 3、图 4。

表 6　1950～1982 年巴西人口年龄、性别构成

年　份	总人口（人）	15 岁以下（人）	比重（%）	15～64 岁（人）	比重（%）	64 岁以上（人）	比重（%）	性比例（%）
1950	51944397	21811607	41.99	28863621	55.57	1269169	2.44	99.3
1960	70119071	30042185	42.84	38176014	54.45	1900872	2.71	99.7
1970	93139037	39314411	42.21	50899545	54.65	2925081	3.14	98.2
1982	126807000	47829000	37.71	73850000	58.28	5128000	4.01	99.8

表 7　1982 年巴西人口年龄、性别构成

年　龄	总人口（人）	男性人口（人）	女性人口（人）	性比例（%）	年　龄	总人口（人）	男性人口（人）	女性人口（人）	性比例（%）
0～4	17477000	8808000	8669000	101.60	40～44	5899000	2948000	2951000	99.90
5～9	15699000	7871000	7828000	100.55	45～49	4958000	2468000	2490000	99.12
10～14	14653000	7361000	7292000	100.95	50～54	4336000	2150000	2186000	98.35
15～19	14379000	7222000	7157000	100.91	55～59	3514000	1732000	1782000	97.19
20～24	12344000	6184000	6160000	100.39	60～64	2686000	1314000	1372000	95.77
25～29	10496000	5247000	5249000	99.96	65～69	2140000	1034000	1106000	93.49
30～34	8484000	4247000	4237000	100.24	70+	2988000	1398000	1590000	87.92
35～39	6754000	3382000	3372000	100.30	合　计	126807000	63366000	63441000	99.88

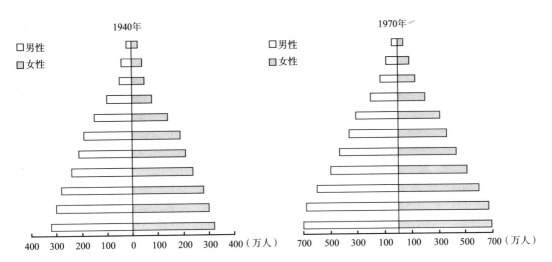

图3　1940年和1970年巴西人口年龄金字塔图示

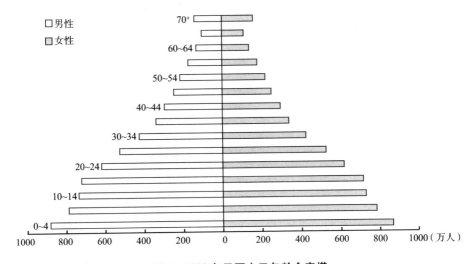

图4　1982年巴西人口年龄金字塔

从人口自然构成的情况来看，巴西人口的特征是：（1）人口年轻，15岁以下人口占总人口的40%左右，65岁以上占4%。（2）人口年龄构成没有逆向变化，1982年的金字塔表明了这一点。（3）性别构成均衡，无论从几十年来的历史看，还是从1982年的横截面人口看，均是如此。

人口分布和城市化

巴西人口密度每平方公里仅17人，国土面积广大，但人口大都集中在海岸地带的大都市，内陆除了小村落有人居住外，其他地方依然是一片荒芜，人口分布极不均匀。总的情况是：东南部经济发达，工业集中，人口最为稠密，平均每平方公里60人左右；南部是后起的农业区，工业也有所发展，人口密度近35人；东北部是开发较早的农业区，人口密度为 24 人；中西部与北部是正在进行开发的落后地区，人口非常稀少，人口密度分别为每平方公里 4 人与 2 人。目前巴西全国共有 24 个州（见《1989～1990 世界经济年鉴》）、3 个地区和 1 个联邦区，分属于 5 个自然经济区，即北部、东北部、东南部、南部和中西部地区。表 8 数据主要根据胡焕庸、张善余先生编写的《世界人口地理》中有关资料得来。

表 8　巴西 5 个自然经济区人口分布变动情况

区域（州或区）	面积（平方公里）	比重（%）	1940 年人口（千人）	比重（%）	1979 年人口（千人）	比重（%）	1983 年人口（千人）	比重（%）	人口密度（1983 年）（人/平方公里）
北部地区	**3581180**	**42.1**	**1503**	**3.5**	**4773**	**4**	**6817**	**5.3**	**1.9**
亚 马 孙	1564445	18.4	427	1	1217	1	1621	1.3	1
帕　　拉	1248042	14.7	938	2.2	2888	2.3	3918	3	3.1
罗 赖 马	230104	2.7	12	0.03	55	0.04	95	0.07	0.4
东北部地区	**1548672**	**18.2**	**14514**	**34.3**	**35358**	**29.6**	**37609**	**29**	**24.3**
巴 伊 亚	561026	6.6	3939	9.3	9287	7.6	10281	7.9	18.3
东南部地区	**924934**	**10.9**	**18508**	**43.8**	**50249**	**42.1**	**56603**	**43.6**	**61.2**
米纳斯吉拉斯	587172	6.9	6799	16.1	13448	11.2	14166	10.9	24.1
里约热内卢	42912	0.5	1863	4.4	11679	9.5	12242	9.4	276.5
瓜纳巴拉	1356	0.02	1782	4.2					
圣 保 罗	247898	2.9	7240	17.1	23291	18.8	28003	21.6	112.9
南部地区	**577723**	**6.8**	**6504**	**15.4**	**21810**	**18.2**	**20081**	**15.5**	**34.8**
巴拉那州	199554	2.3	2013	4.8	9888	7.9	7919	6.1	39.7
中西部地区	**1879455**	**22.0**	**1256**	**3**	**7479**	**6.1**	**8554**	**6.6**	**4.6**
戈亚斯州	642092	7.5	833	2	5092	4	4243	3.3	6.6
合　　计	8511964	100	42285	100	119669	100	129664	100	15.2

说明：此表除 1983 年数据外，其余资料均来自胡焕庸、张善余编著《世界人口地理》，第 371 页。

　　巴西人口分布的趋势是人们正在向内陆或新开发区域推进。但是，目前 92% 的人口仍居住在沿海数百公里的狭长地带内，其面积不到全国的 1/3。而以亚马孙平原为主体的广大内地，面积为全国的 2/3，却只居住了总人口的 8%。

　　影响巴西人口分布的因素主要有：（1）历史因素；（2）地理因素；（3）经济因素。这些因素也同样影响着巴西的行政区域和城市人口的分布和发展。

　　表 9 是 1984 年各州或区的人口分布情况。

表9　1983年巴西各的人口分布

地　区	面积（平方公里）	人口（千人）	人口密度（人/平方公里）	地　区	面积（平方公里）	人口（千人）	人口密度（人/平方公里）
朗多尼亚	243044	645	2.7	塞尔日皮	21994	1233	56.1
阿克里	152589	338	2.2	巴伊亚	561026	10281	18.3
亚马孙	1564445	1621	1	米纳斯吉拉斯	587172	14166	24.1
罗赖马	230104	95	0.4	圣埃斯皮里图	45597	2192	48.1
帕　拉	1248042	3918	3.1	里约热内卢	44268	12242	276.5
阿马帕	140276	200	1.4	圣保罗	247898	28003	113.0
马拉尼昂	328663	4411	13.4	巴拉那	199554	7919	39.6
皮奥伊	250934	2326	9.3	圣卡塔利娜	95985	3929	40.9
伯南布哥	98281	6551	66.7	南里奥格兰德	282184	8233	29.2
塞阿拉	150630	5680	37.7	马托格罗索*	881013	1140	1.3
北里奥格兰德	53015	2045	38.6	南马托格罗索*	350548	1370	3.9
帕拉伊巴	59039	3295	55.8	戈亚斯*	642092	4243	6.6
阿拉瓜斯	27731	2154	77.7	联邦区	5814	1434	246.6
费尔南多－迪诺罗尼亚*	26	1.3	50.0	合　计	8511964	129665.3	15.2

＊为1980年数据。

巴西的城市化是20世纪巴西人口分布最突出的特点之一。直到19世纪中期巴西的城市规模还比较小，发展也很缓慢。但是自19世纪70年代以后，巴西城市的发展却是惊人的。像世界著名的城市里约热内卢，1750年时只有3万人，1850年时达到51.5万人，20世纪初也不过75万人，1920年便达到了132.5万人，1930年为167.5万人，1940年为215万人，1950年为305万人，1960年为470万人，1970年进一步增加为721.3万人。再如圣保罗，1980年人口已达849万人，若以大圣保罗计，人口约在1500万～2000万人之间。其余人口大城市还有1960年4月迁都的巴西利亚（118万人）、米纳斯吉拉斯州首府贝洛奥里藏特（181万人）、巴伊亚州首府萨尔瓦多（150万人）等。

从城市人口比重来看，其增长幅度也十分可观（见表10）。

表10　巴西城市人口比重变动情况

单位：%

年　份	1940	1950	1960	1970	1977	1980	1986	1989
比　重	31.0	36.1	45.1	55.9	61.2	64.0	69.0	71.0

巴西城市化发展迅速，主要是第二次世界大战后工业化发展较快的结果。该国

1948～1978年30年间工业生产年平均增长率为8%，而且巴西在工业化过程中，采取的进口替代政策和出口替代政策的经济发展策略对于加速城市化的发展起了很大作用。但是巴西城市化过程也存在着许多问题，如国内城市发展很不平衡。像圣保罗和里约热内卢两大城市人口共计2419万人，占全国城市人口8217万人的29.4%，占全国总人口的1/5弱。此外，巴西10万人以上的城市共有118座，绝大部分集中在沿海地带，其中东南部圣保罗、里约热内卢和贝洛奥里藏特三大工矿业城市成为一片，东北部贝伦、圣路易、特雷西纳等工业城市连成一片，而中西部城市分布较少，经济文化也欠发达。对此，巴西政府将该国城市分为四种类型，（1）减压区——对人口密度极高的地区控制人口规模；（2）有控制的膨胀区；（3）增加活力区；（4）特殊功能区。总之，政策的目的是在人口膨胀的大城市继续控制人口膨胀。

巴西不论是人口再分布也好，还是城市化进程也好，都与其经济结构的调整是相辅相成的。下面是巴西劳动力人口产业结构变动状况（见表11）。

表11　1970、1979年巴西劳动力人口构成变动情况

行　业	1970 年		1979 年		行　业	1970 年		1979 年	
	就业人口（人）	比重（%）	就业人口（人）	比重（%）		就业人口（人）	比重（%）	就业人口（人）	比重（%）
农林牧渔业	13071385	44.2	13109415	29.9	运输、仓储			1815541	4.2
采矿业					贸　易	2623895	8.9	4111307	9.4
制造业	5263805	17.8	10674973	24.4	国　防	1154954	3.9	1812152	4.1
建筑业					服务业	3260661	11.1	10134618	23.1
水、电、煤气					其　他	4170593	14.1	2138753	4.9
					合　计	29545293	100.0	43796759	100.0

从1960年开始，巴西的经济增长有了长足的进步，这被称为"巴西的奇迹"。目前巴西的经济实力居拉丁美洲之首、西方世界第八位。1987年人均国内生产总值2300美元，失业率1987年只有3.7%。

巴西文化教育方面的有关指标是：成人识字率，1960年为61%，1980年以后达到76%；小学生入学率在93%左右；中学生入学率由1960年的11%上升到32%；高等学校入学学生数占本年龄组别人数的12%。然而教育支出占政府总支出的比重只有3.8%，在拉丁美洲国家属于低投入水平。

人口问题与人口政策

上面分析说明了巴西人口的某些特征，如人口年龄构成轻、人口分布不均衡等。事实上，巴西社会还有许多人口社会、人口经济等问题。这些问题包括：（1）贫富差距越来越大：巴西贫困线以下的家庭占全国总家庭的比例为49%，其中城市中占35%，农村中占73%，而相应的赤贫线以下家庭比例分别是全国平均25%、城市15%、农村42%。

这两项指标大大高于拉丁美洲的平均数（贫困线分别为 40%、26%、62%；赤贫线为 19%、10%、34%）。（2）城市急速增长下的贫民区也迅速滋生。如在人口 700 万人的里约热内卢，就有 100 万人以上的人口居住在贫民区内。（3）"开放性家庭"成为巴西目前最大的社会问题。据估计，任何一个地方的私生子人数占当期出生人口的比重都高达 50% 以上。（4）离婚率高等。（5）医疗卫生事业的发展速度赶不上人口特别是农村人口的增长所产生的需求增长速度，全国有近 4000 万人得不到任何医疗保障。这些问题的出现显然与人口过快的增长是分不开的。人口迅猛发展及其严重后果迫使巴西政府对人口问题的认识有了明显的改变。从历史上看，巴西历届政府是鼓励人口增长的，其原因之一是长期以来坚持认为国土辽阔有待开发；原因之二是在全国军界、政界和经济部门有巨大影响的天主教会反对任何人为的计划生育措施。

进入 20 世纪 70 年代后，政府一反过去坚决禁止实行家庭计划的做法，开始逐步支持实行避孕措施。同时，既认为要尊重每个家庭有决定孩子多少的自由，又承认实行家庭计划是家家户户不可剥夺的权利。80 年代初，巴西卫生部直接向政府建议，在全国范围内采取计划生育措施，以便控制人口的继续增长。1982 年 12 月，巴西国会议员与其他拉丁美洲国家的国会议员，一道制定了到 2000 年使生育率达到更替水平的目标，为达到这一目标，巴西的避孕率应从 1980 年的 56% 提高到 2000 年的 74% 左右才行，而且，这意味着每个妇女平均生育子女数应减少 2 个。事实上，巴西的生育率已经有了很大的降低，在 20 世纪 60 年代，巴西妇女平均生育子女数为 6 个，70 年代中期降到 4.5 个，1983 年又进一步降到 4 个以下。但是由于人口年龄构成轻，其生育率的下降速度很难再像过去那样迅速。

总而言之，尽管目前国内对现政府所采取的控制人口增长的政策有各种不同意见，但是政府的态度还是相当坚决的，其人口目标是：使人口总数在 20 世纪末不超过 1.6 亿人。

美国人口学会 20 世纪 70 年代曾对巴西人口做过预测，其结果如表 12、表 13 所示。

表 12　对 1980～2030 年巴西妇女生育率下降后的各年龄组人口预测

年　　龄	1980 年（百万人）	比重（%）	1990 年（百万人）	比重（%）	2000 年（百万人）	比重（%）	2010 年（百万人）	比重（%）	2020 年（百万人）	比重（%）	2030 年（百万人）	比重（%）
全　部	118.6	100.0	147.2	100.0	172.1	100.0	191.0	100.0	207.8	100.0	217.7	100.0
15 岁以下	44.7	37.7	52.9	36.0	52.9	30.7	46.8	24.5	46.5	22.4	43.5	20.0
15～64 岁	69.1	58.2	88.1	59.8	110.9	64.5	133.0	69.7	145.0	69.8	150.8	69.3
64 岁以上	4.8	4.1	6.2	4.2	8.3	4.8	11.2	5.8	16.3	7.8	23.4	10.7
15～49 岁妇女	29.6	25.0	37.7	25.6	47.0	27.3	54.1	28.3	56.1	27.0	56.4	25.9

表 13 1980～2030 年假设巴西妇女生育率不变和生育率下降后的人口预测

单位：百万人

年　份	生育率不变	生育率下降	差　数	年　份	生育率不变	生育率下降	差　数
1980	118.6	118.6	—	2010	229.7	191.0	38.7
1990	147.8	147.2	0.6	2020	283.7	207.8	75.9
2000	185.1	172.1	13.0	2030	349.5	217.8	131.7

1989 年，巴西人口约为 1.474 亿人，显然到 1990 年时要高于当时的预测值。美国人口咨询局预测 2000 年时的巴西人口在 1.8 亿人左右，这大概是根据 20 世纪 80 年代该国总和生育率仍在 3.4 个的水平上所做的预测。1990 年的一份资料表明，全国计划生育执行者的百分比为 65%，这是一个不低的比值，它一方面说明了近年来巴西政府对此所做工作的成效；另一方面也使人们看到了控制人口的希望。

参考资料

Population Internationary Dectionary，Brazil.

〔巴西〕哈多克·洛波：《巴西经济地理》，梁湘译，商务印书馆，1980。

〔美〕布朗等：《世界人口宏观》，吴峥、吕湘仁译，北方妇女儿童出版社，1986。

张宝宇等编著《各国手册·巴西》，上海辞书出版社，1983。

玻利维亚（Bolivia）

玻利维亚共和国没有自己的出海口，是南美洲仅有的两个内陆国之一（另一个是巴拉圭）。玻利维亚北边和东边与巴西为邻，西面比邻秘鲁和智利，南边则和巴拉圭及阿根廷接壤。在行政上，全国划分为 9 个行政区，国土面积 109.86 万平方公里。人口 1990 年中为 730 万人。人口密度每平方公里 6.6 人。首都有两个，一个是法定首都苏克雷；另一个是实际上的政府所在地：拉巴斯。

历史

自古以来即有人类定居在玻利维亚高原上，在此曾发现过 1 万年前居民的遗迹。此后，亦有许多人陆续移居于此。而阿伊马拉族和克丘亚族的祖先们也在这个时候定居于此地。到公元 5 世纪时，这里曾出现过相当高度的文化，某些手工业也较发达。14 世纪时，即在西班牙人入侵前不久，他们被印加人所征服，成为印加帝国内南部的科拉苏尤省。该地 1538 年沦为西班牙殖民地，曾被称之为"上秘鲁"。19 世纪初，拉丁美洲独立运动高涨，对玻利维亚有很大影响。1825 年 8 月 6 日宣布独立。为纪念"解放者"玻利瓦尔，取名玻利瓦尔共和国，后改名为玻利维亚共和国。

民族

玻利维亚的现代居民主要由四大民族集团构成：（1）克丘亚人。该族人口为美洲最大的现代印第安民族，是秘鲁、厄瓜多尔和玻利维亚居民的重要组成部分。1978 年时，克丘亚人在玻利维亚境内共有 170 万人，占总人口的 33.9%。（2）阿伊马拉人。是美洲人数占第二位的印第安民族，同期玻利维亚境内的阿伊马拉人为 110 万人，占 21.4%。（3）森林印第安人。由 50 多个部落所组成，其中某些部落不足百人。这三个人口集团都属于"印第安民族"。玻利维亚是拉丁美洲诸国中印第安人占比重最大的国家。（4）操西班牙语的玻利维亚人。这一人口集团主要是混血人——印欧混血人，称之为克里奥尔的白人、黑白混血人、黑印混血人、黑人等。1988 年玻利维亚的前三大民族集团占总人口的 45% 左右，混血种人占 31%，白人占 15%，另有几万德意志人和日本人。

从语系上划分，玻利维亚人主要分为印第安民族各语系和罗曼语族。前者包括印度厄瓜多尔语系、瑞—帕诺—加勒比语系和马克罗—契勃察语系，罗曼语族则属于印欧语系。

宗教和语言

在 1538 年玻利维亚沦为西班牙殖民地以后，1549 年天主教会便开始在丘基萨卡设立主教区。1580 年奥古斯丁会在科帕卡瓦纳兴建了玻利维亚第一座教堂。此后，天主教在玻利维亚广泛流传并沿袭下来。目前全国居民 95% 为天主教徒。新教徒约有 5 万人，多为再洗礼派、美以美派，德意志人多为门诺派。印第安人则残存着基督教产生前的一些宗教信仰。

官方语为西班牙语，印第安人通用克丘亚语、阿伊马拉语或瓜拉尼语。

人口变动

到 1976 年为止，玻利维亚进行了 8 次人口普查。第一次在 1831 年，之后又分别于 1835、1845、1854、1882、1900、1950 和 1976 年进行了 7 次普查。目前根据所能接触到的资料，只知道玻利维亚独立时的 1825 年人口大约在 100 万人左右。

玻利维亚有一个很大特点是：政变次数频多。在独立后的 160 年时间内，经历了 190 多次政变，更换了 70 名总统，因此，经济起起落落，走走停停，步履艰难，然而其人口并没有因此而停止增长。不过，这种增长速度比较缓慢，大多数年度的人口自然增长率仅在 2.0% ~ 2.5%。由于玻国深处内陆，自然条件一般，所以很少能吸引外人迁居至此，相反国内人口向外迁出率很高，因此，玻利维亚的人口增长主要依仗着自身的"繁殖"。

玻利维亚的人口数字很乱，不要说其他年份的估测值，即使是普查年份的 1950 和 1976 年的结果，也是令人怀疑的。如 1950 年的调查资料显示为 270.4 万人。但是苏联学者乌拉尔尼斯所著的《世界各国人口手册》一书中提出的数字是 301.2 万人。即使是这一数值，另一位苏联学者 A. B. 叶菲莫夫仍认为是偏低了，他指出"玻利维亚 1950 年进行的统计，突然提出了一个数字，总人口数为 3019031 人。可以想象，这个数字以及

1958 年的数字（3301000 人）都估计低了，因为高山的居民害怕征税，而逃避登记。"（《拉丁美洲各族人民》下册，第 560 页）。因此，对于玻国的人口变动状况大多是估测出来的。根据估计，1950～1990 年间，该国人口平均增长率应有 2.5%。表 1 是玻利维亚的人口变动情况，表 2 是人口自然变动指标。

表 1　玻利维亚的人口变动

单位：万人

年　份	人　口	年　份	人　口	年　份	人　口	年　份	人　口
1920	213.6	1950	270.4	1983	593.0	1987	679.7
1930	239.7	1960	345.3	1984	625.0	1989	710.0
1940	263.0	1976	567.4	1985	643.0	1990	730.0

表 2　玻利维亚人口自然变动及有关指标

年　份	出生率（‰）	死亡率（‰）	自然增长率（‰）	婴儿死亡率（‰）	平均预期寿命（年）	
					男	女
1952	47.8	26.6	21.2	97.6	36.0	40.0（1950～1954）
1958	48.4	24.0	24.4	96.8	39.1	43.3（1955～1959）
1963	48.2	21.7	26.5	70.9	41.9	46.3（1960～1964）
1968	47.3	19.6	27.7		44.4	48.9（1965～1969）
1973	46.0	17.8	28.2		46.5	51.1（1970～1974）
1978	44.2	17.4	26.8		48.4	53.1（1975～1980）
1980	44.8	17.5	27.3	138.2	49.0	53.0（1982）
1985	46.6	18.0	28.6	110.0	53.0	
1989	40.0	14.0	26.0	110.0	53.0	
1990	38.0	12.0	26.0	110.0	53.0	

　　表 2 列举的数字，均是联合国有关机构的测算值，而并非实际调查或登记值。事实上，这两者的悬殊很大。如 1985 年出生率登记值是 24.9‰，而测算值为 46.6‰；死亡率登记值仅为 4.8‰，测算值则为 18.0‰。总之，测算值虽不一定准确，但确实能反映该国的大致趋势及其特点：（1）出生率高、死亡率高，二者均为南美洲甚至为拉丁美洲的最高值；（2）婴儿死亡率在南美洲最高，在拉丁美洲仅次于海地共和国；（3）平均预期寿命最低，比拉丁美洲平均水平低 15 岁左右；（4）接近"高低高"的人口再生产类型。表 3 是 1982 年玻利维亚的人口年龄、性别构成情况。

表 3　1982 年玻利维亚人口年龄、性别构成

年　龄	总人口（人）	男性人口（人）	女性人口（人）	性比例（%）	年　龄	总人口（人）	男性人口（人）	女性人口（人）	性比例（%）
0～4	1010300	509655	500645	101.8	45～49	216108	104148	111960	93.0
5～9	826391	412883	413508	99.8	50～54	186992	90401	96591	93.6
10～14	709582	354054	355528	99.6	55～59	153213	73677	79536	92.6
15～19	608281	302279	306002	98.8	60～64	115986	54716	61270	89.3
20～24	521461	257783	263678	97.8	65～69	85726	39747	45979	86.4
25～29	440002	216118	223884	96.5	70～74	57818	26522	31296	84.7
30～34	371994	181993	190001	95.7	75～79	32770	14516	18254	79.5
35～39	308161	150875	157286	95.9	80⁺	17511	7315	10196	71.7
40～44	253548	123132	130416	94.4	总　计	5915844	2919814	2996030	97.5

　　持续的高出生率，必然使该国人口向"年轻型"人口方向发展。1975 年，玻利维亚人口中，0～14 岁比重为 41.6%，15～59 岁为 52.8%，60 岁及以上为 5.6%；1982 年时，三项指标值分别为：43.0%、51.8% 和 5.2%；1989 年 0～14 岁比重为 43%，15～64 岁为 54%，65 岁及以上为 3%。图 1 是据 1982 年玻利维亚人口年龄、性别构成资料绘制出的人口年龄金字塔。

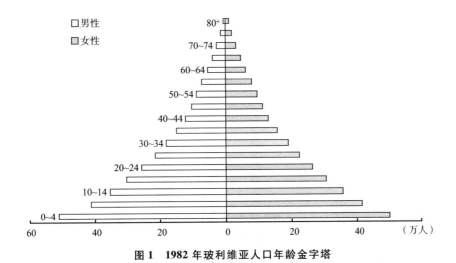

图 1　1982 年玻利维亚人口年龄金字塔

　　从人口年龄金字塔中可以看出该国过去人口增长的状况以及今后人口发展的趋势，这种趋势表明，在今后几十年内人口仍有大量增加的潜力。

　　从性别构成上看，该国男女基本平衡，但男性略少于女性。不过，玻利维亚的一个特点是，从 5 岁年龄组开始，男性人口便开始呈现少于女性人口，这是比较特殊的一点，尤其是在拉丁美洲发展中国家更属罕见，大概这与本国人口大量外流有关系。据玻全国人口委员会估计，近年来，约有 100 万玻利维亚人移居国外，其中大多数在邻国当劳工。

人口分布及其他

玻利维亚的人口密度为每平方公里 6 人多，但其分布极不平均，在安第斯山以东地区，面积约占全国土地的 2/3，属于亚马孙河冲积平原，间杂有广大的森林和沼泽，土地肥沃，但几乎没有得到开发，人口因此十分稀少。国土的西部是安第斯山区，为海拔 3300～4000 公尺以上的高原地带，自古以来即为绝大多数玻利维亚人的家乡，全国 3/4 的人口与几乎全部工业都集中于此。

总的来讲，在普纳高原地区，仅占 1/3 国土面积的地区居住了全国一半以上的人口，而在亚诺斯平原地带，面积占全国面积的近 60%，人口只有全国的 20%。人口密度最低的省份，是潘多省和贝尼省，人口最稠密的是科恰班巴省和拉巴斯省，政府所在地的拉巴斯市位于拉巴斯省。从行政区划上看，玻利维亚的人口分布状况如表 4 所示。

表 4　玻利维亚人口分布变动情况

地　区	面　积（平方公里）	土地占全国面积（%）	1975 年人口（人）	1983 年人口（人）	1983 年人口占全国（%）	1983 年人口密度（人/平方公里）
拉巴斯省	133985	12.2	1770000	1913184	32.3	14.3
奥鲁罗省	53588	4.9	392000	395121	6.7	7.4
波托西省	118218	10.8	997000	823485	13.9	7.0
普纳（高原）地区	**305791**	**27.9**	**3159000**	**3131790**	**52.9**	**10.2**
科恰班巴省	55631	5.1	915000	908674	15.3	16.3
丘基萨卡省	51524	4.7	528000	435406	7.3	8.5
塔里哈省	37623	3.4	237000	246691	4.2	6.6
安第斯山脉东侧谷地	**144778**	**13.2**	**1680000**	**1590771**	**26.8**	**11.0**
圣克鲁斯省	370621	33.7	534000	942986	15.9	2.5
贝尼省	213564	19.4	229000	217700	3.7	1.0
潘多省	63827	5.8	37000	42594	0.7	0.7
亚诺斯平原	**648012**	**58.9**	**800000**	**1203280**	**20.3**	**1.9**
合　计	1098581	100.0	5639000	5925841	100.0	5.4

玻利维亚的城市化水平不高，1990 年城市人口比重不足 50%，城市人口的增加倾向不像拉丁美洲其余诸国那样明显。但是在玻利维亚，城市的起源甚早，有的城市殖民地时代就扮演着十分重要的角色，像波托西、奥鲁罗及苏克雷在其历史上都起过非常重要的作用。1982 年时，人口超过 10 万人的城市在玻利维亚只有 5 座，即拉巴斯（88.14 万人）、圣克鲁斯（37.69 万人）、科恰班巴（28.19 万人）、奥鲁罗（13.22 万人）、波托西（10.31 万人）。1988 年，政府所在地拉巴斯人口达 100 万人，占全国人口的 1/7，法定首都苏克雷人口刚达到 10 万人。

玻利维亚城市及城市人口的特点是：（1）大多城市集中在中、西部地区；（2）城市之间人口悬殊，拉巴斯比第二大城市的人口数量多 1 倍以上；（3）城市人口比重相对偏低。

这种状况与玻利维亚的经济发展不无关系。无论从哪个角度讲，玻利维亚都是拉丁美洲最不发达的国家之一。1976 年人均国内生产总值为 318 美元，1988 年为 640 美元，1990 年为 570 美元。不论该值是升是降，在拉美地区都属于倒数之列，与圭亚那、海地等国并列最后。1988 年，玻国的通货膨胀率为 21.51%，失业率为 25%。

从就业结构上看，玻国仍是以农业为主的国家，工业尽管不发达，但仍占一定比重。表 5 是各行业中劳动力人口所占比重（见表 5）

表 5　玻利维亚劳动力人口构成变动情况

单位：%

年　份	农　业	工　业	服务业	年　份	农　业	工　业	服务业
1960	61	18	21	1980	50	24	26

据认为，1988 年的玻利维亚农业人口在 350 万人左右，约占总人口的 49%，而农业劳动力人口，占总劳动力人口的 40% 以上。

玻利维亚文化、教育、卫生事业比较落后，在拉丁美洲地区几乎排在最后，1986 年成人文盲人数是总人口的 50% 左右，小学入学率 1986 年为 87%，中学 37%，大学 19%；每一名医生 1984 年负担的人口数为 1540 人，每一位护士为 2480 人。

人口政策

对于当前的人口增长率和妇女生育率水平，官方没有明确的态度。玻利维亚计划生育协会成立于 1974 年。政府严禁把计划生育和妇女保健相结合。目前政府所采取的政策是提高人口增长率和扩大人口规模。具体表现是对生育率和对移民的直接干预。但政府对于较高的发病率和死亡率认为是不可接受的。总之，该国总的政策目的还是旨在鼓励生育。

在人口流动方面，认为国内人口分布不均，鼓励人口合理流动，另外，认为人口迁出率太高。

小结

玻利维亚与巴拉圭同是拉丁美洲的两个内陆国，经济与人口发展都有很大的相似性，主要表现在经济落后、人均生产总值低、人口仍停留在"高低高"类型上，而且出生率都在 36‰ 以上，玻、巴两国的人口都是年轻型。民族构成相对单一也是两国的共同点，玻利维亚还是"最印第安化"的国家之一，该国主要是印第安人和印欧混血人，而其中又以印第安人为主，这与大多数拉美国家不同。玻国人口还有一个特点是女性从 5 岁开始多于男性。

目前，玻利维亚的人口在南美洲有这样几个之"最"，出生率最高，死亡率最高，婴儿死亡率最高，平均预期寿命最低，人口最年轻，妇女总和生育率最高。

在整个拉丁美洲，玻国总和生育率也是最高的，其值为 5.5 个，这一数值可与大部分非洲国家相比。如果按照 20 世纪 80 年代的人口自然增长速度增长，2000 年时的玻利维亚人口可达 930 万人，2025 年时人口超过 1000 万人而达到 1340 万人，届时的人口密度分别为每平方公里 8.4 人（2000 年）和 12.2 人（2025 年）。

伯利兹（Belize）

伯利兹长久以来一直被称为"英属洪都拉斯"，直到 1973 年 6 月 1 日才改名为伯利兹。伯利兹北邻墨西哥，南面及西面则与危地马拉为界，东临加勒比海，位于中美洲的东海岸。全境呈矩形，南北长 280 公里，东西宽 110 公里，面积 2.29 万平方公里。1987年人口估计为 17.6 万人。人口密度每平方公里 7.7 人。首都：贝尔莫潘。

历史

在古代，现在的伯利兹是玛雅文明的发源地之一。1502 年哥伦布"发现"伯利兹。17 世纪 30 年代，伯利兹河沿岸出现了第一个英国移民区，17 世纪中期，该地区建起了一些英国居民点。从 1840 年起，英国称伯利兹为英属洪都拉斯，1862 年英国正式宣布为其殖民地。100 年以后的 1964 年，伯利兹获得内部自治。1973 年 6 月，该国正式定名为伯利兹。1981 年 9 月 21 日，这个美洲大陆最后的英国殖民地宣布正式独立。

民族、宗教和语言

在被欧洲人殖民之前，今伯利兹境内居住着印第安部落，多为玛雅人。欧洲人发现并进入美洲后，该地区虽形式上为西班牙领地，但主要殖民者是英格兰人。英格兰人运进黑奴在林场做工，奴隶制度废除后又运来了印度契约工。像其他拉丁美洲国家一样，长期在殖民地生活的外来黑人的流入，使得伯利兹的现代居民成为一个众多民族和种族的人口集团。在这十几万人口中，大体可以分为三类：伯利兹人、印第安人和外来移民。

伯利兹人在 20 世纪 70 年代末大约有 8 万人，占总人口的 51.7%，大多是非洲黑奴的后裔，在长期的历史发展过程中，部分混入欧洲人的血统，部分混入当地印第安人的血统。现在，伯利兹人已形成为国内的主体民族，在当地亦称克里奥尔人。同期印第安人大约有3.7 万人，约占全国人口的 23.9%。其中，玛雅族人 2.2 万人，凯克奇族人 0.3 万人，加里夫人 1.2 万人。外来移民有 3.8 万人，约占全国人口的 24.5%，其中有来自邻国的墨西哥人 2000 人，危地马拉人 9000 人，洪都拉斯人 6000 人，英格兰人和苏格兰人 5000 人，德国人 4000 人，美国人 1000 人，印度人 4000 人，华人 1000 人和黎巴嫩人 1000 人等。

英语是伯利兹的官方语言，大多数人都讲英语；印欧混血种人讲西班牙语，但他们也懂英语；玛雅人等印第安人讲本部落语言，也讲西班牙语；加勒比人讲加勒比语和混有英语、法语的西班牙语，他们也都懂英语。

伯利兹 60% 的居民信奉天主教，其余多信奉基督教新教。

人口变动

伯利兹与隔海相望的海地共和国面积仅相差几千平方公里，但人口只有海地的 1/10

都不到，可见该国人口的"稀少"程度。在 20 世纪之前，这一地区的人口绝对数和增长率十分缓慢。进入 20 世纪以后，人口才慢慢地多了起来。一方面，由于维持了很长时间的高出生率和逐渐降低的死亡率而造成的"差距"越来越大，另一方面，迁入伯利兹的人口略多于迁出人口，这才使得伯利兹的人口由 20 世纪初的不足 4 万人增长到 1989 年的近 20 万人（参见表 1）。

表 1 伯利兹的人口变动

年　份	人口（万人）	年均增长率（%）	年　份	人口（万人）	年均增长率（%）	年　份	人口（万人）	年均增长率（%）	年　份	人口（万人）	年均增长率（%）
1920	4.40		1950	6.70	1.81	1970	12.1	3.72	1983	16.0	2.17
1930	5.10	1.48	1960	9.01	3.01	1975	14.0	2.98	1988	17.0	1.21
1940	5.60	0.94	1965	10.07	2.25	1980	15.0	1.39	1989	20.0	

上述资料是根据有关人口机构估计而得，但是趋势告诉我们，伯利兹在 20 世纪 60 年代以后人口有过一段迅速增长期，现在这种势头略有减缓，这与该国人口自然增长的速率有一定的关系（见表 2）。

表 2 伯利兹人口自然变动及有关指标

单位：‰

年　份	出生率	死亡率	自然增长率	婴儿死亡率	年　份	出生率	死亡率	自然增长率	婴儿死亡率
1953	40.4	11.1	29.3	87.4	1973	38.7	6.1	32.6	
1958	46.5	9.3	37.2	83.0	1983	38.8	4.4	34.4	21.3
1963	47.9	7.1	40.8	52.3	1988	36.1	4.2	31.9	21.5
1968	39.4	6.0	33.4	51.8	1989	36.0	6.0	30.0	36.0

伯利兹的人口数量尽管很少，但毕竟是一个相对独立的人口集团。因此，人口自然变动有其自身的特点。如果从人口转变理论来看的话，该国仍处在"高出生、低死亡、高自然增长"阶段，显示了发展中国家的特点。从其年龄构成来看，该国也是一个"年轻型"的国家。1970 年时，0～14 岁人口比重 49.3%，15～64 岁为 46.4%，64 岁以上 4.3%。目前，这一比重略有变化，大致是：0～14 岁人口比重 45%，15～64 岁 50%，64 岁以上 5%。从性别构成上看，1970 年时男、女性别比例是 50.1∶49.9。1989 年人口平均预期寿命 69.0 岁。

人口分布及其他

伯利兹尽管国土面积不大，但人口也不多，所以，每平方公里 7 人左右的人口密度在世界上几乎属于最低的。从国内人口分布情况来看也十分不均匀，大部分人口居住在伯利兹和贝尔莫潘两市以及近郊、沿海地区和河谷。这些地区大部分居住着称之为克里奥尔人的伯利兹人,其他地区的人口较为稀少。从城乡人口分布来看,大约有一半人集聚在城市中。1980年,首都贝尔莫潘人口2932人(这是世界上人口最少的首都之一),伯利兹39771人,奥兰治沃克8400人,科罗萨尔6900人,圣伊格纳西奥5600人,蓬塔戈尔达2500人,本克别霍-德尔卡门2500人。首都贝尔莫潘是以30000人规模设计的都市。目前,伯利兹的城市人口比重为50%。

伯利兹经济以农业为主,工业不发达,居民生活用品绝大部分靠进口。从事农业的劳动力人口占总劳动力人口的比重似越来越大,目前这一比重值为60%,农业产值占国内生产总值的40%以上。人均国内生产总值1989年为1250美元,在中美洲地区排列第三,仅次于巴拿马和哥斯达黎加。劳动力人口失业率1987年为15%。表3是1970、1977年伯利兹各经济部门劳动力人口及其比重的变化情况。

表3 伯利兹劳动力人口构成变动情况

行业	1970年 劳动力人口(人)	1970年 比重(%)	1977年 劳动力人口(人)	1977年 比重(%)	行业	1970年 劳动力人口(人)	1970年 比重(%)	1977年 劳动力人口(人)	1977年 比重(%)
农林牧渔业	11693	35.7	13455	39.0	贸易金融	2751	8.4	2760	8.0
制造业	4782	14.6	4830	14.0	行政、国防	7566	23.1	6900	20.0
建筑业	3046	9.3	4140	12.0	其他	1081	3.3	2415	7.0
水、电、气	327	1.0							
运输业	1507	4.6			总计	32753	100.0	34500	100.0

20世纪60年代伯利兹绝大部分居民是文盲,目前的文盲率只有5%。小学校由当时的122所增加到目前的226所,同期中学由11所增加到24所。

当前,伯利兹政府对于本国人口问题的态度是:维持目前适当高的妇女生育率和人口自然增长率,这是针对该国较少的人口与相对多的自然资源而言的。政府认为1982年的人口死亡率水平是令人满意的,不过,对于诸如疟疾等疾病还应进一步控制,而对于儿童健康、营养状况也要进一步改善。进行家庭计划的目的是为了降低育龄妇女的发病率和死亡率。此外,伯利兹政府还打算鼓励外来移民,并降低人口外流率。

人口预测

目前,伯利兹的已婚妇女避孕率仅为37%,远远低于拉丁美洲55%的平均水平。所以,妇女总和生育率达到5.10个,在拉丁美洲名列前茅,仅低于危地马拉、洪都拉斯、尼加拉瓜、玻利维亚等几个国家,说明这个国家的生殖能力还是很强的,只是由于人口基数少,而不可能在十几二十年内仅凭自然增殖使人口总量有很大增加。以20世纪80年代的速率来看,大概10年以后的2000年该国人口可增至25万人左右。

多米尼加（Dominica）

多米尼加共和国位于加勒比海大安的列斯群岛中伊斯帕尼奥拉岛东部，东隔莫纳海峡与波多黎各相望，南临加勒比海，西部与海地共和国相接，北濒大西洋。东起恩加尼奥角，西至海地边界，相距 390 公里，从西北的蒙特克里斯提到西南的贝阿塔角相距 265 公里，领土总面积 4.8 万平方公里。1989 年年中人口约为 700 万人。人口密度每平方公里 146 人。首都：圣多明各。

历史

属于阿拉瓦克族的印第安人是多米尼加最早期的居民。这些人在 5 世纪左右，从南美洲大陆北上，来到大安的列斯群岛与美国东南部沿岸。当时，住在加勒比海各岛上的泰诺族被加勒比族、玛雅族等其他民族所征服，并被迫离开此地。1492 年，哥伦布率部发现海地岛，并称其为伊斯帕尼奥拉。同年，西班牙在这里建立了西半球第一个殖民地。1496 年，哥伦布的兄弟巴托洛梅·哥伦布创建了圣多明各城。此后的历史，与整个海地岛的历史是分不开的。根据 1697 年《里斯维克和约》，西班牙将称之为圣多明各的海地岛西部地区割让给法国。此后，根据 1795 年《巴塞尔和约》，西班牙又把海地岛的东部地区让给法国。1804 年海地宣告独立后，圣多明各仍在法国控制之下，1809 年复归西班牙。1844 年 2 月 27 日，该岛东部人民举行起义，并宣告独立，成立多米尼加共和国。

民族、宗教和语言

殖民者到来之前，海地岛自古居住着处于氏族制阶段的印第安人。17 世纪末，法国人移居海地岛，整个岛的统治权完全落在法国人的手中。该岛的 10 万原住民在此后的一个世纪中，几乎被法国人消灭一空。在这之后，有更多的法国人来到此地，并且开始以此岛作为买卖黑人奴隶的根据地。

1794 年时，在多米尼加的人口中，白人有 3.5 万人，"自由"的黑人与黑白混血人共有 3.8 万人，黑人奴隶 3.8 万人，而拒绝与白人混血的印第安人则几乎不存在了。1884 年时，黑人与黑白混血人占总人口的 90% 以上。但以后在人口与人种的演进上，却并没有像海地共和国一样变成"黑人的国家"，而是在独立以后，由于法国、西班牙、美国等国在政治上的干预与经济上的影响，白人的比率不但没有减少反而有所增加，同时由于许多黑人往邻国海地移民，因此，黑人人口的比例进一步降低。目前，多米尼加人口种族构成的情况是：混血种人占 73%，白人占 16%，黑人占 11%。此外在多米尼加境内，还有 29 万海地人，少数美国人、古巴人、法国人、意大利人和德国人。

官方语言为西班牙语。口语在发音上有某些特点，并从印第安语、非洲语和法语中借用了一些词汇。黑人中还流行着一种以法语为基础的克里奥尔语。

绝大多数居民信奉天主教，少数人信奉基督教新教和犹太教。

人口变动

在殖民者将海地岛印第安人屠杀殆尽的同时，他们又从非洲贩运来了大量的黑奴。从整个海地岛来看，在1789年，东部的多米尼加人口总数估计不过12.5万多人，其中黑奴1.5万人；而西部的法属海地则拥有50万人以上。由此可以看出，东部的领土面积虽然大于西部，而人口则远比西部少。以后，该岛东部人口状况发生了变化。1840年，现今多米尼加境内的人口达到近90万人。

自多米尼加共和国成立后至今，共进行过6次全国性的人口普查。第一次是在1920年进行的，当时人口89.36万人。1935年第二次人口普查的结果是总人口147.94万人。1950年第三次人口普查的结果是213.58万人。到了1960年第四次人口普查时，人口已超过300万人。第五次人口普查的1970年，多米尼加人口为400.64万人。1981年，该国进行了第六次人口普查，人口总数562.70万人。有关资料显示，1985年，该国总人口为661万人，1987年为673万人，1989年为700万人（参见表1、图1）。

表1　多米尼加的人口变动

年　份	人口（万人）	时期增长率（%）	年均增长率（%）	年　份	人口（万人）	时期增长率（%）	年均增长率（%）
1920（第一次普查）	89.36			1970（第五次普查）	400.64	31.46	2.8
1935（第二次普查）	147.94	65.56	3.4	1981（第六次普查）	562.70	40.45	3.1
1950（第三次普查）	213.59	44.37	2.5	1989（估计）	700.00	24.40	2.8
1960（第四次普查）	304.71	42.68	3.6				

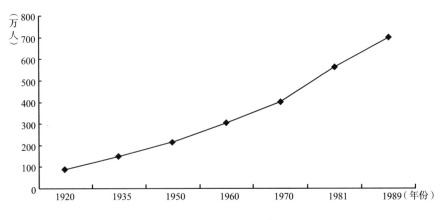

图1　多米尼加人口变动图示

表1、图1显示，多米尼加共和国的人口增长速度一直是比较快的。其中，20世纪50年代和70年代增长最快。在整个加勒比地区，多米尼加是人口增长率最高的国家之一。由于该国迁入人口略少于迁出人口，所以，该国人口增长快的主要原因是自然增长

所致，而其中又主要是由于出生率不变、死亡率下降的缘故（参见表 2）。

表 2　多米尼加人口自然变动及有关指标

年　份	出生率 （‰）	死亡率 （‰）	自然增长率 （‰）	婴儿死亡率 （‰）	平均预期寿命（年）	
					男	女
1953	51.4	20.6	30.8	74.7	43.6	46.7（1950～1954）
1958	50.6	17.4	33.2	80.1	47.5	50.8（1955～1959）
1963	49.8	14.9	34.9	83.9	50.9	54.4（1960～1964）
1968	47.4	12.6	34.8	72.8	53.6	57.2（1965～1969）
1973	42.0	10.7	31.3	45.2	56.1	59.8（1970～1974）
1976～1980	36.7	9.1	27.6	37.2	58.4	62.2（1975～1980）
1984	31.3	6.8	24.5	33.2		
1989	31.0	7.0	24.0	65.0（估计）	65.0	

近 30 多年来，多米尼加人口粗出生率降低约 39%，死亡率降低 65%，自然增长率下降 20%，婴儿死亡率也有一定程度下降。一些国际组织对上述数值并不认可，如联合国对 1990 年该国人口某些指标的估计值便是：婴儿死亡率 57‰，平均预期寿命 67 岁，死亡率 6‰，出生率 28‰等。但无论从哪个角度看，该国目前的出生率在加勒比地区仍然是仅次于格林纳达和海地而高于其他国家居第三位，死亡率则低于该地区的平均水平。多国属于典型的人口"高出生、低死亡、高自然增长"的国家。

这种人口转变轨迹的必然结果是，人口呈年轻型。尽管近 10 年来人口出生率有了一定程度的降低，但是，15 岁以下人口比重仍很高，超过 40%，65 岁及以上人口比重仅为 3%。在 1970 年，0～14 岁的人口比重尚高达 47.5%，15～59 岁比重 47.6%，60 岁及以上为 4.9%。1980 年，多米尼加 0～14 岁人口比重为 47.6%，15～29 岁人口比重为 25.4%，30～49 为 17.7%，50～64 为 6.2%，64 岁以上是 3.1%。从图 2 中可以看出这样两个特点：（1）少年儿童比重仍显过大，其继续增大的趋势在最后 5 年略有减缓；（2）1980 年 15～29 岁人口比重明显太低，仅占总人口的 25.4%；（3）15～40 岁之间的女性人口多于男性人口，尤其是 15～29 岁更为严重，这与年轻劳动力外出做工有很大关系。据估计，目前多米尼加约有 18 万人迁居他国。从总的情况看，该国女性人口多于男性。1980 年性比例为 99.60∶100（参见表 3、表 4 和图 2）。

表 3　1950～1980 年多米尼加人口性别构成

年　份	总人口 （人）	男性人口 （人）	女性人口 （人）	性比例 （%）	年　份	总人口 （人）	男性人口 （人）	女性人口 （人）	性比例 （%）
1950	2135872	1070742	1065130	100.5	1970	4006405	1998990	2007415	99.6
1960	3047070	1535820	1511250	101.6	1980	5430879	2710009	2720870	99.6

表4　1980年多米尼加人口年龄、性别构成

年　龄	总人口（人）	男性人口（人）	女性人口（人）	性比例（%）	年　龄	总人口（人）	男性人口（人）	女性人口（人）	性比例（%）
0～4	920187	464976	455211	101.98	50～54	148320	78739	69581	113.16
5～9	890819	447889	442980	101.11	55～59	88760	48313	40447	119.45
10～14	774522	387764	386758	100.26	60～64	98845	52721	46124	114.30
15～19	601576	285163	316413	90.12	65～69	51672	27151	24521	110.73
20～24	445721	212545	233176	91.15	70～74	53282	27698	25584	108.26
25～29	330553	158229	172324	91.82	75～79	20768	10409	10359	100.48
30～34	284733	141055	143678	98.17	80～84	22276	10667	11609	91.89
35～39	280731	138817	141914	97.82	85 +	20492	8988	11504	78.13
40～44	233623	123489	110134	112.13	合　计	5430879	2710009	2720870	99.60
45～49	163999	85446	78553	108.78					

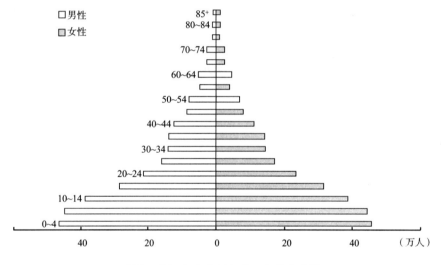

图2　1980年多米尼加人口年龄金字塔

人口分布及其他

多米尼加的人口密度为每平方公里145人，与其他西印度群岛各国相比，这一比例是偏低的，但与大多数拉丁美洲国家比起来则属于高密度国。然而，国内人口分布很不均匀，计算的密度数字仅是实际密度的粗略指标而已。该国目前的人口分布与历史上的状况几乎是一致的。可将其居住地区粗略地分为四个部分。一是肥沃的尤约河流域，约有半数人口集中在此地。二是锡瓦奥和拉罗马纳之间的南部海岸地带，人口密度也很高。三是西部山丘地带的恩里基略湖和阿苏阿低地，此区人口约占总人口的1/10。四是最东端的地区，人口非常少。从行政区域上看，多米尼加人口分布情况如表5所示。

表 5　1985 年多米尼加行政区域人口分布

地　　　区	面积（平方公里）	人口（人）	人口密度（人/平方公里）
国家区	1477	1348820	913
拉阿尔塔格拉西亚	3085	143847	47
阿苏阿	2430	150993	62
巴奥鲁科	1376	109844	80
巴拉沃纳	2528	186308	74
达哈翁	890	83787	94
杜阿尔特	1292	331341	256
埃斯派亚	974	230305	236
拉埃斯特雷亚	1788	87826	49
独立省	1861	53757	29
玛丽亚·特立尼达·桑切斯	1310	160120	122
蒙特·克里斯蒂	1989	114305	57
佩德尔纳莱斯	1011	20702	20
佩拉维亚	1622	210519	130
普拉塔港	1811	306570	169
拉罗马纳	658	93976	143
萨尔塞多	494	148125	300
萨马纳	989	88923	90
桑切斯·拉米雷斯	1174	175192	149
圣·克里斯托瓦尔	3743	535251	143
圣·胡安	3561	315257	89
圣·佩德罗·德·马科里斯	1166	174059	149
圣地亚哥	3112	637344	205
圣地亚哥·罗德里格斯	1020	81837	80
埃尔塞博	2989	219112	73
巴尔维德	580	126403	218
拉贝加	3442	475477	138
合　　计	48372	6610000	137

　　总的情况是，首都圣多明各周围和北部地区，人口最为稠密。20 世纪以来，居民有逐渐向西南部和海岸地区迁移的趋势。

　　多米尼加的城市化进程，应当说是较快的。1920 年，城市人口占总人口的比重为 6%，1950 年为 23.8%，1960 年为 30.5%，1984 年为 52% 左右。城市人口比重上升快的原因与首都等大城市人口迅速增加有关。首都圣多明各，1492 年建成后人口一直不太多，1935 年人口不过 7 万人，但目前已达到 131 万人，占全国人口 18% 以上。该国北部地区的圣地亚哥，1981 年人口为 27.8 万人，占全国人口的 5%。

多米尼加的经济以农业为主。大约有一半劳动力集中在农业部门，服务业容纳了 10% 以上的劳动力。下面是 1970 年的多米尼加劳动力分布状况是：农林牧渔：54.93 万人（44.3%），采掘业：840 人（0.07%），制造业：10.09 万人（8.1%），建筑业：2.85 万人（2.3%），水电气：1728 人（0.01%），运输业：4.33 万人（3.5%），贸易：7.71 万人（6.2%），金融、商业：2.01 万人（1.62%），服务业：15.38 万人（12.5%），其他：26.52 万人（21.4%），合计 124.10 万人。从总的方面看，多米尼加是一个经济落后的农业国。由于土地问题而迫使大批无地农民流向城市，致使城市就业压力更大，因而多米尼加被认为是"失业是常事"的国家。1987 年，失业率为 25%，即每 4 个劳动力人口中，便有一人处于失业状态。1986 年，该国人均国民收入 503 美元，为拉丁美洲的最低收入国家之一，低于多米尼加的只有 3 个国家，即海地、玻利维亚和圭亚那。

从文化教育方面看，直至 1980 年初，文盲率仍占 33% 多，1985 年，该国成人文盲率是 22.7%。1986 年，小学入学率超过 100%；中学入学率为 47%，其中男性 43%，女性 52%；高校入学率 19%。应该说，多米尼加各个层次的入学率还是不低的，但其文盲率也不低。这种状况具有"二元性"。

人口政策

多米尼加共和国 1968 年正式通过人口政策，当年人口政策的目标是：在 10 年内将人口出生率降到 28‰，并通过国家妇婴保健系统使居民获得调节出生率的手段。目前，政府仍将人口视做社会经济发展过程中的一个重要因素，因此，在制定社会与经济发展计划和目标时，充分考虑了人口增长状况。政府认为目前的人口出生率仍然很高，因此采取了一系列措施力图降低出生率，其中包括对家庭计划的直接支持，如加强家庭计划知识的宣传、扩大避孕药具发放点等。

此外，政府认为当前的患病率和死亡率水平及其趋势是不能令人满意的。尤其应当引起人们注意的是婴儿及儿童死亡率，以及传染病和营养不良等现状。国家有关的卫生、健康政策正在试图通过基础医疗条件的改善来扩大对城郊和乡村人口的医疗服务。至于该国的人口分布状况，尽管政府也认为并不合适，但却没有明确的人口政策，相关的政策只是希望降低人口迁出率。

小结

多米尼加的人口似乎没有十分明显的特点，即和大多数发展中国家的人口状况一样。区别只是，该国的"人口转变"在其经济发展缓慢的背景下，比起拉丁美洲的其他国家来说更慢一些。

20 世纪 80 年代该国的妇女总和生育率估计为 3.8 个，净再生产率 1.7 个左右，说明该国今后一段时期内的人口增长势头仍较强烈。有关机构预测，多米尼加共和国 2000 年时的人口大约 860 万人左右。再过 20 年，即到 2020 年时，人口将超过 1000 万人。

厄瓜多尔（Ecuador）

厄瓜多尔是南美洲西北部太平洋沿岸的一个共和国，北与哥伦比亚交界，东、南与秘鲁接壤，西临太平洋，安第斯山脉由南到北直穿国境中部，形成厄瓜多尔的脊梁，赤道横贯国境北部（国名即为西班牙语"赤道"之意）。全国面积 27.06 万平方公里。1989 年人口 1050 万人。人口密度每平方公里 37 人。首都：基多。

历史

厄瓜多尔地区自古以来即住着以基图族和普鲁阿斯族为主的 50 多个印第安部落，各个部族都有自己不同的风俗习惯和信仰，彼此经常发生战斗，曾创造过一定程度的文明。15 世纪后半叶，印加帝国的统治者开始侵入厄瓜多尔，该区印第安人对印加侵略军进行了长期抵抗，但在 1480 年前后，终于逐步被征服，该地区随后变成了印加帝国的一个组成部分。1526 年，西班牙殖民者开始来到厄瓜多尔的海岸。1532 年厄瓜多尔沦为西班牙殖民地。1809 年基多多次爆发反西班牙统治的起义，同年 8 月 10 日宣布独立，但仍被西班牙殖民军占领，后与哥伦比亚、委内瑞拉组成大哥伦比亚共和国。1830 年该共和国解体后，宣布成立厄瓜多尔共和国。

民族、宗教和语言

厄瓜多尔与其他拉丁美洲国家在民族构成上的不同之处是：内陆的安第斯山脉地区除了城市以外，很少有欧洲人移居，20 世纪 80 年代此地的印第安人仍占压倒性的优势。此外，安第斯山东侧斜坡及亚马孙河流域的森林地带，除极少地区仍保持着原始文化的印第安人外，几乎无人居住。因为除了使用印第安语的印第安人之外，大量使用西班牙语的厄瓜多尔人实际上也是印第安人，所以，厄瓜多尔是最具"印第安化"的国家之一。

现在厄瓜多尔居民主要由三大民族构成，克丘亚人、所谓森林印第安人和使用西班牙语的厄瓜多尔人。克丘亚人是美洲最大的印第安民族，几乎占厄瓜多尔人口的一半。厄瓜多尔克丘亚人在很大程度上都源于不同部落和不同语言的族群，这些族群数百年来混合了克丘亚文化和语言。森林印第安人分为两大民族，一是西巴罗人、或称西瓦罗人（包括阿楚阿勒人、穆拉托人、汪比萨人、马拉卡塔人等）；二是萨帕罗人（包括库拉来人、安多亚人、罗阿马伊纳人部落等）。使用西班牙语的厄瓜多尔人分为几个种族：印欧混血人、被同化的印第安人、少数白人以及黑人、黑白混血人和印黑混血人等。此外，还有一些非欧美各国移民，包括华人、日本人等。从人种上讲，目前印欧混血种人占 41%，印第安人占 34%，白种人占 15%，黑白混血人占 7%，黑人和其他人种占 3%，这一比重在 1942 年时分别为：41%、39%、10%、5% 和 5%。

西班牙语为厄瓜多尔国语，相当多的人使用两种语言，许多使用西语的厄瓜多尔人会说克丘亚语,印第安克丘亚人也常用西语。当地通用的西班牙语言中也有许多克丘亚语借用语。

居民中94%信奉天主教。克丘亚人大都是天主教徒,但保留了某些祭祀太阳的旧宗教成分。森林印第安人多为氏族部落宗教。

人口变动

厄瓜多尔和其他拉丁美洲国家一样,殖民者在进入该区的同时,带来了非洲的黑奴。但不一样的是,侵略者没有将这一地区的土著居民赶尽杀绝,所以,印第安人占这一地区人口的比重一直很高,这是由于自然原因和某些历史因素造成的。也正因此,早期的厄瓜多尔人口并不多,至20世纪初期的1910年,其人口只有130万人,1920年时达到154.1万人,以后增长速度才有所加快(参见表1、图1)。

表1 厄瓜多尔的人口变动

单位:万人

年 份	人 口	年 份	人 口	年 份	人 口	年 份	人 口
1910	130.0	1962	447.6	1978	800.0	1989	1050.0
1920	154.1	1965	515.0	1982	805.1	1990	1078.1
1940	244.5	1970	609.3	1984	911.0		
1950	320.3	1974	652.2	1986	960.0		
1960	435.2	1975	673.3	1988	1030.0		

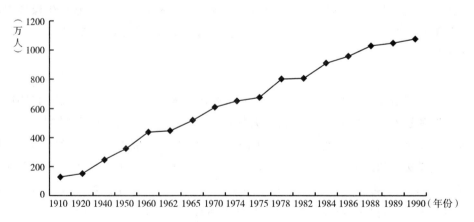

图1 厄瓜多尔人口变动图示

20世纪初以来,厄瓜多尔人口增长速度越来越快,至60年代达到高峰。其主要原因是死亡率的降低。1935年时该国死亡率高达27‰,80年代已降低到10‰以下,婴儿死亡率也从30年代的150‰降至80年代的70‰以下。尽管如此,出生率仍维持在33‰以上。在整个南美洲，厄瓜多尔的出生率仅低于玻利维亚和巴拉圭，死亡率又低于玻利维亚，婴儿死亡率也是如此，所以厄瓜多尔属于高出生率、低死亡率和高自然增长率的人口再生产类型的人口集团（参见表2、表3）。

表2　厄瓜多尔每10年人口年均增长率

单位：%

时　期	增长率	年均增长率	时　期	增长率	年均增长率
1910~1919	18.46	1.71	1960~1969	40.00	3.42
1920~1939	58.44	2.33	1970~1979	31.86	2.80
1940~1949	31.14	2.75	1980~1990	34.25	2.99
1950~1959	35.92	3.11			

表3　厄瓜多尔人口自然变动及有关指标

年　份	出生率（‰）	死亡率（‰）	自然增长率（‰）	婴儿死亡率（‰）	平均预期寿命（年）	
					男	女
1953	47.8	19.4	28.4	118.1	50.37	53.70（1949~1951）
1958	47.0	17.4	29.6	106.4		
1963	46.1	15.8	30.3	98.6	51.04	53.67（1961~1963）
1968	44.2	13.8	30.4	87.4	52.90	56.40（1965~1969）
1973	42.2	12.1	30.1	76.3	55.20	59.10（1970~1973）
1978	41.6	10.4	31.2	70.9	59.51	61.83（1974~1979）
1982	40.6	8.9	31.7			
1986	36.0	8.0	28.0	70.0	64.0	
1989	33.0	8.0	25.0	63.0	65.0	
1990	33.0	7.0	26.0	57.0	66.0	

　　1953至1990年，厄瓜多尔人口出生率下降30%，死亡率下降64%，自然增长率下降8%，婴儿死亡率下降52%，平均预期寿命提高了14年。

　　几十年来的人口自然增长，对厄瓜多尔的人口年龄构成产生了很大影响。1972年，该国0~14岁人口比重为47.2%，15~59岁为48.3%，60岁及以上是4.5%；1982年上述三项指标值分别为：41.6%、52.4%和6.0%；1989年，0~14岁比重为42%，15~64岁比重为54%，65岁及以上人口比重为4%。可见，厄瓜多尔的人口越来越向"成年型"靠拢，1982年厄瓜多尔的人口年龄构成及人口年龄金字塔图更能说明这一点，如表4、图2所示。

表4　1982年厄瓜多尔人口年龄、性别构成

年龄	总人口（人）	男性人口（人）	女性人口（人）	性比例（%）	年龄	总人口（人）	男性人口（人）	女性人口（人）	性比例（%）
0～4	1208762	612818	595944	102.8	45～49	268751	131227	137524	95.4
5～9	1108044	560456	547588	102.3	50～54	248336	125001	123335	101.4
10～14	1029622	519161	510461	101.7	55～59	173670	87068	86602	100.5
15～19	880832	440577	440255	100.0	60～64	167249	82983	84266	98.5
20～24	779386	384704	394682	97.5	65～69	107571	53358	54213	98.4
25～29	619130	302222	316908	95.4	70～74	92935	46227	46708	98.9
30～34	502235	249613	252622	98.8	75 +	121641	55752	65889	84.6
35～39	401818	197508	204310	96.7	合计	8050630	4020383	4030247	99.8
40～44	340648	171708	168940	101.6					

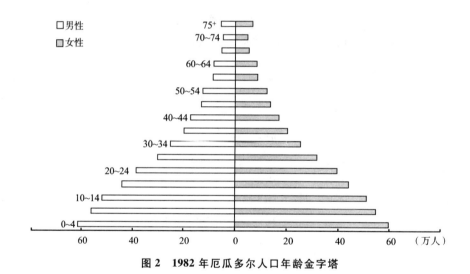

图2　1982年厄瓜多尔人口年龄金字塔

由图2可以看出厄瓜多尔今后几十年人口变动的大致趋势，在没有特大意外事情发生的情况下，该国今后人口受目前年轻人口变动的影响，高出生率还会持续一段时间。

该国人口性比例从总体上讲，一直处于正常范围，其性比例变动情况如表5所示。

表5　厄瓜多尔人口及性别构成变动情况

年份	总人口（人）	男性人口（人）	女性人口（人）	性比例（%）	年份	总人口（人）	男性人口（人）	女性人口（人）	性比例（%）
1950	3202757	1594803	1607954	99.2	1974	6521770	3258473	3263297	99.9
1962	4476007	2236476	2239531	99.9	1982	8050630	4020383	4030247	99.8

从1982年各年龄组的性比例来看，符合一般规律，即年龄越高，性比例越低。但

是，劳动力年龄组 20~39 岁的人口性比例低于 100.00，可能与劳动力外出有关。

人口分布及其他

厄瓜多尔的人口分布因地域的不同而非常不平均，人口过密的地域与广大的人口稀疏地域呈现强烈的对比，这是由历史的因素与自然条件的差异所造成的。20 世纪 60 年代初期，沿海地区的人口占全国人口的 43%，安第斯山的山丘地区人口为 55%，后来山区人口曾一度增加到 300 万人，但比值却逐渐减少到 48.5%。此外，东部地区的人口增加速度比平均水平低，虽然面积几乎占全国国土的一半，但人口却仅占 2.5%。在两次世界大战期间，山丘地区的人口已达饱和状态，终因无法获得新耕地及增加农业收益，人口因此开始迁往沿海地区。亚马孙河流域由于环境条件恶劣，所以很少有人迁往该地。

至 20 世纪 70 年代，厄瓜多尔划分为 21 个行政省。其人口分布状况如下（下述资料取自 20 世纪 70 年代末，当时仍为 20 个省，没有苏古姆比奥斯省，见表 6）。

表 6　厄瓜多尔人口分布变动情况

省	面　积（平方公里）	1974 年人口（人）	1978 年人口（人）	1978 年人口密度（人／平方公里）
加拉帕戈斯群岛	8000	4037	4900	0.61
阿苏艾	7700	367324	411400	53.43
博利瓦尔	3200	144593	160400	50.13
瓜亚斯	20900	1195403	244300	11.69
因巴布拉	5000	216027	1804600	360.92
卡尼亚尔	3900	146570	244200	62.62
卡尔契	3700	120857	166100	44.89
科托帕克希	5300	236313	135600	25.58
洛斯里奥斯	6300	383432	262500	41.67
洛哈	10800	342339	457800	42.38
马纳维	18400	817999	385500	20.95
莫罗纳－圣地亚哥	28900	53352	935500	32.37
纳波	52000	62186	62200	1.20
帕斯塔萨	29500	23465	76500	2.59
皮钦查	16600	988306	25600	1.54
萨莫拉－钦奇佩	20700	369616	1173800	56.71
通古拉瓦	2900	279920	309900	106.86
钦博拉索	5600	304316	377400	67.39
埃尔奥罗	6000	262564	313700	52.28
埃斯梅拉达斯	15200	203151	244300	16.07
合　计	270600	6521770	7796200	28.81

总体来讲，厄瓜多尔分为三个经济地理区：（1）中部山区，是开发年代最久的地区，其中安第斯山山间盆地和高原自古就是印第安人居住的地方；（2）西部沿海地区，在很大程度上因外部因素的影响而迅速发展，人口最稠密地带即在该区；（3）东北地区，约占48%的领土，然而只有大约3%的人口。但是后来由于发现了储量丰富的石油，政府开始对东部进行开发，所以其人口数量正在迅速增长。

厄瓜多尔的城市人口有不断增加的趋势，尤以基多、瓜亚基尔两大城市最为显著。瓜亚基尔的人口多于首都基多，主要原因是此地的经济及商业活动十分发达，并且90%的人口是从山区迁移过来的。首都基多虽然赤道从其穿过，但因地势较高，所以气候适中，因而没有减弱流入此地的人口。1984年该市人口已达111万人，占全国人口的12%。此外，全国城市人口的比例提高较快。1950年时为28%，1980年为41%，90年代初提高到54%。40年来城市人口比重几乎增加了1倍，这是一个较高的发展速度。

厄瓜多尔是南美地区经济相对落后的国家，工业基础薄弱，农业发展缓慢，粮食不能自给。仍有一半（48%）劳动力人口从事农牧渔业，11%的劳动力人口从事制造业，17%的劳动力人口从事服务业。

20世纪60年代的厄瓜多尔，曾以"香蕉之国"闻名于世。70年代之后，该国开始大规模开采石油，渐渐从香蕉出口国变为石油输出国。石油工业带动了原来比较落后的农业、制造业的发展，所以，其劳动力结构也随之有了变化。失业率1987年为12%。1987年，该国人均国民生产总值860美元，1989年1010美元，低于拉丁美洲的人均平均值。

厄瓜多尔重视发展教育，认为文盲是社会发展的阻碍。为提高全民文化水平，1988年底开始扫盲运动，计划将文盲率降至4%。1960年，该国的文盲率为32%，1981年减至19%。小学生入学率1986年已超过100%，中学生入学率达55%，大学生入学率达33%，这些比值是很高的，有些指标甚至超过了欧洲发达国家。

人口政策

1966年厄瓜多尔成立计划生育协会，1967年参加国际计划生育联合会。这一协会当时作为政府的顾问机构，在3个城市诊疗所开展业务并培训人员，进行宣传与教育工作。

厄政府虽然没有确立一项专门针对人口增长状况的人口政策，但认为人口变动过程并非是孤立于社会经济发展之外的单独过程；政府虽没有明确对生育率的水平提出要求，但旨在改变母婴健康和提高家庭福利的家庭计划项目仍受到政府的直接支持；高的发病率和死亡率被认为难以令人满意；有关婴儿、儿童和妇女健康服务也是不能适应人们需求的，所以政府正在考虑加强卫生保健工作。各级政府正在采取措施使人口得以重新分布从而解决有关人口增长不均衡的问题，向国内移民被认为是十分有意义的事情，但仍希望将来人口迁入率有所降低。

小结

厄瓜多尔人口没有突出特点，呈现出的只是发展中国家人口状况的一般性特征。20

世纪 80 年代该国的妇女总和生育率是 4.3 个，也就是说，按照 80 年代的生育水平生育的话，每个妇女一生将生育 4 个多小孩，这仍然是一个不低的数字，按照这样的情况发展，预测该国人口在 2020 年时将接近 2000 万人。

法属圭亚那（Guyane Francaise）*

法属圭亚那位于南美洲东北部赤道附近，东、南与巴西接壤，西与苏里南比邻，北临大西洋，整个面积 9.1 万平方公里。1986 年 1 月人口估计为 84177 人。人口密度每平方公里 0.9 人，是世界上人口密度最低的地区之一。首府：卡宴。

圭亚那的土著居民是印第安人。1499 年，西班牙人发现圭亚那。1604 年，在卡宴建立了第一个法国居民点。17 ~ 19 世纪初，圭亚那成了英国、法国、荷兰争夺的对象，1816 年法国控制了圭亚那。1854 ~ 1938 年，法国将卡宴地区作为法国罪犯的流放地。1946 年法国宣布法属圭亚那为法国的"海外省"，1977 年成为一个"法国大区"。

在欧洲人到来之前，这里居住着土著印第安人，主要有加勒比人、阿喇瓦人和图皮人，当时大约有 3 万人左右。欧洲殖民者的到来以及随种植园经济发展而运来的非洲奴隶，使得此地的人口构成有了很大变化。1677 年时，当地的人口种族结构是白人 30 名、黑人 1100 名以及黑白混血人 15 名，余者为土著印第安人。到 1740 年时，白人增加到 666 名、黑人 4634 名、黑白混血人则为 54 名。当时移民稀少的主要原因是环境恶劣，特别是传染病的蔓延。但尽管如此，移民人口还是有所增加。到法国大革命时期，居民中白人已达 1735 名、1 万名以上的黑人奴隶以及 460 名有色人种。20 世纪 70 年代末期，在总人口 6.6 万人中，有 83.3% 的人为使用法语的圭亚那人，即当地主要居民克里奥尔人，他们是由黑人、法兰西人、葡萄牙人以及若干亚洲国家的移民混合而形成的；其余为森林黑人，即当地的波尼人和帕拉马坎人。

目前有半数以上的人口为克里奥尔人后裔，14% 为华人，11% 为法国人，8% 为海地人，此外还有印第安人和越南人等。法语为官方语言，也讲克里奥尔语。87% 的居民信奉天主教。笃信基督教新教的教徒占全国人口的 4%。

人口变动

从历史上讲，法属圭亚那这块土地早期只居住着印第安人，后来欧洲殖民者进入此地，将当地印第安人大部分赶走，同时又从非洲运来黑奴。到 17 世纪末时，当地有自由民 1 万人，奴隶 2 万多人。但由于热带气候条件恶劣，吸引欧洲移民的一切尝试均以失败而告终，所以从 18 世纪末起，法国政府把此地作为服苦役的地方。1939 年时，这里的流放犯达到 70 多万人，以后逐渐减少。1950 年，法属圭亚那地区人口仅有 2.5 万人，

---

* 见圭亚那合作共和国及苏里南共和国。

1954 年 2.7 万人，进入 20 世纪 60 年代超过 3.3 万人，70 年代以后人口超过 5.0 万人，80 年代人口在 8.5 万人 左右（参见表 1）。

表 1　法属圭亚那的人口变动

年　份	人口 （人）	较前期 增长率 （%）	较前期年均 增长率 （%）	年　份	人口 （人）	较前期 增长率 （%）	较前期年均 增长率 （%）
1950	25000			1982	73012	32.45	3.58
1954	27863	11.45	2.75	1986	84177	15.29	3.62
1961	33535	20.36	2.38	1988	90000	6.92	3.40
1967	44392	32.38	4.79	1950~1988		3.60	3.43
1974	55125	24.18	3.13				

从 20 世纪 50 年代开始，法属圭亚那人口的增长速度便开始加快。60 年代初起，年增长率甚至达到 4.79%，之后其势虽有减衰，但仍在 3.0% 以上。1950~1988 年的近 40 年间，年均增长率为 3.43%，其原因一方面是人口自然增加，另一方面是迁移增加。尽管人口外流量很大，每年达到 5000~6000 人外流，但迁入仍略大于迁出。

虽然法属圭亚那人口数量少，但毕竟是一个相对独立的人口群体，因此，人口自然变动有其自身的特点。如果从人口转变理论来看的话，该岛正在向"三低"类型步入，或者说，正处在由"高、低、高"向"三低"类型的转变阶段。与法国本土人口不同的是，法属圭亚那人口出生率远高于法国（14‰），而死亡率又远低于法国（10.0‰）。当然，从根本上讲，法国人口目前的状况是经过了人口转变以后而形成的，而法属圭亚那则是尚处在未完成人口转变之前的状态（参见表 2）。

表 2　法属圭亚那人口自然变动及有关指标

单位：‰

年　份	出生率	死亡率	自然增长率	婴儿死亡率	年　份	出生率	死亡率	自然增长率	婴儿死亡率
1950	23.6	15.4	8.2		1980	28.1	6.6	21.5	
1960	30.9	13.6	17.3		1981	29.1	5.8	23.3	
1970	31.4	7.6	23.8		1986	27.9	5.7	22.2	22.2
1975	27.0								

从人口年龄构成来看，该地区也是一个正向"成年型"跨入的人口集团。1980 年，0~14 岁人口占总人口的比重为 40.5%，65 岁及以上人口比重是 3.1%，15~64 岁人口为 56.4%，这些可以从下面的人口年龄金字塔图形中得到更清晰的显示（参见表 3、图 1）。

表 3　1980 年法属圭亚那人口年龄、性别构成

年　龄	总人口（人）	男性人口（人）	女性人口（人）	性比例（％）	年　龄	总人口（人）	男性人口（人）	女性人口（人）	性比例（％）
0 ~ 4	8167	4117	4050	101.8	45 ~ 49	2189	1174	1015	115.7
5 ~ 9	7146	3566	3580	99.6	50 ~ 54	1929	1034	895	115.5
10 ~ 14	6779	3492	3287	106.2	55 ~ 59	1331	699	632	110.6
15 ~ 19	5840	2907	2933	99.1	60 ~ 64	1118	561	557	100.7
20 ~ 24	4430	2000	2430	82.3	65 ~ 69	721	312	409	76.3
25 ~ 29	4516	2251	2265	99.4	70 ~ 74	543	229	314	72.9
30 ~ 34	3584	1838	1746	105.3	75 +	459	136	323	42.1
35 ~ 39	2938	1443	1495	96.5					
40 ~ 44	2764	1445	1319	109.6	合　计	54454	27204	27250	99.8

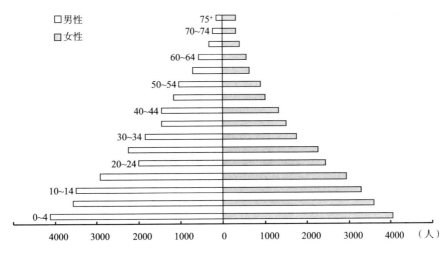

图 1　1980 年法属圭亚那人口年龄金字塔

由图形可以看出：（1）人口仍为"增加型"，不过，金字塔底部比上部的扩张幅度基本是均速的。（2）男性与女性比例构成不规则，有的年龄段男性人口远远少于女性人口，如20 ~ 24 岁组，有的则相反，即男性人口远远多于女性人口，如45 ~ 59 岁组，这些应当说是属于"不正常"的。造成这一状况的原因，主要还是人口流量相对较大引起，在一个9 万人左右的地区中，每年有5000 ~ 6000 人流进流出，其迁移流动率显然是很高的。而这势必影响其年龄性别构成。不仅如此，高流动也一定会影响某一时点的人口总数，而且，也给人口数据的确定带来了困难。表1、表3 人口数据比较大的出入就说明了这一点，该地区人口绝对数量不大，虽然本书所取得的该国资料来源不同，但如此大的差异也说明了该地区人口数量的不确定性。所以，1980 年该地区的人口年龄金字塔只能代表这一地区人口集团的大概轮廓，很难以此为据作进一步的说明。

尽管该地区面积狭小，人口不足10万人，但其人口仍不是均匀地分布着。至少有50%以上的人口居住在海岸边的首府卡宴，而只有约10%的人居住在内地，这种人口分布反映了自19世纪以来人们活动的性质及其场所并没有什么大的改变。法属圭亚那从行政上划分为卡宴和圣洛朗两大区。实际上在南部地区，几乎达到了荒无人烟的程度，仅存有印第安人的移动村落，或者只有与航空、水路和海岸地带有关系的矿山地区或传教地区才会有点人迹。

除了首府卡宴外，较大的城市还有库鲁、圣洛朗-迪马罗尼。1982年，三城市的人口分别为38135人、7000人和7000人，合计52135人，占当年人口总数的71.4%。因此，这一地区的城市人口比重是较高的。

法属圭亚那的经济特征是以农业、林业和渔业为主，工业很少，经济发展主要依靠法国援助。1984年人均国民生产总值3230美元，高于邻国苏里南，更远远高于圭亚那。

学校教育方面，与法国教育制度相同，实行10年免费义务教育。

小结

法属圭亚那的特点从人口地理的角度看就是突出一个"小"字，土地面积狭小、人口数量少、人口密度小，但有一点却是相对高的，即人口流动量大。在这样一个人口稀疏、数量极少的地区，流动人口对其人口年龄、性别结构的影响都会十分显著。总之，这一地区的人口与法国本土人口不具有可比性，而更多的具有发展中国家的人口特征。

哥伦比亚（Colombia）

几乎处在拉丁美洲中心的哥伦比亚常常被称为"拉丁美洲的门道"，这与它的地理位置有着密切的关系。该国位于南美洲的北端，西北接巴拿马，东邻委内瑞拉与巴西，南与秘鲁、厄瓜多尔接壤，北濒加勒比海，西临太平洋，海岸线长2900公里。全国面积114.17万平方公里。1989年中人口估计数为3120万人。在南美洲仅次于巴西和阿根廷，为南美第三人口大国，在拉丁美洲则连同墨西哥在内排列第八。人口密度每平方公里27人左右。首都：圣菲波哥大。

历史

哥伦比亚历史十分悠久。大约在两万年以前的安第斯山区已出现狩猎大动物的猎人。他们使用石器，栖身于岩洞之中。公元前4000年，在大西洋沿岸出现以捕食软体动物为生的定居部族。公元前2000年，印第安人从沿海向内地迁移，其中有些部落在河湖流域定居，开沟挖渠，种植块茎作物；另一些部落则转向安第斯山区，在山上开辟出小块平地，种植玉米，并建立村庄，所以，现今的哥伦比亚境内在西班牙人征服南美洲之前，一直是奇布查族等印第安人的居所。1502年，哥伦布在第四次远征美洲时"发现"了这块土地，为纪念这位远涉重洋的欧洲航海家、"新大陆"的发现者，人们就以他的名字命名了这一国家。①

事实上，在 1499 年西班牙人便开始从大西洋沿岸逐步地征服这块土地，1536 年完全占领了哥伦比亚，并建立殖民制度。1810 年 7 月 20 日哥伦比亚宣布脱离西班牙独立。后来一度曾更名为新格兰纳达共和国，1886 年又改称现名。与其为邻的巴拿马共和国过去曾是哥伦比亚的一个省份，1903 年脱离哥伦比亚而宣布独立。

民族、宗教和语言

哥伦比亚的民族，经历了一个漫长的发展过程。在被西班牙征服以前，哥伦比亚为印第安人中的加勒比族所占有，他们居住在马格达莱纳河流域的平原、中央山脉与东部山脉的北部。一般认为，在 15 世纪末期时，这些印第安人的人口总数在 100 万人左右。奇布查族自史前时代起，就一直住在哥伦比亚，是哥国的主要民族。一种说法是，他们来自秘鲁，定居于考卡河河谷及"巴拉摩"地区；另一种说法则是，他们起源于中美洲，后迁移至此。无论如何，可以确定的是，奇布查族只定居于山岳地带。西班牙人的入侵，使大部分奇布查人被杀，幸存者退到南部贫瘠地区。以后殖民者又从非洲运进黑奴。这样，像其他拉美国家一样，哥伦比亚也顿时成了一个民族的大熔炉。

总的来讲，哥伦比亚有四个主要居民集团。（1）安第斯集团，包括哥伦比亚高塞地区的混血居民，以印第安人元素为主。（2）桑坦德集团，包括科迪勒拉山脉东部以及桑坦德省的混血居民，以西班牙人的成分居多。（3）安蒂奥基亚集团，包括安第斯山中部的居民。（4）沿海沿河集团，包括太平洋和加勒比海沿岸的居民以及马格达莱纳河和考卡河流域的居民，以黑人成分居多。这四大集团构成了哥伦比亚国的哥伦比亚人。20 世纪 70 年代末全国共有哥伦比亚人 2510 万人，占全国人口总数的 97.9%，其中，59% 为印白混血种人，14% 为黑白混血种人，4% 为黑人，3% 为印黑混血种人，20% 为白人。

从另一个角度进行分类，该国印第安人有 44.5 万人，约占全国总人口的 1.8%，这些人多住在与世隔绝的热带丛林中。外来移民共有 9.5 万人，约占全国人口的 0.3%。

至于宗教信仰，哥伦比亚与许多拉丁美洲国家一样，受西方文化的冲击太大，甚至根深蒂固，所以，自 1536 年哥伦比亚沦为西班牙殖民地以后，随之而来的天主教也开始进入此地，并始终是一个有着重要影响的教派。目前该国天主教徒 2500 多万人，占总人口的 80%，另有新教徒十余万人，此外还有 1.2 万余名犹太教徒。国教是天主教。

该国国语为西班牙语。哥伦比亚方言中的某些印第安语只是普通用语，如奇布查语、克楚亚语、阿喇瓦语等。

在哥伦比亚民族形成的过程中，种族成分比重变化很大。表 1 是有关这方面的资料（见表 1）。

---

① 哥伦布四次远征的时间分别是：1492 年 8 月、1493 年 9 月、1498 年 5 月和 1502 年 5 月。

表1　哥伦比亚人口种族构成变动情况

单位：%

年份 种族	1852	1942	1962	1987
印第安人	13.8	1.6	1	＜1.0
梅斯提索人（印白混血）	44.5	46.0	58.0	57.0
黑人	3.5	4.4	4.0	4.0
穆拉托人（黑白混血）	17.6	22.0	14.0	14.0
白人	20.6	26.0	20.0	20.0
札木博人（印黑混血）			3.0	＞4.0

人口变动

哥伦比亚最早的人口普查始于哪一年，颇有争议。中国台湾版《世界百科全书》指出"哥伦比亚最早的人口普查是于1778年所实施的，当时记录的人口有82.9万人"。英国外交官伍·奥·加尔布雷恩在《哥伦比亚概况》一书中指出该国："1841年第一次人口调查总数近200万人"。我国学者邵宁在《世界人口普查简史》一文中列出了哥伦比亚普查年份的历史资料，认为哥国迄今共进行了16次人口普查。第一次是1825年。此后年度分别是：1835、1843、1845、1846、1851、1864、1869～1971、1905、1912、1918、1928、1938、1951、1964、1973年。尽管看法有所不同，我们还是根据各种资料整理出了哥伦比亚人口演变的轨迹（参见表2、图1）。

表2　哥伦比亚的人口变动

单位：万人

年　份	人口	年　份	人口	年　份	人口	年　份	人口
1778	83	1930	743	1965	1802	1984	2822
1830	150	1935	847	1970	2112	1985	2862
1841	＜200	1938	848	1975	2472	1986	3000
1850	224	1940	909	1980	2709	1987	3060
1885	＞300	1950	1133	1981	2673	1988	3061
1900	388	1951	1155	1982	2719	1989	3120
1920	699	1960	1542	1983	2752		

20世纪以前哥伦比亚人口增长十分缓慢。1778～1885年的百余年间，人口净增加200多万人，增长率为265.9%，年增长率1.2%。进入20世纪后，尤其内战结束之后，政局进入了一个较前略为稳定的阶段，经济发展的速度也快于19世纪。随着工农业生产的发展，交通运输、对外贸易和人口也有了相应的增长。1900～1930年的30年间，人口净增300多万人，翻了一番。至20世纪40年代末期，突破千万人口大关。20年以后的

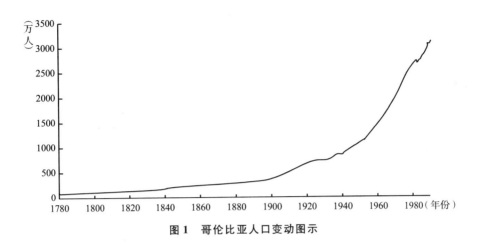

图 1　哥伦比亚人口变动图示

60 年代末，人口又突破 2000 万人。1986 年人口突破 3000 万人。1989 年已达 3120 万人。如此惊人的增加速度是由于每年都超过 30‰ 的高出生率及降至 7‰ 的死亡率所致。20 世纪 60 年代中叶以前，哥国人口出生率一直高达 40‰ 以上，之后才下降至 35‰ 左右，但此后一直徘徊于 30‰ ~ 28‰ 之间。死亡率的下降速度在 1953 ~ 1975 年的 20 年中几乎降低了一半。哈罗德·布莱克英尔认为，1920 年以前，哥伦比亚的死亡率甚至高达每千人 30 名，而到 1945 年时已减至每千人不到 20 名。与此相应，哥伦比亚的婴儿死亡率 1935 年时为 120‰ 左右，70 年代降至 90‰ 以下，目前为 46‰。所以说，哥伦比亚人口的迅速膨胀，根本问题是死亡率和婴儿死亡率的下降速度远远超过了出生率的下降速度（参见表 3）。

表 3　哥伦比亚人口自然变动及有关指标

年　份	出生率（‰）	死亡率（‰）	自然增长率（‰）	婴儿死亡率（‰）	平均预期寿命（年）	
					男	女
1953	47.6	17.6	30.0	119.8	44.1	45.9（1950 ~ 1952）
1958	46.2	14.2	32.0	104.0	48.1	56.5（1955 ~ 1959）
1963	45.1	12.9	32.2	90.2	50.1	57.9（1960 ~ 1964）
1968	39.5	10.3	29.2	69.7	56.5	59.4（1965 ~ 1969）
1973	34.1	9.0	25.1	88.5	58.5	61.2（1970 ~ 1974）
1975	31.1	9.0	22.1	59.0		
1980	32.0	8.2	23.8		60.0	64.5（1975 ~ 1980）
1986	28.0	7.0	21.0	53.0	64.0	
1989	28.0	7.0	21.0	46.0	64.0	
1990	26.0	7.0	19.0	42.0	65.0	

　　哥伦比亚的人口死亡率在拉丁美洲处于中偏下的位置，但与非洲相比却低了一半左右（1989 年非洲人口死亡率 15‰），然而在 20 世纪 60 年代初，哥国人口死亡率也接近

15‰。当时该国计划局曾宣称，有 20 种疾病是死亡的主要因素，其中有 16 种可以防治。在后来的实践中，哥政府果真做到了，即大部分疾病得到了有效的控制和预防，这与医疗卫生条件的改善是分不开的。比如，每 1 名医生负担的人口数由 1965 年的 2500 人降至 1190 人，每 1 名护士负担的人口数同期也由 890 人降至 630 人。

哥伦比亚目前的总和生育率在 3.4 个左右。结合出生率、死亡率、自然增长率看，该国人口处于"高、低、高"的类型，也就是说，该国一些人口指标与拉丁美洲的大部分国家相接近。1989 年，拉丁美洲总体的平均出生率、死亡率、自然增长率分别是：29‰、7‰和 22‰。在拉丁美洲与哥伦比亚"三率"相近的有如下国家（见表 4）。

表 4 与哥伦比亚人口"三率"相近的拉丁美洲国家

单位：‰

国　　家	出生率	死亡率	自然增长率	婴儿死亡率
哥斯达黎加	29	4	25	17.4
巴 拿 马	27	5	22	25.0
圣卢西亚	28	6	22	21.5
巴　　西	28	8	20	63.0
委内瑞拉	28	4	24	36.0

由于哥伦比亚的人口出生率仍高达近 30‰，死亡率已接近 7‰，毫无疑问，该国是属于年轻型人口国家（见表 5）。

表 5 哥伦比亚人口年龄构成变动情况

年　份	15 岁以下（人）	比重（%）	15～64 岁（人）	比重（%）	64 岁以上（人）	比重（%）	老少比（%）	抚养比（%）
1951	5098255	44.15	6098916	52.81	351338	3.04	6.89	93.55
1964	8155529	46.64	8804718	50.36	524261	3.00	6.43	98.56
1973	10178657	44.55	11975895	52.42	692503	3.03	6.80	90.77
1989	11232000	36.00	18720000	60.00	1248000	4.00	11.11	66.70

一般人口统计理论认为，64 岁以上人口比重在 5% 以下，15 岁以下人口比重在 40% 以上时，为年轻型人口。上述资料表明，哥伦比亚的人口目前正处在由年轻型向成年型过渡的时期。甚至从某种程度上讲，已进入了成年人口类型的边缘。有关资料表明，哥伦比亚近半数居民在 20 岁以下，说明其年龄中位数还是偏低的。

哥伦比亚的性别比例显示女性多于男性，如 1951 年为 98.9，1964 年是 97.1，1973 年为 95.3 等。

哥伦比亚的人口分布与殖民地建设的过程和土地形态有着密切的关系。该国大致可分为几乎无人居住的地区和人口稠密的地带两种类型。这些无人地带，除了人迹罕至的山岳以及东部以外，也包括若干被欧洲殖民者视为不适合居住的地域，尤其是在高温低湿的低地人口密度非常不均匀，如在太平洋一侧乔科省、东部平原等都是很少有人居住的地带。而像大西洋省、玻利瓦尔省的平原地带、丘陵地带以及加勒比沿海等地人口则十分稠密，与前述人口低密度地带形成鲜明对比。总之，导致哥伦比亚国内人口迁移和流动并形成目前这种人口分布的因素很多，其中内乱、政变接连发生以及东部低地带、北部平原的国土开发活动是主要因素。因此，尽管全国平均人口密度每平方公里为27人，但人口稠密地区人口密度为50人以上，人口稀疏地区则仅为2~3人。

哥伦比亚的城市发展速度，远快于拉美其他国家。1951年城市人口比重为38%，1964年猛增至52%，20世纪80年代初，达67%，90年代已是70%。在拉丁美洲，城市人口比重与之接近的国家还有：墨西哥、波多黎各、苏里南等。然而在这些国家的人均国民生产总值中哥伦比亚属于最低水平，哥伦比亚1220美元，墨西哥1820美元，苏里南2360美元，波多黎各5520美元。有人认为造成哥国城市人口剧增的时间主要是在20世纪50~60年代，其原因主要是当时政局不稳定，大批人口从治安不佳的农村流向城市的缘故。当然，导致哥国城市人口膨胀的因素很多，但是经济因素还是最基本的因素。在城市人口迅速增长的过程中，首都圣菲波哥大尤其显著，这座1598年建立起来的古都，在1900年时人口不过10万人，1938年增至33万人，1987年已高达578万人。哥伦比亚超过百万人口的大城市还有：麦德林、卡利和巴兰基亚等。

从就业结构上看，尽管哥伦比亚农业劳动力仍占大头，但却不足30%，而且，1980年较之1970年，这部分劳动力比重下降了10个百分点。服务业、贸易和"其他"有所增加（参见表6）。

表6　哥伦比亚劳动力人口构成变动情况

行　业	1970 年		1980 年		1980 年比 1970 年增减（%）
	劳动力人口（人）	比重（%）	劳动力人口（人）	比重（%）	
农林牧渔业	2400046	38.6	2412413	28.5	+ 0.51
采矿业	32996	0.5	49740	0.6	+ 50.74
制造加工业	961264	15.4	1136735	13.4	+ 18.26
建筑业	259616	4.2	242191	2.9	- 6.71
水、电、煤气	31752	0.5	44233	0.5	+ 39.31
运输、仓储、通讯	259616	4.2	352623	4.2	+ 35.82
贸易	849199	13.6	1261633	14.9	+ 48.57
银行、保险、不动产	94632	1.5	278210	3.2	+ 193.99
服务业	1336679	21.5	1988460	23.6	+ 48.76
其他			690762	8.2	
合　计	6225800	100.0	8457000	100.0	+ 35.84

哥伦比亚大部分人口靠农业来维持生计，尽管政府仍鼓励农业开发，但广大土地却只有一小部分用于农业。土地的利用偏重于出口作物的生产，这样，大部分农民的生活仍比较贫困。尽管哥国人均国民收入已由 1967 年的 290 美元增至 20 世纪 80 年代的 1200 美元左右，但分配极为不平均，收入差异日益扩大。

小结

哥伦比亚人口带有典型的发展中国家人口的特点：高出生率、低死亡率、高自然增长率，由此而导致的人口结构更接近于年轻型。哥伦比亚人口的另一个特点是，人口分布不均，有些地方人迹罕至，有些地方则人口密集。

但总的来讲，哥伦比亚政府在控制人口增长、提高人口素质乃至减少失业方面还是做了大量工作并取得了一定成绩。哥国曾经是世界上人口增长最快的国家之一。20 世纪 60 年代初，人口年均增长率为 3.5% 弱，1963 年人口出生率高达 45.1‰。随后 20 年由于大力推行节育措施，出生率有了很大降低，从而使人口的增长速度得到了遏制。同时，从 70 年代起，为了创造更多的就业机会，政府强调利用现有生产能力，发展劳动密集型产业，进行多样化生产，就业人口大量增加。1988 年，该国失业率为 10%。随着民族工业的发展，教育被列入优先发展项目。政府广开财源，增加教育投资。1960 年，小学生入学率为 57%，1980 年上升到 84%，目前已超过 100%；同期，中学入学率从 12.5% 增加到 42%，目前是 56%；文盲率已降至 23%。

不过应该说明，哥伦比亚政府几乎没有明确的人口目标及与此相应的政策，它只不过是从妇女和儿童的健康角度出发，提倡计划生育罢了。

既然哥伦比亚的年轻人口所占的比重很大，那么就意味着在今后较长时期内，该国人口还会继续在这种"惯性"的作用下较迅速地增长下去。

联合国不久前曾对世界各国人口进行了预测。其中认为哥伦比亚在 20 世纪 90 年代中期人口将达到 3181.9 万人，到 2025 年时，人口超过 5000 万人，达 5171.8 万人。世界银行 1989 年发展报告的预测结果是，2000 年，哥国人口总数为 3600 万人，2025 年达到 4800 万人，并且还预测，哥伦比亚净再生产率达到 1.0 的年份是 2005 年。这样，5700 万便成了该国稳定人口的设想数字。

参考资料

〔英〕伍·奥·加尔布雷恩：《哥伦比亚概况》，武汉师范学院译，湖北人民出版社，1975。
李春辉：《拉丁美洲史稿》，商务印书馆，1983。

哥斯达黎加（Costa Rica）

哥斯达黎加位于中美洲的南部，东面是加勒比海，西面是太平洋，北接尼加拉瓜，东南与巴拿马比连。全国面积 5.11 万平方公里。1989 年中人口估计不足 300 万人。人口密度每平方公里 59 人左右。首都：圣何塞。

历史

哥斯达黎加的海岸，是哥伦布在 1502 年首先"发现"的。1502 年 9 月 25 日到 10 月 5 日，哥伦布在他称之为卡里埃的地方停留，该地可能就是现在哥斯达黎加的利蒙港。哥伦布看到那里的印第安人戴着各种各样的贵金属饰品，大为称羡，于是，这块土地后来便被称为"富饶的海岸"。

西班牙殖民者入侵之前，哥斯达黎加早已是印第安人的家乡。这里的印第安文化发展很慢，人口较少，居住分散，主要以打猎为生，农业处于原始状态。当时印第安人的总数大约有 3 万人左右。西班牙殖民者入侵后，奴役一切可能奴役的印第安人，其残酷程度，甚至超过其他西班牙的美洲殖民地。到 19 世纪初独立运动前夕，印第安人差不多已被消灭殆尽。由于这里既没有发现丰富的金、银矿，城市商业也很不发达，所以在殖民统治时期的 300 年间，从外面迁来的移民较少，人口增长十分缓慢。来到这里的移民，大多数系来自西班牙加勒哥斯地区的农民。至 19 世纪初，哥斯达黎加地区大约不过 5 万居民。1821 年 9 月 15 日哥斯达黎加宣布独立。1848 年 8 月 30 日成立共和国。

民族、宗教和语言

像其他拉丁美洲国家一样，哥斯达黎加的民族人口也基本上是由这样几部分人口构成，即很少的原始印第安人、欧洲殖民者和移民、非洲黑人、其他外来移民。以后由于上述几种人流的融合，逐渐形成了一个新的民族——哥斯达黎加民族。这样，哥斯达黎加人便成了这个国家人口的主要组成部分。事实上，哥斯达黎加人主要是 16～18 世纪迁来的西班牙北部移民的后裔，其中也包括一部分与印第安人通婚的混血后裔，黑人还包括黑白混血种人和黑印混血种人。1958 年保留在哥斯达黎加领域内的土著居民估计是 5000 人，现在的一些材料表明这一数字当时是 8000 人。这些印第安人主要是居住在所谓塔拉曼卡地方的布里布里人、住在哥斯达黎加西南部的博鲁卡人以及生活在尼科亚半岛上的乔罗特加人和曼格人。20 世纪 70 年代末哥斯达黎加的哥斯达黎加人约占总人口的 91%，黑人占 7%，其他外来移民为数不多，总共只有 3.3 万人，约占全国人口的 1.6%，其中主要是：来自周围拉丁美洲邻国的移民，有尼加拉瓜人 1.5 万人，巴拿马人 2000 名，以及萨尔瓦多人、墨西哥人、哥伦比亚人、智利人和古巴人各 1000 名；来自北美和欧洲的移民，如美国人 2000 名和德意志人 1000 名；此外还有一些来自亚洲的移民：华人 3000 名和日本人 4000 名。

哥斯达黎加的官方语言为西班牙语，它不同于现代西班牙语，但它所包含的印第安语言词汇又较其他拉丁美洲国家为少。黑人基本上讲含有西印度方言的英语。印第安人讲本部落的语言。

全国大约 95% 的居民信奉天主教。黑人多信奉基督教新教。

人口变动

哥斯达黎加由于缺乏矿物资源，加之恰好又位于墨西哥、中美洲地峡北部大规模的印第安文明以及南美印第安文明的裂缝上，因而迟迟未被开发，它也就不像其他拉丁美洲国家那样，吸引各地人流蜂拥而至。这样，19世纪初哥斯达黎加的全部人口大约只有5万人左右。1850年，增至15万人。20世纪初的1900年达到30万人。进入20世纪以后人口即开始大量增加，其原因除了外国的移民之外，最主要的还是因为出生率提高而死亡率降低之故。

上面资料表明，哥斯达黎加在20世纪40年代以前，人口增长速度并不快，甚至早些时候还是十分缓慢的，但进入50年代以后，人口便有了迅速的增加。出生率一度高达46‰，1958年甚至超过50‰，而死亡率却不到10‰。50～60年代，年增长率甚至高达3.8%～3.9%，这是十分罕见的人口现象。因此，除去人口移入因素不说，单单是人口自然增长率这一项，也足以促使哥国人口增长率接近4%左右了。

哥斯达黎加从1844年开始第一次人口普查以来，至今共进行了10次（其他9次的年份分别是1864、1875、1883、1888、1892、1927、1950、1963和1973年）。从最近三次人口普查的结果看，哥斯达黎加人口自然变动的一个显著特点是人口死亡率下降得很快，而且在很早就下降到了特别低的水平。甚至可以说，该国的人口粗死亡率几乎没有下降的空间。不仅在拉丁美洲，而且在世界上，这一人口死亡率数值也是最低的，这与哥斯达黎加的历史不无关系。早在1880年时，随着经济的发展，文化教育和公共卫生事业就得到了一定程度的改善。在贝尔纳多·索托（1886～1889）总统执政期间，实行了强制性的义务教育。在伊格莱西亚斯（1894～1902）总统执政时期，曾大力改革财政，采取金本位制，并在某些大城市中修建下水道，改善城市卫生，并对某些传染病采取预防根治措施，使死亡率有了一定程度的降低。从那个时候起，哥国的人口死亡便开始直线下降（参见表1～表4）。

表1 哥斯达黎加的人口变动

单位：万人

年 份	人 口	年 份	人 口	年 份	人 口	年 份	人 口
1500	3.0	1930	50.0	1963	133.6	1979	223.0
1800	5.0	1940	61.9	1965	149.0	1986	250.0
1850	15.0	1950	80.0	1970	172.7	1987	279.0
1900	30.0	1958	107.2	1973	187.2	1989	300.0
1920	42.1	1960	117.1	1975	196.8		

表 2　哥斯达黎加不同时期人口年均增长率

单位：%

时　期	年均增长率	时　期	年均增长率	时　期	年均增长率	时　期	年均增长率
1500～1799	0.17	1900～1919	1.71	1940～1949	2.59	1970～1979	2.88
1800～1849	2.22	1920～1929	1.73	1950～1959	3.87	1980～1989	3.01
1850～1899	1.39	1930～1939	2.16	1960～1969	3.96		

表 3　哥斯达黎加人口自然变动及有关指标

年　份	出生率（‰）	死亡率（‰）	自然增长率（‰）	婴儿死亡率（‰）	平均预期寿命（年）	
					男	女
1953	46.1	10.8	35.3	98.9	54.65	57.05（1949～1951）
1958	52.9	8.4	44.5	66.9		
1963	38.3	8.2	30.1	92.0	61.87	64.83（1962～1964）
1968	36.2	6.5	29.7	59.7		
1973	28.5	5.2	23.3	44.8	66.26	70.49（1972～1974）
1981	31.0	3.9	27.1	18.0	66.50	69.19（1980）
1984	31.4	4.1	27.3	18.9		
1986	30.0	4.0	26.0	18.6	73.00	
1989	29.0	4.0	25.0	17.4	76.00	
1990	25.0	4.0	21.0	17.0	75.00	

表 4　1989 年人口粗死亡率和婴儿死亡率的地区比较

单位：‰

地　区	粗死亡率	婴儿死亡率	地　区	粗死亡率	婴儿死亡率
世　界	10.0	75.0	伯利兹	6.0	36.0
发达地区	9.0	15.0	萨尔瓦多	9.0	62.0
发展中地区	10.0	84.0	危地马拉	7.0	48.0
拉丁美洲	7.0	55.0	洪都拉斯	8.0	69.0
加勒比地区	8.0	56.0	墨西哥	6.0	50.0
热带南美洲	8.0	61.0	尼加拉瓜	8.0	69.0
温带南美洲	8.0	27.0	巴拿马	5.0	25.0
中美洲	6.0	52.0	哥斯达黎加	4.0	17.4

说明：粗死亡率是指一定时期内全部死亡人数与同期内该地区的人口总数之比（一般指一年期）。这是人口统计学上的概念，通常也称做死亡率。

尽管哥斯达黎加出生率自 20 世纪 60 年代以来至 80 年代初仍高达 30‰以上，而死亡率已降至 5‰左右，但由于该国人口平均预期寿命一直比较高，所以，老年人口占有一定的比重，从而使得少年儿童比重相对较小。1982年，该国0～14岁人口占总人口的比重仅为36.26%，相应的，60岁及以上人口比重为6.64%，15～59岁人口比重是59.10%，说明经济活动人口比重是较高的（参见表5、图1）。

表5　1982年哥斯达黎加人口年龄、性别构成

年　龄	总人口（人）	男性人口（人）	女性人口（人）	性比例（%）	年　龄	总人口（人）	男性人口（人）	女性人口（人）	性比例（%）
0～9	687707	358852	328855	109.1	50～59	138246	67181	71065	94.5
10～14	155264	74115	81149	91.3	60～69	86247	41712	44535	93.7
15～19	289150	146296	142854	102.4	70+	68003	31890	36113	88.3
20～29	439012	221130	217882	101.5	不　详	5776	3076	2700	113.9
30～39	272529	132055	140474	94.0	合　计	2324257	1165606	1158651	100.6
40～49	182323	89299	93024	95.9					

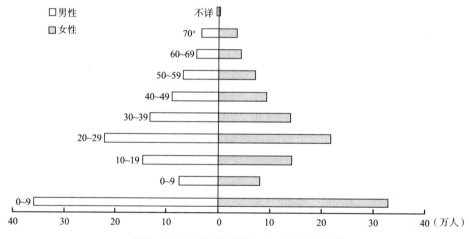

图1　1982年哥斯达黎加人口年龄金字塔

总的印象是，哥斯达黎加仍然是一个年轻型国家，或者说刚刚步入成年型人口的门槛。在中美洲地区，它和巴拿马国的少年系数最低，均是37%，而1989年65岁及以上人口比重又都是最高，均为5%。

哥斯达黎加的人口性别构成像大多数拉丁美洲国家一样，属于正常性比例范围。1950年性比例是99.7：100，1963年为100.2：100，1973年为100.6：100，1982年为100.6：100。

人口分布及其他

哥斯达黎加的人口分布，比其他中美洲国家都简单，因为有大概一半以上的人口都集中于这个国家的中央地区一带，而且集中的程度一直比较高。这一带是哥国的主要经济区，它提供大部分工农业产品。20世纪80年代初期的统计数据表明，在这块全国1/10的国土上，集聚了全国57%的人口，因而是哥斯达黎加人口最为稠密的地区。人口最为稀疏的地区在加勒比海沿岸。

目前，全国在行政上共分为七个省，各省的人口分布情况如表 6 所示。

表 6　1984 年哥斯达黎加各省人口分布

省	面　积 （平方公里）	人　口 （人）	人口密度 （人/平方公里）	省	面　积 （平方公里）	人　口 （人）	人口密度 （人/平方公里）
阿拉辉拉	9500	430634	45	彭塔雷纳斯	11200	291008	26
卡塔戈	2600	269860	104	利　蒙	9300	187057	20
瓜纳卡斯特	10300	193024	19	圣何塞	4900	893254	182
埃雷迪亚	2900	195389	67	合　计	50700	2460226	49

哥斯达黎加城市人口比重相对不高。1958 年时，全国约有 1/3 的居民住在城市，而 30 年后，哥国城市人口比重不过 45%，这一比值远低于拉丁美洲 68% 的平均水平，这种状况与该国的经济结构是分不开的。

哥斯达黎加基本上属于农业国。在 1987 年国内生产总值中，农林牧渔业占 17.8%，工业占 19.4%，服务业（包括水、电、气、交通、运输等）占 50% 以上。相应的人口就业情况如表 7 所示。

表 7　哥斯达黎加 1973 年、1980 年劳动力人口构成情况变动

行　业	1973 年 劳动力人口（人）	比重（%）	1980 年 劳动力人口（人）	比重（%）	行　业	1973 年 劳动力人口（人）	比重（%）	1980 年 劳动力人口（人）	比重（%）
农林牧渔	213226	36.4	206913	26.9	金　融	6118	1.0		
采矿业	1557	0.3			住　宅	7555	1.3		
制造加工业	69917	11.9	124819	16.2	行政国防	21412	3.7		
建筑业	39078	6.7	60722	7.9	服务业	97561	16.7	176690	22.9
水、电、气	5531	0.9			其　它	30719	5.2	12385	1.6
运输业	24964	4.3	49645	6.4	合　计	585313	100.0	770272	100.0
贸　易	67675	11.6	139098	18.1					

小结

哥斯达黎加是一个很小的国家，但是其某些特征却令世人惊叹，给人们印象最深的可能是该国政局相对稳定，其他方面则是：（1）人均国民收入在中美洲名列前茅。1986 年为 1500 美元，1989 年为 1590 美元，仅次于巴拿马的 2240 美元。（2）从人口指标方面看，其粗死亡率及婴儿死亡率几乎是世界上最低的国家。（3）少年儿童所占比重也几乎是最低的。（4）医疗卫生条件要好得多。1984 年每名医生负担的人口数为 960 人，每名护理人员负担的人口数仅为 450 人，而与此相近的洪都拉斯，同期这两个指标分别是 1510 人和 670 人；尼加拉瓜：1500 人和 530 人；萨尔瓦多：2830 人和 930 人；危地马拉：2180 人和 850 人；巴拿马：980 人和 390 人；（5）教育水平在这一地区也属前列。20 世纪 80 年代初文盲率不足 10%，小学生入学率超过 100%，中学生入学率 1986 年已高达 42%。其他中美洲国家情况如表 8 所示。

表 8　1986 年中美洲若干国家适龄学生入学率

单位：%

国　家	小　学	男	女	中　学	男	女	高等教育
哥斯达黎加	102	103	101	42	41	44	24
萨尔瓦多	70	69	70	24	23	26	14
危地马拉	76	82	70	20	—	—	9
洪都拉斯	102	103	102	36	31	36	10
尼加拉瓜	98	93	103	42	27	57	9
巴拿马	106	109	104	59	56	63	28

　　哥斯达黎加的人口状况虽然具有许多发展中国家的特征，但又不完全一样，哥国的人口转变速度比起其他中美洲国家来说显得更快一些。

　　至于哥斯达黎加人口政策的情况是，1978 年政府建立了国家人口政策委员会，其任务是确定和指导国家的人口政策。政府的目的是改善人们的生活水平、提高生产力、提高就业率，并使得收入分配更加公平。政府对 1983 年的人口增长率表示满意。卫生部门曾为全国范围内的各医院、卫生单位提供家庭服务项目。政府的人口政策还要求人口流动要合理化，尽可能降低农村向城市的人口流入速度。国家希望今后迁入人口有所减少，但是过低的人口迁出率不能令人满意。

　　目前哥斯达黎加总和生育率为 3.5 个，在拉丁美洲属于中等水平。今后除婴儿死亡率有可能下降外，人口粗死亡率几乎难以继续下降。所以，在人口自然变动结构上，只有出生率还有进一步下降的可能。据此预测该国的人口 2020 年可望达到 530 万人。

古巴（Cuba）

　　古巴位于加勒比海西北部，扼海上交通要津，战略地位十分重要，东与海地相望，南 140 公里处是牙买加岛国，西面隔尤卡坦海峡与墨西哥相望，北面以佛罗里达海峡与美国相对，这两个海峡正是墨西哥湾沿岸地区出入大西洋的海上通道；古巴与海地之间的向风海峡恰是大西洋进入加勒比海的重要门户，因而古巴具有突出的战略价值。古巴全境由古巴岛、青年岛以及周围 1600 多个小岛组成。总面积 11.09 万平方公里，占西印度群岛全区总面积的 48%，为西印度群岛中最大的岛国。1989 年古巴人口约为 1050 万人，约占该区人口总数的 1/3，在西印度群岛中，居于首位。人口密度每平方公里 95 人。首都：哈瓦那。

历史

公元前 4000 年，古巴居住着西沃内印第安部落——瓜亚沃 – 布兰科和卡约 – 雷东多人，他们从事狩猎、渔业和采集，已有宗教信仰和祭祀祖宗的萌芽。公元 7～9 世纪，由于南美次大陆的移民迁来，古巴出现了泰诺印第安人各部落，他们定居在古巴东北部，从事原始耕作、狩猎和渔业。古巴被征服前，据认为岛上有印第安人 20～30 万人。1492 年哥伦布航海到古巴。1511 年古巴沦为西班牙殖民地。当时，殖民者拼命掠夺岛上的黄金，迫使印第安人在极其恶劣的条件下进行繁重的劳动，致使他们大批死亡，从而由被征服时的 20 万～30 万人口锐减到 1537 年的 5000～6000 人，至 1553 年进一步减至 2000 人左右。1868～1878 年古巴爆发了反西班牙统治的第一次独立战争。1895 年民族英雄何塞·马蒂领导第二次独立战争。1898 年美国占领古巴。1902 年 5 月 20 日成立古巴共和国。

民族、宗教和语言

西班牙殖民者在征服古巴的过程中，对印第安人实行极其残暴的杀戮。所以被殖民之后，古巴印第安人便残存无几了。这样，古巴的居民成分，便与美洲大陆有所不同。大陆各国或多或少保留了一些印第安土著，或者是印印或者是印黑混血种人，而在古巴，古代印第安族的阿拉瓦人及加勒比人则几乎绝迹。由于印第安人的毁灭，种族类型中的主要成分变成了西班牙人、黑人以及这两种人之间广泛的混血种人。在殖民初始的两个半世纪里，来到这个岛上的西班牙移民为数有限。之后西班牙等欧洲人再次大批蜂拥而至。在 18 世纪末叶大约有 3 万法国人来到古巴。此间，古巴还接纳了几批数量较少的欧洲其他国家的移民，如意大利人、德国人等。1900～1950 年期间入境的 125 万多移民中，有 25 万美国人，以及相当多的犹太人。

黑人在古巴的人口中构成另一个重要的种族成分。他们分两批进入古巴。第一批人数极多，是在 16 世纪 20 年代到 1887 年废除奴隶制期间来到这里作为奴隶的黑人。仅 1800～1865 年间，进入古巴的黑奴就约达 38.7 万人之多。第二批作为劳工来到古巴的主要是 1900 年以后来自于海地和牙买加的黑人。

迁入古巴的其他非白种人，还包括中国人和少数其他国家的人。19 世纪劳动力缺乏，导致了 1853～1873 年期间有 13.24 万中国人作为"契约合同工"进入古巴。其后又有少数华人来到古巴。

英国的布莱克莫尔博士在其《拉丁美洲地理透视》一书中提供了以下数据（见表 1）。

表1　1902～1919 年迁入古巴的移民

单位：人

欧　洲				美　洲			
国　家	人　数	国　家	人　数	国　家	人　数	国　家	人　数
西班牙	436005	德　国	636	牙买加	50368	波多黎各	13631
丹　麦	6372	意大利	760	海　地	39906	中美洲	4240
法　国	3213	葡萄牙	108	美　国	44054	巴拿马	4154
土耳其	1219	其他国家	838	安的列斯群岛（非西属部分）	24976	其他国家	7420
英　国	1013	合　计	450164	墨西哥	19621	合　计	208370

　　由表1看出，古巴的人口构成主要是白人、黑人、黑白混血人及少量的华人，但没有印第安人。1774 年的调查资料表明：当时古巴居民有 17.26 万人，其中白人 9.64 万名，占总人口 55.9%；自由黑人和混血种人 3.18 万名，占 18.4%；黑人、黑白混血种奴隶 4.43 万名，占 25.7%。至 1817 年，古巴全部居民为 63 万人，其中白人 29.1 万人，占 46.2%；自由黑人和混血种人 11.5 万人，占 18.3%；黑奴 22.4 万人，占 35.5%。从目前来看，古巴居民中的白人占 66%，黑人占 12%，混血种人占 22% 左右。

　　从民族成分上讲，目前的古巴人是由上述各种不同种族的人口长期融合而形成的一个新的民族人口集团。按照苏联布鲁克教授的划分，20 世纪 70 年代末古巴人口民族构成如表2所示。

表2　20 世纪 70 年代古巴人口民族构成

民　族	人口（千人）	比重（%）	民　族	人口（千人）	比重（%）
古巴人	9570	98.3	华人	10	0.1
西班牙人	35	0.4	犹太人	10	0.1
卡塔卢尼亚人	30	0.3	牙买加人	6	0.1
加利西亚人	30	0.3	巴斯克人	5	0.1
海地人	25	0.2	其　他	9	0.1
罗曼语族人	**9690**	**99.5**	**总　计**	**9730**	**100**

　　西班牙语是古巴的国语，这其中有许多印第安语和非洲语的借用词。居民信奉的宗教主要是天主教和新教，但有极少数人仍信奉非洲宗教。

人口变动

　　古巴是进行人口普查比较早的国家之一。尽管早期的普查数字不那么精确，多含有人为的猜测，但仍可为我们提供一些线索。1841 年是古巴进行第一次人口普查的年份。至目前为止的一个半世纪里，共进行了 12 次人口普查。其普查年份分别是：1841、

1861、1877、1887、1899、1907、1919、1931、1943、1953、1970 和 1981 年。

影响古巴人口变动的因素主要是迁移行为和自然生死。而影响迁移变动和自然变动的原因则是多种多样的，其中包括政治动乱的冲击、疟疾和黄热病等热带疾病的产生和消灭等。但是影响古巴人口增长和构成的主要因素还是该岛的经济，特别是以蔗糖为基础的种植园农业的兴衰。从这个角度讲，古巴人口的变动历史可以分为如下五个时期。

（1）自 16 世纪初叶到 1762 年英国人夺取哈瓦那的种植园以前的时期。当时古巴人口增长缓慢。1537 年，该岛人口估计为 5800 人，其中西班牙人 300 人、黑奴 500 人、印第安人 5000 人。尽管当时欧洲人及黑奴成批涌进该岛，但由于印第安人几乎被消灭殆尽，所以，人口增长速度并不太快。到 1762 年时，古巴人口大约不足 15 万人。

（2）自 1762 年到 1868 年独立战争爆发时期。1774 年古巴曾进行过一般性的人口调查，其结果是当时古巴有 17.26 万人，其中白人占 56%，黑人占 44%。这一时期的人口增长，小部分是由于自然增长，大多数是由于外来移民。1817 年古巴人口增到 63 万人，1837 年以后，平均每年输入黑奴达 1.2 万名。

（3）自 1868 年到 1900 年的战争时期，古巴人口曾一度有所减少。这一时期包括奴隶制被废除这一重大事件。但最终人口的绝对数还是在持续增长。1899 年，人口达到157.28 万人。

（4）自 1900 年开始到 20 世纪 50 年代初，是古巴人口历史上增长最快的时期。主要的增长出现在 1899 年到 20 世纪 30 年代初期世界经济大萧条的前夕。当时，除了诸如疟疾和黄热病等可怕的疾病被消灭所激起的人口自然增长外，大规模的外来移民再一次起了重要作用。因此，在短短的 20 年间，人口翻了一番。1920 年，人口总约 300 万人。1903～1933 年，仅移入古巴的西班牙人就达 72.34 万人。1900～1950 年间，迁来的移民高达 125 万人。

（5）自 1950 年至目前。这一时期人口增长速度明显放慢。一个重要原因是迁入人口十分稀少，相反，迁出人口反而多于迁入人口。据估计，1989 年在国外有 75 万古巴人，而在古巴的外国人只有 15 万人。这样，从 20 世纪 50 年代起至 1989 年，尽管古巴人口又增加了 1 倍，但主要是自然增长所致。目前，古巴人口 1050 万人（参见表 3）。

表 3　古巴的人口变动

单位：万人

年　份	1537	1762	1774	1817	1899	1920	1931	1940	1950	1953
人　口	0.58	15.0	17.3	63.0	157.3	300.0	394.5	456.6	551.6	582.9
年　份	1960	1965	1970	1975	1981	1985	1986	1987	1988	1989
人　口	682.6	763.1	856.9	933.0	975.0	1009.0	1025.0	1035.0	1040.0	1050.0

在加勒比地区，古巴人口最多，但其出生率、死亡率、自然增长率、婴儿死亡率等都几乎处于最低水平。在这一地区，古巴的人口平均预期寿命几乎为最高。表4资料表明，古巴人口已经由20世纪50年代的高出生率、低死亡率、较高的自然增长率降到了目前的"三低"状态，换句话说，古巴人口已经处于老年型人口。这是几十年来古巴人口演变的结果。

表4　1950～1990年古巴人口自然变动及有关指标

年　份	出生率 (‰)	死亡率 (‰)	自然增长率 (‰)	婴儿死亡率 (‰)	平均预期寿命（年）	
					男	女
1950	29.6	7.1	22.5		56.7	61.0（1950～1954）
1960	30.6	6.1	24.5		59.8	63.9（1955～1959）
1963	34.6	6.7	27.9	37.6	63.3	67.1（1960～1964）
1968	29.8	6.5	23.3	39.0	66.8	70.3（1965～1969）
1970	27.7	6.3	21.4		69.3	72.6（1970～1975）
1973	25.0	5.7	19.3			
1975	20.7	5.4	15.3	28.9		
1980	14.0	5.7	8.3			
1981	14.0	5.9	8.1			
1982	16.3	5.7	10.6			
1987	17.4	6.3	11.1	13.3		
1989	17.0	6.0	11.0	13.3	74.0	
1990	15.0	7.0	8.0	13.0	74.0	

1989年，古巴人口0～15岁的比重为25%，16～64岁为67%，65岁及以上人口是8%。从性别结构上看，古巴人口性比例基本平衡，不过某些年龄的性比例略显不平衡。这些从下列古巴人口年龄、性别构成变动及1982年年龄金字塔中可以看出：（1）人口开始向"枣核形"金字塔方向转化。10～20岁人口是该金字塔的转折"点"；（2）10～20岁是人口最多的年龄组，说明1960～1964年出生人口的程度，生育的最高峰在1963年，当年人口出生率为34‰（见表5、表6和图1）。

表5　1953～1982年古巴人口年龄、性别构成

年份	总人口 （人）	0～15岁 （人）	比重 （%）	16～64岁 （人）	比重 （%）	65岁及以上 （人）	比重 （%）	男性 （人）	女性 （人）	性比例 （%）
1953	5829029	2117665	36.33	3463827	59.42	247537	4.25	2985155	2843874	104.9
1970	8569121	3165911	36.95	4896147	57.14	507063	5.92	4392970	4176151	105.2
1982	9841989	2819199	28.64	6241150	63.42	781640	7.94	4969661	4872328	102.0

表6　1982年古巴人口年龄、性别构成

年　龄	总人口（人）	男性人口（人）	女性人口（人）	性比例（%）	年　龄	总人口（人）	男性人口（人）	女性人口（人）	性比例（%）
0～4	704879	361197	343682	105.1	40～44	575922	288755	287167	100.6
5～9	937402	477992	459410	103.9	45～49	455408	227097	228311	99.5
10～14	1176918	602438	574480	104.9	50～54	409407	205113	204294	100.4
15～19	1194386	608487	585899	103.9	55～59	351161	176585	174576	101.2
20～24	896813	450547	446266	100.9	60～64	301438	154483	146955	105.1
25～29	712008	352648	359360	98.1	65⁺	781640	398578	383062	103.9
30～34	706227	351026	355201	98.9	合　计	9841989	4969661	4872328	102.0
35～39	638380	314715	323665	97.2					

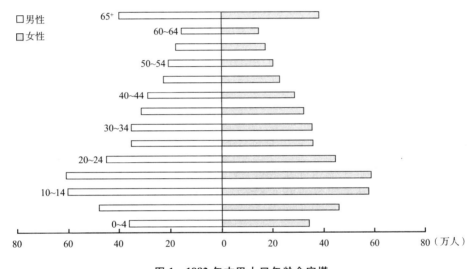

图1　1982年古巴人口年龄金字塔

人口分布与其他

尽管古巴人口已超过1000万人，但由于其面积广大，所以在加勒比地区，属于人口密度较小的国家。古巴曾有很长一段时间，只有哈瓦那是人口过密的地区。在西班牙殖民时代，西部地区已被开发成耕作地带，所以在19世纪中叶前后，约有2/3的人口集中于此。20世纪前半叶，甘蔗栽培急速普及，而且铺设了联络东部区域的公路和铁路，也设置了制糖中心，因此，东部地区人口也开始急剧地增加起来。1911年，约有1/2的人口集中于此，后来更提高到3/4。所以，有这样一个观点，即古巴的人口增长与蔗糖之间的关系一定是十分密切的，不仅在时间上，而且在空间上更是如此。

目前，古巴的人口密度每平方公里95人，但人口分布的稀疏程度相差很大。从行政区划上看，古巴目前划分为14个省和1个特区，各地的人口分布状况如表7所示。

表 7　1978 年古巴人口分布

地　区	面　积 （平方公里）	人　口 （人）	人口密度 （人/平方公里）	地　区	面　积 （平方公里）	人　口 （人）	人口密度 （人/平方公里）
比亚克拉拉	8600	771000	89.7	奥 尔 金	9560	904000	94.6
哈 瓦 那	5700	583000	102.3	比那尔德里奥	10900	635000	58.3
哈瓦那市	700	1998000	2854.3	圣斯皮里图斯	6700	403000	60.1
格 拉 玛	8500	732000	86.1	圣地亚哥	6300	908000	144.1
关塔那摩	6400	467000	73.0	谢戈德阿维拉	6900	314000	45.5
卡 马 圭	16100	653000	40.6	西恩富戈斯	4100	322000	78.5
拉斯图纳斯	6500	432000	66.5	青年岛（特区）	2200	51000	23.2
马坦萨斯	11700	564000	48.2	合　计	110860	9737000	87.8

　　古巴人口密度较小的地方包括沼泽地带的比那尔德里奥境内的瓜那卡比贝斯半岛、萨帕塔半岛以及卡马圭沿海地带，东南部南岸的干燥地带和山岳地带人口也略显稀疏。人口密度最大的地方是一些大城市及近邻郊区，如首都哈瓦那以及圣地亚哥、卡马圭、奥尔金等市都是如此。从历史上看，这些城市一直是人口密集区。

　　首都哈瓦那是人口最多的城市。200 多年以前的 1763 年，该地人口仅为 5 万人，目前达 200 万人左右，约占全国人口的 20%，占城市人口的 27%，是第二大城市圣地亚哥人口的 5 倍多，说明该国城市人口分布并不合理。不过，从空间上看，大多数城市呈规则分布，一般城市都位于横贯岛屿中央的公路、铁路沿线以及气候和地形均具有优良环境的海岸线上。

　　虽然古巴的经济仍以农业为基础，但城市人口目前占 72%，其中一部分城市是由集镇而形成的小规模城市，这主要是古巴革命后推行的工业政策的结果（参见表 8）。

表 8　古巴各城市人口变动情况

单位：人

市＼年份	1899	1919	1943	1953	1964	1981
哈 瓦 那	247000	408700	868400	1139500	1517700	1924886
圣地亚哥	43000	62000	118200	189200	231000	345289
卡 马 圭	25000	42000	80500	129500	153100	245235
关塔那摩	7100	14800	42400	76700	122400	167405
圣克拉拉	13800	21700	53900	83200	120600	171914
西恩富戈斯	30000	37300	52900	62700	78700	102426
曼萨尼约	14500	22300	46300	51100	78000	87471
奥 尔 金	6000	13800	35900	68300	77700	186013

续表 8

年份 市	1899	1919	1943	1953	1964	1981
马坦萨斯	34400	41600	54800	72900	75500	99194
比那尔德里奥	8900	13800	26200	43000	66700	95476
卡德纳斯	22000	27500	37000	41200	57200	59501
圣斯皮里图斯	127000	23600	28200	44900	55400	71959
谢戈德阿维拉	3000	16400	23800	40700	51000	74216

从劳动力结构看，古巴农业劳动力虽然比重在各行业中仍属最大，但也只有20%多，相应的，服务业人口比重接近30%，这一状况与20世纪50年代的古巴相比有了很大变化（参见表9）。

表 9 古巴劳动力人口构成变动情况

行　业	1958 年		1973 年		1979 年		1987 年	
	劳动力人口 （千人）	比重 （%）	劳动力人口 （千人）	比重 （%）	劳动力人口 （千人）	比重 （%）	劳动力人口 （千人）	比重 （%）
农　业	620.4	38.8	670.3	29.8	637.5	23.0		18.5
工　业	289.4	18.1	453.2	20.2	553.7	20.0		22.2
建 筑 业	67.0	4.2	176.5	7.9	319.3	11.5		—
运输业和 通讯业	80.0	5.0	181.9	8.1	190.7	6.9		—
贸　易	289.1	18.1	176.7	7.9	303.8	11.0		—
服务业和 其他行业	253.1	15.8	588.1	26.1	763.2	27.6		—
总　计	1599.0	100.0	2246.7	100.0	2768.2	100.0		100.0

1958～1979 年的 20 多年间，农业劳动力人口比重下降了15.8 个百分点，贸易业下降了7.1 个百分点，其他行业均有上升，服务业和其他部门最为明显，提高了11.8 个百分点，这显然是工业化的结果。直至目前，古巴仍认为是失业率为零的国家，或者说，古巴是世界上唯一以法律严禁失业的国家。至于通货膨胀，也是如此。古巴政府宣布不存在通货膨胀。1987 年人均社会生产总值2565 比索，以次年 1 比索等于 1.2952 美元计，人均社会生产总值3322 美元。

古巴比较重视教育，1988 年教育经费占国家预算15% 左右。文盲率4%，6～12 岁儿童入学率98.7%。1987 年全国有医院264 家，每443 人拥有 1 名医生，每1864 人拥有 1 名牙医。

人口政策

古巴政府认为本国的人口增长率是令人满意的。古巴计划生育协会成立于 1976 年，其主要目的是对母婴健康提供保障。所以，政府一方面认为目前的生育率水平和生育趋势是可以接受的，另一方面又直接支持家庭计划和性教育工作。

尽管古巴是拉丁美洲城市化水平最高的国家之一，但是，自 1970 年之后，哈瓦那的城市人口增长明显减缓。其主要是由于资源的开发、投资的转移、就业方向的改变以及对某些工业贷款的控制所引起的。所以，目前政府的人口政策主要放在了人口空间分布方面，其主要内容是，努力开发各省的中心城市以带动本地小城市的发展，使这些中心城市成为工、农、商发展中心。

在其他方面，古巴政府的主要目的是：提高人们的生活水平、文化水平、增加就业机会、提高妇女地位、提高人口平均预期寿命、降低死亡率，尤其是降低婴儿死亡率。

小结

古巴人口状况在拉丁美洲地区是一个特例。其一，该国人口已经走进了"三低"类型，步入了老年型人口社会；其二，历史上的古巴一直是迁入人口大于迁出人口，但从 20 世纪 50 年代开始，呈明显的反向变化；其三，古巴人口民族构成相对"单纯"，因为没有印第安人融合其中；其四，古巴是加勒比海地区人口密度最低的国家之一，却又是这一地区人口最多的国家之一；其五，古巴至目前为止仍是世界上唯一以法律形式禁止失业的国家。

20 世纪 80 年代的古巴人口刚刚超过 1000 万人。根据古巴近几十年来的人口年龄结构以及社会经济等方面的变化，有关机构预测古巴在 2000 年的人口将达到 1140 万人，到 2020 年，达到 1250 万人。

瓜德罗普（Guadeloupe）

瓜德罗普为法国领地，位于加勒比海小安的列斯群岛的同名岛上，东濒大西洋，西临加勒比海，西北为瓜德罗普海峡，南是多米尼加海峡。主岛瓜德罗普被萨莱河分为东部的格朗德特尔岛与西部的巴斯特尔岛，附属岛屿有玛丽-加兰特岛、拉代西拉德岛、勒圣特群岛、圣巴特勒米岛以及圣马丁岛等。全部面积为 0.17 万平方公里。1987 年人口估计为 33.54 万人。人口密度每平方公里 197 人。首府：巴斯特尔。

在西印度群岛上，只有两个岛屿隶属于法国，一个是马提尼克岛，另一个便是瓜德罗普岛。尽管两之间相隔多米尼加联邦，但其历史发展却有许多相似之处。哥伦布于 1493 年先期到达瓜德罗普岛，1502 年才抵达马提尼克岛。之后西班牙人曾统治瓜岛。1635 年，与马岛一道被法国人占领。之后英法几度争夺，最终沦为法国殖民地。1871 年当地居民获权选派代表参加法国议会，第二次世界大战后为法国海外省。1977 年与马提尼克同被划为法国一大区。

早在西班牙殖民者到来之前,瓜德罗普岛一直居住有加勒比族印第安人。但到17世纪中叶时大部分已被殖民者消灭,幸存者逃往其他邻岛。瓜德罗普的现代居民大约是由历史上的这样一些人流混合而成:17世纪30~40年代来自于法国西南各省、巴黎、希列塔尼和诺曼底地区的法国人;从非洲西岸运来的大批黑奴;1848年废除奴隶制之后从亚洲招募来的印度劳工、华工、越南人、叙利亚人和黎巴嫩人等。在17世纪末,瓜德罗普的人口总数为1.10万人,其中白人6009名,占比重54.6%,黑人4981名,占比重45.4%。18世纪末,人口总数9.99万人,其中白人1.32万人,占13.3%;黑人8.67万人,占86.7%。1838~1917年的79年间,从"东印度"招募来劳工的人数在瓜德罗普和马提尼克共计7.86万人,其中在1854~1885年间,运进印度劳工达4.50万人。正是这些人在长期的共同斗争与生活中,渐渐地通婚、融合而产生了现代瓜德罗普人,他们成为岛上的主体民族,占总人口的93.9%(1978),主要是法黑混血人。从人种的角度说,该岛有约77%的黑白混血人,10%的白人,还有10%为欧洲人与美洲印第安人混血人种。

他们的通用语言为克里奥尔语,法语为官方语言。大多数居民为天主教徒,少数印度人信奉印度教。

到第二次世界大战结束时,瓜德罗普的人口一直在增加,此后向法国移民日益增多,特别是格朗特尔岛更是如此。到1954年,瓜德里普人口只有22.9万人。

像其他岛屿一样,瓜德罗普岛的人口增加速度也不快,近几十年来的人口年均增长率在1.0%左右,有些年份增加很快,像1954~1961年间,年均增长率在3.0%;但有些年份增长又非常慢,像1967~1974年,年均增长率仅为0.5%。这些从表1的资料中可以看出。

表1　瓜德罗普5个年份人口、性比例及年均增长率

普查时间	总人口(人)	男性人口(人)	女性人口(人)	性比例(%)	年均增长率(%)
1954.7.1	229120	111607	117513	95.0	
1961.10.9	283223	138436	144787	95.6	3.1
1967.10.16	312724	153462	159262	96.4	1.7
1974.10.16	324530				0.5
1982.3.9	327002	160112	166890	95.9	0.1

瓜德罗普1987年人口估计数是33.5万人。以此推算,1982~1987年间,人口年均增长率为0.5%。长期以来,该国人口增长缓慢,其原因主要是20世纪初该岛向法国大量移民,尤其是从圣马丁岛和圣巴特勒米岛移往法国;再就是晚些时候的劳动力外出做工所致。因为从人口的自然变动方面看,尽管自然增长率越来越低,即不断下降的出生率和变动不大的死亡率之间的差越来越小,但是即使在1990年,其自然增长率仍在14‰左右(参见表2)。

表2 瓜德罗普人口自然变动及有关指标

年 份	出生率 （‰）	死亡率 （‰）	自然增长率 （‰）	婴儿死亡率 （‰）	平均预期寿命（年）	
					男	女
1953	38.9	12.8	26.1	53.9	55.4	59.2（1951~1955）
1958	38.2	9.5	28.7	46.6		
1963	36.1	8.1	28.0	37.7	62.5	67.3（1963~1969）
1968	32.9	8.0	24.9	43.2		
1973	28.0	7.2	20.8	34.6	67.4	71.4（1970~1974）
1978	17.2	6.5	10.7	20.9	66.6	72.0（1975~1980）
1979	18.2	6.7	11.5			
1980	19.2	6.4	12.8	15.9		
1981	19.8	6.4	13.4	17.5		
1982	20.2	6.4	13.8	15.5		
1986	19.1	6.7	12.4	15.4		
1989	20.0	7.0	13.0	18.0	73.0	
1990	20.0	6.0	14.0	18.0	73.0	

1990 年的资料表明从自然变动的三项指标上看，该岛人口已接近了"三低"人口再生产类型。

1982 年瓜德罗普的人口年龄、性别构成情况见表3。

表3 1982 年瓜德罗普人口年龄、性别构成

年 龄	总人口（人）	男性人口（人）	女性人口（人）	性比例（%）	年 龄	总人口（人）	男性人口（人）	女性人口（人）	性比例（%）
0~4	23944	12051	11893	101.3	50~54	12897	6084	6813	89.3
5~9	35711	18150	17561	103.4	55~59	12132	5762	6370	90.5
10~14	41884	21139	20745	101.9	60~64	10451	5020	5431	92.4
15~19	41898	21111	20787	101.6	65~69	8429	3851	4578	84.1
20~24	30927	16156	14771	109.4	70~74	6599	3002	3597	83.5
25~29	22715	10953	11762	93.1	75~79	4554	1879	2675	70.2
30~34	21052	9874	11178	88.3	80~84	2508	957	1551	61.7
35~39	18041	8645	9396	92.0	85+	2080	610	1470	41.5
40~44	15320	7353	7967	92.3	不 详	1488	699	789	88.6
45~49	14372	6816	7556	90.2	合 计	327002	160112	166890	95.9

到 1982 年，该岛人口的自然变动与迁移变动共同造就了图 1 的年龄金字塔。该金字塔显示了一个尚未成熟的"枣核"状，其"核心"仍偏下。当这一"核心"随着时间的推移向上位移时，中年组人口即会增多，届时，中年人口比重便会自然增加；当这一批

人所生子女呈现在金字塔上时，可能会造成两个"核心"，在这种情况下，少年儿童也不会有太多的下降，有时反而会有所上升。从1982年看，0~14岁人口比重为31.1%，15~64岁比重为61.5%，65岁及以上比重为7.4%（见图1）。

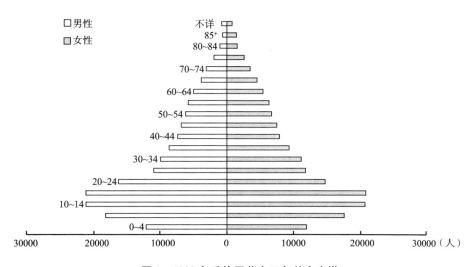

图1 1982年瓜德罗普人口年龄金字塔

该岛人口性别构成基本正常，略微偏低，只是25~59岁组的人口性别比显示了外流人口的痕迹。但该群岛比起同一海域的圣克里斯托弗和尼维斯、圣卢西亚等国或地区来说，确实要正常得多。

瓜德罗普是一个群岛，因此，其人口分布在各岛是不均衡的。有些岛稠密一些，有些岛稀疏一些。下面是德国学者希卢默博士提供的关于20世纪60年代的一组数据（见表4）。

表4 瓜德罗普各岛屿人口分布变动情况

岛　屿	面　积（平方公里）	各岛屿面积占总面积的比重（%）	1961年		1967年		1967年比1961年人口增长（%）
			人口（人）	人口密度（人/平方公里）	人口（人）	人口密度（人/平方公里）	
巴斯特尔岛	848	49.8	122508	144	284617	198	11.2
格朗德特尔岛	586	34.4	133332	228			
玛丽－加兰特岛	150	8.8	16341	109	15867	106	－3.1
拉代西拉德岛	27	1.6	1592	59	1559	58	－2.1
勒圣特群岛	14	0.8	2772	198	3269	234	17.9
圣马丁岛	52	3.1	4502	87	5061	97	12.4
圣巴特勒米岛	25	1.5	2176	87	2351	94	8.0
合　计	1702	100.0	283223	166	312724	183	10.2

在 20 世纪 60 年代，除了玛丽－加兰特岛和拉代西拉德岛外，其他岛屿人口均有增加。尤其是瓜德罗普－巴斯特尔岛和格朗德特尔岛的人口占到了总人口的 91%。这种状况及至目前依然如故。其中，格朗德特尔岛的人口密度又高于巴斯特尔岛。

瓜德罗普的首府为巴斯特尔，1985 年人口估计为 1.6 万人，占同期总人口的 5%。其他像样的城市还有阿比姆，人口 5.3 万人；皮特尔角城，人口 2.5 万人。在一般统计中，瓜德罗普的城市人口比重是十分高的。1990 年被认为这一比值高达 90%，成为加勒比地区城市人口比重最高的一个群岛地区。

瓜德罗普是不发达的农业国，农业仍是该国经济的基础，农业就业者占经济自立人口的 40%。旅游业和轻工业在经济中也占一定地位。但失业率比较高，尤其是季节性失业严重，一般在 25% 上下。为减少失业，瓜德罗普曾以每年 3000 人的速度向法国移民，自 1961 年起，向国外移民甚至成了政府的官方政策。

在对待人口问题上，政府的政策是支持计划生育。法国政策也支持于 1964 年成立的瓜德罗普计划生育协会。

圭亚那（Guyana）

过去在拉丁美洲有所谓的"三个圭亚那"，一是荷属圭亚那，即目前的苏里南共和国；二是法属圭亚那，目前称法属圭亚那；三是英属圭亚那，20 世纪 60 年代末独立为目前的圭亚那合作共和国，这里介绍的就是圭亚那合作共和国。该国在南美洲的东北部，东邻苏里南，南和西南与巴西交界，西和西北与委内瑞拉为邻，东北濒大西洋。全国行政上划分为 10 个地区，全国面积 21.49 万平方公里。1980 年人口估计为 75.9 万人。人口密度每平方公里不足 4 人。首都：乔治敦。

历史

大约在公元 5 世纪以前，印第安人从北美洲来到圭亚那定居，成为第一批圭亚那人，他们依靠狩猎、采集、捕鱼和简单的农业，创造了圭亚那的原始文明。1498 年，哥伦布第三次航行美洲时发现了圭亚那海岸。但是在圭亚那最早定居的外国人是荷兰人，他们从 1581 年起陆续在波麦隆河、埃塞奎博河、伯比斯河等地建起移民区。荷兰殖民者因在此地种植规模扩大，感到劳动力不足，便从 1658 年起由非洲贩入黑奴。1814 年荷兰将其转让给英国，该地区 1831 年正式成为英国殖民地，从此取名为英属圭亚那。1834 年英国被迫宣布废除奴隶制。第二次世界大战以后，民族解放运动高潮迭起，1953 年圭亚那取得内部自治地位。1961 年英国同意圭亚那成立自治政府。1966 年 5 月 26 日圭亚那宣告独立，并于 1970 年 2 月 23 日成立圭亚那合作共和国。从而成为英联邦加勒比地区的第一个共和国。

民族、宗教和语言

圭亚那合作共和国不论从种族上说，还是从民族上讲，都是十分复杂的，主要是因为历史上的移民来源太复杂所致。除了印第安人最早到此地外，以后荷兰人、英国人、法国人、葡萄牙人、西班牙人等都先后在此逗留或居住过，殖民者在此地殖民的同时，不仅像对其他拉丁美洲国家那样从非洲贩来了大量的奴隶，而且还从亚洲的中国、印度等地运来了所谓的"契约制合同工人"，这就使得这一曾被称之为"圭亚那岛"的弹丸之地上的人口构成立即"丰富"起来。1831 年，圭亚那的人口估计为 10.39 万人，其中白人为 3529 名，自由黑人和有色人种为 1.1 万人，黑奴为 8.94 万人。英国学者詹姆士·罗德韦在《英、荷、法属圭亚那》一书中给出表 1 的资料。

表 1　1911 年英属圭亚那的人口统计

单位：人

种　族	总人口数	土生人口数	种　族	总人口数	土生人口数	种　族	总人口数	土生人口数
白人、葡萄牙人	10084	8176	中国人	2622	1988	土　著	6901	6901
其他白人	3937	2207	黑　人	115486	105653	不　详	243	—
东印度人	126517	66668	混血种人	30251	27112	总　数	296041	218705

说明：这里的"土生人口数"只能理解为 1911 年之前该地区已有的各种族人口数。

如果累计计算，到 20 世纪初叶，根据签约而来到英属圭亚那的劳动力共计 34.01 万人，其中印度 23.95 万人，西印度群岛 4.26 万人，马德拉和亚速尔群岛 3.06 万人，中国 1.4 万人以及来自非洲的 1.34 万人（这里是累计计算的结果，随后的时点数理论上应该小于此数据）。

目前，圭亚那合作共和国的居民，主要以两大群体为主，一是讲英语的圭亚那人，当地称为克里奥尔人，是当年非洲黑奴的后裔，其中一部分已同欧洲人或亚洲人通婚，在血统上发生混合；另一个是印度移民的后裔。

印度人属于印欧语系印度–阿利安语族，目前其后裔占圭亚那总人口的 51%；使用英语的圭亚那人也算是印欧语系，但属于日耳曼语族，占总人口的 40% 多。以人种划分，52% 为亚洲人（以印度人后裔为主），30% 为黑人，12% 为混血种人，2% 为白人，原印第安人约占总人口的 4% 左右。所以，尽管圭亚那面积不大，人口不多，但却是拉丁美洲民族构成最复杂的国家之一，有"六族之国"之称。

复杂的人口民族构成必然导致复杂的宗教信仰。目前，全国有约 57% 的居民信奉基督教新教和天主教，其中新教 1620 年传入圭亚那，天主教则是在更早的 1500 年传入这一地区的。此外，33% 的居民信奉印度教。还有 9% 的居民信奉由阿赫默底亚派传教士带到圭亚那的伊斯兰教。华人多为佛教徒，也有基督教徒。

英语为官方语言和通用语。但某些民族内部广泛使用印第安语、乌尔都语、葡萄牙语、汉语和印度语。

人口变动

圭亚那合作共和国的人口变迁从总的历史上讲，经过了几次快与慢的变化。殖民者在圭亚那时期，人口处于增长状态，尤其当非洲黑奴在被贩卖给这一地区的殖民者时，人口骤然增加。后来在 1834 年奴隶制废除后不久，人口的增长速度明显减慢。然而，从亚洲运去的劳工又填补了这一"空白"，人口又开始增加。仅"从 1846～1917 年 71 年间，进入英属圭亚那的人口达 239000 人，相比之下，苏里南只引进了 3500 人"（〔英〕布莱克莫尔著《拉丁美洲地理透视》，第 223 页）。在第二次世界大战结束后的 15 年间，迁移人数不大，但 20 世纪 60 年代初，曾有一段时间人口大量移往英国。其后，人口的增长开始主要依赖于自然增长，尤其是当疟疾等热带传染病得到控制之后，人口的大量出生更显示出了人口自然增殖的能力。但到了 70～80 年代以后，人口的自然增长率又开始缓慢下来。表 2 是圭亚那人口的变动状况。

表 2　圭亚那合作共和国的人口变动

单位：万人

年　份	人　口	年　份	人　口	年　份	人　口	年　份	人　口
1831	10.1	1921	30.7	1950	42.3	1970	70.2
1911	29.6	1937	34.4	1960	56.0	1980	75.9

圭亚那合作共和国最后一次人口普查是在 1980 年，当时人口总数为 758619 人，但其后的人口数字大多是根据人们使用的不同预测方法所得出的不同结论。如：（1）联合国 1988 年 *Population Vital Slatistics Report* 7 月号推测圭亚那人口 1985 年为 79 万人，1987 年中为 98.9 万人；（2）美国人口咨询局的世界人口数据表 1986～1989 年连续 4 年的圭亚那人口均是 80 万人；（3）联合国最新公布的圭亚那人口数字 1990 年中为 103.9 万人；（4）《世界人口年鉴》则认为 1974 年 12 月 31 日的圭亚那人口是 77.43 万人，并以此给出了各年龄组人口的分布情况（图 1 的人口年龄金字塔即以此资料绘制）；（5）我国 1990 年《世界知识年鉴》指出圭亚那 1987 年人口"估计为 80.4 万人"……显然，这些估计数字悬殊比较大。有的资料认为 1987 年该国人口才达 80 万人；有的资料则认为 1973 年该国人口已达 82 万人。如果根据圭亚那的人口自然变动指标来看，在近 10 多年人口迁移变动不大的情况下，其人口目前大概在 95 万～100 万人之间。

由于观察角度不同，取得的资料不同，获取资料以及进行运算所使用的方法不同，所以其结果与实际肯定有"差别"。但是，总的趋势显然是出生率、死亡率均陆续下降，婴儿死亡率也在下降，唯有期望寿命在不断提高。这是每一个相对封闭的人口群体都已经达到或正在达到的结果。根据下面的自然增长率匡算，以 1980 年的普查结果 758619

人为基础，假定自然增长率 1980～1989 年平均为 2.0%～2.2% 的话，1985 年的人口则是在 83.76 万～84.58 万人之间，1990 年的人口在 92.48 万～94.31 万人之间（见表3）。

表3 圭亚那合作共和国人口自然变动及有关指标

年 份	出生率（‰）	死亡率（‰）	自然增长率（‰）	婴儿死亡率（‰）	平均预期寿命（年）	
					男	女
1953	43.9	13.5	30.4	81.4	53.15	56.28（1950～1952）
1958	44.5	10.3	34.2	61.7	59.03	63.01（1959～1961）
1963	41.8	8.9	32.9	53.7		
1968	34.0	7.8	26.2	41.5		
1973	31.8	7.4	24.4	45.9	65.30	70.60（1970～1974）
1978	28.3	7.3	21.0		66.50	71.70（1975～1980）
1980	31.5	6.7	24.8	47.9		
1986	28.0	6.0	22.0	45.0	68.00	
1989	26.0	7.0	19.0	44.0	68.00	
1990	21.0	5.0	16.0	25.0	70.00	

无论从哪个角度看，圭亚那的人口仍处于"转变"阶段，即由"高低高"向"三低"的转变阶段。按一般的观点，圭亚那人口目前属于"较高、低、较高"的人口类型，其结果是刚刚脱离开年轻型人口的成年型人口。1974 年圭亚那的人口年龄构成情况如表4所示。

表4 1974 年圭亚那合作共和国人口年龄、性别构成

年 龄	总人口（人）	男性人口（人）	女性人口（人）	性比例（%）	年 龄	总人口（人）	男性人口（人）	女性人口（人）	性比例（%）
0～4	113256	57303	55953	102.4	50～54	22962	11572	11390	101.6
5～9	109378	55113	54265	101.6	55～59	18432	9231	9201	100.3
10～14	115725	58149	57576	101.0	60～64	15953	8175	7778	105.1
15～19	97134	48506	48628	99.7	65～69	10744	5250	5494	95.6
20～24	73905	36591	37314	98.1	70～74	8948	4042	4906	82.4
25～29	51802	24952	26850	92.9	75～79	4482	2003	2479	80.8
30～34	37726	18210	19516	93.3	80～84	2040	748	1292	57.9
35～39	32491	15720	16771	93.7	85 +	1486	427	1059	40.3
40～44	30772	14985	15787	94.9	合 计	774323	384353	389970	98.6
45～49	27087	13376	13711	97.6					

由于该国的人口数据估计成分较大，因此表4及表2的人口总数出现很大差距。但这并不影响我们将 1974 年的圭亚那人口作为一个独立的横截面进行研究。

1974 年圭亚那的人口构成仍呈年轻型，是典型的增长型人口。其中，0 ~ 14 岁人口为 43.7%，15 ~ 64 岁为 52.7%，65 岁及以上为 3.6%。但这种情况随着出生率和死亡率的同时下降，已发生了较大变化：1989 年上述三项指标比分别是：38%、58% 和 4%。显然，1989 年圭亚那的人口刚进入"成年型"的行列。与 1974 年相比，0 ~ 14 岁人口比重下降了 5.7 个百分点，其他两组相应的分别上升了 5.3 和 0.4 个百分点（见图 1）。

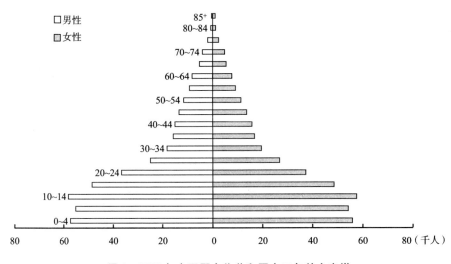

图 1　1974 年圭亚那合作共和国人口年龄金字塔

从性别分布上看，该国人口总的性别比及各年龄组的性别比基本均衡，没有大起大落现象。而且从前两次的人口普查结果看也是如此。1960 年，圭亚那人口总性比例为 99.3∶100；1974 年为 99.0∶100。

人口分布及其他

圭亚那合作共和国的国土面积虽小，但与其较少的人口相比，仍显得有些"大"，目前每平方公里的人口数仅为 4 人左右，是南美洲地区人口密度最低的国家之一。苏里南与法属圭亚那与此接近。这三个国家在人口分布上都有着共同的特征，这就是人口密度低、人口分布十分不均匀、大多数人口拥挤在沿海岸线的狭长地带上。圭亚那合作共和国境内分为 4 个自然区：（1）沿海平原，位于北部和东北部，面积约占全国总面积的 4%，区内土壤肥沃，排灌便利，是主要农业区；（2）丘陵沙土区，位于沿海平原的南面，占全国总面积的 25%。区内是木材和铝土的主要产地；（3）高原地区，包括从西北到东南以及西南的广大地区，占全国总面积的 60%，大部分为森林覆盖的山地；（4）内陆热带草原区，主要位于西南部，约占全国总面积的 11%，是圭亚那的畜牧业基地。全国人口 90% 以上集中在沿海地区，越往内陆，人口越稀少，只有一些沿河地区、已开发的矿山区以及实行农场农业的狭窄地带有少量人居住。

即使在沿海地区，人口分布也不是均匀的。首都乔治敦的人口 1983 年达 18.8 万人，占沿海地区人口的 27% 左右。另一座沿海城市新阿姆斯特丹 1976 年人口为 2.5 万人。这说明，圭亚那的人口不仅集中在沿海地区，而且主要是集中在沿岸的城市及其郊区。

事实上，圭亚那合作共和国的城市人口比重从全国来看并不高。1989 年估计为32%，是南部美洲城市人口比重最低的一个国家，这与该国的经济发展有着十分密切的关系。1989 年，人均国内生产总值 380 美元，也是这一地区最低的国家之一。该国的经济特征是，农业和采矿业是圭亚那经济的基础，1987 年农业在国内生产总值中占 31%。农业主要集中在沿海平原，农业人口占总人口的 69%（1987 年估计），从事农业的劳动力人口占总劳动力人口的 30%，从事矿业和制造业的劳动力人口占总劳动力人口的 20%。

圭国的经济在南美洲地区算是落后的。但该国政府较为重视教育，1976 年政府接管教会学校，实现了教育"圭亚那化"。全国实行从小学到大学的免费教育制度。成人文盲率 1985 年仅为 4%。

人口政策

圭亚那合作共和国 1974 年成立责任生育协会，1976 年参加加勒比计划生育分会，工作中心主要是进行医疗诊断。政府的政策曾经鼓励人口增长，允许私人开展家庭计划服务活动。国家为老人提供退休金，并为孕妇提供产假福利。目前，尽管国家也意识到本国尚未开发的资源与其人口增长过慢有直接关系，但政府仍认为人口增长水平及其趋势是令人满意的，而且同时认为目前的及所预测的妇女生育率也是令人满意的。

在人口迁移方面，政府希望增加移民入境，同时，对人口迁出则保持现状。在 20 世纪 80 年代前期，政府试图控制农村向城市的流动人口以刺激农业的发展并鼓励农民安居内地。总之，圭亚那合作共和国的人口政策有两个方面，一是对生育采取不干预的态度，二是鼓励移民入境，并希望农村人口留在内地农村。

小结

圭亚那合作共和国的人口特征是：国土面积小，人口少，人口密度稀，城市人口比重小。而且，该国人口数据不健全，以至于诸多人口机构提供了多种预测的、猜测的数据。

目前，人们估计圭亚那合作共和国的妇女总和生育率在 3.0 个左右，自然增长率在2% 左右，以此假定 80 年代末的人口总数是 95 万人的话，那么到 2000 年时圭亚那人口将达到 114.5 万人左右。

参考资料

〔英〕詹姆士·罗德韦：《英、荷、法属圭亚那》，吉林大学历史系翻译组译，吉林出版社，1976。

海地 （Haiti）

海地共和国位于加勒比海北部，伊斯帕尼奥拉岛（即海地岛）西部，北濒大西洋，南临加勒比海，西与古巴和牙买加隔海相望，东界多米尼加共和国。面积 2.77 万平方公里。1989 年中人口估计数为 640 万人。人口密度每平方公里 231 人。首都：太子港

历史

海地共和国由两个半岛和四个小岛屿组成，南半岛和北半岛向西伸展，环抱着戈纳伊夫海湾，四个小岛是戈纳夫岛、托尔蒂岛、瓦什岛和卡耶半特岛。这一地区自古居住着各种印第安人部落，其中有些部落称海地岛为基斯克亚——"土地的母亲"。该国的西部当时居住着西沃内人、阿拉瓦克人、泰诺人和加勒比人。到 15 世纪末，此地大约有 30 万左右的印第安人。大多数部落定居生活，从事耕作，西沃内人则从事狩猎和采集。

1492 年 8 月 3 日，哥伦布开始了"发现"美洲的第一次远航。12 月 6 日哥伦布的船队到达海地岛沿岸。12 月 25 日占领了海地岛的北海岸，并留下 39 名船员，在现在的海地角附近，建立了欧洲殖民者在美洲的第一个殖民点，取名拉纳维达德村。次年 9 月，哥伦布再度远航到达海地，又建立了一个新的殖民地——伊莎贝拉。3 年之后的 1496 年，哥伦布的弟弟巴托洛梅·哥伦布在海地岛的南海岸建立了拉丁美洲的第一座城市——圣多明各城（现为多米尼加共和国首都）。1502 年，海地岛被西班牙据为殖民地。从西班牙殖民者踏上海地岛的那一天起，野蛮的屠杀和民族压迫随之而来，印第安人苦难和斗争的历史便开始了。到了 1697 年，法国殖民者也卷入进来，并割得了伊斯帕尼奥拉岛的西部，称为法属圣多明各。1804 年 1 月 1 日法属圣多明各地区黑人起义成功，并宣告独立，取国名为海地，成为西半球继美国之后第二个独立的共和国。在拉丁美洲历史上，海地是第一个赢得独立、第一个废除奴隶制度、也是世界近代史上第一个从殖民统治下解放出来的黑人共和国。

民族、宗教和语言

在西班牙殖民者到达海地之前，这里的主要居民是印第安各部落。然而到了 16 世纪末，当地原有的几十万印第安人差不多已被侵入的殖民者消灭殆尽。1697 年，法国将伊斯帕尼奥拉岛西部占领之后，开始大量往此地移民。据史料记载，自 1775 年以后，每年运到海地的黑人达 3 万人之多。这样，几十年之后的海地，便成为了一个黑人的国家。1789 年，海地的人口增加到 54.5 万人，但其种族构成已发生了根本性的变化。其中黑人奴隶有 48 万人，占总人口的 88.1%；黑白混血种人和"自由黑人"（指用自己挣的钱赎了身的黑人）2.5 万人，占总人口的 4.6%，白种人 4 万左右，占 7.3%。海地在独立战争期间，曾将欧洲人驱逐出境，从而在岛上形成了以黑人为主体的海地民族。

1988 年海地人口约有 610 万人，其中黑人占 95%，为 580 万人左右；混血人和白人后

裔占5%，约有30万人。在黑白混血种人口中，各种混血种人中黑人血统所占的比重以不同的称谓表示：如以马拉布的称谓表示黑人血统约占7/8；格里夫意即黑人血统占6/8；黑人血统占1/2的，称为穆拉特；占1/4的，称为夸特龙；占1/8的，称为穆斯蒂夫等。然而这些称号常常视为具有侮辱性质，因为社会上层常以自己的黑人出身为耻。所以在海地有这样一种说法："黑人富了，他便被认为是混血种人；混血种人穷了，他便被认为是黑人。"

海地的官方语言是法语和克里奥尔语。后者有3/4的词汇取自法语的诺曼底方言，也有少量英语和西班牙语的借词。使用克里奥尔语的居民占全国人口总数的90%左右。不过，海地是拉丁美洲唯一以法语为官方用语的国家。

在宗教信仰方面，海地约有80%的居民都算是天主教徒，只有5%的居民信奉新教。但是，大部分海地天主教徒几乎都与伏都教的崇拜有联系，这种崇拜是非洲原始宗教信仰和仪式的残余，显然这与海地人口的不同来源有着十分密切的关系。

人口变动

前面已经说过，在西班牙殖民者到达海地这一地区之前，岛上只有土著印第安人，而且仅有20万~30万人，以后这些印第安人几乎被消灭殆尽。欧洲殖民者与被贩运来的非洲黑人填补了这里的"空白"。18世纪末，此地人口便达到54万人左右。1840年，海地人口约为100万人，1920年为212.4万人。1950年根据首次人口普查资料显示，海地的总人口为309.7万人；1971年第二次人口普查时为432.9万人；1982年进行了第三次全国性人口普查，此时人口已达505.3万人；1989年约有640万人（参见表1）。

表1　海地的人口变动

年　份	人口（万人）	年均增长率（％）	年　份	人口（万人）	年均增长率（％）
公元1500年以前	30.0		1950*	309.7	2.32
1789	54.5	0.21	1960	360.0	1.52
1840	100.0	0.40	1971*	432.9	1.69
1920	212.4	0.95	1982*	505.3	1.42
1940	275.1	1.30	1989	640.0（估计）	3.44

　*为人口普查年份。

可见，海地的人口增长速度相对于其他拉丁美洲国家来说是比较缓慢的。在移民方面，国内的迁徙人口与国外的移民人数都很少，虽然海地有一段时期曾大量往多米尼加移民，但从20世纪30年代开始，几乎很少有人再向别国移民。据不完全统计，第二次世界大战前，有7万名海地人在多米尼加、8万人在古巴种植园做工。估计90年代有37万海地人仍在国外。而在海地也有国外移民，但为数不多。70年代末海地有多米尼加人1.5万人，古巴人3000人，美利坚人和叙利亚人各1000人。

海地的人口生育情况是，出生率一直比较高。至 20 世纪 70 年代前期，出生率仍高达 40‰以上，及至目前，仍达 35‰，是拉丁美洲地区出生率最高的国家之一。然而，高出生率却没能使海地的人口迅速增长起来，其原因主要是其死亡率也一直比较高，到 60 年代末期，该国死亡率仍在 20‰上下波动。而当时的古巴、多米尼加等邻国的死亡率已经降至 6.0‰～12.0‰。下面是哈罗德·布莱克莫尔博士在他所著的《拉丁美洲地理透视》一书中所列举的 1964 年的一组资料（见表 2）。

表 2　1964 年加勒比海若干国家和地区人口自然变动指标

国家或地区	出生率（‰）	死亡率（‰）	年均增长率（%）	国家或地区	出生率（‰）	死亡率（‰）	年均增长率（%）
海　　地	44.4	21.6	2.8	古　　巴	33.8	7.1	1.9
多米尼加	41.3	13.7	3.5	向风群岛	40.7	10.3	1.6
安的列斯群岛	29.2	4.8	3.3	牙买加	40.1	7.7	1.5
特立尼达和多巴哥	34.5	6.3	2.8	开　　曼	31.7	6.6	1.4
瓜德罗普	34.0	7.6	2.8	巴巴多斯	26.9	8.8	1.3
马提尼克	33.9	8.1	2.7	背风群岛	31.6	9.4	1.3
维尔京群岛	38.1	9.6	2.2	波多黎各	30.3	7.7	0.6
巴哈马	31.8	7.9	2.1	特克斯	36.8	11.4	-0.5

注：表中年均增长率指 20 世纪 50 年代至 1964 年的年均增长状况。

从中可以观察到当时海地与这些国家的死亡率的差别。表 3 是几十年来海地人口的自然变化情况。

表 3　海地人口自然变动及有关指标

年　份	出生率（‰）	死亡率（‰）	自然增长率（‰）	婴儿死亡率（‰）	平均预期寿命（年）	
					男	女
1953	45.5	26.8	18.7		32.61（1950）	
1958	45.1	24.0	21.1		36.3	38.9（1951～1954）
1963	44.4	21.5	22.9		39.4	42.0（1955～1959）
1968	43.7	19.2	24.5		42.3	44.9（1960～1964）
1973	42.7	17.4	25.3		44.9	47.6（1965～1970）
1975～1980	41.8	15.7	26.1	121.0	49.1	52.2
1985～1990	34.3	12.7	21.6	117.0	54.0	

美国人口咨询局编制的 1989 年世界人口数据表显示，海地是目前拉丁美洲人口死亡

率最高的国家之一；更是婴儿死亡率最高的一个国家，出生的每1000名婴儿中，在海地就有100多名婴儿会因各种原因在不足周岁时夭折；海地还是拉丁美洲人口寿命最短的国家之一（与玻利维亚接近）。用人口转变理论来看，海地人口尚处于高出生、较低死亡、较高增长阶段。

由于海地的婴儿死亡率很高，所以像非洲一些国家一样，年轻人所占的比重并不是很大。并且，由于人口平均预期寿命较短，所以64岁以上人口比重也不算大。1981年海地0～14岁人口比重只有40.5%，64岁以上人口比重为3.7%，15～64岁人口比重是55.8%（见表4）。

表4　1981年海地人口年龄、性别构成

年　龄	总人口（人）	男性人口（人）	女性人口（人）	性比例（%）	年　龄	总人口（人）	男性人口（人）	女性人口（人）	性比例（%）
0～4	786744	399486	387258	103.1	40～44	210036	89885	120151	74.8
5～9	671892	341194	330698	103.3	45～49	220941	99362	121579	81.7
10～14	609829	311844	297985	104.7	50～54	187718	91107	96611	94.3
15～19	557345	281782	275563	102.2	55～59	143694	71846	71848	100.0
20～24	497320	246725	250595	98.4	60～64	104458	51770	52688	98.2
25～29	396531	185578	210953	88.0	65～69	73885	36891	36994	99.9
30～34	283615	120661	162954	74.1	70⁺	116888	52891	63997	82.6
35～39	243259	101910	141349	71.6	总　计	5104155	2482932	2621223	94.7

说明：表4与表1中的普查数据略有出入。

1989年，0～14岁、64岁以上和15～64岁的人口比重分别为40%、5%和55%。显示了海地劳动力人口的庞大数量。这一人口压力加上社会、经济等因素，使得该国失业人口众多。从性别构成上看，海地的性比例偏低。1950年普查时为94.5，1971年为93.3，1981年为94.7。从1981年分年龄性别构成上看，也是十分奇特的。20～60岁是性比例最低的年龄段，其间女性（117.6万人）比男性（100.7万人）多16.9万人，这大概与海地该年龄段的人群或去邻国做工、或客居他乡有很大的关系。总之，海地人口性别构成属于性比例偏低类型（参见图1、图2）。

人口分布及其他

海地人口密度20世纪80年代末达每平方公里230人，是拉丁美洲人口密度最高的国家之一。因为海地国土面积总共只有2.7万平方公里，所以，在很早以前，人口即显得有点多了。美国学者R.C.韦斯特教授曾指出："在海地的景观上，再没有别的问题比它的人民与土地的比例失去平衡、资源绝望和由此而产生的难以忍受的人民贫困更为引人注目了……由于多种多样的原因，在不到两个世纪里，海地从加勒比地区最富庶的种植园殖民地变成南北美洲最贫穷的独立国"。尽管造成这种结果的客观因素有很多，但是人口超过土地的承受能力已成为一个不争的事实。

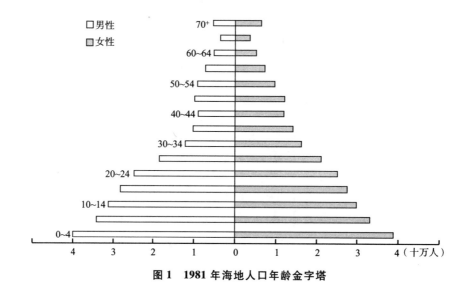

图1 1981年海地人口年龄金字塔

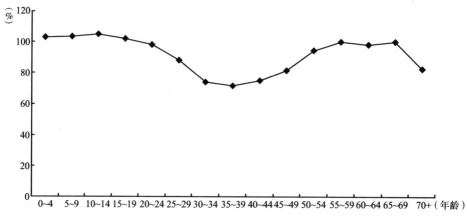

图2 1981年海地人口年龄别性比例分布图示

海地面积狭小，人口众多，其人口分布极不均匀。海地人口密度最大的有两个地带。一个地带是由海地角、北部山脉湿润山坡以及介于佩港和圣拉斐尔之间的北部平原等几部分组成，这是海地自殖民地时期以来的种植园发展和奴隶人口集中的主要地区。第二个人口密集地带是在南方，从封闭洼地西部起，通过太子港一直延伸到西南半岛，这个地带又以太子港、雅克梅勒以及莱凯沿海平原和阿西尔谷地的人口密度为最高。在内陆的山岳地带，人口则十分稀少。像上述环境良好的地带，仅占海地面积的17%，但却容纳了全国人口的一半以上。

海地是农业国。就经济发展水平而言,海地是世界上最落后的国家之一,也是西半球最落后的国家。因此,海地的城市一直发展不起来,城市人口比重在拉丁美洲也是最低的国家之一。20 世纪 60 年代早期的统计表明,只有不到 7% 的海地人口居住在 5000 人以上居民的城市中。而在这 25 万人当中,差不多有 15 万人集中在太子港。当时的海地角是第二大城市,居民将近 2.5 万人。其余所谓的城市大概只是一些 5000 人左右的小集镇。所以,60 年代初,按照海地的城市标准,有大概 15% 的城市人口。目前,海地的城市人口大约占 23% 左右,也就是说,约有 140 万居民在海地大小不等的城市中。然而在 1988 年,仅首都太子港一市就有人口 100 万人,海地角人口约有 10 万人。可见,海地人口分布的不平衡性,不仅表现在地域空间的分布上,而且也表现在城市人口的疏密上。

在这种情况下,海地劳动力人口的职业构成如下(参见表 5)。

表 5　海地劳动力人口构成变动情况

行　业	1970 年		1980 年		1980 年比1970 年增减（％）
	劳动力人口（人）	比重（％）	劳动力人口（人）	比重（％）	
农林牧渔业	1428755	61.4	1319600	56.9	-7.64
采矿业	889	0.0	1200	0.0	34.98
制造加工业	119564	5.1	132100	5.7	10.48
建筑业	17812	0.8	22200	1.0	24.64
水、电、煤气	1376	0.1	1600	0.1	16.28
运输、仓储、通讯	11801	0.5	15400	0.7	30.50
贸易	194239	8.4	321200	13.8	65.36
银行、保险、不动产	2411	0.1	3700	0.2	53.46
服务业	158195	6.8	136600	5.9	-13.65
其他	391159	16.8	364200	15.7	-6.89
合　计	2326201	100.0	2317800	100.0	-0.36

目前,大约有 60.9% 的劳动力从事农、林、渔业,从事制造业的占 6.8%,从事建筑业的占 1.1%,运输、通信占 0.8%,商业占 0.2%,矿业占 0.1%,其他占 30.1%。

根据 1984 年统计,海地 75% 的人口生活在世界银行规定的贫困线以下。同年,人均国民收入仅为 90 美元,农民年平均收入 35 美元。问题的关键还在于其贫富悬殊很大,占全国 5% 的富人占有全国财富的 90%。

贫困落后的经济必然伴随着落后的教育。在 20 世纪 60 年代,该国约有 90% 的居民既不会读,也不会写,其识字率是世界上最低的国家之一,只有 18% 的适龄儿童可以上小学。20 年以后,这种状况虽然有了改观,但适龄儿童入学率也仅为 20%,有读写能力的成人只占总人口的 35% ，城市文盲率为 54% ，农村高达 85% ，成为世界上文盲率最高的国家之一。

小结

海地的历史与环境使得在中部美洲大概没有其他任何地方，像海地人那样紧密地依靠自然界；像海地人那样为了谋生顽强地在土地上艰难地生活着。这种状况造成了以下一系列人口学上的特征：（1）海地人口出生率仍很高，但由于死亡率很晚才降下来，所以该国人口自然增长率一直不算太高；（2）海地是拉丁美洲乃至世界上婴儿死亡率最高的国家之一，是人口平均预期寿命最低的国家之一；（3）海地人口年龄构成受上述因素影响，15～64 岁人口比重较大；（4）仍然与经济因素有关系的是，海地的人口性别比例偏低，在有些年龄段严重失衡。除此之外的一些特点还有：（1）海地是世界上文盲率最高的国家之一；（2）海地的人口失业率也很高；（3）海地是世界上经济最落后的国家之一。

面临这种情况，海地政府也确实感到了人口增长率过高，这种过高的人口自然增长率已使得人口与土地及其他自然资源严重失衡。1981～1986 年的五年计划中，确定了一些具体措施：通过家庭计划而降低生育率，并提高妇女的经济参与活动能力。比起过去年份的五年计划来，这次更加重视了医疗、健康、卫生保障等方面的内容，尤其是重视了对疾病的预防等内容。

海地人口政策的其他内容还包括调整人口国内空间分布，其目的是通过分散工业地区和其他发达地区的各项活动来提高不发达地区人们的收入水平。此外，在今后时期内还准备力求降低过高的人口外流率。

海地目前妇女总和生育率高达 4.9 个，为加勒比地区的最高值，这表明海地今后仍会在相当长的时期内维持高的生育率。然而，该国的死亡率目前仍未降至 10‰ 以下，所以，这又会影响人口的增长。再向后预测，至 2020 年，该国人口大约可达到 1000 万人左右。

参考资料

钟华：《海地革命》，商务印书馆，1974。

洪都拉斯（Honduras）

洪都拉斯共和国位于中美洲北部，北临加勒比海，南濒太平洋的丰塞卡湾，东、南与尼加拉瓜和萨尔瓦多交界，西与危地马拉接壤，国土面积 11.24 万平方公里，为中美洲第二大国，仅次于尼加拉瓜。1989 年年中人口数 500 万人左右。人口密度每平方公里 44.5 人。首都：特古西加尔巴。

历史

同许多拉丁美洲国家一样，在西班牙殖民者到来之前，在洪都拉斯这块土地上居住着印第安部族。大约在公元前 600~前 400 年，洪都拉斯西北部是著名的玛雅帝国的一部分。公元 900 年，玛雅帝国消失。大约 11 世纪，玛雅人后裔托尔特卡人移居到洪都拉斯，著名的科潘遗址就是托尔特卡人建造的。1502 年哥伦布第四次航行美洲到达洪都拉斯附近沿海，遇到深渊，船难以靠岸，故称此地为洪都拉斯。因为根据西班牙语言，洪都拉斯即"无底深渊"之意。8 月 14 日，哥伦布在洪都拉斯南部附近第一次踏上中美洲大陆。从此以后，西班牙殖民主义者便逐渐侵入洪都拉斯。1525 年，西班牙殖民者征服洪都拉斯，使之成为西班牙美洲帝国版图内第一个中美洲的省份。19 世纪初叶，洪都拉斯与其他中美洲国家一样，在拉丁美洲革命的高潮中，于 1821 年 9 月 15 日宣布独立。1823 年参加"中美洲联邦"。[①] 1838 年 11 月 5 日退出联邦，另建立洪都拉斯共和国。

民族、宗教和语言

在欧洲人殖民以前，洪都拉斯地区有一些从事原始农业的印第安小部落——兰卡人、米斯基托人、乔尔蒂人等。在殖民者征服这一地区的过程中，大部分印第安人或被屠杀，或死于为殖民者开采银矿的强迫劳动中。由于劳动力的枯竭，西班牙殖民者开始从非洲输入黑奴。不过在 16 世纪末，从危地马拉迁入了一大批操西班牙语的混血人。到洪都拉斯独立时，当地印第安人仍占 40%，混血人占 30%，白人和黑人分别占 12% 和 15%。

西班牙人和印第安人的混血人，称为拉迪诺人，他们构成了当代洪都拉斯居民的主体。所以在目前的洪都拉斯人口中，印欧混血种人占 86%，印第安人的比重已降至 10%，黑人和白人各占 2% 左右。

天主教是洪都拉斯的主要宗教。1851 年，驻牙买加的教皇代表建立了洪都拉斯第一个天主教会，此后，天主教发展很快。目前，天主教徒占全国人口的 80% 以上，此外还有为数不多的新教徒和犹太教徒。洪都拉斯的印第安人还保留了某些西班牙人入侵以前的原始信仰。

国语为西班牙语，部分黑人讲英语，大部分印第安人已不再使用自己的语言。

人口变动

洪都拉斯是拉丁美洲国家中进行人口普查次数最多的国家之一。从 1881 年第一次人口普查开始，至 1974 年的近一个世纪中，进行过 15 次人口普查，平均每 6 年多进行一次。这 15 次人口普查的年份分别是：1881、1887、1895、1901、1905、1910、1916、1926、1930、1935、1940、1945、1950、1961、1974 年。以后由于各种原因，洪都拉斯再没有进行过人口普查。

洪都拉斯人口相对于本国国土面积来说，并不算多。1930 年人口总共 94.0 万人，1940

[①] 1823~1838 年由危地马拉、萨尔瓦多、洪都拉斯、尼加拉瓜和哥斯达黎加组成的联邦国家。

年为 114.6 万人，1950 年为 136.8 万人，1961 年为 188.4 万人，1974 年最后一次人口普查的结果是 265.6 万人，20 世纪 90 年代估计人口在 500 万人左右。洪都拉斯的人口增长速度自第二次世界大战后一直是比较高的，年平均增长率在 3% 左右（参见表 1、表 2）。

表 1　洪都拉斯的人口变动

单位：万人

年　份	人　口	年　份	人　口	年　份	人　口	年　份	人　口
1930	94.0	1965	218.1	1977	288.0	1987	465.6
1940	114.6	1970	250.9	1981	382.1	1989	500.0
1950	136.9	1974	265.7	1982	396.0	1990	513.8
1961	188.5	1976	280.3	1985	437.0		

表 2　洪都拉斯每 10 年人口年均增长率

单位：%

时　期	增长率	年均增长率	时　期	增长率	年均增长率
1930～1939	21.91	2.01	1970～1980	52.22	3.89
1940～1949	26.09	2.35	1981～1990	34.50	3.35
1950～1960	30.38	2.44	1930～1990	446.60	2.87
1961～1969	33.17	3.23			

表 1、表 2 资料表明，20 世纪 70 年代是洪都拉斯人口增长最快的时期，年均增长率接近 4%。由于洪国迁出迁入人口大体相当，所以，导致该国人口增长快的根本原因是自然增长，其中，又以死亡率的下降和出生率居高不下为主要因素。

从几十年来的情况看，洪都拉斯人口总的出生率下降了 14 个千分点，而与此同时，死亡率也下降了 14 个千分点，两者几乎是同步进行的。不过在其中的 20 世纪 60 年代末和整个 70 年代死亡率下降的步伐要快于出生率，所以，这一时期的人口自然增长率上升到 34‰～35‰。

人口自然增长率仍在 30‰ 以上的国家目前在拉丁美洲已不多见。全洲只有 5 个国家，其中 4 个集中在中美洲，即伯利兹（30‰），危地马拉（31‰），尼加拉瓜（35‰），洪都拉斯（32‰）以及加勒比地区的格林纳达（30‰）。人口出生率超过 40‰ 的国家，全拉美地区也只有 4 个，其中 3 个国家在中美洲，即危地马拉（40‰），尼加拉瓜（43‰）以及南美洲的玻利维亚（40‰）。死亡率与其他国家基本接近。因此，洪都拉斯与尼加拉瓜、危地马拉等国一样，属于典型的"高出生、低死亡、高自然增长"的人口类型（参见表 3、图 1）。

表 3　洪都拉斯人口自然变动及有关指标

年　份	出生率 (‰)	死亡率 (‰)	自然增长率 (‰)	婴儿死亡率 (‰)	平均预期寿命（年）	
					男	女
1953	51.3	21.8	29.5	69.2	40.9	43.5（1950～1954）
1958	51.2	19.8	31.4	67.0	43.4	46.6（1955～1959）
1963	50.9	17.7	33.2	47.8	46.3	49.7（1960～1964）
1968	50.0	15.7	34.3	35.6	49.2	52.7（1965～1969）
1973	48.6	13.7	34.9	39.5	52.4	55.9（1970～1974）
1978	47.0	11.8	35.2	26.9	55.4	58.9（1975～1980）
1981	42.1	8.8	33.3	23.0		
1983	39.8	8.1	31.7	17.4		
1986	42.0	10.0	32.0	82.0	60.00	
1989	40.0	8.0	32.0	69.0	64.00	
1990	37.0	7.0	30.0	57.0	65.00	

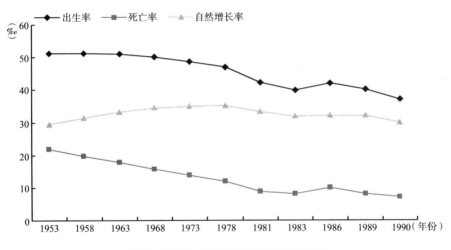

图 1　洪都拉斯人口自然变动指标图示

　　洪都拉斯的婴儿死亡率指标值有较大争议。前例表 3 中的 1963～1983 年数值与 1986～1990 年的数值显然不一致。其原因前者取自"登记"值，后者则是有关国际人口机构的估计值。如 1983 年的婴儿死亡率，在联合国 *Population and Vital Statistics Report*（1988 年 6 月）中，便给出两个相差很大的数值，即"登记数据"为 17.4‰，"估计值"为 69.0‰；美国人口咨询局 1989 年对该国同一指标的估计值是 69.0‰；联合国人口机构对 1990 年的这一指标估计值是 57‰；世界银行 1989 年发展报告提供的估计值也为 69‰。因此，我们这里从 1986 年开始选用了"估计值"以与前期相对照。总的来说，洪都拉斯的婴儿死亡率在第二次世界大战后有了一定程度的降低，但仍高于拉丁美洲的平均水平。如果该国的婴儿死亡率真是 17.4‰的话，那么其平均预期寿命就不可能是目前的 60 岁左右，而至少要达到 70 岁左右。

从图 2 的 1981 年洪都拉斯人口年龄金字塔形状看，该国人口属于典型的增加型人口：底部宽阔、扩展幅度大，说明出生率高；顶部狭窄、收缩迅速，说明死亡率较高，平均预期寿命短。从金字塔图形中还可以看出，该国人口性别构成十分均衡，50 岁之前的性比例稳稳当当地徘徊在 100 ~ 101 之间；50 岁以后，按照生物学规律性比例缓慢降低，直到 75 岁之前，仍维持在 90.0 以上。人口总的性比例也十分正常，为 100.5∶100。最后三次人口普查所显示出的结果表明，该国的性别结构一直是均衡的。

长期高出生率的结果，必然导致人口年轻化。尽管出生率有所降低，但由于其降低速度十分缓慢，所以洪都拉斯的人口结构长期以来几乎没有发生变化。1973 年，0 ~ 14 岁人口比重为 46.8%，15 ~ 59 岁是 49.3%，60 岁及以上 3.9%；1981 年 0 ~ 14 岁比重 47.7%，15 ~ 59 岁为 47.9%，15 ~ 64 岁为 49.5%，60 岁及以上和 65 岁及以上人口比重分别是 4.4% 和 2.8%；1989 年，0 ~ 14 岁、15 ~ 64 岁和 65 岁及以上人口比重分别是 47%、50% 和 3%。洪都拉斯的人口年龄构成同尼加拉瓜一样，"并列"为拉丁美洲最"年轻"的国家。下面的 1981 年的人口年龄金字塔可显示出这一特征（参见表 4、图 2）。

表 4   1981 年洪都拉斯人口年龄、性别构成

年　龄	总人口（人）	男性人口（人）	女性人口（人）	性比例（%）	年　龄	总人口（人）	男性人口（人）	女性人口（人）	性比例（%）
0 ~ 4	729141	367034	362107	101.4	45 ~ 49	122472	61277	61195	100.1
5 ~ 9	595851	298434	297417	100.3	50 ~ 54	102243	51105	51138	99.9
10 ~ 14	497427	249765	247662	100.8	55 ~ 59	82842	41288	41554	99.4
15 ~ 19	407903	205288	202615	101.3	60 ~ 64	63960	31603	32357	97.7
20 ~ 24	327873	165041	162832	101.4	65 ~ 69	46318	22527	23791	94.7
25 ~ 29	264284	133102	131182	101.5	70 ~ 74	30835	14717	16118	91.3
30 ~ 34	205709	103237	102472	100.7	75 ~ 79	18280	8539	9741	87.7
35 ~ 39	170471	85446	85025	100.5	80 +	10224	4543	5681	80.0
40 ~ 44	145118	72616	72502	100.2	总　计	3820951	1915562	1905389	100.5

洪都拉斯之所以没有像拉丁美洲某些国家那样性别比有所偏颇，与该国迁移人口绝对量少以及迁移率低和迁入人口与迁出人口相互抵消有一定关系（见表 5）。

人口分布及其他

尽管洪都拉斯人口增长率在中美洲国家几乎为最高，但是其人口密度却最低，平均每平方公里只有约 45 人，这是由于洪国东北部的一大片地区不太适宜于人们居住所致。与东北部近乎无人的情形相对照，中部河谷地带则是人口稠密，此地很早以前，就是该国原始居民的居住地区。美国地理学教授韦斯特曾指出："按其人口分布和文化形式，洪都拉斯人现在可以分为两部分：（1）具有殖民地传统的内部山地的人们，主要集中在国

家首都特古西加尔巴（16 万人）；（2）新发展的加勒比低地或滨海地带的人们，主要集中于乌卢亚河盆地中的一些香蕉种植园和商业城市圣佩德罗－苏拉（9.5 万人）。相比之下，东北部低地的莫斯基蒂亚人烟稀少，仍然处于国家发展进程之外"。这是 1966 年作者在《中部美洲》一书中对洪都拉斯的人口特征及其分布所作的描述。从 20 世纪 90 年代的情况看，总的趋势并没有大的改变。首都特古西加尔巴一直是洪都拉斯的历史、经济和文化中心，近年来人口增加更加迅猛，该市人口近达 30 万人。宪法规定：洪国首都由特古西加尔巴城和科马圭亚拉城共同组成。这样首都地区 1987 年人口近 63 万人，占当年全国人口的 13.5%，前面韦斯特教授提到的圣佩德罗－苏拉市 1983 年人口则达 34.5 万人，占当时全国人口的 8.6%。洪都拉斯人口分布之不平衡由此可见一斑。

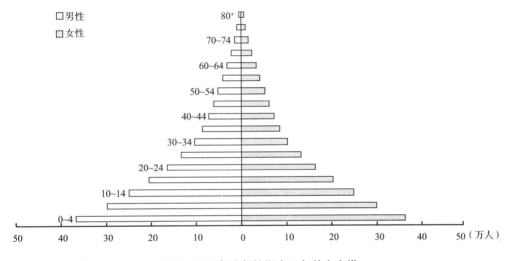

图 2　1981 年洪都拉斯人口年龄金字塔

表 5　四个年份洪都拉斯人口性别构成情况

年　份	总人口（人）	男性人口（人）	女性人口（人）	性比例（%）	年　份	总人口（人）	男性人口（人）	女性人口（人）	性比例（%）
1950	1368605	685935	682670	100.5	1974	2656948	1317307	1339641	98.3
1961	1884765	939029	945736	99.3	1981	3820951	1915562	1905389	100.5

　　洪都拉斯的城市人口比重目前为 41%，是拉丁美洲国家城市人口比重最低的国家之一。在中美诸国中，仅略高于危地马拉（40%），而首都和圣佩德罗－苏拉两大城市人口就占全国城市人口总数的 50% 以上，说明洪国城市人口比重尽管高达 41%，事实上这不过是人口过分集中在某几个城市而已，也并不是工业化的结果。

　　从经济上讲，洪都拉斯是拉丁美洲最贫困的国家之一。20 世纪 80 年代以来经济发展缓慢，近几年来略有好转，尤其明显的是通货膨胀率仅为 2.5%（1987），失业率

28.2%。1989 年人均国民生产总值 780 美元，在中美洲地区倒数第一。洪都拉斯是一个农业国家，在经济自立人口中，1979 年约有 65%从事农业，9.7%为工业，5%为贸易和12%是服务行业。

洪都拉斯是拉丁美洲人口文化程度最低的国家之一。1960 年时，文盲率为 55%，1980 年有所降低，但仍高达 40%，目前的文盲率仍在 40%以上。小学适龄儿童已基本上达到100%的入学率；中学生入学率 36%，其中男性 38%，女性 31%；大学生入学率 10%。

人口政策

洪都拉斯政府一向认为本国的人口增长率委实太高，从而阻碍了社会的发展。政府希望降低婴儿死亡率和总死亡率，并且于 20 世纪 80 年代初期制定了降低一般死亡率的目标，即从 70 年代末的 10.1‰降至 1982～1986 年的 8.1‰。同时，政府还希望降低生育率，力争出生率在 1982～1986 年间从过去的 44‰降至 39‰。政府直接支持家庭计划服务，并为育龄妇女提供受教育机会。事实上，洪都拉斯在 1961 年便成立了计划生育协会，1965 年参加了国际计划生育联合会（IPPF）。这个协会为男子或妇女提供志愿的绝育手术。在洪都拉斯，妇女流产被认为是非法的。

在移民方面，洪都拉斯政府期望降低人口向大城市的迁入率，同时降低农村人口外流率，不过这些尚未形成官方的人口分布政策。

小结

洪都拉斯的人口与经济发展状况是紧密相连的，落后的经济衍生出来的人口特征是：（1）高出生率、高自然增长率；（2）较高的婴儿死亡率；（3）较低的人口平均预期寿命；（4）典型的增长型人口集团；（5）极高的文盲率等。

据统计，20 世纪 90 年代初洪都拉斯妇女的总和生育率为 5.5 个，与同一地区的危地马拉、尼加拉瓜和南美洲的玻利维亚接近。这意味着，该国的生育率仍将高水平地持续相当长的时间。尽管政府力图降低妇女生育率，但人口的这种惯性以及前述人口年龄金字塔表现出来的图形都充分表明了，该国人口的增长势头仍没有衰减的迹象。预测今后10 年洪都拉斯人口净增 180 万人，年增长人口 18 万人，年增长率 3.1%。之后速度可能略有减缓，大概到 2020 年时，人口将达到 1060 万人，即 30 年以后的洪都拉斯人口将是目前的 1 倍。

开曼群岛（Cayman Islands）

开曼群岛位于加勒比海西北部，在牙买加西北 268 公里处，由大开曼、开曼布拉克、小开曼三个主要岛屿组成，面积 259 平方公里。人口 1988 年估计 2.2 万人。人口平均密度每平方公里 85 人。首府：乔治敦。

在 17 世纪后期之前，一直无人真正居于此地，尽管 1503 年哥伦布曾发现过该群岛。

1670 年，该群岛与牙买加一起沦为英国殖民地，并归牙买加总督管辖。当 1962 年牙买加独立后，开曼群岛归属了英国，成为英殖民地，由英王任命总督并行使管辖权。

开曼群岛的居民多为与英格兰人混合的黑人后裔，"纯"黑人占总人口的 23%，白人占 20%。英语为官方语言。多数居民为新教徒。

开曼居民在 1900 年前后兴起向外移民热，主要是向中、北美洲，更确切地说是向美国移民，因此，人口一直没有多大增长。但从最近几十年的情况看，人口还是有了一定的增加，尤其是 20 世纪 60 年代更加明显。表 1 是开曼群岛近 40 年来人口演变状况。

表 1　1954～1979 年开曼群岛人口性别构成及增长情况

普查年份	总人口（人）	男性人口（人）	女性人口（人）	性比例（%）	年均增长率（%）
1954.4	7503	2971	4532	65.6	
1960.4.7	7622	3133	4489	69.8	0.3
1970.4.7	10460	4973	5487	90.6	3.2
1979.10.8	16677	8113	8564	94.7	5.3

1985 年，开曼群岛居民被认为有 2.03 万人，1988 年，估计为 2.2 万人。以此计算，1979～1988 年间，年均增长率 3.1%。

开曼群岛在第二次世界大战后人口自然变动的特点是出生率由高迅速下降，即由 1953 年的 34.9‰ 降至 1987 年的 16‰，死亡率由于很早就降到很低水平所以一直比较稳定，自然增长率随之由高向低滑动。1954～1988 年，人口增长 1.9 倍（参见表 2）。

表 2　开曼群岛人口自然变动及有关指标

单位：‰

年　份	出生率	死亡率	自然增长率	婴儿死亡率	年　份	出生率	死亡率	自然增长率	婴儿死亡率
1953	34.9	4.6	30.3	28.7	1977	19.1	6.0	13.1	
1958	29.6	9.4	20.2	33.8	1979	17.3	5.9	11.4	
1963	33.5	6.7	26.8		1981	19.8	5.5	14.3	
1968	28.1	5.4	22.7		1982	18.5	5.8	12.7	
1973	28.7	6.8	21.9	3.1	1983	20.6	5.6	15.0	12.6
1976	20.1	5.8	14.3		1987	16.0	4.7	11.3	

开曼群岛人口虽少，但毕竟是一个相对独立的人口群体，因此，仍能体现出人口学上的某些特点：如出生率低、死亡率低、自然增长率低等。由于群岛人口本身就少，出生人数绝对数更少，所以，1 年内婴儿死亡绝对数仅有几例，这样其婴儿死亡率多在 5‰以下或可忽略不计。

既然我们将其作为一个人口集团看待，不妨看一下最后一次普查时期（1979）的开曼人口年龄及性别结构。

开曼群岛 1979 年的人口年龄金字塔是十分奇特的。其表现是：（1）年龄构成有突"长"突"短"的现象，如 5~9 岁组就是突然"长出一截"；（2）性别构成失衡。在 15~44 岁组尤其明显，达到每百名女性只有 80 名男性。导致这种状况的根源是流入的女性人口多或者是流出的男性人口多所致，但一般情况是后者的可能性更大一些。事实上，前面资料已经表明，该国 20 世纪 50~60 年代的性比例更低。目前已经有所好转（见表 3、图 1）。

表 3 1979 年开曼群岛人口年龄、性别构成

年　龄	总人口（人）	男性人口（人）	女性人口（人）	性比例（％）	年　龄	总人口（人）	男性人口（人）	女性人口（人）	性比例（％）
0~4	1468	761	707	107.6	60~64	476	223	253	88.1
5~9	1766	859	907	94.7	65~69	439	185	254	72.8
10~14	1620	834	786	106.1	70~74	299	124	175	70.9
15~44	7996	3903	4903	79.6	75~79	213	79	134	59.0
45~49	846	410	436	94.0	80~84	118	48	70	68.6
50~54	758	373	385	96.9	85＋	94	24	70	34.3
55~59	584	290	294	98.6	合　计	16677	8113	8564	94.7

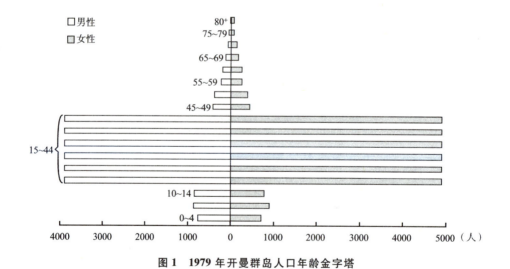

图 1 1979 年开曼群岛人口年龄金字塔

1979 年，0~14 岁人口比重为 29.1%，15~64 岁人口比重 63.9%，65 岁及以上人口比重为 7%，老少比为 24%。显然，当时开曼人口属于"中年"型人口末期。随着出生率的进一步降低，十余年来该群岛人口若单凭自然变动的话，肯定更加"年老"。

开曼群岛的人口大多集中在大开曼岛，1985 年大约有 1.5 万人居住该岛。其中 8900 人住在首府乔治敦。开曼布拉克岛 3000 人，小开曼岛大约 50 人。其余人口散布在其他岛屿。

开曼的金融服务和旅游业是两大经济支柱。1987 年人均收入约 1800 美元。没有失业现象。全群岛 18 名医生，儿童享受免费医疗。规定 5～16 岁儿童必须接受教育。1970 年成人文盲率仅为 2.5%。

马尔维纳斯群岛 （Islas Malvinas）

马尔维纳斯群岛英国称之为"福克兰群岛"，是英国和阿根廷争议的地区，位于大西洋西南端，由索莱达、大马尔维纳两大主岛和 200 多个小岛组成，面积约 1.2 万平方公里。人口 1987 年大约为 1900 人。人口密度每平方公里 0.16 人。首府：斯坦利港。

马尔维纳斯群岛是 1592 年伊丽莎白时代的航海家英格兰船长约翰·戴维斯（他发明了背标尺，他还在一位来自剑桥的数学家爱德华·莱特的帮助下发明了象限仪）最先发现的，这是一些人的看法，但也有不同观点。公认的看法是：1690 年英国船长约翰·斯特朗最先在此登陆，当时岛上根本没有人居住，而且一直到 18 世纪中叶还是如此。1764 年，法国航海家布根维尔在索莱达岛建立了殖民地，当时共带来 140 人、同年留下 28 人在岛上，其余人员带回。1765 年 1 月，布根维尔乘"雄鹰"号又从法国来此，带来了更多的移民。1765 年 4 月，他再次返回法国，将 80 多人留在定居点。这大概是马尔维纳斯岛上的最早居民了。1767 年法国将索莱达岛交给了西班牙人。1770 年马尔维纳斯群岛开始由西班牙管辖。不过岛上开始有英国驻军，直到 1774 年英海军撤离。19 世纪初阿根廷独立后，开始向岛上移民。1823 年阿根廷驻马尔维纳斯的首任总督唐·帕布洛·阿雷瓜蒂因在此搞殖民地化失败，又易人为路易·韦内。1826～1831 年间，韦内招募了 90 名不同国籍的移民来到该岛，这些人中有荷兰人、英国人、德国人、西班牙人、葡萄牙人、法国人和来自南美洲的印第安人。英国于 1833 年派兵占领该群岛，并将岛上原有居民全部赶走，使之变为英国的海军基地。马岛从此成为英国殖民地，其总督由英国国王任命。

据 1954 年估计，马岛人口为 2252 人，其中 1250 人住在首府斯坦利港，它是索莱达岛上的唯一城市。当时岛上居民有英格兰人、苏格兰人和少数斯堪的纳维亚人。2/3 的劳动力人口从事养羊业。

20 世纪 90 年代初岛上大约有 1900 人，其中 1100 人居住在斯坦利港。97% 是英国人后裔。

马尔维纳斯的宗教是 1847 年 10 月正式传入的，其教派为基督教。目前岛上的居民中有 80% 信奉基督教，主要为新教徒——英国国教徒，还有少数天主教徒。

岛上居民的语言为英语。

参考资料

〔爱〕伊恩·约翰·斯特兰奇:《福克兰群岛》,武汉大学外文系译,湖北人民出版社,1977。

马提尼克(Martinique)

马提尼克为法国领地,位于加勒比海小安的列斯群岛的同名岛上,在向风群岛[①]的最北端,南与圣卢西亚岛相望,北隔马提尼克海峡与多米尼加岛相望,马岛全部面积1100平方公里。人口1987年估计为32.8万人。人口密度每平方公里298人,为西印度群岛人口密度最高的岛屿之一。首府:法兰西堡。

在1502年哥伦布发现马提尼克岛时,岛上已有印第安加勒比人居住。1635年,法国人登陆该岛,随后当地加勒比部落渐渐灭绝。该岛1674年归法兰西王国所有,这种状况一直持续至今。不过,1870年该岛居民获得选举权。1946年改为法国海外省。1977年该岛成为法国一大区,是法国在西印度群岛上所占领的两个岛屿中的一个,另一个为瓜德罗普岛。

当第一批法国人登上马提尼克岛以后,曾遭到当地土著人的反击。在法国人真正定居于岛上之后,便开始大肆围杀当地居民,绝大多数土著印第安人被杀,幸存者逃往邻岛。17世纪40年代起,殖民者从非洲运来黑奴从事种植劳动。到17世纪末,马提尼克人口共计1.65万人,其中白人0.5万人,占30.3%;黑人1.15万人,占69.7%。18世纪末,该岛人口增至9.18万人,其中白人1.16万人,占12.7%;黑人8.02万人,占87.3%。1848年废除奴隶制后,开始从亚洲的印度招募印度人,从中国招募华工。1854~1885年间,运进数万名印度等亚洲移民。1888~1917年,进入马提尼克和瓜德罗普的东印度契约劳工达7.86万人。后来一些华人、越南人、叙利亚人、黎巴嫩人、英国人、荷兰人等也来到此地。这些人在一百多年的交往融合中,产生了自己的混合后裔,形成了以黑色人种为主体的现代马提尼克居民。目前岛上居民主要是黑白混血种人,也就是当年较少的殖民者与较多的黑人长期混合的人口群体。

当地居民以法语作为官方语言,并通用克里奥尔语。87%的居民信奉天主教,4%的居民信奉基督教新教。

1902年马提尼克岛的培雷火山突然爆发,导致古老的贸易城市圣皮埃尔倾城覆灭,死亡3万多人。在整个马岛历史上,除了20世纪初的火山爆发这几年之外,人口一直呈增加状。在1848年以前,人口增加主要是由外来非洲黑奴移民造成的,但在1848年以后,虽也

---

① 向风群岛指西印度群岛的一列岛屿,构成了小安的列斯群岛的南弧。

有外来移民，却主要不是非洲人和欧洲人了，但人口增长仍然是以"迁移"为主。20 世纪以后，自然增长的因素日渐重要起来，尤其在 20 世纪 50 年代之前，其出生率甚至高达40‰，而自然增长率达到近 30‰。1954 年，人口总数为 23.9 万人。1987 年，人口约为32.8 万人。33 年间净增约 9 万人，年均增长率 0.96%，说明其后几十年人口增长速度是十分缓慢的，但这不是自然增长率过低的缘故，而是人口外流的原因（参见表 1）。

表 1　马提尼克的人口变动

普查时间	总人口（人）	男性人口（人）	女性人口（人）	性比例（%）	年均增长率（%）
1954.7.1	239130	114743	124387	92.2	
1961.10.9	290679	140011	150668	92.9	2.8
1967.10.16	320030	155212	164818	94.2	1.6
1974.10.16	324832				0.2
1982.3.9	326717	158415	168302	94.1	0.1

1987 年，该岛人口被认为有 32.8 万人。以此观察，1982～1987 年的 5 年间，人口平均增长率为 0.12%。马提尼克第二次世界大战后人口自然变动的特点是：出生率由1953 年的 40.2‰降至目前的 19‰，死亡率同期由 10.5‰降至 6‰，自然增长率相应地由29.7‰降至 13‰，婴儿死亡率由 49.5‰降至 11‰。该岛的婴儿死亡率在加勒比地区是最低的（参见表 2）。

表 2　马提尼克人口自然变动及有关指标

年　份	出生率（‰）	死亡率（‰）	自然增长率（‰）	婴儿死亡率（‰）	平均预期寿命（年）男	平均预期寿命（年）女
1953	40.2	10.5	29.7	49.5	35.4	59.2（1951～1955）
1958	38.0	10.2	27.8	55.8		
1963	34.7	8.6	26.1	38.8	63.3	67.4（1963～1967）
1968	30.2	7.0	23.2	33.5		
1973	22.4	6.8	15.6	31.6	67.4	71.4（1970～1974）
1978	15.5	6.8	8.7	14.7	66.6	72.0（1975～1980）
1980	17.3	6.9	10.4	23.0		
1981	17.5	6.6	10.9			
1986	17.9	6.3	11.6	13.0		
1989	19.0	6.0	13.0	11.0	74.0	
1990	19.0	6.0	13.0	11.0	74.0	

从上述各项指标的演变上看，马提尼克的人口虽然只有 30 多万人，但也表现出了人口学上的特征，即已经由过去的高出生率、低死亡率、高自然增长率转变成了"低、低、低"的"三低"人口再生产类型。这种类型的横截面从 1982 年人口普查的结果中显示

得更加清晰。

马提尼克的人口年龄金字塔属于"枣核"类型，不过其"核心"尚未到达金字塔的中部。在1982年时，0～14岁的人口占总人口的比重是28.3%，15～64岁人口比重为63.1%，65岁及以上为8.6%。由于出生率的下降、"核心"向上位移，中年人口比重必将增加，枣核形更加趋向对称分布，少年儿童比重也将随之下降，从而人口日趋老化。据1990年的推测资料，上述三项指标分别约为30%、63%和7%（参见表3、图1）。

表3 1982年马提尼克人口年龄、性别构成

年　龄	总人口（人）	男性人口（人）	女性人口（人）	性比例（%）	年　龄	总人口（人）	男性人口（人）	女性人口（人）	性比例（%）
0～4	21469	11015	10454	105.4	50～54	14243	6726	7517	89.5
5～9	30558	15358	15200	101.0	55～59	13013	6108	6905	88.5
10～14	40403	20348	20055	101.5	60～64	11191	5214	5977	87.2
15～19	43493	21839	21654	100.9	65～69	9264	4291	4973	86.3
20～24	33220	17619	15601	112.9	70～74	7483	3235	4248	76.2
25～29	22392	10678	11714	91.2	75～79	5110	2111	2999	70.4
30～34	19963	9126	10837	84.2	80～84	3122	1110	2012	55.2
35～39	17377	8043	9334	86.1	85+	2452	680	1772	38.4
40～44	15431	7131	8300	85.9	不　详	717	346	371	93.4
45～49	15816	7437	8379	88.8	合　计	326717	158415	168302	94.1

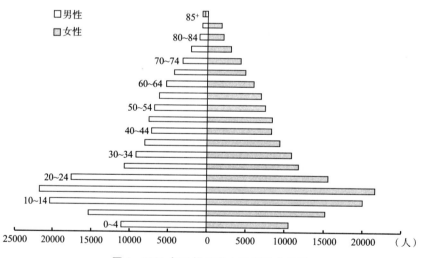

图1　1982年马提尼克人口年龄金字塔

应当说，作为西印度群岛中一个岛上的人口集团，男女性比例是相对正常的。尽管1982年性比例仅为94.1∶100，但这比其他岛上的人口集团要正常得多，而且，各年龄组的性别分布规律也比较均衡，只是30岁以后的中年组性别比偏低，当然，这与劳动力外流仍有很大关系。20世纪70年代末到80年代初，马提尼克人为了谋求职业，不断有人

外迁，大多迁往邻国或法国。

马提尼克岛人口密度每平方公里近 300 人，但其分布并不均匀。人口主要集中在三个地带：（1）西部的中央地区，拉芒坦海湾和法兰西堡周围；（2）中部块状山坡；（3）东海岸。在这些人口聚集核心区内，大部分乡村人口居住在低地与山地之间的过渡地带。首府法兰西堡的人口最为稠密，1982 年统计为 9.98 万人，占当年总人口的 30.5%。1990 年城市人口比重高达 82%。

马提尼克经济基础薄弱，以农业为主，工业多为加工业。国民生产总值 1983 年人均 4260 美元。由于岛上寻觅就业机会困难，失业率 1985 年曾高达 25%～30%。

马提尼克于 1967 年建立计划生育协会。对人口生育的态度是"政府通过提供对计划生育的帮助和减少政府优待的办法来减轻鼓励生育主义的影响"。

秘鲁（Peru）

从印第安语中的秘鲁河而得名的秘鲁，在殖民地时代以前为古代印加帝国领土中的一部分。秘鲁共和国位于南美洲西部，国界从西北到东南的邻国依序为厄瓜多尔、哥伦比亚、巴西、玻利维亚和智利，整个西部面临太平洋。全国行政划分为 24 个省和 1 个直属区。国土面积包括一系列沿海岛屿共 128.53 万平方公里，居拉丁美洲第四位。人口 1990 年为 2190.0 万人，在拉丁美洲位于第 9 位。人口密度每平方公里 17 人。首都：利马。

历史

中国学者李春辉先生在其所著的《拉丁美洲史稿》中指出：秘鲁就其领土的范围来说，在三个不同时期有三个不同的含义：（1）16 世纪以前，秘鲁是印加帝国的中心；（2）16 世纪初叶，西班牙殖民者征服印加帝国以后，于 1542 年在利马城设置秘鲁总督，自此，这个国家便一直称为秘鲁；（3）今天所称的秘鲁，是指 19 世纪初获得独立以后的秘鲁共和国而言。这或许从大体上已经勾勒出了秘鲁的历史：古代境内居住着印第安人。公元 11 世纪印第安人以库斯科城为首府，在高原地区建立印加帝国。15 世纪至 16 世纪初，帝国版图达 400 多万平方公里，涉及今日的厄瓜多尔、玻利维亚以及阿根廷和智利的一部分，当时人口约 600 万人，形成了美洲的古代文明之一——印加文明。1533 年被西班牙殖民者征服，沦为西班牙殖民地。1535 年建立利马城，1544 年成立秘鲁总督区，成为西班牙在南美殖民统治的中心。1821 年 7 月 28 日宣布独立。1854 年废除奴隶制。

民族

秘鲁最早有人居住的记录，可上溯到 12000～13000 年以前。根据考古学的研究，约在 5000～6000 年前，海岸地区已开始进行农耕生活，且在公元前 3000 年已出现棉织品。公元前 12 世纪至公元 5 世纪期间，在安第斯地区海拔 2000～3500 公尺处，已开始栽种玉米，农耕文化已十分发达。在公元 5～8 世纪，印第安人的克丘亚族和阿伊马拉族在今天的秘鲁境内，就建立起了相当高度的印第安文化。在殖民者到来之前，当地的印第安人甚至达到过 1000 万人，但到 1793 年时，这一地区的印第安人已减少到 61.77 万人。这就是说，在殖民统治的 300 年间，全国土著居民的人数减少了 90% 以上。自 16 世纪 50 年代开始，西班牙人开始向秘鲁输入非洲黑奴，但规模一直不大。到独立前夕，全国总共只有 5 万黑人和 25 万白人、印西混血种人和黑白印西混血种人。独立后，虽经政府多方努力鼓励外来移民入境，但终因环境条件等问题，移民一直不多。在 19 世纪，先后迁入秘鲁的移民有 4 万多人，其中主要是西班牙人、巴斯克人、德意志人、爱尔兰人和意大利人。1854 年废除奴隶制后，黑人大半离开种植园，进入城市。由于种植园劳动力不够，开始从中国招募契约劳工。此外，还从波利尼西亚抓来一些人充当劳动力。1849～1874 年，总共运进华人 8.7 万人，波利尼西亚人 2000 人。20 世纪初期，陆续迁来一些日本人。第二次世界大战后，又迁来少数意大利人和拉丁美洲其他国家的移民。尽管几百年来移入秘鲁的居民较之其他拉丁美洲国家为少，但由于来源不同，民族结构显得十分复杂。总之，一方面，由于移入民相对少，因此，印第安人在秘鲁占压倒多数；另一方面，由于移入民来源广，因此也就构成了不同的人口集团。

目前的秘鲁，大体分为四大民族集团。(1) 克丘亚人，属印第安人，是美洲现代印第安各族中人数最多的一个民族。20 世纪 70 年代末在秘鲁有克丘亚人 720 万人，占全国人口的 42.8%，占印第安人的 87.3%；(2) 阿伊马拉人，是美洲人数居第二位的印第安民族。秘鲁境内同期有阿伊马拉人 60 万人，占全国人口 3.5%；(3) 森林印第安人，有 45 万人，占全国人口 2.6%；(4) 秘鲁人，是该国沿海地带、各大城市、尤其是首都利马的基本居民。其中包括印欧混血的梅斯蒂索人、称为克里奥尔的土生白人以及被叫做乔洛人的被同化了的印第安人。1981 年秘鲁人在该国境内有 848.6 万人，占全国人口的 49.9%。此外，还有来自欧、亚、美洲居民 17 万人，占全国人口的 1% 左右。从人种上讲，1988 年秘鲁人口中，印第安人占 41%，印欧混血人占 36%，白人占 19%，其他 4%。所以，秘鲁被认为是拉美最"印第安化"的国家之一。

宗教和语言

16 世纪初，天主教多明我会首先在秘鲁传教，接着方济各会和耶稣会的传教士也陆续来到这里，此后，天主教的势力一直较大，及至目前仍旧如此。现在 96% 的秘鲁居民为天主教教徒。此外，新教从 1839 年起便开始在秘鲁活动，1877 年西班牙卫理公会开始在秘鲁传播新教，目前新教徒十余万人。在一些印第安人中，仍残存着基督教产生之前的一些宗教崇拜，如拜农、拜星等。

西班牙语为官方语言。阿伊马拉语和其他 33 种方言在印第安人中通用。

人口变动

目前秘鲁人口约有 2190 万人，近年来同其他拉丁美洲国家一样，人口急剧增加，30 年内增加 1 倍以上。而在殖民地时代初期，人口增加极为缓慢，大批印第安人或被捕杀、或被赶出家园、或因病而亡。

1821 年独立之后，从 1850 年开始，秘鲁进行了第一次全国性的人口普查，当时人口在 200 万人左右，此后又分别于 1862、1876、1940、1961、1972、1981 年进行了人口普查，迄今共举行过 7 次。

从历史上看，秘鲁的人口增长有几个时期，如刚独立不久的秘鲁，由于经济和交通有所发展，其人口也就有了相应的增长。1825 年，全国人口只有 125 万人，1900 年已达 330 万人。75 年间，人口共增加了 1 倍多。尽管其增长速度慢于同时期拉丁美洲一些国家，但是其他国家所增长的人口来源中，有一大部分系来自欧洲等地的移民，而秘鲁当时由欧洲迁来的移民是较少的，所以秘鲁这一时期的人口增加主要靠自然增殖。还有如从 1940 年到 1961 年这段时间，人口从 620.8 万人增加到 990.67 万人，平均每年增长 2.3% 左右；从 1961 年到 1972 年的 11 年间，人口净增 363.1 万人，年均增长率为 2.9%。1981 年最后一次人口普查的结果是：全国不包括森林印第安人的人口总数为 1700.52 万人，比 1972 年增加 346.7 万人，年均增长率为 2.6%。总的来看，在 1940 ~ 1981 年间，年均增长率为 2.5%。与南美洲各国相比，秘鲁的人口增长率属于中等水平。但值得注意的是，该国人口主要是靠自然增长，迁入人口数量则不及其他拉丁美洲国家。

秘鲁的人口死亡率已从 20 世纪 50 年代的 23.4‰ 的水平下降到与先进得多的工业国相当的 7‰ 的水平，而出生率则又维持在 30‰ 左右，这就使得人口的自然增长速度显得很快。不过，从目前的情况看，秘鲁的人口自然增长状况与南美洲诸国的平均水平相当，与拉丁美洲平均水平也接近。但是，该国的婴儿死亡率却明显偏高，甚至比邻国智利高出 3 倍以上。它从 50 年代的 105‰ 降至目前的 70‰ 左右，仅下降 30 个千分点，其速度显然十分缓慢。与此相应的是，平均预期寿命只有 64 岁，在南美洲地区仅高于玻利维亚，排倒数第二位。根据出生率等三项指标，秘鲁人口属于 "高出生、低死亡、高自然增长" 的扩大人口再生产类型。这样，秘鲁的人口年龄构成类型也属于典型的年轻型人口。而且，在高出生率的持续下，近几十年来的变化并不大（参见表 1、表 2）。

表 1　秘鲁的人口变动

年　份	人　口（人）	比前期增长（%）	年均增长率（%）	年　份	人　口（人）	比前期增长（%）	年均增长率（%）
1825	1250000			1983	18707000		
1900	3300000	164.0	1.3	1987	20727000		
1940	6208000	88.1	1.6	1988	21250000		
1961	9906746	59.6	2.3	1989	21400000		
1972	13538208	36.7	2.9	1990	21900000	28.8	2.9（1981 ~ 1990）
1981	17005210	25.6	2.6	1825 ~ 1990		16.5	1.8

表 2　秘鲁人口自然变动及有关指标

年　份	出生率 (‰)	死亡率 (‰)	自然增长率 (‰)	婴儿死亡率 (‰)	平均预期寿命（年）	
					男	女
1953	48.1	23.4	24.7	105.3	42.40	44.44（1950～1954）
1958	47.8	20.6	27.2	102.9	45.70	47.80（1955～1959）
1963	46.7	18.2	28.5	85.0	52.59	55.48（1960～1964）
1968	44.1	15.9	28.2	74.2	50.80	53.20（1965～1969）
1973	41.0	13.6	27.4		53.30	55.90（1970～1974）
1978	39.7	12.2	27.5		55.10	58.00（1975～1980）
1979	38.0	11.7	26.3	104.9		
1981	39.7	10.6	29.1			
1982	35.7	10.8	24.9	95.2		
1983	36.8	10.3	26.5			
1985	35.5	10.0	25.5	90.8	63.00	60.00（1987）
1989	29.0	8.0	21.0	69.0		61.00
1990	31.0	7.0	24.0	76.0		64.00

　　无论从几十年来反映人口年龄构成的指标——老少系数上看，还是从1983年每一年龄组的人口分布上讲，都表明了秘鲁人口的"年轻型"特征。在人口年龄金字塔图形上，该国每下一个年龄组较之上一个年龄组都均匀地"长出一块"，这说明该国人口仍在稳步地扩大着，其中，没有突发性的猛"长"或猛"短"现象，反映了该国人口增长的均衡性。但是，这种状况也表明，在今后几十年内人口会有更大量增加的潜力，其主要原因就是即使在人口增长率下降之后，仍能保持很高的生育率。秘鲁还需要很长时间才能达到每个妇女生育约两个小孩的更替水平，而且，秘鲁人口毕竟已超过2000万人，所以，尽管其增长率开始下降，但是在这种增长率与每年持续扩大的基数的共同作用下将使人口总数继续增加。

　　从性别构成上看，秘鲁人口男、女均衡，此前的1972年为100.5∶100，1961年是98.9∶100。1983年各年龄人口中，从50岁开始女性人口多于男性，并直至最高年龄组。1983年男、女性性比例为103.8∶100（参见表3、表4和图1）。

表 3　秘鲁人口年龄构成变动情况

年　份	0～14岁 人口（人）	比重（%）	15～64岁 人口（人）	比重（%）	64岁以上 人口（人）	比重（%）	总人口 人口（人）	比重（%）	老少比（%）
1961.7.2	4295073	43.35	5236393	52.86	375280	3.79	9906746	100.0	8.74
1972.6.4	5965327	44.06	7050396	52.08	522485	3.86	13538208	100.0	8.76
1983.7.1	7808600	41.74	10234200	54.71	664200	3.55	18707000	100.0	8.51
1989	8774000	41.00	11770000	55.00	856000	4.00	21400000	100.0	9.76

表4　1983年秘鲁人口年龄、性别构成

年　龄	总人口（人）	男性人口（人）	女性人口（人）	性比例（％）	年　龄	总人口（人）	男性人口（人）	女性人口（人）	性比例（％）
0～4	2847900	1449300	1398600	103.6	50～54	581500	288600	292900	98.5
5～9	2495600	1268000	1227600	103.3	55～59	463300	227100	236200	96.1
10～14	2254600	1144700	1109900	103.1	60～64	361900	174300	187600	92.9
15～19	2005900	1017800	988100	103.0	65～69	279400	131600	147800	89.0
20～24	1722400	873000	849400	102.8	70～74	200100	91800	108300	84.8
25～29	1435400	726700	708700	102.5	75～79	117300	52000	65300	79.6
30～34	1180400	596900	583500	102.3	80⁺	67400	28000	39400	71.1
35～39	965600	487300	478300	101.9	不　详	210500			
40～44	816500	410800	405700	101.3	合　计	18707000	9318900	9177600	101.5
45～49	701300	351000	350300	100.1					

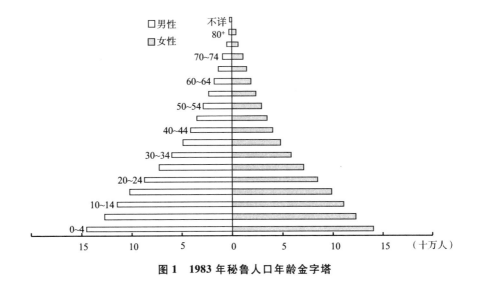

图1　1983年秘鲁人口年龄金字塔

人口分布

秘鲁和其他南美洲各国热带地区及安第斯地区一样，人口大多集中在沿海地方的绿洲、盆地和安第斯山区的各地或河川沿岸带状地区，但目前人口有向低地集中的倾向。1940年，秘鲁人口的62.7％居住在安第斯山脉地区，现在只有半数以下的人居住在安第斯山区；约有800万人居住在海岸地区，其中有300万人以上集中在利马。

秘鲁的城市发展速度非常迅速，近年来尤其如此。目前城市人口比重为69％。在南美洲地区仅低于最南端的阿根廷和智利、乌拉圭、委内瑞拉及巴西。城市分布十分不均衡。城市发展以海岸地带最为显著，首都利马1988年人口640万人，占全国人口的1/3左右，而在1926年时，利马人口不过25万人，62年中人口增长近25倍，而在另一面的安第斯山中，一些殖民地之前或殖民地时期的城市已经或正在没落。目前，除利马人口超过600万人外，第二大城市人口46万人，相差13倍，其余城市人口不过20多万人。所以说，秘鲁城市不仅地理分布不合理，而且人口分布也不合理。

秘鲁是个多山的国家，山地占全国面积的一半。全国从西向东划分为三大经济区：（1）西部沿海区，指太平洋沿岸的狭长地带，占国土面积的1/8。这一地区的人口密度越向北越稠密，一些地区甚至达到了每平方公里200人以上。（2）中部山区，安第斯山自西北向东南斜贯秘鲁全境的地区，占全国面积的1/3，这一地区人口集中。（3）东部林区，由秘鲁境内的亚马孙河流域的原始森林带组成，占全国领土的一半以上，这一地区人口稀少。

秘鲁1975年以前为24省，后来增加了乌卡亚利省。

卡亚俄直属区人口密度最高，每平方公里6334.5人。除此之外，利马所在的利马省人口最为稠密，人口密度每平方公里为139.9人，然后是拉利伯塔德省、兰巴耶克省、皮乌拉省等，它们的共同特点是：（1）同在太平洋沿岸；（2）同在沿岸的北部地区；（3）都是全国最大城市的所在地。仅上述一区四省，1981年共计人口795.25万人，占全国人口总数的46.8%。占全国面积37.2%的洛雷托省，人口密度每平方公里仅为0.9人，相邻的马德雷德迪奥斯省更少，每平方公里仅为0.4人。

从这25个行政区来看，其人口分布情况如表5所示。

表5　1975、1981年秘鲁人口分布情况

行政区	面积（平方公里）	人口		1981年人口密度（人/平方公里）
		1975年（人）	1981年（人）	
亚马孙	41300	196000	254560	6.2
安卡什	36300	727000	818289	22.5
阿普里马克	20700	308000	323346	15.6
阿雷基帕	63500	530000	706580	11.1
阿亚库乔	44200	460000	503392	11.4
伊卡	21300	358000	433897	20.4
卡哈马卡	35400	916000	1045569	29.5
库斯科	76200	713000	832504	10.9
兰巴耶克	16600	515000	674442	40.6
拉利伯塔德	23200	806000	962949	41.5
利马	33900	3485000	4745877	140.0
洛雷托	478300	495000	445368	0.9
马德雷德迪奥斯	78400	22000	33007	0.4
莫克瓜	16200	75000	101610	6.3
帕斯科	21800	177000	213125	9.8
普诺	72400	780000	890258	12.3

续表 5

行政区	面积（平方公里）	人　口		1981 年人口密度（人/平方公里）
		1975 年（人）	1981 年（人）	
皮乌拉	33100	855000	1125865	34.0
圣马丁	53100	224000	319751	6.2
塔克纳	14800	96000	143085	9.7
通贝斯	4700	75000	103839	22.1
万卡韦利卡	21100	331000	346797	16.4
瓦努科	35300	421000	484780	13.8
胡宁	43400	691000	852238	19.6
卡亚俄	70	361000	443413	6334.5
乌卡亚利			200669	
合　计	1285270		17005210	13.2

秘鲁为农业国。采矿业、有色金属业、捕渔业和鱼品加工业对国民经济具有重要意义。国民生产总值 1987 年为 187 亿美元，人均 902 美元，低于南美洲和拉丁美洲的平均水平。近年来经济衰退，1988 年经济增长率为 -9.4%，通货膨胀率同年为 1772.3%，失业率为 11.5%。

从就业结构上看，1960 年农业、工业、服务业的劳动力比重为 53%、20% 和 27%；1980 年变动为 40%、19% 和 41%。1988 年，服务业劳动力已占 50% 左右。

反映秘鲁人口文化素质的指标情况是：小学入学率由 1965 年的 99% 上升至 1988 年的 122%；中学同期由 25% 提高到 65%；高校学生占 20～24 岁年龄组的比重同期由 8% 上升为 25%。1988 年文盲率为 13%。

人口政策

秘鲁政府于 1976 年 9 月宣布人口政策，目的是希望将出生率在 2000 年时控制到 24‰ 以下。在 1982 年的有关报告中，政府认为秘鲁的人口增长率过高，对社会发展已开始产生副作用。为了降低妇女生育率，政府直接支持家庭计划服务，并希望逐步提高育龄妇女的保险金额。但政策禁止以绝育和以人工流产作为家庭计划的方法。

在人口迁移与流动方面，政府认为国际移民问题不大，关键是如何使国内人口的分布更趋合理，并使利马人口圈"减压"。

小结

秘鲁人口从各种角度看，有如下特点：（1）在拉丁美洲国家中属于迁入人口较少的国家；（2）印第安人所占比重较大；（3）人口属于"年轻型"；（4）人口分布不均，多集中在沿海地区；（5）主张降低生育率，但禁止以绝育和以人工流产作为家庭计划的方法。

20 世纪 90 年代初秘鲁的妇女总和生育率为 4.1 个，人口自然增长率在 24‰ 左右。世界银行组织对秘鲁的人口预测情况是：2000 年达到 2600 万人，2025 年为 3600 万人，将 4600 万人定为秘鲁稳定人口的设想数。2010 年是该国人口达到净再生产率为 1.0 的年份。人口翻一番的时间约为 29 年。

墨西哥（Mexico）

墨西哥位于拉丁美洲最北部，从自然地理上讲属于北美洲，是南、北美洲陆路交通的必经之地，素有"陆上桥梁"之称。墨西哥西、南濒太平洋，东临墨西哥湾和加勒比海，北隔布拉沃河与美国为邻，东南与危地马拉、伯利兹接壤，全国领土面积 196.72 万平方公里，在拉丁美洲仅次于巴西和阿根廷，为该洲第三大国。1989 年人口估计数是8670 万人。人口密度每平方公里约为 44 人。首都：墨西哥城。

历史

据考古记载，古代猎人在墨西哥的活动可追溯到 2 万年前。有人在墨西哥中央高原发现已绝迹的动物骨骼以及若干打制石器等约为 2 万年以前的遗物。公元前 7000 年左右，特佩斯潘人开始在墨西哥谷地的奇科洛阿潘一带定居。公元前 3500 年左右，墨西哥各地诞生了农耕村落。至公元前 1500～前 900 年期间，墨西哥部分地区已进入原始公社的繁盛期，以后逐步形成了高度发达的奥尔梅克、玛雅、特奥蒂瓦坎、托尔特克、阿兹特克等印第安文化。所以说，墨西哥是印第安人古文化中心之一。公元 1492 年，意大利航海家克里斯托弗·哥伦布到达美洲，拉开了欧洲人涌向美洲大陆的历史序幕。1519 年西班牙殖民者侵入墨西哥，1522 年在墨西哥城建立了新西班牙总督区。1810 年 9 月 16日伊达尔戈神甫在多洛雷斯城发动起义，开始了独立战争。1821 年宣告独立。翌年 5 月伊图尔比德建立"墨西哥帝国"。1824 年 10 月建立联邦共和国政体。之后的半个世纪，墨西哥屡遭美国、法国、英国、西班牙等国家的侵略。直至 1917 年，墨西哥政府颁布资产阶级民主宪法，定名为墨西哥合众国。

民族、宗教和语言

墨西哥是个多民族国家。古代墨西哥居民全部为印第安人。16 世纪以后，到达墨西哥的殖民者大批屠杀和奴役当地印第安人，使土著居民人口锐减。1521 年，估计全国约有印第安人 912 万人。16 世纪 60 年代减至 440 万人，17 世纪中叶只剩下 120 万人左右。之后由于劳动力严重短缺，殖民地政府从 16 世纪中叶起，将黑人奴隶输入墨西哥。在以后长达三百余年的殖民统治期间，西班牙人及其后裔与印第安人和"输入"的黑人不断融合，逐渐形成了一个新兴的民族——墨西哥族。目前，这个民族的各种混血人种有 16个，其中印第安人和西班牙人混血的后代称"梅斯蒂索"（印欧混血种人）；黑人与西班牙人混血的后代称"穆拉托"（黑白混血种人）；黑人与印第安人混血的后代称"桑博"（印黑混血种人）；西班牙人及其后裔称"克里奥尔人"。

墨西哥的现代居民，大体可以区分为三种：（1）以"梅斯蒂索"人为基本核心的墨西哥族人、印第安人和外来移民，其中，墨西哥族人有 5595 万人，占全国人口的

83.6%；（2）印第安人，共有 1052 万人，占全国人口的 15.7%；（3）墨西哥的外来移民，这些人为数不多，总共只有 50 万人左右，占总人口的 0.7%，外来移民主要是美国人、西班牙人、危地马拉人等，还有少量中国人和日本人。

在古代，墨西哥境内土著居民主要信仰玛雅宗教和阿兹特克宗教。自 16 世纪起，随着西班牙殖民者的入侵，天主教在墨西哥开始传播，逐渐变成占统治地位的宗教。目前，墨西哥天主教徒信仰的瓜达卢佩圣母（该词原为西班牙瓜达卢佩市供奉的圣母像名称）已渗入墨西哥社会的各个阶层，对广大农民的精神生活影响尤为深刻。该国居民中88.7% 的人信奉天主教。1861 年建立于该国蒙特雷城的第一个基督教新教教会——长老会也有一定的影响。全国约有 3.5% 的居民为新教教徒，这些人大部分是印第安人和城市市民。10 万名左右的犹太教徒主要分布在墨西哥城及韦拉克鲁斯、普埃布拉、墨西哥、新莱昂等州的大城市。

墨西哥境内居民尽管来源于三大部分，但其语言则主要有两种。第一种语言是作为官方语言的西班牙语，该语属印欧语系的罗曼语族，与葡萄牙语、法语、意大利语等语言十分相近。据语言学家调查，墨西哥西班牙语共分为十一个方言区，各方言间的差异并不很大。《拉丁美洲地理透视》一书作者英国人哈罗德·布莱克莫尔博士和克利福德·T. 史密斯教授认为："墨西哥是人口最多的讲西班牙语的国家"。第二种语言是印第安人讲的各种印第安语，一般认为有九大语族和 40~50 个语种。目前来看，墨西哥讲印第安语的居民已经越来越少，印第安人本身不会讲印第安语的人口占本民族人口的 90% 以上。

人口变动

在 1895 年墨西哥举行全国第一次人口普查之前，该国人口没有确定的数字，只是根据学者们的推算估计。纪元初年，认为该国人口有 150 万人。以后由于社会动乱迭起，人口数目多次大起大落，增长不快。公元 1500 年认为该国人口数约为 500 万人。1521 年墨西哥大概有 62 万个家族，912 万人，这一数字是墨西哥学者安东尼奥·摩里纳提出的。1800 年，人口大约有 450 万人。到了墨西哥独立时的 1821 年，计有人口 650 万人，远少于被占领以前。1870 年的人口，增加到 900 万人左右。从 1895 年起至 1990 年的近百年间，墨西哥共进行了 10 次人口普查。其普查年份及结果见表 1。

表 1　墨西哥人口、性别构成及人口密度变动情况

普查年份	总人口（人）	男性人口（人）	女性人口（人）	性比例（%）	人口密度（人/平方公里）
1895	12632427				
1900	13607272	6752118	6855154	98.50	7
1910	15160369	7504471	7655898	98.02	8
1921	14334780	7003785	7330995	95.54	7
1930	16552722	8119004	8433718	96.27	8

续表 1

普查年份	总人口（人）	男性人口（人）	女性人口（人）	性比例（%）	人口密度（人/平方公里）
1940	19653552	9695787	9957765	97.37	10
1950	25791017	12696935	13094082	96.97	13
1960	34923129	17415320	17507809	99.47	18
1970	48225238	24065614	24159624	99.61	25
1980	69392835	34748224	34644611	100.30	35
1989（估计）	86700000				

尽管 1895 年以前的墨西哥人口演变状况仍有争议，但下面这份资料提供了墨西哥 1800 年至普查前人口发展的概况。这些资料来自于美国历史学家霍华德·弗·克莱因所著的《墨西哥现代史》一书（参见表 2）。

表 2　1800～1890 年墨西哥人口及年均增长率

年　份	1800	1810	1820	1830	1840	1850	1860	1870	1880	1890
人口（百万人）	4.50	6.12	6.20	6.38	7.02	7.66	8.21	9.10	9.58	11.5
年均增长率（%）		3.1	0.1	0.3	1.0	0.9	0.7	1.0	0.5	1.8

20 世纪初的前 20 年间，人口的年均增长率大约是 1.1% 左右。稍后时期，由于内乱，死伤人数大增，使得人口减少了约 200 万人左右。1920 年以后，人口便显著增长，甚至这种速度越来越快。近几十年在全世界，尤其在拉丁美洲，人口的加速增长属普遍现象，而在墨西哥其增长之快，却令人吃惊。1950 年联合国的一份资料推测，随后 30 年墨西哥人口增长有三条轨迹：最低增长率为 189%——1980 年时人口为 4820 万人；中间速度为 217%——1980 年时人口为 5533 万人；最高增长率为 252%——1980 年时人口为 6440 万人。事实上，1980 年的墨西哥人口已达 6939 万多人，比 1950 年的最高预测值还多 500 万人，可见该国人口增长速度之快。

在共同决定人口总增长率的三个因素（即死亡率、出生率和净移民率）中，死亡率的下降是最重要的因素。该国 1965 年的死亡率是 10‰，比 1940 年的 23.2‰ 少了一半多，比 20 世纪初的 33.6‰ 少了 2/3 以上。当然，导致这种变化的一个原因，部分是由于医疗条件的改善、部分是由于一些主要传染病的减少。如 1930 年在致死疾病中被列为第三位和第五位的疟疾和天花，现在几乎完全消灭了。

出生率的情况不同于死亡率。前几十年一直徘徊于 40‰ 左右，如在 1955～1964 年这 10 年中，出生率甚至达 46‰。目前的出生率尽管已降至 30‰，但由于死亡率更降至 6‰，所以，人口自然增长率仍为 24‰ 的高比值。这样看来，自然增长是该国人口增长的主要原因。

从迁移人口上看，墨西哥和人口众多的其他美洲国家之间有一个很有趣的对比，那就是来自国外的移民不占重要地位，本国的人口几乎完全是土生土长的。迁往国外的移民超过了来自国外的移民，而繁荣的美国当然是主要吸引人的地方。如 1979 年美国官方公布的美国境内墨西哥无证件移民为 1700 万人，但 1981 年的墨西哥农业工人和农民独立工会主席何塞·多洛塞斯·洛佩斯却认为，经常在美国的墨西哥短工只有 200 多万人，不过，人们普遍引用的数字是 300 万～400 万人左右。

因此，一方面是极高的出生率，另一方面是日益降低的死亡率以及微不足道的人口外移，决定了墨西哥人口高速增长的特征。

墨西哥人口的大幅度增长开始于 20 世纪 30 年代，而达到现在的增长率则在第二次世界大战以后，实际上，这是一个所有发展中国家的人口"爆发"到使其食物供应和居住空间达到严重缺乏程度的时期。美国学者韦斯特指出："在墨西哥，人口迅速增长的原因一向不是由于增加了生育率，而是由于推广了预防性的医疗与卫生。墨西哥人口的出生率经常很高，而死亡率却反而猛烈地下降，尤其是幼儿。再加上在热带从前常致人于死地的黄热病和疟疾，现在用 DDT 喷雾已被控制住了"（〔美〕韦斯特《中部美洲》，第 359 页）尽管墨西哥的婴儿死亡率仍处于 50‰左右的水平，但是比起几十年前的 100‰的比值无疑有了大幅度的下降。事实上，墨西哥的人口演变正是几乎所有发展中国家所走过的或正在经历的过程，不过由于墨西哥的人口基数庞大，居拉丁美洲第二，更加引人注目罢了（参见表 3、图 1）。

表 3　墨西哥人口自然变动及有关指标

年　份	出生率 （‰）	死亡率 （‰）	自　然 增长率 （‰）	婴　儿 死亡率 （‰）	平均预期 寿　命 （年）	年　份	出生率 （‰）	死亡率 （‰）	自　然 增长率 （‰）	婴　儿 死亡率 （‰）	平均预期 寿　命 （年）
1900	36.4	33.6	2.8	376.7	29.5	1958	44.5	12.5	32.0	78.1	
1910	32.0	33.3	-1.3			1960	44.6	10.4	34.2	74.2	
1922	31.4	25.4	6.0	223.1		1963	44.7	10.6	34.1	70.6	58.6
1930	49.4	26.6	22.8	131.6	36.9	1968	42.8	9.7	33.1	66.7	60.3
1940	44.3	23.2	21.1	125.7	41.5	1970	43.4	8.8	34.6	48.8	
1950	45.5	16.2	29.3	96.2	49.7	1973	42.0	8.6	33.4	57.1	62.2
1951	44.6	17.3	27.3			1975	37.4	7.2	30.2	60.2	64.0
1952	43.8	15.0	28.8			1980	35.2	6.2	29.0	60.0	62.1 66.0（1979）
1953	45.0	15.9	29.1	113.9	50.8	1981	33.6	5.2	28.4	60.5	64.1
1954	46.4	13.1	33.3			1982	33.9	7.1	26.8	55.0	66.0
1955	46.2	13.3	32.9			1986	32.0	6.0	26.0	53.0	66.0
1956	46.8	12.1	34.7			1988	30.0	6.0	24.0	50.0	66.0
1957	47.3	13.3	34.0		55.4	1989	30.0	6.0	24.0	50.0	68.0

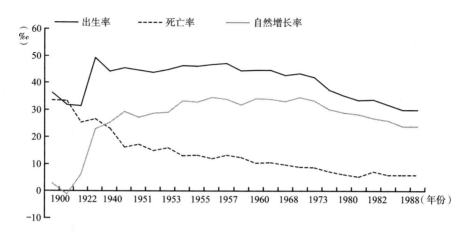

图1 墨西哥人口自然变动指标图示

用人口转变理论审视墨西哥人口状况，可以认为，及至目前该国仍处于人口转变的过渡阶段。若用诺特斯坦的人口转变阶段衡量，该国人口甚至仍然处于高增长阶段。

人口结构

在这种情况下，尽管墨西哥人口的平均预期寿命一直在提高，但他们仍然十分年轻。如1989年，该国平均预期寿命已达68岁，但15岁以下的人口占总人口的比重是42%，65岁及以上人口仅占4%。表4、表5和图2是墨西哥近40年间人口年龄构成演变及1979年的横截面情况。

表4 1950~1989年墨西哥的人口年龄构成

年 份	0~15岁人口（人）	比重（%）	16~64岁人口（人）	比重（%）	65岁及以上人口（人）	比重（%）	老少比（%）
1950	10754468	41.69	14170935	54.95	865614	3.36	8.04
1960	15452107	44.25	18275987	52.33	1195035	3.42	7.73
1970	22286680	46.21	24147173	50.08	1791385	3.71	8.03
1979	32261970	46.50	34856919	50.24	2262215	3.26	7.14
1989	36414000	42.00	46800000	54.00	3468000	4.00	9.52

从墨西哥1979年人口年龄金字塔中可以明显看出该国人口的增长趋势和增长速率。联合国曾对墨西哥人口做过详尽预测。认为从1980、1990和2000年的人口金字塔中可以看到该国人口明显存在着一个持续的"年轻人口群"。墨西哥国家人口委员会所制订的1990和2000年的预测方案表明，该国要达到2000年以前年均增长率为1%的目标，则必须按照已经降低的生育率并提高每一年向外移民11万人的方法才行。1980年以前出生的人数正在扩充着年轻人年龄组，尽管进入20世纪70年代以后，墨西哥政府和国民

为控制人口做了不懈的努力并取得了一定的成绩，但是庞大的年轻人口群，则以巨大的
"惯性"持续膨胀着该国的未来人口。

表5　1979年墨西哥人口年龄、性别构成

年　龄	总人口（人）	男性人口（人）	女性人口（人）	性比例（%）	年　龄	总人口（人）	男性人口（人）	女性人口（人）	性比例（%）
0 ~ 4	12826415	6536400	6290015	103.92	45 ~ 49	2261372	1121640	1139732	98.41
5 ~ 9	10416694	5305508	5111186	103.80	50 ~ 54	1821762	894405	927357	96.45
10 ~ 14	8800246	4480766	4319480	103.73	55 ~ 59	1382254	671388	710866	94.44
15 ~ 19	7474040	3804537	3669503	103.68	60 ~ 64	1026151	493557	532594	92.67
20 ~ 24	6143815	3127144	3016671	103.66	65 ~ 69	814654	388550	426104	91.19
25 ~ 29	4963106	2516365	2446741	102.85	70 ~ 74	643937	304505	339432	89.71
30 ~ 34	4014439	2025197	1989242	101.81	75 ~ 79	425639	199696	225943	88.38
35 ~ 39	3273606	1642320	1631286	100.68	80 +	377985	168874	209111	80.76
40 ~ 44	2714989	1354858	1360131	99.61	合　计	69381104	35035710	34345394	102.01

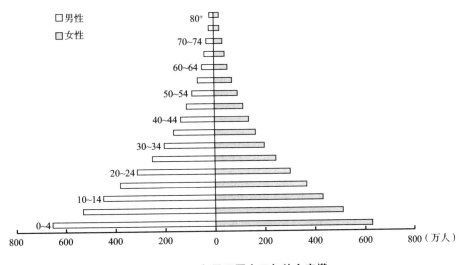

图2　1979年墨西哥人口年龄金字塔

　　墨西哥人口性别构成，无论从历史上看，还是从人口群体的横截面上讲，都属于正
常范围。只不过是从历史上所观察到的人口总体性比例由低于100逐渐演变到接近并超
过了100。1979年各个年龄组的性比例也符合一般"规律"。即年龄越高，性比例越低，
80岁以上的性比例为80.76。从该年的人口年龄金字塔图中也看出了性比例的"均衡分
布性"——几乎没有发生任何一个年龄组性比例突然失衡的状况。

人口分布及城市化

墨西哥人口分布状况，与历史的发展有很大关系，其结果使今天也和过去一样，人口大多集中在中央地带，而周围地区的人口则极为稀少。因此，虽说当今墨西哥的人口平均密度是44人，但这并不能显示实际的人口分布状况。随着农业灌溉的普及，不均衡的分布现象似乎稍有缓和，然而，各地方的人口分布状况差别仍然很大。

从行政区划上看，墨西哥全国划分为31个州和1个联邦区。人口分布密度则从表6中得到反映（参见表6）。

表6　1960年、1984年墨西哥的人口分布

地　区	面　积（平方公里）	人口数（万人）		1984年人口密度（人／平方公里）
		1960 年	1984 年	
北部地区	**798729**	**689.0**	**1316.7**	**16.5**
科阿韦拉州	149982	95.4	178.5	11.9
奇瓦瓦州	244938	112.5	208.4	8.5
杜兰戈州	123181	83.8	126.7	10.2
新莱昂州	64924	98.5	277.3	42.7
圣路易斯波托西州	63068	103.2	186.9	29.6
塔毛利帕斯州	79384	115.6	214.4	27.0
萨卡特卡斯州	73252	80.0	124.5	17.0
海湾地区	**236392**	**371.7**	**927.4**	**39.2**
坎佩切州	50812	16.0	43.7	8.6
金塔纳罗奥州	50212	4.1	29.9	6.0
塔巴斯科州	25267	43.8	135.4	53.6
韦拉克鲁斯州	71699	245.5	602.2	83.9
尤卡坦州	38402	62.3	116.2	30.3
北太平洋地区	**410755**	**272.9**	**634.9**	**15.5**
下加利福尼亚州	69921	74.5	137.4	19.7
南下加利福尼亚州	73475	7.5	27.2	3.7
纳亚里特州	26979	38.7	81.6	30.2
锡那罗亚州	58328	84.5	219.2	37.6
索诺拉州	182052	67.7	169.5	9.3
南太平洋地区	**237635**	**418.5**	**800.2**	**33.7**
科利马州	5191	16.4	38.3	73.8
恰帕斯州	74211	120.4	234.4	31.6
格雷罗州	64281	110.8	250.0	38.9
瓦哈卡州	93952	170.9	277.5	29.5
中央地区	**273211**	**1126.8**	**2950.1**	**107.9**
阿瓜斯卡连特斯州	5471	20.5	58.5	106.9

续表 6

地　区	面　积 （平方公里）	人口数（万人）		1984 年人口密度 （人/平方公里）
		1960 年	1984 年	
瓜纳华托州	30491	160.0	347.0	113.8
伊达尔戈州	20813	92.7	168.6	81.0
哈利斯科州	80836	210.3	473.4	58.6
墨西哥州	21355	167.6	938.7	439.6
米却肯州	59928	171.4	343.2	57.3
莫雷洛斯州	4950	40.0	107.7	217.6
普埃布拉州	33902	195.6	367.3	108.3
克雷塔罗州	11449	34.5	84.4	73.7
特拉斯卡拉州	4016	34.2	61.3	152.6
联邦区	1479	540.7	1049.9	7098.7

说明：资料来源不同，和表 1 数据略有出入。

墨西哥人口分布不均匀是从两个方面表现出来的。

从平面地理分布上看，北部大部分地区人口密度低于全国平均水平，面积占全国的40%，人口却只有1/5左右。西北地区包括太平洋沿岸北段与加利福尼亚半岛，面积占全国的1/5，人口仅占8%左右，比北部地区更稀少。南部地区包括南部山区、恰帕斯高地及太平洋沿岸地带，该地区地形崎岖，山高谷深，人口稀少。东部地区包括墨西哥湾沿岸低地南段和尤卡坦半岛，也属于人口最少的地区之一。墨西哥只有中央地区人口最为稠密，该区位于墨西哥高原南部，又称中央高原，是全国经济最发达的地区，面积只占全国的1/7，人口却占全国半数左右，人口密度每平方公里108人，为全国平均人口密度1倍以上。从垂直方向上看，由于历史和自然的因素，沿海低地人口一向不多。从20世纪初开始，墨西哥人口的迁移率有了很大的提高。庄园制度的瓦解，使原受它限制的大量农村人口大多到庄园地产上做合同工人，这样人口便可更加自由地移动；工业化的发生和运输的改进也促进了人口迁移率的提高。但更重要的是：中部山区从20世纪20年代已经出现了巨大的人口压力，即农村人口向下列地区移动：（1）密度小的农耕地区和国内的油田；（2）城市，特别是首都；（3）作为季节性或者是永久性居住地的美国。

但这里最为严重的是，大量农村人口向城市迁移，以至于墨西哥的城市化进程成了令世人注目的人口问题之一。墨西哥的城市化明显晚于阿根廷、巴西等国，1925年城镇人口比重为25%。第二次世界大战后，城市化的进程大大加速。1900～1970年，全国人口增加了2.5倍，城市人口却增加了6.3倍，其中前40年扩充近1倍，后30年增加了3倍多。在城市人口急剧增加的同时，城市数量和规模也不断扩大。拥有25万人口以上的城市，1950年仅有3座，1980年增至17座。全国三大城市墨西哥城、瓜达拉哈拉和蒙特雷，1950 年的人口分别为 300 万人、37.7 万人和 33.4 万人，而 1980 年相应数字已达 1352.1 万人、208.4 万人和 152.7 万人。30 年内分别增加了 3.5 倍、4.5 倍和 3.6 倍。城市人口迅速膨胀的原因主要是人口高度机械增长所致。1940 年每千人中有 105 人迁移，1970 年这一指标上升为 154 人。首都墨西哥城的吸引力最大：中部地区各州迁出人口的 60% 都迁入首都，而边远地区各州的迁出人口中也有 20% 迁入首都。

少数大城市畸形发展是拉丁美洲城市化的一个显著特点，墨西哥最为明显。它的城市首位度和四城市指数分别达到 5.26 和 2.65，4 个最大城市的人口同 30 个中等城市的总和相等，其中最为突出的就是墨西哥城，这座公元 1470 年建立起来的都市，20 世纪初不过 50 万人口，1987 年已达 1860 万人，成为世界级大城市之一。

从城市化进程看，墨西哥的速度也是惊人的（参见表 7）。

表 7 墨西哥城市人口比重变动情况

年　份	1950	1960	1970	1975	1980	1990	2000
城市人口（万人）	1134.8	1845.8	2970.6	3731.8	4666	7106.9	10229.3
比重（%）	43.9	52.8	61.2	62.0	67.2	80.1	95.4

1990 年和 2000 年为预测数。

墨西哥异常迅猛的城市化发展进程，是社会经济发展等水平难以适应的，由此而产生的诸如住房、就业、供水、卫生等人口社会问题，甚至已引起世界各国的关注。

墨西哥城市化的进程与其经济结构的演变又是相一致的。从职业构成来看，工业部门的劳动力由 1950 年的 16% 上升到 1977 年的 25.4%，相应的农业劳动力由 58% 降低到 35%。需要指出的是：墨西哥的生产方式在各个地区和各个部门的发展是很不平衡的，尤其在农村和边远地区。在城市，小手工业、小商小贩等仍大量存在。在轻工业行业，中小企业还占很大比重（参见表 8）。

表 8 墨西哥劳动力人口构成变动情况

行　业	1970 年 劳动力人口（人）	1970 年 比重（%）	1979 年 劳动力人口（人）	1979 年 比重（%）	行　业	1970 年 劳动力人口（人）	1970 年 比重（%）	1979 年 劳动力人口（人）	1979 年 比重（%）
农林牧渔业	5103519	39.4	7886000	40.1	运输业	368813	2.9	582000	3.0
制造加工业	2169074	16.7	3574000	18.2	贸易、金融业	1196878	9.2	1975000	10.0
建筑业	571006	4.4	910000	4.6	服务业	2564782	19.8	4353000	22.2
采矿业	180175	1.4	289000	1.5	其　他	747525	5.8		
水、电、气	53285	0.4	83000	0.4	合　计	12955057	100.0	19652000	100.0

1987 年该国人均国民收入 2260 美元。据墨西哥统计协会资料，占人口 20% 的人的

拥有全国总收入的一半。

墨西哥历届政府重视农村地区和少数民族地区教育。文盲率从 1982 年的 14.3% 降至 1988 年的 5.1%，1988 年 53.7 万人脱盲，尚有文盲 600 万人。1986～1987 年学校及师生人数如表 9 所示。

表 9　1986 年～1987 年墨西哥学校、教师、学生数

学校类别	学校（所）	教师（人）	学生（人）	学校类别	学校（所）	教师（人）	学生（人）
幼儿园	38608	87213	2579063	高　　中	3658		1627324
小　　学	75814	444620	14951302	师　　范	462		26664
初　　中	16426		4384616	高等院校	328		109130

墨西哥的人口特点及人口问题

该国人口发展史形成了目前人口学方面的如下特点以及与此密切相关的一些人口问题。

（1）人口增长过快。（2）城市人口比重日益加大，且速度异常迅猛。（3）年龄构成轻，尤其是年轻人口比重与老年人口比重同时增加，致使抚养系数提高。（4）人口分布极不平衡。由此导致的人口经济、人口社会问题有：①失业率有所提高。1980 年墨西哥全国完全失业率为 5.5%，这还不包括半失业率。1981 年 1 月墨西哥农民独立会工会主席何塞·多洛塞斯·洛佩斯称：当时经常在美国的墨西哥无证件移民达 200 多万人，而且这个数字还在与日俱增。加上半失业率在内，1982 年全国失业半失业率高达 44%。②住房奇缺。1950 年每套住房平均容纳 4.9 人，1960 年为 5.5 人，1970 年达 5.8 人，1976 年上升为 6 人。③粮食严重依赖进口。直到 20 世纪 60 年代中期，墨西哥仍是一个粮食自给有余的国家，1965 年粮食出口量达 185 万吨。但到了 1980 年，各种粮食进口总量超过 1000 万吨，占整个农产品进口的 80%。④城市社会经济问题极为严重。如人满为患、交通拥塞、缺水缺电、疾病流行等。总之，墨西哥的人口特点及其与此密切相关的各种社会、经济问题令各届政府头痛。

人口政策

墨西哥是世界上为数不多的由鼓励人口增长转为控制人口增长并取得了显著成绩的国家之一。

第二次世界大战之后的很长时期，墨西哥历届政府实行鼓励人口增殖的政策，20 世纪 70 年代上半期才开始转向控制人口。并明确地提出了："在全国实行计划生育，合理地调节和稳定人口增长，以便更好地利用本国的人力和资源"。随后，于 1976 年制订了全国人口增长的中期规划；1977 年正式实施全国生育计划；1978 年起草地区级人口政策。总的目标是力争 2000 年全国人口控制在 1.04 亿人左右。为此，该国采取的措施有：积极组建计划生育中心、利用多种形式广泛宣传、重视人口学专门人才的培养等。通过

一系列的工作，该国所取得的成果包括：（1）出生率从 20 世纪 70 年代初期的 40‰以上降到了 80 年代末的 30‰左右，严重地摧垮了出生率长期不变的根基；（2）人口增长率随之由 34‰降至 80 年代末的 24‰；（3）妇女就业率提高，由 70 年代初的 20% 上升到 80 年代初的 28%；（4）文盲率降低。这些成果既是墨国政府和全体国民努力的结果，同时也成为今后进一步控制人口增长的有利条件。

调整人口空间分布是该国人口政策的另一项重要内容。除规定人口的流向、流速等内容外，政府具体制订了三位一体的人口分布政策：使人口固定在某一区域的保持政策、人口有计划迁移的再定向政策以及以联邦区为单元的再安置政策。此外，墨西哥对城市人口发展也做了部署与安排。如近期目标是控制大城市和发展中等城市；远景规划是开发迄今尚未开发的太平洋和大西洋沿岸低地、下加利福尼亚和尤卡坦半岛地区等。

综上所述，墨西哥人口问题十分严峻，但所取得的成绩也非常突出。不过由于一些固有的因素或规律以及人为的因素等使得一些人口问题还会继续严峻下去，如人口年龄结构轻，是谁也无法在短时期内改变的客观事实；再如，该国的天主教教会对计划生育所起的消极作用也是不容忽视的。

未来展望

墨西哥现在的人口净再生产率为 2.0 个左右。这就意味着，在相当长时期内，墨西哥一对夫妇一生大体上要生育 4～5 个以上的孩子。墨西哥政府在 1977 年后期曾宣布，该国的长期目标是：2000 年人口增长率下降到 1%。墨西哥现在的人口增长率为 2.4%～2.6%，虽然下降幅度已经很大，由于目前总人口的 42% 是 15 岁以下的儿童，这又意味着墨西哥还将面临几次人口生育高峰。对此，该国今后还须付出巨大的努力，进一步采取多方面的有效措施，并且要经过一段相当长的时间以后，其上述人口目标才有可能实现。

参考资料

顾鉴塘：《墨西哥人口政策》，《人口与经济》1980 年第 1 期。

马侠、陈玉先、杨仲林：《关于墨西哥、巴西、智利的城市化和人口迁移问题》，《人口与经济》1985 年第 3 期。

王留栓：《今日墨西哥》，《人口研究》1985 年第 5 期。

吕火根、陈芝芸：《各国手册·墨西哥》，上海辞书出版社，1986。

〔美〕R. C. 韦斯特、J. P. 奥吉利：《中部美洲——它的土地和人民》，张继书等译，陕西人民出版社，1981。

〔英〕哈罗德·布莱克莫尔、克利福德·T. 史密斯：《拉丁美洲地理透视》，复旦大学译文室等译，上海译文出版社，1980。

〔美〕霍华德·弗·克莱因：《墨西哥现代史》，天津外国语学院译，天津人民出版社，1978。

中国社会科学院拉丁美洲研究所《拉丁美洲丛刊》编辑部：《拉丁美洲列国志》，中国社会科学院拉丁美洲研究所译，重庆出版社，1985。

尼加拉瓜 （Nicaragua）

尼加拉瓜位于中美洲地峡的中段，北界洪都拉斯，南接哥斯达黎加，东临加勒比海，西濒太平洋，是中美洲地区最大的国家，国土面积 12.14 万多平方公里。1989 年中人口 350 万人左右。人口密度每平方公里 28.8 人。首都：马那瓜。

历史

尼加拉瓜境内最早的居民据传是公元前从南美洲移来的印第安人，他们属哥伦比亚的奇布查人。今日尼加拉瓜中部山区的马塔加尔巴人、东部热带丛林里的苏莫人和海岸地区的米斯基托人是他们的后裔。10 世纪起，今日墨西哥境内和危地马拉境内玛雅帝国消失后，印第安部落迁移，一部分逐渐南下到尼加拉瓜西部的湖泊地区，其中最大的一个部落是尼加拉奥人，据传，尼加拉瓜国名由此而来。当时这里居住着乔罗特加人等印第安部落，大都以狩猎、采集或捕鱼为生。尼加拉奥人带来了比较先进的文化，以刀耕火种的农业为基础。在西班牙殖民者来到之前，尼加拉瓜境内的印第安人已形成氏族公社的社会组织，有世袭的贵族制度。1502 年哥伦布航行抵此。1524 年沦为西班牙殖民地。1811 年，当整个拉丁美洲掀起反对西班牙与葡萄牙殖民主义的运动时，尼加拉瓜也爆发了革命，终于在 1821 年 9 月 15 日摆脱西班牙的殖民枷锁，宣布独立。1823 年曾加入中美洲联邦。1839 年建立尼加拉瓜共和国。

民族、宗教和语言

如前所述，殖民者到来之前，当地是印第安人的天下。以后的历史发展如同其他大多数拉丁美洲国家一样，受到了主要两大股人流的冲击，一股是来自于欧洲的殖民者，另一股是从非洲贩来的黑人奴隶。从此尼加拉瓜的人口便成了以印、欧、黑人为主干的人口融合体，所以说，尼加拉瓜是一个混血人种的地区。19 世纪中叶，太平洋地区和中部高原的北部地区还有 1/3 的人口仍是纯印第安人种，但是自那时以后，实际上所有纯粹土著种族成分均已从湖泊低地中消失了，而仅在中部高地地区还残留着一小批在文化上已有改变的印第安人。据 20 世纪 50 年代的调查资料，尼加拉瓜居民大约有 68% 是印欧混血的拉迪诺人；白人约占 17%，这些白人首先是西班牙殖民主义者的后代，其次是 19 ~ 20 世纪来自西班牙的移民及移民的后代，也有一些来自美国和欧洲各国的移民，以及叙利亚人和黎巴嫩人；黑人约占居民的 10%，他们是在 17 世纪中叶来到此地的；印第安人在尼加拉瓜约占 5%。根据 20 世纪 80 年代的资料，该国印欧混血种人占 61%，白人占 17%，黑人占 9%，印第安人占 5%。

尼加拉瓜的大部分居民信奉天主教。印第安人也信仰天主教或新教，但在很大程度上保留了自己原有的信仰。黑人基本上是各个教派的新教徒，在他们中间有一些人也保留了古老传统的非洲宗教观念。

官方语言是西班牙语，但英语使用广泛。尼加拉瓜人使用一种特殊的西班牙语方言。所有印第安人除说本族语言外都懂西印度群岛的当地英语。

人口变动

尼加拉瓜自 1906 年开始进行首次人口调查，之后又分别于 1920、1940、1950、1960 和 1971 年进行过像样的人口普查。此前尼国人口只是根据人们的推测，较早期数据是 17 世纪中叶危地马拉都督府对这一地区人口进行的调查所得，当时该人口总数大约不足 10 万人，1920 年人口为 63.8 万人，1940 年为 82.58 万人，从 20 世纪 40 年代末 50 年代初开始，尼加拉瓜人口有了迅速增长。1950 年该国人口为 105.7 万人，10 年内净增加 40 万人，1960 年的人口已达 141.1 万人，20 世纪 90 年代初人口在 350 万人左右。这就是说，近 30 年间尼国人口翻了一番还要多（参见表 1）。

表 1　尼加拉瓜的人口变动

单位：万人

年　份	人　口	年　份	人　口	年　份	人　口	年　份	人　口
1920	63.8	1963	153.6	1975	215.5	1986	330.0
1940	82.5	1965	165.5	1978	240.0	1988	342.0
1950	105.7	1970	183.3	1979	264.0	1989	350.0
1960	141.1	1971	187.7	1980	273.3		

尼加拉瓜人口增长快的原因主要是自然增长。在该国人口增长最为迅速的时期，并非是迁入人口大于迁出，而恰恰相反，即迁出人口多于迁入人口。其原因与政治和经济均有关系。

当然，促使该国人口自然增长快的首要因素是出生率居高不下，死亡率有所下降（参见表 2）。

表 2　尼加拉瓜人口自然变动及有关指标

年　份	出生率 (‰)	死亡率 (‰)	自然增长率 (‰)	婴儿死亡率 (‰)	平均预期寿命（年）	
					男	女
1953	53.4	22.4	31.0	80.9	41.5	44.6（1950～1955）
1958	51.3	20.0	31.3	83.4	43.9	47.1（1959～1960）
1963	50.0	17.6	32.4	55.9	46.4	49.6（1961～1964）
1968	48.5	15.6	32.9	47.0	48.9	52.1（1965～1969）
1973	48.3	13.8	34.5	46.0	51.2	54.6（1970～1974）
1978	46.6	12.2	34.4	42.9	53.5	57.1（1975～1980）
1980	45.6	11.8	33.8	47.0		
1986	41.7	8.0	33.7	61.7	62.0	
1989	43.0	8.0	35.0	69.0		

在整个拉丁美洲国家，尼加拉瓜的出生率是最高的。1989 年拉丁美洲出生率平均水平仅为 29‰，中美地峡各国平均水平也不过 32‰，尼国比处于同一地峡的巴拿马的出生率高出 16 个千分点。然而尼加拉瓜的死亡率则降到了较低水平，这就是该国人口自然增长速度快的主要原因。尽管如此，尼加拉瓜的婴儿死亡率和平均预期寿命仍然占据了中美地峡的两端，即前者为这一地区的最高值，后者为最低值。应当说，尼加拉瓜是典型的"高出生、低死亡、高自然增长"的人口再生产类型。1953～1989 年的 36 年间，出生率仅下降了 10 个千分点，而死亡率则下降了 14 个千分点，所以今后该国的人口转变，只能是出生率有较大幅度的下降，而死亡率则难以再有大的改变。

几十年来人口自然变动的结果，必然导致其人口集团在年龄构成上发生变化。由于长期以来该国的出生率始终没有从本质上降低，所以直至目前，尼国人口仍是典型的年轻型人口。或者说，尼加拉瓜目前是拉丁美洲地区最"年轻"的国家之一。1971 年，该国 0～14 岁的人口占总人口的比重是 48.1%，15～59 岁是 47.2%，60 岁及以上为 4.7%；1980 年，0～14 岁人口占总人口比重的 47.9%，15～64 岁为 49.0%，65 岁及以上为 3.1%；1989 年，这三项指标分别为：47%、50% 和 3%。从趋势上看，尼国人口也在缓慢地向成年型人口迈进。但是，也应看出，这种迈进速度委实太缓慢了。下面是 1980 年尼加拉瓜人口年龄、性别构成表及人口年龄金字塔（见表 3、图 1）。

表 3　1980 年尼加拉瓜人口年龄、性别构成

年　龄	总人口（人）	男性人口（人）	女性人口（人）	性比例（%）	年　龄	总人口（人）	男性人口（人）	女性人口（人）	性比例（%）
0～4	466640	236159	230481	102.5	50～54	69298	33449	35849	93.3
5～9	455852	229412	226440	101.3	55～59	48475	23150	25325	91.4
10～14	387061	196768	190293	103.4	60～64	46458	22027	24431	90.2
15～19	298371	143281	155090	92.4	65～69	26082	12118	13964	86.8
20～24	226681	106699	119982	88.9	70～74	25679	12038	13641	88.2
25～29	177681	82484	95197	86.6	75～79	12794	5804	6990	83.0
30～34	137388	66054	71334	92.6	80～84	10181	4205	5976	70.4
35～39	142161	67168	74993	89.6	85 +	8437	3321	5116	64.9
40～44	107097	52452	54645	96.0	合　计	2732520	1338069	1394451	96.0
45～49	86184	41480	44704	92.8					

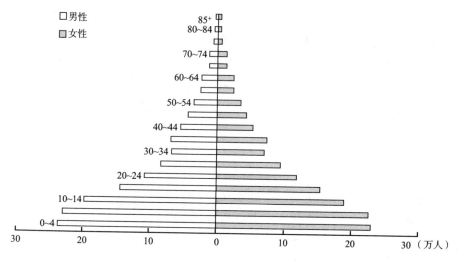

图1　1980年尼加拉瓜人口年龄金字塔

从图1的人口年龄金字塔图形可以看出，该国过去的生育力是很旺盛的，而今后的生育潜力则更为巨大。至少1980年金字塔的最宽部分仍然是最低年龄组人口，这就是说，20年以后的2000年，这批人将进入生育年龄，届时的人口出生率或许不但不会降低反而还要上升。金字塔还告诉我们，该国25岁时的人口突然变"短"了，而且由此开始，随着年龄的提高人口渐次减少，其中最明显的是男性人口的减少速度更快于女性，之所以如此，与该国人口迁出大于迁入有很大关系。苏联学者布鲁克指出："该国几十年来，迁出人口大于迁入人口，在国外的尼加拉瓜人比国内在外国出生的人多1倍。大批在国外的尼加拉瓜人是为躲避索摩查法西斯制度的迫害而出逃的政治流亡者"。

至于性别比例，从1980年的各年龄组看，性比例变化得似乎"早"了一点。从15岁开始，男性人口少于女性。显然，这与迁移行为也有关系。1980年总人口性比例为96∶100，应当说，是属于性比例低的国家。从前几次的人口普查看，该国性比例均低于100。如1950年是97∶100，1963年为97.5∶100，1971年是96.4∶100。

人口分布及其他

尼加拉瓜的人口密度每平方公里约29人，看起来非常低，但在这一数目的背后却隐藏着人口分布极不均匀的情况。70%以上的人口居住在土壤肥沃的太平洋沿岸地区，该区是尼国经济最发达的地区，这里是棉花、咖啡和其他农作物的主要种植园，全国最重要的城市也集中于此。大约有20%多的人口居住在中部地区，该区是农业区和牧业区。大西洋沿岸地区虽然有些矿区，但人口不多，全国不足10%的人口居于此地。在塞拉雅省和里奥圣胡安省等几个加勒比海沿岸的区域，平均每平方公里只有2～3人，是全国人口最稀疏的地区。

在尼加拉瓜能代表城市化的城市是莱昂和格拉纳达等历史古都。这些地方直到今日仍是该国最大的人口密集地之一。1978年莱昂市人口8.1万人，格拉纳达人口5.6万人。

当然，最具有代表性的城市还是首都马那瓜。1981年，马那瓜人口已达81.9万人，20世纪90年代人口为85万多人，占全国总人口的23%左右，占全国城市人口的43%。该国人口向太平洋沿岸城市靠拢，多与其历史有关。因此，尽管该国仍是以农业经济为主的国家，但其城市人口占总人口的比重仍有57%，在1965年这一比值是43%。20年来，城市人口比重提高了14个百分点，其速度是不低的。这一比值在中美地峡当属最高，但与拉丁美洲的平均水平相比，则又略显偏低。1989年拉丁美洲总城市人口比重为68%。

尼加拉瓜经济虽然被认为具有很大的发展潜力，但在目前，却是中美洲诸国经济最落后的国家之一。由于长期战乱、自然灾害、美国经济封锁和政府政策失误等不利因素的影响，使得尼国经济每况愈下，失业率1986年为22%。从最近几十年的情况看，尼加拉瓜的国民经济结构还是发生了很大变化。1987年，工业部门从业人数12万多，占经济自立人口112万人的11%；农业劳动力约36万人，占经济自立人口的32%；服务业从业人员近40万人，约占经济自立人口的36%。

尼加拉瓜曾开展全国性扫盲运动并取得了较好的效果。1986年文盲率为14%。小学适龄儿童入学率98%，中学入学率42%，高校适龄青年入学率为9%。1984年，每29名小学生拥有一名小学教师，每一名中学教师负责26名中学生，大学的情况是每16名大学生拥有一名教师。

1989年，尼加拉瓜人均国内生产总值830美元，在中美洲地区，仅高于洪都拉斯，为这一地区人均收入最低的国家之一。

人口政策

尼加拉瓜1970年成立人口协会，1975年参加国际计划生育联合会。该协会在国内负责宣传与教育、培训、科学研究、革新项目的发展，并帮助教育部门讲授学校中的性教育课程。目前，尼加拉瓜政府认为本国的妇女生育率和自然增长率是令人满意的。主要问题在于要进一步降低发病率和死亡率，尤其是婴儿死亡率。因此，尼国广泛开展家庭计划服务项目，政府也支持有关私人组织，这些组织的主要目的旨在提高母婴健康水平。

人口迁移方面，政府认为目前国际移民对本国的影响是令人满意的，不过期望人口迁出率有所降低，并希望减缓乡村人口向大城市的涌入，从而使人口在国内得到更合理的分布。事实上，为了解决本国太平洋沿岸地区过分拥挤的人口压力，尼加拉瓜政府早就鼓励向中部高地和加勒比低地移居。自第二次世界大战结束后，尼加拉瓜一直有许多农民在向中部高地的北部地区迁移定居，但是从太平洋地区迁出的移民却很少有进入加勒比热带森林地区的。

小结

尼加拉瓜人口在拉丁美洲算是一个具有特殊性的人口集团。其一，出生率最高；其二，婴儿死亡率几乎最高（仅次于海地和玻利维亚）；其三，平均预期寿命几乎最低（仅高于上述两国）；其四，人口最为"年轻"；其五，妇女总和生育率最高。1989年，妇女总和生育率为 5.7 个，远远高于拉丁美洲 3.6 个的平均水平，也高于 4.1 个的中美洲平均水平。据此认为，尼加拉瓜人口到 2000 年时会超过 500 万人，2020 年时，人口将达到 770 万人。

萨尔瓦多（El Salvador）

萨尔瓦多共和国是中美地峡面积最小的国家，东临太平洋丰塞卡湾，北部与洪都拉斯交界，西部与西北部则同危地马拉接壤，南濒太平洋。全国面积 2.14 万平方公里，版图呈矩形状，平均宽度 96.5 公里，最长处为 257 公里。人口 1988 年估计为 539 万人。人口密度每平方公里 253 人，为该地区人口密度最高的国家。首都：圣萨尔瓦多。

历史

在沦为西班牙殖民地以前，现今萨尔瓦多境内主要是印第安人玛雅族居住地。以后为纳瓦集团印第安人所取代。16 世纪以前，皮皮尔部落占据了该国的西部和中部，马雅基切语系的伦卡部落则占据了东部。16 世纪初，当西班牙殖民者侵入美洲以后，萨尔瓦多印第安人的古老而相当安定的社会与文化便开始受到了威胁。1524 年，西班牙殖民者从墨西哥穿过危地马拉入侵，逐渐将萨尔瓦多征服，使其变成了西班牙的殖民地。征服者霸占了印第安人的大量土地，从此，印第安人的社会制度遭到破坏。但由于这里没有发现丰富的金银矿产，也没有大量的印第安人可供驱使，所以由西班牙宗主国移入这里的人口较少，萨尔瓦多也就成了西班牙美洲殖民地比较荒凉的一角。19 世纪初叶，当整个拉丁美洲地区纷纷举行独立与革命之际，萨尔瓦多于 1821 年 9 月 15 日正式宣布脱离西班牙统治独立。1841 年 2 月 18 日，正式成立萨尔瓦多共和国。

民族、宗教和语言

萨尔瓦多在被殖民化时期，印第安人一直在与西班牙人通婚，在以后的岁月里，混血的过程继续进行。从西印度群岛被运到这里种植园干活的黑人，也有一部分加入到混血人种的行列。具有特色的是，在萨尔瓦多曾有 14 个名称专门用以指明印第安人、黑人和白人的混血程度，如：

拉迪诺：西班牙男子和印第安女子的后代；

卡斯蒂索：西班牙男子和拉迪诺女子的后代；

埃斯帕尼奥洛：卡斯蒂索男子和西班牙女子的后代；

穆拉托：黑人男子和西班牙女子的后代；

莫里斯科：西班牙男子与穆拉托女子的后代；

阿尔维诺：莫里斯科男子和西班牙女子的后代；

……

所以，萨尔瓦多的大多数人是印第安人和白种人的混血人种，并带有一些黑种人血统的痕迹。目前，全国绝大部分居民是萨尔瓦多人，20世纪70年代末，有410万人，占全国人口的94.1%，这些人主要是讲西班牙语的各种混血人种，以及一部分西班牙人移民的后裔。萨尔瓦多的现代印第安人，共有23万人，约占全国人口的5.3%，他们基本上属于三个民族：皮皮尔人20万名、伦卡人2万名和凯克奇人1万名。在萨尔瓦多，大约有3万外来移民，约占全国人口的0.6%，主要有来自邻国的洪都拉斯人1万名、危地马拉人1000名、尼加拉瓜人1000名、墨西哥人1000名和牙买加人1000名、美国人2000名。此外，还有上千名华人。1988年统计资料显示，该国印欧混血人种占89%，印第安人占10%，白人占1%。

西班牙语为官方语言，不过这种西班牙语已深受当地方言的影响。只有不多的皮皮尔族人和伦卡族人保留着本民族语言。

绝大多数居民（90%以上）信奉天主教。新教徒不多，新教徒的出现是美国传教士活动的结果。

人口变动及构成

萨尔瓦多于1821年独立后的80年，即1901年进行了第一次全国性的人口普查，此后，分别于1930、1950、1961和1971年进行了四次人口普查。据认为，在1821年萨国独立时，人口不足40万人。即使在20世纪初其总人口也不过100万人。但其后，尤其是20世纪40年代以后，人口有了显著增加。1920～1988年，人口由116.8万人增加到539万人，总增长率为361.47%，净增加人口422.2万人，年均增加人口6.2万人左右，其速度相当快。20世纪60年代是该国人口增长最快的时期，70年代年均增长率在3.33%，此后，增长速度略有下降。

萨尔瓦多人口迁移的情况是：人口迁出大于迁入，这与该国人口密度大、可供使用土地少有关。所以，萨尔瓦多人口增长速度快的原因，主要不是迁移行为所致，而是过高的出生率和较低死亡率共同作用的结果。直至20世纪70年代中该国出生率仍在40‰以上，但在60年代中期，死亡率则已下降至10‰以下了（参见表1、表2）。

表1 萨尔瓦多的人口变动

年 份	人口（万人）	较前期增长（%）	年均增长率（%）	年 份	人口（万人）	较前期增长（%）	年均增长率（%）
1871	<40.0			1950	185.6	13.50	1.28
1901	<100.0	1.50	1.15	1961	251.1	35.31	2.79
1920	116.8	16.80	0.82	1971	355.5	41.59	3.54
1930	143.4	23.28	2.07	1981	493.0	38.72	3.33
1940	163.3	13.98	1.31	1988	539.0	9.33	1.28

表 2　萨尔瓦多人口自然变动及有关指标

年　份	出生率（‰）	死亡率（‰）	自然增长率（‰）	婴儿死亡率（‰）	平均预期寿命（年）男	平均预期寿命（年）女
1953	48.7	15.0	33.7	82.7	49.94	52.40（1949～1951）
1958	49.6	14.1	35.5	88.7		
1963	49.0	10.9	38.1	67.7	56.56	60.42（1960～1961）
1968	43.2	9.1	34.1	59.2		
1973	41.3	8.4	32.9	59.1	57.10	61.20（1970～1974）
1976	40.2	7.5	32.7	55.2		
1977	41.7	7.8	33.9	59.3	60.00	64.50（1975～1980）
1978	39.7	6.9	32.8	50.8		
1979	39.3	7.4	31.9	53.0		
1982	31.4	6.7	24.7	42.2		
1985	36.3（26.1）	8.5（5.1）	17.6（31.2）	59.0（32.5）	63.00	
1989	35.0	9.0	26.0	62.0		

说明：括号内为登记数字。

从萨尔瓦多目前的资料估计来看，该国出生率高于拉丁美洲平均水平 6 个千分点，高于中美地峡（含墨西哥）32‰的 3 个千分点，死亡率也分别高出 2 个和 3 个千分点，说明萨尔瓦多的"人口转变"在这一地区仍略显缓慢。

1989 年，据认为萨国 15 岁以下年轻人口占总人口的比重是 46%，65 岁及以上人口比重为 4%，15～64 岁人口比重为 50%；1971 年，0～14 岁人口比重是 46.2%，15～59岁人口比重 48.4%，60 岁及以上为 5.4%。

至于萨尔瓦多的人口性别构成，最近的详尽资料是 1971 年的人口普查数据。其情况如表 3 所示。

表 3　萨尔瓦多人口性比例变动情况

时　间	总人口（人）	男性人口（人）	女性人口（人）	性比例（%）
1950.6.13	1855917	918469	937448	98.0
1961.5.2	2510984	1236728	1274256	97.1
1971.6.28	3554648	1763190	1791458	98.4

1978 年性别比估测是 49.18∶50.82，折合性比例为 96.77∶100.00。

人口分布及其他

萨尔瓦多是中美地峡人口密度最高的一个国家，但其境内分布并不均衡。一般将其划分为 4 个自然地理区域：（1）北部山脉地区，面积约占全国面积的 15%，人口占全国人口的 6%，人口居住比较分散，主要从事自给性的农牧业生产。（2）南部山地及中部高原地区，是全国政治、经济和文化中心，面积占全国的 30%，人口占 63%，这一地区土地肥沃，气候宜人，全国绝大多数工业基地集中于此。（3）北部高原和峡谷地区，面积占全国的 45%，人口占 25%，是萨国气候最干燥的地区，居民主要从事牧业。（4）太平洋沿海平原和丘陵地带，面积占全国的 10%，人口占 6%，该地是主要的牧场和林区。

此外，萨国从行政上划分为 14 个省，即阿瓦查潘、松索纳特、圣安娜、拉利伯塔德、圣萨尔瓦多、查拉特南戈、库斯卡特兰、拉巴斯、圣维森特、卡瓦尼亚斯、乌苏卢坦、圣米格尔、莫拉桑、拉乌尼翁，各省的人口密度是不相同的。

萨尔瓦多以农业为主，工业基础薄弱，所以，城市人口所占比重不大，而且发展速度也不快。1958 年城市居民比重为 38%，其中有大约 1/3 的居民属于城郊种地的农民。20 世纪 90 年代该指标为 43%。城市人口比重在拉丁美洲算是低水平，如中美地峡平均城市人口比重是 61%，拉丁美洲平均比重是 68%。

圣萨尔瓦多是萨尔瓦多的首都和最大的城市。该城自 1525 年建立以来，虽经若干次极大的地震破坏，但目前人口仍达 48.4 万人，占全国人口的 8.9%，其他城市的人口状况是：1983 年圣安娜为 132.2 万人，圣米格尔为 86.5 万人，梅希卡诺斯为 86.5 万人，德尔加镇为 64.6 万人。

萨尔瓦多土地少人口多，可耕地的利用几乎到了极限。在中美洲各国中，该国的土地问题最为尖锐，土地分配不均现象长期存在。据 1950 年的统计，占农户总数 80.6% 的小农户占有土地面积的 12.4%；而占农户总数的 2.3% 的大农户却占有 59.6% 的土地。这种土地分配不均的情况到了 20 世纪 70 年代更加严重。据 1971 年的调查，小农户占农户总数的百分比增至 86.9%，但只占有 19.6% 的土地，而只占农户总数 1.5% 的大农户，占地 49.5%。

从劳动力职业构成上讲，萨尔瓦多的劳动力大部分仍在农业部门。但 20 世纪 70 年代以来其比重下降了很多，相应的，制造业、建筑业尤其是贸易等部门劳动力比重提高幅度较大（参见表 4）。

表 4　萨尔瓦多劳动力人口构成变动情况

行　业	1971 年		1980 年		行　业	1971 年		1980 年	
	劳动力人口（人）	比重（%）	劳动力人口（人）	比重（%）		劳动力人口（人）	比重（%）	劳动力人口（人）	比重（%）
农林牧副业	632054	54.2	636617	40.0	贸　易	82467	7.1	256086	16.1
制造业	113983	9.8	247621	15.5	金　融	12105	1.0	15863	1.0
采矿业	1013	0.1	4394	0.3	服务业	207885	17.8	250158	15.7
建筑业	32555	2.8	80089	5.0	其　他	56178	4.8	27251	1.7
水、电、气业	3538	0.3	9681	0.6	合　计	1166479	100.0	1593353	100.0
运输业	24701	2.1	65593	4.1					

由于工业基础薄弱，农业耕地分配不均，人口众多，土地狭小，不可避免地促使了失业率的提高。1987 年，全国劳动力失业率为 23%。同时，在中美洲，萨尔瓦多人均收入几乎是最低的。1986 年，国内生产总值人均 660 美元，1989 年为 850 美元。在这种情况下，加之受历史、传统等社会文化方面的影响，该国国民文化素质不太高：1987 年 15 岁以上文盲率为 29.9%，几乎达到每 3 个人中就有一个文盲的程度。

人口政策

萨尔瓦多面临着越来越多的人口和永不能扩大的土地问题，日益感到了人地矛盾的严重性。1974 年 7 月，政府成立了全国人口委员会，以推行"改进生活质量"的措施，同时，还通过了旨在降低人口增长速度的政策。该国在卫生部的领导下，从 1968 年开始实施家庭计划。目前，政府已将人口政策作为国家总发展战略的内容之一。人口政策的重点是：增加人们的就业机会、提高人们的营养水平、降低发病率和死亡率及生育率、改变人口分布、提高妇女在社会经济活动中的参与度。同时，政府认为目前的向外移民率偏高，这是不能令人满意的。

小结

萨尔瓦多与人口有关的特点主要是：（1）土地狭小，没有扩充的余地；（2）人口相对太多，增长速度又快；（3）人口密度在世界上也算是最高的国家之一。

20 世纪 90 年代萨尔瓦多妇女总和生育率为 4.4 个，人口净再生产率为 2.2 个左右。也就是说，今后萨国的生育潜力仍然很大，人口还要不断地在这一有限的土地上膨胀。但不容忽视的是，据认为萨尔瓦多已婚妇女的避孕率只有 47%。

如果以 1988 年萨尔瓦多人口 539 万人为基准，再以年增长率 2.6% 计算，2000 年时该国人口可能达到 710 万人左右。

圣克里斯托弗和尼维斯
（Saint Christopher and Nevis）

圣克里斯托弗和尼维斯联邦又称圣基茨和尼维斯，位于东加勒比海背风群岛中部，[①]由圣克里斯托弗、尼维斯及松布雷罗等岛屿组成，全部面积 267 平方公里。1990 年人口约为 4.8 万人左右。人口平均密度每平方公里 168.5 人。首都：巴斯特尔。

在加勒比海域上，有一大批小岛屿合计约有 1100 平方公里的面积被称之为"英属背风"群岛。圣基茨—尼维斯—安圭拉过去就是该群岛的一个重要组成部分。从 1623 年起一直为英国的殖民地。1983 年 9 月 19 日，圣基茨—尼维斯脱离英国而独立，而安圭拉仍

---

① 西印度群岛的一条弧型岛屿，在小安的列斯最西部和最北部，位于东北信风带内，比南部向风群岛受信风影响略小，因此而得名。参见本书第 525 页注释。

为直属英国的自治领。

1493 年哥伦布发现两岛，但在此后的 130 年间，欧洲人一直未在岛上殖民。1623 年两岛沦为英国殖民地。其间，英人先后从非洲运来大批黑奴，在岛上发展种植园经济。据估计，17 世纪末时，圣基茨的人口为 7381 人，其中白人为 3521 人，黑人为 3860 人；到 18 世纪末时，人口为 2.23 万人，白人为 1900 人，黑人为 2.04 万人。1838～1917 年，圣基茨招募东印度契约工 300 名，1849～1853 年招收被释放的非洲奴隶契约工 460 名。因此，今日岛上居民的绝大多数（约 94%）都是这些黑奴的后裔，其中有一部分（64%）混有英国人的血统。另外还有少数华人、印度人和叙利亚人。英语为官方语言和通用语言。居民大多信奉基督教新教。

由于从 1983 年圣—尼—安才独立分开，所以通常过去的人口数据，都是指的这三岛的总体。如 1960 年人口为 5.76 万人，1970 年人口为 6.4 万人，都是三岛之和。不过，从各岛当时的情况看，人口资料如表 1 所示。

表 1　1960 年圣—尼—安的人口分布情况

岛　　屿	面积（平方公里）	人口（人）	人口密度（人/平方公里）
圣基茨岛	176	37150	211
尼维斯岛	130	15072	116
安圭拉岛	88	5395	61

这就是说，1960 年圣基茨和尼维斯人口合计为 5.22 万人。以后由于外流追求职业的年轻男人们数量增多，反而使这两岛的人口有所减少。1975 年，为 4.63 万人，1980 年最后一次人口普查时，人口为 4.42 万人，1984 年人口估计为 4.46 万人，20 世纪 90 年代初估计仍在 5.0 万人以下。

尽管圣—尼岛仅有人口 5 万人左右，但其人口自然变动也显示出人口学的特征：第二次世界大战后，出生率由高向低变动，并相对地稳定在一定水平上；死亡率均衡地徘徊在 10‰左右；自然增长率也没有太大变化。这些情况说明，该国人口已经向"成熟"方面转化。

1975 年，其 0～14 岁人口比重为 42.2%，15～64 岁比重 50.0%，65 岁及以上人口比重 7.8%。1990 年，三项指标的比重分别变化为：32%、59% 和 9%。年轻人口比重较之 15 年前的 1975 年有了很大提高，而 0～14 岁组少年人口比重甚至下降了 10 个百分点，显然，这主要是出生率下降的结果。同期，65 岁及以上人口增长 1.2 个百分点。对于这个只有 5 万人左右的人口集团来说，无疑是一个"老年型"人口。下面是 1975 年圣克里斯托弗和尼维斯的人口年龄性别构成情况（参见表 2、表 3 和图 1）。

表2 圣克里斯托弗和尼维斯人口自然变动及有关指标

年 份	出生率 (‰)	死亡率 (‰)	自 然 增长率 (‰)	婴 儿 死亡率 (‰)	平均预期 寿 命 (年)	年 份	出生率 (‰)	死亡率 (‰)	自 然 增长率 (‰)	婴 儿 死亡率 (‰)	平均预期 寿 命 (年)
1950	34.3	16.1	18.2			1978	15.8	7.0	8.8		
1960	43.3	13.6	29.7			1979	18.1	7.9	10.2		
1970	17.8	7.5	10.3			1980	26.3	11.1	15.2		
1975	22.7	8.8	13.9			1981	25.4	10.0	15.4		
1976	20.0	7.2	12.8			1986	23.0	10.5	12.5	39.7	
1977	18.4	7.6	10.8			1990	23.0	11.0	12.0	39.7	68

注：1950年、1960年为圣—尼—安三岛综合情况

表3 1975年圣克里斯托弗和尼维斯人口年龄、性别构成

年 龄	总人口 (人)	男性人口 (人)	女性人口 (人)	性比例 (%)	年 龄	总人口 (人)	男性人口 (人)	女性人口 (人)	性比例 (%)
0~4	5499	2742	2757	99.5	50~54	1580	726	854	85.0
5~9	6466	3231	3235	99.9	55~59	1617	730	887	82.3
10~14	7635	3929	3706	106.0	60~64	1666	754	912	82.7
15~19	7044	3488	3556	98.1	65~69	1588	669	919	72.8
20~24	4402	2263	2139	105.8	70~74	1045	393	652	60.3
25~29	1880	949	931	101.9	75~79	650	192	458	41.9
30~34	1148	512	636	80.5	80~84	254	87	167	52.1
35~39	1021	449	572	78.5	85+	90	22	68	32.4
40~44	1315	565	750	75.3	合 计	46354	22287	24067	92.6
45~49	1454	586	868	67.5					

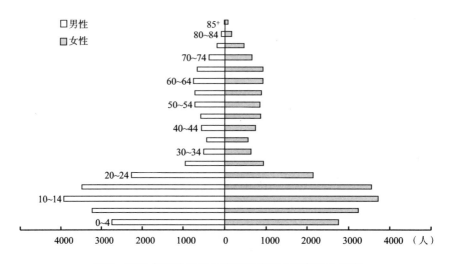

图1 1975年圣克里斯托弗和尼维斯人口年龄金字塔

  图 1 中 1975 年的人口年龄金字塔表明了这一人口集团的奇特性，5～20 岁的人口每个年龄组均超过 6000 人，10～19 岁甚至超过 7000 人，而 0～4 岁和 20～24 岁组人口分别为 5500 人和 4400 人。25 岁年龄段是"过渡年龄组"，其上人口骤然减少，而且相当稳定地变成了"稳定型"人口。似乎这是两个人口集团拼合而成，29 岁以上是"稳定型"人口，之下是"枣核形"金字塔。形成这种状况的原因要从历史上找答案：在 20 世纪 60 年代初期，曾有大量黑人劳工离开圣基茨岛和尼维斯岛移民到特立尼达、产石油的荷属岛屿、不列颠和多米尼加共和国，所以在 10 年以后呈现在人口年龄金字塔上的是 30 岁以上人口明显萎缩。随着时间的推移，再过若干年，这部分 1975 年"庞大的少年人口群"将进入劳动力人口年龄组甚至老年人口组。从另外一个角度看，在外流量相对减弱的情况下，加之出生率有所降低，这一人口集团便已经或正在步入到"老年型"人口社会。

  从性别构成上看，总量上男女之比属于性比例偏低类型。在 1975 年 4.6 万余人口中，女性人口比男性人口多达近 2000 人，这也是过去男性劳工外出导致的后果。1975 年，从 30 岁起性比例开始失衡，而且随着年龄的增加"愈演愈烈"，直至最高年龄组。要使这种状况得到扭转，一方面，男性人口外流量应当减少；另一方面，还需要几十年的时间来"熨平"这一凹凸。

  位于圣岛南岸的巴斯特尔为该地的中心要地。1982 年人口为 1.85 万人，占当时总人口的 41% 左右。目前该联邦城市人口比重为 45%。

  圣—尼联邦是加勒比地区经济较富裕的国家之一。1985 年人均国内生产总值 1520 美元。制糖业是国民经济的主要支柱、外汇收入的主要来源。仅制糖业一项，从业人员即占总劳动力人口的 25%。农业则以种植甘蔗和棉花为主。

  当地人口大多集中在圣岛，1985 年时，75% 的人口居于此地。表 4 是 1985 年的人口分布情况。

表 4　1985 年圣克里斯托弗和尼维斯的人口分布

主要岛屿	面积（平方公里）	人口（人）	人口密度（人/平方公里）
圣克里斯托弗	168	36000	214.3
尼维斯	93	12000	129.0

  两岛实行小学义务教育，20 世纪 70 年代末文盲率为 3% 左右。

圣卢西亚（St. Lucia）

  圣卢西亚是西印度群岛中的一个国家，位于向风群岛的圣卢西亚岛。该岛北侧有马提尼克岛，南隔圣文森特海峡与圣文森特岛相望，全岛南北狭长，呈蛋形。面积616 平方公里。人口 1988 年估计为 15 万人左右。人口密度为每平方公里 244 人。首都：卡斯特里。

1502 年哥伦布发现圣卢西亚岛时，岛上已有阿拉瓦族和加勒比族等印第安居民。1639 年岛上建立了英国移民区。1640 年 400 多名殖民者全部被当地土著居民消灭。从 17 世纪中期起，圣卢西亚岛成了英、法长期争夺的对象。1814 年该岛正式沦为英国殖民地。1958～1962 年，圣卢西亚加入西印度联邦，1967 年 5 月 3 日，获得拥有内部自治权的"英国联邦"地位。1979 年 2 月 22 日，圣卢西亚宣布独立，为英联邦成员。

1814 年圣岛沦为英国殖民地后的前几十年，岛上居住的大部分印第安人或被消灭、或死于疾病。为此，殖民者开始从非洲运进黑奴到种植园做工。1838～1917 年间，从东印度运进的契约劳工即达 4400 人。19 世纪中叶奴隶制废除后，种植园开始从印度运进契约工人。1849～1853 年招募的被释放的非洲契约工为 730 人。在几百年的历史中，上述不同来源的种族发生混合，其后裔形成了今天圣卢西亚居民的主体，这一混合形主体被认为是圣卢西亚人。从人种上讲，90% 以上居民为黑人，5.5% 为黑白混血种人，另有少数白人和印度人，这些人大多是 19 世纪以后被"招工"招来的。

无疑，官方语言为英语。居民多为天主教徒。

圣卢西亚的人口在过去主要是奴隶或者劳工，人口流动量相对要大一些。第二次世界大战后，人口比较稳定。1986 年，该国人口被认为是 14 万人，1988 年估计在 15 万人左右。据此观察，1980～1988 年间，年均增长率为 2.8%，这一估计数可能略为偏高（参见表 1）。

表 1　1960、1970、1980 年圣卢西亚人口普查结果

普查时间	总人口（人）	男性人口（人）	女性人口（人）	性比例（%）	年均增长率（%）
1960.4.7	86108	40693	45415	89.6	
1970.4.7	100893	47763	53130	89.9	1.6
1980.6.1	120300	56818	63482	89.5	1.8

圣卢西亚第二次世界大战后人口自然变动的特点是，出生率高且下降慢，即 1953 年为 36.5‰，1990 年不过刚刚降至 28‰左右，同期自然增长率略有下降。1960～1988 年，人口增长不到 1 倍，这是比较慢的增长速度（参见表 2）。

在 20 世纪 70 年代中期以前，圣国人口出生率一直维持在 35.0‰、自然增长率在 28‰以上。之后，两者略有下降，及至 1990 年，出生率仍为 28‰，自然增长率为 22.0‰，但仍属于"高出生、低死亡、高自然增长"之列。圣卢西亚的婴儿死亡率下降速度很快，40 年间下降 81%。相应的，人口平均预期寿命提高 15 岁以上。

表 2　圣卢西亚人口自然变动及有关指标

年　份	出生率（‰）	死亡率（‰）	自然增长率（‰）	婴儿死亡率（‰）	平均预期寿命（年）	
					男	女
1953	36.5	13.8	22.7	113.1		
1958	43.0	13.8	29.2	115.4	55.13	58.47（1959～1961）
1963	41.9	11.3	30.6	78.4		
1968	36.0	7.7	28.3	48.8		
1973	37.5	7.8	29.7	38.0		
1976	34.5	7.8	26.7	26.8		
1977	35.7	7.1	28.6			
1978	34.3	6.7	27.6	28.3		
1979	31.5	7.2	24.3	33.0		
1981	31.2	6.9	24.3	24.1		
1986	28.0	6.0	22.0	21.5		
1989	28.0	6.0	22.0	21.5	71.00	
1990	28.0	6.0	22.0	21.5	71.00	

说明：1986、1989、1990 年均为推测数据。

1980 年，圣国曾进行了至今最后一次人口普查，根据这次普查资料绘制出来的。圣卢西亚人口年龄金字塔，既像开曼群岛的人口年龄金字塔，更像圣克里斯托弗和尼维斯的人口年龄金字塔。其特征是：在这个金字塔中，似乎是由两个金字塔所组成。10～15岁组是其"过渡"年龄组，其上人口酷似一"稳定型"，其下为"增加型"，其中，0～4岁组人口绝对数超过万人，表明出生人数有增长的势头。这种金字塔显示出来的人口年龄状况与圣—尼岛极为相似，主要原因乃是劳工外流所致（参见表3、图1）。

表 3　1980 年圣卢西亚人口年龄、性别构成

年　龄	总人口（人）	男性人口（人）	女性人口（人）	性比例（%）	年　龄	总人口（人）	男性人口（人）	女性人口（人）	性比例（%）
0～4	22098	11155	10943	101.9	50～54	3872	1822	2050	88.9
5～9	21059	10719	10340	103.7	55～59	3364	1567	1797	87.2
10～14	16538	8248	8290	99.5	60～64	2877	1252	1625	77.0
15～19	11566	5586	5980	93.4	65～69	2131	900	1231	73.1
20～24	8165	3538	4627	76.5	70～74	1611	621	990	62.7
25～29	5862	2567	3295	77.9	75～79	1093	389	704	55.3
30～34	4653	2006	2647	75.8	80～84	711	223	488	45.7
35～39	4707	1952	2755	70.9	85 +	806	216	590	36.6
40～44	4631	1977	2654	74.5	合　计	120300	56818	63482	89.5
45～49	4556	2080	2476	84.0					

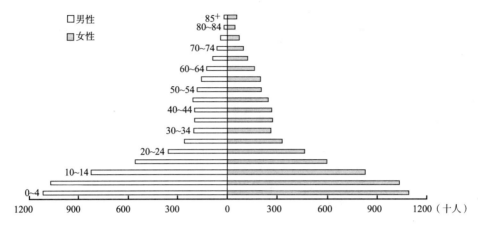

图1　1980 年圣卢西亚人口年龄金字塔

外流人口增加的另一个结果是性比例失衡。1980 年，该国性比例仅为 89.5：100，这一比值甚至持续了几十年。从各年龄组来看，从 10 岁开始女性多于男性，而且这一状况一直保持到最高年龄组。但不正常的则是：从 20 多岁开始男性已严重少于女性。随着年龄的增长，这种状况越趋严重。从未来来看，要使性比例逐渐恢复正常，一方面男性人口外流量应当减少，另一方面，还需用"时间"这一法宝来解决这个问题。

圣卢西亚的人口密度为每平方公里 243 人，是西印度群岛中人口最稠密的国家与岛屿之一。但是，人口分布很不平衡，几乎 4/5 的人口居住在两个核心区域：一个是包括卡斯特里在内的北部冲积谷地和丘陵地，另一个是南部丘陵地和较低的山坡地，其余人口散布在最北和最南端的较干燥地带。该岛中部的崎岖山区人口最为稀少。

圣卢西亚的城市人口比重为 46%，仅首都卡斯特里的人口就有 5.29 万人，占同期全国总人口的 1/3 强。

圣卢西亚的经济特征是：农业占重要地位，旅游业和制造业次之。人均国内生产总值 1985 年人均 1210 美元，1990 年为 1540 美元。由于就业机会不太多，所以失业率 1987 年高达 25%。

目前，圣卢西亚政府认为当前的人口增长率过高，应力求降低增长率使之达到令人满意的程度。政府打算加强家庭计划活动，为此，政府批准了卫生部制定的家庭计划项目。圣卢西亚计划生育协会成立于 1967 年，1974 年加入国际计划生育联合会。

圣文森特和格林纳丁斯
(St. Vincent and the Grenadines)

圣文森特和格林纳丁斯是西印度群岛中的一个国家，位于小安的列斯群岛中的向风群岛南部，由主岛圣文森特和小安的列斯群岛中格林纳丁斯群岛及北部的贝基亚、卡努安、马斯蒂克等小岛组成，总面积 389 平方公里。人口 1988 年估计为 13.6 万人。人口密度为每平方公里 350 人。首都：金斯敦。

加勒比印第安人早期就居住在群岛上，哥伦布在 1498 年第三次航行美洲时才到达圣文森特岛。1627 年英国开始占领此岛。此后法、英轮番争夺对该岛的管辖权。1783 年成为英殖民地。1958～1962 年为西印度联邦成员国。1969 年获得内部自治，为英联邦成员国。1979 年 10 月 27 日圣文森特和格林纳丁斯宣布独立，但仍为英联邦成员国。

尽管殖民者登陆之前，岛上已有印第安人居住，但到 17 世纪后半叶，这些可怜的土著人多已被殖民者屠杀或奴役致死，只有少数印第安人与黑人的混血后裔保留了下来，自此殖民者便开始从非洲运进黑奴到种植园做工。18 世纪末，圣文森特岛上共有人口 1.33 万名，其中白人 1450 人，占 10.9%；黑人 1.18 万人，占 89.1%。19 世纪中叶废除奴隶制后，开始从印度和葡萄牙运进契约工人，1838～1917 年间，到达圣文森特的东印度契约工为 2500 人，其中在 1849～1853 年间，当地所招募的被释放的非洲奴隶契约工达 1040 名。这样，在经过长期而复杂的历史过程之后，在圣文森特及格林纳丁斯形成了一个新的民族，即圣文森特人，他们是该国现代居民的主体，其血统既含有非洲黑奴的成分，又含有法国、英国人的成分。所以，从民族上讲，在这个 10 多万人口的集团中，有圣文森特人、有印黑混血的加里夫人、有亚洲印度人，也有欧洲葡萄牙白人。从种族上讲，1988 年该国黑人占 65.5%，混血人占 19%，白种人占 3.5%，印度人占 5.5%，其余 6.5%。

该国居民多为基督教新教徒和天主教徒，通用语言为英语。

圣文森特和格林纳丁斯过去都是从属于英国向风群岛领地，只是格林纳丁斯的一部分归圣文森特管辖。所以，过去关于它们的人口资料多是分开的，下面是 1960 年该国尚未独立时圣岛与格林纳丁斯群岛中有人居住的岛屿面积和人口状况（参见表 1）。

表 1　1960 年圣文森特和格林纳丁斯群岛中有人居住的岛屿面积和人口

地　区	面积（平方公里）	人口（人）	人口密度（人/平方公里）
属圣文森特岛管辖的			
贝基亚岛	18	2600	144
尤尼恩岛	8	1300	163
卡努安岛	7	600	86
马斯蒂克岛	5	100	20
迈耶罗	3	200	67
巴利塞奥克岛	2		
卡特尔岛	1	25	8
小　　计	44	4825	110

续表 1

地　区	面积（平方公里）	人口（人）	人口密度（人/平方公里）
属格林纳丁斯岛管辖的			
卡里亚库岛	34	8100	238
郎德岛	3	100	33
小马提尼克岛	2	525	263
小计	39	8725	224
合　计	83	13550	163

从 1960、1970、1980 年三次人口普查的结果看，该国总的人口情况如表 2 所示。

表 2　圣文森特和格林纳丁斯三次人口普查结果

普查时间	总人口（人）	男性人口（人）	女性人口（人）	性比例（%）	年均增长率（%）
1960. 4. 7	79948	37561	42387	88.6	
1970. 4. 7	87305	41325	45980	89.9	0.9
1980. 5. 12	97845				1.1

目前该国人口为 13.6 万人，第二次世界大战后其人口自然增长的特征是：出生率由高向低下降；死亡率下降速度一度快于出生率，所以自然增长率的变动时高时低（参见表 3）。

表 3　1953~1989 年圣文森特和格林纳丁斯人口自然变动及有关指标

年　份	出生率（‰）	死亡率（‰）	自然增长率（‰）	婴儿死亡率（‰）	平均预期寿命（年）
1953	43.8	16.1	27.7	122.8	
1958	51.0	15.9	35.1	154.2	58.46　59.67（1956~1961）
1963	43.1	11.9	31.2	96.8	
1968	36.0	8.9	27.1	72.2	
1973	32.7	10.0	22.7	99.6	
1979	35.1	7.7	27.4		
1980	25.3	6.0	19.3		
1981	26.0	7.9	18.1		
1986	24.5	5.9	18.6	24.7	
1989	25.0	6.0	19.0	24.7	70.00

从该国 1989 年人口自然变动指标看，人口正处于从"高、低、高"向"三低"类型的过渡阶段，这是近 10 年出生率下降的结果。但是，目前该国人口仍属于"年轻型"。据美国人口咨询局测算，1990 年该国人口中，0~14 岁儿童比重为 44%，15~64 岁人口比重为 50%，65 岁及以上人口比重为 6%。

该国婴儿死亡率已降到较低水平，但在加勒比地区仍排列在前五位。不过，1990 年人口平均预期寿命估计已达 72 岁，超过这一地区平均 68 岁的水平。

该国目前人口分布的情况是：95% 以上的居民居住在主岛圣文森特岛上，各岛屿的人口分布情况是：贝基亚岛，面积 18 平方公里，人口 3500 人，人口密度每平方公里 194 人；马斯蒂克岛，面积 5 平方公里，人口 100 人，人口密度每平方公里 20 人；迈耶罗岛，面积 3 平方公里，人口 100 人，人口密度为每平方公里 33 人；卡努安岛，面积 7 平方公里，人口 600 人，人口密度每平方公里为 86 人；尤尼恩岛，面积 8 平方公里，人口 1200 人，人口密度每平方公里 150 人。首都金斯敦，位于主岛圣文森特岛南部，濒临西南沿海。1986 年估计人口 1.88 万人，占全国同期人口的 13.8%。该国城市人口的比重目前约为 20%。

该国的经济特征是：农业是经济的基础，旅游业占有重要地位。人均国民生产总值 1983 年为 860 美元，1990 年为 1100 美元，在加勒比地区仅高于海地和牙买加等国。在教育方面，实行小学免费教育，成人文盲率为 15%。

目前，该国政府极度关注人口的高速增长给土地资源和服务所带来的压力，同时也关注生育计划及其生育间隔等内容。20 世纪 80 年代初政府提供了免费家庭计划服务项目。圣国的家庭计划协会成立于 1965 年，而该国的出生率是从 1958 年开始下降的。

苏里南 （Suriname）

南美洲的北部过去有"三个圭亚那"。西面的圭亚那早先为英国殖民地，称为英属圭亚那，1966 年独立，成为圭亚那合作共和国。东面的圭亚那早年被法国占领，直到目前仍称为法属圭亚那，属于法国的一个"海外省"。中部的圭亚那自 17 世纪起便为荷兰殖民者统治，所以一直称为荷属圭亚那。1975 年 11 月 25 日荷属圭亚那独立，成为独立国家，取名为苏里南共和国。因此，苏里南的东、西分别与法属圭亚那和圭亚那合作共和国为邻居，南界巴西、北濒大西洋。总面积包括同圭亚那合作共和国有争议的 1.7 万平方公里在内共计 16.32 万平方公里①。人口 1988 年约为 40.0 万人。人口密度每平方公里 2.5 人。首都：帕拉马里博。

---

① 指在圭亚那合作共和国实际控制下的 1.7 万平方公里的面积，在苏里南西帕里韦尼区，科兰太因河上游。

1499 年，西班牙人阿·德·奥赫达最早考察了现在的苏里南地区。当时这里是加勒比和阿喇瓦语族的印第安人居住地，其时人数达 5 万人。16 世纪中叶，欧洲人侵入苏里南境内，荷兰人、英格兰人先后到达此地，经过多次战争、交锋、条件交换等，苏里南于 1667 年成为荷兰殖民地。当时的印第安人由于与殖民者发生流血冲突，加之瘟疫流行和被驱为奴隶，人数大量减少。后因为经营种植园经济而缺少劳动力，当地殖民者开始从非洲运进黑奴。估计在贩卖黑奴时期，共有 38 万奴隶被运入苏里南这块土地。19 世纪后半期，从亚洲地区迁来了许多印度人和印度尼西亚人，大概分别为 3.4 万人和 3.2 万人。以后的苏里南人的主体便是由印第安人、欧洲人、黑人、亚洲人混合而成的后裔，其中，印度人所占比重最大，为 33%；次之是黑、白混血的克里奥尔人，占总人口的 32%；印度尼西亚人占 15%；在奴隶时代逃至森林而形成黑人社会的丛林黑人占 10%；目前仍居住在小村落或森林里、使用弓箭进行狩猎、或以捕鱼为生的印第安人只剩 3%；还有华人 3%，荷兰人、黎巴嫩人等占 2%，另约有 18 万苏里南人旅居荷兰。不同来源的人口具有不同的宗教信仰。居民中大约有 45% 的人信奉基督教，28% 的人笃信印度教，另有 20% 的人为伊斯兰教徒。荷兰语为官方语言，另通用苏里南语。

人口变动

苏里南人口的一个很大特征是早期的人口是从世界各地"云集"而来，其中有欧洲人、非洲人、亚洲人和拉丁美洲当地人。这种情况有别于其他拉丁美洲国家人口主要由亚、欧、非，甚或欧非两类人源构成。据一些资料估计，1775 年，当地白人 5000 人，黑人奴隶 7.5 万人，显然，这只构成了当时苏里南人口的一部分。向苏里南大量移民，主要是 19 世纪中叶以后的事情。以后直到 20 世纪 60 年代，人口基本稳定，即没有过多的迁移事件发生。但 60 年代到独立之前，移民发生逆流，即迁出大于迁入，主要目的地是荷兰。据统计 15 年中至少有 12 万人离境。这对于一个只有 30 万 ~ 40 万人口的国家来说，是一个很大的人口"振动"。从相对数上讲，至少有 30% 左右的人口从苏里南出走。所以，以后支撑苏里南人口继续增长的根本因素除了极少量的移入人口外，主要是该国的人口自然增长率较高（参见表 1、表 2）。

表 1　苏里南的人口变动

单位：万人

年　份	人　口	年　份	人　口	年　份	人　口	年　份	人　口
1921	10.8	1950	18.4	1975	37.0	1988	40.2
1930	15.2	1964	32.4	1980	35.2		
1940	17.1	1971	38.5	1985	37.0		

表 2　苏里南人口自然变动及有关指标

年　份	出生率 (‰)	死亡率 (‰)	自然增长率 (‰)	婴儿死亡率 (‰)	平均预期寿命（年）	
					男	女
1953	37.6	9.1	28.5	30.6	54.4	57.7（1950~1954）
1958	40.8	7.1	33.7	40.0	57.0	60.5（1955~1959）
1963		7.6			62.5	66.7
1968	43.6	8.7	34.9		61.5	65.7（1965~1969）
1973	38.4	7.5	30.9		63.3	67.8（1970~1974）
1978	37.1	6.8	30.3		64.8	69.8（1975~1980）
1981	29.8	6.1	23.7	31.0		
1986	28.0	8.0	20.0	31.0	69.0	
1989	27.0	7.0	20.0	33.0	69.0	

从资料上看，苏里南的人口增长状况是，1950~1964 的 14 年间，年平均增长率为 4.2%，1953~1968 年的人口自然增长率均在 28‰以上，其后人口增长出现波动，且增长速度放慢，但自然增长率仍在 30‰以上，只是到了 20 世纪 80 年代，出生率有所下降，而且下降的幅度较大。1981 年比 1978 年的出生率迅速降低了 8 个千分点，一般地讲，这种现象出现的可能性极小。所以，一方面可对这一数值提出怀疑，另一方面如前所述，应充分考虑当时苏里南人口大量外流这一因素，因为它对人口年龄构成，进而对生育率一定会产生影响。应当说，这是影响该国出生率变动的重要因素。

从目前的情况看，苏里南人口仍处于高出生、低死亡、较高的自然增长阶段。所以，该国的人口尚属于年轻型向成年型过渡的人口类型。1989 年，苏里南 0~14 岁人口比重为 37%，15~64 岁人口为 59%，65 岁及以上人口比重 4%。在热带南美洲地区，苏里南既不"年轻"，又不偏"老"，三项指标值与这一地区的总平均值恰好相等。但是人口平均预期寿命则是这一地区仅次于委内瑞拉的最高值。

人口分布及其他

苏里南的国土面积比法属圭亚那多 77%，人口多将近 5 倍，人口密度也较之高出 2 倍多。但苏里南与圭亚那合作共和国相比，面积是圭国的 76%，人口是圭国的 50%，人口密度为圭国的一半。从人口分布上讲，这三个国家都有着共同的特点，即绝大多数居民集中在沿海地带、大河谷地带，而在内陆则人迹罕至。苏里南的人口还集中在距海岸 20~40 公里的铝矿开采区，在这些地区，人口密度每平方公里达到 50 人以上。从全国来讲，90% 左右的人口居住在占全国领土面积 3%~4% 的地区。

从行政区划上看，苏里南分为一市八省，各地人口状况如表 3 所示。

表3　1985年苏里南的人口分布

单位：人

行政区	人口	行政区	人口	行政区	人口
勃洛克彭都	15150	尼给里	33969	帕拉马里博	101121
科摩维纳	16358	巴拉	16053	总计	370000
瓦尼卡	3033	萨拉马卡	11180		
马罗维纳	24817	西帕里韦尼	148319		

苏里南的城市人口比圭亚那高出1倍强，城市人口比重为65%，即有26万人属于城市人口，其中，首都帕拉马里博人口1987年即达18.4万人。但据1982年的资料，当时帕市人口只有6.9万人，新尼给里市人口8000人。

苏里南的经济部门主要是铝矿业、加工制造业和农业。1987年，以铝矿业和加工业为主的工业就业人数为1.31万人，占就业总数的14.6%；农林牧渔业就业人数为1.49万人，占就业总数的16.7%；其余就业人数分布在交通运输、金融、服务等行业；当年总就业人数为8.97万人。1989年人均国内生产总值2360美元，是南美洲地区人均值最高的国家之一，仅次于委内瑞拉和阿根廷。

从衡量人口文化素质的指标上看，苏里南1985年文盲率为10%。中小学实行免费义务制教育。

人口政策

苏里南没有正式的人口政策和具体的人口计划，只是1969年成立了与计划生育略有关系的罗比协会，该协会于1973年加入加勒比计划生育分会。从政府的角度讲，尽管已经认识到国土自然资源的开发仍需要大量的劳动力，但政府认为本国的自然增长率和妇女生育率是令人满意的，需要做的工作主要是降低发病率与人口死亡率。

人口再分布已被作为国家发展目标中的内容予以考虑。20世纪80年代初，政府最关注的是人口外流率过高以及由此而造成的"智囊流失"（brain drain），但政府为此并没有采取明确的政策。

小结

苏里南人口的主要特征是种族结构复杂，几乎包括了世界各大洲的人口，这在人口较少的国度中是罕见的。

目前，苏里南的妇女总和生育率是3.3个，在南美洲地区属于中下水平，这说明苏里南的人口增长势头已经或正在减缓。1989年的人口自然增长率为20‰，按照这一速度发展下去，21世纪初期苏国人口将会达到50万人左右。

特克斯和凯科斯群岛
（The Turks and Caicos Islands）

特克斯和凯科斯群岛是英国领地，位于巴哈马群岛东南端，在海地岛北部，东部濒临大西洋，西部同古巴隔水相望。整个群岛由特克斯和凯科斯两组群岛组成，大小约 30 多个岛屿，但只有 8 个岛屿有人居住：即大特克岛、索尔特凯岛、东凯科斯岛、南凯科斯岛、中凯科斯岛、北凯科斯岛、西凯科斯岛和普罗维登夏莱斯岛等。全部面积 430 平方公里。1988 年人口约为 1.2 万人。人口密度每平方公里 28 人。首府：科伯恩城。

该岛原为印第安人的阿拉瓦克部族和卢卡约斯部族居住地，1512 年被西班牙人发现。17 世纪末，来自百慕大群岛的殖民地开拓者在此定居。他们为经营种植园带来了黑奴。18 世纪，群岛成为了英国、法国和西班牙等殖民者觊觎的目标。1766 年起为英国领地。1873～1962年该群岛归牙买加管辖，1962 年牙买加独立后，该群岛仍为英属殖民地。

特立尼达和多巴哥
（Trinidad and Tobago）

特立尼达和多巴哥是西印度群岛中的一个国家，位于加勒比海上，靠近南美洲沿岸，在小安的列斯群岛的东南端，由两个大岛——特立尼达岛（4828 平方公里）和多巴哥岛（300 平方公里）以及 5 个小岛——小多巴哥岛、查卡查卡雷岛、莫诺斯岛、加斯帕尔 - 格兰德岛和韦沃斯岛组成。全国共分为 8 个郡、4 个市和 1 个半自治行政区，整个面积 5128 平方公里。1990 年人口估计为 130 万人。人口密度每平方公里 253 人。首都：西班牙港。

历史

特立尼达和多巴哥本来是两个岛屿，因此其历史、文化等背景过去不尽相同。1498 年，哥伦布第三次航海同时发现了特立尼达岛和多巴哥岛。西班牙人首先占领特岛，但 1781 年该岛被法国占领。1797 年英国用武力占领特岛，并经 1802 年《亚眠条约》正式割让给英国。多巴哥岛 1632 年被荷兰人占领，但此后却屡遭英、法、西的争夺，直至 1814 年沦为英国殖民地。1889 年，多巴哥岛和特立尼达岛正式合并，成为一个统一的英国殖民地。合并后的两岛于 1958 年参加西印度联邦。之后于 1967 年 8 月 31 日宣布独立。1976 年 8 月 1 日改为共和国，但仍是英联邦成员国。

民族、宗教和语言

在殖民者到达此地之前，两岛居住着阿拉瓦克族和加勒比族的印第安人。之后，其人口历史也像当年其他西印度群岛国家一样，首先是大量土著居民被杀被赶，接着是开辟糖业种植园，并从非洲运进大量奴隶，然后是 1833～1834 年的奴隶制废除，于是从亚洲又招募来印度劳工和华工，也招收岛上"自由"了的黑奴。这样，一二百年前的这些敌对的、但又不得不共同生活在一起的各种族人口便开始通婚、生育，从而产生了复杂的"后裔"。这其中，既有欧洲人的血统，也有亚洲人的血统，还有非洲人的血统。从总体上讲，目前的特立尼达和多巴哥主要有两大民族，一是以印度斯坦各地移居后裔为主的使用英语的特立尼达人，另一个是印度人或者特立尼达印度人。前者占总人口的 60%，后者占 37%，其余 3% 的人口是华人（0.9%），印第安阿拉瓦克人（0.1%）等。换个角度讲，目前该国人口中黑人占 43%，印度人占 40%，其余 17% 为混血种人、欧洲人、华人和阿拉伯人后裔。

由于人口来源复杂，所以宗教也十分复杂。1513 年天主教多明我会便传到此地。16 世纪末，方济各会也开始到此传教。1782 年，莫拉维亚弟兄会和西班牙卫理公会传入特立尼达。所以在目前的该国居民中，34% 信奉天主教，25% 信奉基督教新教，25% 信奉印度教，6% 信奉伊斯兰教。此外，还有少数埃塞俄比亚－性力派教徒和犹太教徒。然而该国居民的共同之处是：英语为其通用语言，也为其官方语言。

人口变动

特立尼达和多巴哥的第一次人口普查是在 1844 年进行的，而当时它们并不是统一的政体单元，不过 1844 年两岛倒是同时举行了人口普查。当时特岛人口 5.98 万人，多岛人口 1.32 万人，合计为 7.3 万人。此前，它们的人口状况如表 1 所示。

表 1　特立尼达和多巴哥的人口及种族变动情况

单位：人

地　名	年　份	总人口	白　人	黑　奴	自由黑人	印度人
特立尼达岛	1783	2753	126	300	295	2032
	1805	30076	2434	20108	7534	
	1829	43174	4326	22436	16412	
多巴哥岛	1787	12986	1397	10539	1050	
	1805	16483	900	14883	700	

这就是说，在 1805 年，两岛人口共达 46559 人。1844 年第一次普查以后，1851 年又进行了第二次普查，之后每隔 10 年进行一次。只是 1941 年由于第二次世界大战而被迫中断，但战后立即于 1946 年又进行了人口普查。从 1960 年开始，基本上是每逢"0"的年份即进行人口普查。由于特立尼达和多巴哥自 1889 年正式合并，所以，联合性的第一次全国普查是于 1901 年进行的（参见表 2、图 1）。

表2　特立尼达和多巴哥的人口变动

时　　期	间隔年份	期末总人口（人）	增长量（人）	年均增长率（%）
1844~1850	7	82978	9955	1.84
1851~1860	10	99848	16870	1.87
1861~1870	10	126692	26844	2.41
1871~1880	10	171179	44487	3.06
1881~1890	10	218381	47202	2.46
1891~1900	10	273899	55518	2.29
1901~1910	10	333552	59653	1.99
1911~1920	10	365913	32361	0.92
1921~1930	10	412783	46870	1.21
1931~1945	15	557970	145187	2.03
1946~1960	14	827957	269987	2.87
1961~1970	10	931071	112762	1.29
1971~1980	10	1079791	148720	1.49
1980~1987（估计）	7	1210000	130209	1.63

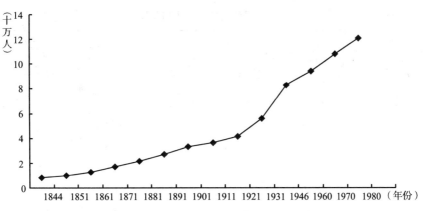

图1　特立尼达和多巴哥人口变动图示

　　该国人口增长分为这样几个阶段：（1）1844~1881年，人口高速增长时期。尤其是1871~1880年是该地区人口史上唯一年均增长率超过3.0%的10年。（2）1881~1920年。与前一期相比，是相对稳定下降的时期，但有两个10年的年均增长率仍在2.0%以上。（3）1921~1960年。人口增长率下降了40年以后，从1921年开始有所回升，年均增长率最高达到1946~1960年的2.87%。（4）1961~1987年是人口增长率下降后又回升的阶段。

　　导致该国人口增长的原因一方面是自然增加，另一方面是迁移变动。表3是特立尼达岛1844~1921年的人口变动构成状况，表4是1901~1970年两岛总的人口变动构成及人口自然变动指标。

表3 1844~1921年特立尼达岛人口变动构成状况

单位：人

时　期	总增长量	自然增长量	移民增长量	其　中	
				自由黑人	印度劳工
1844~1850	8785				
1851~1860	15838				
1861~1870	25200				
1871~1880	43490	4666	38824	17038	21786
1881~1890	46900	10892	36008	15658	20350
1891~1900	55120	18913	36207	22641	13566
1901~1910	57642	30120	27522	9851	17671
1911~1920	29733	28859	874	-3070	3944
合　计	282708				

表4 特立尼达和多巴哥人口变动情况

时　期	间隔年	总增长人数 （千人） （A）	出生人数 （千人）	死亡人数 （千人）	自然增长 人　数 （千人）	迁入（+） 迁出（-） 人　数 （千人）（B）	（B）/（A） （%）
1901~1910	10	59.6	109.9	75.6	34.3	+25.3	42.4
1911~1920	10	32.4	118.3	82.8	35.5	-3.1	-9.6
1921~1930	10	46.9	123.5	79.7	43.8	+3.1	6.6
1931~1945	15	145.2	238.9	117.9	121.0	+24.2	16.7
1946~1959	14	270.0	365.4	104.2	261.2	+8.8	3.3
1960~1970	10	112.7	307.4	68.2	239.2	-126.5	-112.2

　　所有资料表明：（1）早期的特立尼达和多巴哥的人口变动是自然变动和迁移变动的共同结果，有些时期迁移因素起着重要作用，如1901~1911年和1960~1970年。（2）该国人口的变动趋势呈增加型，其间时速有急有缓。（3）自然变动指数一直向着现代人口再生产类型演化。目前，死亡率已达到很低水平，出生率尚在27‰左右。（4）婴儿死亡率下降速度很快，80年中降低了92%，年降低率3.1%。（5）人口平均预期寿命80年中提高了1倍。（6）人口已经跨过了年轻型、成年型而步入了老年型（参见表5~表8、图2）。

表5　特立尼达和多巴哥人口自然变动指标

年　份	出生率 （‰）	死亡率 （‰）	自然增长率 （‰）	出生率变动 （本期与上期之差）	死亡率变动 （本期与上期之差）	自然增长率变动 （本期与上期之差）
1901	37.27	24.98	12.29			
1911	34.27	24.04	10.23	−3.00	−0.94	−1.62
1921	32.73	23.93	8.80	−1.54	−0.10	−1.87
1931	30.53	18.97	11.56	−2.20	−4.96	+2.76
1946	39.28	13.69	25.59	+8.75	−5.28	+14.04
1960	38.38	8.32	30.06	−0.90	−5.37	+5.01
1970	27.35	7.54	19.81	−11.03	−0.78	−10.25
1978	25.30	6.60	18.70	−2.05	−0.94	−1.10
1983	28.90	6.60	22.30	+3.60	0.00	+3.60
1990	27.00	7.00	20.00	−1.90	+0.40	−2.30

表6　特立尼达和多巴哥婴儿死亡率和平均预期寿命

年　份	男　性		女　性		婴儿死亡率 （‰）
	平均预期寿命 （年）	年均增加 （年）	平均预期寿命 （年）	年均增加 （年）	
1901	36.73		38.75		
1911	38.99	0.23	40.95	0.22	154.52
1921	37.59	−0.14	40.11	−0.08	142.90
1931	44.51	0.69	46.95	0.68	125.28
1946	52.98	0.56	56.03	0.61	79.87
1960	62.15	0.66	66.33	0.74	50.26
1970	63.71	0.16	67.81	0.15	34.83
1980	65.90	0.22	72.00	0.42	26.40（1979年）
1990	70.00（男女）				13.7

表7　特立尼达和多巴哥人口年龄结构变动情况

单位：%

年龄组＼年份	1891	1901	1911	1921	1931	1946	1960	1970	1982	1990
0～1	4.6	4.8	4.6	4.1	4.3	6.3	6.4	4.6	34.2	34.0
2～14	28.0	28.4	29.3	30.0	29.6	30.5	36.0	37.6		
15～44	51.6	51.5	50.8	49.4	48.6	46.1	40.7	40.4	48.0	60.0
45～64	12.8	12.4	12.4	13.3	14.1	12.7	12.9	13.0	12.3	
64岁以上	3.0	2.9	2.9	3.2	3.4	4.4	4.0	4.4	5.5	6.0

表8 1982年特立尼达和多巴哥人口年龄、性别构成

年　龄	总人口 （人）	男性人口 （人）	女性人口 （人）	性比例 （％）	年　龄	总人口 （人）	男性人口 （人）	女性人口 （人）	性比例 （％）
0～4	133237	67581	65656	102.9	40～44	49827	24779	25048	98.9
5～9	125501	65159	60342	108.0	45～49	39671	19429	20242	96.0
10～14	127530	63976	63554	100.7	50～54	38094	18078	20016	90.3
15～19	140117	69495	70622	98.4	55～59	32851	16557	16294	101.6
20～24	117046	58570	58476	100.2	60～64	27930	14586	13344	109.3
25～29	92995	46630	46365	100.6	65＋	61621	27088	34533	78.4
30～34	75512	37732	37780	99.9	不　详	7288	4055	3233	125.4
35～39	59374	29453	29921	98.4	合　计	1128594	563168	565426	99.6

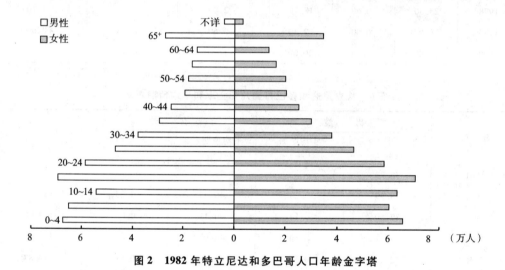

图2 1982年特立尼达和多巴哥人口年龄金字塔

从图2的人口年龄金字塔中可以看出，特立尼达和多巴哥的人口性别比随着年龄的变化而不断变化，确切地说，是随着迁移人口的变化而改变着。迁入人口多的年龄组，性比例高；反之，性比例低。表9资料进一步显示了这一变化特征。

表9 1891～1982年特立尼达和多巴哥人口性比例变动情况

单位：％

年份 年龄组	1891	1901	1911	1921	1931	1946	1960	1970	1982
全部人口	115.5	117.7	109.5	104.3	100.2	100.5	98.8	97.4	99.6
2岁以下	99.4	97.0	100.0	103.5	98.0	101.8	102.5	102.0	103.7
2～14	102.5	102.5	102.8	101.3	101.6	101.4	100.7	100.6	103.7
15～44	120.6	115.1	110.8	101.3	95.6	99.6	97.1	94.6	99.2
45～64	137.7	129.9	128.0	127.2	118.2	108.6	106.6	103.7	100.0
64岁以上	101.4	100.4	99.4	94.9	91.3	81.1	74.4	77.1	78.4

1891～1970 年，总人口性比例下降 18.1 个百分点，2 岁以下提高 2.6 个百分点，2～14岁仅降低 1.9 个百分点，15～44 岁降低 26 个百分点，45～64 岁降低 34 个百分点，65 岁及以上下降 24.3 个百分点。说明在劳动力年龄组性别变动起伏最大，65 岁及以上次之，而 2～14 岁组则变动最小，这与迁移人口的变动轨迹是一致的。

人口分布

特立尼达和多巴哥的人口分布反映出了受历史上的殖民聚落、地形、土地利用和其他各种条件的影响。在特立尼达岛人口密度最低的地区与北部山脉崎岖地形、较贫瘠土壤、排水不良以及海岸线平直的东部和南部沿海地带相吻合。人口最集中的地方是西部，这里殖民定居较早，海岸线比较曲折、而且有着便于集约耕种和种植经济作物的肥沃土壤。多巴哥的人口主要集中在邻近特立尼达岛的西南部（参见表 10）。

表 10　1921～1970 年特立尼达和多巴哥的人口分布

单位：人

年份 行政单位	1921（期初）	1931（期初）	1946（期初）	1960	1970
三个市	**76400**	**89772**	**129704**	**144766**	**111195**
西班牙港	61580	70334	92793	93954	62680
圣费尔南多	10610	14353	28842	39830	36879
阿里马福廷角	4210	5085	8069	10982	11636
圣乔治	**71637**	**86445**	**138362**	**256478**	**312085**
卡罗尼	**50622**	**51193**	**61739**	**90513**	**115254**
维多利亚	**67113**	**69338**	**87441**	**132721**	**163164**
圣帕特里克	**34130**	**46820**	**69183**	**108218**	**117189**
东部地区	**42621**	**43850**	**44333**	**61928**	**73430**
圣戴维	6708	5664	5037	6032	6009
圣安德路	23576	23340	23285	32590	39071
纳里瓦	8487	10809	11815	17226	20902
马亚罗	3850	4037	4196	6080	7448
特立尼达	**342523**	**387418**	**530762**	**794624**	**892317**
多巴哥	**23390**	**25365**	**27208**	**33333**	**38754**
特立尼达和多巴哥	**365913**	**412783**	**557970**	**827957**	**931071**

表 10 是 20 世纪 70 年代以前的行政划分。目前全国分为 8 个郡、4 个市、1 个半行政区。从总体上看，该国居民在特立尼达的比重占 95%～96%，人口密度每平方公里 258 人；不足 4% 的人口居住在多巴哥岛，人口密度为每平方公里 173 人。

首都西班牙港位于特立尼达岛西岸，1987 年人口 15 万人，占全国人口的 12.4%，包括郊区人口在内接近 50 万人。其他一些较大的城市有：圣胡安，1980 年人口为 4.26 万人；圣费尔南多 3.34 万人；阿里马 1.13 万人。该国城市人口比重 1990 年约为 64%，在加勒比地区居中，但高于其平均水平。

特立尼达和多巴哥在加勒比海地区的国家中，是经济最富裕的国家之一。由于发达的石油业是该国的经济基础，所以，生活水平比其他地区要高。1987 年人均国民收入 3700 美元，1989 年人均 3350 美元，在加勒比乃至拉丁美洲地区，仅低于巴哈马、巴巴多斯和波多黎各。农业在国民经济中的地位微乎其微，但农业劳动力人口 1986 年仍占总劳动力的 12%。

在特立尼达和多巴哥，政府于 1985 年制定了新的"教育计划法案"。1985 年文盲率仅为 3.9%。

人口政策

从 1967 年起，该国政府就制订计划，要把人口增长率从 1970 年的 2% 降低到 1980 的 0.9%。1967 年指定人口委员会也开始进行计划生育工作，并与卫生部合作编制了国家计划生育规划。该国计划生育协会成立于 1961 年，后加入国际计划生育联合会。目前，政府仍然感到较高的人口增长率给本国的自然资源以及就业等带来了压力，因此所制定的某些政策仍然对计划生育以及妇幼健康有利。政府对一些技术熟练劳动者的外迁现象感到焦虑，目前正在对此采取措施。

参考资料

The population of Trinidad and Tobago By Jack Harewood.

危地马拉（Guatemala）

中美地峡是北美大陆向东南延伸的狭长地带，包括拉丁美洲的 7 个国家，危地马拉国是其中之一。[①] 目前的危地马拉西部和北部与墨西哥相连，东北是伯利兹，东南与洪都拉斯和萨尔瓦多接壤，东临加勒比海的洪都拉斯湾，南濒太平洋。国土面积 10.89 万平方公里。1989 年估计人口数为 890 万人。人口密度每平方公里 82 人。首都：危地马拉城。

历史

危地马拉是古代玛雅文化的中心之一。从公元前 6 世纪到公元 9 世纪，玛雅人在今

---

① 中美地峡的 7 个国家是：萨尔瓦多、洪都拉斯、尼加拉瓜、哥斯达黎加、巴拿马、伯利兹和危地马拉。

天危地马拉北部、墨西哥南部、伯利兹和洪都拉斯西部广大地区建立了一个文明古国，创造了灿烂的玛雅文化。在危地马拉佩腾湖畔原始密林里发现的蒂卡尔文化遗址，就是当时美洲印第安古代四大文明之一——玛雅文明的一个组成部分①。蒂卡尔文化被称为"玛雅文化的摇篮"。10 世纪，玛雅文化开始衰落。从 16 世纪起，危地马拉沦为西班牙殖民地。1821 年 9 月 15 日脱离西班牙获得独立。1839 年建立危地马拉共和国。

民族、宗教和语言

最早定居在危地马拉的居民是印第安部落的加勒比族人，在很久以前他们称这块高地为"林木茂密的土地"。但不久以后这些人就被来自墨西哥的玛雅族逐出这块土地。这些新来的移民在这块土地上奠定了国家基础，且在 10 世纪左右，将这里建设成为美洲大陆最进步的地区之一。

危地马拉的主要移民大致可分为三批，第一批是最早来此定居的基切族人，第二批是玛雅族人，第三批移民是其他民族。目前，全部居民分为两大民族集团：一是使用西班牙语的危地马拉人，包括拉迪诺人和为数不多的未混合的白人，亦称克里奥尔人；二是基本上保留本民族语言的未被同化的拉迪诺人。"拉迪诺"的本意最初具有种族的含义，表示印欧混血人，后来则主要指住在城市里、讲西班牙语、穿欧式服装、看不起讲本族方言的印第安人的人。印欧混血种人和白人占总人口的 57%，土著印第安人占43%。前者主要居住在各城市和经济发达的东南部地区以及太平洋沿岸，后者主要分布在西部、西南部等地。

在印第安民族人口中，99.5% 的人属于彼努蒂语系（如基切人、卡克契克利人、马梅人、克克契人等），其余为阿兹吉克—塔诺安语系（如皮皮尔人）和瑞－帕诺－加勒比语系（如哈里弗人等）。印欧混血人和白人主要是罗曼语族的操西班牙语的危地马拉人、萨尔瓦多人、洪都拉斯人以及日耳曼语族的牙买加人和美利坚人等。

危地马拉官方语言为西班牙语。印第安人大多保持本民族语言，但有不少人会讲西班牙语。

至于宗教，像拉丁美洲大部分国家一样，该国有 85% 的居民信奉天主教。印第安人信奉的天主教中则夹杂着大量原部落宗教成分。15% 的居民信奉基督教新教。

人口变动

在进入 19 世纪以前，危地马拉不像其他一些拉丁美洲国家一样有大量移民进入该国，所以当时的危地马拉人口没有太大的增量变化。该国于 1821 年独立时，人口据估计不足 40 万人。

1880 年开始进行第一次人口普查，到 1981 年为止，共进行了 8 次人口普查，即1880、1893、1921、1940、1950、1964、1973、1981 年。1921 年该国为纪念独立 100周年而实施的人口普查表明，当时全国人口总数已达 200 万人。此后人口增长率逐渐

---

① 指玛雅文明、印加文明、阿兹特克文明和奇布查文明。

上升。1940 年为 228.3 万人，其中 126 万（55%）为印第安人；102.3 万（44.4%）为白人和拉迪诺人。1950 年该国人口 278.8 万人。之后人口突然增加，10 年以后的 1960 年达到 381.0 万人，1970 年超过 500 万人，目前为 890 万人。总的来看，该国 20 世纪 60 年代和 70 年代后期是人口增长最快的时期，其后增长率有所下降，但仍然很高（参见表 1、图 1）。

表 1　危地马拉的人口变动

年　份	人口（万人）	年均增长率（%）	年　份	人口（万人）	年均增长率（%）
1821	40.0		1973	516.0	2.08
1921	200.5	1.62	1980	726.2	4.36
1940	228.3	0.69	1987	843.8	2.53
1950	279.1	2.00	1989	890.0	2.70
1964	428.8	3.12			

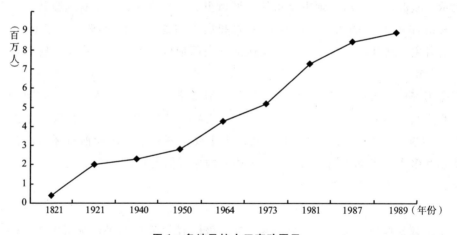

图 1　危地马拉人口变动图示

　　危地马拉人口迅速增长的原因完全是由于人口的自然增长所引起，从殖民时期以来移民因素一向是可以忽略不计的。在人口的自然增长过程中，20 世纪后半期死亡率的下降无疑起了至关重要的作用。但是与该地峡其他国家相比，该国自然增长率反而显得不是很高。哈罗德·布莱克莫尔博士在 20 世纪 60 年代指出："世界上没有任何一个国家，可以同哥斯达黎加的每年 3.8% 的增长率相比，危地马拉出生率更高，但是，低劣的医疗条件使它成为地峡总增长率最低的国家，虽然它每年增长率仍在 3.0% 以上。"（见《拉丁美洲的地理透视》）表 2 是危地马拉人口自然指标的演变情况。

表2　危地马拉人口自然变动及有关指标

年　份	出生率（‰）	死亡率（‰）	自然增长率（‰）	婴儿死亡率（‰）	平均预期寿命（年）	
					男	女
1953	50.9	23.0	27.9	102.8	43.82	43.52（1949～1951）
1958	48.2	21.1	27.1	103.9	44.80	46.10（1955～1960）
1963	45.5	16.4	29.1	92.8	48.29	49.74（1963～1965）
1968	43.8	16.4	27.4	92.0	50.40	52.00（1966～1970）
1973	40.8	12.1	28.7	81.2	53.74	55.53（1972～1973）
1981	41.2	7.5	33.7	64.0		
1985	41.0	8.7	32.3	56.0		
1990	38.0	7.0	31.0	48.0	64.00	

　　关于危地马拉婴儿死亡率的情况，有多种推测。有的认为不足50‰，有的认为在58‰左右，也有学者认为在80‰上下。但有一点却是比较一致的，即印第安人的婴儿死亡率乃至一般死亡率均要高于非印第安人，以致印第安人的比重日益下降。

　　在地峡七国中，危地马拉的出生率仅次于尼加拉瓜，位居第二。死亡率则排列第一。所以，与其说该国处在人口向"三低"类型转变的最原始阶段，不如说它正处于刚刚脱离"高高低"阶段更合适一些。

　　危地马拉的人口属于年轻型。1973年的调查结果表明，0～14岁的人口占总人口的比重是45.1%，15～59岁为50.2%，60岁及以上为4.7%。1981年最后一次普查时，0～14岁的人口比重44.1%，15～64岁人口为53.0%，65岁及以上人口2.9%。目前估计以1981年为标准的三者指标分别是：46%、51%和3%。由此可见，少年儿童比重不仅没有下降，反而还有所上升（参见表3、图2）。

表3　1980年危地马拉人口年龄、性别构成

年　龄	总人口（人）	男性人口（人）	女性人口（人）	性比例（%）	年　龄	总人口（人）	男性人口（人）	女性人口（人）	性比例（%）
0～4	1243600	632600	611000	103.5	45～49	258000	130000	128000	101.6
5～9	1059100	538800	520300	103.6	50～54	219000	109700	109300	100.4
10～14	898200	457100	441100	103.6	55～59	164000	81600	82400	99.0
15～19	788900	401600	387300	103.7	60～64	118000	58300	59700	97.7
20～24	660400	336300	324100	103.8	65～69	86000	42300	43700	96.8
25～29	557000	283300	273700	103.5	70～74	59000	28900	30100	96.0
30～34	441800	223900	217900	102.8	75～79	38200	18500	19700	93.9
35～39	352100	178300	173800	102.6	80⁺	24500	11500	13000	88.5
40～44	294600	149000	145600	102.3	总　计	7262400	3681700	3580700	102.8

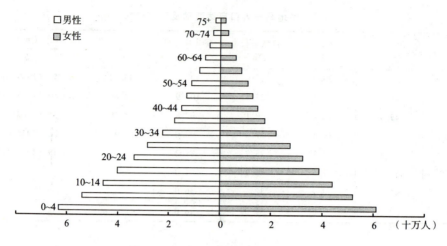

图2 1980年危地马拉人口年龄金字塔

从这个底座如此宽广的金字塔中，不难判断出危地马拉今后人口增长的趋势：只要出生率没有大幅度的下降，金字塔底部就不会变"窄"。

另外，十分对称的金字塔也表明了男女性比例的平衡状态。事实上，几十年来该国的性比例一直是十分正常的，如表4所示。

表4 1950～1980年危地马拉的人口性比例

年　份	男性人口（人）	女性人口（人）	总人口（人）	性比例（％）
1950	1410775	1380093	2790868	102.2
1964	2176456	2111541	4287997	103.1
1973	2589264	2570957	5160221	100.7
1980	3681700	3580700	7262400	102.8

人口分布

全国居民的分布，总的来讲和哥伦布以前时代差不多：在东南部山区人口同样十分稠密，人口密度最高；而北部热带森林地区人口也同样十分稀少，几乎渺无人烟。这种人口分布不均衡表现在：（1）奇马尔特南戈及危地马拉台地，人口密度每平方公里超过100人；（2）在地表呈台阶状的中部地带则每平方公里约在45～70人之间；（3）加勒比海沿岸低地区，人口密度甚至低到每平方公里只有10～20人；（4）密度最低的是佩腾地区，每平方公里只有3人。

目前危地马拉共分22个省。

从各省的情况看，首都所在的危地马拉省有人口195万人，占全国人口近1/4；而占全国领土面积1/3的佩腾省只有11万人，占全国人口的1.2%左右。除了危地马拉省以外，与此相连的萨卡特佩克斯省、克萨尔特南戈省等人口密度每平方公里也高达200人以上（见表5）。

表5　1984 年危地马拉各省人口分布

省	面积（平方公里）	人口（人）	人口密度（人/平方公里）
上维拉帕斯	8686	390095	45
下维拉帕斯	3124	157815	51
奇马尔特南戈	1979	278253	141
奇基穆拉	2376	218540	92
普罗格雷索	1922	104407	54
埃斯昆特拉	4384	541412	123
危地马拉	2126	1958566	921
韦韦特南戈	7400	555458	75
伊萨瓦尔	9038	316564	35
哈拉帕	2063	168641	82
胡蒂亚帕	3219	341691	106
佩腾	35854	112792	3
克萨尔特南戈	1951	467715	240
基切	8378	450475	54
雷塔卢莱乌	1856	221011	119
萨卡特佩克斯	465	144922	312
圣马科斯	3791	577281	152
圣罗莎	2955	258652	88
索洛拉	1061	178997	169
苏奇特佩克斯	2510	319986	127
托托尼卡潘	1061	244685	231
萨卡帕	2690	153418	57
总　　计	108889	8161376	75

危地马拉的城市人口，1965 年时就已达 34%，20 年以后，这一比值几乎没有变动，仍在 34% 左右，1989 年估计不超过 40%。像这样几十年城市人口比重变化不大的国家在世界上，特别是在拉丁美洲是比较少见的。这与该国以农业为主、工业基础薄弱有着很大关系。

尽管危地马拉的经济较之过去有所好转，但仍未摆脱困境。1988 年通货膨胀率达 12%，当年失业率为 60%，其中 17% 为全失业，43% 为半失业。1989 年人均国内生产总值 940 美元，在中美洲属于中等水平。

及至 20 世纪 80 年代，危地马拉农业劳动力人口仍占总劳动力人口的 50% 以上。表 6 是其劳动力人口就业结构的变化情况。

表6　危地马拉劳动力人口构成变动情况

行　业	1973 年		1980 年		1986 年	
	劳动力人口（人）	比重（％）	劳动力人口（人）	比重（％）	劳动力人口（人）	比重（％）
农林牧渔	884100	57.2	1237748	57.9	1371941	53.1
采　矿	1889	0.1	3715	0.2	12918	0.5
制造加工	211631	13.7	289641	13.5	361717	14.0
建筑业	63864	4.2	87077	4.1	144687	5.6
水电煤	4144	0.3	5705	0.3	18085	0.7
运输、仓储	39372	2.5	54735	2.6	95597	3.7
贸　易	114622	7.4	156785	7.3	198944	7.7
服务业	193279	12.5	259334	12.1	379803	14.7
其　他	32757	2.1	42904	2.0		
总　计	1545658	100.0	2137644	100.0	2583692	100.0

危地马拉的教育水平很低。1950 年调查，文盲率达 72%，文化教育的落后与居民使用不同的语言有一定关系。1988 年，成人文盲率仍高达 48%，文盲率之高在世界上实属罕见。与此相应地，1984 年中小学适龄儿童入学率也仅为 48%。1986 年，小学入学率充其量为 76%，其中男性 82%，女性 70%；中学生入学率为 10%。

小结

危地马拉是中美地峡人口最多的一个国家。长期以来，人口出生率一直超过 40‰，但死亡率前期却下降缓慢，所以人口自然增长率依然很高；人口迁移对该国人口的影响不大。总的来看，危地马拉的人口特征是：（1）仍处在高出生、低死亡、高自然增长阶段；（2）性别比例基本平衡；（3）典型的年轻型人口；（4）人口地域分布不均；（5）人口文化素质水平低，文盲率高；（6）经济活动人口比率低，失业率高。

目前危地马拉的妇女总和生育率是 5.6 个，在整个美洲名列前茅，仅次于它的近邻尼加拉瓜（5.7 个）。这样，危地马拉今后还会面临几次大的人口浪潮。在 10 年以后的 21 世纪初，估计该国人口会增长到 1180 万人，再过 20 年，至 2020 年将达到 1760 万人。

参考资料

〔苏〕A. B. 叶菲莫夫、C. A. 托卡列夫主编《拉丁美洲各族人民》，李毅夫等译，生活、读书、新知三联出版社，1978。

委内瑞拉（Venezuela）

委内瑞拉位于南美大陆最北端，地处圭亚那合作共和国与哥伦比亚之间，南邻巴西，北濒加勒比海，东北临大西洋。官方公布资料表明该国面积 91.67 万平方公里。1989 年年中人口估计数为 1910 万人。人口密度每平方公里 21 人。首都：加拉加斯。

历史

在现今委内瑞拉的土地上自古居住着许多印第安部落（阿拉瓦克人、加勒比人、瓜希曼人、蒂莫特人、奎斯卡人等），他们处在原始公社制的不同阶段，主要从事狩猎、捕鱼和农耕。1498 年 8 月哥伦布发现委内瑞拉海岸，1499 年西班牙船队驶进马拉开波湖。1567 年委内瑞拉沦为西班牙殖民地，1811 年 7 月 5 日独立。1830 年，委内瑞拉脱离大哥伦比亚，建立了委内瑞拉共和国。

民族、宗教和语言

在 16 世纪西班牙人来到现今的委内瑞拉领土上拓荒、生活之前，此地住着许多印第安部落，他们分布很广。但是由于委内瑞拉的自然条件与秘鲁、玻利维亚有所不同，高温多湿的低地多，缺乏舒适怡人的居住地区，因此，印第安人的数目比较少。估计当时他们的人数只有 35 万人。

像拉丁美洲的其他国家一样，西班牙殖民者的入侵，一方面减少了原有的印第安人口；另一方面又从两个方面增加了这一地区的人口，这就是欧洲殖民者本身以及从非洲贩运、掠夺而来的黑奴。所以，委内瑞拉的人口来源主要有三大主流：土著居民、欧洲人、非洲人。随着历史的变迁，这些人流不断融合、不断繁衍，从而形成了一个新的民族，即委内瑞拉民族。这样，委内瑞拉成为了拉丁美洲居民混血程度最显著的国家之一。

据估计，委内瑞拉人占全国人口的 90% 左右。其中，约有 75% 是印欧混血种人、黑白混血种人和印黑混血种人，20% 是克里奥尔人和欧洲白人，3% 是黑人，印第安人尚有 2 万人左右，占全国人口的 2% 弱（官方将这种印第安人分为两种，一种是"文明印第安人"。这些人很久以前就已皈依天主教，穿上了欧式服装，且平时多少参与全国的一些文化活动。另一种是丛林印第安人，这些人保留着传统的生活方式和氏族部落结构。前者与后者占总印第安人口的比例约为 1:4）。还有约 10% 的是其他外来移民，这是委内瑞拉全国总人口构成的又一主要部分。到了 20 世纪 70 年代末期，全国外来人口约有 110 万人，占总人口的 8.4%。这些外来人口不属于委内瑞拉民族，有些仍保留着原有国籍，或者固守着原有民族特色和传统。他们中的大部分来自欧洲国家，像西班牙、意大利、葡萄牙等国，还有一部分来自于美洲，像哥伦比亚等国。

从语系上划分，委内瑞拉人中的美洲人和欧洲人均分属于印欧语系的罗曼语族和日耳曼语族。此外还有印第安民族、瑞-帕诺—加勒比语系、印度—厄瓜多尔语系、马克罗—契勃察语系等各民族人口。

委内瑞拉的官方语言为西班牙语。口语中包含有不少印第安语和非洲语言的词汇，并混有许多法语和意大利语借词。受历史因素影响，委内瑞拉大约有 78% 的居民信奉天主教，1.5% 信奉基督教新教。

人口变动

在公元 1500 年左右，委内瑞拉人口较密的北部高地有不超过 25 万的印第安人，如果这个数字加上境内其他部分的人口估计数字，那么在 1500 年，委内瑞拉的印第安人数约在 35 万~45 万人之间。1605 年，委内瑞拉居民达 39 万人，黑人占 8%，这时，印第安人虽然日益减少，但仍然是主要居民，约占全国人口的 75%，黑白混血种人仅占 3%，印欧混血种人占 5.5%，西班牙人占 8.0%，其他人种占 0.5%。到 18 世纪末，委内瑞拉人口为 90 万人。到了 19 世纪初期委内瑞拉独立时，该国人口又降至 75 万人左右。虽然，这些总的数字说明不了中间年代的人口具体变化情况，但这种变化趋势却不仅概括了总人口的周期性波动，而且也反映了在人种和社会性质方面主要结构的变动以及这个地区内部居民空间分布的情况。不过有一点却是明确的，这就是在 20 世纪以前，当地由于战争、经济、卫生条件等因素，其人口并未大量增加。1825 年，委内瑞拉人口达 80 万人。这时，各个人口集团的对比关系发生了很大变化：主要居民已成为印欧混血种人和黑白混血种人，其比重上升为 51%，白种人占 26%，印第安人只占 15%，黑人占 8%。到 1880 年，该国人口总数大概还不足 200 万人。

从 1873 年委内瑞拉进行的第一次人口普查以来，迄今为止举行了 11 次。进行的年份是：1873、1881、1891、1920、1926、1936、1941、1950、1961、1971、1981 年。

从目前我们所能接触到的资料上看，委内瑞拉的人口变动轨迹大致如表 1 所示。

表 1　委内瑞拉的人口变动

单位：万人

年　份	人　口	年　份	人　口	年　份	人　口
1920	240.8	1965	872.2	1983	1639.0
1930	284.0	1968	940.0	1985	1732.0
1936	336.4	1970	1039.9	1986	1780.0
1940	371.0	1971	1072.2	1987	1827.0
1950	503.4	1975	1199.3	1988	1880.0
1958	632.0	1980	1402.0	1989	1910.0
1960	706.9	1981	1451.7		
1961	752.4	1982	1594.0		

20 世纪初以来，委内瑞拉人口增长速度越来越快，至 60 年代达到高潮。其中在第二次世界大战后的一段时期，主要来自欧洲的移民对人口增长起了很大作用。1945~1960 年间，委内瑞拉每年迁入比迁出人口多 2.5~6.0 万人，这其中约有一半居民来自欧洲，另一半来自各美洲国家，主要是来自哥伦比亚。此后迁入量减少，除了迁移因素之外，

委内瑞拉的人口自然增长率很高也是导致该国人口迅速增长的重要原因（参见表2）。

表2　委内瑞拉每10年人口年均增长率

单位：%

时　期	年均增长率	时　期	年均增长率	时　期	年均增长率	时　期	年均增长率
1920～1929	1.66	1940～1949	3.10	1960～1969	3.94	1980～1989	2.71
1930～1939	2.71	1950～1959	3.45	1970～1979	3.75		

第二次世界大战后初期，该国人口出生率很高，曾达到40‰以上，而在20世纪50年代末甚至高达46‰，以后出生率开始下降，但仍在30‰左右，同期，死亡率由15‰下降了一半，至7‰。1989年死亡率已降至4‰，这不仅在拉丁美洲而且在全世界也是最低水平。

1953～1989年，委内瑞拉出生率下降了40%，死亡率下降了70%，自然增长率下降了27%，婴儿死亡率下降了55%，人口出生时平均预期寿命提高了29%（参见表3）。

表3　委内瑞拉人口自然变动及有关指标

年　份	出生率（‰）	死亡率（‰）	自然增长率（‰）	婴儿死亡率（‰）	平均预期寿命（年）	
					男	女
1953	46.5	13.4	33.1	73.9		
1958	46.3	11.3	35.0	58.3	52.2	56.3（1950～1954）
1960	46.0	7.5	38.5		55.2	59.3（1955～1960）
1963	44.6	9.5	35.1	49.7		66.4（1961）
1968	39.5	7.9	31.6	42.9		
1970	38.2	6.7	31.5		61.2	64.9（1965～1969）
1973	36.2	7.1	29.1	53.7	62.9	66.6（1970～1975）
1977	36.6	5.9	30.7			
1980	35.4	5.5	29.9			
1981	35.2	5.6	29.6		70.0	
1986	33.0	6.0	27.0	39.0	69.0	
1989	28.0	4.0	24.0	33.3	70.0	

几十年来的人口自然增长，对委内瑞拉的人口年龄构成产生了很大影响。

委内瑞拉人口年龄构成的特点是，年龄构成轻，并且变化不大。15岁以下人口几十年来所占比重一直是在39%～45%之间；65岁及以上人口所占比重略有提高。该国的人口性别构成，一直属于正常范围，低不过99.6，高不过103.2。这些还可从1981年该国人口年龄金字塔中得到清晰印证（参见表4、表5和图1）。

表 4　委内瑞拉人口年龄、性别构成变动情况

年　份	15 岁以下（人）	比重（%）	15～64 岁（人）	比重（%）	65 岁及以上（人）	比重（%）	老少比（%）	性比例（%）
1950	2109788	41.91	2790782	55.44	133430	2.65	6.32	102.8
1961	3439297	45.71	3886982	51.66	197720	2.63	5.75	103.2
1971	4824282	45.00	5579878	52.04	317362	2.96	6.58	99.6
1981	5864761	40.40	8170018	56.28	481956	3.32	8.22	100.0
1989	7449000	39.00	10887000	57.00	764000	4.00	10.26	

表 5　1981 年委内瑞拉人口年龄、性别构成

年　龄	总人口（人）	男性人口（人）	女性人口（人）	性比例（%）	年　龄	总人口（人）	男性人口（人）	女性人口（人）	性比例（%）
0～4	2141100	1089390	1051710	103.6	45～49	501574	252235	249339	101.2
5～9	1922820	974620	948200	102.8	50～54	436764	221124	215640	102.5
10～14	1810400	911096	899304	101.3	55～59	331872	166123	165749	100.2
15～19	1654961	828871	826090	100.3	60～64	256864	126247	130617	96.7
20～24	1446299	715204	731095	97.8	65～69	189688	89768	99920	89.8
25～29	1234099	609491	624608	97.6	70～74	134167	61582	72585	84.8
30～34	980237	487965	492272	99.1	75 +	159206	66043	93163	70.9
35～39	722100	359297	362803	99.0					
40～44	594584	299518	294966	101.5	合　计	14516735	7258674	7258061	100.0

说明：由于资料来源不同，该表数据与表 1 数据略有出入。

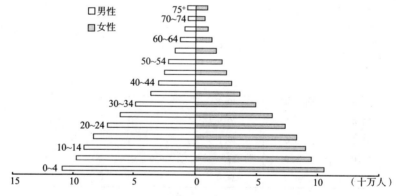

图 1　1981 年委内瑞拉人口年龄金字塔

　　从图 1 的人口年龄金字塔中，可以明显地看出委国今后几十年人口变动的大致趋势。在没有特大意外事情发生的情况下，该国今后人口受目前年轻人口流动影响，还会持续保持一定时期的高出生率。该国属于年轻型人口国家。据统计，目前委内瑞拉年龄中位数不足 20 岁，也就是说，20 岁以下人口占总人口一半以上。

人口分布及其他

委内瑞拉的人口分布因地域的不同而非常不平均，人口过密的狭小地域与人口稀疏的广大地域呈现出强烈的反差，这是由于历史的原因与自然条件的差异所造成。19 世纪初，在 70 万居民当中，约有 50 万人集中在安第斯山脉。据认为，对于当时的人们来说，1500 米以上的山岳地带是最适合于他们居住的环境。只是到后来，致人们于死地的黄热病与疟疾逐渐得到了控制，人们才陆续向其他地区迁移。

目前委内瑞拉行政划分为 20 个州，1 个联邦区，2 个边疆地区和 1 个联邦属地。各州、区的人口分布情况见表 6。

表 6　委内瑞拉各州人口分布变动情况

州	面积（平方公里）	人口（人）		1985 年比 1977 年人口增长（%）	1985 年人口密度（人/平方公里）
		1977 年	1985 年		
加拉加斯联邦区	1930	2248000	2709260	20.5	1404
安索阿特吉	43300	599000	813624	35.8	19
阿普雷	76500	193000	223943	16.0	3
阿拉瓜	7014	655000	1061032	62.0	151
巴里纳斯	35200	277000	388138	40.0	11
玻利瓦尔	238000	472000	795325	68.5	3
瓜里科	64986	375000	468226	24.8	7
卡拉沃沃	4650	794000	1264099	59.2	272
科赫德斯	14800	110000	159449	44.5	11
拉腊	19800	788000	1024626	29.9	52
梅里达	11300	404000	546640	35.3	48
米兰达	7950	1039000	1691520	62.8	213
莫纳加斯	28900	348000	462358	32.9	16
新埃斯帕塔	1150	138000	234666	69.6	204
波图格萨	15200	354000	505729	42.9	33
苏克雷	11800	539000	696981	29.3	59
苏利亚	7100	1551000	1892360	21.9	267
塔奇拉	11100	596000	785679	31.8	71
特鲁希略	7400	438000	516145	17.8	70
法尔孔	24800	474000	599636	26.5	24
亚拉圭	63100	261000	357711	37.1	6
亚马孙	175750	26000	54344	108.8	<1
阿马库罗三角州	40200	55000	67497	22.7	2
联邦属地	120	400	1012	153.0	8
总　　计	912050	12734400	17320000	36.0	19

说明：委内瑞拉水域率为 0.3%。

委内瑞拉按自然条件和经济发展水平可分成四个有明显差异的地区：（1）马拉开波

盆地。这里是委内瑞拉最大的石油开采区，全国第二大城市马拉开波城位于此地，所辖苏利亚州人口密度高达每平方公里 267 人。（2）安第斯山地。首都加拉加斯位于此地，人口密度达到每平方公里 213 人的米兰达州，即属这一地区。（3）中部奥里诺科平原。这是一个热带草原区，牧草丰茂，适宜农牧业发展。其中有阿普雷州、瓜里科州、安索阿特吉州等，人口密度接近全国平均水平。（4）南部圭亚那高原，占全国面积的 45%，该高原上森林草原相间分布，人烟稀少，这一地区包括玻利瓦尔州等地。总体上看，委内瑞拉大部分人口居住在北部沿海的山区和马拉开波湖附近；草原地区人口略显稀少；人口最为稀疏的是最南端的亚马孙地区和东部的阿马库罗三角洲。

委内瑞拉人口分布主要是因历史因素而形成。后来该国开采出了大量石油，某些地区兴建了许多石油工矿区，从而吸引来了源源不断的人们，致使在 20 世纪之后人口有了较大的重新分布。由于人口的外流，一些地区的基本居民大为减少，地方报纸曾警告这些地区有"断绝人烟"的危险。

缘于石油工业的发展，该国城市如雨后春笋般地建立起来，城市人口日益增加。1912 年该国城市人口只占全国人口的 13%，1936 年便达到了 38.2%，1965 年达到 70%，1987 年该国城市人口比重甚至达到了 83%，目前大概还是这个比重。这一比重在拉丁美洲基本上是最高值，仅次于只有 33 万人口的瓜德罗普（90%）、阿根廷（85%）和乌拉圭（85%）。

委内瑞拉的大部分城市分布于沿海地区和湿带地区，这些城市的人口也远远多于内地。委内瑞拉的城市变化可从表 7 中清晰地看出（见表 7）。

表 7　委内瑞拉城市人口变动情况

单位：人

序 号	1772 年		1784 年		1810 年		1983 年	
	城　市	人　口	城　市	人　口	城　市	人　口	城　市	人　口
1	加拉加斯	18986	加拉加斯	18669	加拉加斯	37937	加拉加斯	2386367
2	巴基西梅托	8756	库马纳	10470	马拉开波	24000	马拉开波	930000
3	圣卡洛斯	8617	马拉开波	10312	库马纳	19000	巴伦西亚	523000
4	库马纳	7010	巴基西梅托	8776	巴塞罗纳	14000	巴基西梅托	504000
5	图尔梅罗	6894	圣卡洛斯	7346	瓜纳雷	12300	马腊凯	355000
6	托库约	6799	巴伦西亚	7237	梅里达	11500	佩塔雷	334800
7	巴伦西亚	6894	巴塞罗纳	7000	巴基西梅托	11300	圣克里斯托瓦尔	280000
8	马拉开波	6200	图尔梅罗	6918	圣卡洛斯	10885	圭亚那城	212000
9	维多利亚	5742	科罗	5823	巴里纳斯	10000	卡维马斯	183000
10	圣费利佩	5623	马腊凯	5558	基博尔	9970	马图林	181000

委内瑞拉的城市人口比重不断上升，速度之快与其经济结构的变化有着密切关系。

近 30 年来，委国农牧业劳动力人口比重已由 20 世纪 60 年代初期的 32.14% 降至 80 年代的 14.4%，20 多年降低了 50% 左右；建筑业劳动力同期由 5.33% 升至 9.6%；从事贸易的劳动力人口由 12.65% 上升为 18.2%；然而服务业却相对变化不大（参见表 8）。

表 8　委内瑞拉劳动力人口构成变动情况

行　业	1961 年		1967 年		1970 年		1980 年	
	劳动力人数（人）	比重（%）	劳动力人数（人）	比重（%）	劳动力人数（人）	比重（%）	劳动力人数（人）	比重（%）
农林牧渔	773650	32.15	963513	35.8	611536	20.3	637551	14.4
采矿业	46675	1.94	45108	1.7	38356	1.3	63733	1.5
制造加工业	294675	12.25	240568	8.9	403104	13.4	717764	16.3
建筑业	128125	5.32	166606	6.2	158622	5.3	424906	9.6
水电煤气	25425	1.05	31263	1.2	34004	1.1	52287	1.2
贸　易	304375	12.65	403101	15.0	378844	12.6	806371	18.2
运输交通	106574	4.43	150098	5.6	124217	4.1	306673	6.9
服务业	571700	23.76	612751	22.8	776229	25.7	1167995	26.4
其　他	155225	6.45	76304	2.8	489762	16.2	243661	5.5
合　　计	2406424	100.00	2689312	100.0	3014674	100.0	4420941	100.0

委内瑞拉经济在拉丁美洲国家中属中上等，国民生产总值仅次于巴西、墨西哥和阿根廷。1987 年人均国民生产总值 1167 美元，同年，通货膨胀率 28.1%，失业率 8.48%。

委内瑞拉比较重视人力资源的开发，把教育视为 "首要的发展手段之一"。政府努力增加教育经费，用于包括教育费用在内的社会开支占政府预算总开支的比重从 1945 年的 11.9% 提高到 1981 年的 34.2%。同时，委内瑞拉政府还分别于 1948 年和 1980 年颁布了《教育组织法》，把过去单一的教育体制逐步改为多层次的教育体制。至目前为止，委内瑞拉人口的文化素质有了很大提高（参见表 9）。

表 9　委内瑞拉文盲率变动情况

单位：%

年　份	1950	1961	1966	1967	1987
文盲率	49.0	36.0	<20.0	15.0	9.8

学龄儿童的入学率目前达到了 117%，而这一指标在 1965 年还只是 84%，有 46% 的适龄青少年在中学就读，这一指标甚至接近于某些欧洲国家。

人口政策

委内瑞拉于 1966 年成立计划生育协会。从 1974 年起，政府制订作为妇幼保健组成部分的计划，承担起计划生育的全部责任。目前，政府认为妇女生育率和人口自然增长率比较适合本国的情况。不过从婴儿和妇女的健康状况考虑，应当加强家庭计划。政府委托有关部门建立了专门的"国家人口机构"，该机构专门负责寻求解决各种有关人口问题的答案。过去，委内瑞拉有关人口方面的政策还有"移民法"，该法的根本是鼓励外国人迁入本国，以解决熟练劳动力不足的问题。这类政策在大部分国家是比较少见的。不过目前政府已开始对大量的合法或非法移入民表示关注，对于这些流入人口的控制正在着手进行。

委国 20 世纪 80 年代人口出生率为 28‰，略低于拉丁美洲平均 29‰ 的水平。总和生育率为 3.4 个，也略低于拉丁美洲平均 3.6 个的水平。不过，这仍意味着今后一段时期内人口还要面临几次生育高峰。据有关部门预测，在 10 年后的 2000 年，委国人口将达到 2400 万人。

参考资料

〔委〕马科－奥雷略·比拉：《委内瑞拉经济地理》，华中师范学院外语系译，湖北人民出版社，1976。

乌拉圭（Uruguay）

乌拉圭位于南美洲东部中段，北部和东北部跟巴西接壤，西界阿根廷，南临拉普拉塔海湾和大西洋，是南美洲唯一全国都位于温带的国家，气候良好，被称为世界上最适于人类健康的居住地区之一。全国行政分为 19 个省，总面积 17.62 万平方公里。1990 年人口 312.8 万人。人口密度每平方公里 18 人。首都：蒙得维的亚。

历史

从远古时代起，乌拉圭境内就居住着瓜拉尼语系的印第安部落，人数最多的是查鲁亚人以及与他们有血缘关系的雅罗人、米努亚内人、博阿内人等。这些印第安人在殖民者征服以前处于原始公社制的不同阶段。1516 年西班牙索利斯探险队发现此地。1680 年葡萄牙人在科洛尼亚建立殖民点。1726 年西班牙殖民者建立蒙得维的亚，乌拉圭自此沦为西班牙殖民地。百年之后的 1825 年 8 月 25 日，乌拉圭宣布独立，取国名为乌拉圭东岸共和国。

民族、宗教和语言

在 16 世纪左右的殖民时代，乌拉圭住有以查鲁亚族为主的土著居民。在殖民者来到乌拉圭之后，查鲁亚族的成员开始遭到杀戮赶掠，19 世纪上半叶即被屠杀殆尽。西班牙殖民者只有一部分同印第安人通婚，在北部形成人数不多的混血居民。目前在乌拉圭境内已无纯粹的印第安人。在整个殖民期间，主要是欧洲人的涌入，而很少输入黑奴，仅在 1830～1842 年运来几千名黑人奴隶。

目前乌拉圭人的基本核心，主要是 16～18 世纪迁来的早期西班牙移民（以及部分葡萄牙移民）的后裔，他们在个别地区混有印第安人或黑人的血统；其次是 19 世纪迁来的欧洲移民的后裔。各种不同来源的欧洲移民及其后裔经过许多世代的交往，绝大多数已融为一体，形成了统一的民族，这些人构成了乌拉圭人口的主体。从人种上划分，目前乌拉圭白人 90%，印欧混血种人 8%，其他占 2%。乌拉圭与其他多数拉丁美洲国家在人种构成上的区别在于，该国几乎没有或很少有非洲黑人奴隶的后裔或混血后代，印第安人及其混血后代即使有也十分稀少。从民族构成上看，乌拉圭境内目前较大的民族除乌拉圭人外，还有意大利人（3.2%）、加利西亚人（2.0%）、犹太人（2.0%）、西班牙人（1.2%），以及斯拉夫语族的人口，如俄罗斯人（0.3%）、乌克兰人（0.2%）、立陶宛人（0.5%）等。

早在 17 世纪的 1618 年，天主教耶稣会便开始到乌拉圭传教。1624 年他们在索里亚诺建立了教堂和教会组织。以后在欧洲人大量涌入乌拉圭的同时，将欧洲的天主教也带了进来，其影响深远。及至目前，现在乌国绝大多数居民信奉天主教。另有新教教徒、印度教徒、东正教徒各几万人。

西班牙语为该国官方语言。西班牙语的乌拉圭方言独具特点，近似阿根廷居民的地方语言，两者均称为"拉普拉塔语"

人口变动

乌拉圭人口的一个特点是，在人口增长的历史上，移民起着十分重要的作用，尤其是欧洲移民的大量迁入使这个国家具有了异样的特色。至 19 世纪初期，乌拉圭的人口并不多，只有 4 万多人。而在 1778 年的时候，该地区人口大约只有 2 万人，其中未包括当地印第安人。但是在 1829 年时，总人口已达到了 7.4 万人；1840 年时，总人口 20 万人；1860 年 22.4 万人；1862 年猛增至 28.15 万人；1883 年，人口基本上比 19 世纪 60 年代初翻了一番，达到 52 万人。到了 20 世纪初期，人口总数增加到 93.6 万人。至 1935 年 1 月，则更增加到了 193.77 万人。于是，乌拉圭成了南美洲人口增长速度最快的国家之一。1861～1874 年仅仅 13 年间，外来移民即达 17 万人。而在 1836～1926 年之间，来到乌拉圭的欧洲移民总数据估计共达 64.8 万人。1900～1930 年间，每年有 1.5 万人到乌拉圭定居。这些移民的大量到来，一方面使人口基数加大，从而膨胀了人口的绝对数量；另一方面，加快了乌拉圭经济发展的速度。总之，直到 20 世纪 30 年代，迁入人口对于乌拉圭人口的形成始终起着决定性作用。第二次世界大战之后，迁入人口洪流逐渐衰弱，及至目前大约每年有 6000～7000 人迁入。但是与此相对应的是，近 20 年来也有数万乌拉圭人流入邻国巴西和阿根廷。

20 世纪 90 年代，乌拉圭的人口总数为 312 万人。从 1900 年到目前的 90 年间，人口净增长 2 倍，净增加 200 多万人。从 1800 年算起，人口增长 60 多倍，净增加 300 多万人，这一增长速度之快是极其罕见的（参见表 1、图 1）。

表1　乌拉圭的人口变动

单位：万人

年份	人口	年份	人口	年份	人口
1800	5.00	1930	187.70	1975	278.18
1829	7.40	1935	193.77	1978	286.00
1840	20.00	1940	215.50	1980	290.00
1860	22.40	1950	219.30	1985	293.06
1862	28.15	1960	253.60	1987	296.00
1883	52.00	1963	259.55	1989	300.00
1900	93.60	1965	271.50	1990	312.80
1908	181.00	1970	275.60		

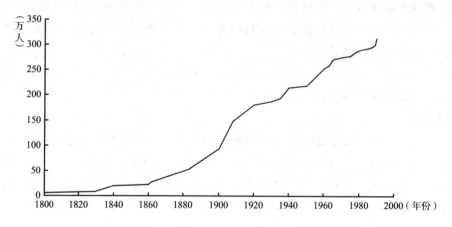

图1　乌拉圭人口变动图示

　　乌拉圭的迁入人口自20世纪中叶开始减少之后，人口增长速度顿时放慢。由于乌拉圭较早时期经济发展较快，尤其是畜牧业发展迅速，从而进来了大量的以欧洲人为主体的外来移民。这样，该国在比较早的时候便随着经济的发展开始了其人口转变。

　　从经济上讲，乌拉圭早些时期的发展与阿根廷有许多相似之处。在人口方面，在整个南美洲大陆上，也只有这两个大小悬殊的国家具有相似之处。20世纪50年代初期，只有阿根廷和乌拉圭的出生率降至25‰以下，死亡率在10‰以下，其他国家如巴西、圭亚那、巴拉圭、秘鲁、委内瑞拉等国两项指标均分别停留在40‰以上和12‰以上。

　　20世纪60年代末开始，乌、阿两国出生率均降至20‰以下，而其他南美洲国家则仍停留在30‰或者更高的水平。从目前来看，在南美洲，乌拉圭的人口出生率是最低的，甚至与出生率很高的玻利维亚相差12个千分点。从整个拉丁美洲来看，除了岛国之外，大陆国家中乌拉圭出生率最低。由于人口趋于老化，人口死亡率并不是最低的。这样，其人口自然增长率更显低下。在人口自然增长率十分低下、迁出人口又有增加的情况下，乌拉圭的人口增长速度就大大缓慢下来了。近10多年来，人口仅增长10多万人（参见表2）。

表2 乌拉圭人口自然变动及有关指标

年 份	出生率（‰）	死亡率（‰）	自然增长率（‰）	婴儿死亡率（‰）	平均预期寿命（年）	
					男	女
1953	20.7	8.4	12.3	51.2	63.30	69.40（1950～1954）
1958	23.1	8.5	14.6	48.6	64.10	70.40（1955～1960）
1963	23.8	8.9	14.9	43.9	65.51	71.56（1963～1964）
1968	21.7	9.2	12.5	53.9	65.30	71.9（1965～1969）
1973	18.9	9.5	9.4	50.2	65.40	72.00（1970～1974）
1976	20.9	10.2	10.7	45.9	66.30	72.80（1975～1980）
1977	20.4	10.2	10.2	48.5		
1980	18.6	10.5	8.1	37.4		
1981	18.4	10.3	8.1	33.4		
1982	18.4	9.4	9.0	30.2		
1986	18.0	9.7	8.3	28.0		
1989	18.0	10.0	8.0	27.9	71.00	
1990	18.0	10.0	8.0	25.0	71.00	

由于出生率和死亡率都比较低，乌拉圭的人口年龄构成正在明显地趋于老化。1973年，乌拉圭0～14岁人口比重为28.0%，15～59岁为59.3%，60岁及以上为12.7%。1982年，0～14岁人口比重为27.0%，15～64岁是62.6%，65岁及以上为10.4%。1989年三项指标分别是：26%、63%和11%。老少比（65岁及以上/0～14岁）1982年是38.5%，1989年为42.3%。在拉丁美洲，乌拉圭是目前人口老龄化程度最高的国家。尽管古巴人口中0～14岁的比重（25%）低于乌拉圭，但其老年系数仅为8%，低于乌拉圭3个百分点。

乌拉圭除在1908年进行过一次人口普查之外，直到1963年才又进行了一次。其间有关乌国人口具体构成的资料难以取得。继1963年之后，1975和1985年又分别举行了两次全国性的人口普查。下面根据《世界人口年鉴》1984年版有关乌拉圭资料绘制出的该国1982年人口年龄金字塔可以比较清楚地观察到其"老化"程度（参见表3和图2）。

表3   1982年乌拉圭人口年龄、性别构成

年　龄	男性人口 （人）	女性人口 （人）	性比例 （%）	年　龄	男性人口 （人）	女性人口 （人）	性比例 （%）
0～4	139608	134819	103.6	45～49	87382	89717	97.4
5～9	135870	131240	103.5	50～54	84041	87834	95.7
10～14	124846	120359	103.7	55～59	73203	77240	94.8
15～19	127578	123470	103.3	60～64	58883	63959	92.1
20～24	114011	111692	102.1	65～69	51701	61046	84.7
25～29	97080	95961	101.2	70～74	36865	45256	81.5
30～34	89882	91731	97.9	75～79	24183	33175	72.9
35～39	85650	86381	99.2	80⁺	18338	32636	56.2
40～44	86181	86597	99.5	合　计	1435302	1473113	97.4

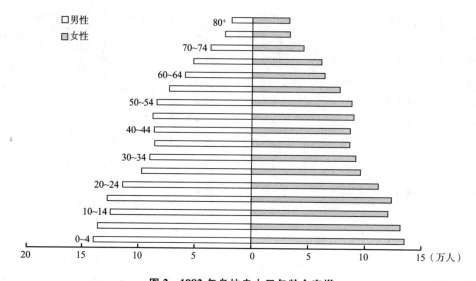

图2   1982年乌拉圭人口年龄金字塔

　　图2的乌拉圭1982年人口年龄金字塔图形明确显示出：（1）该国1982年处在成年型向老年型过渡的边缘阶段；（2）25～45岁年龄人口略微显"窄"，说明有人口外流现象；（3）性别构成平衡，30岁以后开始"倾斜"于女性多于男性，这一现象与大多数发达国家相类似。

人口分布及其他

　　乌拉圭的人口密度是每平方公里18人。在南美洲各国中，人口密度居第四位，仅次于厄瓜多尔（37人），哥伦比亚（27人）与委内瑞拉（21人）。乌拉圭的人口分布不均，南部五省：科洛尼亚、圣何塞、蒙得维的亚、卡内洛内斯和马尔多纳多的面积占全国总面积的12%都不到，人口却占总人口的66%以上。越往内陆地带，人口密度越低。

阿蒂加斯、杜拉斯诺、弗洛雷斯、特伦塔—特雷斯等省的人口密度最低，这些地区的经济完全以畜牧业为主。乌拉圭行政上划分为19个省，各省的人口分布情况如表4所示。

表4 1975年乌拉圭各省的人口分布

省	面积（千平方公里）	人口（千人）	人口密度（人/平方公里）	省	面积（千平方公里）	人口（千人）	人口密度（人/平方公里）
阿蒂加斯	11.4	58.0	5.1	罗恰	11.2	60.0	5.4
杜拉斯诺	11.3	55.0	4.9	萨尔托	12.6	100.0	7.9
卡内洛内斯	4.8	314.0	65.4	圣何塞	7.0	88.0	12.6
科洛尼亚	5.7	111.0	19.5	塞罗拉尔戈	13.9	73.0	5.3
拉瓦列哈	12.5	65.0	5.2	索里亚诺	9.2	80.0	8.7
马尔多纳多	4.1	76.0	18.5	塔夸伦博	15.0	85.0	5.7
蒙得维的亚	0.7	1230.0	1757.1	特伦塔–特雷斯	9.5	46.0	4.8
派桑杜	13.3	99.0	7.4	弗洛雷斯	4.5	25.0	5.6
里韦拉	9.8	79.0	8.1	弗罗里达	11.1	86.0	7.7
西奥内格罗	8.5	50.0	5.9	合计	176.1	2780.0	15.8

1986年，首都蒙得维的亚人口多达124.8万人，占全国总人口的42%，这在世界上是绝无仅有的。不过蒙得维的亚在乌拉圭的人口发展史中，一直扮演着非常重要的角色。在1778年乌拉圭只有2万人时，便有4000人居住在蒙市；19世纪初，乌拉圭全部人口只有4万人时，就有1.5万人居住蒙市。1840年时总人口与蒙市人口之比是5∶1，目前这一比值几乎为2∶1。其余几个超过5万人口的城市是：萨尔托、派桑杜、拉斯彼德拉斯、里韦拉等。因此，乌拉圭的城市人口的特点是发展速度快，比重高。1963年调查时，在全国260万人口中，只有18%属于农村人口，72%的人口居住在5000人以上的城镇。目前，该国城市人口比重为85%左右，是拉丁美洲城市人口比重最高的国家之一，与此具有可比性的相同或相近的人口大国只有阿根廷、智利和委内瑞拉。

以往，乌拉圭是南美洲经济最繁荣的国家，这个拉丁美洲"肤色最白的"国家有"拉丁美洲的瑞士"之称。但以后经济开始滑坡。大概从20世纪60年代经济危机开始后，其生产结构也开始趋于不合理。但从1986年起，经济开始复苏，国内生产总值持续增长，通货膨胀率连年下降。1989年，乌拉圭人均国内生产总值2180美元，位于拉丁美洲的中上水平。

乌拉圭是个社会福利较高的国家，实行满30年工龄退休制。1984年，每名医生负担的人口数仅有510名，1988年这一比值进一步下降到375人，已接近或超过某些西欧国家。

乌拉圭政府十分重视教育，教育事业发达。反映人口文化素质的几个主要指标是：文盲率在5%左右，为世界上最低的国家之一。实行中小学义务教育，小学适龄儿童入学率超过100%，中学生入学率为71%，大学和专科教育实行免收学费制度，大学入学率 15%。

乌拉圭是个农、牧业国家，可耕地和牧场面积占国土面积的 87.6%。农、牧业劳动力 1987 年占全国总劳动力的比重为 15.0%，其他经济结构的劳动力分布情况如下（参见表 5）。

表 5　乌拉圭劳动力人口构成变动情况

单位：%

行业＼年份	1975	1985	行业＼年份	1975	1985
农、牧、渔业	18.0	16.2	交通运输及通讯业	35.0	5.0
工业、制造业	28.0	19.2	政府机构服务人员		18.6
建 筑 业		5.5	其 他	8.0	23.0
商业贸易	11.0	12.5	合 计	100.0	100.0

人口政策

乌拉圭计划生育协会成立于 1961 年，同年加入国际计划生育联合会。但其目的是从生物学的角度研究人的生育原理，以保护母婴健康。乌政府曾经鼓励生育，并对避孕用品征收高额税。到了 20 世纪 80 年代初，政府尽管仍十分注重提高母婴健康水平和家庭福利，但对人口的生育水平和增长速度却没有明确的政策限定。另外，政府仍希望继续降低该国人口一般死亡率和婴儿死亡率，为此，政府直接支持家庭计划项目。

在移民方面，政府的长期愿望是使国内人口更加合理化，减轻首都人口过多的负担。关于国际移民，政府仍是在鼓励人口移入，尤其是鼓励永久性居民和农业工人移入。人口移出水平被认为太高，不过，目前并没有出台降低这一水平的官方政策。

总之，乌拉圭属于"政府主张提高人口出生率的国家"之列。

小结

乌拉圭由于地理环境的特殊性、历史的特殊性、经济的特殊性，从而导致了其人口的特殊性。这种特殊性主要表现在，在拉丁美洲这样一个"发展中国家群"中，冒出了乌拉圭这一人口状况与发达国家有相似之处的国家：出生率低、死亡率低、自然增长率低；已完成或基本完成了人口再生产类型的转变；人口年龄构成"老化"、性别比例随年龄的增长而缓慢降低等。由此，乌拉圭在南美洲的人口方面"争得"了几个之"最"。如出生率最低、自然增长率最低、年龄构成最"老"、平均预期寿命最高等。

1989 年，乌拉圭的妇女总和生育率为 2.3 个，已接近或达到了更替水平。人口自然增长率仅为 8‰，按照这样的速度增长下去，在没有外来移民的情况下，人口总数在 2000 年时顶多达到 325 万人，而人口以此速度再要翻一番的话，至少需要 80 多年的时间。

智利 （Chile）

　　智利共和国地处南美洲西南部，安第斯山脉西麓，北界秘鲁，东邻玻利维亚和阿根廷，西濒太平洋，南与南极洲隔海相望。智利呈南北狭长形状，为世界上最狭长的国家，东西宽仅为 96～362 公里，南北绵延却达 4352 公里，其最宽处不及南北长度的 1/10，包括一系列沿海岛屿和群岛国土面积总计 75.66 万平方公里。全国行政划分为 13 个大区。人口 1990 年 1320 万人，人口密度每平方公里 17 人。首都：圣地亚哥。

历史

　　西班牙殖民者来到智利之前，智利北部的大部分和中部的一部分领土即居住着各种不同的印第安人。他们主要属于印第安的阿塔卡米诺、查哥以及迪阿圭塔等部族，这些印第安人已经掌握了初步的农业知识。自 15 世纪开始，被印加人征服，成为印加帝国的一部分。印第安人在很大程度上受到了印加文化的影响。至于在智利中部和南部一带，主要为阿劳干族、火地族人等，他们尚处在原始社会阶段。1520 年冬，麦哲伦第一次环球一周的航行，曾绕过智利沿岸，并到过火地岛，这是白种人发现智利之始。1530 年时，智利土著居民约有 100 万人左右。16 世纪 30 年代，西班牙殖民者征服秘鲁之后，又向南深入并进入了智利北部。1541 年在智利境内建立了圣地亚哥城，智利从此沦为西班牙殖民地。19 世纪初，由于整个拉丁美洲殖民地革命风暴的影响，智利人民要求独立的情绪大大高涨。1810 年智利宣布自治。此后在民族英雄贝尔纳多·奥希金斯领导下进行武装斗争。1818 年 2 月 12 日，智利正式宣告脱离西班牙而独立，并成立共和国。从此，西班牙殖民者在智利的统治结束。

民族、宗教和语言

　　智利的民族形成起始于西班牙人入侵之后与当地印第安人的混合，这一混合过程一直延续了几个世纪，结果使今日智利民族中印欧混血人占了绝对优势，达 75%。难怪智利人类学家 A. 利普舒茨在《美洲的印第安主义与种族问题》一书中指出："智利民族在种族成分方面，是非常单一的，这并不是因为白种人占智利居民的多数，而正是因为白人只占很少的少数。"不过，由于智利地理状况的特殊性，使得该国民族形成状况也具有较大的差异：（1）智利中部，这一地区被美国地理学家 F. A. 卡尔森誉为是"新民族的心脏"，作为智利民族核心的居民基本上是在这个地区形成的，这里主要的"新民族"是指西班牙人与当地居民的混合。（2）智利北部，最初是以印第安人为主体的印欧混血人口集团，从 19 世纪起，又来了一些英国人和美国人。（3）智利南部，此地尽管较其他地区更早地接纳了欧洲人，或许是因为气候的缘故，其居民几乎长期以来没有接触白人。总的情况是，智利的南、北两端的现代居民，大多是由中部的印欧混血居民迁徙过去的。这样，智利居民中除去混血人以外，还有 20% 的白人，3% 的印第安人以及 2% 的其他人种。目前从民族上讲，智利人占 92.2%；印第安人占 6%；余者有意大利人、阿根廷人、西班牙人、德意志人、犹太人、美利坚人等。

1541 年在智利沦为西班牙殖民地之后，1547 年天主教会就在阿拉乌卡建立了第一座教堂。1770 年起，天主教会开始在智利创办学校。1883 年，智利宪法规定天主教为国教。尽管其后又有波折，但全国居民仍多为天主教徒。目前约有 85% 的居民信奉天主教。19 世纪时，欧洲移民也将新教传入了智利。及至目前，国内有近百万新教徒，其中多为圣灵降临派。

官方语言为西班牙语，但在印第安人聚居区使用马普切语。

人口变动

根据苏联经济学博士维·沃尔斯基教授主编的《拉丁美洲概览》一书提供的资料：1530 年时，智利境内的土著居民约有 100 万人。但殖民者到达后，对于印第安人的血腥镇压以及瘟疫流行，造成了印第安人口的急剧下降。到 19 世纪初，印第安人口只剩下 12.5～15 万人了。其后，欧洲人不断涌入。在独立之时的 1818 年左右，智利总人口达到 50 万人，到 1830 年，人口迅猛增到 100 万人左右，1860 年又增到 150 万人，1900 年达到 300 万人，其中有一大部分系来自欧洲各国的移民。可以说，从 1840 年起，智利的工农业都开始向前发展，特别是铜、硝石与银等采矿业，发展较为迅速，正因为此，吸引了外来的欧洲移民。不过，在整个殖民期间的 1541～1810 年，总共迁入人口不过 7～8 万人，其中主要是西班牙人和巴斯克人。19 世纪 40～70 年代迁来 2 万德意志人，19 世纪最后 20 年迁来 1.1 万西班牙人、8000 名法兰西人、8000 名意大利人和 3000 名瑞士人，20 世纪初又迁入大约 10 万移民。在整个历史时期先后迁入的外来移民不超过 25 万人。而同时，陆续迁居国外的智利人也有 25 万人，不过，向国外移居是后期的事情。独立以后的一个多世纪，智利迁入人口大于迁出，所以，目前的 1300 多万智利人口的形成，早些时候受迁入人口的影响较大，后期则主要靠自然增长。

智利共进行过 9 次人口普查，第一次为 1872 年，最后一次为 1982 年。其他的年份是：1890、1900、1920、1940、1950、1960 和 1970 年。表 1、表 2 和图 1 显示了智利人口的变动状况。

表 1　智利的人口变动

单位：人

年　份	人　口	年　份	人　口	年　份	人　口	年　份	人　口
1818	500000	1907	3213000	1960	7628136	1988	12748198
1830	1000000	1920	3785000	1970	8884768	1989	13000000
1860	1500000	1930	4385000	1982	11329736	1990	13173000
1885	2492000	1940	5063000	1983	11682260		
1895	2790000	1952	6295000	1986	12300000		

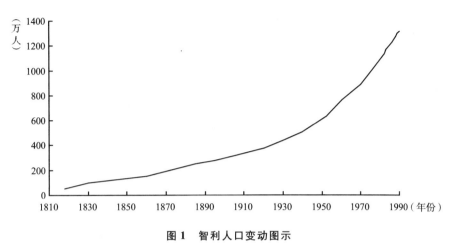

图1　智利人口变动图示

表2　智利不同时期的人口变动及年均增长率

单位：%

时　期	增长率	年均增长率	时　期	增长率	年均增长率
1885～1894	11.96	1.14	1952～1959	15.45	1.45
1895～1906	15.16	1.18	1960～1969	22.23	2.03
1907～1919	17.80	1.27	1970～1981	27.52	2.05
1920～1929	15.85	1.48	1982～1990	16.27	1.90
1930～1939	15.46	1.45	1885～1990	429.00	1.60
1940～1951	24.33	1.83			

从19世纪末开始，智利人口增长得并不很快，一个世纪增长4.29倍，年增长率为1.6%。虽然增长率不高，但仍是迁移增长与自然增长的共同结果。从第二次世界大战结束到20世纪60年代中期，智利人口出生率一直保持在35‰左右，死亡率则由17‰降至12‰，自然增长率为2%左右。1990年，出生率为22.0‰，死亡率为6.0‰，自然增长率1.6%，1952～1990年人口增长1倍，年均增长率1.96%。

1953～1990年，出生率下降36%，死亡率下降52%，自然增长率下降27%。死亡率显著下降的原因，主要是因为保健事业得到普遍改善，再就是把保健事业广泛地推进到以前被忽略的地区，虽然这并不否认地区之间和城乡之间还存在着巨大的差距。从对智利人口死亡率下降原因的分析中不难看出，过去曾为害于人类的一些疾病已大为减少。极高的婴儿死亡率长期以来一直困扰着智利政府，但是经过几十年的努力，该国已将1958年的每千名婴儿死亡121名降至1990年的每千名婴儿死亡19人左右的水平。这样，智利人口平均预期寿命便由当时的55岁提高到20世纪90年代的71岁（参见表3）。

表3 智利人口自然变动及有关指标

年 份	出生率 (‰)	死亡率 (‰)	自然增长率 (‰)	婴儿死亡率 (‰)	平均预期寿命（年）	
					男	女
1953	34.4	12.4	22.0	112.4	52.26	56.04（1950~1954）
1958	36.3	12.3	24.0	121.3	53.74	58.56（1955~1959）
1963	34.0	12.0	22.0	110.9	55.02	60.40（1960~1964）
1968	27.6	9.4	18.2	91.6	57.64	63.61（1965~1969）
1973	27.1	8.2	18.9	65.8	59.53	65.70（1970~1974）
1976	23.3	7.4	15.9	56.6	61.30	67.60（1975~1980）
1977	21.6	7.0	14.6	50.1		
1978	21.4	6.7	14.7	40.1		
1979	21.5	6.8	14.7	37.9		
1980	22.2	6.7	15.5	33.0		
1981	23.4	6.2	17.2	27.0		
1982	23.9	6.1	17.8	23.6		
1986	22.1	5.9	16.2	19.1		
1989	22.0	6.0	16.0	19.1	71.00	
1990	22.0	6.0	16.0	19.0	71.00	

　　智利人口的另一个重要特点是它的年龄结构，这是具有深远的社会和经济含义的。从1920年以来人口平均预期寿命开始延长，婴儿死亡率迅速下降，而出生率则相对稳定，尤其是从20世纪70年代后期至90年代几乎未有变化。在这种情况下，人口变得越来越年轻，及至90年代，该国劳动力占有相当大的比重，成为南美洲这一年龄段人口比重最大的一个国家。据1990年的资料，15~64岁的人口占该国总人口的63%（参见表4）。

表4 智利人口年龄构成变动情况

年 份	0~14岁		15~64岁		65岁及以上		老少比 (%)
	人口（人）	比重（%）	人口（人）	比重（%）	人口（人）	比重（%）	
1952	2208588	35.08	3850489	61.15	235923	3.77	10.7
1960	2922518	38.31	4388873	57.54	316745	4.15	10.9
1970	3481142	39.18	4956915	55.79	446711	5.03	12.8
1983	3695598	31.63	7331905	62.76	654757	5.61	17.7
1990	4083630	31.00	8298990	63.00	790380	6.00	19.4

　　从1990年的情况看，老化系数高达19.4%，说明该国人口集团老年人口在慢慢增

加，而少年儿童在逐步相对减少。现在问题的关键是，劳动力年龄组人口数量过多，人口比重过大，这给该国的就业安置带来了很大的困难。显然，目前的劳动力人口比重过大是过去几十年来高出生率的结果。过去的人口演变轨迹及今后的人口态势可从下面的人口年龄金字塔中清晰地看出（参见表5、图2）。

表5　1983年智利人口年龄、性别构成

年　龄	总人口（人）	男性人口（人）	女性人口（人）	性比例（%）	年　龄	总人口（人）	男性人口（人）	女性人口（人）	性比例（%）
0~4	1322820	671537	651283	103.1	45~49	520835	254260	266575	95.4
5~9	1213183	615751	597432	103.1	50~54	459045	221585	237460	93.3
10~14	1159595	588313	571282	102.9	55~59	397098	188738	208360	90.6
15~19	1200562	607300	593262	102.4	60~64	306387	142121	164266	86.5
20~24	1183559	596483	587076	101.6	65~69	247537	110521	137016	80.7
25~29	1015974	510612	505362	101.1	70~74	185582	79524	106058	75.0
30~34	847017	422831	424186	99.7	75~79	120702	48973	71729	68.2
35~39	761796	376047	385749	97.5	80+	100936	35778	65158	54.9
40~44	639632	314527	325105	96.7	合　计	11682260	5784901	5897359	98.1

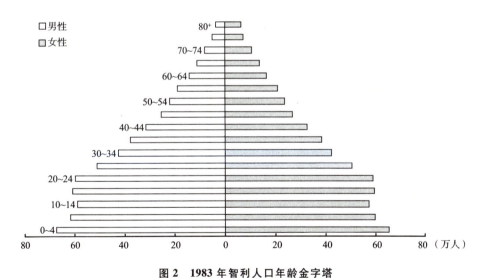

图2　1983年智利人口年龄金字塔

　　1983年智利人口年龄金字塔表明，25岁以上人口呈"扩大型"，或者说，在20世纪60年代初期以前，该国的人口还是一个典型的年轻型人口，当时65岁及以上人口仅为4.3%，0~14岁人口比重近40%。此后人口向稳定型转移。从金字塔中明显可以看出，1983年时0~25岁的出生人口变动幅度不太大，已趋于稳定状，这给今后人口向成、老年型人口发展奠定了基础。

从性别构成上看，该国人口处于平衡状态，1983 年性比例为 98.1∶100，1970 年为 95.6∶100，1960 年为 96.1∶100，而 1952 年时为 96.4∶100。从 1983 年各年龄组的性别比上看，该国也是基本正常的。即在 30 岁以后女性人口才开始多于男性，这一状况一直维持到最高年龄组。

人口分布

20 世纪 90 年代智利的人口密度每平方公里 17 人，但因地区不同人口分布会有很大差别，这是地理因素和人口历史演变的结果。从狭长的智利地带上讲，从南向北划分为三个部分：（1）北部阿塔卡马沙漠地区干旱而荒芜，大部分是沙漠，是全世界最干旱的地区之一，这一地区居民十分稀少。（2）中部是智利工农业中心和主要城市所在地，其地形为一片大谷地，是世界上最肥沃的地区之一，全国 4/5 的人口都集中在这一地带。（3）南部是多雨地区，到处遍布着原始森林，人口极为稀少。

从行政划分上看，目前智利划分为 13 个大区，各区的人口分布如下（参见表 6）。

表 6　智利行政区域人口分布变动情况

行政区	面　积（平方公里）	1977 年人口（人）	1984 年人口（人）	1984 年人口密度（人/平方公里）	1984 年各区人口比重（%）
塔拉帕卡	59104	221000	263405	4.5	2.22
安托法加斯塔	125981	298000	333876	2.7	2.81
阿塔卡马	75482	187000	212855	2.8	1.79
科金博	40471	397000	437249	10.8	3.68
瓦尔帕莱索	16040	1161000	1316185	82.1	11.08
解放者奥伊金斯将军	16393	563000	585997	35.7	4.93
马乌莱	30536	699000	735380	24.1	6.19
比奥比奥	36820	1446000	1558749	42.3	13.12
阿劳卡尼亚	31761	659000	675741	21.3	5.69
洛斯·拉戈斯	64065	852000	899270	14.0	7.56
伊瓦涅斯将军的艾森	111873	60000	70597	0.6	0.59
麦哲伦	132033	106000	116407	0.9	0.98
圣地亚哥首都区	15480	4006000	4672708	301.9	39.34
合　计	756039	10655000	11878419	15.7	100.00

说明：本表未包括南极地带。智利水域率为 1.07%。

1974 年以前，智利行政划分为 25 省，下面的一组资料取自于哈罗德·希莱克莫尔博士所著《拉丁美洲地理透视》一书，以此可了解其国内人口分布变动情况（参见表 7）。

表7 1885～1972年智利各省人口分布

单位：人

省	面 积 (平方公里)	1885 年	1895 年	1907 年	1920 年	1930 年	1940 年	1952 年	1960 年	1972 年
塔拉帕卡	58100	54334	101086	120308	118908	115381	104915	109061	127492	205000
安托法加斯塔	125300	33430	45624	112674	174797	181999	146287	196101	222514	283000
阿塔卡马	78300	63749	61797	63602	49106	62204	84974	85001	118774	175000
科金博	38800	189557	181558	189775	178561	201974	247539	278165	318440	377000
阿空加瓜	9900	128323	101836	111645	102334	104919	118976	136211	145382	182000
瓦尔帕莱索	16040	203318	229614	280965	325880	367011	428404	528655	637542	821000
圣地亚哥	17700	363901	464061	549719	735429	990079	1278469	1862034	2525138	3724000
奥伊金斯	7100	131301	137435	133489	161056	173621	201870	238297	269332	346000
科尔查瓜	8300	109707	114858	113317	121030	122731	132779	148045	164243	185000
库里科	5300	63424	71052	72959	75722	77383	81823	94889	111377	127000
塔尔卡	10100	122372	123002	122817	127816	144792	158375	184291	213532	258000
马乌莱	5700	91464	94323	81246	85430	75729	71051	76585	82424	92000
利纳雷斯	9400	109824	105168	108339	120634	125312	136028	155181	176978	211000
纽夫莱	13900	209842	215488	218170	228202	236085	245095	266678	295711	351000
康塞普西翁	5700	162799	177180	199211	232704	283277	310663	436678	558869	724000
阿劳科	5200	69626	62432	62369	62535	62179	66626	76700	92721	110000
比奥比奥	15399	99350	90567	96224	106127	115442	128312	146730	173868	217000
马刘科	14100	56699	98422	108983	122739	138282	155385	169146	181039	201000
考延	18400	52589	92565	176471	254789	330917	377602	387347	408507	466000
瓦尔迪维亚	18500	38925	55069	80932	120727	151716	193147	246842	265147	304000
奥索尔诺	9300	29835	41099	51747	67338	88662	108184	130568	149619	180000
延基韦	18200	33406	40692	53713	71175	94202	118146	148527	172489	226000
奇洛埃	27000	72153	79721	87094	110902	93733	102005	106830	102543	124000
艾森	103600	—	—	186	1684	8771	17148	27864	38544	55000
麦哲伦	116700	2072	5351	17045	29375	38599	49197	58574	75911	101000
合计	756039	2492000	2790000	3213000	3785000	4385000	5063000	6295000	7628136	10045000

前述资料表明了智利人口分布变动的历史性质。人口减少最多的主要是中央谷地中以农业为主的落后的省区，而人口增加最多的是拥有最大城市（如圣地亚哥、瓦尔帕来索和康塞普西翁）的各省区。从表7还可以看出，像奥伊金斯、科尔查瓜、利纳雷斯、塔尔卡和纽夫莱等省的人口增长率一贯地低于全国平均水平；而圣地亚哥的人口增长率则一贯高于全国平均水平。目前这种趋势越来越明显。尤其是在近几十年来全国人口不

断增加的情况下，智利已产生出了一个真正臃肿的特大城市。

1988 年 6 月，首都圣地亚哥人口为 502.45 万人，为全国人口总数的 39.4%，可见其人口分布的不平衡性。圣地亚哥为第二大人口城市纽尼奥阿人口数的 10 倍，其余城市如圣米格尔、孔查利、拉西斯特纳等人口不过 30 多万。至 1982 年，智利人口超过 20 万的城市共 10 座，但这些城市的人口却占全国人口的 61% 以上（参见表 8）。

表 8 　1982 年智利人口超过 10 万人以上的城市

单位：人

城　市	人　口	城　市	人　口
圣地亚哥（1984）	4225300	拉格兰哈	324546
纽尼奥阿	399492	比尼亚德尔马	272814
圣米格尔	396098	瓦尔帕莱索	266502
孔查利	346309	康塞普西翁	204243
拉西斯特纳	334266	圣贝尔纳多	201985

智利 20 世纪 90 年代是拉丁美洲城市人口发展最快的国家之一，其特点是：（1）城市人口增长快；（2）城市人口比重高，20 世纪 90 年代该国城市人口比重达到 86%，与南美洲的乌拉圭、阿根廷、委内瑞拉并列为这一地区四大城市化水平最高的国家；（3）是工业化的发展带动了城市化发展，这一点与阿根廷有所不同；（4）城市发展不平衡；（5）城市分布不合理，主要是特定历史演变的结果（参见表 9）。

表 9 　智利城市人口增长变动情况

年　份	人口（万人）	人口增长（万人）	人口增长率（%）
1950	355.8	158.7	44.6
1960	514.5	190.3	36.9
1970	704.8	99.6	14.2
1975	804.4	107.2	13.3
1980	911.6	227.4	25.0
1990	1139.0	207.0	18.2
2000（预测）	1346.0	783.2	220.1
1950～1990			

智利城市人口的这些特征，与其经济结构的变化互为因果关系。1960 年时，农业劳动力人口的比重为 30%，1980 年已降至 19%；工业劳动力人口同期没发生变化，即由 20% 变到 19%；服务业则由 50% 提高到 62%。1987 年，工业劳动力人口 100.59 万人，

占总劳动力的 22.3%；农业劳动力人口占 14%，服务业略有提高。

20 世纪 60 年代的智利经济是在社会经济结构急剧变化的情况下发展的，当时的情况是生产下降、设备开工不足、通货膨胀、外债债台高筑、大量失业等。但以后经济有所改善。1984～1988 年，国民生产总值增长率均在 5% 左右，成为拉丁美洲经济发展最快的国家之一。

反映智利人口文化素质的指标是：小学适龄儿童入学率 1965 年为 124%，1986 年为 110%；中学入学率 1965 年为 34%，1986 年为 70%；高等学校入学率 1965 年为 6%，1986 年 16%。1960 年，智利的成人文盲率为 26%，1990 年被认为其"文盲率极低"。

人口政策

由于智利的人口出生率在过去一段时间内稳步下降，所以，政府认为增加人口是十分重要的。一方面较高的出生率可以保证国家安全，另一方面也可扩张经济。不过政府也认为，提高或降低人口增长率并不是政府的责任，而且，确定家庭规模应是家庭内部的事情，政府不应干涉。1962 年，智利便成立了计划生育协会，1963 年加入国际计划生育联合会。该国政府把计划生育工作视为妇幼保健的组成部分。

在移民方面，政府希望人口分布更加合理，移入人口率应有提高。

小结

拥有 1300 多万人口的智利，由于地理环境、历史演变轨迹等特征，表现出了以下的人口特性：（1）民族构成以印欧混血人为主，显得单一；（2）人口增长虽然受自然和迁移两方面影响，但其增长速度一直低于拉丁美洲平均水平；（3）年龄结构已接近于"老年型"的边缘；（4）人口分布极不平衡，全国 80% 以上的人口集中在中部地带；（5）城市人口比重高，但分布极不合理；（6）智利属于"主张提高人口出生率"的国家。

目前的智利人口出生率在南美洲处于最低之列，自然增长率仅高于阿根廷；妇女总和生育率为 2.4 个，即净再生产率为 1.2 左右，刚超过妇女更替水平，所以说，智利提高人口出生率仍有一定的困难，加上年龄构成方面的原因，要使人口有所增加，人口密度有所提高，仍需费一番力气。按照目前的增长速度发展下去，估计智利总人口 2000 年可达到 1530 万人，至 2020 年，大概不超过 2000 万人。

Africa

非 洲

非洲位于亚洲的西南面，东濒印度洋，西临大西洋，北隔地中海与欧洲相望，东北以苏伊士运河为非洲和亚洲的分界，南部则为大西洋和印度洋汇流水域。因赤道横贯非洲的中部，有 3/4 的土地受到太阳的垂直照射，所以，其中有一半以上地区终年炎热，故称为"阿非利加"，简称非洲，"阿非利加"是希腊文阳光灼热的意思。

非洲是世界第二大洲，略小于亚洲，约占地球陆地总面积的 1/5。非洲的沙漠面积约占全洲面积的 1/3，为沙漠面积最大的洲，其中，撒哈拉沙漠是世界上最大的沙漠。非洲东部还有世界上最大的裂谷带。非洲的尼罗河流域是世界古代文明的摇篮之一。尼罗河下游的埃及是世界四大文明古国之一。

和欧洲截然不同的是，非洲大陆几乎分布在赤道两面，大部分土地都位于热带地区之内，北临北回归线，南临南回归线。非洲西北部呈大块突出状，所以非洲的大部分土地都位于赤道北部。

非洲人口 7 亿多人，约占世界总人口 12%。人口最密集的地区是尼罗河中下游河谷、西北非沿海、几内亚湾北部沿岸、东非高原和沿海、马达加斯加岛的东部、南非的东南部，而广袤的撒哈拉沙漠地区平均每平方公里还不到 1 人，是世界上人口最稀少的地区之一。

非洲居民主要有两种：黑种人（尼格罗—澳大利亚人种）和白种人（欧罗巴人种），还有少数属于马来—波利尼西亚语系的马达加斯加黄种人。

在非洲，涉及的语言有四大语系：一是尼日尔—科尔多凡语系，二是尼罗—撒哈拉语系，三是科伊桑语系，四是闪米特—含米特语系。

第一种尼日尔—科尔多凡语系又包括尼日尔—刚果语族和科尔多凡语族：（1）尼日尔—刚果语族又称作班图语族，班图语族又含有六大语支，由于使用者众多，因此旧时把班图语族也称作班图语系；（2）科尔多凡语族比较复杂，也有学者将科尔多凡语族划分在班图语族的下面，叫做科尔多凡语支。第二种尼罗—撒哈拉语系包括沙里—尼罗等四大语族，而其中的沙里—尼罗语族又称为大苏丹语族，包括东苏丹语支和中苏丹语支，也因为使用者众多，所以把该语族又叫做苏丹语系或者苏丹语族。第三种是科伊桑语系，这是非洲南部班图人使用的一组语言，通常分为北部语族、中部语族和南部语族 3 个语族。第四种是闪米特—含米特语系简称闪—含语系，也称为亚非语系，或者也被分为亚非语系闪含语族，主要使用者分布在亚洲的阿拉伯半岛和非洲北部。

从语言谱系上讲，非洲语言谱系主要指前三种语系：即尼日尔—科尔多凡语系、尼罗—撒哈拉语系和科伊桑语系。

但从非洲地区的人口语系分类上讲，属于第一、第二和第四种语系即尼日尔—科尔多凡语系、尼罗—撒哈拉语系和闪米特—含米特语系的人口最多，或者换句简单的话说就是：非洲绝大多数人口属于尼日尔—科尔多凡语系的班图语族、尼罗—撒哈拉语系的苏丹语族和亚非语系的闪含语族。由于班图语族、苏丹语族和闪含语族都是很大的语族，且所属人口众多、使用地域广泛，因此，也往往把他们称做"语系"。

另外，如果从人种的角度讲，非洲黑人主要分为两大族系，一种是苏丹族系，另一种是班图族系，前者叫苏丹尼格罗人，后者称班图尼格罗人，或尼格罗班图人，若从地域上划分，大体上以赤道为界，非洲赤道以北是苏丹族系居多，赤道以南则是班图族系居多。但是，人种上的班图人也可以使用非班图语系的语言，而其他种族、民族的人也可以使用班图系语言，这种交叉现象不仅在非洲就是在全世界都是普遍存在的。

可见，由于分类的角度不同，"系"与"族"对于分析非洲的人口来说是很难描述清楚的，所以，在对非洲人口进行语言分类时，只能根据前后文将其划分为"族"或者"系"。具体以班图为例，本书在按照语言对人口进行分类时，倾向于把班图以"族"表示，在按照人种进行分类时则多用"族系"或"系"来描述。

所以，简单的来说非洲语言主要有三大语系：（1）苏丹语族，属此语族的居民占全洲人口的32%，分布在撒哈拉以南，赤道以北；（2）班图语族，属此语族的居民占全洲人口的30%，分布在赤道以南地区；（3）闪含语族，属此语族的阿拉伯人占全洲人口的21%，多分布在北非地区。

非洲居民多信原始宗教、伊斯兰教，少数信仰天主教和基督教。

非洲总体教育水平不高，但是，很多国家的小学生入学率在某些年份却非常高，甚至超过了100%。在人口统计学指标中，小学生入学率（不是在校率）通常是指：当年入学小学生与当年适应入学年龄学生的比值。因此，当前几年一些适龄儿童本该当年上学但没有上学而在以后的某一年份上学时，就会提高这一年的小学生入学率。由于非洲经济的好转，包括一些亚洲和拉丁美洲国家，先前不能上学的儿童后来得以上学，从而造成了"小学生入学率"高于100%的小学生入学的"堆积"现象。

埃塞俄比亚（Ethiopia）

埃塞俄比亚位于非洲之角的西部，在地貌上具有相当独特的个性，大部分领土坐落在海拔2500米左右的熔岩高原上，是非洲地势最高的国家。尽管非洲之角因撒哈拉沙漠与非洲内陆隔开而突出于西亚的一边，但是其人口发展、演变依然更像非洲人口的变化。

历史民族、宗教和语言

埃塞俄比亚古代的人口历史是由各民族的传统及文化相互融合而形成的。最初居住此地的是苏丹黑人的各部落以及库施特语族各部落。库施特语族属于含闪语系的一支，包括埃及人、利比亚的柏柏人以及泛指一般的闪语系民族。

不过，最先控制该地区的却是红海对岸的阿拉伯人。此后，在公元2世纪之前，这块土地上的居民一直俯首听命于阿拉伯王国。以后，才渐渐步入独立之途。但是，由于受伊斯兰教的影响，古代埃塞俄比亚从未真正摆脱过阿拉伯人的控制。基督教的传入则是15世纪左右的事情。

因此，目前的埃塞俄比亚居民主要信奉伊斯兰教和基督教。尽管这一地区的周围为伊斯兰国家，而且几乎与其他信仰基督教的国家相隔离，但是，全国总人口的55%却仍旧信奉耶稣基督教。据说这与历史上的埃塞俄比亚皇帝梅内利克二世使阿比西尼亚民族昌盛有关。伊斯兰教徒为该国居民的40%左右。此外，还有大约近20万的天主教徒以及零星的犹太教徒。可能一些诸如克拿马族、加拉族及居住在克发等地的少数民族间仍残存着万物有灵论的信仰。

就全国而言，埃塞俄比亚境内有50多个部族。其中以奥罗莫族为最大，占总人口的45%，讲奥罗莫语；阿姆哈拉族次之，占总人口的30%，讲阿姆哈拉语；其他较大的部族有提格雷族、索马里族、锡达莫族、奥梅托族等，这些部族分属于闪米特语族、库施特语族、沙里—尼罗语族、科马语族、尼日尔—刚果语族等。境内的外国人以意大利人居冠，他们多半是殖民时代迁移而来的。

在第二次世界大战之前的意大利统治时期，埃塞俄比亚只能使用阿拉伯语和意大利语施教，而通用语言阿姆哈拉语则被禁用。目前的埃塞俄比亚官方语言为阿姆哈拉语。不过，奥罗莫语和提格雷族语也广为流行。城市则广泛使用英语。此外，厄立特里亚及与苏丹接壤地区使用阿拉伯语。

人口变动

埃塞俄比亚土地面积110.36万平方公里。目前人口4980万人，人口密度每平方公里45人。首都：亚的斯亚贝巴。人口居于东非各国之首，在非洲大陆仅次于尼日利亚和埃及。除了亚的斯亚贝巴及其周围地区以外，至目前为止，该国尚未进行过一次正式的全国性人口调查。因此，这些人口数字均为大略推算所得。如联合国《世界人口展望》就认为埃塞俄比亚的总人口约为4500万人。

1986~1989年的数据来源于美国人口咨询局的估算。这些估计值与1984年以前的人口数目看来不太协调。不过，这种推算也是根据其社会经济发展以及出生率、死亡率水平进行的。一些资料表明埃塞俄比亚总人口的年平均增长率20世纪50年代为1.6%，60年代为1.8%。但一些学者认为实际上可能不止这个数字，因为根据埃塞俄比亚的实际情况，这一时期的年均增长率不应当低于非洲的平均水平。70~80年代该国人口年均增长速度为 2.4% ，这种速度为人们普遍接受。因此，从近几十年的发展来看，认为目前埃塞俄比亚的总人口为 4700 万人左右是有一定理由的（参见表1、表2）。

表1　埃塞俄比亚的人口变动

单位：万人

年　份	1950	1960	1970	1980	1981	1982	1983	1984	1986	1988	1989
人　口	1625	2070	2463	3107	3275	3278	3368	3542	4390	4830	4980

表2　埃塞俄比亚人口自然变动指标

单位：‰

指标＼年份	1950	1960	1970	1975	1980	1981	1986	1988	1989
出生率	51.3	51.0	50.0	49.9	49.3	49.2	44.0	46.0	44.0
死亡率	30.8	29.1	25.9	25.4	23.4	21.5	23.0	15.8	23.0
自然增长率	20.5	21.9	24.1	24.5	25.9	27.7	21.0	30.2	21.0

与非洲大部分国家一样，埃塞俄比亚人口的自然变动幅度并不大。出生率 40 年间下降仅 7 个千分点，死亡率的下降速度几乎与之同步——7 个千分点，因此，人口的自然增长率几乎没有变。

埃塞俄比亚是个经济十分落后的农业国。20 世纪 80 年代初期人均国民生产总值 120 美元左右，至 90 年代末尚未提高，其平均值显著低于东非其他国家，是东部非洲最穷的一个国家。在这样贫穷落后的国家中，人口出生率高是不足为奇的，因为这种高出生率的一条基本法则便是补偿该地区由于过分贫穷而导致的高死亡率，出生率和死亡率同步下降也正好说明了这一点。不过从东非 17 个国家和地区来看，埃塞俄比亚出生状况似乎处于中等水平。出生率最高的肯尼亚为 54‰，最低的毛里求斯为 19‰。但埃塞俄比亚死亡率却居东非之冠。

埃塞俄比亚不仅农业发展十分落后，工业也十分落后。与之相对应的文教、卫生等方面的状况就更不屑说。20 世纪 60 年代，该国每名医生要负担 10 万人，70 年代末降至 7.4 万人，进入 80 年代，全国平均每名医生仍要负担 5.8 万人。这一数字在世界各国中遥遥领先。每名医生所负担的人口数目比仅次于它的非洲布基纳法索还要多 1 万名。同样，每名护士所负担的人口是 5440 人，也名列世界前茅。显然，这种落后的医疗卫生条件难以满足经济不发达、疾病较多的埃塞俄比亚国民的需求。同样，在这样的条件下，死亡率也不太可能有大幅度的下降。该国的婴儿死亡率估计为 155‰，仅次于亚洲的阿富汗和非洲的塞拉利昂。出生时的平均预期寿命仅高于同一洲的塞拉利昂和乍得。表3是

1950～1989 年埃塞俄比亚人口平均预期寿命的变动情况。

表 3　1950～1989 年埃塞俄比亚人口平均预期寿命

单位：年

时　期	1950～1954	1955～1959	1960～1964	1965～1969	1970～1975	1986～1989
男	32.0	33.5	35.0	36.5	37.0	41.0
女	35.0	36.5	38.1	39.6	40.1	

文化、教育状况

　　经济落后，必然导致其教育落后。从历史上看，埃塞俄比亚从 1905 年起才开始设置具有西欧形态的小学教育。由于受欧洲文化的侵袭，其本土文化的发展受到一定的限制。两次世界大战以后，国内尽管进行教育改革，但由于经济基础落后，致使提高国民文化素质的愿望难以实现。非洲的文化程度是世界各大洲中最低的，埃塞俄比亚又几乎是非洲文化程度最低的国家，1980 年成人识字率仅为 15%。而在 20 世纪 50 年代时，每 100 个成人中只有 3 个人能够读书写字。其他有关教育指标如表 4 所示。

表 4　20 世纪不同年代埃塞俄比亚有关教育指标

单位：%

时　期	小学入学率	中学入学率	高等学校入学率	成人识字率
60 年代	7	—	0	—
70 年代	—	—	0	15
80 年代	46	12	1	15

人口结构

　　在非洲，整个男性人口大体上与女性人口相等，但在个别国家由于死亡率和外迁移民的原因，两性比例的摆动较为明显。埃塞俄比亚人口性别比例属于正常范围。1982 年总人口为 3277.50 万人，性别比为 50.5∶49.5，性比例是 102∶100。但是，经济活动人口的性比例却相差悬殊。1978 年全国经济活动人口为 1388.92 万人，其中男性人口 854.06 万人，女性 534.86 万人，男、女之比为 61.5∶38.5。

　　从年龄结构上看，埃塞俄比亚属于年轻型人口。0～14 岁人口占总人口的 45.4%，65 岁及以上的老年人口占总人口的 3.6%，15～64 岁者占 51%。劳动力人口平均负担人数基本为 1∶1。在人类繁衍的历史长河中，当代人口既是历史遗留的产物，又同时是未来人口发展的根基。埃塞俄比亚人口年龄结构的这种特征，既说明过去的 10 多年生育率水平相当高，又说明今后很长时期内由于年龄结构的影响，其生育率难以较快地降下来。

人口分布

埃塞俄比亚国土面积 110.36 万平方公里，人口密度每平方公里 45 人，由于著名的东非大裂谷横贯其境内，因此，人口分布并不均衡。高原地带气候宜人，雨量充沛，适合农业发展，农作物种植繁茂，是全国人口密度最高的地方，这一地区估计每平方公里40 人以上，其中，以首都亚的斯亚贝巴所在的希哇州最为密集，而靠近索马里与苏丹国境的地区，人口稀少，每平方公里不足 20 人（参见表 5）。

表 5　1980 年埃塞俄比亚人口分布

州	面积（平方公里）	人口（人）	人口密度（人/平方公里）	州	面积（平方公里）	人口（人）	人口密度（人/平方公里）
阿鲁西	24600	1149400	47	伊路巴博省	50800	810800	16
巴累	108300	879200	8	绍阿省	85500	6362200	74
贝格姆迪尔	53000	1615400	30	锡达莫	106700	2808300	26
加法	107400	2426200	23	提格雷	65700	2162100	33
厄立特里亚	20100	1003400	50	沃累加	59800	2019200	34
加木戈法	64500	2037900	32	沃罗	69000	2612600	38
戈贾姆	73400	2053400	28	合计	1103600	31065300	29
哈拉尔	214800	3125200	15				

人口特点及人口问题

第一，人口自然增长速度快。非洲妇女结婚早，育龄期长，总和生育率高，埃塞俄比亚均具有这些特点。据世界银行分析，该国妇女总和生育率 1965～1982 年的近20 年间仅降低 3.0 个，而 1989 年的总和生育率尚高达 6.6 个。第二，人口年龄结构年轻，人口平均预期寿命短。这给该国的教育、就业、居住等都带来了一系列的困难。如文盲比例高，入学率极低。第三，农村人口比重过大。埃塞俄比亚是一个农业国家，农村人口占全国人口的 89%，这一指标在东非仅低于布隆迪（95%）、乌干达（94%）和卢旺达（91%）。农村人口众多，机械化程度很低（1982 年每万人平均 4 台拖拉机）。在 20 世纪末以前，农村人口仍不会有显著下降。因剩余劳动力充斥，形成了劳动力在全非境内的大流动，成百万难民背井离乡，各奔他方。1988 年埃塞俄比亚国内大约有 70 万难民涌入邻近的苏丹、索马里等国。与此相反，大约有相同数量的难民从索马里和苏丹挤入本国。难民盲流已成为包括埃塞俄比亚在内的整个非洲的一大难题。

迄今为止，埃塞俄比亚的人口增长速度并没有出现大幅度下降的迹象。如果按照20 世纪 90 年代增长率预测，2000 年全国人口可望达到 7100 万人。而在 30 年以后的2020 年，则升至 1.28 亿人，届时将位居非洲第二，仅次于那时的尼日利亚 2.74 亿人的人口数目。

安哥拉（Angola）

安哥拉位于非洲南部西海岸，在赤道非洲和南部非洲地理上的交界处，西边以 1650 公里的海岸线濒临大西洋，北接扎伊尔，东连赞比亚，南与纳米比亚比连，国土面积 124.67 万平方公里。人口 1989 年估计为 970 万人。人口密度每平方公里 7.8 人。首都：罗安达。

历史

考古学家在基萨尔湖附近刚果河发源地的沿岸发现了长达数公里的墓葬。墓中有容器、饰品、带子、针、铜铁器和十字形铜币，这证明当地早已有相当高度的文化和对外贸易，这就是卢巴·隆达文化。这种文化蔓延之广，远及扎伊尔南部、赞比亚北部以及安哥拉现境内的东部地区。然而在安哥拉的西北部地区，当时却存在着一个极其重要的王国，即刚果王国。此外，北部的罗安达刚果、南部的恩东戈和马塔姆巴等都是它的附庸国。当时，刚果王国势力所及，西至于海，东界宽果河，北抵尼阿底河，南迄宽扎河。总之，中世纪的安哥拉分属为刚果、恩东戈、马塔姆巴、隆达四个王国。1482 年，葡萄牙航海家狄侃二次进入刚果河河口并发现安哥拉这一地区。1574 年，葡萄牙人开始在此"定居"，1576 年，建立罗安达城，遂以此为中心向美洲贩卖奴隶。19 世纪后半叶，安沦为葡萄牙殖民地。1922 年葡萄牙殖民者占领安哥拉全境。直至 1975 年，安哥拉才获得了"把权利交给安哥拉人民"的成果，当年 11 月 11 日获得完全独立。

民族、宗教和语言

从人口的历史来看，大概从公元 1 世纪时起，班图人就开始从其发源地喀麦隆高原一浪推一浪地向赤道及其以南地区迁徙，一直到 19 世纪初，这一迁徙过程尚未停止。班图人的迁徙总体上讲分为三大支，其中西边主要是以刚果人以及隆达人为主的一大支，迁徙到现今的安哥拉境内。因此，从现今的安哥拉来看，尽管 19 世纪中期前后从巴西、马德拉群岛大量移民入境，加之荷兰移民的布尔人流入，但是，居民中仍以班图系民族人口占绝对优势，估计在 98.3% 左右。美国学者格林贝格将班图系族划分为尼日尔－刚果语族中的贝努埃－刚果语支。目前，三大民族构成了安哥拉现在居民的主体，即奥文本杜人（35.7%）、姆本杜人（22.3%）以及刚果人（12.6%），而最初在此地曾显赫一时的隆达人只占 0.9%。此外还有：卢查泽人和卢因贝人、乔登人和卢埃纳人、尼亚内卡人、奥万特人、格雷达人、特瓦俾格米人等。非非洲人主要是葡萄牙人，当然，还有为数不多的混血种人。

安哥拉信奉天主教的人数不多，大概只有 16%，其余居民仍崇拜万物有灵论，为拜物教者。该国民间最为流行的是文本杜语、金本杜语、基刚果语等，但官方却使用葡萄牙语。

人口变动

安哥拉境内的人口在16世纪时，估计曾达到过1000万～1200万人，当时是安哥拉地区各王国的鼎盛时期，之后，由于这一地区变成了不仅是非洲黑人贩子而且是葡萄牙黑人贩子的重要场所，使得这里的人口大为减少。大约在20世纪初时，人口仅有300万人左右。1950年超过400万人。1975年安哥拉独立时，其人口规模大概为640万人。1989年安哥拉的人口达到970万人（参见表1）。

表1　安哥拉的人口变动

年份	人口（万人）	年均增长率（%）	年份	人口（万人）	年均增长率（%）	年份	人口（万人）	年均增长率（%）
1920	313.1		1960	484.1	1.6（1951～1960）	1981	794.0	
1930	334.4	0.7（1921～1930）	1965	552.0		1982	814.0	
1940	373.8	1.1（1931～1940）	1970	564.6	1.6（1961～1970）	1983	834.0	
1945	391.0		1975	639.0		1984	854.0	
1950	414.5	1（1941～1950）	1977	673.0		1985	857.0	
1955	446.0		1980	772.0	3.2（1971～1980）	1989	970.0	2.6（1981～1989）

安哥拉的人口增长速度放在整个非洲来看，甚为缓慢。1920～1989年，人口年均增长率仅为1.7%。独立之前的安哥拉人口增长较之独立之后更为缓慢，一方面由于死亡率高、出生率相对不高造成人口自然增长缓慢，另一方面，葡萄牙殖民地的居民大批逃往非葡殖民地而造成人口的机械减少。1937～1946年间，非洲有100多万居民离开葡萄牙的三块领地而逃往纳米比亚、扎伊尔和南非等地。安哥拉独立以后人口增长速度略快的原因与上述相反。不过，安哥拉的人口出生率并没有像其他非洲国家那样高到50‰以上。据法国历史学家皮埃尔·莱昂介绍，安哥拉东部的某些地区，农村受灾情况十分严重，各种传染病（如结核病、梅毒、疟疾、瞌睡病、麻风病、钩虫病等）盛行，以及严重的营养不良均引起了很高的不育率。安哥拉人口自然变动指标参见表2。

表2　安哥拉人口自然变动指标

单位：‰

指标＼年份	1953	1958	1965	1968	1973	1980	1981	1986	1989
出生率	49.3	49.5	49.4	49.1	48.0	47.5	47.3	47.2	47.0
死亡率	34.4	31.9	30.0	27.9	25.3	23.6	22.2	20.2	20.0
自然增长率	14.9	17.6	19.4	21.2	22.7	23.9	25.1	27.0	27.0

从总体上讲，安哥拉的出生率不像加蓬、赤道几内亚以及喀麦隆那样低，但是，其死亡率却高于这些国家。因此，该国人口自然增长率在非洲国家属于最低之列。

安哥拉的婴儿死亡率相当高。1960年为216‰，属于当时全世界的最高值，1981年有所下降，但仍高达165‰，为世界上婴儿死亡率最高的国家之一。目前，安哥拉的婴儿死亡率据认为仍高达137‰。

安哥拉的人口平均预期寿命在20世纪50年代初期十分低下，男性只有28.6岁，女性为31.5岁，这一数字甚至接近人类社会所处的古罗马时期水平。20世纪50年代后期，该国人口平均预期寿命才刚刚达到30岁。70年代后期，男性平均预期寿命为37岁，女性为40.1岁。1975～1980年，男性上升至39.5岁，女性为42.6岁。事实上，一个世纪以前，世界人口的平均预期寿命已经达到45岁，显然，安哥拉人口的平均预期寿命太低了。目前，男、女总平均预期寿命被认为是45岁，仍为世界上最低的国家之一。当然，这与安哥拉的医疗卫生水平以及医疗卫生条件有极大关系。1983年，安哥拉的每一名医生尚需负担的人口数为1.8万人，甚至比1960年的负担还要重，当时每名医生负担人数为1.49万人。

人口结构

安哥拉属于中非地区性别构成比较特殊的一个国家。在多数中非国家中，女性人口均多于男性人口，但是在安哥拉却相反。根据20世纪50年代该国的三次人口普查，可以看出其性别构成的比例及其变化情况（参见表3）。

表3 安哥拉人口性别构成变动情况

普查时间	总人口（人）	男性人口（人）	女性人口（人）	性比例（%）
1950.12.30	4145266	2033568	2111698	96.3
1960.12.30	4840719	2464775	2375944	103.7
1970.12.15	5646166	2943974	2702192	108.9

在20世纪60年代以前，大批安哥拉人曾背井离乡流向诸如南非等资源丰富的国家出卖劳动力，因而其性别比例有所降低。之后，这种外流现象缓和，从而衰减了由此而造成的性比例失衡现象。进入70年代，出现男性人口多的现象，其中一个原因是难民大量涌入安哥拉所造成。1988年的调查资料显示：进入安哥拉的难民已达39.57万人，大多来自扎伊尔和赞比亚，而安哥拉籍难民只有12.55万人同时流往卢旺达、苏丹和扎伊尔。

安哥拉的人口属于年轻型，但是，青少年人口所占比重并不十分高。1989年估计，0～14岁的安哥拉人口占总人口的比重为45%，3.7%的人口在65岁及以上年龄，有52%的人口属于15～64岁的劳动力人口。这主要是由于婴儿死亡率高、人口平均预期寿命偏低所致。

　　安哥拉人口的地域分布与大多数沿海国家一样：沿海地区、城市周围人口稠密；内陆地区人口稀疏，其中，东南部地区人口更为稀少。

　　安哥拉的三大民族是人口稠密地的主要居民，而人口稀疏的东南部和南部则主要居住着特瓦俾格米人、尼亚内卡人和与其相近的洪贝人等（参见表4）。

表4　1985年安哥拉若干地区的人口分布

省	面　积（平方公里）	人　口（人）	人口密度（人/平方公里）	省	面　积（平方公里）	人　口（人）	人口密度（人/平方公里）
本格拉省	37808	663867	18	罗　安　达	33789	1030385	30
比　耶　省	71870	891040	12	北罗安达	167786	288322	2
卡　奔　达	7270	107834	15	马　兰	101028	788227	8
宽多库邦戈	192079	161045	<1	木萨米迪什	55946	73636	1
北　宽　扎	27106	439804	16	莫　西　哥	199786	263297	1
南　宽　扎	59269	657542	11	威　凯	55818	559546	10
万　博	30667	1204256	39	宰　雷	40130	166024	4

　　安哥拉尽管是沿海国家，城市数量也不少，但是只有首都罗安达是最为古老的欧式城市，其他城市则远不能与之相比。由于沿岸干旱的气候，尽管人口均集中在沿岸地区或稍靠内陆，但人口密度最多不超过每平方公里40人。因此，城市人口所占比重并不大，1989年仅占25%，为中非诸国最低水平。

　　安哥拉是以农业为主的国家，但是，石油是其经济的支柱。不过，由于独立后战争、自然灾害以及世界经济出现萧条的影响，经济发展缓慢。1981年人均国民收入900美元，即便如此，这也为人口文化素质的提高奠定了一定的基础。儿童从6岁起接受8年免费义务教育。1984年在校小学生140万人，中学生1.2万人，大学生2600人。全国只有一所大学。独立以来已扫除文盲100多万人。教育经费占国家预算的11%。

　　小结

　　安哥拉人口增长之所以缓慢主要是由于死亡率过高。妇女总和生育率高达6.4个为中非诸国的最高水平。如果在今后一段时间内能将死亡率进一步降低的话，那么，人口将会超过现在的增长速度。世界银行曾在20世纪80年代对安哥拉人口做过预测。预测认为，在生育率和死亡率都迅速下降的情况下，2000年时该国人口为1200万人，如果死亡率不变，生育率迅速下降，21世纪初的安哥拉人口为1100万人，若两者都不变，届时人口应达到1300万人。

参考资料

〔法〕皮埃尔·莱昂主编《世界经济与社会史》，谢荣康等译，上海译文出版社，1985。

贝宁（Benin）

贝宁是位于西非东南部的一个呈南北向的细条形国家，北部较之南部略有凸出。国土的南部仅以 125 公里的海岸线濒临几内亚湾，东西面被尼日利亚和多哥所夹，东北为尼日尔，西北面的部分地区与布基纳法索接壤，全国面积 11.26 万平方公里。1989 年人口估计为 470 万人。人口密度每平方公里 41.7 人。首都：波多诺伏，然而政府所在地却在科托努市。

历史

贝宁的历史可以追溯到远古时期，考古学家曾经用 C14 的方法证明，贝宁的铜制铸雕艺术是与公元前 4000 多年的诺克文化一脉相承的。不过，贝宁作为王国的历史，大概可追溯到公元 9 世纪。贝宁王国的真正确立，是在 12 世纪的 1170 年。1486 年，葡萄牙人初到贝宁。16 世纪末，葡萄牙人便开始在现贝宁国的沿海地区贩卖奴隶。西方殖民主义者在非洲进行奴隶贩卖的行径，促使贝宁成为一个以输出奴隶为主的国家。17 世纪，法国殖民者步葡萄牙人之后尘开始入侵。战争以贝宁沦为法国殖民地告终，当时是 1894年。1899 年贝宁以当时的"达荷美及其属地"之名被纳入法属西非。1960 年 8 月 1 日独立，成立达荷美共和国。1975 年 11 月 30 日重新启用了历史上 14～17 世纪达荷美及其附近地区的一个相当繁荣的非洲王国的国名——贝宁。尽管这种更改惹来许多非议，但是，仍然被官方沿用至今。

民族、宗教和语言

贝宁是一个历史悠久的国家，人类在这一地区也显得十分久远而复杂。最早在贝宁这一地区活动的是土著黑人，如松巴族等，其他一些部族则是逐渐迁徙而来的。贝宁的人口均属班图和曼德语族，或者说属尼格罗—科尔多凡语系，其中绝大部分人口属于克瓦语支，即几内亚语族人，如丰人、约鲁巴人等；另一部分则属于沃尔特语支，即中班图语族，如松巴人、巴利巴人等；曼德语支的人只占很少部分，主要是希萨人；其余还有尼罗—撒哈拉语系的桑海语族人，如豪萨人等。总之，全国共有 46 个部族：主要有丰族（59.2%）、约鲁巴族（10.3%）、松巴族（10.3%）、巴利巴族（8.9%）、富尔贝族（5.9%）等。非非洲人仅占很少一部分。

尽管受到西方文化的影响，但是，非洲本土文化仍然表现得十分强烈，这可从宗教上反映出来。迄至今日，贝宁仍有 65% 以上的居民笃信原始宗教，信仰万物皆有灵论。

不足 20% 的居民信奉基督教。另外，受北非即阿拉伯文化的浸透，国内大约有 15% 的居民为伊斯兰教的穆斯林，而大部分是逊尼派伊斯兰教徒。

因曾是法国殖民地的缘故，法语乃是该国的官方用语。此外，地方居民尚流行丰族语言。

人口变动

贝宁在法国殖民时期，由于有缴税人及其家庭的记录，而断续地保存了一些当时的人口数据资料，尽管这些资料并不完整，但仍具有很大的参考价值。据估计，1910～1923 年间，贝宁地区大约有 80 万～90 万人口。苏联学者乌尔拉尼斯给出的贝宁 1921 年的人口数据是 84.2 万人，上述判断看来是基本一致的。表 1 是自 1921 年以来贝宁的人口数据。

表 1　贝宁的人口变动

单位：万人

年 份	人 口	年 份	人 口	年 份	人 口	年 份	人 口
1921	84.20	1944	142.41	1954	160.63	1981	352.00
1924	92.43	1945	142.85	1955	166.42	1982	362.00
1925	96.80	1946	147.86	1956	173.06	1983	372.00
1926	101.63	1947	147.36	1960	189.61	1984	383.00
1927	105.60	1948	155.17	1961	201.60	1986	410.00
1928	108.30	1949	152.49	1965	236.50	1988	449.00
1929	107.92	1950	153.80	1970	271.80	1989	470.00
1936	122.57	1951	154.89	1975	311.20		
1938	132.48	1952	156.04	1977	329.00		
1942	142.72	1953	158.25	1980	342.00		

殖民地时代的贝宁人口数据可能有些估计偏低，但是，由于这是对当时达荷美行政区域内全部人口的集合，所以，仍有很大的可参考性。以后的一些人口研究，均是以这些数据为基础的。1961 年，贝宁进行了一次较全面的人口普查，其结果是人口总数目为 201.6 万人，这与前述的人口变迁资料基本吻合。1961～1989 年，人口净增加 269 万人，年均增长率为 2.9%，其中：20 世纪 60 年代是 3.6%，70 年代为 2.3%，80 年代为 3.5%（参见表 2）。

表 2　贝宁人口自然变动指标[*]

单位：‰

年份 指标	1953	1958	1963	1968	1973	1975	1980	1981	1986	1989
出生率	51.4	50.9	50.2	49.5	49.0	49.0	51.1	51.0	51.0	51.0
死亡率	30.7	28.0	25.5	23.2	21.1	21.1	24.6	22.5	20.0	20.0
自然增长率	20.7	22.9	24.7	26.3	27.9	27.9	26.5	28.5	31.0	31.0

[*] 表 1 和表 2 的 1980 年以后的数据估计成分很大。

贝宁的人口自然变动与其他大部分非洲国家相同：出生率居高不下，始终维持在极高水平；死亡率缓慢下降，近 40 年间下降了 33%；自然增长率增长了 55%。贝宁是世界上出生率最高的国家之一，据 1961 年的调查，贝宁的出生率曾高达 54‰，而北部农村地区甚至高达 57‰。当时的妇女总和生育率为 7.2 个，目前，总和生育率估计仍在 7.0 个左右，妇女生育率为 226.9‰。这一系列数值显示出贝宁是世界上该指标最高的国家之一。

贝宁的婴儿死亡率一直很高，20 世纪 60 年代为 173‰，80 年代初期为 117‰，1989 年仍认为在 110‰左右。与此相应，该国人口的平均预期寿命则一直比较低。

之所以如此，主要是贝宁经济水平低下所致。总体而言，贝宁系农业国，资源贫乏，工业基础薄弱，为联合国公布的世界最不发达的国家之一。1989 年估计人均国民生产总值为 300 美元。不仅如此，该国医疗条件仍相当落后。1980 年，每名医生需负担的人口数高达 1.69 万人，每名护理人员负担的人口数高达 1.66 万人。在这种背景下，高婴儿死亡率及低人口平均预期寿命的表现也就不足为奇了（参见表 3）。

表 3　1950～1989 年贝宁人口平均预期寿命

单位：年

年　份	1950～1954	1955～1959	1960～1964	1965～1969	1970～1974	1975～1980	1981	1986	1989
男　性	32	34.5	36.9	39.4	41.8	44.3	44.0	44.0	45.0
女　性	35	37.5	40.0	42.5	45.0	47.5			

人口结构

贝宁的人口属于年轻型人口。1975 年，0～14 岁人口占总人口的比重是 46.1%，15～64 岁的人口比重为 50.2%，65 岁及以上的人口比重是 3.7%。根据推算，1989 年这三个年龄组的比重值分别是：47%、50% 和 3%，这显然是一个典型的"年轻型"国家。

贝宁人口的性别构成特征是男少女多。据 1961 年的调查，其性比例为 96.1：100，1975 年时，为 90.1：100，造成这种情况的原因是移民所致。1961 年的贝宁人口调查揭示了该国人口的特点是：（1）40 岁以前，男性人口多于女性，40 岁以后，男性人口少于女性；（2）迁入贝宁的人口中，女性人口远远多于男性人口，而迁出人口中男性又多于女性。

贝宁人口地域结构的特点与沿海国家一样，呈现出南部沿海地区人口稠密、北部内陆地区人口稀疏的分布状态。因此，虽然每平方公里的人口密度为 40 多人，但人口分布极不平均（参见表 4）。

表 4　贝宁人口分布变动情况

地　区	面　积（平方公里）	1961 年人口（人）	人口密度（人/平方公里）	1970 年人口（人）	人口密度（人/平方公里）	人口密度1970 年比 1961 年增减（人）
乌耶梅（东南区）	4700	463500	99	583000	124	25
亚特兰提克（南部区）	3222	309400	96	447000	139	43
摩诺（西南区）	3800	289900	76	378000	99	23
斯城（中部区）	18700	425100	23	569000	30	7
波尔格（东北区）	51000	304600	6	376000	7	1
阿塔科腊（西北区）	31200	313500	10	365000	12	2
总　　计	112622	2106000	19	2718000	24	5

　　人口最密集的地区是农耕较为发达的南部地区，大多古代贝宁王国的创建民族——丰族人均居住在这一带，此外，与此相近的阿贾人、艾径人、马希人、格人等也住在此地。政府所在地科托努港，商业鼎盛、交通发达，人口最为稠密，甚至达到每平方公里250 人以上。越往北方，人口密度越稀疏。约鲁巴人居住在中部地区。西南地区则住着松巴族。最北部的半沙漠地区居住着半游牧民和游牧民——富尔贝人、巴利巴人和登迪人，这里的人口密度每平方公里仅 7 人。

　　贝宁是一个十分落后的农业国家。不过，其沿海地带有一批城市，诸如海岸地带最古老的城市沃伏港、贝宁第一大城市科托努、具有悠久历史的城市阿波美、以及 18～19世纪时期奴隶交易十分兴盛的城市维达等，都吸引了大量的而且是越来越多的人口，致使目前贝宁的城市人口比重达到 39%，成为西非地区城市化水平最高的国家之一。在贝宁，服务行业中吸纳了 21% 的全国劳动力人口；工业部门劳动力约 9 万多人，占全国劳动力人口的 5.4%；农业部门劳动力 118 万人，占全国劳动力人口的 73.5%。

　　贝宁国自独立以后十分重视发展教育事业。1981 年，小学生在率达 65%，其中男性为 88%，女性为 42%；中学生入学率 18%；高校学生在校率为 1%。不过，受多方面因素尤其是历史因素的影响，至 20 世纪 80 年代初，该国成人文盲率仍高达 72%。然而在1961 年调查时，男性文盲率高达 92.3%，女性更高达 98.1%——几乎全部女性均为文盲。

人口预测

　　贝宁的人口自然增长率并不是特别高，主要是高死亡率抵消了高出生率的结果。在1961 年贝宁进行人口调查之后，有些学者曾以此资料为基础进行过几种方案的预测。预测结果如表 5 所示。

表5　1961 年对 1970～2000 年贝宁人口的预测

年　份	高位方案		低位方案	
	年均增长率（%）	人口数目（万人）	年均增长率（%）	人口数目（万人）
1970		264.0		264.0
1975	2.6（1970～1975）	300.3	2.4	297.9
1980	2.7（1976～1980）	343.5	2.3	333.3
1985	3.0（1981～1985）	399.1	2.3	373.5
1990	3.3（1986～1990）	471.4	2.3	419.4
1995	3.7（1991～1995）	564.3	3.4	496.9
2000	3.9（1996～2000）	682.9	1.0	522.1
1970～2000	3.2			

从现在的结果来看，1970～1989 年的 20 年间，贝宁的人口基本上是循着"高位方案"的轨迹增长的，这种预测仍适合于 1990～2000 年这一阶段的推测。显然，低位方案已经并且仍将继续失去其参考价值。这样，到 2000 年时，贝宁人口约达 682.8 万人。不过，美国人口咨询局预测 2000 年的贝宁人口为 710 万人。孰是孰非，将取决于未来 10 年间贝宁的出生率与死亡率的变动程度。

博茨瓦纳（Botswana）

位于南部非洲中央的卡拉哈里盆地的博茨瓦纳是一个完全的内陆国，北部和西部与纳米比亚相邻，东北与津巴布韦相接，南部与西南和南非共和国为界。国土面积 58.20 万平方公里。1989 年人口总数估测为 120 万人左右。人口密度每平方公里 2.06 人。首都：哈博罗内。

历史

博茨瓦纳是一片气候干燥、土地贫瘠、不适宜于人类居住的地区。最早生活在此地的非洲最原始的土著是布须曼人，属于尼格罗人种。从公元 13～14 世纪，茨瓦纳人开始由北方迁居于此。不过，也有人认为这种迁徙时间可能更早一些，约在 6～11 世纪。19世纪初英国殖民势力首先侵入。1836 年，北迁的布尔人（即南非荷兰人后裔）侵入。1885 年，为了防止德国从东西两侧兼并这一地区，同时也是为了阻止布尔人进一步北上，英国宣布该地区一部分为贝专纳保护地，另一部分为殖民地。1895 年，英将其南部的殖民地部分并入开普殖民地，1910 年并入南非联邦。北部贝专纳保护地仍受英统治，一直持续到 20 世纪 60 年代中叶。博茨瓦纳共和国在原来贝专纳的基础上，于 1966 年 9

月 30 日宣告独立。

民族、宗教和语言

从博茨瓦纳的人口发展史来看，最早来到此地的是土著布须曼人，但现今已大幅度减少，大约占人口总数的 4.1%。13 世纪便来到此地的茨瓦纳人目前是博茨瓦纳人口的主体。茨瓦纳族包括八大部族，即恩瓦托族（占茨瓦纳族的 47.6%）、昆纳族（15.2%）、恩瓦凯策族（占 15.2%）、塔瓦纳族（9.5%）、卡特拉族（6.7%）、莱特族（2.9%）、罗隆族（2.1%）和特罗夸族（0.8%）。这八大民族占博茨瓦纳全国人口的82.9%，此外，绍纳人占 13.7%，恩德贝勒人占 1.4%，洛齐人占 1.0%，南非白人和英格兰人占 1.0% 左右。

受欧洲文化的影响，居民多信奉基督教，且大部分是新教徒。自古以来的土著居民则大多信仰原始宗教，崇尚万物有灵论。

英语是博茨瓦纳的官方语言，而茨瓦纳语或过去称之为专纳语的语言是通用语言，部分地区使用南非荷兰语。

人口变动

博茨瓦纳是一个极为干旱、荒凉的地区，并不适合于人类的居住。英国殖民者在殖民时代仅仅把它作为通向非洲中部的通道，而未进行经济开发。据 1946 年进行的调查，认为该地区的人口当时为 29.63 万多人。1966 年独立时，博国人口在 58 万人左右，即为1946 年人口的近 1 倍。目前，人口大约在 120 万人，为独立时的 1 倍。

近几十年来博茨瓦纳的人口增长相当迅速，从 20 世纪 50 年代至 1989 年，人口净增近 80 万人，年均增长率为 2.5%。其中：50 年代为 1.9%，60 年代是 2.7%，70 年代又增至 3.2%，80 年代是 3.6%。

20 世纪每个 10 年的净增人口数分别是：50 年代 9 万人、60 年代 7 万人、70 年代 22万人、80 年代 40 万人。人口每个 10 年都有所增加，其原因：（1）人口基数越来越大；（2）死亡率逐年降低，而且降低的幅度大于出生率的下降幅度；（3）人口流动频繁，牧民人口占一定比重，可能导致某些年份的人口数字不准确。但总的来说，博茨瓦纳的人口变动，具有南非地区的特征，即出生率始终很高（参见表 1）。

表 1　博茨瓦纳的人口及自然变动指标

年份 指标	1950	1960	1970	1975	1980	1985	1989
人口（万人）	42.0	51.0	58.0	69.1	80.0	107.0	120.0
出生率（‰）	49.2	50.1	50.4	50.7	50.5	45.0	47.0
死亡率（‰）	27.7	23.3	21.3	19.4	14.0	12.0	13.0
自然增长率（‰）	21.5	26.8	29.1	31.3	36.5	33.0	34.0

独立之前的博茨瓦纳，经济十分落后，被列为世界上最不发达的国家之一。除了传统的农牧业外，经济十分萧条，人们的生活文化医疗卫生水平十分低下。1966 年独立之后，博茨瓦纳政府十分重视经济发展，近几十年来整个国家的经济面貌发生了巨大变化。这种变化反映在人口上则是：（1）婴儿死亡率降低，目前为 72‰，在南非地区五国中，仅高于南非共和国，比非洲平均水平 113‰ 低 36%。（2）人口平均预期寿命提高。20 世纪 50 年代初期，人口平均预期寿命是 35.5 岁，独立时上升至 41.5 岁。1989 年，博茨瓦纳的人口总平均预期寿命是 57 岁。近 40 年间，每年平均提高 0.5 岁。独立后的 20 多年间，每年提高 0.69 岁，远快于其他一些非洲国家。（3）国民文化教育状况得到重视。独立后的博茨瓦纳，致力于教育工作，文盲人数得以降低。1980 年起，小学生入学率达到 84%，其中男性为 85%，女性为 93%，而这一指标在 1970 年分别为 47% 和 56%。

博茨瓦纳不仅重视经济的发展，而且也重视对人口发展的规划。1970 年博政府便开始将人口计划纳入国家发展计划之中。如在 1970～1975 年的五年计划中，提出 1970～1980 年间国内人口年均增长率不超过 2.5%，但后来事实上是超过了这一数值。

博茨瓦纳政府尽管对经济以及人口等都采取了一定的措施并制定了相应的政策以期解决所存在的问题，但是，从目前来看，博国的人口仍存在以下一些问题：（1）人口出生率太高。客观地讲，就博茨瓦纳的国土而言，还能容纳较现在多得多的人口。但是，由于该国经济仍不发达，以农牧业为基础的经济，尚不能适应现代社会发展的要求，因此，过高的出生率在很大程度上遏制了该国的经济发展。（2）人口年龄构成轻。据 1989 年估测，该国人口中 0～14 岁的人口占 48%，15～64 岁的人口占 48%，65 岁及以上的人口占总人口的 4%。年龄构成轻，一方面意味着人口的再生势头十分强烈，未来几十年的人口洪流将会更加迅猛地到来，另一方面，意味着给社会带来更多的就业压力和就学压力。（3）由于年轻人口所占比重大而产生的就业压力，迫使大批青壮年男性劳动力到国外寻求工作，一些是季节性的，大量的则是长期迁出的，主要是迁往南非共和国和津巴布韦。这种外出当劳工的做法至少从经济上看不能作为长远目标，只能是"权宜之计"，因为大量输出劳务必然受国外经济状况的左右和牵制。这种行为表现在人口上则是使该国女性人口比重增加。1981 年，博茨瓦纳的男女性别构成是 48.4:51.6，合性比例为 93.7:100，这显然是比较低的性比例。（4）博茨瓦纳属于非洲艾滋病的高发区。尽管其发病率不像中非地区国家那样高，但是，在南部非洲的五国中，唯此一国出现艾滋病病例。

博茨瓦纳是一个广袤土地尚未充分开发，而人口数量相对少的国家，它的人口密度是每平方公里 2.06 人，为世界人口密度最稀疏的国家之一。由于大部分国土是渺无人烟的沙漠和半沙漠地带，因此人口基本上都居住在东部林波波河流域的狭长地带。大多博茨瓦纳人均居住在这一地区，而最古老的民族布须曼人则住在西部和西北部的沙漠地带。首都哈博罗内位于博国的东南部，紧靠南非共和国。1985 年，哈市人口 7.5 万人，占全国人口的 7.5%，占国内城市人口的 50% 强。1989 年，博茨瓦纳的城市人口比重只有

16%，是南非五国中最低的国家，农业劳动力人口占整个劳动力人口的90%左右，其中93%的女性劳动力人口从事农业。

人口预测及其他

博茨瓦纳不仅在政府经济规划上将人口列为一项内容，而且在实际上也积极开展家庭计划工作。据1988年调查，该国15~19岁的已婚妇女中有95%的人了解有关避孕知识，这一比率不仅在非洲国家，而且在世界上也是相当高的。调查还表明，已婚妇女中63%的人曾使用过避孕方法。目前，正在采取避孕措施的有33%，其中，98%采取避孕措施的妇女使用的是现代避孕方法，如口服避孕药、注射针剂、宫内节育器等。根据20世纪90年代的人口健康调查发现，博茨瓦纳的妇女总和生育率是5.0个而不是联合国所估测的6.3个。

据预测，博茨瓦纳的人口2000年时将从20世纪90年代的120万人增加到180万人2020年的310万人以及2025年的340万人。

布基纳法索 （Burkina Faso）

布基纳法索原名上沃尔特（Upper Volta），1984年改用此名，原是法属西非的国家之一。目前的疆域西边和北边是马里，东邻贝宁和尼日尔，南边和多哥、加纳、科特迪瓦相邻。不靠海岸，是个地道的内陆国家。国土面积为27.42万平方公里。1989年全国人口870万人，人口密度每平方公里31.7人。首都：瓦加杜古。

历史

布基纳法索是以莫西族为主体的国家。大约从7世纪起，莫西人在此就已经建立了从国王直到郡守的等级分明、实实在在的行政组织。他们虽然没有任何天然屏障，但仍抵御了颇尔人，避免了奴隶掳掠之苦和伊斯兰教的传播。英国探险家巴克（Muugo Park）是最初深入内陆到达布国的人，继他之后，又相继赶来许多法、英、德等其他探险家，并随即转入征服、侵略阶段。在西非各地拥有稳固基础的法国，超越其他欧洲各国而崭露头角。这样在1909年布基纳法索完全沦为法国殖民地。1919年初次确立疆界。1932年法将领地分为三部分，分别划归象牙海岸（今科特迪瓦）、法属苏丹（今马里）和尼日尔管理。1947年法宣布重建"上沃尔特领地"，恢复其1919年的疆界。1960年8月5日宣布独立，建立上沃尔特共和国。

民族、宗教和语言

按照格林贝格的划分方法，布基纳法索基本属于尼日尔—刚果语族，其中80%的人属于沃尔特语支，近10%的人为曼德语支，5%左右的人为西大西洋语支，占总人口一半以上的莫西族属沃尔特语支。因此，也有些资料认为沃尔特族人口占布基纳法索人口的50%以上。莫西族人的分布十分广阔，但主要居住在国内中部，整个国内凡是人口最稠密的地方，必定是莫西人居住的地方。因此布基纳法索民族人口的一大特征即是民族人口分布与人口密度分布非常一致。莫西族信仰以那威德（天主）为最高神明的原始宗教，崇拜万物的创造者——太阳，莫西族是布基纳法索国内社会经济和文化最发达的民族；同属沃尔特语支的洛比人居住在国内的南部；被认为是最早便居住在布基纳法索的博博族人居住在该国与马里交界处；而萨努人、希萨人等曼德系民族自古以来即在东部地带从事农耕；在版图的最北部，是和莫西族融合的富尔贝族。布基纳法索人口民族构成参见表1。

表1 20世纪80年代布基纳法索人口民族构成

民　族			人口（千人）	比重（%）
尼日尔－刚果语族	沃尔特语支	莫西人	3500	53.4
		洛比人	450	6.9
		博博人	450	6.9
		格鲁西人	330	5.0
		其　他	470	7.2
		小　计	5200	79.4
	曼德语支	萨努人	240	3.7
		索宁凯人	160	2.4
		其　他	180	2.8
		小　计	580	8.9
	西大西洋语支	富尔贝人	370	5.6
		小　计	370	5.6
合　计			6150	93.9
其　他			400	6.1
总　计			6550	100.0

布基纳法索的语言承袭了殖民地时期宗主国的语言：国语为法语。只是在独立后，莫西人的语言莫西语以及曼德语支的迪乌拉语已逐渐成为两大民族语支的语言。不过，这些语言尚没有文字。

关于宗教信仰：大约有3/4的人信仰原始宗教。尤其是莫西人至今坚持着古代的习惯和封建制度，认为他们的皇帝即代表地球上的太阳。西大西洋语支的富尔贝人等为逊尼派伊斯兰教徒。大约有8%~10%的人笃信基督教，据说后者的现状与莫西人早期曾避免过伊斯兰教的传入有关。

人口变动

布基纳法索最具有权威性的人口调查是于1960年进行的，此前有关上沃尔特的人口状况很大程度上是由间接方法估计的。一般认为1921年上沃尔特的人口为297.3万人，1926年达到324万人，然而5年以后的1930年，人口则减少为300万人，这与上沃尔特的国境线变动以及由此而决定的人口流动有很大的关系。1949年布国人口又增加到

306.9 万人，1951 年达到 319 万人，此后人口逐渐增加（参见表 2）。

表 2　布基纳法索的人口变动

单位：万人

年份	1921	1926	1930	1949	1951	1960	1970	1980	1981	1982	1983	1986	1989
人口	297	324	300	307	319	440	538	615	625	636	661	710	870

20 世纪 50 年代以前，布基纳法索的人口增加缓慢，进入 50 年代以后人口才有了显著增加。

从总体上讲，布国的生育率水平一直比较高。妇女总和生育率目前在 6.5 个左右。1960 年人口调查时，总和生育率为 6.1 个，粗出生率是 49‰。不过布基纳法索的妇女生育状况各民族有所差别，其中占人口总数比重最大的莫西族总和生育率是 6.6 个；洛比人 6.1 个、塞努弗人 5.8 个、格鲁西族 6.6 个、博博人 5.5 个、富尔贝人 5.5 个。

不仅如此，各个地区的妇女生育率水平也有差异，尽管这种差别不大。表 3 是 1969 年的调查资料。

表 3　1969 年布基纳法索各地区年龄别每名妇女生育数

单位：个

地 区 ＼ 年龄组	15～19	20～24	25～29	30 岁及以上
瓦加杜古	0.4	1.9	3.4	5.5
博博—迪乌拉索	0.8	1.9	4.2	6.0
城乡接壤地带	0.5	1.8	3.7	4.8
农村	0.2	1.9	4.1	6.1
莫西族地区	0.2	1.3	4.0	6.5

由于死亡率 30 多年来缓慢降低，因此，其自然增长率以相同的速率在提高。死亡率尤其是婴儿死亡率的降低大概要归因于对麻疹的控制。在 20 世纪 60 年代以前，婴幼儿死亡的一半是因为出麻疹所引起的。当时的死亡率及其婴儿死亡率很高，而人口出生时的预期寿命相当低。1960 年的调查资料表明：当时的婴儿死亡率高达 182‰，粗死亡率是 32‰（前述的 28‰是联合国的测试数据），男女平均预期寿命均为 31 岁。人们认为 1960 年人口调查中关于死亡率的资料可能有所偏差。世界银行组织因此认为：该国 1960 年的婴儿死亡率高达 234‰，儿童死亡率 31‰，平均预期寿命男性 36 岁，女性 39 岁。对于平均预期寿命的估计数值也许偏高。但总的情况必定是：在 20 世纪 60 年代初之前布基纳法索的死亡率很高，平均预期寿命很低。1989 年该国的婴儿死亡率据认为是 138‰，粗死亡率 19‰，总人口平均预期寿命 47 岁（参见表 4）。

表 4　布基纳法索人口自然变动指标

单位：‰

指标 ＼ 年份	1950	1960	1970	1975	1980	1981	1986	1989
出生率	48.8	48.7	48.1	47.9	48.1	47.8	48.0	47.0
死亡率	30.9	28.0	24.4	23.2	24.0	22.2	22.0	19.0
自然增长率	17.9	20.7	23.7	24.7	24.1	25.6	26.0	28.0

所有国家都一样，受过教育的妇女生育率要低于未受过教育的妇女生育率，而且，教育程度越高，其生育率越低。不过在上沃尔特，受过中等教育的妇女人数并不多，因此，这种差别也就显得并非很大。仅从对瓦加杜古和博博—迪乌拉索两个城市的调查资料中便可见一斑。

布基纳法索由于莫西人口多、农村人口多、未受过教育的人口多，因此出生率一直很高（参见表 5）。

表 5　布基纳法索不同文化背景的妇女年龄别生育数

单位：个

地区 ＼ 年龄组		15～19	20～24	25～29	30 岁及以上
瓦加杜古地区	未受过教育	0.6	2.1	3.8	5.5
	小学、农村学校、《古兰经》学校	0.3	2.0	3.7	5.7
	中学及以上	0.1	0.6	3.0	—
博博—迪乌拉索地区	未受过教育	1.0	2.0	4.3	5.9
	小学、农村学校、《古兰经》学校	0.6	2.0	4.2	6.3
	中学及以上	0.0	1.2	3.8	

布基纳法索属于年轻型人口。1975 年，0～14 岁的人口占总人口的比重是 45.4%，15～64 岁人口占 50.8%，65 岁及以上人口占 3.8%。1989 年的人口三项指标分别是 45%、52% 和 3%。由于平均预期寿命只有 46 岁，因此 65 岁及以上老年人口比重甚低。不过 20 世纪 60 年代初的调查资料表明：当时 0～14 岁的人口似乎所占比重比现在要小一点，为 41.6%。如果以 60 岁为当时老年人起点的话，那么当时 0～14 岁、15～59 岁和 60 岁及以上的人口比重分别为：41.6%、53.1% 和 5.3%。

布基纳法索的人口性别比几十年来基本平衡，男性略多于女性。1966 年，男女性比例为 102∶100；1975 年的资料是：100.8∶100。

人口分布及移民

该国的人口密度是每平方公里 31.7 人，但是在各大地区内部人口分布却并不均衡。莫西族的人口居住相当稠密，其他民族则要稀疏一些。这和气候、地质、土壤等因素均有关系，当然，与社会、经济、历史也是分不开的。总的情况是：国内中部地带，即黑伏塔河至瓦加杜古之间的地带人口最为稠密，此处居民大多是莫西族，农业非常发达。人口次多之处是在黑伏塔河的水源地带（参见表6）。

表 6　1983 年布基纳法索人口分布

地　区	面　积 （平方公里）	人　口 （人）	人口密度 （人/平方公里）	地　区	面　积 （平方公里）	人　口 （人）	人口密度 （人/平方公里）
中 央 省	21952	1108640	51	克 莫 耶	15297	205920	13
中 西 省	26324	925600	35	北　部	12293	621920	51
中 北 省	21578	734390	34	撒 黑 尔	36869	414960	11
中 东 省	11466	475280	41	邦格里巴	17448	419120	24
东 方 省	49992	477360	10	伏塔纳陆	33106	747370	23
汉斯巴萨	27875	479440	17	合　计	274200	6610000	24

布基纳法索人口的一个特点是流动性大。一方面，布国从地理位置上看，是尼日尔河低地到几内亚湾间的必经之道，因此人口的出入频繁，另一方面从历史上看，由于经济与社会等各种原因，布基纳法索的人口向外迁移、流动比较频繁，大批大批的移民迁往较发达的邻国，特别是迁往科特迪瓦、加纳、塞内加尔等国的人口很多，其中去当时象牙海岸（现称科特迪瓦）的人口最多。1960 年的调查表明了这一点（参见表7）。

表 7　布基纳法索向科特迪瓦的移民和向加纳移民的比率*

单位：人

时　期	1923 年以前	1924～1932	1933～1939	1940～1945	1946～1950	1951～1955	1956～1960	整个时期
比　率	33	43	105	168	128	168	220	160

* 每向加纳移民百名时向科特迪瓦移民的人数。

在 20 世纪 60 年代之前，向外移民和返回移民在各时期基本上呈均衡状（参见表8）。

表 8　1960 年以前布基纳法索向外移民及返回移民分布情况

单位：%

项目 \ 时期	1923 年以前	1924～1932	1933～1939	1940～1945	1946～1950	1951～1955	1956～1960	不　详	整个时期
移　　出	2.9	7.7	10.0	12.6	13.0	21.8	31.4	0.6	100
移　　入	1.8	5.4	6.5	12.9	11.4	18.7	42.1	1.2	100

从当时的情况来看，造成移民的原因不外乎：寻找工作、服役、出卖劳动力等，这些原因随着时间的不同而有所变化（参见表9）。

表9 布基纳法索移民原因结构分析

单位：%

时 期	出卖劳动力	服 役	出外挣钱	其 他	合 计
1923 年以前	12.8	67.4	18.5	1.3	100
1924~1932	11.3	58.5	28.2	2.0	100
1933~1939	18.7	49.2	31.1	1.0	100
1940~1945	35.6	26.7	35.2	2.5	100
1946~1950	15.9	13.2	67.1	3.8	100
1951~1955	1.5	4.7	90.6	3.2	100
1956~1960	0.4	2.8	94.9	1.9	100
整个时期	10.2	18.4	69.0	2.4	100

移民原因的变动反映了历史的演变。到目前为止，移民中外出挣钱的人口几乎是百分之百。据估计，每年都有 40 万~50 万人出国，其中半数以上在国外居住 1~2 年，约 10 万人住 3~6 个月；约 10 万人定居在国外。仅仅 20 年，约有百万人口长期离开布基纳法索。因此，布国人口年均增长率 1960~1989 年为 2.3%，显然低于其他非洲国家。

布基纳法索是世界上最贫穷的国家之一。联合国将布国以及邻国马里、贝宁、加纳、多哥、尼日尔等均列为低收入国家。尽管布基纳法索经济仍以农业为中心，但由于国土距海遥远，交通不便，且大都是干燥气候地区，因此农业生产效益不大，不过农村人口仍占绝大多数。1960 年时，城市人口仅占 5%，其中有 3% 的人口居住在瓦加杜古、博博—迪乌拉索、库杜古三大城市；2% 的人口居住在"二级"城市。当时预计，1980 年，城市人口将从 5% 增至 9.3%。事实上，1989 年布基纳法索的城市人口占 8%。在全部劳动力中，82% 的人在农业部门，13% 的人在工业部门，服务业部门只有 5%。

布基纳法索的国民文化素质是世界上最低的。1980 年每百名成年人中只有 5 人识字。或者说，成年文盲率高达 95%。小学生入学率只有 20%，其中：男性 26%，女性 15%；中学生入学率是 3%，其中：男性 4%，女性 2%；全国只有一所大学——瓦加杜古大学。1983 年这所大学在校生人数为 3565 人。

人口预测

布基纳法索曾根据 1960 年的调查数据对本国未来 30 年的人口进行过预测。从现在的结果看，大概是沿着当时"高位预测"轨迹运行的。

从 20 世纪 90 年代的情况看，布国的人口自然增长率为 2.8%。以此推算，21 世纪 20 年代，人口将增至 2200 万人左右。换句话说，按照 20 世纪 90 年代的人口发展状况，布国人口大概在 25 年翻一番（参见表 10）。

表 10　1960 年对布基纳法索的人口预测

单位：千人

预测方案	年　份	1960	1965	1970	1975	1980	1985	1990
中位预测	男	2171	2395	2654	2957	3303	3706	4169
	女	2201	2412	2654	2939	3265	3641	4078
	合　计	4372	4807	5308	5896	6568	7347	8247
高位预测	男	2171	2395	2654	3036	3465	3966	4552
	女	2201	2412	2654	3016	3420	3891	4446
	合　计	4372	4807	5308	6052	6885	7857	8998
现代统计			4400	4865	5380	5752	6150	6737	8700 (1989)

布隆迪（Burundi）

布隆迪的国土为东非高原的一部分，属于东部非洲的内陆国家，然而却是非洲最大河流刚果河和尼罗河的发源地。布隆迪西邻扎伊尔，东接坦桑尼亚，北和卢旺达比连，西南为坦噶尼喀湖。全部国土面积 2.78 万平方公里。人口 550 万人。人口密度每平方公里 198 人。首都：布琼布拉。

历史

布隆迪和邻国卢旺达被认为是非洲的两个孪生国家。它们在自然条件、人文方面，甚至在语言上都十分相似。因此，布隆迪的人口实际上具有卢旺达人口的特征。

布隆迪是一个内陆国，最早居住于此地的是体形较矮小的俾格米人，这部分人属于班图语族或者说属于贝努埃—刚果语支。之后，属于同一语系的胡图族人来到此地，并建立了最原始的社会。至公元 13 世纪，仍属于同一语系的图西族人又侵入此地。16 世纪，布隆迪地区则有了王国的建立。19 世纪末，欧洲人来到此地，并于 1890 年将布隆迪划为"德属东非保护地"。第一次世界大战后因德国失势，布隆迪于 1916 年沦为比利时殖民地。直至 1962 年 7 月 1 日才宣告独立。

民族、宗教和语言

布隆迪的人口组合从历史的演变结果看相对来说比较简单，主要是由早期的俾格米人、胡图人和图西人所组成。之后由于欧洲人的入侵以及阿拉伯人和印度人、巴基斯坦人的移入，使得这一国家的民族人口稍微复杂了一些。但是，构成这一国家人口总体的是：胡图族人（85%）、图西族人（13%）和特瓦语支俾格米人（2%）。前两者现在均称为布隆迪人,他们以饲养牲畜和从事农业为主;俾格米人则以狩猎和采集为主,他们大多居住在农村地区;余者则多居住在城市,尤以首都布琼布拉为最多。

居民中57%的人信奉天主教,10%的人为基督教徒,大约还有2%的穆斯林,余者多为原始宗教的崇拜者。尽管布隆迪独立之前为比利时殖民地,但目前,法语却为布隆迪的国语,此外,布隆迪语几乎与法语处于平等位置,同为官方语言。有些场合人们尚使用斯瓦西里语。

人口变动

由于布隆迪与邻国卢旺达的特殊关系,使得很长时期内的两国人口流动相当普遍和频繁,因此,对历史上布国人口的估计便十分困难。据说,仅在布隆迪独立前夕的几个月中,就有大约13万人离开卢旺达跑到布隆迪。从1989年所能获得的资料看,1950年的布隆迪人口大概是190.2万人,独立时的人口是300万人左右,1989年人口是550万人(参见表1)。

表1 布隆迪的人口变动

单位:万人

年　份	1952	1960	1965	1970	1975	1980	1981	1982	1983	1984	1985	1986	1989
人　口	190	287	321	335	376	412	422	431	442	460	467	490	550

从20世纪50年代初至今,布隆迪的人口净增360万人,年均增长率为2.9%,其中,独立前夕的50年代年均增长率为5.2%,这是由于当时的政治历史背景迫使卢旺达人移民到布隆迪所致。60年代人口平均增长率为1.59%,70年代为2.0%,80年代上升为3.2%。人口每个10年的平均增长速度是对布隆迪当代人口史和社会史的一个最好反映,也是对人口自然变动规律的一个描述。

布隆迪的人口发展主要是受人口自然变动所影响。人口增长之所以越来越快,主要如大多数国家一样:出生率居高不下,或者很少下降,死亡率则缓慢下降,因而导致了自然增长速度的加快(参见表2)。

表2 布隆迪人口自然变动指标

单位:‰

指标＼年份	1950	1960	1970	1975	1980	1981	1986	1989
出生率	48.9	48.5	47.1	47.1	48.3	47.6	47.0	48.0
死亡率	30.5	27.9	23.1	25.5	23.0	20.9	17.0	15.0
自然增长率	18.4	20.6	24.0	21.6	25.3	26.7	30.0	33.0

几十年来，布隆迪的人口出生率几乎没有下降，但死亡率却下降了 50%。因此，布隆迪被认为是非洲东部高出生率带中的国家之一。

布隆迪的人口粗死亡率虽然下降了近一半，但是，婴儿死亡率下降幅度却不大。1960 年，该国婴儿死亡率为 143‰，1~4 周岁的儿童死亡率是 31‰，但当时的情况是，每 9.89 万人有一名医生，全国甚至根本没有牙科医生。1989 年的婴儿死亡率为 114‰，儿童死亡率是 24‰，此时则是每 4.5 万人有 1 名医生，每 1 名护理人员要负担的人口数是 6180 人，这种医疗卫生条件，显然不可能将婴儿死亡率降低到更低程度了。由此还可以推断出，布隆迪的人口平均预期寿命不会太高。事实上，直到 20 世纪 70 年代，男性人口平均预期寿命才进入 40 岁，20 世纪 60 年代布隆迪的人口平均预期寿命相当于 18 世纪中期人类的平均水平（参见表 3）。

表 3　1950~1989 年布隆迪人口平均预期寿命

单位：年

年　份	1950~1954	1955~1959	1960~1964	1965~1969	1970~1971	1980	1986	1989
男	32.0	34.5	36.9	39.4	40.0	45.0	47.0	52.0
女	35.0	37.5	40.0	42.5	43.0			

由此断定布隆迪人口是"年轻型"人口。由于婴儿死亡率仍维持在一个较高水平上，因此，其少年儿童所占比重便不会太大，而且这种人口年龄结构的变化也就同样不会太大（参见表 4）。

表 4　布隆迪人口年龄构成的变动情况

单位：%

年　份	0~14 岁	15~64 岁	65 岁及以上	年　份	0~14 岁	15~64 岁	65 岁及以上
1971	44.1	53.8	2.1	1986	44.0	53.0	3.0
1981	44.0	53.0	3.0	1989	45.0	52.0	3.0

目前布隆迪的妇女总和生育率为 6.9 个，这是一个很高的生育水平。但是，如果其婴儿乃至儿童死亡率不进一步下降的话，那么，少年儿童比重便不会有更大的增加。如果用人口转变理论来看，布隆迪的人口目前正处在由"高高低"向"高低高"过渡的阶段，即处于"高、稍低、较高"的阶段。

尽管布隆迪属于东部非洲国家，但与中部非洲比连，而其地理位置却又属于"赤道非洲"之列，因此，其人口的一些特征反而与中部非洲及赤道非洲诸国有些相近。比如，人口性别比例，男性少于女性，就是这一地区的一个共同特点。1965 年该国性比例为 97.6∶100，1970 年的调查资料是 90.8∶100。然而，究竟为什么这一地区许多国家男女不平衡，而且男性少于女性，这一问题至今仍没有令人满意的解答。

人口分布及其他

布隆迪和卢旺达的人口还有一个共同点，就是两国人口密度都很高，布隆迪目前全国人口密度每平方公里为 197 人，卢旺达同期人口密度每平方公里为 265.8 人。就布隆迪国内而言，人口分布依地域的不同有很大差异，人口稀疏程度呈南北带状分布，大多数集中在宜农业、畜牧业发展的中部至北部之间的高原，而与坦桑尼亚接壤的地带人口较少，像布鲁里、布基腊萨济、鲁伊吉等地带人口极为稀少。但布隆迪的总平均人口密度在全非洲属于较高的。

以农业和畜牧业为其经济基础的、工业尚不发达、资源贫乏的布隆迪是联合国宣布的最贫穷的 36 个国家之一。1989 人均国民生产总值 240 美元。90% 以上的人口从事农牧业。城市人口所占比重在世界上是最低的，1960～1980 年一直为 2% 左右，目前，估计充其量为 5%，这一比重和亚洲的不丹相同。如此低下的城市人口比重足以反映该国的经济发展水平。

在这种经济基础上，国民的文化教育条件必然受到限制，进而教育水平也势必低下。1980 年全国文盲率高达 75% 以上。小学生入学率 32%，其中男性 40%，女性 25%；中学生入学率 3%。全国只有唯一的一所综合性高等学府——布隆迪大学。

总的来讲，布隆迪的人口问题较之非洲其他国家更加严重：（1）出生率居高不下，甚至毫无下降的苗头；人口的增长势头不是已经过去，而是尚未到来。（2）死亡率，尤其是婴儿死亡率虽有所下降，但仍维持在较高水平上。（3）土地贫瘠、人口稠密、本土面积已难以支撑越来越多的人口，联合国曾经测算认为，布隆迪已没有足够的土地去勉强养活甚至是 1975 年时所达到的人口数目。（4）城市化水平太低，农村人口所占比重过大。（5）国民文化素质低下，难以适应现代社会的要求，即使输出劳工，也十分有限，甚至困难。（6）进入 20 世纪 80 年代以后，布隆迪又遭遇到了一个更为困扰的与人口有关的问题即艾滋病盛行，使之成为了非洲地区该病发病率最高的 7 个国家之一（另外 6 个国家是：中非共和国、扎伊尔、赞比亚、坦桑尼亚、卢旺达和乌干达）。这种病毒的蔓延致使不育症发病率升高。但是，这并不是人们控制生育率所渴望的一种手段，而是人类所面临的一种威胁。

目前布隆迪的总和生育率是 6.9 个。但是国内 1987 年所进行的"人口与健康调查"表明，1982～1987 年这一段时间内 45～49 岁的妇女一直是终身生育率为 7.3 个小孩，这说明几十年来生育率一直是高而稳定的。被调查的夫妇都认为其小孩数量期望值为 5.5～5.6 个。调查结果还显示出，在不久的将来生育率几乎没有下降的迹象。可见，布隆迪的人口增长势头还是极其猛烈的。

不过，令人感到惊奇的是，被调查夫妇中 90% 的人赞成计划生育，至少有 77% 的妇女表示对控制生育感兴趣。但是，真正实行避孕的妇女只占已婚妇女的 8.7%，而在所采用的避孕措施中，多一半为安全期避孕法，1/4 为禁欲法，只有 1.2% 的已婚妇女使用现代避孕法，如口服避孕药、注射法或是宫内节育器。

目前，计划生育知识及其方法的应用在城市地区的传播达到了高峰。但是，高文盲率、低生活水平及基本设施的缺少，阻碍了计划生育信息的传播并难以推广到 95% 的人口所居住的农村。显然，如果以上条件没有发生大的变化，那么，该国生育率在今后几十年内是不可能下降的。按照这样的增长速度，布隆迪的人口在 2000 年时将达到 780 万人，2010 年将达到 1989 年人口的 2 倍——1100 多万人，届时人口密度将是每平方公里400 人左右。

赤道几内亚（Equatorial Guinea）

赤道几内亚名副其实，位于非洲中西部几内亚湾的赤道附近，大概在北纬 1°~2° 之间。其国土系由比夫拉湾的斐南多波岛、安诺本岛、科里斯科等岛屿以及木尼河的大陆部分所构成，木尼河陆地北邻喀麦隆，东、南均与加蓬为界，西接几内亚湾，状呈东西向矩形。紧靠木尼河西海岸的是科里斯科岛，西北稍远突出于海面的是斐南多波岛。整个国土面积 2.81 万平方公里。人口 1989 年估计为 40 万人。人口密度每平方公里 14.3人。首都：马拉博。

历史

在非洲所有的殖民地中，赤道几内亚的地理图形算是最奇特的一个了。它的怪模样，完全是殖民者瓜分的结果。在赤道几内亚国土中，斐南多波岛于 15 世纪后半叶由葡萄牙人所发现，当时葡萄牙航海家斐南多波将此岛称为福尔摩萨岛，后改今名。自该岛被葡人发现以后，便逐渐成为贩卖非洲奴隶的中转站。木尼河大陆部分也是由葡萄牙人所发现。1778 年，葡萄牙与西班牙签约，使赤道几内亚领土落入西班牙人之手，从而正式沦为西班牙殖民地。直到 1968 年 10 月 12 日才获得完全独立。

民族、宗教和语言

在欧洲人到达赤道几内亚之前，斐南多波岛上已有人居住，他们大概是班图语族的布比人。之后，其他一些民族如伊比比奥族等才迁移至此。在木尼河省的居民多是同一班图语族的芳族。芳族并不是赤道几内亚的先住民，他们原来住在非洲的中央部分，经营原始的族长制农耕社会，后受北方民族迫使而迁至此地，不过芳族目前已占赤道几内亚人口的绝对优势。此外，还有班图语族的布比人和几内亚语族的约鲁巴人。该国还有像豪萨人、西班牙人等其他民族或其他非非洲人，像费尔南迪诺人，便是英国统治斐南多波岛时，从塞拉利昂、利比里亚、牙买加、波多黎各甚至古巴等地迁居而来的奴隶后裔。总之，赤道几内亚尽管人口数目不多，但民族成分并不简单。当然，芳族人和布比人占了该国人口的绝大多数。前者为 71.5%，后者为 14.3%。

该国居民受西方文化影响巨大，因此，大约有 90% 的居民信奉基督教，主要是天主教徒，只有为数极少的人笃信当地的原始宗教，由北部而来的一些移民是穆斯林。官方语言为西班牙语，但在大陆流行芳语，岛屿上是布比语。

人口变动

赤道几内亚是世界上人口最少的国家之一，也是非洲诸国中人口增长率最慢的国家之一。1950 年该国人口为 19.9 万人，1960 年达到 24.6 万人，独立时的 1968 年人口约为 27.7 万人，1980 年人口约为 35 万人。1989 年的人口估计是 40 多万人。赤道几内亚 20 世纪 50 年代的人口年均增长率为 2.2%，60 年代为 1.5%，70 年代为 2%，80 年代大约为 1.4%。从 1950 年至 1989 年的 39 年间，其人口平均年增长率为 1.8%（参见表 1）。

表 1　赤道几内亚人口自然变动指标

单位：‰

指标＼年份	1953	1958	1963	1968	1973	1981	1986	1989
出生率	44.4	43.5	42.4	41.9	42.1	42.0	42.0	42.0
死亡率	31.0	28.2	25.5	23.2	21.2	19.0	19.0	19.0
自然增长率	13.4	15.3	16.9	18.7	20.9	23.0	23.0	23.0

赤道几内亚人口增长缓慢主要是人口出生率相对较低、而死亡率居高不下的结果。此外，人口大量向喀麦隆、加蓬、尼日利亚等地迁移也是该国人口增长缓慢的一个原因。

赤道几内亚的婴儿死亡率颇高，估计 20 世纪 90 年代这一指标是 127‰，高于中非诸国的平均水平。相应的，该国人口平均预期寿命只有 47 岁（参见表 2）。

表 2　1950～1989 年赤道几内亚人口平均预期寿命

单位：年

年　份	1950～1954	1955～1959	1960～1964	1965～1969	1970～1975	1986	1989
男	31.9	34.4	36.9	39.4	41.9	44.0	47.0
女	35.1	37.6	40.1	42.6	45.1		

该国平均预期寿命的提高速度与其他非洲原是殖民地的国家基本相同。

人口结构

赤道几内亚的人口属于"年轻型"人口，由于死亡率尤其是婴儿死亡率高，而且人口平均预期寿命偏低，因而，更接近于"中年型"人口。但是，这种"中年型"人口状况并非是已经经历过了"年轻型"人口类型，而是从未达到过年轻型人口类型。在今后很长时间内，随着死亡率尤其是婴儿死亡率的降低，0～14 岁的人口在总人口中所占比重不是减少而是将会加大，等过了这一阶段之后，才能谈得上向"成年型"人口转变。

1989 年，赤道几内亚 0～14 岁的人口占总人口的 40%，65 岁及以上人口仅占 5%，余者即 15～64 岁的人口所占比重是 55%。

赤道几内亚 20 世纪 60 年代以前的人口性比例较高。其中 1960 年达到 116.4∶100，这与大量的季节性移民以及本身的人口数据不准确有关（参见表 3）。

表 3　1950 年、1960 年赤道几内亚人口性比例变动情况

时　间	总人口（人）	男性人口（人）	女性人口（人）	性比例（%）		总人口（人）	男性人口（人）	女性人口（人）	性比例（%）
					其中：				
1950.12.21	198663	103759	94904	109.3	木尼河省	183377	90915	92462	98.3
1960.12.31	245989	132293	113696	116.4	斐南多波岛	62612	41378	21234	194.9

法国学者皮埃尔·古鲁指出：1960 年，斐南多波岛的 6.2 万多人口中，布比人约 1.1 万人，斐南多波人 2000～3000 人，欧洲人 4000 人，余者全为季节性移民。可见移民的迁入对迁入国的影响之大。

人口分布及其他

赤道几内亚尽管人口密度平均每平方公里为 14 人，但其分布并不均匀。因为该国是由大陆部分和岛屿所组成，而且首都马拉博又在该国的斐南多波岛上，因此，人口分布便分为两大块：岛屿人口十分稠密，1975 年每平方公里超过 50 人；而大陆当时的人口密度不超过 8 人。首都马拉博一市便吸收了近 4 万人，即全国人口的 10%。斐岛之所以吸引大量人口，主要是气候宜人、土地优良、交通方便、宜于生产热带植物，并容易来回运输，正由于此，20 世纪 60 年代初期感到了劳动力的缺乏是发展生产的一大障碍，因此，当时引进了大量的外来劳动力移民。而大陆方面的人口一方面奔往此岛，还有一些背井离乡走入邻国，致使大陆地区人口更加稀疏。

此外，安诺本岛也是构成赤道几内亚领土的组成部分。该岛面积 18 平方公里。1960 年人口是 1400 人，人口密度每平方公里为 77.8 人，给人们以地少人多人满为患之感。因此，一些安诺本岛当地人外流他乡，更多的是漂往斐南多波岛。

赤道几内亚人口不多，但城市人口比重在中非地区乃至在整个非洲地区都属前列。城市人口比重为 60%，仅次于非洲城市国家吉布提。不过，全国劳动力人口中有 80% 的人口从事农业，主要是可可和咖啡的种植。其中，75% 的女劳动力从事农业生产。

赤道几内亚的教育受殖民时代的影响，至今仍与西班牙教育制度有相同之处。小学实行免费教育，但国内目前尚无一所大学。

赤道几内亚 1989 年出生率为 42‰，自然增长率为 23‰，妇女总和生育率为 5.5 个，预测 2000 年该国人口总数将达到 49 万人左右。

多哥（Togo）

多哥位于非洲西部，是一个细长形的国家，南部以 50 公里的海岸线濒临几内亚湾，东为贝宁共和国，西比邻加纳，北与布基纳法索为界。国土面积 5.66 万平方公里。1989 年人口总数估计 340 万人。人口密度每平方公里 60 人。首都：洛美。

历史

目前多哥这块土地上，在古时曾分布着许多独立的部落和小王国。不过，当时这里的部族更多的在不断地进行着迁徙活动。15 世纪的 1471～1473 年，葡萄牙的乔安桑塔姆和贝德耶克斯伯是首批到达多哥的欧洲人。在 19 世纪 80 年代前，欧洲列强未曾深入多哥内地，只是在 19 世纪最后 20 年中，欧洲殖民者在迅速地瓜分西非的时候才将多哥分割成若干块。1884 年 7 月 5 日俾斯麦派遣"国际非洲协会"德国分会头目纳赫蒂格尔等在多哥抢先插上了德国国旗，并宣布此地为德国保护国。第一次世界大战后，多哥的西部和东部分别由英、法托管。1957 年加纳独立时，多哥西部被并入加纳。从某种意义上说，多哥的领土，是受欧洲列强所决定的领土。这块领土上的人民，经受了半个多世纪的殖民地生活，在从未间断的不屈不挠的斗争之后，最终于 1960 年 4 月 27 日获得独立，定名多哥共和国。

民族、宗教和语言

多哥国土面积虽小，人口只有几百万，但是人口结构却十分复杂。这主要是历史遗留的结果：一方面，多哥仍存在着自古即居住于此地的非洲土著居民，如巴萨利族；另一方面，还有从北部迁徙而来的苏丹系各部族。总体上讲，多哥共有 40 多个部族，在只有不足 400 万人的国家中，如此众多的部族显然是十分复杂的。不过，大约有 46.5% 的人口是克瓦语支的埃维民族，22% 的居民属于沃尔特语支的卡布雷族，14% 的居民属于同一语支的古尔马人。此外，还有多哥部落（4.1%）、约鲁巴族人（2.9%）、乔科西族人（1.7%）、富尔贝人（1.3%）以及诸如巴西人、法兰西人等外籍人。多哥、贝宁、加纳等国家彼此相邻，各民族之间相互渗透，像多哥便有许多贝宁人，这就使得这些国家在民族问题的处理上十分复杂。尽管民族众多，但埃维族却占相当比重，因此，埃维族语以及卡布雷族语成为人们的通用语言。然而，作为法属殖民地，目前的多哥官方仍沿用法语。

在多哥，大约有 50% 的居民信奉传统的原始宗教，18% 的居民为天主教教徒，3% 为基督教教徒，另有 12% 的人为伊斯兰教的穆斯林。这是西非诸国在宗教上的一个特点：即既有本土传统文化的传统影响，又有后来欧洲文化的渗入，还有伊斯兰文化掠过的痕迹。三种不同的文化凝聚在同一个国家，从人们不同的宗教信仰中表现了出来。

人口变动

像多哥这样的国家，过去的人口迁徙频繁，而且与邻国间的部族人口划界不清晰，加之该国版图在欧洲列强瓜分西非时多有变动，因而，过去的人口资料及其显示的人口数据只能是概略性的。据估计，1920 年的多哥人口仅有 67 万人，而增加到 1989 年的340 万人主要是独立前后的事情（参见表 1）。

表 1　多哥的人口变动

单位：万人

年份	1920	1940	1945	1950	1955	1958	1960	1965	1970	1975	1977	1981	1982	1987	1989
人口	67.0	85.0	92.0	99.0	108.0	143.9	144.0	163.8	199.7	222.2	235.0	270.5	274.7	314.8	340.0

多哥人口从 1920 年算起，至 1989 年共增加 273 万人，年均增长率为 2.4%。其中，至独立时的 1960 年人口增加了 77 万人，年均增长率 1.9%；从独立时至 1989 年，人口增加 196 万人，年均增长率 3%。在这期间，20 世纪 60 年代人口年均增长率是3.3%，70 年代为 2.8%，80 年代为 2.9%。从总的方面讲，多哥的人口增长速度低于其他西非国家。关键是多哥的死亡率迟迟未下降，只是在 70 年代后期，这一指标才从20‰降了下来（参见表 2）。

表 2　多哥人口自然变动指标

单位：‰

指标＼年份	1953	1958	1963	1968	1973	1980	1981	1986	1989
出生率	51.3	50.9	50.2	48.5	49.1	45.5	45.4	48.0	47.0
死亡率	30.8	28.0	25.5	23.1	21.0	18.6	16.9	17.0	13.0
自然增长率	20.5	22.9	24.7	25.4	28.1	26.9	28.5	31.0	34.0

尽管进入 20 世纪 80 年代以后，从绝对量上看每年净增人口不过 8 万多人，但是，由于死亡率的进一步降低而出生率未变，多哥的人口增长率有了很大程度的提高，成为世界上人口自然增长率最高的国家之一。

多哥的人口平均预期寿命也只是 20 世纪 70 年代以后才提高到 40 岁的，这与其死亡率的持续下降有关。多哥的人口平均预期寿命情况如表 3 所示。

表 3　不同时期多哥人口平均预期寿命

单位：年

年份	1950~1954	1955~1960	1961	1965~1969	1970~1974	1975~1980	1981	1986	1989
男	32.0	34.5	31.6	39.4	41.9	44.4	46.0	51.0	54.0
女	35.0	37.5	38.5	42.6	45.1	47.6			

　　1950～1970 年的 20 年间，男、女性的平均预期寿命平均提高了近 10 岁。1970～1989 年的近 20 年间，男、女性均提高了 12 岁左右。总体而言，其提高速度相对来说是较快的。

　　至于多哥的婴儿死亡率，1960 年高达 201‰，1982 年降至 122‰，1989 年被认为在 100‰左右。美国人口咨询局提供的数据是 113‰，联合国"人口与生命统计报告"所显示的数据是 94‰。从西非地区来说，多哥算是婴儿死亡率最低的国家之一。

人口构成及分布

　　多哥人口构成的特点是：（1）人口是年轻型状态。1970 年的统计调查资料显示：0～14 岁的人口比重是 47.2%，15～64 岁的人口比重是 48.6%，65 岁及以上人口比重为 4.2%。1989 年这三者的估计数值分别是：45%、52% 和 3%。（2）女性人口多于男性人口。1958 年多哥的性比例指标是 91.9∶100，1970 年该指标是 92.2∶100。这两项指标的特点与其说是多哥共和国的特点，毋宁认为是西非大多数国家所具有的共同特点。（3）多哥的人口地域结构分布不平衡。尽管每平方公里的人口数高达 60 人，远高于非洲其他诸国，但是，这并不能反映出实质的人口分布情况。多哥南部的滨海地区人口密度最高，尤其在首都洛美区域附近，人口密度高达 200 人以上，这里主要居住着多哥最大和最发达的民族埃维人以及部分巴西移民。多哥西北部靠近布基纳法索及加纳的草原区、多哥中部的第二大城市索科德附近，人口密度也较高，均在全国平均人口密度水平之上，这些地区居住着卡布雷人和与其相近的洛索人。总之多哥的人口分布特点是：沿海地区人口稠密程度远高于内陆，而且随着人口大量南迁，这种不平衡仍在继续加剧。

　　多哥的城市人口比重低于其他西非沿海国家。主要与多哥的城市是在殖民地时代才发展起来有关。15 世纪的欧洲人进入多哥之后，只是将中部城市作为猎取和输出奴隶的主要活动处所，致使多哥的大片土地荒芜、劳动力大量丧失、社会生产力遭到严重破坏，因而，其城市建筑先天不足，后天更加乏力。至目前为止，多哥像样的城市也只有可数的几个，如首都洛美（人口 28 万人）、中部城市索科德（人口 3.4 万人）、南部城市帕利梅（人口 2.6 万人）、阿塔克帕梅（人口 2.2 万人）、巴萨里（人口 1.8 万人）。1960 年城市人口比重仅为 10% 左右，1980 年上升到 20%，1989 年不过在 22% 左右。从国内人口流向上看，多哥的人口一方面是从北向南迁移，另一方面是从农村向城市迁移，尤其是向海岸城市迁移者更多。多哥农村劳动力人口 1985 年为 75 万人，约占全国劳动力人口的 80%，其中 67% 的女性劳动力从事农业生产。

　　多哥总体经济水平落后，这是历史、社会等各种原因所造成的，1982 年被联合国列为世界最不发达的国家之一。1989 年人均国民生产总值估计在 300 美元左右。不过，多哥对于教育较为重视。1984 年，国家教育经费占行政预算的 18.8%。小学尽管不是义务制教育，但仍然免费。1970 年小学生入学率男性为 77%，女性仅为 35%；1985 年两者分别提高到 88% 和 58%。然而，其成人文盲率却仍然十分高，1960 年文盲率达到 90%，1980 年仍高达 82%，为世界上文盲率最高的国家之一。

从绝对量上看，多哥的人口增长量似乎不大，但增长率却极高。面对这一情况，多哥曾在 20 世纪 60 年代做过专门抽样调查。调查的结果表明，90% 的妇女认为应当拉开生育间隔，8% 的妇女认为生育间隔密一点好，2% 的妇女说不清楚她们对生育间隔的期望。调查的另一个结果是：8% 的人认为生育间隔 1 年为好，23% 的人认为生育间隔 2 年为好，50% 的人倾向于 3 年，17% 的人甚至认为间隔在 4 或 4 年以上最好。这就是说，多哥绝大多数妇女在早些时候已经注意到生育拉开间隔，甚至认为间隔稍长一些为好。不过，由于多哥的妇女地位低下，因此，很难遂她们所愿，生育率迟迟得不到下降。然而，多哥的计划生育知识却十分普及。据 1988 年调查，大约有 96% 的 15～49 岁的已婚妇女知道一种避孕方法，而 74% 的人曾经使用过某种避孕方法。当前，大约有 34% 的妇女正在采取避孕措施，但是却只有 8.8% 的避孕妇女采取现代避孕方法。可见，口头的宣传和了解与实际的应用仍有很大差距。

人口预测

关于多哥的人口预测情况是：2000 年多哥人口可能会达到 490 万人，2050 年大约进一步上升至 890 万人。这种预测是以 1990～2000 年的自然增长率为 3.3%、2000～2050 年的自然增长率为 2.4% 为基础的。从 20 世纪 90 年代及以前的情况看，多哥的出生率、死亡率以及由此而决定的自然增长率不会有太大的变化。

参考资料

Togo，by Tomk. KmmKpor.

佛得角（Cape Verde）

佛得角位于非洲西部大西洋中，地处欧洲、南美洲和南部非洲海上交通的要冲，由大小 18 个岛屿所组成，其中 9 个岛屿有人类居住。这些岛屿均是因火山活动而形成，地势险峻，高山与其支脉耸立其间，整体屹立，群岛状似向东凸出的半圆形，直径大约 300 公里。国土总面积 0.40 万平方公里。人口 40 万人。人口密度每平方公里 100 人。首都：普拉亚。

历史

佛得角这一群岛大概在过去没有人类居住过，至少到目前为止还没有发现有人类早期活动的痕迹。据说意大利探险家在 15 世纪中叶稍早一些时间便来到这里，只是在 15 世纪后半期这一地区被葡萄牙人所占领。在 1495 年，这方土地成为葡萄牙殖民地。此后，佛得角不但是欧洲、南美洲和南部非洲间的中转站，而且更成了殖民者们贩卖奴隶的中转站，它在葡萄牙的殖民地中占有着相当重要的地位。1951 年，葡萄牙将佛得角改为海外省，派总督统治。几个世纪以来，佛得角人民不断进行反抗葡萄牙殖民者统治的斗争。后来，由于几内亚和佛得角非洲独立党的反抗运动，佛得角于 1975 年 7 月 5 日获得独立，成立佛得角共和国。

民族、宗教和语言

现在佛得角居民多是葡萄牙殖民者、被放逐者的后裔以及由几内亚湾来的奴隶后裔，更多的则是由此而产生的混血种人，最后一种人称之为佛得角混血人，当然还有一些是前不久从几内亚比绍迁来的移民。因此，从语言上划分，这一地区的人口主要是以印欧语系和尼格罗科尔多凡语系两大集团为主，前者为佛得角混血人的罗曼语族，后者是以巴兰特人和富尔贝人为主的尼日尔—刚果语族（参见表1）。

表1　1980 年佛得角人口民族构成

民　族	人口（千人）	比重（%）	民　族	人口（千人）	比重（%）
印欧语系	205	67.0	尼日尔 - 刚果语族	100	32.7
罗曼语族	205	67.0	西大西洋语支	100	32.7
佛得角混血人	200	65.4	巴兰特人	55	18.0
葡萄牙人	5	1.6	富尔贝人	45	14.7
尼格罗科尔多凡语系	100	32.7	其他	1	0.3
			总　计	306	100.0

由于佛得角和非洲大陆距离非常近，故受其影响很大，其混血人的大量存在，就象征着与非洲有着很深的渊源。不过，在文化方面，又强烈地受着数世纪以来一直居住于此的葡萄牙人的影响。因此，他们的居民文化、语言甚至宗教都在互相影响着甚至融为一体。总体来说，欧洲人口大多居住在城市，而非洲土著人口均集中在佛得角最大的岛——圣地亚哥岛。葡萄牙语为佛得角的国语。居民之间广泛流行着克里乌卢语。受西方传统文化的强烈影响，95% 以上的人为基督教徒，余者为穆斯林和少数的原始宗教信徒。

人口变动

从人口数量上讲，佛得角是世界上最小的国家之一，由于佛得角是由火山灰烬所构成，又受撒哈拉吹来的干热的东北信风的影响，因此缺乏从事农耕的水源，进而各种疾病诸如天花、霍乱、黄热病等均肆虐群岛。其结果是人口增加速度极为缓慢，大约在 19 世纪后半期，岛上人口也仅只有 8.3 万人。之后人口仍然继续缓慢增加。1940 年大约有 18.1 万人，后来由于迁移等因素，岛上 1950 年减至 14.8 万人。再后来人口虽然呈增长趋势，但总是停停长长，反反复复。1960 年人口为 19.3 万人，1965 年为 22.5 万人，1970 年为 24.5 万人，1975 年为 29.4 万人，1980 年为 30.0 万人，1985 年为 31.5 万人，1989 年增至 40 万人。佛得角群岛人口增长速度加快的时期是 1950～1960 年，这一时期年均增长率达2.7%，60年代为2.4%，70年代和80年代分别为2.0%和3.2%。最后一个时期人口增长最快，这和此前几内亚比绍迁入的移民有关。

　　佛得角的出生率如果与非洲各国相比，不算太高，但是，若与欧洲国家比较起来，则又遥遥领先，表2是佛得角人口自然变动指标的动态情况。

表 2　佛得角人口自然变动指标

单位：‰

指标＼年份	1950	1960	1970	1975	1980	1981	1986	1989
出生率	35.9	46.4	35.1	27.6	25.9	23.9	35.0	36.0
死亡率	17.3	16.2	10.8	9.4	11.3	10.3	11.0	11.0
自然增长率	18.6	30.2	24.3	18.2	14.6	13.6	24.0	25.0

　　佛得角几十年来人口变化的轨迹是：死亡率呈下降趋势，出生率和人口自然增长率反而均有提高。佛得角的婴儿死亡率进入20世纪80年代以后已降为70‰左右，成为西非诸国的最低水平，比非洲平均的113‰低43个千分点。该国人口总的平均预期寿命一直比较高，为西非国家的最高水平，比其平均水平高出13岁之多。表3是佛得角的人口平均预期寿命的变动情况。

表 3　不同时期佛得角人口平均预期寿命

单位：年

年　份	1950～1954	1955～1959	1960～1964	1965～1969	1970～1975	1981	1986	1989
男　性	46.7	49.1	51.5	53.9	56.3	57.0	60.0	60.0
女　性	50.0	52.5	55.0	57.5	60.0			

人口结构及其他

　　佛得角的人口呈"年轻型"。1970年的资料表明，0～14岁的人口占总人口的比重是46.9%，15～64岁人口比重是48.3%，65岁及以上老年人口比重是4.8%。1989年，这三项指标分别为46%、51%和3%，这是近年来出生率提高的结果。总体上讲，佛得角的人口女性多于男性。20世纪70年代男性与女性之比是48.3∶51.7，表示性比例指标为93.4∶100。从人口学的角度说，人口平均预期寿命越长，女性人口所占比重将会增大，因此，从这种意义上讲，佛得角的人口结构特征是符合人口学原理的。关于佛得角的人口地域构成，较之其他国家则简单得多。在18个岛屿中，只有9个岛屿可供人类居住，其中，圣地亚哥、圣安唐和圣文森特三大岛屿人口最为稠密，尤其是圣地亚哥岛上的首都普拉亚更集中了全国的众多人口，仅普拉亚市区人口就达5万多人，占全国人口的 12.5%。

佛得角是个农业国家，经济落后、工业基础薄弱。国外侨民的侨汇是国内外汇的主要来源。80% 以上的人口从事农业，城市人口占总人口的 27%。不过，从历史上看，城市人口的增长速度非常快。1950～1978 年总人口增长了 1 倍，同期，城市人口则增长了5.8 倍。

佛得角的教育水平仍比较落后，尽管独立后佛得角普及小学 4 年义务教育，历史还是给佛得角留下了一半成人是文盲的事实，全国甚至没有一所高等学校。每年数百名中学毕业生到葡萄牙、巴西、安哥拉、美国、苏联、法国、阿尔及利亚、古巴等国留学。

人口预测

佛得角的生育率水平目前在西非国家是最低的。每个妇女总和生育率为 5.2 个。人口出生率 36‰ 也是西非国家的最低水平。按照这样的速度发展下去，2000 年人口可望增至 50 万人，2020 年人口将增加到 80 万人。

冈比亚 （Gambia）

冈比亚位于非洲西部，全境为一狭长平原，像一条蚯蚓般地"塞入"塞内加尔共和国境内，明显地印刻着殖民者争夺的痕迹。由于冈比亚一面濒临大西洋，三面环绕塞内加尔，因此邻国只有一个，这在世界上是极其罕见的现象。冈比亚的领土特别狭长，地势平坦，东西长约 350 公里，南北最宽处不超过 60 公里，总面积 1.03 万平方公里。1989 年人口约 80 万人。人口密度每平方公里 77.7 人。首都：班珠尔。

历史

欧洲人到来之前的冈比亚概况目前了解得十分不足。只是知道，那时这块土地上的居民与加纳、马里等国均维持着良好的关系。1580 年，争夺王位继承权失败的葡萄牙贵族逃亡英国，将塞内加尔河至冈比亚之间的商业权转让给英国的商业团伙。8 年之后的1588 年，英国殖民者开始侵入。17 世纪末，法国殖民者也尾随而至冈比亚河北岸。此后百余年间，英法两大侵略国为抢占这块沿岸宝地发生了无数次的战斗。最后依据 1783 年的《凡尔赛和约》以把冈比亚河两岸划归英国、把塞内加尔划归法国结束了两个侵略者之间的战争。这样，在独立之前，冈比亚一直是英国殖民地，直到 1965 年 2 月 18 日独立为止。1970 年 4 月 24 日冈比亚宣布为共和国。

民族、宗教和语言

冈比亚的人种构成并不十分复杂，以曼丁哥族人数为最多，占总人口的 44%，据说这一民族是由尼日尔河流域迁徙而来，为昔日建立马里帝国的曼帝族的子孙。除曼丁哥族之外，还有以农牧为生的富尔贝族（17%）、聚居河岸地带的沃洛夫族（12.3%）、住在冈比亚河左岸的迪奥拉族（7%）、塞雷尔族（1.8%），阿库人（3.5%）是奴隶的后裔，他们居住在班珠尔和乔治敦，现今已混居于其他民族之中。

　　伊斯兰教在很早就传入了非洲北部地区，而曼丁哥族的祖先们在马里时便信奉了这一宗教，这种信仰一直延续至今。现代冈比亚居民中近80%的人笃信伊斯兰教，为逊尼派伊斯兰教徒。其他民族如富尔贝族、沃洛夫族等也有很多穆斯林，全部人口的15%信奉原始宗教。基督教徒仅占5%。

　　占统治地位的语言为英语。民间则普遍流行曼丁哥语和沃洛夫语及富尔贝语。

　　人口变动

　　冈比亚是一个人口小国，至今人口还不足百万，在西非诸国中仅多于只有40万人口的佛得角。20世纪初期，冈比亚仅10多万人，至1920年这一地区才达21.1万人，之后每年缓慢增长，至独立时人口增长至33万人（参见表1）。

表 1　冈比亚的人口变动

指标＼年份	1920	1930	1940	1950	1960	1963	1965	1970	1975	1980	1981	1982	1983	1989
人口（万人）	21.1	22.0	24.1	26.3	29.9	31.5	33.0	46.3	52.4	60.0	62.0	64.0	69.6	80.0
每10年年均增长率（%）		0.4	0.9	0.9	1.3	2.0		4.5		2.6				3.2

　　冈比亚人口的变化可以从其每一个10年的年平均人口增长率中看出来。独立之前，人口增长极为缓慢，基本在1%左右，1960～1965年5年间人口增长较为迅速，但其速度年均不过1.99%。1965年独立之后，人口有了迅速的增加。1965～1970年间，人口年均增长率高达7.0%，这显然是侨居国外人口返回家园以及移民进入的结果。之后每年增长速度均超过独立之前。

　　从所记载的资料来看，冈比亚的人口总出生率水平几乎没有什么变化，一直波动在47‰左右，死亡率一直在29‰左右，并没有像其他国家那样有明显的下降。因此，该国的自然增长率一直没有上升到很高的水平，因而它的人口数目也就没有膨胀起来（参见表2）。

表 2　冈比亚人口自然变动指标

单位：‰

指标＼年份	1950	1960	1970	1975	1980	1981	1989
出生率	49.1	48.9	46.8	46.7	48.3	48.4	47.0
死亡率	30.9	28.1	24.2	23.1	30.4	29.0	22.0
自然增长率	18.2	20.8	22.6	23.6	17.9	19.4	25.0

冈比亚妇女总和生育率目前为 6.4 个，这是一个不算低的数字。但是，由于其死亡率一直高于 20‰，甚至接近 30‰，因此，人口自然增长速度没有较大的提高。人口学原理说明，死亡率高，出生率必然维持在具有补偿性质的更高水平上。如果按照人口转变理论来看，冈比亚的死亡率今后将有所下降，届时提高的并不是人口出生率，而是人口自然增长率。

冈比亚的婴儿死亡率被认为是很高的。1986 年为 174‰，1989 年为 148‰。这一水平远远超过了非洲平均 113‰的水平。相应的，冈比亚人口的平均预期寿命很低。直到最近才超过 40 岁。1950～1954 年：男性 32 岁、女性 35 岁；1955～1959 年：男 34.5 岁、女 37.5 岁；1960～1964 年：男 36.9 岁、女 40.0 岁；1965～1969 年：男 38.1 岁、女 41.3 岁；1970～1975 年：男 39.40 岁、女 42.50 岁；1989 年，平均 42 岁，属于西非诸国平均预期寿命最低的国家之一，仅高于几内亚。同时，冈比亚的人口平均预期寿命也是世界上最低的国家之一。

人口结构及其他

冈比亚人口属于"年轻型"人口国家。1980 年 0～14 岁少年儿童占总人口的比重为 41.9%，15～64 岁人口比重 55.9%，65 岁及以上老年人口比重仅为 2.2%，后一比值如此之低显然是与平均预期寿命短有关。目前，这三项指标比值略有变化，1989 年分别为：44%、52% 和 4%，但仍属"年轻"型人口。

冈比亚人口的性别构成大体平衡，男性略多于女性。1963 年性比例为 104∶100，1973 年是 103∶100，1980 年为 102.4∶100。这是西部非洲和北部非洲一种常见的现象。

冈比亚的人口分布比较均衡。因为只有 1 万平方公里的土地，而且冈比亚河又横贯其中，因此，人口基本上均匀地分布在冈比亚河两岸。目前全国人口密度每平方公里 77 人，属于人口密度高的国家，在西非仅次于每平方公里拥有 110 人的尼日利亚。总的情况是，大部分人口集中在首都班珠尔（参见表 3）。

表 3　1983 年冈比亚的地区人口分布

地　区	面　积 （平方公里）	人　口 （人）	人口密度 （人/平方公里）	地　区	面　积 （平方公里）	人　口 （人）	人口密度 （人/平方公里）
班珠尔	44	44536	1012	马卡西岛	2901	130041	45
西部地区	1867	138504	74	上游地带	2046	112916	55
下游地带	1326	55620	42	总　计	10347	695886	67
北部河岸	2163	214269	99				

冈比亚是农业国，被联合国列为世界上最不发达的国家之一。农村人口占全国人口的 90% 以上。从事农业的劳动力人口占总劳动力人口的 85%，其中 86% 的女性劳动力从

事农业生产。20 世纪 80 年代城市人口占总人口的比重升至 18%，这与首都班珠尔的发展是分不开的。

冈比亚的教育十分落后，且多是采用英国教育制度模式。1984～1985 年小学入学率仅为 61%。

刚果（Congo）

刚果共和国在 1991 年 1 月之前称为刚果人民共和国，简称刚果（布），与邻国刚果（金）是两个国家。前者位于非洲中西部、刚果河下游西岸，东、南邻扎伊尔、西南角是安哥拉，北接中非、喀麦隆，西连加蓬，西南临大西洋。面积 34.2 万平方公里。1989 年人口 220 万人。人口密度每平方公里 6.4 人。首都：布拉柴维尔。

历史

13 世纪末和 14 世纪初，班图人在刚果河下游建立了刚果王国。现今刚果全境各个不同部族的分布，大概是在近五六个世纪内逐渐形成的。这些部族是什么时候到来，又来自何处，都很难说清楚。我们只能说，他们目前的人口结构及其分布是逐渐演变而成的，这种演变甚至直至目前还在继续。但是，自从欧洲人到来之后，刚果这一地区的人口便发生了急剧的变化。比如从空间上讲，由于一些内在联系的削弱，传统社会已不能把它的所有成员仍控制在农村，其中很多人受城市的吸引而离开原来的居住地。诸如此类的人口问题不仅在刚果，而且在非洲大陆西部的任何一个国家都存在着。

欧洲人最初只是来到了刚果临海的地区，但不知什么原因，一直没有进入内地。但是从法国探险家布拉札于 1874～1878 年探险至此时起，就拉开了刚果悲惨命运的序幕。继法国人之后，德国人、葡萄牙人、比利时人等接踵而来，直到 1910 年 11 月 15 日，刚果正式沦陷为法国的殖民地，并划归在法属赤道非洲之内。半个世纪以后，即 1960 年 8 月 15 日，刚果宣布独立，定名为刚果共和国。1963 年 8 月爆发了"八月革命"，1968 年 7 月 31 日建立了全国革命委员会，并成立了新政府。1969 年底改国名为刚果人民共和国。

民族、宗教和语言

刚果人口虽然不多，但是民族成分极为复杂。它除了每一个语系容纳着若干民族之外，每个民族内部甚至还包括着几个乃至十几个民族集团或近支亲属民族。这些民族分支中，绝大多数人口是属于班图系。在班图系中主要有这样一些部族：（1）人数最多的刚果族人，他们居住在阿利玛河南侧的整个地区。（2）在刚果国北部和加蓬交接的国界地带居住的科塔族人。（3）俾格米血统的土著居民，大概今天只有 2 万～2.5 万人。（4）马卡族，人数约为 2 万～3 万人，他们是几百年前从埃塞俄比亚来到刚果河河套地区，然后经中非共和国最后在20世纪初来到此地的。(5) 姆博西族，他们是二百年前从刚果河左岸迁徙而来的居民。(6) 特克族，这是刚果班图系的主要民族之一，他们可能是15世纪以前从西北方面过来的，在历史上他们曾建立过一个在欧洲都很闻名的版图广阔的王国——安济克王国。

非班图系的只有格巴亚人、班达人、恩格班迪人、法兰西人等。他们仅占刚果总人口的1.1%。按照布鲁克的划分如表1所示。

表1　刚果人口民族构成

民　族		民族分支
班图系	刚果人	刚果人、拉迪人、松迪人、扬加拉人、敦多人、坎巴人、库尼人、尼扬加人、维利人、荣贝人、本贝人、肯格人
	特克人	巴利人、伍穆人、拉利人、亚人、蒂耶人、卡伊人、蒂奥人、博奥人、恩支尼人、库亚人、恩圭尔人、特克人、恩戈尼人、恩塞格人
	班吉人	班吉人、恩加拉人、穆亚人
	邦吉利人	蒙吉利人、恩贡迪人、姆博莫塔巴人
	姆博西人（布班吉）	姆博西人、科纳人、阿夸人、姆博科人、恩加雷人、夸拉人、库巴人
	察安吉人	坎吉人、涅比人（恩泽比人）
	布努人	布努人、隆布人、布维西人
	姆贝特人	姆贝雷人、姆班巴人
	科塔人	科塔人、翁戈姆人、姆巴尼人、蒙戈人、恩达札人
	马卡人	恩普人、奎勒人、姆瓦利人、卡卡人、波莫人
	芳　人	芳人
	俾格米人	阿卡人（有些书意译为矮人）、宾加人
格巴亚人		格巴亚人
班达人		班达人
恩格班迪人		恩加巴人、蒙琼博人、邦乔人

外来宗教对于刚果居民的影响不及其他非洲国家那样显著。至今，刚果仍有半数以上人口笃信万物有灵论的原始宗教，另有47%的人为基督教徒，也有一些穆斯林。

通用的语言是法语。但是，刚果语系各种班图族的语言，也使用得很广泛。

人口变动

从刚果所辖区域来讲，人口并不多。1950年仅有82.4万人，1960年为96.9万人，及至70年代，大约为119.8万人，1980年为153万人，1981年是157万人，1982年为161万人，1983年为165万人，1989年为220万人。刚果的人口发展速度，若以1950年为100的话，那么，1960年便是117.6%，1970年为145.39%，1980年为185.68%，1989年为266.99%。40年间人口增加了1.68倍。这一结果主要是曾超过350‰的幼儿死亡率的降低，以及营养状况的改善所致。

刚果的出生率在非洲国家并不算很高，但由于死亡率下降幅度较大，因此，自然增长速度较快。人口的出生与死亡情况随着时间和地区的不同而有所差异。曾对刚果进行过调查研究的法国学者韦内提埃认为，在 20 世纪 60 年代初，刚果一些地区的人口出生率最高时达到 57.8‰，还有另一些地区的出生率甚至还不足 30‰（见表 2）。

表 2　刚果人口自然变动指标

单位：‰

指标＼年份	1950	1960	1970	1975	1980	1981	1986	1989
出生率	45.6	45.7	44.9	45.0	44.7	44.5	44.0	47.0
死亡率	31.1	27.8	22.9	20.9	20.1	18.6	19.0	13.0
自然增长率	14.5	17.9	22.0	24.1	24.6	25.9	25.0	34.0

刚果的婴儿死亡率被认为是 73‰，人口平均预期寿命为 49 岁，这两项指标在中非诸国来说分别达到了最好或较好的水平。不过，在 20 世纪 70 年代以前，刚果男性平均预期寿命一直不足 40 岁，女性在 60 年代中期刚满 40 岁。具体情况为，1950～1954 年间：平均预期寿命男为 31.9 岁，女为 35.1 岁；1955～1959 年：男为 34.4 岁，女为 37.6 岁；1960～1964 年：男为 36.9 岁，女为 40.1 岁；1965～1969 年：男为 39.4 岁，女为 42.6 岁；1970～1975 年：男为 41.9 岁，女为 45.1 岁。刚果妇女的总和生育率目前是 6.0 个。

刚果人口的性别结构，目前仍然是女性多于男性，这种情况在几十年前更为严重。有关资料显示该国 1960 年性比例仅为 85.3∶100.0，换算成性别结构指标即是 46∶54，这是一个相当低的性比例，尤其是当时的一些农村地区，有些年龄组甚至为 72∶100，更确切地说，在当时农村地区的青壮年年龄组中，与每 100 个女性相比，男性人口平均只有 70～75 人。造成这种结果的原因大致是：（1）流动人口流向城市；（2）贫穷地区人口侨居他国；（3）一夫多妻制；（4）妇女寿命比男子长等。农村性比例失衡是由于这些因素造成的，那么，1974 年刚果全国人口性别比为 48.7∶51.3，大概也与这些因素类似。

人口分布

毫无疑问，刚果的人口属于年轻型。1989 年 15 岁以下人口占总人口的比重为 45%，15～64 岁人口为 52%，65 岁及以上人口仅占总人口的 3%。

刚果人口的地域分布和位于加蓬及刚果盆地的其他诸国一样，既不匀称，又相当稀疏。以 1989 年总人口 220 万计，该国人口密度每平方公里也不过为 6.4 人，属于世界上人口密度较小的国家之一。从总的情况看，大约有 60% 的居民住在农村，其余人口分居在城市。在首都附近和南部的沿海地带，人口较为稠密，而在国内中部以及北部的大部分地区，几乎属于无人地带。这主要由地理环境所造成，如密林地区、异常贫瘠的沼泽地区均无法使人类长期居住。刚果人口的地域分布情况参见表3。

表3 1986年刚果人口地区分布

省	面 积（平方公里）	人 口（人）	人口密度（人/平方公里）	省	面 积（平方公里）	人 口（人）	人口密度（人/平方公里）
科 洛	13694	350400	26	普拉托	38400	153000	4
尼亚立	25942	170000	7	库威特	74850	149000	2
布恩扎	12265	180000	15	桑 卡	55800	55000	1
勒库穆	20950	83000	4	利库亚拉	66044	66000	1
普 尔	34055	706000	21	总 计	342000	1912400	6

刚果的城市化水平比较高。20世纪60年代城市人口占全国人口的比重为30%，80年代为46%，1989年为48%左右。这主要与刚果的城市经济发展有极大的关系。作为刚果政治、经济、交通中心的首都布拉柴维尔市以及作为刚果最主要港口的黑角市大约就集中了全国人口的30%。尽管从绝对量上讲，刚果首都布拉柴维尔人口并不算太多，但自1958年成为刚果首都以来，便开始了持续性的人口膨胀，从而提高了刚果城市人口的比重。刚果的服务业等其他行业劳动力人口比重较大，占全部劳动力人口的40%，工业占26%，农业占34%。女性劳动力人口中有85%归属在农业劳动部门。

刚果在教育方面的成就是非常惊人的。据刚果政府宣布，该国的教育状况不仅在非洲，即使在所有发展中国家里，亦是最进步的。初级教育是6年，中等教育有4年和3年之分。小学生入学率1960年就高达78%，1981年为156%，成为这一指标的世界最高值，其中男性高达163%，女性为148%。[①] 这种惊人的比率意味着：过去很多已达到上小学年龄的人口未能就学而在目前该年龄组大量人口开始有了就学的机会并真正有了入学行为所致。刚果中学入学学生数占本年龄组别人口的百分比高达69%，这一指标在下中等收入国家中仅次于蒙古（89%）和古巴（75%），而接近甚至超过一些经济发达的发展中国家和地区，如新加坡为65%；中国香港为65%。高等教育入学学生数占20~24岁人口数的百分比为6%，这一数字尽管不能说有多么高，但是发展中国家达到这一水平的很少。中国同年比较，该指标是1%。

人口预测及其他

刚果人口1989年为220万人，预计未来10年内增加100万人，即平均每年增加10万人。至2000年将达到320万人，这是以人口年增长率3.4%计算的。如果在未来10年中出生率可望降低并且降低速度超过死亡率下降速度的话，那么，当自然增长率达到3%时，2000年的人口可能会达到304万人。刚果人均国民生产总值880美元，这种经济

---

① 参见第607页对这一问题的说明。

收入加上如前所述的文化素质水平，对于国民生育观的转变是有利的。

刚果目前被这样一个问题所困扰，即妇女不育率比较高。据调查，30～34 岁的已婚妇女有 12%～13% 患"头胎不育症"，甚至还有一批妇女患"二胎不育症"。据说这种病因主要是传染性性病所引起，这显然对这类国家行将开展的家庭生育计划是一个挑战。

参考资料

〔法〕P. 韦内提埃：《刚果（布）地理》，中国科学院地理研究所法文翻译组译，商务印书馆，1976。

吉布提（Djibouti）

吉布提位于非洲大陆的东北端，濒临亚丁湾，与索马里和埃塞俄比亚交界，国土面积 2.32 万平方公里。1989 年人口 40 万人。人口密度每平方公里 17.2 人。首都：吉布提市。

历史

公元 1839 年，法国探险家迪利克首先远征埃塞俄比亚沿岸来到吉布提，此后，法国人便以此作为通商基地，从而占据了这一地区。吉布提经历了法国一个多世纪的统治之后，于 1977 年 6 月 27 日宣告独立正式成立吉布提共和国。

民族、宗教和语言

由于地理位置的原因，吉布提地区很早以前便成了渡海而来的阿拉伯人和附近地区的阿法尔人、伊萨人的汇集地。目前，占人口大半以上的是阿法尔族和伊萨族，前者大多居住在吉布提的北部，即独立之前的"法属阿法尔地区"，后者即为索马里人，多住在吉布提的南部，过去称为伊萨族领地。这两个均属库希尔特语族的部族构成了目前吉布提的主要人口。除此之外，还有隔海而来的阿拉伯人以及殖民地时期抵达此地的欧洲人后裔（参见表 1）。

表 1　20 世纪 70 年代吉布提人口民族构成

民　　族	人口（千人）	占总人口（%）	民　　族	人口（千人）	占总人口（%）
阿法尔人	95	38.0	意大利人	2	0.8
伊萨人	70	28.8	希腊人	1	0.4
伊沙克人和加达希尔西人	50	20.0	其　　他	10	4.0
阿拉伯人	12	4.0	总　　计	250	100.0
法国人	10	4.0			

由于受伊斯兰教文化的影响甚深，因此，几乎所有当地人均是伊斯兰教教徒，大都信奉逊尼派伊斯兰教，其他一些欧洲人则为天主教徒。

吉布提的官方语言是阿拉伯语。法语是第二国语。

人口变动

很久以前，吉布提是游牧民族经常涉及的地区，人口极为稀少。1931年该地区仅有人口6.9万人，至1950年也不过7.4万人。进入20世纪70年代后，总人口达到十几万人，1989年人口总数为40万人，该国成为东非诸国中除塞吉尔群岛以外人口最少的陆地国家（参见表2）。

表2　吉布提的人口变动

单位：万人

年　份	1950	1960	1970	1980	1981	1982	1983	1989
人　口	7.4	8.1	16.0	31.0	32.0	34.0	35.0	40.0

吉布提由于两大部族过去一直是分开居住，因此，人口数目究竟有多少很难说清。不过，总的情况是，近几十年来人口增长速度非常迅速。1971～1983年，吉布提总人口年平均增长速度为6.7%，这是一种极高的增长速度，在世界上仅次于亚洲的阿拉伯联合酋长国，而后者是一个石油生产国，人口的增长主要来源于劳务输入。对于6.7%这个数字来说，当代人类社会的自然增长是很难达到这一数值的，这意味着吉布提的人口迅速增长也含有人口迁入的因素。此外，吉布提是一个海岸国家，地属亚欧交通要道，因此，流动人口必然很多，这也可能是构成统计上的人口迅速增加的原因。另一点需要引起重视的是，与该国相邻的索马里人口年均增长速度也高达5.0%（世界上人口年均增长速度超过5%的只有这两个国家），这或许意味着索马里与吉布提两国人口数目的重复性计算比较严重，这是东非国家的一个共同点。

其他

阿法尔人和伊萨人的妇女平均结婚年龄为15岁，在往后一生中，只有生下男孩，才能获得短暂的休息时间，因此，多生多育也就成为其必然。回顾近50年来的这段历史，吉布提人口的出生率和死亡率总的趋势是：20世纪50～60年代出生率和死亡率较低。90年代，出生率和死亡率反而有所上升，但是死亡率的上升速度不如出生率上升的速度快，因此，人口自然增长率也有了较快的提高，这种趋势与现代人口的发展趋势是相悖的。

根据当代各国城市人口占总人口的比例，大体上可以把走向人口城市化和已经人口城市化的国家分为三种类型，[1] 其中一种是高度城市化的国家类型，其特征是城市人口已

---

① 城市人口比重超过70%的是高度城市化国家；在30%～70%之间的是中等城市化国家；低于30%的是低水平城市化国家。

占总人口的 70% 以上，这类国家大都集中在欧洲、北美洲和大洋洲等发达地区，但是非洲吉布提却跻身于这一类国家。1985 年开始，该国城市人口占总人口的比重就高达 74%。吉布提的城市化水平高，并非现代经济全面、高度发展的产物，而是与其特殊的地理位置以及由此而决定的经济结构有很大关系。

几内亚（Guinea）

在所有的曾经被殖民过的国家中，几内亚算是最奇特的一个了，它的版图的怪模样，是由于法国企图阻止塞拉利昂和利比里亚扩大而形成的。它同大部分非洲国家相同的一点是，由殖民地瓜分时代继承下来的国界，完全是任意划定的，既不符合自然区域的界线，也同民族分布界线不一致。它的形状很像一弯巨大的新月，从大西洋沿岸开始向东南方向弯曲，从而把西南和南部的塞拉利昂及利比里亚包嵌在新月形的凹里去了，此外，它的部分西部领土仍比邻大西洋。几内亚凸起的背弓处由西北向东南依次接壤几内亚比绍、塞内加尔、马里、科特迪瓦、利比里亚和塞拉利昂。几内亚总面积 24.59 万平方公里。1989 年人口是 670 万人。人口密度每平方公里 27.2 人。首都：科纳克里。

历史、民族、宗教和语言

公元 9~15 世纪，几内亚是加纳王国和马里王国的一部分。15 世纪始，葡、西、法、英等殖民势力相继入侵，1895 年几内亚沦为法国殖民地，成为法属西非 8 个领地之一。[①] 1957 年初，几内亚获得"半自治共和国"的地位，1958 年 10 月 2 日宣布独立，成立几内亚共和国。

这一地区较早的人群大概是苏丹部落。不过他们最初受加纳和马里王国的统治，之后又受到欧洲殖民者统治。当然，在苏丹人到来之前，这里还曾生活过一些古代居民黑人，只是在苏丹人来到后，他们才逃往海岸和森林等安全地带。目前的几内亚人种构成和 15 世纪相差不大。人口最多的是西大西洋语支的富尔贝人，他们占总人口的 39.9%，富尔贝人原为游牧民族，他们带着自己的牛群，先是从塞内加尔—毛里塔尼亚的萨赫勒地带移动而来，后又从马西纳地区不断涌入，开始同人口稀少的半耕半猎的当地居民混居起来（这些当地居民系曼德语支，称为迪亚隆克人）。富尔贝人大规模迁往该地之后，随着伊斯兰教的传入，大部分富尔贝人遂成为伊斯兰教徒。构成几内亚人口的另一主要种族是曼德语支的马林凯人，他们大多居住在几内亚的北部，一些家庭仍沿用一夫多妻制，妻子和他们所生的儿女一起住在较远的小屋中。几内亚还有一个比较大的民族是曼德语支的苏苏人，传说他们是在很早的古代来自巴芬河和冈比亚河中游

---

① 1895 年法属西非 8 个领地是：几内亚、马里、塞内加尔、科特迪瓦、上沃尔特（布基纳法索）、尼日尔、多哥、达荷美（贝宁）。

谷地，再经由科贡河谷，绕过富塔地区来到沿海一带的，他们的名称大概是由葡萄牙探险者所起。总的来讲，几内亚人口的种族并不十分复杂，上述所提的民族是几内亚的三大民族，即富尔贝人、马林凯人和苏苏人。

占全国总人口压倒多数的富尔贝人以及大多数马林凯人、苏苏人、科尼扬卡人、迪亚隆克人、巴加人均信奉逊尼派伊斯兰教。大部分基西人、克佩勒人多笃信当地的原始宗教。欧洲后裔和一些外国人崇信基督教。

法语为国语。但是，富尔贝语、马林凯语和苏苏语也非常流行。

人口变动

以前几内亚的人口因奴隶制和战争因素非但没有增加，反而有所减少。1920 年境内人口仅 180 多万人。之后，人口增长率并不像有些非洲国家那样十分迅速，50 年以后的 1970 年，人口才翻了一番，达到 392 万人。1989 年人口 670 万人（参见表 1）。

表 1　几内亚的人口变动

单位：千人

年份	1920	1950	1960	1965	1970	1975	1980	1981	1982	1983	1986	1989
人口	1876	2250	3072	3510	3920	4416	4830	4940	5060	5180	6200	6700

20 世纪 50 年代，人口增长率为 36.5%，60 年代为 27.6%，70 年代为 23.7%，80 年代为 38.7%，80 年代的数据与前面几十年的趋势不大一致。其原因大概是（1）统计资料可能有偏差；（2）移入民大于移出民；（3）死亡率下降，自然增长率提高（参见表 2）。

表 2　几内亚人口自然变动指标

单位：‰

指标 ＼ 年份	1950	1960	1970	1975	1980	1981	1986	1989
出生率	47.7	47.7	47.2	46.6	46.9	46.8	47.0	47.0
死亡率	31.6	29.2	25.1	22.9	25.3	23.5	24.0	22.0
自然增长率	16.1	18.5	22.1	23.7	21.6	23.3	23.0	25.0

几内亚的死亡率一直很高，截至 1989 年，仍高达 22‰，属于世界上死亡率最高的国家之一。在西非诸国中，仅次于塞拉利昂 23‰的更高水平。但由于出生率始终较高，所以，人口自然增长速度并没有降下来。1989 年几内亚的总和生育率仍为 6.7 个，是世界上该指标最高的国家之一，不过这在西非国家却是极其普通的现象，西非 15 个国家和地区中，总和生育率最高的佛得角为 7.4 个，最低的几内亚比绍为 5.4 个，西非平均水平为 6.8 个。

在这种情况下，43%以上的人口小于 15 岁也就不足为奇了。几内亚为典型的年轻型人口国家，65 岁及以上老年人口占 3%，15~64 岁人口占总人口的 54%，当然，这与它的平均预期寿命低有着极大的关系。直到 20 世纪 80 年代初期，其男性平均预期寿命仍未达到 40 岁（见表 3）。

表 3　几内亚不同时期人口平均预期寿命

单位：年

年　份	1950~1954	1955~1959	1960~1964	1965~1969	1970~1975	1980	1986	1989
男	30.0	31.9	34.4	36.9	39.4	37.0	40.0	41.0
女	32.6	35.1	37.6	42.6	40.1	38.0		

几内亚如此之低的平均预期寿命，使其成为目前世界上仅有的几个最低平均预期寿命的国家之一。从整个人类的历史来看，20 世纪 60 年代以前几内亚的平均预期寿命相当于文艺复兴时代；60 年代中期之前仅相当于 18 世纪的世界人口平均预期寿命水平；20 世纪 90 年代这一指标甚至还不如 19 世纪中叶的世界人口平均水平高。

人口平均预期寿命低与婴儿死亡率高有极为密切的关系。几内亚的婴儿死亡率一向被认为很高。1960 年高达 222‰，1982 年为 190‰，20 世纪 90 年代估计在 150‰ 左右。1~4 周岁儿童死亡率 1960 年为 65‰，1982 年是 50‰。

人口结构及其他

几内亚是男性比例最低的国家之一。1955 年仅为 90.8%，即男女性别比为 47.5∶52.5，这大概与几内亚人口的迁出大于迁入有很大关系：一方面，数万名几内亚人迁移到邻国的种植园去做工；另一方面，诸如富尔贝族和基西人等每年都越出国境进行季节性游牧。

几内亚的经济十分落后，属于典型的初级产品经济类型国家，总的经济发展水平提高缓慢。1960~1979 年，人均国民生产总值非但没有增长，反而年平均递减 0.3%。1989 年估计人均国民生产总值近 300 美元。农业一直是几内亚经济的主体，全国 80% 的人口从事农业，有 88% 的女性劳动力从事农业生产。服务业劳动力人口仅占全部劳动力人口的 7%。尽管几内亚的铝土生产或储量均名列世界前茅，但是，该行业的劳动力在工业部门中仍只占 11%。几内亚城市人口占 22%。

几内亚的人口分布主要依地理环境而变化，但同时也是由历史和部落因素所决定。全国自西向东分为四个地理区：（1）下几内亚，面积 4.4 万平方公里，是宽 50~80 公里的沿海冲积平原。区内气候湿热，土壤肥沃，为全国人口最稠密的地区。全国人口平均密度每平方公里约 27 人，这里则在 50 人以上。（2）中几内亚，即富塔贾隆平原，面积 5.6 万平方公里，其气温和降水量明显低于沿海平原，这一地区人口密度较低。（3）上几内亚，为尼日尔河平原，面积 9.7 万平方公里。区内人口密度仅及全国平均数的一半。（4）森林几内亚，面积 4.9 万平方公里，全区经济落后，人口稀疏。总的情况是，由于殖民时代的经济政策，建立了一些欧洲城市类型的大城市，如首都科纳克里，由于该市吸引了大批居民集中到海岸地带，因此首都附近的人口密度非常高，科纳克里集中了全国城市人口的 80%。

几内亚的教育水平极低。1980 年，每百名成人仅有 20 人识字，属于发展中国家这一指标最低的国家之一。小学生入学率的情况是：1960 年为 30%，1980 年为 33%，20 年间仅提高了 3 个百分点，平均每年提高 0.15 个百分点，其中：男性 1980 年该指标为 44%，女性为 33%。中学入学率 1960 年为 2%，1981 年升至 16%。高等教育似乎要好些，高校在校学生数占 20~24 岁人口数的比重 1981 年为 5%，而同期的中国仅为 1%，而像新加坡这样经济发达的发展中国家同期该指标也不过 8%，这一指标数据是否可信似乎是一个问题。

人口预测

预测几内亚的人口是件复杂的事情。几内亚目前的人口究竟是多少，仍有不一致的看法。一说是 710 万人，一说是 670 万人，之间相差 40 万人。以前者推测 2000 年的人口将达到 920 万人，以后者预测届时人口可望达 869 万人，相差仍为 40 万人。

对几内亚人口预测困难的另一个原因是几内亚的社会因素。1955 年对几内亚的专门调查显示：该国一夫多妻制婚姻在当时仍然广泛存在。具有一夫多妻制婚姻的男性占全国已婚男性的比重为 38%，这一比值高于当时被调查过的其他任何国家，包括阿尔及利亚、上沃尔特、扎伊尔、喀麦隆、马里、中非、乍得等。在具有多妻的男性中，其中有两个妻子的占多数，为 66.5%，这说明当时仍存有一批一夫三妻及一夫三妻以上的婚姻家庭。尽管一夫一妻制是现代世界大多数国家公认的唯一婚姻形式，但是，却并不是唯一存在的婚姻形式，几内亚当时便是一夫多妻这种形式较为普遍的国家之一。尽管目前尚不能确定这种非一夫一妻制的家庭究竟有多大比重，但是，几内亚边远的富尔贝族人和马林凯族人仍然存在着一夫多妻制的事实是毫无疑问的。这种形式的存在，显然会影响人口的自然变动。那么人口预测也就很难对这种影响进行正确的估测，尽管它的影响是比较微弱的。

参考资料

〔法〕让·许勒－卡纳尔：《几内亚共和国》，刘侃等译，商务印书馆，1979。

几内亚比绍（Guinea-Bissau）

几内亚比绍与几内亚是两个国家，几内亚比绍的东南面是几内亚。几内亚比绍位于非洲西部，濒临大西洋，全境以大陆为主，沿海有博拉马和比热戈斯群岛等 60 多个岛屿。它的邻国只有两个，东南与几内亚接壤，北部与塞内加尔交界，其国境线同样体现着旧殖民者你争我夺的痕迹。几内亚比绍的面积包括海岛部分，共有 3.61 万平方公里。1989 年人口约 100 万人，人口密度每平方公里 27.7 人。首都：比绍。

历史

最早在此居住的居民是曼德语支的各族居民，主要以马林凯人为主。几内亚比绍 1446 年被葡萄牙航海家努涅斯所发现，并由此而登陆。像非洲大多数海岸国家一样，欧洲葡萄牙人首先占据了这一要地。从此以后，这一地区也成了专门贩卖、转运奴隶的基地。1836 年佛得角成立殖民政府，几内亚比绍受该岛总督管辖。1879 年葡当局把几内亚比绍从佛岛划出，派驻总督。之后一直为葡所辖。1973 年 9 月 24 日几内亚比绍共和国在解放区宣布成立。1974 年 9 月在葡萄牙政府承认之后于当月 24 日真正独立。

民族、宗教和语言

由此看来，几内亚比绍的人口由三大集团组成：（1）土著非洲居民后裔；（2）欧洲主要是葡萄牙人后裔；（3）混血种人。不过从目前来看，由于社会因素和气候因素的影响，欧洲人的数目越来越少，尤其在几内亚比绍独立以后，大都已回归欧洲。混血人种相对增多，但绝对数仍然占总人口的极小比重。98% 的人口为非洲当地居民，这些居民分属 15 个民族，其中人口最多的有三大民族，即西大西洋语支的巴兰特人、富尔贝人以及曼德语支的马林凯人。此外，还有数量极少的黎巴嫩人和印度人，这些人总共不过几千人。

几内亚比绍的富尔贝族可分为：黑人富尔贝族、国外富尔贝族以及佛塔扎隆山富尔贝族，他们全部以牛作为威信的象征，通常他们居住在佛塔扎隆山支脉的东南部。国土的北部和东部居住着曼德语的马林凯人、索宁凯人和苏苏人（参见表1）。

表 1　20 世纪 70 年代几内亚比绍的人口民族构成

民　　族			人口（千人）	比重（%）
尼日尔 – 刚果语族	西大西洋语支	巴兰特人	300	39.0
		富尔贝人	130	16.9
		曼贾克人	100	13.0
		其　　他	110	14.3
		小　　计	640	83.2
	曼德语支	马林凯人	100	13.0
		其　　他	15	1.9
		小　　计	115	14.9
合　　计			755	98.1
其　　他			15	1.9
总　　计			770	100.0

大部分当地居民均信奉原始宗教，崇尚万物有灵论，还有近乎半数人为逊尼派伊斯兰教徒，外籍人多为基督教徒。不论这些民族差异有多大，都受到过殖民者的深刻影响，目前国语仍为葡萄牙语，不过，在民间则广泛流行几内亚无文字的克里奥尔语。

人口变动

几内亚比绍人口发展极为缓慢。1928年这一地区的人口只有34.0万人，这一数字大概持续了10多年，至1945年大约仍只有35.1万人，1945～1950年人口增加了不少，达到51.0万人。之后人口有所增加。不过，至独立前夕，由于部分欧洲人回到自己的国家，因此人口曾一度下降。独立时的人口反而降低至不足50万人。独立以后人口又逐渐回升，1989年为100万人左右（参见表2）。

表2 几内亚比绍的人口变动

单位：万人

年份	1928	1945	1950	1960	1965	1970	1975	1980	1981	1982	1983	1984	1986	1989
人口	34.0	35.1	51.1	52.1	52.7	48.7	52.5	81.0	83.0	85.0	86.0	88.0	90.0	100.0

1975～1980年，人口数量跨上了一个很大的台阶，这5年是几内亚比绍历史上人口增长最快的5年，人口年均增长率是9.1%，当时的出生率不过为40‰，说明这一时期的人口增长主要是移民所致（参见表3）。

表3 几内亚比绍人口自然变动指标

单位：‰

指标 \ 年份	1953	1958	1963	1968	1973	1981	1986	1989
出生率	43.7	41.3	39.8	40.7	40.1	41.0	41.0	41.0
死亡率	37.2	33.1	30.1	27.3	25.1	23.0	22.0	22.0
自然增长率	6.5	8.2	9.7	13.4	15.0	18.0	19.0	19.0

从几内亚比绍人口的自然变动方面，可以看出该国人口由慢向快的变动过程。几内亚比绍早期人口死亡率极高，主要是各种疾病所致，如非洲流行的脑脊髓炎、鼠疫、麻疹、肺结核、天花甚至疟疾、昏睡病以及致人畜于死地的翠翠蝇等都危害着人的生命。以后随着医学技术的提高和先进设备的引进，由这些疾病所引起的死亡率得到了一定程度的控制，人口才得以缓慢增长。

独立之前的20世纪50年代，几内亚比绍的人口平均预期寿命相当低，只有20多岁，这一年龄甚至仅相当于人类发展史中的青铜器时代后期的水平（参见表4）。

表 4　几内亚比绍不同时期人口平均预期寿命

单位：年

年　份	1950~1954	1955~1959	1960~1964	1965~1969	1970~1975	1986	1989
男	26.6	29.1	32.0	35.0	37.0	43.0	44.0
女	29.4	32.0	35.0	38.1	40.1		

即使在 1989 年，几内亚比绍人口的平均预期寿命不过和 19 世纪中后期人类平均水平相同，当然这与其过分高的婴儿死亡率是分不开的。目前，该国婴儿死亡率仍高达 138‰，比西非的平均水平 124‰ 还要高 14 个千分点。

人口结构及其他

毫无疑问，几内亚比绍的人口属于年轻型。但是，由于婴幼、少儿死亡率高，因此，以一般年龄划分标准来看，0~14 岁的人口在总人口中的比重并不太高，大约为 41%，15~64 岁人口所占比重为 55%，65 岁及以上人口所占比重是 4%。

几内亚比绍的人口性别构成情况是女性一直多于男性，这当然是从总体上讲，从各年龄组看，劳动力年龄组的人口女性更多一些，这主要是男性劳动力外流所引起的，这种现象与赤道非洲各国的情况是相一致的（参见表 5）。

表 5　几内亚比绍的人口性别构成变动情况

年份	总人口（人）	男性（人）	女性（人）	性比例（%）	年份	总人口（人）	男性（人）	女性（人）	性比例（%）
1950	510777	252777	258000	98	1970	487448	237293	250155	94.9
1960	521336	260650	260686	100					

几内亚比绍的人口地域分布情况如同大多数海岸国家一样：沿海地区人口最为稠密，内陆地区和该国比热戈斯群岛人口较为稀少。首都比绍是全国最大的城市，该市位于中部的大河入口，人口大约有 12 万人，占全国总人口的 1/10 强。

几内亚比绍是农业国，是联合国公布的最不发达的国家之一。农业人口约占全国人口的 80%，农村劳动力 50 万人。工业基础薄弱，交通落后，20 世纪 90 年代国内尚无铁路运输，人民生活水平极低。1989 年被认为人均国民生产总值 170 美元。不过，几内亚比绍自独立以来重视发展教育事业。1975 年小学生入学率男性为 36%，女性为 32%；1985 年这两项指标分别达到 71% 和 35%。对于一个经济如此落后的国家来说，这样的水平不能算低。当然，非洲其他国家自独立以后，小学入学率均有了一定程度的提高。如果教育水平继续提高，那么生育率最终将会降低。

目前该国妇女总和生育率为 5.4 个，人口粗出生率为 41‰，自然增长率是 1.9%。以此速度增长的话，2000 年人口可增到 123 万人，2025 年将达到 220 万人。不过，20 世纪 90 年代调查表明，几内亚比绍是艾滋病高发区之一，这是否会影响人们的生育行为，并进而去影响人口的增长则是一个难以预测的变量。

加纳 （Ghana）

　　加纳位于西非中北部地带的赤道线附近，其国境线是前殖民者英、法、德人争夺瓜分的产物。它的南面是几内亚湾，西接科特迪瓦，北邻布基纳法索，东与多哥接壤。形状几乎呈南北矩形。全部国土面积23.85平方公里。人口1989年约为1460万。人口密度每平方公里60.9人。首都：阿克拉。

　　历史

　　在史学界，将公元3～16世纪在西苏丹相继出现的加纳、马里、桑海三个国家称之为三大帝国，而加纳便是其中的也是最先成立的一个，说加纳有着悠久历史的说法即源于此。然而在此之前，由北部迁来的白肤色的柏柏尔人就已经统治了这一地区。不过，一般认为，加纳国的创建人则是黑肤色的索宁凯人。10～11世纪，加纳进入极盛时期。13世纪以后，加纳王国受到当时新兴的马林凯族人所建立的马里王国的多次入侵而日趋衰落，加纳国居民逐渐南移到现在的加纳境内定居。15世纪前后，今日加纳境内又出现了许多大大小小的土邦，但这些土邦仍然保持着明显的原始氏族社会的痕迹。1471年，欧洲葡萄牙人第一个登上了这里的"黄金海岸"。随后，欧洲其他殖民者如荷兰人、英国人和法国人又相继赶来，掠夺黄金、象牙，并贩卖黑奴。英国人于1844年侵占加纳沿海地带，继而在1897年，加纳全境沦为英国殖民地。加纳在经历了殖民地生活60多年后，于1957年3月6日完全独立，并于1960年7月1日建立了加纳共和国，但仍留在英联邦内。

　　民族、宗教和语言

　　从历史上讲，在加纳国建立之前，曾有北部的柏柏尔人部落在此居住，但最早创建加纳王国的是索宁凯族人。之后，阿尔摩拉维人曾侵扰过古代加纳。再往后，加纳则被马林凯族的马里王国所征服。由于史称的加纳版图已完全不同于今日之加纳，因此，上述的各个民族后裔并不是今日加纳居民的主要组成部分。目前，加纳居民主要是由尼日尔－刚果语族的克瓦语支、沃尔特语支、曼德语支以及西大西洋语支的100多个部族所构成。其中，四大部族构成了加纳人口的主体，即（1）克瓦语支的阿肯族占人口总数的44%；（2）同一语支的埃维族占人口总数的13%；（3）加－阿丹格贝族占9.7%；（4）沃尔特语支的莫西族占总人口的16%。四大民族共占加纳总人口的82.7%。余者还有诸如约鲁巴人、多哥人、洛比人、布萨人、富尔贝人、豪萨族人等。另外，尚有一些西方人。

　　加纳是一个多部族的国家，同样，加纳也是一个多宗教的国家。大约有38%的居民信奉当地的原始宗教，崇尚万物有灵论，约有40%的居民信奉基督教，天主教徒和新教徒各近半数。在古代时期就传入的并在10世纪时被阿尔摩拉维人加速传播的伊斯兰教目前在加纳并不十分盛行，全国只有12%的居民为穆斯林。不同的部族有着不同的风俗习尚，也有着自己独特的表述语言，如阿肯语、埃维语、莫西语、豪萨语等均是各民族内部自己使用的语言。但是，英语仍被作为通用的官方语言。

人口变动

和其他非洲国家不太一样的是，加纳早在1891年便进行了第一次人口普查（迄今为止已进行了8次人口普查，普查年份分别是1891、1901、1911、1921、1931、1948、1960、1970年）。但由于各种原因尤其是游牧人口过多而这些数据不太准确，因而普查的数据只能为我们提供一个概略性的参考。真正具有参考价值的全境范围的普查是在1921年进行的，当时普查的结果是：加纳人口总数是229.6万人；1948年进行的人口普查，其结果是411.8万人；独立时的1960年人口规模为672.6万人；1989年，人口总数大约为1460万人（见表1）。

表1　加纳的人口变动

单位：万人

年　份	1921	1930	1931	1940	1945	1948	1950	1955	1960	1965
人　口	229.6	287.0	316.4	340.8	396.0	411.8	440.0	520.0	672.7	780.8
年　份	1970	1975	1977	1980	1984	1985	1986	1987	1989	
人　口	855.9	986.6	1048.0	1154.0	1220.6	1261.0	1360.0	1390.0	1460.0	

加纳人口的变动状况可从其每一个10年的变动率中进行粗略地观察（见表2）。

表2　加纳人口每10年的变动状况

单位：%

时　期	期间增长率	年　均增长率	时　期	期间增长率	年　均增长率	时　期	期间增长率	年　均增长率	时　期	期间增长率	年　均增长率
1921~1930	37.8	3.2	1941~1950	29.4	2.6	1961~1970	27.3	2.4	1981~1989	26.5	2.6
1931~1940	7.6	0.8	1951~1960	52.7	4.3	1971~1980	34.8	3.0	1921~1989	537.6	2.8

由表2中可以看出，加纳人口增长最快的时期是独立前夕的20世纪50年代，根本原因是移民涌入。尽管进入加纳的移民在历史上从未间断过，而且可参照的原始资料又不太准确，但是，有一些事实可推断其移民数量的增长在过去一直是极其缓慢的，只是在20世纪50年代才突然迅猛起来。50年代加纳迁入人口的特点是，98%的移民是非洲籍人，大多是那些来此寻求工作和力图改善经济条件的邻国居民。1960年加纳人口普查显示，大约有81.1万人即占总人口12%的人口是外籍移民，其中绝大部分是在60年代普查前18个月内迁移而来的。

加纳迁入者的大量存在，大大影响了加纳人口的各种构成。如尼日利亚的伊博人、约鲁巴人、布基纳法索的格鲁西人、科特迪瓦的洛比人、多哥的埃维人等大量涌入便冲击了加纳民族人口的原始构成。此外，不同性别的人口迁入则影响了其原有居民的性别构成。总之，20世纪50年代是加纳接受移民最多的时期，其后，这股潮流有所缓和。因而，在以后几十年中，加纳人口的增长主要来源于人口的自然增长（参见表3、表4）。

表3　1960年加纳的非洲移民来源构成

单位：%

国　家	总人口	男性人口	女性人口	国　家	总人口	男性人口	女性人口	国　家	总人口	男性人口	女性人口
多　哥	34.5	31.2	39.3	达荷美	3.9	3.9	4.1	其　他	0.9	1.0	0.7
布基纳法索	24.6	27.0	20.5	尼日尔	3.0	4.1	1.4	总　计	100	100	100
尼日利亚	23.0	22.3	25.6	马　里	2.4	3.1	1.3	绝对数（人）	811703	482402	329301
科特迪瓦	6.7	6.4	7.0	利比里亚	1.0	1.0	0.1				

说明：达荷美即现在的贝宁共和国。

表4　加纳人口自然变动指标

单位：‰

指标 ＼ 年份	1953	1958	1963	1968	1973	1975	1981	1986	1989
出生率	47.5	47.9	49.7	50.0	48.6	48.8	47.0	47.0	44.0
死亡率	28.2	25.6	23.3	21.5	19.1	21.9	14.6	13.0	13.0
自然增长率	19.3	22.3	26.4	28.5	29.5	26.9	32.4	34.0	31.0

从几十年的发展过程来看，20世纪60年代后期是加纳人口出生率最高的时期，这些还可以从加纳等国的妇女总和生育率比较变化中再作进一步观察（参见表5）。

表5　加纳等国的妇女总和生育率变动情况

单位：个

国家 ＼ 年份	1955~1957	1959~1960	1961	1963~1964	1967~1968	1969
加　纳		7.2	6.5~7.3	6.2	6.5	6.7
扎伊尔	4.1					
中　非		4.6				
加　蓬			4.1			
几内亚	6.5					
多　哥			6.7			
阿根廷			2.7			
墨西哥			5.9			
英　国				2.9		
法　国				2.8		
澳大利亚				3.0		

可见，加纳在 20 世纪 60 年代末期的妇女总和生育率显然是比较高的。通过对加纳妇女年龄组别生育率分析还可以进一步证实这一判断（参见表 6）。

表 6　1948～1968 年加纳妇女年龄别总和生育率的变动情况

单位：个

妇女年龄／年份	15～19 岁	20～24 岁	25～29 岁	30～34 岁	35～39 岁	40～44 岁	45～49 岁	50 岁及以上
1948	0.59	1.59	2.60	3.70	4.68	5.36	6.14	6.56
1960	0.46	1.72	3.06	4.24	5.08	5.70	5.85	6.16
1961	0.61	2.61	2.57	3.60	4.69	5.71	5.11	6.00
1968	1.22	2.09	3.30	4.44	5.36	5.87	5.83	6.00

除最高的两个年龄组外，1968 年加纳的 15～44 岁各年龄组的妇女生育率均超过以往。目前估计妇女总和生育率仍在 6.0 个以上。如同其他发展中国家一样，加纳的人口自然增长的变动主要是死亡率较大幅度下降的结果。

加纳的婴儿死亡率与其粗死亡率一样，下降的幅度比较大。1960 年，大概在 132‰，1989 年，一般认为是 90‰，是西非诸国婴儿死亡率最低的国家之一，仅高于佛得角 70‰ 的水平。加纳人口平均预期寿命的情况如表 7 所示。

表 7　加纳不同时期人口平均预期寿命

单位：年

年　份	1950～1954	1955～1959	1960～1964	1965～1969	1970～1974	1975～1980	1981	1989
男	34.5	36.9	39.4	41.8	44.3	46.7	48.0	54.0
女	37.5	40.0	42.5	45.0	47.5	50.0		

1950～1989 年近 40 年间，加纳人口的平均预期寿命共提高 19 岁，平均每年提高 0.48 岁，几乎每两年提高 1 岁。

从 20 世纪 70 年代开始，加纳的人口死亡率显著下降，这与该国在 70 年代进行全国性的防治疾病、消灭疾病的战役是分不开的。当时，这些活动是分为以下几个分战役进行的：（1）完善各种传染性疾病的记录登记制度；（2）重点是天花、麻疹的防范工作；（3）麻风病的控制工作；（4）疟疾的预防性服务；（5）血吸虫病的防范，等等。这样，在 70 年代中期人口粗死亡率还高达 21.9‰，至 1981 年便基本上降至了 14.6‰。

总的来看，加纳人口的自然变动幅度在 20 世纪 80 年代以前仍是十分微小的。如果用人口转变理论来分析的话，宁可认为该国人口 20 世纪 80 年代末仅处于刚离开"高位静止"的第二阶段，即死亡率已经下降并还将下降，出生率略微有所下降，人口自然增长率仍高达30‰左右。造成这种状况的原因，除社会、经济、历史等因素外，人口性别、年龄结构在此也起了一定的作用。

人口结构

加纳的人口性别结构和其他中非国家不太一样，它在过去曾是一种男多女少型的平衡性比例结构，其主要原因是，加纳是一个人口迁入国。这在前面的分析中已经有所显示。不过，随着迁入人口的减少，其性别比例基本又恢复体现出了中非地区的共同特征——"男少女多"型（参见表8）。

表8 加纳人口性比例变动情况

时 间	总人口（人）	男性人口（人）	女性人口（人）	性比例（%）
1948.1	4118450	2083648	2034802	102.4
1960.3.20	6726815	3400270	3326545	102.2
1970.3.1	8559313	4247809	4311504	98.5
1980	11540000	5705370	5834630	97.8

不过，分年龄组看，加纳的性别比例有其自己的特点（参见表9）。

表9 加纳人口分年龄组性比例变动情况

单位：%

年 龄	1948年	1960年	1968年	1970年	年 龄	1948年	1960年	1968年	1970年
0~14	106.8	102.4	100.2	101.0	45~64	104.6	122.1	101.0	110.0
15~44	98.9	97.5	82.6	93.0	64岁以上	—	112.6	124.6	102.1

加纳人口分年龄组性别比例的特点是：（1）少年儿童性别比例基本平衡；（2）15~44岁的男性人口少于女性，1968年甚至只有82.6∶100；（3）45~64岁的性比例基本平衡。该年龄组1960年之所以男比女高22.1%，与50年代以前的大量迁入人口有关；（4）64岁以上的男性人口多于女性人口，这似乎是非洲大多数国家的一个共同特点。其原因一方面受诸如年龄推移的历史因素的影响，另一方面与妇女一生过分劳累、地位低下且又多生多育而导致的女性死亡率略高有关。

至于婴儿性别比，加纳也与世界上大多数国家不一样。一般的情况是婴儿性别比总是大于100，即男婴多于女婴数，通常这一比值在105左右摇摆。然而在加纳，前述三个年度的婴儿性别比分别为95.6∶100、94.5∶100和98.6∶100，这显然有点"不正常"。一种解释是该国男婴死亡率大大高于女婴，另一种解释则是对男婴的统计资料缺乏了解和掌握。

另外，在加纳人口中，本地人和外国人的性别比例有很大差异，这不能不算是影响该国人口性别比例的一个重要因素。表10是加纳1960、1970年的人口普查和1968年的抽样调查所显示出的该国各年龄组的性别比例情况（参见表10）。

表10　三个年度加纳各年龄组人口性比例变动情况

单位：%

年份\年龄	1960	1968	1970	年份\年龄	1960	1968	1970
0	95.6	94.5	98.6	40～44	114.9	93.1	102.1
1～4	97.7	102.0	98.5	45～49	129.7	98.3	99.3
5～9	101.5	99.0	99.1	50～54	118.0	95.3	112.4
10～14	110.1	104	100.8	55～59	122.7	109.1	107.0
15～19	105.0	97.3	105.3	60～64	115.1	113.6	115.7
20～24	84.2	68.8	105.2	65 +	114.0	123.8	102.2
25～29	91.0	71.2	81.3	全部人口	102.2	94.3	98.5
30～34	98.3	86.3	84.9	本地人	97.7	91.5	98.0
35～39	110.6	89.0	88.8	外国人	170.6	115.0	139.9

总之，加纳人口各年龄组的性比例不均衡，总的情况是目前女性多于男性。

加纳的人口由于出生率相当高，而且持续不降，因而该国一直是呈年轻型的人口年龄结构。从1960、1968和1970年的普查和抽样调查中，可以知道该国当时的人口年龄状况（参见表11）。

表11　1960、1968、1970年加纳人口年龄、性别构成

单位：%

年　龄	合　计			男　性			女　性		
	1960年	1968年	1970年	1960年	1968年	1970年	1960年	1968年	1970年
0～4	19.2	18.9	18.3	18.8	19.5	18.3	19.6	18.4	18.2
5～9	15.2	17.3	17.0	15.1	17.7	17.1	15.2	16.9	16.7
10～14	10.1	12.7	11.7	10.5	13.3	12.1	9.8	12.0	11.3
15～19	8.0	9.0	9.1	8.1	9.1	9.4	7.9	8.8	8.9
20～24	8.7	7.3	8.0	7.9	6.2	7.2	9.6	8.5	8.7
25～29	8.8	7.2	7.4	8.3	6.1	6.8	9.2	8.1	7.9
30～34	7.3	5.6	6.6	7.1	5.3	6.2	7.4	5.9	6.9
35～39	5.5	5.2	5.1	5.8	5.1	5.2	5.3	5.4	5.0
40～44	4.6	3.9	4.1	4.9	3.9	4.1	4.4	3.9	4.1
45～49	3.3	3.5	3.2	3.6	3.5	3.4	2.9	3.4	3.0
50～54	2.7	3.0	2.7	2.9	3.1	2.8	2.5	3.0	2.7
55～59	1.6	1.7	1.7	1.8	1.9	1.8	1.5	1.6	1.5
60～64	1.8	1.7	1.7	1.9	1.9	1.8	1.7	1.6	1.7
65 +	3.2	3	3.4	3.3	3.4	3.8	3.0	2.5	3.4

以上述资料绘制该国人口年龄金字塔，立即就会看出其人口年龄、性别结构的状况并由此可分析未来人口发展趋势（参见图1）。

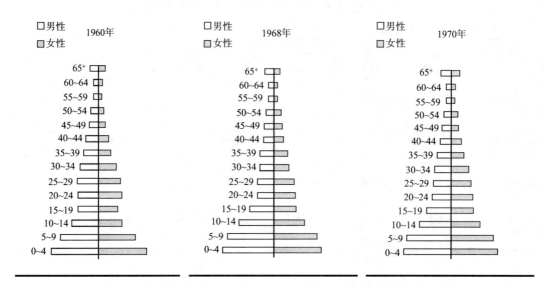

图1　加纳三个年度的人口年龄金字塔图示

从近几十年来的人口变化上看，加纳的人口年龄构成轻这一特点始终未变。以下两组资料可以看出其特征（参见表12）。

表12　加纳人口年龄构成变动情况

单位：%

年龄＼年份	1921	1948	1960	1968	年龄＼年份	1960	1968	1970	1981	1989
0～15岁	44.1	43.0	46.3	50.9	0～14岁	44.5	48.9	46.9	46.0	47.0
16～45岁	42.3	43.2	42.1	37.3	15～64岁	52.4	48.1	49.5	51.0	50.0
46岁及以上	13.6	13.8	11.6	11.8	65岁及以上	3.1	3.0	3.6	3.0	3.0
合　计	100.0	100.0	100.0	100.0	合　计	100.0	100.0	100.0	100.0	100.0

在西非地区，加纳属于最年轻的国家之一。部分原因是由于出生率一直很高所引起，部分原因则是由于死亡率及婴儿死亡率下降幅度较大所致。

人口流动、分布与城市化

像大部分非洲国家一样，加纳也经历了并且仍在经历着人口迁移的各种活动。事实上，加纳国内四种类型的人口移动往往是相互关联的，即城市向城市、城市向农村、农村向农村和农村向城市的人口移动。其中，农村向农村地区的人口移动规模庞大，持续不断，但农村人口向城市流入则意义重大。据1960年的加纳人口普查，只有58%的人口是在出生地进行登记的；大约有22%的人口出生在同一地区的其他地点；12%的人口出生在另一地区；还有大概8%的人口是在国外出生的。1970年人口普查的结果表明，只有57.1%的人口（男性57.5%，女性56.7%）是在出生地进行登记的；有20.9%的人口（男性18%，女性23.8%）是在某一个区域内的甲地出生乙地登记的；此外，还有17.9%（男性19.6%，女性16.3%）的人是在甲区域出生乙区域登记的；8.1%的人口（男性4.9%，女性3.2%）出生在国外。

尽管以后没有更为详尽的数据，但是，上述资料也足以说明加纳人口的流动频率及流动强度了，这样的人口流动状况必然影响该国内部的人口分布。

1948年加纳的人口密度每平方公里约17人，1960年增至28人，目前已达到每平方公里60人左右。总体上讲，加纳的人口分布极不均衡，大约有3/4的人口集中在占全国面积1/4的沿海地区，其中，土地肥沃、交通方便、又有矿藏的南部地区人口尤为稠密，每平方公里超过200人；而在北部的热带草原地区，每平方公里只有5~10人。

从行政上看，全国划分为10个行政区，下设110个县。各行政区的名称分别是：大阿克拉（Great Accra），阿桑蒂（Ashanti），布朗－阿哈福（Brong-Ahafo），中部（Central），东部（Eastern），沃尔特（Volta），西部（Western），上东部（Upper East），上西部（Upper West），北部（Northern）。在过去，常将上东部和上西部视为上部地区，因此，通常又认为加纳有8个行政区和一个首都特别区（参见表13）。

表 13　加纳人口地域分布变动情况

地 区	面积（平方公里）	1960 年			1970 年			1984 年		
		人口（人）	比重（%）	人口密度（人/平方公里）	人口（人）	比重（%）	人口密度（人/平方公里）	人口（人）	比重（%）	人口密度（人/平方公里）
东 部	19938	1096471	16.3	55	1266778	14.8	64	1679000	13.8	84
西 部	23921	625594	9.3	26	770338	9.0	32	1117000	9.2	47
中 部	9881	753403	11.2	76	890168	10.4	90	1146000	9.4	116
阿桑蒂	24390	1109920	16.5	46	1480761	17.3	61	2090000	17.1	86
布朗－阿哈福	39557	585233	8.7	15	761776	8.9	19	1179000	9.7	30
北 部	70383	423789	6.3	6	727542	8.5	10	1163000	9.5	17
上 部	27319	861032	12.8	32	855935	10.0	31	1211000	9.9	44
沃尔特	20572	780316	11.6	38	950084	11.1	46	1201000	9.8	58
大阿克拉	2577	491057	7.3	191	855935	10.0	332	1420000	11.6	551
合 计	238538	6726815	100.0	28	8559313	100.0	36	12206000	100.0	51

加纳首都阿克拉附近地区以及沿岸的中部地区人口最为稠密，而加纳国内的中央部分如布朗－阿哈福地区则人口稀疏，尤其是属于内陆的北方地区，每平方公里仅有16

人。加纳人口地域的一个特点是，城市较多、城市人口较多，这与加纳的整个社会发展都是十分有关系的。1984 年，阿克拉仅市区人口即为 56.41 万人，第二大城市库马西有 26.02 万人，塞康第－塔科腊迪市 1.68 万人，塔马利市 9.88 万人，博尔加坦加市 9.31 万人，科福里杜亚市 6.98 万人，苏尼亚尼市 6.17 万人，恩萨瓦姆市 5.73 万人，霍城市 4.63 万人。城市人口在加纳是膨胀式发展着的。1921 年城市人口比重只有 8%，1966 年增长至 23.1%，1989 年已达 32%，表 14 是 1960～1970 年加纳各地区城市人口的演变状况（见表 14）。

表 14 1960、1970 年加纳城市人口变动情况

地 区	城市人口（人）		城市人口占全国人口比重（%）		地 区	城市人口（人）		城市人口占全国人口比重（%）	
	1960 年	1970 年	1960 年	1970 年		1960 年	1970 年	1960 年	1970 年
西 部	154612	207343	24.7	26.9	阿桑蒂	276772	440526	25.0	29.7
中 部	210411	258636	28.0	29.1	布朗－阿哈福	91491	169072	15.6	22.1
大 阿克 拉	393383	726553	80.0	85.3	北 部	69063	148320	13.0	20.4
东 部	220765	310073	20.2	24.6	上 部	32576	60837	4.3	7.1
沃尔特	102101	151096	13.1	16.0	全 国	1551174	2472456	23.1	28.9

加纳是一个以农业为主的国家。因此，城市人口比重能达到 32%，应是一个较高比值了，尤其是在西非，则显得更高。

独立后的加纳，尽管采取了发展民族经济的措施，但经济发展战略有失误，致使经济在 20 世纪 80 年代几乎崩溃。从就业结构上讲，20 世纪 90 年代初全国约有 53% 的劳动力从事农业，20% 的劳动力从事工业，服务业部门包括了 27% 的劳动力。加纳劳动力分布的一个特点是，只有 52% 的妇女劳动力在农业部门，这是西非国家的最低水平。加纳属于矿藏资源丰富的国家，该国往往是依靠其雄厚的资源去提高国民生产总值。1989 年，估计该国人均国民生产总值为 390 美元。

加纳政府重视教育。早在 1969 年，加纳便开非洲义务教育之先河，义务教育很快就普及到全国。1974 年，政府宣布实行新的教育制度，义务教育的年限延长至初中三年级。1981 年，小学入学率达 69%，其中，男性为 77%，女性为 60%；中学入学率高达 36%，其中男性为 44%，女性为 27%；不过至 1980 年，成人识字率却只有 44.8%。

其他问题

加纳政府自 1960 年进行了全面的人口普查以后，感到了人口迅速增长问题的严重性，遂提出了有关控制人口增长的一些政策。不过，真正引起人们对人口问题的关注大概是在 20 世纪 60 年代前半期。早在 1963 年，加纳的有关协会就开始对已婚夫妇的家庭生育计划发生兴趣，并建立了一系列医疗指导中心。这些中心的目的之一就是"为那些希望限制生育和拉开生育间隔的夫妇提供避孕咨询"。1965 年，前加纳总统恩克鲁玛（Kname Nkrumah）提出确立一个以国家政府统计官员为首的内务咨询委员会以考虑有关加纳的人口政策。但是以后事实却证明了，当时的加纳政府是一个主张增加人口的政府。

1966 年政变之后的加纳改变了过去对人口持鼓励增长的态度。在 1967 年的"人权日"时，加纳成了亚撒哈拉非洲地区第一个签约"世界领导人关于人口问题宣言"的国家，并成为力图解决人口问题的 30 个协作组织成员国之一。1967 年 3 月，加纳成立了"加纳计划生育协会"（Planned Parenthood），该协会的目的是：（1）提高人口质量；（2）通过适当的生育间隔提高母亲的体、脑力素质；（3）确立适宜的生育间隔；（4）改善儿童营养等。此后，这一协会在全国迅速发展起来。1969 年 3 月，国家解放委员会批准了一项题为"关于国家进步与繁荣的人口计划"的报告。1970 年 1 月，国家又批准了国家家庭计划项目以及为执行此项目而需要的资金。总之，加纳有关遏制人口增长的人口机构主要有两项任务，一是直接提供避孕服务活动；另一个是进行宣传，帮助人们认识家庭计划的意义，以及宣传有关避孕知识。

尽管加纳政府为此做了很多工作，但是，其结果并不令人十分满意。1988 年的调查资料显示，15～49 岁的已婚妇女中了解避孕知识的占已婚妇女总数的 79%；曾经使用过避孕方法的占 37%；但是，目前只有 13% 的已婚妇女真正采取避孕措施，其中，只有 38% 的避孕妇女采用的是现代避孕法。在这种情况下，加纳的人口出生率以及妇女生育率是很难降下来的。这说明，脱离开一定的经济、文化背景，为避孕而避孕，其作用是有限的。

如果加纳的出生率仍按照这种情况持续下去，或者说，纵使稍有下降的话，那么，该国的人口到 2000 年仍要达到 2000 万人，届时人口密度每平方公里至少在 84 人以上。

参考资料

The population of Ghana —The world population year：Fertility Frends and Differntials by S. K. Caisie；Population Growth and Its Components by S. K. Caisie.

加蓬（Gabon）

加蓬共和国位于非洲中部，赤道线横贯其中；西濒大西洋，海岸线长达 800 公里；东南与刚果比邻；西北同赤道几内亚和喀麦隆接壤，全国面积 26.76 万平方公里。人口 1989 年估计为 110 万。人口密度每平方公里 4.1 人。首都：利伯维尔。

历史

加蓬是被称为赤道非洲的国家之一。从历史上讲，加蓬地区最早的居民是音译为俾格米人的矮人。当时，他们分散居住在赤道密林中，以狩猎、采集和自然农业为生。公元 12 世纪以后，在加蓬境外东北方热带大草原地区的班图各族缓慢向加蓬境内迁徙。最早踏入此地的是姆蓬圭人，随之而来的是泰凯等族。13 世纪下半叶开始，从北方的喀麦隆高地下来了一支对加蓬具有深远影响的民族——芳族。在欧洲人出现在加蓬以前，加蓬的班图各族基本上还处于晚石器时代，以渔猎和自给自足的农业为生。1472 年，葡萄牙探险家首次来到加蓬海岸，并为此起名为"加蓬"，随即将此地作为贩卖奴隶的基地。16 ~ 17 世纪，红了眼的荷兰人与法国人相继而来，从事奴隶贩卖贸易，致使加蓬在 18 ~ 19 世纪的奴隶贸易达到顶峰。18 世纪始，法国逐步侵入加蓬，并最终在加蓬建立了法国的统治。1910 年，法国又将加蓬、刚果、乍得和乌班沙立组成法属赤道非洲联邦。翌年，法为换取其在摩洛哥的权益，将加让给德国。第一次世界大战以后，法国重新统治加蓬，直至 1960 年 8 月 17 日加蓬独立为止。加蓬作为一个赤道上的海岸国家，经历了成为殖民地的全部阶段：即从探险开始，到贩卖奴隶、对欧贸易、与殖民大国的所谓签约、外国势力的争夺与变迁。因此说，加蓬的近代史，是一部完整的殖民地的历史。

民族、宗教和语言

人口作为社会的主体，其历史的变迁既受到社会历史的制约，又充分反映着社会历史的发展。尽管加蓬只有 100 多万人，但其民族构成庞杂。由于该国紧邻班图人的发源地——喀麦隆高原，因此，该国人口均为班图系即贝努埃 – 刚果语支人种，只有 2% 的非班图系或非非洲人。所以说，加蓬的人口，是一个班图种族的人口，大小包括有 40 多个部族。其中，以芳族人口最多，占全国人口的 35%，以下依次为姆蓬圭族（15%）、姆贝特族（14%）、普努族（12%）、邦吉利族（5%）、察安吉族（4%）、科塔族（4%）、马卡族（3%）、克勒族（2%）、特克族（1.5%）以及为数极少的俾格米人和外籍法兰西人。

加蓬是非洲基督教化最甚的国家之一。居民中有 50% 的人信奉天主教，10% 笃信基督教，只有 10% 的人信奉伊斯兰教，其余均为原始宗教的崇拜者。

官方承袭殖民时期的语言仍用法语。不过，民间却更多地使用芳语、尼亚比语和科塔语。

人口变动

在 20 世纪 50 年代以前，加蓬的人口始终是徘徊不前甚或有所下降，其根本原因是：奴隶贸易、赤道疾病（如黄热病、锥虫病、髓膜炎、疟疾等）、饥荒、部落的火并及迁徙等。此外，赤道雨林气候也对人口的缓慢增长乃至下降似有一定影响。大约在 1900 年时，加蓬的人口为 30 万人左右，1910 年人口突然增加到近 50 万人，这显然主要是移民的结果。此后在 1910 ~ 1950 年，人口一直在 45 万人上下波动。从 1950 年以后，人口才逐渐增加（见表 1）。

表 1　加蓬的人口变动

单位：万人

年　份	1921	1950	1955	1961	1965	1970	1980	1985	1987	1989
人　口	38.9	40.9	44.0	44.8	46.3	90.0	123.2	120.6	105.8	110.0

如果说，加蓬的人口在 1950 年以前，尚无确定数字的话，那么，在 1950 年以后则更加紊乱不堪了。一般对于加蓬独立以后的人口估计均是以 1961 年的国势调查作为基础。1961 年的人口数字是 44.8 万人。有人估计 1970 年加蓬的人口超过 70 万人，但有关国际机构所做的统计却认为，1977 年的人口才 53 万人。1980 年加蓬政府根据 1980 年的人口普查结果公布全国人口为 123.2 万人，但世界银行及其他国际组织却估计 1981 年的加蓬人口仅为 66.9 万人。此后的估计仍有反复性矛盾。如联合国人口机构的资料显示，加蓬 1985 年的人口估计当年人口为 120.6 万人，而到了 1987 年又估计当年人口为 105.8 万人。又如美国人口咨询局 1981 年的世界人口数据表认为加蓬人口仅 65.1 万人，1986 年就突然估计为 120 万人，1988 年又估测为 130 万人，而到了 1989 年，又认为只有 110 万人。从近几十年来加蓬的发展看，并没有大规模的反复无常的人口迁徙变动。因此，加蓬人口的估计差距，很大程度上取决于人们的主观认识。人们对一国的人口总量的多少存在着如此巨大的争议，在世界上是十分罕见的。这给我们研究加蓬的人口及其与加蓬人口有关的一系列问题都带来了极大的困难。

下面看一下加蓬的人口是如何自然变动的（参见表 2）。

表 2　加蓬人口自然变动指标

单位：‰

指标＼年份	1953	1958	1960	1968	1973	1980	1981	1986	1989
出生率	33.2	32.7	32.7	31.4	31.4	32.9	34.6	34.0	39.0
死亡率	31.9	27.0	27.0	24.9	23.2	19.2	18.1	18.0	16.0
自然增长率	1.3	5.7	5.7	6.5	8.2	13.7	16.5	16.0	23.0

这里的指标数字均是联合国对加蓬人口的估计数。如果以这样的出生率、死亡率以及如此低的人口自然增长率增长的话，那么，显然目前的加蓬人口至多为 70 万人，而不太可能超过百万人。

1961 年的加蓬人口普查资料表明，该国的人口出生率确实不高：1960～1961 年的粗出生率为 35‰，相应的 15～49 岁的妇女一般生育率是 116‰，粗再生产率是 2.1 个。这在非洲地区均属于最低水平。表 3 是 20 世纪 60 年代初西非各国与加蓬的妇女生育状况

（以稳定人口模型进行的计算）。

表 3　20 世纪 60 年代初加蓬等国的妇女生育状况

国　家	年　份	粗出生率(‰)	总　和生育率（个）	国　家	年　份	粗出生率(‰)	总　和生育率（个）	国　家	年　份	粗出生率(‰)	总　和生育率（个）
加　蓬	1960～1961	33	3.5	冈比亚	1963	40	5.3	尼日尔	1960	50	6.7
喀麦隆	1960～1961	39	4.8	加　纳	1960	47	5.6	尼日利亚	1952～1953	57	7.4
中　非	1959～1960	44	5.5	几内亚比绍	1950	39	5.1	塞内加尔	1960～1961	47	6.3
乍　得	1964	52	6.9	几内亚	1955	50	6.1	塞拉利昂	1963	42	5.4
刚　果	1960～1961	44	5.9	马　里	1960～1961	51	6.7	多　哥	1961	57	8.0
扎伊尔	1955～1957	44	5.8	利比里亚	1962	40	5.2	布基纳法索	1960～1961	50	6.5
贝　宁	1961	54	7.2	毛里塔尼亚	1964～1965	46	6.6				

此外，表 4 资料也可显示出当时的加蓬妇女生育率是较低的。

表 4　20 世纪 60 年代若干国家儿童与妇女的比率

单位：‰

地　区	全　国	城　市	乡　村	地　区	全　国	城　市	乡　村	地　区	全　国	城　市	乡　村
加　蓬	398	517	380	刚　果	596	699	582	加　纳	831	771	850
中　非	557	516	569	贝　宁	837	871	833	马　里	757	747	758
乍　得	643	655	642	冈比亚	552	687	541	多　哥	884	735	900

说明：人口统计学中的"儿童妇女比"即：0～4 岁的儿童数与 15～49 岁的妇女人数之比。

　　造成加蓬妇女生育率低的一个主要原因是，妇女不育率高：大约有 35% 的妇女终生没有生育，17% 的妇女只生育过头胎，12% 的妇女仅生育了 2 胎，9% 的妇女生育了 3 胎，8% 的妇女为 4 胎，6% 的妇女为 5 胎。导致加蓬妇女不育的原因则是：（1）性疾病，特别是淋病和梅毒，梅毒至少可以造成流产或死胎。（2）一夫多妻婚姻。据调查，一夫一妻家庭的妇女生育率在加蓬是 128‰，一夫二妻的生育率是 111‰，一夫三妻或三妻以上的为 99‰。可见，妇女的生育率随着妻子的增加而降低。（3）未婚男性数量的增加也是导致加蓬生育率低的原因。（4）妇女流产，尤其是青少年怀孕后的流产也是其原因之一。总之，从 20 世纪 60 年代的情况看，加蓬的生育率在非洲确实是非常低的。

　　加蓬的死亡率与生育率恰恰相反，它一直维持在很高的水平上。据历史记载，1840～1850 年，加蓬的许多大型村落的人口被天花病毒吞噬而光；而后昏睡病则于 1923～1930 年席卷了上奥戈韦省的大批人口，甚至一些民族由此而消失，还有一些已被人们遗忘。整个地区的人口由此而急剧下降，如奥戈韦 – 伊温多省，20 世纪 60 年代初期，性比例只有 65：100，妇女不育率达 30% ~ 40%，婴儿死亡率高达 200‰ ~ 300‰。早期加蓬死亡率高的原因是：疾病盛行、饥荒严重、营养匮乏、酒精中毒普遍。在更早时期，奴隶贸易、小部落群体的孤立存在，均是导致死亡率居高不下的原因。1960 ~ 1961 年的调查表明，当地当时粗死亡率达 30‰左右。而加蓬的婴儿死亡率之高在非洲排列第三：赞比亚 259‰，马里 250‰，加蓬 229‰。相应的，加蓬当时的人口平均预期寿命也非常低，平均 32 岁。但男女差异相当大：男性 25 岁，女性 45 岁，部分原因是由于当时的死亡率决定的：男性死亡率 39‰；女性死亡率 22‰。

其他非洲国家尽管在当时死亡率也很高，但是其出生率更高，因此人口的自然增长率也很高。加蓬的情况却是在死亡率很高的背景下，出生率相对低，以至于人口增长缓慢。

人口特点及预测

早在 20 世纪 60 年代初期，有些学者可能正是看到了加蓬人口变动的这种特殊性，因而预测未来人口的结果是比较"低"的（见表 5）。

表 5　1960 年对加蓬人口有关指标的预测

时期 指标	1960 ~ 1964		1965 ~ 1969		1970 ~ 1974		1975 ~ 1979		1980 ~ 1984		1985 ~	
总和生育率 （个）	4.14		4.26		4.37		4.48		4.60			
平均预期寿命 （年）	男 25	女 45	男 30	女 48	男 35	女 50	男 40	女 53	男 45	女 55	男	女
人口数（万人）	20.47	23.96	20.21	25.42	20.63	26.91	21.74	28.70	23.50	30.89	25.98	33.62
人口总数（万人）	44.43 （1960 年）		45.63 （1965 年）		47.54 （1970 年）		50.44 （1975 年）		54.44 （1980 年）		59.61 （1985 年）	

当时预测 1980 年的加蓬人口为 54.4 万人，以后世界银行及其他国际组织则估计该国 1980 年的人口为 66.9 万人，但加蓬政府却认为是 123.2 万人，不过从目前来看，几方面的估计都认为加蓬的人口现在大概在 110 万人。由于对总体人口缺乏了解，因此，无论是加蓬政府，还是国际有关社会经济部门，对于加蓬国内人口方面的进一步分析只能是粗略的。

从总的方面来讲，加蓬人口有这样一些特点：（1）人口绝对量小、人口密度稀疏。即使以 110 万人口计，人口密度仅为每平方公里 4 人，为世界上人口密度最低的国家之一。世界银行认为，非洲还有 11 个国家有广袤的土地未充分开发，其中就包括加蓬。世界粮食组织甚至认为，加蓬地区还可容纳目前人口 100 倍的人口数目。（2）人口密度极不均匀。沿海地区、城市人口多。首都利伯维尔有居民 25.7 万人，让蒂尔港有 12.3 万人，弗朗斯维尔有 3.8 万人，仅这三大城市人口即占全国人口的几乎半数。而在覆盖着热带森林的大部分土地上，每平方公里的人口甚至不到 1 人。（3）男女性别比例不平衡。女性人口远远超过男性人口。1961 年的统计资料表明，性比例指标是 89.1∶100。（4）劳动力年龄人口比重大。估计目前加蓬 0～14 岁的人口仅占总人口的 35%，15～64 岁人口占 59%，65 岁及以上人口占 6%，这在非洲是一个比较特殊的年龄结构。（5）相对于非洲国家来说，出生率水平低，婴儿死亡率及人口平均预期寿命居中。估计 1989 年的出生率为 39‰，仅高于南非共和国 32‰ 的水平；妇女总和生育率为 5.0 个，同样仅高于南非 4.5 个的水平；婴儿死亡率为 103‰，人口平均预期寿命 52 岁。（6）小学教育普及率高。1985 年，学龄儿童入学率已达 99%。（7）城市人口所占比重高。除前述的三大城市以外，连同其他中小城市的人口总计，城市人口比重为 41%，高于非洲国家平均 28% 的水平。

总之，加蓬的人口状况比较特殊，加之没有更详细的资料进行分析，因此人们一直认为加蓬的人口状况是个难解之"谜"。尤其是该国妇女生育率水平如此之低，更难以解释清楚。

鉴于此，预测加蓬未来人口发展便十分困难。如果说，加蓬的人口 1989 年是 110 万人的话，那么当人口的自然增长率能保持在 20‰ 的时候，到 2000 年时，该国人口将达到 140 万人左右。

加蓬是一个濒临海洋的富饶国家：（1）森林面积占全国土地面积的 78% 左右，享有"绿金之国"的称谓。原木储量仅次于扎伊尔，居非洲第二位，木材产量是世界第五位。（2）加蓬是非洲的五个产油国之一，石油产量是非洲的第五位。（3）锰的藏量在世界上仅次于苏联和南非，其产量居非洲第二。（4）铀的藏量居非洲第三位，产量在非洲排名第四。石油、锰、铀、木材是加蓬经济的四大支柱。加蓬的经济自独立以来，即充分利用丰富的资源而快速发展。1960 年国内生产总值仅为 1.284 亿美元，1982 年则上升至 34.94 亿美元，比独立时增长了 26 倍。

加蓬独立之后，经济如此迅速地发展，与其经济政策有关，而且国内政局比较稳定，政策的连续性也比较强，这些都为经济发展提供了有力保证。加蓬的人口增长速度是非洲大陆诸国最低的国家，如前所述，主要表现在生育率低。但是，如果妇女生育率不是已经经历的水平，而是像其他国家那样出生率高达 50‰ 的话，那么，其人口的增长以及现今的人口状态将会是另一种结果。这种结果将会对加蓬经济产生怎样的影响，究竟是促使其经济发展，抑或是阻碍其经济发展都很难说清楚。一个事实是加蓬虽然人少地多，但是，已开辟的可耕地面积很小：1978 年的可耕地和多年生作物面积仅占全国土地面积的 1.7%，其中农业可耕地仅占全国土地面积的 1% 左右。在已经过来的历史面前，人们不得不问，究竟是什么促使加蓬经济较快发展的；是人口没有大幅度的增加，还是天然资源及其优越的地理位置，还是凭借了稳定的政治及较为合理的经济政策，还是几方面因素兼而有之？此外，加蓬的妇女生育率一直比较低，究竟是生殖能力、疾病等生理原因，还是其经济的迅速发展对生育意愿有其影响而导致的结果呢？这些都是需要进一步认真研究的重要课题。

参考资料

中国社会科学院西亚非洲研究所：《非洲经济》，人民出版社，1987。

Gabon by michel francois.

津巴布韦（Zimbabwe）

位于非洲大陆东南部的津巴布韦，系内陆高原国，东连莫桑比克，北邻赞比亚，西接博茨瓦纳，南与南非共和国为界。国土总面积 39.08 万平方公里。人口总数 1989 年中估计为 1010 万人，人口密度每平方公里 25.9 人。首都：哈拉雷。

历史

津巴布韦是非洲最具悠久历史的国家之一。境内一群大型古代建筑物使得津巴布韦文化成为非洲历史上最为引起争论的问题之一。不过，考古与研究仍然证明了津巴布韦的石建并不是孤立的，它只不过是代表这一古代文化类型中最大的一部分。津巴布韦的文化可以追溯到公元前 6 ~ 7 世纪。公元 1 世纪左右是津巴布韦的早铁器时代，当时的人们从事耕种、养畜、金属加工及制陶。在 10 世纪左右，早铁器时代文化为晚铁器时代文化所取代。考古学认为，这两大时期的冶炼技术是由班图系的不同部族带来的：第一时期的来客是巴苏陀人；第二时期是说绍纳语的班图人。巴苏陀人大概是 11 世纪以前津巴布韦文化的主人。在绍纳族的马卡伦人于 13 世纪建立了莫诺莫塔帕王国之后，他们便成了津巴布韦新的主人。到 17 ~ 18 世纪时，曾经鼎盛一时的莫诺莫塔帕王国已十分衰落。19 世纪 30 年代，继承了莫诺莫塔帕国土的昌加米尔一再受祖鲁国家分裂出来的北恩戈尼各部族蹂躏而终被灭亡。自此，津巴布韦文化遂遭彻底破坏而终止发展。1885 年，欧洲人的触角终于探到了此地的金矿，旋即来人占领了全境。津巴布韦经历了近一个世纪的艰难而痛苦的奋斗，终于 1980 年 4 月 18 日宣布完全独立。

民族、宗教和语言

历史演变的结果使津巴布韦人口分成了两大部分，一部分是非洲人，另一部分是非非洲人。所谓的非洲人几乎全是班图系各族亦即贝努埃－刚果语支的各族人口。其中早期到达此地的绍纳人以及稍后时期迁来的恩德贝莱族人占该国非洲人口乃至全国人口的绝对优势。各部族的人口依照其习惯及各种纽带关系各自集居在一起。如绍纳人居住在津巴布韦的中部和东部，恩德贝莱族人居住在南部等。总体上讲，津巴布韦人口分为四大集团：（1）非洲人、（2）亚裔人、（3）欧洲人后裔、（4）其他。苏联学者布鲁克的分类如下所述（参见表 1）。

表 1 1977 年津巴布韦人口民族构成

民　族	人口（千人）	比重（%）
尼日尔－刚果语族	6620	95.6
贝努埃－刚果语支	6620	95.6
绍纳人	4750	68.5
恩德贝莱族	1040	15.0
聪加人	250	3.6
文达人	200	2.9
通加人	150	2.2
佩迪人	75	1.1
马拉维人	75	1.1
茨瓦纳人	60	0.9
马夸人	20	0.3
英格兰人	200	2.9
南非白人	50	0.7
混血种人	27	0.4
印度、巴基斯坦人	10	0.1
犹太人	7	0.1
布须曼人	1	0.0
其他	15	0.2
总　计	6930	100.0

　　白人的入侵，使得非洲本地人的文化受到了一定的冲击。但是，较之其他非洲国家，津巴布韦受到的这种冲击似乎要微弱一些，其特征表现在宗教信仰方面。及至目前，津巴布韦大约有 66% 的居民仍崇信万物有灵论的原始宗教。只有 25% 的居民为基督教徒。天主教徒和新教徒仍以欧洲人居多。亚裔的居民信仰回教及印度教。

　　英语在津巴布韦是官方语言。民间流行语言有奇绍纳语、卡兰加语和祖鲁语。

　　人口变动

　　由于津巴布韦文化在非洲历史上占有极为重要的地位，而且在津巴布韦这一地区，一些王国曾此起彼伏、交替称雄，因此，这里的人口在很久以前就比较多，加之以后这里的金矿又招来了大量的欧洲人，更使得这一地区的人口有所增加。据不完全统计，1901 年此地的白人移民已超过 1.1 万人，1931 年曾超过 5 万人，至 1953 年甚至高达 15 万人。

　　在 20 世纪 40 年代以前，原称为南罗得西亚的现津巴布韦地区人口在 150 万人以下。

第二次世界大战结束时，大约在173万人。在风起云涌的独立运动席卷非洲的20世纪60年代初期，人口接近400万人。津巴布韦独立时的人口数目大概是700万人。至今已达1010万人（参见表2）。

表 2　津巴布韦的人口变动

单位：万人

年份	1925	1930	1940	1945	1950	1955	1962	1965	1969	1975	1977	1979	1982	1983	1985	1986	1989
人口	89	110	146	173	217	327	362	426	485	631	674	714	754	774	868	900	1010

津巴布韦的人口变化情况是，20世纪20年代人口年均增长率是2.1%，30年代为2.8%，40年代4%，50年代达到5.3%，60年代4.2%，70年代3.9%，80年代进一步降至3.1%，显然，这是一条"低高低"的增长轨迹。人口增长率最高的时期是第二次世界大战后的10年间，大批英国人和南非人移民到津巴布韦是导致当时人口急剧增长的重要原因，其他时期的人口增长状况则主要取决于其自然变动（参见表3）。

表 3　津巴布韦人口自然变动指标

单位：‰

指标 ＼ 年份	1953	1958	1963	1968	1973	1980	1981	1986	1989
出生率	47.4	47.4	46.8	47.1	47.5	47.3	47.2	47.0	47.0
死亡率	22.8	20.6	18.6	16.6	14.9	13.7	12.3	12.0	11.0
自然增长率	24.6	26.8	28.2	30.5	32.6	33.6	34.9	35.0	36.0

可见，津巴布韦人口增长的主要原因是死亡率大幅度降低。40年间死亡率下降51%，而出生率的下降几乎为零，自然增长率提高46.3%。该国死亡率的下降速度稍快于其他非洲国家，其原因就在于该国的一些非洲地方性疾病得到了控制，这源于医疗卫生条件的改善。因此，津巴布韦的婴儿死亡率也较之其他同等经济发展水平的非洲国家更低一些。1960年调查时，婴儿死亡率大约是100‰以上，1989年已降至76‰，低于东非及全非洲平均水平。与此相应的，其人口平均预期寿命1989年已达到57岁，属东非地区除毛里塔尼亚、留尼汪和塞舌尔等岛国及地区外的最高国家。由于人口平均预期寿命已经达到了一定的高度，因此年龄再提高的速度反而并不十分迅速。以1952年人口平均预期寿命40岁为起点，至1989年每年提高不过0.46岁，甚至还不及那些死亡率更高的国家提高的速度快。

人口自然结构

津巴布韦的人口属于年轻型人口。1979～1982年的人口调查数据显示出人口的年龄构成情况是：0~14 岁人口比重为 50.9% ，15~64 岁的比重是 47.4% ，65 岁及以上的人口比重为 1.7% 。目前，三项指标的比值分别为：48% 、49% 和 3% 。

津巴布韦的人口性别比例基本属正常范围（参见表 4）。

表 4　津巴布韦人口性比例变动情况

时　间	总人口（人）	男性人口（人）	女性人口（人）	性比例（%）
1962.6.10	3618150	1863230	1754920	106.2
1969.4.21	4846930	2440180	2406750	101.4
1979.6.30	7139300	3529500	3609800	97.8
1982.8.18	7540000	3717220	3822780	97.2

过去，津巴布韦是劳动力流入国，因此，其性别比例往往呈现男性多于女性的状态。但之后迁入人口逐渐减少，而且外流人口逐渐增加，至独立前达到最高峰。据资料表明，从独立至 1983 年仅欧洲人就外流 4 万多人。因此，性别比例趋于平衡，甚至女性人口开始多于男性人口。之所以出现这种状况，和中非地区出现的男性人口少于女性人口的"自然"现象不能说没有关系。但更深一层的解释，却需进一步研究。不过，在津巴布韦，各种族的人口性别比例是不一样的。1979 年的资料表明，该国非洲人口性别比例是97.5:100、亚裔是 100:100，有色人种是 97.6:100，欧洲人是 105:100。显然，性别比例指标是社会、经济、文化、历史的一个综合性反映。

人口分布

在幅员辽阔的津巴布韦，人口只有 1010 万人，人口密度每平方公里不过 25 人，因此，仍属人口稀疏国家之列。在整个国境内，人口分布并不均匀。总的来看，西部沙漠地带人口稀疏，东部和中部地区人口稠密，尤其在城市附近，情况更甚。据 1983 年的资料，首都哈拉雷市人口数目为 65.6 万人，第二大城市布拉瓦纳人口约为 41.38 万人，这两个城市的人口占全国人口的 13% 强，津巴布韦 75% 的欧洲人居住在这两个城市中。其余城市如古艾有 7.89 万人，乌姆塔利 6.96 万人，维多利亚堡 3.06 万人，沙巴尼 2.68 万人，加图马 4.46 万人。1989 年的津巴布韦城市人口约为全国人口的 25% ，在东非地区属于中等偏高水平。全国人口的 75% 直接以农业为生，农业劳动力占总劳动力人口的60% ，工业劳动力占 15% ，服务业占 25% ，其中约有 82% 的女性劳动力从事农业。

津巴布韦矿藏资源丰富，经济实力在南部非洲仅次于南非。1982 年联合国将其列为下中等收入国家，排列在第 51 位，当时人均国民生产总值为 850 美元。由于近些年地表气候连续干旱、国际经济萧条，致使其经济增长率有些缓慢，人均国民生产总值有所降低，1989 年估计人均国民生产总值为 590 美元。不过，津国重视教育，独立之后开始小学义务教育。1981 年，小学生入学率高达 126% ；1986 年为 100% ；同期中学生入学率为 15%。这在非洲地区是比较高的水平。但由于历史的原因，至今津巴布韦的成人文盲率仍为 31%，但即使如此，这一指标在非洲地区也是低水平的。

津巴布韦的出生率一直维持在 47‰左右，使得在死亡率缓慢降低的情况下，自然增长率逐渐提高。出生率居高不下除年龄结构的影响外，总和生育率始终不下降也是一个重要原因。津国 1950～1955 年的总和生育率为 6.61 个，1960～1965 年为 6.61 个，1970～1974 年为 6.6 个，1975～1985 年均为 6.6 个，1989 年略降低到 5.8 个。由于津巴布韦地大物博，因而，该国并不感到人口有什么压力。尽管他们也成立了推行家庭生育计划组织，如"生育间隔与家庭生育计划理事会"及"家庭生育计划协会"，但其宗旨更倾向于卫生保健，而不是降低生育率。但客观上讲，其生育率仍然在某种程度上得到了控制。1988～1989 年的调查表明，15～49 岁的已婚妇女中有 99% 的人了解避孕知识，甚至还有 79% 的妇女采取过各种避孕措施。在目前有 43% 的妇女正任选一种避孕方法，其中有 83% 的避孕妇女使用现代避孕方法。

人口预测

按照这样的情况发展下去，津巴布韦的人口到 2000 年大约在 1500 万人左右，达到 1989 年人口 1 倍所需的时间约为 19 年。津巴布韦目前面临着一个颇令人头痛的问题，就是大量难民涌入津国国内。据 1988 年调查，津巴布韦大概容纳了来自莫桑比克和南非的难民 17.15 万人，这对于津巴布韦未来人口将产生什么影响，目前尚难预测。

喀麦隆（Cameroon）

喀麦隆共和国位于非洲中西部、几内亚湾的东北，西邻尼日利亚，东部与乍得和中非共和国相连，南部从东向西依次为刚果、加蓬、赤道几内亚。就国土版形而论，南宽北窄，最北处几乎形成一点，归结于乍得湖。总面积 47.54 万平方公里。1989 年人口估计为 1080 万人。人口密度每平方公里 22.7 人。首都：雅温得。

历史

殖民地时代以前，喀麦隆的历史鲜为人知，喀麦隆的人口历史则知之更少。我们只是大概知道：约从公元 5 世纪起，喀麦隆境内先后形成一些部落王国和部落联盟国家。直至 15 世纪后半叶，葡萄牙人来到喀麦隆的沿岸地带，这一地区的情形才逐渐为人所了解。1530 年之后，西非沿岸盛行奴隶买卖，除葡萄牙人外，来自欧洲各国的商人也参与了这一罪恶的交易活动。1844 年德国人侵入该地区并于 1902 年占领喀麦隆全境。之后，第一次世界大战期间喀麦隆又分别被英、法军队所占领。1922 年国际联盟将喀麦隆领土分别交由英、法成为两国的"委任统治地"，第二次世界大战之后改为"托管地"。喀麦隆人民进行长期反殖民主义斗争的结果首先赢得了 1959 年的完全自治权，遂于 1960 年 1 月 1 日宣布正式独立。

民族、宗教和语言

喀麦隆的名称据说几经演变：最先闯入这一地区的葡萄牙人称此地为"Cameroes"，德国人称它为"Kamerum"，法国人称之为"Cameroun"，英国人叫其为"Cameroons"。现在原英属地区的喀麦隆人把它拼为"Cameroon"，而原法属地区的喀麦隆人则把它拼成"Cameroun"。

喀麦隆处于中非西部，相邻国家达6个之多，因此有各种种族居住其间。大概在此地最古老的居民是杰里族和宝加族，他们大多居住在沙纳河流域的森林地带，后来有班图系部落从南方以及富尔贝族从北方来到此地，从而迫使原始居民流往南方。目前喀麦隆人口最多的民族有班图语族的芳族（19.9%）、巴米累克族（18.6%）、杜阿拉族（14.9%）、蒂卡尔族（7.4%）、马卡卡族（4.9%）、蒂夫族（2.6%）；还有苏丹语族的昌巴、姆贝姆族（3.7%）以及富尔贝族（8.7%）、曼达拉族（5.7%）、马萨族（4%）等。蒂卡尔族大部分居住在喀麦隆共和国东部和西部两个地区，这些族分别组合成若干大小不等、语言和血缘关系不同的独立的酋长国，每一个酋长国都有一个称之为"芳"的统治者，并在此之下再进一步划分为若干由村落酋长统治的独立的村落。巴蒙族主要住在东部。巴米累克族人集中在丰班，这个民族的发祥地不太清楚，因为他们没有历史记载，也没有有关他们早期历史的任何确切可靠的资料，据猜测他们来自上姆班河地区。姆贝姆族居住在喀麦隆中部。富尔贝族分散居住在喀麦隆的北部和中部，其中有些人一直过着漂浮不定的游牧生活。

如果把大大小小的部族都加在一起的话，喀麦隆境内大概有216个部族。这些部族各自有各自的宗教倾向与语言使用范围。大部分班图语族的民族仍信奉原始宗教，然而像巴米累克族却笃信伊斯兰教，该民族被认为是喀麦隆民族中受穆斯林文化影响最大的民族之一。伊斯兰教之所以能够迅速地传遍他们的乡土，也许是因为他们没有自己的宗教而受穆斯林信仰和祈祷方法的感召，因此毫不犹豫地信仰了它。其他一些民族如富尔贝人、卡努里人、部分蒂卡尔人等也笃信伊斯兰教。大约还有不足1/3的人口为基督教徒。

作为英法殖民地之后独立起来的国家，喀麦隆目前的官方语言仍使用英语和法语。民族语言主要有富拉尼语、雅温得语、杜阿拉语和巴米累克语，不过这些语言均是口语说说而已，并无文字。

人口变动及其他

由于殖民时代的喀麦隆国土与现在的国土范围并不一致，因此，当时的人口数目及有关人口内容很难有准确的统计数字。不过，据史料推算，20世纪20年代初期，喀麦隆的人口总数大约是300万人，50年代为495万人，60年代达到568万人。40多年间人口年净增6万~7万人，年均增长率1.6%。自60年代以后，人口增长速度有所加快，至1989年达到1080万人。30年间人口净增512万人，年均增加17.06万人，年均增长率是2.2%。这是死亡率持续下降的结果。喀麦隆的人口总数在中非诸国中名列前茅，仅次于国土面积比自己大 4.9 倍的扎伊尔。表 1 是喀麦隆的人口变动情况。

表 1　喀麦隆人口及自然变动指标

指标＼年份	1920	1950	1960	1970	1980	1981	1982	1983	1986	1989
人口总数（万人）	300.0	495.5	568.1	678.1	850.0	872.0	894.0	916.0	1000.0	1080.0
出生率（‰）		44.2	43.4	41.9	43.2	43.2			44.0	43.0
死亡率（‰）		31.7	28.6	23.2	19.2	17.8			17.0	16.0
自然增长率（‰）		12.5	14.8	18.7	24.0	25.4			27.0	27.0

喀麦隆的人口演变符合大多数国家的变动规律：死亡率渐次降低，自然增长率缓慢提高。不过，20 世纪 80 年代该国的婴儿死亡率据认为仍然很高。世界银行认为1982 年为 92‰，联合国认为是 94‰，但美国人口咨询局却认为是 128‰。不论哪种情况，都说明喀麦隆的婴儿死亡率仍然很高。其相应的指标人口平均预期寿命基本上都认可 20 世纪 90 年代是 50 岁这一数值。事实上，进入 70 年代后，该国的人口平均预期寿命才达到 40 岁。1950～1954 年：男性为 31.9 岁，女性为 35.1 岁；1955～1959年：男 34.4 岁，女 37.6 岁；1960～1964 年：男 36.9 岁，女 40.1 岁；1965～1969 年：男 39.4 岁，女 42.6 岁；1970～1975 年：男 41.9 岁，女 45 岁。尽管 20 世纪 90 年代喀麦隆的平均预期寿命只有 50～51 岁，但却是非洲这一指标的平均水平，甚至比中非诸国的平均水平还高 1～2 岁。

喀麦隆的人口年龄结构属于年轻型。1976 年 0～14 岁的人口占总人口的比重为44.5％，15～64 岁人口比重是 51.9％，65 岁及以上人口比重为 3.6％。1989 年，这三项指标依次为 45％、52％和 3％。

从人口总体上讲，喀麦隆的人口性别构成大致属男少女多的平衡型，男性占49％，女性占 51％。非洲中部许多国家有类似的情况，如中非为 48∶52，乍得48.5∶51.5，刚果 48.7∶51.3，扎伊尔 49.2∶50.8。一般而言，造成这种状况的原因有三条：（1）婴儿分性别存活率的差异；（2）男女分年龄组死亡率的差异；（3）男女人口迁移的差异。

喀麦隆人口总数居中非第二，人口密度为每平方公里 22 人。这对于具有大片土地的整个非洲而言，人口密度稍高，但是与非洲中部其他国家比较起来，人口密度则顶多属于中等水平。国内人口分布如同全非洲人口分布一样是不均匀的，即本国不同地区的相等面积并非由相同对应的人数居住着。国内人口分布的变化、从过去到现在的变化，均是受社会因素、经济因素、文化因素或者说受历史因素的影响：工业和商业中心，如杜阿拉、雅温得、昆巴和章格等地均吸引了许多人；港口城市如提科人口也在增加；商业中心的转移同样会引起人口相应的变动。这从各城市的人口状况中就可以看出人口分布的疏密程度：1980 年首都雅温得为 65.27 万人，杜阿拉为 85.84 万人，恩康桑巴为 7.83 万人，昆巴为 5.72 万人，巴门达为 5.21 万人，加鲁阿为 6.53 万人，埃代阿为 2.78 万人，恩冈德雷为 2.35 万人，丰班为 6.27 万人。喀麦隆人口总的空间分布是：广大森林地带人口稀少；国内中部地带巴米累克族居住地人口密集，有些地区人口密度超过 200 人；西部海岸地带城市化程度高的地区，人口密集度也很高。不同的人口分布于不同的城市，不同的城市又因不同的原因而起源：北部城市呈现出典型的伊斯兰教都市风貌，伊斯兰教色彩相当浓厚；南部城市是欧洲人在原住民村落的基础上建立起来的商业城和居留地。1989 年，喀麦隆的城市人口占总人口的比重为 42%，这一比值在 30 年前仅是 14%。城市人口年增长率 1960 ~ 1970 年为 5.8%，20 世纪 70 年代以后为 8% 以上，远远超过了总人口的增长速度。据 1980 年统计，人口超过 5 万人的城市就多达 21 座，这在非洲是不多见的，这与该国工业发展较快也是分不开的。到 90 年代，喀麦隆工业发展水平居非洲第二，仅次于科特迪瓦。

最近 10 多年，喀麦隆的经济在多样化农业和丰富矿物资源的基础上呈现出稳定的增长。农业部门的劳动力人口占全部劳动力就业人口的 83%，工业部门占 7%，服务行业拥有 10% 的劳动力，78% 的女性劳动力从事农业。

喀麦隆被联合国列为下中等收入国家，1989 年人均国民生产总值大约为 960 美元。这使得它的教育水平与邻近的非洲国家相比比较高。小学生入学率 1982 年为 107%，其中男性 117%，女性 97%；中学生入学率 19%；大学生入学率 2%。喀麦隆的教育制度受英、法两国的影响较重。[①]

喀麦隆的妇女总和生育率水平低于非洲大陆各国的平均水平，1989 年，前者为 5.8 个，后者是 6.6 个。一次调查表明，没有接受过教育的喀麦隆妇女总和生育率为 6.4 个，接受过 7 年以上教育的妇女总和生育率为 5.2 个。此外，喀麦隆妇女的平均初婚年龄为 18 岁，男性更高一些，达 26 岁。这种状况对于遏制喀麦隆人口的迅速增长有着潜在的好处。1978 年对喀麦隆 15 ~ 49 岁的已婚妇女进行过有关避孕方面的调查，结果表明，只有 34% 的妇女知道避孕这回事，11% 的人曾经采用过避孕方法，2% 的人正在以各种方式进行避孕，但却没有人采用现代避孕法。从这一点来看，控制喀麦隆人口的增长又面临着一定的困难。

人口预测

喀麦隆的人口 1989 年为 1080 万人，估计在 1990 年底会接近 1200 万人。根据其增长速度估测，到 2000 年该国人口为 1500 万左右。不过，喀麦隆一个很大的社会问题是妇

---

① 小学生入学率指标在人口统计上应该指：当年已入学适龄儿童/当年入学适龄儿童。理论上讲，该指标应该小于 1，但是在非洲这样的落后国家，联合国提供的这一指标数值往往大于 1，其原因是它的分子部分往往包含了往年已达入学年龄而没有入学的儿童，而这些儿童在某一年有了入学行为，这样的计算就加大了该年度入学率的分子部分，这明显是一个被"堆积"起来的时点指标，它和小学生在校率不是同一个指标，但一些文献经常把这两个指标混淆起来使用。

女不育率比重大，在别的国家这种头胎不育率只有 1% ~ 2%，喀麦隆却高达 17%，从而成为世界上这一指标最高的国家之一。这种状况的不确定性直接影响着对该国未来的人口预测。

参考资料

〔喀麦隆〕恩格瓦：《喀麦隆联邦共和国地理概貌》，安徽师范大学外国地理翻译组译，安徽人民出版社，1976。

科摩罗 （Comoros）

科摩罗位于非洲东海岸与马达加斯加岛之间，是浮出于莫桑比克海峡上的岛国。科摩罗伊斯兰联邦共和国是一个群岛组成的国家，主要岛屿有大科摩罗岛、昂儒昂岛、莫埃利岛和马约特岛。全国国土面积 2235 平方公里。1989 年估计人口为 40 万人，人口密度每平方公里 179 人。首都：莫罗尼。

历史

最初来到科摩罗岛的是什么人并在什么时间到达，已无史可考。据推测在欧洲人到来之前，这一群岛至少有一些阿拉伯人和其他外籍商人居住着。大约在 16 世纪，印度洋上的霸权主义者葡萄牙人曾来此并将原有居民逐出岛外而强行占领该岛。但不久葡萄牙人就弃它而去。此后很久，这一群岛并未引起欧洲人的关注。只是在 1804 年，雅各宾派的一些人被拿破仑放逐于昂儒昂岛。1841 年，马约特岛被法人所侵入。1912 年，其余三岛也相继落入法国殖民者之手，沦为法国殖民地。直到 1975 年 7 月 6 日宣布独立。但是，马约特岛仍由法国政府所管辖。

民族、宗教和语言

尽管法国一直是科摩罗的宗主国，但是，岛上绝大部分人口仍是非洲人。主要是科摩罗人，即班图语族的安塔洛阿特拉人，这部分人占总人口的 95% 左右。此外，还有讲同一班图语的马夸人、阿拉伯人、马达加斯加人等。伊朗人、法兰西人、印度人及巴基斯坦人也有一定数量。总的来说，民族构成并不复杂。因此，民间通用语言为当地的科摩罗语，官方语言是法语和阿拉伯语。受阿拉伯文化的影响，人口几乎全都信奉逊尼派伊斯兰教，只有法兰西人和马达加斯加人为基督天主教徒。

人口变动

关于科摩罗很久以前的人口由于其流动性大而难以考证。现在知道的情况是，1945 年科摩罗地区的人口在 14 万人左右，1975 年独立时人口为 30.6 万人，1989 年总人口在 40 万人左右。

从 1945 年至今科摩罗人口增加 26 万人，年均增长率为 2.4%，其中：20 世纪 50 年代是 1.7%，60 年代为 3.5%，70 年代为 3.3%，80 年代是 0.7%。

科摩罗的人口在过去很长时间内增长极其缓慢，这有各方面的原因。其中，诸如大科摩罗岛上是 60% 的贫瘠土地以及到处可见的熔岩和火山灰，这些都使得人们无法大量移入居住。不仅如此，在 20 世纪 60 年代以前，这里还曾向马达加斯加岛和桑给巴尔岛进行过移民，但后来这项移民活动因故停止。所以，60 年代是科摩罗人口增长最快的时期。70 年代人口增长速度稍有下降。80 年代人口增长速度之所以只有 0.7%，主要原因是 1989 年的人口总数"40 万"这一数值偏低造成的。这一数值取自美国人口咨询局 1989 年的人口数据估测表，这可能是由于其整数堆积现象所致。如果按照科摩罗 70 年代的发展速度或稍低一些速度增长的话，1989 年科国总人口大概应该在 48.5 万人左右（见表 1）。

表 1　科摩罗的人口变动

单位：万人

年　份	1945	1950	1958	1960	1966	1970	1973	1975	1980	1986	1989
人　口	14.0	16.5	18.3	19.2	24.4	27.0	28.4	30.6	37.5	39.1	40.0

科摩罗人口自然变动的情况是，20 世纪 60 年代以后的各项指标与大部分非洲国家基本一致，只是 50 年代及之前的无从考证。《中国人口年鉴》1985 年版提供的科摩罗 1950 年出生率、死亡率、自然增长率的数值分别是：13.7‰、9.4‰、4.3‰，这些数值和以后几十年的同一指标值以及同期非洲其他国家的指标值显得十分"不合拍"。因而，这些数值需要进一步根据其历史背景进行考证（参见表 2）。

表 2　科摩罗人口自然变动指标

单位：‰

指标＼年份	1950	1960	1970	1975	1980	1981	1986	1989
出生率	13.7	48.4	43.5	44.4	46.5	46.3	46.0	47.0
死亡率	9.4	22.2	19.5	19.3	17.1	15.9	15.0	14.0
自然增长率	4.3	26.2	24.0	25.1	29.4	30.4	31.0	33.0

由所示资料可以看出科摩罗人口的一个特点是：在 1970 年以后死亡率自始至终没有超过 20‰，这在非洲诸国中也是十分罕见的。目前，科摩罗的婴儿死亡率是 96‰ 左右，低于东非乃至整个非洲的平均水平。科摩罗的人口平均预期寿命为 55 岁，同样高于东非乃至整个非洲的平均水平。

人口结构及其他

科摩罗的人口属于年轻型人口。1973年人口普查时，0～14岁人口占总人口的比重是43%，15～59岁人口比重是47%，8%的人口为60岁及以上，另有2%的人口所属年龄组不详。据估计，1989年0～14岁人口比重是47%，15～64岁人口比重是49%，65岁及以上的人口比重为4%。这一年龄结构和东非整个人口的年龄结构相差无几。

科摩罗的人口性别构成最近趋于平衡，过去许多年由于向外移民和向马达加斯加等国输出劳工，因此，一直是女性人口多于男性人口（见表3）。

表3　科摩罗人口性别构成变动情况

时　间	总人口（人）	男性人口（人）	女性人口（人）	性比例（%）	时　间	总人口（人）	男性人口（人）	女性人口（人）	性比例（%）
1958.9.7	183133	86986	96147	90.5	1973.12.31	283628	142873	140755	101.5
1966.7.31	243948	119909	124039	96.7					

由于到1989年为止科摩罗的马约特岛仍然归属为法国政府，因此，一般统计上并不包括该岛人口，但是，前述所引数据是包括马岛在内的。科摩罗作为一个群岛国家，其人口分布并不是均匀的。大科摩罗岛的面积最大，人口也最多，但是，人口密度最高的却不是该岛，而是昂儒昂岛。昂岛1983年的人口密度是每平方公里349人，因其风景秀丽，故有"科摩罗珍珠"之称。随着时间的推移，各岛屿的人口数量也有不少的变动（参见表4）。

表4　科摩罗人口分布变动情况

岛　屿	面　积（平方公里）	20世纪60年代中期		20世纪80年代中期		80年代中期比60年代中期	
		人　口（人）	人口密度（人/平方公里）	人　口（人）	人口密度（人/平方公里）	人口增加（人）	人口密度增加（人/平方公里）
大科摩罗	1148	119000	104	189000	165	70000	61
昂儒昂	424	84000	198	148000	349	64000	151
莫埃利	290	9500	33	19000	66	9500	33
马约特	373	32000	86	34000	91	2000	5
合　计	2235	244500	109	390000	174	145500	65

由于科摩罗国首都莫罗尼坐落在大科摩罗岛的西海岸地带，因此，大科摩罗岛集中了该国很大一部分城市人口。目前，该国城市人口约占总人口的比重是20%左右。农业

劳动力占全国劳动力的 80%。

科摩罗的经济十分落后，是联合国宣布的世界上最不发达的国家之一。资源贫乏、工农业尚未有突破性的发展。因此，国民文化教育素质水平较低。1980 年小学生入学率为 40%，属非洲该指标最低的国家之一。

人口预测

科摩罗的妇女总和生育率一直维持在 7.0 个左右，是世界上妇女生育率水平最高的国家之一。据预测 2000 年该国人口将达到 65 万~70 万人。人口翻番的时间，以目前的自然增长率测算，大约需要 21 年。

科特迪瓦（象牙海岸）（Cote d'ivoire）

科特迪瓦位于非洲西部，南濒大西洋的几内亚湾，北面与马里、布基纳法索为邻，东界加纳，西与几内亚、利比里亚相连。该国之所以形成目前这幅近乎方形的形状，并非自然地形形成，而是欧洲各殖民者争夺几内亚湾的结果。这种争夺包括一系列所谓的协定，如 1892 年的英纳协定，1893 年的英法协定以及 1947 年的划界协定。目前科特迪瓦的国土面积就是殖民主义者当年殖民政策的反映。过去这一地区一直被称为象牙海岸（Irory coast），最近才又重新启用早先为葡萄牙人费尔南·戈麦斯所称的科特迪瓦，意即象牙海岸。象牙海岸之所以称为此名，乃是当时此地以象牙市场的昌盛而出名。该国境内面积为 32.25 万平方公里。1989 年人口估计数 1200 万人。人口密度每平方公里 37.2 人。首都：亚穆苏克罗。

历史

从境内发现斧头及其他琢磨石器所制成的工具来推断，科特迪瓦早在"新石器时代"即有人类居住。在相当长的时期里，远古的人们主要在这里从事着农业和畜牧业。直至西方殖民者侵入之后，才打破这块土地上仍以氏族部落土地占用制为主的社会形态。大概在公元 3~16 世纪，离科特迪瓦不远的地方相继兴起了加纳、马里和桑海三大古代王国。科特迪瓦北部是马里帝国。15 世纪后半叶，葡、荷、法殖民者相继入侵，掠夺象牙和奴隶。之后经过若干变动，法国殖民者击败所有对手于 1888 年控制了科特迪瓦的全部国土，1893 年科特迪瓦沦为法国殖民地。经历了近 70 年的殖民统治之后，科特迪瓦于1960 年 8 月 7 日宣布独立，并于次年 4 月完全脱离"法兰西共同体"。

民族、宗教和语言

科特迪瓦的人口种族构成十分复杂，目前全国约有 60 多个部族。最早定居于此地的是矮人族，他们是世界各人种中最古老的一族。之后由于苏丹系部族的南下，使得这一地区的人口有所增加。18 世纪时，又迁来大批克鲁语族集团。总体上讲，科特迪瓦主要分为四大族系，即阿肯族系、曼迪族系、克鲁族系以及沃尔特族系。如果按照格林贝格的语言分类方法进行划分，这些族系分属为尼日尔－刚果语族中的克瓦语支、曼迪语支和沃尔特语支。科特迪瓦除了当地土著居民之外还有近20万外籍人，主要是以法国人为主的欧洲人和本洲的马里人以及亚洲的黎巴嫩人和叙利亚人。外籍人主要居住在城市，曼迪语支分居在西北部和北部，沃尔特语支在国内北部的热带草原地区（参见表1）。

表1 1978年科特迪瓦人口民族构成

民　族		人口（千人）	（％）	民　族		人口（千人）	（％）
克瓦语支	贝特人	1500	19.7	曼迪语支	马林凯人	500	6.6
	鲍勒人	900	11.8		丹人	420	5.6
	阿尼人	800	10.5		奎尼人	250	3.3
	拉贡民族	350	4.6		迪乌拉人	170	2.2
	巴奎人	350	4.6		班巴拉人	140	1.8
	格雷人	330	4.3		小　计	1480	19.5
	小　计	4230	55.5	尼日尔－刚果语族	合　计	7460	98.0
沃尔特语支	塞努弗人	1100	14.4	黎巴嫩人和叙利亚人		100	1.3
	洛比人和博博人	400	5.3	法兰西人		41	0.5
	库兰戈人	150	2.0	其　他		14	0.2
	莫西人	100	1.3	总　　计		7615	100.0
	小　计	1750	23.0				

表1是按照格林贝格的语言分类方法进行的划分。对于科特迪瓦的民族划分通常是这样划分的（参见表2）。

表2 1965年科特迪瓦人口民族构成

民　族		人口（千人）	民　族		人口（千人）
阿肯族	阿布雷	50	克鲁族	贝特人	325
	阿尼人	185		迪达人	115
	鲍勒人	765		戈迪埃人	20
拉贡族	阿贝人	85		其　他	250
	阿布雷人	25	沃尔特族	洛比人	35
	阿铁	160		塞努弗人	465
	其　他	125		其　他	200
马林凯族		665	其　他		180
南曼迪族	丹人	245	总　　计		4000
	古罗人	105			

法语在科特迪瓦为国语。但也流行当地语言，如鲍勒语和阿尼语。

该国有不足 70% 的人信奉原始宗教，穆斯林占全国总人口的 20% 强，还有一些基督教徒。

科特迪瓦并没有完整的人口资料。一般的计算均是在 1955 年法国官员对此估计的基础上进行的。估计 1956 年该地区的总人口为 266 万人。1957～1958 年曾对科特迪瓦进行了一次全国性最初的人口调查。这次调查结果是 320 万人。此后在 1962～1963 年开展了一场群众性的预防天花运动，由接种牛痘的人数估计当时的全国居民。尽管这种估计有些偏颇，但仍被作为"象牙海岸居民登记资料"保存下来了，当时人口约 370 万。到 1965 年时，总人口大约升至 400 万人。人们认为，当时的人口在 380 万～400 万人之间是毋庸置疑的。在此基础上，考虑到人口 3% 的年均增长率，那么 1970 年的人口即为 460 万人（参见表 3）。

表 3　科特迪瓦的人口变动

单位：万人

年　份	1921	1952	1956	1958	1960	1963	1965	1970	1975	1980	1984	1986	1989
人　口	155	258	266	320	330	370	400	460	660	825	947	1050	1200

1980 年以后科特迪瓦人口数字均来自美国人口咨询局的估计数。从表 3 看出，1970～1975 年 5 年间人口平均增长过快，这有两种可能，要么是估计数字不准造成的，要么是大量移民迁入造成的。不过，据科特迪瓦本国的估计，1970～1980 年，移入居民充其量（即最高方案）为 3 万人。这就是说，可能 1975 年以前的数字估计偏低了，也可能是 1975 年以后的数字估计偏高。

1962～1963 年的人口调查表明，当时及至以前的出生率在 50‰ 左右，死亡率高达 29‰，人口自然增长率为 21.0‰。联合国曾对科特迪瓦的人口自然增长状况进行过如下估计（见表 4）。

表 4　科特迪瓦人口自然变动指标

单位：‰

指标　　　年份	1950	1960	1970	1975	1980	1981	1986	1989
出生率	50.6	50.3	49.8	49.0	45.9	46.0	46.0	51.0
死亡率	30.5	27.8	22.8	20.4	19.0	18.0	16.0	15.0
自然增长率	20.1	22.5	27.0	28.6	26.9	28.0	30.0	36.0

科国人口之所以显著增加，主因在于生活条件好转，昔日居民饱受当地疾病（如疟

疾、麻风、结核病）的残害，迄今由此造成的死亡率已有所降低。此外人口增加的另一个原因是邻近诸国的移民，许多布基纳法索及马里人均向此地移民。

科特迪瓦的婴儿死亡率一直是很高的。联合国曾在 20 世纪 50 年代末对科特迪瓦的年龄别及性别死亡率运营模型生命表进行过计算，认为 60 年代初该国的婴儿死亡率男性为 270.2‰，女性是 239.8‰。不过，以后世界银行又认为该国 60 年代初期的婴儿死亡率是 167‰。进入 80 年代后，微小地降至 119‰，1989 年被认为仍然在 96‰ ~ 101‰ 之间；1 ~ 4 岁的儿童死亡率从 1960 年的 40‰ 降至 1980 年的 23‰。这一水平至少在当时来看仍是高的。该国人口平均预期寿命 53 岁，略高于西非诸国的平均水平，接近整个非洲的平均水平。

人口结构

科特迪瓦的人口目前呈年轻型状态。该国于 20 世纪 60 年代曾对本国内 70 ~ 80 年代的人口进行过分年龄组和分性别的预测。目前来看，这些预测还是比较恰当的，如对 1970 年的人口预测如下（见表 5）。

表 5　对 1970 年科特迪瓦的人口预测

年　龄	人口数（千人）		年龄分布（‰）	
	男	女	男	女
0 ~ 4	420	403	90	87
5 ~ 9	326	327	70	71
10 ~ 14	265	264	57	57
15 ~ 19	216	215	47	47
20 ~ 24	201	214	43	46
25 ~ 29	194	193	43	42
30 ~ 34	179	154	39	33
35 ~ 39	148	122	32	26
40 ~ 44	124	99	27	21
45 ~ 49	99	82	21	18
50 ~ 54	72	67	16	14
55 ~ 59	51	50	11	11
60 +	75	70	16	15
合　计	2370	2260	512	488

最后从 1970 年人口总数上看，这种预测结果与实际情况基本上是一致的。对于 80 年代人口分年龄组的预测如表 6 所示。

表6 对20世纪80年代科特迪瓦人口的预测

单位：‰

年 龄	男	女	合 计	年 龄	男	女	合 计
0～14	218	214	432	65岁及以上	16	15	31
15～29	132	134	266	总 计	512	488	1000
30～64	146	125	271				

预测表明，20世纪80年代0～14岁人口占总人口比重为43.2%，15～64岁人口比重是53.7%，65岁及以上为3.1%。根据1975年的统计资料，三个年龄段的比重是：44.5%、52.8%和2.7%。目前，这三项指标估计为46%、51%和3%。这与近几十年来人口自然增长率越来越高有关。从表6中还可以预测出科特迪瓦人口性别构成基本平衡。男性稍多于女性。而1975年的男、女性比例为107.1∶100。

以1989年人口1200万人计，科特迪瓦全国人口密度每平方公里37.2人，属于非洲的中等水平。从全国来看，南部沿海地区人口较为稠密，这同许多发展中国家一样，均是人口从农村流向都市、港口的结果。过去的首都阿比让在南部沿海时，更是吸引了大量流动人口，甚至有一段时期，阿比让一市人口就占全国总人口的19%。1983年，首都迁往科特迪瓦中部的亚穆苏克罗之后，这种压力有所减轻。阿比让目前仅作为经济首都，而亚穆苏克罗是科国的政治首都。据1983年资料，该国首都人口已超过11万人，占全国当年总人口的1.1%。科特迪瓦北部属于热带草原区，一些热带疾病较为流行，因此，此地区人口密度极低。不过西南大片地区几乎荒无人烟。除了沿海及一些都市之外，中部的亚开地区附近也逐渐成为人口的密集区。

科特迪瓦人口的一个特点是城市人口比重相当高，而且城市人口增长速度也极快。1960年城市人口占全国总人口的比重为19%，1982年上升至42%，1989年这一比值大约是43%。30年间总人口年均增长2.6%，城市人口年均增长7.2%，为前者的2倍多。科特迪瓦在整个西非是城市人口比重最高的国家，在全非洲仅次于世界有名的城市国吉布提及小岛卢尼旺、北非利比亚、南部非洲南非、纳米比亚和赤道几内亚。然而，该国农业劳动力占总劳动力人口的比重并不低，1980年仍占79%，工业仅占4%，服务业占17%，这是科特迪瓦的经济社会基础结构所决定的。独立以来，科特迪瓦的经济发展政策是：优先发展农业以加速国民经济发展，同时，在农业发展的基础上相应发展工业、对外贸易和交通运输等，以促进国民经济的均衡发展。因此，有人认为科特迪瓦是非洲唯一可以用"经济奇迹"来形容的国家。1960年人均国内生产总值仅150美元，1980年增至1150美元，1982年又降为950美元，1989年又进一步降为750美元。但仍然是西非国家的佼佼者，从而有"非洲瑞士"之称。

科特迪瓦的国民教育比较落后，虽然从1957年以后，政府对于这项工作做了很大的努力，但是，目前仍没有实行义务教育制。1981 年小学生入学率只有 76%，其中男性为 92%，女性是 60%，这种男女差别在乡村地区尤为严重。中学生入学率只有 17%，其中男性 25%，女性 9%，高校学生在校率有 4%。殖民地史留给科特迪瓦的后果是，至今还有 65% 的成年人为文盲。

目前科特迪瓦仍然是一个"年轻型"人口的国家，生育率相当高，每名妇女的总和生育率高达 7.4 个，是西非诸国中生育水平最高的国家。人口自然增长率之高在世界上也屈指可数。由于国民文化素质尤其是妇女文化素质太低，因而给控制人口迅速增长带来很大的困难。但是，目前国内关于避孕及家庭计划生育内容的宣传却比较广泛。20 世纪 80 年代初的一项调查表明：15 ~ 49 岁的已婚妇女中，大约有 85% 的人知道避孕知识，甚至有 71% 的妇女曾经使用过不同的避孕方法。不过，目前正在使用者却不多，只有 3% 左右，使用现代避孕方法的甚至还不到 1%。

人口预测

按照这样的背景及其 20 世纪 80 年代人口增长的速度进行预测，估计在 2000 年时，该国人口将达到 1850 万人。在国土面积不变的情况下，届时人口密度将上升至每平方公里 57 人。

参考资料

Population Growth and Socioeconomic Change in West Africa Jone G. galdwell Columbia University Press. 1975.

Ivory Coast by Louis Roussel.

肯尼亚（Kenya）

肯尼亚的国土从维多利亚湖经埃塞俄比亚高原，扩展到印度洋沿岸的东北非高原地带，堪称"东非屋脊"。该国北边与埃塞俄比亚、苏丹为邻，南边是坦桑尼亚，西边是乌干达，东边与索马里接壤，东南面临印度洋。国土面积 58.26 万平方公里。人口总数 1985 年为 2030 万人。人口密度每平方公里是 34.8 人。首都：内罗华。

历史

非洲是人类文明的发源地之一。人们从挖掘到的南非猿人的骨骼中，推算非洲肯尼亚地区至少在旧石器时代初期便有人类居住了。只是不知道现在的肯尼亚人是否就是当时该地区人类祖先的后裔。

大约在公元前 6000 ~ 公元前 5000 年时，闪含语系的各部族由北非和阿拉伯半岛入侵肯尼亚地区，接着又有班图族的部族辗转迁徙而来，带来了相当高度的社会文化形态。

后来，阿拉伯人、印度人、还有中国人等相继而来造访沿岸各地。当时，欧洲人也已经开始注视这一地区。最先来到肯尼亚的欧洲人当属葡萄牙人，他们的到来，使商业活动有了昌兴，但同时，奴隶的买卖开始兴盛。不久，英国人、德国人也陆续到达此地，并瓜分了这块土地。肯尼亚独立之前，是英国的"保护地"和殖民地。当 20 世纪 60 年代非洲独立运动风起云涌时，肯尼亚于 1963 年 6 月 1 日取得自治权，遂于同年 12 月 12 日完成独立。

民族、宗教和语言

由于肯尼亚人口的来源庞繁复杂，因此，它是民族最为复杂的非洲国家之一。

按语言划分总人口中主要包括尼日尔－刚果语族、沙里－尼罗语族和库希特语族。其中尼日尔－刚果语族人口最为众多，占总人口的 66% 强，第二语族的人口占 30% 左右，库希特语族的人口只是很少的一部分。

根据苏联学者布鲁克的划分，肯尼亚的人口构成如表 1 所示。

表 1　1970 年肯尼亚人口民族构成

单位：%

民　族	占总人口	民　族	占总人口	民　族	占总人口
吉库尤人	21.2	姆贝雷人	0.4	恩多罗特人	0.2
坎巴人	10.8	波科莫人	0.3	恩坚普斯人	0.1
卢西亚人	14.1	巴琼人	0.2	索马里人	2.2
基西人	6.8	斯瓦西里人	0.1	奥罗莫人	0.7
梅鲁人	4.7	塔维塔人	0.1	博尼人	0.01
米吉肯达人	4.4	洛　人	14.5	印度和巴基斯坦人	0.9
泰塔人	1.0	卡伦津人	10.7	英格兰人	0.3
恩布人	0.9	图尔卡纳人	2.3	阿拉伯人	0.2
塔拉卡人	0.5	马赛人	1.2	其　他	0.2
库里亚人	0.5	桑普尔人	0.5	合　计	100.0

在肯尼亚境内，沿海地区和西南部地区主要居住着班图系各民族，主要是吉库尤族和坎巴族，这两大民族所在地是经济、文化最发达的地区。至今仍然保留着部落传统的卢西亚人则居住在维多利亚湖的东岸和北岸。肯尼亚东北部与索马里接壤地区则主要居住着库希特语族的索马里人和奥罗莫人等。而阿拉伯人、欧洲人等外国人则散居在滨海地区以及各城市。

如果从行政分布来看，其分布如表 2 所示。

肯尼亚的人口密度虽然不算高，但分布不均衡，像内罗毕人口密度每平方公里高达 1600 多人，这在整个非洲的各城市中名列前茅。而像东北州人口密度每平方公里只有 4 人，甚至还有一些地区人口密度不足 1 人。

肯尼亚是受外来文化影响较重的国家。欧洲人在侵入肯尼亚的同时，也将宗教带了

表2　1985年肯尼亚各州人口分布

州	面积（平方公里）	人口（人）	人口密度（人/平方公里）	州	面积（平方公里）	人口（人）	人口密度（人/平方公里）
中　　州	13176	3100032	235	东　北	126902	495652	4
东　　州	159891	3603456	23	利夫巴雷	173868	4292352	25
尼安萨	16162	3502948	217	内罗毕	684	1097288	1604
西　　州	8360	2428712	291	合　　计	582646	20300000	35
海　　岸	83603	1779560	21				

进来。现在肯尼亚人中大约有40%的基督教教徒，其中2/3是天主教教徒，1/3是新教徒。在新教徒中，又包括圣公会教徒、圣灵降临派教徒、路德教教徒。大约有一半肯尼亚人信奉原始宗教。

国语为班图语族的斯瓦西里语，英语则是通用语。但在非洲裔土著间依然广泛使用吉库尤语、坎巴语以及卢西亚语。

人口变动

1931年时，英国政府曾在肯尼亚举办了首次国势调查，当时的肯尼亚人口约为300万人。外国人大约有7万人。1950年时人口增加了1倍，约为601万人。10年之后的1960年人口达到801万人。20年之后，人口由801万人翻了一番，达到1667万人。及至1985年人口增至2000万人。1989年达2400万人（参见表3、图1）。

表3　肯尼亚的人口变动

单位：万人

年　份	1931	1950	1960	1970	1980	1981	1982	1983	1985	1989
人　口	300	601	801	1125	1667	1734	1804	1877	2030	2400

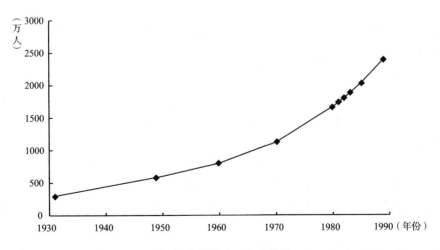

图1　肯尼亚人口变动图示

肯尼亚人口自然增长速度之快令世界所惊叹，只要一提到人口的增长速度，人们就会立即想到非洲的肯尼亚。肯尼亚人口总量变动的一个最大特点是，几十年来，出生率始终没有降下来，而且，据世界银行估计，在 1963～1982 年间，出生率甚至还提高了 0.2%，但与此同时，死亡率却有较大幅度的下降（参见表4）。

表4　肯尼亚人口自然变动指标

单位：‰

年　份	出生率	死亡率	自然增长率	年　份	出生率	死亡率	自然增长率
1950	53.5	21.8	31.7	1973	50.5	14.0	36.5
1953	53.5	21.8	31.7	1975	52.3	14.1	38.2
1958	52.1	19.6	32.5	1980	56.1	15.9	40.2
1960	52.1	19.6	32.5	1981	55.1	14.0	41.1
1963	50.7	17.5	33.2	1986	54.0	12.0	42.0
1968	50.2	15.6	34.6	1989	54.0	13.0	41.0
1970	48.7	13.8	34.9				

非洲是世界上出生率最高的地区，肯尼亚又几乎是非洲出生率最高的国家。据估计，现在肯尼亚的总和生育率为8.1个。[①] 近20多年来，大概只有肯尼亚和尼日利亚的总和生育率没有降下来。世界银行曾将出生率和总和生育率很高的一些国家的总和生育率变动趋势进行过比较，比较结果见表5。

表5　1965～1982 年部分国家人口出生率和妇女总和生育率变动情况

单位：%

国　家	出生率下降	总和生育率下降	国　家	出生率下降	总和生育率下降	国　家	出生率下降	总和生育率下降
埃塞俄比亚	5.6	3.0	土耳其	24.8	30.5	秘鲁	24.4	30.8
肯尼亚	0.2	0.0	玻利维亚	6.1	4.6	孟加拉国	9.6	14.9
尼日利亚	3.7	0.0	巴西	18.6	30.4	印度	19.9	18.7
苏丹	1.4	1.5	哥伦比亚	31.4	42.9	巴基斯坦	15.8	22.7
扎伊尔	3.8	3.3	古巴	51.5	55.6	斯里兰卡	20.2	30.6
阿尔及利亚	6.0	5.4	危地马拉	17.6	21.2	中国	54.0	61.3
埃及	16.3	22.0	洪都拉斯	12.5	10.8	印度尼西亚	22.4	25.9
伊朗	7.7	18.8	牙买加	29.1	37.1	南朝鲜	35.4	43.8
摩洛哥	20.0	18.3	墨西哥	23.8	31.3	菲律宾	32.0	38.2
突尼斯	26.5	28.6	尼加拉瓜	8.7	12.5	泰国	34.0	42.9

---

① 总和生育率是指一个妇女如果按照所有妇女现行的年龄别生育率生育的话，她一生将生育的子女数。

第二次世界大战以后出生率比较高，甚至达到很高的水平，这是发展中国家人口变动共同的历程。但是，像肯尼亚这样的出生率居高不下甚至反而有所上升的事例却比较少见。一般人口理论认为，出生率高的背景有经济因素、社会因素、文化因素以及人口本身的因素，下面分析一下肯尼亚人口出生率居高不下的原因。

第一，肯尼亚是一个经济比较落后的农业国家。1983 年人均国民生产总值 329 美元，被列入低收入国家。肯尼亚作为一个农业国家，其耕地总面积在非洲地区属于中上水平。然而，由于人口多，使得人均耕地面积少得可怜，仅多于加纳和利比里亚两个国家，为0.11 公顷/人。这样，尽管农业的发展速度比较快（20 世纪 80 年代年均增长 3.7%，谷物产量年均增长 4.8%），但是由于人口以年均增长 4% 的速度膨胀，因此，人均农产量反而有所下降。1970 年谷物人均 178 斤，1980 年降至 139 斤，1983 年也仅为 142 斤。经济落后是导致肯尼亚人口增长的原因之一。

第二，在肯尼亚这类经济不发达地区，多生多育无须追加更多的费用，而且，孩子又是父母亲的得力助手，很小便可以放养禽畜，照顾弟妹，及至岁数稍大一点，就可帮助父母正式干农活了，而且，由于孩子们没有过多的机会上学，因此，父母亲为此支付的费用便更少。这样，父母们为了老年以后的生活照料，便情愿趁年轻时多生多育。

第三，文化程度与生育率水平呈负相关关系，这是公认的事实。肯尼亚在独立之后，文盲依然很多。1960 年该国总人口中成人识字率为 20%，进入 20 世纪 70 年代之后，仍然是每百名成人中有 50 人不识字。妇女文化程度与生育率的负相关关系更为显著。1985年小学生入学率男性为 88%，女性为 88%。1981 年肯尼亚中学入学率，男性为 23%，女性仅为 15%；1980 年，15～49 岁受过初等教育人口的百分比，男性为 74%，女性仅为 48%。文盲率，尤其是女性文盲率高，一方面意味着易于接受一些类似宗教迷信的旧思想，另一方面则意味着不易接受避孕节育的现代科学知识。一项调查表明，肯尼亚已婚妇女期求的子女数是 7.2 人。肯尼亚实际上文盲妇女的总和生育率高达 8.3 个，非文盲妇女的总和生育率为 7.3 个。

第四，人口年龄构成对出生率也有影响。肯尼亚是一个典型的年轻型人口国家。不满 15 岁的少年儿童近几十年来一直占总人口的 50% 左右（参见表 6）。

表6　1962～1989 年肯尼亚人口年龄构成变动情况

年　份	15 岁以下（人）	比重（%）	15～64 岁（人）	比重（%）	65 岁及以上（人）	比重（%）
1962	3975500	46.7	4186300	48.5	418300	4.8
1969	5292955	48.3	5258741	48.1	391009	3.6
1980		50.0		47.1		2.9
1986		52.0		46.0		2.0
1989		51.0		47.0		2.0

青少年人口比重大,那么,出生人口的潜力也必然大。1962 和 1969 年肯尼亚15 ~ 49周岁育龄妇女的人数占总人口的比例分别为 23.6% 和 21.3%,这意味着总人口中大约每4 ~ 5 个人便有一名育龄妇女。20 世纪 60 年代初,肯尼亚育龄妇女的生育率情况如表 7所示。

表 7　20 世纪 60 年代初肯尼亚育龄妇女生育率

指标　　年龄	15 ~ 19 岁	20 ~ 24 岁	25 ~ 29 岁	30 ~ 34 岁	35 ~ 39 岁	40 ~ 44 岁	45 ~ 49 岁	总和生育率（个）
生育率（‰）	141	304	301	243	197	138	36	6.8
育龄妇女人数（人）	417300	404000	383000	294800	224300	178000	133200	

由于人口年龄构成轻,育龄妇女比重大,生育旺盛期育龄妇女比重更大,而且20 ~29 岁生育率相当高,因此,这种人口年龄结构连同并未降低的总和生育率还将共同使人口继续膨胀。

该国人口的自然增长率始终在 3% 以上,甚至近年来高达 4%。另外,肯尼亚的婴儿死亡率相对来说是比较低的。在非洲一些国家中,婴儿死亡率有些高达 150‰以上,然而,肯尼亚的婴儿死亡率 1970 年时为 65.9‰,1973 年为 54.9‰。美国人口咨询局认为1981 年肯尼亚的婴儿死亡率是 83‰,1986 年是 72‰,1989 年是 76‰。婴儿死亡率低意味着存活人数的增多和人口平均预期寿命的提高（参见表 8）。

表 8　1950 ~ 1989 年肯尼亚人口平均预期寿命

单位：年

年　份	1950 ~ 1954	1955 ~ 1959	1960 ~ 1965	1969	1970 ~ 1975	1986	1989
男	41.8	44.3	46.7	46.9	51.5	53.0	57.0
女	45.0	47.5	50.0	51.2	55.0		

此外,肯尼亚性别比例比较均衡,也就为高出生率提供了条件。性别比例过高或过低,无疑都会影响人口的出生率（参见表 9）。

表 9　1948、1962、1969 年肯尼亚人口性别构成

年　份	总人口（人）	男性（人）	女性（人）	性比例（%）
1948	5405966	2680248	2725718	98.3
1962	8580100	4248908	4331192	98.1
1969	10942705	5482381	5460324	100.4

不过，该国城乡人口的性别比例却极不均衡，其中城市人口的性比例为 138∶100，农村则为 97∶100。

面对日益膨胀的人口，肯尼亚人也开始感到控制人口总量、节制生育的必要性。1983 年 12 月 1 日，肯尼亚总统丹尼尔·阿拉波·莫伊从新德里参加共同体会议回来的当天，就对农业学会发表讲话说："我出国参加国际会议时，人们指着我说，'那就是世界上人口增长率最高的国家领导人。'如果我们的国家要发展，就必须实行计划生育"。同年，肯尼亚副总统兼内务部长默韦·凯巴基在第三次国际计划生育联合会成员国会议上强调指出：非洲国家政府制定明确的、公开的人口政策，并亲自领导计划生育活动是很有必要的。他说，实行计划生育是人类普遍的责任，提供计划生育服务是政府最基本的任务之一。莫伊总统曾明确表明："我要向全体文职人员发出指示，不允许女性文职人员生 4 个以上的孩子。如果她们生的孩子超过 4 个，就不给她们产假。"可见，肯尼亚政府对计划生育的支持态度是坚决的。

事实上，早在 1967 年肯尼亚便开始推行家庭计划生育，并得到了国际援助，只是由于当时的政府不表示支持而成效不大。

现在，肯尼亚的家庭计划项目有了一定的进展，已婚妇女避孕率已由 1978 年的 7% 上升到 1984 年的 17%，其中：受过九年以上文化教育的妇女避孕率达 36%，受过 4 ~ 8 年教育的妇女避孕率为 19%，文盲妇女避孕率为 12%。

人口预测

对于肯尼亚人口的预测是一项困难的工作，未来人口的状况主要取决于现在人口出生率和死亡率的演变情况。参照其他国家的历史经验数据以及肯尼亚本国的实际情况，可将出生率和死亡率分做"迅速下降"和"标准下降"进行组合。世界银行便是根据这种方法对包括肯尼亚在内的一些发展中国家进行预测的（参见表 10）。

表 10　对肯尼亚未来人口的预测

单位：万人

各种组合方案	对 1989 年及以后年份的人口预测		
	1989 年	2000 年	2050 年
出生率和死亡率按标准速度下降		4000	12000
出生率迅速下降，死亡率以标准速度下降	2400	3400	6900
出生率和死亡率迅速下降		3500	7300

肯尼亚年轻人所占比例很高，妇女生育率仍很高，因此，需要很长时间才能降至更替水平。即使考虑到生育率有迅速下降的可能，肯尼亚也要在 2015 年才能达到更替生育率水平，届时人口估计为 7000 万人。如果按标准下降速度，也要到 2030 年才能使生育

率达到更替水平，而 2050 年时的人口将为 1.2 亿人（参见表 11）。

表 11　美国人口学会对肯尼亚的人口预测

年　龄	1990 年		2000 年		2010 年		2020 年		2030 年	
	人口（百万人）	比重（%）	人口（百万人）	比重（%）	人口（百万人）	比重（%）	人口（百万人）	比重（%）	人口（百万人）	比重（%）
全部	23.3	100.0	30.8	100.0	37.8	100.0	43.0	100.0	47.8	100.0
15 岁以下	11.5	49.4	13.1	42.8	12.8	34.3	11.7	27.1	11.3	23.6
15~64 岁	11.2	48.1	16.9	54.8	23.5	63.0	29.8	69.4	34.1	71.4
64 岁以上	0.6	2.5	0.8	2.4	1.5	2.7	1.5	3.5	2.4	5.0
15~49 岁妇女	5.0	21.5	7.6	24.7	10.6	28.4	13.0	30.2	3.9	29.1

莱索托（Lesotho）

　　莱索托位于南部非洲高原的东缘、德拉肯斯堡山脉斜坡的最高处，从天上往下看，好似非洲大陆突然隆起的一块山地。这是一个"典型"的内陆国家，之所以典型，就是指它完全被南非共和国所包围，类似于欧洲的圣马力诺置于意大利"国内"，梵蒂冈置于罗马"城内"一样。莱索托全部国土面积 3.03 万平方公里，是非洲国土面积最小的国家之一。1989 年人口在 170 万人左右，人口密度每平方公里 56 人。首都：马塞卢。

　　历史

　　最早居住在这一非洲最高地区的居民是非洲古老的土著布须曼人。16 世纪前后，班图语族的巴苏陀人开始在此地定居。19 世纪初，巴苏陀族酋长莫舒舒一世统一了苏陀兰各民族，从而建立了统一的王国。19 世纪中叶，为消除布尔人入侵的威胁，[①] 而接受了英国政府的"保护"。1868 年，英国正式宣布巴苏陀兰为其"保护地"，并于 1871 年将其并入英国在南非的开普殖民地。但是，到了 1884 年，巴苏陀兰再度成为英国的属地，一直到 1966 年 10 月 4 日才获得完全独立。1868 年成为英"保护地"时，这里叫巴苏陀兰，1966 年改称为莱索托。

　　民族、宗教和语言

　　莱索托的人口民族成分比较简单，绝大部分是 16 世纪前后定居于此的、操着班图语的巴苏陀族及其亲属民族祖鲁族黑人，这两个民族的人口目前占全国人口总数的 99.6%。巴苏陀族保留有极浓厚的部族痕迹，并有着明显的部族氏族的划分，如贝克耶那族、特

---

　　① 布尔人又称阿菲科卡人，是指居住在非洲的荷兰、法国和德国的移民后裔。

洛克瓦氏族、福肯氏族、克耶马族等。现在有很多巴苏陀人不在莱索托境内居住，而外迁到南非等国。仅南非一国目前便有200多万名巴苏陀人。在莱索托境内，只有几千名英格人、南非白人以及亚洲的印度人、巴基斯坦人等。

任何一个国家的宗教信仰都与其民族构成有着密不可分的关系。莱索托的宗教信仰受非洲土著文化的影响，但是，更受欧洲文化的影响，因此，国内80%以上的居民信奉基督教和天主教。约有20%的人信奉当地的部落祭祀。还有一些人是信奉伊斯兰教的穆斯林。通用语言是英语和当地的塞苏陀语。

人口变动

莱索托国土面积很小，因此，尽管人口绝对量并不太多，但其人口密度却显得比较高。尤其是当巴苏陀作为一个部族迁移至此后，使得这一地形最高而又不宜农牧的地区更显得人口多了。据有关原始资料显示，1875年的莱索托人口大约是12.8万人。由于以后一段时间巴苏陀人没有与诸如班图族和布尔人再发生直接的冲突，生活相对安定，因此，50年以后的1925年，该地区人口猛增到54万人。独立时的莱索托人口为85.24万人。1989年人口为170万人（参见表1、图1）。

表1 莱索托的人口变动

单位：万人

年 份	1875	1921	1925	1948	1950	1955	1960	1965	1970	1975	1981	1986	1989
人 口	12.8	49.9	54.0	57.0	59.6	63.0	72.4	83.5	93.1	103.9	131.7	160.0	170.0

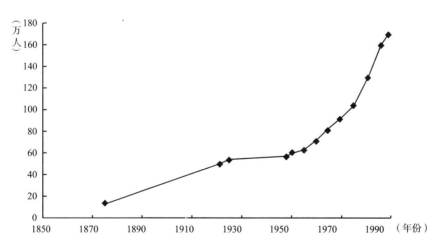

图1 莱索托人口变动图示

莱索托的人口自然变动与其他国家一样，均是：出生率在早期缓慢下降甚至不下降，死亡率逐渐下降，自然增长率有所提高（参见表2）。

表 2　莱索托人口自然变动指标

单位：‰

指标 ＼ 年份	1953	1958	1963	1968	1973	1975	1980	1981	1986	1989
出生率	41.4	40.8	40.1	39.4	39.5	36.7	41.9	41.7	42.0	41.0
死亡率	27.4	24.3	21.8	19.6	17.9	14.5	17.8	16.4	17.0	13.0
自然增长率	14.0	16.5	18.3	19.8	21.6	22.2	24.1	25.3	25.0	28.0

莱索托的人口出生率从近 40 年的演变看，是一条"高、较低、高"的曲线。之所以如此，部分是由资料本身的来源及口径不同所引起，部分是由于人口再生产的周期性规律所引起。但是，人口出生率至少从目前来看，没有任何下降的迹象。

莱索托的婴儿死亡率大概在 100‰ 左右，高于南非地区的平均水平，而低于非洲的总平均水平。表 3 是莱索托人口平均预期寿命的演变情况。

表 3　莱索托人口平均预期寿命的变动情况

单位：年

年　份	1950～1954	1955～1959	1960～1964	1965～1969	1970～1975	1981	1989
男	36.9	39.4	41.8	44.3	46.7	50.0（平均）	55.0（估计）
女	38.9	41.4	43.9	46.4	48.9		

1950～1989 年的 39 年间，平均预期寿命提高了 18 岁，平均每年提高近 0.5 岁，其提高速度较之一般非洲国家稍快一些。

人口结构及其他

像斯威士兰一样，莱索托人口的一个最大特点也是女性人口多于男性人口（见表 4）。

表 4　莱索托人口性比例变动情况

时　间	总人口（人）	男性人口（人）	女性人口（人）	性比例（％）	时　间	总人口（人）	男性人口（人）	女性人口（人）	性比例（％）
1956.4.8	641674	271851	369823	73.5	1974.6.1	1015967	505949	510018	99.2
1966.4.14	852361	368255	484106	76.1	1976.4.12	1216815	587644	629171	93.4

莱索托人口地理分布的特征是：人口大多集中在西北部的三个区——马塞卢区、莱里贝区和马费腾区，这些地区的人口最为稠密，每平方公里有 100 多人，其他地区每平方公里不超过 10 人。这种人口分布显然是受地形、气候等自然条件的影响，因为人口密度最高的地区是该国土地最为肥沃的地区。因受土地质量的影响，贫瘠地区人口无法居

住，肥沃地区人口又十分稠密，加之该国经济落后，所以，不仅从经济上被联合国公布为 36 个最不发达的国家之一，而且，从人口上讲，也被认为是人口"过剩"的国家之一。在这种情况下，大多数男性劳动力都前往南非共和国谋生，从事矿业或农业的生产。也正因如此，使得莱索托的性别比例失衡现象严重。

尽管莱索托的可耕地面积仅占全国面积的 13%，但是农业仍是莱国的经济支柱，83% 的劳动力人口从事农业生产。城市人口只占全国人口的 16%，是非洲地区城市人口比重最低的国家之一。

莱索托的经济十分落后，独立以后从零发展起来的工业十分有限。1989 年估计人均国民生产总值为 360 美元。尽管如此，莱政府却重视国民教育，小学为免费教育。由于历史的原因，至 20 世纪 80 年代末成人识字率仅为 60%，如此低的识字率却是非洲识字率最高的国家之一。小学生入学率 1970 年男、女分别为 87% 和 56%，1984 年则分别是 82% 和 62%。

索托莱关于避孕知识的宣传比较广泛。1977 年的调查表明，大约 65% 的 15～49 岁的已婚妇女知道避孕知识，甚至有 23% 的妇女使用过有关方法。但是，目前真正采取避孕措施的只有 5%，而且，其中只有 40% 的人采用现代避孕方法。

莱索托 1989 年的妇女总和生育率是 5.8 个，在非洲属于最低国家之列，在南非地区仅高于南非共和国 4.5 个的水平。莱国人口自然增长率为 2.8%，以此为基础进行预测，2000 年的人口大概为 240 万人左右。

利比里亚（Liberia）

利比里亚是非洲西部的国家，西南方濒临大西洋，海岸线长 550 公里，西北邻塞拉利昂，北接几内亚，东部国土与科特迪瓦接壤。国土面积 11.14 万平方公里。国内人口 1989 年约 250 万人，人口密度每平方公里 22.5 人。首都：蒙罗维亚。

历史

有关资料表明，约在新石器时代结束时，黑人部族已开始定居在内陆的森林中，并以狩猎、渔业为生。公元 9～10 世纪，靠近撒哈拉沙漠的中、西非地区的部分居民先后移居"谷物海岸"（今称利比里亚）。15 世纪下半叶，葡萄牙人来利国贩卖奴隶，随后荷、英、法、德等殖民者相继侵入。但是葡萄牙人仍是利比里亚地区的主要奴隶贩卖者。利比里亚是当时受奴隶买卖迫害最为严重的地区，据估计至 18 世纪因此丧失当地居民约 50%。

19 世纪初叶，美国开始向"谷物海岸"移民和建立殖民地。1821 年美国殖民协会以价值 300 美元的实物向当地酋长购得沿海一块 1.33 万平方公里的土地，并在此土地上建立了美国黑人移民区，1824 年命名为利比里亚。1838 年成立利比里亚联邦，由美国派任总督。1847 年 7 月 26 日宣告独立。美国殖民者在另一地区建立的美黑人移民区于 1854 年 2 月 4 日命名为马里兰共和国。后来，于 1857 年将这一地区并入利比里亚。尽管利比里亚取得了独立，但是，各主要方面仍受美国的控制。

民族、宗教和语言

历史留给利比里亚的现代居民主要由两大部分构成，一部分是从美国迁移而来的美国黑人后裔，另一部分是当地土著居民。不过现在前者比重已很低，仅占总人口的 2% 左右。土著居民大约由 26～28 个部落所构成。如果以格林贝格的语言划分方法进行分类，则主要又可分为两大集团。第一大团体是属于瓦克语支的人，为居住在南部海岸地带的巴奎族、格雷族、巴萨族等。这一语支的人大约占总人口的 48%；第二大团体是由曼迪语支的人所组成，克佩勒族、洛马族、瓦依族、丹族、班迪族和门德族即属于该团体，他们主要居住在利比里亚国内的北部和中部。美裔利比里亚人大多居住在蒙罗维亚和滨海城市。

英语是利比里亚的国语，但使用者所占比重不大，因为它实际上是美裔利比里亚人的"本族语"。在美裔黑人居住的沿岸地区，笃信国教基督教。克鲁语与瓦依语在当地居民中流行极广，这些人往往信仰原始宗教。国内也有为数不多的伊斯兰教徒。

人口变动

1960 年以前的利比里亚人口数字或有关人口资料全是点滴的，甚至是混乱不一的。一般认为，1950 年利比里亚的人口约 70 万～80 万人，及至 20 世纪 60 年代初，该国人口尚未达到百万。1962 年利比里亚进行的国势调查认为当时人口刚过百万，具体数是 1016443 人。其中男性 505588 人，女性 512855 人。1974 年再次举行人口调查，其结果是 150 万。1984 年再次举行人口调查的结果是：人口总数为 2101628 人。总的人口历史发展如表 1 所示。

表 1 利比里亚的人口变动

单位：千人

年份	1950 年以前	1950	1960	1962	1970	1974	1980	1981	1982	1983	1984	1986	1989
人口	<700	750～800	978	1016	1370	1500	1870	1930	1990	2060	2110	2300	2500

从 20 世纪 50 年代起至 1989 年，人口平均年增长速度为 2.96%。其中，从 1974 年始，年均人口增长速度为 3.46%，1974 年之前为 2.65%。1974 年前后的人口增长状况之所以有区别，主要是死亡率逐年下降，并且下降的速度快于出生率下降的速度所致。

1950～1989 年，利比里亚出生率仅下降 12.6%，死亡率却下降了 54.2%，由此而导致的自然增长率上升了 38.5%。死亡率的下降，大致上同其他非洲国家一样，均是导致死亡的各种地方性疾病得到了一定的控制所致（参见表2）。

表2　利比里亚人口自然变动指标

单位：‰

指标 \ 年份	1950	1960	1962	1970	1974	1980	1981	1986	1989
出生率	51.5	51.3	44.0	50.3	49.8	49.6	48.7	48.0	45.0
死亡率	28.4	25.9	28.0	21.2	19.1	18.7	17.2	17.0	13.0
自然增长率	23.1	25.4	26.0	29.1	30.7	30.9	31.5	31.0	32.0

　　1962年调查的婴儿死亡率高达188‰，1982年降至91‰，1989年被认为是87‰，利比里亚成为西非诸国该指标最低的国家之一。该国人口平均预期寿命的提高幅度很快（见表3）。

表3　利比里亚各时期人口平均预期寿命情况

单位：年

年份	1950~1954	1955~1960	1962	1971	1989
男	34.5	36.9	36.1	45.8	55.0
女	37.5	40.0	38.6	44.0	

　　以1950年男、女平均预期寿命35岁算，至1989年的55岁为止，近40年中平均年提高0.51岁，这是一个不低的速度。

人口结构

　　利比里亚的人口性别构成经过了几十年的变化，已由总体上男性人口略少于女性人口变成了男性人口略多于女性人口，不过，大体还是平衡的。1962年人口调查的结果是：男、女之比为98.2：100，1974年这一指标演变为101.9：100。但是，各个年龄组之间的性别比例仍有一定的差别。表4为1962年利比里亚及若干非洲国家和美国的人口分年龄性别分布情况。

　　1962年利比里亚的性别状况是：0~4岁男少于女，5~14岁男又多于女，15~39岁男再次少于女，40岁以后男性人口再度占上风。在59岁时男与女悬差最大，之后缓慢降低。一般欧美国家的情况是：幼儿少年时期男性比例稍高；进入15~19岁组之后，男女性别比例基本平衡；超过这一阶段，由于男性死亡率较高而导致性别比率偏低，即男性少于女性。从所引资料可见，这种欧-美模式并不适用于包括利比里亚在内的表4所列非洲国家。问题是，利比里亚等国的情况与欧-美模式恰恰相反。这就是说，社会因素、经济因素、文化因素和其他各种因素均是影响性别比例变动的重要因素。中年男子少于女子，显然是外流人员多；老年女性少于男性，显然是妇女受困苦、多生育、受煎熬的结果。目前，利比里亚的性别比例虽然趋于男性多于女性，但其中各年龄组的性别构成仍需进一步研究（参见表4）。

表4　若干国家人口年龄、性别构成

单位：%

国家 年龄	美国 （1966年）	塞内加尔 （1961年）	塞拉利昂 （1963年）	尼日尔 （1962年）	多哥 （1961年）	肯尼亚 （1962年）	乌干达 （1959年）	利比里亚 （1962年）
0~4	103.4	98.0	99.0	96.5	97.4	96.2	101.0	97.5
5~9	103.4	106.2	108.0	108.0	103.0	101.2	104.0	106.2
10~14	103.1	118.0	114.5	140.0	118.5	120.0	102.0	123.8
15~19	100.7	80.0	74.3	107.1	97.5	105.0	96.0	98.1
20~24	95.4	74.0	66.0	69.3	58.0	70.2	88.2	70.1
25~29	96.3	74.2	82.0	70.0	66.2	75.0	92.0	73.0
30~34	95.8	93.5	90.4	92.4	68.4	81.0	96.0	81.2
35~39	95.0	95.0	113.3	102.2	83.3	93.1	100.0	98.5
40~44	95.8	106.5	122.0	96.0	95.2	98.0	106.0	115.1
45~49	97.0	117.1	140.1	114.0	95.0	117.0	114.4	126.4
50~54	97.2	122.0	131.1	99.0	81.0	114.0	122.1	135.7
55~59	95.9	138.5	137.2	107.0	82.4	131.0	116.0	140.2
60~64	91.3	121.4	117.0	108.4	89.0	—	117.3	122.1
65~69	88.1	123.0	—	109.3	85.0	—	121.0	120.7
70~74	85.6	—	—	85.3	110.2	—	129.4	113.9
75+	—	—	—	108.2	—	—	122.2	—
全部	97.0	97.1	98.4	98.1	90.1	98.1	101.0	98.2

由于利比里亚的人口死亡率逐渐降低，尤其是婴儿死亡率降低较快，导致0~4岁人口存活率的提高，因此，人口年龄结构越来越"年轻"（参见表5）。

表5　利比里亚人口年龄构成变动情况

年　份	0~14岁 （人）	比　重 （%）	15~64岁 （人）	比　重 （%）	64岁以上 （人）	比　重 （%）	合　计 （人）	比　重 （%）
1962	377739	37.2	598200	58.8	40504	4.0	1016443	100
1977	688765	40.9	932948	55.4	62308	3.7	1684021	100
1989	1175000	47.0	1250000	50.0	75000	3.0	2500000	100

人口分布

利比里亚人口的地域分布结构与其他海岸国家大体相同，以首都蒙罗维亚为中心的海岸地带人口密度最高，部分地区达到每平方公里100人以上。内陆地带，大部分地区人口稀少，有些地区甚至每平方公里不足 10 人。有些地区则随着历史的变化人口分布也不断变化（参见表 6）。

表 6　利比里亚人口分布变动情况

地　区	面积（平方公里）	1962 年		1984 年	
		人口（人）	人口密度（人/平方公里）	人口（人）	人口密度（人/平方公里）
蒙特赛拉多	6605	258821	39	590800	89
宁　巴	12044	160743	13	389500	32
大巴萨	13144	131840	10	215800	16
大角山	9454	131528	14	303800	32
洛　法	19360	123165	6	235600	12
马里兰	4338	62786	14	107700	25
大吉达	17029	59275	3	111800	7
锡　诺	11267	56095	5	83500	7
开普马多	5828	32190	6	71500	12

说明：表 6 资料系收集整理所得，面积汇总为 99069 平方公里，与全部国土面积 111370 平方公里差 12301 平方公里。该国水域率是 13.5%，合 15035 平方公里。

利比里亚总体上讲人口密度并不高，对于只有 250 万人口的国家来说，其土地算是比较辽阔的。因此，在 20 世纪 60 年代初期有人分析利比里亚的人口时就指出，利比里亚是世界上少数几个不需要考虑人口压力和人口增长速度问题的国家之一。不过，从目前来看，由于生产赶不上人口的增长，因此，人口增长速度无疑还是太快了。1970～1979 年利比里亚人口平均年增长率为 3.4%，但是，按人口平均粮食生产产量却呈现下降趋势。1965～1980 年，国民生产总值年均增长率是 3.4%，这一比率与该时期人口增长率较为接近。因此人均国民生产总值变化微小。1980～1986 年，这一比值年均降低 1.3%，导致人均收入事实上的下降。1989 年，人均国民生产总值 440 美元，比 1979 年的 473 美元下降 6.9%。

利比里亚和其他西非国家一样，城市并不多，但是由于产业结构的原因，城市人口反而占有很大比重。在利比里亚，铁矿业、橡胶业、木材工业是国民经济的三大支柱。所以在整个劳动力中，只有 42% 的农业人口，其余为矿业、建筑业、服务业、政府雇员等。20 世纪 60 年代利比里亚的城市人口占总人口的 21%，80 年代初期，大约占 34%，至 1989 年，这一比值持续上升至 42%，从而成为西非诸国城市人口比重最高的国家。首都蒙罗维亚是利比里亚人口最多、密集度最高的城市。该市是非洲最早的独立国首都，美国殖民协会于 1822 年建设完成。据说市名是为纪念致力于解放奴隶自由移居非洲的美国总统而命名的（詹姆斯·门罗，1817～1824 年美国总统，民主共和党）。仅蒙罗维亚及其周围地区的人口就占全国人口的 16%。

利比里亚的人口文化素质水平不高，文盲约占全国人口的 80%，成人识字率只有 25%；小学生入学率 66%，其中男生 82%，女生 50%；中学生入学率 20%；高校学生入学率是 2%。全国只有三所高等学校：利比里亚大学、杜伯曼技术学院和考廷顿大学。

尽管利比里亚的人口增长速度较之其他西非国家缓慢一些，但是，其年均增长率仍然为 3% 以上，这引起了利比里亚政府的关注。因此利比里亚计划部设立了一个由 15 位成员组成的国家人口行动委员会，该委员会在 1984 年曾提出了一份重要文献，题名是：《利比里亚：面临的人口政策》。文章指出，迅速增长的人口正在阻碍着利比里亚社会与经济的发展。它呼吁推广自愿的家庭计划和妇幼保健项目，以期降低人口增长率。这份早期的文献还强调了应当为妇女提供更多的受教育机会，并改善农村生活环境，以阻止乡村向城市的过度移民，尤其是向蒙罗维亚的移民。

人口政策与人口预测

1986 年 9 月，利比里亚政府建立了人口委员会，1987 年 2 月制定了人口政策草案。1988 年 7 月，这项人口政策以法律的形式被固定了下来。其内容主要包括：妇幼保健，家庭计划，妇女在发展中的作用，青少年人口发展项目，人口教育，城乡人口移民，数据资料的调查、整理、分析等。该政策明确表示：调整妇女生育率和人口再生产率的目的就是为了降低总和生育率，使得人口增长符合国民经济的增长。这一政策要求扩大家庭计划的服务范围，争取到 2000 年时使得已婚夫妇的避孕率达到 50%；同时，使总和生育率从 1989 年的 6.7 个降低到 2000 年的 4.0 个。1989 年，利比里亚 15~49 岁的妇女已经知道避孕知识的占 70%，曾经运用过避孕方法的占 19%，正在进行避孕的占 7%，其中，使用现代避孕方法的占 85%。这里的任何一项指标值，在西非国家中都是很高的。

根据这一情况进行预测，大概今后 10 年内利比里亚人口将增加 100 万人而使人口总数达到 350 万人；2020 年达到 650 万人；2025 年达到 720 万人。

参考资料

Liberia by Wesner Joseph.

利比亚（Libya）

利比亚全称大阿拉伯利比亚人民社会主义民众国（The Great Socialist People's Libyan Arab Jamahiriya），位于非洲北部，北濒地中海，与欧洲仅一水之隔，南与尼日尔和乍得相接，东连埃及和苏丹，西邻突尼斯和阿尔及利亚。利比亚的面积为 176.00 万平方公里。1989 年人口 410 万人。人口密度每平方公里 2.3 人。首都：的黎波里。

这一大块区域在古代并不称为"利比亚"。"利比亚"一词尽管在古埃及的法老时代已经有之，但当时只是指古代利比亚的一个部落，后来，这个名字泛指埃及以西的地区。从希腊人时代开始，直到罗马人统治初期，它被用来指他们所知道的那部分非洲大陆。再往后，这个名字又被突尼斯境内的另一个部落名字"阿非利"一词所取代。从此，出现了"阿非利加"这个新地名。"利比亚"这个名字在罗马人和罗马人之后的时代几乎消失，但在 20 世纪初又重新启用。1912 年意大利占领了这个国家之后，它被正式确定下来。1951 年这个国家独立以后，"利比亚"便成为一个在国际事务中使用的国名。

历史

很久以前，利比亚北部和阿特拉斯山地区就已有人类居住了。在第四纪（距今约 166 万年），当欧洲处在冰期的时候，北非这个地方却雨水充沛、植物茂盛。从北非一些国家的许多地方发现的史前遗迹中可以看出，这里曾居住着具有独特文化的人类种属，他们的文化所处的时期正是南欧和中欧的舒利文化、阿舒利文化、莫斯特文化和梭鲁特文化时期。当时的人类在利比亚境内是现代柏柏尔人的祖先以及内地黑人混血种族。公元前 12 世纪末叶，腓尼基人到达利比亚北部。公元前 7～前 6 世纪，腓尼基人在的黎波里海岸建立了若干贸易中心和港口。公元前 5 世纪初，腓尼基殖民者进入了鼎盛时期，并在现在的突尼斯城附近建立起了迦太基城以作为他们的殖民中心。公元前 146 年，罗马人入侵。当时的黎波里的腓尼基文化和昔兰尼加的希腊文化正处在繁荣阶段，所以罗马人取得了统治权之后，这个国家的文化中心没有多大变化。公元 640 年，阿拉伯人征服了利比亚，带来了阿拉伯文化和伊斯兰教，从而使当时的柏柏尔人以惊人的速度加入伊斯兰教，至 753 年柏柏尔人全部伊斯兰化。不过在 12～16 世纪时，来自欧洲的基督教曾侵入这一地区，但终因失败而撤退。16 世纪中叶以后，奥斯曼帝国攻占了的黎波里塔尼亚和昔兰尼加，控制了沿海一带。1911 年，利比亚遭到了历史上最残暴的一次侵略，即意大利人的入侵。1912 年，利比亚在意土战争之后，成为意大利的殖民地。1943 年初，英法占领了利比亚全境，结束了意大利的统治。第二次世界大战之后，由联合国对利比亚全部领土行使管辖权。1951 年 12 月 24 日，利比亚宣布独立。

民族、宗教和语言

从历史上讲，继古代埃及文化之后，地中海沿岸出现了腓尼基文化、希腊文化和罗马文化等其他一些先进的文化。这些文化是由不同背景的人种传播而来，在一个相当长的时期内熏陶着利比亚，目前利比亚人种的构成便是当时历史演变的结果。现代利比亚人可分为下述几种：

（1）纯种阿拉伯人。主要是指 11 世纪来到这里的拜尼塞利姆部落的后裔，而不是在公元 7 世纪随第一次远征而来的士兵的后裔。这些阿拉伯人主要分为西部的拜拉杰斯人和东部的哈拉比人；

（2）柏柏尔人和柏柏尔血统的阿拉伯人。柏柏尔人是指在阿拉伯征服之前就定居在这片土地上的土著柏柏尔人。在漫长的历史过程中，柏柏尔人同其他许多民族，其中最主要的是同阿拉伯人，其次是腓尼基人、希腊人、罗马人和黑人等混合，从而形成了柏柏尔血统的阿拉伯人和柏柏尔血统的其他混血种族人。因此，我们要想区分在阿拉伯文化占主导地位之前的阿拉伯人和柏柏尔人，只能根据他们的语言和某些传统习惯来加以区分，至于肤色和脸型等体质特征方面，这两个民族任何时候都没有多大差异，他们同属于一个由高加索人种分出来的地中海族。

地中海族又有两大分支，他们各有自己的文化特点。一支是哈姆族，柏柏尔人属于这个分支；另一支是闪族，纯种阿拉伯人属于这个分支。这两大分支都起源于阿拉伯半岛，但前者的起源和发展比后者早，这便是为什么难以区分柏柏尔人与阿拉伯人的症结所在。不过，柏柏尔这个词本身并不明确特指某一种族，它是罗马人在北非建立殖民地时对所有不是说罗马语系语言的人的总称。

（3）穆拉比特人。这里不是指一个独立的民族，而是一个由柏柏尔人和阿拉伯人组成的混合体；其中柏柏尔人占绝大多数，阿拉伯人只占一小部分。事实上，这是一种具有特殊宗教思想的代表集团，分作王族、中层隐士和下层隐士。

（4）古卢格里人。是 16～18 世纪由驻扎在利比亚的土耳其士兵同阿拉伯妇女或柏柏尔妇女结婚后产生的后代。大多散居在沿海地区的米苏拉塔一带。

（5）泰瓦里格人（或图阿雷格人），他们的起源是哈姆族，分布在大沙漠西部地区。

（6）黑人和阿拉伯血统的黑人。利比亚黑人主要是指在 19 世纪禁止贩卖奴隶以前，从非洲中部被贩运来的奴隶的后裔。

总的来讲，利比亚的居民虽然文化遗产和血缘关系有所差异，但都属于一个民族。除欧洲侨民和犹太侨民外，主要是阿拉伯人和柏柏尔人。从文化遗传方面可以看出，伊斯兰教作为利比亚的国教是顺理成章的。全国 97% 的居民是伊斯兰教徒。同理，阿拉伯语为本国国语。英语通用。一些地方语言也很流行。

人口变动

殖民时代的利比亚从来没有进行过有组织的人口统计。但大致的判断是：19 世纪以前，尽管阿拉伯人和土著居民的出生率很高，可是死亡率也很高，因此，人口始终没有增长。1920 年，估计全国人口是 57.8 万人。1931 年，在的黎波里区进行了第一次正式的人口统计，当年该区居民总数为 51.6 万人：其中欧洲人 3.5 万人，土著居民中阿拉伯人 16.4 万人，阿拉伯化了的柏柏尔人为 14.9 万人，柏柏尔人为 11.9 万人，古卢格里人为 2.5 万人，犹太人为 2.1 万人，黑人为 3000 人。1929 年昔兰尼加估计为 14.5 万人。到了 1936 年，全国人口估计是 73.3 万人，其中的黎波里区为 52.7 万人，昔兰尼加为 13.7 万人，费赞为 4.8 万人。第二次世界大战结束以后，特别是在 1951 年 12 月利比亚获得独立以后，情况有所改变，许多侨居国外的利比亚人返回家园，自此，利比亚人口开始增长。1954 年利比亚进行了第一次官方人口统计，该年人口为 108.89 万人。10 年以后的 1964 年，进行了第二次人口统计，这时全国人口为 155.94 万人。10 年内人口增长 47.05 万人，平均年增长率为 3.7%，几乎成为世界上最高的人口增长率。

1981 年，该国人口比 1964 年的总人口数翻了一番，达到 310 万人。1989 年，人口总数 410 万人（参见表 1、表 2 和图 1）。

表 1　利比亚的人口变动

单位：万人

年　份	1920	1936	1950	1954	1960	1964	1970	1980	1981	1982	1983	1984	1986	1989
人　口	57.8	73.3	102.9	108.9	134.9	155.9	199.2	297.0	310.0	322.0	336.0	360.0	390.0	410.0

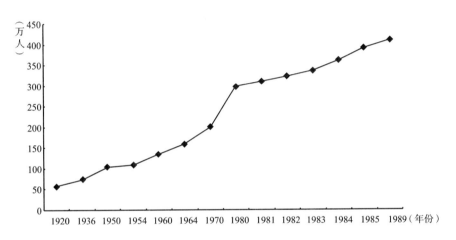

图 1　利比亚人口变动图示

表 2　利比亚人口自然变动指标

单位：‰

指标 ＼ 年份	1950	1960	1970	1975	1980	1981	1986	1989
出生率	48.0	48.5	41.3	47.7	47.4	45.6	44.0	39.0
死亡率	22.5	19.9	7.6	7.0	12.7	10.9	11.0	8.0
自然增长率	25.5	28.6	33.7	40.7	34.7	34.7	33.0	31.0

利比亚的人口增长率一直比较高，这是出生率维持不变、死亡率迅速下降并降到较低水平的结果。从目前来看，利比亚的出生率和死亡率都属于非洲的低水平，尤其是利比亚的死亡率，已成为非洲除突尼斯和毛里求斯之外的最低水平。即使放在全世界范围进行对比，这一水平也是很低的。婴儿死亡率的情况是：1960 年为 158‰，1982 年降至 95‰，1989 年认为是 74‰。1～4 岁儿童死亡率 1960 年为 36‰，1989 年为 11‰。相应的，利比亚人口平均预期寿命比较高，从 20 世纪 50 年代起便超过了 40 岁（见表 3）。

表3　利比亚不同时期人口平均预期寿命

单位：年

年　份	1950~1954	1955~1959	1960~1964	1965~1969	1970~1975	1986	1989
男	41.9	44.3	46.6	49.0	51.4	58.0	65.0
女	43.9	44.6	49.2	51.8	54.5		

利比亚的人口平均预期寿命在非洲仅次于留尼汪岛和塞舌尔岛以及毛里求斯等人口不足百万的小国，在北非堪称最高。

尽管利比亚的婴儿死亡率低，人口平均预期寿命高，但这毕竟只是近10多年来的事情。此前的人口变化对于1989年的人口仍产生着影响。由于该国出生率虽有下降，但仍高达38‰以上，因此，少年儿童比重仍然很大，相应的，老年人口比重则很小。1973年，15岁以下儿童比重为48.8%，15~64岁人口比重47.3%，65岁及以上人口比重3.9%，1989年三项指标的比值分别是：46%、52%和2%。也许这一数值有所出入，但可以肯定的是，利比亚仍属于年轻型人口。

和北非诸国不一样，利比亚属石油生产国，因此国外输入劳动力比较多，确切地说，输入的男劳动力比较多，这样，利比亚的人口性别比例是男性多于女性，而且这一状况几十年来一直如此：1954年是107.6，1964年是108.3，1973年是112.7。如果分年龄组观察的话，劳动力年龄组的这一比值一定更高。

人口分布与城市人口

利比亚的人口分布同地表水和地下水的分布等自然因素紧密相关，此外，同这个国家的历史、人口发展以及各个历史时期的行政区划等人为因素也不无关系。1989年利比亚人口密度平均每平方公里2.3人，为世界上人口密度最稀少的国家之一。从整个区域来说，人口分布也不均匀，的黎波里区人口集中在沿海地带，昔兰尼加区的人口也集中居住在多雨和地下水丰富的沿海地区，费赞区总的来说人口比较稀少（参见表4）。

表4　1954、1964年利比亚的人口地区分布

地　区	1954年（人）	1964年（人）	净增人口（人）	增长率（%）	地　区	1954年（人）	1964年（人）	净增人口（人）	增长率（%）
的黎波里区	738338	1029216	290878	39.4	费赞区	59315	78714	19399	32.7
昔兰尼加区	291237	451469	160232	55.0	合　计	1088890	1559399	470509	43.2

利比亚人口主要集中在沿岸城市、港口，这就使得该国城市人口比重必然增大。1960年，城市人口占总人口的百分比为23%，1982年增至58%，1989年为76%，城市人口的这种增长速度在世界上是罕见的，不过，这也表现出了高收入石油出口国的特征。这些城市人口主要集中在的黎波里和班加西两大城市。根据1982年的资料，利比亚农业劳动力人口为总劳动力人口的19%，工业劳动人口占28%，服务业等行业劳动力人口超

过半数，达 53%。

由于石油是利比亚的经济命脉和主要支柱，并为利比亚带来了 70% 的国民生产总值，因此，该国被列为高收入石油出口国的行列。1989 年人均国民生产总值为 5500 美元，居非洲各国之首。在这种背景下，国民文化水平相对于其他非洲国家要高得多。实行免费教育。1981～1985 年的"二五"计划期间，教育事业有了很大发展。1981 年小学入学率为 123%，比 1960 年 59% 提高了 64 个百分点，其中，男性为 128%，女性为 119%；中学生入学率为 67%，远远高于同是高收入石油出口国亚洲的沙特阿拉伯的 30% 的水平；大学生入学率甚至达到 6%，其中女大学生占大学生总数的 26%。利比亚还有一个特点是，科学家、工程师较多：1980 年平均每万人拥有科学家和工程师达到 147.3 名，技术人员 304 名。这两项指标是其他任何非洲国家都望尘莫及的。这一水平甚至可以和一些欧洲国家相媲美。另外，利比亚医疗卫生水平较高。1980 年每名医生负担 730 人，每名护士负担 400 人。同期的中国负担人数分别是 1810 人和 1790 人，而人均国民生产总值比利比亚高出几倍的沙特阿拉伯同期这两项指标也高达 1670 人和 1170 人。

人口预测

利比亚的人口 1989 年为 410 万，按一般情况进行预测，估计 2000 年为 700 万人；若在妇女生育率迅速下降的情况下，可控制在 600 万人以内；总和生育率目前是 5.6 个，届时如果降到 4.0 个以下就很令人满意了。

参考资料

〔埃及〕塔·谢尔夫：《利比亚地理》，唐裕生译，商务印书馆，1982。

留尼汪（Reunion）

留尼汪是一个耸立于印度洋上的火山岛，位于非洲大陆东南，离马达加斯加岛 676 公里，该岛总面积 2512 平方公里。1984 年人口 53.21 万人。人口密度每平方公里 211.8 人。首府：圣但尼。

历史、民族、宗教和语言

1513 年该岛被葡萄牙人马斯克林发现。值此之后，荷兰人、英国人相继前来，然而，最后该岛却落入法国人之手。从 1649 年起，该岛实际上就开始了殖民地的历史。此后，该岛并未平静过，英、法为此又进行了若干次的争夺。其间，该岛曾被启用过波旁岛、波拿巴岛等别名。直至 1946 年，正式命名为留尼汪岛。并为法国的"单一省地区"。

当法国人最初来到此岛的时候，便从马达加斯加以及非洲大陆买入大批黑人奴隶供他们使用，这些黑人便从此定居该岛。当然，购买奴隶的法国人也随同他们一道定居于此。当19世纪废止奴隶买卖之后，亚洲的印度人则流入此地做劳工，部分人自此不返家园。目前，构成该岛居民的主要成分便是：以法国人为主的欧洲人，以印度人为主的亚洲人，以马达加斯加人为主的非洲人，以及由此而产生的混血人（参见表1）。

表1　20世纪80年代初留尼汪岛的人口民族构成

民　族	人口（千人）	比重（%）	民　族	人口（千人）	比重（%）
留尼汪人	310	62.5	法兰西人	10	2.0
华　人	12	2.5	其　他	24	4.8
马达加斯加人	5	1.0			
印度马拉巴尔人	135	27.2	总　计	496	100.0

留尼汪岛上居民多为基督教天主教徒，亚洲人则多信奉伊斯兰教、佛教和印度教，前者占总人口的85%。法语是当地官方语言，不过，这种法语已经不是昔日正宗的纯法语，其中夹杂着许多当地方言。

人口变动

留尼汪岛的人口增长速度与非洲大陆的大部分国家一样，20世纪70年代之前，人口增长速度很快，但之后，人口增长势头有所减缓。留尼汪岛人口的一个特点是，这种减缓程度较之其他非洲国家更甚，甚至可以说，已经开始进入了人口转变的中期，即死亡率已经下降到很低水平，出生率偏高，自然增长率也稍高（参见表2）。

表2　留尼汪岛的人口变动

指标＼年份	1920	1950	1960	1970	1980	1981	1986	1989
人口（万人）	17.3	24.4	33.8	44.6	49.6	50.2	56.0	60.0
出生率（‰）		48.1	44.0	30.2	25.0	23.4	24.0	22.0
死亡率（‰）		22.9	11.5	8.2	6.5	6.2	6.0	6.0
自然增长率（‰）		25.2	32.5	22.0	18.5	17.2	18.0	16.0

留尼汪岛的这三项指标值均是全非洲的最低水平，尤其是死亡率，甚至已降至世界的最低水平，为世界死亡率最低的国家之一，目前发达国家总平均死亡率尚为9‰。看来，留尼汪岛将成为非洲第一个完成人口转变的地区。

不仅如此，留尼汪岛的婴儿死亡率已降到了极低水平。而且在20世纪60年代，便降至100‰。资料表明，留尼汪岛的婴儿死亡率是：1953年为109.1‰，1958年为117.2‰，1963年为70.3‰，1968年为62.2‰，1973年为36.2‰，1981年为21‰，

1986 年为 13‰，1989 年为 14‰。这一数值是非洲平均水平 113‰的 1/8，而与发达国家的平均值 15‰基本相等。留尼汪岛人口的平均预期寿命早在 20 世纪 50 年代便进入了 50 岁的行列。当时，1951～1955 年：男性 47.5 岁，女性 53.4 岁；1959～1963 年：男性 54.1 岁，女性 60.6 岁；1964～1967 年：男性 55.8 岁，女性 62.4 岁；1981 年：男、女平均 65 岁；1986 年：男、女平均 70 岁；1989 年，进一步上升到 71 岁。从而成为非洲的最高水平，比发达国家的平均 73 岁值仅差 2 岁，而比非洲平均 51 岁值高出近20 岁。

人口结构与特征

如果按照瑞典统计学家桑德巴尔模式进行划分的话，留尼汪岛的人口 20 世纪 80 年代处在"转变"阶段，即从"年轻型"人口向"老年型"人口进行转变的阶段。1981年该岛 15 岁以下人口占总人口的比重为 38.1%，15～64 岁人口比重为 57.7%，65 岁及以上老人比重为 4.2%。1989 年，三项指标依次为：33%、62% 和 5%。可以推断，在不久以后，随着年龄的推移，人口将跨入老年类型。因为在 1989 年，65 岁及以上老年人口已达到 5% 的临界点。

女性人口多是留尼汪岛的一贯特点。几十年来女性人口一直多于男性。对这种现象的解释只能归结为：人口平均预期寿命延长所致——这是发达国家男性少于女性的共同原因（参见表 3）。

表 3　留尼汪岛人口性别构成变动情况

年　份	总人口（人）	男性人口（人）	女性人口（人）	性比例（%）	年　份	总人口（人）	男性人口（人）	女性人口（人）	性比例（%）
1954	274370	133387	140983	94.6	1974	476675	230960	245715	94.0
1961	349282	170151	179131	95.0	1981	502422	241163	261259	92.3
1967	416525	203497	213028	95.5					

留尼汪岛 20% 的人口居住在首府圣但尼，只有很少一部分人口居住在农村，这些人在主岛 64189 公顷的耕地上从事着以甘蔗种植为主的农业。大部分人口都集中在沿海地带。但也有人认为留尼汪岛应当是一个"城市岛"。

留尼汪岛经济发达，1986 年人均国内生产总值高达 3920 美元。1984 年该岛的教育情况是，全岛有小学 471 所，小学教师 4963 人，合每万人拥有小学教师 91 名；中学教师共 4042 人，合每万人中学教师 75 名。

20 世纪 90 年代初，留尼汪岛的妇女总和生育率接近更替水平。1989 年为 2.4 个，这意味着在 41 年以后，留尼汪岛的人口才能翻一番，达到 120 万人。而从 20 世纪 90 年代初来看，该岛人口若仅凭自然增长，到 20 世纪末时，人口总数目大概是 70 万人，这意味着每年将增加新出生人口 1 万人。

卢旺达 （Rwanda）

卢旺达位于非洲中部，大约在赤道正下方接近东非大裂谷带的位置，境内由于山峦叠起，故有"千丘之国"之称。卢旺达与其邻国布隆迪称之为非洲的"姐妹国"，这是因为它们不但在历史上有着密切的联系，而且就是在今天，仍有许多共同之处。比如，两者都是内陆国。卢旺达的东面是坦桑尼亚，南界布隆迪，北与乌干达比连，西隔基伍湖与扎伊尔相接。国土面积 2.63 万平方公里。1989 年人口总数约 700 万人。人口密度每平方公里 266 人。首都：基加利。

历史、民族、宗教和语言

像布隆迪一样，最初定居在卢旺达的是俾格米人，即特瓦族黑矮人。由于这里气候温和、森林茂盛，因此很快就招致了其他部族的青睐。继俾格米人之后来到此地的是属于同一班图语族的胡图族人。像在布隆迪一样，特瓦俾格米人和胡图族人在此一直和平共处地生活着。公元 13 世纪时，图西族开始向布隆迪及卢旺达地区进犯，从而破坏了这里宁静的森林人的生活。图西族人是来自埃塞俄比亚的游牧民族，侵入此地的图西族人于 16 世纪反而以主人的身份在此建立了封建王国。之后来到此地的外籍人大概是 19 世纪中期的阿拉伯人。1894 年，欧洲人又无孔不入地进驻了卢旺达。其后，德国人、比利时人等分别"托管"过卢旺达，这种"托管"一直持续了半个多世纪，直至 1962 年 7 月 1 日卢旺达正式宣告独立。

卢旺达和布隆迪的另一个共同点就是人口民族构成基本一样。卢旺达的胡图族人占总人口的 85%，图西族人占 14%，特瓦族人占 1% 左右，前两者又称为尼亚卢旺达人。此外，还有一些最早来到此地的阿拉伯人的后裔，以及亚洲印度人和巴基斯坦人。总体而言，卢旺达的人种构成比较简单，主要以土著非洲人为主。因此，多数居民均讲班图语族的卢旺达语，属于尼日尔——刚果语族贝努族——刚果语支。但令人奇怪的是：法语是卢旺达的官方语言。在一些场合，尚使用斯瓦希里语。

受欧洲文化的冲击和影响，国内居民中 45% 的人信奉天主教；同时，有 1% 的人口为穆斯林，即笃信逊尼派伊斯兰教。其余近半数居民信奉"万物有灵论"的传统宗教。总之，目前所信仰的宗教是土著文化与外来文化在该国的一种反映。

人口变动

卢旺达是非洲靠近赤道的国家之一，拥有着非洲最为古老的土著人口——特瓦俾格米部落。这似乎是由于温暖的气候所决定的，这种天然的自然条件不仅吸引了早期人们的纷至沓来，而且也适应了人类的自然繁殖。所以，在这一片狭小的国土上，密集居住着已多达 700 万左右的人口。卢旺达独立时的人口尚不足 300 万人（参见表 1）。

表 1 卢旺达的人口变动

单位：万人

年 份	1952	1960	1965	1970	1975	1980	1981	1982	1983	1984	1985	1986	1989
人 口	214.3	266.5	311.0	357.2	419.8	505.0	532.0	551.0	570.0	600.0	625.0	650.0	700.0

从 20 世纪 50 年代起至今，卢旺达的人口净增加 486 万人，年均增长速度为 3.25%。其中，独立前的 50 年代年均增长率为 2.7%，独立后的 60 年代是 2.9%，70 年代为 3.5%，80 年代为 3.6%。卢旺达的人口增长速度每个 10 年都超过了前一个 10 年，说明其"雪球"不仅越滚越大，而且越滚越快。

自独立以后，卢旺达的人口按照一般的人口规则平衡地增长着，只是在 20 世纪 60 年代初期，由于政治事件而使得很大一批人口（其数字由几万到二十几万说法不一）流往诸如布隆迪、乌干达等国。这是近几十年来发生在卢旺达的一个重大的人口机械变动事件。

卢旺达的人口增长速度快，主要是出生率高，妇女总和生育率高所致，尽管死亡率有所下降，但下降的程度并不很大，至 1989 年仍为 20‰左右（参见表 2）。

表 2 卢旺达人口自然变动

单位：‰

指标＼年份	1953	1958	1963	1968	1973	1975	1978	1981	1986	1989
出生率	52.6	51.7	50.6	49.9	49.7	51.0	49.6	51.1	54.0	52.0
死亡率	31.3	28.5	25.8	23.4	21.2	22.0	21.0	16.6	16.0	18.0
自然增长率	21.3	23.2	24.8	26.5	28.5	29.0	28.6	34.5	38.0	34.0

在非洲大陆，有两条高生育率地理带，一条在东部非洲，另一条是西非沿岸几内亚湾的沿海国家，其中，东地理带生育率更高一些，而卢旺达就是构成这一地理带的成员国之一。不仅在非洲，而且在整个世界，卢旺达的出生率都是排在最高之列。但是，如果再看一下卢旺达的妇女总和生育率的话，那么即使像肯尼亚这样以出生率高而闻名的国家也会因"小巫见大巫"而黯然失色，联合国认为卢旺达的妇女总和生育率 1989 年是 8.3 个，肯尼亚为 8.1 个；美国人口咨询局则认为前者是 8.5 个，后者是 8.1 个。尽管这两个数值之间因各种原因而出现了差异，但是都认为卢旺达的总和生育率为世界之首则是无疑的。

尽管妇女总和生育率高，但是婴儿死亡数也相当高。1960 年独立前夕，婴儿死亡率为 167‰，1982 年为 126‰，1989 年仍在 122‰左右。儿童死亡率 1962 年为 40‰，1982年为 25‰。如此高的婴儿死亡率与其落后的经济文化水平和落后的医疗卫生条件是分不开的。1960 年卢旺达每名医生的负担人口数目高达 14.33 万人；进入 20 世纪 80 年代，仍要负担 3.15 万人，每名护理人员负担的人口数目是 9840 人。在这样的医疗卫生条件下，卢旺达的人口平均预期寿命也不会有很大提高。1960 年男性平均预期寿命38 岁，女性 41 岁；1982 年，男性 45 岁，女性 48 岁；1989 年总体人口平均预期寿命是49 岁。

人口结构

卢旺达的人口是"年轻型"人口。1978 年的普查资料显示：0 ~ 14 岁人口所占人口比重是 45.6%，15 ~ 64 岁人口比重是 51.6% 左右，65 岁及以上人口为 2.8%。1989 年估算的这三项指标数值是：49%、48% 和 3%。15 岁以下人口所占总人口比重超过 15 ~ 64岁劳动年龄人口所占总人口比重的现象在世界上是十分罕见的，类似的国家大概只有肯尼亚（51%、47% 和 2%）和赞比亚（50%、48% 和 2%）。

接近赤道的卢旺达，像各非洲中部国家一样，男女性别比基本平衡，但女性略多于男性。1970 年，卢旺达的性比例是 96.8∶100；1978 年该国性比例是 95.7∶100。

像布隆迪一样，卢旺达的人口密集程度很高，每平方公里的土地上平均居住 265 人，这在非洲诸国中算是相当高的。卢旺达的人口主要居住在基伍湖附近，而且大多为胡图族人。在该国北部地区，人口密度较为稀疏。首都基加利位于卢旺达的正中心地区，集聚了大约 15 万 ~ 20 万人口。事实上，这个坐落在丘陵地带的、真正称得上城市的卢旺达首都，在独立之前不过才 3000 人左右。

某一城市人口爆炸性地集中增加，而广大农村又拥有着占有绝对多数的农村人口，这正是非洲国家"城乡人口"的一大问题。仍像布隆迪那样，卢旺达城市人口所占比重在世界属于最低之列。目前，充其量的估计是，城市人口占总人口的比重为 6%，这足以反映该国的社会经济发展水平。由于近年来卢旺达人口急剧增加、人口过剩、尤其是劳动力过剩已成为一个严重的社会问题，尽管土地肥沃、气候温和、适宜于农作物生产，但是，由于无计划地开垦和滥放牲畜，因而导致土地贫瘠，加之自然资源贫乏，这就更加重了人口过剩的显著性。

与布隆迪不同的一点是：卢旺达重视教育，1985 年教育支出占整个财政预算的24%，这一比重在非洲贫穷的国家中是相当高的。1980 年，文盲率为 50%，而此时的布隆迪为 75%。小学生入学率为 72%，中学生入学率为 2%，卢旺达还有几所高等院校，而布隆迪只有一所大学。

小结

总之，卢旺达的人口问题可归纳为几点：（1）出生率，尤其是妇女总和生育率太高；人口年龄结构超乎寻常地"年轻"，因此，未来的人口增长洪流势不可挡。（2）在土地日益贫瘠的同时，人口日益增多，致使本国土地难以维持越来越多人口的生计，而这一问题早在 1975 年时就已十分明显。（3）农村人口比重过大，孤立的城市人口增长过快。（4）与布隆迪一样，进入 20 世纪 80 年代以来，卢旺达成为非洲地区艾滋病发病率最高的国家之一。另外，卢旺达的民族问题或许比布隆迪难处理一些。

　　尽管卢旺达已经遇到了来自人口方面的各种挑战，但是，人口却仍然将不以人们的意志为转移地继续增长，至少由于内在惯性的作用，卢旺达的人口还需持续增长几十年乃至更长时间。如果按照这种速度持续增长下去的话，那么，21世纪初卢旺达的人口总数目将达到1000万人，届时的人口密度每平方公里就不是265人，而是380人。到那时，如果没有意外奇迹发生的话，人们的生活状况将成为更加严重的问题。

　　不过，据1988年调查，卢旺达15～49岁的已婚妇女中至少有72%的人知道了避孕之事，甚至有18%的人采取过避孕措施，而且目前仍有10%的已婚妇女正在进行避孕，这是一个遏制人口增长的好苗头。但是，对于已经到来和即将到来的人口增长洪流而言，这种比例显得过分微弱了。

马达加斯加 （Madagasca）

　　有"小大陆"之称的马达加斯加岛是一向西倾斜而多山的一大陆块，位于非洲大陆东南海面上，隔莫桑比克海峡与非洲大陆相望，为世界上第四大岛。马达加斯加的幅员超出了岛屿的范围，其面积包括周围岛屿在内共62.7万平方公里，仅马岛本身则是58.7万平方公里。1989年人口约有1160万人，马达加斯加人口密度每平方公里18.5人。首都：塔那那利佛。

历史

　　据认为，马达加斯加岛与非洲大陆不同，这里没有生存过类人猿，在远古时期甚至也没有过食草动物和非洲猛兽。而最早居住在马达加斯加岛的人类一般认为是称为琴巴的部族，但是这些人是什么时候到达该岛，以什么样的方式跨洋而来的，至今却无从考证。不过随后到达此地的据说是大洋洲美拉尼西亚系的巴拉族人和萨卡拉瓦人。公元5～8世纪时，马岛便成为从非洲、阿拉伯和遥远的印度尼西亚一带如潮水般一波一波蜂拥而来的人们的定居点。估计这些人是在距今4000年前横渡印度洋到达此地的。

　　该岛14世纪初兴建了伊麦利那王国，当时的生产力已经有了一定的发展，并掌握了较为先进的水稻栽培技术，开始出现了铁与铁器，从那时起，马达加斯加社会和文化均获得了发展。至1794年，伊麦利那王国发展成为中央集权的封建王朝。19世纪初建立了统一的马达加斯加王国。

　　早在公元1500年前，葡萄牙航海家狄亚斯在绕东非航途中，发现了这一岛屿，并将其公之于众。随后英、法试图进入但未如愿。19世纪30年代法国正式入侵，并于1885年迫使马达加斯加与其签订了合约。尽管其后爆发战争，但结果是，1896年马达加斯加沦为法国殖民地。马达加斯加的殖民地一直延续了60多年，直到1960年6月26日宣布独立为止。

民族、宗教和语言

马达加斯加作为一个岛国，在整个历史上，其人口经历了一个不断聚集、不断分离的过程。这种过程的结果使得该国人口的民族构成十分复杂。既有早期定居于此的非洲土著人，又有最早由大洋洲跨印度洋而来的美拉尼西亚族人，还有稍后时期来此定居的印度尼西亚人、阿拉伯人、非洲人，甚至包括中国人和印度人。此外，还有前殖民者的欧洲人。从人类学的角度看，该岛拥有着蒙古人种、尼格罗人种、澳大利亚人种、欧罗巴人种的四大人种和大量的混血人种。不过目前的划分是将早期居民一概称为"马达加斯加人"，他们占马国总人口的98.8%，其余人种诸如科摩罗人、华人、法兰西人、阿拉伯人和马来人等只占1.2%。在马达加斯加人中，共包括18个部族，他们是：麦利那族、贝齐米萨拉卡族、贝希略族、贝米赫特族、安泰萨卡族、萨卡拉瓦族、安塔德鲁伊族、巴拉族、安塔纳拉族、安泰慕罗族、安塔诺西族、西哈纳卡族、马哈法利族、马夸族、安塔卡拉钠族、贝尔诺扎诺族、安泰法西族、安坦巴乌克族。其中，麦利那族占马达加斯加人的25.8%，贝齐米萨拉卡族占14.7%。

马达加斯加复杂的人口结构是几千年来人口历史演变的结果，该岛屿只是将这些来源不同的人们聚集在了一起。但是，他们之间的文化、语言、信仰却存在着一定的差异，尽管这种差异并不大。全国居民中大约有55%的人信奉原始宗教，崇尚万物有灵论；40%的居民为基督教的崇拜者，多数为天主教徒和新教徒；余者信奉伊斯兰教。

法语以及马达加斯加语为国语。不过，国内尚流行马达加斯加语的各种方言。

人口变动

马达加斯加的人口一直是陆续累积增加的。在奴隶买卖盛行之时，人口猛增过一次。但随后人口增长有所减慢，甚至在一段时期还出现了人口减少的现象。1868年马岛进行的第一次人口调查显示，其人口总数是300万人左右，到1900年则减为224.5万人，此后人口才又逐渐回升，1921年为338.2万人，1940年达到近400万人，之后人口迅猛增加，其主要原因是诸如疟疾等当地特有疾病已消除甚或绝迹，由此而降低了人口死亡率所致。到独立时的1960年，人口已达539万人。1989年马达加斯加人口为1100多万人（参见表1）。

表1　马达加斯加的人口变动

单位：万人

年　份	1868	1900	1921	1940	1941	1945	1950	1955	1960	1965
人　口	300.0	224.5	338.2	395.2	408.0	425.0	425.6	472.0	539.3	608.0
年　份	1970	1975	1977	1980	1981	1982	1983	1985	1986	1989
人　口	693.0	802.0	852.0	870.0	896.0	920.0	940.0	994.0	1030.0	1160.0

1950 年以前，马达加斯加的人口增长总的情况是缓慢的：1868 年以后的 80 多年间，人口年均增长速度为 0.4%。1950 年以后人口增长显著加快。20 世纪 50 年代的人口年均增长率为 2.4%，60 年代为 2.5%，70 年代为 2.3%，80 年代增至 3.2%。1950~1989 年，人口年均增长率为 2.6%，与非洲其他国家相比，这一指标并不算高。

马达加斯加人口自然变动的情况是：尽管出生率没有超过 50‰ 的极高水平，但却始终徘徊在 46‰ 的高水平上；死亡率下降速度较快，近 40 年间死亡率下降 50% 左右；自然增长率相应提高近 80%（参见表 2）。

表 2　马达加斯加人口自然变动指标

单位：‰

指标 \ 年份	1953	1958	1963	1968	1973	1981	1986	1989
出生率	47.8	47.2	46.3	45.3	45.1	45.0	45.0	46.0
死亡率	30.6	27.9	25.3	22.9	20.9	19.0	17.0	14.0
自然增长率	17.2	19.3	21.0	22.4	24.2	26.0	28.0	32.0

马达加斯加的人口平均预期寿命一直比较低。进入 20 世纪 80 年代，其人口平均预期寿命才刚刚达到 50 岁（参见表 3）。

表 3　马达加斯加不同时期人口平均预期寿命

单位：年

年份	1950~1954	1955~1959	1960~1965	1970~1974	1975~1980	1981	1986	1989
男	32.0	34.5	37.0	41.9	44.4	46.0	50.0	53.0
女	35.0	37.5	40.1	45.1	47.6			

根据该国人口平均预期寿命的情况，可以判断出马达加斯加婴儿死亡率不会太低。不过，联合国 1980 年出版的《世界人口年鉴》提供的数据是马达加斯加婴儿死亡率 1972 年为 53.2‰，其中男性为 55.5‰，女性为 50.8‰。这一数值可能估计得太低了。世界银行认为 1989 年这一指标仍高达 110‰，联合国《世界人口展望》资料则认为同期这一指标是 120‰。总之，各种迹象表明，马达加斯加的婴儿死亡率最可能的范围是 100‰~120‰。

人口结构

马达加斯加的人口属于年轻型人口。1975 年的调查资料显示：0~14 岁人口比重是 44.4%，15~64 岁人口比重是 52%，65 岁及以上人口比重为 3.6%。根据其年龄构成演变，1989 年的人口结构是：0～14 岁人口为 44%，15～64 岁人口是 53%，65 岁及以上人口为 3%. 不过在东非地区，马达加斯加的人口尚属"最不年轻"的国家之一。

同非洲许多国家一样，在过去马达加斯加人口大量外流的情况下，其性别比男少女多。1966 年普查时，全国人口 620 万人，其中男性 304.9 万人，女性 315.1 万人。性比例指标是 96.8：100。以后，马达加斯加人口外流趋于缓和，人口性比例指标有所提高，使得 1975 年调查时的马达加斯加人口性别比例已达到 100：100。因此，总的情况是，马达加斯加人口性别比例属于正常范围。

马达加斯加的人口地理分布有其自己的特点，它并不像其他岛国或沿海国家那样沿海地区居民十分稠密。马岛的特点是位于岛中央的高原地带人口密度最高。这主要是历史演变的结果，即此地为古时麦利那王国的人口聚集地。像中央高原的西部和北部地区自然条件虽然较之中部地区更好，但却人烟稀少。海滨地区的人口也不像其他国家的海滨地区那样人口聚集。因此马达加斯加的人口分布特点便是：自然环境的优劣不是决定马国人口分布的主要因素。

首都塔那那利佛及其周围地区人口最为稠密，西部沿海平原和南部沙漠地带人口稀少。前者地区大多数居民为麦利那族人，后者地带则主要是萨卡拉瓦族人、贝希略族人、巴拉族人（参见表 4）。

表 4 1984 年马达加斯加的人口分布

省	面积（平方公里）	人口（人）	人口密度（人/平方公里）	省	面积（平方公里）	人口（人）	人口密度（人/平方公里）
塔那那利佛	58283	2500000	43	菲亚纳兰楚阿	102373	2200000	21
马任加	150034	1200000	8	图莱亚尔	161405	1400000	9
塔马塔夫	71911	1500000	21	总计	587052	9600000	16
迪耶果——苏瓦雷斯	43046	800000	19				

马达加斯加发展到目前为止，仍然是以农业为主体的国家，工业基础十分薄弱。估计 1989 年人均国民生产总值仅为 200 美元，显然是世界上最为贫穷的国家之一。农村人口占总人口的 80%，城市人口只有 20%，这一比重较之撒哈拉以南地区的平均城市人口比重的 28% 还要低。如果从历史的角度来看，该国城市人口比重提高的过程是极其缓慢的。即使在现代，其速度也不快，因为在 1960 年时，这一比值已经占总人口的 11% 多。在全部劳动力人口中，工业劳动力只占 4%，服务业占 9%，87% 的劳动力从事农业生产，其中 94% 的女性劳动力在农业部门。

马达加斯加的国民教育受历史的影响，其成人识字率至今仅为 50%。小学教育目前是 5 年制基础义务制教育。小学生入学率为 74%，中学生入学率为 14%，高等教育学校学生在校生占 20 ~ 24 岁人口的比重为 3%，这在东非地区属于教育程度较高的国家。不过其医疗卫生条件并不好，1980 年，每名医生所负担的人口数目高达 1.02 万人，每名护理人员的负担人口数目是 3660 人。事实上，这种落后的卫生条件已从前述的高婴儿死亡率和偏低的人口预期寿命中反映出来了。

人口预测

1989 年，马达加斯加的人口为 1160 万人左右，妇女总和生育率为 6.6 个，人口粗出生率是 46‰，人口年龄构成的类型属 "年轻型" 人口。基于这些条件，对未来人口进行预测的结果是：2000 年时的马达加斯加人口将达到 1660 万人；2050 年为 2000 年人口的 1 倍——3300 万人，1989 年的人口若要达到自身的 1 倍，大约需要 22 年的时间，即在 2010 年左右，人口数目为 2320 万人。

马拉维 （Malawi）

马拉维位于非洲东南部尼亚萨湖畔，属内陆国家，东面及南面是莫桑比克，东北面是坦桑尼亚，西面与赞比亚接壤，土地面积只有 11.85 万平方公里，属于非洲较小的国家之一，但人口目前却有 870 万人，人口密度每平方公里 73 人，从而成为非洲人口密度较高的国家之一。首都：利隆圭。

历史、民族、宗教和语言

马拉维境内最早的人类，据猜测是在某个较干燥时期，即距今 7 万年到 10 万年之间，大概是因追逐较大野兽到马拉维的多草地带而来的，这些人是中石器时代的狩猎者和食物采集者。公元初年，班图系族人侵入马拉维。公元 7 世纪时，一些人从埃塞俄比亚边境迁居过来居住在赞比西河南面。之后，14 ~ 15 世纪，便流动进入马拉维。17 世纪，欧洲的葡萄牙人准备远征到湖边，但未成功。1859 年，英国人李文斯顿发现了尼亚萨湖，并第一次向外界作了报道，随即欧洲人便接踵而来。1891 年沦为英国 "保护国"，1904 年由英国政府进行直接管辖，被改名为尼亚萨兰。1964 年 7 月 6 日尼亚萨兰宣告独立，并改名为马拉维。1966 年 7 月 6 日宣布成立共和国，并为 "英联邦" 成员国。

现今的马拉维人，大体上仍是由早期来到此地的各部落后裔所构成，主要包括马拉维人，这实际上是一个在 18 ~ 19 世纪初由马拉维部落所分离出来的三个主要部族：尼安扎人、切瓦人和曼昂扎人所构成的近亲民族集团。此外，还包括较早来到此地的恩戈尼人、尧人，还有一些印度人和巴基斯坦人以及欧洲人（参见表 1）。

表1　20世纪70～80年代马拉维人口民族构成

民　族	人数（千人）	比重（%）	民　族	人数（千人）	比重（%）
尼日尔－刚果语族	5640	99.5	尼亚库萨人	65	1.2
贝努埃－刚果语支	5640	99.5	斯瓦希里人	20	0.4
马拉维人	3300	58.2	印度和巴基斯坦人	12	0.2
马夸人	1040	18.3	英格兰人	8	0.1
尧　人	750	13.2	其　他	10	0.2
恩戈尼人	380	6.7	总　计	5670	100.0
菲帕人	85	1.5			

由于马拉维当地居民多，因此近半数居民信奉原始宗教，即万物有灵论，10%的人口为逊尼派伊斯兰教徒，还有约40%的为基督教徒，既有新教徒又有天主教徒。

国语推行以尼安扎语为基础的马拉维语和英语。

人口变动

马拉维的人口数目，同其他非洲国家一样，在过去几乎一直没有确切的数字。即使后来整理出了一些人口数据，但很多也是估计出来的，相互之间有着较大的出入。英国水文学家约翰·G.派克曾列出了一个马拉维人口变动表（见表2）。

表2　马拉维的人口变动（约翰.G.派克估计）

单位：人

年　份	非洲人（正式的）	欧洲人	亚洲人和混血种人	合　计	年　份	非洲人（正式的）	欧洲人	亚洲人和混血种人	合　计
1921	1200000	1486	563	1202051	1945	2180000	1948	2804	2184752
1926	1291000	1686	—		1956	2755000	6732	8490	2770222
1931	1600000	1975	1591	1603566	1960	2840000	9500	13200	2862700

派克认为这些数字可能有些偏低，实际上的人口数目要大于这些数值。《中国人口年鉴》（1985年版）发布的数字要高于这些。如1950年是270.1万人，1960年则为341.9万人。美国人口咨询局推断的结果和后者接近（见表3）。

表3　美国人口咨询局推断的马拉维人口

单位：万人

年　份	1950	1960	1970	1980	1981	1982	1983	1986	1989
人　口	270.1	341.9	461.0	595.0	611.0	627.0	643.0	730.0	870.0

但不管怎么说，马拉维人口在迅速增长着（见表 4）。

表 4　马拉维人口自然变动指标

单位：‰

指标 ＼ 年份	1953	1960	1970	1975	1980	1981	1986	1989
出生率	47.8	53.3	51.9	51.4	52.6	52.1	53.0	51.0
死亡率	30.6	28.5	23.3	21.1	21.6	19.9	21.0	18.0
自然增长率	17.2	24.8	28.6	30.3	31.0	32.2	32.0	33.0

从历史上讲，马拉维的人口出生率一直很高，据认为这是班图族人的一个特征。当然还有一些社会习俗及经济制度方面的因素。

马拉维的出生率和自然增长率都相当高。只是由于死亡率偏高，才显得自然增长率不是高得令人吃惊。从 1950 到 1989 年的近 40 年间，人口增长了 2.2 倍，年均增长率 3.0%。事实上，这里面还应包含移民的因素。据认为，马拉维今日人口密集程度这样高，与长期以来的移民有很大关系，如在 1964 年独立之前，从莫桑比克迁入移民的行为从未间断过。当东非、中非一带连续发生干旱时，当地的居民便移入到马拉维。还有一些强迫移民以及劳动力方面的迁移行为。这些都使马拉维这块面积不大的土地上的人口不断膨胀着。

婴儿死亡率高也是迫使人口出生率高的一个重要因素。为了维护传统大家庭的存在，就必须以更高的出生率去补偿婴儿和儿童死亡率高所带来的人口减少。1960 年马拉维的婴儿死亡率曾高到 206‰，1982 年有所下降，但仍高达 137‰。1～4 岁的儿童死亡率 1960 年为 58‰，1982 年为 29‰。不过，联合国仍认为马拉维的婴儿死亡率至少在 150‰，是非洲最高的国家之一。

马拉维总人口平均预期寿命至今仍未达到 50 岁。在 20 世纪 60 年代之前，一直低于 40 岁，甚至男性在 70 年代时，刚刚超过 40 岁（见表 5）。

表 5　马拉维不同时期人口平均预期寿命

单位：年

年 份	1950～1953	1955～1959	1960～1964	1965～1969	1970～1972	1982	1986	1989
男	32.0	34.5	37.0	39.4	40.9	43.0	45.0	48.0
女	35.0	37.5	40.1	42.6	44.2	46.0		

从 20 世纪 50 年代至 1989 年的近 40 年间，该国人口平均预期寿命增加 15 岁，平均每年增加 0.38 岁。

人口结构

在整个非洲大陆，马拉维是性别比例失衡最为严重的国家之一。1966 年性比例指标是 90.0∶100，即男、女性别比为 47.4∶52.6；1977 年是 92.7∶100，性别比指标是 48.1∶51.9，这是赤道非洲大部分国家所具有的共同特点。

马拉维的人口属于年轻型人口。1977 年的统计资料表明，15 岁以下人口、15～64 岁人口以及 65 岁及以上人口所占总人口的比重是：44.6、50.9 和 4.5；1989 年三项指标是：46、50 和 4。

性别比例低除生理因素影响外，主要原因是人口流动。过去在殖民时期，马拉维成年男子有 20%～25% 的人在其一生中的某个时期到国外寻找工作。这些马拉维人在过去的许多年中一直是向邻国提供劳动力，据 G. 派克估计，其中有些人远到南非去做工。1958 年约有 16.9 万人离开马拉维，其中有 12.30 万人到南罗得西亚（今津巴布韦），2.6 万人到南非，1.9 万人到赞比亚，其余 0.1 万人到其他国家。不过从近期来看，马拉维境内的外国难民也不少，主要是来自莫桑比克，仅 1988 年就有 63 万莫桑比克难民流入马拉维。

整个马拉维的人口密度虽然高达每平方公里 73 人，但却很不均匀。由于缺乏常年性水源以及自然地理方面的显著差异，往往在人口密度很高的地区旁边就比连着人口密度低的地区。总的情况是：马拉维的东南角地区如姆兰杰、乔洛地区人口最稠密；紧邻的布兰太尔地区人口密度次之；马拉维中部地区人口密度每平方公里 100 人左右；最北部和西部如卡孙古地区和龙比地区人口极其稀少。而且各区内部仍不平衡，如布兰太尔区内部甚至还有高达每平方公里 1000 多人的稠密区。人口在马拉维的分布最主要的是取决于地理环境，如气候的干燥与湿润、凉爽与燥热、土壤土质的优与劣、疾病的多与寡、矿藏量的多与少等。在马拉维的欧洲人大多集中在布兰太尔地区，一部分居住在松巴区，而这些地区同时又是亚洲人居住的地方。华人现在马拉维的人数已经极少，大约只有 40 人。

马拉维是以农业为本的国家，经济十分落后，1989 年人均国民生产总值仅为 160 美元，在整个东非地区仅高于埃塞俄比亚人均 120 美元的水平。城市人口占总人口的比重非常低，1960 年为 4%，1982 年有所增长，也不过 10%，1988 上升到 13%。这一比重显然远远低于非洲城市人口占总人口比重 30% 的平均水平。在整个劳动力人口中，农业部门劳动力占 86%，工业部门占 5%，服务及其他行业占 9%，94% 的女性劳动力在农业部门。

马拉维的教育尚处于起步阶段，有为数不少的教会学校。成人识字率 1982 年时仅为 25%，属于非洲的低水平国家之一。小学入学人数只占该年龄组人数的 62%，其中男性占 73%，女性占 51%；中学入学人数只占该年龄组的 4%，其中女性只占 2%，是非洲这一指标最低的国家之一，高等学校学生所占该年龄组人数比重小至无法计算。

马拉维的经济政策是自由贸易经济，由于对外国资本一向给予免税、折价、生产独占等特权，因此利润外流而导致国内居民生活水平难以提高，致使大量劳动力不得不远至津巴布韦（南罗得西亚）和南非工作。从经济上讲，这种结果加重了本国对外国资本的依赖，从人口学上讲，这种状况必然导致国内人口性别结构、年龄结构等失去平衡。

小结和人口预测

由于人口不断增多，使得狭小的土地上人口更为拥挤、人均耕地面积不断减少。1970 年人均耕地面积 0.45 公顷，1980 年降至 0.39 公顷，1982 年进一步降至 0.37 公顷，这给农业的发展带来一定的压力。据世界银行测算，马拉维的土地已经不能够养活 1975 年就已达到的人口数目了。

然而就是在这种情况下，马拉维的人口增长并没有出现衰减的势头，33‰的人口自然增长率着实令人担忧。即使自然增长率降至 30‰，人口在 20 世纪末也要达到 1200 万人，即使降至 26‰，届时人口也会有 1160 万人。

参考资料

〔英〕约翰·G、派克：《马拉维》，天津师范学院地理系教师译，商务印书馆，1978。

马里 （Mali）

马里是位于非洲西部撒哈拉沙漠南缘的内陆国，全境分为北部撒哈拉沙漠区，中部萨勒赫灌木区和南部热带草原。马里属于与北非相邻的西非国家，多达 7 个国家在它的周围。从东向南依顺时针分别为：尼日尔、布基纳法索、科特迪瓦、几内亚、塞内加尔、毛里塔尼亚以及北非的阿尔及利亚。国土面积 124.1 万平方公里，人口 1989 年测算为 890 万人。人口密度每平方公里 7.2 人。首都：巴马科。

历史

马里是一个具有悠久历史的国家，然而，有关马里早期居民的资料并不充足，不过，从马里地区挖掘出的古代人类遗骸可以判断，新石器时代以前马里便有人类了，最早大概定居或活动在尼日尔河、塞内加尔河沿岸，因此，马里的历史甚至可以追溯到史前时代。当时，由于沙漠化的加重以及气候干燥地带的变化，居住在北部的人群便向南蔓延，逐渐定居于热带草原上。考古学家证实，尽管对于西非诸国的古代史知道得还不够多，但是所能确定的是，西非黑人早已进入阶级社会，产生了国家组织，文化也有了高度的发展。公元 3 世纪以后，马里地区开始繁荣起来，相继出现了被史学家称为帝国的加纳帝国（公元 3~13 世纪）、马里帝国（13~15 世纪）和桑海帝国（15~16 世纪）。因此说，历史上的马里曾是这三大帝国的中心地区。进入 18 世纪以后，马里像大多数非洲国家一样，没有逃脱被侵略的厄运。自 1795 年意大利人帕克来过此地以后，便引来了侵略者法国人。近百年战争较量的结果，法国人独占此地，迫使马里于 1895 年沦为法国殖民地。马里殖民史一直延续到 1960 年，这一年的 9 月 22 日马里共和国独立。

民族、宗教和语言

马里的人口历史决定了马里现代人口。从目前的马里来看，主要的居民均是当地具有悠久历史的古老部落的后裔。比如鼎盛一时的加纳帝国便是由索宁凯人所建；称雄四方的马里帝国则是由马林凯族所建；尽管桑海人的起源问题至今仍然悬而未决，但是桑海帝国的强盛却一定是桑海人的杰作。自桑海帝国衰落以后，在这一地区还曾出现过长久的部族间的争夺混战，其中包括摩洛哥人、柏柏尔人、莫西人、富尔贝人以及与马林凯族有着亲戚关系的班巴拉人，这些民族的后裔均是目前马里民族的主要成员。其中，由马林凯人、班巴拉人、索宁凯人所构成的曼德语支人数最多，占总人口的 54% 左右，他们主要居住在马里南部和中央大平原。由塞努弗人、莫西人所构成的沃尔特语支人口数目次之，占总人口的 19.8%，他们居住在马里的东南部。富尔贝人等西大西洋语支的民族大约占总人口的 12.9%，多游牧于尼日尔河中游地区。目前，桑海族人仅占总人口的 5.9%，他们像远古时期一样，居住在马里南部、尼日尔河两岸；柏柏尔人的后裔图阿雷格人目前有 5.6%；柏柏尔人和阿拉伯人混合后裔的摩尔人目前占总人口的 1.6%。

马里地区的文化有其自己的特征。但是，与其他任何文化一样，必然受到外来文化的影响。在加纳帝国时期，伊斯兰教就传播进了马里。继加纳王国之后而称雄此地的马里帝国统治阶级就已信奉了伊斯兰教，这种源远流长的历史一直延续至今。现在的马里约有 68% 的居民信奉逊尼派伊斯兰教，约有 30.5% 的人笃信原始宗教，大概只有 1.5% 的人为天主教徒或新教徒。

受历史的影响，马里的官方语言是法语。但是，同样随着历史的演变，居民中越来越流行班巴拉语以及阿拉伯语。

人口变动

像马里这样具有悠久历史文化的西非国家，人口发展的历史材料除一些点滴的考古记载外，西非的历史传说也提供了比较多的可供参考的资料。此外阿拉伯作家也提供了不少有关西非诸国的记载，比如《北非志》、《苏丹纪行》等。《苏丹史》这部 17 世纪由萨迪写作的历史巨著，颇为真实地体现了桑海帝国文化所达到的水平，并且从侧面反映了桑海帝国繁荣时期的人口状况：桑海全国有 7077 个村庄，鸡犬之声相闻，足见人口相当稠密。然而，以后无休止的战争，尤其是进入殖民时代以后的奴隶贸易，以及置大量人口于死地的非洲地方性疾病，加上炎热干燥的气候，使得这一地区人口徘徊不增，甚至有所减少。

1921 年的马里总人口大概是 247.5 万人。这对于具有悠久文化历史和拥有广袤土地的马里来说，人口显然有点太少了。大致在 1935 年时，此地人口约为 300 万人。人口自此时起，才逐渐增加。1955 年的调查显示，人口已超过 400 万人。马里独立时人口 414 万人左右。1989 年马里人口是独立时的 1 倍，为 890 万人（参见表 1）。

表 1　马里的人口变动

单位：万人

年　份	1920	1935	1950	1955	1960	1965	1970	1975
人　口	247.5	300.0	344.5	400.0	414.0	456.7	504.7	569.7
年　份	1976	1980	1981	1982	1983	1984	1986	1989
人　口	603.0	698.0	716.0	734.0	753.0	772.0	790.0	890.0

马里的人口增加，分为三个阶段。1970 年以前为第一阶段，这一阶段人口缓慢增长，比如 1960～1970 年 10 年间，人口年均增长率为 2%，净增人口 90.7 万。1970～1975 年是第二阶段，该阶段人口净增 65 万，年均增长率 2.34%。第三阶段自 1975 年始至今，人口净增 321 万，年均人口增长率 3.2%。三个阶段表现出了人口的增长变化轨迹：由慢逐渐变快。从现象上看，这种情况和大多数非洲国家一样，意味着人口数目更加众多。然而深入地分析便会发现，马里的人口增长速度之所以快，并不是由于死亡率降低所引起。相反，在马里肆虐横行的疟疾、尼日尔河广布的地域病、年年旱季降临时带来的严重的营养缺乏症，都使得死亡率居高不下，从而遏制了人口的增长。因此，在马里导致人口增长的重要原因是，居世界前列的极高的出生率。截至 1989 年为止，马里的粗出生率仍高达 50‰，总和生育率为 6.7 个。这种高生育水平在马里已经持续了几十年。从表 2 中可以看出。

表 2　马里人口自然变动指标

单位：‰

指标 ＼ 年份	1950	1960	1970	1975	1980	1981	1986	1989
出生率	50.5	50.2	49.1	49.0	50.4	50.2	50.0	50.0
死亡率	30.5	27.8	22.3	23.2	24.4	22.4	22.0	23.0
自然增长率	20.0	22.4	24.8	25.8	26.0	27.8	28.0	27.0

马里人口死亡率之所以如此之高，主要是该国经济落后的缘故。1981 年时，人均国民生产总值 160 美元，被联合国公布为世界上经济最不发达的国家之一。全国每名医生需要负担 2.21 万人，每名护士负担 2380 人，每 2329 人才有一张病床。在这样的条件下，人口死亡状况也就可想而知了。1960 年马里的婴儿死亡率为 179‰，20 世纪

80 年代联合国仍认为高达 170‰，为西非诸国的最高值，高于非洲平均水平 124‰近 50 个千分点。人口平均预期寿命目前只有 43 岁，相当于 19 世纪中叶人类平均预期寿命的水平。事实上，直到 20 世纪 70 年代，该国人口平均预期寿命才勉强超过 40 岁（见表 3）。

表 3 1950～1989 年马里人口平均预期寿命

单位：年

年 份	1950～1954	1955～1959	1960～1964	1965～1969	1970～1975	1981	1986	1989
男	32.0	34.5	36.9	38.1	39.4	41.0	42.0	43.0
女	35.0	37.5	40.0	41.3	42.5			

马里居民生活水平落后，居住环境极差，非洲地方性疾病诸如翠翠蝇症、昏睡病、蚊蚋症等均是造成这一地区人口死亡率过高的原因。

人口自然结构与地区分布

马里的人口显然是"年轻型"人口。1976 年，15 岁以下的人口占总人口的比重为 44%，15～64 岁的人口占总人口的比重是 52.2%，65 岁及以上的人口占总人口的比重为 3.8%。随着近 10 多年来生育率水平的提高，少年儿童比重增大，1989 年 15 岁以下儿童比重上升至 47%，15～64 岁人口比重为 50%，65 岁及以上老年人口比重是 3%。

马里人口性别构成的特点如其他靠近中非的西非国家一样，男性人口少于女性人口。1960 年调查结果是，男、女之比是 49.7∶50.3，合性比例 99∶100；1976 年国际组织调查的结果是：48.8∶51.2，合性比例为 95.3∶100。造成马里人口性别比例失衡的一个主要原因是人口外流现象严重，这一方面是游牧民与半游牧民本身的性质所决定的，另一方面，从目前来看主要还是经济原因。移出的居民中大多是青年男性，很多人定居在科特迪瓦、布基纳法索、塞内加尔、加纳、刚果、塞拉利昂以及毛里塔尼亚等沿海国家，少数也去乍得、尼日尔等国，也有一些人虽不是外出定居，但经常在外谋生。还有一个原因似乎是"传统"原因，即从历史上看，这里的居民就有一种大量外移的"传统"。当然，这是受当时战争、气候等因素所迫。总之，现代移民的后果，一是使女性人口相对数增加，二是由于劳动力人口外出相应提高了少年儿童在总人口中的比重。

马里人口地域结构的特征是：90% 的人居住在马里的南方，在辽阔的北部沙漠和半沙漠地带，只居住着 10% 的居民。影响马里人口分布的因素，一是历史原因，二是气候原因，三是种族联系及自身的性质原因，四是疾病原因。有些原因将人们聚集在一起，另一些原因则驱使人们散居各地。总体上看，马里的人口分布情况如表 4 所示。

表 4　1984 年马里的人口分布

地　区	面积（平方公里）	人口（人）	人口密度（人/平方公里）	地　区	面积（平方公里）	人口（人）	人口密度（人/平方公里）
加　奥	170572	450210	2.6	锡 卡 索	76530	1278668	16.7
凯　斯	119763	1067170	8.9	延巴克图	496611	596428	1.2
库利科罗	95848	1121365	11.7	巴 马 科	252	493142	1956.9
莫 普 提	88752	1352162	15.2	合　计	1104455	7720000	6.9
塞　古	56127	1360855	24.2				

说明：表 4 面积合计数是 1104455 平方公里，与国土实际面积 1241238 平方公里相差 136783 平方公里。由于历史资料的限制最终未能查到这一遗漏面积的区域。1984 年以后马里为 8 个行政区加 1 个首都区。新增加的"基达尔区"面积为 151430 平方公里，与上述相差的数据接近。

在人口众多的南方，分布同样不均匀。首都巴马科及其所属的巴马科地区、与此比邻的塞古区以及湖泊较多的莫普提区，都是人口密度较高的地方，尤其是尼日尔河流域人口甚至超过每平方公里 50 人。此外马里古文化中心的加奥也是人口的一个密集点。

具有悠久文明历史的马里，自古以来城市发达。它不像一些海岸非洲国家那样，城市是在殖民者手中建立起来的。在马里，由于地理位置的关系，天然地成为了北非与西非的通道，因此，自古便有了众多的贸易点以及诸如加奥一类的古代文明中心。然而，随着时间的推移，马里的城市却趋于衰落。尽管独立之后城市又有发展，但一蹶不振的经济并没有使马里的城市重振当年雄伟。1960 年马里的城市人口不足 10%，仍有 90% 以上的居民居住在广大的农村地区。据 1976 年的调查，城市人口达 17.4%，现在据估计仍是 18%。从 1960 年至 20 世纪 80 年代末，总人口增长了 1.17 倍，城市人口增长 3.9 倍。尽管城市人口超过总人口的增长速度，但与别国相比，这一速度显然是慢了。城市人口的发展，与国民经济结构有一定的内在联系。在马里，全部劳动力人口中，从事农业的占 73%，从事工业的占 12%，服务业劳动力人口占 15%。

马里的国民文化程度很低。1980 年成年人文盲率达 90% 以上。换句话说，成年识字率不足 10%，这一低水平不仅在非洲，而且在世界上也是极为罕见的，比其更甚者大概只有布基纳法索一国，像尼日尔、塞内加尔等邻国则与其相同——同是成人识字率为 10%。马里其他一些教育指标的情况是：小学生入学率 27%，其中男性为 35%，女性是 20%；中学生入学率只有 9%，高等学校学生入学率不足 1%。

小结

总之，马里人口的特征是：（1）出生率高，死亡率高；（2）人口构成年轻；（3）女性人口多于男性人口；（4）人口流动性大，国内人口分布不均；（5）一夫多妻婚姻仍然存在，且占一定比重（20 世纪 60 年代初的调查表明，具有一夫多妻婚姻的男性比重占男性已婚人数的 23%）；（6）国民受教育程度太低；（7）城市人口比重偏低。但是，在马里这样一个文盲率很高的国家中，了解避孕知识的妇女比重却不低，也算是该国的一个特征。据 1987 年抽样调查，15 ~ 49 岁的已婚妇女知道避孕知识的占 43%——这是一个相对高的比率，曾采取过避孕措施的占 19%，目前正在采取措施的占 5%，遗憾的是，这批妇女中使用现代方法进行避孕的只占 1%。这种只"求知"而不"务实"的做法显然无助于控制人口的迅速增长。

如果其生育率水平仍保持在 1989 年的状态，即粗出生率为 50‰，总和生育率高达 6.7 个，那么，10 年以后的 21 世纪初，马里的人口将达到 1230 万人。不过届时的马里人口密度每平方公里仍不足 10 人。也许正因为此，马里的人口迟迟得不到控制。

毛里求斯（Mauritius）

在东非大陆上，布隆迪和卢旺达似一对孪生姐妹国；而在东非大陆南部的印度洋上，毛里求斯岛和留尼汪岛则又似一对孪生姐妹，它们有着一样的气候、一样的自然环境，在人口方面，也有许多相似的地方。

印度洋上的毛里求斯岛与留尼汪岛共同构成了马斯卡连群岛。不过，毛里求斯国则是由毛里求斯岛、罗德里格思岛、阿加莱加群岛和卡加多斯群岛所组成。毛里求斯包括属岛的总面积是 0.20 万平方公里。目前人口总数 110 万人，人口密度平均每平方公里 539 人。首都：路易港。

历史、民族、宗教和语言

16 世纪以前，毛里求斯岛荒无人烟。1505 年葡萄牙人马斯克林到达该岛，取名"蝙蝠岛"。1598 年欧洲荷兰人到达此岛，并以荷兰莫里斯王子的名字命名该岛为"毛里求斯"。1715 年，该岛被法国所占领。此后，英法曾争夺过该岛，最终该岛以沦为英国殖民地而告一段落，然而这一"段落"却一直持续到 1968 年。20 世纪 60 年代非洲大陆风起云涌的独立运动也席卷了印度洋岛屿，因此，在毛里求斯人民斗争的压力下，该岛于 1968 年 3 月 12 日宣布独立，但仍为英联邦成员国。

毛里求斯岛具有人类的"历史"虽说十分短暂，但也许正因如此，才使得该岛的人口民族成分反而复杂起来。欧洲人首先正式占领了该岛，他们随之又从非洲各地以及马达加斯加岛上贩来大量黑人奴隶进行垦殖，直到 1833 年奴隶制度废止时，仅奴隶就有约 15 万人，此间，以印度人为多数的亚洲人也大批流入该岛。这三股主要人源使得该岛在 1834～1936 的百余年间人口集聚了 43.5 万之众。目前的人口，一方面是上述三股人流的"纯"后裔，另一方面是他们混血结合的后裔，前者一般以原始民族称谓，或者称××毛里求斯人，如印度毛里求斯人等。而那些欧洲人、非洲人以及亚洲人相互间结合了的后裔称为克里奥尔人，由于在毛里求斯岛国，所以称毛里求斯克里奥尔人。但目前，对于一些未曾混血的黑人后裔，也称克里奥尔人。总的来讲，该岛目前印度毛里求斯人和巴基斯坦毛里求斯人最多，占总人口的 67%，毛里求斯克里奥尔人占 27%，华人占 2.7%，法裔毛里求斯人占 1.4%，阿拉伯人、英国人等仅占 1.8%。

由于印度人约占大多数，印度文化强烈影响着该岛居民，因此，印度教徒占总人口的51%，克里奥尔人、法裔居民均为基督教天主教徒，约占总人口的31%；信奉伊斯兰教的穆斯林占17%；佛教徒占1%。由此可见民族结构与宗教结构关系的密切性。

英语为国语，但克里奥尔语十分流行。另外，汉语、法语等仍在部族之间使用。

人口变动

毛里求斯的人口历史比较简单。殖民时期，岛外人口陆陆续续而来，人口不断增加。只是1867～1869年，该岛曾发生过令人恐怖且来势凶猛的流行性疟疾病，造成了很高的死亡率，使人口减少许多。独立之前，许多亚洲人离开该岛或回到本土，或又漂流诸如斐济等他乡，因此也减少了不少人口。此后，再没有发生过更大的人口事件，从而开始步入了正常的人口自然增长轨道（参见表1）。

表1　毛里求斯的人口变动

单位：万人

年　份	1950	1952	1954	1960	1962	1965	1970	1972	1975
人　口	47.9	51.7	50.1	66.2	70.1	76.1	83.5	85.1	89.9
年　份	1980	1981	1982	1983	1984	1986	1989		
人　口	93.0	93.7	95.0	96.0	98.0	100.0	110.0		

从1950年至今，毛里求斯人口净增加62万人，年均增长率2.2%，其中20世纪50年代是3.2%，60年代降至2.3%，70年代进一步降至1.14%，80年代大约在1.5%，甚至更低一些。应当说，毛里求斯的人口已经发生了显著的转变，即从高出生率、高死亡率、低自然增长率转变到了稍高出生率、低死亡率、稍高自然增长率的阶段。该国人口死亡率降低如此之快，与20世纪50年代初期大量使用滴滴涕消灭按蚊很有关系。毛里求斯的人口自然变动如表2所示。

表2　毛里求斯人口自然变动指标

单位：‰

指标＼年份	1950	1960	1970	1975	1980	1981	1982	1986	1989
出生率	49.7	38.5	26.2	25.1	26.3	24.8	22.3	21.0	19.0
死亡率	13.9	11.2	7.8	8.1	7.2	6.8	6.7	7.0	7.0
自然增长率	35.8	27.3	18.4	17.0	19.1	18.0	15.6	14.0	12.0

人口转变理论认为，当出生率低于18‰、死亡率低于10‰、自然增长率低于8‰左右时，这个国家的人口就完成了人口转变，即进入了"三低"类型。从这三个指标来

看，毛里求斯大概只差"一步之遥"了。只要出生率再稍降若干，那么，便可进入人口再生产类型的最后阶段。

相应的，毛里求斯的婴儿死亡率始终是比较低的（参见表3）。

表3　1953～1989年毛里求斯婴儿死亡率

单位：‰

年　份	1953	1958	1963	1968	1973	1978	1981	1986	1989
婴儿死亡率	93.2	67.4	59.0	70.1	62.5	33.8	34.0	24.7	25.2

当非洲大陆上的婴儿死亡率甚至高达200‰的时候，毛岛也不足100‰，毛里求斯的婴儿死亡率远远低于东非的118‰和非洲的113‰，也低于世界平均75‰的水平。

因此，毛国的人口平均预期寿命则处于较高水平。20世纪50年代初，人口平均寿命即为51岁，60年代初期上升至59岁，70年代初进一步升至62岁，1989年为68岁。

毛国的人口自然变动比较大，死亡率下降7个千分点用了不到40年的时间；出生率在同期下降了30个千分点；人口平均预期寿命几乎每两年增加1岁。这种变化速度，在非洲国家几乎是没有出现过的。

人口结构

毛里求斯的人口年龄构成同样处于一个"转变"时期，即从年轻型向中年型乃至老年型过渡时期。1981年，0～14岁人口比重是33.3%，15～64岁人口比重是62.4%，65岁及以上人口的比重是4.3%；1989年三项指标的比重值分别是33%、62%和5%。不过准确地说，毛里求斯的人口1989年还处在"成年型"，但十分接近老年型，因为老年型人口的标准是：0～14岁人口占30%以下，65岁及以上人口占10%以上。

毛里求斯的人口性别比例一直十分平衡，但是总的趋势却是向男少女多方向发展（参见表4）。

表4　毛里求斯人口性别构成变动情况

年　份	全部人口（人）	男性人口（人）	女性人口（人）	性比例（%）	年　份	全部人口（人）	男性人口（人）	女性人口（人）	性比例（%）
1952	516556	259001	257555	100.6	1972	851334	426122	425212	100.2
1962	701054	351968	349086	100.8	1981	937457	459364	478093	96.1

解释毛里求斯男性人口相对减少的理由只有两个，一是移民，二是像发达国家那样，是人口平均预期寿命提高的结果。关于前者，毛里求斯曾鼓励本地居民移民国外；

关于后者，则不言而喻。总之，毛里求斯的人口性别构成的特征是男少女多的接近均衡状。

关于毛里求斯的人口地域分布的情况是，1989 年，毛国人口密度每平方公里 539 人，是世界上人口密度最高的国家之一，也是少有的人口显得十分"过剩"的国家。毛里求斯岛的高原地带，人口最为稠密，通常每平方公里甚至超过 800 人，其他地区相对稀疏，但首都路易港及其附近地区人口稠密。1983 年路易港的人口为 14.8 万人，集中了当时全国 15% 的人口。由于毛国是个海岛国家，粮食几乎全部依靠进口，因此，农业人口所占比重相对低一些。城市人口所占比重为 41%，城市人口比重的高与低，一般均能反映出该国的社会经济文化水平。毛里求斯总的情况是：教育事业比较普及，文盲较少。平均每万人拥有小学教师近 70 人和中学教师近 40 人。

小结

从总的方面看，毛里求斯的人口与留尼汪岛有许多相似之处：（1）人口出生率、死亡率、自然增长率变动很快，已经或者开始接近人口再生产类型转变的最后阶段；（2）人口年龄结构属于成年型，但接近老年型；（3）女性人口逐渐多于男性人口；（4）两国人口都相对较多，人口密度高，人口过剩现象日益严重。

但不同的是，毛里求斯政府早在 20 世纪 60 年代就开始注意对人口的控制。当时的人口政策规定：将粗再生产率从 1969 年的 1.92 个降至 1980～1985 年的 1.2 个，这就是说到 20 世纪 80 年代初，出生率将降至 22.5‰，现在回过头去看，这一政策目标基本上达到了，1982 年的实际人口出生率为 22.3‰。

1989 年，毛里求斯的妇女总和生育率已经下降为 2.3 个，几乎接近于更替水平，这是非洲该指标的最低数值。从过去一段时间的情况来推断，毛里求斯的人口自然增长速度还会减慢，出生率还要下降。因此，未来人口的增长将十分缓慢。即使以 1989 年出生率 19‰的比率进行测算，到 2000 年时，该国人口大约为 126 万人。而从现在起人口加倍的时间，大概需要 54 年之久。

毛里塔尼亚（Mauritania）

毛里塔尼亚在非洲西部的西北角，是位于撒哈拉沙漠西南边的沙漠国家。该国的西北为西撒哈拉，东北部是阿尔及利亚，东及南边与马里接壤，西南则和塞内加尔比邻，它的西边具有 750 公里的海岸线，濒临大西洋。国土总面积 103 万平方公里。1989 年人口 200 万人。人口密度每平方公里 1.9 人。首都：努瓦克肖特。

历史

毛里塔尼亚的早期情况几乎无人知晓，只是阿拉伯人在公元 7 世纪踏入这块土地之后，才开始了这个国家的历史。公元 11 世纪末，这一地区曾归属于伊斯兰教的柏柏尔人所建立的摩拉比特王朝的疆域，目前该国的摩尔族人被认为是当时的阿拉伯人与毛里塔尼亚柏柏尔人的后裔。15 世纪初，欧洲葡萄牙人最先来到了这块临海地区，并由此叩开了西部非洲的大门，继而以此进行罪恶的贩卖黑奴的活动。继葡萄牙人之后，欧洲的英国人和法国人又相继入境。毛里塔尼亚遂于 20 世纪初沦为法属殖民地。在 1959 年 3 月 22 日，毛里塔尼亚成立了自己的政府，并制定了宪法，1960 年 11 月 28 日完全独立。

民族、宗教和语言

毛里塔尼亚的主要居民是信奉伊斯兰教的阿拉伯人和柏柏尔人。阿拉伯人占总人口的 80%，住在毛里塔尼亚的北部和中部，其中一部分人过着游牧生活。该国西南部居住着泽纳加土著居民。塞内加尔河流域则居住着西大西洋语支的富尔贝人、沃洛夫人、图库勒尔人，这些人均为黑人血统，所占比重不大。阿拉伯人属于闪米特语族；泽纳加人属于柏柏尔语族；西大西洋语支和曼德语支则属于尼日尔 – 刚果语族，即班图语族。

伊斯兰教文化从 10 世纪末开始向毛里塔尼亚渗透，虽历经与传统宗教的抗衡并且处于孤立状态，但终未衰落下来。因此，目前毛里塔尼亚的宗教仍是伊斯兰教。国民几乎全是伊斯兰教徒。逊尼派伊斯兰教被奉为国教。

毛里塔尼亚国语为阿拉伯语和法语。不过，柏柏尔人以及非洲黑人的语言仍广为流行。

人口变动

毛里塔尼亚是一个人口小国。1950 年人口仅为 78.1 万人，1960 年为 97 万人，1965 年时人口超过百万达到 105 万人，1970 年为 124.5 万人，1975 年为 131.8 万人，1980 年为 160 万人，其后三年分别是 168 万人、173 万人、178 万人，1986 年人口达到 190 万人，1989 年人口突破 200 万人。人口年平均增长速度 20 世纪 50 年代为 2.2%，60 年代上升为 2.4%，70 年代又升至 2.5%，80 年代仍为 2.5%。几十年来人口平均年增长速度是 2.4%。

毛里塔尼亚的出生状况与大多数非洲国家没有多少差别，几十年间出生率始终在 50‰左右徘徊。死亡率呈下降趋势，20 世纪 50 年代毛里塔尼亚死亡率高达 30‰以上，几十年来虽有下降，但仍未低于 20‰，这样，自然增长率也只在 25‰～30‰左右（参见表 1、图 1）。

表 1　毛里塔尼亚人口自然变动指标

单位：‰

指标 ＼ 年份	1950	1960	1970	1975	1980	1981	1986	1989
出生率	51.8	51.1	49.9	49.9	50.0	50.1	50.0	46.0
死亡率	31.2	28.4	24.5	23.3	22.5	20.9	21.0	20.0
自然增长率	20.6	22.7	25.4	26.6	27.5	29.2	29.0	26.0

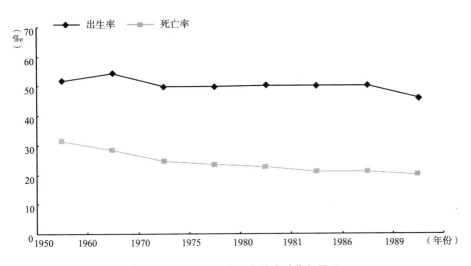

图 1　毛里塔尼亚人口自然变动指标图示

图 1 的人口自然变动指标显示出了大多数非洲国家人口演变的共同特征：即出生率高水平不变，死亡率逐渐下降，自然增长率逐渐提高。

毛里塔尼亚的婴儿死亡率没有具体统计数字。不过根据粗死亡率的情况以及各年龄组人口死亡率的水平，可以判断其婴儿死亡率的水平不会太低。据世界银行估计，1960年毛里塔尼亚的婴儿死亡率为 178‰，1982 年为 132‰。美国人口咨询局 1989 年估计数也是 132‰。联合国 1988 年的估计数是 127‰。因此，该国婴儿死亡率在 130‰ 左右是比较一致的看法。至于总人口平均预期寿命的情况如表 2 所示。

表 2　毛里塔尼亚不同时期人口平均预期寿命

单位：年

年　份	1950～1954	1955～1959	1960～1964	1965～1969	1970～1975	1982	1986	1989
男	32.0	34.5	36.9	38.1	39.4	43.0	44.0	45.0
女	35.0	37.5	40.0	41.3	42.5	47.0		

在西非诸国中，尽管毛里塔尼亚的平均预期寿命是 45 岁，但仍不是最低水平；同样，虽然婴儿死亡率高达 132‰，但同样也不是最高水平。

人口结构

毛里塔尼亚的性别构成在正常比例范围：1965 年性比例为 102∶100；1975 年是100.4∶100。

该国人口年龄构成仍属于年轻型（参见表 3）。

表 3 的数字是根据《中国人口年鉴》的数据以及世界银行 1984 年发展报告推算而得。但美国人口咨询局认为近 10 多年来毛里塔尼亚的年龄构成是：15 岁以下占总人口的

表3　1960年、1975年、1989年毛里塔尼亚人口年龄构成情况

单位：%

年　份	15岁以下	15～64岁	65岁及以上	年　份	15岁以下	15～64岁	65岁及以上
1960	40.1	54.2	5.7	1989	40.3	53.3	6.4
1975	42.4	51.8	5.8				

比重是46%，15～64岁的比重是51%、65岁及以上的比重是3%。当一个国家婴儿死亡率高达132‰，1～4岁儿童死亡率为27‰，并且总人口平均预期寿命仅为45岁时，其65岁及以上人口占总人口的比重超过5%是很难的。因此，根据这种推理可以判断，毛里塔尼亚15岁以下人口占总人口的比重大概应为43%左右，而65岁及以上老人的比重大概应为3%～4%。

毛里塔尼亚是一个人口小国，但面积却相对很大，每平方公里平均不足2人，为世界上人口密度最稀疏的国家之一。在非洲与其类似的国家只有几个，如博茨瓦纳、纳米比亚等。不过，在毛里塔尼亚南部的塞内加尔河流域，平均每平方公里有50人左右。但在境内北部的撒哈拉沙漠上，每平方公里甚至平均不到0.5人。还有一些地区则根本无人居住。

毛里塔尼亚的城市人口比重为35%，在西非诸国中名列前茅，仅次于贝宁（39%）、科特迪瓦（43%）、利比亚（42%）和塞内加尔（36%）。这是由该国的经济结构特征所决定的（1982年，劳动力人口在服务业中的比重占到23%，在工业中占到8%），1974年参加阿拉伯石油生产国联盟对该国城市人口比重的提高也有着一定的作用。正因为如此，它不像其他非洲国家那样贫穷，年人均国民生产总值为440美元，被列入下中等收入国家的行列。

尽管收入高于其他非洲国家，但是毛里塔尼亚的文化教育水平却十分低下。成人识字率1960年是5%，1980年为17%，这一水平即使在非洲国家也是相当低的，仅高于布基纳法索、乍得、埃塞俄比亚、马里、尼日尔、塞内加尔、塞拉利昂等几个西非国家。小学入学学生占本年龄组别的人数比重1960年是8%，1980年达到33%（其中女性入学率仅为23%），这一水平仅高于布基纳法索（20%）和索马里（30%）。中学生入学率1982年仅为10%，其中女性仅为4%。15～49岁受过初级文化教育的育龄妇女，每百名中只有7人，同一年龄组的男性每百名中则有19人受过初级文化教育，这样的文化水平，既无助于经济建设，又无助于控制人口。一项调查资料表明：在15～49岁的已婚妇女中，知道避孕这回事的人数只有8%，采取避孕措施的只有1%，却无人采取现代避孕措施。在全国拥有5.1万名育龄妇女的情况下，只有500人采取避孕措施，其生育潜力可想而知。

人口预测

毛里塔尼亚1989年的人口自然增长率为2.6%，总和生育率为6.5个，育龄妇女

占总人口的比重为 24%，即 49 万人左右。据此预测 2000 年全国人口大约是 270 万人，比现在增长 35%。2020 年即使出生率有所下降，还是能达到 450 万人。2050 年时达到 957 万人。

莫桑比克（Mozambique）

莫桑比克位于延伸至南非高原东部和濒临印度洋的海岸平原上，即在非洲的东南部，东濒莫桑比克海峡，隔海峡与马达加斯加岛相望，北界坦桑尼亚，西邻马拉维、赞比亚和津巴布韦，南与南非和斯威士兰接壤，国土面积 79.94 万平方公里。1989 年人口约为 1520 万人。人口密度每平方公里 19 人。首都：马普托。

历史

古代，在莫桑比克和邻近地区居住着布须曼人。后来许多班图部族把布须曼人向南排挤并占领了他们的土地。在现代种族形成的过程中起最大作用的是班图族中的一个部族——通加族，通加族在公元初年从西北方向移来。公元 2～6 世纪，在赞比西河与林波波河的分水岭高原上形成了津巴布韦文化。7 世纪时，北部沿海出现了阿拉伯人，他们收购黄金、白银和象牙。10 世纪时，贸易规模扩大，当时在津巴布韦文化的基础上形成了昌盛的莫诺莫塔帕帝国，从而确立了统一的语言——奇卡兰加语，出现了交换行为和货币。16 世纪，葡萄牙人开始渗入莫桑比克，阿尔梅达远征队（1505）是他们渗透的开端。从 17 世纪起，在莫桑比克，如同在整个非洲大陆一样，开始了历史上最恐怖的时期——奴隶贸易时期。从此时起至 19 世纪中叶，奴隶是莫桑比克输出的重要内容。同西非地区主要是向美洲提供奴隶这一点不同，莫桑比克同时也是向东方（印度）进行奴隶贸易的基地，而从事奴隶买卖的不只是葡萄牙人，还有阿拉伯人。1814～1818 年，从克利马内向巴西共运去了 1.5 万名非洲奴隶。在奴隶贸易的同时，印度人开始进入莫桑比克。在 20 世纪初，印度移民超过了欧洲殖民者。不过，在 1752 年时，莫桑比克已经沦为葡萄牙殖民地。直到 1975 年 6 月，葡萄牙人才从此地撤走，同年 6 月 25 日，莫桑比克宣布独立，结束了长达近两个世纪的殖民统治。

民族、宗教和语言

目前的莫桑比克居民，大体上仍是历史上的移民以及当地居民的后裔。总体上讲，分为四个人种：非洲人、欧洲人、亚洲血统的人和混血种人。国内现有人口的压倒多数由非洲人构成，其种族成分相当复杂，但皆属同一班图语族，其中人数最多的是马夸族人，他们占据赞比西河至北部边界之间的地区，其人数超过国内人口的一半（52.3%）。这一语族的绝大多数操马夸语和斯里瓦希里语。直至今日，一些部族还保留着母权制。通加族占莫桑比克的第二位。他们居住于萨韦河以南，主要操尚干语。马拉维人占全国总人口的比重为第三，他们居住在东北部的赞比西河谷，使用奇尼杨札语言。绍纳人占据赞比西河与萨韦河之间地区，使用自己的语言——奇卡兰加方言。其他少数民族还有尧人、斯里瓦希里人、马孔德人、恩戈尼人等。欧洲人只有 2 万多人，亚洲人主要是指印度裔人，而印度人主要又是指果阿人、兴地人、逊那赫人、席阿赫人等。华人大约有 2000 人。另外，还有以后来的一些混血种人。

该国居民大都信仰万物有灵论的原始宗教，也有少数人信仰基督教、天主教和伊斯兰教。通用语言是葡萄牙语，各部族语言也常使用。

人口变动

早期的莫桑比克人口，受各种因素的影响，其数字不得而知。不过，非非洲人在当时对莫桑比克人口的增加影响甚微。估计 1920 年原居民已超过 300 万人，同年欧洲人约有 1.1 万人，而亚洲人只有 0.1 万人左右。1939 年莫桑比克的总人口增加到 430 万人，1950 年已达 573.09 万人。不过以后的一段时期，在莫桑比克的非洲人及非非洲人的比重有了微妙的变化。

由于估计时背景不同，加之资料来源也不一样，因此，其人口数目往往出现一定的差别，苏联学者加·叶·加兰特认为莫桑比克人口及构成的变化应当如表 1 所示，而苏联另一个人口学家乌尔拉尼斯则认为该国人口变动如表 2 所示（参见表 1、表 2）。

表 1　莫桑比克人口种族构成变动情况

年　份	非洲人（班图人）		欧洲人		亚洲血统的人		混血种人		总　计	
	（人口）千人	比重（%）	（人口）千人	比重（%）	（人口）千人	比重（%）	（人口）千人	比重（%）	（人口）千人	比重（%）
1950	5642.9	98.5	48.9	0.9	14.2	0.2	24.9	0.4	5730.9	100
1955	6005.0	98.1	65.8	1.1	17.1	0.3	29.9	0.5	6117.8	100
1960	6435.2	97.6	101.6	1.6	20.4	0.3	35.8	0.5	6593.0	100
1965	6786.0	97.6	—						6956.0	100

说明：1965 年非非洲人总计 170 万人，占总人口的比重是 2.4%。

表 2　莫桑比克的人口变动

年　份	1940	1950	1960	1965	1970	1975	50 年代增长率（%）	60 年代增长率（%）	1970~1975 年增长率（%）
人口（千人）	5086	5697	6537	6956	8234	9239	14.7	26.0	12.2

表 1、表 2 显然有一定的差别，但不是很大。下面是《中国人口年鉴》1985 年版以及美国人口咨询局所公布的数字（见表 3）。

表 3　莫桑比克的人口变动

单位：千人

年　份	1950	1960	1970	1980	1981	1982	1983	1986	1989
人　口	5697	6604	8144	12090	12530	12930	13310	14000	15200

据表 3 计算，40 年间人口年平均增长率为 2.5%，其中 20 世纪 50 年代为 1.3%，60 年代是 2.1%，70 年代达到 4%，80 年代是 2.5%。总的情况为，莫桑比克的人口增长速度较之非洲其他国家要低一些。1950~1970 年的 20 年间，人口净增加 253.7 万人，每年净增 12.7 万人。这种人口增长速度对于经济落后的国家来说是相当低的。不过，当时由于生活水平低下，昏睡病、疟疾病、麻风病的流行，医疗设备的缺乏，大规模人口流动等原因，使得出生率降低、死亡率提高，致使人口自然增长率下降。对于这一时期有关人口增长率的问题也有很大争论。《中国人口年鉴》1985 年版所列出的莫桑比克的人口自然变动指标是，1950 年人口出生率、死亡率、自然增长率是 0.5‰、6.1‰ 和 -5.5‰；1960 年的三项指标是 0.8‰、4.2‰ 和 -3.4‰；1970 年三项指标分别是 3.6‰、1.4‰ 和 2.1‰；1975 年这三项指标突然变成了 45.5‰、21.0‰ 和 24.5‰，可见这种认识程度的差距之大。

莫桑比克是世界上在某一时期或两个年份连续出现人口负增长的国家之一。有些观点认为这一时期人口增长率低的原因是：人口大量外流、每个育龄期妇女只生育 1.3 个孩子，未婚人数增加（1940~1950 年，23~25 岁的男性未婚率从 14.9% 增至 18.4%，15~20 岁女性同期未婚率从 25% 增至 38.6%）等。联合国曾尝试用间接方法，即用"存活系数"的倒数来计算出生率系数，其计算的结果是 1945~1950 年莫桑比克出生率为 47‰，同样的方法认为死亡率为 22.9‰。这些数值是比较可以接受的。只是由于当时人口外流现象十分严重，使得莫桑比克的人口增长率不高。据估计，仅 1950 年前往南非和当时的南罗德西亚合法的或非法的、登记过的或未登记过的外流人员总计就高达 47.69 万人。

20 世纪 70 年代以后，莫桑比克的人口自然变动情况如表 4 所示。

表 4　1975~1989 年莫桑比克人口自然变动指标

单位：‰

指标＼年份	1975	1980	1981	1986	1988	1989
出生率	45.5	44.5	44.1	45.0	45.0	45.0
死亡率	21.0	17.4	16.5	20.0	19.0	19.0
自然增长率	24.5	27.1	27.6	25.0	26.0	26.0

莫桑比克和其他非洲国家不同的一点是，人口出生率相对来说一直就不太高，这与

妇女结婚率下降以及已婚妇女不育率上升有关。过去的调查资料曾认为，莫桑比克45～49岁没有孩子的妇女占该年龄组的比重为15%，而在马里为7%，在喀麦隆为12%。由于出生率不是很高，死亡率又居高居不下，因此，该国人口自然增长率在非洲一直处于中下等水平。

至于婴儿死亡率，就其背景条件来说，不可能太低，尽管有些资料认为20世纪50～60年代只有30‰～40‰。苏联学者西尔瓦的资料证明，1950年莫桑比克的人口普查资料表明，该国的婴儿死亡率为304‰，而在国内某些地区5岁以下儿童死亡率超过500‰。世界银行认为1960年莫桑比克的婴儿死亡率是154‰，1982年为105‰；这两个时期1～4岁的儿童死亡率分别是34‰和20‰。联合国认为1989年的婴儿死亡率是141‰；美国人口咨询局则估计为147‰，是非洲最高的国家之一。

莫桑比克人口平均预期寿命的情况是1950～1954年：男性为32岁，女性为35岁；1955～1959年：男性为34.5岁，女性为37.5岁；1960～1964年：男性为37岁，女性为40.1岁；1965～1969年：男性为39.4岁，女性为42.6岁；1970～1975年：男性为41.9岁，女性为45.1岁；1986年：平均为45岁；1989年：平均为46岁。

人口结构

莫桑比克属于"年轻"型人口。由于出生率不变、儿童死亡率下降，使得少年儿童比重逐渐提高，这一比值由20世纪50年代的40.44%升至1989年的47%，相应的，劳动力年龄人口由56.8%降至50%（参见表5）。

表5　莫桑比克人口年龄构成变动情况

年　份	15 岁以下		15～64 岁		65 岁及以上	
	人口（千人）	比重（%）	人口（千人）	比重（%）	人口（千人）	比重（%）
1950	2320	40.44	3261	56.83	155	2.73
1960	2776	42.04	3526	53.40	301	4.56
1970	3699	45.28	4313	52.80	157	1.92
1980	4693	44.00	5651	53.00	319	3.00
1989	7144	47.00	7600	50.00	456	3.00

在非洲国家中，莫桑比克是男性人口占总人口比重最低的国家之一。1950年人口普查时性比例为91.7∶100，1955年是92.3∶100，1960年是93∶100，1970年是97.6∶100。这是男性人口外流的结果。

从人口的地域结构看，莫桑比克人口分布的情况是，除首都地区和沿海某些地段外，人口密度皆不超过每平方公里25人。1989年，全国平均每平方公里为19人。该国在农业发展条件有利和农业比较发达的最南端，人口最为集中，沿海地区人口密度也高，这里过去曾是一些阿拉伯人、印度人以及后来的葡萄牙人贸易往来的中心。东北部平原的楠普拉省（原莫桑比克州）也是人口稠密地带，但是在南部的林波波河中游地带人口却较为稀少，尼亚萨地区人口也很稀疏。

莫桑比克是一个农业国家，城市人口1940年占全国人口的比重是1.8%，1950年占2.2%，1960年占4%，1982年占9%，1989年认为上升到了20%。在整个劳动经济部门中，农业劳动力所占比重为66%，这在非洲国家是一个较低的数值；工业劳动力占18%；服务业占16%。女性劳动力有96%在农业部门，说明妇女外出参加工作的机会是很少的。

几百年的殖民掠夺，使得像莫桑比克这样的非洲国家经济很难振兴。即使经济上由于某些客观原因有所改善，人们在其他文化、生活方面却仍不能由此而得到提高，况且，莫桑比克的经济仍十分落后和混乱。据估计，1989年该国的人均国内生产总值仅为150美元，在东非诸国中仅高于更加落后的埃塞俄比亚（人均120美元）。

莫桑比克的教育制度采用葡萄牙式，初级教育是义务制。因此，小学生入学率高达90%，其中男性102%，女性78%；不过中学生入学率只有6%。

人口预测

莫桑比克1989年的人口为1520万人，按年均增长率2.5%计算，到2000年可望达到2015万人。如果将出生率和死亡率均有下降的可能性考虑进去的话，估计届时不超过2000万人。但是，如果将年龄结构问题再考虑进去的话，也许会超过2000万人。

参考资料

〔苏〕加·叶·加兰特：《莫桑比克》，南京大学地理系非洲地理组译，江苏人民出版社，1978。

纳米比亚（Namibia）

纳米比亚位于非洲西南部的沙漠地带，南部与东南部邻南非共和国，北与安哥拉、赞比亚接壤，东接博茨瓦纳，西濒大西洋。这个大部分都是高原的国家总面积达82.43万平方公里。1989年中，估计人口为180万人。人口密度每平方公里2.18人，为世界上人口最稀疏的国家之一。首都：温得和克。纳米比亚旧称"西南非洲"，1968年依联合国决议改称为纳米比亚。

历史

最早在纳米比亚这一地区定居或游牧的人是非洲的古老民族布须曼人。这些原始的民族生活在纳米比亚这块土地上是以二三十人或五六十人为一群，由一名精于狩猎技艺的头人和他的妻子率领，追踪着野兽的足迹到处奔波，靠男人狩猎、女人采集野生植物的根茎为生。当时的布须曼人持木棍、弓和带有石镞的箭维持着这种生计直到已经组成部落社会的班图人的到来，其中，奥万博人及格雷罗人是最先到达此地而居的班图系民族，前者依靠种植农作物为生而定居于纳米比亚北部边界，后者则是一个擅长狩猎的游牧部族。

人们曾有这样一个认识，即认为纳米比亚自古以来便是非洲各部族被勇猛部族追逐侵略的避难所，这种说法或许有些言过其实。不过，从17世纪初开始，一些部落便陆续进入了目前的纳米比亚境内。最初到来的是从南而来的桑族，由于这些人的许多特征均与布须曼人相近，因此也被人们称为布须曼人。之后，被白人称之为霍屯督人的纳马族人也相继到来。不过纳马族人的到来引起了同格雷罗人的冲突。两个部族的战争甚至持续了半个多世纪。

当非洲土著人在纳米比亚领土上发生争夺的时候，欧洲人已经开始窥视这块土地。最先登上纳米比亚的欧洲人是葡萄牙人狄欧古珊，时间大约是1485～1486年间。15～18世纪，荷兰人、葡萄牙人、英国人曾相继赶来，但并未完全踏入。这种局势一直持续到1842年德国人在纳米比亚的定居为止。1884～1890年，德国殖民者因受其扩张野心所驱使，从纳米比亚沿海一带登陆，随后逐步占领其全境。自此开始，纳米比亚正式沦为德国殖民地，被称为德属西南非洲。第一次世界大战期间，邻国南非当局以参加协约国对德作战为名，于1915年7月出兵占领西南非洲。后来，1920年12月17日由国际联盟"委任"南非统治该地。1949年，胃口越来越大的南非当局进一步非法吞并了西南非洲。1950年联合国国际法院否定了南非这一行动。并在1966年10月，联合国决议撤回其"委任状"。1968年5月，联合国大会决定，按照当地人民的意愿，改名为纳米比亚。为纪念西南非洲人民组织1966年8月26日开始的武装斗争，1973年12月联大决定将8月26日定为"纳米比亚日"。之后，经过纳米比亚人民的艰苦斗争和不懈努力，终于于1990年3月21日获得了自由，正式宣布独立，成为非洲地区最后一个独立的殖民地国家。

民族、宗教和语言

顺着纳米比亚的历史轨迹来看，组成纳米比亚全体人口的主要有三股人流：非洲土著民族、欧洲白人以及这两种人的混血种人。如果单纯以"颜色"划分，那么，简单地说就是，黑人、白人、有色人。

纳米比亚的黑人，主要是非洲当地民族。这些民族大多属于班图语族，或者以美国民族学者格林贝格的划分标准，属于贝努埃－刚果语支，该语支又归属于尼日尔－刚果语族，该语族则又属于尼日尔－科尔多日语系。还有一部分纳米比亚的非洲民族属于科伊桑语系。最早来到这一地区的奥万博族人占全国人口的一半以上（约51%）。这一民族人口大多居住在纳米比亚北部的埃托沙潘地带。班图语族中人口数量仅次于奥万博族的是卡万戈族，该族人口占全国人口的7.4%，与奥万博人几乎同时到达纳米比亚的格雷罗族占总人口的6.3%，他们与卡万戈族人都居住在温德和克市以北。此外，班图族在纳米比亚地区的还有一些其他民族，如茨瓦纳人、耶耶人和苏比亚人，他们大多居住在纳米比亚东部地区，这部分人口占总人口的 5% 左右。纳米比亚的科伊桑语系包括过着狩猎、采摘生活的山地达马拉人、纳马族人。自古即居住在纳米比亚境内而如今则以小集团形态散居在东部国界地带、仍过着原始的狩猎、采集生活的布须曼民族在纳米比亚大约占总人口的 15% 左右。

居住在纳米比亚的白人主要是南非的白人，以及过去欧洲殖民者的后裔德意志人和英格兰人，这部分人大约占总人口的 10%，白黑混血人的有色人种占总人口的 4% 左右。

受民族结构以及历史演变的影响，纳米比亚在语言、文化以及宗教信仰方面都十分复杂。大概有 70% 的居民信奉基督教，其中 75% 的基督教信奉者是新教徒，余者为天主教徒。其余 30% 的居民笃信原始宗教，崇拜万物有灵论，这些原始教徒主要是非洲本地人，各种宗教信徒在人口中所占比重的大小，显然是欧洲文化和非洲本土文化对于纳米比亚居民影响强与弱的一种反映。此外，这种反映还表现在其语言方面。像非洲大部分国家一样，纳米比亚的官方语言仍沿用前殖民者的语言——英语以及南非荷兰语，在城市中甚至还使用法语。但是，随着时间的推移，各部族的本族语言也逐渐流行起来。

人口变动

一个世纪以来，纳米比亚先后被德国和南非所侵占，而且人口流动性与迁移性很大，因此，纳米比亚人口演变的确切状况，已无史可查。大概在 1945 年，纳米比亚的人口约是 36 万人。在 20 世纪 60 年代非洲大陆独立运动风起云涌、"西南非洲"以纳米比亚的名称展示于世人之时，该地区人口为 68 万～70 万人。1989 年，估计人口数目是 180 万人（参见表 1）。

表 1　纳米比亚的人口变动

单位：万人

年份	1940	1945	1950	1955	1960	1965	1970	1975	1980	1981	1983	1984	1987	1989
人口	35.0	36.0	40.5	48.0	52.2	57.4	76.2	88.8	100.0	101.0	110.0	151.0	170.5	180.0

从 1940 年算起，纳米比亚的人口至今增加了 145 万人，其中 20 世纪 70 年代以后增加了 100 多万人。从人口年均增长率来看，20 世纪 40 年代为 1.3%，50 年代升至 2.6%，60 年代进一步升至 3.8%，70 年代又降至 2.8%，80 年代又突然高达 6.7%。从近几十年的历史来看，纳米比亚的人口增长率属于非洲最低的国家之一，不过，其人口变动经历了两个高增长时期，一次是 20 世纪 60 年代，一次是 80 年代。除人口死亡率的下降幅度大于其出生率的下降幅度外，导致人口增长速度加快的另外一个原因则是人口流入所致。纳米比亚的人口自然变动特征是：出生率近 40 年间几乎没变动，死亡率降低 50%，自然增长率提高 59.8%（参见表 2）。

表2 纳米比亚人口自然变动指标

单位：‰

指标＼年份	1950	1960	1970	1975	1980	1981	1986	1989
出生率	45.4	45.3	44.2	43.8	45.1	45.1	43.0	44.0
死亡率	26.0	23.0	18.6	16.8	19.1	17.3	14.0	13.0
自然增长率	19.4	22.3	25.6	27.0	26.0	27.8	29.0	31.0

纳米比亚总的平均预期寿命20世纪80年代末大概在55岁，这是在50年代初期不足40岁的基础上提高的（参见表3）。

表3 纳米比亚不同时期人口平均预期寿命

单位：年

年份	1950~1954	1955~1959	1960~1964	1965~1969	1970~1974	1975~1980	1986	1989
男	37.5	40.0	42.5	45.0	47.5	50.0	49.0	55.0
女	40.0	42.5	45.0	47.5	50.0	52.5		

纳米比亚的人口平均预期寿命低于南部非洲诸国62岁的平均水平，但略高于整个非洲51岁的平均水平。以1950年平均水平38岁计，39年间共提高17岁，平均每一年提高了0.43岁。这种提高速度并不太慢，像拉丁美洲一些具有可比性的国家甚至还不及这一速度。如墨西哥在20世纪60年代平均预期寿命每年增加0.28岁，哥伦比亚则在70年代每年增加0.33岁。

南非（South Africa）

南非不是南部非洲，全称是南非共和国。该国位于非洲大陆的最南部，在那里，非洲像一个宽楔子一样插入世界两大洋（大西洋和印度洋）的水域中。南非占有优越的地理位置，因此，在苏伊士运河开凿之前，从欧洲到南亚和东南亚各国的海上贸易道路都必须经过南非。远在公元15~16世纪，当时还很强大的殖民主义强国葡萄牙竭力寻找通向东方的海路。于是，欧洲人便发现了南非海岸。南非的内陆东邻莫桑比克和斯威士兰，北接纳米比亚、博茨瓦纳、津巴布韦，西、南、东南分别濒临大西洋和印度洋。南非的全部国土面积122.33万平方公里。1989年人口3850万人。人口密度每平方公里31.5人。南非有两个首都：行政首都是比勒陀利亚，立法首都是开普敦。

历史

在欧洲人侵入南非以前，南非的最南端居住着霍屯督人的部落，霍屯督人是属于南非科伊桑人种的一支。在南非出现第一批欧洲殖民者之前，居住在非洲大陆最南端的霍屯督人约 5.0 万人。在霍屯督人住地以北和东北居住着布须曼人，布须曼人的基本职业是狩猎和采集，他们的这种原始生活制度甚至一直保持到 19 世纪末至 20 世纪初。在大菲计河以北的东南海岸和南非内陆地区则聚居着班图人的部落，班图人属于黑色人种人数众多的部落，说各种班图语，早在公元初期几个世纪就聚居在南非，他们从北方、从东非和刚果河上游来到这里。事实上，在一千多年前，班图人的各部落就已经聚居在非洲东部沿海地区，一部分南迁的班图部落就是通过现在的赞比亚、津巴布韦，然后分两支沿贝专纳（现称博茨瓦纳）东部低裴勒得和德拉肯斯堡山脉迁移过来的。这三大部族是南非最古老的居民。

第一批登上南非海岸的欧洲人是葡萄牙人。1488 年，葡萄牙航海家巴塞罗米狄亚最先发现好望角，接着达伽马绕过非洲的南端，揭开了"地理大发现"的序幕。此后，西班牙人、英国人、荷兰人等都接踵而来，并以此作为他们驶向东方的中转站。1657 年，第一批荷兰居民来到南非的开普敦。1689 年，2000 名法国新教徒来到了南非。之后，德国人、英国人也相继而来。南非著名的历史学家——英国人 E. A. 沃克指出：18 世纪初，在开普殖民地已有 1641 名自由市民（其中有 840 名儿童）和 1500 多名奴隶。1710 年，南非的欧洲人已达 1700 人。1770 年欧洲居民的人数已达 5000 人以上。1795 年，南非开普殖民地的欧洲人共有 1.6 万人。1806 年，欧洲人增加到 2.6 万人。此外，该地区还居住着 1.7 万个霍屯督人和 2.9 万个奴隶。欧洲人增长如此迅速，在很大程度上是由于英国殖民者的部队开到了南非的缘故。因此，到 19 世纪初，开普地区成了非洲南部的第一个英国殖民地。之后，由于新进的英国殖民者和具有老资格的荷兰殖民者之间为争夺殖民地发生了冲突，因而爆发了 1899～1902 年长达 3 年的"英布战争"。① 英取得胜利后，于 1910 年把南非的四个州合并组成"南非联邦"，作为英国的自治领地。这时是南非地区欧洲白人激增的时期。1961 年 5 月南非当局宣布退出"英联邦"，改名为南非共和国。

民族、宗教和语言

南非历史的复杂性决定了南非人口种族的复杂性。班图人是南非最大的种族集团。最初班图的含义是指具有跟印欧语系相同的文法、造句、词汇的语族，后来也被应用在语言及其文化方面极为相似的民族上。班图人大约占南非全国总人口的 70% 弱，白人比重也很大。南非的白人一般系指荷兰人、英国人、德国人以及法国人移民的后裔，这些人几乎占全南非人口的 20%。1911 年的调查表明，南非 80% 左右的欧洲人是在南非出生和长大的，根据 1951 年的调查，这个数字几乎增长到 90%。因此，目前在南非的欧洲人又被进一步分划成南非白种人（即过去的希尔人）和英国人。混血人在南非占第三位。据 1951 年调查，混血人占全国总人口的 8.7%，1960 年估计为 9.4%。混血种人在南非

---

① 英国同荷兰移民后裔布尔人在南非为争夺南非领土和地下资源而进行的一场战争，又称南非战争。

主要是指欧洲人和土著居民的后代，这些人1970年总数已达200万人，1985年增至280万人，约占总人口的10%。在南非还有一定数量的亚洲人。据1951年调查，亚洲人仅占总人口的2.9%，1960年估计已达3.0%，这些人大多是1860~1913年以契约劳工的名义移居到南非的，以后定居下来生儿育女。这些人1970年达到62万人，1985年为80万人，占人口总数的近3%。亚洲人种中也包括华人，最早去南非的华人是在1857年。

历史遗留给南非的人口主要由四大部分构成：班图人、欧洲人、混血人、亚洲人（参见表1）。

表1　南非人口种族构成变动情况

单位：%

年　份	欧洲人	班图人	混血种人	亚洲人	总　计	年　份	欧洲人	班图人	混血种人	亚洲人	总　计
1904	21.6	67.4	8.6	2.4	100.0	1951	20.9	67.5	8.7	2.9	100.0
1911	21.4	67.3	8.8	2.5	100.0	1960	19.5	68.1	9.4	3.0	100.0
1921	21.9	67.8	7.9	2.4	100.0	1985	19.0	66.0	12.0	3.0	100.0
1936	20.9	68.8	8.0	2.3	100.0						

人口总的趋势与历史发展的轨迹是一致的：欧洲人所占比重逐渐下降，而混血种人所占比重逐渐上升。

由于种族复杂，语言也必然十分复杂。南非的国语是南非荷兰语以及英语。但是在各种族集团中又流行着各自偏爱的语种。班图人的语言是科萨语、祖鲁语、苏陀语、肖纳语和斯威士语。欧洲人中，荷兰人后裔主要使用着与荷兰语已有很大区别的南非荷兰语，英国人后裔则主要使用英语。混血种人既会说英语，又会使用南非荷兰语，亚洲人和混血种人使用的语言相同。

按照这四大部分人口划分，南非的宗教也是形形色色的。班图系列的人口大多信奉原始宗教，主要是崇拜祖先，信奉各种神灵的氏族宗教。欧洲人信奉基督教。亚洲人主要笃信印度教、伊斯兰教，少部分亚洲人信基督教，华人信佛教。某些混血种人信仰上述某种教派。

人口变动

应当承认，南非的人口调查进行得比较早，第一次人口调查的时间大约在公元1904年。这次调查认为南非人口总数大约是517.48万人，其中欧洲人占21%强。1911年进行的全国人口调查结果是，人口总数接近600万人。之后，在1921、1936、1946和1959年又陆续进行了若干次人口调查并同时对国内的欧洲居民也进行了统计（参见表2）。

表 2　南非的人口变动及年均增长率

种族集团	欧洲人		班图人		亚洲人		混血种人		总　计	
	人口（千人）	比前期年均增长（%）	人口（千人）	比前期年均增长（%）	人口（千人）	比前期年均增长（%）	人口（千人）	比前期年均增长（%）	人口（千人）	比前期年均增长（%）
1904 年	1116.8		3491.1		122.7		445.2		5174.8	
1911 年	1276.2	1.92	4019.0	2.03	152.2	3.13	525.9	2.41	5973.3	2.07
1921 年	1519.5	1.76	4697.8	1.57	165.7	0.86	545.5	0.37	6928.5	1.49
1936 年	2003.8	1.86	6596.7	2.29	219.7	1.90	769.6	2.32	9589.8	2.19
1946 年	2335.5	1.70	7735.8	1.61	282.5	2.55	905.0	1.63	11258.8	1.74
1959 年	3067.0	2.12	9751.0	1.80	450.0	3.65	1405.0	3.44	14673.0	2.06
1960 年									17122.0	1.36
1970 年									22465.0	
1980 年									28610.0	
1981 年									29310.0	
1982 年									30040.0	
1983 年	5852.0		20328.0		3696.0		924.0		30800.0	
1989 年									38500.0	

　　1904～1959 年的 55 年间，人口增长了近 1000 万人。1960～1989 年的 29 年间，人口增长了 2140 万人。前一阶段的人口变化更具有殖民色彩，即要么大量迁移，要么有些部族被大量灭绝。据估计：1936 年南非地区 6500 名布须曼人是第一批欧洲人到来之前的 1 万名布须曼人的"遗传"。但在另一方面，欧洲人由 19 世纪初的 1.6 万人增至 19 世纪末的 58 万人，亚洲人由 1870 年的 6000 人增至 1891 年的 4.1 万人。后一阶段的人口增长则是迁移和人口自然增长共同作用的结果。

　　南非人口自然增长方面的突出特点是各种族集团的人口变动有很大差别：欧洲人自然增长最慢，混血种人最快。班图族人受种族歧视的影响而未被调查登记。因此，目前所能得到的资料只是欧洲人、亚洲人和混血种人的人口自然变动情况（参见表3）。

表 3　南非三个种族集团人口自然变动指标
单位：‰

种族集团	1939 年			1955 年		
	出生率	死亡率	自然增长率	出生率	死亡率	自然增长率
欧洲人	25.3	9.4	15.9	25.5	8.5	17.0
亚洲人	41.0	14.9	26.1	32.3	9.4	22.9
混血种人	46.6	23.2	23.4	48.2	17.5	30.7

联合国对此后历年来的南非总人口的自然变动状况做了如下估计（参见表 4）。

表 4　联合国对南非人口自然变动指标的估计

单位：‰

指标＼年份	1950	1960	1970	1975	1980	1981	1986	1989
出生率	39.4	39.2	38.4	37.7	38.2	38.7	33.0	35.0
死亡率	18.3	16.0	12.1	11.5	15.2	13.9	10.0	9.0
自然增长率	21.1	23.2	26.3	26.2	23.0	24.8	23.0	26.0

这种估计已包括南非的班图族人。总的情况是，南非的出生率和自然增长率是比较低的。不过，由于该国死亡率一直较之周围各国低一些，因此自然增长率反而显得有些高。

南非人口的婴儿死亡率没有准确的数字。各部族之间的差异更给统计带来了困难。不过一些零碎的资料曾报道：20 世纪 40 年代班图人的婴儿死亡率高达 200‰，65% 以上的儿童活不到两岁即夭折了，而欧洲人当时的婴儿死亡率是 18‰～19‰。据世界银行披露的资料：1960 年南非总的婴儿死亡率是 92‰，1982 年为 55‰，1989 年为 65‰。儿童死亡率 1960 年为 16‰，1982 年为 5‰。若从各种族的情况看，南非非洲人口的婴儿死亡率显然要高得多，之所以总婴儿死亡率能降到不太高的水平，是由于非非洲人口婴儿死亡率低的缘故（参见表 5）。

表 5　南非各种族集团婴儿死亡率变动情况

单位：‰

种族集团＼年份	1945～1949	1951	1955	1960	1965	1970
亚洲人	74.6	62.5	63.1	59.6	55.9	36.4
有色人	133.1	124.7	134.5	128.6	134.0	132.6
白种人	37.0	33.5	29.8	29.6	24.5	21.6

这显然是种族歧视在南非人口上的突出表现。

南非人口的平均预期寿命 20 世纪 90 年代被认为是 55 岁。但是各种族之间同样存在着很大差异（参见表 6）。

表6　南非各种族集团人口平均预期寿命变动情况

单位：年

种族集团 / 年份		1945~1947	1950~1952	1959~1961	1965~1969	1970~1975	1977
亚洲人	男	50.7	55.8	57.7			
	女	49.8	54.8	59.6			
有色人	男	41.7	44.8	49.6			
	女	44.0	47.8	54.3			
白种人	男	63.8	64.6	64.7			
	女	68.3	70.0	70.1			
全部人口	男					49.8	
	女					53.3	
	总				49.0		52.0

人口结构

从过去到目前的很长时间内，由于南非非洲人婴儿死亡率高于该国非非洲人，因此不同种族的年龄结构也必然有所不同。据20世纪60年代初期的数字，南非非洲人中，30岁以下的人口约占总人口的60%，30岁及以上的比重为40%，10岁以下儿童占30%；而南非欧洲人，30岁以下的占50%，10岁以下的占20%，30岁及以上的为50%。但从总的情况看，若按现行划分法，南非刚刚是一个"年轻型"人口（见表7）。

表7　南非人口年龄构成变动情况

单位：%

年龄 / 年份	15岁以下	15~59岁	60岁及以上	年龄 / 年份	15岁以下	15~59岁	60岁及以上
1951	38.1	55.6	6.3	1986	38.0	58.0	4.0
1960	40.0	54.0	6.0	1989	35.0	60.0	5.0
1970	40.8	52.9	6.3				

南非男、女人数大体相等，20世纪50年代男、女之比为50.8∶49.2，60年代为50.3∶49.7，70年代为49.3∶50.7。不过，各地区不大一致，在采矿地带，男子多于女子，其他地区相反。

南非的人口密度和人口分布，不仅取决于各个地区的工业发展水平和农业生产条件，而且在很大程度上也取决于国内的移民历史和对非欧洲人实行的种族隔离政策（南非的种族隔离政策，主要是限制非洲人向白人农耕地区、北部的矿工业地区移居）。此外，气候条件、南非境内众多的大都市分布也都是导致人口分布不平衡的原因。按照目前的人口数目，南非的人口密度是每平方公里 31 人。其中靠近印度洋的纳塔尔省人口密度最高，北部的德立土瓦省次之，奥兰治自由邦再次之，开普省是人口密度最稀疏的一个地区。不过，各区之间人口密度也不均匀。如作为南非主要港口之一的商业中心开普敦地区、德班至彼得马里茨堡地区、奥兰治自由邦北部的奥登达尔斯鲁斯地区、伊丽莎白港至奥伊腾哈赫地区等，人口密度都很高。

南非的城市人口比重很高。20 世纪 90 年代，南非的城市人口占总人口的比重是 56%，境内 80% 的白人居住在城市。这与历史、地理、社会、经济背景都分不开。南非境内有着丰富的天然资源。1989 年人均国民生产总值为 1890 美元。当然，这种"人均"仅限于统计上"平均"的意义。

南非地下资源十分丰富。因此，采矿一直是南非经济的主要支柱。此外，南非的工业经济也十分先进，是非洲境内最先进的工业国。还有，南非地理位置优越，因此港口、铁路、航路等交通比较发达，这些都是造成南非城市人口比重高的原因。1980 年，南非服务业劳动力占全部劳动力人口的 41%，工业占 29%，农业占 30%。与绝大部分非洲国家完全不一样的是，在南非全部女性劳动力中，只有 11% 从事农业，绝大多数都在服务业，这是南非女性劳动力的一大特点。

南非的教育比较发达。但如同经济生活不平衡一样，7～16 岁的白人儿童均要接受强迫义务教育，非白人则不实行强迫教育。

小结与人口预测

南非 2.6% 的人口年均增长率在非洲国家处于中等水平，但在南部非洲五国中为最低。其妇女总和生育率据测为 4.5 个左右，这是整个非洲该指标最低的国家之一。如果按照这种速度发展下去，至 2000 年南非总人口将从 1989 年的 3850 万人增至 5150 万人，净增 1300 万人，年均增长 130 万人。

由于南非在人种上有白、黑、有色，在地形上有高原、平原、沙漠、森林，所以到南非则有"游一国等于环游世界"之感。

参考资料

〔苏〕T. M. 莫伊谢耶娃：《南非共和国经济地理概况》，开封师范学院地理系译，河南人民出版社，1977。

尼日尔（Niger）

尼日尔国土的形状是典型的殖民地分割后的结果，它的国名并没有什么政治上的由来，不过是有一条尼日尔河横流国内而已。尼日尔属于"非洲中西部"，是个地道的内陆国，位于撒哈拉沙漠南沿，是世界上最热的国家之一。东与乍得接壤，南界尼日利亚和贝宁，西接马里、布基纳法索，北和阿尔及利亚及利比亚为邻。国土面积126.76万平方公里。人口1989年为740万人，人口密度每平方公里5.8人。首都：尼亚美。

历史

尼日尔地区很早以前便有人类居住。据考古挖掘证实，新石器时代甚至在旧石器时代后期便有了人类的住地，至今，这一地区仍保留着一些较为明显的痕迹。早期统治此地的大约是迦太基王朝和罗马帝国。后来到了13～14世纪，马里王国入侵尼日尔的西部，并取得了统治权。16～18世纪该地区更是战火纷飞，战事不断，一些新的王国不断兴起，另一些旧的王朝又不断被吞没。如桑海、博尔努、颇尔等王国的沉浮便是发生在这一时期。19世纪以后，地处内陆的尼日尔同样不能免遭灾难，最终于1922年完全沦为法国殖民地。和其他非洲国家的一点区别是尼日尔的殖民史较"短"，40年后的1960年8月3日即正式宣告独立。

民族、宗教和语言

和苏丹周边的几个国家一样，尼日尔也是一个黑白人种混合的国家。因此，从文化上讲，既有本地的非洲文化，又有阿拉伯长期熏陶的文化，还有欧洲冲击进来的文化。尽管各个人种之间相互影响甚至互相融合，但仍然能以某种标准将其划分为不同的种族。在十几种民族所构成的这一群体中，主要来自三个语系，并由此而派生出六个不同的语族，并分割为若干民族（参见表1）。

表1　1960～1970年尼日尔的人口民族构成

单位：%

民族构成	比　重
闪米特－含米特语系	**57.5**
乍得语族（豪萨人）	52.1
闪米特语族（摩尔人）	2.4
柏柏尔语族（图阿雷格人）	3.0
尼罗－撒哈拉语系	**32.0**
桑海语族（哲尔马－桑海人）	22.6
撒哈拉语族（卡努里人、曼加人、图布人）	9.4
尼格罗－科尔多凡语系*	**10.2**
尼日尔－刚果语族（富尔贝人、古尔马人）	10.2
其他	0.3

＊有些文献也称尼日尔——科尔多凡语系。

豪萨人是尼日尔的最大部族，在欧洲殖民者入侵之前，正是豪萨人在索科托建立了一个伊斯兰教王国。因此，目前的豪萨人大多定居在尼日尔与尼日利亚之间的国界地带。桑海语族的哲尔马人是尼日尔第二大民族，主要居住在首都尼亚美的周围地带。卡努里族和曼加族则居住在东部乍得湖附近的农业区。尼日尔－刚果语族的富尔贝有"非洲吉卜赛"之称，他们散居在尼日尔北部，但以居住在尼日尔河流域为最多；古尔马人则多居住在与布基纳法索交界的地方。

尼日尔种族结构复杂，语言也各具特点。民间广泛使用豪萨语、卡努里语、富尔语、塔马谢克语和阿拉伯语。但是，国语却是法语。从宗教方面看，伊斯兰教传入得最早，影响也最深，因此，几乎85%以上的人均为逊尼派伊斯兰教徒。少数人信奉原始宗教或基督教。

在所有的西非国家中，尼日尔是最有特点的一个国家。第一，国土广袤；第二，尼日尔位处西、北非的交界；第三，和布基纳法索、马里、塞内加尔一样，尼日尔成了一个劳动力的蓄水池，移民与整个社会、经济生活息息相关；第四，人口绝大多数是穆斯林；第五，生育率水平明显呈地区性差异。

人口变动

尽管尼日尔国土辽阔，也曾吸引了不少部族乃至欧洲人的青睐，但是，人口自古以来就没有太多过。可能在鼎盛的桑海王国时期人口算是最多的。据《苏丹史》说，桑海全国有7077个村庄，鸡犬之声相闻。由此可见当时附近地带的人口稠密程度。之后，由于战争与气候逐渐干燥化，桑海王国在称雄百余年之后也日趋衰落。从那时起，这一地区的人口就一直没再增加。之所以产生这种后果，与土地贫瘠、气候炎热、不宜于农耕作物生长有关。

及至1920年，尼日尔全国人口大约有108.4万人。1926年，估计增加到了120万人。这时是法国殖民者统治的前夕。至独立之前的1950年，人口增加到215.7万人。近30年人口仅增加了100多万人。独立时的人口总数是287.6万人。从此以后，人口逐渐增加（参见表2）。

表 2　尼日尔的人口变动

单位：万人

年　份	1920	1950	1960	1965	1970	1975	1980	1981	1982	1983	1984	1986	1989
人　口	108.4	215.7	287.6	332.8	402.4	460.0	531.0	546.0	561.0	577.0	594.0	670.0	740.0

1920～1960年，人口年均增长率是2.3%，60年代为3.6%，70年代是2.8%，80年代又升至3.8%弱。总体上讲，近几十年来尼日尔的人口增长速度是较快的（参见表3）。

表 3　尼日尔人口自然变动指标

单位:‰

指标 ＼ 年份	1950	1960	1970	1975	1980	1981	1986	1989
出生率	47.7	47.7	47.2	46.6	46.9	46.8	51.0	51.0
死亡率	31.6	29.2	25.1	22.9	25.3	23.5	23.0	22.0
自然增长率	16.1	18.5	22.1	23.7	21.6	23.3	28.0	29.0

　　表 3 显示总的情况是:出生率几十年来不仅没有下降反而有所上升;死亡率尽管有所下降但目前仍维持在较高水平;人口自然增长率作为上述两种因素的结果逐渐上升。

　　但是从 1964 年的调查结果来看,有关出生率方面的内容有这样一些特征:(1)地区差别大:从全国来讲,出生率和大多数西非国家一样较高;从地区来讲,尼日尔东部,即与乍得、喀麦隆、尼日利亚东部比邻的地区却有较低的生育率,这种现象被认为是中非国家低生育率的一个延展。(2)民族差异大:明显的事实就是游牧民族和定居民族的生活方式对生育率有很大影响。如富尔贝人的粗生育率是 41‰,而图阿雷格族则为 51‰。(3)不育率水平各部族之间差异极大。所谓不育率即是指已经超过了生育年龄但尚未生育小孩的妇女占同龄妇女的比重。尼日尔的富尔贝人这一比值达 15%,而图阿雷格族则高达 21%,但在非洲的大部分国家这一比值是在 6% ~ 12% 之间,尼日尔全国的平均水平为 6.3%。全非洲地区以国家为单位加蓬和刚果最高,前者不育率为 32%,后者为 17%,之所以如此可能是性病或是身体状况引起的。另外,没有孩子的妇女比重在城乡间也有不同。1970 年的抽样调查表明:首都尼亚美 45 ~ 49 岁未生育妇女的百分比是 29%,而农村地区为 9%。(4)所受教育程度不同,生育率也不同(参见表 4)。

表 4　1970 年尼日尔不同文化背景的平均每个妇女生育状况

单位:个

年龄组	15 ~ 19	20 ~ 24	25 ~ 29	30 ~ 34	35 ~ 39	40 ~ 44	45 ~ 49
未受过任何教育的妇女	0.5	1.8	2.7	3.2	4.1	4.1	4.0
曾受过教育的妇女	0.2	1.4	2.1	4.2	4.3	2.9	4.0

　　尼日尔过去的死亡率超过 30‰,主要是由天花以及可致儿童于死地的恶性麻疹所致。此后,由于接种牛痘的人群扩大,使得由于天花而造成的高死亡率有所下降。不过,20 世纪 90 年代仍未降到应当降到的水平。婴儿死亡率也相当高,1960 年为 178‰,1982 年降至 132‰,20 世纪 90 年代初认为仍在 135‰左右。1 ~ 4 周岁儿童死亡率 20 世纪 60 年代初是 45‰,80 年代以后降至 27‰。该国人口平均预期寿命的演变情况

如表5所示。

表5　尼日尔各时期人口平均预期寿命

单位：年

年份	1950~1954	1955~1959	1960	1961~1965	1966~1970	1971~1975	1980	1986	1989
男性	32.0	34.5	37.0	36.9	38.1	39.4	42.0	43.0	44.0
女性	35.0	37.5		40.0	42.1	42.5			

总之，尼日尔平均预期寿命不仅在非洲是很低的，在世界上也是最低的国家之一。

人口结构

尼日尔人口属于年轻型。随着近10多年自然增长率的变化，人口显得越来越年轻。1974年时，0~14岁人口占总人口的比重是43%，目前，这一比值已上升到47%，从而成为世界上最年轻的国家之一。65岁及以上老年人的比重是3%，其余年龄组的比重是50%。

尼日尔的性别结构如同相邻的许多国家一样，男女性比例大体平衡。但很长时间以来，男性人口略少于女性人口。1960年的调查资料显示了该地区男、女性比例为94.3∶100。进入20世纪70年代以后，这一比率发生了微小的变化。1974年的资料表明，尼日尔的男、女性别比是50∶50，达到总体平衡。这是过去过高的男性死亡率得到了一定的控制以及人口流动发生变化的结果。

尼日尔的国土广袤，人口相对较少。全国平均而言每平方公里只有5.8人，但是如果认为尼日尔的人口处处都是这么稀少，那就错了。实际上，尼日尔的人口分布是既有荒无人烟的区域，又有极其稠密的地带。总体上讲，人口最稠密的地方是首都尼亚美以东与尼日利亚接壤的边界地带，这个边缘地带面积不过30万平方公里，却住着300多万人（1970年），也就是说，当时大概有90%多的尼日尔居民居住在尼日尔1/40的国土上，其空旷的北方与相对稠密的南方形成了鲜明的对比。而在南方地区，最密集处是尼日尔河流域。还有一些散状分布的密集人口孤立的狭小地区，这些小地区组成了南方人口的密集群（参见表6）。

表6　1984年尼日尔的人口分布

地区	面积 （平方公里）	人口 （人）	人口密度 （人/平方公里）	地区	面积 （平方公里）	人口 （人）	人口密度 （人/平方公里）
阿加德兹	714790	169600	0.2	马腊迪	38580	1202300	31.2
多索	31600	792700	25.1	尼亚美	90300	1400800	15.5
塔瓦	106680	1121300	10.5	津德尔	145430	1067700	7.3
迪发	140220	185600	1.3	合计	1267600	5940000	4.7

　　造成尼日尔人口分布极不均匀的原因主要是：（1）自然因素：不毛之地的沙漠地带和炎热干燥造成的贫瘠的土地将人们"赶"到了尼日尔的南部，从而造成了人口向南倾斜；（2）社会因素：一方面，人们的居住随地区经济条件不同而有所差异，另一方面，历史也是人口分布的重要原因，这主要是由民族特点所决定的：另一些民族属于游牧族，另一些民族则偏爱定居。前者更多地游牧在适宜于自己活动的场所，后者则将宜于自己生存之处作为永久定居点，如现在占总人口一半以上的豪萨族人便是他们的祖先早期在此定居的地点。此外，语言、风俗习惯、宗教等也是影响人口分布的因素。

　　尼日尔人口的一大特点是人口流动性大。1960年，全国大约有40%的人离开自己的居住地流往国外，这种流动有随季节性变化而进行的短期流动，也有为寻求工作或其他原因而长期定居的。大部分人喜欢去海岸国家，主要去加纳、喀麦隆、尼日利亚以及东邻的乍得，一般均是30岁左右的劳动力男性人口。这种流动反映在人口上则使国内人口性别比例和年龄结构受到影响。

　　尼日尔是一个农业国家，城市人口所占比重不大，而且发展速度并不太快。1960年，城市人口占总人口的比重是6%，1989年是16%。近30年全国总人口增长了1.6倍，城市人口增长了5.9倍。全国城市人口中，有66%的城市人口居住在下述6个城市中：尼亚美（36.0万人）、津德尔（7.5万人）、马腊迪（4.6万人）、塔瓦（3.13万人）、阿加德兹（2.05万人）和比尔尼思科（1.52万人）。事实上，像尼亚美这样的大城市在1969年才不过6.0万人。

　　尼日尔的经济十分落后，被联合国列为最贫穷的国家之一。从事农业的劳动力人口占总劳动力的91%，工业占3%，服务业等行业仅占6%。1989年人均国民生产总值大约280美元。

　　尼日尔的文化教育十分落后，为世界上文化最落后国家之一，仅高于同一区域的布基纳法索。1980年成人识字率只有10%，即全国文盲率至少90%。小学生入学率只有23%，其中男性29%，女性17%；中学生入学率仅占应当上中学年龄人口的6%。全国只有2所大学。

人口预测

　　尼日尔的人口1989年为740万人，估计以1989年总和生育率为7.1个计，大约到21世纪初，人口将达到1060万人。换个角度说，隔24年以后，人口将翻一番，届时人口达到1500万人。

参考资料

　　杨人缏：《非洲通史简编》，人民出版社，1984。

　　〔法〕皮埃尔·古鲁：《非洲》上、下册，蔡宗厚等译，商务印书馆，1984。

尼日利亚（Nigeria）

尼日利亚的面积之广和人口之多，都使这个国家在非洲显得非同一般。它在非洲优越的地理位置是独一无二的：位于乍得低地和贝宁之间的非洲西部，国土的南部是呈巨大扇形的尼日尔河三角洲地带，临几内亚湾西部与贝宁相连，尼日尔在它的正北面，东南面与喀麦隆隔马达马瓦山地接壤。国土面积92.38万平方公里。1989年人口为1.09亿人。人口密度每平方公里118人。首都拉各斯（1991年12月从拉各斯迁入阿布贾）。

历史

尼日利亚是非洲最古老的国家之一，早在1000年前就有了自己的文化。大约在公元8世纪左右柏柏尔人穿过撒哈拉沙漠定居在尼日尔河与乍得湖之间，并在该处建立了若干王国，其中以波尔努王国最占优势。传说国王巴瓦向尼日尔河扩张，并与达乌拉王国的女王达乌拉玛结婚，婚后先后育有14子，分别分封在豪萨诸国。先被封的7个豪萨国全部信奉伊斯兰教，后被封的7个豪萨国又全部不相信伊斯兰教。以后由此而发生了持续的战争，最后以夫拉尼王国大胜而结束战争，这一王国一直到20世纪初叶才被来到非洲的欧洲英国人所瓦解。此间，葡萄牙人曾入侵该地，并一度将部分地区设置为买卖奴隶的基地，但最终还是由英国殖民者所占领，成为英国殖民地。1960年10月1日尼日利亚联邦宣告独立。1963年10月1日宣告成立联邦共和国，为"英联邦"成员。

民族、宗教和语言

尼日利亚的地理位置决定了尼日利亚人口来源的复杂性。据官方统计资料，尼日利亚国内共有200多个民族，不过其总人口为四大民族所支撑：豪萨族、伊博族、约鲁巴族和富尔贝族。

豪萨人居住在尼日利亚的北部地区，豪萨族人的到来正如前面所说的那样是在数个世纪前，被撒哈拉沙漠南部的干燥气候赶过来的，过去一直认为豪萨族人是定居的农民。约鲁巴人住在尼日利亚的西南部地带，他们的民族起源不明，于公元7～11世纪时进入尼日利亚，建立起了强大的王国，他们的都市文明让初期去的欧洲入侵者都大吃一惊。1952年，尼日利亚的约鲁巴人大约有400万人，90%仍住在林区，20世纪60年代初期大约有700万人。伊博族居住在南部地方的尼日尔河下游，伊博人的一个特点是至今仍保留着部落划分的痕迹。富尔贝人没有集中占据广大地区，但他们地域分布较广，与各地区不同种族的人口混杂居住（参见表1）。

表1　20 世纪 70 年代尼日利亚的人口民族构成

民　族	人口（千人）	占总人口比重（％）	民　族	人口（千人）	占总人口比重（％）
尼格罗－科尔多凡语系	**50950**	**70.5**	闪米特－含米特语系	**18050**	**25.1**
尼日尔－刚果语族	50950	70.5	乍得语族	17850	24.8
克瓦语支	35300	48.8	豪萨人	15500	21.5
约鲁巴人	15200	21.0	其他	2350	3.3
伊博人	13300	18.4	闪米特语族	200	0.3
其他	6800	9.4	尼罗－撒哈拉语系	3100	4.3
西大西洋语支	8000	11.1	撒哈拉语族	3000	4.2
富尔贝人	8000	11.1	桑海语族	100	0.1
贝努埃－刚果语支	7050	9.7	其他	120	0.1
东阿达马语支	550	0.8	合　计	72220	100
曼德语支	50	0.1			

上述的四大尼日利亚民族不仅不属于一个语族，甚至也不属于一个语系。

在这庞杂的民族中，语言使用同样极其复杂。英语虽然是官方语言，但是，使用者并不多。最为流行的还是地方语言，如尼日利亚的北部流行豪萨语，西部通用约鲁巴语，东部通行伊博语。其他地区还使用富尔贝语、伊比比奥语、卡努里语、伊多马语等。

与民族和语言一样，尼日利亚的宗教成分也十分复杂。逊尼派伊斯兰教徒占总人口的 40％ ～50％，原始宗教的信奉者占 20％，其他人口多为基督教徒，其中又分为基督教徒和天主教徒。

人口变动

尼日利亚的人口数字，在过去很长时间是无法确切计算的。虽然进行了若干次的普查，但其数目的准确度颇令人怀疑。从目前所能得到的资料看，1911 年尼日利亚的人口总数大概是 1600 万人，1920 年为 1850 万人，1930 年认为是 2000 万人，1950 年为 3323 万人。第二次世界大战以后，进行了战后首次人口普查，结果认为 1952～1953 年间总人口是 3500 万人左右。尼日利亚的人口从 1966 年开始跨入 5000 万人，成为世界人口大国。1989 年，估计尼日利亚的人口总数为 1.09 亿，是非洲唯一一个人口过亿的大国。仅尼日利亚一国人口就占整个非洲人口的 15％，占西非人口的 40％ 左右（参见表 2）。

表 2 尼日利亚的人口变动

单位：万人

年　份	1911	1920	1930	1949	1950	1951	1952	1953	1954	1955	1956	1957	1958
人　口	1600	1850	2000	3107	3323	3395	3471	3552	3637	3726	3819	3917	4019
年　份	1959	1960	1961	1962	1963	1964	1965	1966	1967	1968	1969	1970	1971
人　口	4125	4237	4353	4474	4600	4731	4868	5009	5157	5310	5469	5722	5807
年　份	1972	1973	1974	1975	1976	1977	1978	1979	1980	1981	1982	1983	1989
人　口	5985	6171	6365	6767	7007	7258	7518	7784	8056	8331	8613	8902	10920

1949～1989 年的 40 年间，尼日利亚人口增长了 2.5 倍，净增人口 7813 万人，平均年增长率 3.2%。其中 20 世纪 50 年代 2.45%，60 年代为 3.05%，70 年代为 3.48%，80 年代为 3.1%（参见表 3）。

表 3 尼日利亚人口自然变动及有关指标

指标＼年份	1950～1955	1960～1965	1970～1975	1976～1980	1981～1985	1989
出生率（‰）	51.8	51.8	50.3	49.8	50.0	50.0
死亡率（‰）	29.0	24.1	21.8	17.8	17.0	16.0
自然增长率（‰）	22.8	27.7	28.5	32.0	33.0	34.0
总和生育率（个）	6.9	6.9	6.9	6.9	7.1	7.1

尼日利亚之所以成为非洲头号人口大国，与其居高不下的出生率以及持续降低的死亡率有着直接的关系。

尼日利亚的人口自然变动资料含有一定的估计成分。不过，认为该国出生率一直在 50‰左右的观点大体是一致的。但有人也估计在某些年份甚至超过 60‰。死亡率的降低是一种总的趋势，不过从人口大国的角度看，尼日利亚死亡率的下降速度属于较快的，20 世纪 90 年代和西非平均速度基本相等。妇女总和生育率高达 7.0 个以上，基本上属于世界最高水平。

尼日利亚的婴儿死亡率同样非常高。1960 年认为是 190‰，1982 年为 109‰，1989 年认为仍高于 100‰为 105‰；1～4 周岁儿童死亡率 1960 年是 50‰，1982 年降至 20‰。从全世界来讲，婴儿死亡率超过 100‰的国家并不多，但是从非洲来讲，大约只有 1/5 的国家婴儿死亡率低于 100‰，但大多仍在 80‰～90‰以上。然而同期发达国家的婴儿死亡率已降至 15‰。

该国人口的平均预期寿命似乎比人们想象得要高一些（参见表 4）。

表 4　尼日利亚不同时期人口平均预期寿命

单位：年

年　份	1950～1954	1955～1959	1960～1964	1965～1970	1971～1975	1982	1989
男　性	33.5	36.0	38.5	37.2	43.4	48.0	52.0
女　性	36.5	39.1	41.6	46.7	46.6	52.0	

人口结构

尼日利亚的人口属于年轻型，这是高出生率、持续降低的死亡率共同作用的结果。这种结果还将进一步维持高人口自然增长率。1963 年，15 岁以下少年儿童占总人口的比重为 42.9%，15～64 岁人口比重为 54.9%，65 岁及以上人口所占比重为 2.2%。同一指标 1981 年分别为：47%、48.7% 和 4.3%，1989 年估计是 45%、53% 和 2%。这一套指标的特点是：尽管少年儿童比重很高，但在非洲却并不显得特别高。但是，老年人比重却是世界最低水平。即使在非洲，也只有诸如利比亚、肯尼亚、乍得等国才具有如此低的比重。

尼日利亚的人口性别结构如同非洲总体情况一样，男性人数大体上与女性相等，1960 年男女之比为 50.5∶49.5。

关于尼日利亚的人口地理结构。由于该国政府与联合国所发表的总人口数目各不相同，因此，有关人口密度的数值也不一样。但是，无论是哪一种，每平方公里的人口密度也均在 110 人以上，这在非洲拥有如此大领土的国家中算是很高的。

细心的读者会发现，表 5 的人口合计总数与前面所列 1971 年数字不相符合。这里的数字选自胡焕庸、张善余先生编著的《世界人口地理》一书，而前面数值来源于《中国人口年鉴》（1985 年版）。不过，这并不影响我们对尼日利亚人口分布的认识，因为各地区的比重变动并不特别大。总的情况是，尼日利亚的地形比较平缓，既没有崎岖的高山，也没有大片的沙漠，有利于经济发展和交通往来。但是，尼日利亚的人口分布却很奇特：它的南部和北部，人口都很稠密，偏偏中部人口却很稀疏。尼日利亚南部，从人口和经济的角度看，是该国最为重要的一个地区，面积 20 万平方公里，人口却有 5000 多万人，占全国总人口的一半，在这一地区，介于克罗斯河和尼日尔河三角洲之间，人口特别稠密；尼日尔河三角洲和贝宁之间人口稀疏；但是约鲁巴区，人口又很稠密。从人口学角度来讲，尼日利亚中部地区，是一个人口稀少的条形地带，人口仅占全国总人口的 15%，但面积却占全国的 30%。历史显然是对这种状况的最好解释，诸如翠翠蝇等疾病，以及比此更猖獗的是奴隶掠夺者将这里的居民赶得所剩无几等行为都是导致现在人口分布的历史原因。尼日利亚北部是一片辽阔的准平原，面积占全国的一半，人口占 30% 以上，这里居住着尼日利亚最大的民族——豪萨人。除此大区之外，当时的首都拉各斯也是人口极其稠密的地区，该城市是 15 世纪时由葡萄牙人所命名的，同时也是奴隶的买卖据点。1862 年之后，成为英国的殖民地，1874～1886 年曾隶属黄金海岸（今加纳），1906

年并入尼日利亚的版图。目前，拉各斯地区以及哈尔科特港为中心的地区是国内人口最稠密的地区（参见表5）。

表5　尼日利亚人口分布变动情况

地　区	面　积（平方公里）	1953 年人　口（千人）	1971 年人　口（千人）	1971 年人口密度（人/平方公里）	地　区	面　积（平方公里）	1953 年人　口（千人）	1971 年人　口（千人）	1971 年人口密度（人/平方公里）
拉各斯	3577	510	1847	516.4	贝努埃—高　原	101538	2360	4856	47.8
西　部	76369	4357	11492	150.5	西　北	167720	3397	6945	41.4
中西部	38648	1492	3072	79.5	北部中央	70210	2289	4964	70.7
东　部中　央	29909	3847	8754	292.7	卡　诺	43072	3398	6995	162.4
河　流	18091	748	1871	103.4	东北部	272015	4201	9440	34.7
东南部	28363	2623	4388	154.7	合　计	923772	30417	67529	73.1
克瓦拉	74260	1195	2906	39.1					

说明：表5资料来源于胡焕庸、张善余编著的《世界人口地理》第262页表66的资料，表2资料来源系多种参考文献数字整理所得。两表中人口数据有出入。

尼日利亚的城镇人口增长速度比较快。1962 年城镇人口比重为 13%，1982 年升至 21%，目前据估计已达 28%。不过，从全国来看，城市化水平并不均匀，靠近沿海地区城市化水平要高一些，而在北部和中部则低得多。

国民教育及其他

尼日利亚的人口文化构成似乎与其经济、文化、社会背景不大一致：成人识字率 1980 年为 34%；小学入学学生所占该年龄组的比重为 98%，其中女性达到 70%，男性为 94%；中学入学学生占本年龄组别人口的百分比 1960 年是 4%，1980 年为 16%；高校入学学生数占 20 ~ 24 岁人口的百分比为 3%，这些指标比其他一些下中等收入的非洲国家显得要高一些。这是尼日利亚自独立以来比较重视教育的结果。

面对人口激增的挑战，尼日利亚早在 1962 年就成立了具有家庭生育计划性质的民间组织。但是，这些组织后来倾向于政府所提出的保健和人权主张，从而逐渐淡漠了原先的家庭生育计划打算，因此，家庭计划项目的执行在尼日利亚并没有取得多大的成绩。直到不久以前，尼日利亚卫生部长才向政府提出一项新的人口政策草案，主要目标旨在 "鼓励人们拉开生育间隔，推迟婚龄及只生三个孩子"，并为此提出了以下措施：（1）立法保护家庭和婚姻制度；（2）年满 18 岁之后方可结婚；（3）将节育服务与妇幼保健服务相结合；（4）新、旧保健诊所及避孕药具发放系统协同工作；（5）加强宣传教育，改变人们的生育观和生育意愿。

　　阻碍尼日利亚人口生育率下降的因素目前来看主要有三个方面：（1）初婚年龄太小，平均为 16 岁，关键是目前还有继续向低龄化发展的趋势：45～49 岁的妇女初婚年龄是 16.3 岁；20～24 岁的妇女初婚年龄仅为 15.8 岁。（2）采取避孕措施的人数仍十分少。直至 1982 年的调查，该国 15～49 岁的已婚妇女中 13% 的人曾经实行过避孕；5% 正在使用其他避孕方法，只有 1% 的人采取现代避孕方法，大概只有 34% 的妇女知道有避孕之事。（3）生育愿望强烈。被调查的妇女中只有 16% 的人不想再生孩子，而其余 84% 的妇女则想继续生育；45～49 岁的妇女中，大约有半数还想要孩子；在甚至已经生育了 9 个小孩的妇女中，还有 57% 的人想要继续生育。

　　人口预测

　　人们都认为尼日利亚的生育率很难在短期内降下来，人口增长速度还会加速。美国人口学会对尼日利亚做过如下预测（见表 6）：

表 6　假设生育率下降时尼日利亚的未来人口预测

年　　龄	1980 年		1990 年		2000 年		2010 年		2020 年		2030 年	
	人口（百万人）	比重（%）	人口（百万人）	比重（%）	人口（百万人）	比重（%）	人口（百万人）	比重（%）	人口（百万人）	比重（%）	人口（百万人）	比重（%）
15 岁以下	36.5	47.4	50.1	47.4	58.6	42.6	55.7	34.0	52.7	28.0	51.2	24.5
15～64 岁	38.6	50.1	53.1	50.2	75.3	54.8	103.1	62.9	128.5	68.2	147.1	70.4
65 岁及以上	1.9	2.5	2.5	2.4	3.5	2.6	5.0	3.1	7.1	3.8	10.7	5.1
15～49 岁妇女	17.1	22.2	23.5	22.3	33.4	24.3	45.5	27.8	55.1	29.3	59.7	28.5
全部人口	77.0	100.0	105.7	100.0	137.4	100.0	163.8	100.0	188.2	100.0	209.0	100.0

参考资料

　　〔尼日利亚〕留本·可·克多：《尼日利亚地理区》，中国科学院地理研究所英文翻译组译，商务印书馆，1978。

塞拉利昂（Sierra Leone）

　　在海岸国境线和陆地国境线环绕之中的塞拉利昂是一个十分紧凑的国家，国土面积略呈圆形，由于它的一侧面临大西洋，因而它的另一侧只有两个国家与它接壤——几内亚和利比里亚，这种情况在非洲国家中是极其少见的。塞拉利昂的国土面积 7.23 万平方公里，1989 年人口约为 400 万人。人口密度每平方公里 50 人。首都：弗里敦（Freetown），有人按词意直译为"自由城"，这座城市是英国在非洲沿海建设的都市中最古老的城市之一。

历史、民族、宗教和语言

由于塞拉利昂地处沿海，因此很早就被欧洲人所窥视。1462 年葡萄牙人首先侵入，随后又引来了荷兰、法国、英国等殖民主义者。1821 年英国在弗里敦及其周围地区建立起殖民地。75 年后的 1896 年，塞拉利昂被英人全部侵吞，内地成为英"保护地"。在非洲掀起独立热潮的次年即 1961 年 4 月 27 日，塞拉利昂变成了英联邦的一个成员国。

塞拉利昂面积虽然不大，但是人种结构却相当复杂。从历史上看，最早居住于此地的是亚班兹系人，后来从北部和东北部大陆地区不断涌来成批的各部族的人流，加之以后欧洲殖民者的介入，使得这弹丸之地的人种复杂起来，全国总共有 20 个部族。但是，支撑塞拉利昂人口总体的大部族只有三个：南方的曼迪族、北部和中部的泰姆奈族以及居于第三位的林姆巴族（参见表 1）。

表 1　1950～1960 年塞拉利昂的人口民族构成

单位：%

民　族	比　重	民　族	比　重	民　族	比　重
克里奥尔	1.9	克　林	0.4	苏　苏	3.1
富　拉	3.1	克　鲁	0.2	泰姆奈	29.8
加利纳	0.1	林姆巴	8.4	瓦　依	0.3
戈　拉	0.2	洛　科	2.9	亚伦卡	0.7
基　西	2.3	马丁戈	2.3	不列部族	1.3
科　诺	4.8	曼　迪	30.9	其　他	0.2
科兰科	3.7	歇尔布罗	3.4	总　计	100.0

塞拉利昂的语言颇为繁杂。除英语作为国语之外，其中多数语言归为曼迪语族，该语族是塞拉利昂国内分布最广的语族，它可以进一步划分为北曼迪语和南曼迪语。前者包括如苏苏语、亚伦卡语、科诺语、瓦依语和科兰科语，后者主要是指洛科语。此外，泰姆奈语、林姆巴语和克里奥尔语也广泛使用。

居民中有 50% 以上的人信奉原始宗教，其余一些信奉基督教，还有一些笃信伊斯兰教。

人口变动

如同许多非洲国家一样，塞拉利昂的历史人口数据是十分难以确定的。不过，一致的观点认为 20 世纪初的 1900 年这一地区的人口是 100 万人，1920 年为 154.1 万人，之后这一段时期人口很少增加，直到 1950 年人口达到 200 万人。虽然这些估计数据有点出入，但相差不是很大（参见表 2）。

表 2　塞拉利昂人口及自然变动指标

年份 指标	1900	1920	1950	1960	1970	1980	1981	1982	1983	1984	1989
人口（万人）	100.0	154.1	200.4	216.5	284.0	330.0	335.0	341.0	347.0	354.0	400.0
出生率（‰）			47.9	47.3	45.8	47.8	47.4			47.0	48.0
死亡率（‰）			31.1	28.3	23.1	31.9	29.7			30.0	23.0
自然增长率（‰）			16.8	19.0	22.7	15.9	17.7			17.0	25.0

　　塞拉利昂的人口自然变动指标有些紊乱，除出生率持续保持不变外，死亡率以及由此而导致的自然增长率忽高忽低，无规律可循。1920～1950 年的 30 年间，人口年均增长率仅为 0.87%，50～60 年代进一步降至 0.77%，60～70 年代增至 2.7%，70～80 年代为 1.57%，80 年代为 1.9%。事实上，从邻国几内亚以及其他国家陆续迁入不少移民，至 1989 年为止，大约有移入人口 40 万人。如果把这些人口再排除在外，那么塞拉利昂本国人口的自然增殖显然更低一些。

　　塞拉利昂的婴儿死亡率一向被认为是很高的，1960 年高达 235‰；1～4 岁儿童死亡率也高达 72‰，尽管随着时间的推移这一状况有所好转，但 1982 年这两个指标仍分别高达 190‰和 50‰，成为世界上这两个指标最高的国家之一。1989 年，该国婴儿死亡率被认为至少在 155‰～160‰之间，从而使得这一地区成为地球上所有国家和地区仅次于马里的第二婴儿死亡率高的国家。同期它的北邻几内亚的婴儿死亡率也高达 147‰，不过，其南方接壤的利比里亚这一指标仅为 87‰。

　　显而易见，这一国家的人口平均预期寿命必然很低。1950～1954 年：男 31.9 岁，女 35.1 岁；1955～1959 年：男 33.9 岁，女 36.8 岁；1960～1964 年：男 35.2 岁，女 38.4 岁；1965～1969 年：男 36.9 岁，女 40.1 岁；1970～1975 年：男 39.4 岁，女 42.6 岁。1989 年，被认为人口总的平均预期寿命在 40～41 岁之间。即使是 41 岁，也是非洲乃至世界上人口平均预期寿命最低的国家。与此同时，地球另一面的日本国人口平均预期寿命已高达 78 岁，相差几乎 1 倍。

　　从人口学的角度看，婴儿死亡率高、人口平均预期寿命短、出生率高、这种情况以现行的人口年龄结构类型进行划分，必然会将塞拉利昂的人口归属在年轻型人口中。由于人口寿命短，65 岁以上老年人口占总人口的比重一定很小，但是，15 岁以下儿童少年所占比重却并不一定特别大，这是因为婴幼儿、少年儿童死亡率高所致（参见表 3）。

　　我们可以得到较为详尽的该国人口年龄的数据出自 1963 年。资料说明：（1）15 岁以下人口比重只有 36.7%，这一水平从人口学原理来讲或许高了一些，但是，对于塞拉利昂来说，却不能认为是高的。（2）65 岁及 65 岁以上老年人口比重为 5.1%，但令人费解的却是老年组女性人口少于男性，这与一般常理是相悖的。

表 3　1963 年塞拉利昂人口年龄、性别结构

年龄组	人数（人）	百分比（%）	男性百分比（%）	女性百分比（%）	年龄组	人数（人）	百分比（%）	男性百分比（%）	女性百分比（%）
5 岁以下	377335	17.3	17.3	17.3	40～44	114758	5.3	5.8	4.7
5～9	280649	12.9	13.5	12.3	45～49	85531	3.9	4.6	3.2
10～14	142420	6.5	7.0	6.0	50～54	69957	3.2	3.7	2.8
15～19	194378	8.9	7.7	10.1	55～59	41760	1.9	2.2	1.6
20～24	190784	8.7	6.9	10.5	60～64	55954	2.6	2.8	2.4
25～29	207753	9.5	8.7	10.4	65 岁及以上	110509	5.1	5.5	4.7
30～34	172183	7.9	7.6	8.2	合　计	2180355	100.0	100.0	100.0
35～39	136384	6.3	6.7	5.8					

人口结构

1989 年，塞拉利昂的人口年龄构成是：15 岁以下人口占总数的 41%，15～64 岁占 56%，65 岁及以上人口仅占 3%。

1989 年塞拉利昂的人口性别结构是男少女多前提下的基本平衡，不过，从历史上来看，塞拉利昂的人口性别比经历过一段不平衡时期。1963 年人口普查该国人口总数 218.04 万人，其中男性 108.11 万人，女性 109.92 万人。若以女性为 100 的话，那么男性为 101.7。1974 年性比例为 97.23∶100。总体上讲和 1989 年男女比例基本接近。但是，分年龄组来观察这一问题时，便会发现其中的差异。

分年龄组分性别的分析揭示出了塞拉利昂人口性别平衡的虚假性。该国高年龄组的女性之所以"违背"常理少于男性，主要是妇女生育过多、体力劳动过重等原因引起的妇女死亡率高所致（这种现象类似于亚洲的阿富汗等国）。15～34 岁的男性人口明显地少于女性一定是由于迁移原因所致，或者更确切地说，一定是这一年龄段的迁出人口大于迁入人口所引起。应该说，只要存在着大量移民，这种情况无论在什么国家或无论在什么时间均会发生（参见表 4）。

表 4　1963 年塞拉利昂人口分年龄组性别比

年龄组	男性人数（人）	女性人数（人）	性比例（%）	性别比	年龄组	男性人数（人）	女性人数（人）	性比例（%）	性别比
5 岁以下	187317	190018	98.6	49.7∶50.3	40～44	62981	51777	121.6	54.8∶45.2
5～9	145589	135060	107.8	51.9∶48.1	45～49	49905	35626	140.1	58.4∶41.6
10～14	76000	66411	114.4	53.4∶46.6	50～54	39687	30270	131.1	56.7∶43.3
15～19	82867	111511	74.3	42.6∶57.4	55～59	24188	17602	137.4	57.8∶42.2
20～24	75528	115256	65.5	40.2∶59.8	60～64	30136	25818	116.7	53.8∶46.2
25～29	93550	114203	81.9	45.0∶55.0	65 岁及以上	59169	51340	115.2	53.5∶46.5
30～34	81772	90411	90.4	47.5∶52.5	合　计	1081144	1099232	98.4	49.6∶50.4
35～39	72455	63929	113.3	53.1∶46.9					

人口分布

非洲不是一个人口稠密的大陆。非洲人口密度每平方公里 16 人，低于除大洋洲以外的其他各洲。这有多方面的原因，包括非洲大沙漠的干旱不毛和热带森林等自然因素，也包括早期奴隶制带来的苦难、饥荒和疾病的蔓延以及现代城市化、工业化和农业化出现迟缓等社会因素。因此，按照非洲的标准来说，塞拉利昂每平方公里 50 人的人口密度不能算低。值得说明的是：塞拉利昂既没有广袤的荒无人烟的沙漠地带，也没有人口大量集中的现象（参见表 5）。

表 5　1984 年塞拉利昂各州、地区人口分布

州、地区	面积（平方公里）	人口（人）	人口密度（人/平方公里）	州、地区	面积（平方公里）	人口（人）	人口密度（人/平方公里）
邦 巴 利	7985	314000	39	东 部 州	15553	976000	63
坎 毕 亚	3108	235000	76	博 　 城	5219	260000	50
科尹那杜古	12121	239000	20	邦 　 特	3458	120000	35
洛 科 港	5719	382000	67	莫 仰 巴	6902	239000	35
汤科利利	7003	276000	39	普 杰 洪	4105	154000	38
北 部 州	35936	1446000	40	歇尔布罗岛	10	41000	4100
凯 拉 洪	3859	210000	54	南 部 州	19694	814000	41
凯 内 马	6053	337000	56	西 部 州	557	304000	546
科 　 诺	5641	429000	76	合 　 计	71740	3540000	49.3

说明：塞拉利昂的水域率约为 1%，即 600 平方公里左右。

除了该国南面的歇尔布罗岛之外，其余地区基本平衡。大体上讲，沿海地带及中部的平原和丘陵地带人口密度高，东北地区人口较为稀疏。首都弗里敦人口比较多，这是在 1787 年时被建设成的英国移居黑人的定居点。1930 年该城 5.5 万人，1989 年约有 50 多万人，占全国城市人口的 50% 左右。歇尔布罗岛由于地理位置而吸引了大量的居民，从而成为塞拉利昂乃至整个非洲人口最密集的地区之一。

尽管塞拉利昂一面靠海，矿藏资源丰富，但是，仍是以农业为本的国家。城市人口 1989 年占总人口的 28%。65% 的劳动力人口从事农业，有 82% 的女性劳动力在这一部门，然而，农业产值仅占国民生产总值的 30%。劳动力人口有 16% 在服务业，19% 在工业部门。

塞拉利昂人口的文化教育水平不说也是低下的。据说由天主教所设立的学校占了全国很大的比重。成人识字率基本上是非洲乃至世界的最低水平：每 100 名成人中只有 15 人识字；小学生入学率只有 39%，其中，男性为 45%，女性仅为 3%；中学生入学率只有 12%；大学生在校率远低于 1%。全国只有一所高等学府，即塞拉利昂大学。除此之外，塞拉利昂的医疗卫生条件也极其落后。20 世纪 80 年代初，全国平均每名医生负担的人数为 1.62 万人，每名护士所负担的人数为 1890 人，这种负担值可列入世界最高负担系数组中。

小结及人口预测

塞拉利昂的主要问题是：第一，农业尚未发挥其优势，仍以自给自足为主、农业机械化程度低、农业人口比重大；第二，国民文化教育水平低，甚至不及大多数非洲经济相近的国家；第三，卫生、医疗条件低下，人口粗死亡率和婴儿死亡率过高。

尽管塞拉利昂妇女总和生育率高达 6.5 个的高水平，但是，由于其人口总死亡率以及婴儿、少年儿童死亡率太高，因此，人口自然增长速度不算很快。若以 1989 年 2.5% 的自然增长速度预测的话，2000 年人口将达到 524 万人。如果死亡率在 20 世纪末之前有所降低，那么届时人口总数可能超过这一估测值。

参考资料

〔英〕克拉克主编《塞拉利昂图志》,《塞拉利昂图志》翻译组译，河北人民出版社，1977。

《中国知识年鉴》,世界知识出版社，1987。

塞内加尔（Senegal）

塞内加尔在非洲的最西端，面对大西洋，北面是毛里塔尼亚，东面是马里，东南方是几内亚，西南和几内亚比绍接壤。国内南部还包括有长达 350 公里宽约 30 公里的蚯蚓状冈比亚国土。全国总面积 19.62 万平方公里。1989 年人口约为 720 万人。人口密度每平方公里 36.7 人。首都：达喀尔。

历史

人类大约在旧石器时期就居住在了这一地带，这里的人类祖先甚至在新石器时期就开始了由狩猎生活转向农业及畜牧生活，可见这块由前寒武纪的岩石所构成的土地大概也是人类的发祥地之一。以前的史料无法查据人类以后是怎样生活的，不过，公元 10 世纪时一些黑人民族在此居住的事实则是比较可信的。和与大西洋、太平洋沿岸的非洲其他国家一样，15 世纪初欧洲人第一次来到了塞内加尔，由于它位于非洲的最西端，因此，最先为欧洲人所发现。随着葡萄牙人的到来，又相继引来了法国人、英国人、荷兰人。法国人于 1659 年到达后来以贩卖黑奴闻名的格雷岛，1818 年获得了塞内加尔的统治权，塞国遂沦为法国殖民地。直到一个半世纪以后的 1960 年，塞内加尔才从法国的统治下完全独立出来。

民族、宗教和语言

西大西洋语支的沃洛夫人和莱布人构成了塞内加尔人口的主体。过去，沃洛夫民族的社会可分为三个层次，第一为王族、贵族和农民；第二为工匠、木雕师、皮艺师；第三层为奴隶及其后裔。目前，沃洛夫族人主要居住在本国内的西部、北部和中部，占全国总人口的 40% 左右，属于这一语支的还有富尔贝人、塞雷尔人、迪奥尔人、阁库勒人等，这些人种大多居住在海岸地带或内陆地区。居住在境内边缘地区的是曼迪语支的马林凯族人和索宁凯人，萨拉克雷族是索宁凯人的后裔。摩尔人分布在与毛里塔尼亚交界地带，过着游牧和半游牧的生活。塞内加尔的城市大多有外国人居住，如黎巴嫩人、叙利亚人和一些法国人。

塞内加尔的民族构成不像有些阿拉伯国家那样复杂，基本上全属于尼日尔－刚果语族。不过，法语目前仍是共通的语言，是为国语。此外，沃洛夫语、塞雷尔语也使用得相当普遍。

塞内加尔靠近阿拉伯地区，深受伊斯兰文化的影响，总人口中的 80%～90% 的人为伊斯兰逊尼派教徒，4% 的居民信奉基督教。还有一些土著居民，如塞雷尔人则拒不信奉伊斯兰教，而仍旧笃信原始宗教，即万物有灵论。

人口变动

像塞内加尔这样的西非国家，15 世纪以后便成了向外输出奴隶的大本营。加之连绵不断的殖民战争、繁重的强制劳动、恐怖的流行疾病以及残忍的饥荒现象致使人口在几个世纪中并无多大增长，有些国家甚至还绝对减少。塞内加尔直到 1920 年人口仅为 122.5 万人，然而，这一人口数目也是在 19 世纪停止了奴隶贩卖活动、生活开始转变的结果。在 122.5 万人的人口基数上翻了一番的时间大约用了 30 年，即到 1950 年人口增加到 253.6 万人，25 年以后的 1975 年，人口在此基础上又翻了一番，达到 500.2 万人。目前塞内加尔的人口为 720 万人（参见表 1、图 1）。

表 1　塞内加尔的人口变动

单位：万人

年　份	1920	1950	1960	1970	1975	1980	1981	1982	1983	1986	1989
人　口	122.5	253.6	311.0	439.0	500.2	570.0	587.0	604.0	632.0	690.0	720.0

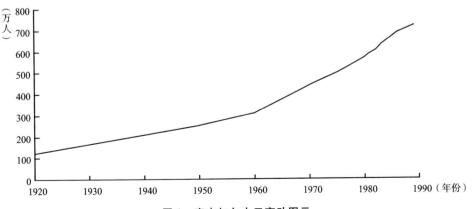

图 1　塞内加尔人口变动图示

塞内加尔的人口出生率不像邻国毛里塔尼亚那样高，自 20 世纪中叶以来一直未超过 50‰，总是在 47‰ 左右徘徊。死亡率却一直比较高，1950 年高达 30.9‰，之后虽有下降，但始终没有低于 20‰，因此平均年增长率大概是 2.7%，但由于死亡率逐渐下降，因此，自然增长率随之上升（参见表 2）。

表 2 塞内加尔人口自然变动指标

单位：‰

指标＼年份	1950	1960	1970	1975	1980	1981	1986	1989
出生率	48.8	48.7	46.5	47.0	47.9	47.7	48.0	46.0
死亡率	30.9	28.0	24.2	23.1	22.5	21.2	20.0	20.0
自然增长率	17.9	20.7	22.3	23.9	25.4	26.5	28.0	26.0

分期来看，塞内加尔人口年均增长率 20 世纪 50 年代是 2.0%，60 年代是 3.5%，70 年代是 2.6%，80 年代为 2.6%。60 年代塞内加尔的人口增长率最高，这与这一时期死亡率下降较快很有关系（也可能有移民行为）。除此之外的以后各年，人口年增长率为 2.6%。塞内加尔的妇女总和生育率为 6.4 个，这比起西非某些国家如尼日尔、多哥等国都要低一点。

塞内加尔的婴儿死亡率 1960 年为 178‰，1982 年降至 155‰，1989 年为 135‰；1 ~ 4 岁儿童死亡率 1960 年是 45‰，1982 年是 34‰。人口平均预期寿命：1950 ~ 1954 年：男 32.0 岁，女 35.0 岁；1955 ~ 1959 年：男 34.5 岁，女 37.5 岁；1960 ~ 1964 年：男 36.9 岁，女 40.0 岁；1965 ~ 1969 年：男 38.1 岁，女 41.3 岁；1970 ~ 1975 年：男 39.40 岁，女 41.30 岁；1982 年：男 44.0 岁，女 46.0 岁；1989 年，总人口平均 45 岁。30 多年来，人口平均预期寿命增长 11 岁，每 3.5 年增长 1 岁，即每年增长 0.28 岁，这种增长速度被认为是较低的。

人口结构

塞内加尔是非洲性别比例最低的国家之一。在整个非洲，男性人数大体上与女性人数相等，但在个别国家由于死亡率的变化和外迁移民的原因，两性比例的差别还相当明显。一般在穆斯林国家，男性人数占优势，这主要是宗教势力影响的结果。但是，塞内加尔的伊斯兰教徒占全国人口的 80% ~ 90%，而男性人口又较女性人口少许多，这种原因恐怕要归属于移民的因素了。总的情况是人口有大量迁移行为发生，但究竟迁移人口中女性比例有多少，以及这些比例如何影响塞内加尔的性别结构，目前还难以解释清楚。据 20 世纪 70 年代的数据，塞内加尔的性比例仅为 92.2∶100；1976 年略有上升，达到 96.8∶100，表示为男女性别比例是 49.2∶50.8。

塞内加尔的人口仍属于"年轻型"人口。1986 年 15 岁以下人口、15 ~ 64 岁人口和 65 岁及以上人口占总人口的比重分别为：43.1、52.7 和 4.0（其中 0.2 归属不详），1989

年为 45、52 和 3。

塞内加尔的人口地理分布也不均衡，总体上讲，1984 年每平方公里的人口密度为 32 人，但在撒哈拉地带以及东南部，每平方公里只有 2~3 人。人口密度最高的是首都达喀尔，沿河流的地带以及首都的四周，其人口密度为每平方公里 50~60 人（参见表 3）。

表 3　1984 年塞内加尔的人口分布

地　区	面积（平方公里）	人口（人）	人口密度（人/平方公里）	地　区	面积（平方公里）	人口（人）	人口密度（人/平方公里）
达 喀 尔	545	1286850	2361	科 尔 达	20990	509105	24
考 拉 克	15840			卢 加	29096	510600	18
法 狄 克	7902			坦 巴 昆 达	59506	346150	6
圣 路 易	44186	660100	15	济 金 朔 尔	7277	383859	53
提 埃 斯	6535	864800	132	合　　计	196192	6350000	32
迪 乌 贝 尔	4315	518650	120				

达喀尔是西非最大的港口和商业城市，这里原来是法国军队的基地，1904 年之后成为法属西非的首都。由于地理位置的关系，以及政治因素，达喀尔逐渐取代了苏丹地区和撒哈拉沙漠衔接点的圣路易。因此，达喀尔人口也随之逐年增加，1931 年为 5.4 万人，1950 年达到 20 万人，1984 年仅市区人口便有 85 万之多，是塞国最大的城市。该地区全部人口已经占全国总人口的 20% 以上，从而引起了大城市所共有的人口社会问题。

正因为此，塞内加尔的城市人口所占比重比较大，1982 年为 34%。在各个部门中，服务业劳动力占总劳动力人口的 13%，工业占 10%，农业占 77%。不过，在全部女性劳动力中，90% 的女性从事农业生产。

塞内加尔的花生种植闻名于世界，其产量居非洲第二，而且，渔业比较发达，但矿产资源贫乏。受林、牧、渔及花生种植的支撑，该国人均国民生产总值为 510 美元，被联合国列为下中等收入国家。在这种脆弱的经济支撑下，其教育文化水平显然不会有什么大的发展。1981 年，小学入学学生数占本年龄组别人数的百分比仅为 48%，其中男性 58%，女性 38%，属于非洲低水平的国家之一。中学入学学生占本年龄组别人数的百分比为 12%，比 1960 年的 3% 提高了 9 个百分点，也属于非洲下中等水平。高校入学学生数占 20~24 岁年龄组人口数的百分比为 3%，属于非洲的中等水平。不过，1980 年成人识字率只有 10%，即在当年每百名成人中只有 10 人识字。这在非洲国家属于最低值，仅高于布基纳法索 5% 的水平，这是历史遗留以及当前资金投向不合理的结果。但塞内加尔的教育也有它自己的特点，如：每万人中平均小学教师 18 名，中学教师 8 名，大学教师 1.2 名，这与其他经济落后的非洲国家是不一样的。不过塞内加尔的教育制度在法属非洲各国中是最好的，因为 6～14 岁为义务教育阶段。

人口政策与人口预测

塞内加尔的人口增长速度与其他非洲国家相比不算太快，但与自己的历史相比，近几十年来却显得很快。对此该国总统曾在 1976 年提出"家庭生育计划政策的构想和实施是在不违背我们宗教原则的前提下，将限制塞内加尔的人口及其增长率，从而使我国人口资源和土地能获得稳定的平衡"。1978 年，该国建立了国家人口委员会。1981 年废除了 1920 年法国殖民当局制定并一直生效的《避孕法》。

非洲撒哈拉以南的 40 个国家中，有 14 个国家没有足够的土地去养活 1975 年已经达到的人口数，其中就有塞内加尔。但就在这样的情况下，其人口还在继续增加。估计到 21 世纪初人口总数将达到 970 万人；至 2050 年时甚至上升到 1500 万人。

塞舌尔（Seychelles）

塞舌尔群岛是位于马达加斯加岛东北印度洋上的一个岛国，通常认为，它是冈瓦纳大陆分离时期所残存下来而孤立于非洲大陆与南亚大陆之间的岛屿。该国共由 115 个大小岛屿组成，其中马埃岛最大。陆地总面积 455.4 平方公里。1989 年估计人口 10 万人。人口密度每平方公里 220 人。首都：维多利亚。

历史、民族、宗教和语言

早期的塞舌尔群岛无人光顾，只是一个荒岛，不过是海龟的天堂。据有案可查的史料记载，大约从 12 世纪起，古波斯人、阿拉伯人便开始陆续路经并落脚此地，但是，真正为人类正式作为版图记载的时间当属 1502 年葡萄牙人对此的发现。之后，1609 年英国侵入。再后，1756 年法国侵入，并于 1768 年在马埃岛建立起了最早的法国人居住区。1814 年，英法签订巴黎合约，塞成为英殖民地。自此，塞舌尔开始了近一个半世纪的殖民地历史。20 世纪 70 年代独立，并于 1976 年 6 月 29 日成立塞舌尔共和国。

塞舌尔群岛有人类真正定居的历史并不长，只有几个世纪。人口多是由岛外移来，只不过是来到此地的方式与目的不同，既有以掠夺为目的的欧洲人，又有被掠夺者裹挟而来的非洲大陆人，还有远足而来开采资源的亚洲人。目前来看，又"新增"了一个上述人种的结合体——各种族的混合后裔。这种混血人民族被称之为克里奥尔人，即现代塞舌尔人。从各种族人口所占比重看，克里奥尔人占 88.7%，印度人占 4.9%，马达加斯加人占 3.3%，英格兰人占 1.6%。该岛华人大概占总人口的 1.5%。

该岛居民几乎都是基督教徒，其中 90% 的居民笃信罗马天主教，8% 的人信奉英国国教。一些亚洲人为穆斯林或印度教徒，甚至还有一些人崇信儒教。

官方语言为英语，人们口头流行法语，但克里奥尔语也极为盛行。

人口变动

塞舌尔国的人口尽管很少，但稍早时期的记载仍很粗略。法国地理学家皮埃尔·古鲁认为，1947年该群岛只有四个岛有人居住，即马埃岛、普拉斯林岛、拉迪格岛、锡尔韦特岛，当时它们的居民人数分别是：39000人，2900人，1400人，500人。因此总共人口为4.38万人，这一数字显然是一个估计数字，可能估计得有些偏高。另一些资料认为，塞国人口达到4.3万人时，至少是在20世纪60年代中期的事情。进入70年代以后，人口上升到了5.2万人，1981年人口估计为6.6万人，1989年人口总数10万人。由此看来，塞舌尔的人口增长速度并不慢。仅从1970年到1989年的近20年来看，人口年均增长速度至少在3.7%以上，否则，在20年内是难以"加倍"的。因此说，美国人口咨询局估计的10万这一数目，可能是一种"整数堆积效应"，或许估计有些偏高。如果按照过去10多年的自然增长速度计算的话，1989年人口大概在7.5万，而不是10万。不过，其出生率和自然增长率委实不低（参见表1）。

表1　塞舌尔人口自然变动及有关指标

年份 指标	1950	1960	1970	1975	1980	1982	1986	1989
出生率（‰）	29.7	41.1	32.0	30.4	28.9	24.0	27.0	28.0
死亡率（‰）	11.7	10.8	8.4	7.3	7.0	7.4	8.0	8.0
自然增长率（‰）	18.0	30.3	23.6	23.1	21.9	16.6	19.0	20.0
婴儿死亡率（‰）	54.7	55.4	48.9	30.5	27.0	19.7	13.8	18.4
平均预期寿命（年）		63.2	64.9	65.0	65.0		70.0	70.0

作为一个国家来说，塞舌尔的婴儿死亡率在非洲国家最低，平均预期寿命在非洲国家最高，人口出生率、死亡率和自然增长率均属非洲最低国家之列。从"三率"的变化来看，死亡率先进行"转变"，自然增长率随着出生率的降低也开始转变。因此，从目前来看，塞舌尔国将成为非洲诸国中最先发生人口转变的国家之一。

人口结构

塞舌尔国的人口甚至更接近于"老年型"人口、这显然是由低死亡率、低婴儿死亡率、高平均预期寿命共同决定的（参见表2）。

表2　塞舌尔人口年龄构成变动情况

单位：%

年　份	15岁以下	15～64岁	65岁及 以上	年　份	15岁以下	15～64岁	65及岁 以上
1981	38.4	55.1	6.5	1989	36.0	58.0	6.0
1986	37.0	56.0	7.0				

如果持续目前这种生育状况，即总和生育率为 3.2 个，那么，不久以后，塞舌尔国将会完全进入老年型人口社会——如果以传统划分方法分类，1989 年已经进入老年型人口社会。

塞舌尔国的人口性别结构过去一直是男性少于女性，目前这种状况得到缓解，即人口性别结构趋于平衡，这主要是由于过去那种年轻男子许多在东非和西亚谋职的人数减少所致（参见表3）。

表3　1960、1971、1980 年塞舌尔人口的性别构成

年　份	总人口（人）	男性人口（人）	女性人口（人）	性比例（％）	年　份	总人口（人）	男性人口（人）	女性人口（人）	性比例（％）
1960	41425	20289	21136	96.0	1980	63261	31947	31314	102.0
1971	53096	26502	26594	99.7					

塞舌尔的全部国土面积为 455 平方公里，但实际上，90% 的居民居住在面积最大的具有 148 平方公里的马埃岛上，也就是说，90% 的全国人口集聚在 33% 的国土上。因此，马埃岛的人口密度每平方公里约有 608 人，其他 10% 的人口散居在其他岛屿。

塞舌尔的工、农业经济均不发达。但是旅游业日益兴旺，每年观光人数甚至超过国内居民的一半。1981 年旅游人数 6.97 万人，1982 年人数为 7.18 万人，1983 年为 6.68 万人，1984 年为 4.73 万人，1985 年为 7.75 万人。仅 1985 年旅游一项便收入 5540 万美元，因此，尽管农业生产并不十分兴旺，但人均国内生产总值仍高达 3000 多美元，居非洲各国前列。

1984 年，全国教师人数为 1095 人，合平均每万人拥有 183 名教师，这一水平是非洲大多数国家与之无法相比的。城市人口基本上集中在首都维多利亚，20 世纪 80 年代中期，该市人口 2.3 万人。

人口预测

由于目前塞国人口数目尚未准确测定，因此，对于未来一二十年人口的推测则不会准确。美国人口咨询局甚至认为 2000 年乃至 2025 年塞国人口均是 10 万人。由于 20 世纪 90 年代该国人口尚未达到更替水平，因此，未来几十年的人口不会不变。这也说明，认为 1989 年塞舌尔人口是 10 万这一估测是偏高的。按照过去的增长状况，塞国人口总数目前应该是 7.5 万人。至 2000 年人口大概是 9.28 万人。如果生育率没有下降的话，塞舌尔人口增加到 10 万人的时间，可能是 2005 年。否则，便会推迟。

圣多美和普林西比（Sao Tome and Principe）

圣多美和普林西比坐落在自喀麦隆向西南延伸的海底山脉上，是突出于海平面上的

两个火山岛。两岛位于非洲中西部几内亚湾内，距非洲大陆 200 多公里，纬度为 0°。圣多美和普林西比实际上是一个由 14 个大小岛屿组成的国家，它的东面隔大西洋与加蓬相望，依次向北隔海相望的国家是喀麦隆、赤道几内亚和尼日利亚等。所有岛屿的总面积之和为 996 平方公里。1989 年人口大约 10 万人。人口密度为每平方公里 100.4 人。首都：圣多美。

历史、民族、宗教和语言

圣多美和普林西比的历史应该说是从公元 15 世纪欧洲人的到来开始的，此前，两岛一直荒无人烟。1471 年 12 月 21 日，葡萄牙人艾斯柯巴发现了此岛。1552 年圣多美和普林西比成为葡萄牙的殖民地。16 世纪末曾有安哥拉部族来此侵扰。17～18 世纪，荷兰、法国殖民者曾相继入侵。19 世纪末再度沦为葡萄牙殖民地。经历了一个多世纪的殖民地生活之后，圣多美和普林西比才走上独立之路。当时是 1975 年 7 月 12 日。

当葡萄牙人于 15 世纪进入圣多美和普林西比时，便带去了许多非洲奴隶，建立了最初的殖民地并成为了奴隶贸易转运站，一些黑人奴隶由此而被转运贩走，另一些则定居于此以种植甘蔗为主。早在 1554 年，圣多美岛就有 60 多个种植场，这些农业劳动全由运来的非洲奴隶所承担。因此，从目前的圣多美和普林西比人口种族结构来看，主要是安哥拉系的班图族居民，大约占总人口的 90%，还有混血种的克里奥尔人以及少量的外籍人。基督教在该国占压倒多数的绝对统治地位，80% 的居民为天主教徒。另外，伊斯兰教徒、原始宗教教徒也有一些。国语是葡萄牙语。但多半数人却使用在班图语基础上所形成的圣多美语。

人口变动

如前所述，15 世纪以后岛上才有了人间烟火。但由于该岛所处的地理位置更适于殖民者贩卖奴隶中转，因此，圣多美岛较之大西洋上的其他小岛屿，其人口增长得更快或者更多一点。皮埃尔·古鲁认为圣多美岛 1950 年的居民共 5.1 万人，其中临时居民 2.3 万人，欧洲人 1000 人左右；连同普林西比和其他所属岛屿的人口，总共约有 6 万人。独立时的人口近 8 万人。1989 年约为 10 万人（参见表 1）。

表 1　圣多美和普林西比的人口变动

单位：万人

年　份	1950	1960	1970	1980	1989
人　口	6.0	6.4	7.4	9.0	10.0

尽管人口绝对数增加不多，但其相对增长率还是越来越高。从 1950 年至今，人口年均增长率为 1.3%，其中 20 世纪 70 年代以前是 1%，70 年代以后是 1.6%。

圣多美和普林西比人口变动的特点是：死亡率迅速下降；出生率也有下降，但其速度不及死亡率下降得快；自然增长率受其影响而逐渐上升，人口增长速度加快；婴儿死亡率有了显著下降，并远远低于中非国家117‰的平均水平；平均预期寿命提高较快，1989年已达到67岁，比中非地区平均49岁高出18岁。如果说，圣多美和普林西比也开始了人口转变，那只是说它的死亡率已经具有转变的明显特征，而出生率则仍有待于显著变化（参见表2）。

表2　圣多美和普林西比人口自然变动及有关指标

年份 指标	1950	1960	1970	1975	1980	1982	1986	1989
出生率（‰）	43.0	46.1	44.5	43.1	38.4	38.6	39.0	36.0
死亡率（‰）	27.4	20.6	12.5	11.6	10.2	10.2	10.0	9.0
自然增长率（‰）	15.6	25.5	32.0	31.5	28.2	28.4	29.0	27.0
平均预期寿命（年）					50.0		69.2	67.7

人口结构

尽管圣多美和普林西比人口的死亡率有了明显的下降，但其出生率并没有下降很多，尤其是婴儿死亡率降到较之其他国家显然要低的水平，因此，该国人口必定呈"年轻型"人口。1989年圣多美和普林西比15岁以下人口占总人口的比重是46%，15～64岁的人口比重是49%，65岁及以上人口比重为5%。

圣多美和普林西比的性别结构与非洲大陆国家不太相同。最初男性远远高于女性：1950年的人口性比例是149.6∶100，即每百名妇女相对于149.6名男性，这主要是劳工移民或外来其他移民中男性人口多造成的。此后，这一状况有所好转。1960年性比例是125∶100，1970年的调查结果是103.2∶100。

圣普人口地理分布的特征是，93%的居民居住在首都圣多美所在的圣多美岛，该岛面积为850多平方公里。几乎剩下的居民均住在普林西比岛，该岛面积是130多平方公里，前者人口密度为后者的1倍多，其他小岛屿则只有极少数人口。

圣普是以种植农作物为主的农业国，农业劳动力占总劳动力的51%。总体上的经济比较落后，人均国民生产总值1989年估测为280美元。但是，对教育比较重视，1985年文化教育经费占政府预算的10%。中、小学免费教育。文盲率从独立时的70%下降到1989年的10%左右。

人口预测

1989年，圣普的人口自然增长率为2.7%，妇女总和生育率水平是5.4个。人口假定以此速度发展，估计2000年将达到13.4万人；到2015年左右，人口才能达到1989年人口的1倍——20万人。

圣赫勒拿岛 （St. Helena）

圣赫勒拿岛是大西洋南部的一个火山岛，长仅 16.8 公里，宽 10.4 公里，因此，该岛本岛总面积只有 122 平方公里。1984 年圣岛人口是 5499 人，人口密度每平方公里 45 人。该岛距非洲西南海岸 1840 公里，于 1502 年 8 月被葡萄牙人所发现，当时还是一个无人知晓的无人岛，后因法国拿破仑于 1815～1821 年被放逐到该岛，并因禁、死于该岛，才名扬天下。圣岛一直没有独立，至今实际上仍是英国直辖的殖民地。首府：詹姆斯敦。圣赫勒拿岛有两个属岛，一个叫阿森松岛，一个叫特里斯坦－达库尼亚群岛。

由于 16 世纪初该岛还空无一人，因此，该岛的"人口史"十分简单，而且人口构成也不复杂。过去，来此岛的大多为欧洲人以及路经此地的印度人，还有离此最近的非洲土著人。因此，目前岛上的居民多为这三种人结合的后裔。此外，还有一些纯粹的非洲人，甚至还有少数华人。

官方语言为英语。多数人信奉基督教，为圣公会教徒和浸礼会教徒。

尽管圣赫勒拿岛小人少，但仍有小学和中学的设立。1983 年有小学 8 所，学生 697 人，中学 4 所，学生 602 人。文盲率为 0。从经济结构上看，居民以从事农牧业为主，少数劳动力人口从事加工工业和渔业。城市人口主要在首府詹姆斯敦，此地人口 1862 人，城市人口约为 33%。

圣赫勒拿还包括两个属岛。一是阿森松岛，位于圣赫勒拿西北 1131 公里，面积 88 平方公里，是连接欧洲、非洲及南美洲的地带，1984 年人口为 1535 人，其中 2/3 为圣赫勒拿移民后裔，这些人是在 19 世纪初拿破仑放逐到圣赫勒拿岛后才来此地的。另一个属岛是特里斯坦－达库尼亚群岛。该岛位于圣岛以南 2100 公里处，它本身又由若干个小岛组合而成，总面积 200 多平方公里，1984 年人口 324 人，该岛居民均为操英语的混血人。三岛的人口分布情况见表 1。

表 1　1984 年圣赫勒拿及属岛的人口分布

地　区	人　口（人）	面积（平方公里）	人口密度（人/平方公里）	地　区	人　口（人）	面积（平方公里）	人口密度（人/平方公里）
圣赫勒拿岛	5499	122	45.1	特里斯坦－达库尼亚群岛	324	202	1.6
阿森松岛	1535	88	17.0	合　计	7358	412	17.9

资料来源：《世界百科全书》，光复书局，1987。

斯威士兰（Swaziland）

斯威士兰是非洲最小的国家之一，位于南非共和国的东端，是一个南、西、北与南非接壤，东邻莫桑比克的内陆国家，全国面积 1.74 万平方公里。1989 年人口约 80 万人。人口密度每平方公里 46 人，首都：姆巴巴内。

历史、民族、宗教和语言

大约在公元 6 ~ 11 世纪时，非洲班图系的部族从非洲中部大举迁往非洲的西南部和南部。不过至 15 世纪后期，斯威士兰人才由非洲中部地区向南迁移，并于 16 世纪中定居于现今的斯威士兰地区，进而在此立国。1815 年，国王索博茨一世统治了当地的恩格瓦族，将王国的领土逐渐扩大。1844 ~ 1880 年，欧洲人和南非布尔人开始前来，当地斯威士兰人为抵抗布尔人而接受了英国的"保护"。1890 年斯威士兰酋长又与英国和南非成立了三方"临时执政委员会"。1903 年英正式行使管辖权。1910 年南非联邦成立时，斯威士兰拒绝参加，在索博茨二世领导下，发动拒绝与南非联邦合并的战争。至 1967 年，斯威士兰获得完全的自治权，次年 9 月 6 日，斯威士兰正式宣告独立。

斯威士兰的人口民族结构相对其他非洲国家来说，要简单一些。16 世纪迁到此地的斯威士兰族目前是该国人口的主体，占全国人口的 90%，另一支是班图族的祖鲁人和通加人，占总人口的 6% 左右。19 世纪入侵到此的欧洲人及南非布尔人后裔目前仅占斯威士兰总人口的 2%。当然，还有一类人即是上述三个人种的混血种人，这部分人只占很微小的比重。此外还有近千名以印度人和巴基斯坦人为主的亚洲人。

非洲土著居民占绝对比重决定了该国很大部分居民均是万物有灵论的原始宗教的崇拜者。其他人主要是基督教的新教徒和少量的天主教徒。国语为英语和斯瓦蒂语。

人口变动

斯威士兰不仅国土面积是世界上最小的国家之一，而且其人口规模也是世界上最小的国家之一。1930 年人口只有 13.9 万人，独立时人口 38 万人左右，1989 年该国人口总数约 80 万人（参见表 1）。

表 1　斯威士兰的人口变动

单位：万人

年份	1930	1940	1945	1950	1956	1960	1965	1970	1975	1980	1981	1982	1983	1984	1986	1989
人口	13.9	16.8	17.5	19.0	23.7	31.6	36.4	42.2	49.4	55.0	57.0	58.5	61.0	63.0	70.0	80.0

从 20 世纪 30 年代至独立前夕的 1965 年，人口净增加 22.5 万人，年均增长率 2.7%。独立后至今，人口净增加 43.6 万人，年均增长率 3.3%。像非洲大多数国家一

样，斯威士兰的人口增长速度自独立后有所加快，主要是出生率维持在高水平而死亡率缓慢降低的结果（见表2）。

表 2 斯威士兰人口自然变动指标

单位：‰

指标 \ 年份	1953	1958	1963	1968	1973	1981	1986	1989
出生率	49.9	49.6	48.8	48.7	48.3	47.0	47.0	47.0
死亡率	31.6	28.4	25.6	23.3	21.2	19.0	17.0	13.0
自然增长率	18.3	21.2	23.2	25.4	27.1	28.0	30.0	34.0

从 20 世纪后半期的情况来看，斯威士兰的人口出生率有一种下降的趋势，但其迹象尚未明显地表现出来，而自然增长率则随着死亡率的下降显著提高。

人口结构

20 世纪 90 年代，斯威士兰的粗死亡率虽有很大程度的下降（从 1963 年起至今下降 50% 左右），但婴儿死亡率仍维持在高水平上。1981 年，该国婴儿死亡率为 168‰，1986 年降至 129‰。20 世纪 90 年代，据认为是 124‰ 或者稍低一些，相应的，该国人口平均预期寿命只有 50 岁稍多一些。事实上，在 20 世纪 80 年代之前，该国的平均预期寿命还不足 50 岁，1950 ~ 1954 年：男性为 36.5 岁，女性为 39.6 岁；1955 ~ 1959 年：男性为 38.9 岁，女性为 42.1 岁；1960 ~ 1964 年：男性为 41.4 岁，女性为 44.6 岁；1965 ~ 1969 年：男性为 43.9 岁，女性为 47.1 岁；1970 ~ 1975 年：男性为 46.4 岁，女性为 49.7 岁；1981 年：平均为 45 岁；1989 年大约是 54 岁左右。

斯威士兰的人口相当"年轻"，这是高出生率的结果（参见表3）。

表 3 1982、1986、1989 年斯威士兰的人口年龄构成

单位：%

年 份	0 ~ 14 岁	15 ~ 64 岁	65 岁及以上	年 份	0 ~ 14 岁	15 ~ 64 岁	65 岁及以上
1982	49.0	48.6	2.4	1989	49.0	49.0	2.0
1986	46.0	51.0	3.0				

斯威士兰人口的最大特点是女性人口多于男性人口，而且有一种越来越多的"趋势"（参见表4）。

表4　斯威士兰人口性比例变动情况

时　间	全部人口（人）	男性人口（人）	女性人口（人）	性比例（%）	时　间	全部人口（人）	男性人口（人）	女性人口（人）	性比例（%）
1956.7.17	237041	113944	123097	92.6	1976.8.25	494534	231861	262673	88.3
1966.5.14	374696	178903	195793	91.4	1982.7.1	585201	273874	311327	88.0

关于人口性别失衡的原因，人口理论认为，主要是受社会因素的影响，如战争原因、迁移流动原因、宗教信仰原因等。如果从人口自然特性来看，则主要是受人口年龄结构的影响。从斯威士兰的人口来看，影响其性别越来越失衡的原因主要是人口的迁移或流动。几十年来，斯威士兰的劳动力人口一直习惯于去南非寻找工作，如在20世纪60年代，大约有30%~40%的成年人远离家乡。近10多年来，该国每年仍有许多青年男性劳动力迁往南非。1989年，仅在南非一地做工的斯威士兰侨民就有3万多，这对于只有几十万人口的国家来说，是一个不可低估的数字，进而也就影响了斯威士兰的人口性别结构。劳动力外流，在一定程度上影响了国内的农业发展，也影响着家庭生活。此外，南非地区及与东非接壤的地区由于经济落后，人们生活贫穷，经常出现大量难民。这种不定期的纯粹人口流动，对流入国和流出国都会带来一定的影响。据估计，仅1988年一年，就有7万多难民从莫桑比克和南部非洲流入斯威士兰。

斯威士兰的人口地域分布特征是：人口大多集中在国土南部的首都姆巴巴内；而在靠近莫桑比克的东部和北部地区人口比较稀少，这些地区主要居住着祖鲁人和通加人。

斯威士兰是个农业国家，全国75%的劳动力从事农业生产。因此，城市人口比重不大，1973年仅占7.9%，1989年大约是26%，比南部非洲53%的城市人口比重平均水平刚好低一半。

斯威士兰的一个人口社会问题是种族问题。占全国人口90%的斯威士兰族只占全国土地的55%，而剩余绝大部分土地则归属只占全国人口2%的白人，因此尽管1989年人均国内生产总值为700美元，但分配十分不均衡。国内大部分非洲人因生活贫苦且无事可做，不得不背井离乡。

不过，斯威士兰政府重视教育，教育经费在历年预算中占首位。成人识字率为65%；1970年小学入学率男性为64%，女性为65%；1980年分别提高到88%和84%，在南部非洲的国家中名列前茅。

小结

1989年，斯威士兰的人口自然增长率为3.4%左右，妇女总和生育率据20世纪90年代人口与健康调查认为是5.2个。这样，按此发展速度延续下去的话，2000年的斯威士兰人口将达到101万人，2020年为200万人。

索马里 （Somalia）

索马里位于非洲大陆最东端的"非洲之角"，全境包括索马里半岛与埃塞俄比亚高原的东南部，北濒亚丁湾，东临印度洋，西接埃塞俄比亚，西南与肯尼亚接壤。过去，分为意属索马里和英属索马里两大块。1960 年，这两块殖民地合并之后独立。索马里的国土面积为 64 万平方公里。1989 年人口 820 万人。人口密度每平方公里 12.8 人。首都：摩加迪沙。

历史

最早来到索马里这块由古老的结晶质岩石所构成的土地上的居民，当属以狩猎为生的黑人，这是一支属于加拉族的游牧部族，不过，后来由于其侵犯克西特族反而被赶出了索马里。据史料记载，15 世纪时，曾有中国人抵达过索马里海岸。15 世纪末，欧洲葡萄牙人首先凯舰索马里。之后，各个列强诸如英国、法国、意大利等国争先恐后来占领索马里。1889 年，英国首先创建了所谓的索马里保护国。1892 年，意大利继而占领了部分港口和该国国土，1908 年索马里沦为意属殖民地。此后，索马里人曾为此发起过风起云涌的独立运动。至 20 世纪 50 年代，其独立运动已取得了极大成功。1960 年 6 月 26 日，英属索马里与意属索马里合并，并于当年 7 月 1 日获得独立。

民族、宗教和语言

索马里的民族成分十分简单。据传说，在远古时代，阿拉伯酋长的子孙们是坐着地毯跨海而来到了这一地区。由于酋长最疼爱的儿子叫索马里，于是他们便把这块土地称为索马里。目前，索马里族占索马里人口的绝对多数，在 90％以上。苏联学者希克鲁甚至认为索马里族人占全国总人口的 97.7％。不过索马里族只是一个整体的提法，它的下面尚可划分为五个不同的部族：（1）住在索马里北部的第尔族；（2）住在中部各州的达罗得族；（3）住在色伯利河中游地段的霍伊亚族；（4）住在该河另一段的拉哈努印族；（5）迪吉尔族。与索马里族人相并列的还有其他一些人数极少的少数民族，如 19 世纪从沿海地带迁徙而来的瓦哥亚族。此外还有欧洲的意大利人、亚洲的印度人等。不过，这些外国人加起来也不过 4000～5000 人。

索马里国受伊斯兰教文化的影响甚深，因此，国内大多数人信奉伊斯兰教，并将逊尼派伊斯兰教奉为国教。除伊斯兰教之外，国内还有为数不多的天主教徒。

过去，索马里语、阿拉伯语、意大利语和英语都曾是国语。从 1972 年 10 月起，索马里语被定为唯一的国语。不过，阿拉伯语、英语、意大利语等还是通用语。

人口变动

索马里的总人口，在第二次世界大战结束时仅有 150 万人；1950 年，人口便增至 180 万人；到了 1985 年，人口更增至 540 万人；1989 年被认为增加至 820 万人（参见表1）。

表 1　索马里人口及自然变动指标

指标 ＼ 年份	1950	1960	1970	1975	1980	1981	1982	1983	1985	1986	1989
人口（万人）	182.6	222.6	278.9	358.6	461.0	487.0	509.0	527.0	540.0	780.0	820.0
出生率（‰）	47.3	47.3	47.5	47.2	46.3	46.5				48.0	48.0
死亡率（‰）	28.7	26.4	23.0	21.6	21.1	21.3				23.0	21.0
自然增长率（‰）	18.6	20.9	24.5	25.6	25.2	25.2				25.0	27.0

索马里人口变动的特点是：（1）出生率居高不下，战后几十年来，一直维持在47‰上下的极高水平。这是非洲国家的一个共同点。（2）死亡率同样居高不下，与出生率平行地维持在20‰以上的高水平，这同样是非洲国家的一个共同特点。（3）人口自然增长率不断提高，从20世纪50年代的18‰增加到80年代末期的27‰左右。因此，从几十年来的发展看，索马里的人口仍然处在快速增长的时期。20世纪50年代，索马里人口的年平均增长率为2.0%，60年代为2.3%，70年代为2.6%。

至于索马里的婴儿死亡率，目前尚无确切的统计数据。根据其人口平均预期寿命的状况进行推算，估计该国婴儿死亡率为130‰左右。

索马里总人口的平均预期寿命在20世纪50年代，男性为31.9岁，女性为35.1岁；在60年代初，男性为35.2岁，女性为38.4岁；60年代后半期，男性为36.9岁，而女性则达到40岁；进入70年代以后，男性平均预期寿命仍未达到40岁，女性已上升到42.6岁。如此低的人口平均预期寿命在人类社会进入20世纪70年代之后，只存在于非洲一些国家。1989年，美国一些人口研究机构推测，索马里的人口平均预期寿命为44岁。

人口结构

像非洲大多数国家一样，索马里也属于"年轻型"人口。15岁以下儿童占总人口比重为45%，65岁及以上人口占总人口的比重为3%，15~64岁的劳动力人口占总人口的52%。这一比重在索马里保持了40多年，并几乎成为非洲大陆各国的一个共同比值，即扶养人口与被抚养人口之比约为1∶1。

索马里的城市大都起源于13世纪阿拉伯商人在索马里沿岸所建立的一些村庄。由于索马里具有得天独厚的地理优势，因此，港口都市的发展较为迅速。这样，城市人口比重年年提高。在独立之前，城市人口仅占总人口的7%，但现在却高达25%，城市总人口大概占全部人口的33%。

索马里的人口密度1985年平均每平方公里8人，是非洲人口密度最低的国家之一。但分布极不平衡。在首都摩加迪沙、南部城市基斯马尤、中部城市下谢贝利、北部城市哈尔格萨等地人口密集度高一些，约为每平方公里25人。而在一些沙漠地带，无法进行农业活动，因此，这些地区人口密度小，多为游牧民族，甚至还有一些地区干脆荒无人烟。

国民教育及其他

不像有些非洲国家，索马里比较重视教育。1974~1975年，索马里曾发起过识字运动，规定 13 岁以下的儿童必须接受义务教育，并规定在接受 4 年初级教育之前，必须接受 2 年的可兰经教育。因此，在 20 世纪 60 年代索马里的成人中每百人只有两个人识字，几乎为非洲最低的比率。但是从 70 年代后期开始，成人识字率猛增到 60%，居非洲前列，仅次于坦桑尼亚（79%）和突尼斯（62%）。不过，小学入学率并不高，1960 年为 9%，1981 年为 30%。索马里的中学入学率 20 世纪 60 年代仅为 1%，1981 年升至 11%。此外，近年来的高等学校在校学生数占本年龄组别人数的比率也接近了 1%。

坦桑尼亚（Tanzania）

坦桑尼亚是 1964 年由坦噶尼喀和桑给巴尔两国联合组成的一个年轻国家，在历史上，坦、桑分属于德属和英属殖民地。全国面积 94.5 万平方公里，坦噶尼喀为其大陆部分，桑给巴尔则由东北海域两个大岛和周围 20 多个小岛组成。大陆部分约占全国总面积的 99%，位于东非的中心部位，北边是肯尼亚、乌干达，西边为卢旺达、布隆迪、扎伊尔，南部与赞比亚、马拉维、莫桑比克等国为邻，东侧面临印度洋。桑给巴尔岛和奔巴岛的面积分别是 1658 平方公里和 984 平方公里。1989 年全国人口估计为 2630 万人。人口密度每平方公里 28 人。首都：达累斯萨拉姆。

历史

到目前为止，在坦桑尼亚的国土上，已经发现了人类最古老的遗迹。考古学家发现，至少在 200 万年以前，这里就居住着知道制造简单石器的猿人，这些人被称为较小的东非猿人。现在居住在这一地区的居民大都为班图血统的民族，不过这些人并不是东非猿人的后裔。

最先来到这一地区活动的外来人可能是公元初年曾来过此地的希腊人。但是，正式与这一地区的居民发生往来的则是阿拉伯人。史学界甚至认为，只因有了阿拉伯人，才有了坦桑尼亚中世纪的王国。17 世纪左右，坦桑尼亚已成为非洲大陆奴隶贸易的转运基地，这主要是 15 世纪前后欧洲人到来的结果。像其他非洲沿岸大陆国家一样，最先到达坦桑尼亚的大批欧洲人仍为葡萄牙人。不过，后来英国和德国瓜分了这一地区。1886 年，坦噶尼喀被划为德国势力范围。第一次世界大战后，该地区被英国取代并成为英国委任统治地。第二次世界大战以后，改为英托管地。19 世纪末，桑给巴尔则成为英国的"保护地"。经过近几十年的英国殖民统治之后，坦噶尼喀终于在 1961 年 5 月 1 日获得了完全自治权，同年 12 月 9 日获得独立。不久以后，桑给巴尔也于 1963 年 6 月 24 日获得了独立。随后坦、桑联合，于 1964 年 4 月 27 日成立坦桑尼亚联合共和国。

民族、宗教和语言

坦桑尼亚的民族成分极为复杂。许多研究人员认为该地区至少有 120 多个民族。人口最多的种族是居住在坦桑尼亚中西部、维多利亚湖和鲁夸湖之间的尼物韦齐人、苏库马人、尼亚图鲁人等。坦桑尼亚的东部和东南部居住着伊斯兰巴人、伊兰吉人、戈戈人等。南部分布着马孔德人、马夸人，沙里－尼罗语族的马赛人居住在坦桑尼亚和肯尼亚的交界地区。坦桑尼亚的古老民族桑达维人和哈察人居住在坦桑尼亚的中部。至于外国人，大都集中居住在城市。坦桑尼亚的民族构成参见表1。

表1　20世纪70年代坦桑尼亚的人口民族构成

民 族			人口（千人）	比重（%）	民 族		人口（千人）	比重（%）	民 族		人口（千人）	比重（%）
尼日尔－刚果语族	贝努埃－刚果语支	尼物韦齐人	3700	22.2	贝努埃－刚果语支	卡尼尔人、泰塔人	500	3	库希特语族	伊拉库人	320	1.9
		苏库马人				尧人	440	2.6		姆布吉人	30	0.2
		尼亚图鲁人				隆迪人	420	2.5		索马里人	10	0.1
		穆希圭人				恩戈尼人	230	1.4		小　计	360	2.2
		斯瓦西里人	1500	9		菲帕人	210	1.3	桑达维人		40	0.2
		赫赫人	1200	7.2		尼扬万加人			哈察人		1.0	
		贝纳人				马夸人	190	1.1	印度巴基斯坦人		110	0.7
		波戈罗人				马拉维人	170	1.0	阿拉伯人		110	0.7
		马孔德人	1050	6.2		本巴人	50	0.3	英格兰人		15	0.1
		哈巴人、津扎人	1050	6.2		尼巴卢旺达人	40	0.2	其他		16	0.1
		金加人、尼巴库萨人	950	5.6		干达人	10	0.1	合　计		16682	100
		马腾戈人				卢巴人	10	0.1				
		扎拉马人、卢吉鲁人	870	5.2		小　计	15580	4				
		萨加拉人										
		桑巴拉人、齐瓜人	750	4.5	沙里－尼罗语族	马赛人	170	1.0				
		戈戈人	680	4.1		洛人	150	0.9				
		哈人	560	3.6		塔托加人、卡伦津人	130	0.8				
		伊兰巴、伊兰吉人	500	3		小　计	450	2.7				
		卢西亚人	500	3								

从宗教方面来看，坦桑尼亚大部分居民都信奉原始宗教，即万物有灵论。还有不足一半的人信奉基督教，其中包括哈巴人、津扎人、尼巴卢旺达人、苏库马人、干达人、哈人、菲帕人等。这些基督教的信徒约有2/3为天主教徒，1/3为新教教徒。此外，尚有1/4的人为伊斯兰教徒。其他的则各信其教。如印度人信奉印度教。

斯瓦西里语和英语为国语。不过，各地的部落中仍经常使用其本民族语言。

人口变动

坦桑尼亚的人口当初究竟是怎么回事，谁也说不太清楚，只能凭估计推测。但有一点是可以肯定的，那就是 15 世纪的奴隶被贩运到美洲之后，坦桑尼亚的人口便少了许多。以后的人口数据则根据有关研究人员比较可靠的推算是：1935 年坦桑尼亚整个地区的人口约有 500 万人；1948 年为 740 万人；20 世纪 50 年代末期的 1958 年，人口总数达到了 940 万人。独立之后在 1967 年国家正式举行了第一次人口普查，结果是总人口已达 1230 万人。1989 年资料表明，当年坦桑尼亚人口总数是 2630 万人。1967～1989 年，人口年平均增长速度是 3.5%。即使在非洲，这也算是一个比较高的增长速度。如果以 1950 年的人口数为 100 的话，那么，1960 年为 124.19，1970 年是 159.69，1980 年则是 223.59，1989 年上升到 316.49。也就是说，坦桑尼亚人口在不足 40 年的时间里增加了 2 倍多。

与其他东非国家一样，坦桑尼亚的出生率始终没有降下来，一直在 50‰ 左右徘徊；死亡率的下降幅度虽说不是太大，但毕竟在下降，因此，其人口自然增长率反而越来越高（参见表2）。

表 2　坦桑尼亚人口及自然变动指标

指标＼年份	1935	1948	1950	1960	1970	1980	1981	1982	1983	1984	1986	1989
人口总数（万人）	500.0	740.0	831.0	1033.0	1327.0	1858.0	1916.0	1976.0	2038.0	2106.0	2240.0	2630.0
出生率（‰）			46.4	46.1	46.9	50.9	50.4				50.0	50.0
死亡率（‰）			25.7	23.4	19.5	16.8	15.3				15.0	14.0
自然增长率（‰）			20.7	22.7	27.4	34.1	35.1				35.0	36.0

在非洲国家，大概除了肯尼亚和博茨瓦纳以外，就数坦桑尼亚的人口自然增长率高了。坦桑尼亚的婴儿死亡率估计应该在 100‰ 左右，但是各机构给出的指标数值却并不一致。世界银行给出的数字稍低，他们认为 1960 年该国婴儿死亡率是 144‰，1982 年是 115‰，1989 年是 111‰。对于 1～4 岁的儿童死亡率，世界银行估计似乎也比较低，他们认为 1980 年这一比值为 31‰，1982 年为 18‰。美国人口咨询局则认为，在非洲最落后的国家中，儿童死亡率甚至高达 200‰～250‰。虽然不一定说坦桑尼亚的儿童死亡率就是这么高，但只有 18‰ 未免太低了。另外的一些资料则表明，1976 年坦桑尼亚的妇女所生存活子女数占活产子女数的 69%，以此推算，婴儿死亡率或儿童死亡率不会太低。

婴儿死亡率高，人口平均预期寿命必然短。目前，该国的总人口平均预期寿命为 52 岁。在 20 世纪 80 年代之前，其平均预期寿命还不足 50 岁。20 世纪 50 年代：男性平均预期寿命为 36.5 岁，女性 39.6 岁；60 年代初：男 41.4 岁，女 44.6 岁；60 年代后期：男 43.9 岁，女 47.1 岁；70 年代初期：男 46.4 岁，女 49.7 岁；1982 年平均 50 岁。

人口结构

坦桑尼亚的人口性别结构不像其他许多发展中国家那样男性多于女性，而是与此相反，即男性少于女性。在非洲有一批国家存在这种现象，如乍得、南非、多哥、塞内加尔、卢旺达、莫桑比克等国，但这种情况在亚洲发展中国家却并不多。坦桑尼亚性别比例在非洲属于较低的国家，其性比例变动情况参见表3。

表3 1967 年、1972 年坦桑尼亚人口性比例情况

年　份	总人口（人）	男　性（人）	女　性（人）	性比例（%）	年　份	总人口（人）	男　性（人）	女　性（人）	性比例（%）
1967	12313469	6005894	6307575	95.2	1972	17527565	8588508	8939057	96.1

非洲不存在由于总人口平均预期寿命过高而引起的女性人口数量多于男性人口数量的问题，因此，对于男性少于女性的现象只能从其他方面加以分析——比如青壮年劳动力外出等因素。不过，至目前对此并没有得到令人满意的解释。

坦桑尼亚属"年轻型"人口。即 15 岁以下少年儿童超过 40%，65 岁及以上老人不足 5%（参见表4）。

表4 1967～1989 年坦桑尼亚人口年龄构成变动情况

单位: %

年　份	15 岁以下	15～64 岁	65 岁及以上	年　份	15 岁以下	15～64 岁	65 岁及以上
1967	43.9	50.5	5.6	1986	46.0	50.0	4.0
1978	46.1	49.8	4.1	1989	48.0	49.0	3.0

按照当时的生育状况，即总和生育率为 7.2 个的水平发展下去，年轻人口在总人口中所占的比重至少不会在短时期内降下来。而且随着妇女生育年龄人口的增加，出生人数还有继续增加的趋势。

关于坦桑尼亚的城市人口状况的情况是，相对来说，坦桑尼亚的城市人口占总人口的比重较高，达 19%，稍高于东非 18% 的平均水平。尽管坦桑尼亚的城市建立比较晚，大都是在印度人、阿拉伯人和欧洲人来到以后才奠定的基础，但由于濒临海岸，且交通运输业又较之其他经济部门发达，因此，农业人口比重相对小一些。

从人口分布上讲，坦桑尼亚的人口密集程度并不高，在东非属于人口密度稀疏的国家之一。不过，大陆人口的稀少，并不等于桑给巴尔岛和奔巴岛的人口也稀少，这两岛的人口平均密度高达 170 人左右，表5 是坦桑尼亚 20 世纪 70 年代末 80 年代初的人口分布情况。

表 5　1984 年坦桑尼亚的人口分布

州	面 积（平方公里）	人 口（人）	人口密度（人/平方公里）	州	面 积（平方公里）	人 口（人）	人口密度（人/平方公里）
阿鲁沙	82098	823575	10	伦格瓦	68635	387518	6
多多马	41311	1025933	25	鲁伍马	63669	483123	8
伊林加	56850	783896	14	席尼昂加	50760	1034949	20
湖西区	28456	834978	29	辛吉达	49340	454893	9
基戈马	37040	577836	16	塔波拉	76150	667127	9
乞力马扎罗	13250	733849	55	坦噶区	26677	943892	17
林迪	66040	364645	6	达累斯萨拉姆	1393	787348	565
马腊	21760	532867	24	**坦噶尼喀**	**883343**	**14646410**	**2**
姆贝亚	60350	838249	14	桑给巴尔	1660	254388	153
莫罗戈罗区	70624	773125	11	奔巴	984	167280	170
姆特瓦拉	16710	534866	32	**桑给巴尔**	**2644**	**421668**	**115**
姆万扎	19683	1253869	64	**合　计**	**885987**	**15068078**	**22**
滨海区	32547	809872	25				

说明：坦桑尼亚水域率6.2%，合面积是58590平方公里。资料来源不同，同表2、表3数据出入很大。

坦桑尼亚被列为世界上最不发达的国家之一。1989 年估计人均国民生产总值 220 美元。人均农业生产指数甚至连年下降：1972 年为 102，1975 年降至 99，1980 年为 96，1981 年为 95，1982 年为 92，1983 年为 93。这种"不发达"不仅仅表现在经济上，而且还表现在文化教育方面。1980 年，坦桑尼亚成人识字率为每百人中 79 人；中学入学率为 3%，而女性中学入学率仅为 2%；高等学校入学率 20 世纪 80 年代初期尚为 0，即其比值小到已经无法估计的程度。15～49 岁育龄妇女中每 100 人只有 32 人受过初等教育。这种落后的教育水平是由落后的经济状况所决定的，而落后的经济状况在这种落后的教育水平下更难提高。然而，在这样落后的条件下，坦桑尼亚国内还有着大量的外国难民。据 1988 年统计，从布隆迪、莫桑比克、卢旺达、扎伊尔等地进入坦桑尼亚的难民高达 26.6 万人，这批人流的进入无疑加重了坦桑尼亚本国的社会问题和经济负担。

人口预测

从 20 世纪 90 年代来看，坦桑尼亚人口的出生率和死亡率之差的自然增长率为 3.6%，妇女总和生育率 7.1 个。若按照这种速度运行下去，到 2000 年人口可达 3800 万人。如出生率迅速下降到 30‰ 以下，那么，2000 年的人口便可望达到 3100 万人。关键的问题还在于，2000 年的人口年龄结构仍然未脱离年轻型，届时 0～14 岁人口仍占 41.5%，15～64 岁人口占 54.1%，65 岁及以上人口占总人口的比重为 4.4%，这说明届时的人口还有继续膨胀的潜力。

乌干达（Uganda）

乌干达史称布干达，位于非洲东部高地的西北部，是个内陆国家，北面是苏丹，东邻肯尼亚，西部是扎伊尔，南边大部分接壤维多利亚湖、少部分地区与坦桑尼亚和卢旺达接壤。全国面积 23.68 万平方公里。1989 年官方估计人口数为 1700 万人，人口密度每平方公里 72.0 人。首都：坎帕拉。

历史

乌干达被认为是古代人类文明的发源地之一，因为在维多利亚湖畔和尼罗河沿岸，存在着一些旧石器时代的遗迹。目前从乌干达境内发现的古老人类的化石来看，在旧石器时代前期曾有人类在此居住过。最早在这里居住过的大概是科依桑族人和俾格米族人。大概在 14 世纪，这块土地被从埃塞俄比亚高原迁来的闪含语系的畜牧民所侵占。15 世纪，班图族人反而成了该地区的主要居民，并建立了乌干达王国。由于乌干达地处内陆，不像沿海国家那样易被欧洲人所踏入，因此，直至 19 世纪，当东非地区逐渐沦为殖民地时，乌干达才被英、德等欧洲人侵入。之后，这一地区沦为英国领地。第二次世界大战之后，乌干达开始步入独立之途。终于在 1962 年 3 月 1 日获得自治权，同年 10 月 9 日完成独立，遂成立乌干达共和国。

民族、宗教和语言

东非内陆的这块土地之所以称为乌干达，主要是"干达"这个民族是这个国家的主体。干达族人又称巴干达人、瓦干达人，属于尼格罗人种班图类型，占乌干达全国总人口的 16% 左右。他们分布在乌干达的中部和南部以及维多利亚湖畔。在班图系内，除了占绝对多数的干达人外，索加族人、尼扬科勒人也是较大民族，均占总人口的 8.2% 左右。目前，居住在维多利亚湖畔的索加族已为干达族所同化。其他班图语族的小部族诸如基加族、尼亚卢旺达族、尼奥罗族、托罗族等均受干达族的政治、经济、语言、文化方面的影响。非班图系的民族还有占总人口 32% 的沙里 - 尼罗语族，这一语族中以图尔卡纳人为最多，他们占全乌总人口的 8% 左右。除乌干达的非洲居民以外，还有从事工商业的亚洲裔居民以及过去移居而来的欧洲人。

19 世纪后期，基督教正式传入乌干达，因此乌干达人一半以上是基督教徒，其中 2/3 的人是天主教徒，1/3 的人是新教徒。布干达人、索加人、圭雷人、阿乔利人、马迪人、卢格巴拉人以及阿拉伯人信奉逊尼派伊斯兰教，尼洛特各族、尼亚卢旺达人、尼奥罗人、尼扬科勒人等信奉原始宗教。

乌干达国语是班图语、英语。苏丹语也很流行。

人口变动

大部分东非国家的人口增长都是十分迅速的，乌干达也不例外。1920 年境内人口尚不足 200 万人，但由于此后非洲大范围的疾病在这一地区有所减少，因此，人口开始迅速增加。1948 年尚处在英国统治之下的乌干达进行了历史上第一次人口普查，结果是总人口 496 万人，其中非非洲裔人仅有 3%。独立之前的乌干达约有人口 680 万人。1989 年乌干达人口为 1700 万人。40 年间人口年均增长速度 2.5%（参见表 1）。

表 1　乌干达的人口变动

单位：万人

年　份	1920	1948	1950	1960	1970	1978	1980	1981	1982	1983	1985	1988	1989
人　口	200	496	519	680	980	1270	1318	1364	1412	1423	1500	1520	1700

乌干达是世界上人口出生率最高的国家之一，几十年来一直徘徊在 50‰ 左右。由于死亡率有一定程度的下降，因此，人口的自然增长率反而有逐年上升的趋势（参见表 2）。

表 2　乌干达人口自然变动指标

单位：‰

指标＼年份	1950	1960	1970	1975	1980	1981	1986	1989
出生率	46.2	45.7	44.2	44.9	50.1	49.1	50.0	50.0
死亡率	23.9	21.7	17.7	16.0	16.9	14.7	16.0	17.0
自然增长率	22.3	24.0	26.5	28.9	33.2	34.4	34.0	33.0

在整个世界范围内，经济水平最低的便是非洲，在非洲大陆，经济水平最低的就是东非诸国，在东非各国，经济最落后的就数乌干达、布隆迪、卢旺达、埃塞俄比亚等几个"最不发达"的国家。这些地区的人们出于经济或其他方面的考虑，渴望大家庭。这种渴望的结果体现在人口方面便是因为死亡率不能大幅度下降，所以出生率也就必须保持在高水平。最终结果便是人口的不断膨胀，这种状况进一步限制了经济的发展，落后的经济反过来又成为了新一轮阻碍人口死亡率和出生率下降的因素。

乌干达的婴儿死亡率在 1945 ~ 1949 年为 200‰，即每出生 1000 名婴儿中，便有 200 人活不到周岁便夭折了。20 世纪 60 年代以后，这一比值降至 160‰。1982 年为 120‰。目前婴儿死亡率据估计在 110‰ 左右。1 ~ 4 岁的儿童死亡率 1960 年为 28‰，1982 年为 22‰。

至目前为止，乌干达总人口的平均预期寿命刚刚 50 岁，此前的平均预期寿命情况如表 3 所示。

表 3　乌干达不同时期人口平均预期寿命

单位：年

年　份	1950~1954	1955~1959	1960~1964	1965~1969	1970~1975	1982
男	38.5	40.9	43.4	45.9	48.5	46.0
女	41.6	44.1	46.6	49.2	51.7	48.0

人口构成

像非洲大多数国家一样，乌干达的性比例属于正常范围（参见表 4）。

表 4　乌干达人口性比例变动情况

年　份	总人口（人）	男　性（人）	女　性（人）	性比例（%）	年　份	总人口（人）	男　性（人）	女　性（人）	性比例（%）
1948	4958520	2481394	2477126	100.2	1969	9548847	4818449	4730398	101.9
1959	6536616	3283230	3253386	100.9	1980	13180000	6524100	6655900	98.0

在 1911、1921、1931 年乌干达也分别进行过三次"人口普查"，但真正有意义的一次人口普查则是 1948 年举行的。之后，1959、1969、1980 年又分别举行了三次。

人口学的一般原理是，人口平均预期寿命越长，女性人口所占比例就越大，性别比例便越低。反之，平均预期寿命越低，女性人口所占比例就相应降低，除非受特殊因素影响，如移民、宗教等。人类的性别比例大体上总是趋于一致的，乌干达等非洲国家便属于性别比正常范围的国家，不过，20 世纪 80 年代的性别比例已开始低于 100。

鉴于乌干达历年的出生率一直徘徊在 50‰ 这一状况，必然的结果是该国人口呈"年轻"型。而且随着出生率和死亡率之间差距的扩大，其年龄结构也更加年轻（参见表 5）。

表 5　乌干达人口年龄构成变动情况

单位：%

年　份	15 岁以下人口	15~64 岁人口	65 及岁以上人口	老少比
1959	41.5	54.7	3.8	9.2
1969	46.2	48.0	5.8	12.6
1981	45.0	52.0	3.0	6.7
1989	48.0	49.0	3.0	6.3

乌干达全国总面积 24 万平方公里，人口密度每平方公里近 72 人，是非洲地区人

口最为稠密的国家之一。从整体上讲，乌干达的人口分布较为均衡，被称为没有布干达便没有乌干达的布干达地区，1984 年总人口为 423 万人，人口密度每平方公里 69 人；乌干达东部地区总人口近 446 万人，人口密度亦为每平方公里 70 多人；境内北部地区总人口 259 万，人口密度每平方公里 45 人；西部地区总人口 386 万，人口密度每平方公里 70 人。不过，各地区内部的人口分布就不那么均衡了。维多利亚湖畔是乌干达人口最为密集的地区，此地的居民从事精耕农业，种植棉花、咖啡等农作物。此外，该地区盛产鱼产品，因此，内陆居民也越来越多地迁入此地（参见表6）。

表 6　乌干达的人口分布

地　区	面积（平方公里）	1969 年 人口（人）	1969 年 人口密度（人/平方公里）	1984 年 人口（人）	1984 年 人口密度（人/平方公里）	地　区	面积（平方公里）	1969 年 人口（人）	1969 年 人口密度（人/平方公里）	1984 年 人口（人）	1984 年 人口密度（人/平方公里）
马萨卡	21300	642850	30	1016340	48	阿邱利	27853	463844	17	735940	26
西梅柯	6559	511498	78	814692	124	兰　柯	13740	504315	37	800152	58
东梅柯	23440	1182283	50	1351080	58	西尼罗	10721	573763	54	910337	85
穆本德	10310	330700	32	525080	51	马　迪	5006	89978	18	142761	29
布干达地区	61609	2667331		3707192		北部地区	57320	1631900		2589190	
布基索	2546	397889	156	631274	248	安科累	16182	861145	53	1366297	84
布科迪	4553	550634	121	836258	184	布尼奥罗	19609	351903	18	558333	28
布索加	14047	949384	68	1422938	101	基噶吉	5218	647988	124	1028102	197
卡拉摩夏	27190	284067	10	450690	17	托　罗	13904	571514	41	906770	65
塞　贝	1738	64464	37	102280	59	西部地区	54913	2432550		3859502	
德　索	12921	570628	44	905334	70						
东部地区	62995	2817066		4348774		总　　计	236837	9548847	40	14504658	61

　　从整个东非来看，乌干达也是该地区人口密度居中的国家之一（参见表7）。

表 7　1989 年东非各国人口密度比较

国　别	人　口（千人）	面　积（平方公里）	人口密度（人/平方公里）	国　别	人　口（千人）	面　积（平方公里）	人口密度（人/平方公里）
布隆迪	5500	27834	197.6	留尼汪	600	2512	239.0
科摩罗	400	2235	179.0	卢旺达	7000	26338	265.8
埃塞俄比亚	49800	1103600	45.0	塞舌尔	100	455	219.8
肯尼亚	24000	582646	41.2	索马里	8200	637657	12.9
马达加斯加	11600	627000	18.5	坦桑尼亚	26300	945087	27.8
马拉维	8700	118485	73.4	赞比亚	8100	752617	10.8
毛里求斯	1100	2040	539.2	津巴布韦	10100	390759	25.8
莫桑比克	15200	799380	19.0	乌干达	17000	236837	71.8

乌干达的人口密度之所以高于大多邻近诸国主要是受地理因素的影响，如乌干达大部分地区位于中非高原、山峦和谷地，这里降雨充沛，虽地处赤道但气候温和，全年气温差别小，尤其是维多利亚湖附近更是如此，这种环境是吸引人流的重要因素。

总的来看，由于乌干达经济落后，人口增长迅速，因此存在着一系列人口社会问题。

第一，农村人口比重过大，城市人口分布不均。乌干达是个农业国家，但像该国这样的农村人口占90%以上比重的国家却为数不多，即使在非洲也比较少见。东非地区农村人口占总人口90%以上的国家只有布隆迪（95%）、卢旺达（94%）和乌干达（91%）。从就业结构来看，1981年，农、林、牧、渔业就业人数比重为80.3%。乌干达并没有像其他非洲国家那样，从第二次世界大战之后，城市人口迅速上升，但是该国却具有与其他发展中国家共同的特点，即城市人口分布不平衡（参见表8）。

表8 乌干达的城市人口分布

城 市	1959 年（人）	1969 年（人）	1983 年（人）	1983 年比 1959 年增长（%）
坎帕拉	146000	330700	477000	226.7
境 雅	29741	52509	45060	51.5
马沙卡	4782	12987	29123	509.0
姆巴雷	13569	23544	28039	106.6
林巴拉拉	3844	16078	23155	502.4
恩德培	10941	21096	21096	92.8
特罗洛	6365	15977	16000	151.4
古 鲁	4770	18170	14958	213.6

在上述的乌干达8个城市中，坎帕拉的人口占这8个城市人口总和的72.8%，说明了该国的城市人口分布是极不均衡的。尽管乌干达的人口城市化水平很低，但仍然面临四大问题或者说四大问题仍困扰着乌干达的城市发展。即住房、供水、垃圾和交通。

第二，文化素质太低，尤其是妇女文盲率太高。乌干达成人识字率1960年仅为20%，1977年上升至48%，1980年是52%，即每百名成人中有近50人不识字（参见表9）。

表9 乌干达不同层次的入学率

单位：%

各类学校	1960 年	1980 年
小学生	49（男65，女32）	54（男62，女46）
中学生	3	5（男7，女3）
高校学生	0	1

第三，难民众多。乌干达的难民主要来自于卢旺达、苏丹、扎伊尔、布隆迪等国。1988 年进入乌干达的难民达 12 万人之多。同样的，乌干达本国难民也有 10 多万人分散在苏丹、扎伊尔等国。

第四，医疗水平低下。及至 1978 年，乌干达全国医生只有 436 名，折合每 2.91 万人 1 名医生；医院床位 1978 年只有 1.81 万张，即每 700 人 1 张。每日摄取热量 20 世纪 80 年代初只有 1862 卡，而联合国粮农组织建议最低量为 2360 卡。

小结

总的来看，乌干达的人口具有典型的现代非洲人口发展的特点，即高出生、低死亡、高自然增长。看来这一势头还要持续十几二十年，政府为此已经提出了相应的对策与措施。

关于乌干达未来人口的预测，主要的依据是对该国未来人口的出生率和死亡率的变化情况的研究。从 1989 年的情况来看，乌干达出生率尚没有下降的迹象。不过，根据历史上各个国家的经验，参照乌干达本国的社会、经济、文化背景以及人口年龄结构，可以大致对乌干达人口做出如下预测，如表 10 所示。

表 10　世界银行对乌干达人口的预测

方　案	未来各项指标	
	2000 年人口	2050 年人口
标准预测（万人）	2500	6700
在出生率迅速下降的情况下（万人）	2100	3500
在出生率和死亡率均迅速下降的情况下（万人）	2100	3900
在标准预测下的自然增长率（%）	3.3	
出生率迅速下降下的自然增长率（%）	1.7	
标准预测下的总和生育率（个）	6.4	
生育率迅速下降下的总和生育率（个）	3.2	

赞比亚（Zambia）

赞比亚地处非洲中南部，是个内陆国家，不过，一般将赞比亚列入"东非"诸国中。南部非洲只包括博茨瓦纳、莱索托、纳米比亚、南非和斯威士兰五个国家和地区。赞比亚东邻马拉维、莫桑比克，西界安哥拉，南接津巴布韦、纳米比亚和博茨瓦纳，北与扎伊尔、坦桑尼亚比邻，国土面积 75.26 万平方公里。1989 年人口 810 万人，人口密度每平方公里 10.8 人。首都：卢萨卡。

历史

赞比亚是人类活动最早的地区之一。通常认为，大约在"早期石器时代"的晚期，[①]赞比亚附近地区便有了人类的足迹。到了"后期石器时代"，即"旧石器时代"后期，这里已发现了人类居住的痕迹，并且从各种古代器物中可以判断，当时人们在赞比亚范围内定居的区域有所扩大。至 15000 年前的晚期石器时代，即一般考古学上讲的旧石器时代晚期、中石器时代和新石器时代，在赞比亚一些区域已发现刻有一定文化特征的制造器物了。至于永久性的和半永久性的村落的定居生活，据认为在早期铁器时代的赞比亚大地上就出现了。进入公元纪年之后，这里的发展尤为迅速。大约从 9 世纪起，赞比亚曾先后建立过卢巴、隆达、卡洛洛和巴罗兹等部族王国。之后很长时间的历史则是复杂而模糊的。1798 年，葡萄牙探险队中一位随行的传教士日记，成为该国早期的资料。1815 年英国传教士利文斯敦到达赞比西河一带活动。1889～1900 年英国人罗得斯建立的"英国南非公司"侵入赞比亚东部和东北地区。1911 年英国将上述东部和东北地区合并，并用罗得斯的名字命名，称为"北罗得西亚保护地"。这种行为直到 1964 年北罗得西亚实行内部自治为止。1964 年 10 月 24 日赞比亚独立，但仍属"英联邦"成员国。

民族、宗教和语言

赞比亚的历史给现代赞比亚留下了庞繁复杂的种族、宗教和语言。既有最原始的古老种族的后裔，也有中世纪时大规模迁徙到此的部族，还有现代移居本地的新型民族。目前赞比亚境内大约有 73 个部族，其中以奔巴族、通加族、洛兹族、恩戈民族和隆达族为最多。前三大民族构成了赞比亚的主要人口。1981 年奔巴族有近 200 万人，居住在赞比亚的东北部山丘地带，占总人口的 33.5%，他们通常分为本巴人、比萨人、拉拉人、卡翁德人等若干支系。通加族约 100 万人，住在南部的巴托卡高原以及东部格文贝河谷地带，该部族曾以狩猎闻名，现今主要从事畜牧业，他们的人口占总人口的 16.7%。50多万洛兹人分布于赞比亚西南部，占总人口的 8.4%。尽管赞比亚民族成分十分复杂，但是，却同属班图语族。因此，除将英语作为官方语言使用外，均使用班图语族的各地方语言。如奔巴语、通加语、尼昂加语、西科洛洛语等 31 种语言。

大约有 60% 的人信奉原始宗教。基督教徒占总人口的 30%，其中，天主教徒略多于新教徒，在新教徒中，福音派会员、宗教改革派教徒、圣公会会员最多。

人口变动

尽管赞比亚的历史十分悠久，但是，我们关于该国人口的变动情况却知之甚少。不过，赞比亚第一次人口普查的年份却相对要早一些，为 1901 年。其后又分别于 1911、1921、1931、1963、1969 和 1980 年进行了 6 次人口普查。应当说，在独立以前所进行的人口普查，其资料的可信程度要差得多。许多数据至多仅供参考，而真正具有参考价值

---

① 考古学上一般将 1 万～250 万年之前称为旧石器时代；一种观点则进一步把其中的 1 万～2 万年前又称为中石器时代；5000～1 万年前称为新石器时代；3000～4000 年前称为铁器时代。

的资料则是 1969 年以后的人口普查。

通常为人们所接受的人口数据是 1920 年的赞比亚人口约为 95 万人，在这一基础上 1930 年的人口增加到 132 万人；独立时的赞比亚人口在 370 万人左右；1989 年的人口数目约为 810 万人（参见表 1、图 1）。

表 1　赞比亚的人口变动

单位：万人

年 份	人 口	年 份	人 口	年 份	人 口	年 份	人 口	年 份	人 口	年 份	人 口
1920	95	1950	244	1965	371	1980	583	1983	624	1986	710
1930	132	1960	322	1969	406	1981	596	1984	645	1987	727
1940	150	1963	349	1975	490	1982	603	1985	683	1989	810

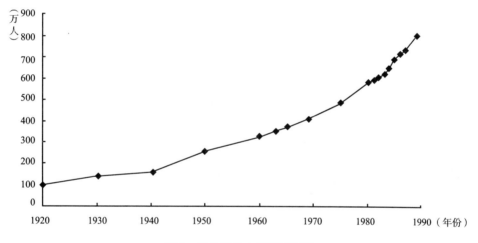

图 1　赞比亚的人口变动图示

当代赞比亚的人口发展大致可分为两个阶段：以 1964 年为界的独立之前和独立之后。在前一个阶段，人口年均增长速度为 3%。事实上在 1940 年以前的 20 年间，人口年均增长速度仅为 2.3%，在后一阶段，人口年均增长速度为 3.3%，这主要是由于疾病的减少进而由于死亡率的降低所引起。过去对赞比亚威胁最大的疾病是温带病和某些热带病，包括疟疾、钩虫病在内的血吸虫病，以及其他寄生虫传染病与麻风病。赞比亚约有 25% 以上的儿童受过虐虫的侵袭，从而造成极高的人口粗死亡率和婴儿死亡率。20 世纪 60 年代中期以后，这些疾病逐渐得到了控制，尤其是预防天花的运动搞得比较成功。此外，肺结核病已被控制到相当低的程度。所有这些都减少了赞比亚由此而死亡的人数。目前，困扰赞比亚人的"疾病"大概要数营养不良症。因此，死亡率在独立以后总的来讲是在下降（参见表 2）。

表 2 赞比亚人口自然变动指标

单位：‰

年份 指标	1950	1960	1970	1975	1980	1981	1986	1989
出生率	51.1	50.9	49.8	49.6	48.4	48.1	48.0	51.0
死亡率	28.2	25.6	21.0	19.1	16.5	15.1	15.0	14.0
自然增长率	22.9	25.3	28.8	30.5	31.9	33.0	33.0	37.0

赞比亚人口动态变化的一个显著特征是，在死亡率有所下降的情况下，出生率非但没有下降，反而较之 20 世纪 60 年代有所回升，从而使得赞比亚成为世界上出生率和自然增长率最高的国家之一。1980 年的人口普查表明，赞比亚每个妇女的生育数为 7.2 个小孩，自然增长率当年为 3.4%，1989 年，自然增长率上升到 3.7%。如果以这种速度发展下去的话，那么人口在 19 年以后便会由目前的 810 万加倍到 1620 万人。

出生率持续不降往往是婴儿死亡率居高不下的反映。但是，在赞比亚，婴儿死亡率并不十分高，1960 年为 164‰，1982 年降至 105‰，目前被认为只有 84‰。这一水平远远低于非洲各国 113‰的平均水平，而恰恰等于包括中国在内的发展中国家的婴儿死亡率水平。但是赞比亚的出生率与人口自然增长率却又显著高于全非地区以及发展中国家的平均值。如果进一步分析的话，造成赞比亚生育率过高的原因有以下几点。

第一，经济落后。赞比亚是一个经济比较落后的农业国家。铜业是该国经济的支柱产业，但是近几年来，由于国际市场铜价下跌和国内连年干旱、农业歉收、铜矿资源品位下降并日渐枯竭等原因，使得该国经济每况愈下，让这个"铜矿之国"也陷入了困境。1984 年，人均国民收入 325 美元，1985 年，人均收入降至 241 美元。赞比亚的高生育率和高人口增长率遏制了社会经济的发展，而落后的社会经济水平又成为了赞比亚人口膨胀的原因之一。

第二，文化素质低。1980 年，每百名成人中仍有 56 人不识字，这在很大程度上是由历史原因造成的。尽管独立之后，该国开始重视发展教育事业（据 1981 年调查，小学生入学率是 96%，其中男性 100%，女性 90%；中学生入学率 16%；高等学校学生占 20 ~ 24 岁年龄组的人口比重为 2%），由于成人文盲率仍高达 56%，因此也就必然对降低生育率产生一定的负面作用。文盲率高，尤其是女性文盲率高，一方面易于接受一些类似宗教迷信的旧思想；另一方面，又意味着不易接受避孕节育的现代科学知识。这样，人口文化素质低是造成该国人口出生率高的又一原因。

第三，人口年龄构成轻。赞比亚的人口年龄构成越来越"轻"，0 ~ 14 岁人口所占总人口的比重从 20 世纪 80 年代初的 47%上升到目前的 50%，15 ~ 64 岁人口比重相应地下降到 47%，65 岁及以上老年人口比重只有 3%。这种"年轻"的程度在世界上十分罕见，它仅次于比它更"年轻"的、同处在东非的肯尼亚。1977 年赞比亚的三项指标分别为 51%、47% 和 2%（参见表 3）。

表 3　1977 年赞比亚人口年龄、性别构成

年　龄	总人口（人）	男性人口（人）	女性人口（人）	性比例（％）	年　龄	总人口（人）	男性人口（人）	女性人口（人）	性比例（％）
0 ~ 4	1013000	512000	501000	102.2	45 ~ 49	179000	86000	93000	92.5
5 ~ 9	793000	400000	393000	101.8	50 ~ 54	145000	70000	75000	93.3
10 ~ 14	661000	333000	328000	101.5	55 ~ 59	116000	56000	60000	93.3
15 ~ 19	557000	281000	276000	101.8	60 ~ 64	87000	41000	46000	89.1
20 ~ 24	466000	232000	234000	99.1	65 ~ 69	62000	29000	33000	87.9
25 ~ 29	379000	181000	198000	91.4	70 ~ 74	39000	18000	21000	85.7
30 ~ 34	305000	140000	165000	84.8	75 ~ 79	21000	9000	12000	75.0
35 ~ 39	255000	118000	137000	86.1	80⁺	11000	5000	6000	83.3
40 ~ 44	213000	100000	113000	88.5	合　计	5302000	2611000	2691000	97.0

赞比亚人口年龄构成轻，既是过去人口年龄结构在现在的反映和结果，同时又是今后人口年龄构成变动的基础。如果以此绘制人口年龄金字塔则可看出，上尖下宽的状况必然会给未来的赞比亚人口带来更大的压力。

赞比亚人口的平均预期寿命略高于全非洲 51 岁的平均水平，1989 年估计为 52 岁。该国平均预期寿命的提高速度相对来说倒是比较快的（参见表 4）。

表 4　赞比亚不同时期人口平均预期寿命

单位：年

年　份	1950 ~ 1954	1955 ~ 1959	1960 ~ 1964	1965 ~ 1969	1970 ~ 1975	1981	1989
男	34.5	36.9	39.4	41.8	44.3	48.0	52.0
女	37.5	40.0	42.5	45.0	47.5		

以 1952 年平均 36 岁为基础，至 1989 年，平均每年增长约 0.43 岁。这种增长速度甚至超过了美洲经济发展水平较快的墨西哥和哥伦比亚。

人口结构

赞比亚的人口性别构成一直是男性少于女性，这和其他中部非洲国家是一样的。1950 年男性与女性之比是 92.8∶100；1963 年这一比值为 97.5∶100；1968 年为 96∶100；1977 年为 97∶100。不过，性别比的区域性差异很大，总的情况是：城镇、欧侨农业区男性多于女性，据 1963 年人口调查，前者为 179∶100，后者 162∶100；而乡村非洲人居住

的地区，男性少于女性，这一比值在 1963 年为 81∶100。这种情况的背景是：就业率高的地区、矿藏资源丰富并且开采率高的地区，男性人口多。反之，男性少于女性。

赞比亚的人口地域分布相对来说均衡一些。按目前人口计算，该国人口密度每平方公里 10 人左右，属于地广人稀的国家类型，而且国内大部分地区每平方公里人口低于这一平均数。只有铜带省和东方省人口稍密集一些，前者人口密度为 47.9 人，后者为 11.4 人。另外，首都卢萨卡人口最为集中，1974 年只有 40.1 万人，1985 年增至 83.4 万人，1989 年约增至 87 万人。

目前的赞比亚，行政上划分为 9 个省，下设 55 个县。即中央省（Central）、铜带省（Copper-belt）、东方省（Eastern）、卢阿普拉省（Luapula）、卢萨卡省（Lusaka）、北方省（Northern）、西方省（Western）、西北省（North Western）和南方省（Southern）。由于过去的赞比亚一直是 8 个省份，而没有卢萨卡省，因此，为了资料的可比性，下面仍以 8 个省份的人口状况及其分布列出（参见表 5）。

表 5 　赞比亚人口分布变动情况

省	面　积 （平方公里）	1963 年 人口（千人）	1969 年 人口（千人）	1985 年 人口（千人）	1985 年比 1963 年 人口增减 （千人）	1985 年人口密度 （人/平方公里）
中 央 省	115931	505	708	1452.3	947.3	12.5
铜 带 省	31328	544	816	1501.8	957.8	47.9
东 方 省	69106	480	509	789.2	309.2	11.4
卢阿普拉省	50567	357	338	496.3	139.3	9.8
西 北 省	125827	211	228	362.8	151.8	2.9
北 方 省	147826	564	542	815.3	251.3	5.5
南 方 省	85643	466	499	825.5	359.5	9.6
西 方 省	126386	363	417	586.8	223.8	4.6
合　　计	752614	3490	4057	6830.0	3340.0	9.1

显然，铜带省人口增长得最快。22 年间，人口净增长 176%；而北方省人口净增长仅为 44%；全国人口总净增长 95.7%。从人口密度上讲，西北省人口最为稀疏。

赞比亚的人口分布与国外人口向该国的迁移有很大关系。如前所述，该国欧侨农业区、工业区人口稠密，非洲乡村人口居住地人口稀疏。这与该国资源分布有着密切的关系。以铜矿著称的赞比亚不仅吸引着非洲大陆的人口，而且还以极强的吸引力招揽来了欧洲人和少数亚洲人。前来赞比亚的欧洲人主要是英国人。表 6 的资料显示了欧洲人在赞比亚移民人口中的位置。

表 6　赞比亚移民构成变动情况

年　份	在赞比亚的移民（人）①	欧洲移入赞比亚的人口（人）②	②/①（%）	欧洲移入民比前期增加量（人）	欧洲移入民比前期增长率（%）	年　份	在赞比亚的移民（人）①	欧洲移入赞比亚的人口（人）②	②/①（%）	欧洲移入民比前期增加量（人）	欧洲移入民比前期增长率（%）
1911	1497	1402	93.7	—	—	1951	37079	30525	82.3	12617	70
1921	3634	3219	88.6	1817	130	1956	65277	53958	82.7	23433	77
1931	13846	12555	90.7	9336	290	1961	74549	58422	78.4	4464	8
1946	21907	17908	81.7	5353	43						

　　除了欧洲人外，也有一些非洲人本身也以移民或难民的身份进入赞比亚。其中，安哥拉人、莫桑比克人流入赞比亚的人数最多。表 7 是 20 世纪 60 年代末和 70 年代初的有关数据。

表 7　20 世纪 60 年代末和 70 年代初一些国家到赞比亚的移民或难民

单位：人

国　家	1966 年	1967 年	1968 年	1972 年	国　家	1966 年	1967 年	1968 年	1972 年
安哥拉	100	3800	11400	12000	其他非洲国家	—	—	—	1500
莫桑比克	5000	1800	3000	3500	合　计	5100	5600	14400	17000

　　此外，在赞比亚的亚洲人也有所增加，一方面是当地亚洲人自行繁殖所致，另一方面与不断移入有关（参见表 8）。

表 8　赞比亚的亚洲人口变动情况

单位：人

年　份	1911	1921	1931	1946	1951	1956	1961	1969
人　口	39	56	176	1117	2524	5450	7790	10785

　　其中，亚洲移民中大多是印度人。赞比亚的华人 1979 年估计只有 39 人。

　　赞比亚的城市化水平较高。贫穷的农村和欧洲人比重较大的城市形成强烈的反差，从而使得大城市不断吸引着来自农村的人口。1960 年，该国城市人口比重为 23%，1989 年已达 43%。在东非诸国中，除吉布提、留尼汪岛和塞舌尔岛这样的小国外，赞比亚城市化水平当推最高。

　　赞比亚城市人口比重高，与其较为发达的采矿业有一定关系。或者说，与该国的产业结构有关。

　　从目前来看，赞比亚三次产业的劳动力分布是：第一产业 67%，第二产业 11%，第三产业为 22%（参见表 9）。

表 9 赞比亚劳动力人口构成变动情况

行 业	1971 年		1980 年		行 业	1971 年		1980 年	
	从业人数（人）	比重（%）	从业人数（人）	比重（%）		从业人数（人）	比重（%）	从业人数（人）	比重（%）
农、林、牧、渔业	1220000	72.2	1190000	66.9	贸易	33910	2.0	46390	2.6
采矿业	57980	3.4	63250	3.6	金融、保险、不动产、商业服务	10310	0.6	21520	1.2
制造加工业	40620	2.4	46800	2.6	行政、国防	—	—	—	—
建筑业	70160	4.2	43190	2.4	服务业	81340	4.8	103200	5.8
水、电、煤气	4080	0.2	7860	0.4	其他	149430	8.9	233570	13.1
运输、仓储、通讯	22170	1.3	24220	1.4	合 计	1690000	100.0	1780000	100.0

小结

赞比亚人口具有典型的非洲人口特征：（1）早期的人口基数比较小，但在近代，尤其是在目前，人口迅速增长，而且这种膨胀趋势还将持续下去。（2）人口年龄结构轻，是世界上人口年龄结构最轻的国家之一。（3）男性人口略少于女性人口。（4）移民人口占有一定比重。尤其过去是英国的殖民地，以英国移民居多。

赞比亚人口的迅速膨胀，使得过去一贯主张鼓励人口增长的政府改变成了对人口增长的不理睬态度。进入 20 世纪 80 年代以后，像许多非洲国家一样，赞比亚政府进而又改变了原有的放任态度。这主要是由于 1980 年的人口普查使得政府对于膨胀着的人口感到吃惊，或者说，正是由于停滞的经济和膨胀的人口的结合，才促使政府决心改变原有态度。该国总统卡翁达曾督促国家发展计划委员会（NCDP）去考虑国内人口政策问题。1985 年 11 月该委员会随即召开了全国人口与发展政策研讨会，该研讨会拟定了包括生育间隔和家庭生育计划项目在内的、旨在降低人口出生率的基本发展战略，并在 1989 年第四次国家发展计划中提出了"必须使得经济增长和人口增长相协调"的口号。赞比亚的人口政策是力图将总和生育率由目前的 7.2 个降低到 2000 年的 6.0 个，2015 年进一步降至 4.0 个的水平，从而将 1989 年的人口自然增长率由 3.7% 降至 2000 年的 3.4%，到 2015 年时进一步降至 2.5%。

从人口学的角度看，实现这一目标实际上是很困难的。在整个 20 世纪 60 年代，该国总和生育率均在 6.9 个左右。这样，按照赞比亚的人口增长惯性来看，结合人口年龄结构情况进行推算，到 2000 年时该国人口总数将增到 1220 万人；2020 年时达到 2270 万人。

参考资料

〔英〕D. 海韦尔·戴维斯：《赞比亚图志》，武汉大学外文系英语专业译，商务印书馆，1976。
The population of Zamibia.

扎伊尔* （Zaire）

扎伊尔地处非洲大陆中部，有"非洲心脏"之称，国土面积在西部只有 35 公里的海岸线濒临大西洋，其余四周被众多国家所包围：东邻乌干达、卢旺达、布隆迪、坦桑尼亚；南接赞比亚、安哥拉；北连苏丹和中非共和国，西隔扎伊尔河与刚果相望，从而成为非洲邻国数目最多的国家。赤道线横贯东西，属于赤道非洲国家之一。国土面积 234.49 万平方公里。1989 年人口估计数为 3490 万。人口密度平均每平方公里 14.9 人。首都：金沙萨。

历史

扎伊尔是个具有最悠久历史的国家。挖掘出的各种出土文物使考古学充分证明了在远古时期这一地区就有人类存在或居住过。在沙巴地区曾挖掘出来公元前 8 世纪和 9 世纪的藏有许多铜器和铁器的古墓，说明很久以前这里的居民便学会了炼铁术。扎伊尔地区出现王国的时间大约是在公元 14 世纪左右。当时的刚果族来到此地建立了刚果王国，之后，卢巴族、库巴族、蒙戈族、隆迪族在此又相继建立了自己的王国。扎伊尔地区的一些部族已与外人开始了贸易交往。但与此同时，这一块土地又被欧洲人瞄中，号称欧洲三大探险家之一的史坦利的探险唤起了比利时国王利奥波德二世对此地的关注。经过他们的一系列策划活动，1884～1885 年，美、法、德等 15 国在柏林会议上达成协议，将扎伊尔划为比利时国王的"私人领地"，并称为"刚果自由国"，这是 19 世纪末期的事情。20 世纪初的 1908 年，因成为比利时殖民地，所以，此地更名为"比属刚果"。尽管在 15～18 世纪中葡、荷、法、英殖民者都相继入侵过扎伊尔，但最终成为扎伊尔宗主国的还是比利时。扎伊尔的殖民地历史一直延续到 20 世纪 50 年代末期。1960 年 6 月 30 日宣告独立，定国名为刚果共和国。1971 年 10 月 27 日改国名为扎伊尔共和国。

民族、宗教和语言

扎伊尔幅员辽阔，人口民族构成复杂。由于与班图族人的发源地喀麦隆高原距离较近，因此，班图人占扎伊尔人口的 95% 以上。其他则为苏丹语系或尼洛特语系的各部族。

---

* 1997 年 5 月，扎伊尔国更名为刚果民主共和国，简称刚果（金）。此书完稿于 1992 年，因此，该国篇幅中仍沿用"扎伊尔"的称谓。该国的西面国家也叫"刚果"，不过叫刚果共和国，简称刚果（布）。

扎伊尔大小共有 254 个部族，是非洲民族最多的国家之一。从总体上看，人口最多的班图人大概是从公元 1 世纪起，开始一浪推一浪地向赤道及以南地区迁徙，一直到 19 世纪初，这一迁徙过程尚未完毕，扎伊尔甚至成为班图人的主要迁入地之一。苏丹语系部族则是在以后由北方的热带草原入侵这个国家的，这种迁徙或入侵一直延续到近代。非非洲人相对于扎伊尔的本土人来说，一直不太多，后来才有所增加。据估计，1931 年扎伊尔境内的非非洲人尚不及 0.6 万人，1927 年增至 1.8 万人，1940 年时更高达 3.0 万人。1951 年甚至增加到 6.6 万人，1959 年即独立之前，为 10.9 万人。这与两次世界性战争有很大关系（见表 1）。

表 1　20 世纪 70 年代扎伊尔人口民族构成

民族构成		人口数（万人）	比重（%）	民族构成		人口数（万人）	比重（%）
一般划分方法	格林贝格划分方法			一般划分方法	格林贝格划分方法		
	尼格罗－科尔多凡语系	2638.5	95.1	苏丹语系	东阿达马瓦语支	263.0	9.5
	尼日尔－刚果语族	2638.5	95.1		阿赞德族人	170.0	6.1
	贝努埃－刚果语支	2375.5	85.6		其他	93.0	3.4
班图语系	卢巴族人	500.0	18.0	尼洛特语系	尼罗－撒哈拉语系	137.0	4.9
	刚果族人	450.0	16.2		沙里－尼罗语族	101.0	3.6
	蒙戈族人	370.0	13.3		东苏丹语支	36.0	1.3
	尼亚卢旺达人	280.0	10.1		阿卢尔族人	32.0	1.2
	其他	775.5	28.0		其他	4.0	0.1

扎伊尔居民信奉原始宗教的人数已较过去有所减少。目前大概只有 18% 的人为原始教信徒，45% 的居民信奉天主教，24% 的人信奉新教，还有极少数人为穆斯林，甚至还有几千名犹太信徒。扎伊尔的宗教如同其民族一样复杂，而语言又如宗教一样繁多。尽管该国没有沦为法国的直接殖民地，但官方语言却是法语。此外，如林加拉语、基刚果语、契卢巴语和斯瓦希里语也十分流行。因为这些语言均有着自己的文字。

人口变动

关于扎伊尔过去的人口变动情况，只能作一番大概的估算，因为在 1955 年才进行过一次分区的人口抽样调查。到了 1967 年，又作过一次抽样调查。1970 年进行了又一次较全面的人口普查。通常认为，扎伊尔的人口在 1920 年为 715.3 万人，到 1928 年则为 841.9 万人，1940 年，进一步增至 1037 万人。独立时的扎伊尔人口达到 1400 万人以上。根据 1970 年的调查，扎伊尔的人口已达到 2163.8 万人。1989 年的人口在 3490 万人左右（参见表 2）。

表 2　扎伊尔的人口变动及增长情况

年　份	人口（万人）	年均增长率（%）	年　份	人口（万人）	年均增长率（%）
1920	715.3		1970	2163.8	4.3（1961~1970）
1930	876.4	2.1（1920~1930）	1975	2490.2	
1940	1037.0	1.7（1931~1940）	1981	2938	2.8（1971-1980）
1945	1048.0		1984	2967.1	
1950	1125.8	0.8（1941~1950）	1987	3246.1	
1955	1276.8		1988	3330.0	
1960	1413.9	2.3（1951~1960）	1989	3490.0	2.2（1981-1989）
1965	1563.7				

扎伊尔的人口在 20 世纪 40 年代增长最慢，这是战争造成的结果。60 年代扎伊尔的人口增长率达到最高峰，为 4.3%，主要是独立之后的人口自然增殖以及移入居民增加的结果。当时，对扎伊尔"移民"的重新界定可能是导致该地区"移民"人口增多的一个原因。从自然变动方面看，扎伊尔的人口增加，一方面是因为出生率没有下降或下降很小，另一方面，是死亡率降低而造成的（参见表 3）。

表 3　扎伊尔人口自然变动指标

单位：‰

指标 ＼ 年份	1953	1958	1963	1968	1973	1980	1981	1986	1989
出生率	48.2	48.0	48.1	47.7	46.8	46.0	45.2	44.0	45.0
死亡率	26.3	24.7	23.6	22.1	20.7	17.2	15.8	14.0	15.0
自然增长率	21.9	23.3	24.5	25.6	26.1	28.8	29.4	30.0	30.0

从独立时的 1960 年到 1989 年，人口净增加 2076.1 万，年均增长率是 3.1%。过去造成扎伊尔人口死亡率高的原因主要是疟疾、昏睡病，以及其他一些赤道附近热带雨林

地区的流行病，随着医疗卫生条件的改善，这种疾病发病率得到了一定的控制。1989 年扎伊尔每名医生负担的人口数已从 1960 年的 7.69 万人减至 1.49 万人，每名护士负担的人口数也由同期的 3510 人降至 1920 人。与此同时，该国的婴儿死亡率从 1960 年的 150‰ 降至 98‰。人口的平均预期寿命相应地由不足 40 岁提高到 50 岁以上，成为中非地区人口平均预期寿命最高的国家（参见表 4）。

表 4　扎伊尔不同时期人口平均预期寿命

单位：年

年　份	1950~1954	1955~1959	1960~1964	1965~1969	1970~1974	1975~1980	1981	1986	1989
男	37.0	38.0	38.9	40.4	41.9	44.4	46.0	51.0	54.0
女	40.1	41.1	42.1	43.6	45.1	47.6			

人口结构

作为赤道非洲的扎伊尔，人口性别构成仍具有中非地区的特点。总的情况是男性少于女性（参见表 5）。

表 5　扎伊尔人口性比例变动情况

年　份	总人口（人）	男性人口（人）	女性人口（人）	性比例（%）	年　份	总人口（人）	男性人口（人）	女性人口（人）	性比例（%）
1958	13864421	6831945	7032476	97.1	1970	21637876	10555936	11081940	95.3
1980	26377260	12977612	13399648	96.9					

不过，从扎伊尔的人口本身来看，性别构成的特征是：（1）18 岁以上的各年龄组男性人口均少于女性人口，18 岁以下的各年龄组男性人口均多于女性人口；（2）金沙萨地区的男性人口多于女性人口，其他地区均相反，其原因主要是劳动力的流动所致。

扎伊尔的人口属于年轻型人口。1959 年 18 岁以下人口占总人口的 45.1%；1970 年的同一指标为 50.7%；1980 年，0~14 岁的人口比重为 46.2%，15~64 岁为 51.3%，65 岁及以上为 2.5%。导致扎伊尔呈年轻型人口的原因同样是：出生率居高不下；婴儿死亡率已下降；移民、劳动力流动等因素。

扎伊尔人口地域分布的情况是，整体人口密度稀疏，但分布极不均匀：扎伊尔河的中下游地区人口稠密；该国的东南部地区人口稀少（见表 6）。

人口密度最高的地区是金沙萨直辖市，其次是西部地区靠近沿海出口的下扎伊尔省。人口密度最低的是东北地区的上扎伊尔省和沙巴省。造成人口分布不均的原因是：（1）居住环境恶劣及所带来的地方性疾病将人口赶走从而导致人口稀疏；（2）经济发展及城市化吸引人口导致一些地区的人口稠密。法国地理学家古鲁认为，人口密度疏密和

表 6 扎伊尔人口分布变动情况

省	面 积 （平方公里）	1959 年人口 （人）	1970 年人口 （人）	1984 年人口 （人）	人口密度（1984 年） （人/平方公里）
班顿杜省	295658	1954291	2600556	3682845	12
赤 道 省	403293	1843523	2431812	3405512	8
下扎伊尔省	53920	979268	1519039	1971520	37
上扎伊尔省	503239	2525392	3356419	4206069	8
基 伍 省	256662	2344378	3361883	5187865	20
沙 巴 省	496965	1743733	2753714	3874019	8
东 开 塞	168216	943374	1872231	2402603	14
西 开 塞	156967	1246901	2433861	2287416	15
金沙萨直辖市	9965	403310	1308361	2653558	266
总　计	2344885	13984170	21637876	29671407	13

分布不均匀，不能到自然条件中去找原因。因为先前人口稠密的地区现在变得人口稀疏了，而自然条件并没有发生多大变化。因此，使人口再分布的重要原因，是经济的发展与矿藏的开发。例如，有人预测，目前人口稀少的沙巴省由于矿藏丰富不久将会吸引大量的人口涌入。

扎伊尔的城市以首都金沙萨为最大，人口也以其为冠。不仅是人口绝对量最大，而且其增长速度也最快。1960 年不过 40 万人，至今已达 300 多万人。扎伊尔国的城市人口占全国人口的 40%，然而，这并不能代表其城市化水平高，而只能说明该国的大城市人口过分膨胀，原因仍然是扎伊尔的经济十分落后。虽然扎国是以农业为主体的国家，农业人口占全国人口的 60%，但农业却不发达，粮食尚不能自给，扎伊尔的经济支柱仍在仰仗其矿藏资源贮存与开发。1987 年的人均国民生产总值只有 160 美元，成为非洲经济收入最低的国家之一。在这种情况下，人口膨胀的金沙萨直辖市已经出现了众多的社会问题。

尽管经济落后，扎伊尔政府自独立之后还是较为重视教育。6 ~ 14 岁为义务教育年龄。1970 年扎伊尔小学入学率男性为 79%，女性为 51%；1985 年男性为 86%，女性为 65%。20 世纪 80 年代初期中学生入学率在 20% 左右。不过，成人文盲率仍占半数，1980 年该国文盲率达 45%。

人口政策及人口预测

扎伊尔被列为世界上最贫穷的四个国家之一。1965 ~ 1986 年间，世界银行测算扎伊尔人均国民生产总值年均下降率达 2.2%。这种高的人口增长率与经济的衰退使扎伊尔陷入了极其困难的境地。从总和生育率来看，几乎没有什么大的变化。1960 ~ 1964 年为 6.11 个，1965 ~ 1969 年为 6.08 个，1970 ~ 1974 年为 6.09 个，1975 ~ 1979 年间仍为 6.09 个，1980 ~ 1985 年降至 6.1 个，1989 年，估计仍为 6.1 个的高水平。对于人口与经济的矛盾，扎伊尔政府也承认，扎伊尔总统蒙博托在 1972 年 12 月 5 日的全国立法委员会上正式号召控制过多的生育。他说："你们知道，按照我们班图哲学，婚姻的最终目的是生育。但是这种生育不是不限制的…… 政府的责任……是要大大降低婴儿死亡率，以便使实际生育数与理想子女数相一致。这就是所谓的'计划生育'，而我们宁愿称之为'理想生育'"。与此同时，蒙博托总统正式宣布了"全国理想生育方案"。1972 年之后，扎伊尔正式建立和完善了"国家理想生育方案组织"及"全国理想生育委员会"两个组织。其宗旨是，向希望限制家庭规模、延长生育间隔的夫妇提供计划生育咨询和服务，以便降低生育率。此外，该会还向政府官员进行在扎伊尔提供计划生育服务必要性的教育。至 1982 年，有 145 个门诊所和医院正式投入理想生育委员会的工作，还有 123 个门诊所当时正在不定期地从委员会那里得到避孕药具供应。不过，至 1980 年仍只有 4% 的已婚妇女采用现代计划生育方法。面对这种情况，有关部门认为，人口政策的基本目标是将人口与经济达到平衡，以提高扎伊尔的人口质量。人口政策要求提高避孕普及率，争取从 1990 年避孕率为 10% 的水平提高到 2000 年的 33%。

不过，20 世纪 90 年代初扎伊尔的人口数量似乎比过去想象得要少一些。80 年代初美国人口学会预测扎伊尔的人口在 1990 年将达到 3840 万人，但从实际上看，1989 年人口大概是 3490 万人，比原预测少了 300 多万人。按照目前情况，即以自然增长率为 3.1% 预测，扎伊尔人口在 2000 年将达到 4930 万人，接近 5000 万人。按照同一速度，扎伊尔人口的翻番时间大约为 23 年。

然而，扎伊尔面临的一个挑战却是：妇女终身不育率水平较高。20 世纪 60 年代高达 21%，而 20 世纪 90 年代初扎伊尔则又成为了非洲 7 个艾滋病盛行的国家之一，这为未来扎伊尔人口预测设置了新的障碍。

参考资料

Zaire by Joseph Boute.

乍得 （Chad）

乍得是非洲中部的内陆国，领土的一部分在撒哈拉沙漠地区，一部分深入非洲中央的苏丹地区。乍得的邻国很多，东部与苏丹国交界，南面与中非和喀麦隆为邻，西面与尼日利亚和尼日尔接壤，北部是利比亚。乍得与邻国国界的划分，和其他曾沦为过殖民地的国家一样，也是由殖民时代的殖民者争夺圈定的，因此该国的边境线出现了许多很长的笔直线条。乍得的国土面积总共 128.4 万平方公里，人口总数 1989 年为 550 万人。人口密度每平方公里 4.3 人。首都：恩贾梅纳。

历史

从现代考古学中可知，乍得这一地区至少在新石器时代就有人类居住了，然而这些人类是否就是现代乍得人的祖先，却难以确切判别，不过，乍得的悠久历史，则是举世公认的。早期的萨奥文化曾是非洲文化宝库的重要组成部分，有关古代王国的历史，主要是经阿拉伯的历史资料和原始居民的口头传诵而流传下来的。大约在公元 9 ~ 10 世纪，随着伊斯兰教的传播，乍得北部建立了穆斯林王国。到了 12 ~ 13 世纪的狄布拉拉米亚时，该王国达到鼎盛时期。17 世纪时在乍得东、南部分别建立起来的王国，相互之间发生混战。至 19 世纪下半叶，这一地区才开始统一。然而也就在此时，欧洲人又瞄上了乍得。1902 年法国殖民者占领乍得全境。1910 年，乍得被划为法属赤道非洲的一个领地。这样，乍得就在法国殖民者的手中生活了半个多世纪。1957 年，乍得成为"半自治共和国"，1960 年 8 月 11 日宣告独立，成立乍得共和国。

民族、宗教和语言

乍得的历史是一部斗争的历史，是各个民族在乍得这块土地上不断聚集、不断分离的历史。其结果是，乍得成为非洲诸国中种族最为复杂的国家，全国共有大小部族 140 多个。以格林贝格种族划分法，成百个部族可分为三大语系和七个语族（参见表 1）。

表 1　20 世纪 70 年代末乍得人口民族构成

民　族			人口（千人）	比例（％）	民　族			人口（千人）	比例（％）
尼罗-撒哈拉语系	沙里-尼罗语族	中苏丹语支　萨拉人等	1100	25.5	闪含语系	闪米特语族	苏丹阿拉伯人	1300	30.2
		东苏丹语支　塔马人	270	6.3			穆比人	180	4.2
		东苏丹语支　达戈人	100	2.3		乍得语族	豪萨人	100	2.3
		小　计	370	8.6			马萨人	100	2.3
		小　计	1470	34.1			科托科人	90	2.1
	撒哈拉语族	图布人	330	7.7			曼达拉人	10	0.2
		卡努里人	100	2.3			小　计	480	11.1
		扎加瓦人	30	0.7		合　计		1780	41.3
		小　计	460	10.7	尼格罗-科尔多凡语系	尼日尔-刚果语族	姆布姆人	290	6.8
	马巴语族	马萨利特人	280	6.5			富尔贝人	10	0.2
	富尔语族	富尔人	5	0.1			小　计	300	7
	合　计		2215	51.4	法兰西人			5	0.1
					其　他			9	0.2
					总　计			4309	100.0

乍得的居民中，尼罗 - 撒哈拉语系的人口占大多数，为 51.4%；其次是闪含语系人

口，占总人口的 41.3%；尼格罗－科尔多凡语系人口只占总人口的 7%。其中萨拉族人数较多，他们是中苏丹语支的黑人，居住在乍得南部，信仰原始宗教。同一语族的塔马人居住在东南部与苏丹交界处。撒哈拉语族的各民族居住在乍得北半部，他们是逊尼派伊斯兰教徒。乍得语支的各民族分散在乍得湖附近，这些人基本上信奉当地的原始宗教。姆布姆人、富尔贝人等住在乍得西南部，其中部分人为伊斯兰教徒，部分人笃信原始宗教。整个居民中，只有极少数人为基督教徒。整体而言：52% 的人为伊斯兰教徒，10% 的人信奉基督教，其余人信仰万物有灵论。

法语和阿拉伯语为官方国语，但是，部族语言如豪萨语、乍得化的阿拉伯语也广泛使用。

人口变动

如同其他非洲国家一样，乍得的人口资料在殖民时期十分缺乏，目前人们的了解只是一种大概的估计。比如，认为乍得在 20 世纪 20 年代初全国总人口为 127.1 万人就是一种估计。这一地区的人口资料难以调查和登记，有其特殊的背景。前面已经说过，就乍得本地区而言，是一个部族间不断聚集又不断分散的地区。人口的这种机械活动甚至使得当地人口的自然变动在某些时期也显得黯然失色。但是，在很长的历史时期，乍得的人口机械变动和自然变动平分秋色。从全国范围来看，整个人口的自然增长是缓慢的，若把它作为一个地区来看，其人口流动又是变幻莫测的。导致后者的原因主要是：开发环境的成功与否。当一地的环境值得开发并且已经获得成功，那么，人们便涌向那里；否则，人们就背弃那里。

因此，殖民时代以前的人口状况目前是不可能了解的。即使在殖民时代，有关人口的信息也主要来自这样一些途径的估测：(1) 关于殖民地的政治、经济报道；(2) 行政区域调查；(3) 关于民族、人种学的研究；(4) 少量的人口专业研究。因此，这就导致了独立之前的乍得人口数据必然是零星和残缺不全的。到目前为止，最早具有权威性的乍得人口调查是 1964 年由 INSEE（Institut National de la Statistique et des Etudes Economiques）所进行的。一方面这些资料比较可靠；另一方面，资料翔实，包括人口性别及年龄结构、生育率、死亡率、迁移率、人口密度、人口规模以及各种有关人口增长的内容。

乍得当时的情况是：(1) 性别状况：总人口中女性多于男性；在一些地区每百名女性仅有 93 名男性，而有一些地区每百名女性只有 87 名男性，主要原因是：男性死亡率过高。但在乍得东部地区，则是由于男性移往他国使得这一地区女性多于男性。城市人口男性多于女性，则是由于流往城市的男性人口多的缘故。(2) 年龄状况：乍得是典型的高生育率后果的年轻型人口。15 岁以下人口占 45.6%，15~59 岁人口占 50.8%，60 岁及以上人口仅占 3.6%。但在地区之间仍有所不同。东部地区比西部地区人口稍"老"一点。这主要是由于东部地区的生育率稍低的原因。(3) 生育状况：乍得生育率水平几乎与其他非洲国家相同，但是国内的生育率则是东部低于西部。乍得生育状况的一个特点是不育率较高，15 岁以上尚未生育的妇女比重高达 21%，城市地区这一比率极高，最有可能的原因是性病所致，当然，也有可能是婚龄推迟引起的。据认为：乍得妇女的生育率与结婚次数呈负相关关系，而不育率却与结婚次数呈正相关。进一步看，生育率与一夫多妻制家庭呈负相关，而与一夫一妻制家庭呈正相关。在当时的乍得，妇女结婚 2 次以上的占 26%（参见表 2）。

表 2　20 世纪 60 年代乍得妇女婚次状况

结婚次数（次）	15 岁以上妇女结婚次数所占百分比（%）	结婚次数（次）	15 岁以上妇女结婚次数所占百分比（%）
0	4.3	4 及以上	2.5
1	68.7	不　详	0.7
2	18.7	总　计	100.0
3	5.1		

还有调查资料表明，乍得拥有多妻的男性在已婚男性中的比例为 22%。这种状况在有些地区甚为流行。不过，对于生育率的影响，一夫多妻的因素似乎不如女性结婚次数的因素影响大。

当时，乍得的死亡率比较高。但地区之间有较大差异：西部较高；东部地区和北部地区之所以人口死亡率低是因为那里干燥的气候阻止了由寄生虫等引起的疾病的蔓延。

1964 年的调查结果还揭示出乍得人口的自然增长状况，如果以非洲那时的标准来看的话，乍得当时的人口增长速度是较为缓慢的，年均增长率仅为 1.4%。这也就是说，至 1964 年乍得的人口并没有开始人口转变，出生率和死亡率仍然保持在很高水平。当时的乍得人口总数为 325.4 万人，比 1920 年的估计数 127.1 万人多 198.3 万人，年均增长率 2.1%，这并没有包括移民因素。总的来讲，当时乍得的人口增长速度并不快（参见表 3）。

表 3　乍得人口及自然变动指标

指标 \ 年份	1950	1960	1970	1980	1981	1986	1989
人口（万人）	261.5	301.6	364.0	448.0	458.0	520.0	550.0
出生率（‰）	46.3	46.0	44.2	44.1	44.2	45.0	43.0
死亡率（‰）	33.4	30.3	25.0	23.1	21.4	25.0	23.0
自然增长率（‰）	12.9	15.7	19.2	21.0	22.8	20.0	20.0
年均增长率（%）		1.4	1.9	2.1			2.3

乍得人口增长相对缓慢的一个重要原因是死亡率过高，其中婴儿死亡率更高。1964

年普查时曾达到 160‰，部分地区高达 235‰。20 世纪 90 年代，这一指标虽有降低，但还在 143‰，仍为世界上最高的国家之一，由此而导致的人口平均预期寿命很低（参见表 4）。

表 4　乍得不同时期人口平均预期寿命

单位：年

年　份	1950~1954	1955~1959	1960~1964	1965~1969	1970~1975	1986	1989
男	30.0	32.5	35.0	37.5	40.0	43.0	43.0
女	32.6	35.1	37.6	40.1	42.6		

人口结构

由于婴儿死亡率高，因此，乍得尽管是年轻型人口的国家，但 15 岁以下人口比重并不太大（参见表 5）。

表 5　1964、1978、1986 年乍得人口年龄构成

单位：%

年　份	0~14 岁	15~59 岁	60 岁及以上
1964	45.6	50.8	3.6
1978	37.4	59.9	2.7
1986	44.0	53.0	3.0

从人口性别结构上看，乍得人口从 1964 年调查时起，到以后的一些资料都表明，乍得的男性人口少于女性。其原因如前所述：一是男性死亡率高；二是男性迁出人数多。1964 年男女性别比是 47.4：52.6，1971 年为 48.5：51.5。不过，后来随着男性死亡率的降低以及流动人口不像过去那么众多，男少女多的状况有所改观。1971 年，乍得总人口 430.81 万人，其中男性 221.87 万人，女性 208.94 万人，男女之比为 51.5：48.5。

乍得就人口而论是世界上较小的国家之一。但是就面积而言，却不能算是较小的国家。它的面积两倍于原来作为其殖民地宗主国的法国。目前人口密度每平方公里 4.3 人。尽管如此，人口分布仍十分不均。所以，4.3 人这个数字并不具有实质上的意义。如提贝斯提高原、恩内迪高原、埃尔迪高原等北部撒哈拉地区，人口极为稀少。大多数居民都集中在绿洲附近，而绿洲大部分集中在博德累盆地的东部地区。从首都恩贾梅纳到阿贝歇这一东西条形带是人口较多的地方，这一地区位于国土中部，易于畜牧放养和谷物栽培。乍得南方的沙里河和洛贡河流域，则是该国人口最密集地区，有些地方甚至每平方公里超过 30 人。总体上看，乍得的人口密度随国土由北向南递增。

首都恩贾梅纳人口最多，大约有 45 万人，占全国总人口的 1/10 弱。乍得虽说还有一些城市，但用标准眼光看，大部分城市似乎更像城镇。除了首都之外，其他城市人口并不太多，1960 年城市人口只有 7%，1982 年增至 19%。20 世纪 90 年代初全国城市人口占 27%，这基本是中非诸国的最低水平。但从近几十年的发展看，城市人口发展却是很快的。1960～1989 年人口总数增长 82.4%，年均增长率 2.09%；同期城市人口增长604.7%，年均增长率 5.1%。在全部劳动力人口中，农业占 85%，工业仅占 7%，服务等其他行业是 8%。

乍得经济十分落后，被联合国宣布为世界最不发达的国家之一。1989 年估计人均国民生产总值仅为 150 美元。尽管该国矿藏资源丰富，但目前尚未完全开发。而且地处内陆，无铁路交通，因此经济不振。加之 20 世纪 80 年代以前国内局势一直动荡不稳，这都成为阻碍社会、经济、文化进步的重要因素。因此，至目前为止，国民文化素质仍很低。1980 年成人识字率仅为 15%；小学生入学率 35%，其中男性 51%，女性 19%；中学生入学率只有 3%。

小结

乍得人口增长缓慢的一个重要因素是死亡率过高，这大概是世界上继塞拉利昂和冈比亚之后的死亡率最高的国家。尽管妇女总和生育率高达 5.3 个，但经不住更高死亡率的抵消。因此，人口自然增长率每年实际上在 2% 左右。如果说，今后乍得人口发生变化的话，首先变动的应是死亡率的下降，随后而至的才是自然增长率的提高。假定以 2% 的增长速度进行预测，乍得人口到 2000 年将会达到 683.8 万人，比现在增加 133 万人。

今后乍得人口究竟以怎样的方式、速度、轨迹演变，则是一个令人难以解答的问题。乍得曾流行着这样的谚语："没有孩子的女人如同没有叶子的树干"。这形象地表明了乍得人渴望生育的顽强性。

参考资料

Chad by S. P. Reyua and Christian Bouquet.

Pronatalism and Child Labour：Chadian Attitudes to Birth Control and Family Dice by S. P. Reyua.

中非（Central Africa）

中非一如名字所示，位于非洲中部。中非全称中非共和国，通常简称"中非"，该国四面被五个大小不等的国家所包围，东南邻世界上最贫穷国家之一的扎伊尔，南接刚果共和国，西邻喀麦隆，北与乍得为界，东北与苏丹接壤。古代原是交通要道，如今图圄困扰，陷入四面贫国之中。中非总面积 62.29 万平方公里。1989 年估计人口数为 280万人。人口密度每平方公里 4.5 人。首都：班吉。

历史

早期的中非共和国称为乌班吉沙立，这里是人类早期居住过的地区。公元 9 ~ 16 世纪时，曾在此先后出现过班加苏、腊法伊、宰米奥三个部落王国。19 世纪后半叶，欧洲人开始将触角伸向非洲的腹地。德国人琼克和比利时人葛勒是早期到达中非的欧洲人，此后便引起了欧洲人的兴趣，其中，法国人将这一兴趣转变为行动并诉诸于武力入侵到中非内地。1891 年，中非便完全沦陷为法国的殖民地。1910 年被划为法属赤道非洲的四个领地之一（其余三个为加蓬、刚果和扎伊尔）。像对待加蓬一样，1911 年法国将中非转让给德国，以换取德承认摩洛哥受法国保护。当第一次世界大战结束以后，中非重新落入法国人手中。在非洲大陆掀起独立浪潮的时候，中非也随着大潮于 1960 年 8 月 13 日宣布独立。

民族、宗教和语言

中非的自然地理环境是，南部位于喀麦隆、刚果之间，北部伸展至热带莽原，为热带雨林所覆盖。因此，这里最早的居民是音译为俾格米人的矮人。之所以称之为矮人，一般而言，他们的男性平均身高 1.44 米，女性平均身高只有 1.35 米。以后，这些俾格米人由于苏丹系黑人的到来而被迫迁往更浓密的森林之中。苏丹系黑人是从东北部于 16 世纪迁徙而来的，并一浪高达一浪地直至 19 世纪达到高峰期。目前的中非人便是苏丹语系人占绝对优势。苏丹语系被格林贝格划分为尼日尔 - 刚果语族的东阿达马瓦语支。目前这一人口集团占总人口的 85%，其中，来自乍得的班达族占总人口的 44.6%，格巴亚族人占 14.3%，斯格班迪人占 10.7%，阿赞德人占 9.6%。紧邻中非的喀麦隆是班图系人的发源地，因而，当班图系人大举向东、中、南部非洲挺进的时候，东支走向的班图系人便有一些留在了中非。因此，目前中非的另一大人口集团便是班图系族，约占总人口的 7.9%，其中马卡人占总人口 4.3%，卡雷人占 2.5%。此外，在中非还有少数（5.3%）尼洛特语系的人，即被称之为沙里 - 尼罗语族人，如塔马人便属于此列。非非洲人数目微乎其微。总的来讲，中非居民的总体主要是由两大集团所构成：一是苏丹语系，二是班图系族。全国大小部族共有 32 个。

闭塞的中非所表现出来的宗教信仰也是闭塞的。目前，全国居民中有 70% 以上的人仍笃信万物有灵论，崇尚原始宗教，20% 的人为基督教徒。受东北方文化的影响，约有 5% 的人信奉逊尼派伊斯兰教，这些信仰者主要是阿拉伯人及部分豪萨族人。

法语为中非共和国国语。但居民流行讲桑戈语。

人口变动

中非的人口由于有经常性的移民流入或迁出，因此，确定的人口数目资料很难掌握。据认为，中非人口在 1920 年约有 60.5 万人。此后一段时间，由于邻国的问题，使得一些邻国居民从扎伊尔及苏丹等地流进不少。1950 年人口增长至 107.2 万人。独立时的中非人口约 122 万多。1989 年，人口约增长到 280 万人（参见表 1）。

表 1　中非的人口变动

单位：万人

年份	1920	1950	1955	1960	1965	1970	1975	1980	1981	1982	1983	1985	1986	1989
人口	60.5	107.2	111.0	122.7	137.0	168.2	205.4	233.0	234.0	240.0	245.0	250.0	270.0	280.0

中非如同大多数非洲国家一样，人口是在独立后才开始迅速增长的。20 世纪 50 年代人口年均增长率为 1.3%，60 年代增至 2.2%，70 年代进一步升至 3.2%，80 年代又降至 2.1%。1950 ~ 1989 年，人口净增 173 万人，年均增长率为 2.4%。从总的情况看，中非的人口增长速度在非洲属于较低的国家之一。

中非的人口自然变动情况基本与其他非洲国家相同，只是出生率略低于其他国家（参见表 2）。

表 2　中非人口自然变动指标

单位：‰

指标＼年份	1950	1960	1970	1975	1980	1981	1986	1989
出生率	42.1	42.1	41.2	41.0	44.9	44.7	47.0	44.0
死亡率	30.2	27.2	22.6	20.7	23.5	21.8	19.0	19.0
自然增长率	11.9	14.9	18.6	20.3	21.4	22.9	28.0	25.0

中非人口的出生率基本上在 45‰ 左右。除赤道几内亚之外，中部非洲的几个国家的出生率都基本如此，即低于其他非洲地区。其原因是多方面的。比如：（1）一夫多妻婚姻影响生育率。在加蓬，一夫一妻的妇女生育率是 128‰，一夫二妻为 111‰，一夫三妻及三妻以上为 99‰。因此，在中非 24% 的一夫多妻婚姻比率下，其生育率必会受到一定的影响。（2）性病流行广泛。目前认为性病高发区在非洲有 7 个国家，即中非、扎伊尔、赞比亚、坦桑尼亚、布隆迪、卢旺达和乌干达，中非名列其首。性病的盛行使得不育率有所上升。一般国家的不育率只有 2% ~ 3%，而中非这一比率则高达 17%。

中非的死亡率一直比较高。主要是赤道附近炎热的气候所带来的各种疾病传染所造成，加之医疗卫生条件又极为落后。1960 年中非每名医生负担的人口数字高达 5.11 万人，尽管以后这一比值有所下降，但在 1980 年仍高达 2.64 万人。每名护士负担的人口数 1960 年和 1980 年分别是 3410 人和 1720 人。1981 年全国医生总共只有 113 人。这种落后条件下的高死亡率是不言而喻的。婴儿死亡率的情况也基本如此。1960 年高达 170‰，1980 年为 119‰，1989 年被认为仍高达 132‰。美国人口咨询局甚至认为高达 146‰，为中部非洲诸国之冠。

死亡率高且出生率相对不高的结果造成了中非人口增长的相对缓慢。此外，中非人口的平均预期寿命低于非洲各国的平均水平：前者为 46 岁，后者为 51 岁。

人口结构

中非人口虽然属于年轻型，但是，其程度要弱一些。1965 ~ 1966 年，0 ~ 14 岁的人口占总人口的比重为 41.6%，15~59 岁的人口比重为 53.9%，60 岁及以上人口比重为 4.5%。1975 年，大约有 38.6% 的人口在 14 岁以下，48.3% 的人口在 15~64 岁，65 岁及以上人口只占 1.8%。不过，其中有 11.3% 的人口究竟属于哪一个年龄组无法说清。根据推算 1989 年的中非人口中有 42% 的人口小于 15 岁，3% 的人口超过 64 岁，余者在 15~64 岁之间。这种情况与婴儿死亡率高及平均预期寿命短有很大关系。

中非的人口性别结构情况反映了赤道非洲诸国的特征，即女性在人数上占有优势。1975 年的中非共和国性别比为 48：52，表示为性比例指标是 92.3：100。

关于中非的人口地域分布情况。由于中非是一个内陆国，因此，人口不像沿海国家那样能集中在沿海地区，但是其人口分布仍然十分不均。靠近南部首都和西南部地区的人口稍稠密一些，这一方面是地理自然条件所决定，另一方面与历史、社会、文化有关，这里主要居住着苏丹语族和班图语族人。中非东部和东北部边疆地带人烟稀少，这与历史上的民族斗争、奴隶逃亡很有关系。在这些地区，目前大多"居住"着游牧部族。总的来讲，中非是一个人口稀少的国家，还有广袤的土地未充分开发。因此世界粮农组织估计，中非目前的土地能够养活比他们在 1975 年时多 20 倍以上的人口。

尽管中非的宝藏不及南非一些国家那样丰富，但仍有大量钻石、黄金等埋于地下。可是，该国经济并没有以此作为支柱，而仍然是以农业为主。由于农业生产落后，工业基础薄弱，交通情况不佳，致使中非成为联合国宣布的世界上最不发达的国家之一。那么，在中非人口增长率远低于其他国家的情况下，其经济仍十分落后，这究竟与人口较少有没有必然的关系？"人口过多阻碍了非洲经济的发展"，这一命题在中非能否成立便成了人们关注的问题。

中非的经济尽管落后，但是，城市人口所占比重却不低。1989 年 35% 的人口为城市人口，这比其他一些同等经济发展水平的国家高得多。仅首都班吉一市，便占全国人口的 16% 以上，也就是说，占全国总城市人口的一半左右。全国劳动力人口中有 85% 的从事农业生产，75% 的女性劳动力在农业部门。

然而，中非尽管经济条件不好，却重视教育。全国大、中、小学均实行免费教育。这在非洲是不多见的。1981 年小学生入学率为 68%，但是男女性相差很大，前者入学率为 88%，后者入学率仅为其一半，为 42%，这显示了中非对女性的偏见态度。中学生入学率为 18%，其中男性为 20%，女性仅为 7%。15~49 岁受过初等教育的人口男性为 70%，女性仅为 16%。受历史因素的影响，中非成人识字率仅为 33%，即每百名成人中，有 67 人为文盲。

人口预测

关于中非人口的预测，一般均是以 20 世纪 90 年代初的妇女总和生育率 5.6 个为基础，再参考现今的人口自然增长率 2.5% 的水平，预计中非 2000 年人口总数将达到 370 万人。届时的人口密度每平方公里也不过 5.9 人，仍是一个人口"稀少"的国家。

人口转变的国际比较

A Comparative Study On Demographic Transition In The World

人口转变理论是当前风行于西方的一种人口理论。它的基本内容是：人口过程不是一个独立自行运动的过程，而是与社会经济条件变化密切相关的过程。这一理论来源于对历史上西欧人口出生率和死亡率历史资料的分析。因为这样一种理论具有其合理性，所以我们也以此为依据考察并比较一下中国以及某些典型国家的人口转变状况，以期把握中国的人口变动进程。

简　　论

自法国人口学家兰德里于 1934 年提出了人口转变理论以来，对人口转变阶段的研究出现了"三段"、"四段"和"五段"式划分，其中又以英国人口学家布莱克的"五段"式划分法为代表。他的"五段"式划分法的基本内容有：高位静止（HS）、初期发展（EE）、后期发展（LE）、低位静止（LS）、减退（D）。在第一阶段，表示出生率和死亡率都维持高水平平衡，人口呈没有增长的静止状态；在第二阶段，表示死亡率开始下降，但出生率不变，人口增长加速并达到最高状态；在第三阶段，死亡率继续下降并达到低水平，同时出生率也开始下降，人口增长速度趋于缓慢；在第四阶段，死亡率和出生率在低水平上重新达到均衡；在第五阶段，出生率继续下降并低于死亡率水平，因而人口呈负增长。如图 1 所示。

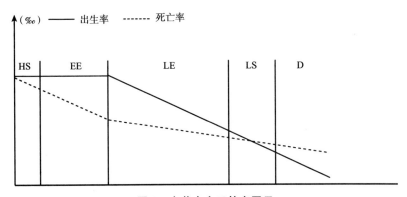

图 1　布莱克人口转变图示

按照这样的划分标准，通常将目前全世界区分为三种并存的人口再生产类型。（1）高出生、低死亡、高自然增长的"高低高"型；（2）三项指标都很低的"三低"型；（3）由前者向后者转变的"过渡型"。如果套用上述"五阶段"划分法，那么，这并存的三种类型则分别处在第二、第四、第三阶段。倘若出生率在40‰左右甚至更高，死亡率在16‰左右或者更低，人口自然增长率高达2.4%上下者，为"高低高"类型，即人口转变的第二阶段。而当出生率低于18‰，死亡率低于10‰，人口自然增长率低于0.8%以下时，则被认为是"三低"类型，即人口转变的第四阶段。如果介于上述三项指标所辖标准之间，则无疑为"过渡"型，亦即人口转变的第三阶段。

中国1990年进行的第四次人口普查资料表明，其人口出生率为20.98‰，人口死亡率为6.28‰，人口自然增长率为1.47%[1]。这就是说，中国人口变动处在人口转变"五段"式中的第三阶段，并正在向第四阶段逼近。这种状况显示出中国人口近40年来的演变结果。

1949年以前中国的社会经济状况决定了当时中国人口的死亡率是很高的，出生率作为对死亡率的一种补偿，同样处在很高的水平。据李伯华等学者根据1987年对60岁及以上老年人口抽样调查资料的分析研究[2]，中国妇女20世纪30年代的总和生育率都在4.0~5.0个之间，20世纪40年代同一指标上浮至5.0~6.0个之间。这样的资料说明了，至少在20世纪三四十年代时，中国的人口还未开始人口学意义上的转变。这就给出了我们这样的理论界定，即中国人口转变至少可以以1949年为其研究起点。

1949年，中国的人口出生率达36.0‰，死亡率为20‰。当时，正值人口转变的第一阶段，其特征是：高出生与高死亡并存。然而在随后很短的时间内，人口死亡的原因很快由过去的以传染病、寄生虫病为主转变为以心脏病、脑血管病和癌症为主，死亡率由此随之急剧下降。在不足10年间，死亡率由高降至中，1958年时已降至10.7‰，由此，人口平均预期寿命大大延长。因为在死亡率迅速下降时期人口出生率仍然保持着较高水平，所以，这时候呈现出一种"高低高"的局面，于是，中国人口再生产完成了第一个转变，从而跨进了人口转变的第二个阶段。这一次的转变历时不足10年，进一步的意义还在于，转变并未结束。从1965年起，死亡率终于降到了10‰以下，从此再未复升。1972年是出生率降至30‰以下的年份，接着，在1976年，出生率进一步降至20‰以下，虽说尾随其后的一段时期这一指标值因为各种原因有所波动，但是，始终围绕着20‰的横轴而未发生更大起伏。这标志着中国人口从那时起即跨上了一个新的台阶，完成了第二次人口转变并进入了人口转变的第三阶段。

仅从中国一国的情况很难做出这样的判断，即中国人口的转变速度究竟如何？为此，借用《当代中国的人口》一书所列资料进行如下分析比较，如表1所示。

---

① 《中国第四次人口普查的主要数据》，中国统计出版社，1991，第16页。
② 《中国人口科学》，1990年第2期。

表 1 中国、英国、瑞典、日本人口转变比较

	中 国	英 国	瑞 典	日 本
1. 时期年数（年）	1949～1975 26	1840～1916 76	1860～1917 57	1926～1954 28
2. 最高出生率（‰）	36.0→23.0 43.4	33.3→22.7 35.9	34.9→20.9 35.0	34.9→20.0 34.9
3. 最低死亡率（‰）	20.0→7.3 7.0	31.7→12.7 12.7	20.1→13.4 13.4	20.3→8.2 8.2
4. 自然增长率（‰）	16.0→33.3	8.0→14.0	7.5→17.2	11.9→21.6

注：最高出生率和最低死亡率是指在这一时期内的某一年的数值。

资料来源：《当代中国的人口》，中国社会科学出版社，1988，第 20 页。

中国的人口转变速度快于西欧诸国，这一事实是公认的。那么，中国是否是世界上人口转变最快的国家呢，或者说中国的人口转变在世界之林中处于怎样的一个位置，这正是我们所要考察的问题。下面，对具有典型意义的国家逐一进行透视。

日本的人口转变

因为一是中、日两国人口转变速度孰快孰慢尚在争论之中，二是中、日两国同是亚洲国家，具有许多比如说文化、传统等方面的共同特征，所以，首先所要考察的是日本的人口转变。

日本学者认为：西欧用了半个世纪才完成的人口革命，在第二次世界大战后的日本只用了十几年的时间便完成了。其实，日本人口的迅速增长与日本资本主义的发展几乎是齐头并进的。回顾日本历史，其人口发展速度在第二次世界大战前便达到了人口历史的顶峰。战争结束的时间并非是日本人口转变的起点，其后所发生的人口转变不但与第二次世界大战后该国社会经济文化发展有着密切的关系，而且与第二次世界大战前各种环境因素无法分开。日本著名学者大莱佐武郎认为有效降低生育率的重要因素有五个：普及小学教育、提高收入水平、改善营养、提高妇女的社会地位以及政府在人口政策方面采取果断措施等。其实，这几种因素在第二次世界大战前的日本都已经起到了一定的作用。下面，我们从这样几个方面去佐证这一判断。

（1）以工业为突破口进行分析。日本从 19 世纪末到第二次世界大战前的工业生产，一般分为三个阶段：1885～1895 年是食品工业和纺织工业的时期；1905～1915 年是食品、纺织工业与重工业、化学工业并驾齐驱的时期；1925～1935 年，重工业和化学工业成为日本最强大工业的时期。以上三个阶段的划分，足以勾画出当时日本的工业发展状况。日本资本主义工业化的战略突破口是从棉纺业入手的。例如，其棉纺出口量在 20 世

纪 30 年代时已夺走了英国在世界棉纺市场上霸占已久的第一把交椅。在重工业发展方面，日本的重化工业总产值在 1885 年时仅有 4700 万日元，1900 年达到 1.91 亿日元，1940 年进一步达到 195.6 亿日元。这说明当时日本的工业经济已达到了较高的水平。无疑，这一状况为二战后日本工业的恢复和发展提供了良好的基础。与此同时，工业化水平的任何一步提高都必然影响到农业现代化和城市化的进程，从而进一步对人们的文化、价值观也产生了影响。

（2）在工业迅速发展的同时，日本当时的农业也有相当大的改观。例如，明治政府曾对本国农业进行过几次大的改革：1872 年废除了领主土地所有制、1877 年修改了土地税制度等。同时，日本政府还一方面尽力扩大耕地面积，另一方面则采取相应措施提高单位面积产量，从而很快提高了日本粮食总产量。1885 年，该国粮食总产量为 510.6 万吨，1930 年达到 1003.1 万吨，其后每年至少在 800~900 万吨以上。这样一种状况对于日本人口身体素质的提高是十分有利的。

（3）虽说日本素以农业为立国之本，但是，随着西方资本主义的侵入以及该国资本主义生产方式的确立，以农业为主的生产方式逐渐衰弱。大约在百余年前，日本农业及其他第一类产业所占的比重为 82.3%，第二类产业所占的比重为 5.6%，第三类产业所占的比重为 12.1%。第一次世界大战后，这一格局发生了巨变，20 世纪 30 年代上述三项比重分别为 49.4%、20.4% 和 30.2%，20 世纪 40 年代上述比重进一步演变为 44.7%、26.1% 和 29.2%。众所周知，第一类产业就业人员比重的下降，既是经济发展的结果，同时又是今后人口转变的良好条件，这不但对经济发展起着重要作用，而且还推动着人口再生产类型的转变。我们可以据此断言若没有发生三类产业人口的先期演变，那么，日本在第二次世界大战后的人口转变是难以迅速实现的。

（4）城市人口比重高的国家其人口生育率低于城市人口比重低的国家，这是一个举世公认的事实。1940 年日本的城市人口比重达 38%，1950 年芬兰的城市人口比重为 33.2%，1951 年希腊的城市人口比重为 36.8%，1950 年瑞士的城市人口比重为 26.5%，全世界平均城市人口比重当时仅为 28.4%。可见，日本在第二次世界大战前其城市人口已具相当规模。虽说城市人口比重上升不是人口转变的直接原因，但肯定是一项重要原因，应该说，日本在第二次世界大战前城市人口的增加为在第二次世界大战后人口增长速度的减慢提供了条件。

（5）文化与生育通常呈反向关系。因此，有必要看一下日本第二次世界大战前的文化教育状况。众所周知，日本提高教育的思想可以追溯到明治年间，当时日本明治政府将兴办近代教育视为争取达到"富国强兵"总目标的一种手段，于是，日本在教育发展方面进行了大量投资，仅在 1905~1960 年的 55 年间，教育投资额由 3100 亿日元增加到 71100 亿日元，增加了近 23 倍。另外，早期的日本教育重点还不仅是普及小学教育，更重要的是也未放松对高等教育的重视。据日本文部省对日本教育的统计，1873 年日本小学校已达 12597 所，而在两年后的 1875 年便翻了一番，达到 24303 所，至第二次世界大战中的 1940 年，一直保持在 25000 所左右。初中学校在 19 世纪末仅有 100 所，20 世纪 30 年代末达到 600 多所，其间增加了 5 倍之多。值得一提的是，日本女子高中的发展速度也很快，1905 年统计时仅有 100 所，至 1940 年便达到 1066 所，约为 20 世纪初的 10 倍。相应的女子在校人数同应该受教育的学龄人数的比率，1905 年为 1.7%，1935 年为 33.6%。到第二次世界大战前为止，日本 12～16 岁的青年男女已有一半受过或正在受中等教育，同时有 4% 的青年人正在受高等教育。不言而喻，这种较高的文化教育水平对第二次世界大战后日本经济的发展无疑是一种潜在的力量。同时，作为一种因素则积极地抑制了第二次世界大战后日本人口的增长。所以，日本在第二次世界大战前其资本主义经济迅速发展的结果，包括工业、农业产值产量的提高，三类产业的转变、城市人口的发展壮大、农村人口显著下降以及教育水平的提高和教育事业的普及都为第二次世界大战后这些内容沿同一方向继续发展奠定了良好的基础。而且，这些变化对于第二次世界大战后的人口迅速转变也必然产生了明显抑或是隐蔽的影响作用。由此我们可以断定，没有第二次世界大战前日本诸多方面的发展，就没有第二次世界大战后日本人口的迅速转变。尽管如此，这还仅是问题的一个方面。

在另一个方面，第二次世界大战后日本人口转变之所以快，还有一个容易被人们忽视的原因，即人口学方面的因素，这其中既有早期的宣传、鼓励节制生育的思想和措施，同时也有人口发展过程本身的因素。例如，日本在 1920 年之前，虽说人口一直呈增长状态，但是年增长率却从 20 世纪 30 年代起便露出了下降的势头，而且，出生率和死亡率的下降甚至更早一些，两者几乎同于 20 世纪 20 年代后期开始下降（见表 2）。

表 2 日本人口自然变动指标

单位：‰

年 份	出生率	死亡率	自然增长率	年 份	出生率	死亡率	自然增长率
1872	17.0	11.8	5.2	1930	33.1	18.3	14.8
1880	25.5	16.6	8.9	1935	31.5	16.9	14.6
1885	29.9	23.6	6.3	1940	29.3	17.0	12.3
1890	29.8	20.8	9.0	1947	34.3	14.6	19.7
1895	31.6	20.8	10.8	1950	29.0	10.9	18.1
1900	33.5	20.8	12.7	1955	19.8	7.9	11.9
1905	32.5	22.5	10.0	1960	17.4	7.6	9.8
1910	36.3	21.8	14.5	1965	18.4	7.2	11.2
1915	35.5	19.2	16.3	1970	18.0	6.7	11.3
1920	37.6	25.5	12.1	1975	17.4	6.3	11.1
1925	35.9	20.6	15.3	1980	13.8	6.2	7.6

资料来源：①〔日〕矢野恒太纪念会编《日本 100 年》，司楚、訾晦祖译，时事出版社，1984，第 2～5 页。
②1947 年据《主要资本主义国家经济统计集》。

从上述不难发现，日本人口的出生率和死亡率自 1920 年起便开始了直线下降并持续了 15 年之久。1937 年中日战争爆发中断了这一直线下降趋势。如果没有这一战争的爆发，那么这两项指标将会继续沿着原先的轨迹运行。第二次世界大战期间日本人口的波动以及战后自然指标的震荡显然是这一人口集团长期发展趋势中的一个"插曲"。如果不是把战争结束作为日本人口转变的起点，而是立足于历史，那么，就不难发现日本人口的转变期先于中国，发轫点也早于中国。

如前所述，第二次世界大战前日本资本主义经济的发展使人们的收入有了一定的提高，营养状况也得到了相应的改善，从而为战后日本人口出生率的下降提供了可能。战前日本城市人口比重的增加，三类产业结构的变化又为战后日本人口出生率的下降准备了条件。战前日本文化教育的普及尤其是女子受教育人数的增多则为战后人口迅速转变奠定了良好的基础。战前日本节制生育的思想尽管是点滴的，其节育措施也是零星而微弱的，但这也使人们在节制生育方面有了一定的思想准备，这种思想准备对战后人口增长率的迅速下降也起到了不可忽视的作用。更为重要的是，1920 年以后的人口长期发展趋势——出生率与死亡率的直线下降——均为日本在战后的人口转变奠定了稳固的基础。总之，战前的所有这一切，都是促使战后日本人口得以迅速转变的重要而积极的因素。

无须赘言，第二次世界大战前日本所具有的这一切因素，过去的中国是望尘莫及的，因此，用给定的时期区间来孤立地描述两国或者几个国家的人口转变状况并以此为据断言孰快孰慢是不公平的。也正是因为 1949 年之前中国的这些社会经济基础因素与同时代的日本相差甚远，而第二次世界大战后几十年来的人口转变态势又与当代日本相差较小，所以我们才断言，与日本相比，中国的人口转变是迅速的，其速度快于日本。

印度等亚洲国家的人口转变

之所以选取印度作为本书的专门研究内容之一，这是因为：（1）与日本一样，中、印两国是同属于亚洲的比邻国家；（2）中、印两国具有类似的传统文化；（3）中、印两国都是多民族国家；（4）中、印两国历史发展轨迹也有多处"巧合"：其一，几乎在英国殖民者侵入中国的同时，印度也沦陷为英国的殖民地；其二，几乎在中华人民共和国成立的同时，印度也于 1947 年 8 月取得了独立地位，继而在 1950 年 1 月 26 日正式成立了印度共和国。这样，研究比较中、印两国人口的转变是十分有意义的。

从历史上来看，中国和印度都曾是人口大国。如公元 609～755 年，中国人口为 5000万人左右，印度人口为 3700 万人。自 16 世纪起，印度的人口总量曾经超过中国，如1550 年印度人口已达 1 亿人，而 1602 年中国人口不过 5630 万人。此后，印度人口的增长速度逐渐慢于中国，尤其经历了 1896 年的鼠疫、1918～1919 年的瘟疫之后，印度人口增长的"元气"大伤。到了 1921 年，印度人口是 2.5 亿人。也正是从那时起，印度人口开始了史无前例的增长。独立时的印度人口大约为 3.5 亿人。

根据印度政府在《1981～1982 年印度年报中的计划生育福利方案》中所提供的资料，1931～1940 年间，印度的出生率是 45.2‰，死亡率是 31.2‰；1941～1950 年，这两项指标分别为 39.9‰和 27.4‰；1951～1960 年，这两项指标分别为 41.7‰和 22.8‰；1961～1971 年这两项指标分别为 41.2‰和 19.0‰；此后出生率一直在 31‰～36‰之间，死亡率则一直徘徊在 10.0‰左右。另据中国国家计划生育委员会的资料，1990 年印度的出生率为 31‰，死亡率为 10‰[①]。40 多年来，印度的生命统计指标虽说有一定程度的下降，但与中国相比，其速度无疑相对缓慢。

如果在前面的分析中认为中国的人口转变快主要归因于计划生育政策推行成功的话，那么，印度作为世界上第一个于 1952 年便由官方宣布推行家庭生育计划的国家，便更加衬托出了该国的人口转变过程缓慢了。对于印度受经济不发达、社会政治条件限制以及历史文化继承性等特点所造成的目前人口状况之原因，在此无须赘述，作为一种结果，中国的人口转变速度快于印度这一点是明显的。

从整个亚洲的情况看，西亚除塞浦路斯，东南亚除新加坡，东亚除日本、韩国、中国香港和中国台湾这样几个国家和地区以外的所有国家和地区，20 世纪 90 年代的出生率均高于中国，即使像马来西亚、印度尼西亚这类华人居多的国家，也是如此。

下面先看一下新加坡的情况。新加坡自 1819 年英国人在此登陆之后直到 20 世纪 20 年代之前，一直是一个以移民为主的国家。20 世纪 20～40 年代，移民率有所下降，但仍占很大比重。人口的自然增长超过机械增长的状况起始于 20 世纪 50 年代，这意味着此后该地区人口自然变动才"正常"起来。从生命统计的指标上看，1958 年之前，新加坡的出生率一直在 40‰以上，1949 年甚至达到 47‰，这一指标在 30‰～40‰之间的比值持续了 6 个年头，即 1959～1964 年。随后出生率持续下降，1973 年开始降至 20‰以下，1989 年则在 17‰左右。死亡率的变动很有特点。20 世纪 40 年代末死亡率已降到 12‰左右，1953 年该比率开始降到 10‰以下，1989 年已降至 5‰左右，成为世界上人口死亡率最低的国家之一。除了个别年份以外，新加坡的两项指标都是均匀地呈直线形向下滑动。与此相比较，中国人口出生率的波动次数频繁，波动幅度也较大。

通常，认为中国和新加坡的人口转变属于同一类型。其实，以上分析表明，新加坡的人口死亡率下降得较早，当中国人口的死亡率还在 25‰以上的时候，新加坡的这一指标已经降至 15‰以下了。作为人口转变的先期条件，不能不说它比中国的人口转变开始得早一些。如果没有近几年由于生育周期性影响致使中国人口出生率略有回升的话，那么，两国的人口出生率指标 20 世纪 90 年代将是十分接近的。人口转变的起步明显

---

① 《计划生育宣传资料》，1990 年第 1 期。

晚于新加坡，但目前却相差不远，这一状况表明了中国的人口转变速度不亚于新加坡①。

在亚洲，类似的情况还有南朝鲜。20 世纪 90 年代，南朝鲜的人口 4300 万人。根据目前所能得到的资料，从现象上看，南朝鲜的出生率在 1960 年之前一直在 40‰以上，1955 年之前死亡率一直在 20‰以上，然而，这其中已经蕴涵了一种人口转变的趋势，正如南朝鲜人口学者 Hae Young Lee 所分析的那样②，1900～1910 年是南朝鲜人口转变的第一时期，即高出生、高死亡、高位静止。1911～1945 年为第二个时期，死亡率迅速下降，出生率仍维持在较高水平——此后的 1950～1953 年因战争原因而有所波动。1955 年以后由于医疗、公共卫生条件的改善，死亡率迅速大幅度降低，1955～1960 年降至 16‰，随后 1965～1970 年又进一步降至 13‰，20 世纪 90 年代仅为 6‰。虽说在 20 世纪 60 年代末期的出生率仍为 30‰，但在 20 世纪 70 年代中期便降到了 20‰左右③，20 世纪 80 年代后进一步降至 20‰以下。应当承认，南朝鲜的人口转变在近 20 年间的下降速度尤其迅猛，但是，如同前面分析日本人口转变时所指出的那样，第二次世界大战前南朝鲜人口变动的趋势性因素对第二次世界大战后同一地区的人口转变的影响同样是不容忽视的。而这些，正是中国历史上所缺少的。

欧洲若干国家的人口转变

社会发展史表明，尽管某一时期若干国家的社会、经济、人文状况趋于接近，但是经过若干阶段的发展之后，这种接近或被随之而来的差距所取代。各国的人口变动轨迹表明了这一点。

欧洲是人类社会进入资本主义最早的一块大陆，这是人类社会的政治、经济、文化乃至气候等因素综合作用的结果。一般来说，处于欧洲的这些国家其人口转变起始点要早一些，但是历程更长一些。

法国，是开始人口转变最早的一个国家。在 19 世纪 30 年代之前，出生率已降至 30‰以下，直到 20 世纪 70 年代之后，这一指标方才姗姗降至 20‰之下，在以后的很长时期内，法国的人口出生率并没有呈直线状等速下降，而是始终固定在 15‰左右再也没有向下滑动过。这显示了法国人口转变的缓慢性，这是其一。其二，这同样表明了即使在较长时期内，这些指标也不会像一些人担心的那样会不断下降或无限制地上升，它必定会固定地徘徊于某一数值。基于相同的原理，人口转变同样不会像一些人期望的那样

---

① 新加坡人口统计数据取自 Lee-Jay Cho and Kaznmasa Kobayashi：*Fertility Transition of the East Asian Population. The University press of Hawaii.*

② Hae Young Lee：*Demographic Transition in Korea Prior to 1960 From. Fertility Transition of the East Asian PopulationThe University press of Hawaii*，1974.

③ 沈益民编著《近三十年世界人口普查和人口概况》，群众出版社，1983。

在极短的时间内迅速完成，其转变速度同样要受到一个"度"的限制。

瑞典，也是人口学者在研究人口转变时经常引以为证的一个国家。从人口出生率上看，其转变晚于法国；从死亡率看，其转变又早于法国。到 20 世纪 90 年代初为止，瑞典是世界上人口出生率最低的国家之一。据美国人口咨询局的测算，瑞典 1991 年的人口出生率为 14‰，死亡率为 11‰。[①]

美国人口咨询局将芬兰作为人口转变的一个"标准"国家。该局将芬兰的人口转变划分为四个阶段：第一阶段是 1785 ~ 1790 年，出生率为 38‰，死亡率为 32‰，自然增长率为 6‰；第二阶段是 1825 ~ 1830 年，出生率为 38‰，死亡率为 24‰，自然增长率为 14‰；1910 ~ 1915 年为第三阶段，这三项指标分别为 29‰、17‰ 和 12‰；第四个阶段是 1970 ~ 1976 年，出生率为 13‰，死亡率为 10‰，自然增长率为 3‰。不难发现，芬兰的人口转变成为目前的情形，从开始转变算起，至少花费了近二百年的时间。

人口转变类似于此的国家对于欧洲来说，还可以列举出许多，像英国、挪威、瑞士、联邦德国等都经历了类似的轨迹。总的来讲，欧洲绝大部分国家的人口转变特征是：（1）转变起步早，所耗时间长；（2）先是死亡率的下降，尾随其后的才是出生率的滑落；（3）出生率下降到某一程度比如说 10‰ 左右时，便不再继续跌落，即使一些老龄化程度很高、育龄妇女比重很低的国家也是如此，反映了人这一特殊动物物种的特殊性。

当然，并非欧洲的所有国家都已经完成或者接近完成人口转变。例如，阿尔巴尼亚，就是到现在，从年龄构成上讲仍是欧洲最"年轻"的一个国家。从 20 世纪 90 年代来看，中、阿两国人口生命统计指标十分接近。例如，1989 年，中、阿两国人口出生率分别为 21‰、25‰；死亡率分别为 7.0‰、6.0‰；自然增长率分别为 14‰、19‰；婴儿死亡率分别为 44.0‰、42.0‰；平均预期寿命基本都是在 66 ~ 70 岁左右[②]。这种状况最终是由落后的经济因素以及由此而决定的落后的文化现状所决定的，从近几十年来的情况看，中、阿两国人口变动的轨迹几乎是吻合的，进程是同步的。其不同之处在于：（1）阿尔巴尼亚没有经历中国 20 世纪 60 年代初期所经历的人口剧烈波动；（2）20 世纪 80 年代初期中国人口出生率已降至 20‰ 以下，而阿尔巴尼亚的人口出生率却仍处在 25‰ 以上。从这些方面看，中国的人口转变速度仍快于阿尔巴尼亚。

通过这样的分析，给我们的启示是，即使同处于欧洲，因为各国经济、文化方面的差异，也不能用一个固定模式来套用。欧洲的西部和北部属于欧洲发达国家的地区，中国在历史上的许多方面都落后于这些国家，因此，加速中国的人口转变以"赶、超"这样一类国家人口转变的结果，显然是有很大困难的，何况中国的人口转变速度已经快于欧洲的任何一个国家。

---

① The Population Reference Bureau：*World Population Data sheet*，1991.

② The Population Reference Bureau：*World Population Data sheet*，1989.

非洲若干国家的人口转变

非洲是人类最早的发源地之一，但同时，它又是现代文明开发最晚的地区之一。因为现代文明与社会经济的发展休戚相关，人口现状主要是社会经济发展的结果，所以非洲的人口到目前为止仍停留在十分落后的转变阶段。

根据 20 世纪 90 年代左右美国人口咨询局推算的资料，非洲的平均人口出生率仍在 41‰ 以上。其中，东非最高，1988 年达到 48‰；西非次之，同年为 47‰；北非为 39‰；南非为 34‰。这与死亡率高有极大关系，凡是死亡率高的国家其出生率必然很高。非洲的绝大多数国家几乎都是在 20 世纪中期才从欧洲殖民者手中解放并独立的，所以，要想得到这些国家过去详尽的人口历史资料，是不可能的。这一事实将我们对非洲人口的研究视线局限在了近几十年。这样，研究非洲的人口转变就只能将 "20 世纪 50 年代左右" 作为分析这一问题的起点。

在非洲，除了诸如毛里求斯、塞舌尔等这样人口数量很少的国家或地区之外，绝大多数国家的出生率四十余年来几乎没有发生大的变化。死亡率下降的差异略大一些，这种差异一方面表现在不同空间的各国之间，另一方面则是时间先后的顺序问题。但总体上讲，非洲仍然是世界上人口死亡率最高的一个地区。用人口转变的五段论即用现代人口指标来度量，非洲人口尚处在第二阶段的中期和前期，即死亡率开始下降，出生率仍维持在几乎如同以前一样的高水平上，其结果是人口迅速增加。

过去中国的人口死亡率也是很高的。据陈达等人的调查，1949 年以前，人口死亡率在 25‰ ~ 33‰ 之间，高时超过 40‰。另有一些资料表明，1936 年中国农村人口死亡率为 27.1‰，其中婴儿死亡率高达 179.4‰，1 岁组为 101‰，2 岁组为 81.8‰[1]。这是当时中国农村的情况，它代表着当时中国经济发展落后的一面。从全国来讲，死亡率与此接近，因为农村人口历来比重大，全国的这一比率因此不可能相差太远。对旧中国经济曾进行过专门研究的 J. B. Condiliffed 在他所著的《中国今日之经济》一书中认为：旧中国人口的生命短促之现象及婴儿死亡率之特别增高，均属显明之事实。

从中国各地区当时的人口死亡状况看，也能说明同样的问题。例如，据 1938 年 9 月国民党政府内政部所编的《卫生统计》资料，当时四川省人口死亡率为 44.5‰，婴儿死亡率为 207.8‰。另据国民党政府实业部所编《中国经济年鉴》资料，从对当时该省 14 个县的调查，1936 年该省人口死亡率为 40.0‰，其中婴儿死亡率为 191.2‰[2]。1938 年，

---

① 刘铮等：《人口理论教程》，中国人民大学出版社，1985，第 83 页。
② 《中国人口——四川分册》，中国财政经济出版社，1988，第 118 页。

国民党政府公布的湖北省人口自然变动的情况是，死亡率当时为32.2‰[1]。根据同一资料，其他地区如当时西北地区的绥远，死亡率为46‰，婴儿死亡率为429.9‰，山西省的人口死亡率为22.8‰，冀、鲁、豫三省的总平均人口死亡率为26.2‰，长江下游的人口死亡率为28.3‰，西南区的人口死亡率为35.6‰，东南区的人口死亡率为31.2‰。这些情况都说明了1949年之前中国人口的死亡率相当高，在25‰~30‰之间。1949年以后中国除了在1960年人口死亡率突然升至25.43‰以外，死亡率一直呈下降趋势，自1950年起中国的人口死亡率降到了20‰以下。

非洲大部分国家的死亡率在20世纪50年代初期仍在30‰左右，处于中国20世纪30年代的水平，但直到20世纪70年代中后期，这一地区的人口死亡率下降到20‰以下的国家并不多。所以，在人口转变的过程中，中国人口死亡率的下降速度远远快于非洲诸国这一事实是十分明显的。

与此相类似的指标还有出生率。至少从现象上看，中国人口出生率从1949年算起，用20年的时间降低了十余个千分点，即从接近40‰或偶尔地超过40‰下降到了30‰以下。而在这相同的时间长度内，非洲多数国家的出生率仅降低了5个千分点甚至不足5个千分点。还有一些国家的出生率几乎没变化。如果考虑到中国的人口出生率是从中高水平向中低水平下滑，而非洲这一指标则是从高水平向中高水平过渡的话，根据"压力越大反弹力越大"的原理，中国的人口出生率比非洲的下降状况较之指标所能显示出来的含义更丰富、也更深刻，其下降速度也衬托得越快。

虽说中国与非洲在基础方面存在着一定的差异，如中国过去是一个半封建半殖民地国家，而大多数非洲国家则分别属于不同国家的完全殖民地，但是落后则是共同的。所以，也正是从这个意义上说，至少到现在为止，中国人口转变快于非洲的任何一个国家。

拉丁美洲若干国家的人口转变

"拉丁美洲"一词本身就是一个蕴涵着深远的历史和社会经济文化含义的区域名称。这一地区不仅居住着原有的土著居民，而且同时又拥有着相当部分来自几乎地球上各个角落的人口群体。在这样一个由不同的社会、经济、文化汇合而成的民族"大熔炉"里，人口状况的复杂性显而易见，这也是它与非洲诸国的区别所在。然而，它们之间也存在着一些共同的特征，例如，拉丁美洲人口出生率目前接近于30‰，属于世界上仅低于非洲的一个地区；一般死亡率虽然很低，但婴儿死亡率却偏高等。

拉丁美洲的历史决定了拉丁美洲目前的人口特征，中国历史的发展轨迹与该洲相比大相径庭。所以，无论从历史的角度还是从现在的角度来看，都很难将中国与拉丁美洲的某

---

[1]　刘铮等：《人口统计学》，中国人民大学出版社，1981，第102页。

个方面比如说人口状况——加以对比。这样，我们只能将要说明的问题从现象上略做分析。

拥有 3000 多万人口的阿根廷是拉丁美洲的人口大国之一。20 世纪 90 年代初该国的人口出生率与中国接近，1991 年该国人口出生率为 21‰，死亡率为 8‰，自然增长率为 13‰。其实，几十年来该国的生命统计指标值几乎未发生变化。也就是说，自 20 世纪 50 年代初期起，阿根廷即已达到了这样一个水平。

巴西，是拉丁美洲人口最多的国家之一，也是世界上的人口大国之一。据有案可查的资料，1840～1958 年，该国的人口出生率一直在 40‰ 以上，世纪交替时期曾高达 46‰。在 20 世纪 60 年代初，该国人口出生率开始与中国同期水平接近，即在 37‰～38‰之间。从死亡率上看，20 世纪 50 年代之前，巴西仍在 20‰以上，尤其是在 20 世纪 30 年代这一指标值与中国当时的这一指标值十分接近：巴西是 24.8‰，中国是 28.2‰。到 20 世纪 90 年代为止，中、巴两国的人口死亡率也相差无几，前者是 7‰，后者是 8‰。现在的差异主要表现在人口出生率上，据 1991 年美国人口咨询局估计的数据，当年巴西人口出生率为 28‰，中国人口出生率为 21‰。如果把中国目前的人口格局看做处于人口转变"五段式"的第三段尾声的话，那么，巴西则仍处在同一阶段的中前期水平，这显露出了中国人口转变速度快于巴西的特征[1]。

除了巴西以外，拉丁美洲人口最多的国家莫过于墨西哥。20 世纪 90 年代墨西哥人口接近 9000 万人。1991 年该国的人口出生率达 29‰，死亡率已降至 6‰。根据美国学者 R. C. 韦斯特和霍华德·克莱因、英国学者哈罗德·布莱克尔等人的推算，20 世纪初期，墨西哥人口出生率曾在 30‰左右，1930 年，这一指标值一跃而达到 49‰[2]，随后的 40 年间人口出生率一直在 40‰以上，从 1975 年开始，人口出生率才缓缓落至 40‰以下，然而直到现在，却始终未曾降到 28‰。死亡率的变动情况是，20 世纪初在 30‰以上，20 世纪 40 年代以前在 20‰以上，20 世纪 60 年代初期之前在 10‰以上，此后在 10‰以下。墨西哥的人口转变特征由此可见一斑。

从全球范围看，墨西哥是世界上为数不多的由鼓励人口增长转变成主张控制人口增长并取得了显著成绩的国家之一。第二次世界大战之后的很长时期内，墨西哥历届政府均执行着鼓励人口增长的政策，直到 20 世纪 70 年代上半期才转向主张控制人口增长，并明确提出了"在全国实行计划生育，合理地调节和稳定人口增长，以便更好地利用本国的人力和资源。"虽说"亡羊补牢，犹未为晚"，但是，人口转变的步伐毕竟落后了。

拉丁美洲目前只有极少数人口小国其出生率接近或低于中国，如巴哈马（18‰，

---

① 巴西数据来源与阿根廷相同。另参考〔巴西〕哈多克·洛波《巴西经济地理》，梁湘译，商务印书馆，1980。

② 〔美〕R. C. 韦斯特、J·P. 奥吉利：《中部美洲——它的土地和人民》，张继书等译，陕西人民出版社，1981。〔英〕哈罗德·布莱克尔、克利福德·T. 史密斯：《拉丁美洲地理透视》，复旦大学译文室等译，上海译文出版社，1980。〔美〕霍华德·弗·克莱因：《墨西哥现代史》，天津外国语学院等译，天津人民出版社，1978。

1991 年)，巴巴多斯（16‰，1991 年），马提尼克（19‰，1991 年），乌拉圭（18‰，1991 年）① 等。其中，乌拉圭的人口略多一些，有 300 多万人。其实，乌拉圭在很多方面与前述的阿根廷相似。一方面，乌拉圭的欧洲移民占有很大比重，有拉丁美洲"肤色最白"的国家之称（如在 1836～1926 年间，来乌拉圭定居的欧洲居民总数达 64.8 万人，在 1900～1930 年间，每年即有 1.5 万人到乌拉圭定居）。另一方面，或许也是受前一方面的影响，乌拉圭的人口出生率很早便与阿根廷一起向下滑动，从而成为拉丁美洲地区人口出生率下降最早也最快的两个国家。因为乌拉圭自 1908 年进行了第一次人口普查之后，直到 1963 年才进行第二次，所以，要想了解当时该国人口的自然变动情况十分困难。根据推算，该国自 20 世纪 50 年代起人口出生率即为 20‰左右，几十年来一直如此，表现出这一比值对于这个国家在人口出生方面的稳定性。在这样一种背景的衬托下，尽管中国人口出生率绝对高于乌拉圭，但其下降速度快于乌拉圭却是十分明显的。

另外，像前述的人口尚不足几十万人的诸如巴哈马等小国，不要说它们的人口转变从历史上讲并不快于中国，即使其转变速度十分迅速，对于一个拥有 10 亿人口的泱泱大国来说，这些小国与中国也是无法比拟或不可同日而语的。

美国的人口转变

一般来说，研究美国的人口转变意义不大。这是因为：（1）美国从 1776 年独立之日算起，至今不过 200 年的历史，此前的人口一直以移民为主；（2）近 200 年来移民仍如潮水般地一波又一波地涌入；（3）尽管美国从 1790 年便开始了人类社会最早的全国性的人口普查，但是，直到 1900 年和 1915 年时才分别对人口死亡和人口出生状况有所了解。此前有关美国国土上的生命统计多为估测值。这样，我们在考察美国人口转变历史时，一是被局限在 20 世纪初期，二是要时时考虑到经常有移民出入这样一个大背景。如果仅看生命统计的这几项指标，那么人口出生率的情况是，除了 1930～1945 年这一特殊时期外，1963 年之前均在 20‰以上，随后均在 20‰以下；20 世纪 70 年代初一度曾降至 14.5‰，但此后略有回升，目前为 16.0‰。死亡率的变动轨迹是，除最近几年外一直下降：从 1900 年的 17.2‰降至 1910 年的 14.7‰，1945 年以后继续下滑至 10‰以下，今天虽有回升的迹象，但仍未超过 10‰②。

所以，美国的人口转变是不规范的。按照布莱克的人口转变阶段论，进入 20 世纪以来，美国似乎一直处在第三阶段上，即死亡率很早便接近可能达到的最低限度，人口出

①　The Population Reference Bureau：*World Population Data sheet*，1991.
②　〔美〕塞缪尔·埃利奥特·莫里森等：《美利坚合众国的成长》（上卷），南开大学历史系美国史教研室译，天津人民出版社，1980。黄绍湘：《美国早期发展史》（1492～1823），人民出版社，1957。〔美〕福克纳：《美国经济史》（上卷），王锟译，商务印书馆，1965。

生率持续下降，人口增长速度日渐缓慢。从指标对应值上看，中国的人口转变在 20 年内浓缩了美国所经历的 60 年的全过程。例如，美国人口出生率 1900 年为 32.3‰，1966 年为 18.4‰；中国人口出生率 1955 年为 32.6‰，1977 年便降到了 18.9‰。这还没有考虑到 20 世纪之前美国已经显示出的人口出生率向下滑动的状况。死亡率的变动情况是：美国从 1900~1947 年花费了 47 年的时间使这一指标从 17‰降至 10‰，中国同样的下降幅度仅用了 1952~1965 年的 13 年时间。所以，中国的人口转变速度快于美国。

苏联的人口转变

由于众所周知的原因，目前对苏联人口转变进行研究，无疑有很多困难。其主要原因是一些加盟共和国独立所致。但是因为：（1）所研究的主要是前苏联人口历史的变化；（2）研究人口转变以生命统计相对指标为主。所以，以下的分析便是建立在这样一种基本思路之上的，研究其人口转变也就有了一定的意义。

苏联的人口变动在 20 世纪之前受到过诸如经济发展迟缓、政治局势动荡不定、战争连绵不断、鼠疫和天花横扫欧洲、粮食欠缺严重以及其他天灾人祸等因素的影响。因此，在具有灾难性的十六、七世纪，人口增长比较缓慢，但到了 18 世纪其人口增长速度明显加快，这与当时彼得一世的"改革"是分不开的。进入 19 世纪以后，人口稳步增长，至 19 世纪下半叶，苏联人口增长速度再次加快，其出生率高达 50‰左右，但死亡率也很高，大约为 35‰，人口自然增长率为 15‰。1897 年进行的首次全国人口普查表明，当时疆域下的人口总数 1.283 亿人。在十月革命前夕，苏联全国人口达到 1.30 亿人。

20 世纪以来，苏联人口变化更加复杂，第一次世界大战前夕的 1913 年，按照 1990 年初期的苏联疆域推算共有人口 1.392 亿人。其死亡率高达 30‰，而人口出生率更高达 47‰，人口自然增长率为 17‰。从增长速度上看，不能算缓慢。第一次世界大战影响了苏联的人口增长，直接因战争和当时疾病导致死亡的人口大约有 200 万人。问题的关键是，苏联人口的年龄、性别构成由此而畸形地发展起来，由于男子减少而导致的人口出生率下降则从"根"部减少了人口的主要来源。1926 年进行的人口普查表明，在具有与苏联可比性的疆域内，人口仅比 1913 年多 800 万人，达到 1.47 亿人。至 1939 年，在同样的疆域内，人口增加到 1.706 亿人。这种增长一方面是由于医疗卫生条件的改善而使死亡率在各地都基本上得到控制的结果，另一方面是鼓励生育使出生率保持在相当高的水平的结果。1913 年，苏联人口的出生率和死亡率分别为 45.5‰和 29.1‰；1939 年，出生率和死亡率则分别为 30‰以上和 17‰左右。

第二次世界大战使苏联的人口再次受到重大的打击。根据推算，有 2000 多万人直接死于战争，因战争而减少的出生人数大约有 1000 万人。这种结果一直对苏联有着很深的影响。第二次世界大战之后，由于生活正常化以及结婚人数增加，加之对生育行为的鼓励，出生率仍然较高，1958 年曾达到 25.5‰。死亡率则因医疗卫生和文化事业的发展而降低。1958 年已降至 7.2‰，自然增长率为 18.1‰。到 1959 年，前苏联人口已突破 2 亿人，达到 2.088 亿人；20 世纪 70 年代超过 2.5 亿人；20 世纪 80 年代，当时的苏联总人口接近 2.9 亿人。

总之，十月革命前的俄国是世界上人口自然增长率最高的国家之一，主要是人口出生率特别高所致。十月革命后，人口自然增长率高主要是死亡率下降的结果。1950～1959 年，人口出生率水平保持在 25‰ 左右不变，死亡率保持在 8‰ 左右，进入苏联人口史上"高低高"的过渡阶段，也是苏联人口自然增长率最高的时期之一。从 20 世纪 60 年代起，其人口出生率开始下降，但死亡率由于人口老龄化的相克作用而下降迟缓甚至有些年份还略有回升。20 世纪 70 年代初，人口出生率降到最低值，其后，由于人口再生产周期性原因或其他原因，人口出生率也有回升，但上升幅度有限。

苏联人口转变的大致轨迹是：1917 年十月革命之前，苏联正处在人口转变的第一阶段向第二阶段的过渡时期，或称为准第二阶段；至 20 世纪 40 年代初期为第二阶段，也就是说苏联人口出生率降至 30‰ 以下，发生在 1940～1945 之间的第二次世界大战末期；此后至 1964 年，为第三阶段，即人口出生率降至 20‰ 以下；1964～1989 年，应该是苏联人口转变的第四阶段。严格地讲，苏联尚未完全进入"三低"类型，因为其人口出生率仍徘徊在 19‰ 左右。如果没有两次世界大战的创伤，苏联的人口显然会比现在多出许多；同样的如果第一次世界大战后苏联没有各种鼓励政策去促使人口增长的话，那么苏联人口或许早该步入"三低"的人口再生产类型了，也正是因为这样的原因，20 世纪 90 年代以前的苏联人口转变步伐显得迟缓而有些拖沓。

图 2 和表 3 是根据如前所述的多种资料整理出的苏联历年人口自然变动指标值及图示。

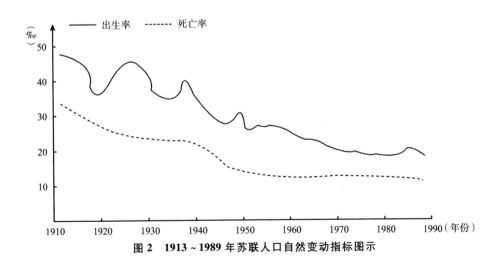

图 2　1913～1989 年苏联人口自然变动指标图示

表3　1913～1989年苏联人口自然变动指标

単位：‰

年　份	出生率	死亡率	自然增长率	年　份	出生率	死亡率	自然增长率
1913	45.5	29.1	16.4	1954	26.6		
1918	31.8			1955	25.7		
1919	30.8			1956	25.2		
1920	31.0			1957	25.4		
1921	35.3			1958	25.3	7.2	18.1
1922	36.8			1959	25.0	7.2	17.8
1923	42.8			1960	24.9	7.1	17.8
1924	41.0			1961	23.8		
1925	45.0			1962	22.4		
1926	44.0	20.3	23.7	1963	21.1	7.2	13.9
1927	43.7			1964	19.5		
1928	44.3			1965	18.4	7.3	11.1
1929	41.8			1966	18.2		
1930	41.2			1967	17.3		
1931	32.6			1968	17.2	7.7	9.5
1932	32.6			1969	17.0		
1933	32.6			1970	17.4	8.2	9.2
1934	32.6			1971	17.8	8.2	9.6
1935	31.6			1972	17.8	8.5	9.3
1936	34.6			1973	17.6	8.7	8.9
1937	38.7			1974	18.0	8.7	9.3
1938	37.5	17.4	20.1	1975	18.1	9.3	8.8
1939	36.5	17.4	19.1	1976	18.4	9.4	9.0
1940	31.2	18.0	13.2	1977	18.1	9.6	8.5
1946	23.8			1978	18.2	9.7	8.5
1947	25.7			1979	18.2	10.1	8.1
1948	24.1			1980	18.3	10.4	7.9
1949	28.5			1981	18.5	10.2	8.3
1950	26.7	9.7	17.0	1982	19.0	10.1	8.9
1951	20.0			1983	20.2	10.4	9.8
1952	26.5			1984	19.8	9.9	9.9
1953	25.1			1989	20.0	10.0	10.0

　　总之，历史上的苏联人口转变慢于当代中国人口的转变进程。

中国人口转变的特点

通过与若干国家的比较，中国人口转变至少有这样几个突出的特点：（1）转变初期的出生率起点高；（2）转变末期的死亡率落点低；（3）转变历程所用时间短；（4）转变结果正在向"三低"类型逼近①。过去，有一种说法，即"发展是最好的避孕"，现在，通过分析，我们又发现了这样一个真谛，即发展是最根本的避孕；人口控制政策科学而合理、人口控制手段坚定而持久同样是最好的避孕。中国人口转变之所以快于任何国家，正是这两项"避孕措施"的综合结果。

根据美国人口咨询局的资料，1989 年中国人均国民生产总值为 300 美元。当年接近该指标水平或近似水平的国家或地区包括非洲的苏丹、贝宁、多哥、卢旺达、索马里和亚洲的印度、马尔代夫以及拉丁美洲的海地等国②。然而，这些国家的人口出生率均远远高于中国，甚至一些人均国民生产总值超过 1000 美元抑或达到 2000 美元的国家，其人口出生率也远远高于中国。这说明了仅凭人均国民生产总值的提高，不能降低妇女的生育水平从而加速人口的转变，这是其一。其二，同时也说明了，仅仅仰仗经济的单一变化而不注重整个社会文化的发展，要想加速人口转变，同样会遇到困难。其三，这还说明，即使社会经济发展了，如果没有辅之以改变人们的主观态度和相应措施，任人口自由发展，人口转变的进程同样不会加快，至少慢于那些采取了各种控制人口增长措施的国家。中国人口控制之成功，人口转变速度之快，其事实举世公认。我们很难做出这样的想象，即如果没有 20 世纪 70 年代以来人口控制工作的开展；如果没有相应的组织机构的建立以及职能的行使，目前的中国人口状况将会如何？但是，事物总是辩证的，在强调问题的一个方面时，永远不能排斥或者否定另外一个方面。这里的意思是指，如果没有社会、经济、文化的发展，即如果没有发展作为依托，很难说人口控制工作及其效果将会如何。在中国 20 世纪 70 年代之前，尚未明确地、坚定地提出人口控制时，无论是城市还是乡村的多孩生育率已经下降的事实③则是这一方面的有力佐证。

因此，在归因中国人口控制所取得的成就时，对于发展与控制，不能有所偏颇。为此，一些学者希望通过某种方法去定量分析在中国人口转变的过程中，行政干预与经济发展究竟是哪一种因素起了主导作用，以及这些因素所起的作用有多大，这在理论上是

---

① 笔者曾用模糊数学的方法对中国人口的再生产类型进行过判断，得出的结论是：20 世纪 80 年代初期，中国人口属于"三低"类型的隶属程度是 0.924（1983 年）。见阎海琴《山西财经学院学报》1987 年增刊第 2 期。根据 1990 年最新人口普查资料的测算，由于人口出生率略有回升，中国人口属于"三低"类型的隶属程度回落为 0.82。

② The Population Reference Bureau：*World Population Data sheet*，（1985 – 1991）.

③ 比如中国农村多孩总和生育率，1963 年是 4.9 个，1965 年是 4.31 个，1970 年是 4.44 个，1972 年是 3.71 个。

行得通的，但是，一经与实践接触，困难便不期而至，这是由社会问题的复杂性所决定的。其实，虽说影响人口转变的因素可以单独列举出若干个甚至更多，但是，这些因素始终相互影响或者相互作用着，所以，假定某一种因素不发生变化也仅只能停留在理论上。例如，假定经济不发生变化，只通过政策去调整人口，这时的人口便被假定会朝着某一个方向以某一种速度发生变化。其实，如果经济真的不发生变化而维持原状，由于政策最终是由经济所决定的，那么这样的政策就不可能产生出来和执行下去。举一个极端的例子，即假定经济不发展而保持封建社会的状态而运用现代人口政策去调整人口的运行，这种假定显然是荒谬的作法，相反的假定也是如此。所以，应用这一类方法去分析类似的问题必定有它的局限性。

小　　结

本书的上篇是分析研究世界各国的人口现象和人口变动规律；本书的下篇则是研究中国人口变动的特点，是为了进一步研究中国人口的变动规律，这就不能不了解中国人口转变的态势；了解这一态势，并对此加以判断，也就不能不进行横向间的国际比较。本书下篇的目的，始终是为了证明这样一个命题，即中国在人口转变的历程中，与其他国家相比，尽管起步较晚，但是，转变的速度在世界上是最快的。

（1）中国人口到目前为止，已进行了两次转变：第一次是在 1950～1958 年；第二次是在 1965～1972 年。依据人口转变"五段式"的划分，目前中国人口正处在第三阶段，并正在向第四阶段接近。

（2）中国人口转变与其他国家不同的特点是：①转变初期出生率起点高；②转变末期死亡率落点低；③转变速度快；④正在向"三低"类型过渡。

（3）中国人口转变之所以迅速，一是因为社会、经济、文化的发展；二是因为控制人口行政手段的坚定与一贯，两者相辅相成，缺一不会有中国人口之现状。

（4）研究的结论告诉人们：中国的人口转变速度在过去已经很快，按照社会发展的规律，这一转变在今后很难继续加速。换句话说，今后的中国人口控制，是在已经取得巨大成绩的基础上进行的，因此，阻力会更大，困难将增多。

References
主要参考书目

[1] 张纯元、吴忠观：《人口经济学》，北京大学出版社，1983。

[2] 张纯元、吴忠观：《马克思主义人口思想史》，北京大学出版社，1985。

[3] 刘洪康、吴忠观：《人口手册》，西南财经大学出版社，1988。

[4] 邬沧萍、侯文若：《世界人口》，中国人民大学出版社，1983。

[5] 毛汉英、刘伉：《世界人文地理手册》，知识出版社，1984。

[6] 〔法〕皮埃尔·莱昂主编《世界经济与社会史》，谢荣康等译，上海译文出版社，1985。

[7] 〔美〕西蒙·库兹涅茨：《各国的经济增长》，常勋等译，商务印书馆，1985。

[8] 〔英〕亚·莫·卡尔 - 桑德斯：《人口问题》，宁嘉风译，商务印书馆，1983。

[9] 〔美〕朱利安·L. 西蒙：《人口增长经济学》，彭松建等译，北京大学出版社，1984。

[10] 〔荷〕J. 奥威毕克：《人口理论史》，彭松建等译，商务印书馆，1988。

[11] 《世界知识年鉴》，世界知识出版社，1989/1990。

[12] 《世界百科全书》，光复书局，1987。

[13] 〔美〕布朗等：《世界人口宏观》，吴铮、吕湘仁译，北方妇女儿童出版社，1986。

[14] 〔英〕伯纳德·刘易斯：《现代土耳其的兴起》，范中廉译，商务印书馆，1982。

[15] 〔英〕S. H. 朗格里：《伊拉克》（上、下），北京师范大学《伊拉克》翻译小组译，北京人民出版社，1977。

[16] 〔伊〕贾希姆·穆罕默德·海拉夫：《伊拉克地理》，兰亭等译，北京出版社，1982。

[17] 〔英〕W. B. 费舍尔主编《伊朗》，北京大学地质地理系经济地理专业译，北京人

民出版社，1977。

[18] 张俊彦主编《中东国家经济发展战略研究》，北京大学出版社，1987。

[19] 〔法〕P. 韦内提埃：《刚果（布）地理》，中国科学院地理研究所法文翻译组译，商务印书馆，1976。

[20] 〔法〕让·许勒－卡纳尔：《几内亚共和国》，刘伉等译，商务印书馆，1979。

[21] 中国社会科学院西亚非洲研究所：《非洲经济》，人民出版社，1987。

[22] 〔喀麦隆〕恩格瓦：《喀麦隆联邦共和国地理概貌》，安徽师范大学外国地理翻译组译，安徽人民出版社，1976。

[23] 〔埃及〕塔·谢尔夫：《利比亚地理》，唐裕生译，商务印书馆，1982。

[24] 〔英〕约翰·Ｇ. 派克：《马拉维》，天津师范学院地理系教师译，商务印书馆，1978。

[25] 〔苏〕加·叶·加兰特：《莫桑比克》，南京大学地理系非洲地理组译，江苏人民出版社，1978。

[26] 〔苏〕T. M. 莫伊谢耶娃：《南非共和国经济地理概况》，开封师范学院地理系译，河南人民出版社，1977。

[27] 杨人缏：《非洲通史简编》，人民出版社，1984。

[28] 〔法〕皮埃尔·古鲁：《非洲》上、下册，蔡宗厚等译，商务印书馆，1984。

[29] 〔尼日利亚〕留本·可·克多：《尼日利亚地理区》，中国科学院地理研究所英文翻译组译，商务印书馆，1978。

[30] 〔英〕克拉克主编《塞拉利昂图志》，《塞拉利昂图志》翻译组译，河北人民出版社，1977。

[31] 《中国知识年鉴》，世界知识出版社，1987。

[32] 〔英〕D. 海韦尔·戴维斯：《赞比亚图志》，武汉大学外文系英语专业译，商务印书馆，1976。

[33] 〔苏〕维·沃尔斯基主编《拉丁美洲概览》，孙七明等译，中国科学院出版社，1987。

[34] 〔巴西〕哈多克·洛波：《巴西经济地理》，梁湘译，商务印书馆，1980。

[35] 胡焕庸、张善余编著《世界人口地理》，华东师范大学出版社，1982。

[36] 张宝宇等编著《各国手册·巴西》，上海辞书出版社，1983。

[37] 〔英〕詹姆士·罗德韦：《英、荷、法属圭亚那》，吉林大学历史系翻译组译，吉林出版社，1976。

[38] 钟华：《海地革命》，商务印书馆，1974。

[39] 〔爱〕伊恩·约翰·斯特兰奇：《福克兰群岛》，武汉大学外文系译，湖北人民出版社，1977。

[40] 顾鉴塘：《墨西哥人口政策》，《人口与经济》1980年第1期。

[41] 马侠、陈玉先、杨仲林：《关于墨西哥、巴西、智利的城市化和人口迁移问题》，《人口与经济》1985 年第 3 期。

[42] 王留栓：《今日墨西哥》，《人口研究》1985 年第 5 期。

[43] 吕火根、陈芝芸：《各国手册·墨西哥》，上海辞书出版社，1986。

[44] 〔美〕R. C. 韦斯特、J. P. 奥吉利：《中部美洲——它的土地和人民》，张继书等译，陕西人民出版社，1981。

[45] 〔英〕哈罗德·布莱克莫尔、克利福德·T. 史密斯：《拉丁美洲地理透视》，复旦大学译文室等译，上海译文出版社，1980。

[46] 〔美〕霍华德·弗·克莱因：《墨西哥现代史》，天津外国语学院等译，天津人民出版社，1978。

[47] 中国社会科学院拉丁美洲研究所《拉丁美洲丛刊》编辑部：《拉丁美洲列国志》，中国社会科学院拉丁美洲研究所译，重庆人民出版社，1985。

[48] 〔苏〕A. B. 叶菲莫夫、C. A. 托卡列夫主编《拉丁美洲各族人民》，李毅夫等译，生活、读书、新知三联书店，1978。

[49] 〔委〕马科－奥雷略·比拉：《委内瑞拉经济地理》，华中师范学院外语系译，湖北人民出版社，1976。

[50] 〔阿〕阿列·奥斯特雷尼：《阿尔巴尼亚地理》，北京外国语学院译，商务印书馆，1976。

[51] 〔英〕T. W. 弗里曼：《爱尔兰地理》，上海师范大学译，上海人民出版社，1975。

[52] 〔奥〕埃里希·策尔纳：《奥地利史》，李澍颖等译，商务印书馆，1985。

[53] 〔保〕波波夫：《战后保加利亚经济史》，曹英编译，三联出版社，1981。

[54] 〔德〕维尔纳·舒茨巴赫：《冰岛——极圈火岛》，邹福兴译，商务印书馆，1982。

[55] 〔波〕斯坦尼斯瓦夫·阿尔诺尔德、马里安·瑞霍夫斯基：《波兰简史》，史波译，商务印书馆，1974。

[56] 〔苏〕B. B. 巴赫列勃金：《丹麦》，严坤学等译，新知识出版社，1956。

[57] 〔德〕H. 科里亚编《德意志民主共和国经济地理》，华东师范大学地理系译，上海译文出版社，1981。

[58] 〔苏〕A. A. 波里索夫等：《芬兰》，冠奇等译，新知识出版社，1957。

[59] 余开祥主编《西欧各国经济》，复旦大学出版社，1989。

[60] 〔苏〕勃兰特：《荷兰》，卢耀权译，新知识出版社，1955。

[61] 〔捷〕亚罗米尔·德麦克、米罗斯拉夫·斯特日达：《捷克斯洛伐克地理》，延边大学外语教研组译，吉林大学出版社，1978。

[62] 〔苏〕马耶尔高茨：《捷克斯洛伐克》，王田、杨镇安译，生活·读书·新知三联书店，1957。

[63] 〔罗〕安德烈·奥米特亚主编《罗马尼亚人民史》，安娜－埃瓦·布杜拉等译，徐

文德等校，商务印书馆，1981。

[64]〔罗〕康斯坦丁等著《罗马尼亚》，林芳声等译，世界知识出版社，1957。

[65]〔英〕查尔斯·欧文：《马耳他》，西南师范学院外语系、地理系译，四川人民出版社，1979。

[66]〔日〕大渊宽、森冈仁：《经济人口学》，张真译，北京经济学院出版社，1989。

[67]〔苏〕A. 穆希、M. 伊帕：《瑞士》，满颖之译，新知识出版社，1956。

[68]〔苏〕C. U. 乌尔拉尼斯：《世界各国人口手册》，魏津生等译，四川人民出版社，1982。

[69]〔苏〕C. U. 布鲁克：《世界人口——民族与人口手册》，周启元等译，新疆人民出版社，1985。

[70]〔瑞〕安德生：《瑞典史》，苏公隽译，商务印书馆，1972。

[71] 中国科学院地理研究所、东北师范大学编著《苏联经济地理》，科学出版社，1983。

[72]《控制人口与发展经济》，北京大学出版社，1985。

[73]《主要资本主义国家的社会经济指标》，世界知识出版社，1954。

[74]〔英〕休利特：《希腊简史》，中国科学院世界历史组研究室译，商务印书馆，1974。

[75]〔匈〕温盖尔·马加时：《匈牙利史》，阚思静等译，黑龙江人民出版社，1982。

[76]〔英〕约翰·彼得·科尔：《意大利地理》，四川大学外语系译，四川人民出版社，1977。

[77]〔法〕乔治·塔皮诺、〔美〕菲利斯·皮奥特罗：《六十亿人》，张开敏译，上海译文出版社，1982。

[78]〔日〕南亮三郎：《人口思想史》，苏正绪译，吉林大学人口研究室，1980。

[79]〔意〕卡洛·M. 奇波拉主编《欧洲经济史》，（第1卷，第2卷，第3卷，第4卷）徐璇译，商务印书馆，1988。

[80]〔英〕赫·乔·韦尔斯：《世界史纲》，吴文藻等译，人民出版社，1982。

[81]〔苏〕大百科全书选译《意大利》，人民大学经济地理教研室等译，生活·读书·新知三联书店，1957。

[82]〔英〕J. 克拉潘：《现代英国经济史》，（上、中、下卷），姚曾廙译，商务印书馆，1975。

[83]〔日〕南亮三郎：《人口论史》，张毓宝译，中国人民大学出版社，1984。

[84]〔加〕D. F. 普特南：《加拿大——区域分析》，周起业等译，北京出版社，1980。

[85]〔以色列〕裘德·马特拉斯：《人口社会学导论》，方时壮等译，中山大学出版社，1988。

[86] 黄绍湘：《美国早期发展史》（1492～1823），人民出版社，1957。

[87] 黄绍湘：《美国通史简编》，人民出版社，1979。

［88］〔美〕福克纳：《美国经济史》（上卷），王锟译，商务印书馆，1965。

［89］〔美〕布·罗贝：《美国人民》，董天民等译，国际文化出版公司，1987。

［90］〔美〕弗·斯卡皮：《美国社会问题》，刘泰星等译，中国社会科学出版社，1985。

［91］〔美〕塞缪尔·埃利奥特·莫里森等：《美利坚合众国的成长》（上卷），南开大学历史系美国史教研室译，天津人民出版社，1980。

［92］《中国第四次人口普查的主要数据》，中国统计出版社，1991。

［93］沈益民编著《近三十年世界人口普查和人口概况》，群众出版社，1983，

［94］刘铮等：《人口理论教程》，中国人民大学出版社，1985。

［95］〔日〕矢野恒太纪念会编《日本 100 年》，司楚、訾晦祖译，时事出版社，1984。

［96］《中国人口——四川分册》，中国财政经济出版社，1988。

［97］刘铮等：《人口统计学》，中国人民大学出版社，1981。

［98］〔南〕杜尚·比兰吉奇：《南斯拉夫社会主义联邦共和国史纲》，许万明等译，天津人民出版社，1985。

［99］〔美〕乔治·W. 霍夫曼主编《欧洲地理》，山西大学编译室编译，天津人民出版社，1982。

［100］美国人口咨询局历年《世界人口统计表》。

［101］历年《世界银行发展报告》。

［102］〔英〕伍·奥·加尔布雷思：《哥伦比亚概况》，武汉师范学院译，湖北人民出版社，1975。

［103］李春辉：《拉丁美洲史稿》，商务印书馆，1983。

［104］满颖之：《日本经济地理》，科学出版社，1984。

［105］陈达：《人口问题》，商务书馆，1934。

［106］《当代中国的人口》，中国社会科学出版社，1988。

［107］《计划生育宣传资料》，1990 年第 2 期。

［108］ *The population of INDONESIA——World Population Year* (1974)

［109］ *The population of ISRAEL——World Population Year* (1974)

［110］ *The population of TRINIDAD AND TOBAGO》——World Population Year* (1974)

［111］ *The population of PAKISTAN——World Population Year》* (1974)

［112］ *The population of NEW ZEALAND——World Population Year》* (1974)

［113］ *The population of KOREA——World Population Year* (1974)

［114］ *Recent population movements in JAMAICA——World Population Year* (1974)

［115］ *The population of TURKEY——World Population Year* (1974)

［116］ *The population of ZAMBIA——World Population Year* (1974)

［117］ *The population of FINLAND——World Population Year* (1974)

［118］ *The population of Federal Republic of Germany——World Population Year* (1974)

[119] *The population of HUNGARY——World Population Year* (1974) by Egon Szabady

[120] *The population of TRINIDAD AND TOBAGO* by Jack Harewood

[121] *The population of AUSTRIA* by Peter Findl and Heimold Helczmamovszki

[122] *The population of GREECE* by Dimitrios Trichopoulos

[123] *The population of GHANA——The World Population year*: Fertility Frends and Differntials by S. K. Caisie; Population Growth and Its Components by S. K. Caisie

[124] *Population Growth and Socioeconomic Change in West Africa* Jone G. galdwell Columbia University Press. 1975

[125] *Fertility transition of the east Asian population*, Kyoto University

[126] *Togo* by Tomk. KmmKpor

[127] *Gabon* by michel francois

[128] *Ivory Coast* by Louis Roussel

[129] *Liberia* by Wesner Joseph

[130] *Zaire* by Joseph Boute

[131] *Chad* by S. P. Reyua and Christian Bouquet

[132] *Pronatalism and Child Labour*: *Chadian Attitudes to Birth Control and Family Dice* by S. P. Reyua

[133] *Czechoslovakia Economy*

[134] *Demography* 1989 Vol. 26

[135] *Population Internationary Dectionary* Brazil

[136] American Fertility in Trausition: New Estimates of Birth Rates in the United State, 1900 –1910 Michad R. Haines *Demography* 1989 Vol. 26

[137] Lee-Jay Cho and Kaznmasa Kobayashi: *Fertility Transition of the East Asian Population.* The University press of Hawaii

[138] Hae Young Lee: *Demographic Transition in Korea Prior to* 1960. From *Fertility Transition of the East Asian Population* The University press of Hawaii, 1974.

[139] The Population Reference Bureau: World Population Data sheet, 1991.

[140] The Population Reference Bureau: World Population Data sheet, 1985 – 1911.

Postscript

后　记

　　这本《世界人口》是笔者在西南财经大学人口研究所攻读博士学位期间撰写的，时间在 1990～1991 年底。自 17 年前的 1992 年 8 月博士毕业后，笔者就再也没有接触过有关人口学方面的任何书籍甚至资料，所以，本书收集资料的时间便定格在了 1991 年底。

　　笔者在本科期间学习的是计划统计学，而在硕士和博士期间研究的专业方向则是人口学，学习的内容涉及人口理论、人口统计学、人口经济学、人口历史学、人口地理学以及世界人口等。正是这样的知识背景促使笔者萌生了撰写一部关于世界人口书籍的想法，当时的想法和做法单纯而大胆，单纯是因为当时国内有关世界人口的书籍少之又少，仅有几个版本；大胆则是当时年轻，有一种初生牛犊不怕虎的冲动。

　　本书实际上是在尚未来得及仔细推敲、详细构思和总体论证的情况下仓促动笔的。由于资料严重缺乏，时间难以保证，写作过程中遇到的困难超出了笔者的想象。尽管如此，笔者还是坚持一边搜集资料一边计算数据，一边调整思路一边总结经验进行写作，力求使本书内容更全面、资料更翔实、描述更通俗、结构更严谨。用当时的说法来描述这种行为，就是想"填补我国人口学的这一空白"。

　　当时撰写本书的初衷是想把全世界 170 多个国家和地区的人口历史、社会状况一览无遗地全部概括进去，但由于时间有限，未能全部完成，仅写出了当时世界划分下的 140 多个国家和地区的人口状况，还有近 20 个国家及地区尚未写入，也有一些国家则是已经完成初稿但资料却已丢失，因此，今天能奉献给读者的只有 133 个国家和地区的相关分析资料。对此笔者也深感遗憾，但当时的写作背景已无法改变，现在的既成资料也难以弥补。

　　此外，在笔者搜集、整理资料的过程中，有一个令笔者始料不及的重要情况是，

1991 年前后，世界发生了剧变，欧洲尤其如此：苏联解体，分解为 15 个国家（其中欧洲 7 个：爱沙尼亚、拉脱维亚、立陶宛、俄罗斯、白俄罗斯、乌克兰、摩尔多瓦；亚洲 8 个：吉尔吉斯斯坦、塔吉克斯坦、哈萨克斯坦、土库曼斯坦、乌兹别克斯坦、阿塞拜疆、格鲁吉亚、亚美尼亚）；南斯拉夫社会主义联邦人民共和国一分为四（南斯拉夫、斯洛文尼亚、克罗地亚、波斯尼亚和黑塞哥维那共和国）；捷克斯洛伐克一分为二（捷克、斯洛伐克）；民主德国和联邦德国合二为一，成为德意志联邦共和国。这种世界格局的骤变，给笔者的写作带来了极大的困难。

今天，当笔者有时间重拾这一尘封已久的文稿时，可谓感慨良多，字迹虽还熟悉，内容却已生疏。不得已，笔者想索性按当时的实际情况定稿，也不啻是一件有意义的事情。本书的残缺、不足甚至其中的错误或许更能反映当时笔者的学术水平、治学态度和学院风气，同时这也是对笔者个人当时学习环境和写作状况的一个真实记录。

由于书稿完成之后笔者便匆匆离开学校，甚至没有来得及再细读一遍，更由于工作原因 10 多年来几经搬迁，有些章节已经难以找到如澳大利亚和法国等，一些数据则模糊不清，现在笔者已很难凭借回忆来弥补这些丢失的数据和资料，加之远离这一学科如此之久以至于对其几乎完全陌生，也就没有能力和水平检查出其中的错误和缺陷，因此，书中的错误将是不可避免。

然而，笔者对此书的出版还是充满了希望：即使把历史资料定格在完稿的 1991 年，该书大量而较为翔实的资料仍能作为人口学科研究的实证资料来使用，也能对现在和今后有兴趣从事这一领域研究的学者起到抛砖引玉的作用。

有了这样一个想法，2008 年底，便找到了研究生期间的同学——中国社会科学院钱津博士，他欣然同意给我支持和帮助，旋即向社会科学文献出版社推荐了本人和书稿，并把笔者引荐给了经济和管理图书事业部的周丽主任，周主任的干练和严谨使得这部书稿很快进入了出版社的工作流程，并得以在很短的时间内出版发行。在此，我要深深地感谢周主任、钱津博士以及屠敏珠老师和叶灼新、孙振远两位编辑和出版社的同仁们，感谢他们为此书的出版所付出的辛劳和汗水。

一定要说明的是：一些所引用资料理应一一核实，详细标出作者、书名及相关文献名称及资料来源，但由于时间过于久远，现在很难完成这一想法，从当时留存的手稿来看，一些资料甚至是大量摘引过来的，但现在也很难再回忆起这些资料的详尽出处，所以，在此只能向各位被引用文献的作者表示诚恳的歉意和深深的谢意，并敬请各位作者原谅。对于遗漏的未被列入本书参考书目的相关文献，我在此也只能向这些作者表示深深的歉意，并希望能对我给予宽容和谅解。

还有一点需要说明的是，书中所使用的"目前"、"现在"等时间概念均是指定当时的时间，即 1990～1991 年前后。一些地名、城市名称、甚至是国家名称也有变化，还有一些民族、种族、语系、语族、语支等当时与现在的中译用字也不一致，为了保持本书的时代性，绝大部分名称保留了当时的称谓。

笔者更要深深感谢我的博士生导师吴忠观教授，吴教授是我国人口经济学的开拓者和奠基者之一，在人口经济学、人口理论、人口学科体系建设方面提出了一系列创新性思想，为人口学及其分支学科的发展作出了重要贡献。在吴教授已经80高龄的今天，仍然为他十几年前的学生十几年前所写的这部书籍写出了热情洋溢的序言，吴教授一直是笔者治学处事做人的恩师，对吴教授给予的超越了师生关系的关怀、教诲和帮助的感激之情在此却是难以用语言表达的。

此时，禁不住再一次想起了已故导师刘洪康教授。刘教授是我国著名人口学家，一位在哲学、政治经济学、人口学方面都有很深造诣的学者。但最为令人遗憾的是，在笔者攻读博士学位入校的时候，他却永远地离开了我们。但这么多年来，始终没有忘记刘教授生前对我的教诲与帮助。今天，笔者所完成这部书稿，既是我执行刘教授的遗嘱，也是向刘教授在天之灵的一次汇报。

山西财经大学的毕士林教授是笔者研究人口科学的重要领路人。1956年我国出版的第一部《人口统计学》译著就是毕士林教授所译。是毕教授领笔者走进了人口学的大门。1982年我毕业留校后即做毕教授的助教，我讲授的第一门课就是《人口统计学》。在此我深深地怀念并感谢已故的毕教授。

上海社会科学院的梁中堂教授是带领笔者走向人口实证分析的第一人。梁教授是我国著名的人口学家。1985年国家特批他选择在山西省翼城县试点他的"晚婚、晚育加间隔"计划生育理论，笔者当时有幸在他的安排和指导下去翼城实习，使我逐渐懂得了人口理论与实践结合的重要性和艰巨性。梁教授严谨的治学态度和干练的工作作风令我受益至今。我要深深的感谢梁教授。

我感谢西南财经大学人口研究所的各位老师以及图书馆、资料室的相关管理人员，他（她）们当时给了我极大的方便和帮助。笔者的好友及同窗郝成秀先生和米小琴女士在本书出版前的几次校勘中做了大量而细致地工作，为我提出了许多中肯而有见地的意见，在此，也对他（她）们的辛苦劳动表示衷心的感谢。

在本书的编录过程中，袁伟女士和徐茜女士做了大量的工作，十几年前的手稿她们一页一页地整理，一字一句地校勘，在录入的过程中，她们为我指出了许多数字上、图表上的错误，在此，对她们深表感谢。

我的妻子几十年如一日地支持我的学习和工作，从当时写作到现在的出版，都给了我莫大的支持和鼓励。当时我写此书的初稿时，我的女儿仅仅3岁，现在她已经是大三的学生了。我将此书也献给她们。

阎海琴

2009年4月于北京

图书在版编目（CIP）数据

世界人口/阎海琴著 . —北京：社会科学文献出版社，2009.11
ISBN 978 - 7 - 5097 - 0970 - 2

Ⅰ . 世… 　 Ⅱ . 阎… 　 Ⅲ . 人口 - 研究 - 世界 　 Ⅳ . C924.1

中国版本图书馆 CIP 数据核字（2009）第 133652 号

世界人口

著 　 　 者／阎海琴

出 版 人／谢寿光
总 编 辑／邹东涛
出 版 者／社会科学文献出版社
地 　 　 址／北京市西城区北三环中路甲 29 号院 3 号楼华龙大厦
邮政编码／100029
网 　 　 址／http：//www.ssap.com.cn
网站支持／（010）59367077
责任部门／财经与管理图书事业部　（010）59367226
电子信箱／caijingbu@ssap.cn
项目负责人／周　丽
责任编辑／叶灼新　孙振远
责任校对／胡秀玲　王国毅
责任印制／董　然　蔡　静　米　扬

总 经 销／社会科学文献出版社发行部
　　　　　（010）59367080　59367097
经 　 　 销／各地书店
读者服务／读者服务中心　（010）59367028
排 　 　 版／北京步步赢图文制作中心
印 　 　 刷／三河市尚艺印装有限公司

开 　 　 本／787mm×1092mm　1/16
印 　 　 张／53.25
字 　 　 数／1157 千字
版 　 　 次／2009 年 11 月第 1 版
印 　 　 次／2009 年 11 月第 1 次印刷

书 　 　 号／ISBN 978 - 7 - 5097 - 0970 - 2
定 　 　 价／148.00 元

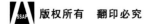

(Finland)

年份	人口(百万)	增长率%	年增率%
162万5000年前	0.6	3.1	0.034
162年1…	4.2	2.5	0.039
1000	8.5	3.2	0.071
1500	13.0	3.1	0.085
1600	10.5	1.9	-0.21
1700	11.8	1.9	0.117
1800	17.5	1.9	0.395
1900	63.7	3.9	1.297
1910	79.0	4.5	2.289
1920	91.0	5.0	1.623
1930	107.0		1.633
1940	148.0	5.6	1.808

1852~1971年华人加拿大情况一览表

华人移民情况。

年度	移民数	年度	移民数	年度	移民数	年度	移民数
1852	29307	1882	11245	1912	375256	1942	3526
1853	29664	1883	133634	1913	150484	1943	8504
1854	37263	1884	103854	1914	36665	1944	2801
1855	25296	1885	29169	1915	5974	1945	22722
1856	22564	1886	69132	1916	72910	1946	7019
1857	33854	1887	89636	1917	41845	1947	6427
1858	12339	1888	88766	1918	17898	1948	2544
1859	6300	1889	9860	1919	28804	1949	9527
1860	6676	1890	75767	1920	91228	1950	3892
1861	13589	1891	82165	1921	63824	1951	
1862	18294	1892	30916	1922	133729	1952	
1863	21000	1893	29643	1923	124164	1953	
1864	25279	1894	2829	1924	84909	1954	
1865	11427	1895	1870	1925	135982	1955	
1866	10666	1896	16835	1926	138886	1956	
1867		1897	27716	1927		1957	
1868	28106	1898	31900	1928			
1869	2273	1899	57143	1929			
1870	36578	1900	41681	1930			
1871	50000	1901	55417	1931			
1872	39973	1902	89102				
1873	27382	1903	138660				
1874	25673	1904	131252				
1875	27082	1905	91465				
1876	29807	1906	21165				
1877	40492	1907					
1878	38395	1908					
1879	47791	1909					
1880		1910					
1881		1911					